allemand

français-allemand
allemand-français

T0248520

HarperCollins Publishers
Westerhill Road
Bishopbriggs
Glasgow
G64 2QT
Great Britain

Septième édition/Siebte Auflage 2018

© William Collins Sons & Co. Ltd 1984
© HarperCollins Publishers 1999,
2003, 2006, 2009, 2014, 2015, 2018

Collins Gem® is a registered
trademark of HarperCollins
Publishers Limited

www.collins.co.uk
www.collinsdictionary.com

Dictionnaires Le Robert
25, avenue Pierre-de-Coubertin
75211 Paris cedex 13
France

www.lerobert.fr

ISBN Mini+ 978-2-32101-144-6
ISBN Mini 978-2-32101-140-8

Dépôt légal mai 2018
Achevé d'imprimer en février 2018
N éditeur 10230514/10230518

Photocomposition/Fotosatz
Davidson Publishing Solutions,
Glasgow

Imprimé en Italie par/
Gedruckt in Italien von
La Tipografica Varese

DIRECTION ÉDITORIALE/
REDAKTIONELLE LEITUNG
Helen Newstead

CHEF DE PROJET/PROJEKTLEITUNG
Teresa Álvarez
Janice McNeillie

COLLABORATEURS/MITARBEITER
Persephone Lock
Christian Salzédo
Silke Zimmermann

INFORMATIQUE ÉDITORIALE/
DATENVERARBEITUNG
Agnieszka Urbanowicz

POUR LA MAISON D'ÉDITION/
VERLAGSMITARBEITER
Gerry Breslin
Kerry Ferguson

Inhalt

Table des matières

Abkürzungen		Abréviations
Abkürzung	*abk, abr*	abréviation
Akkusativ	*acc*	accusatif
Adjektiv	*adj*	adjectif
Verwaltung	*Admin*	administration
Adverb	*adv*	adverbe
Landwirtschaft	*Agr*	agriculture
Akkusativ	*Akk*	accusatif
Anatomie	*Anat*	anatomie
Architektur	*Archit*	architecture
Artikel	*art*	article
Kunst	*Art*	beaux arts
Astrologie	*Astrol, Astr*	astrologie
Astronomie	*Astron*	astronomie
attributiv	*attrib*	qualificatif
Auto, Verkehr	*Aut*	automobile
Hilfsverb	*aux*	auxiliaire
Luftfahrt	*Aviat*	aviation
besonderes	*bes*	en particulier
Biologie	*Biol, Bio*	biologie
Botanik	*Bot*	botanique
Boxen	*Boxe*	boxe
Chemie	*Chem, Chim*	chimie
Film	*Ciné*	cinéma
Handel	*Comm*	commerce
Konjunktion	*conj*	conjonction
Bauwesen	*Constr*	construction
Kochen und Backen	*Culin*	cuisine
Dativ	*Dat, dat*	datif
bestimmt	*déf*	défini
demonstrativ	*dém*	démonstratif
Wirtschaft	*Écon*	économie
Elektrizität	*Élec*	électricité
und so weiter	*etc*	et cetera
etwas	*etw*	quelque chose
Interjektion	*excl*	exclamation
Femininum, weiblich	*f*	féminin
umgangssprachlich	*fam*	familier
derb	*fam !*	vulgaire

figurativ	*fig*	figuré
Finanzen	*Fin*	finance
Fußball	*Foot*	football
gehoben	*geh*	style soutenu
Genitiv	*Gen, gén*	génitif
Geografie, Geologie	*Géo*	géographie, géologie
Geometrie	*Géom*	géométrie
Geschichte	*Hist*	histoire
unpersönlich	*impers*	impersonnel
unbestimmt	*indéf, indéf*	indéfini
Computer	*Inform*	informatique
untrennbar	*insép*	non séparable
Interjektion	*interj*	exclamation
interrogativ	*interrog*	interrogatif
unveränderlich	*inv*	invariable
unregelmäßig	*irr*	irrégulier
jemand, jemanden, jemandem, jemandes	*jd, jdn, jdm, jds*	quelqu'un
Rechtswesen	*Jur*	juridique
Konjunktion	*konj*	conjonction
Sprachwissenschaft, Grammatik	*Ling*	linguistique et grammaire
Literatur	*Litt*	littérature
Maskulinum, männlich	*m*	masculin
Mathematik	*Math*	mathématiques
Medizin	*Méd*	médecine
Meteorologie	*Météo*	météorologie
Maskulinum und Femininum	*mf*	masculin et féminin
Militärwesen	*Mil*	domaine militaire
Musik	*Mus*	musique
Substantiv	*n*	nom
Seefahrt	*Naut*	nautisme
Neutrum, sächlich	*nt*	neutre
Zahlwort	*num*	numéral
oder	*od*	ou
Österreich	*Österr*	Autriche
pejorativ, abwertend	*péj*	péjoratif
persönlich	*pers*	personnel
Philosophie	*Philos*	philosophie
Fotografie	*Phot, Photo*	photographie

v

Physik	*Phys*	physique
Physiologie	*Physiol*	physiologie
Plural	*pl*	pluriel
Politik	*Pol*	politique
Possessivum	*poss*	possessif
Partizip Perfekt	*pp*	participe passé
Präposition	*präp, prép*	préposition
Präfix	*préf*	préfixe
Pronomen	*pron*	pronom
Psychologie	*Psych*	psychologie
etwas	*qch*	quelque chose
jemand	*qn*	quelqu'un
Warenzeichen	®	marque déposée
Eisenbahn	*Rail*	chemins de fer
Relativ-	*rel*	relatif
Religion	*Rel*	religion
Schulwesen	*Scol*	domaine scolaire
Singular	*sg*	singulier
Skifahren	*Ski*	ski
Konjunktiv	*sub*	subjonctif
Subjekt	*subj, suj*	sujet
Süddeutschland	*Südd*	Allemagne du Sud
Technik	*Tech*	technique
Nachrichtentechnik	*Tél*	télécommunications
Theater	*Theat, Théât*	théâtre
Fernsehen	*TV*	télévision
Typografie	*Typ, Typo*	typographie
Universität	*Univ*	université
unpersönlich	*unpers*	impersonnel
Verb	*vb*	verbe
intransitives Verb	*vi*	verbe intransitif
reflexives Verb	*vpr, vr*	verbe pronominal ou réfléchi
transitives Verb	*vt*	verbe transitif
Zoologie	*Zool*	zoologie
zusammengesetztes Wort	*zW*	mot composé
zwischen zwei Sprechern	—	changement d'interlocuteur
ungefähre Entsprechung	≈	indique une équivalence culturelle
abtrennbares Präfix	/	préfixe séparable

vi

Lautschrift

Vokale		Voyelles
plat, amour	[a]	matt
bas, pâte	[ɑ]	
jouer, été	[e]	Etage
lait, merci	[ɛ]	Wäsche
le, premier	[ə]	mache
ici, vie, lyre	[i]	Vitamin
or, homme	[ɔ]	Most
mot, gauche	[o]	Oase
beurre, peur	[œ]	Götter
peu, deux	[ø]	Ökonomie
genou, roue	[u]	zuletzt
rue, urne	[y]	Typ

Nasale		Nasales
sang, dans	[ã]	Gourmand
matin, plein	[ɛ̃]	timbrieren
brun	[œ̃]	Parfum
non, pont	[ɔ̃]	Bonbon

Transcription phonétique

Konsonanten		Consonnes
bombe	[b]	Ball
dinde	[d]	denn
fer, phare	[f]	fern
gag, bague	[g]	gern
yeux, paille, pied	[j]	ja
coq, qui, képi	[k]	Kind
lent, salle	[l]	links
maman, femme	[m]	Mann
non, nonne	[n]	Nest
agneau, vigne	[ɲ]	
camping	[ŋ]	Gong
poupée	[p]	Paar
rare, rentrer	[R]	
sale, ce, nation	[s]	Bus
tache, chat	[ʃ]	Stein, Schlag
gilet, juge	[ʒ]	Etage
tente, thermal	[t]	Tafel
vase	[v]	wer
fouetter, oui	[w]	
huile, lui	[ɥ]	
zéro, rose	[z]	singen

Bei Stichwörtern mit einem „h aspiré" steht in der Lautschrift [']. Diese Wörter werden nicht mit dem vorhergehenden Wort zusammengezogen.

a

à [a]

(à + le = **au**, à + les = **aux**)
▶ *prép* **1** (*situation*) in +*dat*; **être à Paris/au Portugal** in Paris/Portugal sein; **être à l'école/au bureau** in der Schule/im Büro sein; **être à la campagne/maison** auf dem Land/zu Hause sein; **c'est à 10 km (d'ici)** das ist 10 km (von hier) entfernt
2 (*direction*) in +*acc*; (*avec villes et pays*) nach; **aller à l'école/au bureau** in die Schule/ins Büro gehen; **aller à Paris/au Portugal** nach Paris/Portugal fahren; **aller à la campagne** aufs Land fahren; **rentrer à la maison** nach Hause gehen
3 (*temps*): **à 3 heures/minuit** um 3 Uhr/Mitternacht; **à demain/lundi/la semaine prochaine!** bis morgen/Montag/nächste Woche!
4 (*attribution, appartenance*): **donner qch à qn** jdm etw geben; **ce livre est à Paul/lui/moi** das Buch gehört Paul/ihm/mir; **un ami à moi** ein Freund von mir
5 (*moyen*) mit; **se chauffer au gaz/à l'électricité** mit Gas/Strom heizen
6 (*provenance*) aus; **prendre de l'eau à la fontaine** Wasser aus dem Brunnen holen; **boire à la bouteille** aus der Flasche trinken
7 (*caractérisation, manière*): **l'homme aux yeux bleus/à la casquette rouge** der Mann mit den blauen Augen/der roten Mütze; **à l'européenne/la russe** auf europäische/russische Art
8 (*but, destination*): **maison à vendre** Haus zu verkaufen
9 (*rapport, distribution etc*) pro; **100 km/unités à l'heure** 100 km/Einheiten in der *ou* pro Stunde; **payé au mois/à l'heure** monatlich/nach Stunden bezahlt; **4 à 5 heures/kilos** 4 bis 5 Stunden/Kilo

abaisser [abese] *vt* senken; (*vitre*) herunterlassen; (*manette*) nach unten drücken; (*prix, limite, niveau*) senken

abandon [abɑ̃dɔ̃] *nm* Verlassen *nt*, Aufgeben *nt*; **à l'~** verwahrlost sein • **abandonner** *vt* verlassen; (*activité*) aufgeben

abasourdir [abazurdir] *vt* betäuben

abat-jour [abaʒur] *nm inv* Lampenschirm *m*

abats [aba] *nmpl* (*viande*) Innereien *pl*

abattement [abatmɑ̃] *nm* (*déduction*) Abzug *m*

abattoir [abatwaʀ] nm
Schlachthof m

abattre [abatʀ] vt (arbre) fällen;
(mur, maison) einreißen, abreißen;
(avion) abschießen; (animal)
schlachten; (personne)
niederschießen; s'abattre vpr
(mât, malheur) niederstürzen; **s'~
sur** (suj: pluie) niederprasseln auf
+acc • **abattu, e** adj (déprimé)
entmutigt

abbaye [abei] nf Abtei f

abbé [abe] nm (d'une abbaye) Abt
m; (de paroisse) Pfarrer m

abcès [apsɛ] nm Abszess m

abdomen [abdomɛn] nm
Bauch m

abeille [abɛj] nf Biene f

aberrant, e [abeʀɑ̃, ɑ̃t] adj
absurd

abîme [abim] nm Abgrund m

abîmer [abime] vt beschädigen;
s'abîmer vpr kaputtgehen

abject, e [abʒɛkt] adj
verabscheuungswürdig

ablation [ablasjɔ̃] nf
Entfernen nt

aboiement [abwamɑ̃] nm
Bellen nt

abois [abwa] nmpl : **être aux ~** in
die Enge getrieben sein

abolir [aboliʀ] vt abschaffen
• **abolition** nf Abschaffung f

abominable [abominabl] adj
abscheulich

abondance [abɔ̃dɑ̃s] nf (grande
quantité) Fülle f; (richesse)
Reichtum m; **en ~** in Hülle und
Fülle • **abondant, e** adj reichlich
• **abonder** vi im Überfluss
vorhanden sein; **~ en**
wimmeln von

abonné, e [abone] nm/f (du
téléphone) Teilnehmer(in) m(f); TV,
(à un journal) Abonnent(in) m(f)

abonnement [abonmɑ̃] nm
Abonnement nt; (de transports en
commun) Zeitkarte f • **abonner**
vpr : **s'~ à qch** etw abonnieren

abord [abɔʀ] nm : **d'~** zuerst

abordable [abɔʀdabl] adj
erschwinglich; (personne)
umgänglich

aborder [abɔʀde] vt (personne)
ansprechen

aboutir [abutiʀ] vi erfolgreich
sein; **~ à/dans** enden in +dat

aboyer [abwaje] vi bellen

abrasif, -ive [abʀazif, iv] adj
Schleif- ▸ nm Schleifmittel nt

abrégé [abʀeʒe] nm Abriss m

abréger [abʀeʒe] vt (ver)kürzen

abreuver [abʀœve] : s'abreuver
vpr saufen

abréviation [abʀevjasjɔ̃] nf
Abkürzung f

abri [abʀi] nm Schutz m; (lieu
couvert) Unterstand m; (cabane)
(Schutz)hütte f • **abribus** nm
Wartehäuschen nt

abricot [abʀiko] nm Aprikose f
• **abricotier** nm Aprikosenbaum m

abriter [abʀite] vt schützen;
(recevoir, loger) unterbringen;
s'abriter vpr Schutz suchen

abroger [abʀɔʒe] vt außer Kraft
setzen

abrupt, e [abʀypt] adj steil;
(personne, ton) schroff

abruti, e [abʀyti] nm/f Idiot(in)
m(f)

absence [apsɑ̃s] nf Abwesenheit f
• **absent, e** adj (personne)

abwesend; *(chose)* fehlend
• **absentéisme** *nm* häufiges Fehlen *nt (bei der Arbeit, in der Schule etc)*; **taux d'~** Abwesenheitsquote *f*
• **absenter: s'~** *vpr* weggehen; *(pour maladie etc)* sich *dat* freinehmen

absolu, e [apsɔly] *adj* absolut
• **absolument** *adv* absolut; *(sans faute)* unbedingt

absolution [apsɔlysjɔ̃] *nf (Rel)* Absolution *f*; *(Jur)* Freispruch *m*

absorbant, e [apsɔrbɑ̃, ɑ̃t] *adj (matière)* saugfähig; *(tâche, travail)* fesselnd

absorber [apsɔrbe] *vt (manger, boire)* zu sich nehmen; *(liquide)* absorbieren

absoudre [apsudr] *vt* lossprechen

abstenir [apstənir]: **s'~** *vpr (Pol)* sich der Stimme enthalten; **s'~ de qch** sich einer Sache *gén* enthalten
• **abstention** *nf* (Stimm)enthaltung *f*
• **abstentionniste** *nmf* Nichtwähler(in) *m(f)*

abstraction [apstraksjɔ̃] *nf* Abstraktion *f*; *(idée)* Abstraktum *nt*; **faire ~ de qch** etw beiseitelassen

abstrait, e [apstre, ɛt] *adj* abstrakt

absurde [apsyrd] *adj* absurd

abus [aby] *nm (d'alcool, de médicaments etc)* Missbrauch *m*;
~ de médicaments Arzneimittelmissbrauch *m*; **~ de pouvoir** Machtmissbrauch *m*;
~ sexuels sexueller Missbrauch
• **abuser** *vi (dépasser la mesure)* zu weit gehen; **s'abuser** *vpr* sich

irren • **abusif, -ive** *adj (prix)* unverschämt, maßlos; **usage ~** Missbrauch *m*

acacia [akasja] *nm* Akazie *f*

académie [akademi] *nf* Akademie *f*

académique [akademik] *adj* akademisch

acajou [akaʒu] *nm* Mahagoni *nt*

accablant, e [akablɑ̃, ɑ̃t] *adj* unerträglich • **accabler** *vt* belasten

accalmie [akalmi] *nf* Flaute *f*

accaparer [akapare] *vt* an sich *acc* reißen; *(occuper)* (völlig) in Anspruch nehmen

accéder [aksede]: **~ à** *vt* kommen zu, gelangen zu; *(requête)* nachkommen +*dat*

accélérateur [akseleratœr] *nm (Auto)* Gaspedal *nt*

accélération [akselerasjɔ̃] *nf* Beschleunigung *f*

accélérer [akselere] *vt, vi* beschleunigen

accent [aksɑ̃] *nm* Akzent *m*; *(inflexions)* Tonfall *m* • **accentuer** *vt* betonen; *(augmenter)* steigern; **s'accentuer** *vpr* zunehmen

acceptable [akseptabl] *adj* annehmbar

accepter [aksepte] *vt* annehmen; *(risque, responsabilité)* auf sich *acc* nehmen; *(fait, hypothèse)* anerkennen; *(personne, échec, danger etc)* akzeptieren

acception [aksepsjɔ̃] *nf* Bedeutung *f*

accès [akse] *nm* Zugang *m*; *(routes)* Zufahrt *f*; *(Inform)* Zugriff *m*; **~ codé** Passwortschutz *m* • **accessible**

adj leicht zu erreichen; (*personne, sujet*) zugänglich

accessoire [aksɛswaʀ] *nm* (*pièce*) Zubehörteil *nt*

accident [aksidɑ̃] *nm* Unfall *m*

acclamer [aklame] *vt* zujubeln +*dat*

acclimater [aklimate] : **s'acclimater** *vpr* sich akklimatisieren

accolade [akɔlad] *nf* Umarmung *f*; (*Typo*) geschweifte Klammer *f*

accommodant, e [akɔmɔdɑ̃, ɑ̃t] *adj* zuvorkommend

accommoder [akɔmɔde] *vt* (*Culin*) zubereiten

accompagnateur, -trice [akɔ̃paɲatœʀ, tʀis] *nm/f* Begleiter(in) *m(f)*; (*de voyage organisé*) Reisebegleiter(in) *m(f)* • **accompagnement** *nm* Begleitung *f* • **accompagner** *vt* begleiten

accompli, e [akɔ̃pli] *adj* : **musicien ~** vollendeter Musiker *m*

accomplir [akɔ̃pliʀ] *vt* ausführen

accord [akɔʀ] *nm* (*entente, Ling*) Übereinstimmung *f*; (*contrat, traité*) Abkommen *nt*; (*autorisation*) Zustimmung *f*; **être d'~ avec qn** mit jdm einer Meinung sein

accordéon [akɔʀdeɔ̃] *nm* (*Mus*) Akkordeon *nt*

accorder [akɔʀde] *vt* bewilligen

accoster [akɔste] *vt* (*personne*) ansprechen

accouchement [akuʃmɑ̃] *nm* Entbindung *f* • **accoucher** *vi* entbinden; **~ d'une fille** Mädchen gebären *ou* zur Welt bringen

accoudoir [akudwaʀ] *nm* Armlehne *f*

accoupler [akuple] *vt* (*moteurs, bœufs*) (zusammen)koppeln; **s'accoupler** *vpr* sich paaren

accourir [akuʀiʀ] *vi* herbeilaufen

accoutrement [akutʀəmɑ̃] (*péj*) *nm* Aufzug *m*

accoutumance [akutymɑ̃s] *nf* Sucht *f*

accoutumé, e [akutyme] *adj* gewohnt

accro [akʀo] (*fam*) *adj* : **être ~** ein Junkie sein

accroc [akʀo] *nm* (*déchirure*) Riss *m*; **sans ~s** (*fig*) ohne Probleme

accrochage [akʀɔʃaʒ] *nm* Aufhängen *nt*; (*Auto*) Zusammenstoß *m*

accrocher [akʀɔʃe] *vt* (*suspendre*) aufhängen; (*attacher*) festmachen; (*heurter*) anstoßen an +*dat*; **s'accrocher** *vpr* : **s'~ à** hängen bleiben an +*dat*; (*fig*) sich klammern an +*acc*

accrocheur, -euse [akʀɔʃœʀ, øz] *adj* (*vendeur, concurrent*) beharrlich; (*publicité, titre*) zugkräftig

accroissement [akʀwasmɑ̃] *nm* Zunahme *f*

accroître [akʀwatʀ] *vt* vergrößern; **s'accroître** *vpr* anwachsen, stärker werden

accroupir [akʀupiʀ] *vpr* : **s'~** hocken, kauern

accru, e [akʀy] *pp de* **accroître** ▶ *adj* verstärkt

accueil [akœj] *nm* Empfang *m* • **accueillant, e** *adj* gastfreundlich • **accueillir** *vt* begrüßen; (*loger*) unterbringen

accumulation [akymylasjɔ̃] *nf* : **une ~ de** eine Anhäufung von

accumuler [akymyle] *vt* anhäufen

accusation [akyzasjɔ̃] *nf* Beschuldigung *f*; (*Jur*) Anklage *f*
• **accusé, e** *nm/f* Angeklagte(r) *f(m)* ▶ *nm* : **~ de réception** Empfangsbestätigung *f*
• **accuser** *vt* beschuldigen; (*Jur*) anklagen

acerbe [asɛʀb] *adj* bissig

acharnement [aʃaʀnəmɑ̃] *nm* (*dans une lutte*) Unerbittlichkeit *f*; (*de travail*) Unermüdlichkeit *f*

acharner [aʃaʀne] : **s'~** *vpr* : **s'~ contre** *ou* **sur qn** jdn unerbittlich verfolgen; (*suj : malchance*) jdn (ständig) verfolgen; **s'~ à faire qch** etw unbedingt tun wollen

achat [aʃa] *nm* Kauf *m*

acheminer [aʃ(ə)mine] *vt* befördern; **s'acheminer** *vpr* : **s'~ vers** zusteuern auf +*acc*

acheter [aʃ(ə)te] *vt* kaufen
• **acheteur, -euse** *nm/f* Käufer(in) *m(f)*

achever [aʃ(ə)ve] *vt* beenden

acide [asid] *adj* sauer ▶ *nm* Säure *f*

acier [asje] *nm* Stahl *m*

acné [akne] *nf* Akne *f*

acolyte [akɔlit] (*péj*) *nm* Komplize *m*, Komplizin *f*

acompte [akɔ̃t] *nm* Anzahlung *f*

acoustique [akustik] *adj* akustisch

acquéreur [akeʀœʀ] *nm* Käufer(in) *m(f)*

acquérir [akeʀiʀ] *vt* erwerben

acquiescer [akjese] *vi* zustimmen

acquis, e [aki, iz] *pp de* **acquérir** ▶ *adj* : **caractère ~** erworbene Eigenschaft *f*; **vitesse ~e** (Momentan)geschwindigkeit *f*

acquisition [akizisjɔ̃] *nf* Kauf *m*

acquit [aki] *vb voir* **acquérir** ▶ *nm* Quittung *f*

acquittement [akitmɑ̃] *nm* (*d'un accusé*) Freispruch *m*; (*de facture*) Begleichen *nt*; (*de promesse*) Einlösen *nt*; (*de tâche*) Ausführung *f*

acquitter [akite] *vt* (*accusé*) freisprechen; (*payer*) begleichen; **s'acquitter de** *vpr* (*promesse*) einlösen; (*tâche*) ausführen

âcre [ɑkʀ] *adj* bitter

acrimonie [akʀimɔni] *nf* Bitterkeit *f*

acrobate [akʀɔbat] *nmf* Akrobat(in) *m(f)* • **acrobatie** *nf* (*exercice*) akrobatisches Kunststück *nt* • **acrobatique** *adj* akrobatisch

acronyme [akʀɔnim] *nm* Akronym *nt*

acte [akt] *nm* Tat *f*, Handlung *f*; (*document*) Akte *f*; (*Théât*) Akt *m*

acteur, -trice [aktœʀ, tʀis] *nm/f* Schauspieler(in) *m(f)*

actif, -ive [aktif, iv] *adj* aktiv ▶ *nm* (*Comm*) Aktiva *pl*

action [aksjɔ̃] *nf* (*acte*) Tat *f*; (*effet sur qch*) Wirkung *f*; (*de pièce, roman*) Handlung *f*; (*Comm*) Aktie *f*
• **actionnaire** *nmf* Aktionär(in) *m(f)* • **actionner** *vt* betätigen

activer [aktive] *vt* (*accélérer*) beschleunigen; (*Chim*) aktivieren; **s'activer** *vpr* sich betätigen

activiste [aktivist] *nmf* Aktivist(in) *m(f)*

activité [aktivite] *nf* Aktivität *f*; *(occupation, loisir)* Betätigung *f*; **en ~** aktiv; *(volcan aussi)* tätig

actrice [aktris] *nf voir* **acteur**

actualiser [aktɥalize] *vt* aktualisieren

actualité [aktɥalite] *nf* Aktualität *f*; **les actualités** *nfpl* die Nachrichten *pl*

actuel, le [aktɥel] *adj (présent)* augenblicklich; *(d'actualité)* aktuell • **actuellement** *adv* derzeit

adage [adaʒ] *nm* Redensart *f*

adaptateur, -trice [adaptatœr, tris] *nm (Élec)* Adapter *m*

adaptation [adaptasjɔ̃] *nf* Bearbeitung *f*

adapter [adapte] *vt (œuvre)* bearbeiten; **~ qch à** etw anpassen an +*acc*

additif [aditif] *nm* Zusatz *m*

addition [adisjɔ̃] *nf* Hinzufügen *nt*; *(Math)* Addition *f*; *(au café etc)* Rechnung *f* • **additionnel, le** *adj* zusätzlich • **additionner** *vt* addieren

adepte [adept] *nmf* Anhänger(in) *m(f)*

adéquat, e [adekwa(t), at] *adj* angebracht

adhérent, e [aderã, ãt] *nm/f* Mitglied *nt*

adhérer [adere] *vi* : **~ à** haften an +*dat*; *(approuver)* unterstützen; *(devenir membre de)* Mitglied werden bei

adhésif, -ive [adezif, iv] *adj* haftend ▶ *nm* Klebstoff *m*

adhésion [adezjɔ̃] *nf* Beitritt *m*; *(à une opinion)* Unterstützung *f*

adieu [adjø] *excl* tschüs(s) ▶ *nm* Abschied *m*

adjectif, -ive [adʒektif, iv] *adj* Adjektiv *nt*

adjoint, e [adʒwɛ̃, wɛt] *nm/f* : **directeur ~** stellvertretender Direktor *m*; **~ au maire** Zweiter *ou* stellvertretender Bürgermeister *m*

adjudication [adʒydikasjɔ̃] *nf* *(vente aux enchères)* Versteigerung *f*; (: *attribution)* Zuschlag *m*; *(de travaux)* Ausschreibung *f*; (: *attribution)* Vergabe *f*

adjuger [adʒyʒe] *vt* zusprechen; **adjugé !** verkauft!

admettre [admetr] *vt (laisser entrer)* hereinlassen, zulassen; *(reconnaître)* anerkennen; **~ que** zugeben, dass

administrateur, -trice [administratœr, tris] *nm/f* Verwalter(in) *m(f)*; **~ judiciaire** Konkursverwalter *m* • **administratif, -ive** *adj* administrativ, Verwaltungs-; *(péj)* bürokratisch • **administration** *nf* Verwaltung *f*; **l'A~** der Staatsdienst • **administrer** *vt* *(entreprise)* führen, leiten; *(remède, correction)* verabreichen; *(sacrement)* spenden

admirable [admirabl] *adj* bewundernswert • **admirateur, -trice** *nm/f* Bewunderer *m*, Bewunderin *f* • **admiratif, -ive** *adj* bewundernd • **admiration** *nf* Bewunderung *f*; **être en ~ devant qch** etw voller Bewunderung betrachten • **admirer** *vt* bewundern

admissible [admisibl] *adj* zulässig

admission [admisjɔ̃] *nf* Einlass *m*; *(candidat reçu)* Zulassung *f*

ADN [adeɛn] *sigle m* (= *acide désoxyribonucléique*) DNS *f*

ado [ado] *(fam) nmf* = **adolescent**

adolescence [adɔlesɑ̃s] *nf* Jugend *f* • **adolescent, e** *nm/f* Jugendliche(r) *f(m)*

adopter [adɔpte] *vt (motion etc)* verabschieden; *(politique, attitude)* annehmen; *(enfant)* adoptieren

adoptif, -ive [adɔptif, iv] *adj* Adoptiv-; **c'est sa patrie adoptive** das Land ist seine Wahlheimat

adoption [adɔpsjɔ̃] *nf (de motion etc)* Verabschiedung *f*; *(de politique, attitude)* Annahme *f*; *(d'un enfant)* Adoption *f*; *(d'un nouveau venu)* Aufnahme *f*; **c'est sa patrie d'~** das Land ist seine Wahlheimat

adorable [adɔrabl] *adj* bezaubernd • **adorer** *vt (aimer beaucoup)* fürchtbar gernhaben

adosser [adose] *vt* : **~ qch à/contre qch** eine Sache an etw *acc*/gegen etw lehnen

adoucir [adusir] *vt (mœurs, caractère)* verfeinern; *(peau)* zart machen; *(peine, douleur)* versüßen, erleichtern • **adoucissant** *nm* Weichspüler *m*

adrénaline [adrenalin] *nf* Adrenalin *nt*

adresse [adrɛs] *nf (habileté)* Geschick *nt*; *(domicile, Inform)* Adresse *f* • **adresser** *vt (expédier)* schicken; *(écrire l'adresse sur)* adressieren

Adriatique [adrijatik] *nf* : **l'~** die Adria *f*

adroit, e [adrwa, wat] *adj* geschickt

ADSL [adeɛsɛl] *sigle m* (= *Assymetrical Digital Subscriber Line)* ADSL *f*

adulte [adylt] *nmf* Erwachsene(r) *f(m)*

adultère [adyltɛr] *nm* Ehebruch *m*

advenir [advənir] *vi* sich ereignen

adverbe [advɛrb] *nm* Adverb *nt*

adversaire [advɛrsɛr] *nmf* Gegner(in) *m(f)*

adverse [advɛrs] *adj* gegnerisch; **la partie ~** die Gegenpartei *f*

aération [aerasjɔ̃] *nf* Lüftung *f* • **aérer** *vt* lüften

aérien, ne [aerjɛ̃, jɛn] *adj (Aviat)* Luft-; *(câble)* überirdisch

aérobic [aerɔbik] *nm ou nf* Aerobic *nt*

aérodrome [aerɔdrom] *nm* Flugplatz *m*

aérogare [aerɔgar] *nf* Terminal *nt*

aéroglisseur [aerɔglisœr] *nm* Luftkissenboot *nt*

aéronautique [aerɔnotik] *adj* aeronautisch

aéroport [aerɔpɔr] *nm* Flughafen *m*

aérosol [aerɔsɔl] *nm (bombe)* Spraydose *f*

affable [afabl] *adj* umgänglich

affaiblir [afeblir] *vt* schwächen; **s'affaiblir** *vpr* schwächer werden

affaire [afɛr] *nf (question)* Angelegenheit *f*; *(scandale)* Affäre *f*; *(entreprise, transaction)* Geschäft *nt*;

(occasion intéressante) *(günstige)* Gelegenheit *f*; **affaires** *nfpl* *(activités commerciales)* Geschäfte *pl*; *(effets)* Sachen *pl*

affairer [afeʀe] : **s'~** *vpr* geschäftig hin und her eilen

affairisme [afeʀism] *nm* Geschäftemacherei *f*

affaisser [afese] : **s'~** *vpr (terrain, immeuble)* einstürzen; *(personne)* zusammenbrechen

affaler [afale] : **s'~** *vpr* : **s'~ dans/ sur qch** sich erschöpft in/auf etw *acc* fallen lassen

affamer [afame] *vt* aushungern

affectation [afektasjɔ̃] *nf (de crédits)* (Zweck)bindung *f*; *(à un poste)* Zuweisung *f*; *(manque de naturel)* Geziertheit *f*; *(simulation)* Heuchelei *f*

affecté, e [afekte] *adj* geziert; *(feint)* geheuchelt

affecter [afekte] *vt (toucher)* berühren, treffen; *(feindre)* vortäuschen; **~ à** *(personne, crédits)* zuteilen +*dat*

affectif, -ive [afektif, iv] *adj* affektiv

affection [afeksjɔ̃] *nf* Zuneigung *f*

affectueux, -euse [afektɥø, øz] *adj* liebevoll

affichage [afiʃaʒ] *nm* Anschlag *m*; *(électronique)* Anzeige *f*

affiche [afiʃ] *nf* Plakat *nt*
  • **afficher** vt anschlagen
  • **afficheur** nm Plakatankleber m;
  (Inform) Display nt; **~ à cristaux liquides** Flüssigkristallanzeige f, LCD-Anzeige

affilée [afile] : **d'~** *adv* an einem Stück

affilier [afilje] : **s'~ à** *vpr* Mitglied werden bei

affirmatif, -ive [afiʀmatif, iv] *adj* positiv; *(réponse aussi)* bejahend

affirmation [afiʀmasjɔ̃] *nf* Behauptung *f*

affirmative [afiʀmativ] *nf* : **répondre par l'~** mit Ja antworten • **affirmer** vt behaupten

affligé, e [afliʒe] *adj* bedrückt
  • **affligervt** *(peiner)* zutiefst bekümmern

affluence [aflyãs] *nf* : **heure d'~** Stoßzeit *f*

affluent [aflyã] *nm* Nebenfluss *m*

affluer [aflye] *vi (secours, biens)* eintreffen; *(gens, sang)* strömen

afflux [afly] *nm (de gens, de capitaux)* Zustrom *m*; **~ de sang** Blutandrang *m*

affolant, e [afɔlã, ãt] *adj* erschreckend • **affolement** *nm* Panik *f* • **affoler** verrückt machen; **s'affoler** vpr durchdrehen

affranchir [afʀɑ̃ʃiʀ] *vt (lettre, paquet)* frankieren; *(fig)* befreien

affreux, -euse [afʀø, øz] *adj* schrecklich

affrontement [afʀɔ̃tmɑ̃] *nm* Konfrontation *f* • **affronter** vt *(adversaire)* entgegentreten +*dat*

affût [afy] *nm* : **être à l'~ de qn/ qch** auf jdn/etw lauern

affûter [afyte] *vt* schärfen

afghan, e [afgã, an] *adj* afghanisch

Afghanistan [afganistɑ̃] *nm* : **l'~** Afghanistan *nt*

afin [afɛ̃] : **~ que** conj sodass, damit; **~ de faire qch** um etw zu tun

africain, e [afrikɛ̃, ɛn] adj afrikanisch ▸ nm/f: **A~, e** Afrikaner(in) m(f) • **Afrique** nf: **l'~** Afrika nt

AG [aʒe] sigle f (= assemblée générale) Generalversammlung f

agacement [agasmɑ̃] nm Gereiztheit f

agacer [agase] vt aufregen

âge [aʒ] nm Alter nt; (ère) Zeitalter nt; **quel ~ as-tu ?** wie alt bist du? • **âgé, e** adj alt; **~ de 10 ans** 10 Jahre alt

agence [aʒɑ̃s] nf Agentur f; (succursale) Filiale f; **~ immobilière** Maklerbüro nt; **~ matrimoniale** Heiratsvermittlung f, Ehe(anbahnungs)institut nt; **~ de publicité** Werbeagentur f; **~ de voyages** Reisebüro nt

agencer [aʒɑ̃se] vt (éléments, texte) zusammenfügen, arrangieren; (appartement) einrichten

agenda [aʒɛ̃da] nm (calepin) Taschenkalender m

agenouiller [aʒ(ə)nuje] : **s'~** vpr niederknien

agent [aʒɑ̃] nm (élément, facteur) (wirkende) Kraft f; **~ (de police)** Polizist(in) m(f)

agglomération [aglɔmeʀasjɔ̃] nf Ortschaft f

aggravation [agʀavasjɔ̃] nf Verschlimmerung f

aggraver [agʀave] vt verschlimmern

agile [aʒil] adj beweglich

agir [aʒiʀ] vi (se comporter) sich verhalten; (entrer en action) handeln; (avoir de l'effet) wirken

agitation [aʒitasjɔ̃] nf Bewegung f; (excitation) Erregung f • **agité, e** adj unruhig; (troublé, excité) aufgeregt, erregt; (mer) aufgewühlt • **agiter** vt (bouteille) schütteln; (préoccuper, exciter) beunruhigen

agneau [aɲo] nm Lamm nt

agonie [agɔni] nf Todeskampf m

agoniser [agɔnize] vi in den letzten Zügen liegen

agrafe [agʀaf] nf (de bureau) Heftklammer f; (de vêtement) Haken m • **agrafer** vt (feuilles de papier) zusammen)heften • **agrafeuse** nf Heftmaschine f

agraire [agʀɛʀ] adj Agrar-, landwirtschaftlich

agrandir [agʀɑ̃diʀ] vt vergrößern; (domaine, entreprise aussi) erweitern; **s'agrandir** vpr größer werden • **agrandissement** nm Vergrößerung f

agréable [agʀeabl] adj angenehm

agréé, e [agʀee] adj: **concessionnaire ~** Vertragshändler m

agrégation [agʀegasjɔ̃] nf höchste Lehramtsbefähigung f

agrégé, e [agʀeʒe] nm/f Lehrer(in) mit der höchsten Lehramtsbefähigung, der agrégation

agrément [agʀemɑ̃] nm (accord) Zustimmung f; (plaisir) Vergnügen nt

agresser [agʀese] vt angreifen • **agresseur** nm Angreifer(in) m(f)

• **agressif, -ive** *adj* aggressiv
• **agression** *nf* Aggression *f*;
(*attaque*) Angriff *m* • **agressivité**
nf Aggressivität *f*

agricole [agʀikɔl] *adj*
landwirtschaftlich

agriculteur, -trice
[agʀikyltœʀ, tʀis] *nm/f*
Landwirt(in) *m(f)*

agriculture [agʀikyltyʀ] *nf*
Landwirtschaft *f*

agripper [agʀipe] *vt, vr*: ~ **qch,
s'~ à qch** sich an etw *acc*
klammern

agroalimentaire [agʀoalimɑ̃tɛʀ]
(*pl* **agroalimentaires**) *adj*
Lebensmittel-

agrumes [agʀym] *nmpl*
Zitrusfrüchte *pl*

aguerrir [ageʀiʀ] *vt* abhärten,
stählen

aguets [agɛ] *nmpl*: **être aux ~**
auf der Lauer liegen

ah [ɑ] *excl* oh

ahuri, e [ayʀi] *adj* verblüfft

ahurissant, e [ayʀisɑ̃, ɑ̃t] *adj*
verblüffend

aide [ɛd] *nf* Hilfe *f* ▶ *nmf*
Assistent(in) *m(f)* • **aide-
mémoire** *m inv*
Gedächtnisstütze *f* • **aider** *vt*
helfen +*dat*

aide-soignant, e [ɛdswaɲɑ̃,
[ɑ̃t]] (*pl* **aides-soignants, es**)
nm/f Krankenpfleger(in) *m(f)*

aigle [ɛgl] *nm* Adler *m*

aigre [ɛgʀ] *adj* sauer, säuerlich
• **aigre-doux, -douce** (*pl*
aigres-doux, -douces) *adj*
süßsauer; (*propos*) säuerlich
• **aigreur** *nf* säuerlicher
Geschmack *m*; **~s d'estomac**

Sodbrennen *nt* • **aigri, e** *adj*
verbittert

aigu, -uë [egy] *adj* (*objet, angle,
arête*) spitz; (*son, voix*) hoch

aiguillage [eguijaʒ] *nm* Weiche *f*

aiguille [eguij] *nf* Nadel *f*; (*de
montre, compteur*) Zeiger *m*; **~ à
tricoter** Stricknadel *f*

aiguilleur [eguijœʀ] *nm*: **~ du
ciel** Fluglotse (Fluglotsin) *m(f)*

aiguillon [eguijɔ̃] *nm* Stachel *m*
• **aiguillonner** *vt* anspornen

aiguiser [egize] *vt* schleifen,
schärfen

ail [aj] *nm* Knoblauch *m*

aile [ɛl] *nf* Flügel *m*

aileron [ɛlʀɔ̃] *nm* (*de requin*) Flosse
f; (*d'avion*) Querruder *nt*

ailier [elje] *nm* Flügelspieler(in) *m(f)*

ailleurs [ajœʀ] *adv* woanders;
nulle part ~ nirgendwo anders

aimable [ɛmabl] *adj* freundlich

aimant, e [ɛmɑ̃, ɑ̃t] *nm*
Magnet *m*

aimer [eme] *vt* lieben; (*d'amitié,
affection*) mögen; **j'aime mieux
ou autant vous dire que** ich sage
Ihnen lieber, dass; **j'aimais
autant y aller maintenant** ich
würde jetzt lieber gehen

aine [ɛn] *nf* Leiste *f*

aîné, e [ene] *adj* älter ▶ *nm/f*
Älteste(r) *f(m)*

ainsi [ɛ̃si] *adv* so

air [ɛʀ] *nm* (*atmosphérique, ciel*) Luft
f; (*expression*) (Gesichts)ausdruck
m; (*mélodie*) Melodie *f*; **avoir l'~
triste** traurig aussehen

airbag [ɛʀbag] *nm* Airbag *m*;
~ conducteur/passager
Fahrer-/Beifahrerairbag *m*

aire [ɛʀ] nf Fläche f; (domaine)
Gebiet nt; **~ de jeu** Spielplatz m;
~ de lancement Abschussrampe
f; **~ de repos** Raststätte f,
Rastplatz m; **~ de
stationnement** Parkplatz m

aisance [ɛzɑ̃s] nf Leichtigkeit f;
(adresse) Geschicklichkeit f;
(richesse) Wohlstand m

aise [ɛz] nf: **être à l'~** ou **à son ~**
sich wohlfühlen

aisé, e [eze] adj (facile) leicht;
(assez riche) gut situiert
• **aisément** adv leicht

aisselle [ɛsɛl] nf Achselhöhle f

ajourner [aʒuʀne] vt vertagen

ajout [aʒu] nm Zusatz m
• **ajouter** vt hinzufügen

ajustement [aʒystəmɑ̃] nm (de
statistique, prix) Anpassung f

ajuster [aʒyste] vt (régler)
einstellen; **~ qch à** (adapter) etw
anpassen an +acc

alarmant, e [alaʀmɑ̃, ɑ̃t] adj
beunruhigend

alarme [alaʀm] nf (signal) Alarm m;
(inquiétude) Sorge f • **alarmer** vt
(inquiéter) beunruhigen; **s'alarmer**
vpr sich dat Sorgen machen

alarmiste [alaʀmist] adj Unheil
prophezeiend

albanais, e [albanɛ, ɛz] adj
albanisch ▶ nm/f: **A~, e**
Albaner(in) m(f)

Albanie [albani] nf: **l'~** Albanien nt

albatros [albatʀos] nm
Albatros m

albinos [albinos] nmf Albino m

album [albɔm] nm Album nt

albumine [albymin] nf Albumin
nt; **avoir** ou **faire de l'~** Eiweiß im
Urin haben

alcool [alkɔl] nm Alkohol m; **~ à
brûler** Brennspiritus m
• **alcoolique** adj alkoholisch ▶ nmf
Alkoholiker(in) m(f) • **alcoolisé, e**
adj (boisson) alkoholisch
• **alcoolisme** nm Alkoholismus m
• **alcootest®, actotest®** nm
Alkoholtest m

aléas [alea] nmpl Risiken pl

aléatoire [aleatwaʀ] adj zufällig;
(Inform, Stat) Zufalls-

alentour [alɑ̃tuʀ] adv in der
Umgebung; **alentours** nmpl
Umgebung f

alerte [alɛʀt] nf (signal) Alarm m
• **alerter** vt (pompiers etc)
alarmieren; (informer, prévenir)
(darauf) aufmerksam machen

Algérie [alʒeʀi] nf: **l'~** Algerien nt
• **algérien, ne** adj algerisch
▶ nm/f: **A~, ne** Algerier(in) m(f)

algorithme [algɔʀitm] nm
Algorithmus m

algue [alg] nf Alge f

alibi [alibi] nm Alibi nt

aliéné, e [aljene] nm/f
Geistesgestörte(r) f(m)

aligner [aliɲe] vt (mettre en ligne)
in einer Reihe ausrichten;
s'aligner vpr (concurrents) sich
aufstellen; **~ qch sur** etw
angleichen an +acc

aliment [alimɑ̃] nm
Nahrungsmittel nt • **alimentaire**
adj Nahrungs-; (emploi) lukrativ;
produits ou **denrées ~s**
Nahrungsmittel pl; **régime ~** Diät
f • **alimentation** nf Ernährung f;
(en eau, en électricité) Versorgung f;
« ~ générale » "Lebensmittel";
~ en papier Papiereinzug m
• **alimenter** vt ernähren

allaitement [alɛtmɑ̃] nm Stillen nt • allaiter vt stillen

allécher [aleʃe] vt anlocken

allée [ale] nf Allee f

allégé, e [aleʒe] adj leicht

alléger [aleʒe] vt leichter machen; (dette, impôt) senken; (souffrance) lindern

allégresse [a(l)legrɛs] nf Fröhlichkeit f

Allemagne [alman] nf: l'~ Deutschland nt • allemand, e adj deutsch ▶ nm (Ling) Deutsch nt ▶ nm/f: A~, e Deutsche(r) f(m)

aller [ale]

▶ vi 1 (se rendre) gehen; (en voiture, train etc) fahren; ~ à l'école in die Schule gehen; ~ voir/chercher qn jdn besuchen/abholen gehen

2 (état): il va bien/mal/mieux es geht ihm gut/schlecht/besser; comment allez-vous/vas-tu? wie geht es (Ihnen/dir)?; ça va? — oui, ça va wie gehts? — gut; ça va bien/mal es geht mir gut/nicht gut; tout va bien alles läuft bestens

3 (convenir) passen +dat; (suj: style, couleur etc) stehen +dat; cette robe vous va très bien dieses Kleid steht Ihnen sehr gut; cela me va das passt mir; ~ avec passen zu

4 (futur proche): je vais y ~/me fâcher/le faire ich werde hingehen/mich ärgern/das machen

▶ vpr: s'en ~ weggehen

▶ nm 1 (trajet) Hinweg m

2 (billet) einfache Fahrkarte f; ~ simple einfache Fahrkarte; ~ (et) retour Rückfahrkarte f

allergie [alɛrʒi] nf Allergie f • allergique adj: ~ à allergisch auf +acc

alliance [aljɑ̃s] nf Allianz f; (bague) Ehering m

allier [alje] vt verbünden

allô [alo] excl hallo

allocataire [alɔkatɛr] nmf Empfänger(in) m(f) (einer Beihilfe)

allocation [alɔkasjɔ̃] nf (action) Zuteilung f; ~ (de) chômage Arbeitslosenunterstützung f; ~s familiales Familienhilfe f

allocution [a(l)lɔkysjɔ̃] nf kurze Ansprache f

allonger [alɔ̃ʒe] vt verlängern; (bras, jambe) ausstrecken

allumage [alymaʒ] nm (Auto) Zündung f • allume-cigare nm inv Zigarrenanzünder m • allumer vt (lampe, radio) einschalten; ~ (la lumière ou l'électricité) das Licht anmachen; ~ un feu ein Feuer machen

allumette [alymɛt] nf Streichholz nt

allure [alyr] nf (vitesse) Geschwindigkeit f; (démarche) Gang m; (aspect) Aussehen nt

allusion [a(l)lyzjɔ̃] nf Anspielung f

alors [alɔr] adv (à ce moment-là) damals ▶ conj (par conséquent) dann

alouette [alwɛt] nf Lerche f

alourdir [alurdir] vt beschweren

alpage [alpaʒ] nm Alm f

Alpes [alp] *nfpl* : **les ~** die Alpen *pl*

alpestre [alpɛstʀ] *adj* alpin, Alpen-

alphabet [alfabɛ] *nm* Alphabet *nt*
• **alphabétique** *adj* alphabetisch; **par ordre ~** in alphabetischer Reihenfolge

alphanumérique [alfanymeʀik] *adj* alphanumerisch

alpin, e [alpɛ̃, in] *adj* Alpen-, alpin; **club ~** Alpenverein *m*

alpinisme [alpinism] *nm* Bergsteigen *nt* • **alpiniste** *nmf* Bergsteiger(in) *m(f)*

Alsace [alzas] *nf* : **l'~** das Elsass
• **alsacien, ne** *adj* elsässisch ▸ *nm/f* : **A~, ne** Elsässer(in) *m(f)*

altercation [altɛʀkasjõ] *nf* (heftige) Auseinandersetzung *f*

altérer [alteʀe] *vt* (faits) (ab)ändern; (vérité) verdrehen; (qualité) beeinträchtigen

altermondialisme [altɛʀmõdjalism] *nm* alternative Globalisierung *f*
• **altermondialiste** *nmf* Globalisierungskritiker(in) *m(f)* ▸ *adj* globalisierungskritisch

alternance [altɛʀnɑ̃s] *nf* Abwechseln *nt*; **en ~** abwechselnd

alternatif, -ive [altɛʀnatif, iv] *adj* wechselnd; **courant ~** Wechselstrom *m* • **alternative** *nf* Alternative *f* • **alternativement** *adv* abwechselnd

alterner [altɛʀne] *vi* sich abwechseln; **~ avec qch** sich mit etw abwechseln

altiste [altist] *nmf* Bratschist(in) *m(f)*

altitude [altityd] *nf* Höhe *f* (über dem Meeresspiegel)

alto [alto] *nm* (instrument) Bratsche *f* ▸ *nf* (chanteuse) Altistin *f*

aluminium [alyminjɔm] *nm* Aluminium *nt*

amabilité [amabilite] *nf* Liebenswürdigkeit *f*

amadouer [amadwe] *vt* beschwichtigen

amalgame [amalgam] *nm* Amalgam *nt*; (de gens, d'idées) Mischung *f*

amande [amɑ̃d] *nf* Mandel *f*
• **amandier** *nm* Mandelbaum *m*

amant, e [amɑ̃, ɑ̃t] *nm/f* Geliebte(r) *f(m)*

amarrer [amaʀe] *vt* (Naut) festmachen

amas [amɑ] *nm* Haufen *m*
• **amasser** *vt* anhäufen

amateur [amatœʀ] *nm* Amateur(in) *m(f)*; **~ de musique/ de sport** Musik-/Sportfreund(in) *m(f)*

Amazone [amazon] *nf* Amazonas *m*

ambassade [ɑ̃basad] *nf* Botschaft *f* • **ambassadeur, -drice** *nm/f* Botschafter(in) *m(f)*

ambiance [ɑ̃bjɑ̃s] *nf* Atmosphäre *f*

ambiant, e [ɑ̃bjɑ̃, jɑ̃t] *adj* umgebend

ambigu, -uë [ɑ̃bigy] *adj* zweideutig • **ambiguïté** *nf* Doppeldeutigkeit *f*

ambitieux, -euse [ɑ̃bisjø, jøz] *adj* ehrgeizig

ambition [ɑ̃bisjõ] *nf* Ehrgeiz *m*
• **ambitionner** *vt* anstreben

ambivalent, e [ɑ̃bivalɑ̃, ɑ̃t] *adj*
ambivalent

ambre [ɑ̃bʀ] *nm* : **~ jaune**
Bernstein m ; **~ gris** Amber m

ambulance [ɑ̃bylɑ̃s] *nf*
Krankenwagen m • **ambulancier,
-ière** *nm/f* Sanitäter(in) m(f)

ambulant, e [ɑ̃bylɑ̃, ɑ̃t] *adj*
Wander-

ambulatoire [ɑ̃bylatwaʀ] *adj*
(Méd) ambulant

âme [ɑm] *nf* Seele f

amélioration [ameljɔʀasjɔ̃] *nf*
Verbesserung f • **améliorer** *vt*
verbessern ; **s'améliorer** *vpr*
besser werden

aménagement [amenaʒmɑ̃]
nm Einrichtung f • **aménager** *vt*
einrichten ; (espace, terrain)
anlegen

amende [amɑ̃d] *nf* Geldstrafe f

amendement [amɑ̃dmɑ̃] *nm*
Gesetzesänderung f

amender [amɑ̃de] *vt* (loi)
ändern ; **s'amender** *vpr* sich
bessern

amener [am(ə)ne] *vt* mitbringen ;
(occasionner) mit sich führen

amer, amère [amɛʀ] *adj* bitter

américain, e [ameʀikɛ̃, ɛn] *adj*
amerikanisch ▸ *nm/f* : **A~, e**
Amerikaner(in) m(f) • **Amérique**
nf Amerika nt ; **l'~ centrale**
Zentralamerika nt ; **l'~ latine**
Lateinamerika nt ; **l'~ du Nord/
du Sud** Nord-/Südamerika nt

amertume [amɛʀtym] *nf*
Bitterkeit f

ameublement [amœblǝmɑ̃]
nm Einrichtung f

ameuter [amøte] *vt* (attrouper)
zusammenlaufen lassen

ami, e [ami] *nm/f* Freund(in) m(f) ;
(réseaux sociaux): **ajouter qn à sa
liste d'~s** jn zu seiner
Freundesliste hinzufügen ;
supprimer qn de sa liste d'~s jn
aus der Freundesliste löschen ;
petit ~/petite ~e Liebchen nt

amiable [amjabl] *adj* : **à l'~**
gütlich

amiante [amjɑ̃t] *nm* Asbest m

amical, e, -aux [amikal, o] *adj*
(conseil, attitude) freundschaftlich

amidon [amidɔ̃] *nm* Stärke f
• **amidonner** *vt* stärken

amincir [amɛ̃siʀ] *vt* (objet) dünn
machen ; (personne) schlank
machen ; **s'amincir** *vpr* (personne)
schlanker werden

amiral, -aux [amiʀal, o] *nm*
Admiral m

amitié [amitje] *nf* Freundschaft f ;
faire ses ~s à qn jdm herzliche
Grüße übermitteln ou ausrichten

ammoniac [amɔnjak] *nm*
Ammoniak m

ammoniaque [amɔnjak] *nf*
Salmiakgeist m

amnésie [amnezi] *nf*
Gedächtnisverlust m

amnistie [amnisti] *nf* Amnestie f
• **amnistier** *vt* amnestieren

amoindrir [amwɛ̃dʀiʀ] *vt*
vermindern

amont [amɔ̃] *adv* : **en ~**
stromaufwärts ; (sur une pente)
bergauf

amorce [amɔʀs] *nf* (sur un hameçon)
Köder m ; (explosif) Zünder m
• **amorcer** *vt* (négociations) in die
Wege leiten ; (virage) anfahren ;
~ un hameçon einen Köder an
den Angelhaken hängen

amortir [amɔʀtiʀ] *vt (choc, bruit)* dämpfen • **amortissement** *nm (de choc)* Dämpfen *nt*; *(d'une dette)* Abbezahlen *nt* • **amortisseur** *nm (Auto)* Stoßdämpfer *m*

amour [amuʀ] *nm* Liebe *f*; **faire l'~** sich lieben

amoureux, -euse [amuʀø, øz] *adj* verliebt; *(vie)* Liebes-

amour-propre [amuʀpʀɔpʀ] *(pl* **amours-propres)** *nm* Selbstachtung *f*

amovible [amɔvibl] *adj* abnehmbar

amphi [ãfi] *nm* Hörsaal *m*

amphithéâtre [ãfiteatʀ] *nm* Amphitheater *nt*; *(Univ)* Hörsaal *m*

ample [ãpl] *adj (vêtement)* weit • **ampleur** *nf* Weite *f*

amplificateur [ãplifikatœʀ] *nm* Verstärker *m*

amplifier [ãplifje] *vt (son, oscillation)* verstärken; *(importance, quantité)* vergrößern

amplitude [ãplityd] *nf (Phys)* Amplitude *f*; *(des températures)* Schwankung *f*

ampoule [ãpul] *nf (Élec)* (Glüh)birne *f*; *(de médicament)* Ampulle *f*; *(aux mains, pieds)* Blase *f*

amputer [ãpyte] *vt (Méd)* amputieren; *(texte, budget)* drastisch kürzen

amusant, e [amyzã, ãt] *adj* komisch; *(jeu)* unterhaltsam

amuse-gueule [amyzgœl] *nm inv* Appetithappen *m*

amusement [amyzmã] *nm (hilarité)* Belustigung *f*; *(jeu, divertissement)* Unterhaltung *f*

• **amuser** *vt (divertir)* unterhalten; *(faire rire)* belustigen; **s'amuser** *vpr (jouer)* spielen; *(se divertir)* sich amüsieren

amygdale [amidal] *nf*: **opérer qn des ~s** jdm die Mandeln herausnehmen • **amygdalite** *nf* Mandelentzündung *f*

an [ã] *nm* Jahr *nt*

anabolisants [anabɔlizã] *nmpl* Anabolika *pl*

anachronique [anakʀɔnik] *adj* nicht zeitgemäß, anachronistisch

analgésique [analʒezik] *nm* Schmerzmittel *nt*

allergique [alɛʀʒik] *adj* antiallergisch

analogie [analɔʒi] *nf* Analogie *f*

analogique [analɔʒik] *adj* analog; **calculateur ~** Analogrechner *m*

analogue [analɔg] *adj* analog

analyse [analiz] *nf* Analyse *f*; **~ syntaxique** *(Ling)* Satzanalyse *f* • **analyser** *vt* analysieren • **analyste** *nmf (Psych)* Analytiker(in) *m(f)* • **analytique** *adj* analytisch

ananas [anana(s)] *nm* Ananas *f*

anarchie [anaʀʃi] *nf* Anarchie *f*

anatomie [anatɔmi] *nf* Anatomie *f*

ancestral, e, -aux [ãsɛstʀal, o] *adj* Ahnen-

ancêtre [ãsɛtʀ] *nmf* Vorfahr *m*; **ancêtres** *nmpl* Vorfahren *pl*

anchois [ãʃwa] *nm* Sardelle *f*

ancien, ne [ãsjẽ, jɛn] *adj* alt; *(de l'antiquité)* antik; *(précédent)* ehemalig • **ancienneté** *nf* Alter *nt*; *(temps de service)* Dienstalter *nt*

ancre [ɑ̃kʀ] nf Anker m • **ancrer** vt verankern; **s'ancrer** vpr Anker werfen

Andorre [ɑ̃dɔʀ] nf Andorra nt

andouille [ɑ̃duj] nf Art Wurst (mit Innereien); (fam) Trottel m

andouillette [ɑ̃dujɛt] nf Art Würstchen (mit Innereien)

âne [ɑn] nm Esel m

anéantir [aneɑ̃tiʀ] vt vernichten

anecdote [anɛkdɔt] nf Anekdote f

anémie [anemi] nf Anämie f • **anémique** adj anämisch

anémone [anemɔn] nf Anemone f

anesthésie [anɛstezi] nf Betäubung f; **~ générale** Vollnarkose f; **~ locale** örtliche Betäubung

ange [ɑ̃ʒ] nm Engel m

angine [ɑ̃ʒin] nf Angina f; **~ de poitrine** Angina pectoris f

anglais, e [ɑ̃glɛ, ɛz] adj englisch ▶ nm/f: **A~, e** Engländer(in) m(f)

angle [ɑ̃gl] nm Winkel m; **~ aigu** spitzer Winkel; **~ droit** rechter Winkel; **~ obtus** stumpfer Winkel

Angleterre [ɑ̃glətɛʀ] nf: **l'~** England nt

anglophone [ɑ̃glɔfɔn] adj englischsprachig

angoisse [ɑ̃gwas] nf Angst f; **avoir des ~s** Ängste ausstehen • **angoisser** vt beängstigen

Angola [ɑ̃gɔla] nm: **l'~** Angola nt

angora [ɑ̃gɔʀa] adj Angora- ▶ nm Angorawolle f

anguille [ɑ̃gij] nf Aal m

anguleux, -euse [ɑ̃gylø, øz] adj kantig

animal, e, -aux [animal, o] nm Tier nt

animateur, -trice [animatœʀ, tʀis] nm/f (TV, de music-hall) Conférencier m; (de groupe) Leiter(in) m(f), Animateur m

animation [animasjɔ̃] nf (de rue) Belebtheit f; (Ciné) Animation f

animer [anime] vt (donner de la vie à) beleben; (mener) leiten

animosité [animozite] nf Feindseligkeit f

anis [ani(s)] nm Anis m

ankyloser [ɑ̃kiloze]: **s'~** vpr steif werden

annales [anal] nfpl Annalen pl

anneau, x [ano] nm Ring m; (de chaîne) Glied nt

année [ane] nf Jahr nt; **~ scolaire/fiscale** Schuljahr/ Finanzjahr nt

annexe [anɛks] nf (bâtiment) Anbau m; (de document, ouvrage) Anhang m • **annexer** vt (pays) annektieren; **~ qch à** (document) etw anhängen an +acc

annihiler [aniile] vt vernichten

anniversaire [anivɛʀsɛʀ] nm Geburtstag m; (d'un événement, bâtiment) Jahrestag m

annonce [anɔ̃s] nf (avis) Ankündigung f; (aussi: **annonce publicitaire**) Anzeige f • **annoncer** vt ankündigen

annotation [anɔtasjɔ̃] nf Randbemerkung f

annuaire [anɥɛʀ] nm Jahrbuch nt; **~ téléphonique** Telefonbuch nt

annuel, le [anɥɛl] adj jährlich

annulaire [anylɛʀ] nm Ringfinger m

annulation [anylasjɔ̃] nf (d'un rendez-vous) Absagen nt; (d'un voyage) Stornieren nt; (d'un contrat) Annullieren nt

annuler [anyle] vt (rendez-vous) absagen; (voyage) stornieren

anodin, e [anɔdɛ̃, in] adj unbedeutend

anomalie [anɔmali] nf Anomalie f

anonymat [anɔnima] nm Anonymität f

anonyme [anɔnim] adj anonym; (sans caractère) unpersönlich

anorak [anɔʀak] nm Anorak m

anorexie [anɔʀɛksi] nf Magersucht f • **anorexique** adj magersüchtig

anse [ɑ̃s] nf Henkel m

antarctique [ɑ̃taʀktik] adj antarktisch ▶ nm : l'A~ die Antarktis f

antécédent [ɑ̃tesedɑ̃] nm (Ling) Bezugswort nt; **antécédents** nmpl (Méd) Vorgeschichte f

antenne [ɑ̃tɛn] nf Antenne f

antérieur, e [ɑ̃teʀjœʀ] adj (d'avant) vorhergehend; (de devant) vordere(r, s); ~ à vor +dat

anthologie [ɑ̃tɔlɔʒi] nf Anthologie f

anthracite [ɑ̃tʀasit] nm Anthrazit m

anti [ɑ̃ti] préf anti • **antiatomique** adj : **abri ~** Atomschutzbunker m • **antibiotique** nm Antibiotikum nt ▶ adj antibiotisch • **antibrouillard** adj inv : **phare ~** Nebelscheinwerfer m • **antibruit** adj inv : **mur ~** Lärmschutzmauer f

anticipation [ɑ̃tisipasjɔ̃] nf Vorwegnahme f; **par ~** (rembourser etc) im Voraus; **livre d'~** Zukunftsroman m; **film d'~** Science-Fiction-Film m • **anticipé, e** adj Voraus- • **anticiper** vt vorausnehmen; (en imaginant) vorausahnen

anticoagulant, e [ɑ̃tikɔagylɑ̃, ɑ̃t] adj gerinnungshemmend • **anticorps** nm Antikörper m

anticyclone [ɑ̃tisiklɔn] nm Antizyklon m

antidémarrage [ɑ̃tidemaʀaʒ] nm Wegfahrsperre f • **antidopage** adj : **contrôle ~** Dopingkontrolle f • **antidote** nm Gegenmittel nt • **antigang** adj inv : **brigade ~** Truppe zur Bekämpfung des Bandenunwesens • **antigel** nm Frostschutzmittel nt • **antihistaminique** nm Antihistamin nt • **anti-inflammatoire** nm entzündungshemmendes Mittel nt

Antilles [ɑ̃tij] nfpl Antillen pl

antilope [ɑ̃tilɔp] nf Antilope f

antinucléaire [ɑ̃tinykleɛʀ] adj Antikernkraft-; **manifestation ~** Demonstration f von Kernkraftgegnern

antipathique [ɑ̃tipatik] adj unsympathisch

antipollution [ɑ̃tipɔlysjɔ̃] adj umweltfreundlich, Umweltschutz-

antiquaire [ɑ̃tikɛʀ] nmf Antiquar(in) m(f)

antique [ɑ̃tik] adj antik; (très vieux) uralt

antiquité [ɑ̃tikite] nf Antiquität f; l'A~ die Antike; **magasin d'~s** Antiquitätengeschäft nt

antirides [ãtiʀid] adj gegen Falten, Falten-

antisémite [ãtisemit] adj antisemitisch • **antisémitisme** nm Antisemitismus m

antiseptique [ãtisɛptik] adj antiseptisch

antisocial, e, -aux [ãtisɔsjal, jo] adj unsozial

antitabac [ãtitaba] adj inv gegen das Rauchen

antivirus [ãtiviʀys] nm (Inform) Antivirensoftware f

antivol [ãtivɔl] nm, adj : **(dispositif) ~** Diebstahlsicherung f

antre [ãtʀ] nm Höhle f

anus [anys] nm Anus m

anxiété [ãksjete] nf Bangigkeit f

anxieux, -euse [ãksjø, jøz] adj ängstlich

aorte [aɔʀt] nf Aorta f

août [u(t)] nm August m • **aoûtien, ne** nm/f Person, die im August in Urlaub geht

apaisement [apɛzmã] nm Beruhigung f

apaiser [apeze] vt beruhigen; (douleur) lindern

apathie [apati] nf Apathie f • **apathique** adj apathisch

apatride [apatʀid] nmf Staatenlose(r) f(m)

apercevoir [apɛʀsəvwaʀ] vt sehen, erblicken; (saisir) bemerken; **s'apercevoir** vpr : **s'~ de** bemerken

aperçu [apɛʀsy] nm (vue d'ensemble) Überblick m; (idée) Einsicht f

apéritif, -ive [apeʀitif, iv] nm (boisson) Aperitif m ▸ adj appetitanregend

aphone [afɔn] adj völlig heiser; (Ling) stimmlos

aphrodisiaque [afʀɔdizjak] adj aphrodisisch ▸ nm Aphrodisiakum nt

aphte [aft] nm Bläschen nt auf der Mundschleimhaut

aphteuse [aftøz] adj : **fièvre ~** Maul- und Klauenseuche f

apiculteur, -trice [apikyltœʀ, tʀis] nm/f Imker(in) m(f) • **apiculture** nf Imkerei f

apitoyer [apitwaje] vt (zu Mitleid) rühren

aplanir [aplaniʀ] vt (surface) einebnen

aplatir [aplatiʀ] vt flach machen

aplomb [aplɔ̃] nm (sang-froid) Sicherheit f; **d'~** (mur) senkrecht

apoplexie [apɔplɛksi] nf Schlaganfall m

apostrophe [apɔstʀɔf] nf (signe) Apostroph m; (interpellation) (rüde) Zwischenbemerkung f

apôtre [apotʀ] nm Apostel m

apparaître [apaʀɛtʀ] vi erscheinen

appareil [apaʀɛj] nm Apparat m; **~ photo(graphique)** Fotoapparat m

appareiller [apaʀeje] vi (Naut) ablegen

apparemment [apaʀamã] adv anscheinend • **apparence** nf Anschein m • **apparent, e** adj (visible) sichtbar; (évident) offensichtlich; (illusoire, superficiel) anscheinend; **coutures ~es** sichtbare (Zier)nähte pl;

poutres/pierres ~es frei ou offen liegende Balken/Mauersteine

apparenté, e [aparɑ̃te] *adj* verwandt mit

apparition [aparisjɔ̃] *nf* Erscheinen *nt*

appartement [apartəmɑ̃] *nm* Wohnung *f*

appartenance [apartənɑ̃s] *nf* : **~ à** Zugehörigkeit zu

appartenir [apartənir] : **~ à** *vt* gehören +*dat*

appât [apɑ] *nm* Köder *m*

appel [apɛl] *nm* (*cri, interpellation*) Ruf *m*; (*incitation, Tél*) Anruf *m*; (*Inform*) Aufruf *m*; (*nominal*) (namentlicher) Aufruf *m*
• **appeler** *vt* rufen; (*Tél*) anrufen; (*qualifier*) nennen; **s'appeler** *vpr* heißen; **comment ça s'appelle ?** wie heißt das? • **appellation** *nf* Bezeichnung *f*

appendice [apɛ̃dis] *nm* (*Anat*) Blinddarm *m*; (*d'un livre*) Anhang *m*

appendicite [apɛ̃disit] *nf* Blinddarmentzündung *f*

appétissant, e [apetisɑ̃, ɑ̃t] *adj* appetitlich, appetitanregend

appétit [apeti] *nm* Appetit *m*; **bon ~ !** guten Appetit!

applaudir [aplodir] *vi* klatschen
• **applaudissements** *nmpl* Beifall *m*

appli [apli] *nf* App *f*

applicable [aplikabl] *adj* anwendbar

application [aplikasjɔ̃] *nf* (*aussi Inform*) Anwendung *f*; (*de papier peint etc*) Anbringen *nt*; (*attention*) Fleiß *m*; **mettre en ~** anwenden

applique [aplik] *nf* Wandlampe *f*

appliqué, e [aplike] *adj* (*élève, ouvrier*) fleißig

appliquer [aplike] *vt* anwenden; (*poser*) anbringen; **s'appliquer** *vpr* (*élève, ouvrier*) sich anstrengen

appoint [apwɛ̃] *nm* : **faire l'~** (*en payant*) mit abgezähltem Geld bezahlen

apport [apɔr] *nm* Beitrag *m*

apporter [apɔrte] *vt* bringen

appréciation [apresjasjɔ̃] *nf* (*d'immeuble, de distance etc*) Schätzung *f*; (*de situation, personne*) Einschätzung *f*

apprécier [apresje] *vt* (*personne*) schätzen; (*distance*) abschätzen

appréhender [apreɑ̃de] *vt* (*craindre*) fürchten; (*arrêter*) festnehmen

appréhension [apreɑ̃sjɔ̃] *nf* (*crainte*) Angst *f*

apprendre [aprɑ̃dr] *vt* lernen; (*nouvelle*) erfahren; **~ qch à qn** (*informer*) jdm etw mitteilen; (*enseigner*) jdm etw beibringen

apprenti, e [aprɑ̃ti] *nm/f* Lehrling *m*, Auszubildende(r) *f(m)*
• **apprentissage** *nm* Lehre *f*

apprivoiser [aprivwaze] *vt* zähmen

approbation [aprɔbasjɔ̃] *nf* Zustimmung *f*

approche [aprɔʃ] *nf* (*d'un problème*) Angehen *nt*
• **approcher** *vi* sich nähern; (*vacances, date*) nahen, näher rücken; **s'approcher de** *vpr* sich nähern +*dat*

approfondir [aprɔfɔ̃dir] *vt* vertiefen

approprié, e [aprɔprije] *adj* : **~ à** angemessen +*dat*

approprier [apROpRije] :
s'approprier vpr sich dat
aneignen

approuver [apRuve] vt (loi)
annehmen; (projet) genehmigen;
(être d'accord avec) zustimmen +dat

approvisionnement
[apRovizjɔnmã] nm Belieferung f;
(provisions) Vorräte pl

approvisionner [apRovizjɔne]
vt beliefern, versorgen; (compte
bancaire) auffüllen

approximatif, -ive
[apRɔksimatif, iv] adj ungefähr

appt abr = **appartement**

appui [apɥi] nm (fig)
Unterstützung f; **prendre ~
sur** sich stützen auf +acc
• **appuyer** vt (soutenir)
unterstützen; **s'appuyer** vpr :
s'~ sur sich stützen auf +acc;
~ sur drücken auf +acc; (frein)
betätigen

âpre [ɑpR] adj herb; (voix) rau;
(discussion, lutte) erbittert

après [apRe] prép nach +dat ▶ adv
danach; **~ coup** hinterher
• **après-demain** adv übermorgen
• **après-guerre** (pl **après-
guerres**) nm Nachkriegszeit f; **d'~**
Nachkriegs- • **après-midi** nm inv
ou nf inv Nachmittag m
• **après-rasage** (pl **après-
rasages**) nm Aftershave nt
• **après-shampo(o)ing** nm
Haarspülung f • **après-ski** (pl
après-skis) nm (chaussure)
Après-Ski-Stiefel m • **après-soleil**
nm After-Sun-Lotion f
• **après-vente** adj inv : **service ~**
Kundendienst m

à-propos [apRopo] nm inv (d'une
remarque) Schlagfertigkeit f;

faire preuve d'~ seine
Geistesgegenwart beweisen

apte [apt] adj : **~ à qch** zu etw
fähig; (Mil) tauglich • **aptitude** nf
Fähigkeit f; **avoir des ~s pour**
eine Begabung haben für

aquarelle [akwaRɛl] nf
Aquarellmalerei f; (tableau)
Aquarell nt

aquarium [akwaRjɔm] nm
Aquarium nt

aquatique [akwatik] adj
Wasser-

aqueduc [ak(ə)dyk] nm
Aquädukt nt

arabe [aRab] adj arabisch ▶ nm
(Ling) Arabisch nt ▶ nmf : **A~**
Araber(in) m(f)

Arabie [aRabi] nf : **l'~ Saoudite**
Saudi-Arabien nt

arachide [aRaʃid] nf Erdnuss f

araignée [aRɛɲe] nf Spinne f

arbitrage [aRbitRaʒ] nm (de
match, de conflit) Schlichtung f;
(de débat) Gesprächsführung f;
erreur d'~ Schiedsrichterirrtum m

arbitraire [aRbitRɛR] adj
willkürlich

arbitre [aRbitR] nm Schlichter m;
(Sport) Schiedsrichter(in) m(f)

arbitrer [aRbitRe] vt (conflit)
schlichten; (débat, confrontation)
die Gesprächsführung haben bei;
(Sport) als Schiedsrichter leiten

arborer [aRbɔRe] vt (drapeau,
enseigne) gehisst haben;
(vêtement, chapeau, attitude) zur
Schau stellen

arbre [aRbR] nm Baum m; **~ de
transmission** Kardanwelle f

arbuste [aRbyst] nm Strauch m

arc [aRk] nm Bogen m

arcade [aʀkad] *nf* Arkade *f*;
~ sourcilière
Augenbrauenbogen *m*

arc-en-ciel [aʀkɑ̃sjɛl] (*pl*
arcs-en-ciel) *nm* Regenbogen *m*

archaïque [aʀkaik] *adj*
archaisch, veraltet

archéologie [aʀkeɔlɔʒi] *nf*
Archäologie *f*

archer [aʀʃe] *nm* Bogenschütze *m*

archet [aʀʃɛ] *nm* (*Mus*) Bogen *m*

archevêque [aʀʃəvɛk] *nm*
Erzbischof *m*

archipel [aʀʃipɛl] *nm* Archipel *m*

architecte [aʀʃitɛkt] *nm*
Architekt(in) *m(f)* • **architecture**
nf Architektur *f*

archives [aʀʃiv] *nfpl* Archiv *nt*

arctique [aʀktik] *adj* arktisch
▶ *nm*: **l'A~** die Arktis *f*

ardent, e [aʀdɑ̃, ɑ̃t] *adj* glühend
• **ardeur** *nf* Glut *f*

ardoise [aʀdwaz] *nf* (*matière*)
Schiefer *m*

ardu, e [aʀdy] *adj* schwierig

arène [aʀɛn] *nf* Arena *f*;
arènes *nfpl* (*de corrida*)
Stierkampfarena *f*

arête [aʀɛt] *nf* (*de poisson*)
Gräte *f*

argent [aʀʒɑ̃] *nm* (*métal*) Silber *nt*;
(*monnaie*) Geld *nt*; **~ liquide**
Bargeld *nt* • **argenterie** *nf*
Silber *nt*

argentin, e [aʀʒɑ̃tɛ̃, in] *adj*
(*d'Argentine*) argentinisch
• **Argentine** *nf*: **l'~** Argentinien *nt*

argentique [aʀʒɑ̃tik] *adj*
(*appareil-photo*) Analog-

argile [aʀʒil] *nf* Ton *m*

argot [aʀgo] *nm* ≈ Slang *m*

argument [aʀgymɑ̃] *nm*
Argument *nt* • **argumentaire** *nm*
(*brochure*) (Verkaufs)broschüre *f*

argus [aʀgys] *nm* Zeitschrift *mit*
Preisen für Gebrauchtwagen

aride [aʀid] *adj* trocken

aristocrate [aʀistɔkʀat] *nmf*
Aristokrat(in) *m(f)* • **aristocratie**
nf Aristokratie *f*

armateur [aʀmatœʀ] *nm*
Reeder *m*

armature [aʀmatyʀ] *nf* Gerüst *nt*

arme [aʀm] *nf* Waffe *f*

armé, e [aʀme] *adj* bewaffnet;
~ de (*garni, équipé*) versehen mit

armée [aʀme] *nf* Armee *f*

armement [aʀməmɑ̃] *nm*
Bewaffnung *f*, Waffen *pl*

armer [aʀme] *vt* bewaffnen

armistice [aʀmistis] *nm*
Waffenstillstand *m*

armoire [aʀmwaʀ] *nf* Schrank *m*

armoiries [aʀmwaʀi] *nfpl*
Wappen *nt*

armure [aʀmyʀ] *nf* Rüstung *f*

arnaque [aʀnak] (*fam*) *nf*: **c'est
de l'~** das ist (doch) Betrug

arobase [aʀɔbaz] *nf* At-Zeichen
nt, Klammeraffe *m*

aromatique [aʀɔmatik] *adj*
aromatisch

arôme [aʀom] *nm* Aroma *nt*

arpenteur [aʀpɑ̃tœʀ] *nm*
Landvermesser *m*

arracher [aʀaʃe] *vt* herausziehen;
(*dent*) ziehen; (*souche, page etc*)
herausreißen

arrangeant, e [aʀɑ̃ʒɑ̃, ɑ̃t] *adj*
verträglich

arranger [aʀɑ̃ʒe] *vt* (*appartement
etc*) einrichten; (*rendez-vous,*

rencontre) vereinbaren; (*voyage*) organisieren; **s'arranger** *vpr* (*se mettre d'accord*) sich einigen

arrestation [aʀɛstasjɔ̃] *nf* Festnahme *f*

arrêt [aʀɛ] *nm* (*de projet, construction*) Einstellung *f*; (*de croissance, hémorragie, trafic*) Stillstand *m*; (*de bus etc*) Haltestelle *f*; **sans ~** ununterbrochen

arrêter [aʀete] *vt* anhalten; (*projet, construction*) einstellen; (*suspect, criminel*) festnehmen; **s'arrêter** *vpr* stehen bleiben; (*pluie, bruit*) aufhören; **~ de faire qch** aufhören, etw zu tun

arrhes [aʀ] *nfpl* Anzahlung *f*

arrière [aʀjɛʀ] *adj inv* : **feu/siège ~** Rücklicht *nt*/ Rücksitz *m* ▶ *nm* (*d'une voiture*) Heck *nt*; **roue ~** Hinterrad *nt*; **en ~** rückwärts

arrière- [aʀjɛʀ] *préf* Hinter-, Nach-, **arrière-goût** (*pl* **arrière-goûts**) Nachgeschmack *m* • **arrière-grand-mère** (*pl* **arrière-grands-mères**) *nf* Urgroßmutter *f* • **arrière-grand-père** (*pl* **arrière-grands-pères**) *nm* Urgroßvater *m* • **arrière-pays** *nm inv* Hinterland *nt* • **arrière-pensée** (*pl* **arrière-pensées**) *nf* Hintergedanke *m* • **arrière-plan** (*pl* **arrière-plans**) *nm* Hintergrund *m*

arrimer [aʀime] *vt* (*chargement*) festzurren

arrivage [aʀivaʒ] *nm* Eingang *m*

arrivée [aʀive] *nf* Ankunft *f*

arriver [aʀive] *vi* ankommen; (*survenir*) geschehen, sich

ereignen; **j'arrive à faire qch** es gelingt mir, etw zu tun

arriviste [aʀivist] *nmf* Streber *m*

arrobase *nf* = **arobase**

arrogance [aʀɔgɑ̃s] *nf* Arroganz *f* • **arrogant, e** *adj* arrogant

arroger [aʀɔʒe] : **s'~** *vpr* sich *dat* anmaßen

arrondir [aʀɔ̃diʀ] *vt* (*forme, objet*) runden; (*somme : en augmentant*) aufrunden; (: *en diminuant*) abrunden

arrondissement [aʀɔ̃dismɑ̃] *nm* ≈ Verwaltungsbezirk *m*

arroser [aʀoze] *vt* gießen; (*Culin : fêter*) begießen • **arrosoir** *nm* Gießkanne *f*

arsenal, -aux [aʀsənal, o] *nm* (*dépôt d'armes*) Waffenlager *nt*, Arsenal *nt*; (*Naut*) Marinewerft *f*; (*matériel*) Ausrüstung *f*

art [aʀ] *nm* Kunst *f*

artère [aʀtɛʀ] *nf* Arterie *f*; (*rue*) Verkehrsader *f*

arthrite [aʀtʀit] *nf* Arthritis *f*

arthrose [aʀtʀoz] *nf* Arthrose *f*

artichaut [aʀtiʃo] *nm* Artischocke *f*

article [aʀtikl] *nm* Artikel *m*

articulation [aʀtikylasjɔ̃] *nf* (*Anat*) Gelenk *nt* • **articuler** *vt* (*mot, phrase*) aussprechen

artifice [aʀtifis] *nm* Trick *m*

artificiel, le [aʀtifisjɛl] *adj* künstlich

artisan [aʀtizɑ̃] *nm* Handwerker(in) *m(f)* • **artisanal, e, -aux** *adj* handwerklich • **artisanat** *nm* Handwerk *nt*

artiste [aʀtist] *nmf* Künstler(in) *m(f)* • **artistique** *adj* künstlerisch

as [ɑs] nm Ass nt

ascendant, e [asɑ̃dɑ̃, ɑ̃t] adj
aufsteigend ▶ nm (Astrol)
Aszendent m; (influence)
Einfluss m

ascenseur [asɑ̃sœʀ] nm
Aufzug m

ascension [asɑ̃sjɔ̃] nf
Besteigung f; (d'un ballon etc)
Aufstieg m; **l'A~** (Christi)
Himmelfahrt f

asiatique [azjatik] adj asiatisch
▶ nmf: **A~** Asiat m, Asiatin f

Asie [azi] nf: **l'~** Asien nt

asile [azil] nm Zuflucht f; (Pol)
Asyl nt; (pour malades mentaux)
Anstalt f, Heim nt; **droit d'~**
Asylrecht nt

aspect [aspɛ] nm (apparence, air)
Aussehen nt; (point de vue) Aspekt
m, Gesichtspunkt m

asperge [aspɛʀʒ] nf Spargel m

asperger [aspɛʀʒe] vt bespritzen

asphyxie [asfiksi] nf Ersticken nt
• **asphyxier** vt ersticken; (fig)
lähmen

aspic [aspik] nm (Zool) Natter f;
(Culin) Sülze f

aspirateur [aspiʀatœʀ] nm
Staubsauger m; **passer l'~**
staubsaugen

aspiration [aspiʀasjɔ̃] nf (d'air)
Einatmen nt; (de liquide, poussière
etc) Aufsaugen nt; **~s** (ambitions)
Ziele pl • **aspirer** vt (respirer)
einatmen; **~ à qch** nach etw
streben

aspirine [aspiʀin] nf Aspirin ®

assagir [asaʒiʀ]: **s'assagir** vpr
ruhiger werden

assaillir [asajiʀ] vt angreifen;
~ qn de jdn überschütten mit

assaisonnement [asɛzɔnmɑ̃]
nm Gewürz nt • **assaisonner** vt
(plat) würzen; (salade)
anmachen

assassin [asasɛ̃] nm Mörder m
• **assassinat** nm Ermordung f
• **assassiner** vt ermorden

assaut [aso] nm (Mil)
Sturmangriff m; **prendre d'~**
stürmen

assécher [aseʃe] vt trockenlegen

assemblée [asɑ̃ble] nf
Versammlung f • **assembler** vt
zusammensetzen; (mots, idées)
verbinden; **s'assembler** vpr
(personnes) sich versammeln
• **assembleur** nm Assembler m

assentiment [asɑ̃timɑ̃] nm
Zustimmung f

asseoir [aswaʀ] vt hinsetzen;
(autorité, réputation) festigen;
s'asseoir vpr sich hinsetzen

assermenté, e [asɛʀmɑ̃te] adj
vereidigt

assertion [asɛʀsjɔ̃] nf
Behauptung f

assez [ase] adv genug; (avec
adjectif, adverbe) ziemlich

assidu, e [asidy] adj eifrig
• **assiduité** nf Eifer m,
Gewissenhaftigkeit f; **assiduités**
nfpl ständige Bemühungen pl

assiette [asjɛt] nf Teller m;
~ anglaise = kalte Platte f

assimiler [asimile] vt (aliments)
verdauen; (connaissances, idée)
verarbeiten; (immigrants, nouveaux
venus) integrieren, aufnehmen;
~ qch/qn à (comparer) etw/jdn
gleichstellen mit

assis, e [asi, iz] adj sitzend;
être ~ sitzen

assise [asiz] *nf (d'une maison)* Unterbau *m; (fig)* Grundlage *f;* **assises** *nfpl (Jur)* ≈ Schwurgericht *nt*

assistance [asistɑ̃s] *nf (public)* Publikum *nt; (aide)* Hilfe *f*
• **assistant, e** *nm/f* Assistent(in) *m(f)* • **assisté, e** *nm/f* ≈ Sozialhilfeempfänger(in) *m(f)* • **assister** *vt (seconder)* helfen +*dat;* • **à** dabei sein bei

association [asɔsjasjɔ̃] *nf* Vereinigung *f;* **~ d'idées** Gedankenassoziation *f* • **associé, e** *nm/f* Partner(in) *m(f)* • **associer** *vt* vereinigen; *(mots, idées)* verbinden; **~ qn à** *(projets, profits)* jdn beteiligen an +*dat*

assommer [asɔme] *vt* niederschlagen

Assomption [asɔ̃psjɔ̃] *nf:* **l'~** Mariä Himmelfahrt *f*

assorti, e [asɔʀti] *adj* zusammenpassend; **fromages/légumes ~s** Käse-/Gemüseplatte *f;* **~ à** passend zu • **assortiment** *nm* Auswahl *f*

assoupir [asupiʀ] : **s'~** *vpr* einschlummern

assouplir [asupliʀ] *vt* geschmeidig machen; *(fig)* lockern • **assouplissant** *nm* Weichspüler *m*

assourdir [asuʀdiʀ] *vt* dämpfen, abschwächen; *(rendre sourd)* taub machen

assujettir [asyʒetiʀ] *vt* unterwerfen; **~ qn à qch** *(impôt)* jdm etw auferlegen

assumer [asyme] *vt* übernehmen

assurance [asyʀɑ̃s] *nf (confiance en soi)* Selbstbewusstsein *nt;* *(contrat, garantie)* Versicherung *f;* **~ annulation** Reiserücktrittsversicherung *f;* **~ maladie** Krankenversicherung *f;* **~ voyage** Reiseversicherung *f;* **~ vol** Diebstahlversicherung *f* • **assuré, e** *nm/f* Versicherte(r) *f(m)* • **assurément** *adv* sicherlich, ganz gewiss • **assurer** *vt (contre un risque)* versichern; *(succès, victoire)* sichern

astérisque [asteʀisk] *nm* Sternchen *nt*

asthmatique [asmatik] *adj* asthmatisch

asthme [asm] *nm* Asthma *nt*

asticot [astiko] *nm* Made *f*

astiquer [astike] *vt* polieren

astre [astʀ] *nm* Gestirn *nt*

astreindre [astʀɛ̃dʀ] *vt:* **~ qn à qch** jdn zu etw zwingen; **~ qn à faire qch** jdn dazu zwingen, etw zu tun

astrologie [astʀɔlɔʒi] *nf* Astrologie *f* • **astrologique** *adj* astrologisch • **astrologue** *nmf* Astrologe (Astrologin) *m(f)*

astronaute [astʀonot] *nmf* Astronaut (Astronautin) *m(f)*

astronomie [astʀɔnɔmi] *nf* Astronomie *f* • **astronomique** *adj* astronomisch

astuce [astys] *nf (ingéniosité)* Findigkeit *f;* *(truc)* Trick *m* • **astucieux, -euse** *adj* schlau, pfiffig

atelier [atəlje] *nm* Werkstatt *f;* *(de peintre)* Atelier *nt*

athée [ate] *adj* atheistisch

athlète [atlɛt] *nmf* Athlet(in) *m(f)* • **athlétisme** *nm* Leichtathletik *f*

atlantique [atlɑ̃tik] *nm* : **l'(océan) A~** der Atlantische Ozean

atlas [atlas] *nm* Atlas *m*

atmosphère [atmɔsfɛʀ] *nf* Atmosphäre *f*; *(air)* Luft *f*

atome [atom] *nm* Atom *nt*
  • **atomique** *adj* Atom-

atomiseur [atɔmizœʀ] *nm* Zerstäuber *m*

atout [atu] *nm* Trumpf *m*

atroce [atʀɔs] *adj* entsetzlich

attabler [atable] : **s'~** *vpr* sich an den Tisch setzen

attachant, e [ataʃɑ̃, ɑ̃t] *adj* liebenswert

attache [ataʃ] *nf (agrafe)* (Heft)klammer *f*; *(fig)* Bindung *f*, Band *nt*

attaché, e [ataʃe] *adj* : **être ~ à** *(aimer)* sehr hängen an +*dat* ▶ *nm (Admin)* Attaché *m*; **~ d'ambassade** Botschaftsattaché *m*; **~ commercial** Handelsattaché *m*; **~ de presse** Presseattaché *m*

attachement [ataʃmɑ̃] *nm* Zuneigung *f*

attacher [ataʃe] *vt* befestigen; *(ceinture, tablier)* umbinden; *(souliers)* binden, zuschnüren

attaque [atak] *nf* Angriff *m*; *(Méd : cardiaque)* Anfall *m*; *(: cérébrale)* Schlaganfall *m*
  • **attaquer** *vt* angreifen; *(travail)* in Angriff nehmen

attarder [ataʀde] : **s'~** *vpr* sich lange aufhalten

atteindre [atɛ̃dʀ] *vt* erreichen; *(blesser)* treffen • **atteint, e** *adj (Méd)* : **être ~ de** leiden an +*dat*

atteinte [atɛ̃t] *nf* Angriff *m*; **hors d'~** außer Reichweite; **porter ~ à** angreifen

attelle [atɛl] *nf* Schiene *f*

attenant, e [at(ə)nɑ̃, ɑ̃t] *adj* : **~ à** angrenzend an +*acc*

attendre [atɑ̃dʀ] *vt* warten auf +*acc*; *(être destiné ou réservé à, espérer)* erwarten; **~ qch de qn/ qch** etw von jdm/einer Sache *dat* erwarten; **~ un enfant** ein Kind erwarten

attendrir [atɑ̃dʀiʀ] *vt (personne)* rühren

attendu, e [atɑ̃dy] *adj* erwartet

attentat [atɑ̃ta] *nm* Attentat *nt*, Anschlag *m*; **~ à la pudeur** Sittlichkeitsvergehen *nt*

attente [atɑ̃t] *nf* Warten *nt*; *(espérance)* Erwartung *f*; **contre toute ~** entgegen allen Erwartungen

attenter [atɑ̃te] : **~ à** *vt (liberté)* antasten; **~ à la vie de qn** einen Anschlag auf jds Leben *acc* machen

attentif, -ive [atɑ̃tif, iv] *adj* aufmerksam; *(soins, travail)* sorgfältig

attention [atɑ̃sjɔ̃] *nf* Aufmerksamkeit *f*; **faire ~ à** achtgeben auf +*acc*; **~ !** Vorsicht!, Achtung! • **attentionné, e** *adj* aufmerksam, zuvorkommend

attentisme [atɑ̃tism] *nm* Abwartepolitik *f*

attentivement [atɑ̃tivmɑ̃] *adv* aufmerksam

atténuant, e [atenɥɑ̃, ɑ̃t] *adj* : **circonstances ~es** mildernde Umstände *pl* • **atténuer** *vt* abschwächen

atterrir [ateʀiʀ] *vi* landen
  • **atterrissage** *nm* Landung *f*

attestation [atɛstasjɔ̃] *nf* Bescheinigung *f* • **attester** *vt* bestätigen

attirail [atiʀaj] *nm* Ausrüstung *f*; (*péj*) Zeug *nt*

attirer [atiʀe] *vt* anlocken; (*chose, aimant etc*) anziehen

attitude [atityd] *nf* (*comportement*) Verhalten *nt*; (*position du corps, état d'esprit*) Haltung *f*

attraction [atʀaksjɔ̃] *nf* (*attirance*) Reiz *m*; (*Phys*) Anziehungskraft *f*; (*de foire*) Attraktion *f*

attrait [atʀɛ] *nm* Reiz *m*

attraper [atʀape] *vt* fangen; (*train, maladie, amende*) bekommen

attrayant, e [atʀɛjɑ̃, ɑ̃t] *adj* attraktiv

attribuer [atʀibɥe] *vt* (*prix*) verleihen; (*rôle, tâche*) zuweisen

attribut [atʀiby] *nm* Merkmal *nt*, Kennzeichen *nt*; (*Ling*) Attribut *nt*

au [o] *voir* **à**

aubaine [obɛn] *nf* unverhoffter Glücksfall *m*

aube [ob] *nf* Morgengrauen *nt*; **à l'~** bei Tagesanbruch; **à l'~ de** bei Anbruch +*gén*

auberge [obɛʀʒ] *nf*; **~ de jeunesse** Jugendherberge *f*

aubergine [obɛʀʒin] *nf* Aubergine *f*

aubergiste [obɛʀʒist] *nmf* Gastwirt(in) *m(f)*

aucun, e [okœ̃, yn] *adj* kein(e) ▶ *pron* keine(r, s); **sans ~ doute** zweifellos

audace [odas] *nf* Kühnheit *f*; (*péj : culot*) Frechheit *f* • **audacieux, -euse** *adj* kühn

au-delà [od(ə)la] *adv* weiter ▶ *nm inv* : **l'~** das Jenseits *nt*; **~ de** jenseits von; (*de limite, somme etc*) über +*dat*

au-dessous [odsu] *adv* darunter, unten; **~ de** unter +*dat*; (*avec verbe de mouvement*) unter +*acc*

au-dessus [odsy] *adv* darüber, oben; **~ de** über +*dat*; (*avec verbe de mouvement*) über +*acc*

au-devant [od(ə)vɑ̃] *prép* : **aller ~ de** entgegengehen +*dat*

audience [odjɑ̃s] *nf* (*entrevue*) Audienz *f*; (*Jur : séance*) Sitzung *f*

audimat® [odimat] *nm inv* (*taux d'écoute*) Einschaltquote *f*

audiovisuel, le [odjovizɥɛl] *adj* audiovisuell ▶ *nm* Funk und Fernsehen *pl*

auditeur, -trice [oditœʀ, tʀis] *nm/f* (Zu)hörer(in) *m(f)*

audition [odisjɔ̃] *nf* (*ouïe*) Gehör *nt*; (*de témoins*) Anhörung *f*; (*Théât*) Vorsprechen *nt* • **auditionner** *vt* (*Mus*) vorspielen lassen; (: *chanteur*) vorsingen lassen; (*Théât*) vorsprechen lassen

auditoire [oditwaʀ] *nm* Publikum *nt*

augmentation [ɔgmɑ̃tasjɔ̃] *nf* Erhöhung *f*; **~ (de salaire)** Gehaltserhöhung *f* • **augmenter** *vt* erhöhen; (*grandeur*) erweitern ▶ *vi* zunehmen, sich vergrößern; (*vitesse, prix*) steigen; (*vie, produit*) teurer werden

augure [ogyʀ] *nm* (*prophète*) Wahrsager(in) *m(f)*; **être de bon/mauvais ~** ein gutes/schlechtes Zeichen sein

aujourd'hui [oʒuʀdɥi] *adv* heute; (*de nos jours*) heutzutage

auparavant [oparavɑ̃] *adv* vorher, zuvor

auprès [oprɛ] : **~ de** *prép* bei

auquel [okɛl] *prép + pron* voir **lequel**

auriculaire [ɔʀikylɛʀ] *nm* kleiner Finger *m*

aurore [ɔʀɔʀ] *nf* Morgendämmerung *f*; **~ boréale** Nordlicht *nt*

ausculter [ɔskylte] *vt* abhorchen

aussi [osi] *adv* auch, ebenfalls; (*dans comparaison*) (genau)so; (*si, tellement*) so; **lui ~** er auch
• **aussitôt** *adv* sofort, sogleich

austère [ɔstɛʀ] *adj* (*personne*) streng; (*paysage*) karg • **austérité** *nf* (Écon) Sparmaßnahmen *pl*

austral, e [ɔstʀal] *adj* südlich, Süd-

Australie [ɔstʀali] *nf* : **l'~** Australien *nt* • **australien, ne** *adj* australisch ▸ *nm/f* : **A~, ne** Australier(in) *m(f)*

autant [otɑ̃] *adv* so viel; **~ (que)** genauso viel (wie); **~ (de)** (*nombre*) so viele; (*quantité*) so viel

autel [otɛl] *nm* Altar *m*

auteur [otœʀ] *nm* (*écrivain*) Autor(in) *m(f)*; (*d'un crime*) Täter(in) *m(f)* • **auteur-compositeur** (*pl* **auteurs-compositeurs**) *nm* ≈ Liedermacher(in) *m(f)*

authentique [otɑ̃tik] *adj* echt; (*véridique*) wahr

autisme [otism] *nm* Autismus *m* • **autiste** *adj* autistisch

auto [oto] *préf* Auto-, Selbst- • **autobiographie** *nf* Autobiografie *f*

autobus [otobys] *nm* Bus *m*

autocar [otokaʀ] *nm* Reisebus *m*

autocollant, e [otokɔlɑ̃, ɑ̃t] *adj* selbstklebend ▸ *nm* Aufkleber *m*

auto-couchettes [otokuʃet] *adj inv* : **train ~** Autoreisezug *m*

autocritique [otokʀitik] *nf* Selbstkritik *f*

autocuiseur [otokɥizœʀ] *nm* Schnellkochtopf *m*

autodéfense [otodefɑ̃s] *nf* Selbstverteidigung *f*

autodidacte [otodidakt] *nmf* Autodidakt(in) *m(f)*

auto-école [otoekɔl] (*pl* **auto-écoles**) *nf* Fahrschule *f*

autoentrepreneur [otoɑ̃tʀə-pʀənœʀ] *nmf* selbständiger Einzelunternehmer *m*

autogestion [otoʒestjɔ̃] *nf* Selbstverwaltung *f*

autographe [otoɡʀaf] *nm* Autogramm *nt*

automate [otomat] *nm* Automat *m* • **automatique** *adj* automatisch
• **automatiquement** *adv* automatisch • **automatiser** *vt* automatisieren • **automatisme** *nm* Automatismus *m*

automnal, e, -aux [otɔnal, o] *adj* herbstlich

automne [otɔn] *nm* Herbst *m*

automobile [otomɔbil] *nf* Auto *nt* • **automobiliste** *nmf* Autofahrer(in) *m(f)*

autonome [otɔnɔm] *adj* autonom; (*appareil, système*) unabhängig • **autonomie** *nf* Unabhängigkeit *f*; (Pol) Autonomie *f*

autopsie [otɔpsi] *nf* Autopsie *f*

autoradio [otoʀadjo] *nm*
Autoradio *nt*

autorisation [ɔtɔʀizasjɔ̃] *nf*
Genehmigung *f*, Erlaubnis *f*
• **autorisé, e** *adj* (*source*) offiziell;
(*opinion*) maßgeblich • **autoriser**
vt genehmigen; (*chose*)
berechtigen zu

autoritaire [ɔtɔʀitɛʀ] *adj*
autoritär

autorité [ɔtɔʀite] *nf* Autorität *f*;
faire ~ maßgeblich sein

autoroute [otoʀut] *nf* Autobahn
f; **~ de l'information**
Datenautobahn *f*

auto-stop [otostɔp] *nm inv*
Trampen *nt*; **faire de l'~** per
Anhalter fahren, trampen
• **auto-stoppeur, -euse** (*pl*
auto-stoppeurs, -euses) *nm/f*
Anhalter(in) *m(f)*

autour [otuʀ] *adv* herum, umher;
~ de qch um etw *acc* herum;
(*environ*) etwa etw; **tout ~**
rundherum

autre [otʀ] *adj, pron* andere(r, s);
un(e) ~ ein anderer/eine andere/
ein anderes; **je préférerais un ~
verre** ich möchte lieber ein
anderes Glas; **je voudrais un ~
verre d'eau** (*supplémentaire*) ich
möchte noch ein Glas Wasser;
~ part anderswo; **d'~ part**
andererseits; **nous/vous ~s** wir/
ihr; **d'~s autres** für/der/die/das
andere; **les ~s** die anderen;
entre ~s unter anderem
• **autrefois** *adv* früher, einst
• **autrement** *adv* (*d'une manière
différente*) anders; (*sinon*) sonst;
je n'ai pas pu faire ~ ich konnte
nicht anders; **~ dit** anders
ausgedrückt

Autriche [otʀiʃ] *nf*: **l'~** Österreich
nt • **autrichien, ne** *adj*
österreichisch ▸ *nm/f*: **A~, ne**
Österreicher(in) *m(f)*

autruche [otʀyʃ] *nf* Strauß *m*

autrui [otʀɥi] *pron* die
anderen *pl*

auvent [ovã] *nm* (*de tente*)
Vorzelt *nt*

Auvergne [ovɛʀɲ] *nf*: **l'~** die
Auvergne *f*

aux [o] *voir* **à**

auxiliaire [ɔksiljɛʀ] *adj*
Hilfs- ▸ *nm/f* (*Admin*) Hilfskraft *f*

auxquels [okɛl] *prép +pron voir*
lequel

av. *abr* = **avenue**

aval [aval] *nm* (*accord*)
Unterstützung *f*; **en ~ de**
flussabwärts von

avalanche [avalɑ̃ʃ] *nf* Lawine *f*

avaler [avale] *vt* verschlingen

avance [avɑ̃s] *nf* (*sur un
concurrent*) Vorsprung *m*; (*opposé à
retard*) Verfrühung *f*; **avances** *nfpl*
(*ouvertures*) Annäherungsversuche
pl; **être en ~** zu früh dran sein;
à l'~, d'~, par ~ im Voraus

avancement [avɑ̃smɑ̃] *nm*
(*professionnel*) Beförderung *f*

avancer [avɑ̃se] *vi* sich
vorwärtsbewegen; (*dans le temps*)
voranschreiten; (*montre, réveil*)
vorgehen ▸ *vt* vorschieben;
(*montre*) vorstellen; **s'avancer** *vpr*
(*s'approcher*) näher kommen

avant [avɑ̃] *prép* vor +*dat*; (*avec
verbe de mouvement*) vor +*acc* ▸ *adj
inv*: **siège/roue ~** Vordersitz *m*/
Vorderrad *nt* ▸ *nm* (*d'un véhicule*)
Vorderteil *nt*; **~ tout** vor allem;
en ~ nach vorne

avantage [avɑ̃taʒ] nm Vorteil m • **avantager** vt bevorzugen • **avantageux, -euse** adj vorteilhaft

avant-bras [avɑ̃bʁa] nm inv Unterarm m • **avant-centre** (pl **avant-centres**) nm Mittelstürmer m • **avant-dernier, -ière** adj vorletzte(r, s) ▶ nm/f Vorletzte(r) f(m) • **avant-garde** (pl **avant-gardes**) nf (Mil) Vorhut f; (fig) Avantgarde f, Vorreiter pl; **d'~** avantgardistisch • **avant-goût** (pl **avant-goûts**) nm Vorgeschmack m • **avant-hier** adv vorgestern • **avant-première** (pl **avant-premières**) nf (de film) Voraufführung f • **avant-projet** (pl **avant-projets**) nm Pilotprojekt nt • **avant-propos** nm inv Vorwort nt • **avant-veille** nf : **l'~** zwei Tage davor

avare [avaʁ] adj geizig • **avarice** nf Geiz m

avarié, e [avaʁje] adj verdorben

avec [avɛk] prép mit; (en plus de, à l'égard de) zu

avenir [avniʁ] nm Zukunft f

Avent [avɑ̃] nm Advent m

aventure [avɑ̃tyʁ] nf Abenteuer nt • **aventurer** : **s'aventurer** vpr sich wagen • **aventurier, -ière** nm/f Abenteurer(in) m(f)

avenue [avny] nf Allee f

avérer [aveʁe] : **s'~** vpr : **s'~ faux/ coûteux** sich als falsch/ kostspielig erweisen

averse [avɛʁs] nf Regenschauer m

aversion [avɛʁsjɔ̃] nf Abneigung f

avertir [avɛʁtiʁ] vt benachrichtigen; **~ qn de qch** jdn vor etw dat warnen • **avertissement** nm Warnung f • **avertisseur** nm (Auto) Hupe f

aveu [avø] nm Geständnis nt

aveugle [avœgl] adj blind • **aveuglément** adv blindlings • **aveugler** vt blenden; (fig : amour, colère) blind machen

aviateur, -trice [avjatœʁ, tʁis] nm/f Flieger(in) m(f) • **aviation** nf Luftfahrt f

aviculture [avikyltyʁ] nf Geflügelzucht f

avide [avid] adj begierig; (péj) gierig

avion [avjɔ̃] nm Flugzeug nt; **aller (à Pise) en ~** (nach Pisa) fliegen

aviron [aviʁɔ̃] nm Ruder nt; (sport) Rudern nt

avis [avi] nm Meinung f; **être d'~ que** der Meinung sein, dass; **changer d'~** seine Meinung ändern

avisé, e [avize] adj (sensé) vernünftig

aviser [avize] vt (voir) bemerken; **~ qn de qch** jdn von etw in Kenntnis setzen

avocat, e [avɔka, at] nm/f (Jur) Rechtsanwalt m, Rechtsanwältin f ▶ nm (Culin) Avocado f; **~ général** = Staatsanwalt m

avoine [avwan] nf Hafer m

---

avoir [avwaʁ]

▶ vt **1** haben; **il a les yeux gris** er hat graue Augen; **vous avez du sel ?** haben Sie Salz?; **~ faim/ peur** Hunger/Angst haben; **~ qch à faire** etw zu tun haben **2** (âge, dimensions) : **il a 3 ans** er ist 3 Jahre alt

3 (fam : duper) hereinlegen
4 (train, prix, renseignement) bekommen
5: en ~ assez genug haben
▶ vb aux **1** haben; **~ mangé/dormi** gegessen/geschlafen haben
2 (avoir à + infinitif) : **~ à faire qch** etw tun müssen
▶ vb impers **1: il y a** es gibt; **il y a des hommes, qui …** es gibt Männer, die …; **il n'y a qu'à faire qch** man braucht nur etw zu tun
2 (temporel) : **il y a 10 ans** vor 10 Jahren
▶ nm Vermögen nt; (Comm) Guthaben nt

avoisiner [avwazine] vt angrenzen an +acc
avortement [avɔʀtəmɑ̃] nm Abtreibung f • **avorter** vi abtreiben, misslingen, scheitern
avoué [avwe] nm nicht plädierender Anwalt
avouer [avwe] vt gestehen
avril [avʀil] nm April m
axe [aks] nm Achse f
azalée [azale] nf Azalee f
Azerbaïdjan [azɛʀbaidʒɑ̃] nm : **l'~** Aserbaidschan nt
azote [azɔt] nm Stickstoff m
azur [azyʀ] nm (couleur) Azur(blau) nt, Himmelsblau nt

b

baba [baba] nm : **~ au rhum** rumgetränkter Kuchen
bâbord [bɑbɔʀ] nm : **à** ou **par ~** backbord
babouin [babwɛ̃] nm Pavian m
baby-foot [babifut] nm inv Tischfußball m
baby-sitter [babisitœʀ] (pl **baby-sitters**) nmf Babysitter(in) m(f)
baby-sitting [babisitiŋ] nm Babysitten nt
bac¹ [bak] nm (bateau) Fähre f
bac² [bak] abr m (= baccalauréat) ≈ Abi nt
baccalauréat [bakalɔʀea] nm ≈ Abitur nt
bacille [basil] nm Bazillus m
bâcler [bɑkle] vt pfuschen
bactérie [bakteʀi] nf Bakterie f
badaud, e [bado, od] nm/f Schaulustige(r) f(m)
badge [badʒ] nm Button m
badigeonner [badiʒɔne] vt tünchen; (Méd) bepinseln
badminton [badmintɔn] nm Badminton nt

baffe [baf] *(fam)* nf Ohrfeige f

baffle [bafl] nm Lautsprecherkette f

bafouiller [bafuje] vi, vt stammeln

bagage [bagaʒ] nm : **bagages** nmpl Gepäck nt; **~s à main** Handgepäck nt

bagarre [bagaʀ] nf Rauferei f
• **bagarrer** : **se ~** vpr sich raufen
• **bagarreur, -euse** adj rauflustig ▸ nm/f Raufbold m

bagatelle [bagatɛl] nf Kleinigkeit f

bagne [baɲ] nm Strafkolonie f

bagnole [baɲɔl] *(fam)* nf Auto nt

bagout [bagu] nm : **avoir du ~** ein geschmiertes ou gutes Mundwerk haben

bague [bag] nf Ring m

baguette [bagɛt] nf Stab m; *(pain)* Stangenweißbrot nt

Bahamas [baamas] nfpl : **les (îles) ~** die Bahamas pl

Bahreïn [baʀɛn] nm Bahrein nt

baie [bɛ] nf *(Géo)* Bucht f; *(fruit)* Beere f

baignade [bɛɲad] nf Baden nt
• **baigner** vt baden; **se baigner** vpr schwimmen; *(dans une baignoire)* baden • **baigneur, -euse** nm/f Badende(r) f(m) • **baignoire** nf Badewanne f

bail, baux [baj, bo] nm Mietvertrag m

bâiller [baje] vi gähnen

bailleur [bajœʀ] nm : **~ de fonds** Geldgeber m

bain [bɛ̃] nm Bad nt; **se mettre dans le ~** sich mit einer Sache vertraut machen; **~ de pieds**

Fußbad nt; **~ de soleil** Sonnenbad nt; **~s de mer** Baden im Meer
• **bain-marie** *(pl* **bains-marie)** nm Wasserbad nt

baiser [beze] nf Kuss m ▸ vt *(embrasser)* küssen; *(fam !: coucher avec)* bumsen *(fam !)*, ficken *(fam !)*

baisse [bɛs] nf Sinken nt • **baisser** vt *(store, vitre)* herunterlassen; *(radio)* leiser stellen; *(chauffage)* niedriger stellen; *(prix)* herabsetzen ▸ vi fallen; **se baisser** vpr sich bücken

bal [bal] nm Ball m

balade [balad] nf Spaziergang m; *(en voiture)* Spazierfahrt f
• **balader** vt *(traîner)* mit sich herumschleppen; *(promener)* spazieren führen; **se balader** vpr spazieren gehen

baladeur [baladœʀ] nm Walkman® m

balai [balɛ] nm Besen m

balance [balɑ̃s] nf Waage f; **la B~** *(Astrol)* die Waage • **balancer** vt schwenken; **se balancer** vpr schaukeln • **balancier** nm *(de pendule)* Pendel nt; *(perche)* Balancierstange f • **balançoire** nf *(suspendue)* Schaukel f; *(sur pivot)* Wippe f

balayer [baleje] vt (aus)fegen
• **balayeur, -euse** nm/f Straßenkehrer(in) m(f) ▸ nf *(engin)* Straßenkehrmaschine f

balbutier [balbysje] vi, vt stammeln

balcon [balkɔ̃] nm Balkon m

Bâle [bɑl] nf Basel nt

baleine [balɛn] nf Wal(fisch m) m

balisage [balizaʒ] nm Befeuerung f, Markierung f

balise nf (Naut) Bake f, Seezeichen nt; (Aviat) Befeuerungslicht nt; (Auto, Ski) Markierung f • **baliser** vt befeuern, markieren

balivernes [balivɛʀn] nfpl Geschwätz nt

Balkans [balkã] nmpl : **les ~** die Balkanländer pl

ballast [balast] nm Schotter m

balle [bal] nf Ball m; (d'arme à feu) Kugel f; (du blé) Spreu f; (paquet) Ballen m; **~ perdue** verirrte Kugel

ballerine [bal(ə)ʀin] nf Ballerina f; (chaussure) leichter, flacher Damenschuh

ballet [balɛ] nm Ballett nt

ballon [balɔ̃] nm Ball m

ballottage [balɔtaʒ] nm (Pol) Stichwahl f

balnéaire [balneɛʀ] adj Bade-

balnéothérapie [balneoteʀapi] nf Bäderkur f

balourd, e [baluʀ, uʀd] adj linkisch

baltique [baltik] adj baltisch ► nf : **la (mer) B~** die Ostsee f

balustrade [balystʀad] nf Geländer nt

bambin [bãbɛ̃] nm kleines Kind nt

bambou [bãbu] nm Bambus m

ban [bã] nm : **être au ~ de** ausgestoßen sein aus; **bans** nmpl (de mariage) Aufgebot nt; **mettre au ~ de** ausstoßen aus

banal, e [banal] adj banal • **banaliser** vt banal machen • **banalité** nf Banalität f

banane [banan] nf Banane f

banc [bã] nm (siège) Bank f

bancaire [bãkɛʀ] adj Bank-

bancal, e [bãkal] adj wackelig

bandage [bãdaʒ] nm Verband m

bande [bãd] nf (de tissu etc) Streifen m, Band nt; (Méd) Binde f; **~ dessinée** Comic m • **bande-annonce** (pl **bandes-annonces**) nf Vorschau f

bandeau [bãdo] nm Stirnband nt

bander [bãde] vt (blessure) verbinden ► vi (fam !) einen stehen haben (fam)

banderole [bãdʀɔl] nf Spruchband nt

bande-son [bãdsɔ̃] (pl **bandes-son**) nf Tonspur f

bandit [bãdi] nm Bandit m; (fig : escroc) Gauner m

Bangladesh [bãgladɛʃ] nm : **le ~** Bangladesch nt

banlieue [bãljø] nf Vorort m; **quartier de ~** Vorstadtviertel nt • **banlieusard, e** nm/f Vorortbewohner(in) m(f); (voyageur) Pendler(in) m(f)

bannière [banjɛʀ] nf Banner nt

bannir [baniʀ] vt verbannen

banque [bãk] nf Bank f; **~ d'affaires** Handelsbank f; **~ à domicile** Homebanking nt; **~ de données** Datenbank f; **~ d'organes** Organbank f

banqueroute [bãkʀut] nf Bankrott m

banquet [bãkɛ] nm Festmahl nt

banquette [bãkɛt] nf Sitzbank f

banquier [bãkje] nm Bankier m

baptême [batɛm] nm Taufe f • **baptiser** vt taufen

baquet [bakɛ] nm Zuber m, Kübel m

bar [baʀ] nm Bar f; (comptoir) Tresen m

basculer

baraque [baʀak] *nf (cabane, hutte)* Hütte *f*; **~ foraine** Jahrmarktsbude *f*

baraqué, e [baʀake] *(fam) adj* gut beieinander

baratin [baʀatɛ̃] *(fam) nm*: **faire du ~ à qn** jdn beschwatzen • **baratiner** *(fam) vt* einreden auf +*acc*

barbare [baʀbaʀ] *adj* barbarisch; *(inculte)* unzivilisiert ▶ *nmf* Barbar(in) *m(f)* • **barbarie** *f* Barbarei *f*

barbe [baʀb] *nf* Bart *m*; **~ à papa** Zuckerwatte *f*

barbecue [baʀbəkju] *nm* Barbecue *nt*

barbelé [baʀbəle] *nm* Stacheldraht *m*

barber [baʀbe] *(fam) vt* tödlich langweilen

barbiturique [baʀbityʀik] *nm* Schlafmittel *nt*

barboter [baʀbɔte] *vi* waten ▶ *vt (fam)* klauen

barbouiller [baʀbuje] *vt* beschmieren

barbu, e [baʀby] *adj* bärtig

barbue [baʀby] *nf (poisson)* Glattbutt *m*

barde [baʀd] *nf (Culin)* Speckstreifen *m* ▶ *nm (poète)* Barde *m*

barème [baʀɛm] *nm* Skala *f*

baril [baʀi(l)] *nm (de pétrole)* Barrel *nt*

bariolé, e [baʀjɔle] *adj* bunt

barman [baʀman] *nm* Barkeeper *m*

baromètre [baʀɔmɛtʀ] *nm* Barometer *nt*

baroque [baʀɔk] *adj* barock; *(fig)* seltsam

barque [baʀk] *nf* Barke *f*

barrage [baʀaʒ] *nm* Damm *m*; *(sur route)* Straßensperre *f*; **~ de police** Polizeisperre *f*

barre [baʀ] *nf* Stange *f*; *(Naut)* Ruderpinne *f*; **~ chocolatée** Schokoriegel *m*; **~ d'espacement** Leertaste *f*; **~ d'icônes** Symbolleiste *f*

barreau, x [baʀo] *nm* Stab *m*

barrer [baʀe] *vt (route etc)* (ab)sperren; *(mot)* (durch)streichen; *(chèque)* zur Verrechnung ausstellen

barrette [baʀɛt] *nf (pour les cheveux)* Spange *f*

barreur [baʀœʀ] *nm* Steuermann *m*

barricade [baʀikad] *nf* Barrikade *f* • **barricader** *vt* verbarrikadieren; **se ~ chez soi** sich verbarrikadieren

barrière [baʀjɛʀ] *nf* Zaun *m*; *(de passage à niveau)* Schranke *f*; *(obstacle)* Hindernis *nt*; **~ acoustique** Lärmschutzwall *m*

barrique [baʀik] *nf* Fass *nt*

baryton [baʀitɔ̃] *nm* Bariton *m*

bas, basse [ba, bas] *adj* niedrig ▶ *nm (chaussette)* Strumpf *m*; *(partie inférieure)*: **le ~ de ...** der untere Teil von ... ▶ *adv* niedrig, tief; **en ~** unten; **de ~ en haut** von oben bis unten

basalte [bazalt] *nm* Basalt *m*

basané, e [bazane] *adj* braun gebrannt

basculer [baskyle] *vi* (um)fallen; *(benne etc)* (um)kippen ▶ *vt (faire basculer)* (um)kippen

base

base [baz] *nf* Basis *f*; **~ de données** Datenbank *f*

base-ball [bɛzbol] *nm* Baseball *m*

baser [baze] *vt*: **~ qch sur** etw basieren auf +*acc*; **se baser** *vpr*: **se ~ sur** sich stützen auf +*acc*

bas-fond [bafɔ̃] (*pl* **bas-fonds**) *nm* (*Naut*) Untiefe *f*; **bas-fonds** *nmpl* (*fig*) Abschaum *m*

basilic [bazilik] *nm* Basilikum *nt*

basilique [bazilik] *nf* Basilika *f*

basket [baskɛt] *nm* Basketball *m*

basket-ball [baskɛtbol] *nm* Basketball *m*

baskets [baskɛt] *nfpl* (*chaussures*) Turnschuhe *pl*

basque [bask] *adj* baskisch

basse [bas] *adj f voir* **bas** ▶ *nf* (*Mus*) Bass *m* • **basse-cour** (*pl* **basses-cours**) *nf* (*Hühner*)hof *m*

Basse-Saxe [bassaks] *nf*: **la ~** Niedersachsen *nt*

basset [basɛ] *nm* Basset *m*

bassin [basɛ̃] *nm* Becken *nt*; (*pièce d'eau*) Bassin *nt*

bassiste [basist] *nmf* Kontrabassspieler(in) *m(f)*

basson [basɔ̃] *nm* (*instrument*) Fagott *nt*

bastingage [bastɛ̃gaʒ] *nm* Reling *f*

bastion [bastjɔ̃] *nm* Bastion *f*; (*fig*) Bollwerk *nt*

bas-ventre [bavɑ̃tʀ] (*pl* **bas-ventres**) *nm* Unterleib *m*

bataille [batɑj] *nf* Schlacht *f*, Kampf *m*

batavia [batavja] *nf* Bataviasalat *m*

bateau, x [bato] *nm* Schiff *nt* • **bateau-mouche** (*pl* **bateaux-mouches**) *nm* Ausflugsdampfer auf der Seine

bâti, e [bati] *adj* (*terrain*) bebaut; **bien ~** gut gebaut

batifoler [batifole] *vi* herumalbern

bâtiment [batimɑ̃] *nm* Gebäude *nt*; (*Naut*) Schiff *nt*; **le ~** (*industrie*) das Baugewerbe *nt*

bâtir [batiʀ] *vt* bauen

bâton [batɔ̃] *nm* Stock *m*; **~ de rouge (à lèvres)** Lippenstift *m*

batraciens [batʀasjɛ̃] *nmpl* Amphibien *pl*

battage [bataʒ] *nm* Werbung *f*

battant, e [batɑ̃, ɑ̃t] *nm* (*de volet, de porte*) Flügel *m*

batterie [batʀi] *nf* (*Mil, Élec*) Batterie *f*; (*Mus*) Schlagzeug *nt*

batteur [batœʀ] *nm* (*Mus*) Schlagzeuger(in) *m(f)*; (*Culin*) Rührgerät *nt*

battre [batʀ] *vt* schlagen; **se battre** *vpr* sich schlagen

battue [baty] *nf* Treibjagd *f*

baud [bo] *nm* Baud *nt*

baume [bom] *nm* Balsam *m*

bauxite [boksit] *nf* Bauxit *nt*

bavard, e [bavaʀ, aʀd] *adj* schwatzhaft • **bavardage** *nm* Geschwätz *nt* • **bavarder** *vi* schwatzen

bavarois, e [bavaʀwa, waz] *adj* bay(e)risch

bave [bav] *nf* Speichel *m*; (*de chien etc*) Geifer *m*; (*d'escargot etc*) Schleim *m* • **baver** *vi* sabbern; **en ~** (*fam*) ganz schön ins Schwitzen kommen

bavette [bavɛt] *nf* Lätzchen *nt*

baveux, -euse [bavø, øz] *adj* sabbernd; (*omelette*) flüssig

Bavière [bavjɛʀ] *nf* : **la ~** Bayern *nt*

bavure [bavyʀ] *nf* (*fig*) Schnitzer *m*

bazar [bazaʀ] *nm* Basar *m*; (*fam* : *désordre*) Durcheinander *nt*

BCBG [besebeʒe] *sigle* (= *bon chic bon genre*) chic

BD [bede] *sigle f* (= *bande dessinée*) Comic *m*

bd *abr* = **boulevard**

béant, e [beɑ̃, ɑ̃t] *adj* weit offen

béat, e [bea, at] *adj* (glück)selig

beau, belle [bo, bɛl] (*devant nom masculin commençant par une voyelle ou un h muet* **bel**, *mpl* **beaux**) *adj* schön; (*homme*) gut aussehend; **il fait ~** es ist schönes Wetter

beaucoup [boku] *adv* viel; **~ de** (*nombre*) viele; (*quantité*) viel; **~ plus de** viel mehr; **~ trop de** (*nombre*) viel zu viele; (*quantité*) viel zu viel

beau-fils [bofis] (*pl* **beaux-fils**) *nm* Schwiegersohn *m*; (*d'un remariage*) Stiefsohn *m* • **beau-frère** (*pl* **beaux-frères**) *nm* Schwager *m* • **beau-père** (*pl* **beaux-pères**) *nm* Schwiegervater *m*; (*d'un remariage*) Stiefvater *m*

beauté [bote] *nf* Schönheit *f*

beaux-arts [bozaʀ] *nmpl* schöne Künste *pl*

beaux-parents [boparɑ̃] *nmpl* Schwiegereltern *pl*

bébé [bebe] *nm* Baby *nt* • **bébé-éprouvette** (*pl* **bébés-éprouvette**) *nm* Retortenbaby *nt*

bec [bɛk] *nm* Schnabel *m*

bécane [bekan] (*fam*) *nf* Fahrrad *nt*

bécasse [bekas] *nf* Waldschnepfe *f*

bec-de-lièvre [bɛkdəljɛvʀ] (*pl* **becs-de-lièvre**) *nm* Hasenscharte *f*

bêche [bɛʃ] *nf* Spaten *m* • **bêcher** *vt* umgraben

bedaine [bədɛn] *nf* Wanst *m*

bédé [bede] (*fam*) *nf* Comic *m*

bedonnant, e [bədɔnɑ̃, ɑ̃t] *adj* dick(bäuchig)

bée [be] *adj* : **bouche ~** mit offenem Mund

beffroi [befʀwa] *nm* Glockenturm *m*

bégayer [begeje] *vi, vt* stottern, stammeln

beige [bɛʒ] *adj* beige

beignet [bɛɲɛ] *nm* Krapfen *m*

bel [bɛl] *adj m voir* **beau**

bêler [bele] *vi* blöken

belette [bəlɛt] *nf* Wiesel *nt*

belge [bɛlʒ] *adj* belgisch ▸ *nmf* : **B~** Belgier(in) *m(f)* • **Belgique** *nf* : **la ~** Belgien *nt*

bélier [belje] *nm* Widder *m*; (*engin*) Rammbock *m*; **être (du) B~** (*Astrol*) Widder sein

belle [bɛl] *adj f voir* **beau** • **belle-fille** (*pl* **belles-filles**) *nf* Schwiegertochter *f*; (*d'un remariage*) Stieftochter *f* • **belle-mère** (*pl* **belles-mères**) *nf* Schwiegermutter *f*; (*d'un remariage*) Stiefmutter *f* • **belle-sœur** (*pl* **belles-sœurs**) *nf* Schwägerin *f*

belliqueux, -euse [belikø, øz] *adj* kriegerisch

belote [bəlɔt] *nf* Kartenspiel mit 32 Karten

belvédère [bɛlvedɛʀ] *nm* Aussichtspunkt *m*

bémol [bemɔl] *nm b nt*, Erniedrigungszeichen *nt*

bénédiction [benediksjɔ̃] *nf* Segen *m*

bénéfice [benefis] *nm* Gewinn *m*; *(avantage)* Nutzen *m*
• **bénéficiaire** *nm* Nutznießer *m*
• **bénéficier** *vi* : ~ **de** *(avoir)* genießen; *(tirer profit de)* Nutzen ziehen aus; *(obtenir)* erhalten

bénéfique [benefik] *adj* vorteilhaft

bénévole [benevɔl] *adj* freiwillig
• **bénévolement** *adv* freiwillig

Bénin [benɛ̃] *nm* : **le** ~ Benin *nt*

bénin, -igne [benɛ̃, iɲ] *adj* gütig; *(Méd)* gutartig

bénir [beniʀ] *vt* segnen
• **bénit, e** *adj* : **eau** ~**e** Weihwasser *nt*

benjamin, e [bɛ̃ʒamɛ̃, in] *nm/f* Benjamin *m*

benne [bɛn] *nf (de camion)* Kipplader *m*; *(de téléphérique)* Gondel *f*

BEPC [beɔese] *sigle m* (= *brevet d'études du premier cycle*) ≈ mittlere Reife *f*

béquille [bekij] *nf* Krücke *f*; *(de bicyclette)* Ständer *m*

berceau, x [bɛʀso] *nm* Wiege *f*
• **bercer** *vt* wiegen

berceuse [bɛʀsøz] *nf* Wiegenlied *nt*

béret [beʀɛ] *nm* : ~ **(basque)** Baskenmütze *f*

berge [bɛʀʒ] *nf* Ufer *nt*

berger, -ère [bɛʀʒe, ɛʀ] *nm/f* Schäfer(in) *m(f)* ▶ *nf (fauteuil)* ≈ Polstersessel *m*; ~ **allemand** *(chien)* Schäferhund *m* • **bergerie** *nf* Schafstall *m*

Berlin [bɛʀlɛ̃] Berlin *nt*

berline [bɛʀlin] *nf (Auto)* Limousine *f*

berlingot [bɛʀlɛ̃go] *nm (emballage)* Tetrapack® *nt*

berlinois, e [bɛʀlinwa, waz] *adj* Berliner

bermuda [bɛʀmyda] *nm* Bermudas *pl*

Bermudes [bɛʀmyd] *nfpl* : **les (îles)** ~ die Bermudas *pl*

Berne [bɛʀn] *nf* Bern *nt*

berne [bɛʀn] *nf* : **en** ~ auf halbmast

berner [bɛʀne] *vt* zum Narren halten

besogne [bəzɔɲ] *nf* Arbeit *f*

besoin [bəzwɛ̃] *nm* Bedürfnis *nt*, Bedarf *m*; **au** ~ notfalls; **avoir** ~ **de qch** etw nötig haben; **avoir** ~ **de faire qch** etw tun müssen

bestiaux [bɛstjo] *nmpl* Vieh *nt*

bestiole [bɛstjɔl] *nf* Tierchen *nt*

bêtabloquant [betablɔkɑ̃] *nm* Betablocker *m*

bétail [betaj] *nm* Vieh *nt*

bête [bɛt] *nf* Tier *m* ▶ *adj* dumm
• **bêtise** *nf* Dummheit *f*; **dire une** ~ Unsinn reden

béton [betɔ̃] *nm* Beton *m*; ~ **armé** Stahlbeton *m*

bette [bɛt] *nf* Mangold *m*

betterave [bɛtʀav] *nf* : ~ **(rouge)** Rote Bete *f*

beur [bœʀ] *nmf* junger Franzose maghrebinischer Abstammung

beurre [bœʀ] *nm* Butter *f*
 • **beurrer** *vt* buttern • **beurrier**
 nm Butterdose *f*

bévue [bevy] *nf* Schnitzer *m*

Bhoutan [butã] *nm* : **le ~**
 Bhutan *nt*

biais [bjɛ] *nm* Schrägstreifen *m*;
 par le ~ de mittels +*gén*; **en ~**,
 de ~ (*obliquement*) schräg

biaiser [bjeze] *vi* (*fig*) ausweichen

bibelot [biblo] *nm*
 Ziergegenstand *m*

biberon [bibʀɔ̃] *nm*
 (Saug)flasche *f*

bible [bibl] *nf* Bibel *f*

bibliobus [biblijobys] *nm*
 Fahrbücherei *f*

bibliophile [biblijofil] *nmf*
 Bücherfreund(in) *m(f)*

bibliothécaire [biblijoteker]
 nmf Bibliothekar(in) *m(f)*
 • **bibliothèque** *nf* (*meuble*)
 Bücherschrank *m*; (*institution*)
 Bibliothek *f*; **~ municipale**
 Stadtbücherei *f*

biblique [biblik] *adj* biblisch

bicarbonate [bikaʀbɔnat] *nm* :
 ~ (de soude) Natron *nt*

biceps [bisɛps] *nm* Bizeps *m*

biche [biʃ] *nf* Hirschkuh *f*

bichonner [biʃɔne] *vt*
 verhätscheln

bicolore [bikɔlɔʀ] *adj* zweifarbig

bicoque [bikɔk] (*péj*) *nf*
 Bruchbude *f*

bicyclette [bisiklɛt] *nf*
 Fahrrad *nt*

bide [bid] (*fam*) *nm* (*ventre*) Bauch
 m; (*Théât*) Reinfall *m*

bidet [bidɛ] *nm* Bidet *nt*

bidon [bidɔ̃] *nm* Kanister *m*

bidonville [bidɔ̃vil] *nm*
 Slumvorstadt *f*

bidule [bidyl] (*fam*) *nm* Dingsda *nt* **b**

---

bien [bjɛ̃]

▶ *nm* **1** (*avantage, profit*) : **faire
 du ~ à qn** jdm gut tun; **dire du
 ~ de qn/qch** gut von jdm/etw
 sprechen; **c'est pour son ~
 que ...** es ist zu seinem Guten,
 dass ...; **changer en ~** sich zum
 Guten wenden; **mener à ~** zum
 guten Ende führen; **je te veux
 du ~** ich meine es gut mit dir
 2 (*possession, patrimoine*) Besitz
 m; **avoir du ~** Besitz haben; **~s
 de consommation**
 Verbrauchsgüter *pl*
 3 (*moral*) : **le ~** das Gute; **faire
 le ~** Gutes tun; **le ~ public** das
 Allgemeinwohl
 ▶ *adv* **1** (*de façon satisfaisante*) gut
 2 (*valeur intensive*) sehr; **~ jeune**
 ein bisschen (zu) jung;
 ~ souvent sehr oft; **j'en ai ~
 assez** ich habe wirklich genug
 davon; **~ mieux** sehr viel besser;
 ~ sûr ! sicher!; **c'est ~ fait !** er
 etc verdient es!; **j'espère ~ y
 aller** ich hoffe doch, dass ich
 dort hingehe; **je veux ~ le faire**
 (*concession*) ich will es ja gerne
 machen; **j'ai ~ téléphoné** ich
 habe wirklich telefoniert; **il faut
 ~ l'admettre** *ou* **le reconnaître**
 das muss man einfach zugeben
 3 (*beaucoup*) : **~ du temps/des
 gens** viel Zeit/viele Leute
 4 : **~ que** obwohl
 ▶ *adj inv* **1** (*en bonne forme, à
 l'aise*) : **être/se sentir ~** sich
 wohlfühlen; **je ne me sens
 pas ~** mir ist nicht gut

2 (*joli, beau*) schön; **elle est ~, cette femme** das ist eine hübsche Frau
3 (*satisfaisant, adéquat*) gut; **elle est ~, cette maison** dieses Haus ist genau richtig
4 (*juste, moral*) : **ce n'est pas ~ de faire ça** das macht man nicht
5 (*convenable*) : **des gens ~** feine Leute pl
6 (*en bons termes*) : **être ~ avec qn** auf freundschaftlichem Fuß mit jdm stehen
• **bien-être** nm Wohlbefinden nt
• **bienfaisance** nf Wohltätigkeit f • **bienfaisant, e** adj (*chose*) gut, zuträglich • **bienfait** nm (*acte*) gute Tat; (*avantage*) Vorteil m
• **bienfaiteur, -trice** nm/f Wohltäter(in) m(f) • **bien-fondé** nm Berechtigung f
• **bienheureux, -euse** adj glücklich

biennal, e, -aux [bjenal, o] adj (*plan*) Zweijahres-; (*exposition*) alle zwei Jahre stattfindend
bientôt [bjɛ̃to] adv bald; **à ~** bis bald
bienveillance [bjɛ̃vɛjɑ̃s] nf Wohlwollen nt • **bienveillant, e** adj wohlwollend
bienvenu, e [bjɛ̃vəny] adj willkommen ▸ nm/f: **être ~/ la ~e** willkommen sein ▸ nf: **souhaiter la ~e à qn** jdn willkommen heißen; **~e à Bienne** willkommen in Biel
bière [bjɛʀ] nf Bier nt
bifteck [biftɛk] nm Beefsteak nt
bifurcation [bifyʀkasjɔ̃] nf Gabelung f • **bifurquer** vi (*route*) sich gabeln; (*véhicule*) abbiegen

bigorneau, x [bigɔʀno] nm Strandschnecke f
bigot, e [bigo, ɔt] adj bigott ▸ nm/f Frömmler(in) m(f)
bigoudi [bigudi] nm Lockenwickler m
bijou, x [biʒu] nm Schmuckstück nt; **mes ~x** mein Schmuck m
• **bijouterie** nf (*magasin*) Juwelierladen m • **bijoutier, -ière** nm/f Juwelier m
bikini [bikini] nm Bikini m
bilan [bilɑ̃] nm Bilanz f; **faire le ~ de** die Bilanz ziehen aus
bile [bil] nf Galle f • **biliaire** adj Gallen-
bilingue [bilɛ̃g] adj zweisprachig
billard [bijaʀ] nm Billard nt; (*table*) Billardtisch m; **~ électrique** Flipper m
bille [bij] nf Kugel f; (*de verre*) Murmel f
billet [bije] nm (*argent*) Banknote f; (*de cinéma, musée etc*) Eintrittskarte f; (*de bus etc*) Fahrkarte f; **~ d'avion** Flugticket nt, Flugschein m; **~ de banque** Banknote f; **~ circulaire** Rundreiseticket nt; **~ électronique** E-Ticket nt; **~ de loterie** Lotterielos nt; **~ de train** Fahrkarte • **billetterie** nf (*pour spectacles*) Kasse f; (*pour transports*)
bimensuel, le [bimɑ̃sɥɛl] adj vierzehntägig
binaire [binɛʀ] adj binär
bio [bjo] adj Bio- • **biocarburant** [bjokaʀbyʀɑ̃] nm Biokraftstoff m
biochimie [bjoʃimi] nf Biochemie f

biochimique [bjoʃimik] *adj* biochemisch

biodégradable [bjodegradabl] *adj* biologisch abbaubar

biodiversité [bjodivɛʀsite] *nf* Artenvielfalt *f*

bioéthique [bjoetik] *nf* Bioethik *f*

biographie [bjɔgʀafi] *nf* Biografie *f*

biographique [bjɔgʀafik] *adj* biografisch

biologie [bjɔlɔʒi] *nf* Biologie *f*
• **biologique** *adj* biologisch; *(agriculture, alimentation)* biodynamisch • **biologiste** *nmf* Biologe *m*, Biologin *f*

biomasse [bjomas] *nf* Biomasse *f*

biopsie [bjɔpsi] *nf* Biopsie *f*

bioterrorisme [bjotɛʀɔʀism] *nm* Bioterrorismus *m*

biotope [bjɔtɔp] *nm* Biotop *m* ou *nt*

bip [bip] *nm* : **~ sonore** Pfeifton *m*

biplan [biplɑ̃] *nm* Doppeldecker *m*

bipolaire [bipɔlɛʀ] *adj* bipolar

Birmanie [biʀmani] *nf* : **la ~** Birma *nt*

bis, e [*adj* bi, biz *adv*, *excl*, *nm* bis] *adj* (*couleur*) graubraun ▶ *adv* (*après un chiffre*) : **12 ~ ≈** 12 a ▶ *nm* Zugabe *f*

bisannuel, le [bizanɥɛl] *adj* zweijährlich

biscornu, e [biskɔʀny] *adj* unförmig, ungestalt; (*péj : idée, esprit*) bizarr

biscotte [biskɔt] *nf* Zwieback *m*

biscuit [biskɥi] *nm* Keks *m* ou *nt*

bise [biz] *nf* (*baiser*) Kuss *m*

bisexuel, le [bisɛksɥɛl] *adj* bisexuell

bisou [bizu] (*fam*) *nm* Küsschen *nt*

bisque [bisk] *nf* : **~ d'écrevisses/ de homard** Garnelen-/Hummersuppe *f*

bissextile [bisɛkstil] *adj* : **année ~** Schaltjahr *nt*

bistro, bistrot [bistʀo] *nm* Lokal *nt*

bit [bit] *nm* Bit *nt*

bitume [bitym] *nm* Asphalt *m*

bivouac [bivwak] *nm* Biwak *nt*

bizarre [bizaʀ] *adj* bizarr

blackbouler [blakbule] *vt* stimmen gegen

blafard, e [blafaʀ, aʀd] *adj* bleich

blague [blag] *nf* Witz *m*; (*farce*) Streich *m* • **blaguer** *vi* Witze machen • **blagueur, -euse** (*fam*) *adj* neckend

blaireau, x [blɛʀo] *nm* (*Zool*) Dachs *m*; (*brosse*) Rasierpinsel *m*

blâme [blɑm] *nm* Tadel *m* • **blâmer** *vt* tadeln

blanc, blanche [blɑ̃, blɑ̃ʃ] *adj* weiß ▶ *nm/f* Weiße(r) *f(m)* ▶ *nm* (*couleur*) Weiß *nt*; (*linge*) Weißwäsche *f*; (*aussi*) **blanc d'œuf**) Eiweiß *nt*; (*aussi*) **blanc de poulet**) Hühnerbrust *f*; **chèque en blanc** Blankoscheck *m* • **blanc-bec** (*pl* **blancs-becs**) *nm* Grünschnabel *m* • **blancheur** *nf* Weiß *nt* • **blanchiment** *nm* (*mur*) Weißen *nt*, Tünchen *nt*; **~ d'argent (sale)** (*fig*) Geldwäsche *f* • **blanchir** *vt* weiß machen; (*linge, argent*) waschen; (*Culin*) blanchieren ▶ *vi* weiß werden; (*cheveux*) grau werden • **blanchisserie** *nf* Wäscherei *f*

blanquette [blɑ̃kɛt] *nf* : **~ de veau** Kalbsragout *nt* blasé, e [blɑze] adj blasiert

blason [blazɔ̃] nm Wappen nt

blasphème [blasfɛm] nm Blasphemie f

blatte [blat] nf Schabe f

blazer [blazɛʀ] nm Blazer m

blé [ble] nm Weizen m

bled [blɛd] nm (péj) Kaff nt

blême [blɛm] adj blass

blessant, e [blesɑ̃, ɑ̃t] adj verletzend • blessé, e adj verletzt ▸ nm/f Verletzte(r) f(m); un ~ grave, un grand ~ ein Schwerverletzter m • blesser vt verletzen • blessure nf Wunde f, Verletzung f

blet, blette [blɛ, blɛt] adj überreif

blette [blɛt] nf (Bot) = bette

bleu, e [blø] adj blau; (bifteck) blutig ▸ nm (couleur) Blau nt; (contusion) blauer Fleck m; au ~ (Culin) blau

bleuet [bløɛ] nm Kornblume f

blindé, e [blɛ̃de] adj gepanzert; (fig) abgehärtet ▸ nm Panzer m

blizzard [blizaʀ] nm Schneesturm m

bloc [blɔk] nm Block m

blocage [blɔkaʒ] nm Blockieren nt

bloc-notes [blɔknɔt] (pl blocs-notes) nm Notizblock m

blocus [blɔkys] nm Blockade f

blog [blɔg] nm Blog m, Weblog m • bloguer vi bloggen

blogueur, -euse [blɔg[oe]ʀ, øz] nm/f Blogger(in) m(f)

blond, e [blɔ̃, blɔ̃d] adj blond; (sable, blés) golden ▸ nm/f Blonde(r) m, Blondine f; ~ cendré aschblond

bloquer [blɔke] vt blockieren; (crédits, compte) sperren

blottir [blɔtiʀ] vpr: se ~ sich verkriechen

blouse [bluz] nf Kittel m

blouson [bluzɔ̃] nm Blouson nt

blue-jean [bludʒin], blue-jeans [bludʒins] nm (Blue)jeans pl

bluff [blœf] nm Bluff m • bluffer vi, vt bluffen

bobard [bobaʀ] (fam) nm Lügenmärchen nt

bobine [bobin] nf Spule f

bobo[1] [bobo] nm (langage enfantin) Wehweh nt

bobo[2] [bobo] nmf alternativ eingestellte Wohlstandsbürger(in) m/f

boboïser [boboize]: se boboïser VPR (quartier, ville) gentrifizieren

bobsleigh [bobslɛg] nm Bob m

bocage [bokaʒ] nm Heckenlandschaft f

bocal, -aux [bokal, o] nm Glasbehälter m

body [bodi] nm Body m

bœuf [bœf] nm (animal) Ochse m; (Culin) Rindfleisch nt

bof [bɔf] excl nicht besonders

bohémien, ne [bɔemjɛ̃, jɛn] nm/f Zigeuner(in) m/f

boire [bwaʀ] vt trinken ▸ vi trinken

bois [bwa] nm (matière) Holz nt; (forêt) Wald m; de ou en ~ aus Holz

boiseries [bwazʀi] nfpl (Holz)vertäfelung f

boisson [bwasɔ̃] nf Getränk nt; ~s gazeuses Sprudelgetränke pl

boîte [bwat] *nf* Schachtel *f*; **~ de conserve** Konservendose *f*; **~ aux lettres** Briefkasten *m*; (*électronique*) Mailbox *f*; **~ noire** Flugschreiber *m*; **~ de nuit** Nachtklub *m*; **~ postale** Postfach *nt*; **~ vocale** (*dispositif*) Voicemail *f*

boiter [bwate] *vi* hinken
• **boiteux, -euse** *adj* hinkend

boîtier [bwatje] *nm* Gehäuse *nt*

bol [bɔl] *nm* Schale *f*

bolet [bɔlɛ] *nm* Röhrling *m*

bolide [bɔlid] *nm* Rennwagen *m*

Bolivie [bɔlivi] *nf*: **la ~** Bolivien *nt*

boloss, bolosse, bolos [bɔlɔs] (*fam, péj*) *nmf* Loser(in) *m(f)*, Niete *f* ▸ *adj* dämlich

bombardement [bɔ̃baʀdəmã] *nm* Bombardierung *f*
• **bombarder** *vt* bombardieren; **~ qn de** (*cailloux etc*) jdn bewerfen mit; (*lettres etc*) jdn überhäufen mit

bombe [bɔ̃b] *nf* Bombe *f*; (*atomiseur*) Spraydose *f*; **~ atomique** Atombombe *f*

bomber [bɔ̃be] *vt* (*graffiti*) sprühen

---

bon, bonne [bɔ̃, bɔn]

▸ *adj* **1** gut; **être ~ en maths** gut in Mathematik sein; **être ~ (envers)** gut sein (zu); **avoir ~ goût** (*fruit etc*) gut schmecken; (*fig : personne*) einen guten Geschmack haben
2 (*approprié, apte*): **~ à/pour** gut zu/für
3 (*correct*) richtig; **le ~ moment** der richtige Augenblick
4 (*souhaits*): **~ anniversaire !** herzlichen Glückwunsch zum

---

Geburtstag!; **~ voyage !** gute Reise!; **~ne chance !** viel Glück!; **~ne année !** ein gutes Neues Jahr!; **~ne nuit !** gute Nacht!
5 (*composés*): **~ marché** preiswert; **~ sens** gesunder Menschenverstand *m*; **~ vivant** Lebenskünstler *m*
▸ *adv*: **il fait ~** es ist schön warm; **sentir ~** gut riechen; **tenir ~** aushalten
▸ *excl*: **~ !** gut!; **ah ~ ?** ach ja?

bon 1 (*billet*) Bon *m*; **~ cadeau** Geschenkgutschein *m*; **~ d'essence** Benzingutschein *m*; **~ de commande** Bestellschein *m*
2: **il y a du ~ dans ce qu'il dit** an dem, was er sagt, ist etwas dran; **il y a du ~ dans tout cela** das hat etwas Gutes für sich; **pour de ~** für immer

bonbon [bɔ̃bɔ̃] *nm* Bonbon *m* ou *nt*

bonbonne [bɔ̃bɔn] *nf* Korbflasche *f*

bond [bɔ̃] *nm* Sprung *m*

bonde [bɔ̃d] *nf* (*d'évier etc*) Stöpsel *m*; (*de tonneau*) Spund *m*

bondé, e [bɔ̃de] *adj* überfüllt

bondir [bɔ̃diʀ] *vi* springen

bonheur [bɔnœʀ] *nm* Glück *nt*; **porter ~ (à qn)** (jdm) Glück bringen; **par ~** glücklicherweise

bonhomme [bɔnɔm] (*pl* **bonshommes**) [bɔ̃zɔm] *nm* Mensch *m*, Typ *m*; **~ de neige** Schneemann *m*

bonification [bɔnifikasjɔ̃] *nf* (*somme*) Bonus *m*

bonifier [bɔnifje] *vt* verbessern

bonjour [bɔ̃ʒur] *excl, nm* guten Tag; **dire ~ à qn** jdn grüßen; **~, Monsieur** guten *ou* Guten Tag

bonne [bɔn] *adj f voir* **bon ▸** *nf (domestique)* (Haus)mädchen *nt*

bonnement [bɔnmɑ̃] *adv* : **tout ~** ganz einfach

bonnet [bɔnɛ] *nm* Mütze *f*; **~ de bain** Badekappe *f*

bonsoir [bɔ̃swar] *excl, nm* guten Abend

bonté [bɔ̃te] *nf* Güte *f*

bonus [bɔnys] *nm* Bonus *m*

boom [bum] *nm* Boom *m*; **~ démographique** Bevölkerungsexplosion *f*

boots [buts] *nmpl* Boots *pl*

bord [bɔr] *nm* Rand *m*; *(de rivière, lac)* Ufer *nt*; **au ~ de la mer** am Meer; **à ~** an Bord; **monter à ~** an Bord gehen

bordeaux [bɔrdo] *nm (vin)* Bordeaux *m* ▸ *adj inv (couleur)* weinrot

bordel [bɔrdɛl] *nm (fam)* Bordell *nt*; *(désordre)* heilloses Durcheinander *nt* • **bordélique** *(fam) adj* heillos unordentlich

border [bɔrde] *vt* säumen

bordereau, x [bɔrdəro] *nm* Aufstellung *f*; *(facture)* Rechnung *f*

bordure [bɔrdyr] *nf* Umrandung *f*; *(sur un vêtement)* Bordüre *f*; **en ~ de** am Rand von

borgne [bɔrɲ] *adj* einäugig; *(fenêtre)* blind; **hôtel ~** Absteige *f*

borne [bɔrn] *nf* Grenzstein *m*; *(kilométrique)* Kilometerstein *m*; **~ wifi** Hotspot *m*

borné, e [bɔrne] *adj* engstirnig

borner [bɔrne] *vt* be- *ou* eingrenzen

bosniaque [bɔznjak] *adj* bosnisch • **Bosnie** *nf* Bosnien *nt* • **Bosnie-Herzégovine** *nf* Bosnien und Herzegowina *nt*

bosquet [bɔskɛ] *nm* Wäldchen *nt*

bosse [bɔs] *nf (de terrain, sur un objet etc)* Unebenheit *f*; *(enflure)* Beule *f*; *(du bossu)* Buckel *m*; *(du chameau)* Höcker *m*

bosser [bɔse] *(fam) vi (travailler)* schuften • **bosseur, -euse** *nm/f* Arbeitstier *nt*

bossu, e [bɔsy] *adj* buckelig

botanique [bɔtanik] *nf* Botanik *f* ▸ *adj* botanisch

Botswana [bɔtswana] *nm* : **le ~** Botswana *nt*

botte [bɔt] *nf (soulier)* Stiefel *m*; **~ d'asperges** Bündel *nt* Spargel • **botter** *vt* Stiefel anziehen +*dat*; *(donner un coup de pied à)* einen Tritt versetzen +*dat*; **ça me botte** *(fam)* das reizt mich

bottin [bɔtɛ̃] *nm* Telefonbuch *nt*

bottine [bɔtin] *nf* Stiefelette *f*

bouc [buk] *nm* Ziegenbock *m*

boucan [bukɑ̃] *nm* Lärm *m*, Radau *m*

bouche [buʃ] *nf* Mund *m*; **~ d'égout** Kanalschacht *m*; **~ d'incendie** Hydrant *m*; **~ de métro** Eingang *m* zur U-Bahn

bouché, e [buʃe] *adj* verstopft; *(vin, cidre)* verkorkt

bouche-à-bouche [buʃabuʃ] *nm inv* : **faire du ~ à qn** jdm Mund-zu-Mund-Beatmung machen

bouchée [buʃe] *nf* Bissen *m*; **~s à la reine** Königinpastetchen *pl*

boucher [buʃe] *nm* Metzger *m*
▶ *vt* (*passage, porte*) versperren;
(*tuyau, lavabo*) verstopfen; **se
boucher** *vpr* sich verstopfen

boucherie [buʃʀi] *nf* Metzgerei *f*

bouchon [buʃɔ̃] *nm* (*en liège*)
Korken *m*; (*autre matière*) Stöpsel
m; (*emboutelllage*) Stau *m*

boucle [bukl] *nf* Schleife *f*; (*objet*)
Schnalle *f*, Spange *f*; **~ (de
cheveux)** Locke *f*; **~s d'oreilles**
Ohrringe *pl*

bouclé, e [bukle] *adj* lockig
• **boucler** *vi* (*cheveux*) sich
kräuseln

bouclier [buklije] *nm* Schild *m*

bouddhisme [budism] *nm*
Buddhismus *m* • **bouddhiste** *nmf*
Buddhist(in) *m(f)*

bouder [bude] *vi* schmollen
• **boudeur, -euse** *adj*
schmollend

boudin [budɛ̃] *nm* (*Culin*)
≈ Blutwurst *f*

boue [bu] *nf* Schlamm *m*

bouée [bwe] *nf* Boje *f*; **~ (de
sauvetage)** Rettungsring *m*

boueux, -euse [bwø, øz] *adj*
schlammig ▶ *nm* Müllmann *m*

bouffant, e [bufɑ̃, ɑ̃t] *adj*
bauschig

bouffe [buf] (*fam*) *nf* Essen *nt*

bouffée [bufe] *nf* (*d'air*) Hauch *m*;
(*de pipe*) Schwade *f*; **~ de chaleur**
fliegende Hitze *f*; **~ de honte**
Anfall *m* von Scham; **~ d'orgueil**
Anfall *m* von Stolz

bouffer [bufe] *vt* (*fam*) futtern

bouffi, e [bufi] *adj* geschwollen

bougeoir [buʒwaʀ] *nm*
Kerzenhalter *m*

bougeotte [buʒɔt] *nf*: **avoir la ~**
kein Sitzfleisch haben

bouger [buʒe] *vi* sich bewegen;
(*voyager*) herumreisen ▶ *vt* bewegen

bougie [buʒi] *nf* Kerze *f*; (*Auto*)
Zündkerze *f*

bougon, ne [bugɔ̃, ɔn] *adj*
mürrisch, grantig

bouillabaisse [bujabɛs] *nf*
Bouillabaisse *f*

bouillant, e [bujɑ̃, ɑ̃t] *adj* (*qui
bout*) kochend; (*très chaud*)
siedend heiß

bouille [buj] (*fam*) *nf* Birne *f*,
Rübe *f*

bouilli, e [buji] *adj* gekocht
• **bouillie** *nf* Brei *m*; **en ~**
zermatscht

bouillir [bujiʀ] *vi* kochen ▶ *vt*
kochen

bouilloire [bujwaʀ] *nf* Kessel *m*

bouillon [bujɔ̃] *nm* (*Culin*)
Bouillon *f*

bouillonner [bujɔne] *vi*
schäumen

bouillotte [bujɔt] *nf*
Wärmflasche *f*

boulanger, -ère [bulɑ̃ʒe, ɛʀ]
nm/f Bäcker(in) *m(f)*
• **boulangerie** *nf* Bäckerei *f*
• **boulangerie-pâtisserie** (*pl*
boulangeries-pâtisseries) *nf*
Bäckerei und Konditorei *f*

boule [bul] *nf* (*pour jouer*) Kugel *f*

bouleau, x [bulo] *nm* Birke *f*

bouledogue [buldɔg] *nm*
Bulldogge *f*

boulet [bulɛ] *nm* (*de canon*)
Kanonenkugel *f*

boulette [bulɛt] *nf* Bällchen *nt*;
~ de viande Fleischklößchen *nt*

boulevard [bulvaʀ] nm
Boulevard m

bouleversement [bulvɛʀsəmɑ̃]
nm (politique, social) Aufruhr m
• **bouleverser** vt erschüttern;
(pays, vie, objets)
durcheinanderbringen

boulimie [bulimi] nf Bulimie f
• **boulimique** adj bulimiekrank

boulon [bulɔ̃] nm Bolzen m
• **boulonner** vt anschrauben

boulot[1] [bulo] (fam) nm Arbeit f;
petit ~ Gelegenheitsarbeit

boulot[2]**, te** [bulo, ɔt] adj rundlich

boum [bum] nf Fete f

bouquet [bukɛ] nm (de fleurs)
(Blumen)strauß m; (de persil)
Bund nt

bouquetin [buk(ə)tɛ̃] nm
Steinbock m

bouquin [bukɛ̃] (fam) nm Buch nt
• **bouquiner** (fam) vi lesen

bourbier [buʀbje] nm Morast m

bourdon [buʀdɔ̃] nm Hummel f

bourdonnement [buʀdɔnmã]
nm Summen nt • **bourdonner** vi
(abeilles etc) summen; (oreilles)
dröhnen

bourg [buʀ] nm Stadt f

bourgade [buʀgad] nf kleiner
Marktflecken m

bourgeois, e [buʀʒwa, waz] adj
(souvent péj) bürgerlich, spießig
▶ nm/f Bürger(in) m(f); (péj)
Spießbürger(in) m(f)
• **bourgeoisie** nf Bürgertum nt;
petite ~ Kleinbürgertum nt

bourgeon [buʀʒɔ̃] nm Knospe f
• **bourgeonner** vi knospen

Bourgogne [buʀgɔɲ] nf: **la ~**
Burgund nt ▶ nm: **bourgogne**
(vin) Burgunder m

bourguignon, ne [buʀgiɲɔ̃, ɔn]
adj burgundisch; **(bœuf) ~**
Rindfleisch nt Burgunder Art (in
Rotwein)

bourlinguer [buʀlɛ̃ge] (fam) vi
herumziehen

bourrasque [buʀask] nf Bö(e) f

bourratif, -ive [buʀatif, iv] adj
stopfend

bourré, e [buʀe] adj : **~ de**
vollgestopft mit

bourreau [buʀo] nm (qui torture)
Folterknecht m; (qui tue) Henker
m; **~ de travail** Arbeitstier nt

bourrelet [buʀlɛ] nm (isolant)
Dichtungsband nt

bourrer [buʀe] vt vollstopfen;
(pipe) stopfen

bourrique [buʀik] nf (ânesse)
Eselin f

bourru, e [buʀy] adj mürrisch

bourse [buʀs] nf (subvention)
Stipendium nt; (porte-monnaie)
Geldbeutel m; **la B~** die Börse f
• **boursier, -ière** nm/f
Stipendiat(in) m(f)

boursouflé, e [buʀsufle] adj
geschwollen

bousculade [buskylad] nf
(mouvements de foule) Gedränge nt
• **bousculer** vt anrempeln; (fig :
presser) drängeln

bouse [buz] nf : **~ (de vache)**
Kuhmist m

boussole [busɔl] nf Kompass m

bout [bu] nm (extrémité) Ende nt;
(morceau) Stück nt; (de pied,
bâton) Spitze f; **au ~ de** (après)
nach; **être à ~** am Ende sein;
~ à ~ aneinander; **d'un ~ à**
l'autre, de ~ en ~ von Anfang
bis Ende

boutade [butad] *nf* witzige Bemerkung *f*

boute-en-train [butãtʀɛ̃] *nm inv* Betriebsnudel *f*

bouteille [butɛj] *nf* Flasche *f*

boutique [butik] *nf* Laden *m*

bouton [butɔ̃] *nm* Knopf *m*; (*Bot*) Knospe *f*; (*sur la peau*) Pickel *m*; **~ de commande** (*Inform*) Befehlsschaltfläche; **~ d'or** Butterblume *f* • **boutonner** *vt* zuknöpfen • **boutonnière** *nf* Knopfloch *nt* • **bouton-pression** (*pl* **boutons-pression**) *nm* Druckknopf *m*

bouvreuil [buvʀœj] *nm* Dompfaff *m*

bovin, e [bɔvɛ̃, in] *adj* Rinder-

box [bɔks] *nm* (*d'écurie*) Box *f*; **le ~ des accusés** die Anklagebank *f*

boxe [bɔks] *nf* Boxen *nt* • **boxer** *vi* boxen • **boxeur** *nm* Boxer *m*

boyau, x [bwajo] *nm* (*galerie*) Gang *m*; (*de bicyclette*) Schlauch *m*; **boyaux** *nmpl* (*viscères*) Eingeweide *pl*

boycotter [bɔjkɔte] *vt* boykottieren

BP [bepe] *sigle f* (= *boîte postale*) Postfach *nt*

bracelet [braslɛ] *nm* Armband *nt* • **bracelet-montre** (*pl* **bracelets-montres**) *nm* Armbanduhr *f*

braconnier [brakɔnje] *nm* Wilderer *m*

brader [bʀade] *vt* verschleudern • **braderie** *nf* Trödelmarkt *m*

braguette [bʀagɛt] *nf* Hosenschlitz *m*

braillard, e [brajar, ard] *adj* brüllend

braille [bʀaj] *nm* Blindenschrift *f*

braise [bʀɛz] *nf* Glut *f*

braiser [bʀeze] *vt* schmoren; **bœuf braisé** geschmortes Rindfleisch *nt*

brancard [bʀɑ̃kaʀ] *nm* Bahre *f*

branche [bʀɑ̃ʃ] *nf* Ast *m*; (*de lunettes*) Bügel *m*

branché, e [bʀɑ̃ʃe] (*fam*) *adj* voll im Trend

branchement [bʀɑ̃ʃmɑ̃] *nm* Anschluss *m* • **brancher** *vt* anschließen

branchies [bʀɑ̃ʃi] *nfpl* Kiemen *pl*

brandir [bʀɑ̃diʀ] *vt* schwenken, fuchteln mit

branlant, e [bʀɑ̃lɑ̃, ɑ̃t] *adj* wackelig

branle-bas [bʀɑ̃lba] *nm inv* Aufregung *f*, Durcheinander *nt*

branler [bʀɑ̃le] *vi* wackeln ▶ *vt*: **~ la tête** mit dem Kopf wackeln

braquer [bʀake] *vi* (*Auto*) steuern ▶ *vt* (*fam* : *attaquer*) überfallen; **se braquer** *vpr*: **se ~ (contre)** sich widersetzen (+*dat*); **~ qn** (*mettre en colère*) jdn aufbringen

bras [bʀa] *nm* Arm *m*

brassard [bʀasaʀ] *nm* Armbinde *f*

brasse [bʀas] *nf* (*nage*) Brustschwimmen *nt*; **~ papillon** Schmetterlingsstil *m*

brasser [bʀase] *vt* (*remuer*) mischen; **~ de l'argent** viel Geld in Umlauf bringen; **~ des affaires** groß im Geschäft sein

brasserie [bʀasʀi] *nf* (*restaurant*) Gaststätte *f*; (*usine*) Brauerei *f* • **brasseur** *nm* Brauer *m*

bravade [bʀavad] *nf*: **par ~** aus Mutwillen

brave [bʀav] *adj (courageux)* mutig; *(bon, gentil)* lieb

braver [bʀave] *vt* trotzen +*dat*

bravo [bʀavo] *excl* bravo ▸ *nm* Bravoruf *m*

bravoure [bʀavuʀ] *nf* Mut *m*

break [bʀɛk] *nm (Auto)* Kombi *m*

brebis [bʀəbi] *nf* (Mutter)schaf *nt*; **~ galeuse** schwarzes Schaf *nt*

brèche [bʀɛʃ] *nf* Öffnung *f*; **être sur la ~** *(fig)* auf Trab sein

bredouille [bʀəduj] *adj* mit leeren Händen

bredouiller [bʀəduje] *vi, vt* murmeln

bref, brève [bʀɛf, ɛv] *adj* kurz ▸ *adv* kurz und gut

breloque [bʀəlɔk] *nf* Anhänger *m*

Brésil [bʀezil] *nm* : **le ~** Brasilien *nt* • **brésilien, ne** *adj* brasilianisch

Bretagne [bʀətaɲ] *nf* Bretagne *f*

bretelle [bʀətɛl] *nf (d'autoroute)* Verbindung *f*; **bretelles** *nfpl (pour pantalon)* Hosenträger *pl*

breton, ne [bʀətɔ̃, ɔn] *adj* bretonisch ▸ *nm/f* : **B~, ne** Bretone *m*, Bretonin *f*

brevet [bʀəvɛ] *nm* Diplom *nt*; **~ (d'invention)** Patent *nt* • **breveté, e** *adj (invention)* patentiert; *(diplômé)* diplomiert

bribes [bʀib] *nfpl (de conversation)* Bruchstücke *pl*; **par ~** stückweise

bric-à-brac [bʀikabʀak] *nm inv* Trödel *m*

bricolage [bʀikɔlaʒ] *nm* Basteln *nt*

bricole [bʀikɔl] *nf* Kleinigkeit *f*

bricoler [bʀikɔle] *vi* herumwerkeln ▸ *vt (réparer)* herumwerkeln an +*dat*

• **bricoleur, -euse** *nm/f* Bastler(in) *m(f)*

bride [bʀid] *nf* Zaum *m*

bridé, e [bʀide] *adj* : **yeux ~s** Schlitzaugen *pl*

brider [bʀide] *vt (réprimer)* zügeln; *(cheval)* aufzäumen; *(volaille)* dressieren

bridge [bʀidʒ] *nm (jeu)* Bridge *nt*; *(dentaire)* Brücke *f*

brièvement [bʀijɛvmã] *adv* kurz • **brièveté** *nf* Kürze *f*

brigade [bʀigad] *nf (Police)* Trupp *m*; *(Mil)* Brigade *f*

brigadier [bʀigadje] *nm* ≈ Gefreite(r) *m*

brigand [bʀigã] *nm* Räuber *m*

brillamment [bʀijamã] *adv* glänzend, großartig

brillant, e [bʀijã, ãt] *adj* strahlend; *(remarquable)* erstklassig ▸ *nm (diamant)* Brillant *m*

briller [bʀije] *vi* leuchten

brimade [bʀimad] *nf (vexation)* Schikane *f*

brin [bʀɛ̃] *nm* : **un ~ de** *(un peu)* ein bisschen; **~ d'herbe** Grashalm *m*; **~ de paille** Strohhalm *m*

brindille [bʀɛ̃dij] *nf* Zweig *m*

brio [bʀijo] *nm* : **avec ~** großartig

brioche [bʀijɔʃ] *nf* Brioche *f*, Art Brötchen; *(fam : ventre)* Bauch *m*

brique [bʀik] *nf* Ziegelstein *m* ▸ *adj inv (couleur)* ziegelrot

briquet [bʀikɛ] *nm* Feuerzeug *nt*

brise [bʀiz] *nf* Brise *f*

brisé, e [bʀize] *adj* gebrochen

brise-glace, brise-glaces [bʀizglas] *nm inv* Eisbrecher *m*

briser [bʀize] *vt* zerbrechen; *(fig)* zerstören

britannique [bʀitanik] *adj*
britisch ▸ *nmf* : **B~** Brite *m*, Britin *f*

brocante [bʀɔkɑ̃t] *nf (objets)*
Trödel *m*; *(commerce)* Handel *m*
mit Trödel • **brocanteur, -euse**
nm/f Trödler(in) *m(f)*

broche [bʀɔʃ] *nf* Brosche *f*; *(Culin)*
Bratspieß *m*; **à la ~** am Spieß

broché, e [bʀɔʃe] *adj (livre)*
broschiert

brochet [bʀɔʃɛ] *nm* Hecht *m*

brochette [bʀɔʃɛt] *nf (Culin)*
Schaschlik *m* ou *nt*

brochure [bʀɔʃyʀ] *nf* Broschüre *f*

brocoli [bʀɔkɔli] *nm* Brokkoli *m*

broder [bʀɔde] *vt* sticken ▸ *vi* :
~ (sur des faits/une histoire)
(die Tatsachen/eine Geschichte)
ausschmücken • **broderie** *nf*
Stickerei *f*

broncher [bʀɔ̃ʃe] *vi* : **sans ~** ohne
mit der Wimper zu zucken

bronches [bʀɔ̃ʃ] *nfpl* Bronchien *pl*

bronchite [bʀɔ̃ʃit] *nf* Bronchitis *f*

bronzage [bʀɔ̃zaʒ] *nm*
Sonnenbräune *f*

bronze [bʀɔ̃z] *nm* Bronze *f*

bronzé, e [bʀɔ̃ze] *adj*
sonnengebräunt, braun
• **bronzer** *vt* bräunen ▸ *vi (peau,
personne)* braun werden; **se
bronzer** *vpr* sonnenbaden

brosse [bʀɔs] *nf* Bürste *f*; **~ à
dents** Zahnbürste *f* • **brosser** *vt*
(ab)bürsten

brouette [bʀuɛt] *nf*
Schubkarren *m*

brouhaha [bʀuaa] *nm* Tumult *m*

brouillard [bʀujaʀ] *nm* Nebel *m*

brouille [bʀuj] *nf* Streit *m*
• **brouillé, e** *adj (teint)* unrein;

il est ~ avec ses parents er ist
mit seinen Eltern verkracht
• **brouiller** *vt*
durcheinanderbringen; *(rendre
confus)* trüben; *(désunir)*
entzweien; **se brouiller** *vpr (ciel,
temps)* sich zuziehen; **se ~ (avec)**
sich verkrachen (mit)

brouillon, ne [bʀujɔ̃, ɔn] *adj*
unordentlich ▸ *nm (écrit)* Konzept *nt*

broussailles [bʀusaj] *nfpl*
Gestrüpp *nt*, Gebüsch *nt*
• **broussailleux, -euse** *adj*
buschig

brousse [bʀus] *nf* Busch *m*

brouter [bʀute] *vt* fressen ▸ *vi*
(Auto, Tech) ruckeln

broutille [bʀutij] *nf* Lappalie *f*

broyer [bʀwaje] *vt* zerkleinern;
~ du noir grübeln

brugnon [bʀyɲɔ̃] *nm* Nektarine *f*

bruine [bʀɥin] *nf* Nieselregen *m*
• **bruiner** *vb* : **il bruine** es nieselt

bruissement [bʀɥismɑ̃] *nm*
Rascheln *nt*

bruit [bʀɥi] *nm* Geräusch *nt*;
(désagréable) Lärm *m*; *(fig : rumeur)*
Gerücht *nt* • **bruitage** *nm*
Toneffekte *pl*

brûlant, e [bʀylɑ̃, ɑ̃t] *adj* siedend
heiß • **brûlé, e** *adj (fig : démasqué)*
entlarvt ▸ *nm* : **odeur de ~**
Brandgeruch *m* • **brûler** *vt*
verbrennen; *(consommer)*
verbrauchen; *(feu rouge, signal)*
überfahren ▸ *vi* brennen; *(être
brûlant, ardent)* glühen; **se brûler**
vpr sich verbrennen • **brûleur** *nm*
Brenner *m* • **brûlure** *nf (lésion)*
Verbrennung *f*; *(sensation)*
Brennen *nt*; **~s d'estomac**
Sodbrennen *nt*

brume

brume [bʀym] *nf* Nebel *m*
• **brumisateur** *nm* Zerstäuber *m*

brun, e [bʀœ̃, bʀyn] *adj* braun

brunch [bʀœntʃ] *nm* Brunch *m*

Brunéi [bʀunei] *nm* : **le ~**
Brunei *nt*

brunir [bʀyniʀ] *vi* braun werden
▶ *vt* bräunen

brushing [bʀœʃiŋ] *nm*
Föhnwelle *f*

brusque [bʀysk] *adj* (*rude*)
schroff; (*soudain*) plötzlich
• **brusquement** *adv* plötzlich

brusquer [bʀyske] *vt* drängen

brusquerie [bʀyskəʀi] *nf*
Barschheit *f*

brut, e [bʀyt] *adj* roh; (*bénéfice, salaire, poids*) Brutto- ▶ *nm* :
(champagne) ~ trockener
Champagner *m*

brutal, e, -aux [bʀytal, o] *adj*
brutal • **brutaliser** *vt* brutal ou
grob behandeln • **brutalité** *nf*
Brutalität *f*

brute [bʀyt] *nf* Bestie *f*

Bruxelles [bʀysɛl] Brüssel *nt*

bruyamment [bʀɥijamɑ̃] *adv*
laut • **bruyant, e** *adj* laut

bruyère [bʀɥijɛʀ] *nf*
Heidekraut *nt*

BTP [betepe] *sigle mpl* (= *bâtiments et travaux publics*) ≈ öffentliches
Bauwesen *nt*

BTS [beteɛs] *sigle m* (= *brevet de technicien supérieur*)
Abschlusszeugnis einer technischen Schule

bu, e [by] *pp de* **boire**

buanderie [bɥɑ̃dʀi] *nf*
Waschküche *f*

bûche [byʃ] *nf* Holzscheit *nt*

budget [bydʒɛ] *nm* Etat *m*,
Haushalt *m* • **budgétaire** *adj*
Haushalts-

buée [bɥe] *nf* (*sur une vitre*)
Kondenswasser *f*; (*haleine*) Dampf *m*

buffet [byfɛ] *nm* (*meuble*) Anrichte
f; (*de réception*) Büffet *nt*; **~ (de gare)** Bahnhofsgaststätte *f*

buffle [byfl] *nm* Büffel *m*

buisson [bɥisɔ̃] *nm* Busch *m*

bulbe [bylb] *nm* (*Bot*) Zwiebel *f*

bulgare [bylgaʀ] *adj* bulgarisch
• **Bulgarie** *nf* : **la ~** Bulgarien *nt*

Bulgarie *nf* : **la ~** Bulgarien *nt*

bulldozer [buldozɛʀ] *nm*
Bulldozer *m*

bulle [byl] *nf* Blase *f*

bulletin [byltɛ̃] *nm* (*Radio, TV*)
Sendung *f*; **~ de vote** Stimmzettel
m; **~ météorologique**
Wetterbericht *m*

buraliste [byʀalist] *nmf*
Tabakwarenhändler(in) *m(f)*

bureau, x [byʀo] *nm* (*meuble*)
Schreibtisch *m*; (*pièce, d'une entreprise*) Büro *nt*; **~ de change**
Wechselstube *f*; **~ de poste**
Postamt *nt*; **~ de tabac**
Tabakwarenhandlung *f*
• **bureaucrate** *nm* Bürokrat *m*
• **bureaucratie** *nf* Bürokratie *f*
• **bureaucratique** *adj*
bürokratisch • **bureautique** *nf*
Büroautomation *f*

Burkina-Faso [byʀkinafaso]
nm : **le ~** Burkina Faso *nt*

Burundi [buʀundi] *nm* : **le ~**
Burundi *nt*

bus [bys] *nm* Bus *m*; (*Inform*)
(Daten)bus *m*

buse [byz] *nf* Bussard *m*

buste [byst] *nm* (*Anat*) Brustkorb
m; (*sculpture*) Büste *f*

bustier [bystje] *nm* Mieder *nt*; (*soutien-gorge*) Bustier *m*

but [by(t)] *nm* (*cible*) Zielscheibe *f*; (*fig*) Ziel *nt*; (*Football etc*) Tor *nt*

butane [bytan] *nm* Butan *nt*; (*domestique*) Propangas *nt*

buté, e [byte] *adj* stur

buter [byte] *vi*: ~ **contre/sur qch** gegen/auf etw *acc* stoßen

buteur [bytœʀ] *nm* Torjäger *m*

butin [bytɛ̃] *nm* Beute *f*

butiner [bytine] *vi* Honig sammeln

butte [byt] *nf* Hügel *m*

buvable [byvabl] *adj* trinkbar

buvard [byvaʀ] *nm* Löschpapier *nt*

buvette [byvɛt] *nf* Erfrischungsraum *m*

buveur, -euse [byvœʀ, øz] *nm/f* (*péj*) Säufer(in) *m(f)*; ~ **de cidre/ de vin** Cidre-/Weintrinker(in) *m(f)*

C

ça [sa] *pron* das; **ça va ?** wie gehts?; **ça alors !** na so was!; **c'est ça** richtig

çà [sa] *adv*: **çà et là** hier und da

cabane [kaban] *nf* Hütte *f*

cabaret [kabaʀɛ] *nm* Nachtklub *m*

cabillaud [kabijo] *nm* Kabeljau *m*

cabine [kabin] *nf* Kabine *f*

cabinet [kabinɛ] *nm* (*de médecin*) Praxis *f*; (*d'avocat, de notaire etc*) Büro *nt*; **cabinets** *nmpl* (W.C.) Toiletten *pl*

câble [kabl] *nm* Kabel *nt*; (*TV*) Kabelfernsehen *nt*

cabrer [kabʀe] *vt* (*cheval*) steigen lassen; (*avion*) hochziehen; **se cabrer** *vpr* (*cheval*) sich aufbäumen; (*fig*) sich auflehnen

cabriolet [kabʀijɔle] *nm* Kabriolett *nt*

caca [kaka] *nm* (*langage enfantin*) Aa *nt*

cacahuète [kakaɥɛt] *nf* Erdnuss *f*

cacao [kakao] *nm* Kakao *m*

cache [kaʃ] nm Maske f, Versteck nt • **cache-cache** nm inv : **jouer à ~** Verstecken spielen • **cacher** vt verstecken; (vérité, nouvelle) verheimlichen • **cache-sexe** nm inv Minislip m

cachet [kaʃɛ] nm (comprimé) Tablette f; (sceau) Siegel nt

cachette [kaʃɛt] nf Versteck nt; **en ~** heimlich

cachot [kaʃo] nm Verlies nt

cacophonie [kakɔfɔni] nf Kakofonie f

cactus [kaktys] nm inv Kaktus m

c.-à-d. abr (= c'est-à-dire) d. h.

cadavre [kadavʀ] nm Leiche f

caddie® [kadi] nm Einkaufswagen m (im Supermarkt)

cadeau, x [kado] nm Geschenk nt; **faire un ~ à qn** jdm etwas schenken; **faire ~ de qch à qn** jdm etw schenken

cadenas [kadna] nm Vorhängeschloss nt

cadence [kadɑ̃s] nf Tempo nt

cadet, te [kadɛ, ɛt] adj jüngere(r, s) ▸ nm/f: **le ~/la ~te** der/die Jüngste

cadran [kadʀɑ̃] nm Zifferblatt nt; **~ solaire** Sonnenuhr f

cadre [kadʀ] nm Rahmen m; (environnement) Umgebung f; (personne) Führungskraft f

cadrer [kadʀe] vi : **~ avec qch** einer Sache dat entsprechen ▸ vt (Ciné) zentrieren

caduc, -uque [kadyk] adj veraltet; **arbre à feuilles caduques** Laubbaum m

cafard [kafaʀ] nm Schabe f; **avoir le ~** deprimiert sein • **cafardeux, -euse** adj (personne) deprimiert; (ambiance) deprimierend

café [kafe] nm Kaffee m; (bistro) Kneipe f; **~ au lait** Milchkaffee m • **café-théâtre** (pl **cafés-théâtres**) nm kleines Experimentiertheater • **cafetier, -ière** nm/f Besitzer(in) m(f) einer Gastwirtschaft • **cafetière** nf (pot) Kaffeekanne f

cage [kaʒ] nf Käfig m

cagibi [kaʒibi] (fam) nm Kämmerchen nt

cagnotte [kaɲɔt] nf gemeinsame Kasse f

cagoule [kagul] nf Kapuze f; (passe-montagne) Kapuzenmütze f

cahier [kaje] nm (Schul)heft nt

caille [kaj] nf Wachtel f

caillé, e [kaje] adj : **lait ~** saure Milch f

caillou, x [kaju] nm Kieselstein m • **caillouteux, -euse** adj steinig

caisse [kɛs] nf Kasse f; (cageot, boîte) Kiste f; **~ d'épargne/de retraite** Spar-/Pensionskasse f • **caissier, -ière** nm/f Kassierer(in) m(f)

cajoler [kaʒɔle] vt besonders lieb sein zu

cake [kɛk] nm englischer Kuchen m

calandre [kalɑ̃dʀ] nf (Auto) Kühlergrill m

calanque [kalɑ̃k] nf kleine Felsenbucht am Mittelmeer

calcaire [kalkɛʀ] nm Kalkstein m ▸ adj (eau) kalkhaltig; (terrain) kalkig

calcium [kalsjɔm] nm Kalzium nt

calcul [kalkyl] nm Rechnung f; **~ biliaire** Gallenstein m; **~ rénal** Nierenstein m • **calculateur** nm (machine) Rechner m

• **calculatrice** nf (de poche) Taschenrechner m • **calculer** vt berechnen; (combiner, arranger) kalkulieren ▶ vi rechnen • **calculette** nf Taschenrechner m

cale [kal] nf (de bateau) Laderaum m; (en bois) Keil m; **~ sèche** Trockendock nt

calembour [kalɑ̃buʀ] nm Wortspiel nt

calendrier [kalɑ̃dʀije] nm Kalender m; (programme) Zeitplan m

calepin [kalpɛ̃] nm Notizbuch nt

caler [kale] vt (fixer) festkeilen ▶ vi nicht mehr können

calibre [kalibʀ] nm Kaliber nt; (d'un fruit) Größe f

calice [kalis] nm Kelch m

califourchon [kalifuʀʃɔ̃]: **à ~** adv rittlings

câlin, e [kalɛ̃, in] adj anschmiegsam

câliner [kaline] vt schmusen mit

calmant, e [kalmɑ̃, ɑ̃t] adj beruhigend ▶ nm Beruhigungsmittel nt

calmar [kalmaʀ] nm Tintenfisch m

calme [kalm] adj ruhig ▶ nm Ruhe f

calmer [kalme] vt lindern, mildern; (personne) beruhigen; **se calmer** vpr sich beruhigen; (vent, colère etc) sich legen

calomnie [kalɔmni] nf Verleumdung f • **calomnier** vt verleumden

calorie [kalɔʀi] nf Kalorie f

calque [kalk] nm (aussi: **papier calque**) Pauspapier nt; (dessin) Pause f; (fig) Nachahmung f • **calquer** vt durchpausen

calvados [kalvados] nm Calvados m

calvaire [kalvɛʀ] nm Martyrium nt

calvitie [kalvisi] nf Kahlköpfigkeit f

camarade [kamaʀad] nmf Kumpel m • **camaraderie** nf Freundschaft f

Camargue [kamaʀg] nf: **la ~** die Camargue f

cambiste [kɑ̃bist] nmf Devisenhändler m

Cambodge [kɑ̃bɔdʒ] nm: **le ~** Kambodscha nt

cambouis [kɑ̃bwi] nm Ölschmiere f

cambriolage [kɑ̃bʀijɔlaʒ] nm Einbruch m • **cambrioler** vt einbrechen in +dat; (personne) einbrechen bei • **cambrioleur, -euse** nm/f Einbrecher(in) m(f)

came [kam] nf (fam: drogue) Koks m • **camé, e** nm/f Junkie mf

camelot [kamlo] nm Hausierer m

camelote [kamlɔt] nf Ramsch m

camembert [kamɑ̃bɛʀ] nm Camembert m

caméra [kameʀa] nf Kamera f

Cameroun [kamʀun] nm: **le ~** Kamerun nt

caméscope [kameskɔp] nm Videokamera f, Camcorder m

camion [kamjɔ̃] nm Lastwagen m • **camion-citerne** (pl **camions-citernes**) nm Tankwagen m • **camionnette** nf Kleintransporter m • **camionneur** nm Lkw-Fahrer(in) m(f)

camisole [kamizɔl] nf: **~ de force** Zwangsjacke f

camomille [kamɔmij] *nf* Kamille *f*; *(boisson)* Kamillentee *m*

camouflage [kamuflaʒ] *nm* Tarnung *f*

camoufler [kamufle] *vt* tarnen

camp [kɑ̃] *nm* Lager *nt*; **~ de vacances** Ferienlager *nt*

campagnard, e [kɑ̃paɲaʀ, aʀd] *adj* Land-; *(mœurs)* ländlich

campagne [kɑ̃paɲ] *nf* Land *nt*; **à la ~** auf dem Land

campement [kɑ̃pmɑ̃] *nm* Lager *nt*

camper [kɑ̃pe] *vi* zelten • **campeur, -euse** *nm/f* Camper(in) *m(f)*

camphre [kɑ̃fʀ] *nm* Kampfer *m*

camping [kɑ̃piŋ] *nm (activité)* Camping *nt*; **(terrain de) ~** Campingplatz *m*; **faire du ~** zelten, campen • **camping-car** *(pl* **camping-cars)** *nm* Wohnmobil *nt* • **camping-gaz®** *nm* Campingkocher *m*

campus [kɑ̃pys] *nm* Universitätsgelände *nt*

Canada [kanada] *nm*: **le ~** Kanada *nt* • **canadien, ne** *adj* kanadisch ▸ *nm/f*: **C~, ne** Kanadier(in) *m(f)*

canal, -aux [kanal, o] *nm* Kanal *m* • **canalisation** *nf (tuyau)* Leitung *f* • **canaliser** *vt* kanalisieren

canapé [kanape] *nm* Sofa *nt*; *(Culin)* belegtes Brot *nt*

canard [kanaʀ] *nm* Ente *f*

canari [kanaʀi] *nm* Kanarienvogel *m*

Canaries [kanaʀi] *nfpl*: **les (îles) ~** die Kanarischen Inseln *pl*

cancer [kɑ̃seʀ] *nm* Krebs *m*; **être (du) C~** *(Astrol)* Krebs sein • **cancéreux, -euse** *adj* Krebs-; *(malade)* krebskrank

cancre [kɑ̃kʀ] *nm* Niete *f*

candidat, e [kɑ̃dida, at] *nm/f* Kandidat(in) *m(f)*

candidature [kɑ̃didatyʀ] *nf (Pol)* Kandidatur *f*; *(à un poste)* Bewerbung *f*; **poser sa ~** *(à un poste)* sich bewerben

candide [kɑ̃did] *adj* naiv, unbefangen

cane [kan] *nf* Ente *f*

canette [kanɛt] *nf* Flasche *f*

canevas [kanva] *nm (couture)* Stickleinen *nt*; *(d'un texte, récit)* Struktur *f*

caniche [kaniʃ] *nm* Pudel *m*

canicule [kanikyl] *nf (chaleur)* brütende Hitze *f*

canif [kanif] *nm* Taschenmesser *nt*

caniveau [kanivo] *nm* Rinnstein *m*

cannabis [kanabis] *nm* Cannabis *nt*

canne [kan] *nf* Stock *m*; **~ à pêche** Angelrute *f*

cannelle [kanɛl] *nf* Zimt *m*

canoë [kanɔe] *nm* Kanu *nt*

canon [kanɔ̃] *nm* Kanone *f*; **~ à neige** Schneekanon *m*

canoniser [kanɔnize] *vt* heiligsprechen

canot [kano] *nm* Boot *nt*; **~ de sauvetage** Rettungsboot *nt*; **~ pneumatique** Schlauchboot *nt*

cantatrice [kɑ̃tatʀis] *nf* Sängerin *f*

cantine [kɑ̃tin] *nf* Kantine *f*

cantique [kɑ̃tik] *nm*
Kirchenlied *nt*

canton [kɑ̃tɔ̃] *nm (en Suisse)*
Kanton *m*

cantonal, e, -aux [kɑ̃tɔnal, o]
adj (en France) Bezirks-; *(en Suisse)*
kantonal

cantonner [kɑ̃tɔne] : **se
cantonner dans** *vpr* sich
beschränken auf +*akk*; *(maison)*
sich zurückziehen in +*acc*

canyoning [kanjɔniŋ] *nm*
Canyoning *nt*

caoutchouc [kautʃu] *nm*
Kautschuk *m*; **en ~** aus Gummi;
~ mousse® Schaumgummi *m*

CAP [seape] *sigle m (= certificat
d'aptitude professionnelle)* Zeugnis
einer technischen Schule

cap [kap] *nm* Kap *nt*; **mettre le ~
sur** Kurs nehmen auf +*acc*

capable [kapabl] *adj* fähig

capacité [kapasite] *nf (aptitude)*
Fähigkeit *f*; *(d'un récipient)*
Fassungsvermögen *nt*

cape [kap] *nf* Cape *nt*; **rire sous ~**
sich *dat* ins Fäustchen lachen

capillaire [kapilɛʁ] *adj* Haar-;
(vaisseau etc) Kapillar-

capitaine [kapitɛn] *nm* Kapitän
m; *(Mil : de gendarmerie, pompiers)*
Hauptmann *m*

capital, e, -aux [kapital, o] *adj*
wesentlich ▶ *nm* Kapital *nt*
• **capitale** *nf (ville)* Hauptstadt *f*;
(lettre) Großbuchstabe *m*
• **capitalisme** *nm* Kapitalismus *m*
• **capitaliste** *adj* kapitalistisch

capiteux, -euse [kapitø, øz] *adj*
berauschend

capituler [kapityle] *vi*
kapitulieren

caporal, -aux [kapɔʁal, o] *nm*
Gefreite(r) *m*

capot [kapo] *nm (de voiture)*
Kühlerhaube *f*

capote [kapɔt] *nf (de voiture, de
landau)* Verdeck *nt*; **~ (anglaise)**
(fam) Pariser *m*

capoter [kapɔte] *vi* sich
überschlagen

câpre [kɑpʁ] *nf* Kaper *f*

caprice [kapʁis] *nm* Laune *f*
• **capricieux, -euse** *adj* launisch

Capricorne [kapʁikɔʁn] *nm* :
le ~ *(Astrol)* Steinbock *m*

capsule [kapsyl] *nf (de bouteille)*
Verschluss *m*; *(spatiale)*
Raumkapsel *f*

capter [kapte] *vt (eau)* fassen;
(attention, intérêt) erregen
• **capteur** *nm* : **~ solaire**
Sonnenkollektor *m*

captif, -ive [kaptif, iv] *adj*
gefangen

captivant, e [kaptivɑ̃, ɑ̃t] *adj*
fesselnd, faszinierend

captiver [kaptive] *vt* fesseln,
faszinieren

captivité [kaptivite] *nf*
Gefangenschaft *f*

capturer [kaptyʁe] *vt*
einfangen

capuche [kapyʃ] *nf (de manteau)*
Kapuze *f*

capuchon [kapyʃɔ̃] *nm* Kapuze *f*;
(de stylo) Kappe *f*

capucine [kapysin] *nf*
Kapuzinerkresse *f*

caquelon [kaklɔ̃] *nm*
Fonduetopf *m*

car [kaʁ] *nm* Reisebus *m*
▶ *conj* weil, da

caractère [kaʀaktɛʀ] *nm*
Charakter *m*; (*Typo*) Schriftzeichen
nt; **en ~s d'imprimerie** in
Druckschrift

caractériser [kaʀakteʀize] *vt*
charakterisieren

caractéristique [kaʀakteʀistik]
adj charakteristisch ▸ *nf* typisches
Merkmal *nt*

carafe [kaʀaf] *nf* (*karafɔ̃*) Karaffe *f*

caraïbe [kaʀaib] *adj* karibisch
▸ *nf* : **la mer des C~s** die Karibik *f*

carambolage [kaʀãbɔlaʒ] *nm*
Karambolage *f*

caramel [kaʀamɛl] *nm* (*bonbon*)
Karamellbonbon *m* ou *nt*;
(*substance*) Karamell *m*

carapace [kaʀapas] *nf* Panzer *m*

caravane [kaʀavan] *nf* (*camping*)
Wohnwagen *m* • **caravaning** *nm*
(*camping*) Urlaub *m* mit dem
Wohnwagen; (*terrain*)
Campingplatz *m* für Wohnwagen

carbonade [kaʀbɔnad] *nf*
geschmortes Rind mit Zwiebeln in
Biersoße

carbone [kaʀbɔn] *nm*
Kohlenstoff *m*; (*aussi* : **papier
carbone**) Kohlepapier *nt*; (*double*)
Durchschlag *m*; **empreinte ~**
CO²-Bilanz *f* • **carbonique** *adj* :
gaz ~ Kohlensäure *f*; **neige ~**
Trockeneis *nt*

carburant [kaʀbyʀã] *nm*
Treibstoff *m*

carburateur [kaʀbyʀatœʀ] *nm*
Vergaser *m*

carcasse [kaʀkas] *nf* (*d'animal*)
Kadaver *m*; (*de voiture etc*)
Karosserie *f*

carcinogène [kaʀsinɔʒɛn] *adj*
krebserregend

cardiaque [kaʀdjak] *adj* Herz-

cardigan [kaʀdigã] *nm*
Strickjacke *f*

cardinal, e, -aux [kaʀdinal, o]
adj (*nombre*) Kardinal- ▸ *nm*
Kardinal *m*

cardiologie [kaʀdjɔlɔʒi] *nf*
Kardiologie *f* • **cardiologue** *nmf*
Kardiologe *m*, Kardiologin *f*

carême [kaʀɛm] *nm* : **le ~** die
Fastenzeit *f*

carence [kaʀãs] *nf* Mangel *m*;
(*inefficacité, incapacité*)
Unfähigkeit *f*

caresse [kaʀɛs] *nf* Zärtlichkeit *f*
• **caresser** *vt* streicheln

cargaison [kaʀgɛzɔ̃] *nf*
(*Schiffs*)fracht *f*

cargo [kaʀgo] *nm* Frachter *m*

caricature [kaʀikatyʀ] *nf*
Karikatur *f*

carie [kaʀi] *nf* : **la ~ (dentaire)**
Karies *f*; **une ~** ein Loch *nt* im Zahn

carillon [kaʀijɔ̃] *nm* (*d'église*)
Glockenspiel *nt*; **~ (électrique)**
(*de porte*) Türglocke *f*

carlingue [kaʀlɛ̃g] *nf* (*d'avion*)
Cockpit *nt*

carnage [kaʀnaʒ] *nm* Blutbad *nt*

carnaval [kaʀnaval] *nm*
Karneval *m*

carnet [kaʀnɛ] *nm* Heft *nt*; **~ de
chèques** Scheckbuch *nt*

carnivore [kaʀnivɔʀ] *adj*
fleischfressend

carotide [kaʀɔtid] *nf*
Halsschlagader *f*

carotte [kaʀɔt] *nf* Möhre *f*

carpe [kaʀp] *nf* Karpfen *m*

carré, e [kaʀe] *adj* quadratisch;
(*visages, épaules*) eckig ▸ *nm*

Quadrat nt; (de terrain, jardin) Stück nt

carreau, x [kaʁo] nm (par terre) Fliese f; (au mur) Kachel f; (de fenêtre) Scheibe f; (Cartes) Karo nt

carrefour [kaʁfuʁ] nm Kreuzung f

carrelage [kaʁlaʒ] nm Fliesen pl

carrelet [kaʁlɛ] nm (poisson) Scholle f

carrément [kaʁemɑ̃] adv geradeheraus; (nettement) ganz einfach

carrière [kaʁjɛʁ] nf (de craie, sable) Steinbruch m; (métier) Karriere f

carrosse [kaʁɔs] nm Kutsche f

carrosserie [kaʁɔsʁi] nf Karosserie f • **carrossier** nm Karosseriebauer m; (dessinateur) Karosseriedesigner m

carrousel [kaʁuzɛl] nm Karussell nt

carrure [kaʁyʁ] nf Statur f

cartable [kaʁtabl] nm Schultasche f

carte [kaʁt] nf Karte f; (d'électeur, de parti) Ausweis m; (au restaurant) Speisekarte f; (aussi : **carte de visite**) (Visiten)karte f; **à la ~** (au restaurant) nach Maß, à la carte; (télévision) on-Demand; **~ à puce** Chipkarte f; **C~ Bleue®** Kundenkarte f; **~ d'identité** Personalausweis m; **~ de crédit** Kreditkarte f; **~ d'embarquement** Bordkarte, Einsteigekarte f; **~ de séjour** Aufenthaltsgenehmigung f; **~ SIM** SIM-Karte f; **~ grise** ≈ Kraftfahrzeugschein m; **~ postale** Postkarte f; **~ routière** Straßenkarte f

cartel [kaʁtɛl] nm Kartell nt

carter [kaʁtɛʁ] nm (Auto) Ölwanne f

cartilage [kaʁtilaʒ] nm Knorpel m

carton [kaʁtɔ̃] nm (matériau) Pappe f; (boîte) Karton

cartouche [kaʁtuʃ] nf Patrone f; (de film, de toner etc) Kassette f

cas [kɑ] nm Fall m; **en aucun ~** keinesfalls; **au ~ où** falls; **en tout ~** auf jeden Fall

casanier, -ière [kazanje, jɛʁ] adj häuslich

cascade [kaskad] nf Wasserfall m

cascadeur, -euse [kaskadœʁ, øz] nm/f Stuntman m/-girl nt

case [kɑz] nf (compartiment) Fach nt; (sur un formulaire, de mots croisés, d'échiquier) Kästchen nt • **caser** vt (loger) unterbringen; **se caser** vpr (personne) sich niederlassen

caserne [kazɛʁn] nf Kaserne f

cash [kaʃ] adv : **payer ~** bar zahlen

casier [kazje] nm (à journaux) Ständer m; (case) Fach nt; **~ judiciaire** Vorstrafenregister nt

casino [kazino] nm Kasino nt

casque [kask] nm Helm m; (chez le coiffeur) Trockenhaube f; (pour audition) Kopfhörer m

casquette [kaskɛt] nf Kappe f

cassant, e [kasɑ̃, ɑ̃t] adj zerbrechlich; (fig) schroff

casse [kɑs] nf: **mettre à la ~** verschrotten; **il y a eu de la ~** es hat viel Bruch gegeben

casse-cou [kɑsku] adj inv waghalsig

casse-croûte [kɑskʀut] nm inv Imbiss m

casse-noisette, casse-noisettes [kɑsnwazɛt] nm Nussknacker m

casse-noix [kɑsnwa] nm inv Nussknacker m

casse-pieds [kɑspje] (fam) adj, nm inv/nf inv : **il est ~, c'est un ~** er ist ein Nervtöter

casser [kɑse] vt brechen ▶ vi (corde etc) reißen; **se casser** vpr brechen

casserole [kɑsʀɔl] nf Kochtopf m

casse-tête [kɑstɛt] nm inv (problème difficile) harte Nuss f

cassette [kɑsɛt] nf Kassette f; (coffret) Schatulle f

casseur [kɑsœʀ] nm (vandale) Hooligan m

cassis [kɑsis] nm (Bot) Schwarze Johannisbeere f; (de la route) Unebenheit f

cassoulet [kɑsulɛ] nm Ragout mit weißen Bohnen und Gänse-, Enten-, Hammel- oder Schweinefleisch

caste [kɑst] nf Kaste f

castor [kɑstɔʀ] nm Biber m

catalogue [katalɔg] nm Katalog m • **cataloguer** vt katalogisieren; **~ qn** (péj) jdn in eine Schublade einordnen

catalyseur [katalizœʀ] nm Katalysator m • **catalytique** adj : **pot ~** Auspuff m mit (eingebautem) Katalysator

catamaran [katamaʀɑ̃] nm Katamaran m

cataplasme [kataplasm] nm Umschlag m

cataracte [kataʀakt] nf grauer Star m

catastrophe [katastʀɔf] nf Katastrophe f • **catastrophique** adj katastrophal

catch [katʃ] nm Catchen nt

catégorie [kategɔʀi] nf Kategorie f; (Sport) Klasse f

catégorique [kategɔʀik] adj kategorisch

cathédrale [katedʀal] nf Kathedrale f

catholicisme [katɔlisism] nm Katholizismus m • **catholique** adj katholisch

catogan [katɔgɑ̃] nm Pferdeschwanz m

Caucase [kokaz] nm : **le ~** der Kaukasus m

cauchemar [koʃmaʀ] nm Albtraum m

cause [koz] nf Grund m; (d'un accident etc) Ursache f; **à ~ de** wegen +gén ou dat; **pour ~ de** wegen +gén ou dat • **causer** vt verursachen ▶ vi plaudern • **causerie** nf Plauderei f

caustique [kostik] adj (personne, remarque) bissig

caution [kosjɔ̃] nf Kaution f • **cautionner** vt unterstützen

cavale [kaval] (fam) nf : **en ~** auf der Flucht

cavalier, -ière [kavalje, jɛʀ] nm/f Reiter(in) m(f); (au bal) Partner(in) m(f) ▶ nm (Échecs) Springer m

cave [kav] nf Keller m

caveau, x [kavo] nm Gruft f

caverne [kavɛʀn] nf Höhle f

caviar [kavjaʀ] nm Kaviar m

caviste [kavist] nmf Wein- und Spirituosenhändler(in) m/f; (dans *un restaurant*) für den Weinkeller Verantwortliche(r) *f/m*

cavité [kavite] *nf* Hohlraum *m*

c.c. *abr* (= *compte courant*) Girokonto *nt*

CCP [sesepe] *sigle m* (= *compte chèque postal*) *voir* **compte**

CD [sede] *sigle m* (= *compact disc*) CD *f*; (= *corps diplomatique*) CD

CDD [sedede] *sigle m* (= *contrat à durée déterminée*) befristeter Arbeitsvertrag *m*

CDI [sedei] *sigle m* (= *centre de documentation et d'information*) Schulbücherei *f*; (= *contrat à durée indéterminée*) unbefristeter Arbeitsvertrag *m*

CD-ROM [sederɔm] *abr m* (= *Compact Disc Read Only Memory*) CD-ROM *f*

---

ce, c', cette [sə, s, sɛt]

(devant nom masculin commençant par une voyelle ou un h muet **cet***, pl* **ces***)*

▸ *adj* diese(r, s); (*pl*) diese; **cette maison(-ci/là)** dieses Haus da; **cet homme** dieser Mann; **cette nuit** (*qui vient*) heute Nacht

▸ *pron* **1**: **c'est** das ist, es ist; **c'est une voiture/girafe** das ist ein Auto/eine Giraffe; **c'est petit/grand** es ist klein/groß; **qui est-ce?** wer ist da?; (*en désignant*) wer ist das?; **qu'est-ce?** was ist das?; **c'est toi qui le dis** das sagst du **2**: **ce qui** was; **ce que** was; **ce dont j'ai parlé** (das) wovon ich gesprochen habe; **ce que c'est grand!** das ist aber groß!

---

ceci [səsi] *pron* dies, das

cécité [sesite] *nf* Blindheit *f*

céder [sede] *vt* aufgeben; **~ le passage** Vorfahrt achten

CEDEX [sedɛks] *sigle m* (= *courrier d'entreprise à distribution exceptionnelle*) Postzustellung für Großkunden

cèdre [sɛdr] *nm* Zeder *f*

ceinture [sɛ̃tyr] *nf* Gürtel *m*; **~ de sécurité** Sicherheitsgurt *m* • **ceinturon** *nm* Gürtel *m*

cela [s(ə)la] *pron* das

célèbre [selɛbr] *adj* berühmt

célébrer [selebre] *vt* feiern

célébrité [selebrite] *nf* Berühmtheit *f*

céleri [sɛlri] *nm* : **~(-rave)** (Knollen)sellerie *f ou m*; **~ en branche** Staudensellerie *f ou m*

céleste [selɛst] *adj* himmlisch

célibataire [selibatɛr] *adj* ledig

celle, celles [sɛl] *pron voir* **celui**

cellophane® [selɔfan] *nf* Cellophan® *nt*

cellulaire [selylɛr] *adj* : **voiture** *ou* **fourgon ~** grüne Minna *f*

cellule [selyl] *nf* Zelle *f*; **~ (photo-électrique)** Fotozelle *f*; **~ souche** Stammzelle *f*

cellulite [selylit] *nf* Cellulitis *f*

cellulose [selyloz] *nf* Zellulose *f*

celte [sɛlt] [sɛltik] *adj* keltisch

---

celui, celle [səlɥi, sɛl]

(mpl **ceux***, fpl* **celles***)*
▸ *pron* : **~-ci/là, celle-ci/là** der/die/das; **ceux-ci, celles-ci** die; **ceux-là, celles-là** die; **~ de mon frère** der/die/das von meinem Bruder; **ce n'est pas**

mon livre, c'est ~ de mon frère das ist nicht mein Buch, es ist das von meinem Bruder 2: **quel oiseau ? — ~ qui chante** welcher Vogel? — der, der singt; **~/celle dont je parle** der/die, von dem/der ich spreche 3 (*valeur indéfinie*) : **~ qui veut** wer will

cendre [sɑ̃dʀ] *nf* Asche *f* • **cendré, e** *adj* (*couleur*) aschgrau • **cendrier** *nm* Aschenbecher *m*

censé, e [sɑ̃se] *adj* : **être ~ faire qch** etw (eigentlich) tun sollen

censure [sɑ̃syʀ] *nf* Zensur *f* • **censurer** *vt* zensieren

cent [sɑ̃] *num* hundert; **pour ~** Prozent *nt* • **centaine** *nf* : **une ~ (de)** hundert; (*environ 100*) etwa hundert • **centenaire** *adj* hundertjährig ▶ *nmf* Hundertjährige(r) *f(m)* ▶ *nm* (*anniversaire*) hundertster Geburtstag *m* • **centième** *num* hundertste(r, s) • **centigrade** *nm* Grad *m* Celsius • **centime** *nm* Centime *m*; (*suisse*) Rappen *m*; **~ d'euro** (Euro)cent *m* • **centimètre** *nm* Zentimeter *m* ou *nt*; (*ruban*) Zentimetermaß *nt*

central, e, -aux *adj* zentral ▶ *nm* **~ (téléphonique)** (Telefon)zentrale *f* • **centrale** *nf*; **~ électrique** Elektrizitätswerk *nt*; **~ nucléaire** Kernkraftwerk *nt*

centraliser [sɑ̃tʀalize] *vt* zentralisieren

centre [sɑ̃tʀ] *nm* Zentrum *nt*; (*milieu*) Mitte *f*; **~ commercial** Geschäftszentrum *nt*; **~ culturel** Kulturzentrum *nt*; **~ d'appels** Callcenter *m*; **~ sportif** Sportzentrum *nt* • **centrer** *vt* zentrieren • **centre-ville** *nm* Stadtzentrum *nt*

centuple [sɑ̃typl] *nm* : **le ~ de qch** das Hundertfache von etw

cep [sɛp] *nm* Rebstock *m*

cèpe [sɛp] *nm* Steinpilz *m*

cependant [s(ə)pɑ̃dɑ̃] *adv* jedoch

céramique [seʀamik] *nf* Keramik *f*

cercle [sɛʀkl] *nm* Kreis *m*

cercueil [sɛʀkœj] *nm* Sarg *m*

céréale [seʀeal] *nf* Getreide *nt*

cérémonie [seʀemɔni] *nf* Zeremonie *f*; **cérémonies** *nfpl* (*péj*) Theater *nt*, Umstände *pl*

cerf [sɛʀ] *nm* Hirsch *m*

cerfeuil [sɛʀfœj] *nm* Kerbel *m*

cerf-volant [sɛʀvɔlɑ̃] (*pl* **cerfs-volants**) *nm* Drachen *m*

cerise [s(ə)ʀiz] *nf* Kirsche *f* • **cerisier** *nm* Kirschbaum *m*

cerner [sɛʀne] *vt* umzingeln; (*problème, question*) einkreisen

certain, e [sɛʀtɛ̃, ɛn] *adj* (*sûr*) sicher; (*avec art indéf*) : **un ~ Georges** ein gewisser Georges; **certains** *pron pl* manche • **certainement** *adv* sicher

certes [sɛʀt] *adv* sicherlich

certificat [sɛʀtifika] *nm* Zeugnis *nt*; **~ de fin d'études secondaires** ≈ Abiturzeugnis *nt*; **~ médical** ärztliche Bescheinigung *f* • **certifier** *vt* bestätigen

certitude [sɛʀtityd] *nf* Gewissheit *f*

cerveau, x [sɛʀvo] *nm* Gehirn *nt*

cervelle [sɛʁvɛl] nf Gehirn nt; (Culin) Hirn nt; **se creuser la ~** sich dat das Hirn zermartern

Cervin [sɛʁvɛ̃] nm : **le ~** das Matterhorn

CES [seəɛs] sigle m (= collège d'enseignement secondaire) Sekundarstufe I f

ces [se] adj dém voir **ce**

césarienne [sezaʁjɛn] nf Kaiserschnitt m

cesse [sɛs] : **sans ~** adv unaufhörlich

cesser [sese] vt aufhören mit

cessez-le-feu [sesel(ə)fø] nm inv Waffenruhe f

c'est-à-dire [sɛtadiʁ] adv das heißt

cette [sɛt] adj dém voir **ce**

ceux [sø] pron voir **celui**

cf [seɛf] abr (= confer) s

CFC [seɛfse] nm abr (= chlorofluorocarbone) FCKW nt

chacun, e [ʃakœ̃, yn] pron jede(r, s)

chagrin, e [ʃagʁɛ̃, in] adj missmutig ▶ nm Kummer m

chahut [ʃay] nm (Scol) Krawall m • **chahuter** vt (professeur) auf der Nase herumtanzen +dat ▶ vi Unfug treiben

chaîne [ʃɛn] nf Kette f; (Radio, TV) Programm nt; **~ (de fabrication)** Fließband nt; **~ (de montage)** Montageband nt; **~ stéréo** Stereoanlage f

chair [ʃɛʁ] nf Fleisch nt

chaire [ʃɛʁ] nf (d'église) Kanzel f

chaise [ʃɛz] nf Stuhl m; **~ longue** Liegestuhl m

châle [ʃal] nm Schultertuch nt

chalet [ʃalɛ] nm Chalet nt

chaleur [ʃalœʁ] nf Wärme f; (forte) Hitze f • **chaleureux, -euse** adj herzlich

challenge [ʃalɑ̃ʒ] nm Wettkampf m

challenger [ʃalɑ̃dʒœʁ] nm Herausforderer m

chaloupe [ʃalup] nf (de sauvetage) Rettungsboot nt

chalumeau, x [ʃalymo] nm (outil) Lötlampe f

chalut [ʃaly] nm Schleppnetz nt

chalutier [ʃalytje] nm Fischdampfer m

chamailler [ʃamaje] : **se ~** vpr sich streiten

chambre [ʃɑ̃bʁ] nf Zimmer nt; **~ à air** Schlauch m; **~ à coucher** Schlafzimmer nt; **~ à un lit/deux lits** (à l'hôtel) Einzelzimmer/ Zweibettzimmer nt

chambrer [ʃɑ̃bʁe] vt (vin) auf Zimmertemperatur bringen

chameau, x [ʃamo] nm Kamel nt

chamois [ʃamwa] nm Gämse f

champ [ʃɑ̃] nm Feld nt

champagne [ʃɑ̃paɲ] nm (vin) Champagner m

champignon [ʃɑ̃piɲɔ̃] nm Pilz m; **~ de couche** ou **de Paris** Champignon m

champion, ne [ʃɑ̃pjɔ̃, jɔn] nm/f (Sport) Meister(in) m(f); (d'une cause) Verfechter(in) m(f) • **championnat** nm Meisterschaft f

chance [ʃɑ̃s] nf (bonne fortune) Glück nt; (hasard) Zufall m; **chances** nfpl Chancen pl; **bonne ~ !** viel Glück!

chanceler [ʃɑ̃s(ə)le] vi (personne) wackelig auf den Beinen sein; (meuble, mur) wackeln

chancelier [ʃɑ̃səlje] nm (allemand) (Bundes)kanzler m; (d'ambassade) Sekretär m

chanceux, -euse [ʃɑ̃sø, øz] adj glücklich; **être ~** Glück haben

chandail [ʃɑ̃daj] nm dicker Pullover m

chandelier [ʃɑ̃dəlje] nm (Kerzen)leuchter m

chandelle [ʃɑ̃dɛl] nf Kerze f

change [ʃɑ̃ʒ] nm (Comm) Wechseln m; **le contrôle des ~s** die Devisenkontrolle f

changement [ʃɑ̃ʒmɑ̃] nm Änderung f; **~ climatique** Klimawandel m

changer [ʃɑ̃ʒe] vt wechseln ▶ vi sich ändern; **se changer** vpr sich umziehen; **~ de place avec qn** mit jdm den Platz tauschen; **~ de vitesse** (Auto) schalten; **~ (de train)** umsteigen

chanson [ʃɑ̃sɔ̃] nf Lied nt

chant [ʃɑ̃] nm (chanson) Lied nt

chantage [ʃɑ̃taʒ] nm Erpressung f

chanter [ʃɑ̃te] vt singen

chanterelle [ʃɑ̃tʀɛl] nf Pfifferling m

chanteur, -euse [ʃɑ̃tœʀ, øz] nm/f Sänger(in) m(f)

chantier [ʃɑ̃tje] nm Baustelle f; **~ naval** Werft f

chantilly [ʃɑ̃tiji] nf: **(crème) ~** Schlagsahne f

chanvre [ʃɑ̃vʀ] nm Hanf m

chaos [kao] nm Chaos nt

chaotique [kaɔtik] adj chaotisch

chapeau, x [ʃapo] nm Hut m

chapelet [ʃaplɛ] nm Rosenkranz m

chapelle [ʃapɛl] nf Kapelle f

chapelure [ʃaplyʀ] nf Paniermehl nt

chapiteau, x [ʃapito] nm (Archit) Kapitell nt; (de cirque) (Zirkus)zelt nt

chapitre [ʃapitʀ] nm Kapitel nt; (fig) Thema nt

chaque [ʃak] adj jede(r, s)

char [ʃaʀ] nm Wagen m; (aussi: **char d'assaut**) Panzer m

charabia [ʃaʀabja] nm Kauderwelsch nt

charbon [ʃaʀbɔ̃] nm Kohle f

charcuterie [ʃaʀkytʀi] nf (magasin) (Schweine)metzgerei f; (produits) Wurstwaren pl
• **charcutier, -ière** nm/f Schweinemetzger(in) m(f); (traiteur) Delikatessenhändler(in) m(f)

chardon [ʃaʀdɔ̃] nm Distel f

charge [ʃaʀʒ] nf (fardeau) Last f; (Élec) Ladung f; (rôle, mission) Aufgabe f • **chargement** nm Ladung f • **charger** vt beladen; (fusil, batterie) laden; **se charger** vpr: **se ~ de qch** sich kümmern um; **~ qn de qch/faire qch** jdn mit etw beauftragen/jdn beauftragen, etw zu tun
• **chargeur** nm (d'arme à feu) Magazin nt; (Photo) Kassette f; **~ de batterie** Ladegerät nt

chariot [ʃaʀjo] nm Wagen m; (table roulante) Teewagen m; (à bagages) Kofferkuli m; (à provisions) Einkaufswagen m; (charrette) Karren m

charisme [kaʁism] *nm*
Charisma *nt*

charitable [ʃaʁitabl] *adj*
karitativ, wohltätig

charité [ʃaʁite] *nf* (*vertu*)
Nächstenliebe *f*; **faire la ~ à qn**
jdm ein Almosen geben; **fête/
vente de ~** Wohltätigkeitsveranstaltung *f*/-basar *m*

charlotte [ʃaʁlɔt] *nf* Charlotte *f*

charmant, e [ʃaʁmã, ãt] *adj*
charmant

charme [ʃaʁm] *nm* (*d'une
personne*) Charme *m*; (*d'un endroit,
d'une activité*) Reiz *m*;
(*envoûtement*) Anziehungskraft *f*;
faire du ~ à qn mit jdm flirten
• **charmer** *vt* bezaubern
• **charmeur, -euse** *adj* (*sourire,
manières*) verführerisch ▶ *nm/f*
Charmeur *m*

charnière [ʃaʁnjɛʁ] *nf* (*de porte*)
Türangel *f*

charnu, e [ʃaʁny] *adj* fleischig

charogne [ʃaʁɔɲ] *nf* Aas *nt*

charpente [ʃaʁpãt] *nf* Gerüst *nt*

charpentier [ʃaʁpãtje] *nm*
Zimmermann *m*

charrette [ʃaʁɛt] *nf* Karren *m*

charrier [ʃaʁje] *vt* (*suj : camion*)
transportieren; (: *fleuve etc*) mit
sich führen; (*fam*) verspotten ▶ *vi*
(*fam*) wild übertreiben

charrue [ʃaʁy] *nf* Pflug *m*

charte [ʃaʁt] *nf* Charta *f*; **C~
internationale des droits de
l'homme** Internationale Charta
der Menschenrechte

charter [ʃaʁtɛʁ] *nm* (*vol*)
Charterflug *m*; (*avion*)
Charterflugzeug *nt*

chas [ʃɑ] *nm* Öhr *nt*

chasse [ʃas] *nf* Jagd *f*; (*aussi :*
chasse d'eau) (Wasser)spülung *f*
• **chasse-neige** *nm inv*
Schneepflug *m* • **chasser** *vt* jagen
• **chasseur, -euse** *nm/f* Jäger(in)
m(f)

châssis [ʃasi] *nm* (*de voiture*)
Chassis *nt*

chaste [ʃast] *adj* keusch

chasuble [ʃazybl] *nf* (*Rel*)
Messgewand *nt*

chat¹ [ʃa] *nm* Katze *f*

chat² [tʃat] *nm* (*Inform*) Chat *m*

châtaigne [ʃatɛɲ] *nf* Kastanie *f*

châtain [ʃatɛ̃] *adj inv*
kastanienbraun

château, x [ʃato] *nm* Schloss *nt*;
(*forteresse*) Burg *f*; **~ fort** Festung *f*

châtiment [ʃatimã] *nm*
Bestrafung *f*

chaton [ʃatɔ̃] *nm* Kätzchen *nt*; (*de
bague*) Fassung *f*

chatouiller [ʃatuje] *vt* kitzeln

chatouilleux, -euse [ʃatujø, øz]
adj kitzelig; (*susceptible*)
empfindlich

chatte [ʃat] *nf* Katze *f*

chatter [tʃate] *vi* chatten

chaud, e [ʃo, ʃod] *adj* warm; (*très
chaud*) heiß; **il fait ~** es ist warm/
heiß; **j'ai ~** mir ist warm

chaudron [ʃodʁɔ̃] *nm* großer
Kessel *m*

chauffage [ʃofaʒ] *nm* (*appareils*)
Heizung *f*; **~ au gaz** Gasheizung *f*;
~ central Zentralheizung *f*;
~ électrique Elektroheizung *f*

chauffard [ʃofaʁ] (*péj*) *nm*
Verkehrsrowdy *m*

chauffe-eau [ʃofo] *nm inv*
Heißwasserbereiter *m*

chauffer [ʃofe] vt (appartement) heizen; (eau) erhitzen ▶vi sich erwärmen; (moteur) sich überhitzen, heiß laufen

chauffeur, -euse [ʃofœʀ, øz] nm/f Fahrer(in) m(f); **~ de taxi** Taxifahrer

chaume [ʃom] nm (du toit) Stroh nt; (tiges) Stoppeln pl

chaussée [ʃose] nf Fahrbahn f

chausser [ʃose] vt (bottes, skis) anziehen; (enfant) die Schuhe anziehen +dat; **~ du 38/42** Schuhgröße 38/42 haben

chaussette [ʃosɛt] nf Socke f

chausson [ʃosɔ̃] nm Hausschuh m; **~ (aux pommes)** Apfeltasche f

chaussure [ʃosyʀ] nf Schuh m

chauve [ʃov] adj kahl(köpfig)
• **chauve-souris** (pl **chauves-souris**) nf Fledermaus f

chauvin, e [ʃovɛ̃, in] adj chauvinistisch (nationalistisch)

chaux [ʃo] nf Kalk m

chef [ʃɛf] nm (patron) Chef(in) m(f); (d'armée, parti, groupe) Führer(in) m(f); (de cuisine) Koch m, Köchin f; **~ d'orchestre** Dirigent(in) m(f)

chef-d'œuvre [ʃɛdœvʀ] (pl **chefs-d'œuvre**) nm Meisterwerk nt

chef-lieu [ʃɛfljø] (pl **chefs-lieux**) nm (Admin) ≈ Kreisstadt f, Hauptstadt eines französischen Departementes

chemin [ʃ(ə)mɛ̃] nm Weg m; **en ~** unterwegs; **~(s) de fer** Eisenbahn f

cheminée [ʃ(ə)mine] nf (sur le toit) Schornstein m; (à l'intérieur) Kamin m

cheminer [ʃ(ə)mine] vi (personne) gehen

cheminot [ʃ(ə)mino] nm Eisenbahner m

chemise [ʃ(ə)miz] nf Hemd nt
• **chemisier** nm Bluse f

chenal, -aux [ʃənal, o] nm Kanal m

chêne [ʃɛn] nm Eiche f

chenille [ʃ(ə)nij] nf Raupe f; (de char, chasse-neige) (Raupen)kette f

chèque [ʃɛk] nm Scheck m;
~ barré Verrechnungsscheck;
~ de voyage Reisescheck m;
~ sans provision ungedeckter Scheck • **chèque-cadeau** (pl **chèques-cadeaux**) nm Geschenkgutschein m
• **chèque-repas** (pl **chèques-repas**) nm, **chèque-restaurant** (pl **chèques-restaurant**) ▶ nm Essensbon m • **chéquier** nm Scheckbuch m

cher, chère [ʃɛʀ] adj (aimé) lieb; (coûteux) teuer ▶ adv: **coûter/ payer ~** teuer sein/bezahlen

chercher [ʃɛʀʃe] vt suchen; **aller ~** holen • **chercheur, -euse** nm/f (scientifique) Forscher(in) m(f)

chéri, e [ʃeʀi] adj geliebt; **(mon) ~** Liebling m

cheval [ʃ(ə)val] (pl **chevaux**) nm Pferd nt; **faire du ~** reiten

chevalet [ʃ(ə)valɛ] nm Staffelei f

chevalier [ʃ(ə)valje] nm Ritter m

chevalin, e [ʃ(ə)valɛ̃, in] adj: **boucherie ~e** Pferdemetzgerei f

chevaucher [ʃ(ə)voʃe] vi (aussi: **se chevaucher**) sich überlagern ▶ vt (rittlings) sitzen auf +dat

chevelu, e [ʃəv(ə)ly] *adj* haarig • **chevelure** *nf* Haar *nt*

chevet [ʃ(ə)vɛ] *nm* : **au ~ de qn** an jds Bett *dat* ; **table de ~** Nachttischchen *nt*

cheveu, x [ʃ(ə)vø] *nm* Haar *nt*

cheville [ʃ(ə)vij] *nf* (Anat) Knöchel *m* ; (de bois) Stift *m*

chèvre [ʃɛvʀ] *nf* Ziege *f* ▶ *nm* (fromage) Ziegenkäse *m*

chevreuil [ʃəvʀœj] *nm* Reh *nt*

chewing-gum [ʃwiŋɡɔm] (pl **chewing-gums**) *nm* Kaugummi *m* ou *nt*

chez [ʃe] *prép* bei ; **~ moi/toi** bei mir/dir (zu Hause) ; (direction) zu mir/dir (nach Hause) • **chez-soi** *nm inv* Zuhause *nt*

chiant, e [ʃjã, ʃjãt] (fam !) *adj* beschissen (fam !)

chic [ʃik] *adj inv* (élégant) chic ; (généreux) anständig ▶ *nm* (élégance) Schick *m* ; **avoir le ~ pour faire qch** (ein) Talent haben, etw zu tun ; **~ !** toll!

chiche [ʃiʃ] *adj* knauserig ; **~ !** wetten, dass?

chichis [ʃiʃi] *nmpl* : **faire des ~** viel Theater machen

chicorée [ʃikɔʀe] *nf* (café) Zichorienkaffee *m*

chien [ʃjɛ̃] *nm* Hund *m*

chiffon [ʃifɔ̃] *nm* Lappen *m*

chiffonner [ʃifɔne] *vt* zerknittern

chiffre [ʃifʀ] *nm* (représentant un nombre, d'un code) Ziffer *f* ; (montant, total) Summe *f* ; **~ d'affaires** Umsatz *m* • **chiffrer** *vt* (dépense) beziffern ; (message) verschlüsseln

chignon [ʃiɲɔ̃] *nm* Knoten *m*

chiite [ʃiit] *adj* schiitisch

Chili [ʃili] *nm* : **le ~** Chile *nt* • **chilien, ne** *adj* chilenisch

chimie [ʃimi] *nf* Chemie *f*

chimio [ʃimjo], **chimiothérapie** [ʃimjoteʀapi] *nf* Chemotherapie *f* • **chimique** *adj* chemisch • **chimiste** *nmf* Chemiker(in) *m(f)*

chimpanzé [ʃɛ̃pɑ̃ze] *nm* Schimpanse *m*

Chine [ʃin] *nf* : **la ~** China *nt* • **chinois, e** *adj* chinesisch ▶ *nm/f* : **C~, e** Chinese *m*, Chinesin *f*

chips [ʃips] *nfpl* (aussi : **pommes chips**) Chips *pl*

chirurgical, e, -aux [ʃiʀyʀʒikal, o] *adj* chirurgisch • **chirurgie** *nf* Chirurgie *f* • **chirurgien, ne** *nm/f* Chirurg(in) *m(f)*

chlore [klɔʀ] *nm* Chlor *nt*

choc [ʃɔk] *nm* Stoß *m* ; (moral) Schock *m* ; **troupe de ~** Kampftruppe *f*

chocolat [ʃɔkɔla] *nm* Schokolade *f* ; **~ au lait** Milchschokolade *f*

chœur [kœʀ] *nm* Chor *m*

choisir [ʃwaziʀ] *vt* auswählen

choix [ʃwa] *nm* Wahl *f* ; **avoir le ~** die Wahl haben

cholestérol [kɔlesteʀɔl] *nm* Cholesterin *nt*

chômage [ʃomaʒ] *nm* Arbeitslosigkeit *f* ; **être au ~** arbeitslos sein • **chômeur, -euse** *nm/f* Arbeitslose(r) *f(m)*

chope [ʃɔp] *nf* (verre) Schoppenglas *nt*

choquant, e [ʃɔkɑ̃, ɑ̃t] *adj* schockierend • **choquer** *vt* schockieren ; (commotionner) erschüttern

chorégraphie [kɔʀeɡʀafi] nf
Choreografie f

choriste [kɔʀist] nmf
Chorsänger(in) m(f)

chose [ʃoz] nf Ding nt; (sujet,
matière) Sache f

chou, x [ʃu] nm Kohl m; **mon
petit ~** mein Süßer m, meine Süße
f; **~ (à la crème)** Windbeutel m;
~ de Bruxelles Rosenkohl m

chouchou, te [ʃuʃu, ut] (fam)
nm/f (Scol) Liebling m

choucroute [ʃukʀut] nf
Sauerkraut nt

chouette [ʃwɛt] nf Eule f ▶ adj
(fam): **~!** toll!

chou-fleur [ʃuflœʀ] (pl
choux-fleurs) nm Blumenkohl m

chou-rave [ʃuʀav] (pl
choux-raves) nm Kohlrabi m

choyer [ʃwaje] vt verwöhnen

chrétien, ne [kʀetjɛ̃, jɛn] adj
christlich ▶ nm/f Christ(in) m(f)

Christ [kʀist] nm: **le ~** Christus m
• **christianisme** nm Christentum nt

chrome [kʀom] nm Chrom nt

chromosome [kʀomozom] nm
Chromosom nt

chronique [kʀonik] adj
chronisch

chrono [kʀono] nm
= **chronomètre**

chronologie [kʀonoloʒi] nf
Chronologie f, zeitliche
Reihenfolge • **chronologique** adj
chronologisch

chronomètre nm Stoppuhr f

chrysalide [kʀizalid] nf Puppe f

CHU [seaʃy] sigle m (= centre
hospitalo-universitaire)
Universitätsklinik f

chuchoter [ʃyʃote] vt, vi flüstern

chut [ʃyt] excl pst

chute [ʃyt] nf Sturz m; **la ~ des
cheveux** der Haarausfall; **~s de
neige** Schneefall m; **~s de pluie**
Regenfall m

Chypre [ʃipʀ] n Zypern nt

ci-après [siapʀɛ] adv im
Folgenden

cibiste [sibist] nm CB-Funker(in)
m(f)

cible [sibl] nf Zielscheibe f

ciboulette [sibulɛt] nf
Schnittlauch m

cicatrice [sikatʀis] nf Narbe f
• **cicatriser: se cicatriser** vpr
(ver)heilen

ci-contre [sikɔ̃tʀ] adv gegenüber
• **ci-dessous** adv unten
• **ci-dessus** adv oben

cidre [sidʀ] nm Apfelwein m

Cie abr (= compagnie) Co

ciel [sjɛl] (pl **ciels** ou (litt) **cieux**)
nm Himmel m

cierge [sjɛʀʒ] nm Kerze f

cigale [sigal] nf Zikade f

cigare [sigaʀ] nm Zigarre f

cigarette [sigaʀɛt] nf Zigarette f;
~ électronique E-Zigarette f

cigogne [sigɔɲ] nf Storch m

ci-joint, e [siʒwɛ̃, ɛt] adj, adv
beiliegend

cil [sil] nm (Augen)wimper f

cime [sim] nf (d'arbre) Wipfel m;
(de montagne) Gipfel m

ciment [simã] nm Zement m;
~ armé Stahlbeton m

cimetière [simtjɛʀ] nm
Friedhof m

cinéaste [sineast] nmf
Filmemacher(in) m(f)

cinéma [sinema] *nm* (*salle*) Kino *nt*; (*Art*) Film *m*

cinq [sɛ̃k] *num* fünf • **cinquantaine** *nf*: **une ~ (de)** etwa fünfzig • **cinquante** *num* fünfzig • **cinquième** *num* fünfte(r, s) ▶ *nm* Fünftel *nt*

cintre [sɛ̃tʀ] *nm* Kleiderbügel *m*

cirage [siʀaʒ] *nm* Schuhcreme *f*

circoncision [siʀkɔ̃sizjɔ̃] *nf* Beschneidung *f*

circonférence [siʀkɔ̃feʀɑ̃s] *nf* Umfang *m*

circonflexe [siʀkɔ̃flɛks] *adj*: **accent ~** Zirkumflex *m*

circonscription [siʀkɔ̃skʀipsjɔ̃] *nf*: **~ électorale** Wahlkreis *m* • **circonscrire** *vt* (*incendie*) eindämmen; (*propriété*) abstecken

circonstance [siʀkɔ̃stɑ̃s] *nf* Umstand *m*

circuit [siʀkɥi] *nm* (*trajet*) Rundgang *m*; (*Élec*) Stromkreis *m*

circulaire [siʀkylɛʀ] *adj* kreisförmig ▶ *nf* Rundschreiben *nt*

circulation [siʀkylasjɔ̃] *nf* (*Auto*) Verkehr *m*; (*Méd*) Kreislauf *m*

circuler [siʀkyle] *vi* (*personne*) (herum)gehen; (*voiture*) fahren; (*devises, capitaux*) im Umlauf sein

cire [siʀ] *nf* Wachs *nt* • **ciré, e** *adj* (*parquet*) gewachst ▶ *nm* (*vêtement*) Ölzeug *nt* • **cirer** *vt* (*parquet*) wachsen; (*chaussures*) putzen

cirque [siʀk] *nm* Zirkus *m*

cirrhose [siʀoz] *nf*: **~ du foie** Leberzirrhose *f*

ciseau, x [sizo] *nm*: **~ (à bois)** Meißel *m*; **ciseaux** *nmpl* Schere *f*

citadelle [sitadɛl] *nf* Zitadelle *f*

citadin, e [sitadɛ̃, in] *nm/f* Städter(in) *m(f)*

citation [sitasjɔ̃] *nf* (*d'auteur*) Zitat *nt*; (*Jur*) Vorladung *f*

cité [site] *nf* (*ville*) Stadt *f*; **~ universitaire** Studentenviertel *nt* • **cité-dortoir** (*pl* **cités-dortoirs**) *nf* Schlafstadt *f*

citer [site] *vt* (*se référer à*) zitieren; (*Jur*) vorladen

citerne [sitɛʀn] *nf* Zisterne *f*

citoyen, ne [sitwajɛ̃, jɛn] *nm/f* Bürger(in) *m(f)* ▶ *adj* (*mouvement, projet*) Bürger- • **citoyenneté** *nf* Staatsbürgerschaft *f* **éducation à la ~** Erziehung *f* zu mündigen Bürgerinnen und Bürgern, bürgerschaftliche Erziehung

citron [sitʀɔ̃] *nm* Zitrone *f* • **citronnelle** [sitʀɔnɛl] *nf* Zitronenmelisse *f* • **citronnier** [sitʀɔnje] *nm* Zitronenbaum *m*

citrouille [sitʀuj] *nf* Kürbis *m*

civet [sive] *nm* Wildragout mit Wein

civière [sivjɛʀ] *nf* Bahre *f*

civil, e [sivil] *adj* (*staats*)bürgerlich; (*Jur*) Zivil- ▶ *nm* (*personne*) Zivilist(in) *m(f)*; **mariage ~** standesamtliche Trauung *f*; **enterrement ~** nicht kirchliche Bestattung *f*

civilisation [sivilizasjɔ̃] *nf* Zivilisation *f*

civilisé, e [sivilize] *adj* zivilisiert

civique [sivik] *adj* staatsbürgerlich; **instruction ~** Staatsbürgerkunde *f*

civisme [sivism] *nm* vorbildliches staatsbürgerliches Verhalten *nt*

clair, e [klɛʀ] adj hell; (fig) klar
▶ nm : ~ de lune Mondschein m;
bleu ~ hellblau

clairière [klɛʀjɛʀ] nf Lichtung f

clandestin, e [klɑ̃dɛstɛ̃, in] adj
heimlich; (commerce) Schwarz-;
passager ~ blinder Passagier m

claque [klak] nf (gifle) Klaps m,
Schlag m

claquer [klake] vi, vt (porte)
zuschlagen

clarifier [klaʀifje] vt (fig) klären

clarinette [klaʀinɛt] nf
Klarinette f

clarté [klaʀte] nf Helligkeit f;
(netteté) Klarheit f

classe [klɑs] nf Klasse f;
~ affaires (Aviat) Businessclass f;
~ économique (Aviat)
Economyclass f

classement [klɑsmɑ̃] nm
(action) Einteilung f; (rang)
Einstufung f • classer vt
(ein)ordnen; (candidat, concurrent)
einstufen

classeur [klɑsœʀ] nm (cahier)
Aktenordner m; (meuble)
Aktenschrank m

classique [klasik] adj klassisch;
(habituel) üblich

clause [kloz] nf Klausel f

clavecin [klav(ə)sɛ̃] nm
Cembalo nt

clavicule [klavikyl] nf
Schlüsselbein nt

clavier [klavje] nm (de piano)
Klaviatur f; (de machine) Tastatur f

clé, clef [kle] nf Schlüssel m; (de
boîte de conserves) Öffner m; (de
mécanicien) Schraubenschlüssel;
~ d'accès (Inform) Passwort nt;
clef anglaise ou à molette

Engländer m; clef de contact
Zündschlüssel m; ~ en croix
Kreuzschlüssel m; clef USB
USB-Stick m

clerc [klɛʀ] nm : ~ de notaire
Notariatsangestellte(r) f(m)

clergé [klɛʀʒe] nm Klerus m

clic [klik] nm Klick m

clic-clac® [klikklak] nm inv
Bettcouch f

cliché [kliʃe] nm Klischee nt;
(Photo) Negativ nt

client, e [klijɑ̃, klijɑ̃t] nm/f (d'un
magasin, restaurant) Kunde m,
Kundin f; (de médecin) Patient(in)
m(f) • clientèle nf Kundschaft f;
(de médecin, d'avocat) Klientel f

cligner [kliɲe] vi : ~ des yeux
blinzeln

clignotant, e [kliɲɔtɑ̃, ɑ̃t] adj
Blink- ▶ nm (Auto) Blinker m

clignoter [kliɲɔte] vi (lumière)
blinken; (yeux) zwinkern

climat [klima] nm Klima nt
• climatique adj klimatisch,
Klima- • climatisation nf
Klimaanlage f • climatisé, e adj
mit Klimaanlage

clin d'œil [klɛ̃dœj] nm
(Augen)zwinkern nt; en un ~ im
Nu

clinique [klinik] nf Klinik f

clip [klip] nm Videoclip m

cliquer [klike] vi (Inform) klicken;
~ deux fois doppelklicken

clitoris [klitɔʀis] nm Klitoris f

clivage [klivaʒ] nm Kluft f

clochard, e [klɔʃaʀ, aʀd] nm/f
Penner(in) m(f)

cloche [klɔʃ] nf Glocke f
• cloche-pied : à ~ adv auf einem

Bein hüpfend • **clocher** nm Kirchturm m

clochette [klɔʃɛt] nf Glöckchen nt

cloison [klwazɔ̃] nf Trennwand f

clonage [klɔnaʒ] nm Klonen nt • **clone** nm Klon m

clope [klɔp] (fam) nf Fluppe f

cloque [klɔk] nf Blase f

clore [klɔʀ] vt abschließen

clos, e [klo, kloz] adj geschlossen; (fini) beendet

clôture [klotyʀ] nf (barrière) Zaun m; (d'un festival, d'une manifestation) Abschluss m

clou [klu] nm Nagel m; **clous** nmpl (passage clouté) Zebrastreifen m • **clouer** vt nageln; (immobiliser) festnageln

clown [klun] nm Clown m

club [klœb] nm Klub m

cm abr (= centimètre) cm

CMU [seemy] nf abr (= couverture maladie universelle) kostenlose medizinische Versorgung für sozial Schwache

CNRS [seenɛʀɛs] sigle m (= Centre national de la recherche scientifique) ≈ Wissenschaftsrat m

coaguler [kɔagyle] vi (aussi : **se coaguler**) gerinnen

coalition [kɔalisjɔ̃] nf Koalition f

cobalt [kɔbalt] nm Kobalt nt

cobaye [kɔbaj] nm Meerschweinchen nt; (fig) Versuchskaninchen nt

coca® [kɔka] nm Cola f

cocaïne [kɔkain] nf Kokain nt

cocasse [kɔkas] adj komisch, spaßig

coccinelle [kɔksinɛl] nf Marienkäfer m

cocher [kɔʃe] nm Kutscher m ▶ vt abhaken; (marquer d'une croix) ankreuzen

cochon, ne [kɔʃɔ̃, ɔn] adj schweinisch ▶ nm Schwein nt • **cochonnerie** (fam) nf (saleté, grivoiserie) Schweinerei f • **cochonnet** nm Zielkugel f

cocktail [kɔktɛl] nm Cocktail m

coco [kɔko] nm voir **noix**; (fam) Typ m

cocooning [kɔkuniŋ] nm Cocooning nt (neue Häuslichkeit)

cocorico [kɔkɔriko] excl kikeriki

cocotier [kɔkɔtje] nm Kokospalme f

cocotte [kɔkɔt] nf (en fonte) Kasserolle f; **~ (minute)**® Schnellkochtopf m

cocu, e [kɔky] adj gehörnt ▶ nm betrogener Ehemann m

code [kɔd] nm (Jur) Gesetzbuch nt; (conventions) Kodex m; (Auto): **phares ~(s)** Abblendlicht; **~ (à) barres** Balkencode m; **~ civil** bürgerliches Gesetzbuch nt; **~ pénal** Strafgesetzbuch nt; **~ postal** Postleitzahl f; **~ de la route** Straßenverkehrsordnung f; **~ secret** Geheimcode m

codéine [kɔdein] nf Codein nt

coder [kɔde] vt codieren

coefficient [kɔefisjɑ̃] nm Koeffizient m

cœur [kœʀ] nm Herz nt; **j'ai mal au ~** mir ist schlecht; **par ~** auswendig

coffre [kɔfʀ] nm (meuble) Truhe f; (d'auto) Kofferraum m; **avoir du ~** (fam) gut bei Puste sein • **coffre-fort** (pl **coffres-forts**) nm Tresor m • **coffret** nm Schatulle f

cogner [kɔɲe] vi schlagen; **~ sur un clou** auf einen Nagel schlagen ou hämmern; **~ à la porte/ fenêtre** an die Tür/das Fenster klopfen

cohabitation [kɔabitasjɔ̃] nf Zusammenleben nt • **cohabiter** vi zusammenleben

cohérence [kɔeʀɑ̃s] nf Zusammenhang m • **cohérent, e** adj zusammenhängend

coiffe [kwaf] nf Haube f • **coiffé, e** adj : **bien ~** frisiert; **mal ~** unfrisiert • **coiffer** vt frisieren; **se coiffer** vpr (se peigner) sich frisieren • **coiffeur, -euse** nm/f Friseur m, Friseuse f ▶ nf (table) Frisiertisch m • **coiffure** nf Frisur f

coin [kwɛ̃] nm Ecke f; (pour caler, fendre le bois) Keil m

coincé, e [kwɛ̃se] adj verklemmt

coincer [kwɛ̃se] vt einklemmen

coïncidence [kɔɛ̃sidɑ̃s] nf Zufall m • **coïncider** vi übereinstimmen; **~ avec** zusammenfallen mit

coing [kwɛ̃] nm Quitte f

coke¹ [kɔk] nm Koks m

coke² [kɔk] (fam) nf (cocaïne) Koks m

col [kɔl] nm Kragen m; (encolure, de bouteille) Hals m; (de montagne) Pass m

colère [kɔlɛʀ] nf Wut f; **mettre qn en ~** jdn wütend machen; **se mettre en ~** wütend werden

colin [kɔlɛ̃] nm Seehecht m

colique [kɔlik] nf Kolik f

colis [kɔli] nm Paket nt

collaborateur, -trice [kɔ(l) labɔʀatœʀ, tʀis] nm/f Mitarbeiter(in) m(f); (Pol : péj)

Kollaborateur(in) m(f) • **collaboration** nf Mitarbeit f; (Pol : péj) Kollaboration f; **en ~ avec** in Zusammenarbeit mit • **collaborer** vi zusammenarbeiten

collant, e [kɔlɑ̃, ɑ̃t] adj klebrig; (robe etc) hauteng ▶ nm (bas) Strumpfhose f; (de danseur) Trikot nt

collation [kɔlasjɔ̃] nf Imbiss m

colle [kɔl] nf Klebstoff m

collecte [kɔlɛkt] nf Sammlung f

collectif, -ive [kɔlɛktif, iv] adj Kollektiv-; (nom, terme) Sammel-

collection [kɔlɛksjɔ̃] nf Sammlung f; (de mode) Kollektion f • **collectionner** vt sammeln • **collectionneur, -euse** nm/f Sammler(in) m(f)

collectivité [kɔlɛktivite] nf Gemeinschaft f

collège [kɔlɛʒ] nm (école) höhere Schule f; (assemblée) Kollegium m

collègue [kɔ(l)lɛg] nmf Kollege m, Kollegin f

coller [kɔle] vt kleben

collier [kɔlje] nm (bijou) (Hals)kette f

colline [kɔlin] nf Hügel m

collision [kɔlizjɔ̃] nf (de véhicules) Zusammenstoß m; **entrer en ~ (avec qch)** (mit etw) zusammenstoßen

colo [kɔlo] nf abr (= colonie de vacances) Ferienlager nt

colocataire [kɔlɔkatɛʀ] nmf Mitbewohner(in) m(f)

Cologne [kɔlɔɲ] Köln nt

colombage [kɔlɔ̃baʒ] nm Fachwerk nt

colombe [kɔlɔ̃b] nf Taube f

Colombie [kɔlɔ̃bi] *nf*: **la ~**
Kolumbien *nt*

colonel [kɔlɔnɛl] *nm* Oberst *m*

colonie [kɔlɔni] *nf* Kolonie *f*;
~ (de vacances) Ferienkolonie *f*

colonne [kɔlɔn] *nf* Säule *f*; (*sur une page*) Spalte *f*; **~ (vertébrale)**
Wirbelsäule *f*

colorant, e [kɔlɔʀɑ̃, ɑ̃t] *adj*
(*shampooing*) Färbe-, Tönungs- ▸ *nm*
(*alimentaire*) Farbstoff *m* • **colorer**
vt färben • **coloris** *nm* Farbe *f*

colporter [kɔlpɔʀte] *vt*
(*marchandises*) hausieren mit;
(*nouvelle*) verbreiten

colza [kɔlza] *nm* Raps *m*

coma [kɔma] *nm* Koma *nt*

combat [kɔ̃ba] *nm* Kampf *m*
• **combattant, e** *adj* kämpfend
▸ *nm* Kämpfer *m*; **ancien ~**
Kriegsveteran *m* • **combattre** *vt*
bekämpfen

combien [kɔ̃bjɛ̃] *adv* (*interrogatif*:
quantité) wie viel; (: *nombre*) wie
viele; (*exclamatif*) wie;
~ d'argent/de personnes wie
viel Geld/wie viele Personen;
~ coûte/pèse ceci ? wie viel
kostet/wiegt das?

combinaison [kɔ̃binɛzɔ̃] *nf*
Zusammenstellung *f*; (*de femme*)
Unterrock *m*; (*spatiale*,
d'homme-grenouille) Anzug *m*

combine [kɔ̃bin] *nf* Trick *m*

combiné [kɔ̃bine] *nm*
(*téléphonique*) Hörer *m*

combiner [kɔ̃bine] *vt*
kombinieren, zusammenstellen

comble [kɔ̃bl] *adj* brechend voll
▸ *nm* (*du bonheur, plaisir*)
Höhepunkt *m*; **combles** *nmpl*
Dachboden *m*; **c'est le ~ !** das ist

wirklich der Gipfel *ou* die Höhe!;
de fond en ~ von oben bis unten
• **combler** *vt* (*fig*: *lacune, déficit*)
ausgleichen; (*désirs, personne*)
zufriedenstellen

combustible [kɔ̃bystibl] *nm*
Brennstoff *m*

combustion [kɔ̃bystjɔ̃] *nf*
Verbrennung *f*

comédie [kɔmedi] *nf* Komödie *f*;
(*fig*) Theater *nt*

comédien, ne [kɔmedjɛ̃, jɛn]
nm/f Schauspieler(in) *m(f)*

comestible [kɔmɛstibl] *adj*
essbar, genießbar

comète [kɔmɛt] *nf* Komet *m*

comique [kɔmik] *adj* komisch
▸ *nm* (*artiste*) Komiker(in) *m(f)*

comité [kɔmite] *nm* Komitee *nt*;
~ d'entreprise Betriebsrat *m*;
~ d'experts
Sachverständigengremium *nt*;
~ des fêtes Festausschuss *m*;
~ directeur Leitungsteam *nt*

commandant [kɔmɑ̃dɑ̃] *nm*
(*Mil*) Kommandant *m*; **~ (de bord)** (*Aviat*) Kapitän *m*

commande [kɔmɑ̃d] *nf* (*Comm*)
Bestellung *f*; (*Inform*) Befehl *m*;
commandes *nfpl* (*de voiture*,
d'avion) Steuerung *f*

commandement [kɔmɑ̃dmɑ̃]
nm (*ordre*) Befehl *m*; (*Rel*) Gebot *nt*

commander [kɔmɑ̃de] *vt*
(*Comm*) bestellen

commanditaire [kɔmɑ̃ditɛʀ]
nm stiller Teilhaber *m*

---

comme [kɔm]

▸ *prép* **1** wie; **~ mon père** wie
mein Vater; **joli/bête ~ tout**
unheimlich hübsch/dumm;

C

~ ça so; **faites(-le) ça** machen Sie es so; **~ ci, ~ ça** so, lala; **ce n'est pas ~ ça qu'on va réussir** so kommen wir nicht zum Ziel
2 (en tant que) als; **travailler ~ secrétaire** als Sekretärin arbeiten
▶ conj **1** (ainsi que) wie; **elle écrit ~ elle parle** sie schreibt, wie sie spricht; **~ on dit** wie man so sagt; **~ si** als ob; **~ quoi** (disant que) wonach; **~ il faut** wie es sich gehört
2 (au moment où, alors que) als; **il est parti ~ j'arrivais** er ging, als ich ankam
3 (parce que, puisque) da; **~ il était en retard** da er zu spät kam
▶ adv (exclamation) : **~ il est petit/fort !** wie klein/stark er ist!

commencement [kɔmɑ̃smɑ̃] nm Anfang m • **commencer** vt anfangen; (être placé au début de) beginnen ▶ vi anfangen, beginnen
comment [kɔmɑ̃] adv wie; **~ ?** (que dites-vous?) wie bitte?
commentaire [kɔmɑ̃tɛʀ] nm Kommentar m • **commenter** vt kommentieren
commerçant, e [kɔmɛʀsɑ̃, ɑ̃t] adj (rue, personne) Geschäfts-; (ville) Handels- ▶ nm/f (marchand) Geschäftsmann m, Geschäftsfrau f • **commerce** nm (activité) Handel m; (boutique) Geschäft nt; **~ équitable** Fairer Handel; **~s de proximité** lokale Einzelhandelsgeschäfte pl • **commercial, e, -aux** adj

Handels- • **commercialiser** vt auf den Markt bringen
commettre [kɔmɛtʀ] vt begehen
commis [kɔmi] nm : **~ voyageur** Handlungsreisende(r) m
commissaire [kɔmisɛʀ] nm (de police)≈ Kommissar(in) m(f)
• **commissaire-priseur** (pl **commissaires-priseurs**) nm Auktionator m • **commissariat** nm (de police) Polizeiwache f
commission [kɔmisjɔ̃] nf (comité) Kommission f; (pourcentage) Provision f; (message) Botschaft f; **commissions** nfpl (achats) Besorgungen pl
commode [kɔmɔd] adj praktisch ▶ nf Kommode f
commotion [kɔmosjɔ̃] nf : **~ (cérébrale)** Gehirnerschütterung f
commun, e [kɔmœ̃, yn] adj (à plusieurs) gemeinsam; (ordinaire, vulgaire) gewöhnlich
• **communal, e, -aux** adj Gemeinde-, Kommunal-
communautaire [kɔmynotɛʀ] adj Gemeinschafts-
communauté [kɔmynote] nf Gemeinschaft f; **C~ des États indépendants** Gemeinschaft Unabhängiger Staaten
commune [kɔmyn] nf (Admin) Gemeinde f; (: urbaine) Stadtbezirk m
communication [kɔmynikasjɔ̃] nf Kommunikation f, Verständigung f; (message) Mitteilung f; (téléphonique) (Telefon)gespräch nt;

communications *nfpl*
Verbindungen *pl*, Verkehr *m*

communier [kɔmynje] *vi (Rel)*
zur Kommunion gehen
• **communion** *nf (catholique)*
Kommunion *f*; *(protestant)*
Abendmahl *nt*

communiqué [kɔmynike] *nm*
Kommuniqué *nt*; **~ de presse**
(amtliche) Presseverlautbarung *f*

communiquer [kɔmynike] *vt*
(annoncer) mitteilen; *(transmettre)*
übermitteln; *(dossier)* übergeben;
(maladie, sentiment, mouvement)
übertragen ▶ *vi (salles)*
miteinander verbunden sein

communisme [kɔmynism] *nm*
Kommunismus *m* • **communiste**
adj kommunistisch ▶ *nmf*
Kommunist(in) *m(f)*

commutable [kɔmytabl] *adj*
umschaltbar

commutateur [kɔmytatœR]
nm Schalter *m*

compact, e [kɔpakt] *adj (matière)*
dicht; *(véhicule, appareil)* kompakt

compagne [kɔpaɲ] *nf (camarade)*
Kameradin *f*; *(concubine)* Partnerin *f*

compagnie [kɔpaɲi] *nf*
Gesellschaft *f*; **en ~ de** in
Begleitung von

compagnon [kɔpaɲɔ] *nm (de
voyage)* Begleiter *m*; *(de classe)*
Klassenkamerad *m*; *(époux,
partenaire)* Partner *m*

comparable [kɔpaRabl] *adj* :
~ (à) vergleichbar (mit)

comparaison [kɔpaRɛzɔ] *nf*
Vergleich *m*

comparatif, -ive [kɔpaRatif, iv]
adj vergleichend ▶ *nm*
Komparativ *m*

comparer [kɔpaRe] *vt*
vergleichen; **~ qch/qn à** *ou* **et
qch/qn** etw/jdn mit etw/jdm
vergleichen

compartiment [kɔpaRtimɑ]
nm (de train) Abteil *nt*; *(case)*
Fach *nt*

comparution [kɔpaRysjɔ] *nf*
Erscheinen *nt* vor Gericht

compas [kɔpɑ] *nm (boussole)*
Kompass *m*

compassion [kɔpasjɔ] *nf*
Mitgefühl *nt*

compatible [kɔpatibl] *adj*
(Inform) kompatibel; **~ (avec)**
vereinbar (mit)

compatriote [kɔpatRijɔt] *nmf*
Landsmann *m*, Landsmännin *f*

compensER [kɔpɑse] *vt*
ausgleichen

compétence [kɔpetɑs] *nf*
(aptitude) Fähigkeit *f*; *(Jur)*
Kompetenz *f* • **compétent, e** *adj*
(apte) fähig; *(Jur)* zuständig

compétitif, -ive [kɔpetitif, iv]
adj (Comm) wettbewerbsfähig
• **compétition** *nf* Wettbewerb *m*

compilateur [kɔpilatœR] *nm*
(Inform) Compiler *m*

complaire [kɔplɛR] : **se ~** *vpr* : **se
~ dans** Gefallen finden an +*dat*; **se
~ parmi** sich wohlfühlen bei

complaisance [kɔplɛzɑs] *nf*
Gefälligkeit *f*; *(péj)*
Nachsichtigkeit *f*; **attestation de
~** aus Gefälligkeit ausgestellte
Bescheinigung • **complaisant, e**
adj gefällig, zuvorkommend

complément [kɔplemɑ] *nm*
Ergänzung *f*; **~ d'(objet) direct**
Akkusativobjekt *nt*; **~ d'(objet)
indirect** Dativobjekt *nt*

complet 72

complet, -ète [kɔ̃plɛ, ɛt] *adj*
(*total*) völlig, total; (*hôtel, cinéma*)
voll ▶ *nm* (*costume*) Anzug *m*
• **complètement** *adv* völlig
• **compléter** *vt* ergänzen

complexe [kɔ̃plɛks] *adj*
kompliziert, komplex ▶ *nm*
Komplex *m*

complication [kɔ̃plikasjɔ̃] *nf*
(*d'une situation*) Kompliziertheit *f*;
(*difficulté, ennui*) Komplikation *f*;
complications *nfpl* (*Méd*)
Komplikationen *pl*

complice [kɔ̃plis] *nmf* Komplize
m, Komplizin *f* • **complicité** *nf*
Mittäterschaft *f*

compliment [kɔ̃plimã] *nm*
Kompliment *nt*; **mes ~s!**
herzlichen Glückwunsch!
• **complimenter** *vt*: **~ qn** (**sur** *ou*
de) jdm Komplimente machen
(über +*acc*)

compliqué, e [kɔ̃plike] *adj*
kompliziert

compliquer [kɔ̃plike] *vt*
komplizieren

complot [kɔ̃plo] *nm* Komplott *nt*,
Verschwörung *f*

comportement [kɔ̃pɔʀtəmã]
nm Verhalten *nt* • **comporter** *vt*
sich zusammensetzen aus; **se**
comporter *vpr* sich verhalten

composante [kɔ̃pozãt] *nf*
Komponente *f*

composé, e [kɔ̃poze] *adj*
zusammengesetzt; **~ de**
zusammengesetzt aus
• **composer** *vt* (*musique*)
komponieren; (*former, assembler*)
zusammenstellen; (*constituer*)
bilden; **se composer** *vpr*: **se ~ de**
sich zusammensetzen aus

composite [kɔ̃pozit] *adj*
verschiedenartig

compositeur, -trice
[kɔ̃pozitœʀ, tʀis] *nm/f* (*Mus*)
Komponist(in) *m(f)*

composition [kɔ̃pozisjɔ̃] *nf*
Zusammenstellung *f*; (*Mus*)
Komposition *f*

compost [kɔ̃pɔst] *nm* Kompost *m*

composter [kɔ̃pɔste] *vt*
entwerten • **composteur** *nm*
Entwerter *m*

compote [kɔ̃pɔt] *nf* Kompott *nt*;
~ de pommes Apfelkompott *nt*
• **compotier** *nm* Kompottschale *f*

compréhensible [kɔ̃pʀeãsibl]
adj verständlich
• **compréhension** *nf*
Verständnis *nt*

comprendre [kɔ̃pʀãdʀ] *vt*
verstehen; (*inclure*) umfassen

compresse [kɔ̃pʀɛs] *nf*
Umschlag *m*

comprimé, e [kɔ̃pʀime] *nm*
Tablette *f*

comprimer [kɔ̃pʀime] *vt*
(*presser*) zusammenpressen;
(*crédits*) einschränken; (*effectifs*)
verringern

compris, e [kɔ̃pʀi, iz] *adj*: **la**
maison ~e, y ~ la maison
einschließlich des Hauses,
mitsamt dem Haus

compromettre [kɔ̃pʀɔmɛtʀ] *vt*
(*personne*) kompromittieren;
(*plan, chances*) gefährden

compromis [kɔ̃pʀɔmi] *nm*
Kompromiss *m*

comptabiliser [kɔ̃tabilize] *vt*
verbuchen

comptabilité [kɔ̃tabilite] *nf*
Buchhaltung *f*

comptable [kɔ̃tabl] *nmf*
Buchhalter(in) *m(f)*

comptant [kɔ̃tɑ̃] *adv* : **payer ~**
bar bezahlen; **acheter ~** gegen
bar kaufen

compte [kɔ̃t] *nm* Zählung *f*; (*total,
montant*) Betrag *m*, Summe *f*;
(*bancaire*) Konto *nt*; **~ chèque
postal** Postscheckkonto *nt*;
~ chèques *ou* **courant** Girokonto
nt; **~ rendu** (*de film, livre*)
Besprechung *f* • **compter** *vt*
zählen; (*facturer*) berechnen ▶ *vi*
(*calculer*) rechnen • **compte-
tours** *nm inv* Drehzahlmesser *m*
• **compteur** *nm* Zähler *m*

comptine [kɔ̃tin] *nf*
Abzählreim *m*

comptoir [kɔ̃twaʀ] *nm* (*de
magasin*) Ladentisch *m*; (*de café*)
Theke *f*

compulser [kɔ̃pylse] *vt*
konsultieren

comte, comtesse [kɔ̃t, kɔ̃tɛs]
nm/f Graf *m*, Gräfin *f*

con, ne [kɔ̃, kɔn] (*fam !*) *adj*
bescheuert (*fam*) ▶ *nm/f*
Arschloch *nt* (*fam !*)

concéder [kɔ̃sede] *vt*
zugestehen; **~ que** zugeben, dass

concentration [kɔ̃sɑ̃tʀasjɔ̃] *nf*
Konzentration *f*

concentrer [kɔ̃sɑ̃tʀe] *vt*
konzentrieren; (*pouvoirs*)
vereinigen, vereinen; **se
concentrer** *vpr* sich
konzentrieren

concept [kɔ̃sɛpt] *nm* Begriff *m*

conception [kɔ̃sɛpsjɔ̃] *nf* (*d'un
projet*) Konzeption *f*; (*d'un enfant*)
Empfängnis *f*; (*d'une machine etc*)
Design *nt*

concernant [kɔ̃sɛʀnɑ̃] *prép*
betreffend +*acc*

concerner [kɔ̃sɛʀne] *vt*
betreffen, angehen; **en ce qui me
concerne** was mich betrifft; **en
ce qui concerne qch** was etw
betrifft

concert [kɔ̃sɛʀ] *nm* Konzert *nt*;
de ~ (*ensemble*) gemeinsam; (*d'un
commun accord*) einstimmig

concertation [kɔ̃sɛʀtasjɔ̃] *nf*
Meinungsaustausch *m*;
(*rencontre*) Treffen *nt*

concerter [kɔ̃sɛʀte] : **se
concerter** *vpr* sich absprechen

concerto [kɔ̃sɛʀto] *nm*
Konzert *nt*

concession [kɔ̃sesjɔ̃] *nf*
Zugeständnis *nt*; (*terrain,
exploitation*) Konzession *f*
• **concessionnaire** *nmf*
Inhaber(in) *m(f)* einer Konzession

concevable [kɔ̃s(ə)vabl] *adj*
denkbar

concevoir [kɔ̃s(ə)vwaʀ] *vt*
(*projet, idée*) sich *dat* ausdenken;
(*enfant*) empfangen

concierge [kɔ̃sjɛʀʒ] *nmf*
≈ Hausmeister(in) *m(f)*

concilier [kɔ̃silje] *vt* in Einklang
bringen, miteinander vereinbaren

concis, e [kɔ̃si, iz] *adj* kurz, knapp

concitoyen, ne [kɔ̃sitwajɛ̃, jɛn]
nm/f Mitbürger(in) *m(f)*

concluant, e [kɔ̃klyɑ̃, ɑ̃t] *adj*
schlüssig, überzeugend

conclure [kɔ̃klyʀ] *vt* schließen;
qch de qch etw aus etw folgern
ou schließen; **~ au suicide** auf
Selbstmord *acc* befinden

conclusion [kɔ̃klyzjɔ̃] *nf*
Schluss *m*

concocter [kɔ̃kɔkte] *vt*
zusammenbrauen

concombre [kɔ̃kɔ̃bʀ] *nm*
(Salat)gurke *f*

concordance [kɔ̃kɔʀdɑ̃s] *nf*
Übereinstimmung *f* • **concorder**
vi übereinstimmen

concourir [kɔ̃kuʀiʀ] *vi* : ~ **à**
beitragen zu

concours [kɔ̃kuʀ] *nm*
Wettbewerb *m*; (*Sport*)
Wettkampf *m*

concret, -ète [kɔ̃kʀɛ, ɛt] *adj*
konkret

concubinage [kɔ̃kybinaʒ] *nm*
eheähnliche Gemeinschaft *f*

concurrence [kɔ̃kyʀɑ̃s] *nf*
Konkurrenz *f*; **jusqu'à ~ de** bis zur
Höhe von; ~ **déloyale** unlauterer
Wettbewerb *m* • **concurrencer** *vt*
Konkurrenz machen +*dat*
• **concurrent, e** *nm*,*f*
Konkurrent(in) *m(f)*; (*Sport*)
Teilnehmer(in) *m(f)*

condamnation [kɔ̃danasjɔ̃] *nf*
Verurteilung *f* • **condamner** *vt*
verurteilen

condensateur [kɔ̃dɑ̃satœʀ] *nm*
Kondensator *m*

condensation [kɔ̃dɑ̃sasjɔ̃] *nf*
Kondensation *f*

condenser [kɔ̃dɑ̃se] *vt* (*discours,
texte*) zusammenfassen; (*gaz etc*)
kondensieren; **se condenser** *vpr*
sich kondensieren

condiment [kɔ̃dimɑ̃] *nm*
Gewürz *nt*

condisciple [kɔ̃disipl] *nmf* (*Scol*)
Mitschüler(in) *m(f)*; (*Univ*)
Kommilitone *m*, Kommilitonin *f*

condition [kɔ̃disjɔ̃] *nf* (*clause*)
Bedingung *f*; (*état*) Zustand *m*;

(*rang social*) Stand *m*, Rang *m*;
sans ~ bedingungslos; **à ~ de/
que** vorausgesetzt, dass
• **conditionné, e** *adj* : **air ~**
Klimaanlage *f*

conditionnel, le [kɔ̃disjɔnɛl]
adj bedingt ▸ *nm* (*Ling*)
Konditional *m*

conditionnement
[kɔ̃disjɔnmɑ̃] *nm* (*emballage*)
Verpackung *f*

conditionner [kɔ̃disjɔne] *vt*
(*déterminer*) bestimmen; (*Comm :
produit*) verpacken

condoléances [kɔ̃dɔleɑ̃s] *nfpl*
Beileid *nt*

conducteur, -trice [kɔ̃dyktœʀ,
tʀis] *adj* (*Élec*) Leitung ▸ *nm*/*f*
Fahrer(in) *m(f)*

conduire [kɔ̃dɥiʀ] *vt* (*véhicule,
passager*) fahren; **se conduire** *vpr*
sich benehmen; ~ **à** (*suj : attitude,
erreur, études*) führen zu

conduit [kɔ̃dɥi] *nm* (*Tech*)
Leitung *f*, Rohr *nt*

conduite [kɔ̃dɥit] *nf*
(*comportement*) Benehmen *nt*;
(*d'eau, gaz*) Leitung *f*, Rohr *nt*; ~ **à
gauche** Linkssteuerung *f*;
~ **intérieure** Limousine *f*

cône [kon] *nm* Kegel *m*

confection [kɔ̃fɛksjɔ̃] *nf*
(*fabrication*) Herstellung *f*
• **confectionner** *vt* herstellen

confédération [kɔ̃federasjɔ̃] *nf*
(*Pol*) Bündnis *nt*, Bund *m*

conférence [kɔ̃feʀɑ̃s] *nf* (*exposé*)
Vortrag *m*; (*pourparlers*)
Konferenz *f*

confesser [kɔ̃fese] *vt* gestehen,
zugeben; (*Rel*) beichten; **se
confesser** *vpr* (*Rel*) beichten

(gehen) • **confession** nf (Rel)
Beichte f; (croyance) Konfession f

confessionnal, -aux
[kɔ̃fesjɔnal, o] nm Beichtstuhl m

confessionnel, le [kɔ̃fesjɔnɛl]
adj kirchlich

confetti [kɔ̃feti] nm Konfetti nt

confiance [kɔ̃fjɑ̃s] nf Vertrauen
nt; **avoir ~ en** Vertrauen haben
zu, vertrauen +dat • **confiant, e**
adj vertrauensvoll

confidence [kɔ̃fidɑ̃s] nf
vertrauliche Mitteilung f
• **confident, e** nm/f Vertraute(r)
f(m) • **confidentiel, le** adj
vertraulich

confier [kɔ̃fje] vt anvertrauen;
(travail, responsabilité) betrauen
mit; **se ~ à qn** sich jdm anvertrauen

configuration [kɔ̃figyrasjɔ̃] nf
Beschaffenheit f; (Inform)
Konfiguration f

confiner [kɔ̃fine] vt : **~ à** grenzen
an +acc; **se confiner dans ou à** vpr
sich beschränken auf +acc

confirmation [kɔ̃firmasjɔ̃] nf
Bestätigung f; (Rel : catholique)
Firmung f; (: protestante)
Konfirmation f

confirmé, e [kɔ̃firme] adj
(expérimenté) erfahren

confirmer [kɔ̃firme] vt
bestätigen

confiserie [kɔ̃fizri] nf (magasin)
Süßwarenladen m; **confiseries**
nfpl Süßigkeiten pl • **confiseur,
-euse** nm/f = Konditor(in) m(f)

confisquer [kɔ̃fiske] vt
beschlagnahmen

confit, e [kɔ̃fi, it] adj : **fruits ~s**
kandierte Früchte pl; **~ d'oie** nm
eingelegte Gans f

confiture [kɔ̃fityʀ] nf
Marmelade f

conflit [kɔ̃fli] nm Konflikt m;
~ d'intérêts Interessenkonflikt m

confluent [kɔ̃flyɑ̃] nm
Zusammenfluss m

confondre [kɔ̃fɔ̃dʀ] vt
verwechseln; (dates, faits aussi)
durcheinanderbringen

conforme [kɔ̃fɔʀm] adj : **~ à**
übereinstimmend mit; **copie
certifiée ~** beglaubigte Abschrift f
• **conformément** adv : **~ à**
entsprechend +dat • **conformer**
vt : **~ qch à** etw anpassen an +acc;
se conformer à vpr sich richten
nach • **conformisme** nm
Konformismus m • **conformité** nf
Übereinstimmung f

confort [kɔ̃fɔʀ] nm Komfort m
• **confortable** adj bequem

conforter [kɔ̃fɔʀte] vt bestärken

confrère [kɔ̃fʀɛʀ] nm Kollege m

confrontation [kɔ̃fʀɔ̃tasjɔ̃] nf
Gegenüberstellung f

confronter [kɔ̃fʀɔ̃te] vt
gegenüberstellen

confus, e [kɔ̃fy, yz] adj (vague)
wirr, verworren; (embarrassé)
verlegen • **confusion** nf (caractère
confus) Verworrenheit f; (erreur)
Verwechslung f; (embarras)
Verlegenheit f

congé [kɔ̃ʒe] nm Urlaub m; (avis
de départ) Kündigung f; **en ~** auf
Urlaub; **prendre ~ de qn** sich von
jdm verabschieden; **donner son
~ à qn** jdm kündigen; **~s payés**
bezahlter Urlaub

congédier [kɔ̃ʒedje] vt entlassen

congélateur [kɔ̃ʒelatœʀ] nm
Gefriertruhe f; (compartiment)

Gefrierfach nt • congeler vt
einfrieren

congestion [kɔ̃ʒɛstjɔ̃] nf:
~ **cérébrale** Schlaganfall m;
~ **pulmonaire** Lungenemphysem
nt

Congo [kɔ̃go] nm: **le ~** der Kongo

congrès [kɔ̃grɛ] nm Kongress m

conifère [kɔnifɛr] nm
Nadelbaum m

conjecture [kɔ̃ʒɛktyr] nf
Vermutung f

conjoint, e [kɔ̃ʒwɛ̃, wɛ̃t] adj
(commun) gemeinsam ▶ nm/f
(époux) Ehegatte m, Ehegattin f

conjonction [kɔ̃ʒɔ̃ksjɔ̃] nf (Ling)
Konjunktion f, Bindewort nt

conjonctivite [kɔ̃ʒɔ̃ktivit] nf
Bindehautentzündung f

conjoncture [kɔ̃ʒɔ̃ktyr] nf
Umstände pl, Lage f; **la ~
économique** die Konjunktur f
• conjoncturel, le adj
Konjunktur-

conjugaison [kɔ̃ʒygɛzɔ̃] nf (Ling)
Konjugation f

conjugal, e, -aux [kɔ̃ʒygal, o]
adj ehelich

conjuguer [kɔ̃ʒyge] vt (Ling)
konjugieren; (efforts) vereinen

conjurer [kɔ̃ʒyre] vt (sort,
maladie) abwenden; **~ qn de faire
qch** jdn beschwören, etw zu tun

connaissance [kɔnɛsɑ̃s] nf
(personne connue) Bekannte(r) f(m),
Bekanntschaft f; **connaissances**
nfpl (savoir) Wissen nt; **être sans ~**
bewusstlos sein; **perdre/
reprendre ~** das Bewusstsein
verlieren/wieder zu Bewusstsein
kommen; **à ma/sa ~** meines/
seines Wissens; **avoir/prendre ~**

de qch von etw Kenntnis haben/
etw zur Kenntnis nehmen

connaisseur, -euse [kɔnɛsœr,
øz] nm/f Kenner(in) m(f)

connaître [kɔnɛtr] vt kennen;
se connaître (se rencontrer) sich
kennenlernen

connard, connasse [kɔnar, -as]
(fam!) nm/f blöde Sau f (fam!)

connecté, e [kɔnekte] adj
(Inform) online • connecter vt
anschließen ▶ vpr: **se ~ à
Internet** sich ins Internet
einloggen • connecteur nm
(Inform) Steckplatz m

connerie [kɔnri] (fam!) nf totaler
Quatsch m (fam)

connu, e [kɔny] adj bekannt

conquérir [kɔ̃kerir] vt erobern;
(droit) erkämpfen

conquête [kɔ̃kɛt] nf
Eroberung f

consacré, e [kɔ̃sakre] adj (béni)
geweiht

consacrer [kɔ̃sakre] vt
(sanctionner) sanktionieren;
(dévouer) widmen; se consacrer
vpr: **se ~ à qch** sich einer Sache
dat widmen

conscience [kɔ̃sjɑ̃s] nf
Bewusstsein nt; (morale)
Gewissen nt; **perdre/reprendre ~**
das Bewusstsein verlieren/
wiedererlangen
• consciencieux, -euse adj
gewissenhaft • conscient, e adj
(Méd) bei Bewusstsein; **être ~ de
qch** sich dat einer Sache gén
bewusst sein

consécutif, -ive [kɔ̃sekytif, iv]
adj aufeinanderfolgend; **~ à**
folgend auf +acc

conseil [kɔ̃sɛj] nm (avis) Rat m, Ratschlag m; (assemblée) Rat, Versammlung f; **prendre ~ (auprès de qn)** sich dat (bei jdm) Rat holen; **~ municipal** ≈ Stadtrat m

conseiller[1] [kɔ̃seje] vt (qn) raten +dat; **~ qch à qn** jdm zu etw raten

conseiller[2], **-ère** [kɔ̃seje, ɛʀ] nm/f Berater(in) m(f)

consentement [kɔ̃sɑ̃tmɑ̃] nm Zustimmung f

consentir [kɔ̃sɑ̃tiʀ] vt : **~ à qch** einer Sache dat zustimmen

conséquence [kɔ̃sekɑ̃s] nf Konsequenz f, Folge f; **en ~** (donc) folglich; (de façon appropriée) entsprechend • **conséquent, e** adj konsequent; (fam)

conservateur, -trice [kɔ̃sɛʀvatœʀ, tʀis] adj (traditionaliste) konservativ ▶ nm/f (de musée) Kustos m

conservation [kɔ̃sɛʀvasjɔ̃] nf (action) Erhaltung f; (état) Konservierung f

conservatoire [kɔ̃sɛʀvatwaʀ] nm (de musique) Konservatorium nt

conserve [kɔ̃sɛʀv] nf Konserve f; **en ~** Dosen-, Büchsen- • **conserver** vt behalten; (habitude) beibehalten; (préserver) konservieren, frisch halten; (Culin) einmachen

considérable [kɔ̃sideʀabl] adj beträchtlich

considération [kɔ̃sideʀasjɔ̃] nf Erwägung f; (estime) Achtung f • **considérer** vt (étudier, regarder) betrachten; (tenir compte de) berücksichtigen; **~ que** meinen,

dass; **~ qch comme terminé** etw für beendet halten

consigne [kɔ̃siɲ] nf Pfand nt; (de gare) Gepäckaufbewahrung f; (ordre) Anweisung f; **~ automatique** Schließfächer pl • **consigner** vt (emballage) Pfand verlangen für

consistance [kɔ̃sistɑ̃s] nf Konsistenz f

consistant, e [kɔ̃sistɑ̃, ɑ̃t] adj (liquide) dickflüssig; (repas, nourriture) solide; (argument) stichhaltig

consister [kɔ̃siste] vi : **~ à faire qch** daraus bestehen, etw zu tun

consœur [kɔ̃sœʀ] nf Kollegin f

consolation [kɔ̃sɔlasjɔ̃] nf Trost m

console [kɔ̃sɔl] nf (table) Konsole f; (d'ordinateur) Kontrollpult nt; **~ de jeux** Spielekonsole f; **~ de mixage** Mischpult

consoler [kɔ̃sɔle] vt trösten

consolider [kɔ̃sɔlide] vt (maison) befestigen; (meuble) verstärken

consommateur, -trice [kɔ̃sɔmatœʀ, tʀis] nm/f Verbraucher(in) m(f); (dans un café) Gast m

consommation [kɔ̃sɔmasjɔ̃] nf Verbrauch m; **régler ses ~s** (dans un café) (für die Getränke) zahlen; **~ aux 100 km** (Benzin)verbrauch m auf 100 km

consommé, e [kɔ̃sɔme] adj vollendet ▶ nm (potage) Kraftbrühe f

consommer [kɔ̃sɔme] vt verbrauchen ▶ vi (dans un café) etwas verzehren

consonne [kɔ̃sɔn] *nf* Konsonant *m*

conspiration [kɔ̃spiʀasjɔ̃] *nf* Verschwörung *f*

constamment [kɔ̃stamɑ̃] *adv* andauernd

constant, e [kɔ̃stɑ̃, ɑ̃t] *adj* beständig

constat [kɔ̃sta] *nm* Bericht *m*; *(procès-verbal)* Protokoll *nt*

constatation [kɔ̃statasjɔ̃] *nf* Feststellung *f*

constater [kɔ̃state] *vt* feststellen

constellation [kɔ̃stelasjɔ̃] *nf* *(Astron)* Konstellation *f*

consternation [kɔ̃stɛʀnasjɔ̃] *nf* Bestürzung *f*

constipation [kɔ̃stipasjɔ̃] *nf* Verstopfung *f* • **constipé, e** *adj* verstopft

constitué, e [kɔ̃stitɥe] *adj* : **~ de** zusammengesetzt aus

constituer [kɔ̃stitɥe] *vt* *(comité, équipe)* bilden, aufstellen; *(dossier, collection)* zusammenstellen

constitution [kɔ̃stitysjɔ̃] *nf* *(santé)* Konstitution *f*, Gesundheit *f*; *(composition)* Zusammensetzung *f*; *(Pol)* Verfassung *f*

constructeur [kɔ̃stʀyktœʀ] *nm* Hersteller *m*

construction [kɔ̃stʀyksjɔ̃] *nf* Bau *m*

construire [kɔ̃stʀɥiʀ] *vt* bauen

consul [kɔ̃syl] *nm* Konsul *m*

consulat [kɔ̃syla] *nm* Konsulat *nt*

consultant, e [kɔ̃syltɑ̃, ɑ̃t] *adj* *(expert)* beratend ▶ *nm/f* Berater(in) *m/f* • **consultation** *nf* *(d'un expert)* Konsultation *f*; *(séance : médicale)* Untersuchung *f*;

(: juridique, astrologique) Beratung *f*; **heures de ~** *(Méd)* Sprechstunden *pl*

consulter [kɔ̃sylte] *vt* *(médecin, avocat, conseiller)* konsultieren, zurate ziehen; *(dictionnaire, annuaire)* nachschlagen in +*dat*; *(plan)* nachsehen auf +*dat* ▶ *vi* *(médecin)* Sprechstunden haben

consumer [kɔ̃syme] *vt* *(brûler)* verbrennen; **se consumer** *vpr* *(feu)* verbrennen

contact [kɔ̃takt] *nm* Kontakt *m*; **mettre/couper le ~** den Motor anlassen/ausschalten; **se mettre en ~ avec qn** mit jdm Verbindung aufnehmen; **prendre ~ avec** sich mit jdm in Verbindung setzen • **contacter** *vt* sich in Verbindung setzen mit

contagieux, -euse [kɔ̃taʒjø, jøz] *adj* ansteckend

container [kɔ̃tenɛʀ] *nm* Container *m*

contamination [kɔ̃taminasjɔ̃] *nf* Infektion *f*; *(de l'eau etc)* Verseuchung *f*

contaminer [kɔ̃tamine] *vt* anstecken

conte [kɔ̃t] *nm* Erzählung *f*; **~ de fées** Märchen *nt*

contempler [kɔ̃tɑ̃ple] *vt* betrachten

contemporain, e [kɔ̃tɑ̃pɔʀɛ̃, ɛn] *adj* zeitgenössisch

contenance [kɔ̃t(ə)nɑ̃s] *nf* *(d'un récipient)* Fassungsvermögen *nt*; *(attitude)* Haltung *f*

conteneur [kɔ̃t(ə)nœʀ] *nm* Container *m*; *(pour plantes)* Pflanztrog *m*; **~ à verre** (Alt)glascontainer

contenir [kɔ̃t(ə)niʀ] *vt* enthalten; *(capacité)* fassen; **se contenir** *vpr* sich beherrschen

content, e [kɔ̃tã, ãt] *adj* zufrieden; **~ de qn/qch** mit jdm/etw zufrieden • **contenter** *vt (personne)* zufriedenstellen; **se contenter de** *vpr* sich begnügen mit

contenu [kɔ̃t(ə)ny] *nm* Inhalt *m*

conter [kɔ̃te] *vt* : **en ~ de(s) belles à qn** jdm Märchen erzählen

contestation [kɔ̃tɛstasjɔ̃] *nf* : **la ~** *(Pol)* der Protest *m*

conteste [kɔ̃tɛst] : **sans ~** *adv* zweifellos • **contester** *vi* protestieren

contexte [kɔ̃tɛkst] *nm* Zusammenhang *m*

contigu, -uë [kɔ̃tigy] *adj (choses)* aneinandergrenzend, benachbart

continent [kɔ̃tinã] *nm* Kontinent *m*

contingences [kɔ̃tɛ̃ʒãs] *nfpl* Eventualitäten *pl*

continu, e [kɔ̃tiny] *adj* ständig, dauernd; **courant ~** Gleichstrom *m*

continuel, le [kɔ̃tinɥɛl] *adj* ständig, fortwährend

continuer [kɔ̃tinɥe] *vt* weitermachen mit; *(voyage, études etc)* fortsetzen; *(prolonger)* verlängern ▸ *vi* nicht aufhören; *(pluie)* andauern; **~ à** *ou* **de faire qch** etw weiter tun

contorsion [kɔ̃tɔʀsjɔ̃] *nf* Verrenkung *f*

contour [kɔ̃tuʀ] *nm* Umriss *m*, Kontur *f* • **contourner** *vt* umgehen

contraceptif, -ive [kɔ̃tʀasɛptif, iv] *adj* empfängnisverhütend

▸ *nm* Verhütungsmittel *nt* • **contraception** *nf* Empfängnisverhütung *f*

contracter [kɔ̃tʀakte] *vt (muscle)* zusammenziehen; *(visage)* verziehen; *(maladie, habitude)* sich *dat* zuziehen; *(assurance)* abschließen; **se contracter** *vpr* sich zusammenziehen • **contraction** *nf* Krampf *m*

contractuel, le [kɔ̃tʀaktɥɛl] *adj* vertraglich ▸ *nm/f (agent)* Verkehrspolizist(in) *m(f)*

contradiction [kɔ̃tʀadiksjɔ̃] *nf* Widerspruch *m* • **contradictoire** *adj* widersprüchlich

contraindre [kɔ̃tʀɛ̃dʀ] *vt* : **~ qn à qch/faire qch** jdn zu etw zwingen/jdn zwingen, etw zu tun • **contrainte** *nf* Zwang *m*

contraire [kɔ̃tʀɛʀ] *adj* entgegengesetzt ▸ *nm* Gegenteil *nt*; **au ~** im Gegenteil

contralto [kɔ̃tʀalto] *nm (voix)* Alt *m*; *(personne)* Altistin *f*

contrarier [kɔ̃tʀaʀje] *vt* ärgern

contraste [kɔ̃tʀast] *nm* Kontrast *m*, Gegensatz *m* • **contraster** *vi* : **~ (avec)** kontrastieren (mit)

contrat [kɔ̃tʀa] *nm* Vertrag *m*

contravention [kɔ̃tʀavãsjɔ̃] *nf (infraction)* Verstoß *m*; *(amende)* Geldstrafe *f*; *(pour stationnement interdit)* Strafzettel *m*

contre [kɔ̃tʀ] *prép* gegen; **par ~** hingegen • **contre-attaquer** *vi* zurückschlagen

contrebande [kɔ̃tʀəbãd] *nf* Schmuggel *m*; *(marchandise)* Schmuggelware *f*

contrebas [kɔ̃tʀəbɑ] : **en ~** *adv* unten

contrebasse [kɔ̃trəbas] *nf* Kontrabass *m*

contrecarrer [kɔ̃trəkare] *vt* (action) vereiteln • **contrecœur** : **à ~** *adv* widerwillig • **contrecoup** *nm* Nachwirkung *f*

contre-courant [kɔ̃trəkurɑ̃] (*pl* **contre-courants**) *nm* : **à ~** gegen den Strom

contredire [kɔ̃trədir] *vt* widersprechen +*dat*; **se contredire** *vpr* einander widersprechen

contre-expertise [kɔ̃trɛkspertiz] (*pl* **contre-expertises**) *nf* Gegengutachten *nt*

contrefaçon [kɔ̃trəfasɔ̃] *nf* Fälschung *f* • **contrefaire** *vt* (document, signature) fälschen; (personne, démarche) nachmachen

contreforts [kɔ̃trəfɔr] *nmpl* (Gebirgs)ausläufer *pl*

contre-indication [kɔ̃trɛ̃dikasjɔ̃] (*pl* **contre-indications**) *nf* Kontraindikation *f*, Gegenanzeige *f*

contre-jour [kɔ̃trəʒur] : **à ~** *adv* im Gegenlicht

contre-offensive [kɔ̃trɔfɑ̃siv] (*pl* **contre-offensives**) *nf* Gegenoffensive *f*, Gegenangriff *m*

contrepartie [kɔ̃trəparti] *nf* : **en ~** zum Ausgleich

contre-pied [kɔ̃trəpje] *nm* : **prendre le ~ de** das genaue Gegenteil tun ou sagen von • **contreplaqué** *nm* Sperrholz *nt* • **contrepoids** *nm* Gegengewicht *nt*; **faire ~** als Gegengewicht dienen

contrer [kɔ̃tre] *vt* (adversaire) (erfolgreich) kontern +*dat*

contresens [kɔ̃trəsɑ̃s] *nm* (d'interprétation) Fehldeutung *f*; (de traduction) Fehlübersetzung *f*; (absurdité) Unsinn *m*; **à ~** verkehrt • **contretemps** *nm* Zwischenfall *m*; **à ~** (fig) zur Unzeit

contrevenir : **~ à** *vt* verstoßen gegen

contribuable [kɔ̃tribyabl] *nmf* Steuerzahler(in) *f(m)* • **contribuer** : **~ à** *vt* beitragen zu; (dépense, frais) beisteuern zu • **contribution** *nf* Beitrag *m*

contrôle [kɔ̃trol] *nm* Kontrolle *f*, Überprüfung *f*; (surveillance) Überwachung *f*; **perdre le ~ de son véhicule** die Kontrolle ou Gewalt über sein Fahrzeug verlieren; **~ antipollution** Abgassonderuntersuchung *f*; **~ d'identité** Ausweiskontrolle *f*

contrôler [kɔ̃trole] *vt* kontrollieren; **se contrôler** *vpr* sich beherrschen • **contrôleur, -euse** *nm/f* (de train, bus) Schaffner(in) *m(f)*

controversé, e [kɔ̃trɔverse] *adj* umstritten

contusion [kɔ̃tyzjɔ̃] *nf* Prellung *f*

convaincant, e [kɔ̃vɛ̃kɑ̃, ɑ̃t] *adj* überzeugend

convaincre [kɔ̃vɛ̃kr] *vt* : **~ qn (de qch)** jdn (von etw) überzeugen

convaincu, e [kɔ̃vɛ̃ky] *pp de* **convaincre** ▸ *adj* überzeugt

convalescence [kɔ̃valesɑ̃s] *nf* Genesung *f*

convenable [kɔ̃vnabl] *adj* anständig • **convenablement** *adv* (placé, choisi) gut; (s'habiller, s'exprimer) passend; (payé, logé) coqueluche

anständig • **convenance** f: **à ma/votre ~** nach (meinem/ Ihrem) Belieben; **convenances** nfpl Anstand m • **convenir** vi passen; **~ à** passen +dat; **~ de faire qch** übereinkommen, etw zu tun; **il a été convenu que** es wurde vereinbart, dass; **comme convenu** wie vereinbart

convention [kɔ̃vɑ̃sjɔ̃] nf Abkommen nt

conventionné, e [kɔ̃vɑ̃sjɔne] adj (médecin) ≈ Kassen-

convenu, e [kɔ̃vny] adj vereinbart, festgesetzt

converger [kɔ̃vɛrʒe] vi konvergieren; (efforts, idées) übereinstimmen; **~ vers** ou **sur** zustreben +dat

conversation [kɔ̃vɛrsasjɔ̃] nf Gespräch nt

conversion [kɔ̃vɛrsjɔ̃] nf Umwandlung f; (Pol) Umbildung f; (Rel) Bekehrung f; (Com, Inform) Konvertierung f • **convertir** vt: **~ qn (à)** jdn bekehren (zu)

conviction [kɔ̃viksjɔ̃] nf Überzeugung f

convier [kɔ̃vje] vt: **~ qn à** jdn einladen zu; **~ qn à faire qch** jdn dazu auffordern, etw zu tun

convive [kɔ̃viv] nmf Gast m bei Tisch

convivial, e, -aux [kɔ̃vivjal, jo] adj gesellig; (Inform) benutzerfreundlich

convocation [kɔ̃vɔkasjɔ̃] nf (papier, document) Vorladung f; (d'une assemblée) Einberufung f

convoi [kɔ̃vwa] nm Konvoi m, Kolonne f; (train) Zug m; **~ (funèbre)** Leichenzug m

convoquer [kɔ̃vɔke] vt (assemblée, comité) einberufen; (candidat à un examen) bestellen

convoyeur [kɔ̃vwajœr] nm (Naut) Begleitschiff nt; **~ de fonds** Sicherheitsbeamte(r) m

convulsions [kɔ̃vylsjɔ̃] nfpl (Méd) Zuckungen pl, Krämpfe pl

cookie [kuki] nm (Inform) Cookie nt

coopérant, e [kɔɔperɑ̃, ɑ̃t] nm/f ≈ Entwicklungshelfer(in) m(f)

coopération [kɔɔperasjɔ̃] nf Kooperation f, Unterstützung f • **coopérer** vi zusammenarbeiten; **~ à** mitarbeiten an +dat

copain, copine [kɔpɛ̃, kɔpin] nm/f Freund(in) m(f) ▸ adj: **être ~ avec qn** mit jdm gut befreundet sein

copie [kɔpi] nf Kopie f • **copier** vt kopieren • **copieur** nm Kopiergerät nt, Kopierer m

copieux, -euse [kɔpjø, jøz] adj (repas, portion) reichlich

copilote [kɔpilɔt] nm Kopilot(in) m(f); (Auto) Beifahrer(in) m(f)

copine [kɔpin] nf voir **copain**

coproduction [kɔprɔdyksjɔ̃] nf Koproduktion f

copropriété [kɔprɔprijete] nf Miteigentum nt, Mitbesitz m; **acheter un appartement en ~** eine Eigentumswohnung erwerben

coq [kɔk] nm Hahn m

coque [kɔk] nf: **à la ~** (Culin) weich gekocht

coquelicot [kɔkliko] nm Mohn m

coqueluche [kɔklyʃ] nf Keuchhusten m

coquet, te [kɔkɛ, ɛt] *adj (qui veut plaire)* kokett; *(joli)* hübsch, nett

coquetier [kɔk(ə)tje] *nm* Eierbecher *m*

coquillage [kɔkijaʒ] *nm* Muschel *f*

coquille [kɔkij] *nf* Schale *f*; **~ Saint-Jacques** Jakobsmuschel *f*

coquin, e [kɔkɛ̃, in] *adj* schelmisch

cor [kɔʀ] *nm (Mus)* Horn *nt*; **~ (au pied)** Hühnerauge *nt*

corail, -aux [kɔʀaj, o] *nm* Koralle *f*

Coran [kɔʀɑ̃] *nm* Koran *m*

corbeau, x [kɔʀbo] *nm* Rabe *m*

corbeille [kɔʀbɛj] *nf* Korb *m*; *(Inform)* Papierkorb *m*; **~ à pain** Brotkorb *m*

corbillard [kɔʀbijaʀ] *nm* Leichenwagen *m*

corde [kɔʀd] *nf* Seil *nt*, Strick *m*; *(de violon, raquette)* Saite *f*; *(d'arc)* Sehne *f*

cordeau, x [kɔʀdo] *nm* Richtschnur *f*

cordée [kɔʀde] *nf* Seilschaft *f*

cordial, e, -aux [kɔʀdjal, jo] *adj* herzlich • **cordialement** *adv* herzlich; *(formule épistolaire)* mit herzlichen Grüßen

cordon [kɔʀdɔ̃] *nm* Schnur *f*

cordonnier [kɔʀdɔnje] *nm* Schuster *m*, Schuhmacher *m*

Corée [kɔʀe] *n* : **la ~** Korea *nt* • **coréen, ne** *adj* koreanisch ▶ *nm/f* : **C~, ne** Koreaner(in) *m(f)*

coriace [kɔʀjas] *adj* zäh; *(adversaire, problème aussi)* hartnäckig

coriandre [kɔʀjɑ̃dʀ] *nf* Koriander *m*

cormoran [kɔʀmɔʀɑ̃] *nm* Kormoran *m*

corne [kɔʀn] *nf* Horn *nt*

cornée [kɔʀne] *nf* Hornhaut *f*

corneille [kɔʀnɛj] *nf* Krähe *f*

cornemuse [kɔʀnəmyz] *nf* Dudelsack *m*

corner[1] [kɔʀnɛʀ] *nm* Ecke *f*

corner[2] [kɔʀne] *vt (pages)* ein Eselsohr *nt* machen in +*acc*

cornet [kɔʀnɛ] *nm* Tüte *f*

cornette [kɔʀnɛt] *nf (coiffure)* Schwesternhaube *f*

corniche [kɔʀniʃ] *nf (route)* Küstenstraße *f*

cornichon [kɔʀniʃɔ̃] *nm* Gewürzgurke *f*

corporation [kɔʀpɔʀasjɔ̃] *nf* Innung *f*, Zunft *f*

corporel, le [kɔʀpɔʀɛl] *adj* Körper-; *(besoin, blessures)* körperlich

corps [kɔʀ] *nm* Körper *m*; *(cadavre)* Leiche *f*

corpulent, e [kɔʀpylɑ̃, ɑ̃t] *adj* korpulent

correct, e [kɔʀɛkt] *adj* richtig; *(bienséant, honnête)* korrekt • **correctement** *adv* richtig • **correcteur, -trice** *nm/f (Typo)* Korrektor(in) *m(f)* ▶ *nm* : **~ orthographique** Rechtschreibhilfe *f* • **correction** *nf* Korrektur *f*; *(de faute, erreur)* Verbesserung *f*

correctionnel, le [kɔʀɛksjɔnɛl] *adj* : **tribunal ~** Strafgericht *nt* ▶ *nf* : **la ~** le das Strafgericht

correspondance [kɔʀɛspɔ̃dɑ̃s] *nf (analogie, rapport)* Entsprechung *f*; *(échange de lettres)* Korrespondenz *f*; *(de train, d'avion)*

Anschluss m • **correspondant, e**
nm/f *(épistolaire)* Brieffreund(in)
m(f); *(journaliste)*
Korrespondent(in) m(f)
• **correspondre** vi *(données,
témoignages)* übereinstimmen;
(chambres) miteinander
verbunden sein; **~ à** entsprechen
+dat; **~ avec qn** mit jdm in
Briefwechsel stehen

corridor [kɔʀidɔʀ] nm Korridor
m, Gang m

corriger [kɔʀiʒe] vt korrigieren,
(erreur, défaut) verbessern; *(punir)*
züchtigen

corroborer [kɔʀɔbɔʀe] vt
bestätigen

corrompre [kɔʀɔ̃pʀ] vt *(dépraver)*
verderben, korrumpieren;
(soudoyer) bestechen

corruption [kɔʀypsjɔ̃] nf
Korruption f

corsage [kɔʀsaʒ] nf Bluse f

corse [kɔʀs] adj korsisch ▶ nmf:
C~ Korse m, Korsin f ▶ nf: **la C~**
Korsika nt

corset [kɔʀsɛ] nm Korsett nt

cortège [kɔʀtɛʒ] nm Zug m

cortisone [kɔʀtizɔn] nf
Kortison nt

cosmétique [kɔsmetik] nm
Kosmetikprodukt nt

cosmonaute [kɔsmɔnot] nmf
Kosmonaut(in) m(f)

cosmopolite [kɔsmɔpɔlit] adj
kosmopolitisch

cosse [kɔs] nf *(Bot)* Hülse f,
Schote f

cossu, e [kɔsy] adj *(maison)*
prunkvoll

Costa Rica [kɔstaʀika] nm: **le ~**
Costa Rica nt

costaud, e [kɔsto, od] adj
(personne) stämmig, kräftig;
(objet) stabil

costume [kɔstym] nm *(d'homme)*
Anzug m; *(de théâtre)* Kostüm nt

cotation [kɔtasjɔ̃] nf Notierung f

cote [kɔt] nf *(d'une valeur boursière)*
Börsennotierung f; *(d'un cheval)*
Gewinnquote f; *(d'un candidat etc)*
Chancen pl; *(Géo)*
Höhenmarkierung f; **~ d'alerte**
Hochwassermarke f

côte [kot] nf *(rivage)* Küste f;
(pente) Gefälle nt; *(Anat, Tricot)*
Rippe f; **~ à ~** Seite an Seite

côté [kote] nm Seite f; **de tous les
~s** von allen Seiten; **de quel ~
est-il parti ?** in welche Richtung
ist er gegangen?; **laisser de ~**
beiseitelassen; **mettre de ~** auf
die Seite legen; **à ~** nebenan; **à ~
de** neben +dat

coteau [kɔto] nm Hügel m

côtelette [kotlɛt] nf Kotelett nt

côtier, -ière [kotje, jɛʀ] adj
Küsten-

cotisant, e [kɔtizɑ̃, ɑ̃t] nm/f
Beitragszahler(in) m(f)

cotisation [kɔtizasjɔ̃] nf Beitrag
m • **cotiser** vi : **~ à** seinen Beitrag
bezahlen +dat

coton [kɔtɔ̃] nm Baumwolle f;
~ hydrophile Verbandwatte f

Coton-Tige® [kɔtɔ̃tiʒ] *(pl*
Cotons-Tiges) nm
Wattestäbchen nt

cou [ku] nm Hals m

couche [kuʃ] nf Schicht f; *(de bébé)*
Windel f; **~ jetable**
Wegwerfwindel f • **couche-
culotte** *(pl* **couches-culottes)** nf
Windel f

coucher [kuʃe] vt (mettre au lit) ins ou zu Bett bringen ▸ vi schlafen: (s'étendre) sich hinlegen ▸ nm : **~ de soleil** Sonnenuntergang m ; **~ avec qn** mit jdm schlafen

couchette [kuʃɛt] nf (de train) Liegewagenplatz m

coucou [kuku] nm Kuckuck m

coude [kud] nm Ellbogen m ; (de route) Kurve f

cou-de-pied [kudpje] (pl **cous-de-pied**) nm Spann m, Rist m

coudre [kudʀ] vt nähen ; (bouton) annähen ▸ vi nähen

couenne [kwan] nf (porc) Schwarte f

couette [kwɛt] nf (édredon) Steppdecke f

couffin [kufɛ̃] nm Körbchen nt

couler [kule] vi fließen ; (fuir) auslaufen, lecken ; (sombrer : bateau) untergehen ▸ vt (bateau) versenken

couleur [kulœʀ] nf Farbe f ; **couleurs** nfpl (du teint) Gesichtsfarbe f ; **film/télévision en ~(s)** Farbfilm m /-fernsehen nt

couleuvre [kulœvʀ] nf Ringelnatter f

coulisse [kulis] nf (Tech) Führungsleiste f ; **coulisses** nfpl (Théât) Kulisse f

couloir [kulwaʀ] nm Gang m

coup [ku]

nm **1** Schlag m ; **~ de poing** Faustschlag m ; **~ de pied** Fußtritt m ; **~ de coude** Stoß m mit dem Ellbogen ; **~ de couteau** Messerstich m ; **à ~s de hache/marteau** mit der Hacke/dem Hammer ; **~ de vent** Windstoß m ; **en ~ de vent** in Windeseile

2: **~ franc** Freistoß m ; **~ de feu** Schuss

3 (bruit) Schlag m ; **~ de sonnette** Klingeln nt ; **~ de tonnerre** Donner(schlag) m

4 (fam : fois) Mal nt ; **d'un seul ~** auf einmal ; **du premier ~** auf Anhieb ; **du même ~** gleichzeitig ; **après ~** hinterher ; **à tous les ~s** jedes Mal

5 (locutions) : **donner un ~ de balai/chiffon** fegen/staubwischen ; **~ dur** harter Schlag m ; **avoir le ~** den Dreh heraushaben ; **être dans le/hors du ~** auf dem/nicht auf dem Laufenden sein ; **du ~** (fam) daraufhin ; **boire un ~** einen Schluck trinken ; **à ~ sûr** bestimmt, ganz sicher ; **sur le ~** auf der Stelle ; **sous le ~ de** (surprise etc) unter dem Eindruck +gén ; **tomber sous le ~ de la loi** (Jur) eine Straftat sein ; **faire un ~ fourré à qn** jdm in den Rücken fallen

6 (composés) : **~ de chance** Glücksfall m ; **~ de crayon** Bleistiftstrich m ; **~ d'essai** erster Versuch m ; **~ d'État** Staatsstreich m ; **~ de fil** Anruf m ; **donner ou passer un ~ de fil (à qn)** (jdn) anrufen ; **~ de filet** Fang m ; **~ de foudre** Liebe f auf den ersten Blick ; **~ de frein** : **donner un ~ de frein** (Auto) scharf bremsen ; **~ de grâce** Gnadenstoß m ; **~ de main** : **donner un ~ de main à qn** jdm helfen; **~ de maître** Meisterstück nt; **~ d'œil** Blick m; **~ de pied** Fußtritt m; **~ de pinceau** Pinselstrich m; **~ de poing** Faustschlag m; **~ de soleil** Sonnenbrand m; **~ de téléphone** Anruf m; **~ de tête** (fig) impulsive Entscheidung f; **~ de théâtre** Knalleffekt m

coupable [kupabl] adj schuldig ▶ nmf Schuldige(r) f(m); **~ de** schuldig +gén

coupe [kup] nf (à champagne, à fruits) Schale f; (Sport) Pokal m; (de cheveux, vêtement) Schnitt m

coupe-faim [kupfɛ̃] (pl **coupe-faim(s)**) nm Appetitzügler m

coupe-gorge [kupgɔʀʒ] nm inv gefährliche Gasse f

couper [kupe] vt schneiden; (tissu) zuschneiden; (tranche, morceau, route, retraite) abschneiden; (communication) unterbrechen; (eau, courant) sperren, abstellen ▶ vi schneiden; **se couper** vpr sich schneiden; **~ le contact** ou **l'allumage** die Zündung ausstellen

coupe-vent [kupvɑ̃] (pl **coupe-vent(s)**) nm Windjacke f

couple [kupl] nm Paar nt; (époux) Ehepaar nt

couplet [kuplɛ] nm (Mus) Strophe f

coupole [kupɔl] nf Kuppel f

coupon [kupɔ̃] nm (ticket) Abschnitt m

coupure [kupyʀ] nf (blessure) Schnitt m; **~ d'eau** Abstellen nt

des Wassers; **~ de courant** Stromsperre f

cour [kuʀ] nf Hof m; (Jur) Gericht nt

courage [kuʀaʒ] nf Mut m
• **courageux, -euse** adj mutig, tapfer

couramment [kuʀamɑ̃] adv (souvent) oft, häufig; (parler) fließend

courant, e [kuʀɑ̃, ɑ̃t] adj (fréquent) häufig; (normal) geläufig, gebräuchlich; (en cours) laufend ▶ nm (Élec) Strom m; (de rivière etc) Strömung f; **être au ~ (de)** auf dem Laufenden sein (über +acc); **~ d'air** Durchzug m; **~ électrique** (elektrischer) Strom m

courbatures [kuʀbatyʀ] nfpl Muskelkater m

courbe [kuʀb] nf Kurve f ▶ adj gebogen • **courber** vt biegen

coureur, -euse [kuʀœʀ, øz] nm/f (cycliste) Radrennfahrer(in) m(f); (automobile) Rennfahrer(in) m(f); (à pied) Läufer(in) m(f)

courge [kuʀʒ] nf Kürbis m

courgette [kuʀʒɛt] nf Zucchini f

courir [kuʀiʀ] vi laufen, rennen ▶ vt (danger) sich aussetzen +dat; (risque) eingehen

couronne [kuʀɔn] nf Krone f; (de fleurs) Kranz m • **couronner** vt (roi) krönen; (lauréat, ouvrage) auszeichnen; (carrière, efforts) der Höhepunkt ou die Krönung sein von

courriel [kuʀjɛl] nm E-Mail f; **envoyer qch par ~** etw per E-Mail schicken

courrier [kuʀje] nm Post f, Briefe pl; **~ électronique** E-Mail f

courroie [kuRwa] *nf* Riemen *m*; **~ de transmission** Antriebsriemen *m*

cours [kuR] *nm* Kurs *m*; (*leçon*) Unterrichtsstunde *f*; **en ~** laufend; **en ~ de route** unterwegs; **au ~ de** im Verlauf +*gén*; **~ d'eau** Wasserweg *m*; **~ du soir** Abendkurs *m*

course [kuRs] *nf* (*action de courir*) Wettlauf *m*; (*épreuve*) Rennen *nt*; (*d'un taxi, autocar*) Fahrt *f*; **courses** *nfpl* (*achats*) Einkäufe *pl*; **faire les** ou **ses ~s** einkaufen gehen

court, e [kuR, kuRt] *adj* kurz ▶ *nm* (*de tennis*) (Tennis)platz *m* • **court-bouillon** (*pl* **courts-bouillons**) *nm* Fischbouillon *f* • **court-circuit** (*pl* **courts-circuits**) *nm* Kurzschluss *m* • **court-circuiter** *vt* (*fig*) umgehen

courtier, -ière [kuRtje, jɛR] *nm/f* Makler(in) *m(f)*

courtiser [kuRtize] *vt* den Hof machen +*dat*

courtois, e [kuRtwa, waz] *adj* höflich • **courtoisie** *nf* Höflichkeit *f*

couscous [kuskus] *nm* Kuskus *m* ou *nt*

cousin, e [kuzɛ̃, in] *nm/f* Vetter *m*, Cousine *f*

coussin [kusɛ̃] *nm* Kissen *nt*

cousu, e [kuzy] *pp de* **coudre**

coût [ku] *nm* Kosten *pl*; **le ~ de la vie** die Lebenshaltungskosten *pl*

coûtant [kutɑ̃] *adj m*: **au prix ~** zum Selbstkostenpreis

couteau, x [kuto] *nm* Messer *nt*; **~ à cran d'arrêt** Klappmesser *nt*

coûter [kute] *vt, vi* kosten; **~ cher** teuer sein; **combien ça coûte ?** wie viel kostet das? • **coûteux, -euse** *adj* teuer

coutume [kutym] *nf* Sitte *f*, Brauch *m*

couture [kutyR] *nf* (*activité*) Nähen *nt*; (*points*) Naht *f* • **couturier** *nm* Modeschöpfer *m* • **couturière** *nf* Schneiderin *f*

couvent [kuvɑ̃] *nm* Kloster *nt*

couver [kuve] *vt* ausbrüten

couvercle [kuvɛRkl] *nm* Deckel *m*

couvert, e [kuvɛR, ɛRt] *adj* (*ciel, temps*) bedeckt, bewölkt ▶ *nm* (*ustensile*) Besteck *nt*; (*place à table*) Gedeck *nt*; **mettre le ~** den Tisch decken

couverture [kuvɛRtyR] *nf* (*de lit*) Decke *f*; (*de livre*) Einband *m*

couveuse [kuvøz] *nf* (*pour bébé*) Brutkasten *m*

couvre-feu [kuvRəfø] (*pl* **couvre-feux**) *nm* Ausgangssperre *f*

couvre-lit [kuvRəli] (*pl* **couvre-lits**) *nm* Tagesdecke *f*

couvrir [kuvRiR] *vt* bedecken; **se couvrir** *vpr* (*s'habiller*) sich anziehen

covoiturage [kovwatyRaʒ] *nm* (*déplacement en commun*) Fahrgemeinschaft *f*; (*voiture en commun*) Carsharing *nt*

CQFD [sekyefde] *abr* (= *ce qu'il fallait démontrer*) QED

crabe [kRab] *nm* Krabbe *f*

cracher [kRaʃe] *vi* spucken ▶ *vt* ausspucken

crachin [kRaʃɛ̃] *nm* Sprühregen *m*

crack [kRak] *nm* (*drogue*) Crack *nt*

cradingue [kradɛ̃g], **crade**
[krad] *adj* dreckig

craie [krɛ] *nf* Kreide *f*

craindre [krɛ̃dr] *vt* fürchten,
sich fürchten vor; (*chaleur, froid*)
nicht vertragen; **~ que**
befürchten, dass

crainte [krɛ̃t] *nf* Furcht *f*; **soyez
sans ~** nur keine Angst; **de ~ de/
que** aus Furcht vor/aus Furcht,
dass

craintif, -ive [krɛ̃tif, iv] *adj*
furchtsam, ängstlich

cramoisi, e [kramwazi] *adj*
puterrot

crampe [krɑ̃p] *nf* Krampf *m*

crampon [krɑ̃pɔ̃] *nm* Steigeisen *nt*

cramponner [krɑ̃pɔne]: **se ~
(à)** *vpr* sich klammern (an +*acc*)

cran [krɑ̃] *nm* (*entaille*) Kerbe *f*,
Einschnitt *m*; (*courage*) Schneid *m*,
Mumm *m*; **~ d'arrêt** *ou* **de sûreté**
Sicherung *f*

crâne [krɑn] *nm* Schädel *m*

crapaud [krapo] *nm* Kröte *f*

crapule [krapyl] *nf* Schuft *m*

crapuleux, -euse [krapylø, øz]
adj : **crime ~** scheußliches
Verbrechen *nt*

craquement [krakmɑ̃] *nm*
Krachen *nt* • **craquer** *vi* (*bruit*)
knacken, knarren; (*fil, couture*)
(zer)reißen; (*branche*) brechen

crasse [kras] *nf* Schmutz *m*,
Dreck *m*

crasseux, -euse [krasø, øz] *adj*
dreckig, schmutzig

cravate [kravat] *nf* Krawatte *f*

crawl [krol] *nm* Kraulen *nt*

crayon [krɛjɔ̃] *nm* Bleistift *m*; **~ à
bille** Kugelschreiber *m*; **~ de**

couleur Farbstift *m* • **crayon-
feutre** (*pl* **crayons-feutres**) *nm*
Filzstift *m*

créancier, -ière [kreɑ̃sje, jɛr]
nm/f Gläubiger(in) *m(f)*

créateur, -trice [kreatœr, tris]
nm/f Schöpfer(in) *m(f)*

créatif, -ive [kreatif, iv] *adj*
kreativ

création [kreasjɔ̃] *nf* Schöpfung
f; (*d'entreprise, emplois etc*)
Schaffung *f*; (*nouvelle robe, voiture
etc*) Kreation *f*

créativité [kreativite] *nf*
Kreativität *f*

créature [kreatyr] *nf*
Lebewesen *nt*

crèche [krɛʃ] *nf* Krippe *f*

crédibilité [kredibilite] *nf*
Glaubwürdigkeit *f* • **crédible** *adj*
glaubwürdig

crédit [kredi] *nm* (*prêt*) Kredit *m*;
(*d'un compte bancaire*) Guthaben
nt; (*confiance*) Glaube *m*; **payer
à ~** in Raten zahlen; **acheter à ~**
auf Kredit kaufen • **crédit-bail**
(*pl* **crédits-bails**) *nm* Leasing *nt*
• **créditer** *vt* : **~ un compte d'une
somme** einem Konto einen
Betrag gutschreiben

credo [kredo] *nm*
Glaubensbekenntnis *nt*

créer [kree] *vt* schaffen; (*problème,
besoins etc*) verursachen

crémaillère [kremajɛr] *nf* :
chemin de fer à ~ Zahnradbahn *f*

crème [krɛm] *nf* (*du lait*) Sahne *f*;
(*de beauté, entremets*) Creme *f* ▸ *adj
inv* cremefarben; **~ (un café) ~** ein
Kaffee *m* mit Milch; **~ Chantilly**
ou **fouettée** Schlagsahne *f*
• **crémerie** *nf* Milchhandlung *f*

créneau, x [kʀeno] nm (de fortification) Zinne f; (Comm) Marktlücke f; (TV) Sendeplatz m; **faire un ~** sein Auto rückwärts in eine Lücke einparken

crêpe [kʀɛp] nf (galette) (dünner) Pfannkuchen m, Crêpe f ▸ nm (tissu) Krepp m • **crêperie** nf Crêperie f

crépu, e [kʀepy] adj kraus, gekräuselt

crépuscule [kʀepyskyl] nm (Abend)dämmerung f

cresson [kʀesɔ̃] nm Brunnenkresse f

crête [kʀɛt] nf Kamm m

creuser [kʀøze] vt (trou, tunnel) graben; (sol) graben in +dat; (fig : approfondir) vertiefen; **se creuser** vpr : **se ~ la cervelle** ou **la tête** sich dat den Kopf zerbrechen

creux, creuse [kʀø, kʀøz] adj hohl; (assiette) tief ▸ nm Loch nt

crevaison [kʀəvɛzɔ̃] nf Reifenpanne f

crevant, e [kʀəvɑ̃, ɑ̃t] (fam) adj (fatigant) ermüdend; (amusant) umwerfend komisch

crevasse [kʀəvas] nf Spalte f; (de glacier) Gletscherspalte f; (sur la peau) Schrunde f, Riss m

crevé, e [kʀəve] adj (pneu) platt; **je suis ~** (fam) ich bin fix und fertig ou total kaputt

crever [kʀəve] vt (ballon, tambour) zerplatzen lassen ▸ vi (pneu) platzen; (automobiliste) einen Platten haben; (abcès, nuage) aufbrechen

crevette [kʀəvɛt] nf : **~ (rose)** Krabbe f; **~ grise** Garnele f, Krevette f

cri [kʀi] nm Schrei m; (appel) Ruf m

criard, e [kʀijaʀ, kʀijaʀd] adj (couleur) grell; (voix) kreischend

crible [kʀibl] nm Sieb nt; **passer qch au ~** etw durchsieben

cric [kʀik] nm Wagenheber m

crier [kʀije] vi schreien ▸ vt (ordre) brüllen

crime [kʀim] nm Verbrechen nt

criminalité [kʀiminalite] nf Kriminalität f

criminel, le [kʀiminɛl] nm/f Kriminelle(r) f(m), Verbrecher(in) m(f)

crinière [kʀinjɛʀ] nf Mähne f

crique [kʀik] nf kleine Bucht f

criquet [kʀike] nm Grille f

crise [kʀiz] nf Krise f; **~ cardiaque** Herzanfall m; **~ de foie** Leberbeschwerden pl

crisper [kʀispe] vt (visage) verzerren; (muscle) anspannen; **se crisper** vpr sich verkrampfen

cristal, -aux [kʀistal, o] nm Kristall m; **~ de roche** Bergkristall nt • **cristallin, e** adj kristallklar ▸ nm Augenlinse f • **cristalliser** vi (aussi : **se cristalliser**) sich kristallisieren

critère [kʀiteʀ] nm Kriterium nt

critique [kʀitik] nf Kritik f ▸ nmf Kritiker(in) m(f) • **critiquer** vt kritisieren

croate [kʀɔat] adj kroatisch; **C~** nmf Kroate m, Kroatin f

Croatie [kʀɔasi] nf : **la ~** Kroatien nt

crochet [kʀɔʃe] nm Haken m; (tige, clef) Dietrich m; (détour) Abstecher m; (Tricot : aiguille) Häkelnadel f; (: technique) Häkeln nt

crocodile [kʀɔkɔdil] nm Krokodil nt; (peau) Krokodilleder nt

crocus [kʀɔkys] nm Krokus m

croire [kʀwaʀ] vt glauben; (personne) glauben +dat; **~ que** glauben, dass; **~ à** ou **en** glauben an +acc

croisade [kʀwazad] nf Kreuzzug m

croisement [kʀwazmɑ̃] nm Kreuzung f

croiser [kʀwaze] vt (personne, voiture) begegnen +dat; (route, Biol) kreuzen ▶ vi (Naut) kreuzen; **se croiser** vpr (personnes, véhicules) einander begegnen; (routes, lettres) sich kreuzen • **croisière** nf Kreuzfahrt f

croissance [kʀwasɑ̃s] nf Wachstum m

croissant, e [kʀwasɑ̃, ɑ̃t] adj wachsend, zunehmend ▶ nm (à manger) Croissant nt, Hörnchen nt; **~ de lune** Mondsichel f

croître [kʀwatʀ] vi wachsen; (fig) zunehmen

croix [kʀwa] nf Kreuz nt; **la C~ Rouge** das Rote Kreuz

croquant, e [kʀɔkɑ̃, ɑ̃t] adj knackig

croque-madame [kʀɔkmadam] nm inv überbackener Käsetoast mit Schinken und Spiegelei • **croque-monsieur** nm inv überbackener Käsetoast mit Schinken • **croque-mort** (pl **croque-morts**) (fam) nm Sargträger m • **croquer** vt (manger) knabbern; (dessiner) skizzieren ▶ vi: **chocolat à ~** Bitterschokolade f

croquis [kʀɔki] nm Skizze f

cross [kʀɔs] [kʀɔskuntʀi] nm Querfeldeinrennen nt, Geländelauf m

crotte [kʀɔt] nf Kot m; **~ !** (fam) Mist! • **crotté, e** adj dreckig

crottin [kʀɔtɛ̃] nm (de cheval) Pferdeäpfel pl; (fromage) kleiner Ziegenkäse

crouler [kʀule] vi (s'effondrer) einstürzen; (être délabré) verfallen; **~ sous (le poids de) qch** unter dem Gewicht einer Sache gén zusammenbrechen

croupe [kʀup] nf Kruppe f; **monter en ~** hinten aufsitzen

croupier [kʀupje] nm Croupier m

croupir [kʀupiʀ] vi (eau) faulen; (personne) stagnieren

croustillant, e [kʀustijɑ̃, ɑ̃t] adj knusprig; (histoire) pikant

croûte [kʀut] nf (du fromage) Rinde f; (du pain) Kruste f; **en ~** (Culin) im Teigmantel; **~ au fromage** Käsetoast m; **~ aux champignons** Champignontoast m • **croûton** (Culin) Crouton m; (bout du pain) Brotkanten m

croyant, e [kʀwajɑ̃, ɑ̃t] adj: **être/ne pas être ~** gläubig/ungläubig sein ▶ nm/f (Rel) Gläubige(r) f(m)

CRS [seeʀɛs] sigle mf (= Compagnies républicaines de sécurité) ≈ Bereitschaftspolizist m

cru, e [kʀy] pp de **croire** ▶ adj (non cuit) roh ▶ nm (vignoble) (Wein)lage f; (vin) Wein(sorte f) m

crû [kʀy] pp de **croître**

cruauté [kʀyote] nf Grausamkeit f

cruche [kʀyʃ] nf Krug m

crucial, e, -aux [kʀysjal, jo] adj entscheidend

crucifix

crucifix [kʀysifi] nm Kruzifix nt

crudités [kʀydite] nfpl Rohkostplatte f (als Vorspeise)

cruel, le [kʀyɛl] adj grausam

crustacés [kʀystase] nmpl (Culin) Meeresfrüchte pl

crypte [kʀipt] nf Krypta f

CSA [seesa] sigle f (= Conseil supérieur de l'audiovisuel) Fernseh-Aufsichtsgremium

Cuba [kyba] nf ou nm Kuba nt

cube [kyb] nm Würfel m; **mètre ~** Kubikmeter m

cubique [kybik] adj würfelförmig

cueillette [kœjɛt] nf Ernte f • **cueillir** vt pflücken

cuiller [kɥijɛʀ] nf Löffel m; **~ à café** Kaffeelöffel, Teelöffel; **~ à soupe** Esslöffel

cuir [kɥiʀ] nm Leder nt

cuire [kɥiʀ] vt (aliments) kochen; (au four) backen

cuisine [kɥizin] nf Küche f; **faire la ~** kochen • **cuisiner** vt zubereiten ▶ vi kochen • **cuisinier, -ière** nm/f Koch m, Köchin f

cuissard [kɥisaʀ] nm Radlerhose f

cuisse [kɥis] nf Oberschenkel m; (de mouton) Keule f; (de poulet) Schlegel m

cuit, e [kɥi, kɥit] adj (légumes) gekocht; (pain) gebacken; **bien ~** gut durchgebraten

cuivre [kɥivʀ] nm Kupfer nt

cul [ky] (fam !) nm Arsch m (fam !)

culasse [kylas] nf (Auto) Zylinderkopf m

culbute [kylbyt] nf (en jouant) Purzelbaum m; (accidentelle) Sturz m • **culbuteur** nm (Auto) Unterbrecherhebel m

cul-de-sac [kydsak] (pl **culs-de-sac**) nm Sackgasse f

culinaire [kylinɛʀ] adj kulinarisch

culminant [kylminɑ̃] adj : **point ~** höchster Punkt m • **culminer** vi den höchsten Punkt erreichen

culot [kylo] nm (d'ampoule) Sockel m; (effronterie) Frechheit f

culotte [kylɔt] nf (pantalon) Kniehose f; **petite ~** (slip) Schlüpfer m

culpabiliser [kylpabilize] vt : **~ qn** jdm Schuldgefühle geben

culpabilité [kylpabilite] nf Schuld f

culte [kylt] nm Verehrung f, Kult m; (service) Gottesdienst m

cultivé, e [kyltive] adj (terre) bebaut; (personne) kultiviert, gebildet • **cultiver** vt (terre) bebauen, bestellen; (légumes etc) anbauen, anpflanzen; (esprit, mémoire) entwickeln

culture [kyltyʀ] nf Kultur f; (du blé etc) Anbau m

culturel, le [kyltyʀɛl] adj kulturell

culturisme [kyltyʀism] nm Bodybuilding nt

cumin [kymɛ̃] nm Kümmel m

cumuler [kymyle] vt (emplois, honneurs) gleichzeitig innehaben; (salaires) gleichzeitig beziehen

cupide [kypid] adj habgierig

cure [kyʀ] nf Kur f; **~ de désintoxication** Entziehungskur f; **~ thermale** Badekur f

curé [kyʀe] *nm* Pfarrer *m*
cure-dents [kyʀdɑ̃] *nm*
Zahnstocher *m*
curer [kyʀe] *vt* säubern
curieusement [kyʀjøzmɑ̃] *adv*
merkwürdigerweise
curieux, -euse [kyʀjø, jøz] *adj*
(étrange) eigenartig, seltsam;
(indiscret, intéressé) neugierig
▶ *nmpl (badauds)* Schaulustige *pl*
curiosité [kyʀjozite] *nf*
Neugier(de) *f*; *(site)*
Sehenswürdigkeit *f*
curriculum vitae
[kyʀikylɔmvite] *nm inv*
Lebenslauf *m*
curseur [kyʀsœʀ] *nm (Inform)*
Cursor *m*; **position du ~**
Schreibstelle *f*
cursus [kyʀsys] *nm*
Studiengang *m*
cuve [kyv] *nf* Bottich *m*
cuvée [kyve] *nf* Jahrgang *m*
cuvette [kyvɛt] *nf* Becken *nt*
CV [seve] *sigle m* = **curriculum
vitae**
cyberattaque [sibɛʀatak] *nf*
Cyberangriff *m*, Cyberattacke *f*
• **cybercafé** *nm* Internet-Café *nt*
• **cybercriminalité** *nf*
Internetkriminalität *f*
• **cyberespace** *nm*
Cyberspace *m* • **cyberfraude** *nf*
Computerbetrug *m*
• **cyberharcèlement** *nm*
Cybermobbing *nt* • **cybersécurité**
nf Cybersicherheit *nf*
cyclable [siklabl] *adj* : **piste ~**
Radweg *m*
cyclamen [siklamɛn] *nm*
Alpenveilchen *nt*
cycle [sikl] *nm* Kreislauf *m*

cyclisme [siklism] *nm* Radfahren
nt; *(Sport)* Radrennfahren *nt*
• **cycliste** *nmf* Radfahrer(in) *m(f)*
cyclomoteur [siklomɔtœʀ] *nm*
Mofa *nt (bis 50 Kubik)*
• **cyclomotoriste** *nmf*
Mofafahrer(in) *m(f)*
cyclone [siklon] *nm*
Wirbelsturm *m*
cyclotourisme [siklotuʀism(ə)]
nm Fahrradtourismus *m*
cygne [siɲ] *nm* Schwan *m*
cylindre [silɛ̃dʀ] *nm* Zylinder *m*
• **cylindrée** *nf* Hubraum *m*
cymbale [sɛ̃bal] *nf* Becken *nt*
cynique [sinik] *adj* zynisch
cynisme [sinism] *nm*
Zynismus *m*
cyprès [sipʀɛ] *nm* Zypresse *f*
cystite [sistit] *nf*
Blasenentzündung *f*

d

d' [d] *prép voir* **de**

dactylo [daktilo] *nf* Stenotypistin *f*

dada [dada] *nm* Steckenpferd *nt*

dahlia [dalja] *nm* Dahlie *f*

daigner [deɲe] *vt* : **~ faire qch** sich (dazu) herablassen, etw zu tun

daim [dɛ̃] *nm* Damhirsch *m*; (*peau*) Wildleder *nt*

dalle [dal] *nf* (Stein)platte *f*

dame [dam] *nf* Dame *f*; **dames** *nfpl* (*jeu*) Dame(spiel) *nt* • **damier** *nm* (*dessin*) Schachbrettmuster *nt*

damner [dane] *vt* verdammen

dancing [dɑ̃siŋ] *nm* Tanzlokal *nt*

Danemark [danmaʁk] *nm* : **le ~** Dänemark *nt*

danger [dɑ̃ʒe] *nm* Gefahr *f* • **dangereux, -euse** *adj* gefährlich

danois, e [danwa, waz] *adj* dänisch ▶ *nm/f* : **D~, e** Däne *m*, Dänin *f*

---

dans [dɑ̃]

prép **1** (*lieu : sans mouvement*) in +*dat*; **~ le tiroir** in der Schublade; **~ la rue** auf der Straße
2 (*lieu : avec mouvement*) in +*acc*; **mettre une lettre ~ une enveloppe** einen Brief in einen Umschlag stecken; **~ la rue** auf die Straße
3 (*lieu : provenance*) aus; **je l'ai pris ~ le tiroir/salon** ich habe es aus der Schublade/dem Wohnzimmer geholt; **boire ~ un verre** aus einem Glas trinken
4 (*temps*) in +*dat*; **~ deux mois** in zwei Monaten; **~ quelques jours** in einigen Tagen

---

danse [dɑ̃s] *nf* Tanz *m*; (*activité*) Tanzen *nt* • **danser** *vt, vi* tanzen • **danseur, -euse** *nm/f* Tänzer(in) *m(f)*

Danube [danyb] *nm* Donau *f*

dard [daʁ] *nm* Stachel *m*

dare-dare [daʁdaʁ] (*fam*) *adv* auf die Schnelle

darne [daʁn] *nf* (Fisch)steak *nt*

date [dat] *nf* Datum *nt*; **de longue ~** langjährig; **~ limite** (Schluss)termin *m*; **~ de naissance** Geburtsdatum *nt* • **dater** *vt* datieren ▶ *vi* veraltet sein; **~ de** stammen aus; **à ~ de juin** von Juni an

datte [dat] *nf* Dattel *f*

dauphin [dofɛ̃] *nm* Delfin *m*; (*Hist*) Dauphin *m*

davantage [davɑ̃taʒ] *adv* mehr; **~ de** mehr

DDASS [das] *sigle f* (= *Direction départementale de l'action sanitaire et sociale*) ≈ Sozialamt *nt*

de [də]

(*de* + *le* = **du**, *de* + *les* = **des**)
▶ *prép* 1 (*appartenance*) +gén;
le toit de la maison das Dach des Hauses; **la voiture d'Anna** Annas Auto
2 (*moyen*) : **suivre des yeux** mit den Augen folgen
3 (*provenance, point de départ*) aus; **il vient de Londres/d'Angleterre** er kommt aus London/England
4 (*caractérisation, mesure*) : **un mur de brique** eine Mauer aus Backsteinen; **un billet de 50 euros** eine 50-Euro-Note; **12 mois de crédit/travail** 12 Monate Kredit/Arbeit; **un bébé de 10 mois** ein 10 Monate altes Baby; **être payé 20 euros de l'heure** 20 Euro pro Stunde *ou* die Stunde bekommen; **de nos jours** heutzutage
5 (*cause*) : **elle est morte d'une pneumonie** sie ist an einer Lungenentzündung gestorben
6 (*avec infinitif*) zu; **il refuse de parler** er weigert sich zu reden
▶ *art* 1 (*phrases affirmatives et interrogatives*) : **du vin/de l'eau/des pommes** Wein/Wasser/Äpfel; **pendant des mois** monatelang; **y a-t-il du vin ?** ist Wein da?
2 (*phrases négatives et interro-négatives*) : **il ne veut pas d'enfants/de femme** er möchte keine Kinder/keine Frau; **il n'a pas de chance** er hat kein Glück

dé [de] *nm* Würfel *m*; (*à coudre*) Fingerhut *m*

dealer [dilœʀ] *nm* (*fam*) Dealer *m*

débâcle [debakl] *nf* (*dégel*) Eisschmelze *f*; (*Mil*) Debakel *nt*

déballer [debale] *vt* auspacken

débarbouiller [debaʀbuje] : **se débarbouiller** *vpr* sich waschen

débardeur [debaʀdœʀ] *nm* Docker *m*; (*maillot*) Pullunder *m*

débarquement [debaʀkəmɑ̃] *nm* (*de personnes*) Aussteigen *nt*; (*arrivée*) Ankunft *f*; (*de marchandises*) Entladen *nt*; (*Mil*) Landung *f*

débarquer [debaʀke] *vt* ausladen ▶ *vi* von Bord gehen

débarras [debaʀɑ] *nm* Rumpelkammer *f*; **bon ~ !** den/die/das sind wir glücklich los
• **débarrasser** *vt* (*local*) räumen; (*la table*) abräumen; **~ qn de qch** jdm etw abnehmen

débat [deba] *nm* Debatte *f*

débattre [debatʀ] *vt* diskutieren *ou* debattieren über +*acc*; **se débattre** *vpr* kämpfen

débit [debi] *nm* (*de rivière, barrage etc*) Flussvolumen *nt*; **~ de boissons** (*Getränke*)ausschank *m*; **~ de tabac** Tabakladen *m*
• **débiter** *vt* (*compte*) belasten
• **débiteur, -trice** *nm/f* Schuldner(in) *m(f)*

déblayer [debleje] *vt* räumen

débloquer [debloke] *vt* losmachen ▶ *vi* (*fam*) dummes Zeug daherreden

débogage [deboɡaʒ] *nm* (*Inform*) Fehlerbeseitigung *f* • **déboguer** *vt* (*Inform*) debuggen

déboires [debwaʀ] *nmpl* Rückschläge *pl*

déboisement [debwazmã] *nm* Abholzen *nt* • **déboiser** *vt* abholzen

déboîter [debwate] *vi (Auto)* ausscheren; **se déboîter** *vpr (genou etc)* sich *dat* ausrenken ou auskugeln

débordé, e [debɔʀde] *adj* : **être ~** überlastet sein

déborder [debɔʀde] *vi (rivière)* über die Ufer treten; *(eau, lait)* überlaufen

débouché [debuʃe] *nm (marché)* Absatzmarkt *m*; *(perspectives d'emploi)* (Berufs)aussichten *pl*; **au ~ de la vallée** am Ausgang des Tales

déboucher [debuʃe] *vt* frei machen; *(bouteille)* entkorken ▶ *vi (aboutir)* herauskommen; **~ sur** *(fig)* hinführen auf +*acc*

débourser [debuʀse] *vt* ausgeben

debout [d(ə)bu] *adv* : **être ~** stehen; *(levé, éveillé)* auf sein; **~ !** aufstehen!

déboutonner [debutɔne] *vt* aufknöpfen

débraillé, e [debʀaje] *adj* schlampig

débrancher [debʀãʃe] *vt* abschalten

débrayage [debʀejaʒ] *nm (Auto)* Kupplung *f* • **débrayer** *vi (Auto)* kuppeln

débris [debʀi] *nm* Scherbe *f*

débrouillard, e [debʀujaʀ, aʀd] *adj* einfallsreich, findig • **débrouiller** *vt* klären; **se débrouiller** *vpr* zurechtkommen

début [deby] *nm* Anfang *m*, Beginn *m* • **débutant, e** *nm/f* Anfänger(in) *m(f)* • **débuter** *vi* anfangen

décaféiné, e [dekafeine] *adj* koffeinfrei

décalage [dekalaʒ] *nm (écart)* Unterschied *m*; **~ horaire** Zeitverschiebung *f*

décaler [dekale] *vt* verschieben; **~ de 10 cm** um 10 cm verschieben

décapiter [dekapite] *vt* köpfen

décapotable [dekapɔtabl] *adj, nf* : **(voiture)** ~ Kabriolett *nt*

décapsuleur [dekapsylœʀ] *nm* Flaschenöffner *m*

décédé, e [desede] *adj* verstorben

déceler [des(ə)le] *vt* entdecken

décembre [desãbʀ] *nm* Dezember *m*

décence [desãs] *nf* Anstand *m* • **décent, e** *adj* anständig

décentralisation [desãtʀalizasjõ] *nf* Dezentralisierung *f* • **décentraliser** *vt* dezentralisieren

déception [desɛpsjõ] *nf* Enttäuschung *f*

décès [desɛ] *nm* Ableben *nt*

décevoir [des(ə)vwaʀ] *vt* enttäuschen

déchaîner [deʃene] *vt* auslösen; **se déchaîner** *vpr (tempête)* losbrechen; *(mer)* toben

décharge [deʃaʀʒ] *nf (dépôt d'ordures)* Mülldeponie *f*; *(aussi :* **décharge électrique)** Schock *m*; **à ~ de** zur Entlastung von • **décharger** *vt* entladen

déchéance [deʃeɑ̃s] nf Verfall m
déchet [deʃɛ] nm Abfall m; **~s radioactifs** radioaktiver Müll
déchiffrer [deʃifʀe] vt entziffern
déchirer [deʃiʀe] vt zerreißen; **se déchirer** vpr reißen; **se ~ un muscle/tendon** sich dat einen Muskel/eine Sehne zerren
décidé, e [deside] adj entschlossen; **c'est ~** es ist beschlossen • **décidément** adv wahrhaftig
décider [deside] vt beschließen; **se décider** vpr sich entschließen; **~ de qch** etw entscheiden
décilitre [desilitʀ] nm Deziliter m • **décimètre** nm Dezimeter m
décisif, -ive [desizif, iv] adj entscheidend • **décision** nf Entscheidung f; (fermeté) Entschiedenheit f
déclaration [deklaʀasjɔ̃] nf Erklärung f; **~ de décès/naissance** Meldung f (eines Todesfalles/einer Geburt) • **déclarer** vt erklären; (Admin: revenus, employés etc) angeben; (: décès, naissance) melden; **se déclarer** vpr (feu, maladie) ausbrechen
déclencher [deklɑ̃ʃe] vt auslösen; **se déclencher** vpr losgehen
déclic [deklik] nm Auslöservorrichtung f; (bruit) Klicken nt
déclin [deklɛ̃] nm Niedergang m
déclinaison [deklinɛzɔ̃] nf Deklination f
décliner [dekline] vi (santé) sich verschlechtern; (jour) sich neigen; (soleil) sinken ▶ vt (invitation,

responsabilité) ablehnen; (identité) angeben; (Ling) deklinieren
décoder [dekɔde] vt decodieren • **décodeur** nm Decoder m
décoiffer [dekwafe] vt: **~ qn** jdm die Haare zerzausen
décoincer [dekwɛ̃se] vt (fam) entspannen
décollage [dekɔlaʒ] nm (avion) Abflug m • **décoller** vt lösen ▶ vi (avion) abheben; **se décoller** vpr sich lösen
décolleté, e [dekɔlte] adj ausgeschnitten ▶ nm Dekolleté nt
décolorer [dekɔlɔʀe] vt bleichen; **se décolorer** vpr verblassen
décombres [dekɔ̃bʀ] nmpl Ruinen pl, Trümmer pl
décommander [dekɔmɑ̃de] vt abbestellen; (réception) absagen; **se décommander** vpr absagen
décompacter [dekɔ̃pakte] vt (Inform) entpacken
décomplexé, e [dekɔ̃plɛkse] adj enthemmt; (fig) unbefangen, ohne Komplexe; **la droite ~e** die Rechte ohne Komplexe
décomposer [dekɔ̃poze] vt zerlegen; **se décomposer** vpr sich zersetzen, verwesen
décompresser [dekɔ̃pʀese] vt dekomprimieren
décompte [dekɔ̃t] nm (déduction) Abzug m; (facture détaillée) aufgeschlüsselte Rechnung f
décongeler [dekɔ̃ʒ(ə)le] vt auftauen
décongestionner [dekɔ̃ʒɛstjɔne] vt (Méd) abschwellen lassen

déconnecté, e [dekɔnɛkte] *adj* (Inform) offline, Offline-
• **déconnecter** *vpr* : se déconnecter sich ausloggen
• **déconnexion** *nf* Abmelden *nt*; **droit à la ~** Recht *m* auf Feierabend

déconseiller [dekɔ̃seje] *vt* : **~ qch (à qn)** (jdm) von etw abraten

décontamination [dekɔ̃taminasjɔ̃] *nf* Entseuchung *f*

décontracté, e [dekɔ̃trakte] *adj* entspannt • **décontracter** *vt* entspannen; se décontracter *vpr* sich entspannen

décor [dekɔr] *nm* Ausstattung *f*; (Ciné) Szene *f*; (Théât) Bühnenbild *nt* • **décorateur, -trice** *nm/f* Dekorateur(in) *m(f)* • **décoratif, -ive** *adj* dekorativ • **décoration** *nf* (ornement) Schmuck *m* • **décorer** *vt* schmücken

découdre [dekudr] *vt* auftrennen; se découdre *vpr* aufgehen

découper [dekupe] *vt* (article) ausschneiden; (volaille, viande) zerteilen

décourager [dekuraʒe] *vt* entmutigen

découvert, e [dekuvɛʀ, ɛʀt] *adj* bloß; (lieu) kahl, nackt ► *nm* (bancaire) Kontoüberziehung *f*

découvrir [dekuvʀiʀ] *vt* entdecken; (enlever ce qui couvre ou protège) aufdecken; **~ que** entdecken ou herausfinden, dass

décret [dekʀɛ] *nm* Verordnung *f* • **décréter** *vt* anordnen

décrire [dekʀiʀ] *vt* beschreiben

décrocher [dekʀɔʃe] *vt* herunternehmen ► *vi* (téléphone) abnehmen

décroissance [dekʀwasɑ̃s] *nf* Postwachstum *nt*

déçu, e [desy] *pp de* **décevoir**

dédaigner [dedɛɲe] *vt* verachten; **~ de faire qch** sich nicht herablassen, etw zu tun

dedans [dədɑ̃] *adv* innen ► *nm* Innere(s) *nt*; **là-~** dort drinnen; **au ~** drinnen

dédicacer [dedikase] *vt* mit einer Widmung versehen

dédier [dedje] *vt* : **~ qch à** etw widmen +dat

dédommagement [dedɔmaʒmɑ̃] *nm* Entschädigung *f* • **dédommager** *vt* : **~ qn (de)** jdn entschädigen (für)

dédouaner [dedwane] *vt* zollamtlich abfertigen

déduction [dedyksjɔ̃] *nf* (d'argent) Abzug *m*

déduire [dedɥiʀ] *vt* : **~ qch (de)** etw abziehen (von)

déesse [deɛs] *nf* Göttin *f*

défaillance [defajɑ̃s] *nf* Schwächeanfall *m*; (technique) Versagen *nt*

défaire [defɛʀ] *vt* (paquet, bagages etc) auspacken; (nœud, vêtement) aufmachen

défait, e [defɛ, ɛt] *adj* (visage) verzerrt

défaut [defo] *nm* Fehler *m*; **à ~ de** mangels +gén

défavorable [defavɔʀabl] *adj* ungünstig

défavoriser [defavɔʀize] *vt* benachteiligen

défection [defɛksjɔ̃] nf Abfall m, Abtrünnigwerden nt; (absence) Nichterscheinen nt; **faire ~** abtrünnig werden +dat

défectueux, -euse [defɛktɥø, øz] adj defekt, fehlerhaft

défendre [defɑ̃dʀ] vt (soutenir) verteidigen; (opinion, théorie) vertreten; (interdire) untersagen, verbieten; **se défendre** vpr sich verteidigen; **~ à qn de faire qch** jdm verbieten, etw zu tun • **défense** nf Verteidigung f; (protection) Schutz m; (d'éléphant) Stoßzahn m; **« ~ de fumer/cracher »** „Rauchen/Spucken verboten" • **défenseur** m Verteidiger m • **défensif, -ive** adj (attitude) defensiv ▸ nf: **être sur la défensive** in der Defensive sein

défi [defi] nm Herausforderung f; (bravade) Trotz m

défiance [defjɑ̃s] nf Misstrauen nt

déficit [defisit] nm Defizit nt • **déficitaire** adj Verlust-; (année, récolte) schlecht

défier [defje] vt herausfordern; (fig) trotzen +dat; **se défier de** vpr (se méfier) misstrauen +dat

défigurer [defigyʀe] vt entstellen

défilé [defile] nm (Géo) Enge f • **défiler** vi vorbeiziehen, vorbeimarschieren; **se défiler** vpr (fam) sich verdrücken

définir [definiʀ] vt definieren • **définitif, -ive** adj endgültig

définition [definisjɔ̃] nf Definition f; (de mots croisés) Frage f; (TV) Bildauflösung f

définitivement [definitivmɑ̃] adv endgültig

déforestation [defɔʀɛstasjɔ̃] nf Entwaldung f

déformer [defɔʀme] vt aus der Form bringen; (pensée, fait) verdrehen; **se déformer** vpr sich verformen

défouler [defule]: **se ~** vpr sich abreagieren

défragmenter [defʀagmɑ̃te] vt (Inform) defragmentieren

défunt, e [defœ̃, œ̃t] adj verstorben

dégagé, e [degaʒe] adj klar; (ton, air) lässig, ungezwungen

dégager [degaʒe] vt (délivrer) befreien; (désencombrer) räumen; (exhaler) aussenden, ausströmen; **se dégager** vpr (odeur) sich ausbreiten; (se libérer) sich befreien; (ciel) sich aufklären

dégâts [dega] nmpl Schaden m

dégel [deʒɛl] nm Tauwetter nt • **dégeler** vi auftauen

dégénéré, e [deʒeneʀe] adj degeneriert

dégénérer [deʒeneʀe] vi degenerieren; (violence, situation) ausarten

dégivrer [deʒivʀe] vt abtauen, entfrosten • **dégivreur** nm Enteiser m

dégonflé, e [degɔ̃fle] adj (pneu) platt • **dégonfler** vt die Luft herauslassen aus

dégorger [degɔʀʒe] vi : **faire ~** (Culin) (ent)wässern

dégouliner [deguline] vi tropfen

dégourdi, e [deguʀdi] adj gewitzt, gerissen

dégourdir [deguʀdiʀ] : **se dégourdir** vpr : **se ~ les jambes** sich dat die Beine vertreten

dégoût [degu] nm Ekel m • **dégoûtant, e** adj widerlich; (injuste) gemein • **dégoûter** vt anwidern

dégradé [degrade] nm Farbabstufung f; (de coiffure) Stufenschnitt m

dégrader [degrade] vt (Mil) degradieren; (abîmer) verunstalten; (avilir) erniedrigen; **se dégrader** vpr (relations, situation) sich verschlechtern

degré [dəgre] nm Grad m; (escalier, échelon) Stufe f; **alcool à 90 ~s** 90-prozentiger Alkohol m

dégueulasse [degœlas] (fam !) adj widerlich

déguisement [degizmã] nm Verkleidung f • **déguiser** vt verkleiden; **se déguiser** vpr sich verkleiden

dégustation [degystasjɔ̃] nf : **~ de vin(s)** Weinprobe f

déguster [degyste] vt (vin, fromage etc) probieren; (savourer) genießen

dehors [dəɔʀ] adv draußen ▶ nmpl Äußerlichkeiten pl; **mettre ou jeter ~** hinauswerfen; **en ~** nach draußen

déjà [deʒa] adv schon, bereits

déjanté, e [deʒãte] adj (fam) ausgeflippt

déjeuner [deʒœne] vi zu Mittag essen ▶ nm Mittagessen nt; **petit ~** Frühstück nt

déjouer [deʒwe] vt (complot) vereiteln; (attention) sich entziehen +dat

delà [dəla] adv : **par-~, au-~ de, en ~ de** jenseits +gén

délabrer [delabʀe] : **se ~** vpr verfallen, herunterkommen

délai [dele] nm Frist f; **sans ~** unverzüglich; **à bref ~** kurzfristig; **dans les ~s** innerhalb der Frist

délasser [delase] vt entspannen

délavé, e [delave] adj verwaschen

delco® [dɛlko] nm (Auto) Verteiler m

délégation [delegasjɔ̃] nf (groupe) Delegation f, Abordnung f; (de pouvoirs, autorité) Übertragung f; **~ de pouvoir** (document) Vollmacht f

délégué, e [delege] nm/f Vertreter(in) m(f); **ministre ~ à la Culture** Minister m mit dem Kulturaufgabenbereich

déléguer [delege] vt delegieren

délibération [deliberasjɔ̃] nf (réflexions) Beratung f

délibéré, e [delibere] adj (conscient) absichtlich • **délibérément** adv mit Absicht, bewusst

délibérer [delibere] vi sich beraten

délicat, e [delika, at] adj (odeur, goût) fein; (peau, fleur, santé) zart; (manipulation, problème) delikat, heikel; (attentionné) feinfühlig • **délicatesse** nf Feinfühligkeit f

délicieux, -euse [delisjø, jøz] adj köstlich; (sensation, femme, robe) wunderbar

délimiter [delimite] vt abgrenzen

délinquance [delɛ̃kɑ̃s] nf Kriminalität f; **~ juvénile**

Jugendkriminalität f • **délinquant, e** nm/f Delinquent(in) m(f)

délire [delir] nm (fièvre) Delirium nt

délit [deli] nm Delikt nt, Straftat f

délivrer [delivre] vt entlassen; (passeport, certificat) ausstellen; **~ qn de** jdn befreien von

délocaliser [delɔkalize] vt ins Ausland verlagern ▶ vi auslagern

deltaplane® [dɛltaplan] nm Deltaflieger m

déluge [delyʒ] nm Sintflut f

demain [d(ə)mɛ̃] adv morgen; **~ matin/midi/soir** morgen früh/ Mittag/Abend; **à ~!** bis morgen!

demande [d(ə)mɑ̃d] nf Forderung f; (Admin : formulaire) Antrag m; **~ d'emploi** (candidature) Bewerbung f; **« ~s d'emploi »** „Stellengesuche" • **demandé, e** adj : **très ~** sehr gefragt • **demander** vt bitten um; (renseignement) fragen nach; (salaire) verlangen; **~ qch à qn** jdn um etw bitten; **~ à qn de faire qch** jdn darum bitten, etw zu tun; **~ que** verlangen, dass; **~ la main de qn** um jds Hand anhalten; **on vous demande au téléphone** Sie werden am Telefon verlangt • **demandeur, -euse** nm/f : **~ d'emploi** Stellensuchende(r) f(m)

démangeaison [demɑ̃ʒɛzɔ̃] nf Jucken nt • **démanger** vi jucken

démanteler [demɑ̃t(ə)le] vt (bâtiment) demontieren; (organisation) auflösen

démaquillant, e [demakijɑ̃, ɑ̃t] adj Reinigungs- • **démaquiller : se démaquiller** vpr sich abschminken

démarche [demarʃ] nf (allure) Gang m; (intellectuelle etc) Denkweise f; **faire ou entreprendre des ~s auprès de qn** bei jdm vorstellig werden

démarquer [demarke] vt (prix) heruntersetzen; (joueur) freispielen

démarrage [demaraʒ] nm Anfahren nt • **démarrer** vi starten ▶ vt (voiture) anlassen; (Inform, Tech) hochfahren • **démarreur** nm Anlasser m

démêler [demele] vt entwirren

démêlés [demele] nmpl Auseinandersetzung f

déménagement [demenaʒmɑ̃] nm Umzug m; **camion de ~** Möbelwagen m • **déménager** vi umziehen

démener [dem(ə)ne] : **se ~** vpr (remuer) um sich schlagen

dément, e [demɑ̃, ɑ̃t] adj irre

démentir [demɑ̃tir] vt (nier) dementieren; (contredire) widerlegen

démerder [demɛrde] (fam !) vi : **se ~** sich durchschlagen

démesure [dem(ə)zyr] nf Maßlosigkeit f

démettre [demɛtr] : **se démettre** vpr (épaule etc) sich dat ausrenken

demeurant [d(ə)mœrɑ̃] : **au ~** adv im Übrigen

demeure [d(ə)mœr] nf Wohnung f, Wohnsitz m; **mettre qn en ~ de faire qch** jdn anweisen, etw zu tun • **demeurer** vi (habiter) wohnen; (rester) bleiben

demi, e [d(ə)mi] *adj* : **trois jours/ bouteilles et ~(e)** dreieinhalb Tage/Flaschen ▸ *nm (bière)* kleines Bier *nt* ▸ *adv* halb; **il est 2 heures et ~e/midi et ~** es ist halb drei/ eins; **à ~** *adj* halb-; **à la ~e** *(heure)* um halb

demi- [d(ə)mi] *préf* Halb- • **demi-cercle** *(pl* **demi-cercles)** *nm* Halbkreis *m* • **demi-douzaine** *(pl* **demi-douzaines)** *nf* halbe(s) Dutzend *nt* • **demi-finale** *(pl* **demi-finales)** *nf* Halbfinale *nt* • **demi-frère** *(pl* **demi-frères)** *nm* Halbbruder *m* • **demi-heure** *(pl* **demi-heures)** *nf* halbe Stunde *f* • **demi-jour** *(pl* **demi-jours)** *nm* Zwielicht *nt* • **demi-journée** *(pl* **demi-journées)** *nf* halbe(r) Tag *m* • **demi-litre** *(pl* **demi-litres)** *nm* halbe(r) Liter *m* • **demi-pension** *(pl* **demi-pensions)** *nf* Halbpension *f* • **demi-sel** *adj inv (beurre, fromage)* leicht gesalzen

démission [demisjɔ̃] *nf* Rücktritt *m,* Kündigung *f*; **donner sa ~** seinen Rücktritt erklären • **démissionner** *vi* zurücktreten

demi-tarif [d(ə)mitaʀif] *(pl* **demi-tarifs)** *nm* halber Preis *m*

demi-tour [d(ə)mituʀ] *(pl* **demi-tours)** *nm* Kehrtwendung *f*; **faire ~** umkehren

démocratie [demɔkʀasi] *nf* Demokratie *f*

démocratique [demɔkʀatik] *adj* demokratisch

démodé, e [demɔde] *adj* altmodisch

démographique [demɔgʀafik] *adj* demografisch; **poussée ~** Bevölkerungszuwachs *m*

demoiselle [d(ə)mwazɛl] *nf* Fräulein *nt*; **~ d'honneur** Ehrenjungfrau *f*

démolir [demɔliʀ] *vt* abreißen • **démolition** *nf (de bâtiment)* Abbruch *m*; **entreprise de ~** Abbruchunternehmen *nt*

démon [demɔ̃] *nm* Dämon *m,* (kleiner) Teufel *m*

démonstration [demɔ̃stʀasjɔ̃] *nf* Demonstration *f,* Vorführung *f*

démonter [demɔ̃te] *vt* auseinandernehmen

démontrer [demɔ̃tʀe] *vt* beweisen

démoraliser [demɔʀalize] *vt* entmutigen

dénicher [deniʃe] *vt* auftreiben

dénombrer [denɔ̃bʀe] *vt* zählen; *(énumérer)* aufzählen

dénomination [denɔminasjɔ̃] *nf* Bezeichnung *f*

dénommé, e [denɔme] *adj* : **le ~ Dupont** ein gewisser Dupont

dénoncer [denɔ̃se] *vt (personne)* anzeigen; **se dénoncer** *vpr* sich stellen • **dénonciation** *nf* Denunziation *f*

dénoter [denɔte] *vt* verraten

dénouement [denumɑ̃] *nm* Ausgang *m*

dénouer [denwe] *vt* aufknoten

dénoyauter [denwajote] *vt* entsteinen

denrée [dɑ̃ʀe] *nf* Lebensmittel *nt*; **~s alimentaires** Nahrungsmittel *pl*

dense [dɑ̃s] *adj* dicht • **densité** *f* Dichte *f*

dent [dɑ̃] *nf* Zahn *m*; **~ de lait** Milchzahn *m*; **~ de sagesse**

Weisheitszahn m • **dentaire** adj Zahn- • **denté, e** adj : **roue ~e** Zahnrad nt

dentelé, e [dɑ̃t(ə)le] adj gezackt

dentelle [dɑ̃tɛl] nf Spitze f

dentier [dɑ̃tje] nm Gebiss nt

dentifrice [dɑ̃tifʀis] nm Zahnpasta f

dentiste [dɑ̃tist] nmf Zahnarzt m, Zahnärztin f

dentition [dɑ̃tisjɔ̃] nf (dents) Zähne pl

dénucléariser [denyklearize] vt atomwaffenfrei machen

dénudé, e [denyde] adj kahl • **dénuder** vt entblößen

dénué, e [denɥe] adj : **~ de** ohne

déodorant [deɔdɔʀɑ̃] nm Deodorant nt

déontologie [deɔ̃tɔlɔʒi] nf Berufsethos nt

dépannage [depanaʒ] nm Reparatur f; **service de ~** (Auto) Pannendienst m • **dépanner** vt (voiture, télévision) reparieren; (automobiliste) (bei einer Panne) helfen +dat; (fam) aus der Patsche helfen +dat • **dépanneuse** nf Abschleppwagen m

départ [depaʀ] nm Abreise f; (Sport) Start m; (sur un horaire) Abfahrt f; **au ~** zu Beginn

départager [depaʀtaʒe] vt entscheiden zwischen +dat

département [depaʀtəmɑ̃] nm (de ministère) Abteilung f; (en France) Departement nt

dépassé, e [depase] adj veraltet, überholt; (affolé) überfordert

dépassement [depasmɑ̃] nm Überschreitung f

dépasser [depase] vt überholen; (endroit) vorübergehen an +dat; (somme, limite fixée, prévisions) überschreiten ▶ vi (ourlet, jupon) hervorschauen

dépaysé, e [depeize] adj verloren • **dépayser** vt verwirren

dépêcher [depeʃe] vt senden, schicken; **se dépêcher** vpr sich beeilen

dépeindre [depɛ̃dʀ] vt schildern

dépénalisation [depenalizasjɔ̃] nf Entkriminalisierung f

dépendre [depɑ̃dʀ] vi : **~ de** abhängen von; (financièrement) abhängig sein von; **ça dépend** das kommt ganz drauf an

dépens [depɑ̃] nmpl : **aux ~ de qn** auf jds Kosten acc

dépense [depɑ̃s] nf Ausgabe f • **dépenser** vt ausgeben; **se dépenser** vpr sich anstrengen • **dépensier, -ière** adj verschwenderisch

dépérir [depeʀiʀ] vi verkümmern

dépeupler [depœple] vt entvölkern; **se dépeupler** vpr sich entvölkern

dépilatoire [depilatwaʀ] adj : **crème/lait ~** Enthaarungscreme f/-milch f

dépistage [depistaʒ] nm (Méd) Früherkennung f • **dépister** vt (Méd) erkennen; (voleur) finden

dépit [depi] nm : **par ~** aus Trotz; **en ~ de** (malgré) trotz +gén • **dépité, e** adj verärgert

déplacé, e [deplase] adj (inopportun) unangebracht, deplatziert

déplacement [deplasmɑ̃] nm (voyage) Reise f • **déplacer** vt

umstellen; **se déplacer** *vpr*
(*voyager*) verreisen

déplaire [deplɛʀ] *vi* : **~ à qn** jdm
nicht gefallen

dépliant [deplijɑ̃] *nm* Faltblatt *nt*

déplier [deplije] *vt*
auseinanderfalten; **se déplier** *vpr*
(*parachute*) sich entfalten

déplorable [deplɔʀabl] *adj*
(*triste*) beklagenswert; (*blâmable*)
bedauerlich

déplorer [deplɔʀe] *vt* bedauern

déployer [deplwaje] *vt* (*aile,
carte*) ausbreiten; (*troupes*)
einsetzen

déposer [depoze] *vt* (*mettre,
poser*) legen, stellen; (*à la banque*)
einzahlen; (*à la consigne*)
aufgeben; (*passager, roi*) absetzen;
(*faire enregistrer*) einreichen; **se
déposer** *vpr* (*calcaire, poussière*)
sich ablagern • **déposition** *nf*
Aussage *f*

dépôt [depo] *nm* (*de sable,
poussière*) Ablagerung *f*; (*entrepôt,
réserve*) (Waren)lager *nt*
• **dépotoir** *nm* Müllabladeplatz *m*

dépouille [depuj] *nf* abgezogene
Haut *f*; **~ (mortelle)** sterbliche
Überreste *pl* • **dépouiller** *vt*
(*animal*) häuten; (*personne*)
berauben; (*résultats, documents*)
sorgfältig durchsehen

dépourvu, e [depuʀvy] *adj* : **~ de**
ohne ▶ *nm* : **prendre qn au ~** jdn
unvorbereitet finden

dépression [depʀesjɔ̃] *nf*
(*Psych*) Depression *f*; (*creux*)
Vertiefung *f*; (*Écon*) Flaute *f*;
(*Météo*) Tief(druckgebiet) *nt*;
faire une ~ nerveuse einen
Nervenzusammenbruch haben

déprime [depʀim] (*fam*) *nf* : **faire
de la ~** ein Tief haben

déprimer [depʀime] *vt*
deprimieren

dépt *abr* = **département**

---

depuis [dəpɥi]

▶ *prép* 1 (*temps*) seit; **il habite
Paris ~ 1983** er wohnt seit 1983
in Paris; **~ quand le
connaissez-vous ?** seit wann
kennen Sie ihn?
2 (*lieu*) : **elle a téléphoné ~
Valence** sie hat aus Valence
angerufen
3 (*quantité, rang*) von; **~ les plus
petits jusqu'aux plus grands**
vom Kleinsten bis zum Größten
▶ *adv* seitdem; **je ne lui ai pas
parlé ~** ich habe seitdem *ou*
seither nicht mehr mit ihm
gesprochen; **~ que** seit; **~ qu'il
me l'a dit** es mir gesagt
hat

---

député, e [depyte] *nm*
Abgeordnete(r) *f(m)*

dérailler [deʀaje] *vi* entgleisen

dérailleur [deʀajœʀ] *nm*
Kettenschaltung *f*

dérangement [deʀɑ̃ʒmɑ̃] *nm*
Störung *f*; **en ~** gestört • **déranger**
vt (*objets*) durcheinanderbringen;
(*personne*) stören

déraper [deʀape] *vi* (*voiture*)
schleudern; (*personne*)
ausrutschen

déréglé, e [deʀegle] *adj* : **ma
montre est ~e** meine Uhr geht
falsch; **le mécanisme est ~** der
Mechanismus funktioniert nicht
richtig • **déréglementation** *nf*

Deregulierung f • **dérégler** vt
(mécanisme) außer Betrieb setzen
déréguler [deʀegyle] vt
deregulieren
dérision [deʀizjɔ̃] nf Spott m;
tourner en ~ verspotten
• **dérisoire** adj lächerlich
dérive [deʀiv] nf: **aller à la ~**
sich treiben lassen • **dériver** vi
(bateau, avion) abgetrieben
werden
dermatite [dɛʀmatit] nf
Hautentzündung f
dermatologue [dɛʀmatɔlɔg]
nmf Hautarzt m, Hautärztin f
dermatose [dɛʀmatoz] nf
Hautkrankheit f
dernier, -ière [dɛʀnje, jɛʀ] adj
letzte(r, s); **lundi/le mois ~**
letzten ou vorigen Montag/
Monat; **en ~** zuletzt
• **dernièrement** adv kürzlich
dérober [deʀɔbe] vt stehlen;
se dérober vpr sich wegstehlen;
se ~ à sich entziehen +dat
dérouler [deʀule] vt aufrollen;
se dérouler vpr stattfinden
déroutant, e [deʀutɑ̃, ɑ̃t] adj
verwirrend
déroute [deʀut] nf Debakel nt
derrière [dɛʀjɛʀ] prép hinter +
dat; (direction) hinter +acc ▶ adv
hinten ▶ nm Rückseite f;
(postérieur) Hinterteil nt; **les
pattes de ~** die Hinterbeine pl;
par ~ von hinten
des [de] voir **de**
dès [dɛ] prép ab; **~ que** sobald;
~ son retour gleich nach seiner
Rückkehr
désabusé, e [dezabyze] adj
desillusioniert

désaccord [dezakɔʀ] nm
Meinungsverschiedenheit f
désactiver [dezaktive] vt
(Inform) deaktivieren
désagréable [dezagʀeabl] adj
unangenehm; (personne aussi)
unfreundlich
désagrément [dezagʀemɑ̃] nm
Unannehmlichkeit f
désamorcer [dezamɔʀse] vt
entschärfen
désapprouver [dezapʀuve] vt
missbilligen
désarmement [dezaʀməmɑ̃]
nm (d'un pays) Abrüstung f
désarmer [dezaʀme] vt
(personne) entwaffnen; (pays)
abrüsten
désarroi [dezaʀwa] nm
Ratlosigkeit f
désastre [dezastʀ] nm
Katastrophe f
désastreux, -euse [dezastʀø,
øz] adj katastrophal
désavantage [dezavɑ̃taʒ] nm
Nachteil m
descendant, e [desɑ̃dɑ̃, ɑ̃t] nm/f
Nachkomme m
descendre [desɑ̃dʀ] vt (escalier,
rue) hinuntergehen; (objet)
hinuntertragen, hinunterbringen
▶ vi hinuntergehen; (passager)
aussteigen; (avion) absteigen;
(voiture) hinunterfahren; (niveau,
température, marée) sinken; **~ de**
(famille) abstammen von; **~ du
train/de cheval** aus dem Zug/
vom Pferd steigen; **~ à l'hôtel** in
einem Hotel absteigen • **descente**
nf Abstieg m; (Ski) Abfahrt f
description [dɛskʀipsjɔ̃] nf
Beschreibung f

désemparé, e [dezɑ̃paʀe] *adj* ratlos

désemparer [dezɑ̃paʀe] *vi* : **sans ~** ununterbrochen

déséquilibre [dezekilibʀ] *nm* Unausgeglichenheit *f*; **en ~** aus dem Gleichgewicht • **déséquilibrer** *vt* aus dem seelischen Gleichgewicht bringen

désert, e [dezɛʀ, ɛʀt] *adj* verlassen ▶ *nm* Wüste *f*

déserter [dezɛʀte] *vi* (*Mil*) desertieren ▶ *vt* verlassen

désespéré, e [dezɛspeʀe] *adj* verzweifelt • **désespérément** *adv* verzweifelt • **désespérer** *vi* verzweifeln; **~ de qn/qch** an jdm/etw verzweifeln • **désespoir** *nm* Verzweiflung *f*

déshabillé, e [dezabije] *adj* unbekleidet ▶ *nm* Negligé *nt* • **déshabiller** *vt* ausziehen; **se déshabiller** *vpr* sich ausziehen

désherbant [dezɛʀbɑ̃] *nm* Unkrautvernichtungsmittel *nt*

déshonorer [dezɔnɔʀe] *vt* Schande machen +*dat*

déshydraté, e [dezidʀate] *adj* sehr durstig; (*Méd*) dehydriert; (*aliment*) Trocken-

designer [dizajnœʀ] *nm* Designer(in) *m(f)*

désigner [dezine] *vt* (*montrer*) zeigen, deuten auf +*acc*; (*dénommer*) bezeichnen; (*nommer*) ernennen

désinfecter [dezɛ̃fɛkte] *vt* desinfizieren

désinscrire [dezɛ̃skʀiʀ] : **se désinscrire** *VPR* sich abmelden

désinstaller [dezɛ̃stale] *vt* (*programme*) deinstallieren

désintéressé, e [dezɛ̃teʀese] *adj* uneigennützig, selbstlos

désintéresser [dezɛ̃teʀese] : **se ~** *vpr* : **se ~ (de qn/qch)** das Interesse (an jdm/etw) verlieren

désintoxication [dezɛ̃tɔksikasjɔ̃] *nf* Entgiftung *f*; (*de drogue*) Entziehung *f*; **faire une cure de ~** eine Entziehungskur machen

désinvolte [dezɛ̃vɔlt] *adj* (*personne, attitude*) lässig

désir [deziʀ] *nm* Verlangen *nt*; (*souhait*) Wunsch *m* • **désirer** *vt* wünschen; (*sexuellement*) begehren; **je désire ...** ich möchte gerne ...

désobéir [dezɔbeiʀ] *vi* nicht gehorchen • **désobéissant, e** *adj* ungehorsam

désodorisant, e [dezɔdɔʀizɑ̃, ɑ̃t] *adj* deodorierend ▶ *nm* Deodorant *nt*; (*d'appartement*) Raumspray *nt*

désœuvré, e [dezœvʀe] *adj* müßig

désolé, e [dezɔle] *adj* : **je suis ~** es tut mir leid

désoler [dezɔle] *vt* Kummer bereiten +*dat*

désordre [dezɔʀdʀ] *nm* Unordnung *f*; **désordres** *nmpl* (*Pol*) Unruhen *pl*; **en ~** unordentlich

désorienter [dezɔʀjɑ̃te] *vt* verwirren

désormais [dezɔʀmɛ] *adv* von jetzt an, in Zukunft

désosser [dezose] *vt* entbeinen

dessaisir [deseziʀ] : **se dessaisir de qch** *vpr* verzichten auf +*acc*

dessécher [deseʃe] *vt* austrocknen

dessein [desɛ̃] nm Absicht f; **dans le ~ de faire qch** mit der Absicht, etw zu tun; **à ~** absichtlich

desserrer [desere] vt lösen

dessert [deseʀ] nm Nachtisch m

desservir [deseʀviʀ] vt (table) abräumen, abdecken; (moyen de transport) versorgen; (nuire à) schaden +dat, einen schlechten Dienst erweisen +dat

dessin [desɛ̃] nm Zeichnung f; (motif) Muster nt; **~ animé** Zeichentrick(film) m
• **dessinateur, -trice** nm/f Zeichner(in) m(f) • **dessiner** vt zeichnen

dessous [d(ə)su] adv darunter ▶ nm Unterseite f ▶ nmpl (sous-vêtements) Unterwäsche f; **en ~** darunter • **dessous-de-plat** nm inv Untersetzer m

dessus [d(ə)sy] adv oben; (collé, écrit) darüber ▶ nm Oberteil nt; **en ~** obendrauf • **dessus-de-lit** nm inv Bettüberwurf m

destin [dɛstɛ̃] nm Schicksal nt

destinataire [dɛstinatɛʀ] nmf Empfänger(in) m(f) • **destination** nf Bestimmung f; (usage) Zweck m; **à ~ de** (avion, train, bateau) in Richtung • **destinée** nf Schicksal nt • **destiner** vt: **~ qn à** jdn bestimmen für

destituer [dɛstitɥe] vt absetzen

destructif, -ive [dɛstʀyktif, iv] adj zerstörerisch

destruction [dɛstʀyksjɔ̃] nf Zerstörung f

désunir [dezyniʀ] vt entzweien

détacher [detaʃe] vt (enlever) lösen; (prisonnier) befreien; **se détacher** vpr (se défaire) abgehen

détail [detaj] nm Einzelheit f; **en ~** im Einzelnen • **détaillant, e** nm/f Einzelhändler(in) m(f)

détartrer [detaʀtʀe] vt entkalken

détecter [detɛkte] vt wahrnehmen

détective [detɛktiv] nm : **~ (privé)** Detektiv m

déteindre [detɛ̃dʀ] vi verblassen; **~ sur** abfärben auf +acc

détendre [detɑ̃dʀ] : **se détendre** vpr (ressort) sich lockern; (personne) sich entspannen • **détendu, e** adj entspannt

détenir [detniʀ] vt besitzen; (otage, prisonnier) festhalten

détente [detɑ̃t] nf Entspannung f

détenteur, -trice [detɑ̃tœʀ, tʀis] nm/f Inhaber(in) m(f)

détention [detɑ̃sjɔ̃] nf (possession) Besitz m; **~ préventive** Untersuchungshaft f

détenu, e [det(ə)ny] nm/f (prisonnier) Häftling m

détergent [detɛʀʒɑ̃] nm (lessive) Reinigungsmittel nt

détériorer [deteʀjɔʀe] vt beschädigen

déterminant, e [detɛʀminɑ̃, ɑ̃t] adj ausschlaggebend • **détermination** nf (résolution) Entscheidung f • **déterminé, e** adj entschlossen; (fixé) festgelegt • **déterminer** vt bestimmen; **~ qn à faire qch** jdn veranlassen, etw zu tun

déterrer [deteʀe] vt ausgraben

détester [detɛste] vt verabscheuen

détonateur [detɔnatœʀ] nm Sprengkapsel f

d

détonner [detɔne] *vi (Mus)* falsch singen; *(fig)* nicht harmonieren

détour [detuʀ] *nm* Umweg *m*; *(courbe)* Kurve *f*

détournement [detuʀnəmã] *nm* : **~ d'avion** Flugzeugentführung *f*; **~ de fonds** Unterschlagung *f* von Geldern; **~ de mineur** Verführung *f* Minderjähriger • **détourner** *vt (rivière, trafic)* umleiten; *(yeux, tête)* abwenden; **se détourner** *vpr* sich abwenden

détraquer [detʀake] *vt (appareil)* kaputt machen; **se détraquer** *vpr (appareil)* kaputtgehen

détresse [detʀes] *nf* Verzweiflung *f*; **en ~** in Not; **feux de ~** Warnblinkanlage *f*

détriment [detʀimã] *nm* : **au ~ de** zum Schaden von

détroit [detʀwa] *nm* Meerenge *f*

détruire [detʀɥiʀ] *vt* zerstören

dette [dɛt] *nf* Schuld *f*

deuil [dœj] *nm* Trauerfall *m*

deux [dø] *num* zwei • **deuxième** *adj* zweite(r, s) • **deuxièmement** *adv* zweitens • **deux-pièces** *nm inv (maillot de bain)* Bikini *m*; *(tailleur)* Zweiteiler *m*; *(appartement)* Zweizimmerwohnung *f*
• **deux-temps** *adj inv* : **moteur ~** Zweitaktmotor *m*

dévaliser [devalize] *vt* berauben

dévaluation [devalɥasjɔ̃] *nf* Abwertung *f* • **dévaluer** *vt* abwerten

devancer [d(ə)vãse] *vt (distancer)* hinter sich *dat* lassen; *(arriver avant)* ankommen vor +*dat*; *(prévenir, anticiper)* zuvorkommen +*dat*

devant [d(ə)vã] *adv (en tête)* vorne ▶ *prép* vor +*dat*; *(avec mouvement)* vor +*acc* ▶ *nm* Vorderseite *f*; **de ~** Vorder-; **aller au-~ de qn** jdm entgegenkommen; **aller au-~ de qch** etw +*dat* zuvorkommen

devanture [d(ə)vãtyʀ] *nf (étalage)* Auslage *f*; *(vitrine)* Schaufenster *nt*

dévaster [devaste] *vt* verwüsten

développement [dev(ə)lɔpmã] *nm* Entwicklung *f*; **~ durable** nachhaltige Entwicklung
• **développer** *vt* entwickeln; **se développer** *vpr* sich entwickeln

devenir [dəv(ə)niʀ] *vi* werden

déverser [devɛʀse] *vt* ausgießen

dévêtir [devetiʀ] *vt* ausziehen; **se dévêtir** *vpr* sich ausziehen

déviation [devjasjɔ̃] *nf (Auto)* Umleitung *f*

dévier [devje] *vt* umleiten ▶ *vi (véhicule, balle)* vom Kurs abkommen

deviner [d(ə)vine] *vt* raten
• **devinette** *nf* Rätsel *nt*

devis [d(ə)vi] *nm* (Kosten)voranschlag *m*

dévisager [devizaʒe] *vt* mustern

devise [daviz] *nf (formule)* Devise *f*, Motto *nt*; *(monnaie)* Währung *f*; **devises** *nfpl* Devisen *pl*

dévisser [devise] *vt* aufschrauben

dévoiler [devwale] *vt* enthüllen

devoir [d(ə)vwaʀ] *nm* Pflicht *f*; *(Scol)* Hausaufgabe *f* ▶ *vb aux* müssen ▶ *vt (argent, respect)* schulden; **il doit le faire** er muss es machen; **je devrais le faire** ich sollte es machen

dévorer [devɔʀe] vt verschlingen

dévot, e [devo, ɔt] adj fromm

dévoué, e [devwe] adj ergeben • **dévouement** nm Hingabe f • **dévouer: se ~ (pour)** vpr sich aufopfern (für)

DG [deʒe] sigle m (= directeur général) voir **directeur**

diabète [djabɛt] nm Diabetes m, Zuckerkrankheit f • **diabétique** nmf Diabetiker(in) m(f), Zuckerkranke(r) f(m)

diable [djabl] nm Teufel m • **diabolique** adj teuflisch

diacre [djakʀ] nm Diakon m

diagnostic [djagnɔstik] nm Diagnose f • **diagnostiquer** vt diagnostizieren

diagonale [djagɔnal] nf Diagonale f; **en ~** diagonal; **lire en ~** überfliegen

diagramme [djagʀam] nm Diagramm nt

dialecte [djalɛkt] nm Dialekt m

dialogue [djalɔg] nm Dialog m • **dialoguer** vi (Pol) im Dialog stehen

dialyse [djaliz] nf Dialyse f

diamant [djamɑ̃] nm Diamant m

diamètre [djamɛtʀ] nm Durchmesser m

diapason [djapazɔ̃] nm Stimmgabel f

diaphragme [djafʀagm] nm (Photo) Blende f; (contraceptif) Pessar nt

diapo [djapo] nf Dia nt • **diapositive** nf Dia(positiv) nt

diarrhée [djaʀe] nf Durchfall m

dictateur [diktatœʀ] nm Diktator m • **dictature** nf Diktatur f

dictée [dikte] nf Diktat nt

dicter [dikte] vt diktieren

diction [diksjɔ̃] nf Diktion f; **cours de ~** Sprecherziehung f

dictionnaire [diksjɔnɛʀ] nm Wörterbuch nt

dicton [diktɔ̃] nm Redensart f

dièse [djɛz] nm Kreuz(chen) nt

diesel [djezɛl] nm Diesel(öl) nt; **un (véhicule/moteur) ~** ein Diesel m

diète [djɛt] nf Diät f • **diététique** adj diätetisch

dieu, x [djø] nm Gott m

diffamation [difamasjɔ̃] nf Verleumdung f

différé, e [difeʀe] adj: **traitement ~** (Inform) Stapelverarbeitung f ▶ nm: **en ~** (TV) als Aufzeichnung

différence [difeʀɑ̃s] nf Unterschied m

différencier [difeʀɑ̃sje] vt unterscheiden

différent, e [difeʀɑ̃, ɑ̃t] adj verschieden

différentiel, le [difeʀɑ̃sjɛl] adj (tarif, droit) unterschiedlich ▶ nm (Auto) Differenzial nt

différer [difeʀe] vt aufschieben, verschieben ▶ vi: **~ (de)** sich unterscheiden (von)

difficile [difisil] adj schwierig • **difficilement** adv schwer

difficulté [difikylte] nf Schwierigkeit f; **en ~** in Schwierigkeiten; (bateau) in Seenot

difforme [difɔʀm] *adj* deformiert

diffus, e [dify, yz] *adj* diffus

diffuser [difyze] *vt* verbreiten; *(émission, musique)* ausstrahlen • **diffusion** Verbreitung *f*, Ausstrahlung *f*

digérer [diʒeʀe] *vt* verdauen • **digestif, -ive** *adj* Verdauungs- ▶ *nm* Verdauungsschnaps *m* • **digestion** *nf* Verdauung *f*

digicode® [diʒikɔd] *nm* Türcode *m*

digital, e, -aux [diʒital, o] *adj* digital

digne [diɲ] *adj (respectable)* würdig; **~ d'intérêt** beachtenswert • **dignitaire** *nm* Würdenträger *m* • **dignité** *nf* Würde *f*

digue [dig] *nf* Damm *m*; *(pour protéger la côte)* Deich *m*

dilapider [dilapide] *vt (gaspiller)* verschwenden

dilater [dilate] : **se dilater** *vpr* sich (aus)dehnen

dilemme [dilɛm] *nm* Dilemma *nt*

diligence [diliʒɑ̃s] *nf (véhicule)* Postkutsche *f*; *(empressement)* Eifer *m*

diluer [dilɥe] *vt* verdünnen

dimanche [dimɑ̃ʃ] *nm* Sonntag *m*; *voir aussi* **lundi**

dimension [dimɑ̃sjɔ̃] *nf (grandeur)* Größe *f*; *(Math, fig)* Dimension *f*

diminuer [diminɥe] *vt* verringern ▶ *vi* abnehmen • **diminutif** *nm (surnom)* Kosename *m* • **diminution** *nf* Abnahme *f*, Rückgang *m*

dinde [dɛ̃d] *nf* Truthenne *f*

dindon [dɛ̃dɔ̃] *nm* Puter *m*

dîner [dine] *nm* Abendessen *nt* ▶ *vi* zu Abend essen

dingue [dɛ̃g] *(fam) adj* verrückt

dinosaure [dinɔzɔʀ] *nm* Dinosaurier *m*

diode [djɔd] *nf* Diode *f*

dioxine [djɔksin] *nf* Dioxin *nt*

diplomate [diplɔmat] *adj* diplomatisch ▶ *nmf* Diplomat(in) *m(f)* • **diplomatie** *nf* Diplomatie *f* • **diplomatique** *adj* diplomatisch

diplôme [diplom] *nm* Diplom *nt* • **diplômé, e** *adj* Diplom-

dircom [diʀkɔm] *nmf* PR-Manager(in) *m(f)*

dire [diʀ] *vt* sagen; *(secret, mensonge)* erzählen; **vouloir ~ que** bedeuten, dass

direct, e [diʀɛkt] *adj* direkt • **directement** *adv* direkt

directeur, -trice [diʀɛktœʀ, tʀis] *adj* Haupt- ▶ *nm/f* Direktor(in) *m(f)*

direction [diʀɛksjɔ̃] *nf* Leitung *f*, Führung *f*; *(Auto)* Lenkung *f*; *(sens)* Richtung *f*

directive [diʀɛktiv] *nf* Direktive *f*, Anweisung *f*; *(de l'UE)* Richtlinie *f*

dirigeable [diʀiʒabl] *nm* Luftschiff *nt*, Zeppelin *m*

diriger [diʀiʒe] *vt* leiten; *(personnes, véhicule)* führen; **se diriger** *vpr (s'orienter)* sich orientieren; **se ~ vers** *ou* **sur** sich zubewegen auf +*acc*

discernement [disɛʀnəmɑ̃] *nm (bon sens)* Verstand *m*

discerner [disɛʀne] *vt* wahrnehmen

disciple [disipl] *nmf* Jünger *m*; **un ~ de** ein Schüler von

discipline [disiplin] *nf* Disziplin *f*

disc-jockey [diskʒɔkε] (*pl* **disc-jockeys**) *nm* Discjockey *m*

discorde [diskɔrd] *nf* Zwist *m*

discothèque [diskɔtεk] *nf* (*disques*) Plattensammlung *f*

discours [diskur] *nm* Rede *f*

discret, -ète [diskrε, εt] *adj* (*réservé, modéré*) zurückhaltend; **un endroit ~** ein stilles *ou* verschwiegenes Plätzchen *nt* • **discrètement** *adv* (*sans attirer l'attention*) diskret; (*sobrement*) dezent • **discrétion** *nf* Diskretion *f*, Zurückhaltung *f*

discrimination [diskriminasjɔ̃] *nf* Diskriminierung *f*; (*discernement*) Unterscheidung *f*

disculper [diskylpe] *vt* entlasten

discussion [diskysjɔ̃] *nf* Diskussion *f* • **discutable** *adj* (*contestable*) anfechtbar • **discuté, e** *adj* umstritten • **discuter** *vt* (*contester*) infrage stellen ▶ *vi* : **~ de** diskutieren über +*acc*

disette [dizεt] *nf* Hungersnot *f*

disgrâce [disgras] *nf* Ungnade *f*; **être tombé en ~** in Ungnade gefallen sein

disjoindre [disʒwɛ̃dr] : **se disjoindre** *vpr* auseinandergehen

dislocation [dislɔkasjɔ̃] *nf* Auskugeln *nt*

disloquer [dislɔke] *vt* (*membre*) ausrenken; (*chaise*) auseinandernehmen; **se disloquer** *vpr* (*parti, empire*) auseinanderfallen; **se ~ l'épaule** sich *dat* die Schulter ausrenken

disparaître [disparεtr] *vi* verschwinden; (*mourir*) sterben

disparition [disparisjɔ̃] *nf* Verschwinden *nt*; (*mort*) Sterben *nt*

disparu, e [dispary] *nm/f* (*défunt*) Verstorbene(r) *f(m)*

dispatcher [dispatʃe] *vt* verteilen

dispensaire [dispɑ̃sεr] *nm* ≈ Ambulanz *f*

dispenser [dispɑ̃se] *vt* (*distribuer*) gewähren; **~ qn de faire qch** jdm erlassen, etw zu tun; **se dispenser** *vpr* : **se ~ de qch** sich einer Sache *dat* entziehen

disperser [dispεrse] *vt* zerstreuen; **se disperser** *vpr* sich zerstreuen

disponibilité [dispɔnibilite] *nf* Verfügbarkeit *f* • **disponible** *adj* verfügbar

dispos [dispo] *adj m* : **frais et ~** frisch und munter

disposé, e [dispoze] *adj* : **~ à** bereit zu

disposer [dispoze] *vt* (*arranger*) anordnen ▶ *vi* : **vous pouvez ~** Sie können gehen; **se disposer** *vpr* : **se ~ à faire qch** sich darauf vorbereiten, etw zu tun; **~ de** (*avoir*) verfügen über +*acc*

dispositif [dispozitif] *nm* Vorrichtung *f*; (*policier, de contrôle*) Einsatzplan *m*

disposition [dispozisjɔ̃] *nf* (*arrangement*) Anordnung *f*; **dispositions** *nfpl* (*mesures*) Maßnahmen *pl*; **être à la ~ de qn** jdm zur Verfügung stehen

disproportion [disprɔpɔrsjɔ̃] *nf* Missverhältnis *nt* • **disproportionné, e** *adj* unangepasst

dispute [dispyt] *nf* Streit *m*
• se disputer : **se disputer** *vpr* sich streiten

disquaire [diskɛʀ] *nmf* Schallplattenhändler(in) *m(f)*

disqualifier [diskalifje] *vt* disqualifizieren

disque [disk] *nm* (*Mus*) Schallplatte *f*; (*Inform*) Platte *f*; (*forme, Sport*) Scheibe *f*; (*Sport*) Diskus *m*; **~ dur** Festplatte *f*

disquette [diskɛt] *nf* Diskette *f*

dissertation [disɛʀtasjɔ̃] *nf* (*Scol*) Aufsatz *m*

dissident, e [disidɑ̃, ɑ̃t] *nm/f* Dissident(in) *m(f)*

dissimuler [disimyle] *vt* (*taire, cacher*) verheimlichen

dissiper [disipe] *vt* (*doutes, brouillard*) zerstreuen; **se dissiper** *vpr* (*brouillard*) sich auflösen; (*doutes*) sich zerstreuen

dissolution [disɔlysjɔ̃] *nf* Auflösung *f*

dissolvant, e [disɔlvɑ̃, ɑ̃t] *vb voir* **dissoudre** ▸ *nm* (*Chim*) Lösungsmittel *nt*; (*pour ongles*) Nagellackentferner *m*

dissoudre [disudʀ] *vt* auflösen; **se dissoudre** *vpr* sich auflösen

dissuader [disɥade] *vt* : **~ qn de faire qch** jdn davon abbringen, etw zu tun; **~ qn de qch** jdn von etw abbringen • **dissuasion** *nf* Abschreckung *f*

distance [distɑ̃s] *nf* Entfernung *f*, Distanz *f*; (*fig*) Abstand *m*; **à ~** aus der Entfernung • **distancer** *vt* hinter sich *dat* lassen

distant, e [distɑ̃, ɑ̃t] *adj* (*éloigné*) entfernt; (*réservé*) distanziert; **~ de 5 km** 5 km entfernt

distillerie [distilʀi] *nf* Destillerie *f*

distinct, e [distɛ̃(kt), ɛ̃kt] *adj* (*clair, net*) deutlich, klar • **distinctement** *adv* deutlich • **distinction** *nf* (*différence*) Unterschied *m*; (*bonnes manières*) Vornehmheit *f*; (*médaille, honneur etc*) Auszeichnung *f*

distingué, e [distɛ̃ge] *adj* (*raffiné, élégant*) distinguiert, vornehm; (*éminent*) von hohem Rang

distinguer [distɛ̃ge] *vt* (*apercevoir*) erkennen; (*différencier*) unterscheiden; **se distinguer** *vpr* : **se ~ de** (*différer*) sich unterscheiden von

distraction [distʀaksjɔ̃] *nf* (*diversion*) Zerstreuung *f*; (*manque d'attention*) Zerstreutheit *f*

distraire [distʀɛʀ] *vt* (*déranger, dissiper*) ablenken; (*amuser, divertir*) unterhalten; **se distraire** *vpr* (*s'amuser*) sich unterhalten • **distrait, e** *adj* zerstreut

distribuer [distʀibɥe] *vt* verteilen • **distributeur, -trice** *nm/f* (*Comm*) Vertreiber *m* ▸ *nm* : **~ de billets** (*Rail*) Fahrkartenautomat *m*; (*Banque*) Geldautomat *m* • **distribution** *nf* Verteilung *f*; (*Comm*) Vertrieb *m*; (*choix d'acteurs*) Besetzung *f*

district [distʀikt] *nm* Bezirk *m*

dit [di] *pp de* **dire**

diurétique [djyʀetik] *adj* harntreibend

divaguer [divage] *vi* (*péj*) (*unzusammenhängendes Zeug*) faseln

divan [divɑ̃] nm Diwan m

divergence [diverʒɑ̃s] nf
Meinungsverschiedenheit f
• **diverger** vi voneinander
abweichen

divers, e [diver, ɛrs] adj
unterschiedlich • **diversifier** vt
abwechslungsreicher gestalten

diversion [diversjɔ̃] nf
Ablenkung f

diversité [diversite] nf
Vielfalt f

divertir [divertir] vt
unterhalten; **se divertir** vpr sich
amüsieren • **divertissement** nm
Unterhaltung f; (passe-temps)
Zeitvertreib m

dividende [dividɑ̃d] nm (Math)
Zähler m; (Comm) Dividende f

divin, e [divɛ̃, in] adj göttlich
• **divinité** nf Gottheit f

diviser [divize] vt (Math) teilen,
dividieren; (morceler) aufteilen;
se diviser vpr: **se ~ en** sich
unterteilen in +acc • **division** nf
Division f; (de somme, terrain)
Aufteilung f; **1ère/2ème ~** (Sport)
≈ Erste/Zweite Liga f

divorce [divɔrs] nm Scheidung f
• **divorcé, e** adj geschieden
▶ nm/f Geschiedene(r) f(m)
• **divorcer** vi sich scheiden
lassen

divulguer [divylge] vt
veröffentlichen

dix [dis] num zehn • **dix-huit**
num achtzehn • **dixième** adj
zehnte(r, s) ▶ nm (fraction)
Zehntel nt • **dix-neuf** num
neunzehn • **dix-sept** num
siebzehn • **dizaine** nf:
une ~ de etwa zehn

dl abr (= décilitre) dl

dm abr (= décimètre) dm

do [do] nm (Mus) C nt

docile [dɔsil] adj gefügig

docker [dɔkɛr] nm
Dockarbeiter m

docteur [dɔktœr] nm Arzt m,
Ärztin f; (titre) Doktor m
• **doctorat** nm Doktorwürde f

doctrine [dɔktrin] nf Doktrin f

document [dɔkymɑ̃] nm
Dokument nt • **documentaire**
nm (film) Dokumentarfilm m
• **documentation** nf (documents)
Dokumentation f • **documenter**
vt (Inform) dokumentieren; **se ~
(sur)** sich dat Unterlagen
verschaffen (zu)

dodo [dodo] (fam) nm: **faire ~**
schlafen

dodu, e [dɔdy] adj gut gepolstert

dogmatique [dɔgmatik] adj
dogmatisch • **dogme** nm
Dogma nt

doigt [dwa] nm Finger m; **~ de
pied** Zehe f

dollar [dɔlar] nm Dollar m

DOM [dɔm] sigle m ou mpl
= **département(s) d'outre-mer**

domaine [dɔmɛn] nm (champ,
sphère) Gebiet nt; **tomber dans le
~ public** Gemeineigentum
werden

dôme [dom] nm Kuppel f

domestique [dɔmɛstik] adj
Haus- • **domestiquer** vt (animal)
domestizieren

domicile [dɔmisil] nm Wohnsitz
m; **à ~** zu Hause; (livrer) ins Haus;
sans ~ fixe ohne festen Wohnsitz
• **domicilié, e** adj: **être ~ à** seinen
Wohnsitz haben in +dat

dominant, e [dɔminɑ̃, ɑ̃t] *adj* dominierend; (*principal*) Haupt- • **dominateur, -trice** *adj* dominierend • **dominer** *vt* (*soumettre, maîtriser*) beherrschen; (*surpasser*) übertreffen ▸ *vi* dominieren; **se dominer** *vpr* sich beherrschen

dominical, e, -aux [dɔminikal, o] *adj* Sonntags-

domino [dɔmino] *nm* (*pièce*) Dominostein *m*; **dominos** *nmpl* (*jeu*) Domino *nt*

dommage [dɔmaʒ] *nm* (*préjudice*) Schaden *m*; **c'est ~ que** es ist schade, dass • **dommages-intérêts** *nmpl* Schaden(s)ersatz *m*

dompter [dɔ̃(p)te] *vt* bändigen

DOM-TOM [dɔmtɔm] *sigle m ou mpl* (= *département(s) et région(s)/ territoire(s) d'outre-mer*)

don [dɔ̃] *nm* (*aptitude*) Gabe *f*, Talent *nt*; (*charité*) Spende *f*; (*cadeau*) Geschenk *nt*

donation [dɔnasjɔ̃] *nf* Schenkung *f*

donc [dɔ̃k] *conj* daher, deshalb

dongle [dɔ̃gl] *nm* Dongle *m*

donjon [dɔ̃ʒɔ̃] *nm* Bergfried *m*

donné, e [dɔne] *adj*: **à un moment ~** zu einem bestimmten Zeitpunkt; **c'est ~** (*pas cher*) das ist geschenkt; **étant ~ que ...** angesichts der Tatsache, dass ...

donnée [dɔne] *nf* (*Math*) bekannte Größe *f*; **données** *nfpl* (*Inform*) Daten *pl*

donner [dɔne] *vt* geben; (*en cadeau*) schenken; (*nom, renseignements*) (an)geben; (*film, spectacle*) zeigen ▸ *vi* (*regarder*):

la chambre donne sur la mer das Zimmer hat einen Blick aufs Meer

donneur, -euse [dɔnœʀ, øz] *nm/f* (*Méd*) Spender(in) *m(f)*; (*Cartes*) Geber(in) *m(f)*

<hr>

dont [dɔ̃]

pron relatif 1 (*appartenance*) wovon; (*possesseur m ou nt sg*) dessen; (*possesseur pl ou f sg*) deren; **la maison ~ le toit est rouge** das Haus, dessen Dach rot ist; **l'homme ~ je connais la sœur** der Mann, dessen Schwester ich kenne; **le chat ~ le maître habite en face** die Katze, deren Herrchen gegenüber wohnt 2 (*parmi lesquels*): **deux livres, ~ l'un est gros** zwei Bücher, von denen eines dick ist; **il y avait plusieurs personnes, ~ Gabrielle** es waren mehrere Leute da, (unter anderen) auch Gabrielle; **10 blessés, ~ 2 grièvement** 10 Verletzte, davon 2 schwer verletzt 3 (*provenance, origine*): **le pays ~ il est originaire** das Land, aus dem er stammt 4 (*au sujet du qui ou quoi*): **le voyage ~ je t'ai parlé** die Reise, von der ich dir erzählt habe; **le fils/livre ~ il est si fier** der Sohn/das Buch, auf den/das er so stolz ist

<hr>

dopage [dɔpaʒ] *nm* Doping *nt* • **doper** *vt* dopen • **doping** *nm* Doping *nt*

doré, e [dɔʀe] *adj* golden; (*plaqué*) vergoldet

dorénavant [dɔʀenavɑ̃] *adv* von nun an

dorer [dɔʀe] *vt* vergolden ▶ *vi* : **faire ~** goldbraun backen

dorloter [dɔʀlɔte] *vt* verhätscheln

dormir [dɔʀmiʀ] *vi* schlafen

dortoir [dɔʀtwaʀ] *nm* Schlafsaal *m*

dorure [dɔʀyʀ] *nf* Vergoldung *f*

dos [do] *nm* Rücken *m*; **voir au ~** siehe Rückseite; **de ~** von hinten

dosage [dozaʒ] *nm* Dosierung *f*

dose [doz] *nf* Dosis *f*

doser [doze] *vt* dosieren

dossier [dosje] *nm* (*de chaise*) Rückenlehne *f*; (*documents*) Akte *f*; (*Inform*) Ordner *m*

dot [dɔt] *nf* Mitgift *f*

doter [dɔte] *vt* : **~ qn/qch de** jdn/ etw ausstatten mit

douane [dwan] *nf* Zoll *m*
• **douanier, -ière** *adj* Zoll- ▶ *nm* Zollbeamte(r) *m*, Zollbeamtin *f*

double [dubl] *adj* doppelt ▶ *adv* : **voir ~** doppelt sehen ▶ *nm* : **le ~ (de)** doppelt so viel (wie), das Doppelte (von); (*autre exemplaire*) Duplikat *nt*; • **double-clic** *nm* Doppelklick *m* • **double-cliquer** *vt*, *vi* doppelklicken; • **sur un dossier** einen Ordner doppelklicken • **doubler** *vt* (*multiplier par deux*) verdoppeln; (*vêtement, chaussures*) füttern; (*voiture, concurrent*) überholen; (*film*) synchronisieren; (*acteur*) doubeln ▶ *vi* (*devenir double*) sich verdoppeln • **doublure** *nf* (*de vêtement*) Futter *nt*; (*acteur*) Double *nt*

douce [dus] *adj voir* **doux**
• **doucement** *adv* behutsam; (*lentement*) langsam
• **doucereux, -euse** *adj* süßlich
• **douceur** *nf* (*de peau, parfum, couleur*) Zartheit *f*; (*de personne*) Sanftheit *f*; (*de vent, temps, climat*) Milde *f*

douche [duʃ] *nf* Dusche *f*
• **doucher : se doucher** *vpr* duschen

doudou [dudu] (*fam*) *nm* (*étoffe*) Kuscheltuch *nt*; (*peluche*) Kuscheltier *nt*

doudoune [dudun] *nf* Daunenjacke *f*

doué, e [dwe] *adj* begabt; **être ~ de** besitzen

douillet, te [dujɛ, ɛt] *adj* (*péj : personne*) empfindlich; (*lit, maison*) gemütlich, behaglich

douleur [dulœʀ] *nf* Schmerz *m*
• **douloureux, -euse** *adj* schmerzhaft; (*membre*) schmerzend

doute [dut] *nm* : **un ~** ein Verdacht *m*; **sans ~** zweifellos; **sans nul** *ou* **aucun ~** ohne jeden Zweifel • **douter** *vt* : **~ de** zweifeln an + *dat*; **se douter** *vpr* : **se ~ de qch/que** etw ahnen/ahnen, dass • **douteux, -euse** *adj* zweifelhaft

doux, douce [du, dus] *adj* (*personne*) sanft; (*vent, climat, région, moutarde etc*) mild; (*peau, voix, parfum, couleur*) zart; (*sucré*) süß

douzaine [duzɛn] *nf* : **une ~ (de)** ein Dutzend *nt*

douze [duz] *num* zwölf

doyen, ne [dwajɛ̃, jɛn] *nm/f* (*en âge*) Älteste(r) *f*(*m*); (*de faculté*) Dekan *m*

Dr

Dr abr (= docteur) Dr.

dragée [dʀaʒe] nf Zuckermandel f; (Méd) Dragee nt

dragon [dʀagɔ̃] nm Drache m

draguer [dʀage] vt (fam) anmachen, aufreißen
• **dragueur, -euse** nm/f (fam : séducteur) Aufreißertyp m, Anmacherin f ▶ nm (de mines) Minensuchboot nt

drainage [dʀɛnaʒ] nm (du sol) Entwässerung f

drainer [dʀene] vt (sol) entwässern

dramatique [dʀamatik] adj dramatisch; (tragique) tragisch
• **dramaturge** nmf Dramaturg(in) m(f) • **drame** nm Drama nt

drap [dʀa] nm (de lit) (Bett)laken nt

drapeau, x [dʀapo] nm Fahne f; **sous les ~x** beim Militär

drap-housse [dʀaus] (pl draps-housses) nm Spannbetttuch nt

Dresde [dʀɛzd] Dresden nt

dresser [dʀese] vt (établir, ériger, lever) aufstellen; (animal) dressieren

drogue [dʀɔg] nf Droge f; **~ douce/dure** weiche/harte Droge • **drogué, e** nm/f Drogensüchtige(r) f(m), Drogenabhängige(r) f(m) • **droguer** vt betäuben; (malade) mit Medikamenten vollpumpen ▶ **se droguer** vpr Drogen nehmen • **droguerie** nf Drogerie f • **droguiste** nmf Drogist(in) m(f)

droit, e [dʀwa, dʀwat] adj (non courbe) gerade; (vertical) senkrecht; (opposé à gauche) rechte(r, s) ▶ adv (marcher) gerade ▶ nm : **un ~** ein Recht nt; **le ~** (matière d'étude) Jura nt, Jurisprudenz f • **droite** nf : **à ~** nach rechts; **à ~ de** rechts von; **la ~** (Pol) die Rechte f • **droitier, -ière** nm/f Rechtshänder(in) m(f)

drôle [dʀol] adj komisch
• **drôlement** adv komisch; **il fait ~ froid** (fam) es ist echt kalt

dromadaire [dʀɔmadɛʀ] nm Dromedar nt

druide [dʀɥid] nm Druide m

du [dy] voir **de**

dû, e [dy] pp de **devoir**

dubitatif, -ive [dybitatif, iv] adj zweifelnd

duc [dyk] nm Herzog m
• **duchesse** nf Herzogin f

dûment [dymɑ̃] adv ordnungsgemäß

dune [dyn] nf Düne f

dupe [dyp] adj : **(ne pas) être ~ de** (nicht) auf etw acc hereinfallen
• **duper** vt betrügen

duplex [dyplɛks] nm (appartement) Wohnung f auf zwei Etagen

duplicata [dyplikata] nm Duplikat nt

dur, e [dyʀ] adj hart; (difficile) schwierig ▶ adv hart; **~ d'oreille** schwerhörig

durable [dyʀabl] adj dauerhaft

durant [dyʀɑ̃] prép während +gén ou adv; **~ des mois, des mois ~** monatelang

durcir [dyʀsiʀ] vt härten; (politique etc) verhärten ▶ vi (colle) hart werden ▶ **se durcir** vpr hart werden • **durcissement** nm Verhärtung f

durée [dyʀe] nf Dauer f

durement [dyʀmɑ̃] *adv* hart

durer [dyʀe] *vi* dauern

dureté [dyʀte] *nf* Härte *f*; *(sévérité)* Strenge *f*

duvet [dyve] *nm* Daunen *pl*

DVD [devede] *sigle m (= digital versatile disc)* DVD *f*

dynamique [dinamik] *adj* dynamisch

dynamisme [dinamism] *nm* Dynamik *f*; *(d'une personne)* Tatkraft *f*

dynamite [dinamit] *nf* Dynamit *nt* • **dynamiter** *vt* mit Dynamit sprengen

dynamo [dinamo] *nf* Dynamo *m*

dysenterie [disɑ̃tʀi] *nf* Ruhr *f*

dysfonctionnement [disfɔ̃ksjɔnmɑ̃] *nm* Funktionsstörung *f*

dyslexie [disleksi] *nf* Legasthenie *f* • **dyslexique** *adj* legasthenisch

dyspepsie [dispɛpsi] *nf* Verdauungsstörung *f*

e

eau, x [o] *nf* Wasser *nt*; **~ courante** fließendes Wasser; **~ de Cologne** Kölnischwasser *nt*; **~ de javel** Javel; **~ gazeuse** Sprudelwasser *nt*; **~ minérale** Mineralwasser *nt*; **~ plate** stilles Wasser; **~x usées** Abwasser *nt* • **eau-de-vie** *(pl* **eaux-de-vie)** *nf* Schnaps *m*

ébauche [eboʃ] *nf* Entwurf *m* • **ébaucher** *vt* entwerfen

ébène [ebɛn] *nf* Ebenholz *nt* • **ébéniste** *nmf* Möbeltischler(in) *m(f)*

éblouir [ebluiʀ] *vt* blenden

éboueur [ebwœʀ] *nm* Müllmann *m*

éboulis [ebuli] *nm* Geröll *nt*

ébranler [ebʀɑ̃le] *vt* erschüttern

ébriété [ebʀijete] *nf*: **en état d'~** in betrunkenem Zustand

ébullition [ebylisjɔ̃] *nf*: **être en ~** sieden

écaille [ekaj] *nf (de poisson, reptile)* Schuppe *f*; *(matière)* Schildpatt *nt*; *(de peinture etc)* Splitter *m* • **écailler** *vt (poisson)* schuppen; *(huître)* öffnen; **s'écailler** *vpr* abblättern

écart [ekaʀ] nm Abstand m; (de prix etc) Differenz f; **à l'~ (de)** abseits (von)

écartement [ekaʀtəmã] nm Abstand m • **écarter** vt (éloigner) entfernen; (jambes) spreizen; (candidat, possibilité) ausscheiden; **s'écarter** vpr sich öffnen; **s'~ de** sich entfernen von

échafaudage [eʃafodaʒ] nm Gerüst nt

échalote [eʃalɔt] nf Schalotte f

échange [eʃãʒ] nm Austausch m; **en ~** dafür; **en ~ de** für; **~s de lettres** Briefwechsel m
• **échanger** vt austauschen; **~ qch (contre)** etw eintauschen (gegen); **~ qch avec qn** (clin d'œil, lettres etc) etw mit jdm wechseln
• **échangeur** nm (d'autoroute) Autobahnkreuz nt

échantillon [eʃãtijɔ̃] nm (Comm) Muster nt; (fig) Probe f

échappement [eʃapmã] nm (Auto) Auspuff m • **échapper** : **~ à** vt entkommen +dat; (punition, péril etc) entgehen +dat; **s'échapper** vpr fliehen; (gaz, eau) entweichen; **~ à qn** (suj: détail, sens) jdm entgehen

écharpe [eʃaʀp] nf Schal m

échauffer [eʃofe] vt (moteur) überhitzen; **s'échauffer** vpr (Sport) sich aufwärmen

échéance [eʃeãs] nf (d'un paiement) Fälligkeit f

échec [eʃɛk] nm Misserfolg m; **échecs** nmpl (jeu) Schach(spiel) nt

échelle [eʃɛl] nf Leiter f; (d'une carte) Maßstab m

échelon [eʃ(ə)lɔ̃] nm (d'échelle) Sprosse f; (grade) Rang m

échiquier [eʃikje] nm Schachbrett nt

écho [eko] nm Echo nt
• **échographie** nf Ultraschalluntersuchung f

échouer [eʃwe] vi scheitern

éclair [eklɛʀ] nm Blitz m; (gâteau) Eclair nt

éclairage [eklɛʀaʒ] nm Beleuchtung f

éclaircie [eklɛʀsi] nf Aufheiterung f • **éclaircir** vt (fig) aufklären; **s'éclaircir** vpr sich (auf)klären

éclairer [eklɛʀe] vt beleuchten; (instruire) aufklären

éclat [ekla] nm (de bombe, verre) Splitter m; (du soleil, d'une couleur etc) Leuchten nt; **~ de rire** schallendes Gelächter nt
• **éclatant, e** adj hell; (vérité) offensichtlich • **éclater** vi platzen; **~ de rire** auflachen; **~ en sanglots** aufschluchzen

éclipse [eklips] nf (Astron) Finsternis f

écluse [eklyz] nf Schleuse f

écœurant, e [ekœʀã, ãt] adj ekelerregend • **écœurer** vt anwidern

école [ekɔl] nf Schule f; **aller à l'~** in die Schule gehen • **écolier, -ière** nm/f Schüler(in) m(f)

écolo [ekolo] (fam) nmf Öko m(f)
• **écologie** nf Ökologie f
• **écologique** adj ökologisch
• **écologiste** nmf Umweltschützer(in) m(f)

économe [ekɔnɔm] adj sparsam ▶ nmf (Finanz)verwalter(in) m(f)

économie [ekɔnɔmi] nf (vertu) Sparsamkeit f; (gain) Ersparnis f;

(science) Wirtschaftswissenschaft f; (situation économique) Wirtschaft f; **~ collaborative** Sharing Economy f; **économies** nfpl (pécule) Ersparnisse pl
• **économique** adj wirtschaftlich

économiser [ekɔnɔmize] vt, vi sparen

économiseur [ekɔnɔmizœʀ] nm: **~ d'écran** Bildschirmschoner m

écorce [ekɔʀs] nf Rinde f; (de fruit) Schale f

écorecharge [ekɔʀəʃaʀʒ] nf Nachfüllpackung f

écossais, e [ekɔsɛ, ɛz] adj schottisch • **Écosse** nf: l'**~** Schottland nt

écosystème [ekosistɛm] nm Ökosystem nt

écouler [ekule] vt (stock) absetzen; s'**écouler** vpr (eau) (ab)fließen

écourter [ekuʀte] vt abkürzen

écouter [ekute] vt hören; (personne, conversation etc) zuhören dat; (suivre les conseils de) hören auf +acc • **écouteur** nm (téléphone) Hörer m

écran [ekʀɑ̃] nm Bildschirm m; (de cinéma) Leinwand f

écraser [ekʀaze] vt zerquetschen, zerdrücken; (piéton) überfahren

écrémer [ekʀeme] vt entrahmen

écrevisse [ekʀavis] nf Krebs m

écrire [ekʀiʀ] vt, vi schreiben; s'**écrire** vpr sich dat schreiben • **écrit** nm Schriftstück nt; (examen) schriftliche Prüfung f

écriteau, x [ekʀito] nm Schild nt

écriture [ekʀityʀ] nf Schrift f

écrivain [ekʀivɛ̃] nm Schriftsteller(in) m(f)

écrou [ekʀu] nm (Schrauben)mutter f

écrouler [ekʀule]: s'**~** vpr (mur) einstürzen; (personne, animal) zusammenbrechen

ecstasy [ɛkstazi] nf Ecstasy nt

écueil [ekœj] nm Riff nt; (fig) Falle f

écume [ekym] nf Schaum m

écureuil [ekyʀœj] nm Eichhörnchen nt

écurie [ekyʀi] nf Pferdestall m

écusson [ekysɔ̃] nm Wappen nt

eczéma [ɛgzema] nm Ekzem nt

éd. abr (= édition) Aufl.; (= éditeur) Hrsg

EDF [ədeɛf] sigle f (= Électricité de France) französisches Elektrizitätswerk

édifice [edifis] nm Gebäude nt

éditer [edite] vt (publier) herausgeben; (Inform) editieren • **éditeur, -trice** nm/f Herausgeber(in) m(f); (Inform) Editor m • **édition** nf (série d'exemplaires) Auflage f; (version d'un texte) Ausgabe f

éditorial, -aux [editɔʀjal, jo] nm Leitartikel m

édredon [edʀədɔ̃] nm Federbett nt

éducateur, -trice [edykatœʀ, tʀis] nm/f Lehrer(in) m(f)

éducation [edykasjɔ̃] nf Erziehung f; (formation) Ausbildung f; (mal élevé) schlecht erzogen; l'**É~ (nationale)** (Admin) das Erziehungswesen; **~ physique** Sport m

éduquer [edyke] vt (personne) erziehen; (faculté, don) entwickeln

effacer [efase] vt (dessin) ausradieren; (Inform) löschen

effarer [efaʀe] vt beunruhigen

effaroucher [efaʀuʃe] vt aufschrecken

effectif, -ive [efɛktif, iv] adj effektiv ▶ nm Bestand m • **effectivement** adv tatsächlich

effectuer [efɛktɥe] vt ausführen

efféminé, e [efemine] adj weibisch

effervescent, e [efɛʀvesɑ̃, ɑ̃t] adj (cachet, boisson) sprudelnd

effet [efɛ] nm Wirkung f; **sous l'~ de** unter dem Einfluss von; **en ~** (effectivement) tatsächlich; **~ de serre** Treibhauseffekt m

efficace [efikas] adj wirksam; (personne) kompetent • **efficacité** nf Wirksamkeit f

effigie [efiʒi] nf Bildnis nt

effleurer [eflœʀe] vt streifen

effluves [eflyv] nmpl Ausdünstungen pl

effondrement [efɔ̃dʀəmɑ̃] nm Einsturz m

effondrer [efɔ̃dʀe] : **s'~** vpr einstürzen; (personne) zusammenbrechen

efforcer [efɔʀse] : **s'~** vpr : **s'~ de faire qch** sich bemühen, etw zu tun

effort [efɔʀ] nm Anstrengung f; **faire un ~** sich anstrengen

effrayant, e [efʀɛjɑ̃, ɑ̃t] adj schrecklich • **effrayer** vt erschrecken

effréné, e [efʀene] adj wild, zügellos

effriter [efʀite] : **s'~** vpr bröckeln

effroi [efʀwa] nm panische Angst f

effronté, e [efʀɔ̃te] adj unverschämt

effroyable [efʀwajabl] adj grauenvoll

effusion [efyzjɔ̃] nf (überschwänglicher) Gefühlsausbruch m; **sans ~ de sang** ohne Blutvergießen

égal, e, -aux [egal, o] adj gleich; (plan) eben; (constant) gleichmäßig ▶ nm/f Gleichgestellte(r) f(m); **être ~ à zéro** gleich null sein; **ça lui/nous est ~** das ist ihm/uns egal • **également** adv genauso; (aussi) auch • **égaler** vt (personne) gleichkommen +dat; (record) einstellen • **égaliser** vt (sol) einebnen; (salaires, chances) ausgleichen • **égalité** nf Gleichheit f; **~ de droits** Gleichberechtigung f

égard [egaʀ] nm Rücksicht f; **égards** nmpl Rücksicht; **par ~ pour** aus Rücksicht für; **à l'~ de** gegenüber +dat

égarer [egaʀe] vt verlegen; **s'égarer** vpr sich verirren

églantine [eglɑ̃tin] nf Heckenrose f, Wildrose f

églefin [egləfɛ̃] nm Schellfisch m

église [egliz] nf Kirche f

égoïsme [egoism] nm Egoismus m • **égoïste** adj egoistisch

égout [egu] nm Abwasserkanal m

égoutter [egute] vt (vaisselle, fromage) abtropfen lassen

égratignure [egʀatiɲyʀ] nf Kratzer m

Égypte [eʒipt] *nf* : **l'~** Ägypten *nt*
• **égyptien, ne** *adj* ägyptisch

eh [e] *excl* he; **eh bien !** na so was!;
eh bien ? also?

éjecter [eʒɛkte] *vt* (Tech) ausstoßen

élaborer [elabɔʀe] *vt* ausarbeiten

élan [elɑ̃] *nm* (Zool) Elch *m*; (Sport)
Anlauf *m*; (d'objet en mouvement)
Schwung *m*

élancé, e [elɑ̃se] *adj* schlank

élargir [elaʀʒiʀ] *vt* verbreitern;
(groupe) vergrößern; **s'élargir** *vpr*
breiter werden

élastique [elastik] *adj* elastisch
▶ *nm* Gummiband *nt*

électeur, -trice [elɛktœʀ, tʀis]
nm/f Wähler(in) *m(f)* • **élection** *nf*
Wahl *f*

électorat [elɛktɔʀa] *nm*
Wählerschaft *f*

électricien, ne [elɛktʀisjɛ̃, jɛn]
nm/f Elektriker(in) *m(f)*
• **électricité** *nf* Elektrizität *f*
• **électrifier** *vt* elektrifizieren
• **électrique** *adj* elektrisch

électro [elɛktʀo] *préf* Elektro
• **électrocardiogramme** *nm*
Elektrokardiogramm *nt*
• **électroménager** *adj* : **appareils
~s** elektrische Haushaltsgeräte *pl*,
Elektrogeräte *pl*

électronique [elɛktʀɔnik] *adj*
elektronisch

élégance [elegɑ̃s] *nf* Eleganz *f*
• **élégant, e** *adj* elegant

élément [elemɑ̃] *nm* Element *nt*;
(composante) Bestandteil *m*
• **élémentaire** *adj* einfach, simpel

éléphant [elefɑ̃] *nm* Elefant *m*

élevage [el(ə)vaʒ] *nm* Zucht *f*

élévation [elevasjɔ̃] *nf*
Erhöhung *f*

élevé, e [el(ə)ve] *adj* hoch; **bien/
mal ~** gut/schlecht erzogen

élève [elɛv] *nmf* Schüler(in) *m(f)*

élever [el(ə)ve] *vt* (enfant)
aufziehen; (animaux) züchten;
s'élever *vpr* (avion, alpiniste)
hochsteigen; (niveau, température)
steigen; **s'~ contre qch** sich gegen
etw erheben; **s'~ à** (frais, dégâts)
steigen auf +acc • **éleveur, -euse**
nm/f (de bétail) Viehzüchter(in) *m(f)*

élimination [eliminasjɔ̃] *nf*
Ausscheiden *nt*

éliminatoire [eliminatwaʀ]
nf (Sport)
Ausscheidungswettkampf *m*

éliminer [elimine] *vt*
ausscheiden lassen; (déchets etc)
ausscheiden

élire [eliʀ] *vt* wählen

élite [elit] *nf* Elite *f*; **tireur d'~**
Scharfschütze *m*

---

elle [ɛl]

pron 1 (sujet : personne) sie;
(: chose : selon le genre du mot
allemand) er/sie/es; **~ me l'a dit**
sie hat es mir gesagt; **c'est ~ qui
me l'a dit** sie hat es mir gesagt;
**je mange une pomme ; ~ est
aigre** ich esse einen Apfel; er ist
sauer
2 (avec préposition : personne :
accusatif) sie; (: datif) ihr;
(: chose : accusatif) ihn/sie/es;
(: datif) ihm/ihr/ihm; **pour ~** für
sie; **avec ~** mit ihr
3 : **~s** (nominatif, accusatif) sie;
(datif) ihnen; **pour ~s** für sie; **à
cause d'~s** wegen ihnen

éloge [elɔʒ] *nm* Lob *nt*

éloigné, e [elwaɲe] *adj* weit (entfernt) • **éloigner** *vt* entfernen; (*fig : soupçons, danger*) abwenden; **s'éloigner** *vpr* : **s'~ de** sich entfernen von

éloquence [elɔkɑ̃s] *nf* Beredtheit *f* • **éloquent, e** *adj* wortgewandt; (*discours, mot, attitude*) vielsagend

élu, e [ely] *pp de* **élire** ▸ *nm/f* (*Pol*) Abgeordnete(r) *f(m)*

élucider [elyside] *vt* aufklären

Élysée [elize] *nm* : **l'~, le palais de l'~** der Élyséepalast

e-mail [imɛl] *nm* E-Mail *f*; **envoyer qch par ~** etw per E-Mail schicken

émail, -aux [emaj, o] *nm* Email *nt* • **émaillé, e** *adj* emailliert

émancipation [emɑ̃sipasjɔ̃] *nf* (*de mineur*) Mündigsprechung *f*; (*des femmes*) Emanzipation *f*

émanciper [emɑ̃sipe] *vt* (*libérer*) befreien; **s'émanciper** *vpr* (*femmes*) sich emanzipieren

emballage [ɑ̃balaʒ] *nm* Verpackung *f* • **emballer** *vt* einpacken, verpacken; **s'emballer** *vpr* (*moteur, cheval*) jagen

embarcadère [ɑ̃baʀkadɛʀ] *nm* Anlegestelle *f*

embarcation [ɑ̃baʀkasjɔ̃] *nf* kleines Boot *nt*

embargo [ɑ̃baʀgo] *nm* Embargo *nt*

embarquement [ɑ̃baʀkəmɑ̃] *nm* Einsteigen *nt*; **« vol AF 321 : ~ immédiat, porte 30 »** „Aufruf für Passagiere des Flugs AF 321, sich zum Flugsteig 30 zu begeben"

embarquer [ɑ̃baʀke] *vt* einschiffen ▸ *vi* an Bord gehen; **s'embarquer** *vpr* an Bord gehen

embarras [ɑ̃baʀa] *nm* Hindernis *nt*; (*gêne*) Verlegenheit *f* • **embarrassant, e** *adj* peinlich • **embarrasser** *vt* (*gêner*) in Verlegenheit bringen

embaucher [ɑ̃boʃe] *vt* einstellen

embaumer [ɑ̃bome] *vt* (*lieu*) mit Duft erfüllen

embellie [ɑ̃beli] *nf* Aufheiterung *f*

embellir [ɑ̃beliʀ] *vt* verschönern ▸ *vi* schöner werden

embêtement [ɑ̃bɛtmɑ̃] *nm* Unannehmlichkeit *f*

embêter [ɑ̃bɛte] *vt* ärgern; **s'embêter** *vpr* sich langweilen

embonpoint [ɑ̃bɔ̃pwɛ̃] *nm* Korpulenz *f*, Fülligkeit *f*

embouchure [ɑ̃buʃyʀ] *nf* (*Géo*) Mündung *f*

embouteillage [ɑ̃buteʒaʒ] *nm* (Verkehrs)stau *m*

embranchement [ɑ̃bʀɑ̃ʃmɑ̃] *nm* (*routier*) Abzweigung *f*

embrasser [ɑ̃bʀase] *vt* küssen; **s'embrasser** *vpr* sich küssen

embrasure [ɑ̃bʀazyʀ] *nf* Öffnung *f*

embrayage [ɑ̃bʀɛjaʒ] *nm* Kupplung *f*

embrouiller [ɑ̃bʀuje] *vt* (*personne aussi*) verwirren; (*objets, idées*) durcheinanderbringen; **s'embrouiller** *vpr* (*personne*) konfus werden

embryon [ɑ̃bʀijɔ̃] *nm* Embryo *m*

embué, e [ɑ̃bɥe] *adj* beschlagen

embuscade [ɑ̃byskad] *nf* Hinterhalt *m*

éméché, e [emeʃe] (*fam*) *adj* beschwipst

émeraude [em(ə)ʀɔd] *nf*
Smaragd *m*

émergence [emɛʀʒɑ̃s] *nf* (*fig*)
Auftauchen *nt* • **émerger** *vi*
auftauchen

émeri [em(ə)ʀi] *nm* : **papier ~**
Schmirgelpapier *nt*

émerveiller [emɛʀveje] *vt* in
Bewunderung versetzen;
s'émerveiller *vpr* : **s'~ de qch**
über etw *acc* staunen

émetteur, -trice [emetœʀ,
tʀis] *adj* (*poste, station*)
Sende- ▶ *nm* (*poste*) Sender *m*

émettre [emɛtʀ] *vt* (*son, lumière*)
ausstrahlen; (*Radio, TV*) senden
▶ *vi* : **~ sur ondes courtes** auf
Kurzwelle senden

émeute [emøt] *nf* Aufruhr *m*

émigration [emigʀasjɔ̃] *nf*
Emigration *f*, Auswanderung *f*

émigré, e [emigʀe] *nm/f*
Emigrant(in) *m(f)* • **émigrer** *vi*
auswandern

éminent, e [eminɑ̃, ɑ̃t] *adj*
(hoch)angesehen

émission [emisjɔ̃] *nf* (*TV, Radio*)
Sendung *f*

emménager [ɑ̃menaʒe] *vi* :
~ dans einziehen in *+acc*

emmener [ɑ̃m(ə)ne] *vt*
mitnehmen

emmerder [ɑ̃mɛʀde] (*fam !*) *vt*
ankotzen (*fam !*)

emmitoufler [ɑ̃mitufle] *vt*
warm einpacken

émoi [emwa] *nm* Aufregung *f*

émotif, -ive [emɔtif, iv] *adj*
emotional; (*personne*)
gefühlsbetont • **émotion** *f* (*vif
sentiment*) Gefühl *nt*; (*réaction
affective*) Bewegtheit *f*

émouvant, e [emuvɑ̃, ɑ̃t] *adj*
rührend, bewegend

émouvoir [emuvwaʀ] *vt*
bewegen; (*attendrir aussi*) rühren;
s'émouvoir *vpr* gerührt sein

emparer [ɑ̃paʀe] : **s'~ de** *vpr*
ergreifen

empattement [ɑ̃patmɑ̃] *nm*
(*Auto*) Radabstand *m*

empêchement [ɑ̃pɛʃmɑ̃] *nm*
Hindernis *nt*, Schwierigkeit *f*
• **empêcher** *vt* verhindern;
~ qn de faire qch jdn daran
hindern *ou* davon abhalten, etw
zu tun

empereur [ɑ̃pʀœʀ] *nm* Kaiser *m*

emphase [ɑ̃faz] *nf* Pathos *nt*;
avec ~ mit Pathos

empiffrer [ɑ̃pifʀe] (*fam*) : **s'~** *vpr*
sich vollstopfen

empiler [ɑ̃pile] *vt* aufstapeln,
anhäufen

empire [ɑ̃piʀ] *nm* Reich *nt*

empirer [ɑ̃piʀe] *vi* sich
verschlechtern

emplacement [ɑ̃plasmɑ̃] *nm*
Platz *m*, Stelle *f*

emplette [ɑ̃plɛt] *nf* : **faire des ~s**
einkaufen

emplir [ɑ̃pliʀ] *vt* füllen; **s'emplir
(de)** *vpr* sich füllen (mit)

emploi [ɑ̃plwa] *nm* Gebrauch *m*;
(*poste*) Stelle *f*; **d'~ facile/délicat**
leicht/schwierig zu benutzen;
~ du temps Zeitplan *m*
• **employé, e** *nm/f* Angestellte(r)
f(m) • **employer** *vt* verwenden,
gebrauchen; (*personne*)
beschäftigen • **employeur, -euse**
nm/f Arbeitgeber(in) *m(f)*

empocher [ɑ̃pɔʃe] *vt* einstecken

empoigner [ɑ̃pwaɲe] *vt* packen

empoisonner [ɑ̃pwazɔne] vt vergiften; (empester) verpesten

emporter [ɑ̃pɔrte] vt mitnehmen; (blessés, voyageurs) wegbringen; **s'emporter** vpr aufbrausen

empreint, e [ɑ̃prɛ̃, ɛ̃t] adj : ~ **de** voller

empreinte [ɑ̃prɛ̃t] nf Abdruck m; **~ écologique** ökologischer Fußabdruck m, CO2-Bilanz f; **~s digitales** Fingerabdrücke pl

empressé, e [ɑ̃prese] adj beflissen • **empressement** nm Eifer m; (hâte) Eile f • **empresser** : **s'~** vpr : **s'~ de faire qch** sich beeilen, etw zu tun

emprise [ɑ̃priz] nf Einfluss m

emprisonner [ɑ̃prizɔne] vt einsperren

emprunt [ɑ̃prœ̃] nm Anleihe f; (Finance aussi) Darlehen nt; (Ling) Lehnwort nt • **emprunter** vt sich dat leihen; (route, itinéraire) einschlagen

ému, e [emy] pp de **émouvoir**

émulation [emylasjɔ̃] nf Nacheifern nt

---

en [ɑ̃]

▶ prép 1 (endroit, pays : situation) in +dat; (direction) in +acc; (: pays) nach; **habiter en France/ville** in Frankreich/in der Stadt leben; **aller en ville/ France** in die Stadt/nach Frankreich gehen

2 (temps) in +dat; **en 3 jours/ 20 ans** in 3 Tagen/20 Jahren; **en été/juin** im Sommer/Juni

3 (moyen de transport) en; **en avion/taxi** im Flugzeug/Taxi

---

4 (composition) aus; **c'est en verre/bois** das ist aus Glas/Holz

5 (description, état) : **une femme (habillée) en rouge** eine Frau in Rot; **peindre qch en rouge** etw rot anstreichen; **partir en vacances** in die Ferien fahren; **en deuil** in Trauer; **en bonne santé** bei guter Gesundheit; **en deux volumes** in zwei Bänden; **en une pièce** an einem Stück

6 (avec gérondif) : **en travaillant** bei der Arbeit; **en dormant** im Schlaf; **en apprenant la nouvelle/sortant** als er/sie etc die Nachricht hörte/wegging

▶ pron 1 (indéfini) : **j'en ai/j'en ai** ich habe/möchte davon; **j'en ai deux** ich habe zwei; **j'en ai assez** ich habe genug (davon); (j'en ai marre) mir reichts

2 (provenance) : **j'en viens** ich komme daher

3 (cause) : **il en est malade/ perd le sommeil** er ist deswegen krank/kann deswegen nicht schlafen

4 (autre complément) : **j'en suis fier** ich bin stolz darauf; **j'en ai besoin** ich brauche es

---

ENA [ena] sigle f (= École nationale d'administration) Eliteschule für Verwaltungskräfte • **énarque** nmf Absolvent(in) m(f) der ENA

encadrement [ɑ̃kadrəmɑ̃] nm Rahmen m

encadrer [ɑ̃kadre] vt (tableau, image) einrahmen; (entourer) umgeben; (former) ausbilden

encaisser [ɑ̃kese] vt (chèque) einlösen; (argent) einstecken; (coup, défaite) einstecken

encart [ɑ̃kaʀ] *nm* Einlage f;
~ publicitaire Werbebeilage f

en-cas [ɑ̃kɑ] *nm inv* (repas) kleine Zwischenmahlzeit f

encastrer [ɑ̃kastʀe] *vt* : **~ qch dans** etw einbauen in +*acc*; (mur) etw einlassen in +*acc*; **s'encastrer** *vpr* : **s'~ dans** hineinpassen in +*acc*; (heurter) hineinprallen in +*acc*

encaustique [ɑ̃kostik] *nf* (Bohner)wachs *nt*

encens [ɑ̃sɑ̃] *nm* Weihrauch m
• **encenser** *vt* beweihräuchern

enchaîner [ɑ̃ʃene] *vt* in Ketten legen; (mouvements, séquence) (miteinander) verknüpfen

enchanté, e [ɑ̃ʃɑ̃te] *adj* entzückt, hocherfreut • **enchantement** *nm* Zauber m; **comme par ~** wie durch Zauber • **enchanter** *vt* (hoch) erfreuen • **enchanteur, -eresse** *adj* zauberhaft

enchère [ɑ̃ʃɛʀ] *nf* : **mettre** ou **vendre aux ~s** versteigern

enclencher [ɑ̃klɑ̃ʃe] *vt* auslösen

enclin, e [ɑ̃klɛ̃, in] *adj* : **être ~ à qch** zu etw neigen; **être ~ à faire qch** dazu neigen, etw zu tun

enclos [ɑ̃klo] *nm* Einfriedung f

enclume [ɑ̃klym] *nf* Amboss m

encoder [ɑ̃kɔde] *vt* codieren, verschlüsseln

encolure [ɑ̃kɔlyʀ] *nf* (mesure) Kragenweite f; (cou) Hals m

encombrant, e [ɑ̃kɔ̃bʀɑ̃, ɑ̃t] *adj* sperrig

encombre [ɑ̃kɔ̃bʀ] : **sans ~** *adv* ohne Zwischenfälle • **encombrer** *vt* behindern

encorder [ɑ̃kɔʀde] : **s'~** *vpr* sich anseilen

encore [ɑ̃kɔʀ]

adv **1** (continuation) noch; **il travaille ~** er arbeitet noch; **pas ~** noch nicht; **~ deux jours** noch zwei Tage
2 (pas plus tard que) : **hier ~** erst gestern
3 (de nouveau) wieder; **~ une fois** noch einmal
4 (intensif) : **~ plus fort/mieux** noch lauter/besser
5 (aussi) : **non seulement ..., mais ~** nicht nur ..., sondern auch
6 (restriction) allerdings; **~ que** obwohl

encourageant, e [ɑ̃kuʀaʒɑ̃, ɑ̃t] *adj* ermutigend

encouragement [ɑ̃kuʀaʒmɑ̃] *nm* Ermutigung f

encourager [ɑ̃kuʀaʒe] *vt* ermutigen

encourir [ɑ̃kuʀiʀ] *vt* sich *dat* zuziehen, auf sich *acc* ziehen

encre [ɑ̃kʀ] *nf* Tinte f; **~ de Chine** Tusche f

encyclopédie [ɑ̃siklɔpedi] *nf* Enzyklopädie f

endetter [ɑ̃dete] *vt* in Schulden stürzen +*dat*; **s'endetter** *vpr* sich verschulden

endiablé, e [ɑ̃djable] *adj* leidenschaftlich

endive [ɑ̃div] *nf* Chicorée m

endommager [ɑ̃dɔmaʒe] *vt* beschädigen

endormir [ãdɔʀmiʀ] vt (enfant) zum Schlafen bringen; (Méd) betäuben; **s'endormir** vpr einschlafen

endoscope [ãdɔskɔp] nm Endoskop nt • **endoscopie** nf Endoskopie f

endosser [ãdose] vt (responsabilité) übernehmen; (chèque) gegenzeichnen; (uniforme, tenue) anlegen

endroit [ãdʀwa] nm Ort m; (emplacement) Stelle f; (opposé à l'envers) rechte Seite f; **à l'~** richtig herum

enduire [ãdɥiʀ] vt : ~ **qch de** etw bestreichen mit; **s'enduire de** vpr sich einreiben mit • **enduit, e** pp de **enduire** ▶ nm Überzug m

endurance [ãdyʀãs] nf Durchhaltevermögen nt

endurci, e [ãdyʀsi] adj : **buveur ~** abgehärteter Trinker m; **célibataire ~** eingefleischter Junggeselle m

endurcir [ãdyʀsiʀ] vt abhärten; **s'endurcir** vpr hart ou zäh werden

endurer [ãdyʀe] vt ertragen

énergétique [enɛʀʒetik] adj Energie-

énergie [enɛʀʒi] nf Energie f • **énergique** adj energisch

énervant, e [enɛʀvã, ãt] adj irritierend

énervé, e [enɛʀve] adj aufgeregt; (agacé) verärgert

énerver [enɛʀve] vt aufregen; **s'énerver** vpr sich aufregen

enfance [ãfãs] nf Kindheit f

enfant [ãfã] nmf Kind nt; **~ unique** Einzelkind • **enfanter** vi, vt gebären • **enfantillage** (péj)

nm Kinderei f • **enfantin, e** adj kindlich; (péj) kindisch; (simple) kinderleicht

enfer [ãfɛʀ] nm Hölle f

enfermer [ãfɛʀme] vt einschließen; (prisonnier) einsperren; **s'enfermer** vpr sich einschließen

enfiévré [ãfjevʀe] adj (fig) fiebrig

enfiler [ãfile] vt (perles etc) auffädeln; (aiguille) einfädeln; (vêtement) schlüpfen in +acc; (rue, couloir) einbiegen in +acc

enfin [ãfɛ̃] adv endlich; (en dernier lieu) schließlich

enflammer [ãflame] vt in Brand setzen; (Méd) entzünden; **s'enflammer** vpr Feuer fangen; (Méd) sich entzünden

enflé, e [ãfle] adj geschwollen • **enfler** vi anschwellen

enfoncer [ãfõse] vt einschlagen ▶ vi versinken; **s'enfoncer** vpr : **s'~ dans** (neige, vase etc) versinken in +dat; (forêt, ville) verschwinden in +dat

enfouir [ãfwiʀ] vt (dans le sol) vergraben; (dans un tiroir, une poche etc) verstecken; **s'enfouir** vpr : **s'~ dans/sous** sich vergraben in +dat/unter +dat

enfourcher [ãfuʀʃe] vt besteigen

enfuir [ãfɥiʀ] : **s'~** vpr fliehen, weglaufen

engagé, e [ãgaʒe] adj engagiert

engagement [ãgaʒmã] nm (promesse) Versprechen nt • **engager** vt (embaucher) anstellen, einstellen; **s'engager** vpr (promettre) sich verpflichten; **s'~ à faire qch** sich verpflichten, etw zu tun; **s'~ dans** einbiegen in +acc

engelures [ãʒlyR] nfpl
Frostbeulen pl

engendrer [ãʒãdRe] vt zeugen;
(fig) hervorbringen

engin [ãʒɛ̃] nm Gerät nt

englober [ãglɔbe] vt umfassen

engloutir [ãglutiR] vt verschlingen

engouement [ãgumã] nm
Begeisterung f, Schwärmerei f

engouffrer [ãgufRe] vt
verschlingen; **s'engouffrer dans**
vpr hineinströmen in +acc

engourdi, e [ãguRdi] adj
gefühllos, taub

engourdir [ãguRdiR] vt gefühllos
werden lassen; **s'engourdir** vpr
gefühllos werden

engrais [ãgRɛ] nm Dünger m

engraisser [ãgRese] vt (animal)
mästen

engrenage [ãgRənaʒ] nm
Getriebe nt

engueuler [ãgœle] (fam!) vt
anschnauzen (fam)

énigme [enigm] nf Rätsel nt

enivrer [ãnivRe] vt betrunken
machen; **s'enivrer** vpr sich
betrinken

enjambée [ãʒãbe] nf Schritt m

enjamber [ãʒãbe] vt
überschreiten; (pont)
überspannen

enjeu, x [ãʒø] nm Einsatz m

enjoliver [ãʒɔlive] vt
ausschmücken • **enjoliveur** nm
(Auto) Radkappe f

enjoué, e [ãʒwe] adj fröhlich

enlacer [ãlase] vt (personne)
umarmen

enlèvement [ãlɛvmã] nm (rapt)
Entführung f

enlever [ãl(ə)ve] vt (vêtement)
ausziehen; (lunettes) absetzen;
~ qch à qn jdm etw nehmen

enneigé, e [ãneʒe] adj verschneit

ennemi, e [ɛnmi] adj feindlich
▶ nm/f Feind(in) m(f)

ennui [ãnɥi] nm (lassitude)
Langeweile f; (difficulté)
Schwierigkeit f • **ennuyer** vt
ärgern; (lasser) langweilen;
s'ennuyer vpr sich langweilen; **si
cela ne vous ennuie pas** wenn es
Ihnen keine Umstände macht
• **ennuyeux, -euse** adj (lassant)
langweilig; (contrariant) ärgerlich

énoncé [enõse] nm Wortlaut m;
(Ling) Aussage f

enorgueillir [ãnɔRgœjiR] : **s'~
de** vpr sich rühmen +gén

énorme [enɔRm] adj enorm,
gewaltig • **énormément** adv :
~ de neige/gens ungeheuer viel
Schnee/viele Menschen

enquête [ãkɛt] nf (judiciaire, de
police) Untersuchung f, Ermittlung
f; (sondage d'opinion)
(Meinungs)umfrage f • **enquêter**
vi ermitteln • **enquêteur, -euse**
ou trice nm/f Ermittler(in) m(f);
(de sondage) Meinungsforscher(in)
m(f)

enragé, e [ãRaʒe] adj (Méd)
tollwütig; (passionné) fanatisch

enrager [ãRaʒe] vi rasend ou
wütend sein

enrayer [ãReje] vt aufhalten,
stoppen; **s'enrayer** vpr klemmen

enregistrement [ãR(ə)ʒistRə
mã] nm Aufnahme f; (d'une
plainte) Registrierung f
• **enregistrer** vt (Mus)
aufnehmen; (Inform) sichern;

(*Admin*) eintragen, registrieren; (*bagages*) aufgeben

enrhumer [ɑ̃ʀyme] : **s'~** *vpr* sich erkälten

enrichir [ɑ̃ʀiʃiʀ] *vt* reich machen; (*moralement*) bereichern; **s'enrichir** *vpr* reich werden

enrober [ɑ̃ʀɔbe] *vt* : **~ qch de** etw umhüllen mit

enrouer [ɑ̃ʀwe] : **s'~** *vpr* heiser werden

enrouler [ɑ̃ʀule] *vt* (*fil, corde*) aufwickeln; **~ qch autour de** etw herumwickeln um

enseignant, e [ɑ̃sɛɲɑ̃, ɑ̃t] *adj* (*personnel*) Lehr- ▸ *nm/f* Lehrer(in) *m(f)*

enseigne [ɑ̃sɛɲ] *nf* Geschäftsschild *nt*; **~ lumineuse** Leuchtreklame *f*

enseignement [ɑ̃sɛɲ(ə)mɑ̃] *nm* Unterricht *m*; (*profession*) Lehrerberuf *m* • **enseigner** *vt* unterrichten ▸ *vi* unterrichten; **~ qch à qn** jdm etw beibringen

ensemble [ɑ̃sɑ̃bl] *adv* zusammen ▸ *nm* (*groupe, assemblage*) Komplex *m*; **l'~ du/de la ...** der/die/das ganze ...; **aller ~** zusammenpassen

ensoleillé, e [ɑ̃sɔleje] *adj* sonnig

ensommeillé, e [ɑ̃sɔmeje] *adj* schläfrig, verschlafen

ensuite [ɑ̃sɥit] *adv* dann

ensuivre [ɑ̃sɥivʀ] : **s'~** *vpr* folgen; **il s'ensuit que** daraus ergibt sich, dass

ENT [əɛnte] *sigle m* (= *espace numérique de travail*) Lernplattform *f*

entamer [ɑ̃tame] *vt* (*pain*) anschneiden; (*bouteille*)

anbrechen; (*hostilités, pourparlers*) eröffnen; (*altérer*) beeinträchtigen

entasser [ɑ̃tase] *vt* (*empiler*) anhäufen, aufhäufen; **s'entasser** *vpr* sich anhäufen

entendre [ɑ̃tɑ̃dʀ] *vt* hören; (*comprendre*) verstehen; **s'entendre** *vpr* (*sympathiser*) sich verstehen; (*se mettre d'accord*) übereinkommen • **entendu, e** (*réglé*) abgemacht; **bien ~ !** selbstverständlich! • **entente** *nf* Einvernehmen *nt*

entériner [ɑ̃teʀine] *vt* bestätigen

enterrement [ɑ̃tɛʀmɑ̃] *nm* Begräbnis *nt* • **enterrer** *vt* begraben; (*trésor etc*) vergraben

entêter [ɑ̃tete] : **s'~** *vpr* : **s'~ à faire qch** sich darauf versteifen, etw zu tun

enthousiasme [ɑ̃tuzjasm] *nm* Begeisterung *f* • **enthousiasmer** *vt* begeistern; **s'enthousiasmer** *vpr* : **s'~ (pour qch)** sich (für etw) begeistern

entier, -ère [ɑ̃tje, jɛʀ] *adj* ganz; (*intact, complet*) vollständig; (*personne, caractère*) geradlinig; **en ~** vollständig • **entièrement** *adv* völlig

entité [ɑ̃tite] *nf* Wesen *nt*

entonner [ɑ̃tɔne] *vt* (*chanson*) anstimmen

entonnoir [ɑ̃tɔnwaʀ] *nm* Trichter *m*

entorse [ɑ̃tɔʀs] *nf* (*Méd*) Verstauchung *f*; **~ au règlement** Regelverstoß *m*

entourage [ɑ̃tuʀaʒ] *nm* Umgebung *f* • **entourer** *vt* umgeben

entracte [ɑ̃trakt] *nm* Pause *f*

entraide [ɑ̃trɛd] *nf* gegenseitige Hilfe *f*

entrailles [ɑ̃traj] *nfpl* (*intestins*) Eingeweide *pl*; (*fig*) Innere(s) *nt*

entrain [ɑ̃trɛ̃] *nm* Elan *m*

entraînement [ɑ̃trɛnmɑ̃] *nm* Training *m*; (*Tech*) Antrieb *m*

entraîner [ɑ̃trene] *vt* (*tirer*) ziehen; (*Tech*) antreiben; (*emmener*) mitschleppen; (*Sport*) trainieren; **s'entraîner** *vpr* trainieren; **~ qn à faire qch** jdn dazu bringen, etw zu tun • **entraîneur, -euse** *nm/f* (*Sport*) Trainer(in) *m(f)*

entraver [ɑ̃trave] *vt* behindern

entre [ɑ̃tr] *prép* zwischen +*dat*; (*avec mouvement*) zwischen +*acc*; (*parmi*) unter +*dat*; **l'un d'~ eux** einer von ou unter ihnen; **~ autres (choses)** unter anderem • **entrebâillé, e** *adj* angelehnt • **entrecôte** *nf* Entrecôte *nt*

entrée [ɑ̃tre] *nf* (*accès, porte*) Eingang *m*; (*d'une personne*) Eintreten *nt*; (*billet*) Eintrittskarte *f*; (*Culin*) Vorspeise *f*; (*Inform*) Eingabe *f*

entrefilet [ɑ̃trəfilɛ] *nm* Notiz *f*

entrelarder [ɑ̃trəlarde] *vt* (*viande*) spicken; **entrelardé de** (*fig*) gespickt mit

entremets [ɑ̃trəmɛ] *nm* Nachspeise *f*

entremise [ɑ̃trəmiz] *nf*: **par l'~ de** durch Vermittlung +*gén*

entreposer [ɑ̃trəpoze] *vt* einlagern

entrepôt [ɑ̃trəpo] *nm* Lagerhaus *nt*

entreprenant, e [ɑ̃trəprənɑ̃, ɑ̃t] *adj* (*actif*) unternehmungslustig; (*trop galant*) dreist

entreprendre [ɑ̃trəprɑ̃dr] *vt* machen; (*personne*) angehen

entrepreneur [ɑ̃trəprənœr] *nm* Unternehmer(in) *m(f)*; **~ (en bâtiment)** Bauunternehmer *m*

entreprise [ɑ̃trəpriz] *nf* Unternehmen *nt*

entrer [ɑ̃tre] *vi* hereinkommen; (*véhicule*) hereinfahren; (*pénétrer, s'enfoncer*) eindringen ▶ *vt* (*Inform*) eingeben; **~ qch dans** etw hineintun in +*acc*; **~ dans** kommen in +*acc*; (*véhicule*) fahren in +*acc*; **faire ~ qn** jdn hereinbitten

entre-temps [ɑ̃trətɑ̃] *adv* in der Zwischenzeit

entretenir [ɑ̃trət(ə)nir] *vt* unterhalten; (*feu*) am Leben halten; (*amitié, relations*) aufrechterhalten; **s'entretenir** *vpr*: **s'~ (de qch)** sich unterhalten (über etw *acc*) • **entretien** *nm* Unterhalt *m*; (*discussion*) Unterhaltung *f*

entrevoir [ɑ̃trəvwar] *vt* (*à peine*) (kaum) ausmachen; (*brièvement*) kurz sehen • **entrevue** *nf* Gespräch *nt*; (*audience*) Interview *m*

entrouvert, e [ɑ̃truvɛr, ɛrt] *adj* halb offen ou halb geöffnet

énumérer [enymere] *vt* aufzählen

envahir [ɑ̃vair] *vt* überfallen; (*suj : marchandises*) überschwemmen; (: *inquiétude, peur*) überkommen • **envahissant, e** *adj* (*péj*) aufdringlich

enveloppe [ɑ̃v(ə)lɔp] *nf* (*de lettre*) (Brief)umschlag *m*; (*revêtement,* gaine) Hülle f • **envelopper** vt einpacken; (entourer) einhüllen

envergure [ãvɛRgyR] nf (d'un oiseau, avion) Spannweite f; (d'un projet, d'une action) Ausmaß nt

enviable [ãvjabl] adj beneidenswert

envie [ãvi] nf (jalousie) Neid m; (souhait, désir) Verlangen nt; **avoir ~ de qch** Lust auf etw acc haben; **avoir ~ de faire qch** Lust (darauf) haben, etw zu tun • **envier** vt beneiden; **envieux, -euse** adj neidisch

environ [ãviRɔ̃] adv ungefähr; **environs** nmpl Umgebung f

environnement [ãviRɔnmã] nm Umwelt f

envisageable [ãvizaʒabl] adj vorstellbar

envisager [ãvizaʒe] vt beabsichtigen

envoi [ãvwa] nm Sendung f

envoler [ãvɔle]: **s'~** vpr wegfliegen; (avion) abfliegen

envoyé, e [ãvwaje] nm/f (Pol) Gesandte(r) f(m); **~ spécial** Sonderberichterstatter m

envoyer [ãvwaje] vt schicken; (ballon) werfen

éolien, ne [eɔljɛ̃, jɛn] adj Wind-; **énergie ~ne** Windkraft f ▸ nf Windrad nt

épagneul, e [epaɲœl] nm/f Spaniel m

épais, se [epɛ, ɛs] adj dick; (sauce, liquide) dickflüssig; (fumée,

brouillard, ténèbres, forêt) dicht • **épaisseur** nf Dicke f

épanouir [epanwiR]: **s'~** vpr aufblühen

épargne [epaRɲ] nf: **l'~** das Sparen nt; **l'~-logement** das Bausparen nt • **épargner** vt sparen ▸ vi sparen; **~ qch à qn** jdm etw ersparen

éparpiller [epaRpije] vt verstreuen; (pour répartir) streuen; **s'éparpiller** vpr sich verzetteln

épars, e [epaR, aRs] adj verstreut

épatant, e [epatã, ãt] (fam) adj super

épaté, e [epate] adj: **nez ~** platte (breite) Nase f

épater [epate] vt beeindrucken

épaule [epol] nf Schulter f • **épauler** vt (aider) unterstützen; (arme) anlegen ▸ vi anlegen

épave [epav] nf Wrack nt

épée [epe] nf Schwert nt

épeler [ep(ə)le] vt buchstabieren

éphémère [efemɛR] adj kurz, kurzlebig

épi [epi] nm Ähre f; **~ de cheveux** Haarbüschel nt

épice [epis] nf Gewürz nt

épicéa [episea] nm Fichte f

épicer [epise] vt würzen

épicerie [episRi] nf (magasin) Lebensmittelgeschäft nt; **~ fine** Feinkostgeschäft nt • **épicier, -ière** nm/f Lebensmittelhändler(in) m(f)

épidémie [epidemi] nf Epidemie f

épiderme [epidɛRm] nm Haut f

épier [epje] vt (personne) bespitzeln; (occasion) lauern auf +acc

épilepsie [epilɛpsi] nf Epilepsie f

épiler [epile] vt enthaaren; **s'épiler** vpr : **s'~ les jambes** (sich dat) die Beine enthaaren; **s'~ les sourcils** (sich dat) die Augenbrauen zupfen

épinards [epinaʀ] nmpl Spinat m

épine [epin] nf (de rose) Dorne f; (d'oursin) Stachel m; **~ dorsale** Rückgrat nt

épingle [epɛ̃gl] nf Nadel f; **~ de nourrice** ou **de sûreté** ou **double** Sicherheitsnadel • **épingler** vt : **~ qch sur** etw feststecken auf +dat

Épiphanie [epifani] nf Dreikönigsfest nt

épique [epik] adj episch

épisode [epizɔd] nm (de récit, film) Fortsetzung f; (dans la vie, l'histoire) Episode f

épluche-légumes [eplyʃlegym] nm inv Kartoffelschäler m • **éplucher** vt schälen • **épluchures** nfpl Schalen pl

éponge [epɔ̃ʒ] nf Schwamm m • **éponger** vt (liquide) aufsaugen; (surface) (mit dem Schwamm) abwischen; **s'éponger** vpr : **s'~ le front** sich dat die Stirn abwischen

épopée [epɔpe] nf Epos nt

époque [epɔk] nf (de l'histoire) Epoche f, Ära f; (de l'année, la vie) Zeit f; **d'~** (meuble etc) Stil-; **à l'~ où** zu der Zeit als; **à l'~ de** zur Zeit +gén

épouse [epuz] nf Ehefrau f • **épouser** vt heiraten

épousseter [epuste] vt abstauben

époustouflant, e [epustuflɑ̃, ɑ̃t] adj atemberaubend, umwerfend

épouvantable [epuvɑ̃tabl] adj schrecklich, entsetzlich

épouvantail [epuvɑ̃taj] nm Vogelscheuche f

épouvante [epuvɑ̃t] nf : **film/ livre d'~** Horrorfilm m/ Horrorroman m • **épouvanter** vt erschrecken

époux, -ouse [epu, uz] nm/f Ehemann m, Ehefrau f ▸ nmpl : **les ~** das Ehepaar

éprouver [epʀuve] vt (ressentir) verspüren; (mettre à l'épreuve) prüfen

épreuve [epʀœv] nf Prüfung f; (Sport) Wettkampf m; (Photo) Abzug m

éprouvette [epʀuvɛt] nf Reagenzglas nt

épuisé, e [epɥize] adj erschöpft; (livre) vergriffen • **épuisement** nm Erschöpfung f; **jusqu'à ~ du stock** ou **des stocks** solange der Vorrat reicht • **épuiser** vt erschöpfen; **s'épuiser** vpr müde werden; (stock) ausgehen

Équateur [ekwatœʀ] nm (pays) : **l'~** Ecuador nt

équateur [ekwatœʀ] nm (ligne) Äquator m

équation [ekwasjɔ̃] nf Gleichung f

équestre [ekɛstʀ] adj : **statue ~** Reiterstandbild nt

équilibre [ekilibʀ] nm Gleichgewicht nt • **équilibré, e** adj ausgeglichen • **équilibrer** vt ausgleichen; **s'équilibrer** vpr (fig) sich ausgleichen

équinoxe [ekinɔks] nm Tagundnachtgleiche f

équipage [ekipaʒ] nm Mannschaft f

équipe

équipe [ekip] *nf (de joueurs)* Mannschaft *f; (au travail)* Team *nt*

équipement [ekipmɑ̃] *nm* Ausrüstung *f*, Ausstattung *f*
• **équiper** *vt* ausrüsten; **~ qch de** etw ausstatten mit

équitable [ekitabl] *adj* gerecht

équitation [ekitasjɔ̃] *nf* Reiten *nt*

équité [ekite] *nf* Fairness *f*

équivalence [ekivalɑ̃s] *nf* Äquivalenz *f* • **équivalent, e** *adj* gleichwertig ▶ *nm* : **l'~ de qch** das Äquivalent einer Sache *gén*

équivoque [ekivɔk] *adj* doppeldeutig

érable [eʀabl] *nm* Ahorn(baum) *m*

érafler [eʀafle] : **s'~ la main/les jambes** sich *dat* die Hand/die Beine zerkratzen

ère [ɛʀ] *nf* Ära *f*, Zeitalter *nt*

érection [eʀɛksjɔ̃] *nf (Anat)* Erektion *f*

érémiste [eʀemist] *nmf* Sozialhilfeempfänger(in) *m(f)*

ergonomie [ɛʀgɔnɔmi] *nf* Ergonomie *f* • **ergonomique** *adj* ergonomisch

ergot [ɛʀgo] *nm (de coq)* Sporn *m*

ergothérapeute [ɛʀgoteʀapøt] *nmf* Ergotherapeut(in) *m(f)*
• **ergothérapie** *nf* Ergotherapie *f*

ermite [ɛʀmit] *nm* Einsiedler *m*

éroder [eʀode] *vt* erodieren

érotique [eʀɔtik] *adj* erotisch
• **érotisme** *nm* Erotik *f*

errer [eʀe] *vi* umherirren

erreur [eʀœʀ] *nf* Fehler *m; (de jugement)* Irrtum *m;* **induire qn en ~** jdn irreführen; **par ~** irrtümlicherweise

erroné, e [eʀone] *adj* falsch

érudit, e [eʀydi, it] *adj* gelehrt, gebildet ▶ *nm/f* Gelehrte(r) *f(m)*
• **érudition** *nf* Gelehrsamkeit *f*

éruption [eʀypsjɔ̃] *nf* Ausbruch *m*

ès [es] *prép* : **ès lettres/sciences** Dr. phil./Dr. rer. nat.

escabeau, x [ɛskabo] *nm* Hocker *m*

escadre [ɛskadʀ] *nf (Naut)* Geschwader *nt; (Aviat)* Staffel *f*

escadron [ɛskadʀɔ̃] *nm* Schwadron *f*

escalade [ɛskalad] *nf (en montagne)* Bergsteigen *nt;* **l'~ de la guerre/violence** die Eskalation *f* des Krieges/der Gewalt; **~ libre** freies Klettern
• **escalader** *vt* klettern auf +*acc*

escalator [ɛskalatɔʀ] *nm* Rolltreppe *f*

escale [ɛskal] *nf* Anlaufstation *f;* **faire ~ (à)** *(Naut)* Zwischenhalt machen (in +*dat); (Aviat)* zwischenlanden (in +*dat)*

escalier [ɛskalje] *nm* Treppe *f;* **dans l'~** *ou* **les ~s** auf der Treppe; **~ mécanique** *ou* **roulant** Rolltreppe

escalope [ɛskalɔp] *nf* Schnitzel *nt*

escamoter [ɛskamɔte] *vt* umgehen, ausweichen +*dat; (illusionniste)* wegzaubern

escapade [ɛskapad] *nf* : **faire une ~** *(écolier etc)* ausreißen

escargot [ɛskaʀgo] *nm* Schnecke *f*

escarpé, e [ɛskaʀpe] *adj* steil

escarpin [ɛskaʀpɛ̃] *nm* Pumps *m*

esclaffer [ɛsklafe] : **s'~** *vpr* schallend loslachen

esclandre [ɛsklɑ̃dʀ] nm : **faire un ~** eine Szene machen

esclavage [ɛsklavaʒ] nm Sklaverei f • **esclave** nmf Sklave m, Sklavin f

escompte [ɛskɔ̃t] nm (Fin) Skonto m ou nt; (Comm) Rabatt m • **escompter** vt (Comm) nachlassen; (espérer) erwarten

escorte [ɛskɔʀt] nf Eskorte f • **escorter** vt eskortieren

escrime [ɛskʀim] nf Fechten nt

escroc [ɛskʀo] nm Schwindler(in) m(f) • **escroquer** vt : **~ qn (de qch)** jdn (um etw) beschwindeln • **escroquerie** nf Betrug m

ésotérisme [ezoteʀism] nm Esoterik f

espace [ɛspas] nm Raum m; (écartement)

espadon [ɛspadɔ̃] nm Schwertfisch m

espadrille [ɛspadʀij] nf Espadrille f

Espagne [ɛspaɲ] nf : **l'~** Spanien nt • **espagnol, e** adj spanisch ▸ nm (Ling) Spanisch nt ▸ nm/f : **E~, e** Spanier(in) m(f)

espèce [ɛspɛs] nf Art f; **espèces** nfpl (Comm) Bargeld nt; **une ~ de …** eine Art …; **payer en ~s** bar zahlen

espérance [ɛspeʀɑ̃s] nf Hoffnung f • **espérer** vt hoffen auf +acc ▸ vi : **~ que** hoffen, dass

espiègle [ɛspjɛgl] adj schelmisch

espion, ne [ɛspjɔ̃, jɔn] nm/f Spion(in) m(f) • **espionnage** nm Spionage f • **espionner** vt ausspionieren

espoir [ɛspwaʀ] nm Hoffnung f; **l'~ de qch** die Hoffnung auf etw +acc

esprit [ɛspʀi] nm Geist m; **reprendre ses ~s** (wieder) zu sich kommen

esquimau, -aude, x [ɛskimo, od] adj Eskimo- ▸ nm (glace) Eislutscher m ▸ nm/f: **E~, -aude** Eskimo m, Eskimofrau f

esquisse [ɛskis] nf Skizze f; **l'~ d'un sourire/changement** die Andeutung eines Lächelns/einer Veränderung • **esquisser** vt : **~ un geste/un sourire** eine Geste/ein Lächeln andeuten

esquiver [ɛskive] vt ausweichen +dat; **s'esquiver** vpr sich wegstehlen

essai [esɛ] nm (tentative) Versuch m; **à l'~** versuchsweise

essaim [esɛ̃] nm Schwarm m

essayage [esɛjaʒ] nm Anprobe f

essayer [eseje] vt (aus)probieren; (vêtement, chaussures) anprobieren ▸ vi : **~ de faire qch** probieren, etw zu tun

essence [esɑ̃s] nf Benzin nt; (d'une plante) Essenz f; **~ sans plomb** bleifreies Benzin

essentiel, -le [esɑ̃sjɛl] adj (indispensable) unbedingt notwendig; (de base) wesentlich ▸ nm : **l'~ de** das Wesentliche +gen; **l'~ d'un discours** der Hauptteil einer Vortrags; **c'est l'~** das ist das Wesentliche • **essentiellement** adv im Wesentlichen

essieu, x [esjø] nm Achse f

essor [esɔʀ] nm Aufschwung m

essorer [esɔʀe] vt auswringen; (linge : dans une essoreuse) schleudern • **essoreuse** nf Schleuder f

essouffler [esufle] vt außer Atem bringen; **s'essouffler** vpr außer Atem kommen

essuie-glace [esɥiglas] nm inv Scheibenwischer m • **essuie-mains** nm inv Handtuch nt

essuie-tout [esɥitu] nm inv Küchenrolle f

essuyer [esɥije] vt abtrocknen; **s'essuyer** vpr sich abtrocknen

est [ɛst] nm Osten m ▸ adj inv Ost-, östlich; **à l'~ de** östlich von

estafette [ɛstafɛt] nf Kurier m

estampe [ɛstɑ̃p] nf Stich m

est-ce que [ɛskə] adv voir **être**

esthéticien, ne [ɛstetisjɛ̃, jɛn] nm/f (Art) Ästhet(in) m(f) ▸ nf (d'institut de beauté) Kosmetikerin f

esthétique [ɛstetik] adj ästhetisch

estimation [ɛstimasjɔ̃] nf Schätzung f

estime [ɛstim] nf Wertschätzung f • **estimer** vt schätzen; **~ que/être** meinen, dass/meinen, zu sein

estival, e, -aux [ɛstival, o] adj sommerlich

estivant, e [ɛstivɑ̃, ɑ̃t] nm/f Sommerfrischler(in) m(f)

estomac [ɛstɔma] nm Magen m

estomper [ɛstɔ̃pe] vt verwischen, trüben; **s'estomper** vpr undeutlich werden

Estonie [ɛstɔni] nf: **l'~** Estland nt

estrade [ɛstrad] nf Podium nt

estragon [ɛstragɔ̃] nm Estragon m

estuaire [ɛstɥɛr] nm Mündung f

esturgeon [ɛstyrʒɔ̃] nm Stör m

et [e] conj und; **et puis** und dann; **et alors** ou (puis) **après**? na und?

étable [etabl] nf Kuhstall m

établi [etabli] nm Werkbank f

établir [etablir] vt (papiers d'identité, facture) ausstellen; (liste, programme, gouvernement, record) aufstellen; (entreprise) gründen; **s'établir** vpr: **s'~ (à son compte)** sich selb(st)ständig machen; **s'~ à/près de** sich niederlassen in +dat/in der Nähe von • **établissement** nm (entreprise) Unternehmen nt; **~ de crédit** Kreditinstitut nt; **~ scolaire** schulische Einrichtung, Schule f

étage [etaʒ] nm Stockwerk nt; **habiter à l'~/au deuxième ~** oben/im zweiten Stock(werk) wohnen

étagère [etaʒɛr] nf (rayon) (Regal)brett nt; (meuble) Regal nt

étain [etɛ̃] nm Zinn nt

étalage [etalaʒ] nm Auslage f

étaler [etale] vt ausbreiten; (paiements, dates, vacances) verteilen; (marchandises) ausstellen; (liquide) sich ausbreiten; **s'~ sur** (se répartir) sich verteilen über +acc

étanche [etɑ̃ʃ] adj wasserdicht

étang [etɑ̃] nm Teich m

étant [etɑ̃] vb voir **être**

étape [etap] nf Etappe f; (lieu d'arrivée) Rastplatz m; **faire ~ à** Rast machen in +dat

état [eta] nm Zustand m; **É~** Staat m; **être hors d'~ de faire qch** außerstande sein, etw zu tun; **~ civil** Personenstand m; **~ d'urgence** Notstand m • **état-major** (pl **états-majors**) nm

(Mil) Stab m • **État-providence**
nm Wohlfahrtsstaat m
• **États-Unis** nmpl : **les ~
(d'Amérique)** die Vereinigten
Staaten pl (von Amerika)

étayer [eteje] vt abstützen; (fig)
unterstützen

etc. [ɛtsetera] abr usw

et caetera, et cetera
[ɛtsetera] adv und so weiter

été [ete] pp de **être** ▶ nm
Sommer m

éteindre [etɛ̃dʀ] vt ausmachen;
(incendie, bougie, dette, aussi fig)
löschen; **s'éteindre** vpr ausgehen
• **éteint, e** adj (personne, regard,
voix) matt, stumpf; (volcan)
erloschen

étendre [etɑ̃dʀ] vt (carte, tapis)
ausbreiten; (blessé, malade)
hinlegen; **s'étendre** vpr (terrain,
forêt etc) sich erstrecken;
(s'allonger) sich hinlegen
• **étendue** nf Ausmaß nt; (surface)
Fläche f

éternel, le [etɛʀnɛl] adj ewig
• **éterniser** : **s'~** vpr ewig
andauern; (visiteur) ewig lang
bleiben • **éternité** nf Ewigkeit f

éternuer [etɛʀnɥe] vi niesen

éther [etɛʀ] nm Äther m

Éthiopie [etjɔpi] nf : **l'~**
Äthiopien nt

ethnie [ɛtni] nf ethnische
Gruppe f

ethnique [ɛtnik] adj ethnisch

ethnologie [ɛtnɔlɔʒi] nf
Völkerkunde f

éthologie [etɔlɔʒi] nf
Verhaltensforschung f

étinceler [etɛ̃s(ə)le] vi funkeln
• **étincelle** nf Funke m

étiqueter [etik(ə)te] vt (paquet,
boîte) beschriften • **étiquette** nf
(à coller) Aufkleber m; (fig)
Etikett nt

étirer [etiʀe] vt dehnen; **s'étirer**
vpr (personne) sich strecken

étoffe [etɔf] nf Stoff m

étoile [etwal] nf Stern m; (vedette)
Star m ▶ adj : **danseur/danseuse
~** Startänzer m/-tänzerin f; **à la
belle ~** unter freiem Himmel;
~ de mer Seestern m; **~ filante**
Sternschnuppe f

étonnant, e [etɔnɑ̃, ɑ̃t] adj
erstaunlich

étonnement [etɔnmɑ̃] nm
Erstaunen nt; **à mon grand ~** zu
meinem großen Erstaunen

étonner [etɔne] vt erstaunen;
s'étonner vpr : **s'~ que/de**
erstaunt sein, dass/über +acc

étouffant, e [etufɑ̃, ɑ̃t] adj
erstickend, bedrückend

étouffée [etufe] : **à l'~** adv
gedünstet

étouffer [etufe] vt ersticken;
(bruit) dämpfen ▶ vi ersticken;
s'étouffer vpr sich verschlucken

étourderie [etuʀdəʀi] nf
Schusseligkeit f • **étourdi, e** adj
schusselig

étourdir [etuʀdiʀ] vt betäuben;
(éloges, vitesse) schwindelig
machen • **étourdissement** nm
Schwindelgefühl nt

étrange [etʀɑ̃ʒ] adj sonderbar,
eigenartig

étranger, -ère [etʀɑ̃ʒe, ɛʀ] adj
(d'un autre pays) ausländisch; (pas
de la famille) fremd ▶ nm/f
Ausländer(in) m(f), Fremde(r) f(m)
▶ nm : **à l'~** im Ausland

étrangler

étrangler [etRɑ̃gle] *vt* erwürgen; **s'étrangler** *vpr* sich verschlucken

---

être [ɛtR]

▶ *vi* 1 sein; **il est fort** er ist stark; **il est instituteur** er ist Lehrer; **elle est à Paris/au salon** sie ist in Paris/im Wohnzimmer
2 : **~ à** (*appartenir*) gehören +*dat*; **ce livre est à Paul** das Buch gehört Paul; **c'est à moi/eux** das gehört mir/ihnen
3 (*date*) : **nous sommes le 5 juin** wir haben den 5. Juni
▶ *vb aux* 1 sein; **elle est partie** sie ist weggegangen
2 (*obligation*) : **c'est à faire** das muss gemacht werden
▶ *vb impers* 1 : **il est** (+*adjectif*) es ist; **il est impossible de le faire** es ist unmöglich, das zu tun; **il serait facile de le faire** es wäre einfach, das zu tun
2 (*heure*) : **il est 10 heures/1 heure** es ist 10 Uhr; **il est minuit** es ist Mitternacht
3 (*emphatique*) : **c'est moi** ich bins; **c'est à lui de le faire/de décider** er muss es machen/entscheiden
4 (*est-ce que*) : **est-ce que c'est cher ?** ist es teuer?; **est-ce que c'était bon ?** war es gut?; **quand est-ce qu'il part ?** wann reist er ab?; **où est-ce qu'il va ?** wohin geht er?; **qui est-ce qui a fait ça ?** wer hat das gemacht?
▶ *nm* (*individu*) Wesen *nt*

étrennes [etRɛn] *nfpl* Neujahrsgeschenke *pl*
étrier [etRije] *nm* Steigbügel *m*
étroit, e [etRwa, wat] *adj* eng

étude [etyd] *nf* (*action*) Studieren *nt*; (*ouvrage*) Studie *f*; **études** *nfpl* Studium *nt*; **faire des ~s de droit/médecine** Jura/Medizin studieren • **étudiant, e** *nm/f* Student(in) *m(f)* ▶ *adj* Studenten- • **étudier** *vt* studieren; (*élève*) lernen ▶ *vi* studieren
étui [etɥi] *nm* Etui *nt*
eu, eue [y] *pp de* **avoir**
euphorie [øfɔRi] *nf* Euphorie *f*
euro [øRo] *nm* Euro *m*
eurodollar [øRodɔlaR] *nm* Eurodollar *m*
Euroland [øRolɑ̃d] *nm* Euroland *nt*, Eurozone *f*
Europe [øRɔp] *nf* : **l'~** Europa *nt* • **européen, ne** *adj* europäisch ▶ *nm/f* : **E~, ne** Europäer(in) *m(f)* • **eurosceptique** *nmf* Euroskeptiker(in) *m(f)*
euthanasie [øtanazi] *nf* Euthanasie *f*
eux [ø] *pron* sie; (*objet indirect, après prép* +*dat*) ihnen
évacuation [evakɥasjɔ̃] *nf* Evakuierung *f*
évacuer [evakɥe] *vt* räumen; (*population, occupants*) evakuieren; (*Méd*) ausscheiden
évadé, e [evade] *nm/f* entwichener Häftling *m*
évader [evade] : **s'~** *vpr* flüchten
évaluation [evalɥasjɔ̃] *nf* Einschätzung *f*
évaluer [evalɥe] *vt* einschätzen
évangile [evɑ̃ʒil] *nm* Evangelium *nt*
évanouir [evanwiR] : **s'~** *vpr* ohnmächtig werden; (*fig*) schwinden • **évanouissement** *nm* Ohnmacht *f*

évaporer [evapɔʀe] : **s'~** vpr verdunsten

évasif, -ive [evazif, iv] adj ausweichend

évasion [evazjɔ̃] nf Flucht f

évêché [eveʃe] nm Bistum nt

éveil [evɛj] nm Erwachen nt; **être en ~** wachsam sein • **éveillé, e** adj wach • **éveiller** vt wecken; **s'éveiller** vpr aufwachen

événement [evɛnmɑ̃] nm Ereignis nt • **événementiel, le** adj Eventmanagement nt

éventail [evɑ̃taj] nm Fächer m

éventualité [evɑ̃tɥalite] nf Eventualität f; **dans l'~ de** im Falle +gén

éventuel, le [evɑ̃tɥɛl] adj möglich

évêque [evɛk] nm Bischof m

éviction [eviksjɔ̃] nf (de locataire) Hinauswurf m; (de rival) Ausschalten nt

évidemment [evidamɑ̃] adv (de toute évidence) offensichtlich; (bien sûr) natürlich

évidence [evidɑ̃s] nf Offensichtlichkeit f; (fait) Tatsache f; **mettre en ~** aufzeigen • **évident, e** adj offensichtlich

évier [evje] nm Spülbecken nt

éviter [evite] vt ausweichen +dat; (obstacle, ville) meiden; (catastrophe, malheur) verhindern; **~ de faire qch** vermeiden, etw zu tun; **~ que qch ne se passe** verhindern, dass etw geschieht; **~ qch à qn** jdm etw ersparen

évocation [evokasjɔ̃] nf Heraufbeschwören nt

évolué, e [evɔlɥe] adj hoch entwickelt • **évoluer** vi sich entwickeln • **évolution** nf Entwicklung f

évoquer [evɔke] vt heraufbeschwören

ex [ɛks] préf : **son ex-mari** ihr Exmann m

ex. abr (= exemple) Beisp.

exacerber [ɛgzasɛʀbe] vt verschlimmern

exact, e [ɛgza(kt), ɛgzakt] adj (précis) genau; (correct) exakt; **l'heure ~e** die genaue Uhrzeit f • **exactement** adv genau • **exactitude** nf Genauigkeit f

ex aequo [ɛgzeko] adj inv : **être classé premier ~** sich den ersten Platz mit jemandem teilen

exagérer [ɛgzaʒeʀe] vt übertreiben ▶ vi übertreiben

examen [ɛgzamɛ̃] nm (d'un dossier, d'un problème) genau; Untersuchung f; (Scol) Prüfung f; **mettre en ~** (Jur) das Verfahren einleiten gegen; **~ médical** ärztliche Untersuchung • **examinateur, -trice** nm/f Prüfer(in) m(f) • **examiner** vt prüfen; (malade, problème, question) untersuchen

exaspérer [ɛgzaspeʀe] vt zur Verzweiflung bringen

exaucer [ɛgzose] vt (vœu) erfüllen; **~ qn** jdn erhören

excavation [ɛkskavasjɔ̃] nf Ausgrabung f

excédent [ɛksedɑ̃] nm Überschuss m; **~ de bagages** Übergepäck nt

excéder [ɛksede] vt (dépasser) überschreiten; (agacer) zur Verzweiflung bringen

excellence [ɛksɛlɑ̃s] *nf*
hervorragende Qualität *f*; **son E~**
Exzellenz *f* • **excellent, e** *adj*
ausgezeichnet, hervorragend
• **exceller** *vi* : **~ (en** *ou* **dans)** sich
auszeichnen (in +*dat*)

excentrique [ɛksɑ̃trik] *adj*
exzentrisch

excepté, e [ɛksɛpte] *adj* : **les
élèves/dictionnaires ~s**
ausgenommen Schüler/
Wörterbücher ▶ *prép* außer +*dat*;
~ si es sei denn; **~ quand** außer
wenn

exception [ɛksɛpsjɔ̃] *nf*
Ausnahme *f*; **sans ~** ausnahmslos
• **exceptionnel, le** *adj*
außergewöhnlich
• **exceptionnellement** *adv*
außergewöhnlich; (*par exception*)
außerordentlich

excès [ɛksɛ] *nm* Überschuss *m*; **à
l'~** übertrieben; **~ de vitesse**
Geschwindigkeitsüberschreitung
f • **excessif, -ive** *adj* überhöht

excitant [ɛksitɑ̃] *nm*
Aufputschmittel *nt*

excitation [ɛksitasjɔ̃] *nf*
Aufregung *f* • **exciter** *vt* aufregen;
(*sexuellement*) erregen; (*Physiol*)
anregen

exclamation [ɛksklamasjɔ̃] *nf*
Ausruf *m* • **exclamer** : **s'~** *vpr* rufen

exclure [ɛksklyr] *vt*
ausschließen; (*faire sortir*)
hinausweisen • **exclusif, -ive** *adj*
exklusiv • **exclusion** *nf* : **à l'~ de**
mit Ausnahme von
• **exclusivement** *adv*
ausschließlich

excursion [ɛkskyrsjɔ̃] *nf*
Ausflug *m* • **excursionniste** *nm/f*
Ausflügler(in) *m(f)*

excusable [ɛkskyzabl] *adj*
entschuldbar

excuse [ɛkskyz] *nf*
Entschuldigung *f*; (*prétexte aussi*)
Ausrede *f* • **excuser** *vt*
entschuldigen; **s'excuser** *vpr* sich
entschuldigen; **excusez-moi**
Entschuldigung

exécuter [ɛgzekyte] *vt* (*ordre,
mission, travail, Inform*) ausführen;
(*opération*) durchführen
• **exécutif, -ive** *adj* exekutiv ▶ *nm* :
l'~ die Exekutive • **exécution** *nf*
Hinrichtung *f*, Ausführung *f*,
Durchführung *f*; **mettre à ~**
ausführen

exemplaire [ɛgzɑ̃plɛr] *adj*
beispielhaft, vorbildlich ▶ *nm*
Exemplar *nt*

exemple [ɛgzɑ̃pl] *nm* Beispiel *nt*;
par ~ zum Beispiel

exempt, e [ɛgzɑ̃, ɑ̃(p)t] *adj* : **~ de**
befreit von; (*sans*) frei von
• **exempter** *vt* : **~ qn de** jdn
befreien von

exercer [ɛgzɛrse] *vt* ausüben;
(*personne, faculté*) trainieren;
s'exercer *vpr* üben

exercice [ɛgzɛrsis] *nm* Übung *f*;
(*physique*) Bewegung *f*

exhaustif, -ive [ɛgzostif, iv] *adj*
erschöpfend

exhorter [ɛgzɔrte] *vt* : **~ qn à
faire qch** jdn anflehen, etw zu tun

exigeant, e [ɛgziʒɑ̃, ɑ̃t] *adj*
anspruchsvoll • **exigence** *nf*
Forderung *f* • **exiger** *vt* fordern,
erfordern

exigu, ë [ɛgzigy] *adj* eng

exil [ɛgzil] *nm* Exil *nt* • **exiler** *vt*
verbannen; **s'exiler** *vpr* ins
Exil gehen

existence [ɛgzistɑ̃s] *nf* Existenz *f*; (*vie*) Leben *nt*, Dasein *nt*
• **exister** *vi* existieren; (*vivre*) leben; **il existe** es gibt

exode [ɛgzɔd] *nm*: **~ rural** Landflucht *f*

exonérer [ɛgzɔneʀe] *vt*: **~ de** befreien von

exorbitant, e [ɛgzɔʀbitɑ̃, ɑ̃t] *adj* astronomisch

exotique [ɛgzɔtik] *adj* exotisch

exp. *abr* (= *expéditeur*) Abs.

expansif, -ive [ɛkspɑ̃sif, iv] *adj* mitteilsam

expansion [ɛkspɑ̃sjɔ̃] *nf* Expansion *f*

expatrier [ɛkspatʀije] *vt* (*argent*) ins Ausland verschieben; **s'expatrier** *vpr* ins Ausland gehen

expectative [ɛkspɛktativ] *nf*: **être dans l'~** abwarten

expédier [ɛkspedje] *vt* abschicken • **expéditeur, -trice** *nm/f* Absender(in) *m(f)*

expédition [ɛkspedisjɔ̃] *nf* Expedition *f*; (*d'une lettre*) Absenden *nt*

expérience [ɛkspeʀjɑ̃s] *nf* Erfahrung *f*; (*scientifique*) Experiment *nt*

expérimenter [ɛkspeʀimɑ̃te] *vt* erproben

expert, e [ɛkspɛʀ, ɛʀt] *adj*: **être ~ en** gut Bescheid wissen über +*acc* ▶ *nm* Experte *m*, Expertin *f* • **expert-comptable** (*pl* **experts-comptables**) *nm* Wirtschaftsprüfer(in) *m(f)* • **expertise** *nf* Gutachten *nt* • **expertiser** *vt* (*dégâts*) abschätzen

expirer [ɛkspiʀe] *vi* (*passeport*, *bail*) ablaufen

explication [ɛksplikasjɔ̃] *nf* Erklärung *f*; (*discussion*) Aussprache *f*

explicite [ɛksplisit] *adj* ausdrücklich • **expliquer** *vt* erklären; **s'expliquer** *vpr* (*se comprendre*) verständlich sein; (*discuter, se disputer*) sich aussprechen

exploit [ɛksplwa] *nm* Leistung *f*

exploitation [ɛksplwatasjɔ̃] *nf* Ausbeutung *f*; **~ agricole** landwirtschaftlicher Betrieb *m* • **exploiter** *vt* ausbeuten

explorateur, -trice [ɛksplɔʀatœʀ, tʀis] *nm/f* Forscher(in) *m(f)*

exploration [ɛksplɔʀasjɔ̃] *nf* Erforschung *f*

explorer [ɛksplɔʀe] *vt* erforschen

exploser [ɛksploze] *vi* explodieren; (*joie, colère*) ausbrechen • **explosif, -ive** *adj* explosiv ▶ *nm* Sprengstoff *m* • **explosion** *nf* Explosion *f*; **~ de colère** Wutausbruch *m*; **~ démographique** Bevölkerungsexplosion *f*

exportateur, -trice [ɛkspɔʀtatœʀ, tʀis] *adj* Export- ▶ *nm* (*personne*) Exporteur *m*

exportation [ɛkspɔʀtasjɔ̃] *nf* Export *m*

exporter [ɛkspɔʀte] *vt* exportieren

exposant [ɛkspozɑ̃] *nm* (*personne*) Aussteller *m*; (*Math*) Exponent *m*

exposé, e [ɛkspoze] *adj* (*orienté*) ausgerichtet ▶ *nm* (*conférence*)

Referat nt; **être ~ à l'est/au sud** nach Osten/Süden gehen ou liegen

exposer [ɛkspoze] vt ausstellen • **exposition** nf Ausstellung f; (Photo) Belichtung f

exprès[1] [ɛkspʀɛ] adv absichtlich

exprès[2], **-esse** [ɛkspʀɛs] adj (ordre, défense) ausdrücklich ▶ adj inv : **lettre ~** Eilbrief m; **colis ~** Schnellpaket nt

express [ɛkspʀɛs] adj, nm : **(café) ~** Espresso m

expressément [ɛkspʀesemɑ̃] adv ausdrücklich

expressif, -ive [ɛkspʀesif, iv] adj ausdrucksvoll

expression [ɛkspʀesjɔ̃] nf Ausdruck m

exprimer [ɛkspʀime] vt ausdrücken; **s'exprimer** vpr sich ausdrücken

exproprier [ɛkspʀɔpʀije] vt enteignen

expulser [ɛkspylse] vt verweisen; (locataire) hinauswerfen • **expulsion** nf Ausweisung f

exquis, e [ɛkski, iz] adj exquisit

exsangue [ɛksɑ̃g] adj blutleer

extasier [ɛkstazje] : **s'~** vpr : **s'~ sur** in Ekstase geraten über +acc

extensible [ɛkstɑ̃sibl] adj dehnbar

extensif, -ive [ɛkstɑ̃sif, iv] adj extensiv

extension [ɛkstɑ̃sjɔ̃] nf Strecken nt; (fig) Expansion f; **~ de mémoire** (Inform) Speichererweiterung f

exténuer [ɛkstenɥe] vt erschöpfen

extérieur, e [ɛksteʀjœʀ] adj Außen-; (influences, pressions) äußere(r, s); (superficiel) äußerlich ▶ nm Außenseite f

exterminer [ɛkstɛʀmine] vt ausrotten

externat [ɛkstɛʀna] nm Tagesschule f

externe [ɛkstɛʀn] adj extern

extincteur [ɛkstɛ̃ktœʀ] nm Feuerlöscher m

extinction [ɛkstɛ̃ksjɔ̃] nf (d'une race) Aussterben nt; **~ des feux** Lichtausmachen nt; **~ de voix** Stimmverlust m

extirper [ɛkstiʀpe] vt (plante) ausreißen; (tumeur) entfernen

extorquer [ɛkstɔʀke] vt : **~ qch à qn** etw von jdm erpressen

extra [ɛkstʀa] adj inv erstklassig

extraconjugal, e (pl -aux) [ɛkstʀakɔ̃ʒygal, o] adj außerehelich

extraction [ɛkstʀaksjɔ̃] nf Gewinnung f; (de dent) Ziehen nt

extradition [ɛkstʀadisjɔ̃] nf Auslieferung f

extraire [ɛkstʀɛʀ] vt (minerai) gewinnen; (dent, Math : racine) ziehen; **~ qch de** etw herausziehen aus

extrait, e [ɛkstʀɛ, ɛt] pp de **extraire** ▶ nm Extrakt m; (de film, livre) Auszug m

extraordinaire [ɛkstʀaɔʀdinɛʀ] adj außergewöhnlich; **mission ~** Sondermission f; **assemblée ~** Sondersitzung f

extraterrestre [ɛkstʀateʀɛstʀ(ə)] nmf Außerirdische(r) f(m)

extravagant, e [ɛkstʀavagɑ̃, ɑ̃t] *adj* extravagant

extraverti, e [ɛkstʀavɛʀti] *adj* extrovertiert

extrême [ɛkstʀɛm] *adj* extrem; *(limite)* äußerste(r, s) ▶ *nm* : **les ~s** die Extreme *pl* • **Extrême-Orient** *nm* : **l'~** der Ferne Osten *m* • **extrémiste** *nmf* Extremist(in) *m(f)*

extrémité [ɛkstʀemite] *nf* äußerstes Ende *nt*; *(situation)* äußerste Not *f*; **extrémités** *nfpl (pieds et mains)* Extremitäten *pl*

exubérant, e [ɛgzybeʀɑ̃, ɑ̃t] *adj* überschwänglich

exulter [ɛgzylte] *vi* frohlocken

eye-liner [ajlajnœʀ] *(pl* **eye-liners)** *nm* Lidstrich *m*

f

fa [fa] *nm inv (Mus)* F *nt*

fable [fɑbl] *nf* Fabel *f*

fabricant [fabʀikɑ̃] *nm* Hersteller *m* • **fabrication** *nf* Herstellung *f*

fabrique [fabʀik] *nf* Fabrik *f* • **fabriquer** *vt* herstellen

fabuleux, -euse [fabylø, øz] *adj (récit etc)* Fabel-; *(somme, quantité etc)* märchenhaft

fac [fak] *(fam) abr f* Uni *f*

façade [fasad] *nf* Fassade *f*

face [fas] *nf (côté)* Seite *f*; *(visage)* Gesicht *nt*; **en ~ de** gegenüber von; *(fig)* im Angesicht +*gén*; **de ~** von vorn; **~ à** gegenüber von; *(fig)* angesichts +*gén*; **~ à ~** einander gegenüber

facette [fasɛt] *nf* Facette *f*; *(d'un problème)* Seite *f*

fâché, e [fɑʃe] *adj* wütend, böse • **fâcher** *vt* ärgern; **se fâcher** *vpr* wütend werden; **se ~ contre qn** sich über jdn ärgern; **se ~ avec qn** sich mit jdm zerstreiten

fâcheux, -euse [fɑʃø, øz] *adj (regrettable)* bedauerlich

facile [fasil] *adj* leicht, einfach;
~ à faire leicht (zu machen)
• **facilement** *adv* leicht • **facilité**
nf(aise) Leichtigkeit *f* • **faciliter** *vt*
erleichtern

façon [fasɔ̃] *nf*(manière) (Art und)
Weise *f*; **de toute ~** auf jeden Fall

facteur [faktœʀ] *nm*(postier)
Briefträger *m*; (Math, fig) Faktor *m*

factice [faktis] *adj* nachgemacht;
(situation, sourire) gekünstelt

faction [faksjɔ̃] *nf*(groupe)
(Splitter)gruppe *f*; (garde) Wache *f*

facture [faktyʀ] *nf* Rechnung *f*
• **facturer** *vt* berechnen

facultatif, -ive [fakyltatif, iv]
adj freiwillig

faculté [fakylte] *nf*(possibilité,
pouvoir) Fähigkeit *f*, Vermögen *nt*;
(Univ) Fakultät *f*

fade [fad] *adj* fad

fading [fadiŋ] *nm* (Radio)
Ausblenden *nt*

FAI [ɛfai] *sigle m* (= fournisseur
d'accès à Internet) Internetprovider
m

faible [fɛbl] *adj* schwach;
(moralement) (willens) schwach
▶ *nm*: **le ~ de qn/qch** die
schwache Stelle von jdm/etw;
avoir un ~ pour qn/qch eine
Schwäche ou ein Faible für jdn/
etw haben • **faiblesse** *nf*
Schwäche *f* • **faiblir** *vi* schwächer
werden

faïence [fajɑ̃s] *nf* Töpferware *f*,
Keramik *f*

faille [faj] *nf*(dans un rocher) Spalte
f; (fig) Schwachstelle *f*

faillible [fajibl] *adj* fehlbar

faillir [fajiʀ] *vi*: **j'ai failli tomber**
ich wäre beinahe hingefallen

faillite [fajit] *nf* Bankrott *m*

faim [fɛ̃] *nf* Hunger *m*; **avoir ~**
Hunger haben

fainéant, e [fɛneɑ̃, ɑ̃t] *adj* faul
▶ *nm/f* Faulenzer(in) *m(f)*

---

faire [fɛʀ]

▶ *vt* **1** machen; **que fait-il?** was
macht er?; **qu'allons-nous ~?**
was sollen wir tun?; **que ~?** was
tun?; **que faites-vous?** was
machen Sie (gerade)?; **~ des
dégâts** Schaden anrichten; **~ la
cuisine** kochen; **~ les courses**
einkaufen; **~ les magasins**
einen Einkaufsbummel machen;
n'avoir que ~ de qch etw nicht
nötig haben
2 (produire) erzeugen; **fait à la
main** Handarbeit; **fait à la
machine** mit der Maschine
gefertigt
3 (études) betreiben; (sport)
treiben; (musique) machen;
~ du rugby Rugby spielen;
~ du ski Ski laufen; **~ du
violon/piano** Geige/Klavier
spielen
4 (maladie) haben; **~ du
diabète/de la tension/de la
fièvre** Diabetes/
Bluthochdruck/Fieber haben
5 (simuler): **~ le
malade/l'ignorant** den
Kranken/Unwissenden spielen
6 (transformer, avoir un effet sur):
ça ne me fait rien das ist mir
egal; **ça ne fait rien** das macht
nichts
7 (calculs, prix, mesures): **2 et 2
font 4** 2 und 2 macht ou ist 4;
9 divisé par 3 fait 3 9 geteilt
durch 3 macht ou ist 3; **ça fait**

15 euros das macht 15 Euro
8 *(dire)* sagen; **« vraiment ? »
fit-il** „wirklich?" sagte er
▶ vi 1 *(agir, s'y prendre)* machen;
il faut ~ vite wir müssen uns
beeilen; **faites comme chez
vous** fühlen Sie sich wie zu
Hause
2 *(ses besoins)* machen
3 *(paraître)* aussehen; **~ vieux/
démodé/petit** alt/altmodisch/
klein aussehen
▶ vb substitut machen;
**remets-le en place — je viens
de le** ~ tu es zurück — ich habs
gerade *ou* schon gemacht
▶ vb impers 1: **il fait beau** es ist
schönes Wetter; **il fait froid/
chaud** es ist kalt/warm
2 *(temps écoulé, durée)* : **ça fait
cinq heures qu'il est parti** er
ist vor fünf Stunden
weggefahren; **ça fait deux
ans/heures qu'il y est** er ist
schon zwei Jahre/Stunden dort
▶ vb semi-aux *(avec infinitif)*
lassen; **~ tomber qch** etw fallen
lassen; **~ chauffer de l'eau**
Wasser aufsetzen; **~ réparer
qch** etw reparieren lassen; **il
m'a fait ouvrir la porte** er hat
mich gezwungen, die Tür zu
öffnen
se faire vpr 1 *(vin, fromage)*
reifen
2: **cela se fait beaucoup** das
sieht man oft; **cela ne se fait
pas** das macht man nicht
3 *(+nom ou pronom)* : **se ~ une
jupe** sich dat einen Rock machen
ou nähen; **se ~ des amis**
Freunde gewinnen; **il ne s'en
fait pas** er macht sich keine
Sorgen

4 *(+adj)* : **se ~ vieux** (langsam)
alt werden
5: **se ~ à** *(s'habituer)* sich
gewöhnen an +acc
6 *(+infinitif)* : **se ~ opérer** sich
operieren lassen; **se ~ couper
les cheveux** sich dat die Haare
schneiden lassen; **se ~
montrer/expliquer qch** sich
dat etw zeigen/erklären lassen;
se ~ faire un vêtement sich dat
ein Kleidungsstück anfertigen
lassen
7 *(impersonnel)* : **comment se
fait-il/faisait-il que ... ?** wie
kommt/kam es, dass ...?; **il
peut se ~ que ...** es kann sein,
dass ...

faire-part [fɛrpar] nm inv : **~ de
mariage/décès** Heiratsanzeige
f/Todesanzeige f
fair-play [fɛrplɛ] adj inv fair
faisable [fəzabl] adj machbar
faisan [fəzɑ̃, an] nm/f
Fasan m
faisceau, x [fɛso] nm *(de lumière,
électronique etc)* Strahl m; *(de
branches etc)* Bündel nt
fait¹ [fɛ] nm Tatsache f; **au ~**
übrigens; **en ~** tatsächlich;
~ accompli vollendete Tatsache
f; **« ~ divers »** „Vermischtes"
fait², e [fɛ, fɛt] adj *(fromage)* reif;
c'est bien ~ pour lui/eux das
geschieht ihm/ihnen ganz recht
faitout, fait-tout [fɛtu] nm inv
großer Kochtopf m
falaise [falɛz] nf Klippe f
falloir [falwar] vb impers : **il va ~
100 euros** *(besoin)* es werden
100 Euro nötig sein; **il faut faire**

les lits die Betten müssen gemacht werden; **il me faut/ faudrait 100 euros/de l'aide** ich brauche/bräuchte 100 Euro/ Hilfe; **il vous faut tourner à gauche après l'église** nach der Kirche müssen Sie links abbiegen; **il faut que je fasse les lits** ich muss die Betten machen; **il faudrait qu'elle rentre** sie sollte wirklich nach Hause gehen

falsifier [falsifje] vt fälschen

famé, e [fame] adj : **mal ~** zwielichtig

fameux, -euse [famø, øz] adj berühmt; (bon) ausgezeichnet

familial, e, -aux [familjal, jo] adj Familien- ▶ nf (Auto) Kombi m

familiariser [familjaʀize] vt : **~ qn avec qch** jdn mit etw vertraut machen; **se familiariser** vpr : **se ~ avec** vertraut werden mit • **familiarité** nf Vertraulichkeit f; (connaissance) Vertrautheit f • **familier, -ière** adj (connu) vertraut; (dénotant une certaine intimité) vertraulich

famille [famij] nf Familie f; **il a de la ~ à Paris** er hat Verwandte in Paris

famine [famin] nf Hungersnot f

fana [fana] (fam) abr = **fanatique**

fanatique [fanatik] adj fanatisch ▶ nmf Fanatiker(in) m(f) • **fanatisme** nm Fanatismus m

faner [fane] : **se ~** vpr (fleur) welken, verblühen

fanfare [fɑ̃faʀ] nf (orchestre) Blaskapelle f; (musique) Fanfare f

fanfaron, ne [fɑ̃faʀɔ̃, ɔn] nm/f Angeber(in) m(f)

fanion [fanjɔ̃] nm Wimpel m

fantaisie [fɑ̃tezi] nf Fantasie f ▶ adj : **bijou ~** Modeschmuck m; **agir selon sa ~** nach Lust und Laune handeln • **fantaisiste** adj (péj) unseriös ▶ nm (de music-hall) Varietékünstler(in) m(f)

fantasme [fɑ̃tasm] nm Hirngespinst nt • **fantasque** adj launisch

fantastique [fɑ̃tastik] adj fantastisch

fantôme [fɑ̃tom] nm Gespenst nt

faon [fɑ̃] nm Hirschkalb nt, Rehkitz nt

FAQ [fak] sigle f (Inform : = foire aux questions) FAQ pl

farce [faʀs] nf (Culin) Füllung f; (blague) Streich m; (Théât) Possenspiel nt • **farceur, -euse** nm/f Spaßvogel m • **farcir** vt (Culin) füllen; **~ qch de** (fig) etw spicken mit

fard [faʀ] nm Schminke f

fardeau, x [faʀdo] nm Last f

farder [faʀde] vt schminken

farfelu, e [faʀfəly] adj exzentrisch

farine [faʀin] nf Mehl nt • **farineux, -euse** adj mehlig

farouche [faʀuʃ] adj (sauvage) scheu; (brutal, indompté) wild; (déterminé) stark, heftig

fart [faʀt] nm Skiwachs nt • **farter** vt wachsen

fascicule [fasikyl] nm Heft nt

fascinant, e [fasinɑ̃, ɑ̃t] adj faszinierend

fasciner [fasine] vt faszinieren

fascisme [faʃism] nm Faschismus m • **fasciste** adj faschistisch ▶ nmf Faschist(in) m(f)

fast-food [fastfud] (*pl* **fast-foods**) *nm* Fast Food *nt*; (*restaurant*) Schnellimbiss *m*

fastidieux, -euse [fastidjø, jøz] *adj* langweilig; (*travail*) mühsam

fastueux, -euse [fastɥø, øz] *adj* prunkvoll, prächtig

fatal, e [fatal] *adj* tödlich • **fatalité** *nf* (*destin*) Schicksal *nt*; (*coïncidence fâcheuse*) Verhängnis *nt*

fatigant, e [fatigɑ̃, ɑ̃t] *adj* ermüdend • **fatigue** *nf* Müdigkeit *f* • **fatigué, e** *adj* müde • **fatiguer** *vt* ermüden, müde machen; (*importuner*) belästigen ▸ *vi* (*moteur*) überlastet sein; **se fatiguer** *vpr* müde werden

fatras [fatʀa] *nm* Durcheinander *nt*

faubourg [fobuʀ] *nm* Vorstadt *f*

fauché, e [fose] (*fam*) *adj* blank

faucher [fose] *vt* (*herbe, champs*) mähen; (*mort, véhicule*) niedermähen; (*fam*) mopsen

faucille [fosij] *nf* Sichel *f*

faucon [fokɔ̃] *nm* Falke *m*

faufiler [fofile] *vt* heften; **se faufiler** *vpr*: **se ~ dans/parmi** sich einschleichen in +*acc*; **se ~ entre** hindurchschlüpfen durch +*acc*

faune [fon] *nf* Fauna *f*, Tierwelt *f*; (*péj*) Haufen *m*

faussaire [fosɛʀ] *nmf* Fälscher(in) *m(f)* • **faussement** *adv* fälschlich • **fausser** *vt* verfälschen

faut [fo] *voir* **falloir**

faute [fot] *nf* Fehler *m*; (*mauvaise action*) Verstoß *m*; **par la ~ de Pierre** durch Pierres Schuld; **c'est**

de sa/ma ~ das ist seine/meine Schuld; **~ de** aus Mangel an +*dat*, mangels +*gén*; **sans ~** ganz bestimmt; **~ d'orthographe** Schreibfehler *m*

fauteuil [fotœj] *nm* Sessel *m*; **~ d'orchestre** (*Théât*) Sperrsitz *m*; **~ roulant** Rollstuhl *m*

fautif, -ive [fotif, iv] *adj* (*responsable*) schuldig; (*incorrect*) falsch

fauve [fov] *nm* Raubkatze *f*

faux¹ [fo] *nf* (*Agr*) Sense *f*

faux², fausse [fo, fos] *adj* falsch; (*falsifié*) gefälscht ▸ *adv* (*Mus*): **jouer/chanter ~** falsch spielen/singen ▸ *nm* (*copie*) Fälschung *f*; **fausse clé** Dietrich *m*; **fausse couche** *nf* Fehlgeburt *f*; **~ frais** *nmpl* Nebenausgaben *pl*; **~ pas** Stolpern *nt*; (*fig*) Fauxpas *m* • **faux-filet** (*pl* **faux-filets**) *nm* (*Culin*) ≈ Lendenstück *nt*

faveur [favœʀ] *nf* Gunst *f*; (*service*) Gefallen *m*; **régime/ traitement de ~** Bevorzugung *f*; **en ~ de qn/qch** zu jds Gunsten/ zugunsten einer Sache *gén*

favorable [favɔʀabl] *adj* (*propice*) günstig; (*bien disposé*) wohlwollend; **être ~ à qch** einer Sache *dat* positiv gegenüberstehen

favori, -ite [favɔʀi, it] *adj* Lieblings- ▸ *nm* Favorit(in) *m(f)* • **favoriser** *vt* (*personne*) bevorzugen; (*activité*) fördern • **favoritisme** *nm* Vetternwirtschaft *f*

fax [faks] *nm* Fax *nt*

fécond, e [fekɔ̃, ɔ̃d] *adj* fruchtbar • **féconder** *vt* befruchten • **fécondité** *nf* Fruchtbarkeit *f*

fécule [fekyl] *nf* Stärke *f*

fédéral, e, -aux [federal, o] *adj* Bundes- • **fédération** *nf* Verband *m*; (Pol) Staatenbund *m*, Föderation *f*

fée [fe] *nf* Fee *f* • **féerique** *adj* zauberhaft

feindre [fɛ̃dʀ] *vt* (simuler) vortäuschen; **~ de faire qch** vorgeben, etw zu tun • **feint, e** *pp de* **feindre** ▶ *adj* vorgetäuscht

feinte [fɛ̃t] *nf* Finte *f*

félicitations [felisitasjɔ̃] *nfpl* Glückwünsche *pl* • **féliciter** *vt* beglückwünschen, gratulieren + *dat*

félin, e [felɛ̃, in] *adj* Katzen-, katzenartig ▶ *nm* (Zool) Katze *f*

fêlure [felyʀ] *nf* Sprung *m*

femelle [fəmɛl] *nf* (d'animal) Weibchen *nt* ▶ *adj* weiblich

féminin, e [feminɛ̃, in] *adj* weiblich; (équipe, vêtements etc) Frauen- ▶ *nm* Femininum *nt* • **féminisme** *nm* Feminismus *m* • **féministe** *adj* feministisch ▶ *nf* Feministin *f*

féminité [feminite] *nf* Weiblichkeit *f*

femme [fam] *nf* Frau *f*; **~ de chambre** Zimmermädchen *nt*; **~ de ménage** Putzfrau *f*

fémur [femyʀ] *nm* Oberschenkel *m*

fendre [fɑ̃dʀ] *vt* spalten; **se fendre** *vpr* bersten, zerspringen • **fendu, e** *adj* (sol, mur) rissig

fenêtre [f(ə)nɛtʀ] *nf* Fenster *nt*

fenouil [fənuj] *nm* Fenchel *m*

fente [fɑ̃t] *nf* (fissure) Riss *m*, Sprung *m*; (de boîte à lettres, dans un vêtement etc) Schlitz *m*

fer [fɛʀ] *nm* Eisen *nt*; **de** ou **en ~** aus Eisen; **~ à cheval** Hufeisen; **~ à repasser** Bügeleisen *nt*; **~ à vapeur** Dampfbügeleisen *nt*; **~ forgé** Schmiedeeisen *nt* • **fer-blanc** (pl **fers-blancs**) *nm* Blech *nt*

férié, e [feʀje] *adj* : **jour ~** Feiertag *m*

ferme [fɛʀm] *nf* Bauernhof *m* ▶ *adj* fest; (personne) entschieden

fermé, e [fɛʀme] *adj* geschlossen

fermement [fɛʀməmɑ̃] *adv* fest, entschieden

fermentation [fɛʀmɑ̃tasjɔ̃] *nf* Gärung *f*

fermenter [fɛʀmɑ̃te] *vi* gären

fermer [fɛʀme] *vt* schließen, zumachen; (eau, électricité, robinet) abstellen; (aéroport, route) sperren ▶ *vi* (porte, valise) zugehen; (entreprise) schließen; **se fermer** *vpr* sich schließen

fermeté [fɛʀməte] *nf* Festigkeit *f*; (d'une personne) Entschiedenheit *f*

fermeture [fɛʀmətyʀ] *nf* Schließen *nt*; (dispositif) Verschluss *m*; **jour de ~** Ruhetag *m*

fermier, -ière [fɛʀmje, jɛʀ] *nm/f* Bauer *m*, Bäuerin *f*

fermoir [fɛʀmwaʀ] *nm* Verschluss *m*, Schließe *f*

féroce [feʀɔs] *adj* wild

ferraille [feʀaj] *nf* Schrott *m*, Alteisen *nt*; **mettre à la ~** verschrotten

ferré, e [feʀe] *adj* (canne) mit Eisen beschlagen

ferroviaire [feʀɔvjɛʀ] *adj* Eisenbahn-

ferry [fɛʀi] (pl **ferries**),
ferry-boat [fɛʀibot] (pl
ferry-boats) nm Fähre f

fertile [fɛʀtil] adj fruchtbar
• **fertiliser** vt (terre) düngen
• **fertilité** nf Fruchtbarkeit f

fervent, e [fɛʀvɑ̃, ɑ̃t] adj (prière)
inbrünstig; (admirateur) glühend
• **ferveur** nf Inbrunst f, Eifer m

fesse [fɛs] nf Hinterbacke f;
les ~s das Hinterteil nt
• **fessée** nf Schläge pl (auf das
Hinterteil)

festin [fɛstɛ̃] nm Festmahl nt

festival [fɛstival] nm Festival nt,
Festspiele pl • **festivalier** nm
Festivalbesucher(in) m(f)

festivités [fɛstivite] nfpl
Festlichkeiten pl

festoyer [fɛstwaje] vi
schmausen

fête [fɛt] nf (publique) Feiertag m;
(en famille) Feier f, Fest nt; (d'une
personne) Namenstag m; **faire
la ~** in Saus und Braus leben;
jour de ~ Festtag m, Feiertag m;
les ~s (de fin d'année) die
(Weihnachts)feiertage pl; **salle/
comité des ~s** Festsaal m/
Festausschuss m; **la ~ nationale**
der Nationalfeiertag m; **~ foraine**
Jahrmarkt m; **~ mobile**
beweglicher Feiertag m
• **Fête-Dieu** (pl **Fêtes-Dieu**) nf:
la ~ Fronleichnam m • **fêter** vt
feiern

feu¹ [fø] adj inv : **~ son père** sein
verstorbener Vater

feu², x [fø] nm Feuer nt; (Naut)
(Leucht)feuer nt; (de voiture, avion)
Licht nt; (de circulation) Ampel f;
au ~ ! Feuer, Feuer!; **à ~ doux/vif**

auf kleiner/großer Flamme; **avez-
vous du ~ ?** (pour cigarette) haben
Sie Feuer?; **s'arrêter aux ~x** ou
au ~ rouge an der roten Ampel
stehen bleiben; (Auto)
Rücklicht nt; **~x d'artifice**
Feuerwerk nt; **~x de croisement**
Abblendlicht nt; **~x de position**
Parklicht nt

feuillage [fœjaʒ] nm Blätter pl

feuille [fœj] nf Blatt nt; **~ (de
papier)** Blatt Papier

feuilleté, e [fœjte] adj : **pâte ~e**
Blätterteig m

feuilleter [fœjte] vt
durchblättern

feuilleton [fœjtɔ̃] nm (roman)
Fortsetzungsroman m; (TV, Radio)
Serie f

feutre [føtʀ] nm (matière) Filz m;
(chapeau) Filzhut m; (stylo)
Filzstift m

fève [fɛv] nf dicke Bohne f

février [fevʀije] nm Februar m;
voir aussi **juillet**

fi [fi] excl : **faire fi de** nicht
befolgen

fiable [fjabl] adj zuverlässig

fiançailles [fjɑ̃saj] nfpl
Verlobung f; (période)
Verlobungszeit f • **fiancé, e** nm/f
Verlobte(r) f(m) ▶ adj : **être ~ (à)**
verlobt sein (mit) • **fiancer** : **se ~**
vpr : **se ~ (à** ou **avec)** sich verloben
(mit)

fibre [fibʀ] nf Faser f; **~ optique**
optische Faser, Glasfaser f

ficeler [fis(ə)le] vt (paquet)
verschnüren • **ficelle** nf Schnur f,
Bindfaden m

fichage [fiʃaʒ] nm Registrierung f

fiche

146

fiche [fiʃ] nf (carte) Karteikarte f;
(Élec) Stecker m; **~ de paye**
Gehaltsabrechnung f

ficher [fiʃe] vt (police) in die Akten
aufnehmen; (enfoncer) (faire) machen;
se ficher vpr: **se ~ de** (fam: se
moquer) sich lustig machen über
+acc; (: être indifférent) sich nicht
scheren um; **~ qn à la porte** (fam)
jdn zur Tür rauswerfen;
fiche(-moi) le camp! (fam) hau
ab!; **fiche-moi la paix** (fam) lass
mich in Ruhe ou Frieden

fichier [fiʃje] nm Kartei f; (Inform)
Datei f; **~ joint** (Inform)
Attachment nt, Anhang m

fichu, e [fiʃy] pp de **ficher** ▶ adj
(fam: inutilisable) kaputt

fictif, -ive [fiktif, iv] adj fiktiv
• **fiction** nf Fiktion f

fidèle [fidɛl] adj treu ▶ nmf: **les ~s**
(Rel) die Gläubigen pl; **être ~ à**
treu sein +dat; (parole donnée)
halten • **fidéliser** vt (Comm) als
Stammkunde gewinnen
• **fidélité** nf Treue f,
Zuverlässigkeit f

Fidji [fidʒi] nfpl: **les îles ~** die
Fidschi-Inseln pl

fiduciaire [fidysjɛʀ] adj
treuhänderisch

fief [fjɛf] nm (Hist) Lehen nt; (fig)
Herrschaftsgebiet nt; (Pol)
Hochburg f

fier¹ [fje] **se ~ à** vpr sich verlassen
auf +acc

fier², fière [fje, fjɛʀ] adj stolz;
~ de qch/qn stolz auf etw/jdn
• **fierté** nf Stolz m

fièvre [fjɛvʀ] nf Fieber nt
• **fiévreux, -euse** adj fiebrig; (fig)
fieberhaft

FIFA [fifa] sigle f (= Fédération
internationale de football
association) FIFA f

figer [fiʒe] vt (sang) gerinnen
lassen; (personne) erstarren
lassen, lähmen

figue [fig] nf Feige f • **figuier** nm
Feigenbaum m

figurant, e [figyʀɑ̃, ɑ̃t] nm/f
Statist(in) m(f)

figuratif, -ive [figyʀatif, iv] adj
(art) gegenständlich

figure [figyʀ] nf (visage) Gesicht
nt; (aspect) Aussehen nt;
(personnage) Gestalt f

figuré, e [figyʀe] adj (Ling)
übertragen

figurer [figyʀe] vi (apparaître)
erscheinen ▶ vt (représenter)
darstellen; **se figurer** vpr: **se ~
qch** sich dat etw vorstellen;
se ~ que sich dat vorstellen,
dass

fil [fil] nm Faden m; (électrique)
Leitung f; **sans ~** (Tél) schnurlos;
~ à coudre Nähgarn nt; **~ à
pêche** Angelschnur f; **~ à plomb**
Lot nt; **~ de fer** Draht m; **~ de fer
barbelé** Stacheldraht m;
~ dentaire Zahnseide f

filament [filamɑ̃] nm (Élec)
Glühfaden m; (de liquide etc)
Faden m

filandreux, -euse [filɑ̃dʀø, øz]
adj (viande) faserig

filant, e [filɑ̃, ɑ̃t] adj: **étoile ~e**
Sternschnuppe f

filature [filatyʀ] nf (fabrique)
Spinnerei f; (d'un suspect)
Beschattung f

file [fil] nf Reihe f; (d'attente)
Schlange f

filer [file] vt spinnen ▶ vi (aller vite) flitzen; (fam : partir)

filet [filɛ] nm Netz nt; (Culin) Filet nt

filial, e, -aux [filjal, jo] adj Kindes- ▶ nf Filiale f • **filiation** nf Abstammung f; (fig) Abfolge f

filière [filjɛʀ] nf (hiérarchique, administrative) Wege pl; **suivre la ~** von der Pike auf dienen

filiforme [filifɔʀm] adj fadenförmig, fadendünn

fille [fij] nf (opposé à garçon) Mädchen nt; (opposé à fils) Tochter f; **vieille ~** (alte) Jungfer f • **fillette** nf kleines Mädchen nt

filleul, e [fijœl] nm/f Patenkind nt

film [film] nm Film m; **~ d'horreur** Horrorfilm m; **~ muet/parlant** Stummfilm m/ Tonfilm m • **filmer** vt filmen

filou [filu] nm Gauner m

fils [fis] nm Sohn m; **~ à papa** verzogenes Kind nt reicher Eltern; **~ de famille** junger Mann m aus gutem Hause

filtrant, e [filtʀɑ̃, ɑ̃t] adj (huile solaire etc) mit Schutzfaktor

filtre [filtʀ] nm Filter m • **filtrer** vt filtern ▶ vi (lumière) durchscheinen; (bruit, liquide, nouvelle) durchsickern

fin¹ [fɛ̃] nf Ende nt; **(à la) ~ mai/ juin** Ende Mai/Juni; **en ~ de journée/semaine** am Ende des Tages/der Woche; **à la ~** schließlich

fin², e [fɛ̃, fin] adj fein; (papier, couche, cheveux) dünn; (visage) fein geschnitten; (taille) schmal, zierlich; (pointe, pinceau) fein,

spitz; (esprit, personne, remarque) feinsinnig ▶ adv völlig; **au ~ fond de** mitten in +dat; **vin/repas ~** erlesener Wein m/köstliches Essen nt; **~ gourmet** großer Feinschmecker m; **~es herbes** fein gehackte Kräuter pl

final, e [final] adj letzte(r, s); (Philos) final; **cause ~e** Urgrund m • **finale** (Sport) Finale nt; **quart/ huitièmes de ~** Viertel-/ Achtelfinale nt • **finalement** adv schließlich • **finaliste** nmf Endrundenteilnehmer(in) m(f)

finance [finɑ̃s] nf Finanz(welt) f; **finances** nfpl (situation) Finanzen pl • **financement** nm Finanzierung f; **~ participatif** Crowdfunding nt, Schwarmfinanzierung f • **financer** vt finanzieren • **financier, -ière** adj Finanz- ▶ nm Finanzier m

finement [finmɑ̃] adv fein

finesse [finɛs] nf Feinheit f

fini, e [fini] adj (terminé) fertig; (sans avenir) erledigt • **finir** vt (travail, opération) fertig machen, beenden; (vie, études) beenden; (repas, paquet de bonbons etc) aufessen ▶ vi (se terminer) zu Ende gehen, aufhören; **~ de faire qch** (terminer) etw beenden ou zu Ende machen; (cesser) aufhören, etw zu tun • **finissage** nm Fertigstellung f, letzter Schliff m • **finition** nf Fertigstellung f

finlandais, e [fɛ̃lɑ̃dɛ, ɛz] adj finnisch ▶ nm/f: **F~, e** Finne m, Finnin f • **Finlande** nf: **la ~** Finnland nt • **finnois, e** adj finnisch

firme [fiʀm] nf Firma f

148

fisc [fisk] *nm* : **le ~** der Fiskus *m*, die Steuerbehörde *f* • **fiscal, e, -aux** *adj* Steuer- • **fiscalité** *nf* (*système*) Steuerwesen *nt*; (*charges*) Steuerlast *f*

fissure [fisyʀ] *nf* (*lézarde, cassure*) Sprung *m*; (*crevasse*) Riss *m* • **fissurer** : **se ~** *vpr* rissig werden

fiston [fistɔ̃] (*fam*) *nm* Söhnchen *nt*

fixateur [fiksatœʀ] *nm* (*Photo*) Fixiermittel *nt*; (*pour cheveux*) Festiger *m* • **fixation** *nf* Befestigung *f*; (*de ski*) Bindung *f*

fixe [fiks] *adj* fest; (*regard*) starr ▶ *nm* (*salaire*) Festgehalt *nt*; **à date/heure ~** zu einem bestimmten Datum/zu einer bestimmten Uhrzeit; **menu à prix ~** Menü *nt* zu einem festen Preis

fixé, e [fikse] *adj* : **être ~ (sur)** (*savoir à quoi s'en tenir*) genau Bescheid wissen (*+acc*)

fixer [fikse] *vt* (*attacher*) festmachen, befestigen; (*déterminer*) festlegen, festsetzen; (*Chim, Photo*) fixieren; (*poser son regard sur*) fixieren, anstarren

flacon [flakɔ̃] *nm* Fläschchen *nt*

flagada [flagada] *adj inv* (*fam*) schlapp

flageolet [flaʒɔlɛ] *nm* Zwergbohne *f*

flagrant, e [flagʀɑ̃, ɑ̃t] *adj* offenkundig; **prendre qn en ~ délit** jdn auf frischer Tat ertappen

flair [flɛʀ] *nm* (*du chien*) Geruchssinn *m*; (*fig*) Gespür *nt* • **flairer** *vt* wittern

flamand, e [flamɑ̃, ɑ̃d] *adj* flämisch ▶ *nm/f* : **F~, e** Flame *m*, Flamin *f*

flamant [flamɑ̃] *nm* Flamingo *m*

flambant [flɑ̃bɑ̃] *adv* : **~ neuf** funkelnagelneu

flambé, e [flɑ̃be] *adj* flambiert

flambeau, x [flɑ̃bo] *nm* Fackel *f*

flambée [flɑ̃be] *nf* (*feu*) (hell aufloderndes) Feuer *nt*; **~ de violence** Aufflackern *nt* von Gewalt; **~ des prix** Emporschießen *nt* der Preise

flamber [flɑ̃be] *vi* (*feu*) auflodern; (*maison*) abbrennen ▶ *vt* (*poulet*) absengen; (*aiguille*) (in der Flamme) keimfrei machen

flamboyant, e [flɑ̃bwajɑ̃, ɑ̃t] *adj* : **gothique ~** Spätgotik *f*

flamingant, e [flamɛ̃gɑ̃, ɑ̃t] *adj* flämischsprachig

flamme [flam] *nf* Flamme *f*; (*fig*) Glut *f*, Leidenschaft *f*

flan [flɑ̃] *nm* Pudding *m*

flanc [flɑ̃] *nm* (*Anat*) Seite *f*; **à ~ de coteau** am Hang

Flandre [flɑ̃dʀ] *nf* : **la ~, les ~s** Flandern *nt*

flanelle [flanɛl] *nf* Flanell *m*

flâner [flɑne] *vi* bummeln

flanquer [flɑ̃ke] *vt* (*être accolé à*) flankieren; **~ qch sur/dans** (*fam*) etw schmeißen auf *+acc*/in *+acc*; **~ qn à la porte** (*fam*) jdn zur Tür hinauswerfen; **~ la frousse à qn** (*fam*) jdm eine Heidenangst einjagen

flaque [flak] *nf* Pfütze *f*

flash [flaʃ] (*pl* **flashes**) *nm* (*Photo*) Blitz(licht *nt*) *m*; **~ d'information** Kurznachrichten *pl* • **flash-back** *nm inv* Rückblende *f*

flasque [flask] *adj* schlaff

149

fluvial

flatter [flate] vt (personne) schmeicheln +dat • **flatterie** nf Schmeichelei f • **flatteur, -euse** adj schmeichelhaft ▶ nm/f Schmeichler(in) m(f)

fléau, x [fleo] nm (calamité) Geißel f, Plage f; (pour le blé) Dreschflegel m

flèche [flɛʃ] nf Pfeil m • **fléchette** nf Wurfpfeil m

flegmatique [flɛgmatik] adj phlegmatisch

flemme [flɛm] nf : **j'ai la ~ de le faire** ich habe keinen Bock, es zu tun

flétan [fletã] nm Heilbutt m

flétrir [fletriʀ] vt (fleur) verwelken lassen; **se flétrir** vpr verwelken

fleur [flœʀ] nf Blume f; (d'un arbre) Blüte f; **être en ~** blühen

fleuri, e [flœʀi] adj (jardin) blühend, in voller Blüte; (maison, balcon) blumengeschmückt; (style, propos) blumig; (teint, nez) gerötet

fleurir [flœʀiʀ] vi blühen; (fig) seine Blütezeit haben ▶ vt mit Blumen schmücken • **fleuriste** nmf Florist(in) m(f)

fleuve [flœv] nm Fluss m

flexibilité [flɛksibilite] nf Flexibilität f

flexible [flɛksibl] adj (objet) biegsam; (matériau) elastisch; (personne, caractère) flexibel

flexion [flɛksjɔ̃] nf Biegung f; (Ling) Flexion f, Beugung f

flic [flik] (fam) nm Bulle m

flingue [flɛ̃g] (fam) nm Knarre f

flinguer [flɛ̃ge] vt (fam) abknallen

flipper¹ [flipœʀ] nm Flipper m

flipper² [flipe] vi (fam) ausflippen

flirter [flœʀte] vi flirten

flocon [flɔkɔ̃] nm Flocke f

floraison [flɔʀɛzɔ̃] nf Blütezeit f

floral, e, -aux [flɔʀal, o] adj Blumen-

flore [flɔʀ] nf Flora f

florissant, e [flɔʀisã, ãt] adj (entreprise, commerce) blühend

flot [flo] nm Flut f; **flots** nmpl (de la mer) Wellen pl; **à ~s** in Strömen

flotte [flɔt] nf (Naut) Flotte f; (fam : eau) Wasser nt

flottement [flɔtmã] nm (hésitation) Schwanken nt, Zögern nt; (Écon) Floating nt

flotter [flɔte] vi (bateau, bois) schwimmen; (drapeau, cheveux) wehen, flattern ▶ vt flößen ▶ vb impers (fam) : **il flotte** es regnet • **flotteur** nm (d'hydravion etc) Schwimmkörper m; (de canne à pêche) Schwimmer m

flou, e [flu] adj verschwommen; (photo) unscharf

fluctuation [flyktɥasjɔ̃] nf Schwankung f

fluet, te [flyɛ, ɛt] adj zart, zerbrechlich

fluide [flɥid] adj flüssig

fluor [flyɔʀ] nm Fluor m

fluorescent, e [flyɔʀesã, ãt] adj fluoreszierend, Leucht-

flûte [flyt] nf Flöte f; (pain) Stangenbrot nt; **~ à bec** Blockflöte f; **~ traversière** Querflöte f

fluvial, e, -aux [flyvjal, jo] adj Fluss-

flux [fly] *nm* Flut *f*; **le ~ et le reflux** Ebbe *f* und Flut; (*fig*) das Auf und Ab

FM [εfεm] *sigle f* (= *fréquence modulée*) FM

FMI [εfεmi] *sigle m* (= *Fonds monétaire international*) IWF *m*

FN [εfεn] *sigle m* (= *Front national*) rechtsextreme Partei

fœtus [fetys] *nm* Fötus *m*

foi [fwa] *nf* Glaube *m*; **digne de ~** glaubwürdig; **être de bonne/ mauvaise ~** guten Glaubens sein/nicht guten Glaubens sein

foie [fwa] *nm* Leber *f*

foin [fwɛ̃] *nm* Heu *nt*

foire [fwaʀ] *nf* Markt *m*; (*fête foraine*) Jahrmarkt *m*; (*exposition*) Messe *f*

fois [fwa] *nf* Mal *nt*; **une ~** einmal; **deux ~** zweimal; **vingt ~** zwanzigmal; **encore une ~** noch einmal; **cette ~** diesmal; **la ~ suivante** das nächste Mal, nächstes Mal; **à la ~** auf einmal

foison [fwazɔ̃] *nf*: **une ~ de** eine Fülle von; **à ~** in Hülle und Fülle
• **foisonner** *vi*: **~ en** *ou* **de** reich sein an +*dat*

folie [fɔli] *nf* Verrücktheit *f*; (*maladie*) Wahnsinn *m*

folklore [fɔlklɔʀ] *nm* Folklore *f*
• **folklorique** *adj* Volks-, volkstümlich; (*fam : péj*) seltsam

folle [fɔl] *adj f, nf voir* **fou**
• **follement** *adv* wahnsinnig

foncé, e [fɔ̃se] *adj* dunkel; **bleu/ rouge ~** dunkelblau/dunkelrot

foncer [fɔ̃se] *vi* (*tissu, teinte*) dunkler werden; (*fam : aller vite*) rasen; **~ sur** (*fam*) sich stürzen auf +*acc*

fonceur, -euse [fɔ̃sœʀ, øz] *nm/f* (*fam*) Tatmensch *m*

foncier, -ière [fɔ̃sje, jɛʀ] *adj* (*honnêteté, malhonnêteté*) grundlegend, fundamental; (*propriétaire, impôt*) Grund-

fonction [fɔ̃ksjɔ̃] *nf* Funktion *f*; (*profession*) Amt *nt*
• **fonctionnaire** *nmf* ≈ Beamte(r) *m*, Beamtin *f* • **fonctionnel, le** *adj* Funktions-; (*bien conçu*) funktionell • **fonctionner** *vi* funktionieren

fond [fɔ̃] *nm* (*d'un récipient, trou*) Boden *m*; (*d'une salle, d'un tableau, décor*) Hintergrund *m*; **au ~ de** (*salle*) im hinteren Teil +*gén*; **à ~** (*connaître, soutenir*) gründlich; (*appuyer, visser*) kräftig, fest; **~ de teint** Grundierung *f*

fondamental, e, -aux [fɔ̃damɑ̃tal, o] *adj* grundlegend, fundamental
• **fondamentalisme** *nm* Fundamentalismus *m*

fondant, e [fɔ̃dɑ̃, ɑ̃t] *adj* schmelzend; (*au goût*) auf der Zunge zergehend

fondateur, -trice [fɔ̃datœʀ, tʀis] *nm/f* Gründer(in) *m(f)* • **fondation** *nf* Gründung *f*; (*établissement*) Stiftung *f*

fondé, e [fɔ̃de] *adj* begründet
▶ *nm* : **~ de pouvoir** Prokurist(in) *m(f)*; **bien ~** wohlbegründet; **être à ~ à croire** Grund zu der Annahme haben, daß

fondement [fɔ̃dmɑ̃] *nm* (*postérieur*) Hinterteil *nt*; **fondements** *nmpl* (*fig*) Grundlage *f*; **sans ~** unbegründet, grundlos
• **fonder** *vt* gründen; **se fonder** *vpr* : **se ~ sur qch** sich stützen

auf +*acc*

auf +*acc*; **~ qch sur** etw stützen auf +*acc*

fonderie [fɔ̃dʀi] *nf* Gießerei *f*

fondre [fɔ̃dʀ] *vt* schmelzen ▶ *vi* schmelzen; (*dans de l'eau*) sich auflösen; **faire ~** schmelzen

fonds [fɔ̃] *nm* (*de bibliothèque*) Bestand *m* ▶ *nmpl* (*argent*) Kapital *nt*, Gelder *pl*; **le F~ monétaire international** der Internationale Währungsfonds

fondu, e [fɔ̃dy] *adj* geschmolzen

fondue [fɔ̃dy] *nf*: **~ (savoyarde)/ bourguignonne** Käse/ Fleischfondue *nt*

fongicide [fɔ̃ʒisid] *nm* Fungizid *nt*; (*Méd*) Hautpilzmittel *nt*

fontaine [fɔ̃tɛn] *nf* Quelle *f*; (*construction*) Brunnen *m*

fonte [fɔ̃t] *nf* Schmelze *f*, Schmelzen *nt*; (*métal*) Gusseisen *nt*; **en ~ émaillée** aus emailliertem Gusseisen

foot [fut], **football** [futbol] *nm* Fußball *m* • **footballeur, -euse** *nm/f* Fußballspieler(in) *m(f)*

footing [futiŋ] *nm*: **faire du ~** joggen

forain, e [fɔʀɛ̃, ɛn] *adj* Jahrmarkts- ▶ *nm/f* Schausteller(in) *m(f)*

force [fɔʀs] *nf* Kraft *f*; (*degré de puissance*) Stärke *f*; **forces** *nfpl* (*Mil*) Streitkräfte *pl*; **de ~** mit Gewalt; **~ de dissuasion** Abschreckungskraft *f*; **~ de frappe** Militärmacht *f*; **les ~s de l'ordre** die Polizei *f* • **forcé, e** *adj* (*rire, attitude*) gezwungen; (*atterrissage*) Not- • **forcément** *adv* (*bien sûr*) ganz bestimmt; **pas ~** nicht unbedingt

forcené, e [fɔʀsəne] *nm/f* Wahnsinnige(r) *f(m)*

forceps [fɔʀsɛps] *nm* Geburtszange *f*

forcer [fɔʀse] *vt* (*porte, serrure*) aufbrechen; (*moteur*) überfordern; (*contraindre*) zwingen ▶ *vi* (*Sport*) sich verausgaben; **se forcer** *vpr*: **se ~ à qch/faire qch** sich zu etw zwingen/sich dazu zwingen, etw zu tun; **~ qn à faire qch** jdn dazu zwingen, etw zu tun

forcing [fɔʀsiŋ] *nm*: **faire du ~** Druck machen

forer [fɔʀe] *vt* (*objet, rocher*) durchbohren; (*trou, puits*) bohren

forestier, -ière [fɔʀɛstje, jɛʀ] *adj* Forst-, Wald-

foret [fɔʀɛ] *nm* Bohrer *m*

forêt [fɔʀɛ] *nf* Wald *m*; **~ vierge** Urwald *m*

Forêt-Noire [fɔʀɛnwaʀ] *nf* (*Géo*) Schwarzwald *m*

forêt-noire [fɔʀɛnwaʀ] *nf* (*Culin*) Schwarzwälder Kirschtorte *f*

foreuse [fɔʀøz] *nf* Bohrmaschine *f*

forfait [fɔʀfɛ] *nm* (*Comm*) Pauschalpreis *m*; (*de téléphone portable*) Flatrate *f* • **forfaitaire** *adj* Pauschal-

forge [fɔʀʒ] *nf* Schmiede *f* • **forgé, e** *adj*: **~ de toutes pièces** von A bis Z erfunden • **forger** *vt* schmieden • **forgeron** *nm* Schmied *m*

formaliser [fɔʀmalize]: **se ~** *vpr* gekränkt sein; **se ~ de qch** an etw Anstoß nehmen

formalité [fɔʀmalite] *nf* Formalität *f*

format [fɔʀma] *nm* Format *nt*
• **formater** *vt* formatieren

formation [fɔʀmasjɔ̃] *nf* Bildung
f; *(éducation, apprentissage)*
Ausbildung *f*; *(Géo)* Formation *f*

forme [fɔʀm] *nf* Form *f*; **prendre ~**
Gestalt annehmen

formel, le [fɔʀmɛl] *adj (preuve,
décision)* klar • **formellement** *adv
(interdit)* ausdrücklich

former [fɔʀme] *vt* bilden;
(personne) ausbilden; *(caractère,
intelligence, goût)* ausbilden;
(lettre etc) gestalten; **se former**
vpr (apparaître) sich bilden,
entstehen; *(se développer)* sich
entwickeln

formidable [fɔʀmidabl] *adj
(important)* gewaltig, ungeheuer;
(excellent) wunderbar, toll

formulaire [fɔʀmylɛʀ] *nm*
Formular *nt*

formule [fɔʀmyl] *nf (Science)*
Formel *f*; *(de crédit)* System *nt*;
~ de politesse
Höflichkeitsfloskel *f*

formuler [fɔʀmyle] *vt*
ausdrücken, formulieren

fort, e [fɔʀ, fɔʀt] *adj* stark;
(doué) begabt; *(sauce etc)* scharf
▶ *adv (frapper, serrer)* kräftig;
(sonner, parler) laut ▶ *nm (édifice)*
Fort *nt*

forteresse [fɔʀtəʀɛs] *nf*
Festung *f*

fortifiant, e [fɔʀtifjɑ̃, jɑ̃t] *adj*
stärkend ▶ *nm* Stärkungsmittel *nt*

fortifications [fɔʀtifikasjɔ̃] *nfpl*
Befestigungsanlagen *pl*

fortifier [fɔʀtifje] *vt* stärken;
(Mil) befestigen

fortuit, e [fɔʀtɥi, it] *adj* zufällig

fortune [fɔʀtyn] *nf* Vermögen *nt*;
(destin) Schicksal *nt*; **faire ~** reich
werden • **fortuné, e** *adj*
wohlhabend

forum [fɔʀɔm] *nm* Forum *nt*;
(débat) Diskussionsforum *nt*

fosse [fos] *nf (grand trou)* Grube *f*;
(Géo) Graben *m*

fossé [fose] *nm* Graben *m*, Kluft *f*

fossile [fosil] *nm* Fossil *nt*

fossoyeur [foswajœʀ] *nm*
Totengräber *m*

fou, folle [fu, fɔl] *adj* verrückt;
(extrême) wahnsinnig ▶ *nm/f*
Verrückte(r) *f(m)* ▶ *nm (Échecs)*
Läufer *m*; **être ~ de** *(sport, art etc)*
verrückt sein auf +*acc*; *(personne)*
verrückt sein nach

foudre [fudʀ] *nf*: **la ~** der Blitz

foudroyant, e [fudʀwajɑ̃, ɑ̃t]
adj (rapidité, succès)
überwältigend; *(maladie, poison)*
sofort tödlich

foudroyer [fudʀwaje] *vt*
erschlagen

fouet [fwɛ] *nm* Peitsche *f*; *(Culin)*
Schneebesen *m* • **fouetter** *vt*
peitschen; *(Culin)* schlagen

fougère [fuʒɛʀ] *nf* Farn *m*

fouille [fuj] *nf* Durchsuchung *f*;
fouilles *nfpl (archéologiques)*
Ausgrabungen *pl* • **fouiller** *vt*
(personne, local) durchsuchen; *(sol)*
durchwühlen

fouillis [fuji] *nm* Durcheinander *nt*

fouiner [fwine] *vi*: **~ dans**
herumschnüffeln in +*dat*

foulard [fulaʀ] *nm (Hals)tuch nt*,
(Kopf)tuch nt

foule [ful] *nf* Menschenmenge *f*;
une ~ de *(beaucoup)* eine Menge
(von); **les ~s** die Massen *pl*

fouler [fule] *vt* (*raisin*) keltern;
se fouler *vpr*: **se ~ la cheville/le bras** sich *dat* den Knöchel/den Arm verstauchen • **foulure** *nf* Verstauchung *f*

four [fuʀ] *nm* (Back)ofen *m*

fourbe [fuʀb] *adj* (*personne*) betrügerisch; (*regard*) verschlagen

fourbi [fuʀbi] (*fam*) *nm* Krempel *m*

fourbu, e [fuʀby] *adj* erschöpft

fourche [fuʀʃ] *nf* (*à foin*) Heugabel *f* • **fourchette** *nf* Gabel *f*; **~ à dessert** Kuchengabel *f*

fourgon [fuʀgɔ̃] *nm* (*Auto*) Lieferwagen *m*

fourgonnette [fuʀgɔnɛt] *nf* Lieferwagen *m*

fourmi [fuʀmi] *nf* Ameise *f*; **j'ai des ~s dans les jambes** mir sind die Beine eingeschlafen • **fourmilière** *nf* Ameisenhaufen *m* • **fourmillement** *nm* (*démangeaison*) Kribbeln *nt*

fournaise [fuʀnɛz] *nf* Feuersbrunst *f*; (*lieu très chaud*) Treibhaus *nt*

fourneau, x [fuʀno] *nm* (*de cuisine*) Herd *m*

fourni, e [fuʀni] *adj* (*barbe, cheveux*) dicht; **bien/mal ~ (en)** gut/schlecht ausgestattet (mit)

fournir [fuʀniʀ] *vt* liefern; **~ un effort** sich anstrengen • **fournisseur, -euse** *m/f* Lieferant(in) *m(f)*; **~ d'accès** Provider *m* • **fourniture** *nf* Lieferung *f*; **fournitures** *nfpl* Ausstattung *f*

fourrage [fuʀaʒ] *nm* (Vieh)futter *nt*

fourré, e [fuʀe] *adj* (*bonbon, chocolat etc*) gefüllt; (*manteau, botte etc*) gefüttert ▶ *nm* Dickicht *nt*

fourreau, x [fuʀo] *nm* (*d'épée*) Scheide *f*

fourrer [fuʀe] (*fam*) *vt*: **~ qch dans** etw stecken in +*acc* • **fourre-tout** *nm inv* (*sac*) Reisetasche *f*; (*fig*) Mischmasch *m*

fourreur [fuʀœʀ] *nm* Kürschner(in) *m(f)*

fourrière [fuʀjɛʀ] *nf* (*pour voitures*) Abstellplatz *m* für abgeschleppte Fahrzeuge

fourrure [fuʀyʀ] *nf* (*pelage*) Fell *nt*; (*matériau, manteau*) Pelz *m*

fourvoyer [fuʀvwaje]: **se ~** *vpr* sich verirren

foutu, e [futy] (*fam!*) *adj* = **fichu**

foyer [fwaje] *nm* (*d'incendie, d'infection*) Herd *m*; (*famille, domicile*) Heim *nt*; (*Théât*) Foyer *nt*; (*résidence*) Wohnheim *nt*; (*Optique, Photo*) Brennpunkt *m*; **lunettes à double ~** Bifokalbrille *f*

fracas [fʀaka] *nm* Krach *m* • **fracasser** *vt* zertrümmern; **se ~** *vpr*: **se ~ contre** *ou* **sur** zerschellen an +*dat*

fraction [fʀaksjɔ̃] *nf* (*Math*) Bruch *m*; (*partie*) Bruchteil *m*; **une ~ de seconde** der Bruchteil einer Sekunde

fracturation [fʀaktyʀasjɔ̃] *nf*: **~ hydraulique** Fracking *nt*

fracture [fʀaktyʀ] *nf* (*Méd*) Bruch *m*; **~ du crâne** Schädelbruch *m*; **~ numérique** digitale Kluft *f*; **~ ouverte** offener Bruch *m*; **~ sociale** soziale Kluft *f* • **fracturer** *vt* (*coffre, serrure*) aufbrechen; *(os, membre)* brechen; **se ~ la jambe** sich *dat* ein Bein brechen; **se ~ le crâne** einen Schädelbruch erleiden

fragile [fʀaʒil] *adj (objet)* zerbrechlich; *(estomac)* empfindlich; *(santé)* schwach, zart; *(personne)* zart, zerbrechlich • **fragilité** *nf* Zerbrechlichkeit *f*, Zartheit *f*

fragment [fʀagmɑ̃] *nm (morceau)* (Bruch)stück *nt*, Teil *m*; *(extrait)* Auszug *m*

fraîchement [fʀɛʃmɑ̃] *adv (sans enthousiasme)* kühl, zurückhaltend; *(récemment)* kürzlich, neulich

fraîcheur [fʀɛʃœʀ] *nf* Frische *f* • **fraîchir** *vi* abkühlen; *(vent)* auffrischen

frais¹, fraîche [fʀɛ, fʀɛʃ] *adj* frisch; *(froid)* kühl ▶ *nm* : **mettre au ~** *(au réfrigérateur)* kühl lagern; **il fait ~** es ist kühl; **à boire/ servir ~** gut gekühlt trinken/ servieren; **prendre le ~** frische Luft schöpfen *ou* schnappen

frais² [fʀɛ] *nmpl (dépenses)* Kosten *pl*, Ausgaben *pl*; **faire des ~** Geld ausgeben; **~ de déplacement** Fahrtkosten *pl*

fraise [fʀɛz] *nf* Erdbeere *f*; *(Tech)* Fräse *f*; **~ des bois** Walderdbeere *f*

fraiser [fʀeze] *vt* fräsen

fraisier [fʀezje] *nm* Erdbeerpflanze *f*

framboise [fʀɑ̃bwaz] *nf* Himbeere *f*

franc, franche [fʀɑ̃, fʀɑ̃ʃ] *adj (personne)* offen, aufrichtig ▶ *adv* : **à parler ~** und ehrlich gesagt

▶ *nm (monnaie)* Franc *m*; **~ de port** portofrei, gebührenfrei; **~ suisse** Schweizer Franken *m*

français, e [fʀɑ̃sɛ, ɛz] *adj* französisch ▶ *nm (Ling)* Französisch *nt* ▶ *nm/f*: **F~, e** Franzose *m*, Französin *f* • **France** *nf*: **la ~** Frankreich *nt*

franchement [fʀɑ̃ʃmɑ̃] *adv* ehrlich; *(tout à fait)* ausgesprochen

franchir [fʀɑ̃ʃiʀ] *vt (obstacle, distance)* überwinden; *(seuil, ligne, rivière)* überschreiten

franchise [fʀɑ̃ʃiz] *nf* Offenheit *f*, Aufrichtigkeit *f*; *(douanière, d'impôt)* (Gebühren)freiheit *f*; *(Assurances)* Selbstbeteiligung *f*

franc-maçon [fʀɑ̃masɔ̃] *(pl* **franc-maçons)** *nm* Freimaurer *m*

franco¹ [fʀɑ̃ko] *adv* : **~ (de port)** franko, gebührenfrei

franco² [fʀɑ̃ko] *préf* französisch • **francophile** *adj* frankophil • **francophone** *adj* Französisch sprechend • **francophonie** *nf* Gesamtheit der Französisch sprechenden Bevölkerungsgruppen

franc-parler [fʀɑ̃paʀle] *nm inv* Freimütigkeit *f*, Unverblümtheit *f*

frange [fʀɑ̃ʒ] *nf (de vêtement, tissu etc)* Franse *f*; *(de cheveux)* Pony(franse *f) m*

franglais [fʀɑ̃glɛ] *nm* Französisch mit vielen Anglizismen

franquette [fʀɑ̃kɛt] *à la* **bonne ~** *adv* ohne Umstände, ganz zwanglos

frappe [fʀap] *nf* Anschlag *m*; *(Boxe)* Schlag *m* • **frapper** *vt* schlagen; *(étonner)* beeindrucken, auffallen +*dat*; *(monnaie)* prägen

frasques [fʀask] *nfpl* Eskapaden *pl*

fraternel, le [fʀatɛʀnɛl] *adj* brüderlich

fraterniser [fʀatɛʀnize] *vi* freundschaftlichen Umgang haben

fraternité [fʀatɛʀnite] *nf* Brüderlichkeit *f*

fraude [fʀod] *nf* Betrug *m*
• **frauder** *vt, vi* betrügen
• **frauduleux, -euse** *adj* betrügerisch

frayeur [fʀejœʀ] *nf* Schrecken *m*

fredonner [fʀədɔne] *vt* summen

free-lance [fʀilɑ̃s] *adj* freiberuflich (tätig); **journaliste ~** freier Journalist, freie Journalistin

freezer [fʀizœʀ] *nm* Gefrierfach *nt*

frein [fʀɛ̃] *nm* Bremse *f*; **~ à main** Handbremse *f*; **~s à disques** Scheibenbremse *f*; **~s à tambours** Trommelbremse *f*
• **freinage** *nm* Bremsen *nt*; **distance de ~** Bremsweg *m*
• **freiner** *vi, vt* bremsen

frêle [fʀɛl] *adj* zart, zerbrechlich

frelon [fʀəlɔ̃] *nm* Hornisse *f*

frémir [fʀemiʀ] *vi* (*de peur, de froid*) zittern; (*eau*) sieden

frêne [fʀɛn] *nm* Esche *f*

frénétique [fʀenetik] *adj* (*passion, sentiments*) rasend; (*musique, applaudissements*) frenetisch, rasend

fréquemment [fʀekamɑ̃] *adv* oft

fréquence [fʀekɑ̃s] *nf* Häufigkeit *f*; (*Phys*) Frequenz *f*; **haute/basse ~** Hoch-/Niederfrequenz *f*
• **fréquent, e** *adj* häufig

• **fréquentation** *nf* (*d'un lieu*) häufiger Besuch *m*; **la ~ de ces gens** der Umgang mit diesen Leuten; **mauvaises ~s** schlechter Umgang • **fréquenté, e** *adj* (*rue, plage*) belebt; (*établissement*) gut besucht • **fréquenter** *vt* (*lieu*) häufig besuchen

frère [fʀɛʀ] *nm* Bruder *m*

fresque [fʀɛsk] *nf* Fresko *nt*

fret [fʀɛ] *nm* Fracht *f*
• **fréter** [fʀete] *vt* chartern

fretin [fʀətɛ̃] *nm* : **le menu ~** kleine Fische *pl*

friable [fʀijabl] *adj* bröckelig

friand, e [fʀijɑ̃, fʀijɑ̃d] *adj* : **être ~ de qch** etw sehr gern mögen ▶ *nm* (*Culin*) Fleischpastetchen *nt*
• **friandise** *nf* Leckerei *f*

Fribourg [fʀibuʀ] Freiburg *nt*

fric [fʀik] (*fam*) *nf* Kohle *f*

friche [fʀiʃ] *nf* : **en ~** brachliegend

friction [fʀiksjɔ̃] *nf* Abreiben *nt*; (*chez le coiffeur*) Massage *f*
• **frictionner** *vt* abreiben

frigidaire® [fʀiʒidɛʀ] *nm* Kühlschrank *m*

frigide [fʀiʒid] *adj* frigide

frigo [fʀigo] *nm* Kühlschrank *m*
• **frigorifier** *vt* (*produit*) tiefkühlen; **être frigorifié** (*fam*) frieren wie ein Schneider
• **frigorifique** *adj* Kühl-

frileux, -euse [fʀilø, øz] *adj* verfroren

frimas [fʀima] *nmpl* Raureif *m*

frime [fʀim] (*fam*) *nf* : **c'est de la ~** das ist alles nur Schau • **frimer** (*fam*) *vi* eine Schau abziehen

frimousse [fʀimus] *nf* Gesichtchen *nt*

fringale [fʀɛgal] nf (fam) : **avoir la ~** Heißhunger haben

fringues [fʀɛg] (fam) nfpl Klamotten pl

fripé, e [fʀipe] adj zerknittert

fripon, ne [fʀipɔ̃, ɔn] adj spitzbübisch, schelmisch ▶ nm/f (enfant) Schlingel m

frire [fʀiʀ] vt, vi braten

Frisbee® [fʀizbi] nm Frisbee® nt; (disque) Frisbeescheibe f

frise [fʀiz] nf Fries m

frisé, e [fʀize] adj lockig; **(chicorée) ~e** Friséesalat m
• **friser** vt (cheveux) locken machen in +akk ▶ vi (cheveux) lockig sein, sich locken; **~ la quarantaine** fast vierzig sein

frisson [fʀisɔ̃] nm (de peur) Schaudern nt • **frissonner** vi (personne) schaudern

frit, e [fʀi, fʀit] pp de **frire** ▶ nf Pomme frite f, Fritte f • **friture** f (huile) Bratfett nt; **~ (de poissons)** gebratene Fische pl

frivole [fʀivɔl] adj oberflächlich

froid, e [fʀwa, fʀwad] adj kalt; (personne, accueil) kühl ▶ nm : **le ~** die Kälte f; **il fait ~** es ist kalt; **j'ai ~** mir ist kalt, ich friere; **à ~** (démarrer) kalt; **les grands ~s** die kalte Jahreszeit f • **froidement** adv kühl

froisser [fʀwase] vt zerknittern; (vexer) kränken; **se froisser** vpr knittern; (se vexer) gekränkt sein, beleidigt sein; **se ~ un muscle** sich dat einen Muskel zerren

frôler [fʀole] vt streifen

fromage [fʀɔmaʒ] nm Käse m; **~ blanc** ≈ Quark m • **fromager, -ère** nm/f (marchand)

Käsehändler(in) m(f)
• **fromagerie** f Käserei f; (boutique) Käseladen m

froment [fʀɔmɑ̃] nm Weizen m

frondeur, -euse [fʀɔ̃dœʀ, øz] adj aufrührerisch

front [fʀɔ̃] nm (Anat) Stirn f; **de ~** frontal; (rouler) Kopf an Kopf; (simultanément) gleichzeitig, zugleich

frontal, e, -aux [fʀɔ̃tal, o] adj (Anat) Stirn-; (choc, attaque) frontal

frontalier, -ière [fʀɔ̃talje, jɛʀ] adj Grenz- ▶ nm/f Grenzgänger(in) m(f)

frontière [fʀɔ̃tjɛʀ] nf Grenze f; **poste/ville ~** Grenzposten m/ Grenzstadt f; **à la ~** an der Grenze

fronton [fʀɔ̃tɔ̃] nm Giebel m

frotter [fʀote] vi reiben ▶ vt reiben

frottis [fʀoti] nm (Méd) Abstrich m

frousse [fʀus] (fam) nf Muffe f; **avoir la ~** Muffensausen haben

fructifier [fʀyktifje] vi (argent) Zinsen tragen; (propriété) an Wert zunehmen; (arbre) Früchte tragen; **faire ~** gewinnbringend anlegen

fructueux, -euse [fʀyktɥø, øz] adj einträglich

frugal, e, -aux [fʀygal, o] adj (repas) frugal, einfach

fruit [fʀɥi] nm Frucht f; (fig) Früchte pl; **fruits** nmpl Obst nt; **~s de mer** Meeresfrüchte pl; **~s secs** Dörrobst nt • **fruité, e** adj fruchtig • **fruitier, -ière** adj : **arbre ~** Obstbaum m ▶ nm/f (marchand) Obsthändler(in) m(f)

fruste [fʀyst] adj ungehobelt, roh

fusil

frustrant, e [fʀystʀɑ̃, ɑ̃t] *adj*
frustrierend

frustration [fʀystʀasjɔ̃] *nf*
Frustration *f*

frustré, e [fʀystʀe] *adj* frustriert

frustrer [fʀystʀe] *vt* (*Psych*)
frustrieren; (*espoirs etc*)
zunichtemachen; **~ qn de qch**
(*priver*) jdn um etw bringen

fuchsia [fyʃja] *nm* Fuchsie *f*

fuel [fjul] *nm* Heizöl *nt*

fugace [fygas] *adj* flüchtig

fugitif, -ive [fyʒitif, iv] *adj*
flüchtig

fugue [fyg] *nf* (*d'un enfant*)
Ausreißen *nt*; (*Mus*) Fuge *f*; **faire
une ~** ausreißen

fuir [fɥiʀ] *vt* fliehen *ou* flüchten
vor; (*responsabilités*) sich
entziehen +*dat* ▶ *vi* (*personne*)
fliehen; (*gaz, eau*) entweichen;
(*robinet*) tropfen; (*tuyau*) lecken,
undicht sein • **fuite** *nf* Flucht *f*;
(*écoulement*) Entweichen *nt*

fulgurant, e [fylgyʀɑ̃, ɑ̃t] *adj*
atemberaubend

fumé, e [fyme] *adj* (*Culin*)
geräuchert; (*verres*) getönt

fume-cigarette [fymsigaʀɛt]
nm inv Zigarettenspitze *f*

fumée [fyme] *nf* Rauch *m*
• **fumer** *vi* rauchen; (*liquide*)
dampfen ▶ *vt* (*cigarette, pipe*)
rauchen; (*jambon, poisson*)
räuchern; (*terre, champ*) düngen

fumet [fymɛ] *nm* Aroma *nt*

fumeur, -euse [fymœʀ, øz]
nm/f Raucher(in) *m(f)*;
compartiment (pour) ~s
Raucherabteil *nt*

fumeux, -euse [fymø, øz] (*péj*)
adj verschwommen

fumier [fymje] *nm* Dung *m*

fumiste [fymist] *nmf* Faulpelz *m*

funambule [fynɑbyl] *nm*
Seiltänzer *m*

funèbre [fynɛbʀ] *adj* (*service,
marche etc*) Trauer-; (*lugubre*)
düster, finster

funérailles [fyneʀaj] *nfpl*
Begräbnis *nt*, Beerdigung *f*
• **funéraire** *adj* Bestattungs-

funeste [fynɛst] *adj* tödlich, fatal

funiculaire [fynikylɛʀ] *nm*
Seilbahn *f*

fur [fyʀ] *nm* : **au ~ et à mesure**
nach und nach; **au ~ et à mesure
que** sobald

furax [fyʀaks] (*fam*) *adj inv*
fuchsteufelswild

fureur [fyʀœʀ] *nf* (*colère*) Wut *f*;
faire ~ in sein

furie [fyʀi] *nf* Wut *f*; (*femme*) Furie
f; **en ~** tobend

furieux, -euse [fyʀjø, jøz] *adj*
wütend

furtif, -ive [fyʀtif, iv] *adj*
verstohlen

fusain [fyzɛ̃] *nm* Zeichenkohle *f*

fuseau, x [fyzo] *nm* (*pour filer*)
Spindel *f*; (*pantalon*) Keilhose *f*;
~ horaire Zeitzone *f*

fusée [fyze] *nf* Rakete *f*;
~ éclairante Leuchtrakete *f*

fuselage [fyz(ə)laʒ] *nm*
(*Flugzeug*)rumpf *m*

fusible [fyzibl] *nm* (*fil*)
Schmelzdraht *m*; (*fiche*)
Sicherung *f*

fusil [fyzi] *nm* Gewehr *nt*; **~ de
chasse** Jagdflinte *f* • **fusillade** *nf*
Gewehrfeuer *nt* • **fusiller** *vt*
(*exécuter*) erschießen

fusion [fyzjɔ̃] nf (d'un métal) Schmelzen nt; (Comm, Science) Fusion f • **fusionner** vi fusionieren

fustiger [fystiʒe] vt (critiquer) tadeln

fût [fy] nm Fass nt

futaie [fytɛ] nf Hochwald m

futile [fytil] adj (prétexte, activité, propos) nebensächlich

futur, e [fytyʀ] adj zukünftig ► nm Zukunft f • **futuriste** adj futuristisch

fuyant, e [fɥijɑ̃, ɑ̃t] adj (regard) ausweichend; (personne) schwer fassbar; (lignes etc) fliehend; **perspective ~e** (Art) Fluchtlinien pl

g

Gabon [gabɔ̃] nm : **le ~** Gabun nt

gâcher [gɑʃe] vt (gâter) verderben; (gaspiller) verschwenden

gâchis [gɑʃi] nm Verschwendung f

gadget [gadʒɛt] nm (technische) Spielerei f

gadoue [gadu] nf (boue) Schlamm m

gaffe [gaf] nf (instrument) Bootshaken m; (fam : erreur) Schnitzer m; **faire ~** (fam) aufpassen • **gaffer** vi einen Schnitzer machen

gage [gaʒ] nm Pfand nt; (de fidélité etc) Zeichen nt; **gages** nmpl (salaire) Lohn m; **mettre en ~** verpfänden • **gager** vt : **~ que** wetten, dass

gagnant, e [gaɲɑ̃, ɑ̃t] nm/f Gewinner(in) m(f) • **gagne-pain** nm inv Broterwerb m • **gagner** vt gewinnen; (somme d'argent, revenu) verdienen; (aller vers) erreichen ► vi gewinnen

gai, gaie [ge] adj fröhlich; (un peu ivre) angeheitert • **gaieté** nf Fröhlichkeit f

gaillard, e [gajaʀ, aʀd] *adj* (*robuste*) kräftig; (*grivois*) derb ▶ *nm* Kerl *m*

gain [gɛ̃] *nm* Gewinn(e *pl*) *m*

gaine [gɛn] *nf* (*corset*) Hüftalter *m* • **gaine-culotte** (*pl* **gaines-culottes**) *nf* Miederhöschen *nt*

gala [gala] *nm* Gala(veranstaltung) *f*

galant, e [galɑ̃, ɑ̃t] *adj* galant; **en ~e compagnie** in Damenbegleitung • **galanterie** *nf* Galanterie *f*

galantine [galɑ̃tin] *nf* Fleisch in Aspik

galbe [galb] *nm* Rundung *f*

gale [gal] *nf* Krätze *f*; (*de chien*) Räude *f*

galère [galɛʀ] *nf* Galeere *f*; (*fam*) Schlamassel *m*

galérer [galeʀe] (*fam*) *vi* schuften

galerie [galʀi] *nf* Galerie *f*; (*Théât*) Rang *m*; (*de voiture*) (Dach)gepäckträger *m*

galet [galɛ] *nm* Kiesel(stein) *m*; (*Tech*) Rad *nt*

galette [galɛt] *nf* (*gâteau*) runder flacher Kuchen; **~ des Rois** Kuchen zum Dreikönigstag

galipette [galipɛt] *nf*: **faire des ~s** Purzelbäume schlagen

Galles [gal] *nfpl*: **le pays de ~** Wales *nt* • **gallois, e** *adj* walisisch ▶ *nm/f*: **G~, e** Waliser(in) *m(f)*

galop [galo] *nm* Galopp *m*; **au ~** im Galopp • **galoper** *vi* galoppieren

galopin [galopɛ̃] *nm* Strolch *m*

gambader [gɑ̃bade] *vi* herumspringen

Gambie [gɑ̃bi] *nf*: **la ~** Gambia *nt*

gamelle [gamɛl] *nf* Kochgeschirr *nt*

gamin, e [gamɛ̃, in] *nm/f* Kind *nt* ▶ *adj* (*puéril*) kindisch

gamme [gam] *nf* (*Mus*) Tonleiter *f*; (*fig*) Skala *f*

gammé, e [game] *adj*: **croix ~e** Hakenkreuz *nt*

gant [gɑ̃] *nm* Handschuh *m*; **~ de toilette** Waschhandschuh *m*; **~s de caoutchouc** Gummihandschuhe *pl*

garage [gaʀaʒ] *nm* (*abri*) Garage *f*; (*entreprise*) Autowerkstatt *f*; **~ à vélos** Fahrradschuppen *m* • **garagiste** *nmf* (*propriétaire*) Werkstattbesitzer(in) *m(f)*; (*mécanicien*) Automechaniker(in) *m(f)*

garant, e [gaʀɑ̃, ɑ̃t] *nm/f* Bürge *m*, Bürgin *f*; **se porter ~ de qch** für etw bürgen • **garantie** *nf* Garantie *f* • **garantir** *vt* garantieren; (*Comm*) eine Garantie geben für; **~ qch vor** etw *dat* schützen

garce [gaʀs] (*péj*) *nf* Schlampe *f*

garçon [gaʀsɔ̃] *nm* Junge *m*; **~ de café** Kellner *m*; **un ~ manqué** ein halber Junge *m* • **garçonnière** *nf* Junggesellenwohnung *f*

garde [gaʀd] *nm* Aufseher *m* ▶ *nf* Bewachung *f*; **de ~** im Dienst; **mettre en ~** warnen; **être sur ses ~s** auf der Hut sein; **avoir la ~ des enfants** das Sorgerecht für die Kinder haben • **garde-à-vous** *nm inv*: **~ !** stillgestanden! • **garde-barrière** (*pl* **gardes-barrière(s)**) *nmf* Bahnwärter(in) *m(f)*

• garde-boue nm inv Schutzblech nt • garde-chasse (pl **gardes-chasse(s)**) nm Jagdaufseher m • garde-fou (pl **garde-fous**) nm Geländer nt • garde-malade (pl **gardes-malade(s)**) nmf Krankenschwester f (im Hause), Krankenpfleger m • garde-manger nm inv Speisekammer f

garder [ɡaʀde] vt halten; (surveiller) bewachen; (: enfants) hüten; **se garder** vpr (se conserver) sich halten

garderie [ɡaʀdəʀi] nf Kinderkrippe f

gardien, ne [ɡaʀdjɛ̃, jɛn] nm/f (de prison) Aufseher(in) m(f), Wärter(in) m(f); (de musée) Wärter(in); (d'immeuble) Hausmeister(in) m(f); **~ de but** Torwart m; **~ de la paix** Polizist(in) m(f)

gare [ɡaʀ] nf Bahnhof m; **~ routière** Busbahnhof m

gare [ɡaʀ] excl : **~ à toi !** pass bloß auf!

garer [ɡaʀe] vt parken; **se garer** vpr parken

gargariser [ɡaʀɡaʀize] : **se ~** vpr gurgeln

garnement [ɡaʀnəmɑ̃] nm Schlingel m

garni, e [ɡaʀni] adj (plat) mit Beilagen

garnir [ɡaʀniʀ] vt (décorer, orner) schmücken; **se garnir** vpr (pièce, salle) sich füllen

garniture [ɡaʀnityʀ] nf Verzierung f; (Culin) Beilagen pl; (Culin : farce) Füllung f; **~ de frein** Bremsbelag m

garrot [ɡaʀo] nm (Méd) Aderpresse f • **garrotter** vt fesseln

gars [ɡa] nm Bursche m

Gascogne [ɡaskɔɲ] nf : **la ~** die Gascogne

gas-oil nm Diesel(kraftstoff) m

gaspillage [ɡaspijaʒ] nm Verschwendung f

gaspiller [ɡaspije] vt verschwenden

gastrique [ɡastʀik] adj Magen-

gastronomie [ɡastʀɔnɔmi] nf Gastronomie f • **gastronomique** adj : **menu ~** Feinschmeckermenü nt

gâteau, x [ɡɑto] nm Kuchen m; **~ sec** Keks m ou nt

gâter [ɡɑte] vt (enfant etc) verwöhnen; (gâcher) verderben; **se gâter** vpr (dent, fruit) schlecht werden; (temps, situation) schlechter werden

gauche [ɡoʃ] adj linke(r, s); (maladroit) linkisch ▸ nf (Pol) Linke f; **à ~** links; (direction) nach links • **gaucher, -ère** nm/f Linkshänder(in) m(f)

gauchir [ɡoʃiʀ] vt verbiegen; (fait, idée) verdrehen

gauchiste [ɡoʃist] nmf Linke(r) f(m)

gaufre [ɡofʀ] nf Waffel f

gaufrette [ɡofʀɛt] nf Waffel f

Gaule [ɡol] nf : **la ~** Gallien nt • **gaulois, e** adj gallisch; (grivois) derb ▸ nm/f : **G~, e** Gallier(in) m(f)

gaver [ɡave] vt mästen; **se gaver** vpr : **se ~ de** sich vollstopfen mit; **~ de** (fig) vollstopfen mit

gay [ɡɛ] adj schwul

gaz [gɑz] *nm inv* Gas *nt*;
~ hilarant/lacrymogène Lach-/
Tränengas *nt*; **~ naturel/**
propane Erd-/Propangas *nt*; **~ de**
schiste Schiefergas *nt*

gaze [gɑz] *nf* (*pansement*)
Verbandsmull *m*; (*étoffe*) Gaze *f*

gazéifié, e [gazeifje] *adj*
kohlensäurehaltig

gazelle [gazɛl] *nf* Gazelle *f*

gazeux, -euse [gazø, øz] *adj*
gasförmig; **eau/boisson**
gazeuse Mineralwasser *nt*/
Getränk *nt* mit Kohlensäure

gazoduc [gazodyk] *nm*
Gasleitung *f*

gazole [gazol] *nm* = **gas-oil**

gazon [gazɔ̃] *nm* Rasen *m*

geai [ʒɛ] *nm* Eichelhäher *m*

géant, e [ʒeã, ãt] *adj* riesig ▶ *nm/f*
Riese *m*, Riesin *f*

geindre [ʒɛ̃dʀ] *vi* stöhnen

gel [ʒɛl] *nm* (*temps*) Frost *m*;
(*produit de beauté*) Gel *nt*;
~ douche Duschgel *nt*

gélatine [ʒelatin] *nf* Gelatine *f*

gelé, e [ʒ(ə)le] *adj* (*lac*)
zugefroren; **je suis ~** mir ist
eiskalt

gelée [ʒ(ə)le] *nf* (*Météo*) Frost *m*;
(*de viande, de fruits*) Gelee *nt*; **viande**
en ~ Fleisch *nt* in Aspik;
~ blanche Raureif *m*

geler [ʒ(ə)le] *vt* gefrieren lassen;
(*prix, salaires, crédits, capitaux*)
einfrieren ▶ *vi* (*sol, eau*) gefrieren;
(*personne*) frieren ▶ *vb impers* : **il**
gèle es friert

gélule [ʒelyl] *nf* Kapsel *f*

Gémeaux [ʒemo] *nmpl* : **les ~**
die Zwillinge *pl*; **être (des) ~**
Zwilling sein

gémir [ʒemiʀ] *vi* stöhnen

gênant, e [ʒɛnã, ãt] *adj*
hinderlich; (*situation*) peinlich

gencive [ʒãsiv] *nf* Zahnfleisch *nt*

gendarme [ʒãdaʀm] *nm* Polizist
m • **gendarmerie** *nf*
(Land)polizei *f*

gendre [ʒãdʀ] *nm*
Schwiegersohn *m*

gène [ʒɛn] *nm* Gen *nt*

gêne [ʒɛn] *nf* (*embarras, confusion*)
Verlegenheit *f* • **gêné, e** *adj*
verlegen • **gêner** *vt* stören;
(*encombrer*) behindern;
(*embarrasser*) in Verlegenheit
bringen

général, e, -aux [ʒeneʀal, o] *adj*
allgemein; **en ~** im Allgemeinen;
culture/médecine ~e
Allgemeinbildung *f*/
Allgemeinmedizin *f*
• **généralement** *adv* allgemein

généralisation [ʒeneʀalizasjɔ̃]
nf Verallgemeinerung *f*

généraliser [ʒeneʀalize] *vt, vi*
verallgemeinern; **se généraliser**
vpr sich verbreiten

généraliste [ʒeneʀalist] *nm*
(*Méd*) praktischer Arzt *m*,
praktische Ärztin *f*

générateur, -trice [ʒeneʀatœʀ,
tʀis] *adj* : **être ~ de** die Ursache
sein von ▶ *nf* Generator *m*

génération [ʒeneʀasjɔ̃] *nf*
Generation *f*

généreux, -euse [ʒeneʀø, øz]
adj großzügig

générique [ʒeneʀik] *adj*
artgemäß ▶ *nm* (*Ciné, TV* : *au début*
du film) Vorspann *m*

générosité [ʒeneʀozite] *nf*
Großzügigkeit *f*

genèse [ʒənɛz] nf Entstehung f

genêt [ʒ(ə)nɛ] nm Ginster m

génétique [ʒenetik] adj genetisch

génétiquement [ʒenetikmɑ̃] adv genetisch

Genève [ʒ(ə)nɛv] n Genf nt

génie [ʒeni] nm Genie nt; (don) Begabung f; **le ~** (Mil) die Pioniere pl

genièvre [ʒənjevR] nm Wacholder m; (boisson) Wacholder(schnaps) m

génital, e, -aux [ʒenital, o] adj genital

génocide [ʒenɔsid] nm Völkermord m

génoise [ʒenwaz] nf (gâteau) Biskuitkuchen m

génome [ʒenom] nm Genom nt

genou, x [ʒ(ə)nu] nm Knie nt; **à ~x** auf (den) Knien; **se mettre à ~x** niederknien; **prendre qn sur ses ~x** jdn auf den Schoß nehmen • **genouillère** nf Knieschützer m

genre [ʒɑ̃R] nm Art f; (Zool etc) Gattung f

gens [ʒɑ̃] nmpl Leute pl, Menschen pl

gentiane [ʒɑ̃sjan] nf Enzian m

gentil, le [ʒɑ̃ti, ij] adj nett • **gentillesse** nf Nettigkeit f • **gentiment** adv nett

géographie [ʒeɔgRafi] nf Erdkunde f

géolocalisation [ʒeolokalizasjɔ̃] nf Ortung f • **géolocaliser** vt orten

géologique [ʒeɔlɔʒik] adj geologisch

géomètre [ʒeɔmɛtR] nmf: **(arpenteur-)~** Landvermesser(in) m(f)

Géorgie [ʒeɔRʒi] nf: **la ~** Georgien nt

géranium [ʒeRanjɔm] nm Geranie f

gérant, e [ʒeRɑ̃, ɑ̃t] nm/f Leiter(in) m(f), Manager(in) m(f); **~ d'immeuble** Hausverwalter(in) m(f)

gerbe [ʒɛRb] nf (de fleurs) Strauß m; (de blé) Garbe f

gercé, e [ʒɛRse] adj aufgesprungen • **gerçure** nf Riss m

gérer [ʒeRe] vt verwalten; (entreprise) leiten

gériatrie [ʒeRjatRi] nf Geriatrie f, Altersheilkunde f

germanique [ʒɛRmanik] adj germanisch

germaniste [ʒɛRmanist] nmf Germanist(in) m(f)

germanophone [ʒɛRmanɔfɔn] adj deutschsprachig

germe [ʒɛRm] nm Keim m • **germer** vi keimen

GES [ʒeəɛs] sigle mpl (= gaz à effet de serre) Treibhausgas nt

geste [ʒɛst] nm Geste f; **faire un ~ de refus** eine ablehnende Geste machen; **il fit un ~ de la main pour m'appeler** er rief mich mit einer Handbewegung zu sich

gesticuler [ʒɛstikyle] vi gestikulieren

gestion [ʒɛstjɔ̃] nf (d'entreprise) Leitung f; (de budget etc) Verwaltung f • **gestionnaire** nmf Geschäftsführer(in) m(f)

Ghana [gana] nm: **le ~** Ghana nt

ghetto [geto] nm G(h)etto nt

G8 (Pol) G-8 f

gibet [ʒibɛ] nm Galgen m

gibier [ʒibje] nm Wild nt

giboulée [ʒibule] nf Regenschauer m

Gibraltar [ʒibʀaltaʀ] nm Gibraltar nt

gicler [ʒikle] vi spritzen • **gicleur** nm Düse f

gifle [ʒifl] nf Ohrfeige f • **gifler** vt ohrfeigen

gigantesque [ʒigɑ̃tɛsk] adj riesig

gigot [ʒigo] nm Keule f

gigoter [ʒigote] vi zappeln

gilet [ʒile] nm (de costume) Weste f; (pull) Strickjacke f; (sous-vêtement) Unterhemd nt; **~ de sauvetage** Schwimmweste f

gingembre [ʒɛ̃ʒɑ̃bʀ] nm Ingwer m

girafe [ʒiʀaf] nf Giraffe f

giratoire [ʒiʀatwaʀ] adj : **sens ~** Kreisverkehr m

girofle [ʒiʀɔfl] nf : **clou de ~** (Gewürz)nelke f

girouette [ʒiʀwɛt] nf Wetterfahne f

gisement [ʒizmɑ̃] nm Ablagerung f

gitan, e [ʒitɑ̃, an] nm/f Zigeuner(in) m(f)

gîte [ʒit] nm : **~ rural** Ferienhaus nt auf dem Lande

givre [ʒivʀ] nm Raureif m

glabre [glabʀ] adj glatt rasiert

glace [glas] nf Eis nt; (miroir) Spiegel m; (de voiture) Fenster nt • **glacé, e** adj (boisson) eisgekühlt; (main) eiskalt • **glaciaire** adj Gletscher-; **ère ~** Eiszeit f

• **glacial, e, -aux** adj eiskalt

• **glacier** nm Gletscher m

• **glacière** nf Kühlbox f • **glaçon** nm Eiszapfen m; (pour boisson) Eiswürfel m

glaïeul [glajœl] nm Gladiole f

glaise [glɛz] nf Lehm m

gland [glɑ̃] nm Eichel f; (décoration) Quaste f

glande [glɑ̃d] nf Drüse f

glaner [glane] vi nachlesen ▶ vt (prix, récompenses) einsammeln

glauque [glok] adj meergrün; (fig) düster

glissant, e [glisɑ̃, ɑ̃t] adj rutschig • **glisse** nf : **sports de ~** Gleitsportarten • **glissement** nm : **~ de terrain** Erdrutsch m

• **glisser** vi (avancer, coulisser) gleiten; (tomber) rutschen; (déraper) ausrutschen; (être glissant) rutschig ou glatt sein ▶ vt (mot, conseil) zuflüstern; **~ qch sous/dans** etw schieben unter +acc/in +acc

global, e, -aux [glɔbal, o] adj Gesamt- • **globalement** adv insgesamt

globe [glɔb] nm Globus m

globule [glɔbyl] nm : **~ blanc/rouge** weißes/rotes Blutkörperchen nt

gloire [glwaʀ] nf Ruhm m; (mérite) Verdienst nt; (personne) Berühmtheit f

glorieux, -euse [glɔʀjø, jøz] adj glorreich

glorifier [glɔʀifje] vt rühmen

glossaire [glɔseʀ] nm Glossar nt

glotte [glɔt] nf Stimmritze f

glouton, ne [glutɔ̃, ɔn] adj gefräßig

glu [gly] *nf* Kleber *m*

gluant, e [glyã, ãt] *adj* klebrig

glucide [glysid] *nm* Kohle(n)hydrat *nt*

glucose [glykoz] *nm* Glukose *f*

glycine [glisin] *nf* Glyzinie *f*

gnangnan [nãnã] (fam) *adj inv* quengelig

go [go] : **tout de go** *adv* ohne Umschweife

goal [gol] *nm* Tor *nt*

gobelet [gɔblɛ] *nm* Becher *m*

gober [gɔbe] *vt* roh essen; (croire facilement) schlucken

godet [gɔdɛ] *nm* (récipient) Becher *m*

goéland [gɔelã] *nm* Seemöwe *f*

goémon [gɔemõ] *nm* Tang *m*

gogo [gogo] : **à ~** *adv* in Hülle und Fülle

goguenard, e [gɔg(ə)naʀ, aʀd] *adj* spöttisch

goinfre [gwɛ̃fʀ] *nm* Vielfraß *m*
 • **goinfrer : se ~** *vpr* sich vollfressen; **se ~ de** sich vollstopfen mit

golf [gɔlf] *nm* Golf *nt*; (terrain) Golfplatz *m*

golfe [gɔlf] *nm* Golf *m*

gomme [gɔm] *nf* (à effacer) Radiergummi *m* ou *nt*; **boule** ou **pastille de ~** Halsbonbon *m*
 • **gommer** *vt* (effacer) ausradieren

gond [gõ] *nm* (de porte, fenêtre) Angel *f*; **sortir de ses ~s** (fig) an die Decke gehen

gondoler [gõdɔle] *vpr* sich wellen, sich verziehen; (fam) sich schieflachen

gonflable [gõflabl] *adj* (bateau) Gummi-; (matelas) Luft-

gonflé, e [gõfle] *adj* (yeux, visage) geschwollen • **gonfler** *vt* (pneu, ballon) aufpumpen ▶ *vi* (partie du corps) anschwellen

gonzesse [gõzɛs] (fam) *nf* Tussi *f*

googler [gugle] *vt* googeln

gorge [gɔʀʒ] *nf* (Anat) Kehle *f*; (poitrine) Brust *f*; (Géo) Schlucht *f*
 • **gorgé, e** *adj* : **~ de** gefüllt mit; (d'eau) durchtränkt mit

gorgée [gɔʀʒe] *nf* Schluck *m*

gorille [gɔʀij] *nm* Gorilla *m*

gosier [gozje] *nm* Kehle *f*

gosse [gɔs] *nmf* Kind *nt*

gothique [gɔtik] *adj* gotisch
 ▶ *nm* (style) Gotik *f*

goudron [gudʀõ] *nm* Teer *m*
 • **goudronner** *vt* asphaltieren

gouffre [gufʀ] *nm* Abgrund *m*

goujat [guʒa] *nm* Rüpel *m*

goulot [gulo] *nm* Flaschenhals *m*; **boire au ~** aus der Flasche trinken

goulu, e [guly] *adj* gierig

gourde [guʀd] *nf* Feldflasche *f*

gourdin [guʀdɛ̃] *nm* Knüppel *m*

gourmand, e [guʀmã, ãd] *adj* naschhaft • **gourmandise** *nf* Gefräßigkeit *f*; (bonbon) Leckerei *f*

gourmet [guʀmɛ] *nm* Feinschmecker *m*

gourmette [guʀmɛt] *nf* Armband *nt*

gourou [guʀu] *nm* Guru *m*

gousse [gus] *nf*; **~ d'ail** Knoblauchzehe *f*

goût [gu] *nm* Geschmack *m*; **de bon ~** geschmackvoll; **de mauvais ~** geschmacklos; **avoir du ~** Geschmack haben; **manquer de ~** keinen Geschmack haben • **goûter** *vt* (essayer)

versuchen; (*apprécier*) genießen
▶ vi (*à 4 heures*) eine
Nachmittagsmahlzeit
einnehmen, vespern ▶ nm Vesper f
ou nt, Nachmittagsmahlzeit f

goutte [gut] nf Tropfen m; **~ à ~**
tröpfchenweise • **goutte-à-
goutte** nm inv Tropf m
• **gouttière** nf Dachrinne f

gouvernail [guvɛʀnaj] nm
Ruder nt

gouvernement [guvɛʀnəmɑ̃]
nm Regierung f
• **gouvernemental, e, -aux** adj
Regierungs- • **gouverner** vt
(*pays, peuple*) regieren; (*diriger*)
lenken, steuern

GPA [ʒepea] sigle f (= *gestation pour
autrui*) Leihmutterschaft f

GPL [ʒepeɛl] sigle m (= *gaz de pétrole
liquéfié*) Flüssiggas nt, LPG nt

GPS [ʒepeɛs] sigle m (= *global
positioning system*) GPS nt

GR [ʒeɛʀ] nf abr (= *Grande
randonnée*) (Fern)wanderung f

grâce [gʀɑs] nf (*charme*) Anmut f;
(*Rel*) Gnade f; (*bienfait*) Gefallen m;
(*bienveillance*) Gunst f; **~ à** dank
+*gén*

gracier [gʀasje] vt begnadigen

gracieux, -euse [gʀasjø, jøz] adj
graziös, anmutig; **à titre ~**
kostenlos

grade [gʀad] nm Rang m

gradin [gʀadɛ̃] nm Rang m; **en ~s**
terrassenförmig

graduel, le [gʀadɥɛl] adj
allmählich • **graduellement** adv
allmählich

graduer [gʀadɥe] vt (*effort etc*)
allmählich steigern

graffiti [gʀafiti] nmpl Graffiti pl

grain [gʀɛ̃] nm Korn nt; **~ de
beauté** Schönheitsfleck m; **~ de
café** Kaffeebohne f; **~ de raisin**
Traube f

graine [gʀɛn] nf Samen m

graissage [gʀesaʒ] nm Ölen nt;
(*Auto*) Abschmieren nt

graisse [gʀes] nf Fett nt;
(*lubrifiant*) (Schmier)fett nt
• **graisser** vt (*mécanisme*) schmieren,
ölen; (*Auto*) abschmieren; (*tacher*)
fettig machen

grammaire [gʀamɛʀ] nf
Grammatik f • **grammatical, e,
-aux** adj grammatisch

gramme [gʀam] nm Gramm nt

grand, e [gʀɑ̃, gʀɑ̃d] adj groß;
(*voyage*) lang ▶ adv: **~ ouvert** weit
offen; **au ~ air** im Freien;
~ magasin Kaufhaus nt; **~e
personne** Erwachsene(r) f(m); **~e
randonnée** : **sentier de ~e
randonnée** markierter
französischer Wanderweg; **~e
surface** Supermarkt m

grand-chose [gʀɑ̃ʃoz] nm inv/nf
inv: **pas ~** nichts Besonderes

Grande-Bretagne [gʀɑ̃dbʀə
taɲ] nf: **la ~** Großbritannien nt

grandement [gʀɑ̃dmɑ̃] adv (*tout
à fait*) völlig; (*largement*) sehr;
(*généreusement*) großzügig

grandeur [gʀɑ̃dœʀ] nf Größe f;
~ nature adj lebensgroß

grandiloquent, e [gʀɑ̃dilɔkɑ̃, ɑ̃t]
adj hochtrabend

grandiose [gʀɑ̃djoz] adj
großartig, grandios

grandir [gʀɑ̃diʀ] vi wachsen;
(*bruit, hostilité*) zunehmen

grand-mère [gʀɑ̃mɛʀ] (pl
grand(s)-mères) nf Großmutter f

• **grand-messe** (*pl* **grand(s)-messes**) *nf* Hochamt *nt*
• **grand-peine**; **à** ~ *adv* mühsam
• **grand-père** (*pl* **grands-pères**) *nm* Großvater *m* • **grand-route** *nf* Haupt(verkehrs)straße *f*
• **grand-rue** *nf* Hauptstraße *f*
• **grands-parents** *nmpl* Großeltern *pl*

grange [gʀɑ̃ʒ] *nf* Scheune *f*

granit [gʀanit] *nm* Granit *m*

graphique [gʀafik] *adj* grafisch ▶ *nm* Grafik *f*

graphiste [gʀafist] *nmf* Grafiker(in) *m(f)*

grappe [gʀap] *nf* Traube *f*; ~ **de raisin** (Wein)traube *f*

gras, grasse [gʀɑ, gʀɑs] *adj* fett; (*surface, main, cheveux*) fettig ▶ *nm* (*Culin*) Fett *nt*; **faire la** ~ **matinée** lang ausschlafen • **grassement** *adv* : ~ **payé** sehr gut bezahlt

gratifier [gʀatifje] *vt* : ~ **qn de qch** jdm etw gewähren

gratin [gʀatɛ̃] *nm* (*Culin*) Gratin *nt*; **au** ~ überbacken

gratis [gʀatis] *adv, adj* gratis

gratitude [gʀatityd] *nf* Dankbarkeit *f*

gratte-ciel [gʀatsjɛl] *nm inv* Wolkenkratzer *m*

gratter [gʀate] *vt* kratzen; (*enlever*) abkratzen; **se gratter** *vpr* sich kratzen

gratuit, e [gʀatɥi, ɥit] *adj* kostenlos; (*entrée*) frei
• **gratuitement** *adv* gratis, kostenlos; (*sans preuve, motif*) unbegründet

gravats [gʀava] *nmpl* Trümmer *pl*

grave [gʀav] *adj* (*maladie, accident, faute*) schwer; (*sérieux*) ernst;

(*voix, son*) tief • **gravement** *adv* schwer

graver [gʀave] *vt* (*plaque*) gravieren; (*nom*) eingravieren • **graveur** *nm* : ~ **de CD/DVD** CD/DVD-Brenner *m*

gravier [gʀavje] *nm* Kies *m*

gravillons [gʀavijɔ̃] *nmpl* Schotter *m*

gravir [gʀaviʀ] *vt* hinaufsteigen auf +*acc*

gravitation [gʀavitasjɔ̃] *nf* Schwerkraft *f*

gravité [gʀavite] *nf* Ernst *m*; (*Phys*) Gravitation *f*

graviter [gʀavite] *vi* : ~ **autour de** sich drehen um

gravure [gʀavyʀ] *nf* (*reproduction*) Stich *m*

gré [gʀe] *nm* : **à mon** ~ nach meinem Geschmack; **de son** (*plein*) ~ aus freien Stücken; **de** ~ **ou de force** wohl oder übel; **bon** ~ **mal** ~ wohl oder übel

grec, grecque [gʀɛk] *adj* griechisch ▶ *nm/f* : **G~, Grecque** Grieche *m*, Griechin *f* • **Grèce** *nf* : **la** ~ Griechenland *nt*

greffe [gʀɛf] *nf* (*Agr*) Pfropfreis *nt*; (*action*) Pfropfen *nt*; (*Méd* : *du cœur, rein*) Transplantation *f*; (: *organe*) Transplantat *nt* ▶ *nm* (*Jur*) Kanzlei *f*
• **greffer** *vt* (*Bot*) pfropfen; (*Méd*) verpflanzen

greffier, -ière [gʀefje, jɛʀ] *nm/f* (*Jur*) Gerichtsschreiber(in) *m(f)*

grêle [gʀɛl] *nf* Hagel *m* • **grêler** *vb impers* : **il grêle** es hagelt • **grêlon** *nm* Hagelkorn *nt*

grelotter [gʀ(ə)lɔte] *vi* (*vor Kälte*) zittern

grenade [gʀənad] *nf* (*explosive*) Granate *f*; (*Bot*) Granatapfel *m* grenat [gʀəna] adj inv granatrot

grenier [gʀənje] nm Speicher m

grenouille [gʀənuj] nf Frosch m

grès [gʀɛ] nm (roche) Sandstein m; (poterie) Steingut nt

grésiller [gʀezije] vi (Culin) brutzeln; (Radio) knacken, rauschen

grève [gʀɛv] nf (arrêt du travail) Streik m; **se mettre en** ou **faire ~** streiken; **~ sur le tas** Sitzstreik m • **gréviste** nmf Streikende(r) f(m)

gribouiller [gʀibuje] vt, vi kritzeln

grief [gʀijɛf] nm : **faire ~ à qn de qch** jdm etw vorwerfen

grièvement [gʀijɛvmã] adv : **~ blessé** schwer verletzt

griffe [gʀif] nf Kralle f • griffer vt kratzen

griffonner [gʀifɔne] vt hinkritzeln

grignoter [gʀiɲɔte] vt herumnagen an +dat

gril [gʀil] nm Grill m • grillade nf Gegrilltes nt

grillage [gʀijaʒ] nm Gitter nt

grille [gʀij] nf (portail) Tor nt; (clôture) Gitter(zaun m) nt • grille-pain nm inv Toaster m • griller vt (pain) toasten; (viande etc) grillen; (ampoule, fusible) durchbrennen lassen; (feu rouge) überfahren

grillon [gʀijɔ̃] nm Grille f

grimace [gʀimas] nf Grimasse f

grimper [gʀɛ̃pe] vt hinaufsteigen ▸ vi : **~ à/sur** klettern auf +acc

grincement [gʀɛ̃smã] nm Quietschen nt; **~ de dents** Zähneknirschen nt

grincer [gʀɛ̃se] vi quietschen; (plancher) knarren; **~ des dents** mit den Zähnen knirschen

grincheux, -euse [gʀɛ̃ʃø, øz] adj mürrisch

gringalet [gʀɛ̃galɛ] adj m mickrig

griotte [gʀijɔt] nf Sauerkirsche f

grippe [gʀip] nf Grippe f; **~ A** Schweinegrippe f; **~ aviaire** Vogelgrippe f • grippé, e adj : **être ~** die ou eine Grippe haben

gris, e [gʀi, gʀiz] adj grau; (ivre) beschwipst

grisaille [gʀizaj] nf Trübheit f

grisant, e [gʀizã, ãt] adj berauschend

griser [gʀize] vt berauschen

Grisons [gʀizɔ̃] nmpl : **les ~** Graubünden nt

grisou [gʀizu] nm Grubengas nt

grive [gʀiv] nf Drossel f

grivois, e [gʀivwa, waz] adj derb

Groenland [gʀɔɛnlɑ̃d] nm : **le ~** Grönland nt

grogne [gʀɔɲ] nf Unruhe f

grogner [gʀɔɲe] vi (animal) knurren; (personne) brummen

grognon, ne [gʀɔɲɔ̃, ɔn] adj mürrisch

grommeler [gʀɔm(ə)le] vi grummeln

grondement [gʀɔ̃dmã] nm (de tonnerre) Grollen nt

gronder [gʀɔ̃de] vi (tonnerre) grollen; (animal) knurren; (révolte, mécontentement) gären ▸ vt schimpfen mit

gros, grosse [gʀo, gʀos] adj dick; (volumineux, grand) groß; (orage) schwer; (bruit) gewaltig ▸ nm (Comm) Großhandel m; **prix de ~**

Großhandelspreis m; **~ mot** Schimpfwort nt

groseille [gʀozɛj] nf: **~ (rouge)** rote Johannisbeere f; **~ (blanche)** weiße Johannisbeere; **~ à maquereau** Stachelbeere f

grossesse [gʀosɛs] nf Schwangerschaft f

grosseur [gʀosœʀ] nf (corpulence) Dicke f; (volume) Größe f

grossier, -ière [gʀosje, jɛʀ] adj (vulgaire) derb; (laine) grob; (erreur, faute) krass • **grossièrement** adv derb, grob; (à peu près) grob

grossir [gʀosiʀ] vi zunehmen ▸vt vergrößern

grossiste [gʀosist] nmf Großhändler(in) m(f)

grotesque [gʀotɛsk] adj grotesk

grotte [gʀot] nf Höhle f

groupe [gʀup] nm Gruppe f; **~ sanguin** Blutgruppe f • **groupement** nm Vereinigung f; **~ d'intérêt économique** wirtschaftliche Interessengemeinschaft f • **grouper** vt gruppieren; se **grouper** vpr sich versammeln

grue [gʀy] nf (de chantier) Kran m; (Zool) Kranich m

grumeaux [gʀymo] nmpl (Culin) Klumpen pl

gruyère [gʀyjɛʀ] nm Gruyère m, Greyerzer(käse) m

Guadeloupe [gwadlup] nf: **la ~** Guadeloupe nt

Guatemala [gwatemala] nm: **le ~** Guatemala nt

gué [ge] nm Furt f

guenilles [gənij] nfpl Lumpen pl

guenon [gənɔ̃] nf Äffin f

guêpe [gɛp] nf Wespe f • **guêpier** nm Wespennest nt

guère [gɛʀ] adv: **ne ... ~** kaum; **il n'y a ~ que lui qui soit resté** außer ihm ist kaum jemand dageblieben

guérilla [geʀija] nf Guerilla f

guérir [geʀiʀ] vt (Méd) heilen ▸vi (personne) gesund werden; (plaie) heilen • **guérison** nf Genesung f

guerre [gɛʀ] nf Krieg m • **guerrier, -ière** adj kriegerisch ▸nm/f Krieger(in) m(f)

guet [ge] nm: **faire le ~** auf der Lauer liegen • **guet-apens** nm inv Hinterhalt m • **guetter** vt lauern auf +acc

gueule [gœl] nf (d'animal) Maul nt; (du canon, tunnel) Öffnung f; (fam: visage) Visage f; (bouche) Klappe f • **gueuler** (fam) vi schreien, plärren

gui [gi] nm Mistel f

guichet [giʃɛ] nm Schalter m; (au théâtre) Kasse f; **~ automatique** Geldautomat m

guide [gid] nm Führer(in) m(f); (livre) Führer m • **guider** vt führen • **guidon** nm (de vélo) Lenkstange f

guignol [giɲɔl] nm Kasper m, (fig) Clown m

guillemets [gijmɛ] nmpl: **entre ~** in Anführungszeichen

guillotine [gijotin] nf Guillotine f

guindé, e [gɛ̃de] adj gekünstelt

Guinée [gine] nf: **la (République de) ~** Guinea nt; **la ~ équatoriale** Äquatorialguinea nt

guirlande [giʀlɑ̃d] nf Girlande f

guise [giz] nf: **à votre ~** wie Sie wollen ou wünschen; **en ~ de** (comme) als; (à la place de) anstelle von

guitare [gitaʀ] *nf* Gitarre *f*

Guyane [gɥijan] *nf*: **la ~**
Guayana *nt*

gymnase [ʒimnɑz] *nm*
Turnhalle *f*

gymnaste [ʒimnast] *nmf*
Turner(in) *m(f)*

gymnastique [ʒimnastik] *nf*
(Scol) Turnen *nt*; (au réveil etc)
Gymnastik *f*

gynécologie [ʒinekɔlɔʒi] *nf*
Gynäkologie *f* • **gynécologue** *nmf*
Gynäkologe *m*, Gynäkologin *f*

gyrophare [ʒiʀofaʀ] *nm* (sur une
voiture) ≈ Blaulicht *nt*

h *abr* = **heure**

habile [abil] *adj* geschickt; (malin)
gerissen • **habileté** *nf* Geschick
nt, Gerissenheit *f*

habilité, e [abilite] *adj*: **~ à faire
qch** ermächtigt, etw zu tun

habillé, e [abije] *adj* gekleidet;
(robe, costume) elegant
• **habillement** *nm* Kleidung *f*
• **habiller** *vt* anziehen;
s'habiller *vpr* sich anziehen;
(mettre des vêtements chic) sich chic
anziehen

habit [abi] *nm* (costume) Kostüm
nt; **habits** *nmpl* (vêtements) Kleider
pl; **~ (de soirée)** Abendanzug *m*

habitable [abitabl] *adj*
bewohnbar

habitacle [abitakl] *nm* (de
voiture) Führerhaus *nt*; (Aviat)
Cockpit *nt*

habitant, e [abitɑ̃, ɑ̃t] *nm/f*
Einwohner(in) *m(f)*; (d'une maison)
Bewohner(in) *m(f)*

habitat [abita] *nm* Lebensraum *m*

habitation [abitasjɔ̃] *nf*
(demeure) Wohnsitz *m*; (bâtiment)
Wohngebäude *nt*

habiter [abite] vt bewohnen, wohnen in +dat; (sentiment, envie) innewohnen +dat ▸ vi : **~ à/dans** wohnen in +dat; **~ rue Montmartre** in der rue Montmartre wohnen

habitude [abityd] nf Gewohnheit f; **avoir l'~ de faire qch** etw gewöhnlich tun; (expérience) gewohnt sein, etw zu tun; **d'~** gewöhnlich; **comme d'~** wie gewöhnlich

habitué, e [abitye] adj : **être ~ à** gewöhnt sein an +acc ▸ nm/f (d'un café etc) Stammgast m
• **habituel, le** adj üblich
• **habituer** vt : **qn à qch/faire qch** jdn an etw acc gewöhnen/jdn daran gewöhnen, etw zu tun; **s'habituer** vpr : **s'~ à qch** sich an etw acc gewöhnen

hache ['aʃ] nf Axt f, Beil nt

haché, e [aʃe] adj (Culin) gehackt; **viande ~e** Hackfleisch nt
• **hacher** vt (zer)hacken • **hachis** nm (viande) Hackfleisch nt

hachisch ['aʃiʃ] nm = **haschisch**

hachoir ['aʃwar] nm (appareil) Fleischwolf m; (planche) Hackbrett nt

hagard, e ['agar, ard] adj verstört

haie ['ɛ] nf Hecke f; (Sport) Hürde f

haine ['ɛn] nf Hass m

haïr ['aiʀ] vt hassen

hâlé, e ['ɑle] adj (sonnen)gebräunt

haleine [alɛn] nf Atem m; **hors d'~** außer Atem

hall ['ol] nm Halle f

halle ['al] nf Markthalle f; **halles** nfpl städtische Markthallen pl

hallucination [alysinasjɔ̃] nf Halluzination f, Sinnestäuschung f; **~ collective** Massenwahn m

halogène [alɔʒɛn] nm : **lampe (à) ~** Halogenlampe f

halte ['alt] nf Rast f; (escale) Zwischenstation f; (Rail) Haltestelle f ▸ excl halt; **faire ~** halten • **halte-garderie** (pl **haltes-garderies**) nf Kinderkrippe f

haltère [altɛʀ] nm Hantel f; **faire des ~s** Gewichte heben

hamac ['amak] nm Hängematte f

hamburger ['ɑ̃buʀgœʀ] nm Hamburger m

hameau, x ['amo] nm Weiler m

hameçon [amsɔ̃] nm Angelhaken m • **hameçonnage** nm Phishing nt

hamster ['amstɛʀ] nm Hamster m

hanche ['ɑ̃ʃ] nf Hüfte f

handball ['ɑ̃dbal] nm Handball m

handicap ['ɑ̃dikap] nm Handicap nt • **handicapé, e** adj behindert ▸ nm/f Behinderte(r) f(m); **~ mental** geistig Behinderter m; **~ physique** Körperbehinderter m • **handicaper** vt behindern

handisport ['ɑ̃dispɔʀ] nm Behindertensport m

hangar ['ɑ̃gaʀ] nm Schuppen m; (Aviat) Hangar m, Flugzeughalle f

hanneton ['antɔ̃] nm Maikäfer m

hanter ['ɑ̃te] vt (suj : fantôme) spuken in +dat, umgehen in +dat; (: idée, souvenir) verfolgen, keine Ruhe lassen +dat • **hantise** nf (übertriebene) Angst f

happer ['ape] vt schnappen; (train, voiture) erfassen

haranguer [ˈaʀɑ̃ge] vt eine Rede
halten +dat

haras [ˈaʀɑ] nm Gestüt nt

harcèlement [ˈaʀsɛlmɑ̃] nm
Belästigung f • **harceler** vt
(importuner) belästigen

hardi, e [ˈaʀdi] adj tapfer

hareng [ˈaʀɑ̃] nm Hering m

hargne [ˈaʀɲ] nf Gehässigkeit f
• **~ blanc** nm weiße Bohne; **~ vert**
grüne Bohne

haricot [ˈaʀiko] nm Bohne f;
~ blanc weiße Bohne; **~ vert**
grüne Bohne

harmonie [aʀmɔni] nf
Harmonie f • **harmonieux, -euse**
adj harmonisch • **harmonisation**
nf Angleichung f; **~ juridique**
Rechtsangleichung f
• **harmoniser** vt aufeinander
abstimmen

harmonium [aʀmɔnjɔm] nm
Harmonium nt

harnais [ˈaʀnɛ] nm Geschirr nt

harpe [ˈaʀp] nf Harfe f

hasard [ˈazaʀ] nm Zufall m; **au ~**
auf gut Glück; **par ~** zufällig
• **hasarder** vt riskieren; **se ~ à
faire qch** es wagen, etw zu tun

haschisch [ˈaʃiʃ] nm Haschisch nt

hâte [ˈɑt] nf Eile f; **à la ~** hastig;
en ~ in aller Eile • **hâter** vt
beschleunigen; **se hâter** vpr sich
beeilen • **hâtif, -ive** adj (travail)
gepfuscht; (décision) übereilt;
(fruit, légume) frühreif

hausse [ˈos] nf Anstieg m; **en ~**
steigend • **hausser** vt erhöhen;
(voix) erheben; **~ les épaules** mit
den Schultern zucken

haut, e [ˈo, ˈot] adj hoch ▶ adv :
monter/lever ~
hochsteigen/-heben ▶ nm (d'un
objet) oberer Teil m; (d'un arbre)

Wipfel m; **~ de 2 m/5 étages**
2 m/5 Stockwerke hoch; **en ~e
montagne** im Hochgebirge; **à ~e
voix** mit lauter Stimme; **à ~e
résolution** ou **définition** hoch
auflösend; **un mur de 3 m de ~**
eine 3 m hohe Mauer; **de ~ en bas**
(regarder) von oben bis unten;
(frapper) von oben nach unten;
en ~ oben; (mouvement) nach
oben; **en ~ de** auf +dat;
(mouvement) auf +acc

hautain, e [ˈotɛ̃, ɛn] adj
hochmütig

hautbois [ˈobwa] nm Oboe f

haut-débit [ˈodebi] nm (Inform)
Breitband nt

hauteur [ˈotœʀ] nf Höhe f

haut-fourneau [ˈofuʀno] (pl
hauts-fourneaux) nm
Hochofen m

haut-parleur [ˈopaʀlœʀ] (pl
haut-parleurs) nm
Lautsprecher m

Haye [ˈɛ] : **La ~** Den Haag nt

hayon [ˈɛjɔ̃] nm Hecktür f

hebdo [ɛbdo] (fam) nm
Wochenzeitschrift f

hebdomadaire [ɛbdɔmadɛʀ]
adj wöchentlich ▶ nm
Wochenzeitschrift f

hébergement [ebɛʀʒəmɑ̃] nm
Beherbergen nt, Aufnahme f

héberger [ebɛʀʒe] vt (bei sich)
aufnehmen • **hébergeur** nm
(Inform) Host m

hébreu, x [ebʀø] adj hebräisch

HEC [ˈaʃese] sigle fpl (= École des
hautes études commerciales)
Eliteschule für Betriebswirte

hectare [ɛktaʀ] nm Hektar m
nt ou m

hectolitre [ɛktolitʀ] *nm* Hektoliter *m*

hein [ɛ̃] *excl* was?; **tu m'approuves, ~ ?** du bist doch einverstanden, oder?

hélas [elɑs] *excl* ach; **~ non/oui !** leider nicht/leider!

héler [ele] *vt* herbeirufen

hélice [elis] *nf* Schraube *f*; *(de bateau : d'avion)* Propeller *m*

hélicoptère [elikɔptɛʀ] *nm* Hubschrauber *m*

helvétique [ɛlvetik] *adj* schweizerisch

hématome [ematom] *nm* Bluterguss *m*

hémicycle [emisikl] *nm* Halbkreis *m*; **l'~** *(Pol)* das französische Parlament

hémiplégie [emipleʒi] *nf* halbseitige Lähmung *f*

hémisphère [emisfɛʀ] *nm* : **~ nord/sud** nördliche/südliche Hemisphäre *f* ou Halbkugel *f*

hémophilie [emɔfili] *nf* Bluterkrankheit *f*

hémorragie [emɔʀaʒi] *nf* starke Blutung *f*

hémorroïdes [emɔʀɔid] *nfpl* Hämorr(ho)iden *pl*

henné [ene] *nm* Henna *f*

hennir [eniʀ] *vi* wiehern

hépatique [epatik] *adj* Leber- • **hépatite** *nf* Hepatitis *f*

herbe [ɛʀb] *nf* Gras *nt*; *(Culin, Méd)* Kraut *nt* • **herbicide** *nm* Unkrautvertilgungsmittel *nt* • **herbier** *nm* Herbarium *nt* • **herbivore** *nm* Pflanzenfresser *m* • **herboriste** *nmf* Naturheilkundige(r) *f(m)*

héréditaire [eʀeditɛʀ] *adj* erblich • **hérédité** *nf* Vererbung *f*

hérétique [eʀetik] *nmf* Ketzer(in) *m(f)*

hérisson ['eʀisɔ̃] *nm* Igel *m*

héritage [eʀitaʒ] *nm* Erbschaft *f*; *(fig)* Erbe *nt* • **hériter** *vi, vt* erben; **~ de qch** etw erben • **héritier, -ière** *nm/f* Erbe *m*, Erbin *f*

hermétique [ɛʀmetik] *adj* hermetisch

hermine [ɛʀmin] *nf* Hermelin *nt*

hernie ['ɛʀni] *nf* Bruch *m*

héroïne [eʀɔin] *nf* Heldin *f*; *(drogue)* Heroin *nt* • **héroïnomane** *nmf* Heroinsüchtige(r) *f(m)*

héroïque [eʀɔik] *adj* heldenhaft

héron ['eʀɔ̃] *nm* Reiher *m*

héros ['eʀo] *nm* Held *m*

herpès [ɛʀpɛs] *nm* Herpes *m*

hésitation [ezitasjɔ̃] *nf* Zögern *nt* • **hésiter** *vi* zögern

hétéroclite [eteʀɔklit] *adj* *(ensemble)* heterogen; *(objets)* zusammengewürfelt

hétérosexuel, le [eteʀɔsɛkɥɛl] *adj* heterosexuell

hêtre ['ɛtʀ] *nm* Buche *f*

heure [œʀ] *nf* Stunde *f*; **quelle ~ est-il ?** wie viel Uhr ist es?; **pourriez-vous me donner l'~, s'il vous plaît ?** können Sie mir bitte sagen, wie spät es ist?; **2 ~s (du matin)** 2 Uhr (morgens); **être à l'~** pünktlich sein; *(montre)* richtig gehen; **mettre à l'~** stellen; **24 ~s sur 24** rund um die Uhr; **~ d'été** Sommerzeit *f*; **~ de pointe** Hauptverkehrszeit *f*; **~s supplémentaires** Überstunden *pl*

heureusement [œrøzmɑ̃] adv glücklicherweise • **heureux, -euse** adj glücklich

heurté, e [ˈœʀte] adj sprunghaft

heurter [ˈœʀte] vt stoßen gegen; (fig) verletzen; **se heurter** vpr zusammenstoßen

hexagonal, e, -aux [ɛgzagɔnal, o] adj sechseckig; (français) französisch • **hexagone** nm Sechseck nt; **l'H~** Frankreich nt (wegen seiner annähernd sechseckigen Form)

hiberner [ibɛʀne] vi Winterschlaf halten

hibiscus [ibiskys] nm Hibiskus m

hibou, x [ˈibu] nm Eule f

hideux, -euse [ˈidø, øz] adj abscheulich

hier [jɛʀ] adv gestern

hiérarchie [ˈjeʀaʀʃi] nf Hierarchie f

hindou, e [ɛ̃du] adj Hindu-; (indien) indisch ▸ nm/f : **H~, e** (Indien) Inder(in) m(f)

hindouisme [ɛ̃duism] nm Hinduismus m

hippique [ipik] adj Pferde- • **hippisme** nm Pferdesport m • **hippodrome** nm Hippodrom nt

hippopotame [ipɔpɔtam] nm Nilpferd nt

hirondelle [iʀɔ̃dɛl] nf Schwalbe f

hirsute [iʀsyt] adj strubbelig, struppig

hisser [ˈise] vt hissen; **se hisser** vpr : **se ~ sur** sich hochziehen auf +acc

histoire [istwaʀ] nf Geschichte f • **historien, ne** nm/f

Historiker(in) m(f) • **historique** adj historisch

HIV [ˈaʃive] abr m (= Human Immunodeficiency Virus) HIV m

hiver [ivɛʀ] nm Winter m; **en ~** im Winter • **hivernal, e, -aux** adj winterlich • **hiverner** vi überwintern

HLM [ˈaʃɛlɛm] sigle m ou sigle f (= habitation à loyer modéré) ≈ Sozialwohnung f

hobby [ˈɔbi] nm Hobby nt

hocher [ˈɔʃe] vt : **~ la tête** mit dem Kopf nicken; (signe négatif ou dubitatif) den Kopf schütteln

hochet [ˈɔʃe] nm Rassel f

hockey [ˈɔke] nm : **~ sur glace/ gazon** Eishockey nt/Feldhockey nt

hold-up [ˈɔldœp] nm inv Raubüberfall m

hollandais, e [ˈɔlɑ̃dɛ, ɛz] adj holländisch ▸ nm/f : **H~, e** Holländer(in) m(f) • **Hollande** nf : **la ~** Holland nt

holocauste [ɔlɔkost] nm Holocaust m

homard [ˈɔmaʀ] nm Hummer m

homéopathique [ɔmeɔpatik] adj homöopathisch

homicide [ɔmisid] nm Totschlag m; **~ involontaire** fahrlässige Tötung f

hommage [ɔmaʒ] nm Huldigung f

homme [ɔm] nm (individu) Mann m; (espèce) Mensch m; **l'~ de la rue** der Mann auf der Straße; **~ d'affaires** Geschäftsmann m; **~ d'État** Staatsmann m • **homme-sandwich** (pl **hommes-sandwichs**) nm Plakatträger m

homogène [ɔmɔʒɛn] *adj* homogen

homologue [ɔmɔlɔg] *nmf* Gegenstück *nt*

homonyme [ɔmɔnim] *nm* (Ling) Homonym *nt*

homoparental, e, -aux [ɔmɔparãtal, o] *adj* gleichgeschlechtlich

homosexualité [ɔmɔsɛksɥalite] *nf* Homosexualität *f*

homosexuel, le [ɔmɔsɛksɥɛl] *adj* homosexuell ▸*nm/f* Homosexuelle(r) *f(m)*

Honduras ['ɔ̃dyRas] *nm* : **le ~** Honduras *m*

Hongrie ['ɔ̃gRi] *nf* : **la ~** Ungarn *nt* • **hongrois, e** *adj* ungarisch ▸*nm/f* : **H~, e** Ungar(in) *m(f)*

honnête [ɔnɛt] *adj* ehrlich; (*juste, satisfaisant*) anständig • **honnêtement** *adv* ehrlich • **honnêteté** *nf* Ehrlichkeit *f*

honneur [ɔnœR] *nm* Ehre *f*; **en l'~ de** zu Ehren von; **faire ~ à** (*repas etc*) zu würdigen wissen

honorable [ɔnɔRabl] *adj* ehrenhaft; (*suffisant*) zufriedenstellend

honoraire [ɔnɔRɛR] *adj* ehrenamtlich; **honoraires** *nmpl* Honorar *nt*; **professeur ~** emeritierter Professor *m*

honorer [ɔnɔRe] *vt* ehren; **~ qn de** jdn beehren mit

honorifique [ɔnɔRifik] *adj* Ehren-

honte ['ɔ̃t] *nf* Schande *f*; **avoir ~ de** sich schämen +*gén* • **honteux, -euse** (*personne*) beschämt; (*conduite, acte*) schändlich

hôpital, -aux [ɔpital, o] *nm* Krankenhaus *nt*

hoquet ['ɔkɛ] *nm* Schluckauf *m*

horaire [ɔRɛR] *adj* Stunden- ▸*nm* (*emploi du temps*) Zeitplan *m*; (*de transports*) Fahrplan *m*; **~ à la carte** *ou* **flexible** *ou* **mobile** Gleitzeit *f*

horizon [ɔRizɔ̃] *nm* Horizont *m*

horizontal, e, -aux [ɔRizɔ̃tal, o] *adj* horizontal

horloge [ɔRlɔʒ] *nf* Uhr *f* • **horloger, -ère** *nm/f* Uhrmacher(in) *m(f)* • **horlogerie** *nf* Uhrenindustrie *f*; **pièces d'~** Uhrteile *pl*

hormis ['ɔRmi] *prép* außer +*dat*

hormonal, e, -aux [ɔRmɔnal, o] *adj* hormonell

hormone [ɔRmɔn] *nf* Hormon *nt*

horodatage [ɔRodataʒ] *nm* Zeitangabe *f*

horodateur, -trice [ɔRodatœR, tRis] *adj* (*appareil*) mit Zeitstempel ▸*nm* Automat *m* mit Zeitstempel

horoscope [ɔRɔskɔp] *nm* Horoskop *nt*

horreur [ɔRœR] *nf* Entsetzen *nt*; (*objet*) Abscheulichkeit *f*; **quelle ~!** wie entsetzlich!; **cela me fait ~** das widert mich an

horrible [ɔRibl] *adj* grauenhaft

horrifier [ɔRifje] *vt* entsetzen

horrifique [ɔRifik] *adj* entsetzlich

hors ['ɔR] *prép* außer +*dat*; **~ de** außerhalb von; **être ~ de soi** außer sich *dat* sein; **~ d'usage** defekt; **~ service** außer Betrieb • **hors-bord** *nm inv* Außenborder *m* • **hors-d'œuvre** *nm inv* Vorspeise *f*, Horsd'œuvre *nt*

• **hors-jeu** nm inv Abseits nt
• **hors-piste, hors-pistes** nm inv Skilaufen nt abseits der Pisten
• **hors taxe** adj zollfrei
• **hors-texte** nm inv Tafel f

hortensia [ɔʀtɑ̃sja] nm Hortensie f

horticulteur, -trice [ɔʀtikyltœʀ, tʀis] nm/f Gärtner(in) m(f) • **horticulture** nf Gartenbau m

hospice [ɔspis] nm (de vieillards) Heim nt

hospitalier, -ière [ɔspitalje, jɛʀ] adj (accueillant) gastfreundlich; (Méd) Krankenhaus-

hospitalisation [ɔspitalizasjɔ̃] nf Einweisung f ins Krankenhaus

hospitaliser [ɔspitalize] vt ins Krankenhaus einweisen

hospitalité [ɔspitalite] nf Gastfreundschaft f

hostie [ɔsti] nf Hostie f

hostile [ɔstil] adj feindselig; **~ à** gegen +acc • **hostilité** nf Feindseligkeit f, **hostilités** nfpl Feindseligkeiten pl

hot-dog ['ɔtdɔg] (pl **hot-dogs**) nm Hotdog m ou nt

hôte [ot] nm (maître de maison) Gastgeber m ▸ nm/f (invité) Gast m

hôtel [otɛl] nm Hotel nt; **~ de ville** Rathaus nt; **~ (particulier)** Villa f • **hôtelier, -ière** adj Hotel- ▸ nm/f Hotelier m • **hôtellerie** f (profession) Hotelgewerbe nt; (auberge) Gasthaus nt

hôtesse [otɛs] nf (maîtresse de maison) Gastgeberin f; **~ d'accueil** Hostess; **~ de l'air** Stewardess f

hotspot [ɔtspɔt] nm (Inform) Hotspot m

hotte ['ɔt] nf (de cheminée) Abzugshaube f

houblon ['ublɔ̃] nm Hopfen m

houille ['uj] nf Kohle f; **~ blanche** Wasserkraft f

houlette [ulɛt] nf: **sous la ~ de** unter der Führung von

houleux, -euse ['ulø, øz] adj (mer) wogend, unruhig; (fig) erregt

housse ['us] nf Bezug m

houx ['u] nm Stechpalme f

hublot ['yblo] nm (Naut) Bullauge nt; (Aviat) Fenster nt

huer ['ɥe] vt ausbuhen

huile [ɥil] nf Öl nt; **~ d'arachide** Erdnussöl nt; **~ de foie de morue** Lebertran m • **huiler** vt ölen

huis [ɥi] nm: **à ~ clos** unter Ausschluss der Öffentlichkeit

huissier [ɥisje] nm Amtsdiener m; (Jur) ≈ Gerichtsvollzieher m

huit [ɥi(t)] num acht; **samedi en ~** Samstag in acht Tagen • **huitaine** f: **une ~ de jours** etwa eine Woche ou acht Tage • **huitième** num acht(er, s) ▸ nm Achtel m

huître [ɥitʀ] nf Auster f

humain, e [ymɛ̃, ɛn] adj menschlich

humaniser [ymanize] vt menschlicher machen

humanitaire [ymanitɛʀ] adj humanitär

humanité [ymanite] nf Menschheit f

humble [œ̃bl] adj bescheiden

humer ['yme] vt einatmen

humeur [ymœʀ] nf(momentanée) Laune f, Stimmung f; **être de mauvaise/bonne ~** schlechte/gute Laune haben

humide [ymid] adj feucht; (terre, route) nass; (saison) regnerisch • **humidité** nf Feuchtigkeit f

humiliant, e [ymiljɑ̃, ɑ̃t] adj demütigend

humiliation [ymiljasjɔ̃] nf Demütigung f

humilier [ymilje] vt demütigen

humilité [ymilite] nf Bescheidenheit f

humoriste [ymɔʀist] nmf Humorist(in) m(f)

humoristique [ymɔʀistik] adj humoristisch

humour [ymuʀ] nm Humor m

hurlement ['yʀləmɑ̃] nm Heulen nt • **hurler** vi heulen; (personne) schreien

hurluberlu [yʀlybeʀly] (péj) nm Spinner m

hutte ['yt] nf Hütte f

hybride [ibʀid] adj : **une (voiture) ~** ein Hybridauto nt; **un moteur ~** ein Hybridmotor m

hydratant, e [idʀatɑ̃, ɑ̃t] adj Feuchtigkeits-

hydrate [idʀat] nm : **~s de carbone** Kohle(n)hydrate pl

hydrater [idʀate] vt Feuchtigkeit verleihen +dat

hydraulique [idʀolik] adj hydraulisch

hydravion [idʀavjɔ̃] nm Wasserflugzeug nt

hydrocarbure [idʀɔkaʀbyʀ] nm Kohlenwasserstoff m

hydrogène [idʀɔʒɛn] nm Wasserstoff m

hydroglisseur [idʀɔglisœʀ] nm Gleitboot nt

hydropulseur [idʀɔpylsœʀ] nm Munddusche f

hygiène [iʒjɛn] nf Hygiene f; **~ corporelle** Körperpflege f; **~ intime** Intimpflege f • **hygiénique** adj hygienisch

hymne [imn] nm Hymne f; **~ national** Nationalhymne f

hyperlien [ipeʀljɛ̃] nm Hyperlink m

hypermarché [ipeʀmaʀʃe] nm Supermarkt m

hypersensible [ipeʀsɑ̃sibl] adj hypersensibel

hypertendu, e [ipeʀtɑ̃dy] adj mit zu hohem Blutdruck

hypertension [ipeʀtɑ̃sjɔ̃] nf Bluthochdruck m

hypertexte [ipeʀtɛkst] nm Hypertext m

hypnose [ipnoz] nf Hypnose f

hypnotiser [ipnotize] vt hypnotisieren

hypo-allergénique [ipoaleʀʒenik] adj frei von Allergenen

hypocondriaque [ipokɔ̃dʀijak] adj hypochondrisch ▶ nmf Hypochonder m

hypocrisie [ipokʀizi] nf Heuchelei f • **hypocrite** adj heuchlerisch ▶ nmf Heuchler(in) m(f)

hypotension [ipotɑ̃sjɔ̃] nf niedriger Blutdruck m

hypothèque [ipotɛk] nf Hypothek f

hypothermie [ipɔtɛʀmi] *nf*
Hypothermie *f*
hypothèse [ipɔtɛz] *nf*
Hypothese *f*; **dans l'~ où** gesetzt
den Fall, dass • **hypothétique** *adj*
hypothetisch
hystérie [isteʀi] *nf* Hysterie *f*
• **hystérique** *adj* hysterisch

iceberg [ajsbɛʀɡ] *nm* Eisberg *m*
ici [isi] *adv* hier
icône [ikon] *nf* Ikone *f*; (*Inform*)
Ikon *nt*
iconographie [ikɔnɔɡʀafi] *nf*
(*illustrations*) Abbildungen *pl*
idéal, e, -aux [ideal, o] *adj* ideal
▶ *nm* Ideal *nt*
idée [ide] *nf* Idee *f*
identifiant [idãtifjã] *nm* (*Inform*)
Login *nt*
identifier [idãtifje] *vt*
(*reconnaître*) identifizieren;
s'identifier *vpr*: **s'~ avec** *ou* **à**
qch/qn sich mit etw/jdm
identifizieren
identique [idãtik] *adj* identisch;
~ à identisch mit
identité [idãtite] *nf* (*de vues,*
goûts) Übereinstimmung *f*; (*d'une*
personne) Identität *f*
idiot, e [idjo, idjɔt] *adj* idiotisch
▶ *nm/f* Idiot(in) *m(f)* • **idiotie** *nf*
Idiotie *f*
idole [idɔl] *nf* (*Rel*) Götzenbild *nt*;
(*vedette*) Idol *nt*
idylle [idil] *nf* (*amourette*) Romanze *f*

idyllique [idilik] *adj* idyllisch

igloo [iglu] *nm* Iglu *nt* ou *m*

ignare [iɲaʀ] *adj* ungebildet, unwissend

ignoble [iɲɔbl] *adj* niederträchtig

ignominie [iɲɔmini] *nf* Schmach *f*, Schande *f*; *(action)* Schandtat *f*

ignorance [iɲɔʀɑ̃s] *nf* Unkenntnis *f*, Unwissenheit *f* • **ignorant, e** *adj* unwissend ▶ *nm/f* Ignorant(in) *m(f)* • **ignorer** *vt* nie gehört haben von; *(bouder)* ignorieren; **j'ignore comment/ si** ich weiß nicht, wie/ob

il [il] *pron er; (selon le genre du nom allemand)* er/sie/es; *(impersonnel)* es; **ils** sie; **il neige** es schneit

île [il] *nf* Insel *f*; **l'~ de Beauté** Korsika *nt*; **l'~ Maurice** Mauritius *nt* • **Île-de-France** *nf* Île-de-France *f (französische Region)*

illégal, e, -aux [i(l)legal, o] *adj* illegal • **illégalité** *nf* Illegalität *f*

illégitime [i(l)leʒitim] *adj (enfant)* unehelich; *(pouvoir, revendications)* unrechtmäßig

illettrisme [i(l)letʀism] *nm* Analphabetismus *m*

illicite [i(l)lisit] *adj* verboten

illico [i(l)liko] *(fam) adv* auf der Stelle

illimité, e [i(l)limite] *adj* unbegrenzt

illisible [i(l)lizibl] *adj* unleserlich; *(roman)* unlesbar

illumination [i(l)lyminasjɔ̃] *nf* Beleuchtung *f* • **illuminer** *vt* beleuchten

illusion [i(l)lyzjɔ̃] *nf* Illusion *f*; **se faire des ~s** sich *dat* Illusionen machen • **illusionniste** *nmf* Zauberkünstler(in) *m(f)*

illusoire [i(l)lyzwaʀ] *adj* illusorisch

illustration [i(l)lystʀasjɔ̃] *nf* Illustration *f*, Abbildung *f*

illustre [i(l)lystʀ] *adj* berühmt • **illustré, e** *adj* illustriert ▶ *nm* Illustrierte *f* • **illustrer** *vt* illustrieren

îlot [ilo] *nm* Inselchen *nt*; *(bloc de maisons)* (Häuser)block *m*

image [imaʒ] *nf* Bild *nt*; *(reflet)* (Spiegel)bild *nt*

imaginaire [imaʒinɛʀ] *adj* imaginär

imaginatif, -ive [imaʒinatif, iv] *adj* fantasievoll

imagination [imaʒinasjɔ̃] *nf* Fantasie *f*; *(invention)* Einbildung *f*

imaginer [imaʒine] *vt* sich *dat* vorstellen; *(inventer)* sich *dat* ausdenken; **s'imaginer** *vpr* sich *dat* vorstellen

imam [imam] *nm* Imam *m*

imbattable [ɛ̃batabl] *adj* unschlagbar

imbécile [ɛ̃besil] *adj* blödsinnig ▶ *nmf* Idiot(in) *m(f)*

imbiber [ɛ̃bibe] *vt* : **~ qch de** etw tränken mit

imitateur, -trice [imitatœʀ, tʀis] *nm/f (professionnel)* Imitator(in) *m(f)* • **imitation** *nf* Nachahmung *f*, Imitation *f*; **un sac ~ cuir** eine Tasche aus Kunstleder *ou* Lederimitat • **imiter** *vt* nachahmen, imitieren; *(contrefaire)* fälschen

immatriculation [imatʀikylasjɔ̃] *nf* Einschreibung *f* • **immatriculer** *vt* anmelden; *(à l'université)* einschreiben; **se faire ~** sich einschreiben; **une voiture immatriculée dans l'Ain** ein Auto mit Kennzeichen des Bezirks Ain

immature [imatyʀ] adj unreif

immédiat, e [imedja, jat] adj unmittelbar ▶ nm : **dans l'~** augenblicklich
• **immédiatement** adv (aussitôt) sofort; (sans intermédiaire) direkt, unmittelbar

immense [i(m)mɑ̃s] adj riesig; (fig) ungeheuer

immerger [imɛʀʒe] vt eintauchen; **s'immerger** vpr (sous-marin) (ab)tauchen

immeuble [imœbl] nm Gebäude nt; **~ locatif** Wohnblock m

immigrant, e [imigʀɑ̃, ɑ̃t] nm/f Einwanderer m, Einwanderin f
• **immigration** nf Einwanderung f
• **immigré, e** nm/f Einwanderer m, Einwanderin f • **immigrer** vi einwandern

imminent, e [iminɑ̃, ɑ̃t] adj unmittelbar bevorstehend, bevorstehend

immiscer [imise] : **s'~ dans** vpr sich einmischen in +acc

immobile [i(m)mɔbil] adj bewegungslos; **rester** ou **se tenir ~** sich nicht bewegen

immobilier, -ière [imɔbilje, jɛʀ] adj Immobilien- ▶ nm (Comm) Immobilienhandel m

immobiliser [imɔbilize] vt lahmlegen; (stopper, empêcher de fonctionner) zum Stillstand bringen; **s'immobiliser** vpr stehen bleiben

immonde [i(m)mɔ̃d] adj ekelhaft; (trafic, propos) widerlich

immondices [imɔ̃dis] nfpl (ordures) Müll m, Abfall m

immoral, e, -aux [i(m)mɔʀal, o] adj unmoralisch

immortaliser [imɔʀtalize] vt verewigen

immortel, le [imɔʀtɛl] adj unsterblich

immuable [imɥabl] adj unveränderlich

immuniser [imynize] vt immunisieren

immunité [imynite] nf Immunität f

impact [ɛ̃pakt] nm (Aus)wirkung f; (Inform) Hit m; **point d'~** Aufprallstelle f • **impacter** vt sich auswirken auf

impair, e [ɛ̃pɛʀ] adj ungerade ▶ nm (gaffe) Fehler m

impardonnable [ɛ̃paʀdɔnabl] adj unverzeihlich

imparfait, e [ɛ̃paʀfɛ, ɛt] adj (inachevé, incomplet) unvollständig; (défectueux, grossier) mangelhaft ▶ nm (Ling) Imperfekt nt

impartial, e, -aux [ɛ̃paʀsjal, jo] adj unparteiisch, unvoreingenommen

impasse [ɛ̃pas] nf Sackgasse f

impassible [ɛ̃pasibl] adj gelassen

impatience [ɛ̃pasjɑ̃s] nf Ungeduld f • **impatient, e** adj ungeduldig • **impatienter** : **s'impatienter** vpr ungeduldig werden

impeccable [ɛ̃pekabl] adj tadellos

impénétrable [ɛ̃penetʀabl] adj (forêt) undurchdringlich;

(impossible à comprendre)
unergründlich
impensable, -ive [ɛ̃pɑ̃sabl] *adj*
(inconcevable) undenkbar;
(incroyable) unglaublich
imper [ɛ̃pɛʁ] *abr m*
= **imperméable**
impératif, -ive [ɛ̃peʁatif, iv] *adj*
dringend ▸ *nm* (Ling) Imperativ *m*
impératrice [ɛ̃peʁatʁis] *nf*
Kaiserin *f*
imperceptible [ɛ̃pɛʁsɛptibl] *adj*
kaum wahrnehmbar
imperfection [ɛ̃pɛʁfɛksjɔ̃] *nf*
Unvollkommenheit *f*
impérial, e, -aux [ɛ̃peʁjal, jo]
adj kaiserlich
impériale [ɛ̃peʁjal] *nf*: **autobus
à ~** Doppeldecker(bus) *m*
imperméable [ɛ̃pɛʁmeabl] *adj*
(terrain, sol) undurchlässig; *(toile,
tissu)* wasserdicht ▸ *nm*
Regenmantel *m*
impersonnel, le [ɛ̃pɛʁsɔnɛl] *adj*
unpersönlich
impertinence [ɛ̃pɛʁtinɑ̃s] *nf*
Unverschämtheit *f*
• **impertinent, e** *adj*
unverschämt
imperturbable [ɛ̃pɛʁtyʁbabl]
adj unerschütterlich
impie [ɛ̃pi] *adj* gottlos
impitoyable [ɛ̃pitwajabl] *adj*
erbarmungslos
implacable [ɛ̃plakabl] *adj*
unerbittlich; *(haine)*
unversöhnlich
implantation [ɛ̃plɑ̃tasjɔ̃] *nf*
(d'usine, industrie) Ansiedlung *f*
implanter [ɛ̃plɑ̃te] *vt (usage,
mode)* einführen; *(idée, préjugé)*
einpflanzen

implicite [ɛ̃plisit] *adj* implizit
impliquer [ɛ̃plike] *vt*
(compromettre) verwickeln
implorer [ɛ̃plɔʁe] *vt (personne,
dieu)* anflehen; *(aide, faveur, appui)*
flehen *ou* bitten um
impoli, e [ɛ̃pɔli] *adj* unhöflich
• **impolitesse** *nf* Unhöflichkeit *f*
impopulaire [ɛ̃pɔpylɛʁ] *adj*
unbeliebt; *(gouvernement, mesure)*
unpopulär
importance [ɛ̃pɔʁtɑ̃s] *nf*
Wichtigkeit *f*, Bedeutung *f*; *(de
somme, effectif)* Größe *f*; **sans ~**
unbedeutend, unwichtig
• **important, e** *adj* wichtig,
bedeutend; *(somme, effectifs)*
bedeutend, beträchtlich; *(péj)*
wichtigtuerisch ▸ *nm*: **l'~ (est de/
que)** das Wichtigste (ist, zu/dass)
importateur, -trice
[ɛ̃pɔʁtatœʁ, tʁis] *adj*
Import- ▸ *nm/f* Importeur(in) *m(f)*
• **importation** *nf* Import *m*,
Einfuhr *f* • **importer** *vt*
importieren ▸ *vi (être important)*
von Bedeutung sein; **~ à qn** für
jdn wichtig sein; **il importe de/
que** es ist wichtig, zu/dass; *voir
aussi* **n'importe**
importun, e [ɛ̃pɔʁtœ̃, yn] *adj*
(visite) ungelegen; *(personne)*
lästig, aufdringlich ▸ *nm*
Eindringling *m* • **importuner** *vt*
belästigen
imposable [ɛ̃pozabl] *adj*
steuerpflichtig
imposant, e [ɛ̃pozɑ̃, ɑ̃t] *adj*
beeindruckend
imposer [ɛ̃poze] *vt (taxer)*
besteuern; **s'imposer** *vpr (être
importun)* sich aufdrängen; **~ qch**

à qn jdm etw auferlegen; **en ~ (à qn)** Eindruck machen (auf jdn)

imposition [ɛ̃pozisjɔ̃] *nf* (taxation) Besteuerung *f*

impossibilité [ɛ̃posibilite] *nf* Unmöglichkeit *f*; **être dans l'~ de faire qch** nicht in der Lage sein, etw zu tun • **impossible** *adj* unmöglich ▸ nm: **l'~** das Unmögliche *nt*; **faire l'~** sein Möglichstes tun

imposteur [ɛ̃pɔstœʀ] *nm* Betrüger(in) *m(f)*

impôt [ɛ̃po] *nm* Steuer *f*; **~ foncier** Grundsteuer *f*; **~ sur le revenu** Einkommensteuer *f*

impotent, e [ɛ̃pɔtɑ̃, ɑ̃t] *adj* behindert

impraticable [ɛ̃pʀatikabl] *adj* (projet, idée) nicht machbar; (route) nicht befahrbar

imprécis, e [ɛ̃pʀesi, iz] *adj* ungenau

imprégner [ɛ̃pʀeɲe] *vt* tränken; (amertume, ironie etc) durchziehen; **s'imprégner de** *vpr* (d'eau) sich vollsaugen mit

impression [ɛ̃pʀesjɔ̃] *nf* Eindruck *m*; (d'un ouvrage, tissu) Druck *m*; **faire bonne/ mauvaise ~** einen guten/ schlechten Eindruck machen; **avoir l'~ que** den Eindruck haben, dass • **impressionnant, e** *adj* eindrucksvoll • **impressionner** *vt* (frapper) beeindrucken; (Photo) belichten • **impressionniste** *nmf* Impressionist(in) *m(f)*

imprévisible [ɛ̃pʀevizibl] *adj* unvorhersehbar

imprévoyant, e [ɛ̃pʀevwajɑ̃, ɑ̃t] *adj* sorglos

imprévu, e [ɛ̃pʀevy] *adj* unvorhergesehen ▸ nm: **un ~** ein unerwartetes Ereignis *nt*; **en cas d'~** falls etwas dazwischenkommt

imprimante [ɛ̃pʀimɑ̃t] *nf* Drucker *m*; **~ couleur** Farbdrucker *m*; **~ à jet d'encre** Tintenstrahldrucker *m*; **~ (à) laser** Laserdrucker *m*

imprimé, e [ɛ̃pʀime] *adj* (tissu) bedruckt ▸ nm (formulaire) Formular *nt*; (Poste) Drucksache *f* • **imprimer** *vt* drucken; (tissu) bedrucken; (Inform) (aus)drucken; (empreinte, marque) hinterlassen • **imprimerie** *nf* (établissement) Druckerei *f* • **imprimeur** *nm* Drucker *m*

improbable [ɛ̃pʀɔbabl] *adj* unwahrscheinlich

impromptu, e [ɛ̃pʀɔ̃pty] *adj* improvisiert

impropre [ɛ̃pʀɔpʀ] *adj* (incorrect) falsch; **~ à** ungeeignet für

improvisation [ɛ̃pʀɔvizasjɔ̃] *nf* Improvisation *f*

improviser [ɛ̃pʀɔvize] *vt, vi* improvisieren; **~ qn cuisinier** jdn zum Koch ernennen

improviste [ɛ̃pʀɔvist] : **à l'~** *adv* unerwartet

imprudence [ɛ̃pʀydɑ̃s] *nf* Leichtsinn *m* • **imprudent, e** *adj* leichtsinnig

impudence [ɛ̃pydɑ̃s] *nf* Unverschämtheit *f* • **impudent, e** *adj* unverschämt

impudique [ɛ̃pydik] *adj* schamlos

impuissance [ɛ̃pɥisɑ̃s] *nf* Hilflosigkeit *f*; (sexuelle) Impotenz *f*

i

• **impuissant, e** adj (faible) hilflos, schwach; (sans effet) ineffektiv; (sexuellement) impotent

impulsif, -ive [ɛ̃pylsif, iv] adj impulsiv

impulsion [ɛ̃pylsjɔ̃] nf Impuls m; (Phys) Antrieb m; **~ donnée aux affaires** wirtschaftlicher Aufschwung m

impunément [ɛ̃pynemɑ̃] adv ungestraft

impuni, e [ɛ̃pyni] adj unbestraft

impunité [ɛ̃pynite] nf Straffreiheit f

impur, e [ɛ̃pyʀ] adj unrein, verunreinigt • **impureté** nf Unreinheit f

inabordable [inabɔʀdabl] adj (lieu) unerreichbar; (cher) unerschwinglich

inacceptable [inaksɛptabl] adj unannehmbar

inaccessible [inaksesibl] adj (endroit) unerreichbar; **~ à** (insensible à) unberührt von

inaccoutumé, e [inakutyme] adj ungewohnt

inachevé, e [inaʃ(ə)ve] adj unvollendet

inadapté, e [inadapte] adj (Psych) verhaltensgestört; **~ à** nicht geeignet für

inadmissible [inadmisibl] adj unzulässig

inadvertance [inadvɛʀtɑ̃s] nf: **par ~** versehentlich

inanimé, e [inanime] adj leblos

inanition [inanisjɔ̃] nf Erschöpfungszustand m

inaperçu, e [inapɛʀsy] adj: **passer ~** unbemerkt bleiben

inapplicable [inaplikabl] adj nicht anwendbar

inapproprié, e [inapʀopʀije] adj ungeeignet

inapte [inapt] adj (Mil) untauglich; **~ à qch/faire qch** unfähig zu etw/, etw zu tun

inattaquable [inatakabl] adj unangreifbar; (argument) unschlagbar

inattendu, e [inatɑ̃dy] adj unerwartet

inattentif, -ive [inatɑ̃tif, iv] adj unaufmerksam • **inattention** nf: **une minute d'~** eine Minute der Unaufmerksamkeit; **faute** ou **erreur d'~** Flüchtigkeitsfehler m

inauguration [inogyʀasjɔ̃] nf Eröffnung f • **inaugurer** vt einweihen; (nouvelle politique) einführen

incalculable [ɛ̃kalkylabl] adj unberechenbar; (conséquences) unabsehbar

incapable [ɛ̃kapabl] adj unfähig

incapacité [ɛ̃kapasite] nf (incompétence) Unfähigkeit f; **être dans l'~ de faire qch** außerstande sein, etw zu tun; **~ de travail** Arbeitsunfähigkeit f

incarner [ɛ̃kaʀne] vt (représenter) verkörpern; **s'incarner** vpr: **s'~ dans** (Rel) erscheinen in +dat

incassable [ɛ̃kasabl] adj unzerbrechlich; (fil) reißfest

incendiaire [ɛ̃sɑ̃djɛʀ] adj Brand-; (propos, déclarations) aufwiegelnd ▶ nmf Brandstifter(in) m/f

incendie nm Feuer nt, Brand m; **~ criminel** Brandstiftung f

• **incendier** vt (mettre le feu à) in

Brand setzen; (brûler complètement)
niederbrennen

incertain, e [ɛ̃sɛʀtɛ̃, ɛn] adj
(indéterminé) unbestimmt;
(douteux) ungewiss; (temps)
unbeständig; (personne, pas,
démarche) unsicher • **incertitude**
nf Ungewissheit f

incessamment [ɛ̃sesamɑ̃] adj
unverzüglich • **incessant, e** adj
unaufhörlich

inceste [ɛ̃sɛst] nm Inzest m

inchangé, e [ɛ̃ʃɑ̃ʒe] adj
unverändert

incidence [ɛ̃sidɑ̃s] nf Effekt m,
Wirkung f; (Phys) Einfall m

incident, e [ɛ̃sidɑ̃, ɑ̃t] adj
Neben- ▶ nm Zwischenfall m

incision [ɛ̃sizjɔ̃] nf (Bot) Schnitt
m; (Méd) Einschnitt m

incisive [ɛ̃siziv] nf
Schneidezahn m

incitatif, -ive [ɛ̃sitatif, iv] adj
Förderungs-

incitation [ɛ̃sitasjɔ̃] nf
Anstiftung f

inciter [ɛ̃site] vt: ~ **qn à qch** jdn
zu etw veranlassen

inclinaison [ɛ̃klinɛzɔ̃] nf
Neigung f

incliner [ɛ̃kline] vt neigen ▶ vi:
~ **à qch** zu etw neigen; **s'incliner**
vpr (personne) sich beugen

inclure [ɛ̃klyʀ] vt einschließen;
(joindre à un envoi) beilegen
• **inclus, e** adj (joint à un envoi)
beiliegend; (compris) inklusive;
jusqu'au troisième chapitre ~
bis zum dritten Kapitel
einschließlich; **jusqu'au 10 mars ~**
bis einschließlich 10. März

incognito [ɛ̃kɔɲito] adv inkognito

incohérent, e [ɛ̃kɔeʀɑ̃, ɑ̃t] adj
(discours, ouvrage)
unzusammenhängend

incollable [ɛ̃kɔlabl] adj (riz) nicht
klebend; **il est ~** (fam) er ist
einfach unschlagbar

incolore [ɛ̃kɔlɔʀ] adj farblos

incomber [ɛ̃kɔbe] vi: ~ **à qn** jdm
obliegen

incommode [ɛ̃kɔmɔd] adj
unpraktisch; (inconfortable)
unbequem • **incommoder** vt
stören

incomparable [ɛ̃kɔ̃paʀabl] adj
(inégalable) unvergleichlich

incompatibilité [ɛ̃kɔ̃patibilite]
nf Unvereinbarkeit f; (Inform)
Inkompatibilität f
• **incompatible** adj unvereinbar;
(Inform) inkompatibel

incompétent, e [ɛ̃kɔ̃petɑ̃, ɑ̃t]
adj inkompetent

incomplet, -ète [ɛ̃kɔ̃plɛ, ɛt] adj
unvollständig

incompréhensible
[ɛ̃kɔ̃pʀeɑ̃sibl] adj unverständlich;
(personne, accident) unbegreiflich

incompréhension [ɛ̃kɔ̃pʀeɑ̃sjɔ̃]
nf Sturheit f

incompris, e [ɛ̃kɔ̃pʀi, iz] adj
unverstanden

inconcevable [ɛ̃kɔ̃s(ə)vabl] adj
unvorstellbar; (conduite etc)
unfassbar

inconditionnel, le
[ɛ̃kɔ̃disjɔnɛl] adj bedingungslos

inconfortable [ɛ̃kɔ̃fɔʀtabl] adj
unbequem

incongru, e [ɛ̃kɔ̃gʀy] adj
unschicklich

inconnu, e [ɛ̃kɔny] adj
unbekannt ▶ nm/f Fremde(r) f(m)

inconscience [ɛ̃kɔ̃sjɑ̃s] *nf* (*physique*) Bewusstlosigkeit *f*; (*morale*) Gedankenlosigkeit *f*

• **inconscient, e** *adj* (*évanoui*) bewusstlos; (*irréfléchi*) gedankenlos; (*instinctif, spontané*) unbewusst ▶ *nm* : **l'~** das Unbewusste *nt*

inconsidéré, e [ɛ̃kɔ̃sidere] *adj* unüberlegt, unbedacht

inconsistant, e [ɛ̃kɔ̃sistɑ̃, ɑ̃t] *adj* (*raisonnement, accusation*) nicht stichhaltig; (*crème, bouillie*) zu flüssig

inconsolable [ɛ̃kɔ̃sɔlabl] *adj* untröstlich

inconstant, e [ɛ̃kɔ̃stɑ̃, ɑ̃t] *adj* unbeständig

incontestable [ɛ̃kɔ̃tɛstabl] *adj* unbestreitbar

incontesté, e [ɛ̃kɔ̃tɛste] *adj* unbestritten, unangefochten

incontournable [ɛ̃kɔ̃turnabl] *adj* unausweichlich

inconvenant, e [ɛ̃kɔ̃v(ə)nɑ̃, ɑ̃t] *adj* unpassend, unschicklich

inconvénient [ɛ̃kɔ̃venjɑ̃] *nm* Nachteil *m*

incorporer [ɛ̃kɔrpɔre] *vt* (*mélanger*) einrühren; (*insérer, joindre*) eingliedern

incorrect, e [ɛ̃kɔrɛkt] *adj* falsch; (*inconvenant*) unpassend

incorrigible [ɛ̃kɔriʒibl] *adj* unverbesserlich

incorruptible [ɛ̃kɔryptibl] *adj* unbestechlich

incrédule [ɛ̃kredyl] *adj* (*Rel*) skeptisch

incriminer [ɛ̃krimine] *vt* (*personne*) belasten

incroyable [ɛ̃krwajabl] *adj* unglaublich

incruster [ɛ̃kryste] *vt* (*Art*) einlegen; **s'incruster** *vpr* (*invité*) sich einnisten

inculpation [ɛ̃kylpasjɔ̃] *nf* Anklage *f*, Anschuldigung *f*

• **inculpé, e** *nm/f* Angeklagte(r) *f(m)*, Beschuldigte(r) *mf*

• **inculper** *vt* : **~ qn (de)** Anklage erheben gegen jdn (wegen +*gén*), jdn beschuldigen +*gén*

inculquer [ɛ̃kylke] *vt* : **~ qch à qn** jdm etw einprägen

incurable [ɛ̃kyrabl] *adj* unheilbar

incursion [ɛ̃kyrsjɔ̃] *nf* Einfall *m*

Inde [ɛ̃d] *nf* : **l'~** Indien *nt*

indécent, e [ɛ̃desɑ̃, ɑ̃t] *adj* unanständig

indécis, e [ɛ̃desi, iz] *adj* (*personne*) unentschlossen; (*paix, victoire*) zweifelhaft; (*contours, formes*) undeutlich

indéfini, e [ɛ̃defini] *adj* (*imprécis, incertain*) undefiniert

• **indéfiniment** *adv* unbegrenzt lange

indemne [ɛ̃dɛmn] *adj* unverletzt, unversehrt

• **indemnisation** *f* Entschädigung *f* • **indemniser** *vt* : **~ qn de qch** jdn für etw entschädigen • **indemnité** *nf* Entschädigung *f*; (*allocation*) Zuschuss *m*

indéniable [ɛ̃denjabl] *adj* unbestreitbar

indépendamment [ɛ̃depɑ̃damɑ̃] *adv* unabhängig; **~ de** (*en faisant abstraction de*) abgesehen von • **indépendance** *nf*

Unabhängigkeit f • **indépendant, e** adj unabhängig; (emploi) selb(st)ständig

indescriptible [ɛ̃dɛskriptibl] adj unbeschreiblich

indésirable [ɛ̃dezirabl] adj unerwünscht

indéterminé, e [ɛ̃detɛrmine] adj unbestimmt; (sens d'un mot, d'un passage) ungewiss

index [ɛ̃dɛks] nm (doigt) Zeigefinger m; (d'un livre etc) Index m

indicateur, -trice [ɛ̃dikatœr, tris] nm/f (de la police) Informant m ▶ nm : **~ de vitesse/de pression/ de niveau** Geschwindigkeits-/ Druck-/Höhenmesser m; **~ immobilier/des chemins de fer/ des rues** Immobilienverzeichnis nt/Kursbuch nt/ Straßenverzeichnis nt

indicatif, -ive [ɛ̃dikatif, iv] adj : **à titre ~** zur Information ▶ nm (Ling) Indikativ m; (Tél) Vorwahl f

indication [ɛ̃dikasjɔ̃] nf Angabe f; (mode d'emploi) Anweisung f; (marque, signe) Zeichen nt; (renseignement) Auskunft f

indice [ɛ̃dis] nm (marque, signe) Zeichen nt; **~ des prix** Preisindex m

indicible [ɛ̃disibl] adj unsagbar

indien, ne [ɛ̃djɛ̃, jɛn] adj (d'Inde) indisch; (d'Amérique) indianisch ▶ nm/f : **I~, ne** (d'Inde) Inder(in) m(f); (d'Amérique) Indianer(in) m(f)

indifféremment [ɛ̃diferamɑ̃] adv wahllos • **indifférence** nf Gleichgültigkeit f • **indifférent, e** adj gleichgültig

indigence [ɛ̃diʒɑ̃s] nf Armut f

indigène [ɛ̃diʒɛn] adj einheimisch ▶ nmf Einheimische(r) f(m)

indigeste [ɛ̃diʒɛst] adj unverdaulich • **indigestion** nf Magenverstimmung f

indignation [ɛ̃diɲasjɔ̃] nf Entrüstung f

indigne [ɛ̃diɲ] adj unwürdig

indigner [ɛ̃diɲe] vt aufbringen, entrüsten; **s'indigner** vpr : **s'~ (de qch/contre qn)** sich (über etw/ jdn) aufregen ou empören

indiqué, e [ɛ̃dike] adj (adéquat) angemessen; **ce n'est pas ~** das ist nicht ratsam

indiquer [ɛ̃dike] vt zeigen; (recommander) empfehlen; (signaler) mitteilen

indirect, e [ɛ̃dirɛkt] adj indirekt

indiscret, -ète [ɛ̃diskrɛ, ɛt] adj indiskret • **indiscrétion** nf Indiskretion f

indiscutable [ɛ̃diskytabl] adj unbestreitbar

indispensable [ɛ̃dispɑ̃sabl] adj (essentiel) unerlässlich; (connaissances, objet, vêtement) unbedingt erforderlich; (de première nécessité) unverzichtbar

indisponible [ɛ̃disponibl] adj (local) nicht frei; (personne) unabkömmlich; (capitaux) gebunden

indisposé, e [ɛ̃dispoze] adj unpässlich

indisposer [ɛ̃dispoze] vt (incommoder) nicht bekommen +dat

indistinctement [ɛ̃distɛ̃ktəmɑ̃] adv undeutlich

individu [ɛ̃dividy] nm Individuum nt

individualiste [ɛ̃dividɥalist]
 nmf Individualist(in) *m(f)*

individuel, le [ɛ̃dividɥɛl] *adj*
 individuell; (*personnel*) persönlich; (*isolé*) einzeln

Indochine [ɛ̃dɔʃin] *nf*: **l'~**
 Indochina *nt*

indolent, e [ɛ̃dɔlɑ̃, ɑ̃t] *adj*
 (*personne, élève*) träge; (*regard, air, démarche*) lässig

indomptable [ɛ̃dɔ̃(p)tabl] *adj*
 unzähmbar; (*caractère, orgueil*) unbezähmbar

Indonésie [ɛ̃dɔnezi] *nf*: **l'~**
 Indonesien *nt*

indu, e [ɛ̃dy] *adj*: **à des heures ~es** zu einer unchristlichen Zeit

indubitablement [ɛ̃dybitabləmɑ̃] *adv* zweifellos

induire [ɛ̃dɥiʀ] *vt*: **~ qn en erreur** jdn irreführen

indulgent, e [ɛ̃dylʒɑ̃, ɑ̃t] *adj*
 nachsichtig

indûment [ɛ̃dymɑ̃] *adv* (*à tort*)
 ungebührlich

industrialisation
 [ɛ̃dystʀijalizasjɔ̃] *nf*
 Industrialisierung *f*

industrie [ɛ̃dystʀi] *nf* (*Écon*)
 Industrie *f*; **petite ~**
 Kleingewerbe *nt*; **moyenne ~**
 mittlere Industrie; **~ automobile**
 Automobilindustrie *f*; **~ textile**
 Textilindustrie *f* • **industriel, le**
 adj Industrie-; (*activité*) industriell
 ▶ *nm* Industrielle(r) *f(m)*

inébranlable [inebʀɑ̃labl] *adj*
 unerschütterlich; (*masse, colonne*)
 solid, fest

inédit, e [inedi, it] *adj* (*non publié*)
 unveröffentlicht; (*spectacle, moyen*) neuartig

inefficace [inefikas] *adj*
 wirkungslos; (*machine, employé*)
 wenig leistungsfähig

inégal, e, -aux [inegal, o] *adj*
 ungleich; (*rugueux*) uneben

inégalable [inegalabl] *adj*
 einzigartig

inégalité [inegalite] *nf*
 Ungleichheit *f*; (*de terrain*)
 Unebenheit *f*

inéluctable [inelyktabl] *adj*
 unausweichlich

inepte [inɛpt] *adj* (*histoire, raisonnement*) unsinnig; (*personne*)
 unfähig • **ineptie** *nf* Unsinn *m*

inépuisable [inepɥizabl] *adj*
 unerschöpflich

inerte [inɛʀt] *adj* unbeweglich;
 (*fig*) apathisch

inestimable [inɛstimabl] *adj*
 unschätzbar

inévitable [inevitabl] *adj*
 unvermeidlich

inexact, e [inɛgza(kt), akt] *adj*
 ungenau; (*calcul*) falsch

inexcusable [inɛkskyzabl] *adj*
 unverzeihlich

inexistant, e [inɛgzistɑ̃, ɑ̃t] *adj*
 nicht vorhanden

inexorable [inɛgzɔʀabl] *adj*
 unerbittlich

inexpérimenté, e
 [inɛkspeʀimɑ̃te] *adj* unerfahren,
 ungeübt

inexplicable [inɛksplikabl] *adj*
 unerklärlich

inexprimable [inɛkspʀimabl]
 adj unbeschreiblich

in extremis [inɛkstʀemis] *adv* in
 letzter Minute; (*testament*) auf
 dem Sterbebett

inextricable [inɛkstʀikabl] *adj*
unentwirrbar; *(fig)* verwickelt

infaillible [ɛ̃fajibl] *adj* unfehlbar

infalsifiable [ɛ̃falsifjabl] *adj*
fälschungssicher

infâme [ɛ̃fɑm] *adj* gemein

infanterie [ɛ̃fɑ̃tʀi] *nf* Infanterie *f*

infantile [ɛ̃fɑ̃til] *adj* kindlich

infarctus [ɛ̃faʀktys] *nm* : **~ (du myocarde)** Herzinfarkt *m*

infatigable [ɛ̃fatigabl] *adj*
unermüdlich

infect, e [ɛ̃fɛkt] *adj* übel, ekelhaft

infecter [ɛ̃fɛkte] *vt (atmosphère, eau)* verunreinigen; *(Méd)*
infizieren; **s'infecter** *vpr (plaie)*
sich infizieren • **infectieux, -euse**
adj ansteckend

infection [ɛ̃fɛksjɔ̃] *nf* Infektion *f*,
Entzündung *f*

inférieur, e [ɛ̃feʀjœʀ] *adj*
untere(r, s); *(qualité)*
minderwertig; **~ à** kleiner als;
(moins bon que) schlechter als
• **infériorité** *nf* Minderwertigkeit *f*

infernal, e, -aux [ɛ̃fɛʀnal, o] *adj*
höllisch

infester [ɛ̃fɛste] *vt* : **infesté de moustiques/rats** von Mücken
heimgesucht/mit Ratten
verseucht

infidèle [ɛ̃fidɛl] *adj* untreu
• **infidélité** *nf* Untreue *f*

infiltrer [ɛ̃filtʀe] : **s'~** *vpr* : **s'~ dans** *(liquide)* einsickern in *+acc*

infime [ɛ̃fim] *adj (minuscule)*
winzig; *(niveau)* niedrigste(r, s)

infini, e [ɛ̃fini] *adj* unendlich;
(conversation, prétentions etc)
endlos • **infiniment** *adv (sans borne)* grenzenlos; *(extrêmement)*
ungeheuer

infinitif, -ive [ɛ̃finitif, iv] *adj*
Infinitiv- ▶ *nm* Infinitiv *m*

infirme [ɛ̃fiʀm] *adj* behindert
▶ *nm/f* Behinderte(r) *f(m)*
• **infirmerie** *nf* Krankenrevier *nt*
• **infirmier, -ière** *nm/f*
Krankenpfleger *m*,
Krankenschwester *f* • **infirmité** *nf*
Behinderung *f*

inflammable [ɛ̃flamabl] *adj*
leicht entzündlich
• **inflammation** *nf* Entzündung *f*

inflation [ɛ̃flasjɔ̃] *nf* Inflation *f*

inflexible [ɛ̃flɛksibl] *adj*
unbeugsam, unerbittlich

infliger [ɛ̃fliʒe] *vt* : **~ qch à qn**
jdm etw auferlegen

influençable [ɛ̃flyɑ̃sabl] *adj*
beeinflussbar • **influence** *nf*
Einfluss *m* • **influencer** *vt*
beeinflussen

info [ɛ̃fo] *nf (fam)* Nachricht *f*

infographie® [ɛ̃fogʀafi] *nf*
Computergrafik *f*

informaticien, ne
[ɛ̃foʀmatisjɛ̃, jɛn] *nm/f*
Informatiker(in) *m(f)*

information [ɛ̃foʀmasjɔ̃] *nf*
(renseignement) Auskunft *f*;
informations *nfpl (Radio, TV)*
Nachrichten *pl*; **~s politiques/ sportives** politische Nachrichten/
Sportnachrichten *pl*

informatique [ɛ̃foʀmatik] *nf*
Informatik *f*

informatiser [ɛ̃foʀmatize] *vt*
auf Computer umstellen

informe [ɛ̃foʀm] *adj* formlos;
(laid) unförmig

informer [ɛ̃foʀme] *vt* : **~ qn (de)**
jdn informieren (über *+acc*);
s'informer *vpr* : **s'~ (de)** sich

erkundigen (über +acc); **s'~ sur**
sich informieren über +acc

inforoute [ɛ̃fɔʀut] nf (fam)
Verkehrsfunk m

infortune [ɛ̃fɔʀtyn] nf
Missgeschick nt

infraction [ɛ̃fʀaksjɔ̃] nf : ~ **à**
(violation) Verstoß m gegen; **être
en ~** (Auto) gegen die
Straßenverkehrsordnung
verstoßen

infranchissable [ɛ̃fʀɑ̃ʃisabl] adj
unüberwindlich

infrastructure [ɛ̃fʀastʀyktyʀ]
nf (Constr) Unterbau m; (Aviat)
Bodenanlagen pl; (Mil, Écon)
Infrastruktur f

infructueux, -euse [ɛ̃fʀyktɥø,
øz] adj fruchtlos

infuser [ɛ̃fyze] vt ziehen lassen
▸ vi ziehen • **infusion** nf
Kräutertee m

ingénierie [ɛ̃ʒeniʀi] nf
Ingenieurwesen nt; ~ **génétique**
Gentechnologie f

ingénieur [ɛ̃ʒenjœʀ] nm
Ingenieur(in) m(f)

ingénieux, -euse [ɛ̃ʒenjø, jøz]
adj genial; (personne) erfinderisch

ingérence [ɛ̃ʒeʀɑ̃s] nf
Einmischung f

ingrat, e [ɛ̃gʀa, at] adj
undankbar • **ingratitude** nf
Undankbarkeit f

ingrédient [ɛ̃gʀedjɑ̃] nm (Culin)
Zutat f

inhabitable [inabitabl] adj
unbewohnbar

inhalation [inalasjɔ̃] nf: **faire
une ~** ou **des ~s** inhalieren

inhibition [inibisjɔ̃] nf
Hemmung f

inhumain, e [inymɛ̃, ɛn] adj
unmenschlich

inimaginable [inimaʒinabl] adj
unvorstellbar

inimitable [inimitabl] adj
unnachahmlich; (qualité)
unnachahmbar

initial, e, -aux [inisjal, jo] adj
anfänglich; (lettre) Anfangs-

initialiser [inisjalize] vt (Inform)
initialisieren

initiative [inisjativ] nf Initiative
f; **prendre l'~ de faire qch** die
Initiative ergreifen, etw zu tun

initier [inisje] vt : ~ **qn à** (religion)
jdn feierlich aufnehmen in +acc;
(secret, procédé, art, jeu) jdn
einweihen in +acc; **s'initier à** vpr
erlernen

injecter [ɛ̃ʒɛkte] vt einspritzen
• **injection** nf; ~ **intraveineuse/
sous-cutanée** intravenöse/
subkutane Injektion f ou Spritze f

injonction [ɛ̃ʒɔ̃ksjɔ̃] nf
Anordnung f

injure [ɛ̃ʒyʀ] nf (insulte)
Schimpfwort nt; (Jur) Beleidigung
f • **injurier** vt beschimpfen
• **injurieux, -euse** adj
beleidigend

injuste [ɛ̃ʒyst] adj ungerecht
• **injustice** nf Ungerechtigkeit f;
(acte, jugement) Unrecht nt

inlassable [ɛ̃lasabl] adj
unermüdlich

inné, e [i(n)ne] adj angeboren

innocence [inɔsɑ̃s] nf
Unschuld f • **innocent, e** adj
unschuldig • **innocenter** vt (juge
etc) für unschuldig erklären;
(déclaration etc) jds Unschuld
beweisen

innovateur, -trice [inɔvatœr, tris] *adj* innovativ • **innovation** *nf* Neuerung *f* • **innover** *vi* Neuerungen einführen

inoccupé, e [inɔkype] *adj* (*logement*) unbewohnt, leer stehend; (*personne, vie*) untätig

inoculer [inɔkyle] *vt* : **~ un virus à qn** (*volontairement*) jdm einen Virus einimpfen; **~ une maladie à qn** (*volontairement*) jdn gegen eine Krankheit impfen; **~ qn contre qch** jdn gegen etw impfen

inodore [inɔdɔr] *adj* geruchlos

inoffensif, -ive [inɔfɑ̃sif, iv] *adj* harmlos

inondation [inɔ̃dasjɔ̃] *nf* Überschwemmung *f*; (*afflux massif*) Flut *f* • **inonder** *vt* überschwemmen; (*fig*) strömen in +*acc*

inopiné, e [inɔpine] *adj* unerwartet

inopportun, e [inɔpɔrtœ̃, yn] *adj* ungelegen

inoubliable [inublijabl] *adj* unvergesslich

inouï, e [inwi] *adj* einmalig; (*incroyable*) unglaublich

inox [inɔks] *nm* Nirosta® *nt*

inoxydable [inɔksidabl] *adj* rostfrei

inqualifiable [ɛ̃kalifjabl] *adj* unbeschreiblich, abscheulich

inquiet, -ète [ɛ̃kjɛ, ɛ̃kjɛt] *adj* besorgt; (*par nature*) unruhig • **inquiétant, e** *adj* beunruhigend; (*mine, visage, expression*) finster • **inquiéter** *vt* beunruhigen; (*harceler*) schikanieren; **s'inquiéter** *vpr* : **s'~ de** sich *dat*

Sorgen *ou* Gedanken machen über +*acc* • **inquiétude** *nf* Besorgnis *f*

insaisissable [ɛ̃sezisabl] *adj* (*fugitif, ennemi*) flüchtig; (*nuance, différence*) schwer fassbar

insalubre [ɛ̃salybr] *adj* ungesund

insatiable [ɛ̃sasjabl] *adj* unersättlich

insatisfait, e [ɛ̃satisfɛ, ɛt] *adj* unzufrieden; (*non comblé*) unbefriedigt

inscription [ɛ̃skripsjɔ̃] *nf* (*sur mur, écriteau*) Inschrift *f*; (*à une institution*) Anmeldung *f* • **inscrire** *vt* (*marquer*) aufschreiben; (*sur un mur, une affiche etc*) schreiben; (*sur une liste*) einschreiben; **s'inscrire** *vpr* sich anmelden; **~ qn à** (*un club, la cantine, l'université*) jdn einschreiben in +*dat*; (*l'école*) jdn anmelden in +*dat*; (*un examen, concours*) jdn anmelden für: **s'~ (à)** (*un club, parti*) beitreten (+*dat*); (*à l'université*) sich immatrikulieren *ou* einschreiben (an +*dat*); (*à un examen, concours*) sich anmelden (*zu*)

insecte [ɛ̃sɛkt] *nm* Insekt *nt* • **insecticide** *nm* Insektenvernichtungsmittel *nt*

insécurité [ɛ̃sekyrite] *nf* Unsicherheit *f*; **vivre dans l'~** in der Ungewissheit leben

insémination [ɛ̃seminasjɔ̃] *nf* : **~ artificielle** künstliche Befruchtung *ou* Besamung *f*

insensé, e [ɛ̃sɑ̃se] *adj* wahnsinnig, unsinnig

insensibiliser [ɛ̃sɑ̃sibilize] *vt* betäuben

insensible [ɛ̃sãsibl] adj (nerf, membre) taub; (dur, sévère) gefühllos; **~ au froid/à la chaleur** gegen Kälte/Hitze unempfindlich

inséparable [ɛ̃separabl] adj (amis, couple) unzertrennlich

insérer [ɛ̃sere] vt (dans un livre etc) einlegen; (dans un journal) aufgeben

insidieux, -euse [ɛ̃sidjø, jøz] adj heimtückisch

insigne [ɛ̃siɲ] nm (d'un parti, club) Abzeichen nt ▶ adj hervorragend

insignifiant, e [ɛ̃siɲifjã, jãt] adj unbedeutend; (paroles, visage, roman etc) nichtssagend

insinuation [ɛ̃sinɥasjɔ̃] nf Anspielung f • insinuer vt: **que voulez-vous ~ ?** was wollen Sie damit andeuten?

insipide [ɛ̃sipid] adj fad(e); (personne) nichtssagend

insistance [ɛ̃sistãs] nf (d'une personne) Beharren nt

insister [ɛ̃siste] vi bestehen, beharren; **~ sur** (détail, note) betonen; **~ pour faire qch** darauf beharren, etw zu tun

insolation [ɛ̃sɔlasjɔ̃] nf Sonnenstich m

insolence [ɛ̃sɔlãs] nf Unverschämtheit f • insolent, e adj unverschämt, frech

insolite [ɛ̃sɔlit] adj ungewöhnlich; (étrange, anormal) ausgefallen

insoluble [ɛ̃sɔlybl] adj (problème) unlösbar; **~ dans** nicht löslich in +dat

insolvable [ɛ̃sɔlvabl] adj zahlungsunfähig

insomniaque [ɛ̃sɔmnjak] adj schlaflos; **être ~** an Schlaflosigkeit leiden

insomnie [ɛ̃sɔmni] nf Schlaflosigkeit f; **avoir des ~s** an Schlaflosigkeit leiden

insondable [ɛ̃sɔ̃dabl] adj (mystère, secret) unergründlich; (maladresse, bêtise) unermesslich

insonorisation [ɛ̃sɔnɔrizasjɔ̃] nf Schalldämmung f

insonoriser [ɛ̃sɔnɔrize] vt schalldicht machen

insouciance [ɛ̃susjãs] nf Sorglosigkeit f

insoumis, e [ɛ̃sumi, iz] adj (caractère, enfant) widerspenstig, rebellisch; (contrée, tribu) unbezwungen

insoupçonné, e [ɛ̃supsɔne] adj ungeahnt

insoutenable [ɛ̃sut(ə)nabl] adj (opinion, théorie) unhaltbar; (effort, chaleur, spectacle) unerträglich

inspecter [ɛ̃spɛkte] vt kontrollieren • inspecteur, -trice nm/f Inspektor(in) m(f) • inspection nf Prüfung f, Kontrolle f

inspiration [ɛ̃spirasjɔ̃] nf (divine) Erleuchtung f; (d'un écrivain, chercheur) Inspiration f; (idée) Eingebung f • inspirer vt (poète) inspirieren, anregen ▶ vi (aspirer) einatmen

instable [ɛ̃stabl] adj unbeständig; (meuble) wackelig

installateur [ɛ̃stalatœr] nm Installateur m

installation [ɛ̃stalasjɔ̃] nf (de l'électricité, du téléphone) Anschließen nt; (appareils)

Anlage f; (Inform : logiciel) Installation f; **~ électriques/ sanitaires** elektrische/sanitäre Anlagen pl

installer [ɛ̃stale] vt (gaz, électricité, téléphone) anschließen; (Inform) installieren; (appartement) einrichten; (meuble, tente) (auf)stellen; (caser, loger) unterbringen; (coucher) legen; (asseoir) setzen; **s'installer** vpr (s'établir) sich niederlassen; **s'~ à l'hôtel/chez qn** sich im Hotel/bei jdm einquartieren

instamment [ɛ̃stamɑ̃] adv eindringlich

instance [ɛ̃stɑ̃s] nf (Jur) Verfahren nt; **instances** nfpl (prières) inständige Bitten pl; **être en ~ de divorce** in Scheidung leben

instant, e [ɛ̃stɑ̃, ɑ̃t] adj (prière etc) eindringlich ▶ nm Augenblick m; **dans un ~** in einem Augenblick; **à chaque** ou **tout ~** jederzeit; **pour l'~** im Augenblick; **par ~s** manchmal

instantané, e [ɛ̃stɑ̃tane] adj sofortig

instar [ɛ̃staʀ] nm : **à l'~ de ...** dem Beispiel von ... folgend

instaurer [ɛ̃stɔʀe] vt einführen

instigateur, -trice [ɛ̃stigatœʀ, tʀis] nm/f Initiator(in) m(f), Anstifter(in) m(f) • **instigation** nf : **à l'~ de qn** auf jds Betreiben acc

instinct [ɛ̃stɛ̃] nm Instinkt m; **d'~** instinktiv • **instinctif, -ive** adj instinktiv

instituer [ɛ̃stitɥe] vt einführen

institut [ɛ̃stity] nm Institut nt; **~ de beauté** Schönheitsinstitut nt; **I~ universitaire de technologie**

≈ technische Hochschule f ou Universität f

instituteur, -trice [ɛ̃stitytœʀ, tʀis] nm/f ≈ Grundschullehrer(in) m(f)

institution [ɛ̃stitysjɔ̃] nf Institution f; (collège, école privée) Privatschule f

instructeur [ɛ̃stʀyktœʀ] nm Lehrer m; **juge ~** Untersuchungsrichter m

instructif, -ive [ɛ̃stʀyktif, iv] adj lehrreich, instruktiv

instruction [ɛ̃stʀyksjɔ̃] nf Ausbildung f; (enseignement) Unterricht m; (savoir, connaissances) Bildung f; (Inform) Anweisung f, Befehl m; **instructions** nfpl (directives) Anweisungen pl; (mode d'emploi) Gebrauchsanweisung f

instruire [ɛ̃stʀɥiʀ] vt (élèves) unterrichten; **s'instruire** vpr sich bilden • **instruit, e** adj gebildet

instrument [ɛ̃stʀymɑ̃] nm Instrument nt; **~ à cordes** Saiteninstrument nt; **~ à percussion** Schlaginstrument nt; **~ à vent** Blasinstrument nt; **~ de musique** Musikinstrument nt; **~ de travail** Werkzeug

insu [ɛ̃sy] nm : **à l'~ de qn** ohne jds Wissen

insubordination [ɛ̃sybɔʀdinasjɔ̃] nf (Mil) Gehorsamsverweigerung f; (d'un élève) Aufsässigkeit f

insuffisamment [ɛ̃syfizamɑ̃] adv unzureichend

insuffisance [ɛ̃syfizɑ̃s] nf Unzulänglichkeit f • **insuffisant, e** adj unzureichend; (en nombre) ungenügend

insuffler [ɛ̃syfle] *vt* : **~ qch (dans)** etw einblasen (in +*acc*)

insulaire [ɛ̃sylɛʀ] *adj* Insel-

insuline [ɛ̃sylin] *nf* Insulin *nt*

insulte [ɛ̃sylt] *nf* Beleidigung *f* • **insulter** *vt* beschimpfen, beleidigen

insupportable [ɛ̃sypɔʀtabl] *adj* unerträglich

insurmontable [ɛ̃syʀmɔ̃tabl] *adj* unüberwindlich

insurrection [ɛ̃syʀɛksjɔ̃] *nf* Aufstand *m*

intact, e [ɛ̃takt] *adj* unversehrt, intakt

intarissable [ɛ̃taʀisabl] *adj* unerschöpflich

intégral, e, -aux [ɛ̃tegʀal, o] *adj* vollständig

intégrant, e [ɛ̃tegʀɑ̃, ɑ̃t] *adj* : **faire partie ~ de qch** ein fester Bestandteil von etw sein

intégration [ɛ̃tegʀasjɔ̃] *nf* Integration *f*

intègre [ɛ̃tegʀ] *adj* rechtschaffen, integer

intégrer [ɛ̃tegʀe] *vt* integrieren; **s'intégrer** *vpr* : **s'~ à** *ou* **dans qch** sich in etw *acc* integrieren *ou* eingliedern

intégrisme [ɛ̃tegʀism] *nm* Fundamentalismus ▸ **intégriste** *adj* fundamentalistisch ▸ *nmf* Fundamentalist(in) *m(f)*

intellectuel, le [ɛ̃telɛktɥel] *adj* intellektuell ▸ *nm/f* Intellektuelle(r) *f(m)*

intelligence [ɛ̃teliʒɑ̃s] *nf* Intelligenz *f*; **~ artificielle** künstliche Intelligenz

intelligent, e *adj* intelligent, gescheit

intelligible [ɛ̃teliʒibl] *adj* verständlich

intello [ɛ̃telo] (*fam*) *adj* (schrecklich) intellektuell ▸ *nmf* Intelligenzbestie *f*

intempéries [ɛ̃tɑ̃peʀi] *nfpl* schlechtes Wetter *nt*

intempestif, -ive [ɛ̃tɑ̃pestif, iv] *adj* unpassend

intenable [ɛ̃t(ə)nabl] *adj* (*situation, chaleur, enfant*) unerträglich

intendant, e [ɛ̃tɑ̃dɑ̃] *nm/f* Verwalter(in) *m(f)*

intense [ɛ̃tɑ̃s] *adj* stark, intensiv; (*froid*) groß; (*lumière*) hell • **intensif, -ive** *adj* intensiv • **intensité** *nf* Intensität *f*; (*d'un courant électrique*) Stromstärke *f*

intenter [ɛ̃tɑ̃te] *vt* : **~ un procès/ une action à qn** einen Prozess/ einen Vorgang gegen jdn anstrengen

intention [ɛ̃tɑ̃sjɔ̃] *nf* Absicht *f*; **avoir l'~ de faire qch** beabsichtigen *ou* die Absicht haben, etw zu tun • **intentionné, e** *adj* : **bien/mal ~** wohlgesinnt/ nicht wohlgesinnt • **intentionnel, le** *adj* absichtlich

interactif, -ive [ɛ̃teʀaktif, iv] *adj* interaktiv

interaction [ɛ̃teʀaksjɔ̃] *nf* Wechselwirkung *f*

intercaler [ɛ̃teʀkale] *vt* : **~ (dans)** einfügen (in +*acc*)

intercepter [ɛ̃teʀsepte] *vt* abfangen

interchangeable [ɛ̃teʀʃɑ̃ʒabl] *adj* austauschbar

interconnecter [ɛ̃tɛʀkɔnɛkte] vt miteinander verbinden

interdiction [ɛ̃tɛʀdiksjɔ̃] nf Verbot nt; **~ de séjour** Aufenthaltsverbot nt • **interdire** vt verbieten; **~ à qn de faire qch** jdm verbieten, etw zu tun • **interdit, e** adj verboten; **sens/ stationnement ~** Einbahnstraße f/Parkverbot nt

intéressant, e [ɛ̃teʀesɑ̃, ɑ̃t] adj interessant • **intéressé, e** adj interessiert; (puissances, parties, personnes) betroffen • **intéresser** vt interessieren; (concerner) betreffen; (aux bénéfices) beteiligen; s'**intéresser** vpr: **s'~ à qn/qch** sich für jdn/etw interessieren

intérêt [ɛ̃teʀe] nm Interesse nt; (dividende) Zins m

interface [ɛ̃tɛʀfas] nf (Inform) Schnittstelle f, Interface nt

interférer [ɛ̃tɛʀfeʀe] vi interferieren

intérieur, e [ɛ̃teʀjœʀ] adj innere(r, s); (politique, cour) Innen- ▶ nm: **l'~** das Innere nt; **un ~ bourgeois/confortable** bürgerliche/bequeme (Innen)einrichtung f; **à l'~ (de)** im Inneren (von ou +gén); (avec mouvement) ins Innere (von ou +gén)

intérim [ɛ̃teʀim] nm Zwischenzeit f; (travail temporaire) Zeitarbeit f; **assurer l'~ (de qn)** die Vertretung (für jdn) übernehmen; **par ~** vorläufig • **intérimaire** nmf (personne) Zeitarbeiter(in) m(f)

interjection [ɛ̃tɛʀʒɛksjɔ̃] nf Ausruf m

interlocuteur, -trice [ɛ̃tɛʀlɔkytœʀ, tʀis] nm/f Gesprächspartner(in) m(f)

interlude [ɛ̃tɛʀlyd] nm Zwischenspiel nt

intermédiaire [ɛ̃tɛʀmedjɛʀ] adj Zwischen- ▶ nm: **sans ~** direkt; **par l'~ de** durch

interminable [ɛ̃tɛʀminabl] adj endlos

internat [ɛ̃tɛʀna] nm (établissement) Internat nt

international, e, -aux [ɛ̃tɛʀnasjɔnal, o] adj international

internaute [ɛ̃tɛʀnot] nmf Internetsurfer(in) m(f), Websurfer(in) m(f)

interne [ɛ̃tɛʀn] adj innere(r, s) • **interner** [ɛ̃tɛʀne] vt (Pol) internieren; (Méd) in eine Anstalt einweisen

Internet [ɛ̃tɛʀnɛt] nm: **(l')~** das Internet; **~ mobile** mobiles Internet nt

interpeller [ɛ̃tɛʀpəle] vt (appeler) zurufen +dat

interphone [ɛ̃tɛʀfɔn] nm (Wechsel)sprechanlage f

interposer [ɛ̃tɛʀpoze] vt dazwischentun

interprétation [ɛ̃tɛʀpʀetasjɔ̃] nf Interpretation f • **interprète** nmf (traducteur) Dolmetscher(in) m(f) • **interpréter** vt interpretieren; (songes, présages) deuten

interrogateur, -trice [ɛ̃teʀɔgatœʀ, tʀis] adj fragend • **interrogatif, -ive** adj fragend; (Ling) Frage- • **interrogation** nf Befragung f; **~ écrite/orale** (Scol) schriftliche/mündliche Prüfung; **~ directe/indirecte** direkte/indirekte Frage f • **interrogatoire** nm Verhör nt; (au tribunal) Vernehmung f • **interroger** vt befragen; (inculpé) verhören, vernehmen; (données, ordinateur) abfragen

interrompre [ɛ̃terɔ̃pr] vt unterbrechen; **s'interrompre** vpr aufhören • **interrupteur** nm Schalter m • **interruption** nf Unterbrechung f; **~ volontaire de grossesse** Schwangerschaftsabbruch

intersection [ɛ̃terseksjɔ̃] nf (croisement) Kreuzung f

interstice [ɛ̃terstis] nm Zwischenraum m, Spalt m

interurbain, e [ɛ̃teryrbɛ̃, ɛn] adj : **communication ~e** Ferngespräch nt

intervalle [ɛ̃terval] nm Zwischenraum m; **à deux mois d'~** im Abstand von zwei Monaten; **dans l'~** inzwischen

intervenir [ɛ̃tervənir] vi eingreifen • **intervention** nf Eingreifen nt

interview [ɛ̃tervju] nf Interview nt • **interviewer** vt interviewen

intestin, e [ɛ̃testɛ̃, in] adj : **querelles/luttes ~es** innere Kämpfe pl ▶ nm Darm m • **intestinal, e, -aux** adj Darm-

intime [ɛ̃tim] adj intim ▶ nmf Vertraute(r) f(m)

intimer [ɛ̃time] vt (citer) vorladen; **~ à qn l'ordre de faire qch** jdm den Befehl zukommen lassen, etw zu tun

intimidation [ɛ̃timidasjɔ̃] nf Einschüchterung f

intimider [ɛ̃timide] vt einschüchtern

intimité [ɛ̃timite] nf : **dans la plus stricte ~** im engsten Familienkreis

intituler [ɛ̃tityle] vt : **comment a-t-il intitulé son livre ?** welchen Titel hat er seinem Buch gegeben?; **s'intituler** vpr (ouvrage) den Titel tragen

intolérable [ɛ̃tɔlerabl] adj unerträglich

intolérance [ɛ̃tɔlerɑ̃s] nf Intoleranz f • **intolérant, e** adj intolerant

intoxication [ɛ̃tɔksikasjɔ̃] nf Vergiftung f • **intoxiquer** vt vergiften; (fig) indoktrinieren

intraduisible [ɛ̃tradɥizibl] adj unübersetzbar

intraitable [ɛ̃tretabl] adj (intransigeant) unnachgiebig; **~ sur** unnachgiebig in Bezug auf +acc; **demeurer ~** nicht nachgeben

intranet [ɛ̃tranet] nm Intranet nt

intransigeant, e [ɛ̃trɑ̃ziʒɑ̃, ɑ̃t] adj unnachgiebig, stur

intraveineux, -euse [ɛ̃travɛnø, øz] adj intravenös

intrépide [ɛ̃trepid] adj mutig, beherzt

intrigue [ɛ̃trig] nf (manœuvre) Intrige f • **intriguer** vi intrigieren ▶ vt neugierig machen

introduction [ɛ̃trɔdyksjɔ̃] nf Einführung f • **introduire** vt einführen; (Inform) eingeben; **s'introduire** vpr (usages, idées) in Gebrauch kommen; **~ qch dans**

etw stecken in +acc; **s'~ dans** (personne, eau, fumée) eindringen in +acc

introuvable [ɛ̃tʀuvabl] adj unauffindbar; (édition) schwer auffindbar

introverti, e [ɛ̃tʀovɛʀti] adj introvertiert

intrus, e [ɛ̃tʀy, yz] nm/f Eindringling m

intrusion [ɛ̃tʀyzjɔ̃] nf Eindringen nt; (ingérence) Einmischung f

intuitif, -ive [ɛ̃tɥitif, iv] adj intuitiv • **intuition** nf Intuition f, Vorahnung f; (pressentiment) Vorgefühl nt

inusable [inyzabl] adj unverwüstlich

inutile [inytil] adj nutzlos; (superflu) unnötig

inutilisable [inytilizabl] adj unbrauchbar

invalide [ɛ̃valid] adj körperbehindert

invalider [ɛ̃valide] vt (donation, contrat, élection) ungültig machen

invariable [ɛ̃vaʀjabl] adj unveränderlich

invasion [ɛ̃vazjɔ̃] nf Invasion f

invectiver [ɛ̃vɛktive] vt beschimpfen

inventaire [ɛ̃vɑ̃tɛʀ] nm Inventar nt; (Comm : liste) Warenliste f; (: opération) Inventur f; (fig) Bestandsaufnahme f

inventer [ɛ̃vɑ̃te] vt erfinden • **inventeur, -trice** nm/f Erfinder(in) m(f) • **inventif, -ive** adj schöpferisch; (ingénieux) einfallsreich • **invention** nf Erfindung f; (découverte) Entdeckung f

inventorier [ɛ̃vɑ̃tɔʀje] vt eine Aufstellung machen von

inverse [ɛ̃vɛʀs] adj umgekehrt; (sens) entgegengesetzt ▶ nm : **l'~** das Gegenteil nt • **inverser** vt umkehren

investigation [ɛ̃vɛstigasjɔ̃] nf Untersuchung f

investir [ɛ̃vɛstiʀ] vt investieren • **investissement** nm Investition f, Anlage f

invincible [ɛ̃vɛ̃sibl] adj unbesiegbar; (irrésistible) unwiderstehlich

invisible [ɛ̃vizibl] adj unsichtbar

invitation [ɛ̃vitasjɔ̃] nf Einladung f; **à** ou **sur l'~ de qn** (exhortation) auf jds Aufforderung acc hin • **invité, e** nm/f Gast m • **inviter** vt einladen; **~ qn à faire qch** (exhorter) jdn auffordern, etw zu tun

involontaire [ɛ̃vɔlɔ̃tɛʀ] adj unabsichtlich, unwillkürlich

invoquer [ɛ̃vɔke] vt (Dieu, muse) anrufen; (excuse, argument) anbringen; (loi, texte, ignorance) sich berufen auf +acc

invraisemblable [ɛ̃vʀɛsɑ̃blabl] adj unwahrscheinlich; (fantastique, inimaginable) unglaublich

iode [jɔd] nm Jod nt

iPod® [aipɔd, ipɔd] nm iPod m

Irak [iʀak] nm : **l'~** (der) Irak m • **irakien, ne** adj irakisch ▶ nm/f : **I~, ne** Iraker(in) m(f)

Iran [iʀɑ̃] nm : **l'~** (der) Iran m • **iranien, ne** adj iranisch ▶ nm/f : **I~, ne** Iraner(in) m(f)

Iraq [iʀak] nm = **Irak**

irascible [iʀasibl] adj jähzornig

iris [iʀis] nm Iris f, Iris

irlandais, e [iʀlɑ̃dɛ, ɛz] adj irisch ▶ nm/f: I~, e Ire m, Irin f • Irlande nf: I'~ Irland nt; I'~ du Nord Nordirland nt

IRM [iɛʀɛm] sigle f (= imagerie par résonance magnétique) (technique) MRT f (= Magnetresonanztomographie); (examen) MRT-Untersuchung f; (image) MRT-Bild nt

ironie [iʀɔni] nf Ironie f
• ironique adj ironisch

irradiation [iʀadjasjɔ̃] nf Bestrahlung f

irradier [iʀadje] vt bestrahlen; (contaminer) verstrahlen

irraisonné, e [iʀɛzɔne] adj (geste, acte) unüberlegt; (crainte) unbegründet, unsinnig

irrecevable [iʀəs(ə)vabl] adj unannehmbar

irréel, le [iʀeɛl] adj unwirklich

irréfléchi, e [iʀefleʃi] adj unüberlegt, gedankenlos

irrégulier, -ière [iʀegylje, jɛʀ] adj unregelmäßig; (surface, terrain) uneben

irrémédiable [iʀemedjabl] adj nicht wiedergutzumachen

irremplaçable [iʀɑ̃plasabl] adj unersetzlich

irréprochable [iʀepʀɔʃabl] adj einwandfrei, tadellos

irrésistible [iʀezistibl] adj unwiderstehlich

irrésolu, e [iʀezɔly] adj unentschlossen

irrespectueux, -euse [iʀɛspɛktɥø, øz] adj respektlos

irresponsable [iʀɛspɔ̃sabl] adj unverantwortlich; (irréfléchi) verantwortungslos

irréversible [iʀevɛʀsibl] adj nicht rückgängig zu machen

irrigation [iʀigasjɔ̃] nf Bewässerung f

irriguer [iʀige] vt bewässern

irritable [iʀitabl] adj reizbar

irritation [iʀitasjɔ̃] nf (exaspération) Gereiztheit f; (inflammation) Reizung f

irriter [iʀite] vt reizen

irruption [iʀypsjɔ̃] nf Eindringen nt, Hereinstürzen nt; faire ~ dans un endroit/chez qn plötzlich an einem Ort/bei jdm erscheinen

Islam [islam] nm Islam m
• islamique adj islamisch
• islamiste nmf Islamist(in) m(f)

islamophobie [islamɔfɔbi] nf Islamophobie f

islandais, e [islɑ̃dɛ, ɛz] adj isländisch ▶ nm (Ling) Isländisch nt ▶ nm/f: I~, e Isländer(in) m(f) • Islande nf: I'~ Island nt

isolant, e [izɔlɑ̃, ɑ̃t] adj isolierend ▶ nm Isoliermaterial nt

isolation [izɔlasjɔ̃] nf:
~ acoustique Schalldämmung f;
~ électrique Isolierung f;
~ thermique Wärmeisolierung f

isolé, e [izɔle] adj isoliert; (séparé) einzeln

isoler [izɔle] vt isolieren

isoloir [izɔlwaʀ] nm Wahlkabine f

Israël [isʀael] nm Israel nt
• israélien, ne adj israelisch ▶ nm/f: I~, ne Israeli m/f
• israélite adj jüdisch ▶ nmf: I~ Israelit(in) m(f)

issu, e [isy] *adj* : **être ~ de** abstammen von; *(résulter de)* herrühren von

issue [isy] *nf* Ausgang *m*; *(résultat)* Ergebnis *nt*; **à l'~ de** am Ende von; **chemin/rue sans ~** Sackgasse *f*; **~ de secours** Notausgang *m*

Italie [itali] *nf* : **l'~** Italien *nt*
• **italien, ne** *adj* italienisch
▶ *nm/f* : **I~, ne** Italiener(in) *m(f)*

italique [italik] *nm* : **en ~(s)** kursiv

itinéraire [itineʀɛʀ] *nm* Route *f*; **~ de délestage** Umleitung *f*

itinérance [itineʀɑ̃s] *nf (Tél)* Roaming *nt*

IUT [iyte] *sigle m (= Institut universitaire de technologie)* voir **institut**

IVG [iveʒe] *sigle f (= interruption volontaire de grossesse)* voir **interruption**

ivoire [ivwaʀ] *nm* Elfenbein *nt*

ivoirien, ne [ivwaʀjɛ̃, jɛn] *adj* von der Elfenbeinküste

ivre [ivʀ] *adj* betrunken • **ivresse** *nf* Trunkenheit *f* • **ivrogne** *nmf* Trinker(in) *m(f)*

J

jachère [ʒaʃɛʀ] *nf* : **(être) en ~** brach(liegen)

jacinthe [ʒasɛ̃t] *nf* Hyazinthe *f*

jacuzzi® [ʒakuzi] *nm* Whirlpool® *m*

jadis [ʒadis] *adv* einst(mals)

jaillir [ʒajiʀ] *vi* hervorsprudeln

jalon [ʒalɔ̃] *nm* Markierungspfosten *m*

jalousie [ʒaluzi] *nf* Eifersucht *f*; *(store)* Jalousie *f* • **jaloux, -se** *adj* eifersüchtig

jamais [ʒamɛ] *adv* nie, niemals; *(sans négation)* je(mals); **ne ... ~** niemals

jambe [ʒɑ̃b] *nf* Bein *nt*

jambon [ʒɑ̃bɔ̃] *nm* Schinken *m*

jambonneau, x [ʒɑ̃bɔno] *nm* (gekochtes) Eisbein *nt*

janvier [ʒɑ̃vje] *nm* Januar *m*; *voir aussi* **juillet**

Japon [ʒapɔ̃] *nm* : **le ~** Japan *nt*
• **japonais, e** *adj* japanisch
▶ *nm/f* : **J~, e** Japaner(in) *m(f)*

jaquette [ʒakɛt] *nf (de livre)* Schutzumschlag *m*

jardin [ʒaʀdɛ̃] *nm* Garten *m*; **~ d'enfants** Kindergarten *m*

jarret 198

- **jardinage** nm Gartenarbeit f
- **jardiner** vi im Garten arbeiten
- **jardinier, -ière** nm/f Gärtner(in) m(f) ▶ nf (caisse) Blumenkasten m; **jardinière d'enfants** Kindergärtnerin f; **jardinière (de légumes)** gemischtes Gemüse nt

jarret [ʒaʀɛ] nm (Anat) Kniekehle f; (Culin) Haxe f, Hachse f

jaser [ʒɑze] vi schwatzen; (indiscrètement) klatschen

jasmin [ʒasmɛ̃] nm Jasmin m

jatte [ʒat] nf Napf m, Schale f

jauger [ʒoʒe] vt (mesurer) messen; (juger) beurteilen

jaune [ʒon] adj gelb ▶ nm Gelb nt; (d'œuf) Eigelb nt, Dotter m ou nt

Javel [ʒavɛl] nf: **eau f de** ~ Chlorbleiche f

javelot [ʒavlo] nm Speer m

jazz [dʒaz] nm Jazz m

J.-C. abr = **Jésus-Christ**

je [ʒə], **j'** (avant voyelle ou h muet) pron ich

jean [dʒin] nm Jeans f ou pl

jeep® [(d)ʒip] nf Jeep® m

je-ne-sais-quoi [ʒən(ə)sɛkwa] nm inv: **un** ~ ein gewisses Etwas

jersey [ʒɛʀze] nm (tissu) Jersey m

Jésus-Christ [ʒezykʀi(st)] nm Jesus Christus m; **600 avant/ après** ~ 600 vor/nach Christus ou Christi Geburt

jet¹ [dʒɛt] nm (avion) Jet m

jet² [ʒɛ] nm (action) Werfen nt; (son résultat, distance) Wurf m; (jaillissement) Strahl m; **premier** ~ erster Entwurf m; ~ **d'eau** Wasserstrahl m; (fontaine) Fontäne f

jetable [ʒ(ə)tabl] adj Wegwerf-

jetée [ʒəte] nf Mole f

jeter [ʒ(ə)te] vt (lancer) werfen; (: violemment) schleudern; (se défaire de) wegwerfen; (cri, insultes) ausstoßen

jeton [ʒ(ə)tɔ̃] nm (au jeu) Spielmarke f

jeu, x [ʒø] nm Spiel m; ~ **de société** Gesellschaftsspiel nt; ~ **télévisé** Gameshow f; ~ **vidéo** Videospiel nt; **j~x olympiques** Olympische Spiele pl • **jeu-concours** (pl **jeux-concours**) nm Preisausschreiben nt

jeudi [ʒødi] nm Donnerstag m; ~ **saint** Gründonnerstag m; voir aussi **lundi**

jeun [ʒœ̃]: **à** ~ adv nüchtern

jeune [ʒœn] adj jung ▶ adv: **faire** ~ jugendlich ou jung aussehen ▶ nmpl: **les** ~**s** die Jugend f, die Jugendlichen pl; ~ **fille** (junges) Mädchen nt; ~ **homme** (junger) Mann m

jeûne [ʒøn] nm Fasten nt

jeunesse [ʒœnɛs] nf Jugend f; (apparence) Jugendlichkeit f

JO [ʒio] sigle mpl (= Jeux olympiques) voir **jeu**

joaillerie [ʒɔajʀi] nf (magasin) Juweliergeschäft nt • **joaillier, -ière** nm/f Juwelier m

job [dʒɔb] (fam) nm Job m

jockey [ʒɔkɛ] nm Jockey m

jogging [dʒɔgiŋ] nm Jogging nt; (vêtement) Jogginganzug m; **faire du** ~ joggen

joie [ʒwa] nf Freude f

joindre [ʒwɛ̃dʀ] vt verbinden; (ajouter) beifügen; (réussir à contacter) erreichen; **se joindre** vpr: **se** ~ **à** sich anschließen +dat;

~ un fichier à un mail eine Datei an eine E-mail anhängen

joint, e [ʒwɛ̃, ɛ̃t] nm (de robinet) Dichtung f; **~ de culasse** Zylinderkopfdichtung f

joker [(d)ʒɔkɛʀ] nm Joker m; (Inform) Wildcard f, Jokerzeichen nt

joli, e [ʒɔli] adj hübsch

jonc [ʒɔ̃] nm (Schilf)rohr nt

jonction [ʒɔ̃ksjɔ̃] nf (de routes) Kreuzung f; (de fleuves) Zusammenfluss m; (action de joindre) Verbindung f

jongleur, -euse [ʒɔ̃glœʀ, øz] nm/f Jongleur(in) m(f)

jonquille [ʒɔ̃kij] nf Osterglocke f

Jordanie [ʒɔʀdani] nf: **la ~** Jordanien nt

joue [ʒu] nf Backe f, Wange f

jouer [ʒwe] vt spielen; (argent) setzen; (réputation etc) aufs Spiel setzen; (simuler) vortäuschen ▸ vi spielen; **se jouer vpr: se ~ de qn** jdn zum Narren halten; **~ à** spielen; **~ un tour à qn** jdm einen Streich spielen • **jouet** nm Spielzeug nt; **être le ~ de** das Opfer sein +gén • **joueur, -euse** nm/f Spieler(in) m(f)

joufflu, e [ʒufly] adj pausbäckig

jouir [ʒwiʀ] vi: **~ de** (avoir) haben; (savourer) genießen

jouissance [ʒwisɑ̃s] nf (plaisir) Freude f; (usage) Nutznießung f

jour [ʒuʀ] nm Tag m; (clarté) (Tages)licht nt; **il fait ~** es ist Tag; **mettre à ~** auf den neuesten Stand bringen • **~ férié** Feiertag m

journal, -aux [ʒuʀnal, o] nm Zeitung f; (personnel) Tagebuch nt; **~ télévisé** (Fernseh)nachrichten pl • **journalisme** nm Journalismus m

• **journaliste** nmf Journalist(in) m(f)

journée [ʒuʀne] nf Tag m; **la ~ continue** durchgehende Arbeitszeit (ohne Mittagspause)

jovial, e, -aux [ʒɔvjal, jo] adj jovial

joyau, x [ʒwajo] nm Juwel nt

joyeux, -euse [ʒwajø, øz] adj fröhlich; (nouvelle) freudig; **~ Noël !** frohe ou fröhliche Weihnachten!; **~ anniversaire !** alles Gute zum Geburtstag!

JT [ʒite] sigle m (= journal télévisé) voir **journal**

jubiler [ʒybile] vi jubeln

judaïsme [ʒydaism] nm Judentum nt

judas [ʒyda] nm (trou) Guckloch nt

judiciaire [ʒydisjɛʀ] adj gerichtlich, Justiz-

judicieux, -euse [ʒydisjø, jøz] adj klug, gescheit

judo [ʒydo] nm Judo nt

juge [ʒyʒ] nm Richter(in) m(f); **~ d'instruction** Untersuchungsrichter(in) m(f) • **jugement** nm Urteil nt • **jugeote** (fam) nf Grips m • **juger** vt beurteilen; (affaire) entscheiden über +acc; **~ bon de faire qch** es für richtig halten, etw zu tun; **~ que** meinen, dass

juguler [ʒygyle] vt in den Griff bekommen; (inflation) eindämmen

juif, -ive [ʒɥif, ʒɥiv] adj jüdisch ▸ nm/f Jude m, Jüdin f

juillet [ʒɥijɛ] nm Juli m; **en ~** im Juli; **au mois de ~** im Monat Juli; **arriver le 17 ~** am 17. Juli ankommen; **Genève, le 17 ~** (lettre) Genf, den 17. Juli; **début/ fin ~** Anfang/Ende Juli

juin [ʒɥɛ̃] nm Juni m; *voir aussi* **juillet**

juke-box [dʒukbɔks] nm inv Musikbox f

jumeau, -elle, x [ʒymo, ɛl] nm/f Zwilling m ▸ adj (frère, sœur) Zwillings-; **maisons jumelles** Doppelhaus nt

jumelage [ʒym(ə)laʒ] nm (Städte)partnerschaft f • **jumeler** vt (villes) zu Partnerstädten machen

jumelle [ʒymɛl] adj, nf voir **jumeau**

jumelles [ʒymɛl] nfpl Fernglas nt

jument [ʒymɑ̃] nf Stute f

jungle [ʒɑ̃gl] nf Dschungel m

jupe [ʒyp] nf Rock m

jupon [ʒypɔ̃] nm Unterrock m

Jura [ʒyʀa] nm : **le ~** der Jura

juré [ʒyʀe] nm Geschworene(r) f(m)

jurer [ʒyʀe] vt schwören, geloben ▸ vi (dire des jurons) fluchen; **~ que** schwören, dass

juridique [ʒyʀidik] adj juristisch

juron [ʒyʀɔ̃] nm Fluch m

jury [ʒyʀi] nm Geschworene pl; (Scol) Prüfungsausschuss m

jus [ʒy] nm Saft m; **~ de pommes** Apfelsaft m; **~ de viande** Bratensaft m

jusqu'au-boutiste [ʒyskobutist] adj extremistisch ▸ nmf Extremist(in) m(f)

jusque [ʒysk] prép : **jusqu'à** (endroit) bis (an) +acc; (: ville, pays) bis (nach); (moment) bis (zu); (limite) bis zu; **jusqu'à présent ou maintenant** bis jetzt; **~ vers** bis (hin) zu; **~-là** (temps) bis jetzt

justaucorps [ʒystokɔʀ] nm Trikot nt

juste [ʒyst] adj (équitable) gerecht; (légitime) gerechtfertigt; (exact, précis) genau; (vrai, correct) richtig; (étroit, insuffisant) knapp ▸ adv (avec exactitude) genau, richtig • **justement** adv (avec raison) zu Recht • **justesse** nf (exactitude) Richtigkeit f; (précision) Genauigkeit f; **de ~** mit knapper Not, gerade noch

justice [ʒystis] nf (équité) Gerechtigkeit f; (pouvoir judiciaire) Justiz f

justificatif, -ive [ʒystifikatif, iv] adj (document etc) unterstützend ▸ nm Beleg m

justification [ʒystifikasjɔ̃] nf Rechtfertigung f • **justifier** vt rechtfertigen

jute [ʒyt] nm Jute f

juteux, -euse [ʒytø, øz] adj saftig

juvénile [ʒyvenil] adj jugendlich

juxtaposer [ʒykstapoze] vt nebeneinanderstellen

k

kaki [kaki] *adj inv* kaki

kangourou [kɑ̃guʀu] *nm* Känguru *nt*

karaoké [kaʀaoke] *nm* Karaoke *nt*

karaté [kaʀate] *nm* Karate *nt*

kart [kaʀt] *nm* Gokart *m*
• **karting** *nm* Gokartfahren *nt*

kascher [kaʃɛʀ] *adj inv* koscher

kayak [kajak] *nm* Kajak *m*

Kazakhstan [kazakstɑ̃] *nm* : **le ~** Kasachstan *nt*

kebab [kebab] *nm* Kebab *m*

Kenya [kenja] *nm* : **le ~** Kenia *nt*

képi [kepi] *nm* Käppi *nt*

kermesse [kɛʀmɛs] *nf (villageoise)* Kirmes *f*; *(de bienfaisance)* Wohltätigkeitsbasar *m*

kérosène [keʀozɛn] *nm* Kerosin *nt*

kg *abr (= kilogramme)* kg

khôl [kol] *nm* Kajal *nt*

kidnapper [kidnape] *vt* entführen, kidnappen

kiffer [kife] *(fam) vi* Spaß haben
▶ *vt* stehen auf; **il la kiffe** er steht auf sie

kilo [kilo] *nm* Kilo *nt* • **kilogramme** *nm* Kilogramm *nt* • **kilométrage** *nm (au compteur)* Kilometerstand *m* • **kilomètre** *nm* Kilometer *m*; **~s à l'heure** Stundenkilometer *pl* • **kilomètre-heure** *(pl* **kilomètres-heures***) nm* Stundenkilometer *m* • **kilométrique** *adj (borne, compteur)* Kilometer-; *(distance)* in Kilometern • **kilowatt** *nm* Kilowatt *nt*

kinésithérapeute [kineziteʀapøt] *nmf* Physiotherapeut(in) *m(f)* • **kinésithérapie** *nf* Physiotherapie *f*

kiosque [kjɔsk] *nm (à journaux, fleurs)* Kiosk *m*; *(de jardin)* Pavillon *m*

Kirghizistan [kiʀgizistɑ̃] *nm* : **le ~** Kirgistan *nt*

kirsch [kiʀʃ] *nm* Kirschwasser *nt*

kit [kit] *nm* Bastelsatz *m*; **~ mains libres** Freisprechanlage *f*

kitsch [kitʃ] *nm inv* Kitsch *m*

kiwi [kiwi] *nm (Zool)* Kiwi *m*; *(Bot)* Kiwi *f*

klaxon [klaksɔn] *nm* Hupe *f*
• **klaxonner** *vi* hupen ▶ *vt* anhupen

kleenex® [klinɛks] *nm* Papiertaschentuch *nt*

kleptomane [klɛptɔman] *nmf* Kleptomane *m*, Kleptomanin *f*

km *abr (= kilomètre)* km

km/h *abr (= kilomètre-heure)* km/h

K.-O. [kao] *adj inv* k. o.

koala [kɔala] *nm* Koala(bär) *m*

kosovar [kɔsɔvaʀ] *adj* kosovarisch
• **Kosovo** *nm* : **le ~** der Kosovo *m*

Koweït [kɔwɛt] *nm* : **le ~** Kuwait *nt*

krach [kʀak] *nm* Börsenkrach *m*

kraft [kʀaft] *nm* : **papier ~** Packpapier *nt*

kurde [kyʀd] *adj* kurdisch ▸ *nmf:* **K~** Kurde *m*, Kurdin *f*

K-way® [kawɛ] *nm* Windhemd *nt*

kyste [kist] *nm* Zyste *f*

l [ɛl] *abr* (= *litre*) l

l' [l] *art, pron voir* **le**

la [la] *nm* (*Mus*) A *nt* ▸ *art, pron voir* **le**

là [la] *adv* dort; (*ici*) da, hier; **elle n'est pas là** sie ist nicht da; **c'est là que** dort

label [labɛl] *nm* (*marque*) Marke *f*; **~ de qualité** Gütezeichen *nt* ou -siegel *nt*

labeur [labœʀ] *nm* Mühe *f*, Arbeit *f*

labo [labo] *nm* Labor *nt*; = **laboratoire**

laborantin, e [labɔʀɑ̃tɛ̃, in] *nm/f* Laborant(in) *m(f)*

laboratoire [labɔʀatwaʀ] *nm* Labor *nt*

laborieux, -euse [labɔʀjø, jøz] *adj* (*tâche*) mühsam, mühselig; (*personne*) fleißig

labourer [labuʀe] *vt* pflügen

labrador [labʀadɔʀ] *nm* (*chien*) Labrador *m*

labyrinthe [labiʀɛ̃t] *nm* Labyrinth *nt*

lac [lak] *nm* See *m*; **~ Léman** Genfer See

lacer [lase] *vt* zuschnüren

lacet [lasɛ] *nm* (*de chaussure*) Schnürsenkel *m*; (*de route*) scharfe Kurve *f*; (*piège*) Schlinge *f*

lâche [lɑʃ] *adj* locker; (*poltron*) feige ▶ *nmf* Feigling *m*

lâcher [lɑʃe] *vt* loslassen; (*ce qui tombe, remarque*) fallen lassen; (*abandonner*) fallen lassen ▶ *vi* (*fil, amarres*) reißen; (*freins*) versagen

lâcheté [lɑʃte] *nf* Feigheit *f*

lacrymogène [lakʁimɔʒɛn] *adj* (*bombe, grenade*) Tränengas-

lacune [lakyn] *nf* Lücke *f*

là-dedans [laddɑ̃] *adv* drinnen
• **là-dessous** *adv* darunter; (*fig*) dahinter • **là-dessus** *adv* darüber, darauf

lagune [lagyn] *nf* Lagune *f*

là-haut [lao] *adv* da *ou* dort oben

laïcité [laisite] *nf* (*séparation*) Trennung *f* von Kirche und Staat; (*caractère laïque*) Weltlichkeit *f*

laid, e [lɛ, lɛd] *adj* hässlich
• **laideur** *nf* Hässlichkeit *f*

lainage [lɛnaʒ] *nm* (*vêtement*) wollenes Kleidungsstück *nt*

laine [lɛn] *nf* Wolle *f*

laïque [laik] *adj* Laien-; (*école, enseignement*) staatlich ▶ *nmf* Laie *m*

laisse [lɛs] *nf* Leine *f*

laisser [lese] *vt, vb aux* lassen; se **laisser** *vpr* : se ~ **aller** sich gehen lassen • **laisser-aller** *nm inv* (*désinvolture*) Unbekümmertheit *f*
• **laissez-passer** *nm inv* Passierschein *m*

lait [lɛ] *nm* Milch *f*; ~ **concentré** *ou* **condensé** Kondensmilch *f*; ~ **de beauté** Schönheitslotion *f*;

~ **démaquillant** Reinigungsmilch *f*; ~ **écrémé** Magermilch *f*; ~ **en poudre** Milchpulver *nt*; ~ **entier** Vollmilch *f* • **laitage** *nm* Milchprodukt *nt* • **laiterie** *nf* (*usine*) Molkerei *f* • **laitier, -ière** *adj* Milch- ▶ *nm/f* Milchmann *m*, Milchfrau *f*

laiton [lɛtɔ̃] *nm* Messing *nt*

laitue [lety] *nf* (*salade*) (Kopf)salat *m*

lambda [lɑ̃bda] *adj* : **le lecteur ~** (*fam*) der Durchschnittsleser

lambeau, x [lɑ̃bo] *nm* Fetzen *m*; **en ~x** in Fetzen

lame [lam] *nf* Klinge *f*; (*vague*) Welle *f*; ~ **de rasoir** Rasierklinge *f*

lamelle [lamɛl] *nf* Lamelle *f*, Blättchen *nt*; (*petit morceau*) kleiner Streifen *m*

lamentable [lamɑ̃tabl] *adj* erbärmlich • **lamenter** *vpr* : se ~ **(sur)** klagen (über +*acc*)

laminoir [laminwaʁ] *nm* Walzwerk *nt*

lampadaire [lɑ̃padɛʁ] *nm* (*de salon*) Stehlampe *f*; (*dans la rue*) Straßenlaterne *f*

lampe [lɑ̃p] *nf* Lampe *f*; ~ **de poche** Taschenlampe *f*; ~ **halogène** Halogenleuchte *f*

lance [lɑ̃s] *nf* Speer *m*, Lanze *f*; ~ **d'incendie** Feuerwehrschlauch *m*

lance-flammes [lɑ̃sflam] *nm inv* Flammenwerfer *m*

lancement [lɑ̃smɑ̃] *nm* (*d'un produit, d'une voiture*) Einführung *f*; (*d'un bateau*) Stapellauf *m*; (*d'une fusée*) Abschuss *m*

lance-missiles [lɑ̃smisil] *nm inv* Raketenwerfer *m*

lancer [lãse] *vt* werfen; (*Inform*) starten; (*produit, mode*) auf den Markt bringen ▶*nm* (*Sport*) Wurf *m*; (*Pêche*) Angeln *nt*; **se lancer** *vpr* : **se ~ sur** *ou* **contre** losstürmen auf +*acc*; **~ qch à qn** jdm etw zuwerfen • **lanceur, -euse** *nm/f* (*Sport*) Werfer(in) *m(f)*; **~ d'alerte** Whistleblower(in) *m(f)* ▶*nm* (*fusée*) Trägerrakete *f*

lancinant, e [lãsinã, ãt] *adj* (*douleur*) stechend; (*regrets etc*) quälend

landau [lãdo] *nm* (*de bébé*) Kinderwagen *m*

lande [lãd] *nf* Heide *f*

langage [lãgaʒ] *nm* Sprache *f*; **~ de programmation** Programmiersprache *f*

lange [lãʒ] *nm* Windel *f*

langoureux, -euse [lãgurø, øz] *adj* schmachtend

langouste [lãgust] *nf* Languste *f*

langoustine [lãgustin] *nf* Garnele *f*

langue [lãg] *nf* (*Anat, Culin*) Zunge *f*; (*Ling*) Sprache *f*; **de ~ française** französischsprachig; **~ maternelle** Muttersprache *f*

Languedoc [lãgdɔk] *nm* : **le ~** Languedoc *nt*

languette [lãgɛt] *nf* (*de chaussure*) Zunge *f*

langueur [lãgœr] *nf* Wehmut *f*

languir [lãgir] *vi* verkümmern; (*conversation*) erlahmen; **faire ~ qn** jdn lange schmachten lassen

lanterne [lãtɛrn] *nf* Laterne *f*

Laos [laos] *nm* : **le ~** Laos *nt*

lapin [lapɛ̃] *nm* Kaninchen *nt*

laps [laps] *nm* : **~ de temps** Zeitraum *m*

lapsus [lapsys] *nm* Versprecher *m*; (*écrit*) Lapsus *m*

laquais [lakɛ] *nm* Lakai *m*

laque [lak] *nf* Lack *m*; (*pour cheveux*) Haarspray *nt*

laquelle [lakɛl] *pron voir* **lequel**

larcin [larsɛ̃] *nm* kleiner Diebstahl *m*

lard [lar] *nm* Speck *m*

lardon [lardɔ̃] *nm* Speckstreifen *m*

large [larʒ] *adj* breit; (*généreux*) großzügig ▶*nm* : **5 m de ~** 5 m breit; **le ~** (*mer*) das offene Meer • **largement** *adv* weit; (*au minimum, sans compter*) reichlich; **il a ~ le temps** er hat reichlich Zeit; **il a ~ de quoi vivre** er hat ein sehr gutes Auskommen • **largesse** *nf* Großzügigkeit *f* • **largeur** *nf* Breite *f*

larguer [large] *vt* (*fam* : *se débarrasser de*) loswerden

larme [larm] *nf* Träne *f*; **une ~ de** ein Tröpfchen *nt*

larmoyant, e [larmwajã, ãt] *adj* weinerlich

larmoyer [larmwaje] *vi* (*yeux*) tränen

larve [larv] *nf* Larve *f*

laryngite [larɛ̃ʒit] *nf* Kehlkopfentzündung *f*

larynx [larɛ̃ks] *nm* Kehlkopf *m*

las, lasse [la, las] *adj* müde, matt

laser [lazɛr] *nm* Laser *m*; **rayon ~** Laserstrahl *m*

lasser [lase] *vt* erschöpfen; **se lasser** *vpr* : **se ~ de qch** etw leid werden

lassitude [lasityd] *nf* Müdigkeit *f*; *(fig)* Überdruss *m*

latent, e [latɑ̃, ɑ̃t] *adj* latent

latin, e [latɛ̃, in] *adj* lateinisch
▶ *nm* Latein *nt*

latitude [latityd] *nf* Breite *f*;
à 48 degrés de ~ nord bei 48 Grad nördlicher Breite

latte [lat] *nf* Latte *f*; *(de plancher)* Brett *nt*

lauréat, e [lɔʀea, at] *nm/f* Gewinner(in) *m(f)*

laurier [lɔʀje] *nm (Bot)* Lorbeer(baum) *m*; *(Culin)* Lorbeerblatt *nt*

lavabo [lavabo] *nm* Waschbecken *nt*; **lavabos** *nmpl (toilettes)* Toilette *f*

lavage [lavaʒ] *nm* Waschen *nt*;
~ à la main Handwäsche *f*

lavande [lavɑ̃d] *nf* Lavendel *m*

lave [lav] *nf* Lava *f*

lave-glace [lavglas] *(pl* **lave-glaces)**
Scheibenwaschanlage *f*
• **lave-linge** *nm inv* Waschmaschine *f*

laver [lave] *vt* waschen; *(tache)* abwaschen; **se laver** *vpr* sich waschen; **se ~ les dents** sich *dat* die Zähne putzen; **se ~ les mains** sich *dat* die Hände waschen
• **laverie** *nf* : **~ (automatique)** Waschsalon *m* • **laveur, -euse** *nm/f* : **~ de carreaux** Fensterputzer *m*; **~ de voitures** Autowäscher *m* • **lave-vaisselle** *nm inv* Geschirrspülmaschine *f*
• **lavoir** *nm (bac)* Waschzuber *m*; *(édifice)* Waschhaus *nt*

laxatif, -ive [laksatif, iv] *adj* abführend ▶ *nm* Abführmittel *nt*

laxisme [laksism] *nm* Nachlässigkeit *f* • **laxiste** *adj* lax

layette [lɛjɛt] *nf* Babyausstattung *f*

---

le, la [lə, la],
l' *(avant voyelle ou h muet)*

(pl **les)**
▶ *art déf* 1 der *m*, die *f*, das *nt*; **le livre** das Buch; **la pomme** der Apfel; **l'amitié** die Freundschaft; **les étudiants/ étudiantes** die Studenten/ Studentinnen
2 *(indiquant la possession)* : **se casser la jambe** sich *dat* das *ou* ein Bein brechen; **levez la main** heben Sie Die Hand
3 *(temps)* : **le matin/soir** am Morgen/Abend; **le jeudi/ dimanche** *(d'habitude)* donnerstags/sonntags; *(ce jeudi-là/dimanche-là)* am Donnerstag/Sonntag
4 *(distribution, fraction)* pro;
10 euros le mètre/kilo 10 Euro pro Meter/Kilo;
le tiers/quart de ein Drittel/ Viertel von
▶ *pron* 1 *(personne : mâle)* ihn;
(: femelle) sie; *(: pluriel)* sie;
je le/la/les vois ich sehe ihn/ sie/sie; **je l'écoute/les écoute** ich höre ihm *ou* ihr/ ihnen zu
2 *(animal, chose : singulier : selon le genre du mot allemand)* ihn/sie/ es; *(: pluriel)* sie; **je le/la vois** ich sehe ihn/sie/es; **je les vois** ich sehe sie
3 *(remplaçant une phrase)* : **je ne le savais pas** ich wusste es *ou* das nicht

leasing [liziŋ] nm Leasing nt;
acheter en ~ im Mietkauf
erwerben

lécher [lefe] vt (ab)lecken

leçon [l(ə)sɔ̃] nf (heure de classe)
Stunde f; (devoir) Lektion f;
(avertissement) Lehre f; **~s
particulières** Privatstunden pl,
Nachhilfestunden pl

lecteur, -trice [lektœʀ, tʀis] nm/f
Leser(in) m(f); (de manuscrits)
Lektor(in) m(f) ▶ nm : **~ de CD/
DVD** CD/DVD-Spieler m; **~ de
CD-ROM** CD/DVD-Laufwerk nt;
~ MP3 MP3-Spieler m

lecture [lektyʀ] nf Lesen nt,
Lektüre f

légal, e, -aux [legal, o] adj
gesetzlich • **légaliser** vt
legalisieren • **légalité** f
Legalität f

légendaire [leʒɑ̃dɛʀ] adj
legendär; (fig) berühmt

légende [leʒɑ̃d] nf Legende f;
(de dessin) Text m

léger, -ère [leʒe, ɛʀ] adj leicht;
(peu sérieux) oberflächlich
• **légèrement** adv leicht, locker;
(parler, agir) unbesonnen; **~ plus
grand** ein bisschen größer; **~ en
retard** leicht verspätet
• **légèreté** nf Leichtigkeit f;
(d'étoffe) Duftigkeit f; (péj)
Leichtfertigkeit f

légion [leʒjɔ̃] nf Legion f; **L~
d'honneur** Ehrenlegion f;
~ étrangère Fremdenlegion f

législateur [leʒislatœʀ] nm
Gesetzgeber m

législatif, -ive [leʒislatif, iv] adj
gesetzgebend • **législation** f
Gesetzgebung f

législature [leʒislatyʀ] nf
Legislative f

légitime [leʒitim] adj legitim;
(enfant) ehelich; **~ défense**
Notwehr f

legs [lɛg] nm Erbe nt

léguer [lege] vt : **~ qch à qn** jdm
etw vermachen; (fig) etw an jdn
vererben

légume [legym] nm Gemüse nt

Léman [lemɑ̃] nm : **le lac ~** der
Genfer See

lendemain [lɑ̃dmɛ̃] nm : **le ~** der
nächste Tag; **le ~ matin/soir** am
nächsten Morgen/Abend; **le ~ de**
am Tag nach

lent, e [lɑ̃, lɑ̃t] adj langsam
• **lentement** adv langsam
• **lenteur** nf Langsamkeit f;
lenteurs nfpl Schwerfälligkeit f

lentille [lɑ̃tij] nf Linse f; **~s (de
contact)** Kontaktlinsen pl; **~s
jetables** Einmallinsen pl

---

lequel, laquelle
[ləkɛl, lakɛl]

(mpl **lesquels**, fpl **lesquelles**)
(à + lequel = **auquel**, de + lequel =
duquel etc)
▶ pron 1 (interrogatif : sujet)
welcher/welche/welches;
(: accusatif) welchen/welche/
welches; (: datif) welchem/
welcher/welchem; (: pl) welche;
**dans ~ de ces hôtels
avez-vous logé ?** in welchem
dieser Hotels haben Sie
gewohnt?
2 (relatif : sujet) der/die/das;
(: accusatif) den/die/das; (: datif)
dem/der/den; **la femme à
laquelle j'ai acheté mon chien**

die Frau, von der ich meinen Hund gekauft habe ▶ adj (relatif): **auquel cas** in diesem Fall; **il prit un livre, ~ livre …** er nahm ein Buch, und dieses Buch …

les [le] art, pron voir **le**

lesbienne [lɛsbjɛn] nf Lesbierin f

lésion [lezjɔ̃] nf Verletzung f

Lesotho [lezɔto] nm: **le ~** Lesotho nt

lesquels, lesquelles [lekɛl] pron voir **lequel**

lessive [lesiv] nf Waschpulver nt; (linge) Wäsche f; **faire la ~** (Wäsche) waschen • **lessiver** vt (sol) aufwischen; (mur) abwaschen

leste [lɛst] adj flink, behände

Lettonie [lɛtɔni] nf: **la ~** Lettland nt

lettre [lɛtʀ] nf Brief m; (caractère) Buchstabe m; **lettres** nfpl Literatur f; **en toutes ~s** ausgeschrieben

---

leur [lœʀ]

▶ adj possessif ihr/ihre/ihr; (pluriel) ihre; **~ maison** ihr Haus; **~s amis** ihre Freunde; **à ~ amis** ihren Freunden; **à ~ approche** als sie näher kamen ▶ pron 1 (objet indirect) ihnen; **je ~ ai dit la vérité** ich habe ihnen die Wahrheit gesagt 2 (possessif): **le/la ~** ihrer/ihre/ ihres; **les ~s** ihre

---

levain [ləvɛ̃] nm Sauerteig m

levant [ləvɑ̃] adj m: **soleil ~** aufgehende Sonne f

levé, e [ləve] adj: **être ~** auf sein

levée [ləve] nf (Postes) Leerung f

lever [ləve] vt aufheben; (bras) hochheben ▶ vi aufgehen; **se lever** vpr aufstehen; (soleil) aufgehen; (jour) anbrechen ▶ nm: **au ~** beim Aufstehen; **~ de soleil** Sonnenaufgang m; **~ du jour** Tagesanbruch m

lève-tard [lɛvtaʀ] nm inv/nf inv Langschläfer(in) m(f) • **lève-tôt** nm inv/nf inv Frühaufsteher(in) m(f)

levier [ləvje] nm Hebel m; **~ de changement de vitesse** Schalthebel m

lèvre [lɛvʀ] nf Lippe f

levure [ləvyʀ] nf Hefe f; **~ chimique** Backpulver nt

lexique [lɛksik] nm Glossar nt; (Ling) Wortschatz m

lézard [lezaʀ] nm Eidechse f

lézarder [lezaʀde] vi sich in der Sonne aalen

liaison [ljɛzɔ̃] nf Verbindung f; (amoureuse) Liaison f

liasse [ljas] nf Bündel nt

Liban [libɑ̃] nm: **le ~** der Libanon • **libanais, e** adj libanesisch ▶ nm/f: **L~, e** Libanese m, Libanesin f

libeller [libele] vt: **~ (au nom de)** (auf jdn) ausstellen

libellule [libelyl] nf Libelle f

libéral, e, -aux [libeʀal, o] adj (personne, attitude) großzügig; (économie, politique) liberal • **libéralité** nf Großzügigkeit f

libération [libeʀasjɔ̃] nf Befreiung f • **libéré, e** adj (femme) emanzipiert • **libérer** vt befreien; (prisonnier) freilassen; (gaz)

freisetzen; **se libérer** vpr (de
rendez-vous) sich freimachen
liberté [libɛʀte] nf Freiheit f;
libertés nfpl (privautés)
Freiheiten pl
libertin, e [libɛʀtɛ̃, in] adj
zügellos
libido [libido] nf Libido f
libraire [libʀɛʀ] nmf
Buchhändler(in) m(f) • **librairie** nf
Buchhandlung f
libre [libʀ] adj frei; (enseignement,
école) Privat-; **être ~ de faire qch**
frei sein, etw zu tun
  • **libre-échange** nm Freihandel m
  • **libre-service** (pl **libres-
services**) nm Selbstbedienung f;
(magasin)
Selbstbedienungsladen m
Libye [libi] nf : **la ~** Libyen nt
licence [lisɑ̃s] nf Lizenz f;
~ monoposte/multiutilisateurs
(Inform) Einzelplatz-/
Mehrplatzlizenz f
licencié, e [lisɑ̃sje] nm/f (Sport)
Lizenzspieler(in) m(f); **~ ès
lettres/en droit** = Absolvent(in)
m(f) des philosophischen/
juristischen Staatsexamens
licenciement [lisɑ̃simɑ̃] nm
Entlassung f
licencier [lisɑ̃sje] vt entlassen
lichen [liken] nm Flechte f
lie [li] nf Bodensatz m
lié, e [lje] adj : **être très ~ avec qn**
mit jdm sehr eng verbunden sein
Liechtenstein [liʃtɛnʃtajn] nm :
le ~ Liechtenstein nt
liège [ljɛʒ] nm Kork m
lien [ljɛ̃] nm Band nt; (fig) Bande
pl, Verbindung f; **~s de famille** ou
de parenté Familienbande pl

lier [lje] vt (zusammen)binden;
(paquet) zubinden; (fig) verbinden;
~ conversation (avec) eine
Unterhaltung anknüpfen (mit);
~ connaissance (avec) eine
Bekanntschaft anknüpfen (mit);
se lier vpr : **se ~ (avec qn)**
Freundschaft schließen (mit jdm)
lierre [ljɛʀ] nm Efeu m
lieu, x [ljø] nm Ort m; **lieux** nmpl :
vider ou **quitter les ~x** die
Räumlichkeiten verlassen; **en
premier ~** erstens; **en dernier ~**
schließlich; **avoir ~** stattfinden;
au ~ de statt +gén ou dat
  • **lieu-dit** (pl **lieux-dits**) nm
Weiler m
lieutenant [ljøt(ə)nɑ̃] nm
= Oberleutnant m
lièvre [ljɛvʀ] nm (Feld)hase m
ligament [ligamɑ̃] nm Band nt
ligne [liɲ] nf Linie f; (Transports :
liaison) Verbindung f, (: trajet)
Strecke f, Linie f; (de texte) Zeile f;
garder la ~ seine Figur halten;
en ~ (Inform) online
lignée [liɲe] nf (famille) Linie f
ligoter [ligɔte] vt binden, fesseln
ligue [lig] nf Bund m, Liga f
  • **liguer** : **se ~** vpr : **se ~ contre**
sich verbünden gegen
lilas [lila] nm Flieder m
limace [limas] nf
Nacktschnecke f
limande [limɑ̃d] nf (poisson)
Scharbe f
lime [lim] nf (Tech) Feile f; **~ à
ongles** Nagelfeile f • **limer** vt
feilen
limitation [limitasjɔ̃] nf :
~ de vitesse
Geschwindigkeitsbegrenzung f

limite [limit] *nf* Grenze *f*; **sans ~s** grenzenlos; **vitesse ~** Höchstgeschwindigkeit *f*; **charge ~** Höchstlast *f*; **date ~ de vente** Verkaufsdatum *nt*; **date ~ de consommation** Haltbarkeitsdatum *nt* • **limiter** *vt* (*délimiter*) begrenzen; **~ qch (à)** (*restreindre*) etw beschränken (auf +*acc*)

limitrophe [limitʁɔf] *adj* angrenzend, Nachbar-

limoger [limɔʒe] *vt* entlassen

limon [limɔ̃] *nm* Schlick *m*

limonade [limɔnad] *nf* Limonade *f*

limpide [lɛ̃pid] *adj* klar

lin [lɛ̃] *nm* Flachs *m*, Lein *m*; (*tissu*) Leinen *nt*

linceul [lɛ̃sœl] *nm* Leichentuch *nt*

linge [lɛ̃ʒ] *nm* Wäsche *f*; (*pièce de tissu*) Tuch *nt*; (*aussi* : **linge de corps**) Unterwäsche *f* (*aussi* : **linge de toilette**) Handtücher *pl*; **~ sale** schmutzige Wäsche *f* • **lingerie** *nf* Damenwäsche *f*

lingot [lɛ̃go] *nm* Barren *m*

linguiste [lɛ̃gɥist] *nmf* Linguist(in) *m(f)* • **linguistique** *nf* Linguistik *f*

lino [lino], **linoléum** [linɔleɔm] *nm* Linoleum *nt*

lion, ne [ljɔ̃, ljɔn] *nm/f* Löwe *m*, Löwin *f*; **être du L~** (*Astrol*) Löwe sein

liqueur [likœʁ] *nf* Likör *m*

liquidation [likidasjɔ̃] *nf* (*Comm*) Ausverkauf *m*

liquide [likid] *adj* flüssig ▶ *nm* Flüssigkeit *f*; **en ~** in bar; **~ vaisselle** Geschirrspülmittel *nt*

liquider [likide] *vt* (*société, biens*) verkaufen; (*Comm*) ausverkaufen

lire [liʁ] *vt, vi* lesen

lis [lis] *nm* = **lys**

Lisbonne [lisbɔn] Lissabon *nt*

liseuse [lizøz] *nf* E-Book-Leser *m*

lisible [lizibl] *adj* lesbar

lisière [lizjɛʁ] *nf* (*de forêt, bois*) Rand *m*; (*de tissu*) Kante *f*, Saum *m*

lisse [lis] *adj* glatt • **lisser** *vt* glätten

lisseur [li:sœʁ] *nm* Haarglätter *m*, Glätteisen *nt*

listage [listaʒ] *nm* Ausdruck *m*

liste [list] *nf* Liste *f*

listing [listiŋ] *nm* Ausdruck *m*; **un ~ des abonnés** eine Abonnentenliste

lit [li] *nm* Bett *nt*; **faire son ~** sein Bett machen; **aller** *ou* **se mettre au ~** ins Bett gehen; **~ de camp** Feldbett *nt*; **~s superposés** Etagenbett *nt*

litanie [litani] *nf* Litanei *f*

litchi [litʃi] *nm* Litschi *f*

literie [litʁi] *nf* Bettzeug *nt*

litière [litjɛʁ] *nf* Streu *f*

litige [litiʒ] *nm* Rechtsstreit *m* • **litigieux, -euse** *adj* umstritten, strittig

litre [litʁ] *nm* Liter *m*; **un ~ de vin/bière** ein Liter Wein/Bier

littéraire [liteʁɛʁ] *adj* literarisch

littéralement [literalmɑ̃] *adv* (*textuellement*) wörtlich; (*au sens propre*) buchstäblich

littérature [literatyʁ] *nf* Literatur *f*

littoral, e, -aux [litɔʁal, o] *nm* Küste *f*

Lituanie [lityani] *nf*: **la ~**
Litauen *nt* • **lituanien, ne** *adj*
litauisch ▶ *nm/f*: **L~, ne**
Litauer(in) *m(f)*

liturgie [lityrʒi] *nf* Liturgie *f*

livide [livid] *adj* blass, bleich

living [liviŋ] *nm* Wohnzimmer *nt*

livrable [livrabl] *adj* lieferbar

livraison [livrɛzɔ̃] *nf* Lieferung *f*

livre [livr] *nm* Buch *nt* ▶ *nf*
Pfund *nt*; **~ numérique** ou
électronique E-Book *nt*; **~ de
poche** Taschenbuch *nt*

livrée [livre] *nf* Livree *f*

livrer [livre] *vt* (*marchandises*)
liefern; **se livrer à** *vpr* (*se confier à*)
sich anvertrauen +*dat*; (*se
consacrer à*) sich widmen +*dat*

livret [livrɛ] *nm* (*petit livre*)
Broschüre *f*; **~ de caisse
d'épargne** Sparbuch *nt*; **~ de
famille** Familienstammbuch *nt*

livreur, -euse [livrœr, øz] *nm/f*
Lieferant(in) *m(f)*

lobe [lɔb] *nm*: **~ de l'oreille**
Ohrläppchen *nt*

local, -aux [lɔkal, o] *adj* lokal
▶ *nm* (*salle*) Raum *m*; **locaux** *nmpl*
Räumlichkeiten *pl*

localiser [lɔkalize] *vt*
lokalisieren; (*dans le temps*)
datieren; (*limiter*) eindämmen

localité [lɔkalite] *nf* Örtlichkeit *f*,
Ortschaft *f*

locataire [lɔkatɛr] *nmf*
Mieter(in) *m(f)*

location [lɔkasjɔ̃] *nf* Mieten *nt*;
(*par le propriétaire*) Vermieten *nt*;
~ de voitures Autoverleih *m*
• **location-vente** (*pl
**locations-ventes*) *nf* Leasing *nt*

lock-out [lɔkaut] *nm inv*
Aussperrung *f* • **lock-outer** *vt*
aussperren

locomotive [lɔkɔmɔtiv] *nf*
Lokomotive *f*; (*fig*)
Schrittmacher *m*

locuteur, -trice [lɔkytœr, tris]
nm/f Sprecher(in) *m(f)*; **~ natif**
Muttersprachler(in) *m(f)*

locution [lɔkysjɔ̃] *nf* Ausdruck *m*

loge [lɔʒ] *nf* Loge *f*

logement [lɔʒmã] *nm*
Unterkunft *f*; (*appartement*)
Wohnung *f* • **loger** *vt*
unterbringen ▶ *vi* (*habiter*)
wohnen; **se loger** *vpr*: **trouver à
se ~** eine Unterkunft finden
• **logeur, -euse** *nm/f*
Vermieter(in) *m(f)*

logiciel [lɔʒisjɛl] *nm* Software *f*

logique [lɔʒik] *adj* logisch ▶ *nf*
Logik *f* • **logiquement** *adv*
logischerweise; (*de façon
cohérente*) logisch; (*normalement*)
eigentlich

logistique [lɔʒistik] *nf* Logistik *f*

logo [lɔgo] [lɔgɔtip] *nm* Logo *nt*

loi [lwa] *nf* Gesetz *nt*

loin [lwɛ̃] *adv* (*dans l'espace*) weit;
(*dans le temps: passé*) weit zurück;
plus ~ weiter; **~ de** weit von;
au ~ in der Ferne

lointain, e [lwɛ̃tɛ̃, ɛn] *adj*
entfernt; (*dans le passé*) weit
zurückliegend

loisir [lwazir] *nm*: **heures de ~**
Mußestunden *pl*; **loisirs** *nmpl*
(*temps libre*) Freizeit *f*; (*activités*)
Freizeitgestaltung *f*

lollo rosso [lɔlɔrɔso] *nf* Lollo
rosso *m*

Londres [lɔ̃dr] London *nt*

long, longue [lɔ̃, lɔ̃g] *adj* lang
▸*nf*: **à la ~ue** auf die Dauer; **en ~**
längs; **(tout) le ~ de la rue** die
Straße entlang

longer [lɔ̃ʒe] *vt* (en voiture)
entlangfahren an +dat; (à pied)
entlanggehen an; (mur, route)
entlangführen an +dat

longévité [lɔ̃ʒevite] *nf*
Langlebigkeit f

longitude [lɔ̃ʒityd] *nf* Länge f;
à 45 degrés de ~ nord bei 45 Grad
nördlicher Länge

longtemps [lɔ̃tã] *adv* lange;
avant ~ bald; **pendant ~** lange

longuement [lɔ̃gmã] *adv* lange

longueur [lɔ̃gœʀ] *nf* Länge f;
longueurs *nfpl* Längen pl; **tirer
en ~** sich in die Länge ziehen;
~ d'onde Wellenlänge f

longue-vue [lɔ̃gvy] (*pl*
longues-vues) *nf* Fernrohr nt

lopin [lɔpɛ̃] *nm*: **~ de terre** Stück
nt Land

loquace [lɔkas] *adj* redselig

lorgner [lɔʀɲe] *vt* (regarder)
schielen nach; (convoiter)
liebäugeln mit

lorrain, e [lɔʀɛ̃, ɛn] *adj*
lothringisch ▸*nf*: **la Lorraine**
Lothringen nt

lors [lɔʀ] *adv*: **~ de** anlässlich
+gén, bei

lorsque [lɔʀsk] *conj* (passé) als;
(présent et futur) wenn

losange [lɔzɑ̃ʒ] *nm* Raute f

lot [lo] *nm* (part, portion) Anteil m;
(de loterie) Los nt; (Comm) Posten
m; (Inform) Batch m

loterie [lɔtʀi] *nf* Lotterie f

loti, e [lɔti] *adj*: **être bien/mal ~**
es gut/schlecht getroffen haben

lotion [losjɔ̃] *nf* Lotion f

lotissement [lɔtismɑ̃] *nm*
Siedlung f; (parcelle) Parzelle f

loto [lɔto] *nm* Lotto nt

lotte [lɔt] *nf* (de mer) Seeteufel m

louage [lwaʒ] *nm*: **voiture de ~**
Mietwagen m

louanges [lwãʒ] *nfpl* Lob nt

loubard [lubaʀ] *nm* (fam)
(junger) Rowdy m

louche [luʃ] *adj* zwielichtig,
dubios ▸*nf* Schöpflöffel m

loucher [luʃe] *vi* schielen

louer [lwe] *vt* (suj : propriétaire)
vermieten; (: locataire) mieten;
(réserver) reservieren; (faire l'éloge
de) loben; **à ~** zu vermieten

loufoque [lufɔk] *adj* (fam)
verrückt

loup [lu] *nm* Wolf m

loupe [lup] *nf* Lupe f

louper [lupe] *vt* (fam) (train etc)
verpassen; (examen etc)
durchfallen durch

lourd, e [luʀ, luʀd] *adj* schwer;
(démarche, gestes) schwerfällig;
(chaleur, temps) drückend
• **lourdaud, e** *adj* (péj) (au
physique) schwerfällig; (au moral)
flegelhaft • **lourdeur** *nf* Schwere f;
(de démarche, gestes, style)
Schwerfälligkeit f; **~ d'estomac**
Magendrücken nt

loutre [lutʀ] *nf* (Fisch)otter m

louve [luv] *nf* Wölfin f

louvoyer [luvwaje] *vi* (Naut)
kreuzen; (fig) geschickt taktieren

loyal, e, -aux [lwajal, o] *adj*
(fidèle) loyal, treu; (fair-play) fair
• **loyauté** *nf* Loyalität f, Treue f,
Fairness f

loyer [lwaje] nm Miete f
lu [ly] pp de **lire**
lubie [lybi] nf Marotte f
lubrifiant [lybrifjɑ̃] nm
Schmiermittel nt ▪ **lubrifier** vt
schmieren
lucarne [lykaʀn] nf kleines
Dachfenster nt
lucide [lysid] adj (esprit) klar;
(personne) bei klarem Verstand
lucratif, -ive [lykʀatif, iv] adj
lukrativ; **à but non** ~
≈ gemeinnützig
ludique [lydik] adj Spiel-
ludothèque [lydɔtɛk] nf
Spielothek f
lueur [lɥœʀ] nf Schimmer m
luge [lyʒ] nf Schlitten m; **faire de
la** ~ Schlitten fahren
lugubre [lygybʀ] adj finster;
(voix, musique) düster
lui¹ [lɥi] pp de **luire**

---

lui² [lɥi]

▶ pron 1 (objet indirect : personne :
mâle) ihm; (: femelle) ihr; (: chose,
animal : selon le genre du mot
allemand) ihm/ihr/ihm; **il a**
offert un cadeau er hat ihm/ihr
ein Geschenk gemacht
2 (après préposition : avec
accusatif) ihn; (: avec datif) ihm;
elle est contente de ~ sie ist
zufrieden mit ihm
3 (dans comparaison) : **je la**
connais mieux que lui (qu'il ne
la connaît) ich kenne sie besser
als er; **elle est comme** ~ sie ist
wie er
4 (forme emphatique) er; ~, **il est**
à Paris er, er ist in Paris; **c'est** ~
qui l'a fait er hat es gemacht

---

luire [lɥiʀ] vi scheinen, leuchten
lumbago [lɔ̃bago] nm
Hexenschuss m
lumière [lymjɛʀ] nf Licht nt;
faire de la ~ Licht geben
luminaire [lyminɛʀ] nm
(appareil) Lampe f
lumineux, -euse [lyminø, øz]
adj leuchtend
lunatique [lynatik] adj launisch
lundi [lœ̃di] nm Montag m; **on**
est ~ heute ist Montag; **il est**
venu ~ er ist am Montag
gekommen; **le** ~ (chaque lundi)
montags; **à** ~ ! bis Montag!; ~ **de**
Pâques Ostermontag m; ~ **de**
Pentecôte Pfingstmontag m
lune [lyn] nf Mond m; ~ **de miel**
Flitterwochen pl
lunette [lynɛt] nf : ~s nfpl Brille f;
(protectrices) Schutzbrille f;
~ **arrière** (Auto) Heckscheibe f; ~s
de plongée Taucherbrille f; ~s **de**
soleil Sonnenbrille f
lupin [lypɛ̃] nm Lupine f
lustre [lystʀ] nm (de plafond)
Kronleuchter m; (fig : éclat)
Glanz m
lustrer [lystʀe] vt polieren; (poil
d'un animal) striegeln
luth [lyt] nm Laute f
luthier [lytje] nm Geigenbauer m
lutin [lytɛ̃] nm Kobold m
lutte [lyt] nf Kampf m ▪ **lutter** vi
kämpfen; (Sport) ringen
luxe [lyks] nm Luxus m; **de** ~
Luxus-
Luxembourg [lyksɑ̃buʀ] nm :
le ~ Luxemburg nt
▪ **luxembourgeois, e** adj
luxemburgisch

luxer [lykse] *vpr* : **se ~ l'épaule/le genou** sich *dat* die Schulter/das Knie ausrenken

luxueux, -euse [lyksɥø, øz] *adj* luxuriös

luxuriant, e [lyksyʀjã, jãt] *adj* üppig

luzerne [lyzɛʀn] *nf* Luzerne *f*

lycée [lise] *nm* Gymnasium *nt*

lycéen, ne [liseɛ̃, ɛn] *nm/f* Gymnasiast(in) *m(f)*

lymphatique [lɛ̃fatik] *adj* apathisch

lyncher [lɛ̃ʃe] *vt* lynchen

lynx [lɛ̃ks] *nm* Luchs *m*

lyrique [liʀik] *adj* lyrisch

lys [lis] *nm* Lilie *f*

M *abr* = **Monsieur**

m' [m] *pron voir* **me**

ma [ma] *adj possessif voir* **mon**

macaron [makaʀɔ̃] *nm (gâteau)* Makrone *f*

macaroni [makaʀɔni] *nm* Makkaroni *pl*; **~s au fromage** Käsemakkaroni *pl*; **~s au gratin** Makkaroniauflauf *m*

Macédoine [masedwan] *nf* : **la ~** Mazedonien *nt*

macédoine [masedwan] *nf* : **~ de fruits** Obstsalat *m*; **~ de légumes** gemischtes Gemüse *nt*

mâché, e [maʃe] *adj* : **papier ~** Pappmaschee *nt*

mâcher [maʃe] *vt* kauen

machin [maʃɛ̃] *(fam) nm* Ding(s) *nt*, Dingsda *nt*

machinal, e, aux [maʃinal, o] *adj* mechanisch

machinations [maʃinasjɔ̃] *nfpl* Machenschaften *pl*

machine [maʃin] *nf* Maschine *f*; **~ à coudre** Nähmaschine *f*; **~ à écrire** Schreibmaschine *f*; **~ à**

machinerie

laver Waschmaschine f
• **machine-outil** (pl **machines-outils**) nf Werkzeugmaschine f

machinerie [maʃinʀi] nf Maschinen pl; (d'un navire) Maschinenraum m

machisme [maʃism] nm männlicher Chauvinismus m

macho [matʃo] nm (fam) Macho m

mâchoire [maʃwaʀ] nf Kiefer m; • **de frein** Bremsbacke f

maçon [masɔ̃] nm Maurer m

macrobiotique [makʀɔbjɔtik] adj makrobiotisch

Madagascar [madagaskaʀ] nf Madagaskar nt

Madame [madam] (pl **Mesdames**) nf : ~ **Dupont** Frau Dupont; **bonjour**, ~ guten Tag; (si le nom est connu) guten Tag, Frau X; ~ **(Dupont)** (sur lettre) sehr geehrte Frau Dupont; ~ **la directrice** Frau Direktorin; **Mesdames** meine Damen

madeleine [madlɛn] nf Madeleine nt (kleines rundes Sandplätzchen)

Mademoiselle [madmwazɛl] (pl **Mesdemoiselles**) nf Fräulein nt (ne s'utilise pratiquement plus), Frau f; ~ **Dupont** Frau Dupont; **bonjour**, ~ guten Tag; (si le nom est connu) guten Tag, Frau X; ~ **(Dupont)** (sur lettre) sehr geehrte Frau Dupont

madone [madɔn] nf Madonna f

maffia, mafia [mafja] nf Maf(f)ia f

magasin [magazɛ̃] nm (boutique) Geschäft nt, Laden m; (entrepôt) Lager nt; **en** ~ auf Lager

magazine [magazin] nm Zeitschrift f

mage [maʒ] nm : **les Rois** ~s die Heiligen Drei Könige pl

Maghreb [magʀɛb] nm : **le** ~ der Maghreb • **maghrébin, e** adj maghrebinisch

magicien, ne [maʒisjɛ̃, jɛn] nm/f Zauberer m, Zauberin f

magie [maʒi] nf (alchimie, sorcellerie) Magie f; (charme, séduction) Zauber m

magique [maʒik] adj (occulte) magisch; (fig) wunderbar

magistral, e, aux [maʒistʀal, o] adj (œuvre, adresse) meisterhaft; (ton) meisterlich; **enseignement/cours** ~ Vorlesung f/Kursus m

magistrat [maʒistʀa] nm (Jur) ≈ (Friedens)richter m • **magistrature** nf (charge) Richteramt nt; (corps) Gerichtswesen nt

magnanime [maɲanim] adj großmütig

magnat [magna] nm Magnat m; ~ **de la presse** Pressezar m

magnétique [maɲetik] adj magnetisch; (champ) Magnet-

magnifier [maɲifje] vt verherrlichen

magnifique [maɲifik] adj großartig; (splendide) herrlich

magnolia [maɲɔlja] nm Magnolie f

magnum [magnɔm] nm Magnum(flasche) f

magot [mago] nm (fam : argent) Knete f; (économies) Erspartes nt

magouille [maguj] nf (fam) finstere Geschäfte pl

mai [mɛ] *nm* Mai *m*; *voir aussi* **juillet**

maigre [mɛgʀ] *adj* mager; *(repas, végétation, moisson etc)* dürftig, spärlich • **maigreur** *nf (de personne, viande)* Magerkeit *f*, Magerheit *f*; *(de repas, végétation)* Spärlichkeit *f*, Dürftigkeit *f* • **maigrir** *vi* abnehmen

mail [mɛl] *nm* E-Mail *f*

maille [maj] *nf* Masche *f*

maillon [majɔ̃] *nm (d'une chaîne)* Glied *nt*

maillot [majo] *nm* Trikot *nt*; **~ de bain** Badeanzug *m*

main [mɛ̃] *nf* Hand *f*; **la ~ dans la ~** Hand in Hand; **à deux ~s** mit beiden Händen; **à la ~** *(faire, tricoter etc)* von Hand; **un kit ~s libres** eine Freisprechanlage *f* • **main-d'œuvre** *nf (façon)* Arbeit *f*; *(ouvriers)* Arbeitskräfte *pl*

maint, e [mɛ̃, mɛ̃t] *adj*: **à ~es reprises** immer wieder

maintenance [mɛ̃t(ə)nɑ̃s] *nf* Wartung *f*

maintenant [mɛ̃t(ə)nɑ̃] *adv* jetzt; **~ que** jetzt, wo *ou* da

maintenir [mɛ̃t(ə)niʀ] *vt* halten; *(garder, affirmer, confirmer)* aufrechterhalten • **maintien** *nm* Haltung *f*, Aufrechterhaltung *f*; *(allure)* Haltung *f*

maire [mɛʀ] *nm* Bürgermeister(in) *m(f)* • **mairie** *nf* Rathaus *nt*; *(administration)* Stadtverwaltung *f*

mais [mɛ] *conj* aber

maïs [mais] *nm* Mais *m*

maison [mɛzɔ̃] *nf* Haus *nt*; *(chez-soi, demeure)* Zuhause *nt*; *(Comm)* Firma *f* ▸ *adj inv (fam)*: **pâté/tarte ~** Pastete *f*/Torte *f* Hausmacherart; *(direction)* nach Hause; **~ de repos** Erholungsheim *nt*; **~ de retraite** Altersheim *nt*; **~ de santé** Heilanstalt *f*

maître, -esse [mɛtʀ, mɛtʀɛs] *nm/f (dirigeant)* Herr(in) *m(f)*; *(Scol)* Lehrer(in) *m(f)* ▸ *nm (artiste)* Meister *m* ▸ *nf (amante)* Geliebte *f*; **maison de ~** Herrenhaus *nt*; **~ d'hôtel** Oberkellner *m*; **~/~sse de maison** Hausherr(in) *m(f)*

maîtrise [mɛtʀiz] *nf (aussi:* **maîtrise de soi)** Selbstbeherrschung *f*

maîtriser [mɛtʀize] *vt (cheval, forcené etc)* bändigen; *(incendie)* unter Kontrolle bringen; *(sujet)* meistern; *(émotion)* beherrschen; **se maîtriser** *vpr* sich beherrschen

majesté [maʒɛste] *nf* Majestät *f*

majestueux, -euse [maʒɛstɥø, øz] *adj* majestätisch

majeur, e [maʒœʀ] *adj (important)* wichtig; *(Jur)* volljährig; **en ~e partie** größtenteils; **la ~e partie de** der größere Teil +*gén*

major [maʒɔʀ] *nm*: **~ de promotion** Jahrgangsbester *m*

majoration [maʒɔʀasjɔ̃] *nf* Erhöhung *f*

majorer [maʒɔʀe] *vt* erhöhen

majoritaire [maʒɔʀitɛʀ] *adj* Mehrheits- • **majorité** *nf* Mehrheit *f*; *(Jur)* Volljährigkeit *f*

Majorque [maʒɔʀk] *nf* Mallorca *nt*

majuscule 216

majuscule [maʒyskyl] *nf*
Großbuchstabe *m* ▶ *adj* : **un A ~**
ein großes A

mal, maux [mal, mo] *nm*
Böse *nt*; (*douleur physique*)
Schmerz *m*; (*maladie*) Krankheit *f*;
(*souffrance morale*) Leiden *nt* ▶ *adv*
schlecht ▶ *adj inv* (*opposé à bien*) :
c'est ~ (de faire qch) es ist
schlecht(, etw zu tun); **être ~**
sich nicht wohlfühlen; **~ en
point** nicht in Höchstform;
faire du ~ à qn (*nuire*) jdm
schaden; **ça fait ~** das tut weh;
j'ai ~ (ici) mir tut es (hier) weh;
**avoir ~ à la tête/à la gorge/
au dos** Kopf-/Hals-/
Rückenschmerzen haben; **j'ai ~
au cœur** mir ist schlecht; **~ de
mer** Seekrankheit *f*; **~ du pays** :
avoir le ~ du pays Heimweh
haben

malade [malad] *adj* krank ▶ *nmf*
Kranke(r) *f(m)*; **tomber ~** krank
werden; **être ~ du cœur**
herzleidend *ou* herzkrank sein
• **maladie** *nf* Krankheit *f*;
~ d'Alzheimer
Alzheimerkrankheit *f*;
~ infantile Kinderkrankheit *f*;
~ de Parkinson parkinsonsche
Krankheit *f*; **~ sexuellement
transmissible**
Geschlechtskrankheit *f*
• **maladif, -ive** *adj* (*personne*)
kränkelnd; (*pâleur*) kränklich;
(*curiosité, besoin, peur*) krankhaft

maladresse [maladʀɛs] *nf*
Ungeschicklichkeit *f* • **maladroit,
e** *adj* ungeschickt

malaise [malɛz] *nm* (*Méd*)
Unwohlsein *nt*; (*inquiétude*)
Unbehagen *nt*

Malaisie [malɛzi] *nf* : **la ~**
Malaysia *nt*

malaria [malaʀja] *nf* Malaria *f*

Malawi [malawi] *nm* : **le ~**
Malawi *nt*

malbouffe [malbuf] *nf* (*fam*) :
la ~ Junkfood *nt*

malchance [malʃɑ̃s] *nf* Pech *nt*;
par ~ unglücklicherweise

mâle [mɑl] *nm* (*animal*)
Männchen *nt* ▶ *adj* männlich;
prise ~ (*Élec*) Stecker *m*

malédiction [malediksjɔ̃] *nf*
Fluch *m*

malentendant, e [malɑ̃tɑ̃dɑ̃, ɑ̃t]
adj schwerhörig

malentendu [malɑ̃tɑ̃dy] *nm*
Missverständnis *nt*

malfaisant, e [malfəzɑ̃, ɑ̃t] *adj*
boshaft

malfaiteur [malfɛtœʀ] *nm*
Übeltäter *m*

malformation [malfɔʀmasjɔ̃]
nf Missbildung *f*

malfrat [malfʀa] *nm* (*fam*)
Gauner *m*

malgache [malgaʃ] *adj*
madegassisch

malgré [malgʀe] *prép* trotz +*gén
ou dat*; **~ soi/lui** gegen seinen
Willen; **~ tout** trotz allem

malheur [malœʀ] *nm* Unglück *nt*
• **malheureusement** *adv* leider
• **malheureux, -euse** *adj*
unglücklich ▶ *nm/f* Arme(r) *f(m)*

malhonnête [malɔnɛt] *adj*
unredlich • **malhonnêteté** *nf*
Unehrlichkeit *f*

Mali [mali] *nm* : **le ~** Mali *nt*

malice [malis] *nf*
Schalkhaftigkeit *f*; **sans ~** ohne

Arg • **malicieux, -euse** adj
schelmisch

malien, ne [maljɛ̃, ɛn] adj aus
Mali

malin, -igne [malɛ̃, maliɲ] adj
clever, schlau; (Méd) bösartig

malle [mal] nf großer
Reisekoffer m

mallette [malɛt] nf (valise)
Köfferchen nt

malmener [malməne] vt
(maltraiter) grob behandeln; (fig)
hart angreifen

malnutrition [malnytrisjɔ̃] nf
Unterernährung f; (mauvaise
alimentation) schlechte
Ernährung f

malodorant, e [malɔdɔrɑ̃, ɑ̃t]
adj übelriechend

malpoli, e [malpɔli] adj
unhöflich

malpropre [malprɔpr] adj
schmutzig; (travail) gepfuscht;
(malhonnête) unanständig

malsain, e [malsɛ̃, ɛn] adj
ungesund

malt [malt] nm Malz nt

Malte [malt] nf Malta nt

maltraitance [maltrɛtɑ̃s] nf
Misshandlung f

maltraiter [maltrete] vt
misshandeln; (fig) hart angreifen

malus [malys] nm Erhöhung der
Versicherungsprämie nach
Autounfällen

malveillant, e [malvejɑ̃, ɑ̃t] adj
feindselig

malvenu, e [malvəny] adj : **être
~ de** ou **à faire qch** nicht das
Recht haben, etw zu tun

maman [mamɑ̃] nf Mama f

mamelle [mamɛl] nf Zitze f

mamelon [mam(ə)lɔ̃] nm (Anat)
Brustwarze f; (petite colline)
Hügel m

mamie [mami] nf (fam) Oma f

mammifère [mamifɛʀ] nm
Säugetier nt

manche [mɑ̃ʃ] nf Ärmel m; (d'un
jeu, tournoi) Runde f ▶ nm Griff m;
la M~ (Géo) der Ärmelkanal; **~ à
balai** nm (Aviat) Steuerknüppel m;
(Inform) Joystick m

manchette [mɑ̃ʃɛt] nf
Manschette f; (titre) Schlagzeile f

manchon [mɑ̃ʃɔ̃] nm (de fourrure)
Muff m; **~ (à incandescence)**
Glühstrumpf m

manchot, e [mɑ̃ʃo, ɔt] adj
einarmig ▶ nm (Zool) Pinguin m

mandarine [mɑ̃daʀin] nf
Mandarine f

mandat [mɑ̃da] nm (postal)
Postanweisung f; **toucher un ~**
eine Postanweisung erhalten
• **mandat-carte** (pl
mandats-cartes) nm Anweisung
f als Postkarte • **mandater** vt
bevollmächtigen; (député) ein
Mandat geben +dat
• **mandat-lettre** (pl
mandats-lettres) nm
Postanweisung f

manège [manɛʒ] nm Manege f;
(d'un cirque) Karussell nt; **faire un
tour de ~** Karussell fahren

manette [manɛt] nf Hebel m;
~ de jeu Joystick m

mangeable [mɑ̃ʒabl] adj essbar
• **manger** vt, vi essen
• **mange-tout** nm inv : **pois ~**
Zuckererbse f; **haricot ~**
Gartenbohne f

mangue [mãg] nf Mango f

maniable [manjabl] adj handlich; (voiture, voilier) wendig

maniaque [manjak] adj pingelig ▶ nmf (obsédé, fou) Wahnsinnige(r) f(m)

manie [mani] nf Manie f; (Méd) Wahn m

maniement [manimã] nm Umgang m • **manier** vt umgehen mit

manière [manjɛʀ] nf Art f, Weise f; **manières** nfpl (attitude) Benehmen nt; **de cette ~** auf diese Weise; **de toute ~** auf alle Fälle; **manquer de ~s** kein Benehmen ou keine Manieren haben; **faire des ~s** Theater machen; **sans ~s** zwanglos

manif [manif] nf (= manifestation) Demo f

manifestant, e [manifɛstã, ãt] nm/f Demonstrant(in) m(f) • **manifestation** nf (de joie, mécontentement) Ausdruck m; (fête, réunion etc) Ereignis nt; (Pol) Demonstration f

manifeste [manifɛst] adj offenbar ▶ nm Manifest nt • **manifester** vt (intentions etc) kundtun; (révéler) zeigen ▶ vi demonstrieren; **se manifester** vpr sich melden

manipulation [manipylasjõ] nf (Tech) Handhabung f; (Phys, Chim) Versuch m; (fig) Manipulation f; **~ génétique** Genmanipulierung f • **manipuler** vt handhaben

manivelle [manivɛl] nf Kurbel f

mannequin [mankɛ̃] nm (Couture) Schneiderpuppe f; (d'un étalage) Schaufensterpuppe f; (femme) Mannequin nt

manœuvre [manœvʀ] nf (opération) Bedienung f; (Auto) Steuern nt ▶ nm (ouvrier) Hilfsarbeiter(in) m(f) • **manœuvrer** vt (bateau, voiture) steuern; (levier, machine) bedienen; (personne) manipulieren

manoir [manwaʀ] nm Landsitz m

manque [mãk] nm Mangel m; **manques** nmpl Mängel pl; **par ~ de** aus Mangel an

manqué, e [mãke] adj verfehlt; (essai) gescheitert; **garçon ~** halber Junge m

manquement [mãkmã] nm : **~ à** Verstoß m ou Verfehlung f gegen

manquer [mãke] vi fehlen ▶ vt verpassen, verfehlen ▶ vb impers : **il manque des pages** es fehlen Seiten

mansarde [mãsaʀd] nf Mansarde f

manteau, x [mãto] nm Mantel m

manucure [manykyʀ] nf Maniküre f

manuel, le [manɥɛl] adj manuell; (commande) Hand- ▶ nm Handbuch nt • **manuellement** adv von Hand

manufacture [manyfaktyʀ] nf (établissement) Fabrik f

manuscrit, e [manyskʀi, it] adj handschriftlich ▶ nm Manuskript nt

manutention [manytãsjõ] nf (Comm) Verladen nt

mappemonde [mapmɔ̃d] nf (carte) Weltkarte f; (sphère) Globus m

maquereau, x [makʀo] nm (Zool) Makrele f

maquette [makɛt] nf Modell nt; (Typo) Layout nt

maquillage [makijaʒ] nm (produits) Make-up nt • **maquiller** vt schminken; (falsifier) fälschen; **se maquiller** vpr sich schminken

maquis [maki] nm Dickicht nt

marabout [maʀabu] nm Marabu m

maraîcher, -ère [maʀeʃe, ɛʀ] adj (culture) Gemüse- ▶ nm/f Gemüsegärtner(in) m(f)

marais [maʀɛ] nm Sumpf m, Moor nt; **~ salant** Salzsumpf m

marasme [maʀasm] nm (économique) Stagnation f

marathon [maʀatɔ̃] nm Marathon m

marbre [maʀbʀ] nm Marmor m

marc [maʀ] nm (de raisin, pommes) Obstwasser nt; **~ de café** Kaffeesatz m

marchand, e [maʀʃɑ̃, ɑ̃d] nm/f Händler(in) m(f); **~ au détail** Einzelhändler m; **~ en gros** Großhändler m • **marchandage** nm Handeln nt, Feilschen nt • **marchander** vt handeln ou feilschen um ▶ vi handeln, feilschen • **marchandise** nf Ware f

marche [maʀʃ] nf (d'escalier) Stufe f; (activité) Gehen nt; (promenade) Spaziergang m; (allure, démarche, fonctionnement) Gang m; (du temps, progrès) Lauf m; (d'un service) Verlauf m; (Mil, Mus)

Marsch m; **mettre en ~** in Gang setzen; **~ arrière** Rückwärtsgang m; **faire ~ arrière** (Auto) rückwärtsfahren

marché [maʀʃe] nm Markt m; (accord, affaire) Geschäft nt; **~ aux puces** Flohmarkt m; **~ du travail** Arbeitsmarkt m; **~ noir** Schwarzmarkt m

marchepied [maʀʃəpje] nm Trittbrett nt; **servir de ~ à qn** jdm als Sprungbrett dienen

marcher [maʀʃe] vi gehen; (fonctionner) laufen; **~ sur** gehen auf +dat; (mettre le pied sur) treten auf +acc; **~ dans** (herbe etc) gehen in +dat; (flaque) treten in +acc • **marcheur, -euse** nm/f Wanderer m, Wanderin f

mardi [maʀdi] nm Dienstag m; **M~ gras** Fastnachtsdienstag m; voir aussi **lundi**

mare [maʀ] nf Tümpel m; **~ de sang** Blutlache f

marécage [maʀekaʒ] nm Sumpf m, Moor nt

maréchal, -aux [maʀeʃal, o] nm Marschall m

marée [maʀe] nf Gezeiten pl; (poissons) frische Seefische pl; **~ basse** Niedrigwasser nt; **~ haute** Hochflut f; **~ noire** Ölteppich m

marémotrice [maʀemɔtʀis] adj: **usine/énergie ~** Gezeitenkraftwerk nt/-energie f

margarine [maʀgaʀin] nf Margarine f

marge [maʀʒ] nf Rand m; (fig) Spielraum m; **en ~** am Rande; **en ~ de** am Rande +gén • **marginal, e, aux** nm/f Aussteiger m

marguerite [maʀɡəʀit] *nf* (*Bot*) Margerite *f*

mari [maʀi] *nm* (*Ehe*)mann *m*

mariage [maʀjaʒ] *nm* (*union, état*) Ehe *f*; (*noce*) Heirat *f*, Hochzeit *f*; (*fig*) Verbindung *f*

marié, e [maʀje] *adj* verheiratet ▶ *nm/f* Bräutigam *m*, Braut *f* • **marier** *vt* (*prêtre etc*) trauen; (*parents*) verheiraten; **se marier** *vpr* heiraten; **se ~ avec qn** jdn heiraten

marijuana [maʀiʒɥana] *nf* Marihuana *nt*

marin, e [maʀɛ̃, in] *adj* (*sel*) Meeres- ▶ *nm* (*navigateur*) Seemann *m* ▶ *nf* Marine *f*; **(bleu) ~e** marineblau

marina [maʀina] *nf* Jachthafen *m*

marinade [maʀinad] *nf* Marinade *f*

mariner [maʀine] *vi*: **faire ~** marinieren

marionnette [maʀjɔnɛt] *nf* Marionette *f*; **marionnettes** *nfpl* (*spectacle*) Puppentheater *nt*

maritime [maʀitim] *adj* See-

marjolaine [maʀʒɔlɛn] *nf* Majoran *m*

marketing [maʀketiŋ] *nm* Marketing *nt*

marmelade [maʀməlad] *nf* (*compote*) Kompott *nt*; (*confiture*) Marmelade *f*

marmite [maʀmit] *nf* Topf *m*

marmonner [maʀmɔne] *vt, vi* murmeln

marmot [maʀmo] *nm* (*fam*) Kind *nt*

marmotte [maʀmɔt] *nf* Murmeltier *nt*

Maroc [maʀɔk] *nm*: **le ~** Marokko *nt* • **marocain, e** *adj* marokkanisch ▶ *nm/f*: **M~, e** Marokkaner(in) *m(f)*

maroquinerie [maʀɔkinʀi] *nf* (*boutique*) Lederwarengeschäft *nt*; (*articles*) Lederwaren *pl*

marotte [maʀɔt] *nf* Marotte *f*

marquant, e [maʀkɑ̃, ɑ̃t] *adj* markant

marque [maʀk] *nf* Zeichen *nt*; (*de pas, doigts*) Abdruck *m*; (*Comm*) Marke *f*; **de ~** (*Comm*) Marken-; (*fig*) bedeutend; **~ déposée** eingetragenes Warenzeichen *nt*

marqué, e [maʀke] *adj* (*linge, drap, visage*) gezeichnet; (*taille*) betont; (*différence, préférence*) deutlich

marquer [maʀke] *vt* (*noter*) aufschreiben; (: *frontières*) einzeichnen; (*endommager*) beschädigen; (*impressionner*) beeindrucken; (*indiquer*) anzeigen ▶ *vi* von Bedeutung sein

marqueterie [maʀketʀi] *nf* Intarsienarbeit *f*

marqueur, -euse [maʀkœʀ, øz] *nm/f* (*de but*) Torschütze *m* ▶ *nm* (*feutre*) Marker *m*

marquis, e [maʀki] *nm/f* Marquis *m*, Marquise *f* ▶ *nf* (*auvent*) Markise *f*

marraine [maʀɛn] *nf* Patentante *f*

marrant, e [maʀɑ̃, ɑ̃t] *adj* (*fam*) lustig

marre [maʀ] *adv* (*fam*): **en avoir ~ de** die Nase vollhaben von

marrer [maʀe] : **se ~** *vpr* (*fam*) s' ich kugeln

marron [marɔ̃] nm Rosskastanie f ▶ adj inv (couleur) braun
• **marronnier** nm Rosskastanie(nbaum m) f

mars [mars] nm März m; voir aussi **juillet**

marseillais, e [marsɛjɛ, ɛz] adj aus Marseille ▶ nf: **la M~e** die Marseillaise f

marteau, x [marto] nm Hammer m • **marteau-piqueur** (pl **marteaux-piqueurs**) nm Presslufthammer m

martial, e, -aux [marsjal, jo] adj kriegerisch; **loi ~e** Kriegsgesetz nt; **cour ~e** Kriegsgericht nt

martien, ne [marsjɛ̃, jɛn] nm/f Marsmensch m

martinet [martinɛ] nm (fouet) (mehrschwänzige) Peitsche f; (Zool) Mauersegler m

Martinique [martinik] nf: **la ~** Martinique nt

martyr, e [martir] nm/f Märtyrer(in) m(f)

martyre [martir] nm Martyrium nt; **souffrir le ~** Höllenqualen erleiden

martyriser [martirize] vt martern; (fig) peinigen

mascara [maskara] nm Wimperntusche f

mascotte [maskɔt] nf Maskottchen nt

masculin, e [maskylɛ̃, in] adj männlich; (équipe, vêtements, métier) Männer- ▶ nm Maskulinum nt

masochiste [mazɔʃist] adj masochistisch ▶ nmf Masochist(in) m(f)

masque [mask] nm Maske f; **~ de plongée** Taucahermaske f
• **masquer** vt (cacher) verbergen

massacre [masakr] nm Massaker nt; **jeu de ~** Ballwurfspiel nt • **massacrer** vt massakrieren; (fig) verschandeln

massage [masaʒ] nm Massage f

masse [mas] nf Masse f; (quantité) Menge f; **en ~** adv en masse, in Scharen

massepain [maspɛ̃] nm Marzipan nt

masser [mase] vt massieren; **se masser** vpr sich versammeln

masseur, -euse [masœr, øz] nm/f Masseur(in) m(f)

massif, -ive [masif, iv] adj massiv ▶ nm (montagneux) Massiv nt

mass média [masmedja] nmpl Massenmedien pl

massue [masy] nf Keule f; **argument ~** schlagendes Argument nt

master [mastɛr] nm (Scol) Master m

mastic [mastik] nm (pour vitres) Kitt m; (pour fentes) Spachtelmasse f

mastiquer [mastike] vt (aliment) kauen; (vitre) kitten

masturbation [mastyrbasjɔ̃] nf Masturbation f

masturber [mastyrbe]: **se ~** vpr masturbieren

masure [mazyr] nf Bruchbude f

mat, e [mat] adj matt ▶ adj inv: **être ~** (Échecs) schachmatt sein

mât [ma] nm Mast m

match [matʃ] nm Spiel nt

matelas [mat(ə)la] nm Matratze f; **~ pneumatique** Luftmatratze f

matelot [mat(ə)lo] *nm* Matrose *m*

mater [mate] *vt (personne, prisonniers)* bändigen; *(incendie, révolte, passions)* unter Kontrolle bringen

matérialiste [materjalist] *adj* materialistisch ▸ *nmf* Materialist(in) *m(f)*

matériau, x [materjo] *nm* Material *nt*; *(Constr)* Baumaterial *nt*; **~x de construction** Baumaterialien *pl*

matériel, le [materjel] *adj* materiell; *(impossibilité, organisation, aide)* praktisch ▸ *nm* Material *nt*; *(de camping, pêche)* Ausrüstung *f*; *(Inform)* Hardware *f*

maternel, le [maternel] *adj* mütterlich ▸ *nf (aussi :* **école maternelle)** Kindergarten *m*

maternité [maternite] *nf (état, qualité de mère)* Mutterschaft *f*; *(établissement)* Entbindungsheim *nt*; *(service)* Entbindungsstation *f*

mathématique [matematik] *adj* mathematisch ▸ *nf* Mathematik *f*; **mathématiques** *nfpl* Mathematik

matière [matjer] *nf* Materie *f*, Stoff *m*; **~s premières** Rohstoffe *pl*

Matignon [matiɲɔ̃] *nm* Amtssitz *des französischen Premierministers*

matin [matɛ̃] *nm* Morgen *m*, Vormittag *m*; **le ~** *(moment)* morgens; **le lendemain ~** am nächsten Morgen; **hier ~** gestern Morgen; **demain ~** morgen früh; **du ~ au soir** von morgens bis abends; **tous les ~s** jeden Morgen; **une heure du ~** ein Uhr nachts • **matinal, e, aux** *adj*

morgendlich; **être ~** Frühaufsteher sein • **matinée** *nf* Morgen *m*, Vormittag *m*; *(spectacle)* Matinee *f*, Frühvorstellung *f*

matou [matu] *nm* Kater *m*

matraquage [matʀakaʒ] *nm* Knüppeln *nt*; **~ publicitaire** massive Werbung *f* • **matraque** *nf* Knüppel *m* • **matraquer** *vt* (nieder)knüppeln; *(touristes etc)* ausnehmen; *(disque etc)* immer wieder spielen

matricule [matʀikyl] *nf (aussi :* **registre matricule)** Aufnahmeregister *nt* ▸ *nm (aussi :* **numéro matricule)** Kennnummer *f*

matrimonial, e, aux [matʀimɔnjal, jo] *adj* : **agence ~e** Heiratsvermittlung *f*

maturité [matyʀite] *nf* Reife *f*; *(Suisse : baccalauréat)* ≈ Abitur *nt*

maudire [modiʀ] *vt* verfluchen • **maudit, e** *adj* verflucht

Maurice [mɔʀis] *nf* : **l'île ~** Mauritius *nt*

Mauritanie [mɔʀitani] *nf* : **la ~** Mauretanien *nt*

maussade [mosad] *adj* mürrisch; *(ciel, temps)* unfreundlich

mauvais, e [mɔvɛ, ɛz] *adj* schlecht; *(faux)* falsch; *(méchant, malveillant)* böse; **la mer est ~e** das Meer ist stürmisch ▸ *adv* : **sentir ~** schlecht riechen; **il fait ~** es ist schlechtes Wetter

mauve [mov] *nf (Bot)* Malve *f* ▸ *adj (couleur)* malvenfarbig, mauve

maximal, e, aux [maksimal, o] *adj* maximal

maxime [maksim] *nf* Maxime *f*

maximiser [maksimize] *vt* maximieren

maximum [maksimɔm] *adj* maximal, Höchst- ▶ *nm* Maximum *nt*; **au ~** (*le plus possible*) bis zum Äußersten; (*tout au plus*) höchstens, maximal

Mayence [majɑ̃s] Mainz *nt*

mayonnaise [majɔnɛz] *nf* Mayonnaise *f*

mazout [mazut] *nm* Heizöl *nt*

Me *abr* = **maître**

me [mə], **m'** (*avant voyelle ou h muet*) *pron* (*acc*) mich; (*dat*) mir

mec [mɛk] *nm* (*fam*) Typ *m*

mécanicien, ne [mekanisjɛ̃, jɛn] *nm/f* Mechaniker(in) *m(f)*
 • **mécanique** *adj* mechanisch ▶ *nf* Mechanik *f*; **ennui ~** Motorschaden *m* • **mécanisme** *nm* Mechanismus *m*

méchanceté [meʃɑ̃ste] *nf* Gemeinheit *f* • **méchant, e** *adj* boshaft, gemein; (*enfant*) unartig, böse

mèche [mɛʃ] *nf* (*d'une lampe, bougie*) Docht *m*; (*de cheveux: coupés*) Locke *f*; (*d'une autre couleur*) Strähne *f*

méconnaissable [mekɔnɛsabl] *adj* unkenntlich

mécontent, e [mekɔ̃tɑ̃, ɑ̃t] *adj* : **~ (de)** unzufrieden (mit)

Mecque [mɛk] *nf* : **La ~** Mekka *nt*

médaille [medaj] *nf* Medaille *f*; **~ d'argent/de bronze/d'or** Silber-/Bronze-/Goldmedaille *f*

médaillon [medajɔ̃] *nm* Medaillon *nt*

médecin [med(ə)sɛ̃] *nm* Arzt *m*, Ärztin *f*; **~ généraliste**

praktischer Arzt *m*; **~ traitant** behandelnder Arzt *m*

médecine [med(ə)sin] *nf* Medizin *f*; (*profession*) Arztberuf *m*; **~ douce** Alternativmedizin *f*, Naturmedizin *f*

médias [medja] *nmpl* Medien *pl*

médiateur, -trice [medjatœʀ, tʀis] *nm/f* Vermittler(in) *m(f)*

médiation [medjasjɔ̃] *nf* Schlichtung *f*

médiatique [medjatik] *adj* Medien- • **médiatisation** *nf* Vermarktung *f* durch die Medien • **médiatisé, e** *adj* in den Medien verbreitet; **ce procès a été très ~** dieser Prozess wurde in den Medien hochgespielt

médical, e, -aux [medikal, o] *adj* ärztlich

médicament [medikamɑ̃] *nm* Medikament *nt*

médiéval, e, aux [medjeval, o] *adj* mittelalterlich

médiocre [medjɔkʀ] *adj* mittelmäßig

médire [mediʀ] : **~ de** *vt* herziehen über +*acc*

méditation [meditasjɔ̃] *nf* Meditation *f*; (*fig*) Nachdenken *nt*

méditer [medite] *vt* meditieren *ou* nachdenken über +*acc* ▶ *vi* nachdenken, meditieren

Méditerranée [mediteʀane] *nf* : **la (mer) ~** das Mittelmeer • **méditerranéen, ne** *adj* Mittelmeer-

méduse [medyz] *nf* Qualle *f*

meeting [mitiŋ] *nm* Treffen *nt*

méfiance [mefjɑ̃s] *nf* Misstrauen *nt* • **méfiant, e** *adj* misstrauisch

• **méfier** : **se ~** *vpr* sich in Acht nehmen; **se ~ de** misstrauen +*dat*

mégalomanie [megalɔmani] *nf* Größenwahn *m*

méga-octet [megaɔktɛ] *nm* Megabyte *nt*

mégarde [megard] *nf*: **par ~** aus Versehen

mégot [mego] *nm* Kippe *f*

meilleur, e [mɛjœr] *adj* (*comparatif*) bessere(r, s); (*superlatif*) beste(r, s) ▶ *nm/f*: **le ~, la ~e** der/die/das Beste ▶ *adv*: **il fait ~ qu'hier** es ist schöner als gestern; **~ marché** billiger

mél [mɛl] *nm* E-Mail *f*

mélancolie [melãkɔli] *nf* Melancholie *f* • **mélancolique** *adj* melancholisch

mélange [melãʒ] *nm* Mischung *f* • **mélanger** *vt* mischen; (*mettre en désordre, confondre*) durcheinanderbringen

mêlée [mele] *nf* (*bataille, cohue*) (Hand)gemenge *nt*; (*Rugby*) offenes Gedränge *nt*

mêler [mele] *vt* (ver)mischen; (*embrouiller*) verwirren; **se mêler** *vpr* sich vermischen; **se ~ à** (hinzu)mischen zu; **se ~ à** *ou* **avec** (*chose*) sich vermischen mit; **se ~ à** (*personne*) sich mischen unter +*acc*

mélo [melo] *adj* (*fam*) theatralisch

mélodie [melɔdi] *nf* Melodie *f* • **mélodieux, -euse** *adj* melodisch

melon [m(ə)lɔ̃] *nm* Melone *f*

membrane [mãbran] *nf* Membran *f*

membre [mãbr] *nm* (*Anat*) Glied *nt*; (*personne, pays, élément*) Mitglied *nt*

mémé [meme] *nf* (*fam*) Oma *f*

---

même [mɛm]

▶ *adj* 1 (*identique*) gleich; **le/la ~ ...** der/die/das gleiche ...; **en ~ temps** gleichzeitig
2 (*semblable*) derselbe/dieselbe/dasselbe ...; **ils ont les ~s goûts** sie haben den gleichen Geschmack
3 (*après le nom*: *renforcement*) **il est la loyauté ~** er ist die Treue selbst; **ce sont celles-là ~s** das sind dieselben
▶ *pron*: **le/la ~** (*semblable*) der/die/das Gleiche; (*identique*) derselbe/dieselbe/dasselbe; **les ~s** (*semblables*) die Gleichen; (*identiques*) dieselben; **cela revient au ~** das kommt aufs Gleiche heraus
▶ *adv*: **il n'a ~ pas pleuré** er hat nicht einmal geweint; **~ André l'a dit** sogar André hat es gesagt; **ici ~** genau hier; **~ si** auch wenn; **être à ~ de faire qch** in der Lage sein, etw zu tun; **faire de ~** das Gleiche tun; **de ~ que** wie auch

---

mémoire [memwar] *nf* Gedächtnis *nt*; (*Inform*) Speicher *m*; (*souvenir*) Erinnerung *f* ▶ *nm* (*Admin, Jur*) Memorandum *nt*; (*Scol*) Aufsatz *m*; **mémoires** *nmpl* Memoiren *pl*; **à la ~ de** zur Erinnerung an +*acc*; **~ disponible** Speicherplatz *m*; **~ morte** ROM *nt*, Lesespeicher *m*; **~ principale** Hauptspeicher *m*; **~ tampon** (*Inform*) Zwischenspeicher *m*; **~ vive** RAM *nt*, Lese-Schreibspeicher *m*

mémorable [memɔrabl] *adj*
denkwürdig

mémorial, e, aux [memɔrjal, jo]
nm Denkmal *nt*

mémoriser [memɔrize] *vt* sich
dat einprägen; *(Inform)*
(ab)speichern

menace [mənas] *nf* Drohung *f*
• **menacer** *vt* drohen +*dat*

ménage [menaʒ] *nm* (*travail*)
Haushalt *m*; (*couple*) (Ehe)paar *nt*;
faire le ~ den Haushalt machen

ménagement [menaʒmɑ̃] *nm*
Rücksicht *f*; **ménagements** *nmpl*
Umsicht *f*

ménager[1] [menaʒe] *vt*
schonen

ménager[2], **-ère** [menaʒe] *adj*
Haushalts-; ▶ *nf* (*femme*)
Hausfrau *f*

mendiant, e [mɑ̃djɑ̃, jɑ̃t] *nm/f*
Bettler(in) *m(f)* • **mendier** *vi*
betteln

mener [m(ə)ne] *vt* führen;
(*enquête*) durchführen ▶ *vi* (*Sport*)
führen; **~ à/chez** (*personne*)
mitnehmen nach/zu • **meneur**,
-euse *nm/f* Anführer(in) *m(f)*;
(*péj: agitateur*) Rädelsführer(in)
m(f); **~ de jeu** Quizmaster *m*

menhir [menir] *nm* Menhir *m*

méningite [menɛ̃ʒit] *nf*
Hirnhautentzündung *f*

ménopause [menopoz] *nf*
Wechseljahre *pl*

menotte [mənɔt] *nf*(*main*)
Händchen *nt*; **menottes** *nfpl*
Handschellen *pl*

mensonge [mɑ̃sɔ̃ʒ] *nm* Lüge *f*
• **mensonger, -ère** *adj* verlogen

mensuel, le [mɑ̃sɥɛl] *adj*
monatlich

mental, e, aux [mɑ̃tal, o] *adj*
(*calcul*) Kopf-; (*maladie*) Geistes-;
(*âge*) geistig; (*restriction*) innerlich
• **mentalement** *adv* (*réciter*)
auswendig; (*compter*) im Kopf

mentalité [mɑ̃talite] *nf*
Denkweise *f*, Mentalität *f*

menteur, -euse [mɑ̃tœr, øz]
nm/f Lügner(in) *m(f)*

menthe [mɑ̃t] *nf* Minze *f*

mention [mɑ̃sjɔ̃] *nf* (*note*)
Vermerk *m* • **mentionner** *vt*
erwähnen

mentir [mɑ̃tir] *vi* lügen; **~ à qn**
jdn belügen *ou* anlügen

menton [mɑ̃tɔ̃] *nm* Kinn *nt*

menu, e [məny] *adj* (*mince*) dünn
▶ *adv* : **hacher ~** fein hacken
▶ *nm* (*liste de mets*) Speisekarte *f*;
(*à prix fixe, Inform*) Menü *nt*;
~ déroulant Pull-down-Menü *nt*;
~e monnaie Kleingeld *nt*

menuiserie [mənɥizri] *nf*
Schreinerei *f* • **menuisier** *nm*
Schreiner *m*

méprendre [meprɑ̃dr] : **se ~** *vpr*
sich irren; **se ~ sur** sich täuschen
in +*dat*

mépris [mepri] *nm* Verachtung *f*
• **méprisable** *adj* verachtenswert

méprise [mepriz] *nf* Irrtum *m*;
(*malentendu*) Missverständnis *nt*

mépriser [meprize] *vt* verachten

mer [mer] *nf* Meer *nt*; **en haute**
ou **pleine ~** auf hoher See; **la ~ du**
Nord die Nordsee *f*

mercatique [merkatik] *nf*
Marketing *nt*

mercenaire [mersəner] *nm*
Söldner *m*

mercerie [mersəri] *nf* (*boutique*)
Kurzwarengeschäft *nt*

merci [mɛʀsi] *excl* danke; **~ de** *ou* **pour** vielen Dank für

mercredi [mɛʀkʀədi] *nm* Mittwoch *m*; *voir aussi* **lundi**

mercure [mɛʀkyʀ] *nm* Quecksilber *nt*

merde [mɛʀd] *nf, excl* (*fam !*) Scheiße *f* (*fam !*)

mère [mɛʀ] *nf* Mutter *f*; **~ porteuse** Leihmutter *f*

merguez [mɛʀgɛz] *nf* pikante nordafrikanische Wurst

méridional, e, aux [meʀidjɔnal, o] *adj* südlich; (*du Midi*) südfranzösisch ▶ *nm/f* (*du Midi*) Südfranzose *m*, Südfranzösin *f*

meringue [məʀɛ̃g] *nf* Baiser *nt*

mérite [meʀit] *nm* Verdienst *nt*
• **mériter** *vt* verdienen

merlan [mɛʀlɑ̃] *nm* Weißling *m*

merle [mɛʀl] *nm* Amsel *f*

merveille [mɛʀvɛj] *nf* Wunder *nt*
• **merveilleux, -euse** *adj* herrlich, wunderbar

mes [me] *adj possessif voir* **mon**

mésange [mezɑ̃ʒ] *nf* Meise *f*

mésaventure [mezavɑ̃tyʀ] *nf* Missgeschick *nt*

Mesdames [medam] *nfpl voir* **Madame**

Mesdemoiselles [medmwazɛl] *nfpl voir* **Mademoiselle**

mesquin, e [mɛskɛ̃, in] *adj* kleinlich • **mesquinerie** *nf* Kleinlichkeit *f*

mess [mɛs] *nm* Kasino *nt*

message [mesaʒ] *nm* Nachricht *f*; **~ publicitaire** Werbung *f*; **~ SMS** SMS *f* • **messager, -ère** *nm/f* Bote *m*, Botin *f*

messagerie [mesaʒʀi] *nf* (*Inform*) Mailsystem *nt*; (*sur Internet*) Bulletinboard *nt*; **~ vocale** Voicemail *f*

messe [mɛs] *nf* Messe *f*

messie [mesi] *nm* : **le M~** der Messias *m*

Messieurs [mesjø] *nmpl voir* **Monsieur**

mesure [m(ə)zyʀ] *nf* Maß *nt*; (*Mus*) Takt *m*; (*fait de mesurer*) Messen *nt*; (*disposition, acte*) Maßnahme *f*; **sur ~** nach Maß; **être en ~ de faire qch** imstande sein, etw zu tun; **~ de sécurité** Sicherheitsmaßnahme *f*
• **mesuré, e** *adj* gemäßigt
• **mesurer** *vt* messen

métabolisme [metabɔlism] *nm* Stoffwechsel *m*

métal, aux [metal, o] *nm* Metall *nt* • **métallique** *adj* Metall-; (*éclat, reflet, son*) metallisch

métamorphose [metamɔʀfoz] *nf* Metamorphose *f*; (*fig*) Verwandlung *f*

métaphore [metafɔʀ] *nf* Metapher *f*

métaphysique [metafizik] *nf* Metaphysik *f* ▶ *adj* metaphysisch

métastase [metastɑz] *nf* Metastase *f*

météo [meteo] *nf* Wetterbericht *m*

météorologie [meteɔʀɔlɔʒi] *nf* (*étude*) Wetterkunde *f*, Meteorologie *f*; (*service*) Wetterdienst *m*
• **météorologique** *adj* meteorologisch, Wetter-

méthadone [metadɔn] *nf* Methadon *nt*

méthode [metɔd] nf Methode f;
(ouvrage) Lehrbuch nt
• **méthodique** adj methodisch

méticuleux, -euse [metikylø, øz]
adj gewissenhaft

métier [metje] nm Beruf m

métis, se [metis] adj
Mischlings- ▸ nm/f Mischling m

métrage [metʀaʒ] nm (mesure)
Vermessen nt; (longueur de tissu)
Länge f; **long ~** (langer) Spielfilm
m; **court ~** Kurzfilm m

mètre [mɛtʀ] nm Meter m ou nt;
(règle, ruban) Metermaß nt;
~ carré Quadratmeter m; **~ cube**
Kubikmeter m • **métrique** adj
metrisch

métro [metʀo] nm U-Bahn f

métropole [metʀɔpɔl] nf
(capitale) Hauptstadt f; (France)
Frankreich nt

mets [mɛ] nm Gericht nt

metteur [metœʀ] nm : **~ en
scène** Regisseur(in) m(f)

---

mettre [mɛtʀ]

vt 1 (placer) tun, setzen, stellen,
legen; **~ ses gants dans un
tiroir** die Handschuhe in eine
Schublade legen; **~ le
couvercle sur une casserole**
den Deckel auf einen Topf tun;
**~ une lettre dans une
enveloppe** einen Brief in einen
Umschlag stecken; **~ en
bouteille** in Flaschen (ab)füllen;
~ à la poste zur Post geben;
~ debout/assis hinstellen/
hinsetzen
2 (vêtements) anziehen; (: porter)
tragen; **mets ton bonnet** zieh
eine Mütze an

3 (faire fonctionner : chauffage,
électricité) anmachen, anstellen;
(: réveil, minuteur) stellen; **~ en
marche** in Gang setzen
4 (consacrer) : **~ du temps/deux
heures à faire qch** lang/zwei
Stunden brauchen, um etw zu
machen; **y ~ du sien** sich
einsetzen
5 (écrire) schreiben
6 (supposer) : **mettons que ...**
angenommen, ...
se mettre vpr 1 (réfléchi : se
placer) sich setzen; (: debout)
sich hinstellen; (: dans une
situation) sich bringen; **vous
pouvez vous ~ là** Sie können
sich dort hinsetzen; **se ~ au lit**
sich ins Bett legen; **se ~ bien
avec qn** sich mit jdm gut stellen;
se ~ qn à dos jdn gegen sich
aufbringen
2 (s'habiller) : **se ~ en maillot
de bain** sich dat eine
Badeanzug anziehen
3 : **se ~ à** sich machen an +acc;
se ~ au travail sich an die Arbeit
machen; **se ~ à faire qch**
anfangen, etw zu tun; **se
~ au régime** eine Diät
anfangen

---

meuble [mœbl] nm Möbelstück
nt • **meublé, -e** adj : **chambre ~e**
möbliertes Zimmer nt • **meubler**
vt möblieren

meuf [mœf] nf (fam) Tussi f

meunier, -ière [mønje, jɛʀ]
nm/f Müller(in) m(f); **truite
meunière** Forelle Müllerin

meurtre [mœʀtʀ] nm Mord m
• **meurtrier, -ière** nm/f
Mörder(in) m(f)

m

meurtrir [mœʀtʀiʀ] vt quetschen; *(fig)* verletzen • **meurtrissure** nf blauer Fleck m

meute [møt] nf Meute f

mexicain, e [mɛksikɛ̃, ɛn] adj mexikanisch • **Mexique** nm : **le ~** Mexiko nt

mi [mi] nm *(Mus)* E nt ▶ préf halb-; **à la mi-janvier** Mitte Januar; **à mi-hauteur** auf halber Höhe

miauler [mjole] vi miauen

miche [miʃ] nf Laib m (Brot)

mi-chemin [miʃmɛ̃] : **à ~** adv auf halbem Wege • **mi-clos, e** *(pl* **mi-clos, es)** adj halb geschlossen

micro [mikʀo] nm Mikrofon nt

microbe [mikʀɔb] nm Mikrobe f

microbiologie [mikʀobjɔlɔʒi] nf Mikrobiologie f • **microcosme** nm Mikrokosmos m

microédition [mikʀoedisjɔ̃] nf Desktop-Publishing nt • **microfibre** nf Mikrofaser f • **micro-onde** *(pl* **micro-ondes)** nf Mikrowelle f; **(four à) ~s** Mikrowellenherd m • **micro-organisme** *(pl* **micro-organismes)** nm Mikroorganismus m • **microphone** nm Mikrofon nt • **microplaquette** nf Mikrochip m • **microprocesseur** nm Mikroprozessor m

microscope [mikʀɔskɔp] nm Mikroskop nt; **~ électronique** Elektronenmikroskop nt

midi [midi] nm *(milieu du jour)* Mittag m; *(sud)* Süden m; **à ~** um zwölf Uhr; **tous les ~s** jeden Mittag; **le M~** *(de la France)* Südfrankreich nt

mie [mi] nf weiches Inneres nt *(des Brotes)*

miel [mjɛl] nm Honig m

mien, ne [mjɛ̃, mjɛn] ▶ pron : **le(la) ~(ne)** meine(r, s); **les miens** meine

miette [mjɛt] nf Krümel m

mieux [mjø]

▶ adv 1 *(comparatif)* : **~ (que)** besser (als); **elle travaille/ mange ~** sie arbeitet/isst besser; **elle va ~** es geht ihr besser; **aimer ~** lieber mögen; **de ~ en ~** immer besser 2 *(superlatif)* am besten; **ce que je sais le ~ faire** was ich am besten kann; **au ~** bestenfalls ▶ adj 1 *(comparatif)* besser; **se sentir ~** sich besser fühlen; **c'est ~ ainsi** so ist es besser 2 *(superlatif)* : **le ~ des deux** der/ die/das Bessere von beiden; **le/ la ~** der/die/das Beste; **les ~** die Besten 3 *(plus beau)* : **il est ~ sans moustache/que son frère** er sieht besser aus ohne Schnurrbart/als sein Bruder ▶ nm *(amélioration, progrès)* Verbesserung f; **faute de ~** in Ermangelung einer besseren Lösung; **pour le ~** zum Besten; **faire de son ~** sein Bestes tun

mignon, ne [miɲɔ̃, ɔn] adj niedlich, süß; *(aimable, gentil)* nett

migraine [migʀɛn] nf Migräne f

migrant, e [migʀɑ̃, ɑ̃t] nm/f Wanderarbeiter(in) m(f)

migration [migʀasjɔ̃] nf (de populations) Wanderung f; (d'oiseaux, de poissons) Zug m

mijoter [miʒɔte] vt (plat) schmoren; (: préparer avec soin) liebevoll zubereiten

milieu, x [miljø] nm Mitte f; (Biol, Géo) Lebensraum m; (entourage) Milieu nt; **au ~ de** mitten in +dat

militaire [militɛʀ] adj Militär- ▸ nm Soldat m

militant, e [militɑ̃, ɑ̃t] nm/f Militante(r) f(m)

militariste [militaʀist] adj militaristisch

militer [milite] vi : **~ pour/ contre** sich einsetzen für/gegen

mille [mil] num (ein)tausend
  ▸ nm : **mettre dans le ~** ins Schwarze treffen; **~ marin** nm Seemeile f

millefeuille [milfœj] nm Blätterteiggebäck nt mit Cremefüllung

millénaire [milenɛʀ] nm Jahrtausend nt ▸ adj tausendjährig

millésime [milezim] nm (d'un vin) Jahrgang m

millet [mije] nm Hirse f

milliard [miljaʀ] nm Milliarde f
  • **milliardaire** nmf Milliardär(in) m(f)

millier [milje] nm Tausend nt; **un ~ (de)** etwa tausend; **par ~s** zu Tausenden

milligramme [miligʀam] nm Milligramm nt • **millilitre** nm Milliliter m • **millimètre** nm Millimeter m

million [miljɔ̃] nm Million f
  • **millionnaire** nmf Millionär(in) m(f)

mime [mim] nmf (acteur) Pantomime m, Pantomimin f
  ▸ nm (art) Pantomime f • **mimer** vt pantomimisch darstellen; (imiter) nachmachen

mimique [mimik] nf Mimik f

mimosa [mimoza] nm Mimose f

minable [minabl] adj erbärmlich

minaret [minaʀɛ] nm Minarett nt

mince [mɛ̃s] adj dünn; (svelte) schlank • **minceur** nf Dünne f, Schlankheit f

mincir [mɛ̃siʀ] vi abnehmen

mine [min] nf (figure, physionomie) Miene f; (allure) Aussehen nt; (gisement) Bergwerk nt; (de crayon, explosif) Mine f; **avoir bonne ~** gut aussehen; **avoir mauvaise ~** schlecht aussehen

miner [mine] vt (saper) aushöhlen; (fig) unterminieren; (Mil) verminen

minerai [minʀɛ] nm Erz nt

minéral, e, aux [mineʀal, o] adj Mineral- ▸ nm Mineral nt

minéralogique [mineʀalɔʒik] adj : **plaque ~** Nummernschild nt; **numéro ~** polizeiliches Kennzeichen

minet, te [minɛ, ɛt] nm/f (chat) Kätzchen nt ▸ nf (péj) Modepüppchen nt

mineur, e [minœʀ] adj zweitrangig; (Jur) minderjährig
  ▸ nm/f (Jur) Minderjährige(r) f(m)
  ▸ nm (travailleur) Bergmann m

miniature [minjatyʀ] adj Miniatur- ▸ nf Miniatur f; **en ~** im Kleinformat

minibus [minibys] nm Minibus m
  • **minichaîne** nf Kompaktanlage f

m

minier, -ière [minje, jɛR] *adj* (*gisement, industrie*) Bergwerks-, Bergbau-; (*pays, bassin*) Bergbau-

minijupe [miniʒyp] *nf* Minirock *m*

minimal, e, aux [minimal, o] *adj* (*dose*) Mindest-, minimal, Tiefst-

minime [minim] *adj* sehr klein ▸ *nmf* (*Sport*) Junior(in) *m(f)*

minimiser [minimize] *vt* bagatellisieren

minimum, -ma [minimɔm] *adj* (*âge*) Mindest- ▸ *nm* Minimum *nt*; **un ~ de** ein Minimum an +*dat*; **au ~** mindestens; **minima sociaux** Mindestsozialleistungen *fpl*, Existenzminimum *nt*

ministère [ministɛR] *nm* Ministerium *nt*; (*gouvernement*) Regierung *f*

ministre [ministR] *nm* Minister(in) *m(f)*

minoritaire [minɔRitɛR] *adj* Minderheits-; (*en sociologie*) Minderheiten-

minorité [minɔRite] *nf* Minderheit *f*; (*d'une personne: période*) Minderjährigkeit *f*; **être en ~** in der Minderheit sein

minuit [minɥi] *nm* Mitternacht *f*

minuscule [minyskyl] *adj* winzig, sehr klein ▸ *nf*: (**lettre**) kleiner Buchstabe *m*

minute [minyt] *nf* Minute *f*; **d'une ~ à l'autre** jeden Augenblick; **à la ~** auf der Stelle; **entrecôte** *ou* **steak ~** Minutensteak *nt* ▪ **minuter** *vt* zeitlich genau festlegen

minuterie [minytRi] *nf* Schaltuhr *f*

minutie [minysi] *nf* Gewissenhaftigkeit *f*

minutieusement [minysjøzmɑ̃] *adv* sehr genau

minutieux, -euse [minysjø, jøz] *adj* gewissenhaft, äußerst genau

mirabelle [miRabɛl] *nf* (*fruit*) Mirabelle *f*

miracle [miRakl] *nm* Wunder *nt* ▪ **miraculeux, -euse** *adj* wunderbar

mirage [miRaʒ] *nm* Fata Morgana *f*

miroir [miRwaR] *nm* Spiegel *m* ▪ **miroiter** *vi* spiegeln; **faire ~ qch à qn** jdm etw in den leuchtendsten Farben ausmalen

mis, e [mi, miz] *adj* (*table*) gedeckt

misanthrope [mizɑ̃tRɔp] *nm* Menschenfeind *m*

mise [miz] *nf* (*au jeu*) Einsatz *m*; **~ au point** (*Photo*) Scharfstellen *nt*; (*fig*) Richtigstellung *f*; **~ en scène** Inszenierung *f*

miser [mize] *vt* (*enjeu*) setzen; **~ sur** setzen auf +*acc*; (*fig*) rechnen mit

misérable [mizeRabl] *adj* elend ▸ *nmf* Elende(r) *f(m)*

misère [mizɛR] *nf* Armut *f*; **misères** *nfpl* (*malheurs*) Elend *nt*; (*ennuis*) Sorgen *pl*; **salaire de ~** Hungerlohn *m*

miséricorde [mizeRikɔRd] *nf* Barmherzigkeit *f*

misogyne [mizɔʒin] *adj* frauenfeindlich ▸ *nmf* Frauenfeind(in) *m(f)*

missel [misɛl] *nm* Messbuch *nt*

missile [misil] *nm* Rakete *f*; **~ de croisière** Marschflugkörper *m*, Cruise-Missile *nt*

mission [misjɔ̃] *nf* (*charge, tâche*) Auftrag *m*; (*Rel*) Mission *f*; **~ de reconnaissance** Aufklärungsmission *f*

missionnaire [misjɔnɛʀ] *nmf* Missionar(in) *m(f)*

missive [misiv] *nf* Schreiben *nt*

mistral [mistʀal] *nm* Mistral *m*

mite [mit] *nf* Motte *f*

mi-temps [mitɑ̃] *nf inv* (*Sport*) Halbzeit *f* ► *nm inv* Halbtagsarbeit *f*; **travailler à ~** halbtags arbeiten

mitraillette [mitʀajɛt] *nf* Maschinenpistole *f*

mi-voix [mivwa]: **à ~** *adv* halblaut

mixage [miksaʒ] *nm* (*Ciné*) Tonmischung *f*

mixer, mixeur [miksœʀ] *nm* Mixer *m*

mixte [mikst] *adj* gemischt; **mariage ~** Mischehe *f*; **à usage ~** Mehrzweck-; **double ~** gemischtes Doppel *nt*

mixture [mikstyʀ] *nf* Mixtur *f*; (*péj : boisson*) Gesöff *nt*

ml *abr* (= *millilitre*) ml

MLF [ɛmɛlɛf] *sigle m* (= *Mouvement de libération de la femme*) Frauenbewegung *f*

Mlle (*pl* **Mlles**) *abr* (= *Mademoiselle*) Frl

MM *abr* = **Messieurs**

mm *abr* (= *millimètre*) mm

Mme (*pl* **Mmes**) *abr* (= *Madame*) Fr

mn *abr* (= *minute*) Min

Mo (*Inform*) *abr* (= *méga-octet*) MB, Megabyte *nt*

mobile [mɔbil] *adj* beweglich

mobilier, -ière [mɔbilje, jɛʀ] *adj, nm* (*meubles*) Mobiliar *nt*

mobilisation [mɔbilizasjɔ̃] *nf* Mobilisieren *nt*; **~ générale** allgemeine Mobilmachung *f*

mobiliser [mɔbilize] *vt* mobilisieren; (*fig : enthousiasme, courage*) wecken

mobilité [mɔbilite] *nf* Mobilität *f*

mobylette® [mɔbilɛt] *nf* Mofa *nt*

mocassin [mɔkasɛ̃] *nm* Mokassin *m*

moche [mɔʃ] *adj* (*fam*) hässlich

modalité [mɔdalite] *nf* Modalität *f*; **~s de paiement** Zahlungsbedingungen *pl*

mode [mɔd] *nf* Mode *f* ► *nm* Art *f*, Weise *f*; **à la ~** modisch; **~ autonome** (*Inform*) Offline-Betrieb *m*; **~ connecté** (*Inform*) Online-Betrieb *m*; **~ d'emploi** Gebrauchsanweisung *f*; **~ de paiement** Zahlungsweise *f*

modèle [mɔdɛl] *nm* Modell *nt* ► *adj* mustergültig; (*cuisine, ferme*) Muster-

modem [mɔdɛm] *nm* Modem *m*

modération [mɔdeʀasjɔ̃] *nf* (*qualité*) Mäßigung *f* • **modéré, e** *adj* gemäßigt; (*prix, vent, température*) mäßig • **modérément** *adv* in Maßen • **modérer** *vt* mäßigen; (*dépenses*) einschränken; (*allure, vitesse*) drosseln; **se modérer** *vpr* sich mäßigen

moderne [mɔdɛʀn] *adj* modern; (*langues, histoire*) neuere(r, s) • **modernisation** *nf* Modernisierung *f* • **moderniser** *vt* modernisieren

m

modeste [mɔdɛst] *adj*
bescheiden • **modestie** *nf*
Bescheidenheit *f*

modification [mɔdifikasjɔ̃] *nf*
(Ver)änderung *f* • **modifier** *vt*
(ver)ändern; **se modifier** *vpr* sich
ändern, sich wandeln

modique [mɔdik] *adj* gering

modulation [mɔdylasjɔ̃] *nf*:
~ de fréquence
Frequenzmodulation *f*

module [mɔdyl] *nm* Modul *nt*;
(*élément*) (Bau)element *nt*; **~ de
commande** Kommandokapsel *f*;
~ lunaire Mondfähre *f*

moelle [mwal] *nf* Mark *nt*

moelleux, -euse [mwalø, øz]
adj weich; (*aliment*) cremig

mœurs [mœʀ(s)] *nfpl* Sitten *pl*;
(*pratiques sociales, coutumes*)
Bräuche *pl*

---

moi [mwa]

▶ *pron* 1 (*sujet*) ich; **c'est ~** ich
bins; **c'est ~ qui l'ai fait** das
habe ich gemacht
2 (*objet direct : après prép avec acc*)
mich; **c'est ~ que vous avez
appelé ?** haben Sie mich
gerufen?; **pour ~** für mich
3 (*objet indirect : après prép avec
dat*) mir; **apporte-le-~** bring es
mir; **avec ~** mit mir; **chez ~** bei
mir (zu Hause)
▶ *nm* (*Psych*) Ich *nt*

moindre [mwɛ̃dʀ] *adj* geringer;
le/la ~ der/die/das Geringste

moine [mwan] *nm* Mönch *m*

moineau, x [mwano] *nm*
Spatz *m*

---

moins [mwɛ̃]

▶ *adv* 1 (*comparatif*) : **~ (que)**
weniger (als); **elle travaille ~
que moi** sie arbeitet weniger als
ich; **il a 3 ans de ~ que moi** er
ist 3 Jahre jünger als ich;
~ grand que kleiner als; **~ je
travaille, mieux je me porte** je
weniger ich arbeite, desto
besser geht es mir
2 (*superlatif*) : **le ~** am
wenigsten; **c'est ce que j'aime
le ~** das mag ich am wenigsten;
le ~ doué der Unbegabteste; **au
~** wenigstens; **du ~** wenigstens;
pour le ~ mindestens
3 : **de ~** weniger; **~ de sable/de
livres** weniger Sand/Bücher;
~ de 2 ans/100 euros weniger
als 2 Jahre/100 Euro
4 : **100 euros/3 jours de ~** 100
Euro/3 Tage weniger; **de ~ en ~**
immer weniger; **à ~ que** es sei
denn, dass; **à ~ que tu ne te
maries** es sei denn, du heiratest;
à ~ d'un accident wenn kein
Unfall passiert
▶ *prép* weniger, minus; **4 ~ 2** 4
weniger ou minus 2; **il est (six
heures) ~ cinq** es ist fünf vor
(sechs); **il fait ~ 5** es ist minus 5
(Grad)

---

mois [mwa] *nm* Monat *m*; (*salaire*)
Monatsgehalt *nt*

moisi, e [mwazi] *adj* schimmelig
▶ *nm* Schimmel *m* • **moisir** *vi*
schimmeln; (*fig*) gammeln
• **moisissure** *nf* Schimmel *m*

moisson [mwasɔ̃] *nf* Ernte *f*
• **moissonner** *vt* ernten;
(*champ*) abernten

moite [mwat] *adj* feucht

moitié [mwatje] *nf* Hälfte *f*

molaire [mɔlɛʀ] *nf* Backenzahn *m*

Moldavie [mɔldavi] *nf*: **la ~**
Moldawien *nt*

molécule [mɔlekyl] *nf* Molekül *nt*

molester [mɔlɛste] *vt*
misshandeln

molle [mɔl] *adj f voir* **mou**
• **mollement** *adv* (*faiblement*)
schwach; (*nonchalamment*) lässig

mollet [mɔlɛ] *nm* Wade *f* ▶ *adj m* :
œuf ~ weich gekochtes Ei *nt*

molletonné, e [mɔltɔne] *adj*
gefüttert

mollir [mɔliʀ] *vi* weich werden

mollusque [mɔlysk] *nm*
Weichtier *nt*

môme [mom] *nmf* (*fam : enfant*)
Knirps *m*

moment [mɔmɑ̃] *nm* Moment *m*,
Augenblick m; **à un ~ donné** zu
einem bestimmten Zeitpunkt;
pour un bon ~ eine ganze Zeit
lang; **pour le ~** im Moment *ou*
Augenblick; **au ~ de partir** beim
Gehen; **au ~ où** in dem Moment,
als; **à tout ~** jederzeit; **en ce ~**
jetzt; **d'un ~ à l'autre** jeden
Augenblick • **momentané, e** *adj*
momentan, augenblicklich

mon, ma [mɔ̃, ma] (*pl* **mes**) *adj*
possessif mein(-e)

Monaco [mɔnako] *nm*: **la**
(principauté de) ~ (das
Fürstentum) Monaco *nt*

monarchie [mɔnaʀʃi] *nf*
Monarchie *f*

monarque [mɔnaʀk] *nm*
Monarch(in) *m(f)*

monastère [mɔnastɛʀ] *nm*
Kloster *nt*

monceau, x [mɔ̃so] *nm*
Haufen *m*

mondain, e [mɔ̃dɛ̃, ɛn] *adj*
gesellschaftlich; (*peintre, soirée*)
Gesellschafts-

monde [mɔ̃d] *nm* Welt *f*; (*gens*)
Leute *pl*; **il y a du ~** es sind viele
Leute da; **beaucoup/peu de ~**
viele/wenige Leute; **tout le ~**
alle, jedermann; **pas le moins**
du ~ im Geringsten
• **mondial, e, aux** *adj* Welt-,
weltweit • **mondialement** *adv*
weltweit

mondialisation [mɔ̃djalizasjɔ̃]
nf Globalisierung *f*

monégasque [mɔnegask] *adj*
monegassisch

monétaire [mɔnetɛʀ] *adj*
(*unité*) Währungs-; (*circulation*)
Geld-

Mongolie [mɔ̃gɔli] *nf*: **la ~** die
Mongolei

moniteur, -trice [mɔnitœʀ,
tʀis] *nm/f* (*Sport*) Lehrer(in) *m(f)*;
(*de colonie de vacances*)
Animateur(in) *m(f)* ▶ *nm* (*Inform*)
Monitor *m*, Bildschirm *m*

monnaie [mɔnɛ] *nf* (*pièce*) Münze
f; (*Écon*) Währung *f*; (*petites pièces*)
Kleingeld *nt*; **faire de la ~** Geld
wechseln; **rendre à qn la ~ (sur**
20 euros) jdm (auf 20 Euro)
herausgeben

monolingue [mɔnɔlɛ̃g] *adj*
einsprachig

monologue [mɔnɔlɔg] *nm*
Selbstgespräch *nt*; (*Théât*)
Monolog *m*

monoparental, e, aux
[mɔnɔpaʀɑ̃tal, o] *adj* mit nur
einem Elternteil

monopole [mɔnɔpɔl] *nm*
Monopol *nt* • **monopoliser** *vt*
monopolisieren; *(fig)* für sich
allein beanspruchen

monospace [mɔnɔspas] *nm*
Van *m*

monotone [mɔnɔtɔn] *adj*
monoton • **monotonie** *nf*
Monotonie *f*

Monsieur [məsjø] *(pl* **Messieurs**)
nm Herr *m;* **un m~** ein Herr;
~ Dupont Herr Dupont;
occupez-vous de ~ würden Sie
bitte den Herrn bedienen;
bonjour, ~ guten Tag; *(si le nom
est connu)* guten Tag, Herr X; **m~ !**
(pour appeler) Entschuldigung!;
~ (Dupont) *(sur lettre)* sehr
geehrter Herr Dupont; **m~ le
directeur** Herr Direktor;
Messieurs meine Herren

monstre [mɔstʀ] *nm (être
anormal)* Monstrum *nt;*
(Mythologie) Ungeheuer *nt*
• **monstrueux, -euse** *adj*
(colossal) Riesen-; *(abominable)*
ungeheuerlich, grauenhaft

mont [mɔ̃] *nm* Berg *m*

montage [mɔ̃taʒ] *nm* Aufbau *m*

montagnard, e [mɔ̃taɲaʀ, aʀd]
adj Berg-, Gebirgs- ▶ *nm/f*
Gebirgsbewohner(in) *m(f)*

montagne [mɔ̃taɲ] *nf* Berg *m;*
(région) Gebirge *nt,* Berge *pl;* **~s
russes** Achterbahn *f*
• **montagneux, -euse** *adj* bergig,
gebirgig

montant, e [mɔ̃tɑ̃, ɑ̃t] *adj
(mouvement)* aufwärts; *(marée)*
steigend ▶ *nm (somme)* Betrag *m;*
(d'une fenêtre, d'un lit) Pfosten *m;*
(d'une échelle) Sprosse *f*

monte-charge [mɔ̃tʃaʀʒ] *nm inv*
Lastenaufzug *m*

montée [mɔ̃te] *nf* Aufstieg *m;*
(côte) Steigung *f,* Anstieg *m*

monter [mɔ̃te] *vi* steigen;
(passager) einsteigen; *(avion)*
aufsteigen; *(voiture)* hochfahren;
(chemin, route) ansteigen;
(niveau, température, prix)
(an)steigen ▶ *vt (escalier, marches,
côte)* hinaufgehen; *(tente)*
aufschlagen

monteur, -euse [mɔ̃tœʀ, øz]
nm/f (Tech) Monteur(in) *m(f);*
(Ciné) Cutter(in) *m(f)*

monticule [mɔ̃tikyl] *nm* Hügel
m; *(tas)* Haufen *m*

montre [mɔ̃tʀ] *nf* Uhr *f*
• **montre-bracelet** *(pl*
montres-bracelets) *nf*
Armbanduhr *f*

montrer [mɔ̃tʀe] *vt* zeigen;
se montrer *vpr (paraître)*
erscheinen

monture [mɔ̃tyʀ] *nf (de lunettes)*
Gestell *nt*

monument [mɔnymɑ̃] *nm*
Denkmal *nt,* Monument *nt*

monumental, e, aux
[mɔnymɑ̃tal, o] *adj*
monumental; *(énorme)* gewaltig

moquer [mɔke]: **se ~** *vpr:* **se ~ de**
sich lustig machen über +*acc*

moquette [mɔkɛt] *nf*
Teppichboden *m*

moqueur, -euse [mɔkœʀ, øz]
adj spöttisch

moral, e, aux [mɔʀal, o] *adj*
moralisch; *(force, douleur)* seelisch
▶ *nm (état d'esprit)* Stimmung *f;*
avoir le ~ à zéro überhaupt nicht
in Stimmung sein

morale [mɔʀal] *nf* Moral *f*

moratoire [mɔʀatwaʀ] *adj* :
intérêts ~s Verzugszinsen *pl*

morceau, x [mɔʀso] *nm*
Stück *nt*

mordant, e [mɔʀdɑ̃, ɑ̃t] *adj*
bissig; *(froid)* beißend

mordicus [mɔʀdikys] *adv (fam)*
steif und fest

mordiller [mɔʀdije] *vt* knabbern
an +*dat*

mordre [mɔʀdʀ] *vt* beißen ▶ *vi*
(poisson) anbeißen

mordu, e [mɔʀdy] *nm/f*: **un ~ de**
(fam) ein Fan *m* von

morfondre [mɔʀfɔ̃dʀ] : **se ~** *vpr*
sich zu Tode langweilen; *(de
soucis)* bedrückt sein

morgue [mɔʀg] *nf (arrogance)*
Dünkel *m*; *(lieu)*
Leichenschauhaus *nt*

morille [mɔʀij] *nf* Morchel *f*

morne [mɔʀn] *adj* trübsinnig

morose [mɔʀoz] *adj* mürrisch

morphine [mɔʀfin] *nf*
Morphium *nt*

morse [mɔʀs] *nm (Zool)* Walross
nt; *(Tél)* Morsealphabet *nt*

morsure [mɔʀsyʀ] *nf* Biss *m*

mort, e [mɔʀ] *adj* tot; **~ de
fatigue** todmüde ▶ *nf* Tod *m*
▶ *nm/f* Tote(r) *f(m)*; **à la ~ de qn**
bei jds Tod

mortalité [mɔʀtalite] *nf*
Sterblichkeit *f*; *(chiffre)*
Sterblichkeitsziffer *f*

mortel, le [mɔʀtɛl] *adj*
(entraînant la mort) tödlich; *(Rel)*
sterblich ▶ **mortellement** *adv*
tödlich; *(pâle etc)*
toten-; *(ennuyeux etc)* sterbens-

morte-saison [mɔʀt(ə)sezɔ̃]
(pl **mortes-saisons**) *nf*
Saure-Gurken-Zeit *f*

mortier [mɔʀtje] *nm (mélange)*
Mörtel *m*; *(récipient, canon)*
Mörser *m*

morue [mɔʀy] *nf* Kabeljau *m*

mosaïque [mɔzaik] *nf* Mosaik *nt*

Moscou [mɔsku] Moskau *nt*

mosquée [mɔske] *nf* Moschee *f*

mot [mo] *nm* Wort *nt*; **mettre/
écrire/recevoir un ~** ein paar
Zeilen schreiben/erhalten; **~ à ~**
wortwörtlich; **en un ~** mit einem
Wort; **~ de passe** Kennwort *nt*,
Passwort *nt*; **~s croisés**
Kreuzworträtsel *nt*

motard [mɔtaʀ] *nm*
Motorradfahrer(in) *m(f)*; *(de la
police)* Motorradpolizist(in) *m(f)*

motel [mɔtɛl] *nm* Motel *nt*

moteur, -trice [mɔtœʀ, tʀis] *adj*
(force, roue) treibend; *(Méd)*
motorisch ▶ *nm* Motor *m*; **à ~**
Motor-; **~ à deux temps**
Zweitaktmotor *m*; **~ à explosion**
Verbrennungsmotor *m*,
Einspritzmotor *m*; **~ à quatre
temps** Viertaktmotor *m*; **~ de
recherche** *(Inform)* Suchmaschine
f; **~ thermique**
Verbrennungsmotor

motif [mɔtif] *nm* Motiv *nt*;
(raison) Grund *m*; **motifs** *nmpl (Jur)*
Begründung *f*; **sans ~** *adj*
grundlos

motion [mosjɔ̃] *nf* Antrag *m*;
~ de censure
Misstrauensantrag *m*

motivation [mɔtivasjɔ̃] *nf*
Begründung *f*; *(Psych)*
Motivation *f*

motivé, e [mɔtive] *adj* motiviert

motiver [mɔtive] *vt* motivieren

moto [mɔto] *nf* Motorrad *nt*

motocyclette [mɔtɔsiklɛt] *nf* Motorrad *nt* • **motocyclisme** *nm* Motorradsport *m* • **motocycliste** *nmf* Motorradfahrer(in) *m(f)* • **motoneige** *nf* Motorbob *m*

motorisé, e [mɔtɔʀize] *adj* motorisiert

mou, mol, molle [mu, mɔl] *adj* weich; *(poignée de main)* schlaff; *(résistance, protestations)* schwach

mouche [muʃ] *nf* Fliege *f*

moucher [muʃe] *vt (enfant)* schnäuzen; **se moucher** *vpr* sich *dat* die Nase putzen, sich schnäuzen

moucheron [muʃʀõ] *nm* Mücke *f*

mouchoir [muʃwaʀ] *nm* Taschentuch *nt*

moudre [mudʀ] *vt* mahlen

moue [mu] *nf* : **faire la ~** einen Flunsch ziehen

mouette [mwɛt] *nf* Möwe *f*

moufle [mufl] *nf (gant)* Fausthandschuh *m*

mouillage [muja3] *nm (lieu)* Liegeplatz *m*

mouillé, e [muje] *adj* feucht

mouiller [muje] *vt* nass machen; *(humecter)* anfeuchten; *(mine)* legen ▸ *vi* ankern

moule [mul] *nf (mollusque)* Miesmuschel *f* ▸ *nm* Form *f*; **~ à gâteaux** Kuchenform *f*

mouler [mule] *vt (reproduire)* einen Abguss machen von

moulin [mulɛ̃] *nm* Mühle *f*; **~ à café** Kaffeemühle *f*; **~ à poivre**

Pfeffermühle *f*; **~ à vent** Windmühle *f*

moulinette® [mulinɛt] *nf* Küchenmaschine *f*

moulu, e [muly] *pp de* **moudre**

mourir [muʀiʀ] *vi* sterben; *(civilisation, pays)* untergehen; **~ de faim** verhungern; *(fig)* vor Hunger beinahe umkommen; **~ de froid** erfrieren; **~ d'ennui** sich zu Tode langweilen

mousquetaire [muskətɛʀ] *nm* Musketier *m*

mousse [mus] *nf* Schaum *m*; *(Bot)* Moos *nt*; *(dessert)* Mousse *f*; **~ carbonique** Feuerlöschschaum *m* ▸ *nm (Naut)* Schiffsjunge *m*

mousseline [muslin] *nf* Musselin *m*; **pommes ~** Kartoffelpüree *nt*

mousser [muse] *vi* schäumen • **mousseux, -euse** *adj* schaumig ▸ *nm* Schaumwein *m*

mousson [musõ] *nf* Monsun *m*

moustache [mustaʃ] *nf* Schnurrbart *m*

moustiquaire [mustikɛʀ] *nf (rideau)* Moskitonetz *nt*; *(fenêtre)* Fliegenfenster *nt*

moustique [mustik] *nm* Stechmücke *f*; **~ tigre** Tigermücke *f*

moutarde [mutaʀd] *nf* Senf *m*

mouton [mutõ] *nm* Schaf *nt*; *(Culin)* Hammelfleisch *nt*

mouvement [muvmã] *nm* Bewegung *f*; *(trafic)* Betrieb *m*; **en ~** in Bewegung • **mouvementé, e** *adj* turbulent

mouvoir [muvwaʀ] *vt* bewegen; **se mouvoir** *vpr* sich bewegen

moyen, ne [mwajɛ̃, jɛn] *adj* mittlere(r, s); *(de grandeur moyenne, passable)* durchschnittlich ▶ *nm (procédé)* Mittel *nt*; **moyens** *nmpl (ressources pécuniaires)* Mittel *pl*; **au ~ de** mithilfe von; **~ de transport** Transportmittel *nt*

Moyen Âge [mwajɛnɑʒ] *nm* : **le ~** das Mittelalter

moyennant [mwajɛnɑ̃] *prép (prix)* für; *(travail, effort)* durch

Moyen-Orient [mwajɛnɔʀjɑ̃] *nm* : **le ~** der Mittlere Osten

Mozambique [mɔzãbik] *nm* : **le ~** Mosambik *m*

MP3 [ɛmpetʀwa] *nm* MP3 *nt*

MST [ɛmɛste] *sigle f* (= *maladie sexuellement transmissible)* sexuell übertragbare Krankheit *f*

mû, mue [my] *pp de* **mouvoir**

mucus [mykys] *nm* Schleim *m*

muer [mɥe] *vi (oiseau)* sich mausern; *(serpent, mammifère)* sich häuten; *(adolescent)* im Stimmbruch sein; *(voix)* brechen; **se muer** *vpr* : **se ~ en** sich verwandeln in +*acc*

muet, te [mɥɛ, mɥɛt] *adj* stumm ▶ *nm/f* Stumme(r) *f(m)* ▶ *nm* : **le ~** *(Ciné)* der Stummfilm *m*

mufle [myfl] *nm (d'animal)* Maul *nt*; *(fam : péj)* Flegel *m*

mugir [myʒiʀ] *vi* brüllen; *(vent, sirène)* heulen

muguet [mygɛ] *nm* Maiglöckchen *nt*

mule [myl] *nf (Zool)* Maulesel *m*; **mules** *nfpl (pantoufles)* Pantoffeln *pl*

mulet [mylɛ] *nm* Maulesel *m*; *(poisson)* Meerbarbe *f*

multicolore [myltikɔlɔʀ] *adj* bunt • **multiculturel, le** *adj* multikulturell • **multifenêtre** *adj* mit mehreren Bildschirmfenstern • **multifonctionnel, le** *adj* multifunktional • **multimédia** *adj* Multimedia- • **multinational, e, aux** *adj* multinational

multiple [myltipl] *adj* vielfältig; *(nombre)* vielfach, mehrfach ▶ *nm* Vielfaches *nt*

multiplex [myltiplɛks] *nm* Konferenzschaltung *f*

multiplexe [myltiplɛks] *nm (cinéma)* Multiplexkino *nt*

multiplication [myltiplikasjɔ̃] *nf (augmentation)* Zunahme *f*, Vermehrung *f*; *(Math)* Multiplikation *f*

multiplier [myltiplije] *vt* vermehren; *(exemplaires)* vervielfältigen; *(Math)* multiplizieren; **se multiplier** *vpr (ouvrages, partis, accidents)* zunehmen; *(être vivant)* sich vermehren

multiprogrammation [myltipʀɔgʀamasjɔ̃] *nf* Mehrprogrammbetrieb *m*, Multitasking *nt* • **multipropriété** *nf* Timesharing *nt* • **multitâche** *adj (aussi Inform)* Multitasking-; **travail ~** Multitasking *nt*; • **multitraitement** *nm (Inform)* Mehrprozessorbetrieb *m*

multitude [myltityd] *nf* Menge *f*

Munich [mynik] München *nt*

municipal, e, aux [mynisipal, o] *adj* Stadt-, Gemeinde- • **municipalité** *nf (corps municipal)* Stadtverwaltung *f*; *(commune)* Gemeinde *f*

munir [mynir] vt : **~ de** ausstatten ou versehen mit

munitions [mynisjɔ̃] nfpl Munition f

muqueuse [mykøz] nf Schleimhaut f

mur [myr] nm Mauer f; (à l'intérieur) Wand f; **~ du son** Schallmauer f

mûr, e [myr] adj reif

muraille [myraj] nf Mauer f; (fortification) Festungsmauer f

mural, e, -aux [myral, o] adj Wand-, Mauer-

murer [myre] vt (enclos) ummauern; (porte, issue) zumauern; (personne) einmauern

muret [myrɛ] nm Mäuerchen nt

mûrir [myrir] vi reifen ▸ vt reifen lassen

murmure [myrmyr] nm (de ruisseau, vagues) Plätschern nt • **murmurer** vi (chuchoter) murmeln; (protester, se plaindre) murren; (ruisseau, vagues) plätschern

musc [mysk] nm Moschus m

muscade [myskad] nf : **(noix de) ~** Muskatnuss f

muscat [myska] nm (raisin) Muskatellertraube f; (vin) Muskateller m

muscle [myskl] nm Muskel m

musculaire [myskylɛr] adj Muskel-

musculation [myskylasjɔ̃] nf : **(travail ou exercices de) ~** Muskeltraining nt

musculature [myskylatyr] nf Muskulatur f

museau, x [myzo] nm Schnauze f

musée [myze] nm Museum nt

museler [myz(ə)le] vt einen Maulkorb anlegen +dat

musette [myzɛt] nf, adj inv : **bal ~** Tanzvergnügen nt mit Akkordeonmusik

musical, e, aux [myzikal, o] adj musikalisch, Musik-; (phrase, voix) klangvoll

music-hall [myzikol] (pl **music-halls**) nm Varieté nt

musicien, ne [myzisjɛ̃, jɛn] adj musikalisch ▸ nm/f Musiker(in) m(f)

musique [myzik] nf Musik f; (d'un vers, d'une phrase) Melodie f; **~ de chambre** Kammermusik f

must [mœst] nm Muss nt

musulman, e [myzylmɑ̃, an] adj moslemisch ▸ nm/f Moslem m

mutation [mytasjɔ̃] nf (Biol) Mutation f; (d'un fonctionnaire) Versetzung f; **~ génétique** Genmutation f • **muter** vt (Admin) versetzen

mutilé, e [mytile] nm/f Krüppel m

mutiler [mytile] vt verstümmeln

mutiner [mytine] : **se ~** vpr meutern

mutinerie [mytinri] nf Meuterei f

mutisme [mytism] nm Stummheit f

mutuel, le [mytɥɛl] adj gegenseitig ▸ nf Versicherungsverein m auf Gegenseitigkeit

Myanmar [mianmar] nm : **le ~** Myanmar nt

myope [mjɔp] adj kurzsichtig • **myopie** nf Kurzsichtigkeit f

myosotis [mjɔzɔtis] nm Vergissmeinnicht nt

myrtille [miʀtij] nf Heidelbeere f

mystère [mistɛʀ] nm Geheimnis nt; (énigme) Rätsel nt
• **mystérieux, -euse** adj geheimnisvoll; (inexplicable) rätselhaft; (secret) geheim
• **mystifier** vt täuschen

mystique [mistik] adj mystisch ▶ nmf Mystiker(in) m(f)

mythe [mit] nm Mythos m, Sage f
• **mythique** adj mythisch

mythologie [mitɔlɔʒi] nf Mythologie f • **mythologique** adj mythologisch

mythomane [mitɔman] adj lügensüchtig ▶ nmf Fantast(in) m(f)

n' [n] adv voir **ne**

nacelle [nasɛl] nf (de ballon) Korb m

nacre [nakʀ] nf Perlmutt nt

nage [naʒ] nf Schwimmen nt; (style) (Schwimm)stil m; **traverser/s'éloigner à la ~** durchschwimmen/wegschwimmen; **en ~** schweißgebadet; **~ libre** Freistil m; **~ papillon** Schmetterlingsstil m • **nageoire** nf Flosse f • **nager** vi schwimmen; (fig) in der Luft hängen, ins Schwimmen kommen; **il nage dans ses vêtements** die Kleider sind ihm viel zu groß; **~ dans le bonheur** im Glück schwimmen ▶ vt: **~ le crawl** (im) Kraulstil schwimmen • **nageur, -euse** nm/f Schwimmer(in) m(f)

naguère [nagɛʀ] adv unlängst

naïf, -ïve [naif, naiv] adj naiv

nain, e [nɛ̃, nɛn] nm/f Zwerg(in) m(f)

naissance [nɛsɑ̃s] nf Geburt f; (fig) Entstehung f; **donner ~ à** gebären; (fig) entstehen lassen

naître [nɛtʀ] *vi* geboren werden; **~ (de)** *(fig)* entstehen (aus); **il est né en 1960** er ist 1960 geboren; **faire ~** *(fig)* erwecken

naïveté [naivte] *nf* Naivität *f*

Namibie [namibi] *nf*: **la ~** Namibia *nt*

nana [nana] *nf (fam)* Biene *f*

nanotechnologie [nanoteknɔlɔʒi] *nf* Nanotechnologie *f*

nappe [nap] *nf* Tischdecke *f*; **~ d'eau** glatte Wasserfläche *f*

napperon [napʀɔ̃] *nm* Untersetzer *m*

narcodollars [naʀkodɔlaʀ] *nmpl* Drogendollars *pl* • **narcotique** *nm* Betäubungsmittel *nt* • **narcotrafic** *nm* Drogenhandel *m*

narguer [naʀge] *vt* spöttisch ansehen

narine [naʀin] *nf* Nasenloch *nt*

narquois, e [naʀkwa, waz] *adj* spöttisch

narrateur, -trice [naʀatœʀ, tʀis] *nm/f* Erzähler(in) *m(f)*

narration [naʀasjɔ̃] *nf* Erzählung *f*

nasal, e, -aux [nazal, o] *adj* (*Anat*) Nasen-; (*Ling*) nasal

natal, e [natal] *adj* Geburts-

natation [natasjɔ̃] *nf* Schwimmen *nt*; **faire de la ~** Schwimmsport betreiben

natif, -ive [natif, iv] *adj*: **~ (de)** gebürtig aus

nation [nasjɔ̃] *nf* Nation *f*; **les N~s unies** die Vereinten Nationen *pl* • **national, e, -aux** *adj* national • **nationalisation** *nf* Verstaatlichung *f* • **nationaliser** *vt* verstaatlichen • **nationalisme**

nm Nationalismus *m* • **nationaliste** *nmf* Nationalist(in) *m(f)* • **nationalité** *nf* Staatsbürgerschaft *f*; **il est de ~ française** er ist französischer Staatsbürger

natte [nat] *nf (tapis)* Matte *f*; (*cheveux*) Zopf *m*

naturalisation [natyʀalizasjɔ̃] *nf (de personne)* Einbürgerung *f*

naturaliser [natyʀalize] *vt* einbürgern, naturalisieren

naturaliste [natyʀalist] *nmf* Naturforscher(in) *m(f)*

nature [natyʀ] *nf* Natur *f* ▶ *adj inv* (*sans affectation*): **omelette/ pommes ~** (*Culin*) Omelette *f*/ Kartoffeln *pl* Natur

naturel, le [natyʀɛl] *adj* natürlich ▶ *nm* (*caractère*) Wesen *nt*; (*spontanéité*) Natürlichkeit *f* • **naturellement** *adv* natürlich

naturiste [natyʀist] *nmf* FKK-Anhänger(in) *m(f)*

naufrage [nofʀaʒ] *nm* Schiffbruch *m* • **naufragé, e** *adj* schiffbrüchig

nauséabond, e [nozeabɔ̃, ɔ̃d] *adj* widerlich

nausée [noze] *nf*: **j'ai la ~** mir ist übel

nautique [notik] *adj* nautisch

nautisme [notism] *nm* Wassersport *m*

navet [navɛ] *nm* (Steck)rübe *f*

navette [navɛt] *nf (pour tisser)* (Weber)schiffchen *nt*; (*transport*) Pendelverkehr *m*; **faire la ~ (entre)** pendeln (zwischen); **~ aéroportuaire** Flughafenzubringerdienst *m*

navigable [navigabl] *adj* schiffbar • **navigateur** *nm*

(*Inform*) Browser m • **navigation** nf Schifffahrt f • **naviguer** vi fahren • **navire** nm Schiff nt

navrer [navʀe] vt betrüben; **je suis navré(que)** es tut mir leid(, dass)

NB [ɛnbe] abr (= nota bene) NB

ne [n(ə)] adv : **je ne dors pas/plus** ich schlafe nicht/nicht mehr

né, e [ne] adj geboren; **née Dupont** geborene Dupont

néanmoins [neɑ̃mwɛ̃] adv trotzdem

néant [neɑ̃] nm Nichts nt

nébuleux, -euse [nebylø, øz] adj (fig) nebulös

nécessaire [neseseʀ] adj notwendig, nötig ▶ nm : **faire le ~** alles Nötige tun; **~ de couture** Nähzeug nt; **~ de toilette** (sac) Kulturbeutel m • **nécessité** f Notwendigkeit f; **par ~** notgedrungen • **nécessiter** vt erfordern

nectarine [nɛktaʀin] nf Nektarine f

néerlandais, e [neeʀlɑ̃dɛ, ɛz] adj niederländisch ▶ nm/f : **N~, e** Niederländer(in) m(f)

nef [nɛf] nf Schiff nt

néfaste [nefast] adj (influence) schlecht; (jour) unglückselig

négatif, -ive [negatif, iv] adj negativ ▶ nm (Photo) Negativ nt

négation [negasjɔ̃] nf Negieren nt; (Ling) Verneinung f

négligé, e [negliʒe] adj (en désordre) schlampig

négligeable [negliʒabl] adj minimal, bedeutungslos

négligence [negliʒɑ̃s] nf Nachlässigkeit f; (faute, erreur) Versehen nt

négligent, e [negliʒɑ̃, ɑ̃t] adj nachlässig • **négliger** vt vernachlässigen; (avis, précautions) nicht beachten

négociant, e [negɔsjɑ̃, jɑ̃t] nm/f Händler(in) m(f) • **négociation** f Verhandlung f • **négocier** vt aushandeln ▶ vi (Pol) verhandeln

neige [nɛʒ] nf Schnee m; **~ carbonique** Trockenschnee m • **neiger** vb impers : **il neige** es schneit

nem [nɛm] nm kleine Frühlingsrolle f

nénuphar [nenyfaʀ] nm Seerose f

néon [neɔ̃] nm Neon nt

néonazi [neonazi] adj neonazistisch ▶ nmf Neonazi m

néo-zélandais, e [neozelɑ̃dɛ, ɛz] (pl **néo-zélandais, es**) adj neuseeländisch

Népal [nepal] nm : **le ~** Nepal nt

nerf [nɛʀ] nm Nerv m

nerveux, -euse [nɛʀvø, øz] adj nervös; (Méd, Anat) Nerven-

nervosité [nɛʀvozite] nf Nervosität f

n'est-ce pas [nɛspa] adv nicht wahr

Net [nɛt] nm (Internet) : **le ~** das (Inter)net nt

net, nette [nɛt] adj deutlich; (propre) sauber; (Comm) Netto- ▶ adv (refuser) glatt; **s'arrêter ~** plötzlich stehen bleiben

nettement [nɛtmɑ̃] adv klar; (distinctement) deutlich; **~ mieux/meilleur** deutlich besser

netteté [nɛtte] nf Klarheit f

nettoyage [netwajaʒ] *nm*
Reinigung *f*, Säuberung *f*; **~ à sec**
chemische Reinigung *f*
• **nettoyer** *vt* reinigen, säubern

neuf[1] [nœf] *num* neun

neuf[2], **neuve** [nœf, nœv] *adj*
neu; *(pensée, idée)* neu(artig)
▶ *nm*: **quoi de ~ ?** was gibts
Neues?

neurologue [nøʀɔlɔg] *nmf*
Neurologe *m*, Neurologin *f*

neutraliser [nøtʀalize] *vt*
(adversaire etc) lähmen; *(Chim)*
neutralisieren

neutralité [nøtʀalite] *nf*
Neutralität *f*

neutre [nøtʀ] *adj* neutral; *(Ling)*
sächlich ▶ *nm* Neutrum *nt*

neuvième [nœvjɛm] *num*
neunte(r, s)

neveu, x [n(ə)vø] *nm* Neffe *m*

névralgie [nevʀalʒi] *nf*
Neuralgie *f*

névrotique [nevʀɔtik] *adj*
neurotisch

nez [ne] *nm* Nase *f*

NF *sigle f* (= *norme française*) ≈ DIN

ni [ni] *conj* : **ni ... ni ...** weder ...
noch ...; **ni l'un ni l'autre
ne sont ...** weder der eine noch
der andere sind ...

niais, e [nje, njɛz] *adj* dümmlich

Nicaragua [nikaʀagwa] *nm* :
le ~ Nicaragua *nt*

niche [niʃ] *nf (de chien)*
(Hunde)hütte *f*; *(dans mur)*
Nische *f*

nicher [niʃe] *vi* brüten; **se ~ dans**
(s)ein Nest bauen in +*dat*; *(se
blottir)* sich kuscheln in +*acc*; *(se
cacher)* sich verstecken in +*dat*

nickel [nikɛl] *nm* Nickel *nt*

niçois, e [niswa, waz] *adj* aus
Nizza

nicotine [nikɔtin] *nf* Nikotin *nt*

nid [ni] *nm* Nest *nt* • **nid-de-
poule** (*pl* **nids-de-poule**) *nm*
Schlagloch *nt*

nièce [njɛs] *nf* Nichte *f*

nier [nje] *vt* leugnen

Niger [niʒɛʀ] *nm* : **le ~** Niger *nt*;
(fleuve) der Niger

night-club [najtklœb] (*pl*
night-clubs) *nm* Nachtklub *m*

n'importe [nɛ̃pɔʀt] *adv* : **~ qui**
jeder; **il dit ~ quoi** er redet
irgendwelchen Unsinn; **à ~ quel
prix** zu jedem Preis; **~ comment**
schlampig

nippon, e [nipɔ̃, ɔn] *adj* japanisch

nitrate [nitʀat] *nm* Nitrat *nt*

niveau, x [nivo] *nm* Höhe *f*; *(fig)*
Niveau *nt*; **au ~ de** auf gleicher
Höhe mit; **le ~ de la mer** der
Meeresspiegel; **~ de vie**
Lebensstandard *m*

niveler [niv(ə)le] *vt* einebnen;
(fig) angleichen

**n° ** *abr* (= *numéro*) Nr.

noble [nɔbl] *adj* edel; *(généreux)*
nobel ▶ *nmf* Adlige(r) *f(m)*
• **noblesse** *nf* Adel *m*; *(d'une action
etc)* Großmütigkeit *f*

noce [nɔs] *nf* Hochzeit *f*; **~s
d'argent** Silberhochzeit *f*; **~s
d'or** goldene Hochzeit *f*

nocif, -ive [nɔsif, iv] *adj*
schädlich

nocturne [nɔktyʀn] *adj*
nächtlich

Noël [nɔɛl] *nm* Weihnachten *nt*

nœud [nø] *nm* Knoten *m*

noir, e [nwaʀ] *adj* schwarz; *(sombre)* dunkel; *(ivre)* besoffen ▶ *nm/f (personne)* Schwarze(r) *f(m)* ▶ *nm (couleur)* Schwarz *nt* • **noircir** *vt* schwärzen

noisetier [nwaz(ə)tje] *nm* Haselnussstrauch *m*

noisette [nwazɛt] *nf* Haselnuss *f* ▶ *adj inv (yeux)* nussbraun

noix [nwa] *nf* Walnuss *f*; **~ de cajou** Cashewnuss *f*; **~ de coco** Kokosnuss *f*; **~ de veau** Kalbsnüsschen *nt*; **~ muscade** Muskatnuss *f*

nom [nɔ̃] *nm* Name *m*; **au ~ de qn** in jds Namen; **~ d'une pipe** *ou* **d'un chien !** *(fam)* verdammt noch mal!; **~ de famille** Familienname *m*; **~ de jeune fille** Mädchenname *m*; **~ d'utilisateur** Benutzername *m*

nomade [nɔmad] *adj* nomadisch ▶ *nmf* Nomade *m*, Nomadin *f*

nombre [nɔ̃bʀ] *nm* Zahl *f*; **au ~ de mes amis** unter meinen Freunden • **nombreux, -euse** *adj (avec pluriel)* viele; *(avec singulier)* groß; **être ~** zahlreich sein

nombril [nɔ̃bʀi(l)] *nm* Nabel *m*

nominal, e, -aux [nɔminal, o] *adj (autorité, valeur)* nominell; *(appel, liste)* namentlich; *(Ling)* Nominal-

nominatif [nɔminatif] *nm* Nominativ *m*

nomination [nɔminasjɔ̃] *nf* Ernennung *f*

nommer [nɔme] *vt* nennen

non [nɔ̃] *adv* nein; *(réponse)* nein

non- [nɔ̃] *préf* nicht-

nonante [nɔnɑ̃t] *num (Belgique, Suisse)* neunzig

non-assistance [nɔnasistɑ̃s] *nf*: **~ à personne en danger** unterlassene Hilfeleistung *f*

nonchalant, e [nɔ̃ʃalɑ̃, ɑ̃t] *adj* lässig

non-fumeur, -euse [nɔ̃fymœʀ, øz] (*pl* **non-fumeurs, -euses**) *nm/f* Nichtraucher(in) *m(f)* • **non-lieu** *nm*: **il y a eu ~** das (Straf)verfahren wurde eingestellt

nonne [nɔn] *nf* Nonne *f*

nonobstant [nɔnɔpstɑ̃] *prép* trotz +*gén ou dat* ▶ *adv* trotzdem

non-sens [nɔ̃sɑ̃s] *nm* Unsinn *m*

non-stop [nɔnstɔp] *adj inv* nonstop

non-violence [nɔ̃vjɔlɑ̃s] *nf* Gewaltlosigkeit *f*

non-violent, e [nɔ̃vjɔlɑ̃, ɑ̃t] *adj* gewaltfrei

nord [nɔʀ] *nm* Norden *m* ▶ *adj inv* nördlich, Nord-; **au ~ de** nördlich von • **nord-africain, e** (*pl* **nord-africains, es**) *adj* nordafrikanisch ▶ *nm/f*: **Nord-Africain, e** Nordafrikaner(in) *m(f)* • **nord-est** *nm inv* Nordosten *m*

nordique [nɔʀdik] *adj* nordisch

nord-ouest [nɔʀwɛst] *nm inv* Nordwesten *m*

normal, e, -aux [nɔʀmal, o] *adj* normal • **normalement** *adv* normalerweise

normand, e [nɔʀmɑ̃, ɑ̃d] *adj* aus der Normandie ▶ *nm/f*: **N~, e** Mann *m*/Frau *f* aus der Normandie; **une réponse de N~** eine unklare Antwort • **Normandie** *nf*: **la ~** die Normandie

norme [nɔʀm] *nf* Norm *f*

Norvège [nɔʀvɛʒ] *nf* : **la ~** Norwegen *nt* • **norvégien, ne** *adj* norwegisch

nos [no] *adj possessif voir* **notre**

nostalgie [nɔstalʒi] *nf* Nostalgie *f* • **nostalgique** *adj* nostalgisch

notable [nɔtabl] *adj* bedeutend ▶ *nmf* Prominente(r) *f(m)*

notaire [nɔtɛʀ] *nm* Notar(in) *m(f)*

notamment [nɔtamɑ̃] *adv* besonders

notation [nɔtasjɔ̃] *nf* (Scol) Zensierung *f*; (note, trait) Note *f*

note [nɔt] *nf* Note *f*; (facture) Rechnung *f*; (billet) Zettel *m*; (annotation) Anmerkung *f*; **prendre ~ de qch** sich *dat* etw merken

noté, e [nɔte] *adj* : **être bien/mal ~** gut/schlecht bewertet werden

noter [nɔte] *vt* notieren; (remarquer) bemerken

notice [nɔtis] *nf* Notiz *f*; **~ explicative** Erläuterung *f*

notifier [nɔtifje] *vt* : **~ qch à qn** jdn von etw benachrichtigen

notion [nosjɔ̃] *nf* Vorstellung *f*; **avoir des ~s de** Grundkenntnisse haben in

notoire [nɔtwaʀ] *adj* bekannt; (en mal) notorisch • **notoriété** *nf* allgemeine Bekanntheit *f*; **c'est de ~ publique** das ist ja allgemein bekannt

notre [nɔtʀ] (pl **nos**) *adj possessif* (selon le genre de l'objet en allemand) unser/unsere/unser; (pl) unsere

nôtre [nɔtʀ] *pron* : **le/la ~** der/die/das Unsere; **les ~s** unsere; (famille, groupe) die Unsrigen *pl*; **serez-vous des ~s ?** schließen Sie sich uns an?

nouba [nuba] *nf* : **faire la ~** einen draufmachen

nouer [nwe] *vt* binden

nougat [nuga] *nm* Süßigkeit aus Honig und Mandeln

nougatine [nugatin] *nf* ≈ Krokant *m*

nouille [nuj] *nf* Nudel *f*; (fam) Blödmann *m*

nounours [nunuʀs] *nm* (fam) Teddybär *m*

nourrice [nuʀis] *nf* (sens moderne) Tagesmutter *f*

nourrir [nuʀiʀ] *vt* (alimenter) füttern; (donner les moyens de subsister) ernähren; **nourri logé** mit Übernachtung und Verpflegung • **nourrissant, e** *adj* nahrhaft • **nourrisson** *nm* Säugling *m* • **nourriture** *nf* Nahrung *f*

nous [nu] *pron* wir; (objet, après préposition) uns

nouveau, nouvelle [nuvo, nuvɛl] (devant nom masculin commençant par une voyelle et un h muet **nouvel**, *mpl* **nouveaux**) *adj* neu ▶ *nm/f* Neue(r) *f(m)* ▶ *nm* : **il y a du ~** es gibt was Neues; **de ~, à ~** nochmals • **nouveau-né, e** (pl **nouveau-nés, es**) *adj* neugeboren ▶ *nm* Neugeborene(s) *nt* • **nouveauté** *nf* Neuheit *f*

nouvelle [nuvɛl] *adj f voir* **nouveau** ▶ *nf* Nachricht *f*; (Litt) Novelle *f*

Nouvelle-Calédonie [nuvɛlkaledɔni] *nf* : **la ~** Neukaledonien *nt* • **Nouvelle-Zélande** *nf* : **la ~** Neuseeland *nt*

novembre [nɔvɑ̃bʀ] *nm* November *m*; voir aussi **juillet**

noyau, x [nwajo] *nm* Kern *m*
 • **noyauter** *vt* (*Pol*) unterwandern

noyer [nwaje] *nm* (*Bot*)
 Walnussbaum *m* ▶ *vt* ertränken;
 se noyer *vpr* ertrinken; **~ son**
 moteur den Motor absaufen
 lassen

N/Réf. *abr* (= *notre référence*) unser
 Zeichen

NTIC [ɛnteise] *sigle fpl* (= *nouvelles*
 technologies de l'information et de la
 communication) neue
 Informations- und
 Kommunikationstechnologien *fpl*

nu, e [ny] *adj* nackt; (*chambre*) leer
 ▶ *nm* (*Art*) Akt *m*; **(les) pieds nus**
 barfuß

nuage [nɥaʒ] *nm* Wolke *f*
 • **nuageux, -euse** *adj* wolkig,
 bewölkt

nuance [nɥɑ̃s] *nf* Nuance *f*
 • **nuancer** *vt* nuancieren

nubuck [nybyk] *nm* Nubukleder *nt*

nucléaire [nykleɛʀ] *adj* Kern-

nudisme [nydism] *nm*
 Freikörperkultur *f* • **nudiste** *nmf*
 Nudist(in) *m(f)*

nudité [nydite] *nf* Nacktheit *f*

nuée [nɥe] *nf* : **une ~ de** eine
 Wolke von, ein Schwarm von

nuire [nɥiʀ] *vi* schädlich sein;
 ~ à schaden +*dat* • **nuisible** *adj*
 schädlich

nuit [nɥi] *nf* Nacht *f*; (*à l'hôtel*)
 Übernachtung *f*; **il fait ~** es ist
 Nacht; **cette ~** heute Nacht; **de ~**
 (*vol, service*) Nacht-; **~ blanche**
 schlaflose Nacht *f*

nul, nulle [nyl] *adj* (*aucun*) kein;
 (*non valable*) ungültig; (*péj*) unnütz
 ▶ *pron* niemand • **nullement** *adv*
 keineswegs

numérique [nymerik] *adj*
 numerisch; (*technologie*) Digital-

numériser [nymerize] *vt*
 digitalisieren

numéro [nymero] *nm* Nummer *f*;
 ~ vert ≈ gebührenfreier Anruf *m*
 • **numéroter** *vt* nummerieren

nuque [nyk] *nf* Nacken *m*

nutritif, -ive [nytritif, iv] *adj*
 (*fonction, valeur*) Nähr-; (*élément,*
 aliment) nahrhaft • **nutrition** *nf*
 Ernährung *f* • **nutritionniste** *nmf*
 Ernährungswissenschaftler(in)
 m(f)

nylon [nilɔ̃] *nm* Nylon *nt*

nymphomane [nɛ̃fɔman] *nf*
 Nymphomanin *f*

n

O

oasis [ɔazis] *nf ou nm* Oase *f*

obéir [ɔbeiʀ] *vi* gehorchen; **~ à** gehorchen +*dat*; (*ordre, loi, impulsion*) folgen +*dat*
• **obéissant, e** *adj* gehorsam

obèse [ɔbɛz] *adj* fettleibig

objecter [ɔbʒɛkte] *vt* : **~ qch à qch** etw gegen etw einwenden
• **objecteur** *nm* : **~ de conscience** Wehrdienstverweigerer *m*

objectif, -ive [ɔbʒɛktif, iv] *adj* objektiv ▸ *nm* (*Optique, Photo*) Objektiv *nt*; **~ grand angle** Weitwinkelobjektiv *nt*

objection [ɔbʒɛksjɔ̃] *nf* Einwand *m*

objectivement [ɔbʒɛktivmɑ̃] *adv* objektiv

objectivité [ɔbʒɛktivite] *nf* Objektivität *f*

objet [ɔbʒɛ] *nm* Gegenstand *m*; (*sujet, but*) Objekt *nt*; (**bureau des**) **~s trouvés** Fundbüro *nt*; **~s de toilette** Toilettenartikel *pl*

obligation [ɔbligasjɔ̃] *nf* Pflicht *f*
• **obligatoire** *adj* obligatorisch

obligé, e [ɔblige] *adj* : **~ de faire qch** verpflichtet, etw zu tun; **être**

très ~ à qn (*redevable*) jdm sehr verbunden *ou* verpflichtet sein

obliger [ɔbliʒe] *vt* : **~ qn à qch** (*contraindre*) jdn zu etw zwingen; **~ qn à faire qch** jdn zwingen, etw zu tun; (*Jur: engager*) jdn verpflichten, etw zu tun

oblique [ɔblik] *adj* schief, schräg; **en ~** diagonal

oblitération [ɔbliteʀasjɔ̃] *nf* (*de timbre*) Entwerten *nt*

obscène [ɔpsɛn] *adj* obszön

obscur, e [ɔpskyʀ] *adj* (*sombre*) finster, dunkel; (*inconnu*) obskur
• **obscurcir** *vt* (*assombrir*) verdunkeln; (*fig*) unklar machen; **s'obscurcir** *vpr* : **le ciel s'obscurcit** es wird dunkel
• **obscurité** *nf* Dunkelheit *f*; **dans l'~** im Dunkeln

obsédé, e [ɔpsede] *nm/f*;
~ sexuel Sexbesessener *m*

obséder [ɔpsede] *vt* verfolgen; **être obsédé par** besessen sein von

obsèques [ɔpsɛk] *nfpl* Begräbnis *nt*

observateur, -trice [ɔpsɛʀvatœʀ, tʀis] *adj* aufmerksam ▸ *nm/f* Beobachter(in) *m(f)*

observation [ɔpsɛʀvasjɔ̃] *nf* Beobachtung *f*; (*commentaire, critique*) Bemerkung *f*

observatoire [ɔpsɛʀvatwaʀ] *nm* Observatorium *nt*; (*lieu élevé*) Beobachtungsstand *m*
• **observer** *vt* beobachten; (*remarquer*) bemerken; (*respecter*) befolgen

obsession [ɔpsesjɔ̃] *nf* Besessenheit *f*

obstacle [ɔpstakl] *nm* Hindernis *nt*

obstétrique [ɔpstetʀik] *nf* Geburtshilfe *f*

obstination [ɔpstinasjɔ̃] *nf* Eigensinn *m* • **obstiné, e** *adj* eigensinnig, stur bleiben; **s'~ à faire qch** hartnäckig darauf bestehen, etw zu tun

obstruction [ɔpstʀyksjɔ̃] *nf* (Sport) Sperren *nt*; (Méd) Verschluss *m*; (Pol) Obstruktion *f*; **faire de l'~** (fig) sich querstellen

obstruer [ɔpstʀye] *vt* verstopfen

obtenir [ɔptəniʀ] *vt* bekommen, erhalten; (total, résultat) erreichen

obturateur [ɔptyʀatœʀ] *nm* (Photo) Verschluss *m*

obturation [ɔptyʀasjɔ̃] *nf* Verstopfen *nt*; **~ (dentaire)** Füllung *f*

obtus, e [ɔpty, yz] *adj* (angle) stumpf; (fig) abgestumpft

obus [ɔby] *nm* Granate *f*

occasion [ɔkazjɔ̃] *nf* Gelegenheit *f*; (acquisition avantageuse) Gelegenheitskauf *m*; **à plusieurs ~s** mehrfach; **à l'~** gelegentlich; **à l'~ de** anlässlich +gén; **être l'~ de qch** der Anlass für etw sein; **d'~** gebraucht • **occasionnel, le** *adj* (fortuit) zufällig; (non régulier) gelegentlich • **occasionner** *vt* verursachen

occident [ɔksidɑ̃] *nm* : **l'~** der Westen • **occidental, e, -aux** *adj* westlich

occulte [ɔkylt] *adj* okkult • **occulter** *vt* (fig) überschatten, verdunkeln

occupant, e [ɔkypɑ̃, ɑ̃t] *nm/f* (d'un appartement) Bewohner(in)

m(f) • **occupation** *f*; (de pays, usine) Besetzung *f*; (passe-temps, emploi) Beschäftigung *f*

occupé, e [ɔkype] *adj* besetzt; (personne) beschäftigt • **occuper** *vt* (pays, territoire, usine) besetzen; (place, endroit) einnehmen; (appartement, maison) bewohnen; (surface, période) ausfüllen; (heure, loisirs) in Anspruch nehmen; (poste, fonction) innehaben; (personne, main d'œuvre) beschäftigen; **s'occuper** *vpr* : **s'~ de** sich kümmern um; (s'intéresser à, pratiquer) sich beschäftigen mit

océan [ɔseɑ̃] *nm* Ozean *m*

océanographe [ɔseanɔgʀaf] *nmf* Meeresforscher(in) *m(f)*

ocre [ɔkʀ] *adj inv* ocker(farben)

octante [ɔktɑ̃t] *num* (Suisse) achtzig

octet [ɔktɛ] *nm* Byte *nt*

octobre [ɔktɔbʀ] *nm* Oktober *m*; *voir aussi* **juillet**

oculaire [ɔkylɛʀ] *adj* Augen-

oculiste [ɔkylist] *nmf* Augenarzt *m*, Augenärztin *f*

odeur [ɔdœʀ] *nf* Geruch *m*; **mauvaise ~** Gestank *m*

odieux, -euse [ɔdjø, jøz] *adj* widerlich

odorant, e [ɔdɔʀɑ̃, ɑ̃t] *adj* duftend

odorat [ɔdɔʀa] *nm* Geruchssinn *m*; **avoir l'~ fin** eine feine Nase haben

œcuménique [ekymenik] *adj* ökumenisch

œil [œj] (*pl* **yeux**) *nm* Auge *nt*; **à l'~** (fam : gratuitement) umsonst • **œillères** *nfpl* Scheuklappen *pl*

œillet [œjɛ] *nm* Nelke *f*

œuf 248

œuf [œf, pl ø] nm Ei nt; ~ à la coque
weiches ou weich gekochtes Ei nt;
~ dur hartes ou hart gekochtes Ei nt;
~ de Pâques Osterei nt; ~ au plat
Spiegelei nt; ~ poché pochiertes
Ei nt; ~s brouillés Rührei nt

œuvre [œvʀ] nf Werk nt;
(organisation charitable) Stiftung f
▶ nm (d'un artiste) Werk nt; ~ d'art
Kunstwerk nt

offense [ɔfɑ̃s] nf (affront)
Beleidigung f • offenser vt
(personne) beleidigen; (bon sens,
bon goût, principes) verletzen;
s'offenser vpr : s'~ de qch an etw
dat Anstoß nehmen

offensif, -ive [ɔfɑ̃sif, iv] adj
Offensiv-

office [ɔfis] nm (charge) Amt nt;
(bureau, agence) Büro nt; (messe)
Gottesdienst m; avocat désigné
d'~ Pflichtverteidiger m; ~ du
tourisme Fremdenverkehrsamt nt

officiel, le [ɔfisjɛl] adj offiziell
▶ nm/f (Sport) Funktionär(in) m(f)

officier [ɔfisje] nm Offizier m

officieux, -euse [ɔfisjø, jøz] adj
halbamtlich, halb amtlich

officinal, e, -aux [ɔfisinal, o]
adj : plantes ~es Heilpflanzen pl

offre [ɔfʀ] nf Angebot nt;
~ d'emploi Stellenangebot nt;
~ publique d'achat
Übernahmeangebot nt

offrir [ɔfʀiʀ] vt schenken; (choix,
avantage, etc) bieten; (aspect,
spectacle) darbieten; s'offrir vpr
(se payer) sich dat leisten ou
genehmigen; ~ (à qn) de faire
qch (jdm) anbieten, etw zu tun;
~ à boire à qn jdm etwas zu
trinken anbieten

ogive [ɔʒiv] nf (Archit) Spitzbogen
m; (Mil) Sprengkopf m

OGM [oʒeɛm] sigle m (= organisme
génétiquement modifié)
genmanipulierter Organismus

ogre [ɔgʀ] nm Menschenfresser m

oie [wa] nf Gans f

oignon [ɔɲɔ̃] nm Zwiebel f

oiseau, x [wazo] nm Vogel m

oisif, -ive [wazif, iv] adj müßig

oléoduc [ɔleɔdyk] nm
(Öl)pipeline f

olive [ɔliv] nf Olive f ▶ adj inv
olivgrün • olivier nm Olivenbaum
m; (bois) Olivenholz nt

olympique [ɔlɛ̃pik] adj
olympisch

Oman [ɔman] nm : le sultanat
d'~ das Sultanat Oman

ombilical, e, -aux [ɔ̃bilikal, o]
adj Nabel-

ombrage [ɔ̃bʀaʒ] nm (ombre)
Schatten m; ombrages nmpl
(feuillage) (schattiges) Blätterwerk
nt • ombragé, e adj schattig
• ombrageux, -euse adj (cheval,
âne) unruhig; (personne) empfindlich

ombre [ɔ̃bʀ] nf Schatten m; à l'~
im Schatten; ~ à paupières
Lidschatten m

ombrelle [ɔ̃bʀɛl] nf
Sonnenschirmchen nt

omelette [ɔmlɛt] nf Omelett nt;
~ au fromage Käseomelett nt;
~ aux herbes Kräuteromelett nt;
~ au jambon Omelett nt mit
Schinken

omettre [ɔmɛtʀ] vt unterlassen;
(oublier) vergessen; (de liste)
auslassen • omission f
Unterlassung f, Vergessen nt,
Auslassen nt

omnibus [ɔmnibys] *nm* : **(train) ~** Personenzug *m*

omnipotent, e [ɔmnipɔtɑ̃, ɑ̃t] *adj* allmächtig

omniscient, e [ɔmnisjɑ̃, jɑ̃t] *adj* allwissend

omoplate [ɔmɔplat] *nf* Schulterblatt *nt*

---

on [ɔ̃]

pron **1** *(indéterminé, les gens)* man; **on peut le faire ainsi** man kann es so machen; **autrefois, on croyait que** früher glaubte man, dass **2** *(quelqu'un)* : **on les a attaqués** man hat sie angegriffen, sie wurden angegriffen; **on vous demande au téléphone** Sie werden am Telefon verlangt **3** *(fam : nous)* : **on va y aller demain** wir gehen morgen hin **4** : **on ne peut plus stupide/ridicule** dümmer/lächerlicher gehts nicht

---

oncle [ɔ̃kl] *nm* Onkel *m*

onctueux, -euse [ɔ̃ktɥø, øz] *adj* cremig

onde [ɔ̃d] *nf* Welle *f*; **sur les ~s** *(la radio)* im Radio; **grandes ~s** Langwellen *pl*; **~s courtes** Kurzwellen *pl*; **~s moyennes** Mittelwellen *pl*

ondée [ɔ̃de] *nf* Regenguss *m*

on-dit [ɔ̃di] *nm inv* Gerücht *nt*

ondulation [ɔ̃dylasjɔ̃] *nf* Welle *f* • **ondulé, e** *adj* wellig

onéreux, -euse [ɔneʀø, øz] *adj* kostspielig; **à titre ~** gegen Entgelt

ongle [ɔ̃gl] *nm* Nagel *m*

onguent [ɔ̃gɑ̃] *nm* Salbe *f*

ONU [ɔny] *sigle f* (= *Organisation des Nations unies*) UNO *f*

onze [ɔ̃z] *num* elf • **onzième** *num* elfte(r, s)

OPA [ɔpea] *sigle f* (= *offre publique d'achat*) Übernahmeangebot *nt*

opale [ɔpal] *nf* Opal *m*

opaque [ɔpak] *adj* undurchsichtig

OPEP [ɔpɛp] *sigle f* (= *Organisation des pays exportateurs de pétrole*) OPEC *f*

opéra [ɔpeʀa] *nm* Oper *f*

opérateur, -trice [ɔpeʀatœʀ, tʀis] *nm/f* *(machiniste, manipulateur)* Operator(in) *m(f)*, Bediener(in) *m(f)*; **~ (de prise de vues)** Kameramann *m*

opération [ɔpeʀasjɔ̃] *nf* Operation *f*; *(processus)* Vorgang *m*

opérationnel, le [ɔpeʀasjɔnɛl] *adj* *(organisation, usine)* funktionsfähig; *(Mil)* einsatzfähig

opératoire [ɔpeʀatwaʀ] *adj* operativ; **bloc ~** OP-Bereich *m*

opérer [ɔpeʀe] *vt* *(Méd)* operieren; *(faire, exécuter)* durchführen; *(choix)* treffen ▶ *vi* *(faire effet)* wirken; *(procéder, agir)* vorgehen

opérette [ɔpeʀɛt] *nf* Operette *f*

ophtalmologue [ɔftalmɔlɔg] *nmf* Augenarzt *m*, Augenärztin *f*

opiner [ɔpine] *vi* : **~ de la tête** zustimmen mit dem Kopf nicken

opiniâtre [ɔpinjɑtʀ] *adj* hartnäckig

opinion [ɔpinjɔ̃] *nf* Meinung *f*; **l'~ (publique)** die öffentliche Meinung

opportun, e [ɔpɔʀtœ̃, yn] *adj*
günstig

opportunisme [ɔpɔʀtynism]
nm Opportunismus *m*
• **opportuniste** *nmf*
Opportunist(in) *m(f)* ▸ *adj*
opportunistisch

opposant, e [ɔpozɑ̃, ɑ̃t] *adj*
(parti) gegnerisch; *(minorité)*
opponierend ▸ *nm* Gegner *m*

opposé, e [ɔpoze] *adj (contraire)*
entgegengesetzt; *(rive)*
gegenüberliegend; *(faction)*
gegnerisch ▸ *nm* l'~ *(contraire)*
das Gegenteil; **à l'~ de** im
Gegensatz zu; **être ~ à qch** gegen
etw sein

opposer [ɔpoze] *vt* einander
gegenüberstellen; **s'opposer** *vpr*
(l'un à l'autre) entgegengesetzt
sein; **~ qch à** *(comme objection,
contraste)* etw entgegenhalten
+*dat*; **s'~ à** *(interdire, empêcher)*
Widerspruch erheben gegen;
(tenir tête à) sich auflehnen gegen;
s'~ à ce que qn fasse qch
dagegen sein, dass jd etw tut

opposition [ɔpozisjɔ̃] *nf*
Opposition *f*; *(contraste)*
Gegensatz *m*; *(d'intérêts)* Konflikt
m; *(objection)* Widerspruch *m*; **par
~ à** im Gegensatz zu

oppresser [ɔpʀese] *vt (chaleur,
angoisse)* bedrücken • **oppression**
nf (gêne, malaise) Beklemmung *f*;
(asservissement) Unterdrückung *f*

opprimer [ɔpʀime] *vt*
unterdrücken

opprobre [ɔpʀɔbʀ] *nm* Schande *f*;
vivre dans l'~ in Schande leben

opter [ɔpte] *vi* : **~ pour** sich
entscheiden für

opticien, ne [ɔptisjɛ̃, jɛn] *nm/f*
Optiker(in) *m(f)*

optimal, e, -aux [ɔptimal, o]
adj optimal

optimiser [ɔptimize] *vt*
optimieren; *(ressources)* optimal
(aus)nutzen

optimisme [ɔptimism] *nm*
Optimismus *m* • **optimiste** *nmf*
Optimist(in) *m(f)*

optimum [ɔptimɔm] *nm*
Optimum *m* ▸ *adj* optimal,
beste(r, s)

option [ɔpsjɔ̃] *nf* Wahl *f*; *(Scol)*
Wahlfach *nt*; *(supplément)*
(optionales) Extra *nt*; **matière à ~**
Wahlfach; **texte à ~** wahlweiser
Zusatztext *m*

optionnel, le [ɔpsjɔnɛl] *adj*
(matière) Wahl-; *(accessoire etc)*
zusätzlich

optique [ɔptik] *adj* optisch ▸ *nf*
Optik *f*; *(fig)* Sehweise *f*

opulence [ɔpylɑ̃s] *nf* Reichtum
m; **vivre dans l'~** im Überfluss
leben • **opulent, e** *adj* üppig;
(pays) reich

or [ɔʀ] *nm* Gold *nt* ▸ *conj* nun, aber;
en or golden; **plaqué or**
vergoldet; **or blanc** Weißgold *nt*;
or jaune Gelbgold *nt*

orage [ɔʀaʒ] *nm* Gewitter *nt*; *(fig)*
Sturm *m* • **orageux, -euse** *adj*
Gewitter-; *(fig)* stürmisch

oraison [ɔʀɛzɔ̃] *nf* Gebet *nt*;
• **funèbre** Grabrede *f*

oral, e, -aux [ɔʀal, o] *adj*
mündlich; **par voie ~e** oral
• **oralement** *adv* mündlich

orange [ɔʀɑ̃ʒ] *nf* Orange *f*,
Apfelsine *f* ▸ *adj inv* orange;
~ pressée frisch gepresster

Orangensaft m; **~ sanguine**
Blutorange f • **orangé, e** adj
orange(farben) • **orangeade** nf
Orangeade f • **oranger** nm
Orangenbaum m

orateur [ɔʀatœʀ] nm Redner m

orbital, e, -aux [ɔʀbital, o] adj :
station ~e Raumstation f

orbite [ɔʀbit] nf (Phys)
Umlaufbahn f; (Anat) Augenhöhle
f; **placer** ou **mettre un satellite
sur** ou **en ~** einen Satelliten in ou
auf die Umlaufbahn bringen

orchestre [ɔʀkɛstʀ] nm (Mus)
Orchester nt; (Théât, Ciné)
Parkett nt

orchidée [ɔʀkide] nf Orchidee f

ordi [ɔʀdi] nm (fam) Computer m,
Kiste f

ordinaire [ɔʀdinɛʀ] adj
gewöhnlich; (de tous les jours)
alltäglich ▶ nm : **d'~** gewöhnlich

ordinateur [ɔʀdinatœʀ] nm
Computer m

ordonnance [ɔʀdɔnɑ̃s] nf (Méd)
Rezept nt; (Mil) Ordonnanz f

ordonné, e [ɔʀdɔne] adj (en bon
ordre) (wohl)geordnet; (personne)
ordentlich • **ordonner** vt (donner
un ordre) : **à qn de faire qch** jdm
befehlen, etw zu tun; (Méd)
verordnen

ordre [ɔʀdʀ] nm Ordnung f;
(succession) Reihenfolge f;
(directive) Befehl m; **mettre en ~**
in Ordnung bringen; **libeller à l'~
de** ausstellen auf +acc

ordure [ɔʀdyʀ] nf Unrat m;
ordures nfpl (déchets) Abfall m; **~s
ménagères** Müll m

oreille [ɔʀɛj] nf Ohr nt

oreiller [ɔʀeje] nm Kopfkissen nt

oreillons [ɔʀɛjɔ̃] nmpl Mumps m
ou f

orfèvrerie [ɔʀfevʀəʀi] nf
Goldschmiedekunst f

organe [ɔʀgan] nm Organ nt;
~ génital Geschlechtsorgan nt

organigramme [ɔʀganigʀam]
nm Organisationsplan m

organique [ɔʀganik] adj
organisch

organisateur, -trice
[ɔʀganizatœʀ, tʀis] nm/f
Organisator(in) m(f)

organisation [ɔʀganizasjɔ̃] nf
Organisation f; **l'O~ mondiale
de la santé** die
Weltgesundheitsorganisation f;
l'O~ des Nations unies die
Vereinten Nationen pl; **l'O~ du
traité de l'Atlantique Nord** der
Nordatlantikpakt

organiser [ɔʀganize] vt
organisieren; (mettre sur pied
aussi) veranstalten

organisme [ɔʀganism] nm
Organismus m; (Admin, Pol) Organ
nt; (association, organisation)
Organisation f;
~ génétiquement modifié
genmanipulierter Organismus m

organiste [ɔʀganist] nmf
Organist(in) m(f)

orgasme [ɔʀgasm] nm
Orgasmus m

orge [ɔʀʒ] nf Gerste f

orgeat [ɔʀʒa] nm : **sirop d'~**
Mandelmilch f

orgue [ɔʀg] nf Orgel f;
~ électrique ou **électronique**
elektronische Orgel f

orgueil [ɔʀgœj] nm (amour-propre)
Stolz m; (péj) Hochmut m

• **orgueilleux, -euse** *adj* hochmütig, überheblich

Orient [ɔʀjɑ̃] *nm* : **l'~** der Orient; **le Proche-/le Moyen-/l'Extrême-~** der Nahe/ Mittlere/Ferne Osten • **oriental, e, -aux** *adj* orientalisch ▸ *nm/f* : **O~, e** Orientale *m*, Orientalin *f*

orientation [ɔʀjɑ̃tasjɔ̃] *nf* Orientierung *f*; *(d'un journal etc)* Tendenz *f*; **avoir le sens de l'~** einen guten Orientierungssinn haben; **~ professionnelle** Berufsberatung *f*

orienté, e [ɔʀjɑ̃te] *adj (Pol)* tendenziös; **~ au sud** nach Süden gelegen

orienter [ɔʀjɑ̃te] *vt* ausrichten; *(maison)* legen; *(voyageur, touriste)* die Richtung weisen +*dat*; **s'orienter** *vpr (se repérer)* sich zurechtfinden

orifice [ɔʀifis] *nm* Öffnung *f*

origan [ɔʀigɑ̃] *nm* Oregano *m*

originaire [ɔʀiʒinɛʀ] *adj* : **être ~ de** stammen aus

original, e, -aux [ɔʀiʒinal, o] *adj (pièce, document etc)* original; *(bizarre)* originell ▸ *nm/f (fam : excentrique)* Original *nt* ▸ *nm (document, œuvre)* Original *nt* • **originalité** *nf* Originalität *f*; *(d'un nouveau modèle)* Besonderheit *f*

origine [ɔʀiʒin] *nf (de personne, message, vin)* Herkunft *f*; **à l'~** am Anfang, anfänglich

originel, e [ɔʀiʒinɛl] *adj* ursprünglich; **le péché ~** die Erbsünde

ORL [ɔɛʀɛl] *sigle m/sigle f* (= *oto-rhino-laryngologiste*) HNO-Arzt *m*, HNO-Ärztin *f*

orme [ɔʀm] *nm* Ulme *f*

ornement [ɔʀnəmɑ̃] *nm* Verzierung *f* • **orner** *vt* schmücken

ornithologie [ɔʀnitɔlɔʒi] *nf* Vogelkunde *f*

orphelin, e [ɔʀfelɛ̃, in] *adj* verwaist ▸ *nm/f* Waisenkind *nt*, Waise *f* • **orphelinat** *nm* Waisenhaus *nt*

ORSEC [ɔʀsɛk] *sigle f* (= *Organisation des secours*): **le plan ~** = der Plan für den Katastrophenfall

orteil [ɔʀtɛj] *nm* Zehe *f*; **gros ~** große ou dicke Zehe *f*

orthodoxe [ɔʀtɔdɔks] *adj* orthodox

orthographe [ɔʀtɔgʀaf] *nf* Rechtschreibung *f*

orthopédique [ɔʀtɔpedik] *adj* orthopädisch

orthophoniste [ɔʀtɔfɔnist] *nmf* Logopäde *m*, Logopädin *f*

ortie [ɔʀti] *nf* Brennnessel *f*

OS [ɔɛs] *sigle m* (= *ouvrier spécialisé*) Hilfsarbeiter *m*

os [ɔs] *nm* Knochen *m*

osciller [ɔsile] *vi* schwingen; *(hésiter)* schwanken zwischen +*dat*

osé, e [oze] *adj* gewagt

oseille [ozɛj] *nf* Sauerampfer *m*

oser [oze] *vi* : **~ faire qch** es wagen, etw zu tun; **je n'ose pas** ich traue mich nicht

osier [ozje] *nm* (Korb)weide *f*; **d'~, en ~** Korb-

ossature [ɔsatyʀ] *nf* Skelett *nt*; *(d'un bâtiment etc)* Gerippe *nt*; *(fig)* Struktur *f*

ostensible [ɔstãsibl] *adj* ostentativ

ostentation [ɔstãtasjɔ̃] *nf* Prahlerei *f*

ostréiculture [ɔstreikyltyr] *nf* Austernzucht *f*

otage [ɔtaʒ] *nm* Geisel *f*

OTAN [ɔtã] *sigle f* (= *Organisation du traité de l'Atlantique Nord*) NATO *f*

otarie [ɔtari] *nf* Seelöwe *m*

ôter [ote] *vt* wegnehmen; (*vêtement*) ausziehen; (*tache, noyau*) herausmachen

otite [ɔtit] *nf* Mittelohrentzündung *f*

oto-rhino [ɔtorino] *nmf* Hals-Nasen-Ohrenarzt *m*, Hals-Nasen-Ohrenärztin *f*

oto-rhino-laryngologiste [ɔtorinolarɛ̃gɔlɔʒist(ə)] *nm/f* Hals-Nasen- *m*, Hals-Nasen-Ohrenärztin *f*

ou [u] *conj* oder; **ou ... ou** entweder ... oder; **ou bien** oder (auch)

---

où [u]

▶ *pron relatif* **1** (*lieu*) wo; (: *direction*) wohin; **la ville où je l'ai rencontrée** die Stadt, wo ich ihn kennenlernte; **le pays où je suis né** das Land, in dem er geboren ist; **la chambre où il était** das Zimmer, in dem er war; **la ville où je vais** die Stadt, in die ich *ou* wohin ich fahre; **la pièce d'où il est sorti** das Zimmer, aus dem er herausging; **le village d'où je viens** das Dorf, aus dem ich komme; **les villes par où il est passé** die Städte, durch der er gefahren ist

2 (*temps, état*): **le jour où il est parti** der Tag, an dem er wegging; **au prix où sont les choses** bei den Preisen heutzutage

▶ *adv* (*interrogatif*: *situation*) wo; (: *direction*) wohin; **où est-elle?** wo ist sie?; **où va-t-il?** wohin geht er?; **d'où vient que ...?** wie kommt es, dass ...?

---

ouate ['wat] *nf* Watte *f*; **tampon d'~** Wattebausch *m*

oubli [ubli] *nm* (*acte*) Vergessen *nt*; (*étourderie, négligence*) Vergesslichkeit *f*; **le droit à l'~** (*Inform*) das Recht auf Vergessenwerden • **oublier** *vt* vergessen

oubliettes [ublijɛt] *nfpl* Verlies *nt*

ouest [wɛst] *nm* Westen *m* ▶ *adj inv* West-, westlich; **l'O~** (*région de France*) Westfrankreich *nt*; (*Pol*: *l'Occident*) der Westen; **à l'~ de** westlich von

Ouganda [ugãda] *nm*: **l'~** Uganda *nt*

oui ['wi] *adv* ja; **répondre (par) ~** mit Ja antworten

oui-dire ['widir] *nm inv*: **par ~** vom Hörensagen

ouïe [wi] *nf* Gehör *nt*; **ouïes** *nfpl* (*de poisson*) Kiemen *pl*

ouragan [uragã] *nm* Orkan *m*

ourler [urle] *vt* säumen • **ourlet** *nm* Saum *m*

ours [urs] *nm* Bär *m*; **~ blanc** Eisbär *m*; **~ brun** Braunbär *m*; **~ en peluche** Teddybär *m*

oursin [ursɛ̃] *nm* Seeigel *m*

ourson [ursɔ̃] *nm* Bärenjunge(s) *nt*

outil [uti] *nm* Werkzeug *nt*

outrage [utʀaʒ] *nm* Beleidigung *f*

outrance [utʀɑ̃s] *nf*: **à ~** bis zum Exzess

outre [utʀ] *nf* Schlauch *m* ▸ *prép* außer +*dat* ▸ *adv*: **en ~** außerdem

outremer [utʀəmɛʀ] *adj* ultramarin(blau) • **outre-mer** *adv*: **d'~** Übersee- • **outrepasser** *vt* überschreiten

outrer [utʀe] *vt* übertreiben; (*indigner*) aufbringen

outre-Rhin [utʀəʀɛ̃] *adv* auf der anderen Rheinseite

ouvert, e [uvɛʀ, ɛʀt] *adj* offen; (*robinet, gaz*) aufgedreht • **ouvertement** *adv* offen, freiheraus

ouverture [uvɛʀtyʀ] *nf* (*action*) Öffnen *nt*; (*orifice, Pol*) Öffnung *f*; **~ (du diaphragme)** (*Photo*) Blende *f*

ouvrable [uvʀabl] *adj*: **jour ~** Werktag *m*

ouvrage [uvʀaʒ] *nm* (*objet, œuvre*) Werk *nt*; (*Tricot etc*) Arbeit *f*

ouvrant, e [uvʀɑ̃, ɑ̃t] *adj*: **toit ~** (*Auto*) Schiebedach *nt*

ouvre-boîte, ouvre-boîtes [uvʀəbwat] *nm inv* Büchsenöffner *m* • **ouvre-bouteille, ouvre-bouteilles** *nm inv* Flaschenöffner *m*

ouvrier, -ière [uvʀije, ijɛʀ] *nm/f* Arbeiter(in) *m(f)* ▸ *adj* Arbeiter-

ouvrir [uvʀiʀ] *vt* öffnen; (*eau, électricité, chauffage*) anmachen; (*robinet*) aufdrehen ▸ *vi* (*magasin, théâtre*) aufmachen, öffnen; **s'ouvrir** *vpr* aufgehen, sich öffnen

Ouzbékistan [uzbekistɑ̃] *nm*: **l'~** Usbekistan *nt*

ovaire [ɔvɛʀ] *nm* Eierstock *m*

ovale [ɔval] *adj* oval

ovation [ɔvasjɔ̃] *nf* Ovation *f*

overdose [ɔvœʀdoz] *nf* Überdosis *f*

ovni [ɔvni] *sigle m* (= *objet volant non identifié*) UFO *nt*

ovulation [ɔvylasjɔ̃] *nf* Eisprung *m*

ovule [ɔvyl] *nm* Ei *nt*, Eizelle *f*; (*Méd*) Zäpfchen *nt*

oxyde [ɔksid] *nm* Oxid *nt*; **~ de carbone** Kohlenmonoxid *nt*

oxyder [ɔkside]: **s'~** *vpr* oxidieren

oxygène [ɔksiʒɛn] *nm* Sauerstoff *m*; **oxygéné, e** *adj*: **eau ~e** Wasserstoff(su)peroxid *nt*

ozone [ozon] *nm* Ozon *m ou nt*

p

pacemaker [pɛsmɛkœʀ] *nm* (Herz)schrittmacher *m*

pachyderme [paʃidɛʀm] *nm* Dickhäuter *m*

pacifier [pasifje] *vt* (*pays, peuple*) Ruhe und Frieden stiften in +*dat*; (*fig*) beruhigen

pacifique [pasifik] *adj* friedlich; (*personne*) friedfertig ▶ *nm* : **le P~** der Pazifische Ozean • **pacifiste** *nmf* Pazifist(in) *m(f)*

pacotille [pakɔtij] *nf* Billigware *f*

PACS [paks] *sigle m* (= *pacte civil de solidarité*) (standesamtlich) eingetragene Lebensgemeinschaft *f*

pacser [pakse] : **se ~** *vpr* eine eingetragene Lebensgemeinschaft eingehen

pacte [pakt] *nm* Pakt *m*; **~ d'alliance** Bündnis *nt*; **~ de non-agression** Nichtangriffspakt *m* • **pactiser** *vi* : **~ avec** sich einigen mit

pagaie [page] *nf* Paddel *nt*

pagaille [pagaj] *nf* Durcheinander *nt*

pagayer [pageje] *vi* paddeln

page [paʒ] *nf* Seite *f* ▶ *nm* Page *m*; **être à la ~** auf dem Laufenden sein; **~ d'accueil** (*Inform*) Homepage *f*; **~ de démarrage** (*Inform*) Startseite *f*; **~ Web** (*Inform*) Webseite *f*

pagination [paʒinasjɔ̃] *nf* Paginierung *f*

pagode [pagɔd] *nf* Pagode *f*

paie [pɛ] *nf* = **paye**

paiement [pɛmɑ̃] *nm* = **payement**

païen, ne [pajɛ̃, pajɛn] *adj* heidnisch ▶ *nm/f* Heide *m*, Heidin *f*

paillasse [pajas] *nf* (*matelas*) Strohsack *m*

paillasson [pajasɔ̃] *nm* (*de porte*) Fußmatte *f*

paille [paj] *nf* Stroh *nt*; (*pour boire*) Strohhalm *m*

pain [pɛ̃] *nm* Brot *nt*; **~ bis** Graubrot *nt*; **~ complet** Vollkornbrot *nt*; **~ d'épice(s)** Lebkuchen *m*; **~ de mie** Weißbrot *nt* (*ohne Kruste*); **~ grillé** Toast *m*

pair, e [pɛʀ] *adj* gerade ▶ *nf* Paar *nt*; **jeune fille au ~** Aupairmädchen *nt*; **une ~e de lunettes** eine Brille; **une ~e de tenailles** eine Beißzange

paisible [pezibl] *adj* friedlich; (*sommeil, lac*) ruhig • **paisiblement** *adv* friedlich

paix [pɛ] *nf* Frieden *m*

Pakistan [pakistɑ̃] *nm* : **le ~** Pakistan *nt*

palace [palas] *nm* Luxushotel *nt*

palais [palɛ] *nm* Palast *m*; (*Anat*) Gaumen *m*

Palatinat [palatina] *nm* : **le ~** die Pfalz *f*

pâle [pɑl] *adj* blass; **bleu/vert ~** blassblau/blassgrün

Palestine [palɛstin] *nf*: **la ~** Palästina *nt* • **palestinien, ne** *adj* palästinensisch ▸ *nm/f*: **P~, ne** Palästinenser(in) *m(f)*

palette [palɛt] *nf* Palette *f*

pâleur [palœʀ] *nf* Blässe *f*

palier [palje] *nm (d'escalier)* Treppenabsatz *m*

pâlir [paliʀ] *vi (personne)* erbleichen; *(couleur)* verblassen; **faire ~ qn** jdn blass werden lassen

palissade [palisad] *nf* Zaun *m*

palliatif, -ive [paljatif, iv] *adj* lindernd ▸ *nm* Überbrückungsmaßnahme *f*

pallier [palje] *vt* ausgleichen; **~ à** ausgleichen

palmarès [palmaʀɛs] *nm* Preisträgerliste *f*

palme [palm] *nf (Bot)* Palmzweig *m*; *(de plongeur)* Schwimmflosse *f* • **palmeraie** *nf* Palmenhain *m*

palmier [palmje] *nm* Palme *f*

pâlot, te [palo, ɔt] *adj* blass, blässlich

palper [palpe] *vt* befühlen, (ab)tasten

palpitant, e [palpitɑ̃, ɑ̃t] *adj* spannend, aufregend

palpitation [palpitasjɔ̃] *nf*: **avoir des ~s** Herzklopfen haben

palpiter [palpite] *vi (cœur, pouls)* schlagen

paludisme [palydism] *nm* Malaria *f*

pamphlet [pɑ̃flɛ] *nm* Schmähschrift *f*

pamplemousse [pɑ̃pləmus] *nm* Grapefruit *f*

pan [pɑ̃] *excl* peng ▸ *nm*: **~ de chemise** Hemdschoß *m*

panacée [panase] *nf* Allheilmittel *nt*

panache [panaʃ] *nm (faisceau de plumes)* Federbusch *m*; **se battre avec ~** beherzt kämpfen; **~ de fumée** Rauchfahne *f*

panaché, e [panaʃe] *adj*: **glace ~e** gemischtes Eis *nt* ▸ *nm (bière)* Alsterwasser *nt*

Panama [panama] *nm*: **le ~** Panama *nt*

pancarte [pɑ̃kaʀt] *nf* Schild *nt*; *(dans un défilé)* Transparent *nt*

panda [pɑ̃da] *nm* Panda(bär) *m*

pané, e [pane] *adj* paniert

panier [panje] *nm* Korb *m*; **~ à provisions** Einkaufskorb *m*; **~ de crabes** *(fig)* Schlangengrube *f*

panique [panik] *nf* Panik *f* • **paniquer** *vi* in Panik geraten

panne [pan] *nf* Panne *f*; **être** *ou* **tomber en ~** eine Panne haben; **être en ~ d'essence** kein Benzin mehr haben; **~ d'électricité** Stromausfall *m*; **~ de courant** Stromausfall

panneau, x [pano] *nm* Tafel *f*; **~ de signalisation** Straßenschild *nt*

panonceau [pɑ̃ɔso] *nm* Schild *nt*

panoplie [panɔpli] *nf (d'armes)* Waffensammlung *f*; *(d'arguments etc)* (ansehnliche) Reihe *f*; **~ de pompier/d'infirmière** *(jouet)* Feuerwehrmann-/Krankenschwesterausrüstung *f*

panorama [panɔʀama] *nm (vue)* Panorama *nt*; *(fig)* Übersicht *f* • **panoramique** *adj* Panorama-

pansement [pɑ̃smɑ̃] *nm*
Verband *m*

panser [pɑ̃se] *vt* verbinden;
(*cheval*) striegeln

pantalon [pɑ̃talɔ̃] *nm* Hose *f*;
~ de golf Golfhose *f*; **~ de ski**
Skihose *f*

panthère [pɑ̃tɛʀ] *nf* (*d'Afrique*)
Leopard *m*

pantin [pɑ̃tɛ̃] *nm* Hampelmann *m*

pantois [pɑ̃twa] *adj m* : **rester ~**
sprachlos sein

pantomime [pɑ̃tɔmim] *nf*
Pantomime *f*

pantoufle [pɑ̃tufl] *nf* Pantoffel *m*

PAO [peao] *sigle f* (= *publication
assistée par ordinateur*) DTP *nt*

paon [pɑ̃] *nm* Pfau *m*

papa [papa] *nm* Papa *m*

paparazzi [paparadzi] *nmpl*
Paparazzi *pl*

papaye [papaj] *nf* Papaya(frucht) *f*

pape [pap] *nm* : **le ~** der Papst

paperasse [papʀas] *nf*
Papierwust *m* • **paperasserie** *nf*
Papierwust *m*

papeterie [papetʀi] *nf* (*magasin*)
Schreibwarenladen *m* • **papetier,
-ière** *nm/f* (*commerçant*)
Schreibwarenhändler(in) *m(f)*

papier [papje] *nm* Papier *nt*;
(*feuille*) Blatt *nt* (Papier); **papiers**
nmpl (*d'identité*) (Ausweis)papiere
pl; **~ à lettres** Briefpapier *nt*;
~ d'emballage Packpapier *nt*;
~ en continu Endlospapier *nt*;
~ hygiénique Toilettenpapier *nt*;
~ kraft Packpapier *nt*; **~ peint**
Tapete *f*

papillon [papijɔ̃] *nm*
Schmetterling *m*; (*contravention*)
Strafzettel *m*

papoter [papɔte] *vi* schwatzen

paprika [papʀika] *nm*
Paprika *m*

pâque [pɑk] *nf* Passahfest *nt*;
Pâques *nfpl* Ostern *nt*

paquebot [pak(ə)bo] *nm*
Passagierschiff *nt*

pâquerette [pakʀɛt] *nf*
Gänseblümchen *nt*

Pâques [pɑk] *nfpl voir* **pâque**

paquet [pakɛ] *nm* Paket *nt*; (*de
cigarettes*) Päckchen *nt*
• **paquet-cadeau** (*pl
paquets-cadeaux*) *nm* :
pourriez-vous me faire un ~ ?
können Sie es bitte als Geschenk
einpacken?

---

par [paʀ]

prép **1** (*agent*) von; **la souris a
été mangée ~ le chat** die Maus
ist von der Katze gefressen
worden
2 (*lieu*) : **passer ~ Lyon** über
Lyon fahren; **passer ~ la côte**
an der Küste entlangfahren;
~ terre auf dem Boden; **~ le
haut/bas** von oben/unten;
~ ici hierher; (*dans la région*) hier;
~-ci, ~-là hier und da
3 (*fréquence, distribution*) pro;
trois fois ~ semaine dreimal
pro Woche *ou* in der Woche;
trois ~ jour/personne drei am
Tag/pro Person; **deux ~ deux**
(*marcher, entrer*) zu zweit;
(*prendre*) jeweils zwei
4 (*cause*) : **~ amour** aus Liebe
5 (*moyen*) mit; **~ la poste** mit
der Post; **finir/commencer ~
faire qch** schließlich/anfangs
etw tun

P

parabole [paʀabɔl] *nf (Rel)* Gleichnis *nt*; *(Math)* Parabel *f*
• **parabolique** *adj* Parabol-

parachever [paʀaʃ(ə)ve] *vt* vollenden

parachute [paʀaʃyt] *nm* Fallschirm *m* • **parachuter** *vt* mit dem Fallschirm absetzen; *(fam)* hineinkatapultieren
• **parachutisme** *nm* Fallschirmspringen *nt*

parade [paʀad] *nf* Parade *f*; *(Boxe)* Abwehr *f*; **de ~** Parade-; *(superficiel)* Schau-; **trouver la ~ à une attaque/mesure** einen Angriff/eine Maßnahme parieren; **faire ~ de qch** etw zur Schau stellen

parader [paʀade] *vi* herumstolzieren

paradis [paʀadi] *nm* Paradies *nt*
• **paradisiaque** *adj* paradiesisch, himmlisch

paradoxal, e, -aux [paʀadɔksal, o] *adj* paradox

paradoxe [paʀadɔks] *nm* Paradox *nt*

paraffine [paʀafin] *nf* Paraffin *nt*

parages [paʀaʒ] *nmpl (Naut)* Gewässer *pl*; **dans les ~ (de)** in der unmittelbaren Umgebung (von)

paragraphe [paʀagʀaf] *nm* Absatz *m*, Abschnitt *m*

Paraguay [paʀagwɛ] *nm* : **le ~** Paraguay *nt*

paraître [paʀɛtʀ] *vi (sembler)* scheinen; *(apparaître)* erscheinen; *(soleil)* herauskommen; **il paraît que** es scheint, dass; **il me paraît que** mir scheint, dass; **laisser ~**

qch etw zeigen; **~ en justice** vor Gericht erscheinen

parallèle [paʀalɛl] *adj* parallel; *(comparable)* vergleichbar ▶ *nf* Parallele *f* ▶ *nm* : **faire un ~ entre** eine Parallele ziehen zwischen; **~ (de latitude)** Breitengrad *m*

paralympique [paʀalɛ̃pik] *adj* paralympisch

paralyser [paʀalize] *vt* lähmen; *(grève)* lahmlegen • **paralysie** *nf* Lähmung *f*

paramètre [paʀamɛtʀ] *nm* Parameter *m*

paramilitaire [paʀamilitɛʀ] *adj* paramilitärisch

paranoïa [paʀanɔja] *nf* Verfolgungswahn *m*
• **paranoïaque** *nmf* Paranoiker(in) *m(f)*

parapente [paʀapɑ̃t] *nm (sport)* Gleitschirmfliegen *nt*

parapet [paʀapɛ] *nm* Brüstung *f*

parapluie [paʀaplɥi] *nm* Regenschirm *m*

parasite [paʀazit] *nm* Parasit *m*, Schmarotzer *m*; **parasites** *nmpl* *(Tél)* Störung *f*

parasol [paʀasɔl] *nm* Sonnenschirm *m*

paratonnerre [paʀatɔnɛʀ] *nm* Blitzableiter *m*

paravent [paʀavɑ̃] *nm* spanische Wand *f*

parc [paʀk] *nm* Park *m*; *(pour le bétail)* Pferch *m*; **~ à huîtres** Austernbank *f*; **~ automobile** *(d'un pays)* Wagenbestand *m*; **~ d'attractions** Vergnügungspark *m*; **~ éolien** Windfarm *f*; **~ national** Nationalpark *m*

parcelle [paʀsɛl] nf (de terrain) Parzelle f; (d'or, de vérité) Stückchen nt

parce que [paʀs(ə)kə] conj weil

parchemin [paʀʃəmɛ̃] nm Pergament nt

parcimonie [paʀsimɔni] nf Sparsamkeit f • **parcimonieux, -euse** adj äußerst sparsam

parcmètre [paʀkmɛtʀ] nm Parkuhr f

parcourir [paʀkuʀiʀ] vt gehen durch; (trajet, distance) zurücklegen; (en lisant) überfliegen

parcours [paʀkuʀ] nm Strecke f, Route f; (Sport) Parcours m; (Golf) Runde f

par-dessous [paʀdəsu] prép unter +dat; (avec mouvement) unter +acc ▶ adv darunter • **pardessus** nm Mantel m • **par-dessus** prép über +dat; (avec mouvement) über +acc ▶ adv darüber • **par-devant** adv vorne

pardon [paʀdɔ̃] nm Verzeihung f ▶ excl Verzeihung, Entschuldigung; (contradiction, pour interpeller) entschuldigen Sie; **je vous demande** ~ entschuldigen Sie • **pardonner** vt verzeihen, vergeben; ~ **qch à qn** jdm etw verzeihen

pare-balles [paʀbal] adj inv kugelsicher

pare-brise [paʀbʀiz] nm inv Windschutzscheibe f

pare-chocs [paʀʃɔk] nm inv Stoßstange f

pare-feu [paʀfø] nm inv Feuerschneise f; (Inform) Firewall f

pareil, le [paʀɛj] adj (identique) gleich ▶ adv: **habillés** ~ gleich angezogen; ~ **à** wie ▶ nm/f: **ne pas avoir son** ~ nicht seinesgleichen haben, ohnegleichen sein; **rendre la** ~**le à qn** jdm Gleiches mit Gleichem vergelten • **pareillement** adv ebenso

parent, e [paʀɑ̃, ɑ̃t] nm/f Verwandte(r) f(m) ▶ adj: **être** ~ **de qn** mit jdm verwandt sein; **parents** nmpl Eltern pl • **parental, e, -aux** adj elterlich • **parenté** nf Verwandtschaft f

parenthèse [paʀɑ̃tɛz] nf Klammer f; (digression) Einschub m; **entre** ~**s** in Klammern

parer [paʀe] vt schmücken, zieren; (Culin) vorbereiten; (éviter) abwehren; ~ **à** abwenden

pare-soleil [paʀsɔlɛj] nm inv Sonnenblende f

paresse [paʀɛs] nf Faulheit f • **paresseux, -euse** adj (personne, esprit) faul; (démarche, attitude) schwerfällig ▶ nm (Zool) Faultier nt

parfait, e [paʀfɛ, ɛt] adj perfekt, vollkommen; (accompli) völlig, total ▶ nm (Ling) Perfekt nt; (Culin) Parfait nt • **parfaitement** adv perfekt, ausgezeichnet; **cela lui est** ~ **égal** das ist ihm völlig ou vollkommen egal; ~ **!** doch!

parfois [paʀfwa] adv manchmal

parfum [paʀfœ̃] nm (produit) Parfüm nt; (de fleur) Duft m; (de tabac, vin) Aroma m • **parfumé, e** adj (papier à lettres etc, femme) parfümiert; (fleur, fruit) duftend, wohlriechend; ~ **au café** mit Kaffeegeschmack • **parfumer** vt parfümieren; (crème, gâteau)

aromatiser; **se parfumer** *vpr*
sich parfümieren • **parfumerie** *nf*
(boutique) Parfümerie *f*; **rayon ~**
Toilettenartikel *pl*

pari [paʀi] *nm* Wette *f*; **~ mutuel
urbain** Art von Pferdewette
• **parier** *vt* wetten

Paris [paʀi] Paris *nt* • **parisien,
ne** *adj* Pariser ▶ *nm/f*: **P~, ne**
Pariser(in) *m(f)*

paritaire [paʀiteʀ] *adj*:
commission ~ gemeinsamer
Ausschuss *m*

parité [paʀite] *nf* Gleichheit *f*

parjure [paʀʒyʀ] *nm* Meineid *m*

parka [paʀka] *nm* Parka *m*

parking [paʀkiŋ] *nm* Parkplatz
m; *(souterrain)* Tiefgarage *f*

parlé, e [paʀle] *adj*: **langue ~e**
gesprochene Sprache *f*

parlement [paʀləmã] *nm*
Parlament *nt*; **P~ européen**
Europaparlament *nt*
• **parlementaire** *adj*
parlamentarisch

parlementer [paʀləmãte] *vi*
verhandeln

parler [paʀle] *vi, vt* reden,
sprechen; **~ de** sprechen *ou* reden
von; **~ (à qn) de** (mit jdm) reden
über *+acc*; **~ (le) français**
Französisch sprechen; **~ en
français** französisch sprechen

parloir [paʀlwaʀ] *nm (de prison)*
Besuchszimmer *nt*

parmesan [paʀməzã] *nm*
Parmesan *m*

parmi [paʀmi] *prép* unter *+dat*

parodie [paʀɔdi] *nf* Parodie *f*

paroi [paʀwa] *nf (cloison)*
Trennwand *f*; **~ rocheuse**
Felswand *f*

paroisse [paʀwas] *nf* Pfarrei *f*

parole [paʀɔl] *nf (faculté)* Sprache
f; *(engagement)* Wort *nt*; **paroles**
nfpl (Mus) Text *m*; **prendre la ~**
das Wort ergreifen

parquer [paʀke] *vt (bestiaux)*
einsperren, einpferchen

parquet [paʀke] *nm (plancher)*
Parkett *nt*; **le ~** *(Jur)* die
Staatsanwaltschaft *f*

parrain [paʀɛ̃] *nm* Pate *m*;
(sponsor) Sponsor *m* • **parrainage**
nm (d'un enfant) Patenschaft *f*;
(patronage) Schirmherrschaft *f*;
(financier) Sponsering *nt*
• **parrainer** *vt* sponsern

parsemer [paʀsəme] *vt*
verstreut sein über *+acc*; **~ qch de**
etw bestreuen mit

part [paʀ] *nf (d'efforts, de peines)*
Anteil *m*; **faire ~ de qch à qn** jdm
etw mitteilen; **de la ~ de qn** von
jdm; **d'une ~ ..., d'autre ~**
einerseits ..., andererseits; **nulle
~** nirgendwo; **autre ~** anderswo;
quelque ~ irgendwo; **à ~**
beiseite; **à ~ cela** abgesehen
davon

partage [paʀtaʒ] *nm* Aufteilung *f*
• **partager** *vt* teilen; **se partager**
vpr sich *dat* (auf)teilen

partance [paʀtãs] *nf*: **le train en
~ pour Poitiers** der Zug nach
Poitiers

partant, e [paʀtã, ãt] *nm/f*
(Sport) Teilnehmer(in) *m(f)*

partenaire [paʀtənɛʀ] *nmf*
Partner(in) *m(f)*; **~s sociaux**
Sozialpartner *pl*

parterre [paʀtɛʀ] *nm (de fleurs)*
Blumenbeet *nt*; *(Théât)*
Parkett *nt*

parti [paʀti] nm Partei f;
prendre ~ (pour/contre qn)
(für/gegen jdn) ergreifen;
~ pris Voreingenommenheit f

participant, e [paʀtisipɑ̃, ɑ̃t]
nm/f Teilnehmer(in) m(f)
• **participation** nf Teilnahme f;
(Comm) Beteiligung f; (Pol)
Mitbestimmung f • **participe** m
Partizip nt; **~ passé** Partizip
Perfekt nt; **~ présent** Partizip
Präsens nt • **participer** vi : **~ à**
teilnehmen an +dat; (frais,
entreprise etc) sich beteiligen an
+dat

particularité [paʀtikylaʀite] nf
Besonderheit f

particule [paʀtikyl] nf Teilchen
nt; **~s fines** Feinstaub m

particulier, -ière [paʀtikylje, jɛʀ]
adj besondere(r, s); (personnel, privé)
privat; (individuel) eigene(r, s);
(cas) Einzel- ▶ nm (individu)
Privatperson f; **en ~** (à part)
gesondert; (en privé) vertraulich;
(surtout) besonders
• **particulièrement** adv besonders

partie [paʀti] nf Teil m; (Jur:
adversaire) Partei f; (de cartes,
tennis etc) Spiel m, Partie f; **en ~**
teilweise; **faire ~ de qch** zu etw
gehören; **en grande ~** zu einem
großen Teil; **en majeure ~**
hauptsächlich

partiel, le [paʀsjɛl] adj Teil-,
teilweise

partir [paʀtiʀ] vi gehen,
weggehen; (en voiture etc)
wegfahren; (train, bus etc)
abfahren; (avion) abfliegen; **~ de**
(lieu) aufbrechen von

partisan, e [paʀtizɑ̃, an] nm/f
Anhänger(in) m(f)

partition [paʀtisjɔ̃] nf Partitur f

partout [paʀtu] adv überall

paru, e [paʀy] pp de **paraître**

parure [paʀyʀ] nf (vêtements,
ornements) Staat m, Aufmachung
f; (de table, sous-vêtements)
Garnitur f; **~ de diamants**
Diamantschmuck m

parution [paʀysjɔ̃] nf (d'un livre)
Veröffentlichung f

parvenir [paʀvəniʀ] : **~ à** vt
erreichen; **~ à faire qch** es
schaffen, etw zu tun

parvenu, e [paʀvəny] nm/f (péj)
Emporkömmling m

parvis [paʀvi] nm Vorplatz m

pas¹ [pɑ] nm Schritt m; **~ à ~**
Schritt für Schritt; **rouler au ~** im
Schritttempo fahren

---

pas² [pɑ]

adv **1** (avec ne, non etc) nicht;
~ de (avec nom) kein, keine, kein;
je ne vais ~ à l'école ich gehe
nicht in die Schule; **je ne mange
~ de pain** ich esse kein Brot; **ils
n'ont ~ d'enfants** sie haben
keine Kinder; **il m'a dit de ne ~
le faire** er hat mir gesagt, dass
ich es nicht tun soll; **non ~ que
... nicht dass ...**; **je n'en sais ~
plus** mehr weiß ich nicht
darüber; **ce n'est ~ sans
peine/hésitation que ...** nicht
ohne Mühe/Zögern ...
2 (sans ne, non etc) : **~ moi** ich
nicht; **~ encore** noch nicht;
~ du tout überhaupt nicht;
tu viens ou ~? kommst du
oder nicht?; **elle travaille, lui ~
ou ~ lui** sie arbeitet, er nicht;
~ de sucre, merci! danke,

keinen Zuckerl; **une pomme ~
mûre** ein unreifer Apfel; **~ plus
tard qu'hier** nicht später als
gestern; **~ mal** nicht schlecht

passablement [pɑsabləmɑ̃] adv
(pas trop mal) ganz passabel; **~ de**
ziemlich viel(e)

passage [pɑsaʒ] nm (traversée)
Überfahrt f; (d'un état à l'autre, lieu)
Übergang m; **à niveau**
Bahnübergang m; « **~ interdit** »
„Durchfahrt verboten"; **~ protégé**
Vorfahrtsstraße f

passager, -ère [pɑsaʒe, ɛʀ] adj
vorübergehend ▸ nm/f
Passagier(in) m(f); **~ clandestin**
blinder Passagier m

passant, e [pɑsɑ̃, ɑ̃t] nm/f
Passant(in) m(f)

passe [pɑs] nf (Sport) Pass m ▸ nm
(passe-partout) Hauptschlüssel m

passé, e [pɑse] adj vergangen;
(couleur, tapisserie) verblasst
▸ prép : **~ 10 heures** nach 10 Uhr
▸ nm Vergangenheit f; **~ composé**
Passé composé nt; **~ simple**
Passé simple nt

passe-montagne [pɑsmɔ̃taɲ]
(pl **passe-montagnes**) nm
Kapuzenmütze f

passe-partout [pɑspaʀtu] nm
inv (clé) Hauptschlüssel m ▸ adj
inv : **tenue/phrase ~**
Allzweckkleidung f/
Allzweckwendung f

passeport [pɑspɔʀ] nm Pass m

passer [pɑse] vi (voiture)
vorbeifahren; (piétons, jours)
vorbeigehen; (air, soleil, lumière)
durchkommen; (temps, douleur)
vergehen; (film, pièce) laufen ▸ vt

(frontière, rivière etc) überqueren;
(temps, journée) verbringen; (café)
filtern; (thé, soupe) durchseihen;
(film) zeigen; (pièce, disque)
spielen; **~ par** gehen durch;
(véhicule) fahren durch;
(intermédiaire, organisme) gehen
über +acc; **~ sur** übergehen;
~ avant kommen vor; **laisser ~**
durchlassen; **~ en** ou **la seconde/
troisième** (Auto) in den zweiten/
dritten Gang schalten; **~ à la
radio/télévision** im Radio/
Fernsehen kommen; **~ à table**
sich zu Tisch setzen; **~ au salon**
ins Wohnzimmer gehen; **je vous
passe M. Blanc** ich verbinde Sie
mit Herrn Blanc; **se passer** vpr
(arriver) passieren, geschehen;
se ~ de qch auf etw acc
verzichten; **que s'est-il passé ?**
was ist passiert ou geschehen?

passerelle [pɑsʀɛl] nf (pont
étroit) Fußgängerbrücke f; (d'un
navire, avion) Gangway f

passe-temps [pɑstɑ̃] nm inv
Zeitvertreib m

passeur, -euse [pɑsœʀ, øz]
nm/f (de personnes)
Menschenschmuggler(in) m(f)

passif, -ive [pasif, iv] adj passiv

passion [pasjɔ̃] nf Leidenschaft f
• **passionnant, e** adj spannend
• **passionné, e** adj
leidenschaftlich • **passionner** vt
faszinieren, fesseln; (suj : débat,
discussion) begeistern; **se
passionner** vpr : **se ~ pour qch**
sich leidenschaftlich für etw
interessieren

passoire [pɑswaʀ] nf Sieb nt

pastèque [pastɛk] nf
Wassermelone f

pasteur [pastœʀ] nm Pfarrer(in) m(f)

pasteuriser [pastœʀize] vt pasteurisieren

pastiche [pastiʃ] nm Persiflage f

pastille [pastij] nf Pastille f

pastis [pastis] nm Pastis m

patate [patat] nf (fam) Kartoffel f

patauger [patoʒe] vi plan(t)schen; (fig) ins Schwimmen geraten in +dat; **~ dans** (en marchant) waten durch

pâte [pɑt] nf Teig m; (autre substance molle) Brei m, Paste f; **pâtes** nfpl (macaroni etc) Teigwaren pl; **~ brisée** Mürbeteig m; **~ feuilletée** Blätterteig m

pâté [pate] nm (charcuterie) Pastete f; **~ de foie** Leberpastete f; **~ de maisons** Häuserblock m; **~ en croûte** Fleischpastete f

pâtée [pate] nf Futterbrei m

paternel, le [patɛʀnɛl] adj väterlich

paternité [patɛʀnite] nf Vaterschaft f

pathétique [patetik] adj ergreifend

pathologie [patɔlɔʒi] nf Pathologie f • **pathologique** adj pathologisch

patiemment [pasjamɑ̃] adv geduldig

patience [pasjɑ̃s] nf Geduld f • **patient, e** adj geduldig ▶ nm/f Patient(in) m(f) • **patienter** vi sich gedulden

patin [patɛ̃] nm : **~s (à glace)** Schlittschuhe pl; **~s à roulettes** Rollschuhe pl • **patinage** nm Schlittschuhlaufen nt • **patiner** vi Patina f • **patiner** vi (personne)

Schlittschuh laufen; (embrayage) schleifen; (roue, voiture) nicht fassen • **patineur, -euse** nm/f Schlittschuhläufer(in) m(f) • **patinoire** nf Eisbahn f

pâtisserie [pɑtisʀi] nf (boutique) Konditorei f; (à la maison) Backen nt; **pâtisseries** nfpl (gâteaux) feine Kuchen pl, Gebäck nt • **pâtissier, -ière** nm/f Konditor(in) m(f)

patois [patwa] nm Mundart f

patriarche [patʀijaʀʃ] nm Patriarch m

patrie [patʀi] nf Vaterland nt, Heimat f

patrimoine [patʀimwan] nm Erbe nt; **~ génétique** ou **héréditaire** Erbgut nt

patriotique [patʀijɔtik] adj patriotisch

patriotisme [patʀijɔtism] nm Patriotismus m

patron, ne [patʀɔ̃, ɔn] nm/f (chef) Chef(in) m(f); (propriétaire) Besitzer(in) m(f) • **patronal, e, -aux** adj Arbeitgeber- • **patronat** nm Arbeitgeber pl • **patronner** vt (personne, entreprise) protegieren, sponsern

patronyme [patʀɔnim] nm Familienname m

patrouille [patʀuj] nf (Mil) Patrouille f; (de police) Streife f • **patrouiller** vi patrouillieren

patte [pat] nf (jambe) Bein nt; (pied) Pfote f

pâturage [pɑtyʀaʒ] nm Weide f

paume [pom] nf Handfläche f, Handteller m • **paumé, e** (fam) : **être ~(e)** nicht durchblicken; (désorienté) sich verirrt haben; **habiter dans un coin**

P

(complètement) ~ am Ende der
Welt wohnen • **paumer** vt (fam :
perdre) verlieren

paupière [popjɛʀ] nf Lid nt

paupiette [popjɛt] nf : **~ de veau**
Kalbsroulade f

pause [poz] nf Pause f

pauvre [povʀ] adj arm
• **pauvreté** nf Armut f

pavé, e [pave] adj gepflastert
▶ nm Pflasterstein m • **paver** vt
pflastern

pavillon [pavijɔ̃] nm Pavillon m;
(maisonnette, villa) Häuschen nt;
(drapeau) Flagge f

pavot [pavo] nm Mohn m

payant, e [pɛjɑ̃, ɑ̃t] adj (hôte,
spectateur) zahlend; (parking)
gebührenpflichtig

paye [pɛj] nf Lohn m

payement [pɛjmɑ̃] nm Zahlung
f; (d'employé) Bezahlung f

payer [pɛje] vt bezahlen, zahlen;
~ qch à qn jdm etw (be)zahlen;
~ comptant ou **en espèces** bar
zahlen

pays [pei] nm Land nt; **du ~** adj
einheimisch; **~ en voie de
développement**
Entwicklungsland nt

paysage [peizaʒ] nm Landschaft f
• **paysagiste** nmf (Art)
Landschaftsmaler(in) m(f); (de
jardin) Landschaftsarchitekt(in) m(f)

paysan, ne [peizɑ̃, an] nm/f
Bauer m, Bäuerin f

Pays-Bas [peiba] nmpl : **les ~** die
Niederlande pl

PC [pese] sigle m (= personal
computer) PC m

PCV [peseve] abr (= percevoir)
R-Gespräch nt

PDG [pedeʒe] sigle m
(= président-directeur général) voir
président

péage [peaʒ] nm (sur autoroute)
Straßenzoll m, Maut f; (sur pont)
Brückenzoll m; **autoroute à ~**
Autobahn f mit Straßenzoll

peau, x [po] nf Haut f; **~ de
banane** Bananenschale f

pêche [pɛʃ] nf (fruit) Pfirsich m;
(au poisson) Fischen nt; (: à la ligne)
Angeln nt; **aller à la ~** fischen/
angeln gehen

péché [peʃe] nm Sünde f • **pécher**
vi sündigen

pêcher [peʃe] nm (Bot)
Pfirsichbaum m ▶ vi (en mer)
fischen; (en rivière) angeln
• **pêcheur** nm Fischer(in) m(f),
Angler(in) m(f)

pédagogie [pedagɔʒi] nf
Pädagogik f • **pédagogique** adj
pädagogisch

pédale [pedal] nf Pedal nt
• **pédaler** vi in die Pedale treten

pédalo [pedalo] nm Tretboot nt

pédé [pede] nm (fam)
Schwule(r) m

pédestre [pedɛstʀ] adj :
randonnée ~ (excursion)
Wanderung f

pédiatre [pedjatʀ] nmf
Kinderarzt m, Kinderärztin f
• **pédiatrie** nf Pädiatrie f

pédicure [pedikyʀ] nmf
Fußpfleger(in) m(f)

pédophile [pedɔfil] adj pädophil
▶ nm Pädophile(r) f(m)

peeling [piliŋ] nm Peeling nt

peigne [pɛɲ] nm Kamm m
• **peigner** vt kämmen; **se peigner**
vpr sich kämmen • **peignoir** nm

Bademantel m; (déshabillé) Morgenmantel m

peinard, e [penaʀ, aʀd] adj (fam) gemütlich, geruhsam; **on est ~ ici** hier geht es gemütlich zu

peindre [pɛ̃dʀ] vt malen; (mur) streichen

peine [pɛn] nf (effort) Mühe f; (chagrin) Kummer m; **faire de la ~ à qn** jds Mitleid erwecken; **se donner de la ~** sich dat Mühe geben; **ce n'est pas la ~** es ist nicht nötig; **à ~** kaum; **défense d'afficher sous ~ d'amende** Plakatieren wird strafrechtlich verfolgt • **peiner** vt betrüben

peintre [pɛ̃tʀ] nm (ouvrier) Anstreicher(in) m(f); (Art) Maler(in) m(f); **~ en bâtiment** Anstreicher(in)

peinture [pɛ̃tyʀ] nf (Art) Malerei f; (tableau) Bild nt; (matière) Farbe f; (action : de mur) Anstreichen nt; (: de paysage, personne) Malen nt; **« ~ fraîche »** "frisch gestrichen"; **~ brillante** ou **laquée** Glanzlack m; **~ mate** Mattlack m

péjoratif, ive [peʒɔʀatif, iv] adj pejorativ, abwertend

Pékin [pekɛ̃] Peking nt

pelage [pəlaʒ] nm Fell nt

pêle-mêle [pɛlmɛl] adv durcheinander

peler [pəle] vt schälen ▶ vi sich schälen

pèlerin [pɛlʀɛ̃] nm Pilger(in) m(f) • **pèlerinage** nm Wallfahrt f

pelle [pɛl] nf Schaufel f

pellicule [pelikyl] nf (couche fine) Häutchen nt; (Photo, Ciné) Film m; **pellicules** nfpl Schuppen pl

pelote [p(ə)lɔt] nf (de fil, laine) Knäuel nt; **~ d'épingles** Nadelkissen nt; **~ basque** Pelota f

peloton [p(ə)lɔtɔ̃] nm (Sport) (Haupt)feld nt

pelotonner [p(ə)lɔtɔne] : **se ~** vpr sich zusammenrollen

pelouse [p(ə)luz] nf Rasen m

peluche [p(ə)lyʃ] nf : **animal en ~** Stofftier nt

pelure [p(ə)lyʀ] nf Schale f

pénal, e, -aux [penal, o] adj Straf-

pénaliser [penalize] vt bestrafen

pénalité [penalite] nf Strafe f; (Rugby) Strafstoß m

penalty [penalti] (pl **penalties**) nm Elfmeter m

penchant [pɑ̃ʃɑ̃] nm : **avoir un ~ pour qch** eine Vorliebe für etw haben

pencher [pɑ̃ʃe] vi sich neigen ▶ vt neigen; **se pencher** vpr sich vorbeugen; **~ pour** neigen zu; **se ~ sur** sich vertiefen in +acc

pendant, e [pɑ̃dɑ̃, ɑ̃t] prép während; **~ que** während

pendentif [pɑ̃dɑ̃tif] nm (bijou) Anhänger m

penderie [pɑ̃dʀi] nf (meuble) Kleiderschrank m

pendre [pɑ̃dʀ] vt aufhängen ▶ vi hängen; **se pendre** vpr : **se ~ (à)** sich aufhängen (an +dat); **se ~ à** sich hängen an +acc • **pendu, e** pp de **pendre** ▶ nm/f Gehängte(r) f(m)

pendule [pɑ̃dyl] nf (Wand)uhr f ▶ nm Pendel m

pénétrer [penetʀe] vi eindringen ▶ vt eindringen in +acc; **~ dans** ou **à l'intérieur de** eindringen in +acc

pénible [penibl] *adj* mühsam, schwierig; (*personne*) lästig
• **péniblement** *adv* mühsam; (*avec douleur*) schmerzlich

péninsule [penɛ̃syl] *nf* Halbinsel *f*

pénis [penis] *nm* Penis *m*

pénombre [penɔ̃bʀ] *nf* Halbdunkel *nt*

pensée [pɑ̃se] *nf* Gedanke *m*; (*faculté*) Denken *nt*; (Bot) Stiefmütterchen *nt*; **en ~** im Geist

penser [pɑ̃se] *vi* denken; (*réfléchir aussi*) nachdenken ▶ *vt* denken; (*imaginer*) sich *dat* denken; **~ à** denken an +*acc*; (*problème, offre*) nachdenken über +*acc*; **~ que** denken, dass • **pensif, -ive** *adj* nachdenklich

pension [pɑ̃sjɔ̃] *nf* (*allocation*) Rente *f*; (*prix du logement*) Unterkunft *f*; (*petit hôtel*) Pension *f*; **~ alimentaire** (*de divorcée*) Unterhalt *m* • **pensionnaire** *nmf* Pensionsgast *m* • **pensionnat** *nm* Internat *nt*

pensum [pɛ̃sɔm] *nm* (Scol) Strafarbeit *f*; (*fig*) lästige Arbeit *f*

pente [pɑ̃t] *nf* (*descente*) Abhang *m*; (*inclinaison*) Gefälle *nt*; **en ~** schräg, abfallend

Pentecôte [pɑ̃tkot] *nf*: **la ~** Pfingsten *nt*

pénurie [penyʀi] *nf* Mangel *m*

pépé [pepe] *nm* (*fam*) Opa *m*

pépin [pepɛ̃] *nm* (Bot) Kern *m*

pépinière [pepinjɛʀ] *nf* Baumschule *f*

perçant, e [pɛʀsɑ̃, ɑ̃t] *adj* (*vue*) scharf; (*cri, voix*) schrill

percée [pɛʀse] *nf* Durchbruch *m*; (*trouée*) Öffnung *f*

perce-neige [pɛʀsəneʒ] *nm inv* ou *nf inv* Schneeglöckchen *nt*

percepteur [pɛʀsɛptœʀ] *nm* Steuereinnehmer(in) *m(f)*

perceptible [pɛʀsɛptibl] *adj* wahrnehmbar

perception [pɛʀsɛpsjɔ̃] *nf* Wahrnehmung *f*; (*bureau*) Finanzamt *nt*

percer [pɛʀse] *vt* ein Loch machen in +*acc*; (*oreilles, narines*) durchstechen; (*abcès*) aufschneiden; (*trou, tunnel*) bohren • **perceuse** *nf* Bohrer *m*; **~ à percussion** Schlagbohrer *m*

percevoir [pɛʀsəvwaʀ] *vt* (*discerner*) wahrnehmen; (*taxe, impôt*) einnehmen

perche [pɛʀʃ] *nf* (*pièce de bois, métal*) Stange *f*; (*Zool*) Flussbarsch *m*; **~ à selfie** Selfiestick *m* • **perchoir** *nm* Stange *f*

percolateur [pɛʀkɔlatœʀ] *nm* Kaffeemaschine *f*

percussion [pɛʀkysjɔ̃] *nf*: **instrument à ~** Schlaginstrument *nt* • **percussionniste** *nmf* Schlagzeuger(in) *m(f)*

percuter [pɛʀkyte] *vt* stoßen auf +*acc*, schlagen auf +*acc* ▶ *vi*: **~ contre** knallen gegen

perdant, e [pɛʀdɑ̃, ɑ̃t] *nm/f* Verlierer(in) *m(f)*

perdre [pɛʀdʀ] *vt* verlieren; (*manquer*) verpassen; **~ son chemin** sich verirren; **~ connaissance/l'équilibre** das Bewusstsein/das Gleichgewicht verlieren; **se perdre** *vpr* (*s'égarer*) sich verirren

perdreau, x [pɛʀdʀo] *nm* Rebhuhnjunges *nt*

perdrix [pɛʀdʀi] nf Rebhuhn nt
perdu, e [pɛʀdy] adj verloren;
(isolé) abgelegen, gottverlassen;
(emballage) Einweg-
père [pɛʀ] nm Vater m; **pères** nmpl
(ancêtres) Vorväter pl; **de ~ en fils**
vom Vater auf den Sohn; **~ de
famille** Familienvater m; **~ Noël**:
le ~ Noël der Weihnachtsmann
péremption [peʀɑ̃psjɔ̃] nf: **date
de ~** Verfallsdatum nt
pérenne [peʀɛn] adj (emploi,
agriculture, développement)
dauerhaft
perfection [pɛʀfɛksjɔ̃] nf
Vollkommenheit f; **à la ~** tadellos
• **perfectionner** vt
vervollkommnen; **se
perfectionner** vpr: **se ~ en
anglais** sein Englisch verbessern
• **perfectionniste** nmf
Perfektionist(in) m(f)
perfide [pɛʀfid] adj heimtückisch
perforer [pɛʀfɔʀe] vt (Tech, Méd)
perforieren; (ticket, carte) lochen
• **perforeuse** nf Bohrer m
performance [pɛʀfɔʀmɑ̃s] nf
Leistung f • **performant, e** adj
leistungsfähig
perfusion [pɛʀfyzjɔ̃] nf Infusion f
péril [peʀil] nm Gefahr f
• **périlleux, -euse** adj gefährlich
périmé, e [peʀime] adj überholt;
(passeport) abgelaufen
périmètre [peʀimɛtʀ] nm (Math)
Umfang m; (ligne) Grenze f; (zone)
Umkreis m
période [peʀjɔd] nf Zeit f,
Zeitraum m • **périodique** adj
periodisch; (journal, publication)
regelmäßig erscheinend ▶ nm
(revue) Zeitschrift f

péripéties [peʀipesi] nfpl
Ereignisse pl, Vorfälle pl
périphérie [peʀifeʀi] nf
Peripherie f; (d'une ville)
Stadtrand m
périphérique [peʀifeʀik] adj
Außen- ▶ nm (Inform)
Peripheriegerät nt; **(boulevard)
~** Umgehungsstraße f
périple [peʀipl] nm Reise f
périr [peʀiʀ] vi (personne)
umkommen, sterben; (navire)
untergehen
périscolaire [peʀiskɔlɛʀ] adj
außerschulisch
périssable [peʀisabl] adj (denrée)
verderblich
perle [pɛʀl] nf Perle f
permanence [pɛʀmanɑ̃s] nf
Beständigkeit f; **en ~** permanent,
ständig • **permanent, e** adj
ständig; (constant, stable)
beständig, dauerhaft ▶ nf
Dauerwelle f
perméable [pɛʀmeabl] adj
durchlässig
permettre [pɛʀmɛtʀ] vt
erlauben; **~ qch à qn** jdm etw
erlauben; **se permettre** vpr: **se ~
qch** sich dat etw erlauben od
herausnehmen; **se ~ de faire qch**
sich dat erlauben, etw zu tun
permis, e [pɛʀmi, iz] nm
Genehmigung f; **~ d'inhumer**
Totenschein m; **~ de chasse**
Jagdschein m; **~ de conduire**
Führerschein m; **~ de pêche**
Angelschein m; **~ de séjour**
Aufenthaltsgenehmigung f; **~ de
travail** Arbeitsgenehmigung f
permissif, -ive [pɛʀmisif, iv]
adj freizügig

permission [pɛʀmisjɔ̃] nf
Erlaubnis f

permuter [pɛʀmyte] vt
austauschen ▶ vi tauschen

pernicieux, -euse [pɛʀnisjø, jøz]
adj (Méd) bösartig; (fig) gefährlich

Pérou [peʀu] nm : **le ~** Peru nt

perpendiculaire
[pɛʀpɑ̃dikylɛʀ] adj senkrecht;
~ à senkrecht zu

perpétuel, le [pɛʀpetɥɛl] adj
ständig, fortwährend; (fonction
etc) lebenslang

perpétuité [pɛʀpetɥite] nf : **à ~**
lebenslänglich; **être condamné
à ~** zu lebenslänglich verurteilt
werden

perplexe [pɛʀplɛks] adj ratlos
• **perplexité** f Ratlosigkeit f

perquisition [pɛʀkizisjɔ̃] nf
Haussuchung f

perron [peʀɔ̃] nm Freitreppe f

perroquet [peʀɔkɛ] nm
Papagei m

perruche [peʀyʃ] nf
Wellensittich m

perruque [peʀyk] nf Perücke f

persan, e [pɛʀsɑ̃, an] adj Perser-,
persisch • **Perse** nf: **la ~**
Persien nt

persécution [pɛʀsekysjɔ̃] nf
Verfolgung f

persévérant, e [pɛʀseveʀɑ̃, ɑ̃t]
adj ausdauernd, beharrlich
• **persévérer** vi nicht aufgeben

persiennes [pɛʀsjɛn] nfpl
Fensterläden pl (mit schrägen
Latten)

persil [pɛʀsi] nm Petersilie f

persistant, e [pɛʀsistɑ̃, ɑ̃t] adj
anhaltend • **persister** vi

fortdauern; (personne) nicht
aufhören

personnage [pɛʀsɔnaʒ] nm
Persönlichkeit f; (Litt) Person f
• **personnaliser** vt (voiture,
appartement) eine persönliche
Note geben +dat • **personnalité**
nf Persönlichkeit f

personne [pɛʀsɔn] nf Person f
▶ pron niemand; **personnes** nfpl
Menschen pl; **en ~** persönlich;
~ âgée älterer Mensch m
• **personnel, le** adj persönlich
▶ nm (employés) Personal nt
• **personnellement** adv
persönlich

perspective [pɛʀspɛktiv] nf
Perspektive f; (point de vue)
Blickwinkel m; **perspectives**
nfpl Aussichten pl; **en ~** in
Aussicht

perspicace [pɛʀspikas] adj
scharfsinnig

persuader [pɛʀsɥade] vt
überzeugen; **~ qn de qch** jdn von
etw überzeugen; **~ qn de faire
qch** jdn dazu überreden, etw zu
tun; **j'en suis persuadé** davon
bin ich überzeugt • **persuasif,
-ive** adj überzeugend
• **persuasion** nf
Überzeugung(skraft) f

perte [pɛʀt] nf Verlust m; **à ~** mit
Verlust

pertinemment [pɛʀtinamɑ̃]
adv treffend; (savoir) genau
• **pertinent, e** adj treffend

perturbation [pɛʀtyʀbasjɔ̃] nf
Störung f; (agitation) Unruhe f;
~ (atmosphérique)
atmosphärische Störungen pl

perturber [pɛʀtyʀbe] vt stören;
(personne) beunruhigen

pervers, e [pɛʀvɛʀ, ɛʀs] *adj*
pervers ▶ *nm/f* perverser
Mensch *m*

pervertir [pɛʀvɛʀtiʀ] *vt*
verderben

pesamment [pəzamɑ̃] *adv*
schwerfällig

pesant, e [pəzɑ̃, ɑ̃t] *adj* schwer;
(présence) lästig; *(sommeil)* tief

pèse-bébé [pɛzbebe] *(pl*
pèse-bébé(s)) *nm*
Säuglingswaage *f* • **pèse-lettre**
(pl **pèse-lettre(s))** *nm*
Briefwaage *f*

peser [pəze] *vt* wiegen ▶ *vi*
schwer wiegen

pessimisme [pesimism] *nm*
Pessimismus *m* • **pessimiste** *adj*
pessimistisch ▶ *nmf* Pessimist(in)
m(f)

peste [pɛst] *nf* Pest *f*

pester [pɛste] *vi* : **~ contre**
schimpfen auf +*acc*

pesticide [pɛstisid] *nm*
Schädlingsbekämpfungsmittel *nt*,
Pestizid *nt*

pet [pɛ] *nm (fam)* Furz *m*

pétale [petal] *nm* Blütenblatt *nt*

pétanque [petɑ̃k] *nf*
südfranzösisches Kugelspiel

pétard [petaʀ] *nm* Knallkörper *m*;
(de cotillon) Knallbonbon *m* ou *nt*

péter [pete] *vi (fam) (personne)*
furzen

pétiller [petije] *vi* knistern;
(mousse, écume, champagne)
perlen; *(joie, yeux)* funkeln

petit, e [p(ə)ti, -it] *adj* klein;
(court) kurz; *(bruit, cri)* schwach
▶ *nm/f (petit enfant)* Kleinkind *nt*;
~ à ~ nach und nach; **~(e)
ami(e)** Freund(in) *m(f)*; **~s pois**

Erbsen *pl* • **petit-bourgeois,
petite-bourgeoise** *(pl* **petits-
bourgeois, petites-
bourgeoises)** *(péj) adj*
kleinbürgerlich ▶ *nm/f*
Kleinbürger(in) *m(f)*,
Spießbürger(in) *m(f)* • **petit-
déjeuner** *(pl* **petits-déjeuners)**
nm Frühstück *nt* • **petite-fille**
(pl **petites-filles)** *nf* Enkelin *f*
• **petit-fils** *(pl* **petits-fils)** *nm*
Enkel *m*

pétition [petisjɔ̃] *nf* Petition *f*

petit-nègre [p(ə)tinɛgʀ] *nm (péj)*
Kauderwelsch *nt*

petits-enfants [p(ə)tizɑ̃fɑ̃]
nmpl Enkelkinder *pl*, Enkel *pl*

petit-suisse [p(ə)tisɥis] *(pl*
petits-suisses) *nm* Frischkäse in
Portionstöpfchen

pétrir [petʀiʀ] *vt* kneten

pétrole [petʀɔl] *nm* Öl *nt*; **lampe
à ~** Paraffinlampe *f* • **pétrolier,
-ière** *adj* Öl- ▶ *nm (navire)*
Öltanker *m*

---

peu [pø]

▶ *adv* **1** wenig; **il boit ~** er trinkt
wenig; **~ avant/après** kurz
davor/danach

2 : **~ de** *(nombre)* wenige;
(quantité) wenig; **~ de femmes**
wenige Frauen; **il a ~ de
pain/d'espoir** er hat wenig
Brot/Hoffnung; **~ de gens le
savent** nur wenige wissen das;
à ~ de frais billig; **pour ~ de
temps** (für) kurze Zeit

3 *(locutions)* : **à ~** nach und
nach; **à ~ près** ungefähr; **à ~
près 10 kg/10 euros** ungefähr
10 kg/10 Euro; **avant** ou **sous ~**

peuple 270

bald; **de ~** knapp; **il s'en est
fallu de ~** es wäre beinahe
passiert; **depuis ~** seit Kurzem
▶ nm 1: **le ~ de gens qui** die
wenigen Leute, die; **le ~ de
courage qui nous restait** das
bisschen Mut, das uns noch
blieb
2: **un ~** ein bisschen, ein wenig;
un ~ d'espoir ein bisschen
Hoffnung; **un petit ~** ein kleines
bisschen; **elle est un ~ grande**
sie ist ein bisschen groß;
essayez un ~ ! versucht ihr es
einmal!; **un ~ plus/moins de**
etwas mehr/weniger

peuple [pœpl] nm Volk nt
• **peupler** vt bevölkern
peuplier [pøplije] nm Pappel f
peur [pœʀ] nf Angst f; **avoir ~
que** fürchten, dass ; **peureux,
-euse** adj ängstlich
peut-être [pøtɛtʀ] adv vielleicht;
~ bien es kann gut sein; **~ que** es
kann sein, daß
pH [peaʒ] abr m (= potentiel
d'hydrogène) pH-Wert m
phallocrate [falɔkʀat] nm
Macho m
phare [faʀ] nm (en mer)
Leuchtturm m; (d'un aéroport)
Leuchtfeuer nt; (de véhicule)
Scheinwerfer m; **se mettre en ou
mettre ses ~s** Fernlicht
einschalten
pharmaceutique [faʀmasøtik]
adj pharmazeutisch
pharmacie [faʀmasi] nf (science)
Pharmazie f; (magasin) Apotheke
f; (produits) Arzneimittel pl
• **pharmacien, ne** nm/f
Apotheker(in) m(f)

pharynx [faʀɛ̃ks] nm Rachen m
phase [faz] nf Phase f
phénomène [fenɔmɛn] nm
Phänomen nt; (excentrique)
(komischer) Kauz m
philharmonique [filaʀmɔnik]
adj philharmonisch
philippin, e [filipɛ̃, in] adj
philippinisch
Philippines [filipin] nfpl : **les ~**
die Philippinen pl
philistin [filistɛ̃] nm Banause m
philosophe [filɔzɔf] nmf
Philosoph(in) m(f) ▶ adj
philosophisch • **philosophie** nf
Philosophie f; (calme, résignation)
Gelassenheit f • **philosophique**
adj philosophisch
phobie [fɔbi] nf Phobie f; (horreur)
Abscheu m
phonétique [fɔnetik] adj
phonetisch ▶ nf Phonetik f
phoque [fɔk] nm Seehund m
phosphate [fɔsfat] nm
Phosphat nt
phosphore [fɔsfɔʀ] nm
Phosphor m
photo¹ [fɔto] nf Foto nt; **prendre
qn en ~** ein Foto von jdm machen;
faire de la ~ fotografieren;
~ d'identité Passbild nt
photo² [fɔto] préf foto-, Foto-
photocopie [fɔtokɔpi] nf
Fotokopie f • **photocopier** vt
fotokopieren • **photocopieur**
nm, photocopieuse nf (machine)
Fotokopierer m, Kopiergerät nt
photo-finish [fɔtofiniʃ] (pl
photos-finish) nf (appareil)
Zielkamera f; (photo) Zielfoto nt
photogénique [fɔtoʒenik] adj
fotogen

photographe [fɔtɔgraf] nmf
Fotograf(in) m(f) • **photographie**
nf Fotografie f • **photographier**
vt fotografieren
• **photographique** adj
fotografisch

photomontage [fɔtɔmɔ̃taʒ] nm
Fotomontage f

phrase [fraz] nf Satz m

physicien, ne [fizisjɛ̃, jɛn] nm/f
Physiker(in) m(f)

physiologique [fizjɔlɔʒik] adj
physiologisch

physionomie [fizjɔnɔmi] nf
Gesichtsausdruck m; (fig)
Gestalt f

physique [fizik] adj physisch;
(Phys) physikalisch; (douleur, peur,
amour) körperlich ▶ nm (d'une
personne) Statur f ▶ nf: **la ~** die
Physik; **au ~** körperlich
• **physiquement** adv (au physique)
körperlich

pianiste [pjanist] nmf Pianist(in)
m(f)

piano [pjano] nm Klavier nt

pianoter [pjanɔte] vi (jouer du
piano) (auf dem Klavier) klimpern;
~ sur mit den Fingern trommeln
auf +acc

PIB [peibe] sigle m (= produit
intérieur brut)
Bruttoinlandsprodukt nt, BIP nt

pic [pik] nm (instrument)
Spitzhacke f; (montagne, cime)
Gipfel m; (Zool) Specht m; **à ~**
(verticalement) senkrecht

Picardie [pikardi] nf Picardie f

pichet [piʃɛ] nm Krug m

pickpocket [pikpɔkɛt] nm
Taschendieb(in) m(f)

picorer [pikɔre] vt picken

picoter [pikɔte] vt picken ▶ vi
(piquer, irriter) stechen, prickeln

pictogramme [piktɔgram] nm
Piktogramm nt

pie [pi] nf Elster f

pièce [pjɛs] nf Stück nt; (d'un
logement) Zimmer nt; (de monnaie)
Münze f; **un deux-~s cuisine**
eine Zweizimmerwohnung mit
Küche; **~ d'identité** Ausweis m;
~ de rechange Ersatzteil nt;
~ jointe (de lettre) Anlage f,
(Inform) Attachment nt;
~ montée Baumkuchen m; **~s
détachées** Einzelteile pl

pied [pje] nm Fuß m; (d'un verre)
Stiel m; (de meuble) Bein nt; **à ~** zu
Fuß; **mettre sur ~** auf die Beine
stellen • **pied-à-terre** nm im
Zweitwohnung f • **pied-noir** (pl
pieds-noirs) nm in Algerien
geborener Franzose

piège [pjɛʒ] nm Falle f

piéger [pjeʒe] vt in der Falle
fangen; (avec une bombe, mine)
verminen; **lettre piégée**
Briefbombe f; **voiture piégée**
Autobombe f

piercing [pjɛrsiŋ] nm Piercing nt

pierrade [pjɛrad] nf Tischgrill m

pierre [pjɛr] nf Stein m;
~ précieuse Edelstein m

piétiner [pjetine] vi auf der Stelle
treten; (fig) stocken ▶ vt
herumtrampeln auf +dat

piéton, ne [pjetɔ̃, ɔn] nm/f
Fußgänger(in) m(f) • **piétonnier,
-ière** adj Fußgänger-

pieu, x [pjø] nm Pfahl m

pieuvre [pjœvr] nf Tintenfisch m

pieux, -euse [pjø, pjøz] adj
fromm

pif [pif] *nm (fam)* Riechkolben *m*;
au ~ nach dem Gefühl

piffer [pife] *vt (fam)* : **je ne peux
pas le ~** ich kann ihn nicht
riechen

pifomètre [pifɔmɛtʀ] *nm (fam)*
Gefühl *nt*; **au ~** nach dem Gefühl

pigeon [piʒɔ̃] *nm (Zool)* Taube *f*
• **pigeonnier** *nm* Taubenschlag *m*

piger [piʒe] *vt, vi (fam)* kapieren

pigiste [piʒist] *nmf (journaliste)*
freiberufliche(r) Journalist(in) *m(f)*
(der/die nach Zeilen bezahlt wird)

pigment [pigmã] *nm*
Pigment *nt*

pignon [piɲɔ̃] *nm (d'un mur)*
Giebel *m*; *(d'un engrenage)* Zahnrad
nt; **avoir ~ sur rue** gut etabliert
sein

pile [pil] *nf (tas)* Stapel *m*, Stoß *m*;
(Élec) Batterie *f*

pilier [pilje] *nm* Pfeiler *m*;
(personne) Stütze *f*

piller [pije] *vt* plündern

pilon [pilɔ̃] *nm (instrument)*
Stößel *m*

pilotage [pilɔtaʒ] *nm (d'avion)*
Fliegen *nt*; **~ automatique**
Autopilot *m*

pilote [pilɔt] *nm (Naut)* Lotse *m*;
(Aviat) Pilot *m*; **~ d'essai**
Versuchspilot *m*; **~ de chasse**
Jagdflieger *m*; **~ de course**
Rennfahrer *m*; **~ de ligne**
Linienpilot *m* • **piloter** *vt (navire)*
lotsen; *(automobile)* fahren

pilule [pilyl] *nf* Pille *f*; **~ du
lendemain** Pille *f* danach

piment [pimã] *nm* Peperoni *f*;
(fig) Würze *f*

pin [pɛ̃] *nm* Kiefer *f*; *(bois)*
Kiefernholz *nt*

pinard [pinaʀ] *nm (fam)* Wein *m*

pince [pɛ̃s] *nf (outil)* Zange *f*; *(d'un
homard, crabe)* Schere *f*; **~ à épiler**
Pinzette *f*; **~ à linge**
Wäscheklammer *f*

pincé, e [pɛ̃se] *adj (air)* steif;
(sourire, bouche) verkniffen ▶ *nf*:
une ~e de sel/poivre eine Prise
Salz/Pfeffer

pinceau, x [pɛ̃so] *nm* Pinsel *m*

pincer [pɛ̃se] *vt* kneifen; *(cordes)*
zupfen

pince-sans-rire [pɛ̃ssɑ̃ʀiʀ] *nm
inv* Mensch, der mit
unerschütterlicher Miene Witze
erzählt

pincettes [pɛ̃sɛt] *nfpl* Pinzette *f*;
(pour le feu) Feuerzange *f*

pingouin [pɛ̃gwɛ̃] *nm* Pinguin *m*

ping-pong [piŋpɔ̃g] *nm*
Pingpong *nt*, Tischtennis *nt*

pingre [pɛ̃gʀ] *adj* knauserig

pin's [pinz] *nm* Pin *m*, Anstecker *m*

pinson [pɛ̃sɔ̃] *nm* Buchfink *m*

pintade [pɛ̃tad] *nf* Perlhuhn *nt*

pioche [pjɔʃ] *nf (outil)* Spitzhacke *f*
• **piocher** *vt* aufhacken

pion, ne [pjɔ̃, pjɔn] *nm/f (Scol :
surveillant)* Aufsicht *f* ▶ *nm (de jeu)*
Figur *f*; *(Échecs)* Bauer *m*

pionnier [pjɔnje] *nm* Pionier *m*

pipe [pip] *nf* Pfeife *f*

pipeau, x [pipo] *nm (flûte)*
(Weiden)flöte *f*

pipeline [piplin] *nm* Pipeline *f*

pipérade [pipeʀad] *nf* Omelett
nt mit Tomaten und Paprika

pipi [pipi] *nm (fam)* : **faire ~**
Pipi machen

piquant, e [pikã, ãt] *adj (barbe)*
kratzig; *(saveur, fig)* scharf

pique [pik] *nf (arme)* Pike *f*, Spieß *m* ▶ *nm (Cartes)* Pik *nt*

pique-assiette [pikasjɛt] *nm inv (péj)* Schmarotzer(in) *m(f)*

pique-nique [piknik] *(pl* **pique-niques)** *nm* Picknick *nt*
• **pique-niquer** *vi* ein Picknick machen

piquer [pike] *vt* stechen; *(Méd)* eine Spritze geben +*dat*; *(serpent, fumée, froid)* beißen; *(barbe)* kratzen; **se piquer** *vpr (avec une aiguille)* sich stechen; *(avec une seringue)* sich spritzen

piquet [pikɛ] *nm* Pflock *m*; *(de tente)* Hering *m*

piquette [pikɛt] *nf (fam : vin)* Beerenwein *m*

piqûre [pikyʀ] *nf (d'épingle, d'insecte)* Stich *m*; *(d'ortie)* Brennen *nt*; *(de danse)* Spritze *f*; **faire une ~ à qn** jdm eine Spritze setzen *ou* geben

piratage [piʀataʒ] *nm (Inform)* Hacken *nt*

pirate [piʀat] *nm* Pirat *m*; **~ de l'air** Luftpirat *m*; **~ informatique** Hacker(in) *m(f)*
• **pirater** *vt* eine Raubkopie machen von

pire [piʀ] *adj (comparatif)* schlechter, schlimmer ▶ *nm* : **le ~ (de)** der/die/das Schlechteste unter +*dat*; **le/la ~ ...** *(adjectif)* der/die/das schlechteste ...

pirouette [piʀwɛt] *nf* Pirouette *f*; **répondre par une ~** geschickt ausweichen

pis [pi] *nm (de vache)* Euter *nt* ▶ *adj* schlimm ▶ *adv* schlimmer

pis-aller [pizale] *nm inv* Notlösung *f*, Notbehelf *m*

pisciculture [pisikyltyʀ] *nf* Fischzucht *f*

piscine [pisin] *nf* Schwimmbad *nt*; **~ couverte** Hallenbad *nt*; **~ en plein air** Freibad *nt*

pissenlit [pisɑ̃li] *nm* Löwenzahn *m*

pisser [pise] *vi (fam)* pinkeln

pistache [pistaʃ] *nf* Pistazie *f*

piste [pist] *nf* Spur *f*; *(d'un hippodrome, vélodrome)* Bahn *f*; *(de stade)* Rennbahn *f*; *(de cirque)* Ring *m*; *(de danse)* Tanzfläche *f*; *(de ski)* Piste *f*; *(sentier)* Weg *m*; *(Aviat)* Start- und Landebahn *f*; **~ cyclable** Radweg *m*

pistolet [pistolɛ] *nm* Pistole *f*; *(à peinture)* Spritzpistole *f*; **~ à air comprimé** Luftgewehr *nt*
• **pistolet-mitrailleur** *(pl* **pistolets-mitrailleurs)** *nm* Maschinenpistole *f*

piston [pistɔ̃] *nm* Kolben *m*

pistonner [pistone] *vt* Beziehungen spielen lassen für

piteux, -euse [pitø, øz] *adj* jämmerlich

pitié [pitje] *nf* Mitleid *nt*; **avoir ~ de qn** Mitleid mit jdm haben; **faire ~** Mitleid erregen

piton [pitɔ̃] *nm* Haken *m*; **~ rocheux** Felsnase *f*

pitoyable [pitwajabl] *adj* erbärmlich

pitre [pitʀ] *nm* Clown *m*

pittoresque [pitoʀɛsk] *adj (lieu)* malerisch; *(expression, détail)* anschaulich, bildhaft

pivert [pivɛʀ] *nm* Grünspecht *m*

pivoine [pivwan] *nf* Pfingstrose *f*

pivot [pivo] *nm (axe)* Lagerzapfen *m*, Drehzapfen *m*; *(fig)* Dreh- und

Angelpunkt m • **pivoter** vi sich drehen

pixel [piksɛl] nm Pixel nt

pizza [pidza] nf Pizza f

PJ [peʒi] sigle f (= police judiciaire) Kriminalpolizei f; (= pièce jointe) Anl

placard [plakaʀ] nm (armoire) Schrank m; (affiche, écriteau) Plakat nt; **~ publicitaire** Großanzeige f

place [plas] nf Platz m; (endroit) Ort m, Platz; (situation) Lage f; (emploi) Stelle f; **sur ~** an Ort und Stelle; **à votre ~** an Ihrer Stelle; **à la ~ de** anstelle von; **il y a 20 ~s assises/debout** es gibt 20 Sitzplätze/Stehplätze

placebo [plasebo] nm Placebo nt

placement [plasmã] nm (investissement) Anlage f

placenta [plasɛ̃ta] nm Plazenta f

placer [plase] vt setzen, stellen, legen

placide [plasid] adj ruhig, gelassen

plafond [plafɔ̃] nm Decke f • **plafonner** vi (Aviat) die Gipfelhöhe erreichen; (fig) die Obergrenze erreichen

plage [plaʒ] nf Strand m; (d'un lac, fleuve) Ufer nt; **~ arrière** (Auto) Hutablage f

plagier [plaʒje] vt plagiieren

plaider [plede] vt (cause) verteidigen, vertreten; **~ pour ou en faveur de qn** für jdn sprechen

plaie [plɛ] nf Wunde f

plaignant, e [plɛɲã, ãt] adj klagend ▶ nm/f Kläger(in) m(f)

plaindre [plɛ̃dʀ] vt bedauern; **se plaindre** vpr : **se ~ à qn de**

qn/qch sich bei jdm über jdn/etw beklagen

plaine [plɛn] nf Ebene f

plain-pied [plɛ̃pje] : **de ~** adv auf gleicher Höhe

plainte [plɛ̃t] nf Klage f; **porter ~** klagen

plaire [plɛʀ] vi gefallen; **s'il vous plaît** bitte

plaisance [plɛzɑ̃s] nf (aussi : navigation de plaisance) Hobbysegeln nt

plaisant, e [plɛzã, ãt] adj (maison, décor, site) schön; (personne) angenehm; (histoire, anecdote) amüsant, unterhaltend • **plaisanter** vi Spaß machen, scherzen • **plaisanterie** nf Scherz m, Spaß m

plaisir [pleziʀ] nm Vergnügen nt; (joie) Freude f; **faire ~ à qn** jdm eine Freude machen; **prendre ~ à qch** Gefallen an etw dat finden; **pour le ~** zum reinen Vergnügen

plan, e [plã, an] adj eben ▶ nm Plan m; **au premier/second ~** im Vordergrund/Hintergrund; **à l'arrière ~** im Hintergrund; **de premier/second ~** erst-/ zweitrangig; **sur le ~ sexuel** was das Sexuelle betrifft; **~ d'eau** Wasserfläche f

planche [plɑ̃ʃ] nf Brett nt; **~ à repasser** Bügelbrett nt; **~ à roulettes** Skateboard nt; **~ à voile** Surfbrett nt; (sport) Windsurfen nt

plancher [plɑ̃ʃe] nm Fußboden m

planchiste [plɑ̃ʃist] nmf Windsurfer(in) m(f)

plancton [plɑ̃ktɔ̃] nm Plankton nt

planer [plane] *vi* gleiten; *(fumée, odeur)* in der Luft hängen; *(être euphorique)* schweben; **~ sur** schweben über +*dat*

planétaire [planetɛʀ] *adj* Planeten-

planète [planɛt] *nf* Planet *m*

planeur [plɑnœʀ] *nm* Segelflugzeug *nt*

planification [planifikasjɔ̃] *nf* Planung *f*

planifier [planifje] *vt* planen

planning [planiŋ] *nm* Planung *f*; **~ familial** Familienplanung *f*

planque [plɑ̃k] *nf (fam) (emploi)* ruhige Kugel *f*; *(cachette)* Versteck *nt*

plantation [plɑ̃tasjɔ̃] *nf* Pflanzung *f*, Plantage *f*

plante [plɑ̃t] *nf* Pflanze *f*; **~ du pied** Fußsohle *f* • **planter** *vt* pflanzen, einschlagen; *(tente)* aufschlagen; **se planter** *vpr (ordinateur)* abstürzen

plantureux, -euse [plɑ̃tyʀø, øz] *adj (repas)* reichlich; *(femme, poitrine)* üppig

plaque [plak] *nf* Platte *f*; *(avec inscription)* Schild *nt*; **~ d'immatriculation** *ou* **minéralogique** Nummernschild *nt*, Kraftfahrzeugkennzeichen *nt*; **~ d'identité** Erkennungsmarke *f*; **~ de chocolat** Tafel *f* Schokolade

plaquer [plake] *vt (fam : laisser tomber)* sitzen lassen; **se plaquer** *vpr* : **se ~ contre** sich pressen gegen

plasma [plasma] *nm* Plasma *nt*

plastic [plastik] *nm* Plastiksprengstoff *m*

plastifié, e [plastifje] *adj* plastiküberzogen

plastique [plastik] *adj* plastisch ▶ *nm* Plastik *nt*; **en ~** Plastik-

plat, e [pla, at] *adj* flach ▶ *nm (récipient)* Schale *f*; *(mets)* Gericht *nt*; **le premier/deuxième ~** *(d'un repas)* der erste/zweite Gang; **à ~ ventre** bäuchlings; **à ~** *(horizontalement)* horizontal; **pneu à ~** platter Reifen *m*; **batterie à ~** leere Batterie *f*; **~ cuisiné** Fertiggericht *nt*; **~ de résistance** Hauptgericht *nt*; **~ du jour** Tagesgericht *nt*

platane [platan] *nm* Platane *f*

plateau, x [plato] *nm* Platte *f*; *(Géo)* Plateau *nt*; *(Radio, TV)* Studiobühne *f*

plate-bande [platbɑ̃d] *(pl* **plates-bandes)** *nf* Rabatte *f*, Beet *nt* • **plate-forme** *(pl* **plates-formes)** *nf* : **~ de forage** Bohrinsel *f*; **~ pétrolière** Ölbohrinsel *f*

platine [platin] *nm (métal)* Platin *nt*; **~ laser** CD-Player *m*

platonique [platɔnik] *adj* platonisch

plâtre [plɑtʀ] *nm* Gips *m*

plausibilité [plozibilite] *nf* Plausibilität *f* • **plausible** *adj* plausibel

play-back [plɛbak] *nm inv* Play-back *nt*

plein, e [plɛ̃, plɛn] *adj* voll ▶ *nm* : **faire le ~** *(d'essence)* volltanken; **~ de** voller; **à ~ temps ~** ganztags; **en ~ air** im Freien; **en ~ mer** auf hoher See; **en ~ rue** mitten auf der Straße; **en ~ milieu** genau in der Mitte; **en ~ jour** am hellichten Tag; **en ~ nuit** mitten in der Nacht

P

• plein-emploi nm
Vollbeschäftigung f

plénière [plenjɛʀ] adj f :
assemblée ou **réunion ~**
Plenarsitzung f

pleurer [plœʀe] vi weinen; (yeux)
tränen; **~ de rire** Tränen lachen

pleurésie [plœʀezi] nf
Brustfellentzündung f

pleurnicher [plœʀniʃe] vi
flennen

pleuvoir [pløvwaʀ] vb impers : **il
pleut** es regnet; **il pleut des
cordes** es regnet Bindfäden

pli [pli] nm Falte f; (Admin : lettre)
Brief m

pliable [plijabl] adj faltbar

pliant, e [plijɑ̃, ɑ̃t] adj
Klapp- ▶ nm Klappstuhl m

plier [plije] vt zusammenfalten;
(table pliante) zusammenklappen;
(genou, bras) beugen, biegen ▶ vi
(branche, arbre) sich biegen; se
plier vpr : **se ~ à** sich beugen +dat

plissé, e [plise] adj (Géo) mit
Bodenfalten ▶ nm (Couture)
Plissee nt

plisser [plise] vt (jupe) fälteln;
(front) runzeln; (bouche)
verziehen; se plisser vpr (se
froisser) Falten bekommen

plomb [plɔ̃] nm (métal) Blei nt;
(Pêche) Senker m; (Élec) Sicherung
f; **sans ~** (essence) bleifrei,
unverbleit

plomber [plɔ̃be] vt (dent)
plombieren; (fam : compromettre :
finances, comptes, relations)
beeinträchtigen; **~ l'ambiance**
die Stimmung verderben

plomberie [plɔ̃bʀi] nf
(installation) Rohre und

Leitungen pl

plombier [plɔ̃bje] nm
Installateur m, Klempner m

plombifère [plɔ̃bifɛʀ] adj
bleihaltig

plonge [plɔ̃ʒ] nf : **faire la ~** (fam)
Geschirr spülen

plongeant, e [plɔ̃ʒɑ̃, ɑ̃t] adj (vue)
von oben; (décolleté) tief
(ausgeschnitten)

plongée [plɔ̃ʒe] nf :
~ sous-marine Tauchen nt

plongeoir [plɔ̃ʒwaʀ] nm
Sprungbrett nt

plongeon [plɔ̃ʒɔ̃] nm Sprung m

plonger [plɔ̃ʒe] vi (personne,
sous-marin) tauchen; (oiseau,
avion) einen Sturzflug machen
▶ vt (immerger) tauchen ▶ vpr :
se ~ dans un livre sich in ein Buch
vertiefen

plongeur, -euse [plɔ̃ʒœʀ, øz]
nm/f Taucher(in) m(f); (de
restaurant) Tellerwäscher(in) m(f)

plouc [pluk] nm (fam) Proll m

ployer [plwaje] vi nachgeben

plu [ply] pp de **plaire ; pleuvoir**

pluie [plɥi] nf Regen m; **~s acides**
saurer Regen m

plumage [plymaʒ] nm
Gefieder nt

plume [plym] nf Feder f

plumer [plyme] vt rupfen

plupart [plypaʀ] nf : **la ~** die
meisten; **la ~ des hommes/
d'entre nous** die meisten
Menschen/die meisten von uns;
la ~ du temps meistens; **dans la
~ des cas** in den meisten Fällen

pluriel [plyʀjɛl] nm Plural m

plus [ply]

▶ *adv* **1** *(forme négative)* : **ne ... ~** nicht mehr; **je n'ai ~ d'argent** ich habe kein Geld mehr; **il ne travaille ~** er arbeitet nicht mehr; **il ne reste ~ que deux tomates** es sind nur noch zwei Tomaten da

2 *(comparatif)* mehr; *(superlatif)* : **le ~** am meisten; **~ grand/ intelligent (que)** größer/ intelligenter (als); **le ~ grand/ intelligent** der Größte/ Intelligenteste

3 : **~ de** *(d'avantage)* mehr; **~ de pain** mehr Brot; **~ de 3 heures/4 kilos** mehr als 3 Stunden/4 Kilo; **~ d'argent/de possibilités (que)** mehr Geld/ Möglichkeiten (als); **de 10 personnes** mehr als 10 Personen

4 : **~ que** *(d'avantage)* mehr als; **il travaille ~ que moi** er arbeitet mehr als ich; **3 heures/ kilos de ~ que** 3 Stunden/Kilo mehr als; **il a 3 ans de ~ que moi** er ist 3 Jahre älter als ich

5 *(locutions)* : **de ~** *(en supplément)* zusätzlich; *(en outre)* außerdem; **de ~ en ~** immer mehr; **3 kilos en ~** 3 Kilo mehr; **en ~ de** zusätzlich zu; **(tout) au ~** (aller)höchstens; **d'autant ~ que** umso mehr als; **~ ou moins** mehr oder weniger; **ni ~ ni moins** nicht mehr und nicht weniger

▶ *prép* : **4 ~ 2** 4 plus 2

plusieurs [plyzjœʀ] *pron, adj* mehrere, einige

plus-que-parfait [plyskəpaʀfɛ] *nm* Plusquamperfekt *nt*

plus-value [plyvaly] *(pl* **plus-values)** *nf (Écon)* Mehrwert *m; (bénéfice)* Gewinn *m*

plutonium [plytɔnjɔm] *nm* Plutonium *nt*

plutôt [plyto] *adv* eher, vielmehr; **je ferais ~ ceci** ich würde lieber das machen

pluvieux, -euse [plyvjø, jøz] *adj* regnerisch

PMA [peɛma] *sigle f (= procréation médicalement assistée)* künstliche Befruchtung *f*

PME [peɛmə] *sigle f (= petites et moyennes entreprises)* kleine und mittelständische Betriebe *pl*

PMI [peɛmi] *sigle f (= centre de) protection maternelle et infantile)* voir **protection**

PMU [peɛmy] *sigle m (= pari mutuel urbain)* Wettannahmestelle *f*

PNB [peɛnbe] *sigle m (= produit national brut)* BSP *nt*, Bruttosozialprodukt *nt*

pneu, x [pnø] *nm* Reifen *m*

pneumonie [pnømɔni] *nf* Lungenentzündung *f*

poche [pɔʃ] *nf* Tasche *f* ▶ *nm (livre)* Taschenbuch *nt*; **carnet/ couteau/lampe de ~** Taschenbuch/Taschenmesser *nt*/ Taschenlampe *f*

pocher [pɔʃe] *vt (Culin)* pochieren

pochette [pɔʃɛt] *nf (mouchoir)* Ziertuch *nt*; **~ d'allumettes** Streichholzschachtel *nt*; **~ de disque** Plattenhülle *f*

podcast [pɔdkast] *nm* Podcast *m*

podcaster [pɔdkaste] *vi* podcasten

P

podcasting [podkastiŋ] nm
Podcasting nt

podium [pɔdjɔm] nm Podest nt

poêle [pwɑl] nm (appareil de chauffage) Ofen m ▸ nf: ~ (à frire) Bratpfanne f

poêlon [pwalɔ̃] nm Schmortopf m

poème [pɔɛm] nm Gedicht nt

poésie [pɔezi] nf Gedicht nt

poète [pɔɛt] nm Dichter(in) m(f)

poétique [pɔetik] adj poetisch; (œuvres, talent, licence) dichterisch

pognon [pɔɲɔ̃] nm (fam) Kohle f

poids [pwa] nm Gewicht nt; **vendre qch au ~** etw nach Gewicht verkaufen; **prendre du ~** zunehmen; **perdre du ~** abnehmen; **~ lourd** (camion) Lastkraftwagen m; **~ mort** (Tech) Leergewicht nt

poignant, e [pwaɲɑ̃, ɑ̃t] adj (émotion, souvenir) schmerzlich; (lecture) ergreifend

poignard [pwaɲaʀ] nm Dolch m
• **poignarder** vt erdolchen

poignée [pwaɲe] nf (de couvercle, porte, etc) Griff m; (quantité) Handvoll f; **~ de main** Händedruck m

poignet [pwaɲɛ] nm Handgelenk nt

poil [pwal] nm Haar nt; (de tissu, tapis) Flor m; (pelage) Fell nt; (ensemble des poils) Haare pl
• **poilu, e** adj haarig

poinçonner [pwɛ̃sɔne] vt (marchandise, bijou etc) stempeln; (billet, ticket) knipsen

poing [pwɛ̃] nm Faust f

point [pwɛ̃] nm Punkt m; (endroit) Stelle f, Ort m; (moment) Zeitpunkt m; **ne ... ~** nicht; **être**

sur le ~ de faire qch im Begriff sein, etw zu tun; **mettre au ~** (appareil-photo) scharf einstellen; (affaire) klären; **~ d'eau** Wasserstelle f; **~ d'exclamation** Ausrufungszeichen nt; **~ d'interrogation** Fragezeichen nt; **~ de côté** Seitenstechen nt; **~ de vue** (paysage) Aussichtspunkt m; (fig) Meinung f; **~ faible** schwacher Punkt; **~ noir** (sur le visage) Mitesser m; (Auto) gefährliche Stelle f; **~s cardinaux** (vier) Himmelsrichtungen pl; **~s de suspension** Auslassungspunkte pl

pointe [pwɛ̃t] nf Spitze f; **une ~ d'ail** ein Hauch m Knoblauch; **une ~ d'accent/d'ironie** ein Anflug m von einem Akzent/von Ironie; **en ~** spitz; **de ~** (industries, recherches) führend

pointer [pwɛ̃te] vt (cocher) abhaken; (employés, ouvriers) kontrollieren ▸ vi (ouvrier, employé) stempeln; **~ qch vers qch** etw auf etw acc richten

pointilleux, -euse [pwɛ̃tijø, øz] adj pingelig

pointu, e [pwɛ̃ty] adj spitz

pointure [pwɛ̃tyʀ] nf Größe f

point-virgule [pwɛ̃viʀgyl] (pl **points-virgules**) nm Strichpunkt m

poire [pwaʀ] nf (fruit) Birne f

poireau, x [pwaʀo] nm Lauch m

poirier [pwaʀje] nm (Bot) Birnbaum m

pois [pwa] nm (Bot) Erbse f; **à ~** gepunktet; **~ chiche** Kichererbse f

poison [pwazɔ̃] nm Gift nt

poisse [pwas] nf (fam) Pech m

poisson [pwasɔ̃] *nm* Fisch *m*; **les P~s** (*Astrol*) die Fische *pl*; **être des P~s** Fisch sein; **~ d'avril** ≈ Aprilscherz *m*; **~ d'avril !** April, April!; **~ rouge** Goldfisch *m* • **poissonnerie** *nf* Fischgeschäft *nt*

poitrine [pwatʀin] *nf* Brust *f*; (*seins aussi*) Busen *m*

poivre [pwavʀ] *nm* Pfeffer *m*; **~ de Cayenne** Cayennepfeffer *m*; **~ en grains** Pfefferkörner *pl* • **poivré, e** *adj* gepfeffert • **poivrier** *nm* (*ustensile*) Pfefferstreuer *m*

poivron [pwavʀɔ̃] *nm* Paprika *m*; **~ rouge/vert** roter/grüner Paprika

polaire [pɔlɛʀ] *adj* Polar- ▸ *nf* Fleecejacke *f*

polar [pɔlaʀ] *nm* (*fam*) Krimi *m*

pôle [pol] *nm* Pol *m*; **le ~ Nord/Sud** der Nord-/Südpol *m*

poli, e [pɔli] *adj* höflich; (*lisse*) poliert, glatt

police [pɔlis] *nf* Polizei *f*; **~ d'assurance** Versicherungspolice *f*; **~ judiciaire** Kriminalpolizei *f*; **~ secours** Notdienst *m*

polichinelle [pɔliʃinɛl] *nm* Kasper *m*

policier, -ière [pɔlisje, jɛʀ] *adj* Polizei-; (*mesures*) polizeilich ▸ *nm* Polizist(in) *m(f)*; (*aussi*: **roman policier**) Krimi *m*

poliment [pɔlimɑ̃] *adv* höflich

polio [pɔljo], **poliomyélite** [pɔljɔmjelit] *nf* Kinderlähmung *f*, Polio *f*

polir [pɔliʀ] *vt* polieren

polisson, ne [pɔlisɔ̃, ɔn] *adj* frech

politesse [pɔlitɛs] *nf* Höflichkeit *f*

politicien, ne [pɔlitisjɛ̃, jɛn] *nm/f* Politiker(in) *m(f)*

politique [pɔlitik] *adj* politisch ▸ *nf* Politik *f*

politiser [pɔlitize] *vt* politisieren

pollen [pɔlɛn] *nm* Blütenstaub *m*

polluant, e [pɔlɥɑ̃, ɑ̃t] *adj* umweltbelastend ▸ *nm* Schadstoff *m* • **polluer** *vt* verschmutzen

pollution [pɔlɥsjɔ̃] *nf* Umweltverschmutzung *f*; **~ atmosphérique** Luftverschmutzung *f*; **~ sonore** Lärmbelastung *f*

polo [pɔlo] *nm* (*sport*) Polo *nt*; (*tricot*) Polohemd *nt*

Pologne [pɔlɔɲ] *nf*: **la ~** Polen *nt* • **polonais, e** *adj* polnisch ▸ *nm/f*: **P~, e** Pole *m*, Polin *f*

poltron, ne [pɔltʀɔ̃, ɔn] *adj* feige

polyamide [pɔliamid] *nm* Polyamid *nt*

polycopié, e [pɔlikɔpje] *adj* vervielfältigt ▸ *nm* Vorlesungsskript *nt*

polyester [pɔliɛstɛʀ] *nm* Polyester *m*

polygamie [pɔligami] *nf* Polygamie *f*

polyglotte [pɔliglɔt] *adj* vielsprachig

Polynésie [pɔlinezi] *nf*: **la ~** Polynesien *nt* • **polynésien, ne** *adj* polynesisch

polype [pɔlip] *nm* (*Zool*) Polyp *m*; (*Méd*) Polype *f*

polystyrène [pɔlistiʀɛn] *nm* Styropor® *nt*

polyvalent, e [pɔlivalɑ̃, ɑ̃t] *adj* (*personne*) vielseitig; (*Chim*) mehrwertig

pommade [pɔmad] *nf* Salbe *f*

pomme [pɔm] *nf* Apfel *m*; (*pomme de terre*) Kartoffel *f*; **~ de terre** Kartoffel *f*; **~s frites** Pommes frites *pl* • **pommier** *nm* Apfelbaum *m*

pompe [pɔ̃p] *nf* (*appareil*) Pumpe *f*; (*faste*) Pomp *m*; **~ (à essence)** Zapfsäule *f*; **~ à incendie** Feuerspritze *f*; **~ de bicyclette** Fahrradpumpe *f*; **~s funèbres** Beerdigungsinstitut *nt* • **pomper** *vt* pumpen

pompeux, -euse [pɔ̃pø, øz] *adj* (*péj*) bombastisch, schwülstig

pompier [pɔ̃pje] *nm* Feuerwehrmann *m*

pompiste [pɔ̃pist] *nmf* Tankwart(in) *m(f)*

ponctionner [pɔ̃ksjɔne] *vt* (*Méd*) punktieren

ponctuation [pɔ̃ktɥasjɔ̃] *nf* Interpunktion *f*

ponctuel, le [pɔ̃ktɥɛl] *adj* pünktlich; (*opération, intervention*) punktuell • **ponctuellement** *adv* (*à l'heure*) pünktlich

ponctuer [pɔ̃ktɥe] *vt* (*texte*) mit Satzzeichen versehen

pondre [pɔ̃dʀ] *vt* (*œufs*) legen

poney [pɔnɛ] *nm* Pony *nt*

pont [pɔ̃] *nm* Brücke *f*; (*Naut*) Deck *nt*; **~ arrière/avant** (*Auto*) Hinter-/Vorderachse *f*; **faire le ~** einen Fenstertag nehmen • **pontage** *nm* Bypassoperation *f* • **pont-levis** (*pl* **ponts-levis**) *nm* Zugbrücke *f*

ponton [pɔ̃tɔ̃] *nm* Ponton *m*

populace [pɔpylas] *nf* (*péj*) Pöbel *m*

populaire [pɔpylɛʀ] *adj* Volks-; (*croyances, traditions, bon sens*) volkstümlich; (*Ling*) umgangssprachlich; (*mesure, écrivain, roi, politique*) populär • **populariser** *vt* populär machen • **popularité** *nf* Beliebtheit *f*, Popularität *f*

population [pɔpylasjɔ̃] *nf* Bevölkerung *f*; (*d'une ville*) Einwohner *pl*

porc [pɔʀ] *nm* (*Zool*) Schwein *nt*; (*Culin*) Schweinefleisch *nt*

porcelaine [pɔʀsəlɛn] *nf* Porzellan *nt*

porcelet [pɔʀsəle] *nm* Ferkel *nt*

porche [pɔʀʃ] *nm* Vorhalle *f*

porcherie [pɔʀʃəri] *nf* Schweinestall *m*

pore [pɔʀ] *nm* Pore *f*

poreux, -euse [pɔʀø, øz] *adj* porös

porno [pɔʀno] *adj* Porno-

pornographie [pɔʀnɔgʀafi] *nf* Pornografie *f*

pornographique [pɔʀnɔgʀafik] *adj* pornografisch

port [pɔʀ] *nm* Hafen *m*; (*ville*) Hafenstadt *f*; (*Inform*) Port *m*, Ausgang *m*; (*poste*) Porto *nt*; **~ de pêche** Fischereihafen *m*; **~ dû** unfrei; **~ franc** Freihafen *m*; **~ payé** frei

portable [pɔʀtabl] *adj* tragbar ▶ *nm* (*Tél*) Handy *nt*

portail [pɔʀtaj] *nm* Portal *nt*

portant, e [pɔʀtɑ̃, ɑ̃t] *adj* tragend; **bien ~** gesund; **mal ~** krank

portatif, -ive [pɔʀtatif, iv] *adj* tragbar

porte [pɔʀt] *nf* Tür f; (*d'une ville, forteresse, Ski*) Tor nt; **~ d'entrée** Eingangstür f; **~ (d'embarquement)** (*Aviat*) Flugsteig m; **~ de secours** Notausgang m

porte-avions [pɔʀtavjɔ̃] *nm inv* Flugzeugträger m • **porte-bagages** nm inv (*d'une bicyclette, moto*) Gepäckträger m; (*Auto*) Dachgepäckträger m • **porte-bébé** (*pl* **porte-bébés**) nm Babytrage f • **porte-bonheur** nm inv Glücksbringer m • **porte-cigarettes** nm inv Zigarettenetui nt • **porte-clefs, porte-clés** nm inv Schlüsselring m

portée [pɔʀte] *nf* (*d'une arme*) Reichweite f; (*fig : importance*) Tragweite f; (*d'un animal etc*) Wurf m; (*Mus*) Notenlinien pl; **hors de ~ (de)** außer Reichweite (von); **à ~ de la main** in Reichweite; **à la ~ de qn** in jds Reichweite; (*fig*) auf jds Niveau

portefeuille [pɔʀtəfœj] *nm* (*porte-monnaie*) Brieftasche f; (*d'un ministre*) Ministerposten m; (*Bourse*) Portfolio nt

portemanteau, x [pɔʀt(ə)mãto] *nm* Garderobenständer m

porte-monnaie [pɔʀtmɔnɛ] *nm inv* Geldbeutel m

porte-parole [pɔʀtpaʀɔl] *nm inv* Wortführer(in) m(f)

porter [pɔʀte] *vt* tragen; (*apporter*) bringen ▶ *vi* (*voix*) tragen; (*regard, cri, arme*) reichen; (*reproche, coup*) die gewünschte Wirkung erzielen; **se porter** *vpr* :

se ~ bien/mal sich gut/schlecht fühlen; **~ secours à qn** jdm Hilfe leisten; **~ bonheur à qn** jdm Glück bringen

porte-savon [pɔʀtsavɔ̃] (*pl* **porte-savons**) nm Seifenschale f • **porte-serviettes** nm inv Handtuchhalter m • **porte-skis** nm inv (*Auto*) Skiträger m

porteur, -euse [pɔʀtœʀ, øz] *nm/f* Überbringer(in) m(f); (*Fin : d'une action, obligation*) Inhaber(in) m(f) ▶ *nm* (*dans une gare etc*) Gepäckträger m

porte-vélos [pɔʀtvelo] *nm inv* Fahrradträger m • **porte-voix** nm inv Megafon nt

portier [pɔʀtje] *nm* Portier m

portière [pɔʀtjɛʀ] *nf* Tür f

portillon [pɔʀtijɔ̃] *nm* Sperre f

portion [pɔʀsjɔ̃] *nf* Teil m; (*de nourriture*) Portion f

portique [pɔʀtik] Säulenhalle f; **~ de sécurité** *ou* **électronique** elektronische Sicherheitskontrolle f

porto [pɔʀto] *nm* Portwein m

portrait [pɔʀtʀɛ] *nm* Porträt nt • **portrait-robot** (*pl* **portraits-robots**) nm Phantombild nt

portuaire [pɔʀtɥɛʀ] *adj* Hafen-

portugais, e [pɔʀtygɛ, ɛz] *adj* portugiesisch ▶ *nm/f* : **P~, e** Portugiese m, Portugiesin f • **Portugal** nm : **le ~** Portugal nt

pose [poz] *nf* (*attitude*) Haltung f, Pose f; (*de moquette*) Verlegen nt; (*de rideau, papier peint*) Anbringen nt; **(temps de) ~** (*Photo*) Belichtungszeit f

poser [poze] vt legen; (debout) stellen; (déposer: personne) absetzen; (rideaux, papier peint) anbringen; (question, problème) stellen ▶ vi (modèle) posieren, sitzen; **se poser** vpr (oiseau, avion) landen; (question, problème) sich stellen

poseur, -euse [pozœR, øz] nm/f (péj) Angeber(in) m(f)

positif, -ive [pozitif, iv] adj positiv; (incontestable) bestimmt, sicher; (objectif) nüchtern; **pôle ~** Pluspol m

position [pozisjɔ̃] nf Lage f; (attitude, posture) Stellung f; (Mil) Haltung f; **être dans une ~ difficile/délicate** in einer schwierigen/heiklen Lage sein
• **positionnement** nm (Inform) Positionierung f • **positionner** vt (navire, etc) lokalisieren; (Inform) positionieren

posséder [posede] vt besitzen
• **possessif, -ive** adj (Ling) Possessiv-; (personne) besitzergreifend ▶ nm (Ling) Possessiv(pronomen) nt
• **possession** nf Besitz m, Eigentum nt; **être en ~ de qch** im Besitz einer Sache gén sein

possibilité [posibilite] nf Möglichkeit f

possible [posibl] adj möglich; (réalisable) durchführbar ▶ nm: **faire (tout) son ~** sein Möglichstes tun; **pas ~!** unmöglich!; **le plus/moins ~ de livres** so wenige/viele Bücher wie möglich

postal, e, -aux [postal, o] adj Post-

postdater [postdate] vt (zu)rückdatieren

poste [post] nf Post f; (bureau) Post f, Postamt nt; **~ restante** nf postlagernde Post ▶ nm (Mil: charge, fonction) Posten m; (de radio, télévision) Gerät nt; **~ à essence** Tankstelle f; **~ de secours** Erste-Hilfe-Station f; **~ de police** Polizeiwache f; **~ de télévision** Fernsehgerät nt; **~ de travail** Arbeitsstelle f

poster [poste] vt (lettre, colis) aufgeben; (soldats, policiers etc) postieren; (sur internet) posten

postérieur, e [posterjœR] adj (date, document) spätere(r, s); (partie) hintere(r, s) ▶ nm (fam) Hintern m

postérité [posterite] nf Nachwelt f

posthume [postym] adj (œuvre, décoration, gloire) posthum

postiche [postiʃ] nm Haarteil nt

postuler [postyle] vt (emploi) sich bewerben um

posture [postyR] nf (attitude) Haltung f; **être en bonne/mauvaise ~** in einer guten/schlechten Lage sein

pot [po] nm Topf m; **~ catalytique** Katalysator m; **~ d'échappement** Auspufftopf m; **~ de fleurs** Blumentopf m

potable [potabl] adj trinkbar; **eau (non) ~** (kein) Trinkwasser

potage [potaʒ] nm Suppe f

potager, -ère [potaʒe, ɛR] adj (plante, cultures) Gemüse- ▶ nm (jardin) Gemüsegarten m

potassium [potasjɔm] nm Kalium nt

pot-au-feu [potofø] nm inv (mets) Potaufeu nt

• **pot-de-vin** (pl **pots-de-vin**) nm Schmiergeld nt, Bestechungsgeld nt

pote [pɔt] nm (fam) Kumpel m

poteau, x [pɔto] nm Pfosten m, Pfahl m; **~ indicateur** Wegweiser m

potelé, e [pɔt(ə)le] adj rundlich, mollig

potentiel, le [pɔtɑ̃sjɛl] adj potenziell ▶ nm Potenzial nt

poterie [pɔtʀi] nf (fabrication) Töpferei f; (objet) Töpferware f

potiche [pɔtiʃ] nf große Porzellanvase f

potier, -ière [pɔtje, jɛʀ] nm/f Töpfer(in) m(f)

potion [posjɔ̃] nf Trank m

potiron [pɔtiʀɔ̃] nm Kürbis m

pot-pourri [popuʀi] (pl **pots-pourris**) nm Potpourri nt

pou, x [pu] nm Laus f

poubelle [pubɛl] nf Mülleimer m

pouce [pus] nm Daumen m

poudre [pudʀ] nf Pulver nt; (fard) Puder m; **café en ~** Pulverkaffee m; **lait en ~** Milchpulver nt; **savon en ~** Seifenpulver nt
• **poudreux, -euse** adj (neige) pulverig ▶ nf (neige) Pulverschnee m • **poudrier** nm Puderdose f

pouffer [pufe] vi : **~ (de rire)** kichern

poulailler [pulaje] nm Hühnerstall m; (fam : Théât) Galerie f

poulain [pulɛ̃] nm Fohlen nt

poularde [pulaʀd] nf Poularde f

poule [pul] nf (Zool) Henne f; (Culin) Huhn nt

poulet [pulɛ] nm (Culin) Hühnchen nt

poulie [puli] nf Flaschenzug m

poulpe [pulp] nm Tintenfisch m

pouls [pu] nm Puls m

poumon [pumɔ̃] nm Lunge f

poupe [pup] nf Heck nt

poupée [pupe] nf Puppe f

poupin, e [pupɛ̃, in] adj pummelig

---

pour [puʀ]

▶ prép **1** für; **~ Marie/moi** für Marie/mich; **~ trois jours** für drei Tage; **mauvais ~ la santé** schlecht für die Gesundheit; **payer ~ qn** für jdn zahlen **2** (direction) nach; **partir ~ Rouen** nach Rouen fahren; **le train ~ Rouen** der Zug nach Rouen **3** (en vue de, intention) zu; **~ ton anniversaire** zu deinem Geburtstag; **~ quoi faire ?** wozu?; **~ que** damit **4** (à cause de) wegen; **fermé ~ (cause de) travaux** wegen Reparaturarbeiten/ Bauarbeiten geschlossen; **c'est ~ cela que j'ai démissionné** deswegen habe ich gekündigt **5** (comme) als; **la femme qu'il a eue ~ mère** die Frau, die er zur Mutter hatte **6** (point de vue) : **~ moi, il a tort** meiner Meinung nach hat er unrecht **7** (avec infinitif) : **~ faire qch** um etw zu tun **8** (locutions) : **10 ~ cent** 10 Prozent; **10 ~ cent des gens** 10 Prozent aller Menschen; **je n'y suis ~ rien** ich kann nichts dafür;

P

être ~ beaucoup dans qch
wesentlich zu etw beigetragen
haben; **ce n'est pas ~ dire,
mais ...** (fam) ich will ja nichts
sagen, aber ...
▶ nm : **le ~ et le contre** das Für
und Wider

pourboire [puʀbwaʀ] nm
Trinkgeld nt

pourcentage [puʀsɑ̃taʒ] nm
Prozentsatz m

pourparlers [puʀpaʀle] nmpl
Verhandlungen pl

pourpre [puʀpʀ] adj purpurrot

pourquoi [puʀkwa] adv, conj
warum; **c'est ~** darum

pourri, e [puʀi] adj faul; (arbre,
bois, câble) morsch; (temps, climat,
hiver) scheußlich

pourriel [puʀjel] nm (Inform)
Spam nt

pourrir [puʀiʀ] vi verfaulen;
(situation) immer schlimmer
werden

poursuite [puʀsɥit] nf
Verfolgung f

poursuivant, e [puʀsɥivɑ̃, ɑ̃t]
nm/f Verfolger(in) m(f)

poursuivre [puʀsɥivʀ] vt
verfolgen; (continuer) fortsetzen;
se poursuivre vpr fortgeführt
werden

pourtant [puʀtɑ̃] adv trotzdem

pourvoi [puʀvwa] nm : **~ en
cassation/en grâce/en
révision** Berufung f/
Gnadengesuch nt/
Wiederaufnahmeantrag m

pourvoir [puʀvwaʀ] vt (poste)
besetzen; **~ en** versehen mit
▶ vi : **~ à qch** für etw sorgen

pourvoyeur, -euse
[puʀvwajœʀ, øz] nm/f (de drogue)
Dealer(in) m(f)

pourvu, e [puʀvy] adj : **~ de**
versehen mit; **~ que**
vorausgesetzt dass; **~ qu'il
vienne !** hoffentlich kommt er!

pousse [pus] nf (croissance)
Wachsen nt; (bourgeon) Sproß m,
Trieb m

poussée [puse] nf Druck m

pousser [puse] vt (bousculer)
stoßen; (exhorter) drängen;
(émettre) ausstoßen ▶ vi (croître)
wachsen

poussette [puset] nf
Kinderwagen m

poussière [pusjɛʀ] nf Staub m
• **poussiéreux, -euse** adj staubig;
(teint) grau

poussin [pusɛ̃] nm Küken nt

poutre [putʀ] nf Balken m

pouvoir [puvwaʀ]

▶ nm Macht f; (propriété,
capacité) Fähigkeit f; (législatif,
exécutif) Gewalt f; (Jur : d'un
tuteur, mandataire) Befugnis f;
~ d'achat Kaufkraft f; **pouvoirs**
nmpl (surnaturels, extraordinaires)
Kräfte pl; (attributions : d'un préfet
etc) Befugnisse pl; **les ~s
publics** die öffentliche Hand f
▶ vb semi-aux 1 können; **je ne
peux pas le réparer** ich kann es
nicht reparieren; **je ne peux
pas savoir !** du kannst es dir gar
nicht vorstellen!; **tu peux le
dire !** das kannst du wohl
sagen!; **il aurait pu le dire !** er
hätte es sagen können!
2 (avoir le droit, la permission)

dürfen, können; **vous pouvez
aller au cinéma** ihr könnt ou
dürft ins Kino gehen
▶ vb impers können; **il peut
arriver que ...** es kann
vorkommen, dass ...; **il pourrait
pleuvoir** es könnte Regen
geben
▶ vt können; **il a fait (tout) ce
qu'il a pu** er hat (alles) getan,
was er konnte
▶ vpr: **il se peut que ...** es
könnte sein, dass ...; **cela se
pourrait** das könnte sein

pragmatique [pʀagmatik] adj
pragmatisch

Prague [pʀag] Prag nt

prairie [pʀeʀi] nf Wiese f

praline [pʀalin] nf
Zuckermandel f

praliné, e [pʀaline] adj (amande)
mit Zuckerguss

praticable [pʀatikabl] adj (route)
befahrbar

praticien, ne [pʀatisjɛ̃, jɛn]
nm/f (médecin) praktizierender
Arzt m, praktizierende Ärztin f

pratiquant, e [pʀatikɑ̃, ɑ̃t] adj
(Rel) praktizierend

pratique [pʀatik] nf (opposé à
théorie) Praxis f, (d'une religion, d'un
métier) Ausübung f ▶ adj praktisch;
mettre en ~ in die Praxis
umsetzen • **pratiquement** adv
(dans la pratique) in der Praxis,
(à peu près) praktisch

pratiquer [pʀatike] vt ausüben;
(méthode, le chantage etc)
anwenden; (sport) betreiben;
(opération) durchführen ▶ vi (Rel)
praktizieren

pré [pʀe] nm Wiese f

préalable [pʀealabl] adj
vorhergehend ▶ nm (condition)
Voraussetzung f; **au ~** vorerst
• **préalablement** adv vorerst

préambule [pʀeɑ̃byl] nm
Einleitung f

préavis [pʀeavi] nm
(avertissement) Vorankündigung f;
~ (de licenciement)
Kündigungsfrist f; **sans ~**
fristlos

précaire [pʀekɛʀ] adj prekär;
(bonheur) flüchtig ▶ nmf befristet
Angestellte(r) f(m) • **précarité** nf
Unsicherheit f, Prekarität f

précaution [pʀekosjɔ̃] nf
(mesure) Vorsichtsmaßnahme f;
le principe de ~ das
Vorsorgeprinzip; **avec ~**
vorsichtig; **prendre des** ou **ses ~s**
Vorsichtsmaßnahmen ou
Sicherheitsvorkehrungen treffen

précédemment [pʀesedamɑ̃]
adv vorher

précédent, e [pʀesedɑ̃, ɑ̃t] adj
vorhergehend ▶ nm Präzedenzfall
m; **le jour ~** der Vortag m
• **précéder** vt kommen vor +dat;
(dans le temps) vorangehen +dat;
(rouler devant) vorausfahren

prêcher [pʀeʃe] vt, vi predigen

précieux, -euse [pʀesjø, jøz] adj
kostbar, wertvoll; (littérature,
style, écrivain) preziös

précipice [pʀesipis] nm
Abgrund m

précipitamment
[pʀesipitamɑ̃] adv überstürzt
• **précipitation** nf (hâte) Hast f;
(Chim) Niederschlag m; **~s
(atmosphériques)**

p

Niederschläge pl • **précipité, e**
adj (respiration) beschleunigt;
(pas) hastig; (démarche, départ,
entreprise) überstürzt
• **précipiter** vt (faire tomber)
hinabstürzen; (accélérer)
beschleunigen; (départ,
événements) überstürzen; se
précipiter vpr : **se ~ au-devant
de qn** jdm entgegenstürzen

précis, e [presi, iz] adj genau;
(bruit, contours, point) deutlich
• **précisément** adv genau
• **préciser** vt präzisieren; se
préciser vpr konkreter werden
• **précision** nf Genauigkeit f;
(détail) Einzelheit f; **précisions**
nfpl weitere Einzelheiten pl

précoce [prekɔs] adj (plante,
animal) früh; (enfant, jeune fille)
frühreif

précurseur [prekyrsœr] nm
Vorläufer(in) m(f)

prédateur [predatœr] nm
Raubtier nt

prédécesseur [predesesœr] nm
Vorgänger(in) m(f)

prédiction [prediksjɔ̃] nf
Prophezeiung f

prédilection [predileksjɔ̃] nf :
avoir une ~ pour qn/qch eine
Vorliebe für etw/jdn haben; **de ~**
Lieblings-

prédire [predir] vt prophezeien,
vorhersagen

prédominer [predɔmine] vi
vorherrschen

préfabriqué, e [prefabrike]
adj : **élément ~** Fertigteil nt;
maison ~e Fertighaus nt ▶ nm
Fertigbauteil nt

préface [prefas] nf Vorwort nt

préfecture [prefɛktyr] nf
Präfektur f; **~ de police**
Polizeihauptquartier nt

préférable [preferabl] adj
vorzuziehen; **être~ à**
vorzuziehen sein +dat • **préféré, e**
adj Lieblings- • **préférence** nf
Vorliebe f; **de ~** am liebsten;
donner la ~ à qn jdm den Vorzug
geben • **préférentiel, le** adj
Vorzugs- • **préférer** vt : **~ qn/qch
(à)** jdn/etw vorziehen (+dat), jdn/
etw lieber mögen (als); **~ faire
qch** etw lieber tun; **je préférerais
du thé** ich hätte lieber Tee

préfet [prefɛ] nm Präfekt m;
~ de police Polizeipräfekt m

préhistoire [preistwar] nf :
la ~ die Urgeschichte

préjudice [preʒydis] nm
Schaden m

préjugé [preʒyʒe] nm Vorurteil nt

prélèvement [prelɛvmɑ̃] nm
(Méd) Entnahme f;
~ automatique
Abbuchungserlaubnis f

prélever [prel(ə)ve] vt
(échantillon, organe, tissu etc)
entnehmen; **~ (sur)** (argent)
abheben (von)

préliminaire [preliminɛr] adj
Vor-, vorbereitend;
préliminaires nmpl (négociations)
Vorgespräche pl; (prélude)
Vorspiel nt

prématuré, e [prematyre] adj
verfrüht, vorzeitig; (enfant) früh
geboren ▶ nm/f Frühgeburt f

préméditation [premeditasjɔ̃]
nf : **avec ~** vorsätzlich
• **préméditer** vt vorsätzlich
planen

premier, -ière [prəmje, jɛr] *adj* erste(r, s); *(branche, marche, barreau)* unterste(r, s) ▶ *nm/f* Erste(r) *f(m)* ▶ *nm (premier étage)* erster Stock *m* ▶ *nf (Auto)* erster Gang *m*; *(première classe)* erste Klasse *f*; *(Théât, Ciné)* Premiere *f*; *(exploit)* Weltpremiere *f*; **au ~ abord** auf den ersten Blick; **du ~ coup** gleich, auf Anhieb; **de première qualité** von bester Qualität; **de ~ choix** *ou* **ordre** erstklassig; **le ~ venu** der Erstbeste; **en ~ lieu** in erster Linie; **P~ ministre** Premierminister(in) *m(f)*
• **premièrement** *adv* erstens; *(d'abord)* zuerst, zunächst

prendre [prɑ̃dr] *vt* nehmen; *(enlever)* wegnehmen; *(aller chercher)* holen; *(emporter, emmener)* mitnehmen; *(malfaiteur, poisson)* fangen; *(aliment, boisson)* zu sich nehmen; *(médicament)* einnehmen; *(engagement, risques)* eingehen; *(temps)* kosten; **~ l'air** (in der frischen Luft) spazieren gehen; **~ son temps** sich *dat* Zeit lassen; **~ feu** Feuer fangen; **~ à gauche** (nach) links abbiegen; **se prendre** *vpr*: **se ~ pour** sich halten für; **s'y ~** *(procéder)* vorgehen

preneur [prənœr] *nm*: **trouver ~** einen Käufer *ou* Abnehmer finden

prénom [prenɔ̃] *nm* Vorname *m*

préoccupation [preɔkypasjɔ̃] *nf* Sorge *f* • **préoccuper** *vt (personne)* Sorgen machen +*dat*; *(esprit, attention)* stark beschäftigen

préparatifs [preparatif] *nmpl* Vorbereitungen *pl*

préparation [preparasjɔ̃] *nf* Vorbereitung *f*; *(de repas, café, viande)* Zubereitung *f*

préparatoire [preparatwar] *adj* vorbereitend

préparer [prepare] *vt* vorbereiten; *(repas, café, viande)* zubereiten

préposition [prepozisjɔ̃] *nf* Präposition *f*

préretraite [prer(ə)tret] *nf* vorgezogener Ruhestand *m*

près [prɛ] *adv* nahe, in der Nähe; **~ de** bei; **de ~** genau; **à 5 mm ~** auf 5 mm genau

presbyte [prɛsbit] *adj* weitsichtig

presbytère [prɛsbiter] *nm* Pfarrhaus *nt*

prescription [prɛskripsjɔ̃] *nf* Vorschrift *f*; *(Jur)* Verjährung *f*; *(Méd)* Anweisung *f*

prescrire [prɛskrir] *vt (repos, remède, traitement)* verordnen

présence [prezɑ̃s] *nf* Gegenwart *f*, Anwesenheit *f* • **présent, e** *adj* anwesend; *(actuel)* gegenwärtig ▶ *nm* Gegenwart *f*; **à ~** jetzt; **dès à ~** von nun an; **jusqu'à ~** bis jetzt

présentateur, -trice [prezɑ̃tatœr, tris] *nm/f (animateur)* Moderator(in) *m(f)*

présentation [prezɑ̃tasjɔ̃] *nf (de personne)* Vorstellung *f*; **faire les ~s** die Vorstellung übernehmen • **présenter** *vt (personne, collection)* vorstellen; *(spectacle, vue)* (dar)bieten; *(condoléances, félicitations, excuses)* aussprechen; **se présenter** *vpr (se faire connaître)* sich vorstellen; *(occasion)* sich bieten

P

préservatif [prezervatif] nm
Präservativ nt

préservation [prezervasjɔ̃] nf
Erhaltung f

préserver [prezerve] vt : **~ de**
(protéger) schützen vor +dat

président, e [prezidɑ̃] nm/f
Vorsitzende(r) f(m); (Pol)
Präsident(in) m(f); **~ de la
République** Staatspräsident m;
~-directeur général
Generaldirektor m • **présidentiel,
le** adj Präsidentschafts-;
présidentielles nfpl
Präsidentschaftswahlen pl

présider [prezide] vt leiten, den
Vorsitz führen bei; (dîner)
Ehrengast sein bei

présomption [prezɔ̃psjɔ̃] nf
(supposition) Vermutung f,
Annahme f

présomptueux, -euse
[prezɔ̃ptɥø, øz] adj anmaßend

presque [prɛsk] adv fast, beinahe

presqu'île [prɛskil] nf Halbinsel f

pressant, e [presɑ̃, ɑ̃t] adj
dringend

presse [prɛs] nf Presse f

pressé, e [prese] adj eilig; **être ~**
es eilig haben; **orange ~e** frisch
gepresster Orangensaft m

presse-citron [prɛssitrɔ̃] nm inv
Zitronenpresse f

pressentiment [presɑ̃timɑ̃] nm
Vorgefühl nt, Vorahnung f
• **pressentir** vt ahnen; **~ qn
comme ministre** bei jdm wegen
des Ministeramtes vorfühlen

presse-papiers [prɛspapje] nm
inv Briefbeschwerer m

presser [prese] vt (fruit)
auspressen; **se presser** vpr

(se hâter) sich beeilen; **~ le pas** ou
l'allure seinen Schritt ou Gang
beschleunigen; **le temps presse**
es eilt

pressing [presiŋ] nm (magasin)
chemische Reinigung f

pression [presjɔ̃] nf Druck m;
(bouton) Druckknopf m; **faire ~
sur qn/qch** auf jdn/etw Druck
ausüben; **~ artérielle** Blutdruck
m; **~ atmosphérique** Luftdruck m

pressoir [preswar] nm Presse f

prestataire [prestater] nmf
(bénéficiaire)
Leistungsempfänger(in) m(f);
~ de services Dienstleistende(r)
f(m)

prestation [prestasjɔ̃] nf
Leistung f; **~s familiales**
Familienbeihilfe f

prestidigitateur, -trice
[prestidiʒitatœr, tris] nm/f
Zauberkünstler(in) m(f)

prestige [prestiʒ] nm Prestige nt

prestigieux, -euse [prestiʒjø,
jøz] adj angesehen

présumer [prezyme] vt : **~ que**
annehmen, dass

prêt, e [prɛ, prɛt] adj fertig,
bereit ▶ nm (action) Verleihen nt;
(somme) Anleihe f • **prêt-à-porter**
(pl **prêts-à-porter**) nm
Konfektion f

prétendant [pretɑ̃dɑ̃] nm (à un
trône) Prätendent m; (d'une femme)
Freier m

prétendre [pretɑ̃dr] vt (affirmer)
behaupten; **~ faire qch** (avoir
l'intention) beabsichtigen, etw zu
tun; **~ à** Anspruch erheben auf +acc

prétendu, e [pretɑ̃dy] adj
(supposé) angeblich

prétentieux, -euse [pretɑ̃sjø, jøz] *adj* anmaßend; *(maison, villa)* protzig

prétention [pretɑ̃sjɔ̃] *nf* *(arrogance)* Überheblichkeit *f*; *(exigence)* Anspruch *m*, Forderung *f*; **sans ~** bescheiden

prêter [prete] *vt* leihen; **~ attention** aufpassen

prétexte [pretɛkst] *nm* Vorwand *m*

prêtre [pretʀ] *nm* Priester *m*

preuve [prœv] *nf* Beweis *m*

prévenir [prev(ə)niʀ] *vt* : **~ qn (de qch)** *(avertir)* jdn (vor etw) warnen; *(informer)* jdn (von etw) benachrichtigen

préventif, -ive [prevɑ̃tif, iv] *adj* vorbeugend • **prévention** *nf* Verhütung *f*

prévenu, e [prev(ə)ny] *nm/f* Angeklagte(r) *f(m)* *(in Untersuchungshaft)*

prévisible [previzibl] *adj* vorhersehbar

prévision [previzjɔ̃] *nf* : **en ~ de qch** in Erwartung einer Sache *gén*; **~s météorologiques** Wettervorhersage *f*

prévoir [prevwaʀ] *vt* vorhersehen

prévoyance [prevwajɑ̃s] *nf* Vorsorge *f*; **société/caisse de ~** Rentenversicherung *f*/ Rentenfonds *m*

prévoyant, e [prevwajɑ̃, ɑ̃t] *adj* vorsorgend, vorausschauend

prier [prije] *vi* beten ▶ *vt* *(Dieu)* beten zu; *(personne)* inständig bitten; **~ qn de faire qch** jdn ersuchen *ou* bitten, etw zu tun; **je vous en prie** bitte

prière [prijer] *nf* *(Rel)* Gebet *nt*; *(demande instante)* Bitte *f*; **dire une ~/ses ~s** beten; **« ~ de sonner avant d'entrer »** „bitte erst läuten und dann eintreten"

primaire [primer] *adj* *(Scol)* Grundschul-; *(péj)* simpel ▶ *nm* *(Scol)* Grundschulausbildung *f*; **secteur ~** *(Écon)* Primarsektor *m*

prime [prim] *nf* Prämie *f*; *(cadeau)* Werbegeschenk *nt*

primer [prime] *vt* *(récompenser)* prämieren ▶ *vi* überwiegen; **~ sur qch** *(l'emporter sur)* einer Sache *dat* überlegen sein

primeur [primœr] *nf* : **avoir la ~ de qch** der/die Erste sein, der etw erfährt; **primeurs** *nfpl* *(fruits)* Frühobst *nt*; *(légumes)* Frühgemüse *nt*; **marchand de ~s** Obst- und Gemüsehändler *m*

primevère [primver] *nf* Schlüsselblume *f*

primitif, -ive [primitif, iv] *adj* primitiv; *(forme, état, texte)* Ur-, ursprünglich

primo [primo] *adv* erstens

primordial, e, -aux [primɔrdjal, jo] *adj* wesentlich, unerlässlich

prince [prɛ̃s] *nm* Prinz *m*; **~ charmant** Märchenprinz *m*

principal, e, -aux [prɛ̃sipal, o] *adj* Haupt- ▶ *nm* *(essentiel)* das Wesentliche; *(d'un collège)* Rektor *m* • **principalement** *adv* hauptsächlich

principauté [prɛ̃sipote] *nf* : **la ~ de Monaco/du Liechtenstein** das Fürstentum Monaco/ Liechtenstein

principe [pʀɛ̃sip] nm Prinzip nt; (d'une discipline, d'une science) Grundsatz m; **par ~** aus Prinzip; **pour le ~** aus Prinzip; **en ~** im Prinzip

printemps [pʀɛ̃tɑ̃] nm Frühling m, Frühjahr nt

prioritaire [pʀijɔʀitɛʀ] adj (personne, industrie) bevorrechtigt; (véhicule) mit Vorfahrt; (Inform) mit Vorrang

priorité [pʀijɔʀite] nf: **avoir la ~ (sur)** (Auto) Vorfahrt haben (vor +dat); **en ~** vorrangig, zuerst; **~ à droite** rechts vor links

pris, e [pʀi, pʀiz] pp de prendre ▶ adj (place) besetzt; (journée, mains) voll; (personne) beschäftigt

prise [pʀiz] nf (Pêche) Fang m; (Élec) Steckdose f; **lâcher ~** loslassen; **~ de sang** Blutabnahme f; **~ de son** Tonaufnahme f; **~ de vue** Aufnahme f; **~ multiple** Mehrfachsteckdose f

priser [pʀize] vt (prendre) schnupfen

prison [pʀizɔ̃] nf Gefängnis nt • **prisonnier, -ière** nm/f (détenu) Häftling m, Gefangene(r) f(m) ▶ adj gefangen

privatisation [pʀivatizasjɔ̃] nf Privatisierung f

privatiser [pʀivatize] vt privatisieren

privé, e [pʀive] adj privat, Privat-; (correspondance, vie) persönlich; **~ de** ohne **en : en ~** privat; **dans le ~** (Écon : secteur) im Privatsektor

priver [pʀive] vt (droits) jdm etw entziehen

privilège [pʀivilɛʒ] nm Privileg nt • **privilégié, e** adj privilegiert; (favorisé) begünstigt • **privilégier** vt (personne) bevorzugen; (méthode, chose) den Vorzug geben +dat

prix [pʀi] nm Preis m; **au ~ fort** zum Höchstpreis; **hors de ~** sehr teuer; **à aucun ~** um keinen Preis; **à tout ~** um jeden Preis

pro [pʀo] nmf (fam) (= professionnel) Profi mf

probabilité [pʀɔbabilite] nf Wahrscheinlichkeit f • **probable** adj wahrscheinlich • **probablement** adv wahrscheinlich

probant, e [pʀɔbɑ̃, ɑ̃t] adj beweiskräftig, überzeugend

probité [pʀɔbite] nf Redlichkeit f

problématique [pʀɔblematik] adj problematisch ▶ nf Problematik f

problème [pʀɔblɛm] nm Problem nt

procédé [pʀɔsede] nm Verfahren nt, Prozess m

procéder [pʀɔsede] vi (agir) vorgehen

procédure [pʀɔsedyʀ] nf Verfahrensweise f; **~ civile/pénale** Zivil-/Strafprozessordnung f

procès [pʀɔsɛ] nm Prozess m; **être en ~ avec qn** mit jdm prozessieren

processeur [pʀɔsesœʀ] nm Prozessor m

processus [pʀɔsesys] nm Prozess m

procès-verbal [pʀɔsɛvɛʀbal] (pl procès-verbaux) nm Protokoll nt; (contravention) Strafmandat nt

291 profit

prochain, e [pʁɔʃɛ̃, ɛn] *adj*
nächste(r, s); **la ~e fois** das nächste
Mal; **la semaine ~e** nächste Woche
• **prochainement** *adv* demnächst

proche [pʁɔʃ] *adj* nah; **~ de** nah
bei • **Proche-Orient** *nm*: **le ~** der
Nahe Osten *m*

proclamation [pʁɔklamasjɔ̃] *nf*
Bekanntgabe *f*

proclamer [pʁɔklame] *vt*
(*annoncer*) erklären, verkünden;
(*la république, un roi*) ausrufen,
proklamieren; (*résultats d'un
examen*) bekannt geben; (*son
innocence etc*) erklären, beteuern

procréation [pʁɔkʁeasjɔ̃] *nf*
Zeugung *f*; **~ médicalement
assistée** künstliche Befruchtung *f*

procuration [pʁɔkyʁasjɔ̃] *nf*
Vollmacht *f*

procurer [pʁɔkyʁe] *vt* (*fournir*)
verschaffen; (*causer*) bereiten,
machen; **se procurer** *vpr* sich *dat*
verschaffen

procureur [pʁɔkyʁœʁ] *nm*:
~ (de la République)
≈ Staatsanwalt *m*

prodige [pʁɔdiʒ] *nm* Wunder *nt*
• **prodigieux, -euse** *adj*
fantastisch, wunderbar

prodigue [pʁɔdig] *adj*
verschwenderisch; **le fils ~** der
verlorene Sohn • **prodiguer** *vt*
(*argent, biens etc*) vergeuden;
~ qch à qn jdn überhäufen *ou*
überschütten mit etw

producteur, -trice
[pʁɔdyktœʁ, tʁis] *adj*: **~ de blé/
pétrole** Weizen erzeugend/
Öl produzierend ▶ *nm/f* (*de biens,
denrées*) Hersteller(in) *m(f)*; (*Ciné,
Radio, TV*) Produzent(in) *m(f)*

productif, -ive [pʁɔdyktif, iv]
adj (*activité, sol*) fruchtbar,
ertragreich; (*investissement,
capital, personnel*) produktiv

production [pʁɔdyksjɔ̃] *nf*
Produktion *f*, Erzeugung *f*

productivité [pʁɔdyktivite] *nf*
Produktivität *f*

produire [pʁɔdyiʁ] *vt* erzeugen;
(*entreprise*) produzieren,
herstellen; (*vigne, terre*)
hervorbringen ▶ *vi* Gewinn
bringen, arbeiten; **se produire**
vpr sich ereignen

produit, e [pʁɔdyi] *nm* Produkt
nt; **~ d'entretien** Putzmittel *nt*;
~ fini Fertigprodukt *nt*;
~ national brut
Bruttosozialprodukt *nt*; **~ (pour
la) vaisselle** Geschirrspülmittel
nt; **~s de beauté** Kosmetika *pl*

prof [pʁɔf] *abr* (*fam*) = **professeur**

profane [pʁɔfan] *adj* (*Rel*)
weltlich; (*non initié*) laienhaft

professer [pʁɔfese] *vt* (*déclarer*)
bekunden; (*enseigner*)
unterrichten

professeur [pʁɔfesœʁ] *nm*
Lehrer(in) *m(f)*; (*à l'université*)
Professor(in) *m(f)*

profession [pʁɔfesjɔ̃] *nf* Beruf *m*;
de ~ von Beruf • **professionnel,
-le** *adj* Berufs-, beruflich ▶ *nm/f*
Profi *m*; (*ouvrier*) Facharbeiter(in)
m(f)

profil [pʁɔfil] *nm* Profil *nt*; **de ~** im
Profil • **profiler** *vt* (*Tech*)
stromlinienförmig machen; **se
profiler** *vpr* sich abzeichnen

profit [pʁɔfi] *nm* (*avantage*) Nutzen
m, Vorteil *m*; (*Comm*) Profit *m*,
Gewinn *m* • **profitable** *adj*

gewinnbringend, nützlich
• **profiter** vi : **~ de** ausnutzen;
~ qn/qch jdm/einer Sache dat
nutzen ou nützlich sein

profond, e [pʀɔfɔ̃, ɔ̃d] adj tief;
(esprit, écrivain, signification)
tiefsinnig • **profondément** adv
(creuser, pénétrer etc) tief; (choqué,
convaincu etc) vollkommen;
~ endormi fest eingeschlafen
• **profondeur** nf Tiefe f

profusion [pʀɔfyzjɔ̃] nf Fülle f;
à ~ in Hülle und Fülle

progiciel [pʀɔʒisjɛl] nm
(Software)paket nt

programmation
[pʀɔgʀamasjɔ̃] nf (Ciné, Radio, TV)
Programm nt; (Inform)
Programmieren nt

programme [pʀɔgʀam] nm
Programm nt • **programmer** vt
(Inform) programmieren
• **programmeur, -euse** nm/f
Programmierer(in) m(f)

progrès [pʀɔgʀɛ] nm Fortschritt
m • **progresser** vi vorrücken,
vordringen; (élève, recherche)
Fortschritte machen
• **progressif, -ive** adj (impôt, taux)
progressiv; (développement)
fortschreitend; (difficulté)
zunehmend • **progression** nf
Entwicklung f; (d'une armée)
Vorrücken nt; (Math) Progression f

prohiber [pʀɔibe] vt verbieten
prohibitif, -ive [pʀɔibitif, iv] adj
(tarifs, prix) unerschwinglich

proie [pʀwa] nf Beute f; **être en ~
à** leiden unter +dat

projecteur [pʀɔʒɛktœʀ] nm
Projektor m; (de théâtre, cirque)
Scheinwerfer m

projectile [pʀɔʒɛktil] nm
Geschoss nt

projection [pʀɔʒɛksjɔ̃] nf (de film,
photos) Vorführen nt; **conférence
avec ~** Diavortrag m

projet [pʀɔʒɛ] nm Plan m;
(ébauche) Entwurf m • **projeter** vt
(envisager) planen; (film, photos)
projizieren, vorführen

prolifération [pʀɔlifeʀasjɔ̃] nf
Vermehrung f, Verbreitung f

prolifique [pʀɔlifik] adj
fruchtbar

prolo [pʀɔlo] nmf (fam) Prolo mf

prolongation [pʀɔlɔ̃gasjɔ̃] nf
Verlängerung f; **jouer les ~s**
(Sport) in die Verlängerung
gehen

prolongement [pʀɔlɔ̃ʒmã] nm
Verlängerung f; **prolongements**
nmpl Folgen pl, Auswirkungen pl;
dans le ~ de weiterführend von
• **prolonger** vt verlängern; (rue,
voie ferrée, piste) weiterführen;
(être dans le prolongement de) die
Verlängerung sein von; se
prolonger vpr (leçon, repas, effet)
andauern; (route, chemin)
weitergehen

promenade [pʀɔm(ə)nad] nf
Spaziergang m; (en voiture, à vélo)
Spazierfahrt f

promener [pʀɔm(ə)ne] vt
spazieren führen; se promener
vpr spazieren gehen; (en voiture)
spazieren fahren • **promeneur,
-euse** nm/f Spaziergänger(in) m(f)

promesse [pʀɔmɛs] nf
Versprechen nt

promettre [pʀɔmɛtʀ] vt
versprechen ▶ vi (enfant, musicien
etc) vielversprechend sein

promo [pʀɔmo] *nf (fam : Scol)* Jahrgang *m*

promoteur, -trice [pʀɔmɔtœʀ, tʀis] *nm/f (instigateur)* Initiator(in) *m(f)*; **~ (immobilier)** (Immobilien)makler(in) *m(f)*

promotion [pʀɔmɔsjɔ̃] *nf (avancement)* Beförderung *f*
 • **promotionnel, le** *adj* Werbe-

promouvoir [pʀɔmuvwaʀ] *vt (personne)* befördern; *(politique, réforme, recherche)* fördern, sich einsetzen für

prompt, e [pʀɔ̃(pt), pʀɔ̃(p)t] *adj* schnell

prompteur [pʀɔ̃ptœʀ] *nm* Teleprompter *m*

promulguer [pʀɔmylge] *vt* erlassen

pronom [pʀɔnɔ̃] *nm* Pronomen *nt*

prononcé, e [pʀɔnɔ̃se] *adj* ausgeprägt

prononcer [pʀɔnɔ̃se] *vt* aussprechen; *(discours)* sprechen; **se prononcer** *vpr (se décider)* sich entscheiden; **ça se prononce comment ?** wie spricht man das aus? • **prononciation** *nf* Aussprache *f*

pronostic [pʀɔnɔstik] *nm* Prognose *f*

propagande [pʀɔpagɑ̃d] *nf* Propaganda *f*

propager [pʀɔpaʒe] *vt* verbreiten; **se propager** *vpr* sich ausbreiten

propane [pʀɔpan] *nm* Propan *nt*

prophète, prophétesse [pʀɔfɛt, pʀɔfetɛs] *nm/f* Prophet(in) *m(f)*

propice [pʀɔpis] *adj* günstig

proportion [pʀɔpɔʀsjɔ̃] *nf (relation)* Verhältnis *nt*; **proportions** *nfpl* Proportionen *pl*

proportionnel, le [pʀɔpɔʀsjɔnɛl] *adj* proportional, anteilmäßig; **~ à** proportional zu; **représentation ~le** Verhältniswahlrecht *nt*

propos [pʀɔpo] *nm (paroles)* Worte *pl*; **à quel ~ ?** in welcher Angelegenheit?; **à ~ de** bezüglich *+gén*

proposer [pʀɔpoze] *vt (suggérer)* vorschlagen; *(offrir)* anbieten • **proposition** *nf (offre)* Angebot *nt*; *(suggestion)* Vorschlag *m*

propre [pʀɔpʀ] *adj* sauber; *(intensif possessif)* eigene(r, s); **~ à** *(particulier)* typisch für, eigen *+dat* • **proprement** *adv (avec propreté)* sauber, ordentlich; **à ~ parler** eigentlich, streng genommen • **propreté** *nf* Sauberkeit *f*

propriétaire [pʀɔpʀijetɛʀ] *nmf* Besitzer(in) *m(f)*

propriété [pʀɔpʀijete] *nf (Jur)* Besitz *m*; *(immeuble, objet etc)* Eigentum *nt*

propulser [pʀɔpylse] *vt (missile, engin)* antreiben; *(projeter)* schleudern • **propulsion** *nf* Antrieb *m*

prorata [pʀɔʀata] *nm inv* : **au ~ de** im Verhältnis zu

proscrire [pʀɔskʀiʀ] *vt (bannir)* verbannen; *(interdire)* verbieten

prose [pʀoz] *nf* Prosa *f*

prospecter [pʀɔspɛkte] *vt (terrain)* nach Bodenschätzen suchen in *dat*; *(Comm)* erforschen

prospectus [pʀɔspɛktys] *nm* Prospekt *m*

prospère [prɔspɛr] adj (année, période) erfolgreich; (finances, entreprise) florierend, gut gehend

prospérer [prɔspere] vi gut gedeihen; (entreprise, ville, science) blühen, florieren

prospérité [prɔsperite] nf Wohlstand m

prostate [prɔstat] nf Prostata f

prostitué, e [prɔstitɥe] nm/f Prostituierte(r) f(m)

prostitution f [prɔstitysjɔ̃] nf Prostitution f

protagoniste [prɔtagɔnist] nm Protagonist m

protecteur, -trice [prɔtɛktœr, tʀis] adj beschützend; (régime, système) Schutz- ▸ nm/f Beschützer(in) m(f)

protection [prɔtɛksjɔ̃] nf Schutz m; **~ de l'environnement** Umweltschutz m

protégé, e [prɔteʒe] nm/f Schützling m, Protegé m
• **protéger** vt schützen; (physiquement) beschützen; (intérêt, liberté) wahren; (Inform) sichern; **se protéger** vpr : **se ~ de qch/contre qch** sich vor etw dat/ gegen etw schützen
• **protège-slip** (pl **protège-slips**) nm Slipeinlage f

protéine [prɔtein] nf Protein nt

protestant, e [prɔtɛstɑ̃, ɑ̃t] adj protestantisch ▸ nm/f Protestant(in) m(f)

protestation [prɔtɛstasjɔ̃] nf (plainte) Protest m • **protester** vi protestieren

prothèse [prɔtɛz] nf (appareil) Prothese f; **~ dentaire** Gebiss nt

protocole [prɔtɔkɔl] nm Protokoll nt; **~ d'accord** Vereinbarungsprotokoll nt; **~ de transfert** (Inform) Übertragungsprotokoll nt

prototype [prɔtɔtip] nm Prototyp m

proue [pru] nf Bug m

prouesse [prues] nf (acte de courage) Heldentat f; (exploit) Kunststück nt, Meisterleistung f

prouver [pruve] vt beweisen

provenance [prɔv(ə)nɑ̃s] nf Herkunft f, Ursprung m; **avion/ train en ~ de** Flugzeug nt/Zug m aus

provençal, e, -aux [prɔvɑ̃sal, o] adj provenzalisch • **Provence** nf: **la ~** die Provence

provenir [prɔv(ə)niʀ] vi : **~ de** (venir de) (her)kommen aus; (tirer son origine de) stammen von; (résulter de) kommen von

proverbe [prɔvɛʀb] nm Sprichwort nt

providence [prɔvidɑ̃s] nf Vorsehung f

providentiel, le [prɔvidɑ̃sjɛl] adj glücklich, unerwartet

province [prɔvɛ̃s] nf Provinz f; **Paris et la ~** Paris und das übrige Frankreich • **provincial, e, -aux** adj Provinz-; (péj) provinzlerisch

proviseur [prɔvizœr] nm (Scol) Direktor m

provision [prɔvizjɔ̃] nf Vorrat m; (acompte) Anzahlung f, Vorschuss m; **provisions** nfpl Vorräte pl; **faire ~ de qch** einen Vorrat von etw anlegen

provisoire [pʀɔvizwaʀ] *adj*
vorläufig • **provisoirement** *adv*
vorläufig

provocant, e [pʀɔvɔkɑ̃, ɑ̃t] *adj*
provozierend • **provocation** *nf*
Provokation *f* • **provoquer** *vt*
(inciter) provozieren; *(défier)*
herausfordern; *(causer)*
hervorrufen; *(révolte, troubles)*
verursachen

proximité [pʀɔksimite] *nf* Nähe *f*;
à ~ (de) in der Nähe (von)

prude [pʀyd] *adj* prüde

prudence [pʀydɑ̃s] *nf* Vorsicht *f*,
Umsicht *f*; **par (mesure de) ~**
als Vorsichtsmaßnahme
• **prudent, e** *adj* vorsichtig; *(sage)*
umsichtig

prune [pʀyn] *nf* Pflaume *f*
• **pruneau, x** *nm* Backpflaume *f*

prunelle [pʀynɛl] *nf (de l'œil)*
Pupille *f*

prunier [pʀynje] *nm*
Pflaumenbaum *m*

Prusse [pʀys] *nf* : **la ~** Preußen *nt*

PS [peɛs] *sigle m* (= *parti socialiste*)
sozialistische Partei *f*;
(= *post-scriptum*) PS *nt*

psaume [psom] *nm* Psalm *m*

pseudonyme [psødɔnim] *nm*
Pseudonym *nt*

psychanalyse [psikanaliz] *nf*
Psychoanalyse *f*
• **psychanalyste** *nmf*
Psychoanalytiker(in) *m(f)*

psychiatre [psikjatʀ] *nmf*
Psychiater(in) *m(f)*

psychiatrie [psikjatʀi] *nf*
Psychiatrie *f*

psychiatrique [psikjatʀik] *adj*
psychiatrisch

psychique [psiʃik] *adj* psychisch

psychologie [psikɔlɔʒi] *nf*
Psychologie *f*; *(intuition)*
Menschenkenntnis *f*
• **psychologique** *adj*
psychologisch; *(psychique)*
psychisch • **psychologue** *nmf*
Psychologe *m*, Psychologin *f*

psychopathe [psikɔpat] *nmf*
Psychopath(in) *m(f)*

psychose [psikoz] *nf* Psychose *f*

psychosomatique
[psikosɔmatik] *adj*
psychosomatisch
• **psychothérapie** *nf*
Psychotherapie *f* • **psychotique**
adj psychotisch

puanteur [pɥɑ̃tœʀ] *nf*
Gestank *m*

pub [pyb] *nf (fam) (publicité)*
Werbung *f*

puberté [pybɛʀte] *nf* Pubertät *f*

pubis [pybis] *nm* Schambein *nt*

public, -ique [pyblik] *adj*
öffentlich ▶ *nm (population)*
Öffentlichkeit *f*; *(assistance)*
Publikum *nt*; **en ~** öffentlich;
interdit au ~ für die
Öffentlichkeit nicht zugänglich
• **publication** *nf*
Veröffentlichung *f*

publicitaire [pyblisitɛʀ] *adj*
Werbe-

publicité [pyblisite] *nf* Werbung
f; *(annonce)* Annonce *f*

publier [pyblije] *vt*
veröffentlichen; *(éditeur)*
herausgeben, herausbringen

publiphone® [pyblifɔn] *nm*
Kartentelefon *nt*

puce [pys] *nf* Floh *m*; *(Inform)*
Chip *m*; **les ~s, le marché aux ~s**
der Flohmarkt

P

pudeur [pydœʀ] *nf*
Schamhaftigkeit *f* • **pudique** *adj*
(*chaste*) schamhaft; (*discret*)
dezent, diskret

puer [pɥe] *vi* stinken

puéril, e [pɥeʀil] *adj* kindisch

puis [pɥi] *adv* dann

puiser [pɥize] *vt*: ~ **qch dans
qch** etw aus etw schöpfen;
(*exemple, renseignement*) etw einer
Sache *dat* entnehmen

puisque [pɥisk] *conj* da

puissance [pɥisɑ̃s] *nf* Macht *f*;
(*de personnalité*) Stärke *f*; **en** ~
potenziell • **puissant, e** *adj*
mächtig; (*musculature*) stark

puits [pɥi] *nm* (*d'eau*) Brunnen *m*;
(*de pétrole*) Bohrloch *nt*

pull [pyl], **pull-over** [pylɔvɛʀ]
(*pl* **pull-overs**) *nm* Pullover *m*

pulluler [pylyle] *vi* wimmeln

pulmonaire [pylmɔnɛʀ] *adj*
Lungen-

pulpe [pylp] *nf* Fleisch *nt*

punaise [pynɛz] *nf* (*Zool*) Wanze *f*;
(*clou*) Reißzwecke *f*

punir [pyniʀ] *vt* bestrafen
• **punition** *nf* Bestrafung *f*

pupille [pypij] *nf* (*Anat*) Pupille *f*;
(*enfant*) Mündel *nt*

pupitre [pypitʀ] *nm* Pult *nt*

pur, e [pyʀ] *adj* rein; (*vin*)
unverdünnt; (*whisky, gin*) pur;
(*air, ciel*) klar

purée [pyʀe] *nf*: ~ **(de pommes
de terre)** Kartoffelbrei *m*,
Kartoffelpüree *nt*; ~ **de
marrons** Kastanienpüree *nt*;
~ **de pois** (*brouillard*)
Waschküche *f*

pureté [pyʀte] *nf* Reinheit *f*

purgatif [pyʀgatif] *nm*
Abführmittel *nt*

purgatoire [pyʀgatwaʀ] *nm*
Fegefeuer *nt*

purger [pyʀʒe] *vt* (*conduite,
radiateur etc*) entlüften; (*Méd*)
entschlacken; (*peine*) verbüßen

purifier [pyʀifje] *vt* reinigen

puriste [pyʀist] *nmf* Purist(in) *m(f)*

pur-sang [pyʀsɑ̃] *nm inv*
Vollblut *nt*

pus [py] *nm* Eiter *m*

pusillanime [pyzi(l)lanim] *adj*
zaghaft, ängstlich

pustule [pystyl] *nf* Pustel *f*

putain [pytɛ̃] (*fam*) *nf* Hure *f*

putois [pytwa] *nm* Iltis *m*

putsch [putʃ] *nm* Putsch *m*

puzzle [pœzl] *nm* Puzzle *nt*

PV [peve] *sigle m* = **procès-verbal**

pyjama [piʒama] *nm*
Schlafanzug *m*

pylône [pilon] *nm* (*d'un pont*)
Pfeiler *m*; (*mât, poteau*) Mast *m*

pyramide [piʀamid] *nf*
Pyramide *f*

Pyrénées [piʀene] *nfpl*: **les** ~ die
Pyrenäen *pl*

pyrex® [piʀɛks] *nm* Jenaer Glas® *nt*

pyromane [piʀɔman] *nmf*
Pyromane *m*, Pyromanin *f*

python [pitɔ̃] *nm*
Python(schlange *f*) *m*

q

Qatar [kataʀ] nm : **le ~** Katar nt

QCM [kyseɛm] sigle m (= questions à choix multiples) Multiple-Choice-Test m

QI [kyi] sigle m (= quotient intellectuel) IQ m

quadragénaire [k(w)adʀaʒenɛʀ] nmf Person f in den Vierzigern

quadrangulaire [k(w)adʀɑ̃gylɛʀ] adj viereckig

quadrilatère [k(w)adʀilatɛʀ] nm Viereck nt

quadrupède [k(w)adʀyped] nm Vierfüßer m ▸ adj vierfüßig

quadruple [k(w)adʀypl] adj vierfach ▸ nm : **le ~ de** das Vierfache von • **quadrupler** vt vervierfachen

quai [ke] nm (d'un port) Kai m; (d'une gare) Bahnsteig m; (d'un cours d'eau) Uferstraße f; **être à ~** im Hafen liegen

qualificatif, -ive [kalifikatif, iv] adj (Ling) erläuternd ▸ nm (terme) Bezeichnung f

qualification [kalifikasjɔ̃] nf nähere Bestimmung f; (aptitude) Qualifikation f, Befähigung f; (Sport) Qualifikation f; **~ professionnelle** berufliche Qualifikation

qualifier [kalifje] vt näher bestimmen; (appeler) bezeichnen; **se qualifier** vpr (Sport) sich qualifizieren

qualitatif, -ive [kalitatif, iv] adj qualitativ

qualité [kalite] nf Qualität f; (d'une personne) (gute) Eigenschaft f

quand [kɑ̃] conj, adv wenn; **~ je serai riche** wenn ich (einmal) reich bin; **~ même** trotzdem

quant [kɑ̃] adv : **~ à moi/cette affaire** was mich/diese Angelegenheit betrifft

quantitatif, -ive [kɑ̃titatif, iv] adj quantitativ

quantité [kɑ̃tite] nf Menge f, Quantität f

quarantaine [kaʀɑ̃tɛn] nf (isolement) Quarantäne f; **une ~ (de)** ungefähr vierzig; **avoir la ~** um die vierzig sein; **mettre en ~** unter Quarantäne stellen; (fig) schneiden

quarante [kaʀɑ̃t] num vierzig

quart [kaʀ] nm Viertel nt; **un ~ de vin** ein Viertel Wein; **le ~ de** ein Viertel von; **deux heures et ~** ou **un ~** Viertel nach zwei; **une heure moins le ~** Viertel vor eins; **~ d'heure** Viertelstunde f; **~s de finale** Viertelfinale nt

quartier [kaʀtje] nm Viertel nt

quartz [kwaʀts] nm Quarz m

quasi [kazi] adv quasi ▸ préf : **la ~-totalité de** fast die Gesamtheit +gén • **quasiment** adv fast

q

quatorze [katɔʀz] *num* vierzehn
quatre [katʀ] *num* vier; **à ~ pattes** auf allen vieren
- **quatre-vingt-dix** *num* neunzig
- **quatre-vingts** *num* achtzig
- **quatrième** *num* vierte(r, s)

quatuor [kwatɥɔʀ] *nm* Quartett *nt*

que [kə]

▶ *conj* **1** *(après comparatif)* als; **plus grand ~** größer als
2 *(seulement)*: **ne ... ~** nur; **il ne boit ~ de l'eau** er trinkt nur Wasser
3 *(introduisant complétive)* dass; **il sait ~ tu es là** er weiß, dass du hier bist
4 *(temps)*: **il y a 4 ans qu'il est parti** es ist 4 Jahre her, dass er weggegangen ist, er ist nun schon 4 Jahre weg
5 *(reprise d'autres conjonctions)*: **quand il rentrera et qu'il aura mangé** wenn er zurück ist und gegessen hat; **si vous y allez ou ~ vous téléphoniez** wenn Sie dorthin gehen oder anrufen
6 *(en tête de phrase)*: **qu'il fasse ce qu'il voudra !** er soll doch machen, was er will!
▶ *adv (exclamation)*: **(qu'est-ce) qu'il est bête !** ist der dumm!; **~ de livres !** sind das viele Bücher!
▶ *pron* **1** *(relatif: personne)* den/die; *(: chose)* den/die/das; **le livre ~ tu lis** das Buch, das du liest; **l'homme ~ je vois** der Mann, den ich sehe; **la femme ~ je vois** die Frau, die ich sehe
2 *(interrogatif)* was; **fais-tu ?, qu'est-ce ~ tu fais ?** was machst du?; **je ne sais pas ~**

faire ich weiß nicht, was ich tun soll; **qu'est-ce ~ c'est ?** was ist das?

Québec [kebɛk] *nm*: **le ~** Quebec *nt* • **québécois, e** *adj* aus Quebec ▶ *nm/f*: **Q~, e** Bewohner(in) *m(f)* von Quebec

quel, quelle [kɛl]

(mpl **quels***, fpl* **quelles***)*
▶ *adj* **1** *(interrogatif)* welche(r, s); *(: pluriel)* welche; **~ livre ?** welches Buch?; **~s acteurs préfères-tu ?** welche Schauspieler magst du am liebsten?; **~ est ce livre ?** was ist das für ein Buch?
2 *(exclamatif)*: **~le surprise/coïncidence !** so eine Überraschung/ein Zufall!
3: **~ que soit le coupable** wer auch immer der Schuldige ist; **~ que soit votre avis** was auch immer Ihre Meinung ist, ganz gleich, was Ihre Meinung ist
▶ *pron interrogatif* welche(r, s); **de ces enfants, ~ est le plus intelligent ?** welches von diesen Kindern ist das intelligenteste?

quelconque [kɛlkɔ̃k] *adj* irgendein(e); *(sans attrait)* gewöhnlich

quelque [kɛlk]

▶ *adj* **1** *(avec pl)* einige; **il a ~s amis** er hat einige Freunde
2 *(avec sg)* einige(r, s); **cela fait ~ temps que je ne l'ai (pas) vu** ich habe ihn schon einige Zeit nicht mehr gesehen

3 (*pl avec article*) : **les ~s enfants/livres qui ...** die paar *ou* wenigen Kinder/Bücher, die ...
4 : **~ livre qu'il choisisse** ganz gleich, welches Buch er auswählt; **~ temps qu'il fasse** ganz gleich *ou* egal, wie das Wetter ist
5 (*locutions*) : **~ chose** etwas; **~ chose d'autre** etwas anderes; **puis-je faire ~ chose pour vous ?** kann ich etwas für Sie tun?; **~ part** irgendwo; **en ~ sorte** gewissermaßen, sozusagen
▶ *adv* (*environ, à peu près*) etwa; **une rue de ~ 100 mètres** eine Straße von etwa 100 Metern (Länge); **20 kg et ~(s)** etwas über 20 Kilo • **quelquefois** *adv* manchmal • **quelques-uns, quelques-unes** *pron* einige, manche

quelqu'un, quelqu'une [kɛlkœ̃, yn] *pron* jemand; **~ d'autre** jemand anders *ou* anderer

quenelle [kənɛl] *nf* Klößchen *nt* (*aus Fleisch oder Fisch*)

querelle [kərɛl] *nf* Streit *m* • **quereller** : **se ~** *vpr* sich streiten • **querelleur, -euse** *adj* streitsüchtig, zankend

qu'est-ce que [kɛskə] *pron* was

question [kɛstjɔ̃] *nf* Frage *f*; **de quoi est-il ~ ?** worum geht es?; **il n'en est pas ~** das steht außer Frage • **questionnaire** *nm* Fragebogen *m* • **questionner** *vt* befragen, Fragen stellen +*dat*

quête [kɛt] *nf* (*collecte*) Sammlung *f*; (*recherche*) Suche *f*; **faire la ~**

sammeln; **en ~ de** auf der Suche nach • **quêter** *vi* sammeln ▶ *vt* bitten um

queue [kø] *nf* Schwanz *m*; (*d'une casserole, d'un fruit, d'une feuille*) Stiel *m*; (*file de personnes*) Schlange *f*; **faire la ~** Schlange stehen

qui [ki]

▶ *pron* **1** (*interrogatif: sujet*) wer; **~ (est-ce ~) est venu ?** wer ist gekommen?
2 (*objet direct, après préposition avec accusatif*) wen; **~ as-tu vu ?** wen hast du gesehen?; **~ est-ce que tu as vu ?** wen hast du gesehen?; **pour ~ ?** für wen?
3 (*objet indirect, après préposition avec datif*) wem; **à ~ est ce sac ?** wem gehört diese Tasche?; **avec ~ parlais-tu ?** mit wem hast du gesprochen?
▶ *pron relatif* **1** (*sujet*) der/die/das; **la femme/fleur ~** die Frau/Blume, die
2 (*après prép*) : **l'homme pour ~ je travaille** der Mann, für den ich arbeite
3 (*sans antécédent*) : **amenez ~ vous voulez** bringen Sie mit, wen Sie wollen

quiche [kiʃ] *nf* : **~ lorraine** Quiche *f* Lorraine

quiconque [kikɔ̃k] *pron* (*rel*) wer auch immer; (*indéf*) : **mieux que ~** besser als irgendein(e) anderer (andere)

quille [kij] *nf* Kegel *m*

quincaillerie [kɛ̃kajʀi] *nf* Eisen- und Haushaltswaren *pl*; (*magasin*) Eisen- und Haushaltswarenhandlung *f*

quinine

quinine [kinin] nf Chinin nt

quinquagénaire [kɛ̃kaɡenɛʀ] nmf Person f in den Fünfzigern

quinquennat [kɛ̃kɛna] nm fünfjährige Amtszeit des „Président de la République"

quinzaine [kɛ̃zɛn] nf: **une ~ (de)** etwa fünfzehn; **une ~ (de jours)** vierzehn Tage pl

quinze [kɛ̃z] num fünfzehn; **dans ~ jours** in vierzehn Tagen

quiproquo [kipʀɔko] nm Missverständnis nt

quittance [kitãs] nf Quittung f

quitte [kit] adj: **être ~ envers qn** mit jdm quitt sein; **être ~ de qch** etw los sein; **~ à faire qch** selbst wenn das bedeutet, dass man etw tun muss

quitter [kite] vt verlassen; (vêtement) ausziehen; (renoncer à) aufgeben; **se quitter** vpr auseinandergehen; **ne quittez pas** (Tél) bleiben Sie am Apparat

qui-vive [kiviv] nm inv: **être sur le ~** auf der Hut sein

---

quoi [kwa]

▶ pron interrog **1** (interrogation directe) was; **~ de plus beau que ...?** was ist schöner als ...?; **~?** was?; **~ de neuf?** gibt es etwas Neues?
2 (avec prép): **à ~ penses-tu?** woran denkst du?; **en ~ puis-je vous aider?** was kann ich für Sie tun?; **à ~ bon?** wozu das Ganze?
3 (interrogation indirecte): **dis-moi à ~ ça sert** sag mir, wozu das gut ist
▶ pron rel **1** was; **ce à ~ tu m'obliges** das, was du von mir

---

verlangst; **merci — il n'y a pas de ~** danke — gern geschehen
2 (locutions): **après ~** wonach; **sur ~** woraufhin; **sans ~** ansonsten; **comme ~** wie man sieht
3: ~ que: ~ qu'il arrive was auch passiert; **~ qu'il en soit** wie dem auch sein mag
▶ excl **~!** was?

---

quoique [kwak] conj obwohl

quolibet [kɔlibɛ] nm spöttische Bemerkung f

quorum [k(w)ɔʀɔm] nm beschlussfähige Anzahl f, Quorum nt

quota [kɔta] nm Quote f

quote-part [kɔtpaʀ] (pl **quotes-parts**) nf Anteil m

quotidien, ne [kɔtidjɛ̃, jɛn] adj täglich; (banal) alltäglich ▶ nm (journal) Tageszeitung f

quotient [kɔsjã] nm Quotient m; **~ intellectuel** Intelligenzquotient m

r

rab [Rab] nm (fam) Extraportion f

rabais [Rabɛ] nm Rabatt m; **au ~** mit Rabatt

rabaisser [Rabese] vt herabsetzen

rabat-joie [Rabaʒwa] nm inv/nf inv Spielverderber(in) m(f)

rabattre [RabatR] vt (couvercle, siège) herunterklappen; **se rabattre** vpr (bords, couvercle) herunterfallen; **se ~ sur** vorliebnehmen mit

rabbin [Rabɛ̃] nm Rabbiner m

rabot [Rabo] nm Hobel m
• **raboter** vt (ab)hobeln

rabougri, e [RabugRi] adj (végétal) verkümmert; (personne) mickrig

racaille [Rakɑj] nf Gesindel nt

raccommoder [Rakɔmɔde] vt flicken, stopfen; (fam : réconcilier) (miteinander) versöhnen

raccompagner [Rakɔ̃paɲe] vt zurückbringen

raccord [RakɔR] nm (pièce) Verbindungsstück nt
• **raccordement** nm Verbindung f
• **raccorder** vt verbinden

raccourci [RakuRsi] nm Abkürzung f; (fig : tour elliptique etc) Verkürzung f; **en ~** kurz gesagt • **raccourcir** vt kürzen ▶ vi (au lavage) eingehen; (jours) kürzer werden

raccrocher [RakRɔʃe] vt wieder aufhängen; (récepteur) auflegen; **se raccrocher** ▶ vi (Tél) auflegen; **se raccrocher** vpr : **se ~ à** sich klammern an +acc

race [Ras] nf Rasse f; (origine) Geschlecht nt; (espèce) Gattung f; **de ~** Rasse-

rachat [Raʃa] nm Rückkauf m; (fig) Sühne f

racheter [Raʃ(ə)te] vt (acheter de nouveau) wieder kaufen, noch einmal kaufen; (acheter davantage de) nachkaufen; (acheter après avoir vendu) zurückkaufen

racial, e, -aux [Rasjal, jo] adj Rassen-

racine [Rasin] nf Wurzel f

racisme [Rasism] nm Rassismus m • **raciste** adj rassistisch ▶ nmf Rassist(in) m(f)

racket [Rakɛt] nm Erpressung f
• **racketteur** nm Erpresser m

racler [Rɑkle] vt (os, tache, boue) abkratzen; (casserole, plat) auskratzen

raconter [Rakɔ̃te] vt erzählen

radar [RadaR] nm Radar m ou nt

rade [Rad] nf (bassin) Reede f; **en ~ de Toulon** im Hafen von Toulon

radeau, x [Rado] nm Floß nt

radial, e, -aux [Radjal, jo] adj : **pneu à carcasse ~e** Gürtelreifen m

radiateur [RadjatœR] nm Heizkörper m; (Auto) Kühler m

radiation [ʀadjasjɔ̃] nf (Phys) Strahlung f

radical, e, -aux [ʀadikal, o] adj radikal ▶ nm (Ling) Stamm m; (Math) Wurzelzeichen nt; **le Parti ~** konservative politische Partei • **radicaliser** vt radikalisieren; **se radicaliser** vpr radikaler werden

radieux, -euse [ʀadjø, jøz] adj strahlend

radin, e [ʀadɛ̃, in] adj (fam) knauserig

radio [ʀadjo] nf (appareil) Radio(gerät) nt; (Méd) Röntgenaufnahme f ▶ nm (personne) Bordfunker m; **à la ~** im Radio; **passer une ~** geröntgt werden

radioactif, -ive [ʀadjoaktif, iv] adj radioaktiv • **radioactivité** nf Radioaktivität f

radioamateur [ʀadjoamatœʀ] nm Amateurfunker m • **radiocassette** nf Radiorekorder m

radiographie [ʀadjoɡʀafi] nf Röntgenaufnahme f • **radiographier** vt röntgen

radiologie [ʀadjɔlɔʒi] nf Radiologie f • **radiologue** nmf Radiologe m, Radiologin f

radiophonique [ʀadjofonik] adj (programme, émission) Radio-; **jeu ~** Spielprogramm nt

radio-réveil [ʀadjoʀevɛj] (pl **radios-réveils**) nm Radiowecker m

radio-taxi [ʀadjotaksi] (pl **radio-taxis**) nm Funktaxi nt • **radiotéléphone** nm Mobilfunk m

radis [ʀadi] nm Radieschen nt; **~ noir** Rettich m

radoter [ʀadɔte] vi faseln

rafale [ʀafal] nf (de vent) Bö(e) f, Windstoß m

raffermir [ʀafɛʀmiʀ] vt stärken

raffiné, e [ʀafine] adj (sucre, pétrole) raffiniert; (élégance, éducation) erlesen; (personne) kultiviert • **raffiner** vt (sucre, pétrole) raffinieren • **raffinerie** nf Raffinerie f

raffoler [ʀafɔle]: **~ de** vt ganz wild ou versessen sein auf +acc

rafle [ʀafl] nf Razzia f

rafler [ʀafle] vt (fam) an sich acc raffen

rafraîchir [ʀafʀeʃiʀ] vt (atmosphère, température) abkühlen; (boisson, dessert) kühlen; (personne) erfrischen; (rénover) auffrischen; **se rafraîchir** vpr sich abkühlen • **rafraîchissant, e** adj erfrischend • **rafraîchissement** nm (de la température) Abkühlung f; (boisson) Erfrischung f

rafting [ʀaftiŋ] nm Rafting nt

rage [ʀaʒ] nf (Méd) Tollwut f; (fureur) Wut f; **~ de dents** rasende Zahnschmerzen pl • **rageur, -euse** adj jähzornig

ragots [ʀaɡo] nmpl (fam) Klatsch m

ragoût [ʀaɡu] nm Ragout nt

raid [ʀɛd] nm (Mil) Überfall m; (attaque aérienne) Luftangriff m

raide [ʀɛd] adj steif; (cheveux) glatt; (tendu) gespannt; (escarpé) steil ▶ adv : **tomber ~ mort** auf der Stelle tot umfallen

raidir [Redir] vt (muscles, membres) anspannen; (câble, fil de fer) straff anziehen; **se raidir** vpr sich anspannen; (se montrer plus intransigeant) sich verhärten

raie [Rε] nf (Zool) Rochen m; (rayure) Streifen m; (des cheveux) Scheitel m

raifort [Refɔr] nm Meerrettich m

rail [Rɑj] nm Schiene f; **par ~** per Bahn

railler [Rɑje] vt verspotten
• **raillerie** nf Spott m

rainure [Renyr] nf Rille f

raisin [Rεzε̃] nm Traube f; **~ blanc/noir** weiße/blaue Trauben pl; **~s secs** Rosinen pl

raison [Rεzɔ̃] nf (faculté) Vernunft f, Verstand m; (motif) Grund m; **avoir ~** recht haben; **perdre la ~** den Verstand verlieren; **en ~ de** wegen +gén o dat; **sans ~** grundlos

raisonnable [Rεzɔnabl] adj vernünftig

raisonnement [Rεzɔnmɑ̃] nm Überlegung f; (argumentation) Argumentation f • **raisonner** vi (penser) denken; (argumenter) argumentieren; (discuter) Einwände machen ▶ vt (personne) gut zureden +dat

rajeunir [Raʒœnir] vt jünger machen, verjüngen ▶ vi jünger aussehen

rajouter [Raʒute] vt hinzufügen

ralenti [Ralɑ̃ti] nm : **au ~** (Auto) im Leerlauf ; (film) in Zeitlupe

ralentir [Ralɑ̃tir] vt verlangsamen; **se ralentir** vpr langsamer werden
• **ralentissement** nm Verlangsamung f

rallier [Ralje] vt (rassembler) versammeln; (rejoindre) sich wieder anschließen +dat; **se rallier** vpr : **se ~ à** sich anschließen +dat

rallonge [Ralɔ̃ʒ] nf (de table) Ausziehplatte f; (Élec) Verlängerungsschnur f
• **rallonger** vt verlängern

rallye [Rali] nm Rallye f

ramadan [Ramadɑ̃] nm (Rel) Ramadan m

ramassage [Ramasaʒ] nm : **~ scolaire** Schulbusdienst m
• **ramasser** vt aufheben; (recueillir) einsammeln; (récolter) sammeln; (: pommes de terre) ernten

rambarde [Rɑ̃bard] nf Geländer nt

rame [Ram] nf (aviron) Ruder nt; (de métro) Zug m

rameau, x [Ramo] nm Zweig m; **les R~x** Palmsonntag m

ramener [Ram(ə)ne] vt zurückbringen; (en voiture) nach Hause fahren; (rétablir) wiederherstellen; **se ramener** vpr : **se ~ à** hinauslaufen auf +acc

ramer [Rame] vi rudern

ramollir [Ramɔlir] vt weich machen; **se ramollir** vpr weich werden

rampe [Rɑ̃p] nf (d'escalier) (Treppen)geländer nt ; (dans un garage, Théâtre) Rampe f

ramper [Rɑ̃pe] vi kriechen

rancard [Rɑ̃kar] nm (fam) : **avoir ~ avec qn** sich mit jdm treffen

rancart [Rɑ̃kar] nm (fam) : **mettre au ~** ausrangieren

rance [Rɑ̃s] adj ranzig

r

rancœur [ʀɑ̃kœʀ] *nf* Groll *m*

rançon [ʀɑ̃sɔ̃] *nf* Lösegeld *nt*

rancune [ʀɑ̃kyn] *nf* Groll *m*

randonnée [ʀɑ̃dɔne] *nf* Ausflug *m*, Wanderung *f* • **randonneur, -euse** *nm/f* Wanderer *m*, Wanderin *f*

rang [ʀɑ̃] *nm* (*rangée*) Reihe *f*; (*grade, position*) Rang *m*; **au premier/dernier ~** (*de sièges*) in der ersten/letzten Reihe

rangé, e [ʀɑ̃ʒe] *adj* (*personne*) ordentlich

rangée [ʀɑ̃ʒe] *nf* Reihe *f*

rangement *nm* [ʀɑ̃ʒmɑ̃] Aufräumen *nt*; (*classement*) Ordnen *nt*; **faire du ~** aufräumen

ranger [ʀɑ̃ʒe] *vt* (*classer*) ordnen; (*mettre à sa place*) wegräumen; (: *voiture*) parken; (*mettre de l'ordre dans*) aufräumen; (*disposer*) anordnen; **se ranger** *vpr* (*s'écarter*) ausweichen; (*se garer*) parken

ranimer [ʀanime] *vt* wiederbeleben; (*forces, courage, souvenirs*) wiederaufleben lassen; (*feu*) schüren

rapace [ʀapas] *nm* Raubvogel *m*

râpe [ʀɑp] *nf* (*Culin*) Reibe *f*, Raspel *f* • **râpé, e** *adj* (*Culin*) gerieben; (*vêtement, tissu*) abgeschabt • **râper** *vt* reiben, raspeln

rapide [ʀapid] *adj* schnell ▸ *nm* (*d'un cours d'eau*) Stromschnelle *f*; (*train*) Schnellzug *m* • **rapidement** *adv* schnell • **rapidité** *nf* Schnelligkeit *f*

rapiécer [ʀapjese] *vt* flicken

rappel [ʀapɛl] *nm* (*Théât etc*) Vorhang *m*; (*d'une aventure,*

d'un nom, d'une date) Erinnerung *f*; (*sur écriteau*) Wiederholung *f* • **rappeler** *vt* zurückrufen; (*évoquer*) erinnern an +*acc*; **se rappeler** *vpr*: **se ~ que/de** sich erinnern, dass/an +*acc*

rapport [ʀapɔʀ] *nm* (*compte rendu*) Bericht *m*; (: *de médecin légiste, d'expert*) Gutachten *nt*; (*profit*) Ertrag *m*; (*lien*) Zusammenhang *m*; (*proportion*) Verhältnis *nt*; **rapports** *nmpl* Beziehungen *pl*; **être en ~ avec** im Zusammenhang stehen mit; **être en ~ avec qn** mit jdm in Verbindung stehen; **se mettre en ~ avec qn** sich mit jdm in Verbindung setzen; **par ~ à** im Vergleich zu; **~s (sexuels)** (Geschlechts)verkehr *m* • **rapporter** *vt* (*remettre à sa place, rendre*) zurückbringen; (*apporter davantage*) noch einmal bringen; (*revenir avec, ramener*) mitbringen; (*relater*) berichten ▸ *vi* (*investissement, propriété*) Gewinn abwerfen; **se ~ à** *vpr* sich beziehen auf +*acc*

rapprochement [ʀapʀɔʃmɑ̃] *nm* (*réconciliation*) Versöhnung *f*; (*analogie*) Parallele *f*

rapprocher [ʀapʀɔʃe] *vt* (*approcher*) heranrücken; (*deux objets*) zusammenrücken; (*personnes*) zusammenbringen; (*associer, comparer*) vergleichen, gegenüberstellen; **se rapprocher** *vpr* sich nähern; **se ~ de** sich nähern +*dat*; (*présenter une analogie avec*) vergleichbar sein mit

rapt [ʀapt] *nm* Entführung *f*

raquette [ʀakɛt] *nf* Schläger *m*

rare [ʀɑʀ] *adj* selten; (*cheveux, herbe*) dünn; **il est ~ que** es kommt selten vor, dass
• **rarement** *adv* selten

RAS [ɛʀɑɛs] *abr* (= *rien à signaler*) nichts zu berichten

ras, e [ʀɑ, ʀɑz] *adj* kurz geschoren; (*poil, herbe*) kurz ▸ *adv* (*couper*) kurz; **~ du cou** (*pull, robe*) mit rundem Halsausschnitt

raser [ʀɑze] *vt* (*barbe, cheveux*) abrasieren; (*menton, personne*) rasieren; (*fam : ennuyer*) langweilen; (*démolir*) dem Erdboden gleichmachen; **se raser** *vpr* sich rasieren; (*fam : s'ennuyer*) sich langweilen, sich mopsen

ras-le-bol [ʀɑlbɔl] *nm* : **en avoir ~ (de qch)** (*fam*) (von etw) die Nase vollhaben

rasoir [ʀɑzwaʀ] *nm* : **~ électrique** Rasierapparat; **~ mécanique** Nassrasierer

rassemblement [ʀɑsɑ̃bləmɑ̃] *nm* Versammlung *f*; (*Mil*) Sammeln *nt*

rassembler [ʀɑsɑ̃ble] *vt* versammeln; (*regrouper, accumuler*) (an)sammeln; **se rassembler** *vpr* sich versammeln

rassis, e [ʀɑsi, iz] *adj* (*pain, brioche*) altbacken

rassurant, e [ʀɑsyʀɑ̃, ɑ̃t] *adj* beruhigend

rassurer [ʀɑsyʀe] *vt* beruhigen

rat [ʀa] *nm* Ratte *f*

ratatiné, e [ʀatatine] *adj* runzelig

rate [ʀat] *nf* (*Anat*) Milz *f*

raté, e [ʀate] *adj* (*tentative, opération*) misslungen; (*spectacle*) missraten ▸ *nm/f* (*personne*) Versager(in) *m(f)* ▸ *nm* (*Auto*) Fehlzündung *f*

râteau, x [ʀɑto] *nm* Rechen *m*

rater [ʀate] *vi* (*affaire, projet etc*) fehlschlagen, schiefgehen ▸ *vt* (*cible, balle*) verfehlen; (*train, occasion*) verpassen

ratification [ʀatifikasjɔ̃] *nf* Ratifizierung *f*

ratifier [ʀatifje] *vt* ratifizieren

ration [ʀasjɔ̃] *nf* Ration *f*; (*fig*) Teil *m* • **rationaliser** *vt* rationalisieren

rationnel, le [ʀasjɔnɛl] *adj* rational; (*procédé, méthode*) rationell

rationnement [ʀasjɔnmɑ̃] *nm* Rationierung *f*

RATP [ɛʀɑtepe] *sigle f* (= *Régie autonome des transports parisiens*) Pariser Verkehrsverbund

rattacher [ʀataʃe] *vt* (*animal*) wieder anbinden; (*cheveux*) wieder festbinden; **se ~ à** *vpr* (*avoir un lien avec*) verbunden sein mit

rattraper [ʀatʀape] *vt* (*fugitif, animal*) wieder einfangen; (*empêcher de tomber*) auffangen; (*rejoindre*) einholen; **se rattraper** (*de temps perdu*) aufholen

rature [ʀatyʀ] *nf* Korrektur *f*

rauque [ʀok] *adj* heiser, rau

ravager [ʀavaʒe] *vt* verwüsten; (*maladie, chagrin etc*) verheeren • **ravages** *nmpl* Verwüstung *f*

ravaler [ʀavale] *vt* (*mur, façade*) restaurieren; (*déprécier*) erniedrigen; (*avaler de nouveau*) (wieder) hinunterschlucken

rave [ʀav] *nf* (*légume*) Rübe *f*

ravi, e [ʀavi] *adj* begeistert; **être ~ de/que** hocherfreut sein über +*acc*/darüber, dass

ravin [ʀavɛ̃] *nm* Schlucht *f*

ravir [ʀaviʀ] *vt* (*enchanter*) hinreißen; (*enlever de force*) rauben

raviser [ʀavize]: **se ~** *vpr* seine Meinung ändern

ravissant, e [ʀavisɑ̃, ɑ̃t] *adj* hinreißend, entzückend

ravisseur, -euse [ʀavisœʀ, øz] *nm/f* Entführer(in) *m(f)*

ravitaillement [ʀavitajmɑ̃] *nm* Versorgung *f*; (*provisions*) Vorräte *pl* • **ravitailler** *vt* versorgen; (*véhicule*) auftanken; se **ravitailler** *vpr* sich versorgen

raviver [ʀavive] *vt* (*feu, flamme*) neu beleben; (*couleurs*) auffrischen

rayé, e [ʀeje] *adj* gestreift; (*éraflé*) zerkratzt • **rayer** *vt* (*érafler*) zerkratzen; (*barrer, radier*) streichen

rayon [ʀejɔ̃] *nm* Strahl *m*; (*d'une roue*) Speiche *f*; (*étagère*) Regal *nt*; (*de grand magasin*) Abteilung *f*; **dans un ~ de** in einem Umkreis von; **~ de soleil** (*aussi fig*) Sonnenstrahl *m*; **~ X** Röntgenstrahlen *pl*

rayonnement [ʀejɔnmɑ̃] *nm* Strahlung *f*; (*fig*) Einfluss *m* • **rayonner** *vi* (*chaleur, énergie*) ausgestrahlt werden; (*être radieux*) strahlen

rayure [ʀejyʀ] *nf* (*motif*) Streifen *m*; (*éraflure*) Schramme *f*, Kratzer *m*; **à ~s** gestreift

raz-de-marée [ʀɑdmaʀe] *nm inv* Flutwelle *f*; (*fig*) Welle *f*

razzia [ʀa(d)zja] *nf* Razzia *f*

ré [ʀe] *nm* (*Mus*) D *nt*

réacteur [ʀeaktœʀ] *nm* : **~ nucléaire** (*Kern- ou* Atom)reaktor *m*

réaction [ʀeaksjɔ̃] *nf* Reaktion *f*; **avion/moteur à ~** Düsenflugzeug *nt*/ Düsentriebwerk *nt*; **~ en chaîne** Kettenreaktion *f*

réactionnaire [ʀeaksjɔnɛʀ] *adj* reaktionär

réagir [ʀeaʒiʀ] *vi* reagieren; **~ à/ contre** reagieren auf +*acc*; **~ sur** sich auswirken auf +*acc*

réalisateur, -trice [ʀealizatœʀ, tʀis] *nm/f* Regisseur(in) *m(f)*

réalisation [ʀealizasjɔ̃] *nf* Verwirklichung *f*, Erfüllung *f* • **réaliser** *vt* (*projet*) verwirklichen; (*rêve, souhait*) wahr machen, erfüllen; (*exploit*) vollbringen; (*comprendre*) begreifen; se **réaliser** *vpr* (*projet*) verwirklicht werden

réaliste [ʀealist] *adj* realistisch ▶ *nmf* Realist(in) *m(f)*

réalité [ʀealite] *nf* Realität *f*; **en ~** in Wirklichkeit; **dans la ~** in der Wirklichkeit; **~ augmentée** (*Inform*) erweiterte Realität *f*

réanimation [ʀeanimasjɔ̃] *nf* Wiederbelebung *f*; **service de ~** Intensivstation *f*

réarmement [ʀeaʀməmɑ̃] *nm* Wiederbewaffnung *f*

rébarbatif, -ive [ʀebaʀbatif, iv] *adj* abstoßend

rebattu, e [ʀ(ə)baty] *adj* abgedroschen

rebelle [ʀəbɛl] *nmf* Rebell(in) *m(f)* ▶ *adj* (*troupes*) aufständisch; (*enfant, mèche etc*) widerspenstig;

~ à (un art, un sujet) nicht
zugänglich für

rebeller [R(ə)bele] : **se ~** vpr
rebellieren

rébellion [Rebeljɔ̃] nf Rebellion f,
Aufruhr m

reboisement [R(ə)bwazmɑ̃] nm
Aufforsten nt

rebord [R(ə)bɔR] nm Rand m

rebours [R(ə)buR] : **à ~** adv
(brosser, caresser) gegen den Strich;
(comprendre etc) verkehrt

rebrousser [R(ə)bRuse] vt :
~ chemin kehrtmachen, umkehren

rebuter [R(ə)byte] vt (suj)
abschrecken

récalcitrant, e [RekalsitRɑ̃, ɑ̃t]
adj störrisch

recaler [R(ə)kale] vt (Scol)
durchfallen lassen

récemment [Resamɑ̃] adv
kürzlich

recensement [R(ə)sɑ̃smɑ̃] nm
Volkszählung f

recenser [R(ə)sɑ̃se] vt
(population) zählen; (inventorier)
auflisten

récent, e [Resɑ̃, ɑ̃t] adj neu

récépissé [Resepise] nm
Empfangsbescheinigung f

récepteur, -trice [ReseptœR,
tRis] adj Empfangs- ▶ nm (Radio,
TV) Apparat m, Empfänger m

réception [Resepsjɔ̃] nf
Empfang m

récession [Resesjɔ̃] nf Rezession f

recette [R(ə)sɛt] nf (Culin, fig)
Rezept nt; **recettes** nfpl (Comm)
Einnahmen pl

receveur, -euse [R(ə)səvœR, øz]
nm/f (des contributions)

Eintreiber(in) m(f); (des postes)
Vorsteher(in) m(f); (d'autobus)
Schaffner(in) m(f)

recevoir [R(ə)səvwaR] vt
erhalten, bekommen; (accueillir)
empfangen ▶ vi Gäste empfangen

rechange [R(ə)ʃɑ̃ʒ] nf : **de ~**
Reserve-

recharge [R(ə)ʃaRʒ] nf (de briquet)
Nachfüllpatrone f; (de stylo)
Tintenpatrone f • **recharger** vt
(camion) wieder beladen; (appareil
de photo) laden; (briquet, stylo)
nachfüllen; (batterie)
wiederaufladen

réchaud [Reʃo] nm Rechaud m,
Stövchen nt

réchauffement [Reʃofmɑ̃] nm :
le ~ climatique die globale
Erwärmung

réchauffer [Reʃofe] vt
aufwärmen; **se réchauffer** vpr
(personne) sich aufwärmen;
(température) wieder wärmer
werden

recherche [R(ə)ʃɛRʃ] nf Suche f;
(scientifique) Forschung f;
recherches nfpl (de la police)
Nachforschungen pl
• **recherché, e** adj begehrt,
gesucht; (raffiné) erlesen
• **rechercher** vt suchen

rechute [R(ə)ʃyt] nf Rückfall m

récidiviste [Residivist] nmf
Wiederholungstäter(in) m(f)

récif [Resif] nm Riff nt

récipient [Resipjɑ̃] nm
Behälter m

réciproque [ResipRɔk] adj
gegenseitig; (Ling) reflexiv

récit [Resi] nm Erzählung f

récital [Resital] nm Konzert nt

réciter [Resite] vt vortragen; (péj) herunterleiern

réclamation [Reklamasjɔ̃] nf Reklamation f, Beschwerde f; **service des ~s** Beschwerdeabteilung f

réclame [Reklam] nf: **article en ~** Sonderangebot nt

réclamer [Reklame] vt verlangen; (nécessiter) erfordern ▶ vi (protester) sich beschweren

réclusion [Reklyzjɔ̃] nf (Jur) Freiheitsstrafe f

recoin [Rəkwɛ̃] nm verborgener Winkel m; (fig) geheimer Winkel

récolte [Rekɔlt] nf Ernte f • **récolter** vt ernten

recommandation [Rə-kɔmɑ̃dasjɔ̃] nf Empfehlung f • **recommandé, e** adj empfohlen; **en ~** eingeschrieben • **recommander** vt empfehlen; (envoi) als Einschreiben schicken

recommencer [Rəkɔmɑ̃se] vt wieder anfangen; (refaire) noch einmal anfangen ▶ vi wieder anfangen

récompense [Rekɔ̃pɑ̃s] nf Belohnung f • **récompenser** vt belohnen

recomposé, e [Rəkɔ̃poze] adj: **famille ~e** neue Familienkonstellation f mit Scheidungskindern

réconciliation [Rekɔ̃siljasjɔ̃] nf Versöhnung f • **réconcilier** vt versöhnen

reconduire [R(ə)kɔ̃dɥiR] vt (à la maison) nach Hause bringen

réconforter [Rekɔ̃fɔRte] vt (consoler) trösten

reconnaissance [R(ə)kɔnɛsɑ̃s] nf (gratitude) Dankbarkeit f; (de gouvernement, pays) Anerkennung f • **reconnaissant, e** adj dankbar; **je vous serais ~ de bien vouloir faire qch** ich wäre Ihnen sehr dankbar, wenn Sie etw tun könnten

reconnaître [R(ə)kɔnɛtR] vt erkennen; (pays, enfant, valeur etc) anerkennen; (Mil) erkunden; **~ que** zugeben ou zugestehen, dass; **~ qn à qch** jdn/etw erkennen an +dat

reconnu, e [R(ə)kɔny] adj anerkannt

reconstituer [R(ə)kɔ̃stitɥe] vt (fortune, patrimoine) wiederherstellen; (tissus etc) erneuern

record [R(ə)kɔR] nm Rekord m ▶ adj Rekord-; **~ du monde** Weltrekord m

recourbé, e [R(ə)kuRbe] adj gebogen, krumm

recourir [R(ə)kuRiR] vi: **~ à** sich wenden an +acc; (force, ruse, emprunt) zurückgreifen auf +acc • **recours** nm: **le ~ à la violence** die Gewaltanwendung f; **le ~ à la ruse** die Verwendung einer List; **avoir ~ à** sich wenden an +acc; **en dernier ~** als letzter Ausweg

recouvrer [R(ə)kuvRe] vt (retrouver) wiedererlangen; (impôts, créance) eintreiben, einziehen

récréation [RekReasjɔ̃] nf (détente) Erholung f; (Scol) Pause f

recruter [R(ə)kRyte] vt (personnel, collaborateurs) einstellen; (clients, partisans, adeptes) anwerben

rectangle [ʀɛktɑ̃gl] nm
Rechteck nt • **rectangulaire** adj
rechteckig

rectifier [ʀɛktifje] vt (calcul,
compte, adresse) berichtigen;
(erreur, faute) richtigstellen

rectiligne [ʀɛktiliɲ] adj gerade
(verlaufend); (Géom) geradlinig

reçu, e [ʀ(ə)sy] pp de **recevoir**
▶nm Quittung f

recueil [ʀəkœj] nm Sammlung f
• **recueillir** vt sammeln;
(accueillir) (bei sich) aufnehmen

recul [ʀ(ə)kyl] nm (d'une armée,
épidémie etc) Rückzug m; **avoir un
mouvement de ~**
zurückschrecken ou -fahren;
prendre du ~ Abstand nehmen
• **reculé, e** adj (isolé)
zurückgezogen; (lointain)
entfernt • **reculer** vi sich
rückwärtsbewegen; (conducteur)
rückwärtsfahren ▶vt (meuble)
zurückschieben; (véhicule)
zurücksetzen; (mur, frontières)
verschieben • **reculons** : **à ~** adv
rückwärts

récupérer [ʀekypeʀe] vt
wiederbekommen; (forces)
wiedererlangen; (déchets etc)
wiederverwerten ▶vi sich erholen

recyclable [ʀ(ə)siklabl] adj
recycelbar • **recyclage** nm
Umschulung f; (de déchets)
Wiederverwertung f • **recyclé, e**
adj Recycling-; **papier ~**
Umwelt(schutz)papier nt,
Recyclingpapier nt • **recycler** vt
(matériaux, eaux usées etc)
wiederverwerten

rédacteur, -trice [ʀedaktœʀ,
tʀis] nm/f Redakteur(in) m(f);
~ en chef Chefredakteur(in) m(f)

rédaction [ʀedaksjɔ̃] nf
Schreiben nt; (Journalisme)
Redaktion f

redémarrer [ʀ(ə)demaʀe] vi
(véhicule) wieder losfahren; (fig)
neuen Aufschwung nehmen

redevable [ʀ(ə)dəvabl] adj : **être
~ de qch à qn** (somme) jdm etw
schulden

redevance [ʀ(ə)dəvɑ̃s] nf (Tél, TV)
Gebühr f

rédiger [ʀediʒe] vt abfassen

redire [ʀ(ə)diʀ] vt wiederholen;
avoir ou trouver à ~ à qch an
einer Sache dat etwas
auszusetzen haben

redoubler [ʀ(ə)duble] vt
verdoppeln; (Scol) wiederholen
▶vi (tempête, vent, violence)
zunehmen; (Scol) sitzen bleiben

redoutable [ʀ(ə)dutabl] adj
furchtbar • **redouter** vt fürchten

redressement [ʀ(ə)dʀɛsmɑ̃] nm
(Écon) (Wieder)aufschwung m
• **redresser** vt (arbre, mât) wieder
aufrichten; (pièce tordue) wieder
gerade richten; **se redresser** vpr
(se remettre droit) sich wieder
aufrichten; (se tenir très droit) sich
gerade aufrichten

réduction [ʀedyksjɔ̃] nf
Reduzierung f, Verkleinerung f;
(rabais, remise) Rabatt m

réduire [ʀedɥiʀ] vt reduzieren;
(carte, photographie) verkleinern;
se réduire vpr : **se ~ à** sich
reduzieren auf +acc; **se ~ en** sich
verwandeln in +acc • **réduit, e** adj
(prix, tarif) reduziert; (vitesse)
gedrosselt

réel, le [ʀeɛl] adj (non fictif) real,
tatsächlich; (intensif) wirklich

réélection [ʀeelɛksjɔ̃] nf
Wiederwahl f

réellement [ʀeelmã] adv
wirklich

réexpédier [ʀeɛkspedje] vt (à
l'envoyer) zurücksenden; (au
destinataire) nachsenden

réf. abr (= référence) Bez.

refaire [ʀ(ə)fɛʀ] vt noch einmal
machen, wiederholen;
(recommencer, faire autrement) neu
machen; (réparer) reparieren;
(restaurer) restaurieren

référence [ʀefeʀãs] nf (renvoi)
Verweis m; (Comm) Bezug(nahme
f) m; **références** nfpl
(recommandation) Referenzen pl;
faire ~ à Bezug nehmen auf +acc

référendum [ʀefeʀɛ̃dɔm] nm
Referendum nt

référer [ʀefeʀe] : **se référer** vpr :
se ~ à (ami, avis) sich beziehen auf
+acc

réfléchi, e [ʀefleʃi] adj (personne,
caractère) besonnen; (action,
décision) überlegt • **réfléchir** vt
(lumière, image) reflektieren ▶ vi
nachdenken, überlegen

reflet [ʀ(ə)flɛ] nm Spiegelbild nt,
Spiegelung f

refléter [ʀ(ə)flete] vt reflektieren;
(exprimer) erkennen lassen; **se
refléter** vpr sich spiegeln; (fig)
sich widerspiegeln

reflex [ʀeflɛks] adj inv (Photo)
Spiegelreflex-

réflexe [ʀeflɛks] nm Reflex m
▶ adj : **mouvement ~**
Reflexbewegung f; **avoir de
bons ~s** gute Reflexe haben

réflexion [ʀeflɛksjɔ̃] nf (Phys)
Reflexion f; (fait de penser) (Nach)

denken nt; (pensée) Gedanke m;
(remarque) Bemerkung f

reflux [ʀəfly] nm Ebbe f

réforme [ʀefɔʀm] nf Reform f;
(Rel) Reformation f • **réformer** vt
reformieren; (Mil) ausmustern

refouler [ʀ(ə)fule] vt (liquide,
Psych) verdrängen; (larmes, colère)
unterdrücken

refrain [ʀ(ə)fʀɛ̃] nm Refrain m;
(fig) Lied nt

réfréner [ʀefʀene] vt zügeln

réfrigérateur [ʀefʀiʒeʀatœʀ]
nm Kühlschrank m

réfrigérer [ʀefʀiʒeʀe] vt kühlen;
(fam : glacer) unterkühlen; (fig)
abkühlen

refroidir [ʀ(ə)fʀwadiʀ] vt
abkühlen lassen ▶ vi abkühlen;
se refroidir vpr abkühlen; (prendre
froid) sich erkälten
• **refroidissement** nm (grippe,
rhume) Erkältung f

refuge [ʀ(ə)fyʒ] nm Zuflucht f;
(de montagne) (Schutz)hütte f
• **réfugié, e** adj geflüchtet ▶ nm/f
Flüchtling m; **~ économique**
Wirtschaftsflüchtling m
• **réfugier** : **se ~** vpr (s'abriter)
sich flüchten; **se ~ en France**
nach Frankreich flüchten ou
fliehen

refus [ʀ(ə)fy] nm Ablehnung f
• **refuser** vt ablehnen; (ne pas
accorder) verweigern; **~ de faire
qch** sich weigern, etw zu tun;
se refuser vpr : **se ~ à faire qch**
sich weigern, etw zu tun

réfuter [ʀefyte] vt widerlegen

regagner [ʀ(ə)gaɲe] vt
zurückgewinnen; (lieu, place)
zurückkommen nach

regain [Rəgɛ̃] nm : **un ~ de** (fig) ein neuer Aufschwung in +dat

régal [Regal] nm : **c'est un (vrai) ~** das ist eine (wahre) Wonne; **un ~ pour les yeux** eine Augenschmaus m • **régalerv**t : **~ qn** jdn fürstlich bewirten; **se régalerv**pr schlemmen

regard [R(ə)gaR] nm Blick m • **regardant, e** adj (péj) : **peu ~** (dépenser) nicht pingelig (mit); (dépenser) nicht knauserig (mit) • **regarder** vt ansehen, betrachten; (livre, film, match) sich dat ansehen; **~ la télévision** fernsehen; **~ dans le dictionnaire/l'annuaire** im Wörterbuch/im Telefonbuch nachsehen; **~ par la fenêtre** aus dem Fenster sehen; **~ vers** (maison) gehen nach; **ça ne vous regarde pas** das geht Sie nichts an

régie [Reʒi] nf (Admin) Verwaltung f; (Ciné, Théât) Produktion f; (Radio, TV) Regie f; **~ d'État** staatlich geführtes Unternehmen

régime [Reʒim] nm Regime nt; (Admin) System nt; (Méd) Diät f; (d'un moteur) Drehzahl f; **suivre un/se mettre au ~** Diät leben/ auf Diät gehen; **à plein ~** auf vollen Touren; **~ matrimonial** Ehe(schließungs)abkommen nt

régiment [Reʒimɑ̃] nm (Mil) Regiment nt; **une ~ de** (fam) Heerscharen von; **un copain de ~** ein Freund aus der Militärzeit

région [Reʒjɔ̃] nf Gegend f • **régional, e, -aux** adj regional

registre [RəʒistR] nm Register nt, Verzeichnis nt

règle [Rɛgl] nf Regel f; (instrument) Lineal nt; **règles** nfpl (Méd) Periode f; **en ~** (papiers) in Ordnung; **dans**

ou **selon les ~s** den Regeln entsprechend; **en ~ générale** generell, im Allgemeinen

règlement [Rɛgləmɑ̃] nm Regelung f; (paiement) Bezahlung f • **réglementaire** adj vorschriftsmäßig • **réglementation** nf Regulierung f

régler [Regle] vt regeln; (mécanisme, machine) regulieren, einstellen; (note, facture, dette) bezahlen

réglisse [Reglis] nf Lakritz m ou nt

règne [Rɛɲ] nm Herrschaft f; **le ~ végétal/animal** das Pflanzen-/ Tierreich nt • **régner** vi herrschen

regret [R(ə)gRɛ] nm (nostalgie) Sehnsucht f; (repentir) Reue f; (d'un projet non réalisé) Bedauern nt; **à ~** ungern; **avec ~** mit Bedauern • **regrettable** adj bedauerlich • **regretter** vt bedauern; (action commise) bereuen; **je regrette** es tut mir leid

regrouper [R(ə)gRupe] vt (grouper) zusammenfassen; (contenir) umfassen

régularité [RegylaRite] nf Regelmäßigkeit f; (de pression etc) Gleichmäßigkeit f; (constance) gleichbleibende Leistung f; (caractère légal) Legalität f

régulier, -ière [Regylje, jɛR] adj regelmäßig; (uniforme) gleichmäßig; (constant) gleichbleibend; (légal) ordnungsgemäß

rehausser [Rəose] vt erhöhen

rein [Rɛ̃] nm Niere f; **reins** nmpl (dos) Kreuz nt; **avoir mal aux ~s** Kreuzschmerzen haben

reine [ʀɛn] nf Königin f
reine-claude [ʀɛnklod] (pl
reines-claudes) nf Reneklode f
réinsertion [ʀeɛ̃sɛʀsjɔ̃] nf
Rehabilitation f
réintégrer [ʀeɛ̃tegʀe] vt (lieu)
zurückkehren nach +acc;
(fonctionnaire) wieder einsetzen
réitérer [ʀeiteʀe] vt wiederholen
rejet [ʀəʒɛ] nm Ablehnung f
• **rejeter** vt (refuser) ablehnen;
(renvoyer) zurückwerfen
rejeton [ʀəʒ(ə)tɔ̃] nm (fam)
Sprössling m
rejoindre [ʀ(ə)ʒwɛ̃dʀ] vt
zurückkehren zu; (rattraper)
einholen; se rejoindre vpr
(personnes) sich treffen; (routes)
zusammenlaufen
réjouir [ʀeʒwiʀ] vt erfreuen; se
réjouir vpr sich freuen; **se ~ de
qch** sich über etw acc freuen
• **réjouissances** nfpl (fête)
Freudenfest nt
relâche [ʀəlɑʃ] nf: **sans ~** ohne
Unterbrechung, ohne Pause
• **relâcher** vt (ressort, cordes,
discipline) lockern; (animal,
prisonnier) freilassen; se relâcher
vpr locker werden; (élève etc)
nachlassen
relais [ʀ(ə)lɛ] nm (Sport : course)
Staffel(lauf m) f; (Radio, TV)
Übertragung f; **équipe de ~**
(dans une usine) Schicht f;
prendre le ~ de qn jdn ablösen;
~ routier Raststätte f (für
Lkw-Fahrer)
relance [ʀəlɑ̃s] nf Aufschwung m
• **relancer** vt (balle) zurückwerfen;
(moteur) wieder anlassen; (Inform)
neu starten; (économie, agriculture,

projet) ankurbeln; (débiteur)
ermahnen
relater [ʀ(ə)late] vt erzählen
relatif, -ive [ʀ(ə)latif, iv] adj
relativ; (positions, situations)
gegenseitig; (Ling) Relativ-; **~ à
qch** etw betreffend
relation [ʀ(ə)lasjɔ̃] nf (rapport)
Beziehung f, Verhältnis nt; **être/
entrer en ~(s) avec** in
Verbindung ou Kontakt stehen/
treten mit; **~s publiques** Public
Relations pl
relationnel, le [ʀ(ə)lasjɔnɛl] adj
(Psych) Beziehungs-
relativement [ʀ(ə)lativmã] adv
relativ; **~ à** verglichen mit
relax [ʀəlaks] adj inv (personne)
gelassen; **fauteuil ~**
Ruhesessel m
relaxation [ʀ(ə)laksasjɔ̃] nf
Entspannung f
relaxer [ʀəlakse]: se relaxer vpr
sich entspannen
relayer [ʀ(ə)leje] vt ablösen;
(Radio, TV) übertragen; se relayer
vpr sich ou einander ablösen
reléguer [ʀ(ə)lege] vt (confiner)
verbannen; **~ au second plan** an
die zweite Stelle verweisen; **être
relégué** (Sport) absteigen
relève [ʀəlɛv] nf Ablösung f
relevé, e [ʀəl(ə)ve] adj (manches)
hochgekrempelt; (conversation,
style) gehoben; (sauce, plat)
scharf, stark gewürzt ▸ nm (d'un
compteur) Stand m; **~ d'identité
bancaire** Bankverbindung und
Kontonummer f; **~ de compte**
Kontoauszug m • **relever** vt
(redresser) aufheben; (sentinelle,
équipe) ablösen; (souligner)

betonen, hervorheben; (*remarquer*) bemerken; (*défi*) annehmen; (*noter*) aufschreiben; (*compteur*) ablesen; (*cahiers, copies*) einsammeln; **se relever** vpr aufstehen

relief [ʀəljɛf] nm Relief nt; (*de pneu*) Profil nt; **en ~** relief nt; (*photographie*) dreidimensional; **mettre en ~** hervorheben

relier [ʀəlje] vt verbinden; (*livre*) binden; **livre relié cuir** in Leder gebundenes Buch

religieux, -euse [ʀ(ə)liʒjø, jøz] adj religiös; (*respect, silence*) andächtig ▶ nm Mönch m ▶ nf Nonne f; (*gâteau*) doppelter Windbeutel

religion [ʀ(ə)liʒjɔ̃] nf Religion f

relire [ʀ(ə)liʀ] vt noch einmal lesen; (*vérifier*) durchlesen

reliure [ʀəljyʀ] nf Einband m

relooker [ʀəluke] vt : **~ qn** jdm ein neues Aussehen verpassen

reluire [ʀ(ə)lɥiʀ] vi glänzen, schimmern

remaniement [ʀ(ə)manimɑ̃] nm : **~ ministériel** Kabinettsumbildung f

remanier [ʀ(ə)manje] vt (*texte*) völlig überarbeiten; (*cabinet*) umbilden

remarier [ʀ(ə)maʀje] : **se ~** vpr wieder heiraten

remarquable [ʀ(ə)maʀkabl] adj bemerkenswert
• **remarquablement** adv außerordentlich • **remarque** nf Bemerkung f • **remarquer** vt bemerken; **se remarquer** vpr auffallen; **se faire ~** auffallen; **faire ~ à qn que** jdn darauf

hinweisen, dass; **faire ~ qch à qn** jdn auf etw +acc hinweisen

remblai [ʀɑ̃blɛ] nm Böschung f, Damm m

remboursable [ʀɑ̃buʀsabl] adj zurückzahlbar

remboursement [ʀɑ̃buʀsəmɑ̃] nm Rückerstattung f, Rückzahlung f; **envoi contre ~** Nachnahme f • **rembourser** vt zurückzahlen; (*personne*) bezahlen

remède [ʀ(ə)mɛd] nm Arzneimittel nt; (*fig*) (Heil)mittel nt

remerciements [ʀəmɛʀsimɑ̃] nmpl Dank m • **remercier** vt danken +dat; **~ qn de qch** jdm für etw danken

remettre [ʀ(ə)mɛtʀ] vt (*replacer*) zurückstellen, zurücktun; (*vêtement*) wieder anziehen; (*ajouter*) hinzufügen, hinzugeben; (*rendre*) zurückgeben; (*confier*) übergeben; (*ajourner*) verschieben; **se remettre** vpr (*personne malade*) sich erholen; (*temps*) (wieder) besser werden

remise [ʀ(ə)miz] nf (*d'un colis, d'une récompense etc*) Übergabe f; (*rabais*) Rabatt m; (*local*) Schuppen m, Remise f

remontant [ʀ(ə)mɔ̃tɑ̃] nm Stärkung f

remonte-pente [ʀ(ə)mɔ̃tpɑ̃t] (*pl* **remonte-pentes**) nm (Ski) Skilift m

remonter [ʀ(ə)mɔ̃te] vi (*sur un cheval*) wieder aufsteigen; (*dans une voiture*) wieder einsteigen; (*au deuxième étage etc*) wieder hinaufgehen; (*baromètre, fièvre*) (wieder) steigen ▶ vt (*escalier*) wieder hinaufgehen; (*fleuve*) hinauffahren; (*pantalon, manches*) hochkrempeln; (garde-robe, collection) erneuern; (montre, mécanisme) aufziehen; **~ à** zurückgehen auf +acc

remonter [R(ə)mõte] vt (montrer de nouveau) wieder zeigen; **en ~ à qn** es jdm zeigen

remords [R(ə)mɔR] nm schlechtes Gewissen nt; **avoir des ~** Gewissensbisse haben

remorque [R(ə)mɔRk] nf Anhänger m; **prendre en ~** abschleppen • **remorquer** vt (véhicule) abschleppen; (bateau) schleppen

rempart [Rɑ̃paR] nm (Schutz)wall m; **remparts** nmpl Stadtmauer f

remplaçant, e [Rɑ̃plasɑ̃, ɑ̃t] nm/f Ersatz m; (temporaire) Vertretung f • **remplacement** nm Vertretung f • **remplacer** vt ersetzen; (temporairement) vertreten; (pneu) wechseln; (ampoule) auswechseln

remplir [Rɑ̃pliR] vt füllen; (journée, vacances, vie, questionnaire) ausfüllen; (obligations, promesses, conditions) erfüllen; (fonction, rôle) ausüben

remporter [Rɑ̃pɔRte] vt (livre, marchandise) (wieder) mitnehmen; (victoire, succès) davontragen

remuant, e [Rəmɥɑ̃, ɑ̃t] adj (enfant etc) lebhaft

remue-ménage [R(ə)mymenaʒ] nm inv Tohuwabohu nt

remuer [Rəmɥe] vt (partie du corps) bewegen; (objet) verschieben; (café) umrühren; (salade) mischen; se remuer vpr sich bewegen

rémunération [RemyneRasjõ] nf Bezahlung f, Entlohnung f • **rémunérer** vt bezahlen

renaître [R(ə)nɛtR] vi wiederaufleben

renard [R(ə)naR] nm Fuchs m

renchérir [Rɑ̃ʃeRiR] vi teurer werden; **~ (sur)** übertreffen

rencontre [Rɑ̃kõtR] nf Begegnung f; **faire la ~ de qn** jds Bekanntschaft machen • **rencontrer** vt treffen; (mot, expression, difficultés, opposition) stoßen auf +acc; se rencontrer vpr sich treffen

rendement [Rɑ̃dmɑ̃] nm Leistung f; (d'un investissement) Ertrag m

rendez-vous [Rɑ̃devu] nm inv Verabredung f; (lieu) Treffpunkt m; **prendre ~ (avec qn)** sich (mit jdm) verabreden; **donner un ~ à qn** sich mit jdm verabreden; **avoir ~ (avec qn)** (mit jdm) verabredet sein

rendormir [Rɑ̃dɔRmiR] : **se ~** vpr wieder einschlafen

rendre [RɑdR] vt zurückgeben; (vomir) erbrechen; se rendre vpr (aller) sich begeben, gehen; **~ la monnaie** (Wechsel)geld herausgeben; **se ~ insupportable/ malade** unerträglich werden/ sich krank machen

rênes [Rɛn] nfpl Zügel pl

renfermé, e [RɑfɛRme] adj (personne) verschlossen ▶ nm : **sentir le ~** muffig riechen • **renfermer** vt (contenir) enthalten; se renfermer vpr : **se ~ (sur soi-même)** sich (in sich selbst) zurückziehen

renforcer [Rɑ̃fɔʀse] vt
verstärken; (*expression, argument*)
bekräftigen

renfort [Rɑ̃fɔʀ] nm : **à grand ~ de**
mit (einem) großen Aufwand an
+dat; **renforts** nmpl Verstärkung f

rengaine [Rɑ̃gɛn] nf (péj) altes
Lied nt

renier [Rənje] vt verleugnen

renifler [R(ə)nifle] vi schnüffeln
▶ vt (odeur) riechen

renne [Rɛn] nm Ren(tier) nt

renom [Rənɔ̃] nm Ruf m
• **renommé, e** adj renommiert,
berühmt ▶ nf Ruhm m

renoncer [R(ə)nɔ̃se] vi : **~ à**
aufgeben; (droit, succession)
verzichten auf +acc; **~ à faire qch**
darauf verzichten, etw zu tun

renouer [Rənwe] vt neu binden;
(conversation, liaison) wieder
anknüpfen; **~ avec** (tradition,
habitude) wiederaufnehmen;
~ avec qn sich mit jdm wieder
anfreunden

renouvelable [R(ə)nuv(ə)labl]
adj verlängerbar; (expérience)
wiederholbar; (énergie)
erneuerbar

renouveler [R(ə)nuv(ə)le] vt
erneuern; (personnel, membres d'un
comité) austauschen; (passeport,
bail, contrat) verlängern;
(demande, remerciements, exploit,
méfait) wiederholen; **se
renouveler** vpr (incident) sich
wiederholen • **renouvellement**
nm Erneuern nt, Austausch m,
Verlängerung f, Wiederbelebung f,
Wiederholung f

rénovation [Renɔvasjɔ̃] nf
Renovierung f

rénover [Renɔve] vt renovieren;
(quartier) sanieren

renseignement [Rɑ̃sɛɲmɑ̃] nm
Auskunft f; **prendre des ~s sur**
sich erkundigen über +acc
• **renseigner** vt : **~ qn (sur)** jdn
informieren (über +acc); **se
renseigner** vpr sich erkundigen

rentabiliser [Rɑ̃tabilize] vt
rentabel machen

rentabilité [Rɑ̃tabilite] nf
Rentabilität f • **rentable** adj
rentabel

rente [Rɑ̃t] nf (revenu d'un bien,
capital) Einkommen nt; (retraite)
Rente f • **rentier, -ière** nm/f
Rentner(in) m(f)

rentrée [Rɑ̃tRe] nf (retour)
Rückkehr f; **~ (d'argent)**
Einnahmen pl; **la ~ (des classes)**
der Schuljahrsbeginn

rentrer [Rɑ̃tRe] vi (entrer de
nouveau : venir) wieder
hereinkommen; (: aller) wieder
hineingehen; (entrer : venir)
hereinkommen; (: aller)
hineingehen; (chez soi : venir) nach
Hause kommen; (: aller) nach
Hause gehen; (revenu, argent)
hereinkommen ▶ vt
hineinbringen, hereinbringen;
(véhicule etc) abstellen; **~ dans ses
frais** auf seine Kosten kommen

renversé, e [Rɑ̃vɛRse] adj
(écriture) nach links geneigt;
(image) umgekehrt

renversement [Rɑ̃vɛRsəmɑ̃] nm
(d'un régime) Umsturz m; **~ de la
situation** Umkehrung f der Lage

renverser [Rɑ̃vɛRse] vt (faire
tomber) umwerfen, umstoßen,
umkippen; (piéton) anfahren;
(liquide, contenu d'un récipient)

r

verschütten; **se renverser** *vpr*
(*véhicule*) umkippen; (*liquide*)
verschüttet werden

renvoi [ʀɑ̃vwa] *nm* (*référence*)
Verweis *m*

renvoyer [ʀɑ̃vwaje] *vt*
zurückschicken; (*congédier*)
entlassen; (*Tennis*)
zurückschlagen; (*lumière, son*)
reflektieren; (*ajourner*)
verschieben; **~ qch au**
lendemain etw auf den nächsten
Tag verschieben

réorganiser [ʀeɔʀganize] *vt*
umorganisieren

repaire [ʀ(ə)pɛʀ] *nm* Höhle *f*

répandre [ʀepɑ̃dʀ] *vt* (*renverser*)
verschütten; (*gravillons, sable*)
streuen; (*étaler*) streichen; **se**
répandre *vpr* sich verbreiten

réparation [ʀepaʀasjɔ̃] *nf*
Reparatur *f*; (*compensation*)
Wiedergutmachung *f*;
réparations *nfpl* (*travaux*)
Reparaturarbeiten *pl*
• **réparer** *vt* reparieren; (*fig*)
wiedergutmachen

repartir [ʀ(ə)paʀtiʀ] *vi* (*wieder*)
gehen; (*retourner*) zurückgehen

répartir [ʀepaʀtiʀ] *vt* verteilen,
aufteilen • **répartition** *nf*
Aufteilung *f*, Verteilung *f*

repas [ʀ(ə)pɑ] *nm* Mahlzeit *f*;
à l'heure des ~ zur Essenszeit

repassage [ʀ(ə)pɑsaʒ] *nm*
Bügeln *nt*

repasser [ʀ(ə)pɑse] *vi* (*passer de*
nouveau) wieder vorbeikommen
▶ *vt* (*vêtement, tissu*) bügeln;
(*examen*) noch einmal machen

repentir [ʀəpɑ̃tiʀ] *nm* Reue *f*;
se repentir *vpr* Reue empfinden;

se ~ de qch etw bereuen; **se ~**
d'avoir fait qch bereuen, etw
getan zu haben

répercussions [ʀepɛʀkysjɔ̃] *nfpl*
Auswirkungen *pl*, Folgen *pl*

répercuter [ʀepɛʀkyte] *vt*
(*consignes, charges etc*)
weiterleiten; **se répercuter** *vpr*
(*bruit, écho*) widerhallen; **se ~ sur**
sich auswirken auf +*acc*

repère [ʀ(ə)pɛʀ] *nm* Zeichen *nt*,
Markierung *f*

repérer [ʀ(ə)peʀe] *vt* entdecken;
se repérer *vpr* (*s'orienter*) sich
zurechtfinden

répertoire [ʀepɛʀtwaʀ] *nm*
Verzeichnis *nt*, Register *nt*;
(*Inform*) Verzeichnis *nt*

répéter [ʀepete] *vt* wiederholen
▶ *vi* (*Théât etc*) proben; **se**
répéter *vpr* sich wiederholen
• **répétition** *nf* Wiederholung *f*;
(*Théât*) Probe *f*

répit [ʀepi] *nm* : **sans ~**
ununterbrochen, unablässig

repli [ʀəpli] *nm* (*d'une étoffe*) Falte
f; (*retraite*) Rückzug *m*

replier [ʀ(ə)plije] *vt* (*vêtement*)
zusammenfalten

réplique [ʀeplik] *nf* (*repartie*)
Antwort *f*, Erwiderung *f*
• **répliquer** *vi* erwidern

répondeur [ʀepɔ̃dœʀ] *nm*
automatischer
Anrufbeantworter *m*

répondre [ʀepɔ̃dʀ] *vi* antworten;
~ à (*question, remarque, invitation*
etc) antworten auf +*acc*
• **réponse** *nf* Antwort *f*; (*solution*)
Lösung *f*

reportage [ʀ(ə)pɔʀtaʒ] *nm*
Reportage *f*

reporter[1] [RəpɔRtɛR] *nm* Reporter(in) *m(f)*

reporter[2] [Rəpɔrte] *vt (ajourner)* verschieben; *(transférer)* übertragen

repos [R(ə)po] *nm* Ruhe *f* • **reposant, e** *adj* erholsam • **reposé, e** *adj* ausgeruht, frisch; **à tête ~e** in aller Ruhe • **reposer** *vt (verre)* wieder hinstellen *ou* absetzen; *(livre)* wieder hinlegen; *(question)* erneut stellen; *(délasser)* entspannen ▶ *vi (liquide, pâte)* ruhen; **se reposer** *vpr (se délasser)* sich ausruhen; **ici repose** hier ruht; **~ sur** ruhen auf +*dat*; **se ~ sur qn** sich auf jdn verlassen

repousser [R(ə)puse] *vi* nachwachsen ▶ *vt (personne)* abstoßen; *(ennemi, attaque)* zurückschlagen; *(offre, proposition, tentation)* ablehnen; *(rendez-vous, entrevue)* aufschieben; *(tiroir, table)* zurückschieben

reprendre [R(ə)pRɑ̃dR] *vt (prisonnier)* wieder festnehmen *ou* ergreifen; *(aller chercher)* wieder abholen; *(prendre à nouveau)* wieder nehmen; *(se resservir de)* noch einmal nehmen; *(travail, études)* wiederaufnehmen; *(corriger)* verbessern ▶ *vi (cours, classes)* wieder anfangen, wieder beginnen; *(froid, pluie etc)* wieder einsetzen; **se reprendre** *vpr (se corriger)* sich verbessern; *(se ressaisir)* sich fangen; **~ la route/l'air** sich wieder auf den Weg machen/weiterfliegen; **~ connaissance** wieder zu Bewusstsein *ou* zu sich kommen

repreneur [R(ə)pRənœR] *nm* Sanierer *m (der marode Unternehmen aufkauft)*

représailles [R(ə)pRezaj] *nfpl* Repressalien *pl*

représentant, e [R(ə)pRezɑ̃tɑ̃, ɑ̃t] *nm/f* Vertreter(in) *m(f)*

représentatif, -ive [R(ə)pRezɑ̃tatif, iv] *adj* repräsentativ

représentation [R(ə)pRezɑ̃tasjɔ̃] *nf (symbole, image)* Darstellung *f; (de pièce, opéra)* Aufführung *f; (de pays, syndicat, maison de commerce)* Vertretung *f* • **représenter** *vt* darstellen; *(pièce, opéra)* aufführen; *(pays, syndicat, maison de commerce)* vertreten; **se représenter** *vpr (occasion)* sich wieder bieten; *(s'imaginer)* sich *dat* vorstellen

répression [RepResjɔ̃] *nf* Unterdrückung *f; (d'une révolte)* Niederschlagen *nt; (punition)* Bestrafung *f*

réprimande [RepRimɑ̃d] *nf* Tadel *m*, Verweis *m*

réprimer [RepRime] *vt (désirs, passions, envie)* unterdrücken

reprise [R(ə)pRiz] *nf (recommencement)* Wiederbeginn *m; (économique)* (Wieder)aufschwung *m; (Théât, TV, Ciné)* Wiederholung *f; (Auto)* Beschleunigung *f;* **à plusieurs ~s** mehrmals

repriser [R(ə)pRize] *vt (raccommoder)* stopfen

réprobation [RepRɔbasjɔ̃] *nf* Missbilligung *f*

reproche [R(ə)pRɔʃ] *nm* Vorwurf *m;* **sans ~(s)** tadellos • **reprocher** *vt* vorwerfen

reproduction [R(ə)pRɔdyksjɔ̃] *nf (de nature, son)* Wiedergabe *f*; *(tableau, dessin)* Reproduktion *f*; *(d'un texte)* Nachdruck *m*, Kopie *f*; *(Biol)* Fortpflanzung *f*; **droits de ~** (Vervielfältigungs)rechte *pl*; **~ interdite** alle Rechte vorbehalten

reproduire [R(ə)pRɔdɥiR] *vt (nature, réalité, son)* wiedergeben; *(dessin etc)* reproduzieren; **se reproduire** *vpr (Biol)* sich fortpflanzen; *(faits, erreurs)* sich wiederholen

réprouver [RepRuve] *vt* missbilligen

reptile [Reptil] *nm* Reptil *nt*

repu, e [Rəpy] *adj* satt

république [Repyblik] *nf* Republik *f*; **R~ fédérale d'Allemagne** Bundesrepublik Deutschland *f*

répugnance [Repɥɲɑ̃s] *nf* Ekel *m*, Abscheu *m ou f* • **répugner** : **~ à** *vt* anwidern

répulsion [Repylsjɔ̃] *nf* Abscheu *m ou f*

réputation [Repytasjɔ̃] *nf* Ruf *m* • **réputé, e** *adj* berühmt

requête [Rəket] *nf* Bitte *f*, Ersuchen *nt*

requin [Rəkɛ̃] *nm* Hai *m*

requinquer [R(ə)kɛ̃ke] *vt (fam)* aufmöbeln

requis, e [Rəki, iz] *adj* erforderlich

RER [ɛRəɛR] *sigle m (= Réseau express régional)* Schnellzugnetz *von Paris*

rescapé, e [Reskape] *nm/f* Überlebende(r) *f(m)*

réseau, x [Rezo] *nm* Netz *nt*; *(Inform)* Netzwerk *nt*; **~ social** soziales Netzwerk

réseautage [Rezota3] *nm* Netzwerken *nt*

réseauter [Rezote] *vi* netzwerken

réservation [RezɛRvasjɔ̃] *nf* Reservierung *f*

réserve [RezɛRv] *nf* Reserve *f*; *(entrepôt)* Lager *nt*; *(de pêche, chasse)* Revier *nt*; **réserves** *nfpl (de gaz, pétrole etc)* Reserven *pl*; *(nutritives)* Vorräte *pl*, Reserven; **sous ~ de** unter Vorbehalt +*gén*; **~ naturelle** Naturschutzgebiet *nt*

réservé, e [RezɛRve] *adj* reserviert; *(chasse, pêche)* privat; **~ à** *ou* **pour** reserviert für • **réserver** *vt* reservieren, vorbestellen; **~ qch pour/à** etw vorsehen *ou* reservieren für; **~ qch à qn** etw für jdn reservieren; *(surprise, accueil etc)* jdm etw bereiten

réservoir [RezɛRvwaR] *nm* Reservoir *nt*; *(d'essence)* Tank *m*

résidence [Rezidɑ̃s] *nf (Admin)* Wohnsitz *m*; *(habitation luxueuse)* Residenz *f*; **~ secondaire** Nebenwohnsitz *m* • **résident, e** *nm/f (étranger)* ausländische(r) Bürger(in) *m(f)* • **résidentiel, le** *adj* Wohn-; **quartier ~** gutes Wohnviertel *nt* • **résider** *vi (habiter)* wohnen; **~ en** *(problème etc)* bestehen in +*dat*

résidu [Rezidy] *nm (Chim, Phys)* Rückstand *m*; *(fig)* Überbleibsel *nt*

résigner [Reziɲe] : **se résigner** *vpr* : **se ~ à qch** sich mit etw abfinden

résistance [Rezistɑ̃s] *nf* Widerstand *m*; *(endurance)* Widerstandsfähigkeit *f*; *(fil)* Heizelement *nt*; *(Pol)* **la R~** *die* französische Widerstandsbewegung *im 2. Weltkrieg*

résister [ʀeziste] vi standhalten; **~ à** (personne) sich widersetzen +dat

résolu, e [ʀezɔly] adj entschlossen • **résolution** nf (fermeté) Entschlossenheit f

résonner [ʀezɔne] vi (pas) hallen; (voix) erklingen, schallen; (salle, rue) widerhallen

résorber [ʀezɔʀbe] : **se ~** vpr (tumeur, abcès) sich zurückbilden; (déficit, chômage) abgebaut werden

résoudre [ʀezudʀ] vt lösen; **se résoudre** vpr : **se ~ à faire qch** sich dazu durchringen, etw zu tun

respect [ʀɛspɛ] nm Respekt m • **respectable** adj (personne) achtbar, anständig; (scrupules etc) ehrenhaft; (quantité) ansehnlich, beachtlich • **respecter** vt achten, respektieren

respectif, -ive [ʀɛspɛktif, iv] adj jeweilig • **respectivement** adv beziehungsweise

respectueux, -euse [ʀɛspɛktɥø, øz] adj respektvoll; **être ~ de** achten

respiration [ʀɛspiʀasjɔ̃] nf Atem m; (fonction) Atmung f • **respirer** vi atmen; (être soulagé) aufatmen ▸ vt einatmen

responsabilité [ʀɛspɔ̃sabilite] nf Verantwortung f; (légale) Haftung f • **responsable** adj verantwortlich; (légalement) haftbar ▸ nmf Verantwortliche(r) f(m); **~ de** verantwortlich für

resquilleur, -euse [ʀɛskijœʀ, øz] nm/f Schwarzfahrer(in) m(f)

ressaisir [ʀ(ə)seziʀ] : **se ~** vpr sich fassen, sich fangen

ressemblance [ʀ(ə)sɑ̃blɑ̃s] nf Ähnlichkeit f • **ressemblant, e** adj ähnlich • **ressembler : ~ à** vt ähnlich sein +dat

ressentiment [ʀ(ə)sɑ̃timɑ̃] nm Groll m, Ressentiment nt

ressentir [ʀ(ə)sɑ̃tiʀ] vt empfinden

resserrer [ʀ(ə)seʀe] vt (nœud, boulon) anziehen; **se resserrer** vpr (route, vallée) sich verengen

resservir [ʀ(ə)seʀviʀ] vt (servir à nouveau) wieder auftischen; **~ qn (d'un plat)** jdm (von einem Gericht) nachgeben

ressort [ʀəsɔʀ] nm Feder f

ressortir [ʀəsɔʀtiʀ] vi (venir) wieder herauskommen; (partir) wieder hinausgehen

ressortissant, e [ʀ(ə)sɔʀtisɑ̃, ɑ̃t] nm/f Staatsbürger(in) m(f)

ressource [ʀ(ə)suʀs] nf (recours) Möglichkeit f; **ressources** nfpl Mittel pl; **~s d'énergie** Energiequellen pl

ressusciter [ʀesysite] vt wiederbeleben ▸ vi (Christ) auferstehen

restant, e [ʀɛstɑ̃, ɑ̃t] adj restlich, übrig ▸ nm : **le ~ (de)** der Rest (von ou +gén)

restaurant [ʀɛstɔʀɑ̃] nm Restaurant nt

restaurateur, -trice [ʀɛstɔʀatœʀ, tʀis] nm/f (aubergiste) Gastronom(in) m(f); (de tableaux) Restaurator(in) m(f)

restauration [ʀɛstɔʀasjɔ̃] nf (Art) Restauration f; **la ~** (hôtellerie) das Gastronomiegewerbe nt; **~ rapide** Fast Food nt

restaurer [RɛstɔRe] vt
wiederherstellen; (œuvre d'art)
restaurieren; **se restaurer** vpr
etwas essen

reste [Rɛst] nm Rest m; **restes**
nmpl (Culin) Reste pl; (d'une cité,
fortune) Überreste pl; **le ~ du
temps** die restliche ou übrige Zeit;
du ~ außerdem • **rester** vi
bleiben; (subsister) übrig bleiben
▸ vb impers : **il reste du pain** es ist
noch Brot übrig; **il reste deux
œufs** es sind noch zwei Eier übrig;
il reste du temps es ist noch Zeit;
il me reste du pain/deux œufs
ich habe noch Brot/zwei Eier

restituer [Rɛstitɥe] vt
zurückgeben

resto [Rɛsto] nm (fam) Restaurant
nt; **~ U** (= restaurant universitaire)
Mensa f • **restoroute** nm
(Autobahn)raststätte f

restreindre [RɛstRɛ̃dR] vt
einschränken

restriction [Rɛstriksjɔ̃] nf
Einschränkung f, Beschränkung f

restructurer [RəstRyktyRe] vt
umstrukturieren

résultat [Rezylta] nm Ergebnis nt

résulter [Rezylte] : **~ de** vt
herrühren von; **il en résulte que**
daraus ergibt sich, dass

résumé [Rezyme] nm
Zusammenfassung f; (ouvrage)
Übersicht f; **en ~**
zusammenfassend • **résumer** vt
zusammenfassen; (récapituler)
rekapitulieren; **se résumer** vpr
(personne) zusammenfassen

rétablir [RetabliR] vt
wiederherstellen; (guérir) gesund
werden lassen; **se rétablir** vpr

(personne) gesund werden
• **rétablissement** nm
Wiederherstellung f; (guérison)
Besserung f

retaper [R(ə)tape] vt herrichten;
(rédactylographie) noch einmal
tippen; (fam : revigorer) wieder auf
die Beine bringen

retard [R(ə)taR] nm Verspätung f;
être en ~ (personne) zu spät
kommen; (train) Verspätung
haben; **avoir du ~** Verspätung
haben; **prendre du ~** sich
verspäten • **retardement** nm :
à ~ (mine, mécanisme) mit
Zeitauslöser; **bombe à ~**
Zeitbombe f • **retarder** vt (mettre
en retard) aufhalten, verspäten;
(: sur un programme) in Rückstand
bringen; (montre) zurückstellen;
(départ, date) verschieben ▸ vi
(horloge, montre) nachgehen

retenir [Rət(ə)niR] vt
zurückhalten; (garder)
dabehalten; (retarder) aufhalten;
(saisir, maintenir) halten; (réserver)
reservieren; **~ un rire/sourire**
sich dat ein Lachen/Lächeln
verkneifen; **~ qn de faire qch** jdn
daran hindern, etw zu tun

rétention [Retɑ̃sjɔ̃] nf : **~ d'urine**
Harnverhaltung f

retentir [R(ə)tɑ̃tiR] vi hallen;
~ de widerhallen von
• **retentissant, e** adj (voix)
schallend; (succès etc)
aufsehenerregend
• **retentissement** nm
(répercussion) Auswirkung f;
(d'une nouvelle, d'un discours)
durchschlagende Wirkung f

retenu, e [Rət(ə)ny] adj (place)
reserviert; (personne) verhindert

▶ *nf* (*modération, réserve*) Zurückhaltung f; (*somme*) Abzug m

rétine [Retin] *nf* Netzhaut f

retiré, e [R(ə)tiRe] *adj* (*personne, vie*) zurückgezogen; (*quartier*) abgelegen • **retirer** *vt* (*candidature, plainte*) zurückziehen; (*vêtement*) ausziehen; (*lunettes*) abnehmen; (*enlever*) wegnehmen; (*bagages, objet en gage, billet réservé*) abholen; (*somme d'argent*) abheben

retombées [Rətɔ̃be] *nfpl* (*radioactives*) Niederschlag m; (*d'un événement*) Auswirkungen pl

retomber [R(ə)tɔ̃be] *vi* noch einmal fallen; (*atterrir*) aufkommen; (*redescendre*) herunterkommen; (*pendre*) fallen; **~ sur qn** (*responsabilité, frais*) auf jdn fallen

retoquer [R(ə)tɔke] *vt* kippen

rétorquer [Retɔrke] *vt* erwidern

rétorsion [Retɔrsjɔ̃] *nf* :
mesures de ~
Vergeltungsmaßnahmen pl

retouche [R(ə)tuʃ] *nf* (*à une peinture, photographie*) Retusche f; (*à un vêtement*) Änderung f

retour [R(ə)tur] *nm* Rückkehr f; (*voyage*) Rückreise f; **à mon/ton ~** bei meiner/deiner Rückkehr; **être de ~ (de)** zurück sein (von/aus +*dat*); **par ~ du courrier** postwendend

retourner [R(ə)turne] *vt* (*dans l'autre sens*) umdrehen; (*renvoyer : lettre*) zurückschicken; (: *marchandise*) zurückgeben, umtauschen; (*restituer*) zurückgeben ▶ *vi* (*aller de nouveau*) wieder gehen; **se retourner** *vpr* (*personne*) sich umdrehen; (*voiture*) sich überschlagen; **~ quelque part** wieder irgendwohin gehen; **~ chez soi** heimgehen

retrait [R(ə)tRɛ] *nm* (*de candidature, plainte*) Zurückziehen nt; (*de bagage, billet réservé*) Abholung f; (*de somme d'argent*) Abheben nt; (*Pol : d'une compétition*) Rücktritt m; **en ~** zurückgesetzt; **~ du permis (de conduire)** Führerscheinentzug m

retraite [R(ə)tRɛt] *nf* (*d'un employé, fonctionnaire*) Ruhestand m; (: *pension*) Rente f; **être à la ~** im Ruhestand sein; **mettre à la ~** in den Ruhestand versetzen; **prendre sa ~** in den Ruhestand gehen; **~ anticipée** vorgezogener Ruhestand • **retraité, e** *adj* pensioniert ▶ *nm/f* Rentner(in) *m(f)*

retraitement [R(ə)tRɛtmɑ̃] *nm* Wiederaufbereitung f

retrancher [R(ə)tRɑ̃ʃe] *vt* entfernen; (*nombre, somme*) abziehen

retransmettre [R(ə)tRɑ̃smɛtR] *vt* übertragen

retransmission [R(ə)tRɑ̃smisjɔ̃] *nf* (*Radio, TV*) Übertragung f

rétrécir [RetResir] *vt* enger machen ▶ *vi* (*vêtement*) eingehen; **se rétrécir** *vpr* sich verengen

rétro [RetRo] *adj inv* : **mode/style ~** Nostalgiemode f/-stil m

rétroactif, -ive [Retroaktif, iv] *adj* rückwirkend

rétroéclairé, e [RetRoeklɛRe] *adj* (*écran*) hintergrundbeleuchtet

rétrograde [ʀetʀɔgʀad] *adj*
rückschrittlich • **rétrograder** *vi*
(*élève, économie*) zurückfallen;
(*Auto*) hinunterschalten

rétroprojecteur
[ʀetʀopʀɔʒektœʀ] *nm*
Overheadprojektor *m*

rétrospectif, -ive
[ʀetʀospektif, iv] *adj* (*étude*)
zurückblickend; (*jalousie, peur*) im
Nachhinein ▶ *nf* Retrospektive *f*,
Rückschau *f*

rétrospectivement
[ʀetʀospektivmã] *adv* im
Nachhinein

retrousser [ʀ(ə)tʀuse] *vt*
hochkrempeln

retrouver [ʀ(ə)tʀuve] *vt*
wiederfinden; (*occasion, travail*)
(wieder) finden; (*revoir*)
wiedersehen; (*rejoindre*)
wiedertreffen

rétrovirus [ʀetʀoviʀys] *nm*
Retrovirus *nt*

rétroviseur [ʀetʀovizœʀ] *nm*
Rückspiegel *m*

retweeter [ʀ(ə)twite] *vt* (*Inform*)
retweeten

réunification [ʀeynifikasjɔ̃] *nf*
(*Pol*) Wiedervereinigung *f*

Réunion [ʀeynjɔ̃] *nf*: **la ~**
Réunion *nt*

réunion [ʀeynjɔ̃] *nf*
Versammlung *f*; (*de famille etc*)
Treffen *nt* • **réunir** *vt* (*convoquer*)
versammeln; (*rassembler*)
sammeln; (*États, tendances*)
vereinigen; (*raccorder, relier*)
verbinden; **se réunir** *vpr*
zusammenkommen

réussi, e [ʀeysi] *adj* gelungen
• **réussir** *vi* gelingen; (*personne*)

Erfolg haben; **elle a bien réussi
sa sauce** die Soße ist ihr gut
gelungen • **réussite** *nf* Erfolg *m*

revaloriser [ʀ(ə)valɔʀize] *vt*
(*monnaie*) aufwerten; (*salaires,
pensions*) erhöhen; (*doctrine,
institution, tradition*)
wiederaufwerten

revanche [ʀ(ə)vɑ̃ʃ] *nf* Rache *f*;
(*Sport*) Revanche *f*; **prendre sa ~
(sur)** sich rächen (an +*dat*); **en ~**
andererseits

rêve [ʀɛv] *nm* Traum *m*

réveil [ʀevɛj] *nm* Aufwachen *nt*;
(*pendule*) Wecker *m*; **au ~** beim
Aufwachen • **réveiller** *vt*
(*personne*) (auf)wecken; (*douleur*)
wecken; **se réveiller** *vpr*
aufwachen; (*douleur, animosité*)
wiederaufleben

réveillon [ʀevɛjɔ̃] *nm*
Heiligabend *m*; (*du Nouvel An*)
Silvester *m*; (*dîner*) Abendessen *nt*
am Heiligabend/an Silvester
• **réveillonner** *vi* Heiligabend/
Silvester feiern

révélateur, -trice [ʀevelatœʀ,
tʀis] *adj*: **~ (de qch)** bezeichnend
(für etw) ▶ *nm* (*Photo*)
Entwickler *m*

révélation [ʀevelasjɔ̃] *nf*
(*information*) Enthüllung *f*; (*d'un
secret, projet*) Bekanntgabe *f*
• **révéler** *vt* (*divulguer*) enthüllen,
bekannt geben

revenant, e [ʀ(ə)vənɑ̃, ɑ̃t] *nm/f*
Gespenst *nt*

revendeur, -euse [ʀ(ə)vɑ̃dœʀ,
øz] *nm/f* (*détaillant*)
Einzelhändler(in) *m(f)*; (*d'occasion*)
Gebrauchtwarenhändler(in) *m(f)*

revendication [ʀ(ə)vɑ̃dikasjɔ̃]
nf Forderung *f*; **journée de ~**

≈ **Aktionstag** m • **revendiquer** vt
fordern

revendre [R(ə)vɑ̃dʀ] vt
weiterverkaufen

revenir [Rəv(ə)niʀ] vi (venir de
nouveau, réapparaître)
wiederkommen; (rentrer)
zurückkommen; **faire ~** (Culin)
anbräunen; **~ à soi** wieder zu
sich kommen; **~ sur ses pas**
umkehren

revente [R(ə)vɑ̃t] nf
Weiterverkauf m,
Wiederverkauf m

revenu [Rəv(ə)ny] nm (d'un
individu) Einkommen nt;
~ minimum d'insertion
≈ Sozialhilfe f

rêver [Reve] vi : **~ de** träumen
von; **~ à** träumen von

réverbère [RevɛRbɛR] nm
Straßenlaterne f

révérence [ReveRɑ̃s] nf (salut)
Verbeugung f; (: de femme)
Knicks m

rêverie [RevRi] nf Träumerei f

revers [R(ə)vɛR] nm Rückseite f;
(d'une étoffe) linke Seite f; (de
pantalon) Aufschlag m; (Tennis etc)
Rückhand f

revêtement [R(ə)vɛtmɑ̃] nm
(d'une paroi) Verkleidung f; (des
sols, d'une chaussée) Belag m;
(enduit) Überzug m

revêtir [R(ə)vetiʀ] vt (vêtement)
anziehen; **~ qn de qch** (autorité)
jdm etw verleihen; **~ qch de**
(carreaux) etw auslegen mit;
(boiserie) etw verkleiden mit

rêveur, -euse [RevœR, øz] adj
verträumt ▶ nm/f Träumer(in) m(f)

revigorer [R(ə)vigɔʀe] vt beleben

revirement [R(ə)viʀmɑ̃] nm
(changement d'avis)
(Meinungs)umschwung m

réviser [Revize] vt (texte, ouvrage)
überprüfen; (comptes) prüfen;
(Scol) wiederholen; (machine,
moteur etc) überholen; (procès)
wiederaufnehmen • **révision** nf
(de texte) Überprüfung f; (de
comptes) Prüfung f; (de machine)
Überholen nt

revivre [R(ə)vivR] vi
wiederaufleben ▶ vt noch einmal
durchleben

revoir [R(ə)vwaR] vt
wiedersehen; (en imagination) vor
sich dat sehen ▶ nm : **au ~** auf
Wiedersehen; **dire au ~ à qn** sich
von jdm verabschieden

révolte [Revɔlt] nf Aufstand m
• **révolter** vt entrüsten, empören

révolution [Revɔlysjɔ̃] nf
(rotation) Umdrehung f; (Pol)
Revolution f; **la R~ française** die
Französische Revolution
• **révolutionnaire** adj
Revolutions-; (opinions, méthodes)
revolutionär

revolver [RevɔlvɛR] nm
Revolver m

revue [R(ə)vy] nf (de music-hall)
Revue f; (périodique) Zeitschrift f

rez-de-chaussée [Red(ə)ʃose]
nm inv Erdgeschoss nt

RF [ɛRɛf] sigle f (= République
française) Frankreich nt

Rhénanie [Renani] nf
Rheinland nt

Rhin [Rɛ̃] nm : **le ~** der Rhein

rhinite [Rinit] nf Nasenkatarrh m

rhinocéros [RinɔseRɔs] nm
Nashorn nt

Rhône [ʀon] *nm* : **le ~** die Rhone *f*

rhubarbe [ʀybaʀb] *nf* Rhabarber *m*

rhum [ʀɔm] *nm* Rum *m*

rhumatisme [ʀymatism] *nm* Rheuma(tismus *m*) *nt*

rhume [ʀym] *nm* Schnupfen *m*; **le ~ des foins** Heuschnupfen *m*; **~ de cerveau** Kopfgrippe *f*

ri [ʀi] *pp de* **rire**

ricaner [ʀikane] *vi* boshaft lachen; *(bêtement)* blöde kichern

riche [ʀiʃ] *adj* reich; *(somptueux)* prächtig; *(aliment)* nahrhaft ▶ *nmf* : **les ~s** die Reichen *pl*; **~ en** reich an +*dat* • **richesse** *nf* Reichtum *m* • **ricochet** *nm* : **faire des ~s** Steine auf dem Wasser hüpfen lassen; *(fig)* indirekte Auswirkungen haben; **par ~** *(fig)* indirekt

ride [ʀid] *nf* Falte *f*, Runzel *f* • **ridé, e** *adj* faltig, runzlig

rideau, x [ʀido] *nm* Vorhang *m*

rider [ʀide] *vt (peau, front)* runzeln; *(eau, sable etc)* kräuseln; **se rider** *vpr (avec l'âge)* Falten bekommen

ridicule [ʀidikyl] *adj* lächerlich • **ridiculiser** *vt* lächerlich machen; **se ridiculiser** *vpr* sich lächerlich machen

---

rien [ʀjɛ̃]

▶ *pron* 1 nichts; **il n'a ~ dit/fait** er hat nichts gesagt/gemacht; **il n'a ~** er hat nichts; **de ~ !** keine Ursache!

2 *(quelque chose)* : **a-t-il jamais ~ fait pour nous ?** hat er je etwas für uns getan?

3 *(rien de)* : **~ d'intéressant**

nichts Interessantes; **~ d'autre** nichts anderes; **~ du tout** überhaupt nichts

4 : **~ que** nichts als; **~ que la vérité** nichts als die Wahrheit; **~ que pour lui faire plaisir** nur um ihm eine Freude zu machen ▶ *nm* : **un petit ~** eine Kleinigkeit; **des ~s** Nichtigkeiten *pl*; **un ~ de** ein Hauch (von)

rieur, -euse [ʀ(i)jœʀ, -jøz] *adj* fröhlich

rigide [ʀiʒid] *adj* steif; *(personne, éducation)* streng

rigolade [ʀigɔlad] *nf* Spaß *m*; **c'est de la ~** das ist ein Witz

rigoler [ʀigɔle] *(fam) vi (rire)* lachen; *(s'amuser)* sich amüsieren; *(plaisanter)* Spaß machen • **rigolo, -ote** *(fam) adj* komisch ▶ *nm/f* Scherzbold *m*

rigoureusement [ʀiguʀøzmɑ̃] *adv* ganz genau; **~ vrai/interdit** genau der Wahrheit entsprechend/strengstens verboten

rigoureux, -euse [ʀiguʀø, øz] *adj* streng; *(climat)* rau, hart; *(démonstration, analyse, preuves)* genau

rigueur [ʀigœʀ] *nf* Strenge *f*; *(du climat)* Härte *f*; *(exactitude)* Genauigkeit *f*; **être de ~** vorgeschrieben sein, Pflicht sein; **à la ~** zur Not

rillettes [ʀijɛt] *nfpl* ≈ Schmalzfleisch *nt*

rime [ʀim] *nf* Reim *m* • **rimer** *vi* sich reimen; **ne ~ à rien** völlig ungereimt sein

rimmel® [ʀimɛl] *nm*
Wimperntusche *f*

rinçage [ʀɛ̃saʒ] *nm* Spülen *nt*
• **rincer** *vt* (*récipient*) ausspülen;
(*objet*) abspülen; (*linge*) spülen

ring [ʀiŋ] *nm* Boxring *m*; **monter
sur le ~** in den Ring steigen *ou*
gehen

ringard, e [ʀɛ̃gaʀ, aʀd] *adj* (*péj*)
altmodisch

riposte [ʀipɔst] *nf* (schlagfertige)
Antwort *f*; (*contre-attaque*)
Gegenschlag *m* • **riposter** *vi*
(*répondre*) antworten;
(*contre-attaquer*) zurückschlagen;
~ que erwidern, dass; **~ à**
erwidern +*acc*

rire [ʀiʀ] *vi* lachen; (*se divertir*)
Spaß haben; (*plaisanter*) Spaß
machen ▶ *nm* Lachen *nt*; **~ de**
lachen über +*acc*; **~ aux éclats/
aux larmes** schallend/Tränen
lachen; **~ jaune** gezwungen
lachen; **pour ~** zum Spaß

ris [ʀi] *nm*: **~ de veau**
Kalbsbries *m*

risible [ʀizibl] *adj* lächerlich

risque [ʀisk] *nm* Risiko *nt*;
prendre un ~/des ~s ein Risiko/
Risiken eingehen; **à ses ~s et
périls** auf eigene Gefahr, auf
eigenes Risiko • **risqué, e** *adj*
riskant, gewagt • **risquer** *vt*
riskieren, aufs Spiel setzen;
risquer *vpr*: **se ~ à faire qch** es
wagen, etw zu tun

rissoler [ʀisɔle] *vi, vt*: **(faire) ~
de la viande/des légumes**
Fleisch/Gemüse anbräunen

ristourne [ʀistuʀn] *nf* Rabatt *m*

rite [ʀit] *nm* Ritus *m*; (*fig*)
Ritual *nt*

ritournelle [ʀituʀnɛl] *nf*: **c'est
toujours la même ~** (*fam*) immer
das gleiche Lied

rituel, le [ʀitɥɛl] *adj* rituell; (*fig*)
üblich ▶ *nm* Ritual *nt*

rivage [ʀivaʒ] *nm* Ufer *nt*

rival, e, -aux [ʀival, o] *adj*
gegnerisch ▶ *nm/f* (*adversaire*)
Gegner(in) *m(f)* • **rivaliser** *vi*:
~ avec (*personne*) rivalisieren mit,
sich messen mit • **rivalité** *nf*
Rivalität *f*

rive [ʀiv] *nf* Ufer *nt*

riverain, e [ʀiv(ə)ʀɛ̃, ɛn] *nm/f*
(*d'une route, rue*) Anlieger(in) *m(f)*

rivet [ʀivɛ] *nm* Niete *f* • **riveter** *vt*
nieten

rivière [ʀivjɛʀ] *nf* Fluss *m*

rixe [ʀiks] *nf* Rauferei *f*

riz [ʀi] *nm* Reis *m*; **~ au lait**
Milchreis *m*

RN [ɛʀɛn] *sigle f* (= *route nationale*)
voir **route**

RNIS [ɛʀɛnies] *sigle m* (= *Réseau
numérique à intégration de service*)
ISDN *nt*

robe [ʀɔb] *nf* Kleid *nt*; **~ de
chambre** Morgenrock *m*; **~ de
mariée** Brautkleid *nt*; **~ de soirée**
Abendkleid *nt*

robinet [ʀɔbinɛ] *nm* Hahn *m*;
~ du gaz Gashahn *m*

robot [ʀɔbo] *nm* Roboter *m*; **~ de
cuisine** Küchenmaschine *f*

robuste [ʀɔbyst] *adj* robust

roc [ʀɔk] *nm* Fels(en) *m*

rocade [ʀɔkad] *nf*
Umgehungsstraße *f*

rocaille [ʀɔkaj] *nf* (*pierraille*)
Geröll *nt*; (*terrain*) steiniges
Gelände *nt*; (*jardin*) Steingarten *m*

r

326

▶ adj : **style ~** Rokokostil m
• **rocailleux, -euse** adj steinig;
(style, voix) hart
roche [ʀɔʃ] nf Fels(en) m • **rocher**
nm (bloc) Felsen m; (matière)
Fels(en) m • **rocheux, -euse** adj
felsig
rodage [ʀɔdaʒ] nm (Auto)
Einfahren nt; **« en ~ »** „wird
eingefahren" • **roder** vt
(moteur, voiture) einfahren;
(spectacle, service) aus den
Anfangsschwierigkeiten
herausbringen
rôder [ʀode] vi herumziehen;
(péj) sich herumtreiben
rogne [ʀɔɲ] nf : **être en ~** gereizt
ou wütend sein; **se mettre en ~**
wütend ou gereizt werden
rogner [ʀɔɲe] vt (cuir, plaque de
métal, pages) beschneiden ▶ vi :
~ sur kürzen
rognons [ʀɔɲɔ̃] nmpl Nieren pl
roi [ʀwa] nm König m; **les R~s**
mages die Heiligen Drei Könige pl
roitelet [ʀwat(ə)lɛ] nm
Zaunkönig m
rôle [ʀol] nm Rolle f
romain, e [ʀɔmɛ̃, ɛn] adj römisch
▶ nf (laitue) Romagnasalat m
roman, e [ʀɔmɑ̃, an] adj
romanisch ▶ nm Roman m;
~ d'espionnage Spionageroman
m; **~ policier** Kriminalroman m
romance [ʀɔmɑ̃s] nf
sentimentale Ballade f
romancier, -ière [ʀɔmɑ̃sje, jɛʀ]
nm/f Romanschriftsteller(in) m(f)
romand, e [ʀɔmɑ̃, ɑ̃d] adj
aus der französischen Schweiz,
französischschweizerisch ▶ nm/f :
R~, e Französischschweizer(in) m(f)

romanesque [ʀɔmanɛsk] adj
(fantastique) sagenhaft;
(sentimental) romantisch,
sentimental
roman-feuilleton [ʀɔmɑ̃fœjtɔ̃]
(pl **romans-feuilletons**) nm
Fortsetzungsroman m
romantique [ʀɔmɑ̃tik] adj
romantisch • **romantisme** nm
Romantik f
romarin [ʀɔmaʀɛ̃] nm
Rosmarin m
rompre [ʀɔ̃pʀ] vt brechen; (digue)
sprengen; (fiançailles) lösen ▶ vi
(couple) sich trennen; **se rompre**
vpr (corde) reißen; **~ avec**
(personne) brechen mit; (habitude,
tradition) aufgeben • **rompu, e** pp
de **rompre** ▶ adj (fourbu) erschöpft;
~ à beschlagen in +dat
ronce [ʀɔ̃s] nf (Bot)
Brombeerstrauch m; **ronces** nfpl
(branches) Dornen(zweige) pl
rond, e [ʀɔ̃, ʀɔ̃d] adj rund; (fam :
ivre) voll ▶ nm Kreis m; **en ~** im
Kreis
ronde [ʀɔ̃d] nf Runde f
rondelle [ʀɔ̃dɛl] nf (tranche)
Scheibe f; (Tech) Unterlegscheibe f
rondin [ʀɔ̃dɛ̃] nm Klotz m
rond-point [ʀɔ̃pwɛ̃] (pl
ronds-points) nm Kreisverkehr m
ronfler [ʀɔ̃fle] vi (personne)
schnarchen; (moteur) brummen
ronger [ʀɔ̃ʒe] vt nagen an +dat;
se ronger vpr : **se ~ les ongles** an
den Fingernägeln kauen; **se ~**
d'inquiétude/de souci von
Unruhe/Sorgen verzehrt werden
• **rongeur** nm Nagetier nt
ronronner [ʀɔ̃ʀɔne] vi
schnurren

roquette [ʀɔkɛt] *nf (Mil)* Rakete *f*; *(salade)* Rucola *f*

rosace [ʀozas] *nf* Rosette *f*

rosaire [ʀozɛʀ] *nm* Rosenkranz *m*

rosbif [ʀɔsbif] *nm* Roastbeef *nt*

rose [ʀoz] *nf* Rose *f* ▸ *adj* rosa, rosarot ▸ *nm (couleur)* Rosa(rot) *nt*

rosé, e [ʀoze] *adj* rosa(farben), zartrosa ▸ *nm* : **(vin) ~** Rosé(wein) *m*

roseau, x [ʀozo] *nm* Schilf *nt*

rosée [ʀoze] *nf* Tau *m*

roseraie [ʀozʀɛ] *nf* Rosengarten *m*

rosier [ʀozje] *nm* Rosenstrauch *m*

rossignol [ʀɔsiɲɔl] *nm* Nachtigall *f*

rôti [ʀoti] *nm* Braten *m*; **~ de bœuf/porc** Rinder-/Schweinebraten *m*

rotin [ʀɔtɛ̃] *nm* Rattan *nt*

rôtir [ʀotiʀ] *vt, vi* braten; **faire ~** braten • **rôtisserie** *nf (restaurant)* Steakhaus *nt* • **rôtissoire** *nf* Grill *m*

rotonde [ʀɔtɔ̃d] *nf (Archit)* Rundbau *m*

rotule [ʀɔtyl] *nf* Kniescheibe *f*

rouage [ʀwaʒ] *nm (d'un mécanisme)* Zahnrad *nt*; *(fig)* Rädchen *nt* im Getriebe

roublard, e [ʀublaʀ, aʀd] *adj (péj)* durchtrieben

roue [ʀu] *nf* Rad *nt*; **~s avant/arrière** Vorder-/Hinterräder *pl*; **~ de secours** Reserverad *nt*; **~ dentée** Zahnrad *nt*

rouet [ʀwɛ] *nm* Spinnrad *nt*

rouge [ʀuʒ] *adj* rot ▸ *nmf (Pol)* Rote(r) *f(m)* ▸ *nm (couleur)* Rot *nt*; **(vin) ~** Rotwein *m*; **passer au ~**

(signal) auf Rot schalten; **~ (à lèvres)** Lippenstift *m* • **rougeâtre** *adj* rötlich • **rouge-gorge** *(pl* **rouges-gorges***) nm* Rotkehlchen *nt*

rougeole [ʀuʒɔl] *nf* Masern *pl*

rouget [ʀuʒɛ] *nm* Seebarbe *f*

rougeur [ʀuʒœʀ] *nf* Röte *f*

rougir [ʀuʒiʀ] *vi* rot werden

rouille [ʀuj] *nf* Rost *m*; *(Culin)* pikante provenzalische Knoblauchmayonnaise zu Fischsuppe ▸ *adj (couleur)* rostrot • **rouillé, e** *adj* verrostet, rostig • **rouiller** *vt* rosten lassen; *(corps, esprit)* einrosten lassen ▸ *vi* rosten; **se rouiller** *vpr* rosten; *(fig)* einrosten

roulant, e [ʀulɑ̃, ɑ̃t] *adj (surface, trottoir, chaise)* Roll-

rouleau, x [ʀulo] *nm* Rolle *f*; **~ à pâtisserie** Nudelrolle *f*

roulement [ʀulmɑ̃] *nm (d'ouvriers)* Schichtwechsel *m*; **par ~** im Turnus; **~ à billes** Kugellager *nt*

rouler [ʀule] *vt* rollen; *(tissu, papier, tapis)* aufrollen; *(cigarette)* drehen ▸ *vi* rollen; *(voiture, train, automobiliste, cycliste)* fahren; *(bateau)* rollen, schlingern; **se rouler** *vpr* : **se ~ dans** *(couverture)* sich einrollen in +*acc*

roulette [ʀulɛt] *nf (d'un meuble)* Rolle *f*; *(de dentiste)* Bohrer *m*; **la ~** *(jeu)* Roulette *nt*

roulotte [ʀulɔt] *nf* Planwagen *m*

roumain, e [ʀumɛ̃, ɛn] *adj* rumänisch ▸ *nm/f* : **R~, e** Rumäne *m*, Rumänin *f* • **Roumanie** *nf* : **la ~** Rumänien *nt*

rouquin, e [ʀukɛ̃, in] *nm/f (péj)* Rotschopf *m*

rousse [Rus] *adj voir* **roux**

roussi [Rusi] *nm* : **ça sent le ~** es riecht angebrannt

roussir [RusiR] *vi (feuilles)* braun werden; **faire ~** *(Culin)* anbräunen

routard, e [Rutar, aRd] *nm/f* Tramper(in) *m(f)*

route [Rut] *nf* Straße *f*; *(itinéraire, fig)* Weg *m*; **par (la) ~** auf dem Landweg; **il y a 3 heures de ~** es ist eine Strecke von 3 Stunden; **en ~** unterwegs; **en ~!** auf geht's!; **se mettre en ~** sich auf den Weg machen; **faire fausse ~** sich verirren; **~ nationale** ≈ Bundesstraße *f*

routier, -ière [Rutje, jeR] *adj* Straßen- ▸ *nm (camionneur)* Lastwagenfahrer *m*

routine [Rutin] *nf* Routine *f*
 • **routinier, -ière** *adj (travail, procédé)* eingefahren; *(personne, esprit)* starr

rouvrir [RuvRiR] *vt* wieder öffnen; *(débat etc)* wiedereröffnen; **se rouvrir** *vpr (porte)* sich wieder öffnen; *(blessure)* wieder aufgehen

roux, rousse [Ru, Rus] *adj (barbe, cheveux)* rot; *(personne)* rothaarig ▸ *nm/f* Rothaarige(r) *f(m)* ▸ *nm* *(Culin)* Mehlschwitze *f*

royal, e, -aux [Rwajal, o] *adj* königlich

royaume [Rwajom] *nm* Königreich *nt*; *(fig)* Reich *nt*

Royaume-Uni [Rwajomyni] *nm* : **le ~** das Vereinigte Königreich

RSA [eResa] *sigle m (= revenu de solidarité active)* Sozialhilfeprogramm

RSVP [eResvepe] *abr (= répondez s'il vous plaît)* u. A. w. g.

RTT [eRtete] *abr f (= réduction du temps de travail)* Arbeitszeitverkürzung *f*

ruban [Rybã] *nm* Band *nt*; **~ adhésif** Klebestreifen *m*

rubéole [Rybeɔl] *nf* Röteln *pl*

rubis [Rybi] *nm* Rubin *m*

rubrique [RybRik] *nf* Rubrik *f*; *(Presse)* Spalte *f*

ruche [Ryʃ] *nf* Bienenstock *m*

rude [Ryd] *adj* rau, hart; **un hiver très ~** ein strenger Winter; **une ~ journée** ein harter Tag

rudimentaire [RydimãteR] *adj (ameublement, équipement)* elementar; *(insuffisant)* unzureichend; *(connaissances)* rudimentär, Grundlagen-

rudiments [Rydimã] *nmpl* Grundlagen *pl*

rue [Ry] *nf* Straße *f*

ruée [Rye] *nf* Gedränge *nt*

ruelle [Ryel] *nf* Sträßchen *nt*

ruer [Rye] *vi (cheval, âne)* ausschlagen; **se ruer** *vpr* : **se ~ sur** sich stürzen auf +*acc*; **se ~ vers** sich stürzen auf +*acc*

rugby [Rygbi] *nm* Rugby *nt*

rugir [RyʒiR] *vi, vt* brüllen

rugueux, -euse [Rygø, øz] *adj* rau

ruine [Rɥin] *nf* Ruine *f*; *(fig)* Ruin *m* • **ruiner** *vt* ruinieren • **ruineux, -euse** *adj* ruinös, sehr kostspielig

ruisseau, x [Rɥiso] *nm* Bach *m*; *(caniveau)* Gosse *f*

ruisseler [Rɥis(ə)le] *vi (eau, larmes)* strömen; *(pluie)* in Strömen fließen; *(mur, arbre)* tropfen

rumeur [ʀymœʀ] nf (nouvelle)
Gerücht nt; (bruit confus) Lärm m,
Gemurmel nt

ruminer [ʀymine] vt (herbe)
wiederkäuen; (chagrin, projet) mit
sich herumtragen ▶ vi
wiederkäuen

rupture [ʀyptyʀ] nf (d'un câble)
Zerreißen nt; (d'une digue, d'un
contrat) Bruch m; (d'un tendon) Riss
m; (séparation, désunion)
Trennung f

rural, e, -aux [ʀyʀal, o] adj
ländlich

ruse [ʀyz] nf List f; **par ~** durch
eine List • **rusé, e** adj listig,
gewitzt

russe [ʀys] adj russisch ▶ nm
(Ling) Russisch nt ▶ nmf: **R~** Russe
m, Russin f • **Russie** nf: **la ~**
Russland nt

rustique [ʀystik] adj (mobilier etc)
rustikal; (vie) ländlich

rustre [ʀystʀ] nm Flegel m

rutabaga [ʀytabaga] nm
Kohlrübe f, Steckrübe f

RV sigle m = **rendez-vous**

Rwanda [ʀwɑ̃da] nm: **le ~**
Ruanda nt

rythme [ʀitm] nm Rhythmus m;
(de la vie) Tempo nt

S

s abr (= siècle) Jh

s' [s] pron voir **se**

SA [ɛsa] sigle f (= société anonyme)
AG f

sa [sa] adj possessif voir **son**

sable [sabl] nm Sand m

sablé [sable] nm ≈ Butterkeks m

sabler [sable] vt mit Sand
bestreuen; (contre le verglas)
streuen

sablier [sablije] nm Sanduhr f;
(de cuisine) Eieruhr f

sablonneux, -euse [sablɔnø, øz]
adj sandig

sabot [sabo] nm (de cheval, bœuf)
Huf m; (chaussure) Holzschuh m;
~ (de Denver) Hemmschuh m

sabotage [sabotaʒ] nm
Sabotage f

saboter [sabɔte] vt sabotieren

sabre [sabʀ] nm Säbel m

sac [sak] nm Tasche f; (à charbon,
plâtre etc) Sack m; (en papier) Tüte f;
~ à dos Rucksack m; **~ à main**
Handtasche f; **~ à provisions**
Einkaufstasche f; **~ de couchage**
Schlafsack m

saccade [sakad] *nf* Ruck *m*

saccager [sakaʒe] *vt* plündern; (*dévaster*) verwüsten

saccharine [sakaʀin] *nf* Sa(c)charin *nt*, Süßstoff *m*

sachet [saʃɛ] *nm* Tütchen *nt*; ~ **de thé** Teebeutel *m*

sacoche [sakɔʃ] *nf* Tasche *f*; (*de bicyclette, motocyclette*) Satteltasche *f*

sacré, e [sakʀe] *adj* heilig; (*fam*) verdammt

sacrement [sakʀəmɑ̃] *nm* Sakrament *nt*

sacrifice [sakʀifis] *nm* Opfer *nt*

sacrifier [sakʀifje] *vt* opfern; **se sacrifier** *vpr* sich aufopfern

sacrilège [sakʀilɛʒ] *nm* Sakrileg *nt*; (*fig*) Frevel ▸ *adj* frevelhaft

sacristie [sakʀisti] *nf* Sakristei *f*

sacro-saint, e [sakʀosɛ̃, sɛ̃t] (*pl* **sacro-saints, es**) *adj* hochheilig

sadique [sadik] *adj* sadistisch ▸ *nmf* Sadist(in) *m(f)*

safran [safʀɑ̃] *nm* Safran *m*

sagace [sagas] *adj* scharfsinnig

sage [saʒ] *adj* klug, weise; (*enfant*) brav, artig ▸ *nm* Weiser *m*
- **sage-femme** (*pl* **sages-femmes**) *nf* Hebamme *f*
- **sagement** *adv* (*raisonnablement*) klug; (*tranquillement*) artig
- **sagesse** *nf* Weisheit *f*, Klugheit *f*

Sagittaire [saʒitɛʀ] *nm* (*Astrol*) Schütze *m*

Sahara [saaʀa] *nm* Sahara *f*

saignant, e [sɛɲɑ̃, ɑ̃t] *adj* blutend, blutig; (*viande*) blutig
- **saignement** *nm* Blutung *f*; ~ **de nez** Nasenbluten *nt* • **saigner** *vi* bluten ▸ *vt* (*Méd*) Blut abnehmen

+*dat*; (*animal*) ausbluten lassen; (*fig*) ausnehmen

saillie [saji] *nf* (*d'une construction*) Vorsprung *m* • **saillir** *vi* (*faire saillie*) herausragen

sain, e [sɛ̃, sɛn] *adj* gesund; ~ **et sauf** unversehrt

saindoux [sɛ̃du] *nm* Schweineschmalz *m*

saint, e [sɛ̃, sɛ̃t] *adj* heilig ▸ *nm/f* Heilige(r) *f(m)* • **saint-bernard** *nm inv* (*chien*) Bernhardiner *m*
• **Saint-Esprit** *nm* : **le** ~ der Heilige Geist *m*

Saint-Marin [sɛ̃maʀɛ̃] *nm* San Marino *nt*

Saint-Sylvestre [sɛ̃silvɛstʀ] *nf* : **la** ~ Silvester *nt*

saisie [sezi] *nf* (*Jur*) Beschlagnahmung *f*; ~ **de données** Dateneingabe *f* • **saisir** *vt* ergreifen; (*comprendre, entendre*) erfassen; (*Inform*) eingeben; (*Jur*) beschlagnahmen • **saisissant, e** *adj* ergreifend

saison [sezɔ̃] *nf* Jahreszeit *f*; (*des moissons, semailles*) Zeit *f*; (*touristique*) Saison *f*; **en/hors** ~ in/außerhalb der Saison; **haute/basse/morte** ~ Hoch-/Neben-/Nachsaison *f*
• **saisonnier, -ière** *adj* (*produits*) der Jahreszeit ▸ *nm* (*travailleur*) Saisonarbeiter *m*

salade [salad] *nf* Salat *m*; ~ **de fruits** Obstsalat *m* • **saladier** *nm* Salatschüssel *f*

salaire [salɛʀ] *nm* Gehalt *nt*; (*hebdomadaire, journalier*) Lohn *m*; ~ **minimum interprofessionnel de croissance** gesetzlicher Mindestlohn *m*

salaison [salɛzɔ̃] nf (opération) Einsalzen nt; **salaisons** nfpl (produits) Gepökeltes nt

salamandre [salamɑ̃dʀ] nf Salamander m

salami [salami] nm Salami f

salariat [salaʀja] nm Gehaltsempfänger pl, Lohnempfänger pl

salarié, e [salaʀje] nm/f Gehaltsempfänger(in) m(f), Lohnempfänger(in) m(f)

salaud [salo] nm (fam !) Scheißkerl m (fam !)

sale [sal] adj dreckig

salé, e [sale] adj salzig • **saler** vt (plat) salzen; (pour conserver) einpökeln

saleté [salte] nf Schmutz m; (action vile, obscénité) Schweinerei f; (chose sans valeur) Mist m

salière [saljɛʀ] nf Salzfässchen nt

salin, e [salɛ̃, in] adj Salz- ▸ nf Saline f

salir [saliʀ] vt beschmutzen, schmutzig machen

salissant, e [salisɑ̃, ɑ̃t] adj leicht schmutzend, empfindlich; (métier) schmutzig

salive [saliv] nf Speichel m

• **saliver** vi sabbern

salle [sal] nf Zimmer nt; (de musée, d'un cinéma, public) Saal m; **~ à manger** Esszimmer nt; **~ d'attente** Wartesaal m; **~ de bain(s)** Badezimmer nt; **~ de séjour** Wohnzimmer nt

salon [salɔ̃] nm Wohnzimmer nt; (mobilier) Wohnzimmer(möbel pl) nt; **~ de coiffure** Friseursalon m; **~ de thé** Café nt

salopard [salɔpaʀ] nm (fam !) Scheißkerl m (fam !)

salope [salɔp] nf (fam !) Miststück nt (fam !)

salopette [salɔpɛt] nf (de travail) Overall m; (pantalon) Latzhose f

salsifis [salsifi] nm Schwarzwurzel f

saltimbanque [saltɛ̃bɑ̃k] nmf Schausteller(in) m(f)

salubre [salybʀ] adj gesund

saluer [salɥe] vt grüßen; (pour dire au revoir) sich verabschieden von

salut [saly] nm (sauvegarde) Wohl nt; (geste, parole d'accueil etc) Gruß m ▸ excl (fam) hallo; (pour dire au revoir) tschüs(s) • **salutaire** adj heilsam, nützlich • **salutations** nfpl Grüße pl; **veuillez agréer, Monsieur, mes ~ distinguées** ou **respectueuses** ≈ mit freundlichen Grüßen

Salvador [salvadɔʀ] nm : **le ~** El Salvador m

samedi [samdi] nm Samstag m; voir aussi **lundi**

SAMU [samy] sigle m (= service d'assistance médicale d'urgence) ≈ medizinischer Notdienst m

sanction [sɑ̃ksjɔ̃] nf Sanktion f

sanctuaire [sɑ̃ktɥɛʀ] nm (d'une église) Allerheiligstes nt; (édifice, lieu saint) heiliger Ort m

sandale [sɑ̃dal] nf Sandale f

sandwich [sɑ̃dwi(t)ʃ] nm Sandwich nt

sang [sɑ̃] nm Blut nt • **sang-froid** nm inv Kaltblütigkeit f

sanglant, e [sɑ̃glɑ̃, ɑ̃t] adj blutig; (reproche, affront) verletzend

sangle [sɑ̃gl] nf Gurt m

S

sanglier [sɑ̃glije] *nm* Wildschwein *nt*

sangloter [sɑ̃glɔte] *vi* schluchzen

sangsue [sɑ̃sy] *nf* Blutegel *m*

sanguin, e [sɑ̃gɛ̃, in] *adj* Blut-

sanguine [sɑ̃gin] *nf (orange)* Blutorange *f*

sanisette® [sanizɛt] *nf (automatische) öffentliche Toilette*

sanitaire [sanitɛʀ] *adj (Méd)* Gesundheits-; **sanitaires** *nmpl* Sanitäreinrichtungen *pl*

sans [sɑ̃] *prép* ohne • **sans-abri** *nm inv/nf inv* Obdachlose(r) *f(m)* • **sans-emploi** *nm inv/nf inv* Arbeitslose(r) *f(m)* • **sans-faute** *nm inv (Sport)* fehlerfreier Lauf *m*; *(fig)* Glanzleistung *f* • **sans-gêne** *adj inv* ungeniert ▶ *adj inv* Ungeniertheit *f* • **sans-logis** *nm inv/nf inv* Obdachlose(r) *f(m)* • **sans-papiers** *nmf* statusloser Einwanderer *m*, statuslose Einwanderin *f* ▶ *adj inv (travailleur, mineur)* ohne Papiere

santé [sɑ̃te] *nf* Gesundheit *f*; **être en bonne ~** gesund sein; **boire à la ~ de qn** auf jds Wohl trinken; **(à votre/ta) ~ !** zum Wohl!

saoudien, ne [saudjɛ̃, jɛn] *adj* saudi-arabisch

saoul, e [su, sul] *adj* = **soûl**

saper [sape] *vt* untergraben; *(fig)* unterminieren • **sapeur** *nm (Mil)* Pionier *m* • **sapeur-pompier** *(pl* **sapeurs-pompiers)** *nm* Feuerwehrmann *m*

saphir [safiʀ] *nm* Saphir *m*

sapin [sapɛ̃] *nm* Tanne *f*; **~ de Noël** Weihnachtsbaum *m*

sarcasme [saʀkasm] *nm* Sarkasmus *m* • **sarcastique** *adj* sarkastisch

sarcome [saʀkom] *nm* Sarkom *nt*; **~ de Kaposi** Kaposisarkom *nt*

Sardaigne [saʀdɛɲ] *nf* : **la ~** Sardinien *nt* • **sarde** *adj* sardisch

sardine [saʀdin] *nf* Sardine *f*

sari [saʀi] *nm* Sari *m*

SARL [ɛsaɛʀɛl] *sigle f (= société à responsabilité limitée)* GmbH *f*

Sarre [saʀ] *nf* : **la ~** das Saarland; *(rivière)* die Saar *f* • **Sarrebruck** Saarbrücken *nt*

sarriette [saʀjɛt] *nf* Bohnenkraut *nt*

sas [sɑs] *nm (d'un sous-marin, d'un engin spatial)* Luftschleuse *f*; *(d'une écluse)* Schleusenkammer *f*

satellite [satelit] *nm* Satellit *m*

satin [satɛ̃] *nm* Satin *m* • **satiné, e** *adj* satiniert; *(peau)* seidig

satirique [satiʀik] *adj* satirisch

satisfaction [satisfaksjɔ̃] *nf (d'un besoin, désir)* Befriedigung *f*; *(état)* Zufriedenheit *f*

satisfaire [satisfɛʀ] *vt* befriedigen; **~ à** erfüllen • **satisfaisant, e** *adj* befriedigend • **satisfait, e** *adj* zufrieden; **~ de** zufrieden mit

saturer [satyʀe] *vt* übersättigen

sauce [sos] *nf* Soße *f*; **en ~** mit Soße; **~ tomate** Tomatensoße *f* • **saucière** *nf* Soßenschüssel *f*, Sauciere *f*

saucisse [sosis] *nf* Wurst *f*

saucisson [sosisɔ̃] *nm* Wurst *f*; **~ à l'ail** Knoblauchwurst *f*; **~ sec** Hartwurst *f* • **saucissonner** *(fam) vi* einen Happen essen

sauf¹ [sof] *prép* außer +*dat*; **~ si** außer, wenn; **~ empêchement** wenn sich keine Probleme ergeben

sauf², sauve [sof, sov] *adj* unbeschadet • **sauf-conduit** (*pl* **sauf-conduits**) *nm* Geleitbrief *m*

sauge [soʒ] *nf* Salbei *m*

saugrenu, e [sogʀəny] *adj* absurd

saule [sol] *nm* Weide *f*; **~ pleureur** Trauerweide *f*

saumon [somɔ̃] *nm* Lachs *m*; **~ fumé** Räucherlachs *m*

saumure [somyʀ] *nf* Salzlake *f*

sauna [sona] *nm* Sauna *f*

saupoudrer [supudʀe] *vt* : **~ qch de** etw bestreuen mit

saut [so] *nm* Sprung *m*; (*Sport*) Springen *nt*; **~ à l'élastique** Bungeejumping *nt*

sauté, e [sote] *adj* (*Culin*) gebraten ▶ *nm* : **~ de veau** ≈ Kalbsbraten *m*

saute-mouton [sotmutɔ̃] *nm inv* : **jouer à ~** Bockspringen spielen

sauter [sote] *vi* springen; (*fusibles*) durchbrennen ▶ *vt* (*obstacle*) überspringen

sauterelle [sotʀɛl] *nf* Heuschrecke *f*

sautiller [sotije] *vi* hüpfen

sauvage [sovaʒ] *adj* wild; (*insociable*) ungesellig ▶ *nmf* (*primitif*) Wilde(r) *f*(*m*)

sauve [sov] *adj f voir* **sauf**

sauvegarde [sovgaʀd] *nf* Schutz *m*; (*Inform*) Speichern *nt*, Sichern *nt* • **sauvegarder** *vt* schützen; (*Inform*) sichern

sauve-qui-peut [sovkipø] *nm inv* Panik *f* ▶ *excl* rette sich, wer kann

sauver [sove] *vt* retten; **se sauver** *vpr* (*s'enfuir*) weglaufen; (*fam* : *partir*) abhauen; **~ qn de** jdn retten aus

sauvetage [sov(ə)taʒ] *nm* Rettung *f*

sauveteur [sov(ə)tœʀ] *nm* Retter *m*

sauvette [sovɛt] *nf* : **à la ~** (*se marier etc*) überstürzt; **vente à la ~** illegaler Verkauf *m*

sauveur [sovœʀ] *nm* Retter *m*; **le S~** der Erlöser *m*

SAV [esave] *sigle m* (= *service après-vente*) Kundendienst *m*

savane [savan] *nf* Savanne *f*

savant, e [savã, ãt] *adj* (*érudit, instruit*) gelehrt; (*édition, revue, travaux*) wissenschaftlich ▶ *nm* Gelehrter *m*

saveur [savœʀ] *nf* Geschmack *m*; (*fig*) Reiz *m*

Savoie [savwa] *nf* : **la ~** Savoyen *nt*

savoir [savwaʀ] *vt* wissen; (*le grec, la grammaire, sa leçon, son rôle etc* : *être capable de*) können ▶ *nm* Wissen *nt*; **~ nager** schwimmen können • **savoir-faire** *nm inv* : **le ~** das Know-how *nt* • **savoir-vivre** *nm inv* gute Manieren *pl*

savon [savɔ̃] *nm* Seife *f* • **savonner** *vt* einseifen • **savonnette** *nf* Toilettenseife *f* • **savonneux, -euse** *adj* seifig

savourer [savuʀe] *vt* genießen • **savoureux, -euse** *adj* köstlich

Saxe [saks] *nf* : **la ~** Sachsen *nt*

saxo [saksɔ], **saxophone** [saksɔfɔn] *nm* Saxofon *nt*

scalpel [skalpɛl] *nm* Skalpell *nt*

scandale [skɑ̃dal] *nm* Skandal *m* • **scandaleux, -euse** *adj* skandalös • **scandaliser** *vt* entsetzen

scandinave [skɑ̃dinav] *adj* skandinavisch ▸*nmf:* **S~** Skandinavier(in) *m(f)* • **Scandinavie** *nf:* **la ~** Skandinavien *nt*

scanner¹ [skanɛʀ] *nm* Scanner *m*; *(Méd)* Tomografie *f*

scanner² [skane] *vt* (ein)scannen

scaphandre [skafɑ̃dʀ] *nm (de plongeur)* Taucheranzug *m*

scarabée [skaʀabe] *nm* Mistkäfer *m*

scarlatine [skaʀlatin] *nf:* **la ~** Scharlach *m*

sceau, x [so] *nm* Siegel *nt*; *(fig)* Stempel *m*

sceller [sele] *vt* besiegeln; *(fermer)* versiegeln

scénario [senaʀjo] *nm* Skript *nt*, Drehbuch *nt*

scène [sɛn] *nf* Szene *f*; *(lieu de l'action)* Schauplatz *m*; *(Théât)* Bühne *f*

sceptique [sɛptik] *adj* skeptisch

schéma [ʃema] *nm* Schema *nt*

Schleswig-Holstein [ʃlɛsvikɔlʃtajn] *nm:* **le ~** Schleswig-Holstein *nt*

sciatique [sjatik] *nf* Ischias *m*

scie [si] *nf* Säge *f*; **~ circulaire** Kreissäge *f*

sciemment [sjamɑ̃] *adv* wissentlich

science [sjɑ̃s] *nf* Wissenschaft *f*; *(savoir)* Wissen *nt* • **science-fiction** *(pl* **sciences-fictions)** *nf* Science-Fiction *f* • **scientifique** *adj* wissenschaftlich ▸*nmf (savant)* Wissenschaftler(in) *m(f)*

scier [sje] *vt* sägen • **scierie** *nf* Sägewerk *nt*

scinder [sɛ̃de] *vt* aufspalten; **se scinder** *vpr (parti)* sich spalten

scintiller [sɛ̃tije] *vi* funkeln

sciure [sjyʀ] *nf:* **~ (de bois)** Sägemehl *nt*

sclérose [skleʀoz] *nf:* **~ en plaques** multiple Sklerose *f*

scolaire [skɔlɛʀ] *adj* Schul-, schulisch; **l'année ~** das Schuljahr *nt*; **d'âge ~** im schulpflichtigen Alter

scolarisation [skɔlaʀizasjɔ̃] *nf (d'un enfant)* Einschulung *f*

scolariser [skɔlaʀize] *vt* mit Schulen versorgen; *(enfant)* einschulen

scolarité [skɔlaʀite] *nf* Schulbesuch *m*, Schulzeit *f*

scoop [skup] *nm* Knüller *m*

scooter [skutœʀ] *nm* Motorroller *m*; **~ des neiges** Schneebob *m*

score [skɔʀ] *nm* Punktestand *m*

scorpion [skɔʀpjɔ̃] *nm* Skorpion *m*; **être du S~** *(Astrol)* Skorpion sein

scotch [skɔtʃ] *nm (whisky)* Scotch *m*; **S~®** Tesafilm® *m*

scotché, e [skɔtʃe] *adj (fig: fam: immobilisé)*: **il reste des heures ~ devant la télévision** er sitzt Stunden wie angenagelt vor dem Fernseher (: *stupéfait*): **je suis resté ~** ich war baff

scout [skut] *nm* Pfadfinder *m*
• **scoutisme** *nm*
Pfadfinderbewegung *f*

script [skript] *nm* (*écriture*)
Druckschrift *f*; (*Ciné*) Drehbuch *nt*

scrupule [skrypyl] *nm* Skrupel *m*
• **scrupuleusement** *adv*
gewissenhaft • **scrupuleux,**
-euse *adj* gewissenhaft

scruter [skryte] *vt* erforschen

scrutin [skrytɛ̃] *nm* Wahl *f*; **▶ à**
deux tours Wahl mit zwei
Wahlgängen; • **majoritaire**
Mehrheitswahl *f*

sculpter [skylte] *vt* in Stein
hauen; (*matière*) behauen
• **sculpteur** *m* Bildhauer(in) *m(f)*
• **sculpture** *nf* Skulptur *f*

SDF *sigle m/sigle f* (= *sans domicile*
fixe) Obdachlose(r) *f(m)*

---

se, s' [sə]

pron 1 (*réfléchi*) sich; **se casser**
la jambe/laver les mains sich
dat das Bein brechen/die Hände
waschen
2 (*réciproque*) sich, einander; **ils**
s'aiment sie lieben sich *ou*
einander
3 (*passif*) : **cela se répare**
facilement das ist leicht zu
reparieren

---

séance [seɑ̃s] *nf* Sitzung *f*; (*Ciné,*
Théât) Vorstellung *f*

seau, x [so] *nm* Eimer *m*

sec, sèche [sɛk, sɛʃ] *adj* trocken;
(*fruits*) getrocknet **▶ tenir**
au ~ trocken aufbewahren **▶** *adv*
(*démarrer*) hart

sécateur [sekatœr] *nm*
Gartenschere *f*

sèche [sɛʃ] *adj, nf voir* **sec**
• **sèche-cheveux** *nm inv*
Haartrockner *m* • **sèche-linge** *nm*
inv Wäschetrockner *m* • **sécher** *vt*
trocknen; (*peau, blé, bois*)
austrocknen **▶** *vi* trocknen; (*fam* :
candidat) ins Rotieren kommen
• **sécheresse** *nf* Trockenheit *f*

séchoir [seʃwar] *nm*
Wäschetrockner *m*; (*à cheveux*)
Haartrockner *m*

second, e [s(ə)gɔ̃, ɔ̃d] *adj*
zweite(r, s) **▶** *nm* (*adjoint*) zweiter
Mann *m*; (*étage*) zweiter Stock *m*
▶ *nf* Sekunde *f*; **voyager en ~e**
zweiter Klasse reisen
• **secondaire** *adj* zweitrangig,
sekundär

seconder [s(ə)gɔ̃de] *vt* helfen
+*dat*, unterstützen

secouer [s(ə)kwe] *vt* schütteln;
(*tapis*) ausschütteln

secourir [s(ə)kurir] *vt* helfen
• **secourisme** *nm* Erste Hilfe *f*
• **secouriste** *nmf* Sanitäter(in)
m(f) • **secours** *nm* Hilfe *f*; **secours**
nmpl (*soins à un malade, blessé*)
Hilfe *f*

secousse [s(ə)kus] *nf* (*électrique*)
Erschütterung *f*; (*électrique*)
Schock *m*

secret, -ète [səkrɛ, ɛt] *adj*
geheim; (*renfermé*) reserviert **▶** *nm*
Geheimnis *nt*; **en ~** insgeheim

secrétaire [səkretɛr] *nmf*
Sekretär(in) *m(f)* **▶** *nm* (*meuble*)
Sekretär *m* • **secrétariat** *nm*
(*bureau*) Sekretariat *nt*

sécréter [sekrete] *vt* absondern

sectaire [sɛktɛr] *adj*
sektiererisch

secte [sɛkt] *nf* Sekte *f*

s

secteur [sɛktœʀ] *nm* Sekteur *m*; **branché sur le ~** *(Élec)* ans Stromnetz angeschlossen; **le ~ privé/public** der private/ öffentliche Sektor

section [sɛksjɔ̃] *nf* Schnitt *m*; *(tronçon)* Abschnitt *m*; (: *de parcours)* Teilstrecke *f* • **sectionner** *vt* durchschneiden; *(membre)* abtrennen

sécu [seky] *abr f* (= *sécurité sociale)* voir **sécurité**

séculaire [sekylɛʀ] *adj (qui a lieu tous les cent ans)* Jahrhundert-; *(très vieux)* uralt

secundo [s(ə)gɔ̃do] *adv* zweitens

sécuriser [sekyʀize] *vt* ein Gefühl der Sicherheit geben +*dat*

sécurité [sekyʀite] *nf* Sicherheit *f*; **la S~ sociale** die Sozialversicherung *f*

sédatif, -ive [sedatif, iv] *adj* beruhigend ▸ *nm* Beruhigungsmittel *nt*

sédentaire [sedɑ̃tɛʀ] *adj* sesshaft

sédiment [sedimɑ̃] *nm* Bodensatz *m*; **sédiments** *nmpl (alluvions)* Ablagerungen *pl*

séducteur, -trice [sedyktœʀ, tʀis] *nm/f* Verführer(in) *m(f)* • **séduction** *nf* Verführung *f*; *(charme, attrait)* Reiz *m*

séduire [sedɥiʀ] *vt (personne)* erobern; *(péj)* verführen • **séduisant, e** *adj* verführerisch

segment [sɛgmɑ̃] *nm (section, morceau)* Abschnitt *m*; **~ (de piston)** Kolbenring *m*

ségrégation [segʀegasjɔ̃] *nf*: **~ raciale** Rassentrennung *f*

seigle [sɛgl] *nm* Roggen *m*

seigneur [sɛɲœʀ] *nm (féodal)* (Guts)herr *m*; **le S~** *(Rel)* der Herr *m*

sein [sɛ̃] *nm* Brust *f*

Seine [sɛn] *nf* die Seine *f*

séisme [seism] *nm* Erdbeben *nt*

seize [sɛz] *num* sechzehn

séjour [seʒuʀ] *nm* Aufenthalt *m*; *(pièce)* Wohnzimmer *nt* • **séjourner** *vi* sich aufhalten

sel [sɛl] *nm* Salz *nt*

sélection [selɛksjɔ̃] *nf* Auswahl *f* • **sélectionner** *vt* auswählen

self [sɛlf] *(fam) nm* SB-Restaurant *nt*

selfie [selfi] *(fam) nm* Selfie *nt*

self-service [sɛlfsɛʀvis] *(pl* **self-services)** *adj* Selbstbedienungs- ▸ *nm (magasin)* Selbstbedienungsladen *m*; *(restaurant)* Selbstbedienungsrestaurant *nt*

selle [sɛl] *nf* Sattel *m* • **seller** *vt* satteln

selon [s(ə)lɔ̃] *prép* gemäß +*dat*; **~ moi** meiner Meinung nach

semailles [s(ə)maj] *nfpl* (Aus) saat *f*

semaine [s(ə)mɛn] *nf* Woche *f*; **en ~** werktags

semblable [sɑ̃blabl] *adj* ähnlich ▸ *nm (prochain)* Mitmensch *m*; **être ~ à** ähneln +*dat*

semblant [sɑ̃blɑ̃] *nm* Anschein *m*; **faire ~** nur so tun; **faire ~ de faire qch** so tun, als ob man etw machte • **sembler** *vi* scheinen ▸ *vb impers*: **il (me) semble inutile/bon de** es scheint (mir) unnötig/ratsam, zu; **il semble (bien) que** es hat den Anschein, dass

semelle [s(ə)mɛl] nf Sohle f

semence [s(ə)mɑ̃s] nf (graine) Samen(korn nt) m • **semer** vt (aus)säen

semestre [s(ə)mɛstʀ] nm Halbjahr nt; (Scol) Semester nt

semi- [səmi] préf halb- • **semi-conducteur** (pl **semi-conducteurs**) nm Halbleiter m

séminaire [seminɛʀ] nm Seminar nt

semi-remorque [səmiʀəmɔʀk] (pl **semi-remorques**) nm Sattelschlepper m

semonce [səmɔ̃s] nf (réprimande) Verweis m

semoule [s(ə)mul] nf Grieß m

sénat [sena] nm Senat m • **sénateur** nm Senator m

Sénégal [senegal] nm : **le ~** Senegal nt • **sénégalais, e** adj senegalesisch

senior [senjɔʀ] nmf (Sport) Senior(in) m(f)

sens [sɑ̃s] nm Sinn m; (signification aussi) Bedeutung f; (direction) Richtung f; **dans le mauvais ~** verkehrt herum; **bon ~** gesunder Menschenverstand m; **~ commun** gesunder Menschenverstand m; **~ figuré** übertragener (Wort)sinn m; **~ interdit** Einbahnstraße f; **~ propre** eigentlicher Wortsinn m; **~ unique** Einbahnstraße f

sensas [sɑ̃sas] adj (fam) irre

sensation [sɑ̃sasjɔ̃] nf Gefühl nt; (effet) Sensation f • **sensationnel, le** adj fantastisch

sensé, e [sɑ̃se] adj vernünftig

sensibiliser [sɑ̃sibilize] vt : **~ qn (à)** jdn sensibilisieren (für)

sensibilité [sɑ̃sibilite] nf Empfindlichkeit f; (affectivité, émotivité) Sensibilität f • **sensible** adj sensibel, empfindlich; (Photo) lichtempfindlich • **sensiblement** adv (notablement) merklich; (à peu près) so etwa

sensitif, -ive [sɑ̃sitif, iv] adj (nerf) sensorisch

sensualité [sɑ̃sųalite] nf Sinnlichkeit f • **sensuel, le** adj sinnlich

sentence [sɑ̃tɑ̃s] nf (jugement) Urteil nt; (adage) Maxime f • **sentencieux, -euse** adj dozierend

sentier [sɑ̃tje] nm Pfad m, Weg m

sentiment [sɑ̃timɑ̃] nm Gefühl nt • **sentimental, e, -aux** adj sentimental; (vie, aventure) Liebes-

sentinelle [sɑ̃tinɛl] nf Wachposten m

sentir [sɑ̃tiʀ] vt fühlen, spüren; (par l'odorat) riechen; (avoir la même odeur que) riechen wie; (avoir le goût) schmecken nach +dat ▶ vi (exhaler une mauvaise odeur) stinken; **se sentir** vpr : **se ~ bien** sich wohlfühlen; **~ bon/mauvais** gut/schlecht riechen; **se ~ mal** sich krank ou unwohl fühlen

séparation [separasjɔ̃] nf Trennung f; (cloison) Trennwand f

séparé, e [separe] adj getrennt; (appartements, maisons) separat; **~ de** getrennt von • **séparément** adv getrennt • **séparer** vt trennen; **~ qch de** (détacher) etw (ab)trennen von; **se séparer** vpr sich trennen

sept [sɛt] num sieben

septante [sɛptãt] num (Belgique, Suisse) siebzig

septembre [sɛptãbʀ] nm September m; voir aussi **juillet**

septentrional, e, -aux [sɛptãtʀijɔnal, o] adj nördlich

septième [sɛtjɛm] adj siebte(r, s) ▸ nm (fraction) Siebtel nt

septique [sɛptik] adj : **fosse ~** Klärgrube f

séquelles [sekɛl] nfpl Folgen pl

séquençage [sekãsaʒ] nm Sequenzierung f

séquence [sekãs] nf (Ciné) Sequenz f; (Inform) Folge f
• **séquentiel, le** adj sequenziell

serbe [sɛʀb] adj serbisch ▸ nmf: **S~** Serbe m, Serbin f • **Serbie** nf: **la ~** Serbien nt

serein, e [səʀɛ̃, ɛn] adj ruhig, gelassen; (ciel) wolkenlos • **sérénité** [seʀenite] nf Gelassenheit f

sergent [sɛʀʒã] nm Unteroffizier m, ~ Feldwebel m

série [seʀi] nf Reihe f, Serie f; (Sport) Klasse f; **en ~** serienweise

sériel, -le [seʀjɛl] adj seriell

sérieusement [seʀjøzma] adv ernst; ~ ? im Ernst? • **sérieux, -euse** adj ernst; (élève, employé, travail, études) gewissenhaft; (client, renseignement) zuverlässig; (maison, proposition) seriös ▸ nm Ernst m; (conscience) Gewissenhaftigkeit f; (sur qui on peut compter) Zuverlässigkeit f; **prendre au ~** ernst nehmen

serin [s(ə)ʀɛ̃] nm Zeisig m

seringue [s(ə)ʀɛ̃g] nf Spritze f

serment [sɛʀmã] nm Schwur m, Eid m

sermon [sɛʀmɔ̃] nm Predigt f

séronégatif, -ive [seʀɔnegatif, iv] adj HIV-negativ • **séropositif, -ive** adj HIV-positiv

sérotonine [seʀɔtɔnin] nf Serotonin nt

serpe [sɛʀp] nf Sichel f

serpent [sɛʀpã] nm Schlange f
• **serpenter** vi sich schlängeln

serpentin [sɛʀpãtɛ̃] nm (ruban) Papierschlange f

serpillière [sɛʀpijɛʀ] nf Putz- ou Scheuerlappen m

serre [sɛʀ] nf Gewächshaus nt; **l'effet de ~** der Treibhauseffekt

serré, e [seʀe] adj eng; (passagers etc) dicht gedrängt

serrer [seʀe] vt (tenir) festhalten; (comprimer, coincer) drücken, pressen; (corde, ceinture, nœud) zuziehen; (frein, vis) anziehen; (robinet) fest zudrehen ▸ vi: ~ **à droite/gauche** sich rechts/links halten; **se serrer** vpr (personnes) zusammenrücken; ~ **la main à qn** jdm die Hand schütteln

serrure [seʀyʀ] nf Schloss nt
• **serrurerie** nf Schlosserei f;
~ **d'art** Kunstschmiedearbeit f
• **serrurier** nm Schlosser m

sérum [seʀɔm] nm Serum nt;
~ **antitétanique** Tetanusserum nt

servante [sɛʀvãt] nf Dienstmädchen nt

serveur, -euse [sɛʀvœʀ, øz] nm/f (de restaurant) Kellner(in) m(f) ▸ nm (Inform) Server m

serviable [sɛʀvjabl] adj gefällig, hilfsbereit

service [sɛʀvis] nm Bedienung f; (aide, faveur) Gefallen m; (fonction, travail) Dienst m; (Rel)

Gottesdienst *m*; *(de vaisselle)*
Service *nt*; *(Tennis, Volley-Ball)*
Aufschlag *m*; **~ compris/non
compris** inklusive Bedienung/
Bedienung nicht enthalten;
rendre un ~ à qn jdm einen
Gefallen tun; **être/mettre en ~**
in Betrieb sein/nehmen; **hors ~**
außer Betrieb; **~ après-vente**
Kundendienst *m*; **~ militaire**
Militärdienst *m*

serviette [sɛRvjɛt] *nf (de table)*
Serviette *f*; *(de toilette)* Handtuch
nt; *(porte-documents)* Aktentasche
f; **~ hygiénique** Monatsbinde *f*

servile [sɛRvil] *adj* unterwürfig

servir [sɛRviR] *vt* dienen +*dat*;
(domestique) arbeiten für; *(convive,
client)* bedienen; *(plat, boisson)*
servieren ▶ *vi (Tennis)*
aufschlagen; *(Cartes)* geben; **se
servir** *vpr (prendre d'un plat)* sich
bedienen; **~ à qn** jdm nutzen;
à quoi cela sert-il ? wozu soll das
gut sein?; **se ~ de** *(plat)* sich *dat*
nehmen von; *(voiture, outil,
relations, amis)* benutzen

servocommande
[sɛRvɔkɔmɑ̃d] *nf* Servolenkung *f*

servofrein [sɛRvofRɛ̃] *nm*
Servobremse *f*

ses [se] *adj possessif voir* **son**

session [sesjɔ̃] *nf* Sitzung *f*

set [sɛt] *nm (Sport)* Satz *m*; **~ de
table** *(napperons)* Sets *pl*

seuil [sœj] *nm* Schwelle *f*

seul, e [sœl] *adj* allein; *(isolé)*
einsam; *(unique)* einzig ▶ *adv*
allein ▶ *nm/f* : **j'en veux un ~** ich
möchte nur einen/eine/eins;
parler tout ~ Selbstgespräche
führen; **il en reste un ~** es ist nur
noch einer/eine/eines da

• seulement *adv* nur; *(pas avant)*
erst

sève [sɛv] *nf* Saft *m*

sévère [sevɛR] *adj* streng;
(punition, mesures) hart **• sévérité**
nf Strenge *f*; *(du climat)* Härte *f*

sexagénaire [sɛksaʒenɛR] *adj*
sechzigjährig ▶ *nmf*
Sechzigjährige(r) *f(m)*

sexe [sɛks] *nm* Geschlecht *nt*;
(sexualité) Sex *m*

sexisme [sɛksism] *nm* Sexismus
m **• sexiste** *adj* sexistisch

sexto [sɛksto] *nm* Sex-SMS *f*

sexualité [sɛksɥalite] *nf*
Sexualität *f*

sexuel, le [sɛksɥɛl] *adj* sexuell

seyant [sɛjɑ̃, ɑ̃t] *adj* kleidsam

Seychelles [seʃɛl] *nfpl* : **les ~** die
Seychellen *pl*

shampoing, shampooing
[ʃɑ̃pwɛ̃] *nm (lavage)* Haarwäsche *f*;
(produit) Haarwaschmittel *nt*

shooter [ʃute] : **se shooter** *vpr*
(drogué) fixen, spritzen

shopping [ʃɔpiŋ] *nm* : **faire du ~**
einkaufen gehen

short [ʃɔRt] *nm* Shorts *pl*

si [si]

▶ *adv* 1 *(oui)* doch; **Paul n'est
pas venu ? — si !** Paul ist nicht
gekommen? — doch!; **mais si !**
doch, doch!; **je suis sûr que si**
ich bin ganz sicher
2 *(tellement)* so; **si gentil/vite**
so nett/schnell; **ce n'est pas si
facile** so einfach ist das nicht; **si
rapide qu'il soit** so schnell er
auch sein mag
▶ *conj* 1 *(éventualité, hypothèse,*

souhait) wenn; **si j'étais riche**
wenn ich reich wäre; **si tu veux**
wenn du willst; **si seulement**
wenn (doch) nur
2 (*interrogation indirecte*) ob; **je
me demande si** ich frage mich,
ob
3 (*locutions*): **si ce n'est que**
außer daß; **si bien que** so (sehr),
dass; **(tant et) si bien que** so
sehr, dass
▶ *nm* (*Mus*) H *nt*

Sicile [sisil] *nf*: **la ~** Sizilien *nt*
sida [sida] *sigle m* (= *syndrome
immunodéficitaire acquis*) AIDS *nt*
• **sidéen, -ne** *nm/f* Aidskranke(r)
f(m)
sidéré, e [sideʀe] *adj* verblüfft
sidérurgie [sideʀyʀʒi] *nf*
Eisenverhüttung *f*
siècle [sjɛkl] *nm* Jahrhundert *nt*
siège [sjɛʒ] *nm* Sitz *m*; **~ arrière**
(*Auto*) Rücksitz *m*; **~ avant** (*Auto*)
Vordersitz *m*
siéger [sjeʒe] *vi* tagen
sien, ne [sjɛ̃, sjɛn] *pron*: **le/la
~(ne)** seine(r, s); (*possesseur
féminin*) ihre(r, s); **les ~s/~nes**
seine; (*possesseur féminin*) ihre
sieste [sjɛst] *nf* Mittagsschlaf *m*
sifflement [sifləmɑ̃] *nm*
Pfeifen *nt*
siffler [sifle] *vi* pfeifen; (*merle,
serpent, projectile, vapeur*) zischen
▶ *vt* pfeifen
sifflet [siflɛ] *nm* (*instrument*)
Pfeife *f*; (*sifflement*) Pfiff *m*; **coup
de ~** Pfiff *m*
siffloter [siflɔte] *vi, vt* vor sich
hinpfeifen
sigle [sigl] *nm* Abkürzung *f*

signal, -aux [siɲal, o] *nm*
Zeichen *nt*; (*écriteau*) Schild *nt*;
(*appareil*) Signal *nt*; **donner le ~
de** das Signal *ou* Zeichen geben zu;
~ d'alarme Alarm(signal *nt*) *m*
signalement [siɲalmɑ̃] *nm*
Personenbeschreibung *f*
signaler [siɲale] *vt* (*être l'indice
de*) ankündigen
signalisation [siɲalizasjɔ̃] *nf*
Verkehrszeichen *pl*; **panneau
de ~** Verkehrsschild *nt*
• **signaliser** *vt* beschildern
signataire [siɲatɛʀ] *nmf*
Unterzeichnende(r) *f(m)*
• **signature** *nf* Unterschrift *f*;
(*action*) Unterzeichnung *f*
signe [siɲ] *nm* Zeichen *nt*; **faire
un ~ de la tête/main** ein Zeichen
mit dem Kopf/der Hand geben;
faire ~ à qn sich bei jdm melden;
~ du zodiaque Sternzeichen *nt*
signer [siɲe] *vt* unterschreiben;
se signer sich bekreuzigen
significatif, -ive [siɲifikatif, iv]
adj bezeichnend, vielsagend
signification [siɲifikasjɔ̃] *nf*
Bedeutung *f* • **signifier** *vt*
bedeuten
silence [silɑ̃s] *nm* Schweigen *nt*;
~! Ruhe! • **silencieux, -euse** *adj*
still, leise; (*personne*) schweigsam
▶ *nm* (*d'arme*) Schalldämpfer *m*
silex [silɛks] *nm* Feuerstein *m*
silhouette [silwɛt] *nf* Silhouette
f; (*lignes, contour*) Umriss *m*
silicone [silikon] *nf* Silikon *nt*
sillage [sijaʒ] *nm* Kielwasser *nt*;
dans le ~ de (*fig*) im Kielwasser
von
sillon [sijɔ̃] *nm* (*d'un champ*)
Furche *f*; (*d'un disque*) Rille *f*

• **sillonner** vt (creuser) furchen; (parcourir) durchstreifen

similaire [similɛʀ] adj ähnlich
• **similarité** nf Ähnlichkeit f
• **similitude** nf Ähnlichkeit f

simple [sɛ̃pl] adj einfach ▶ nm : **~ messieurs/dames** (Tennis) Herren-/Dameneinzel nt
• **simplement** adv einfach
• **simplicité** nf Einfachheit f; (candeur) Naivität f
• **simplification** nf Vereinfachung f • **simplifier** vt vereinfachen • **simpliste** adj allzu einfach, simpel

simulacre [simylakʀ] nm : **un ~ de procès** ein Scheinprozess m

simuler [simyle] vt vortäuschen; (maladie, fatigue, ivresse) simulieren

simultané, e [simyltane] adj gleichzeitig, simultan
• **simultanément** adv gleichzeitig

sincère [sɛ̃sɛʀ] adj aufrichtig, ehrlich • **sincèrement** adv aufrichtig, ehrlich • **sincérité** nf Aufrichtigkeit f; **en toute ~** ganz offen

sine qua non [sinekwanɔn] adj : **condition ~** unbedingt notwendige Voraussetzung f

Singapour [sɛ̃gapuʀ] Singapur nt

singe [sɛ̃ʒ] nm Affe m • **singer** vt nachäffen • **singeries** nfpl Faxen pl

singulariser [sɛ̃gylaʀize] vt auszeichnen; **se singulariser** vpr auffallen

singularité [sɛ̃gylaʀite] nf Einzigartigkeit f

singulier, -ière [sɛ̃gylje, jɛʀ] adj eigenartig ▶ nm Singular m

sinistre [sinistʀ] adj unheimlich

sinon [sinɔ̃] adv sonst, andernfalls; (sauf) außer; (si ce n'est) wenn nicht

sinueux, -euse [sinɥø, øz] adj gewunden

sinus [sinys] nm (Anat) Höhle f; (Math) Sinus m • **sinusite** nf Stirnhöhlenentzündung f

sirène [siʀɛn] nf Sirene f

sirop [siʀo] nm Sirup m; **~ contre la toux** Hustensirup m ou -saft m

siroter [siʀote] vt schlürfen

sismique [sismik] adj seismisch

site [sit] nm (environnement) Umgebung f; (emplacement) Lage f; **~s touristiques** (touristische) Sehenswürdigkeiten pl; **~ Web** Website f

sitôt [sito] adv sogleich; **~ après** kurz danach

situation [sitɥasjɔ̃] nf Lage f, Situation f; (emploi) Stellung f

situé, e [sitɥe] adj gelegen
• **situer** : **se situer** vpr (être, se trouver) liegen

six [sis] num sechs • **sixième** adj sechste(r, s) ▶ nm (fraction) Sechstel nt

skate [skɛt], **skateboard** [skɛtbɔʀd] nm (planche) Skateboard nt; (sport) Skateboardfahren nt

ski [ski] nm Ski m; **faire du ~** Ski laufen; **~ de fond** (Ski)langlauf m; **~ de piste** Abfahrtslauf m; **~ de randonnée** (Ski)langlauf; **~ nautique** Wasserski nt
• **ski-bob** (pl **ski-bobs**) nm Skibob m • **skier** vi Ski laufen • **skieur, -euse** nm/f Skifahrer(in) m(f)

Skype® [skajp] nm (Inform) Skype® nt

slalom [slalɔm] *nm* Slalom *m*; **faire du ~ entre** *(fig)* sich durchschlängeln durch; **~ géant** Riesenslalom *m*

slave [slav] *adj* slawisch

slip [slip] *nm* Unterhose *f*; *(de bain)* Badehose *f*; *(de bikini)* Unterteil *m ou nt*

slogan [slɔgã] *nm* Slogan *m*

slovaque [slɔvak] *adj* slowakisch
▶ *nmf*: **S~** Slowake *m*, Slowakin *f*
• **Slovaquie** *nf*: **la ~** die Slowakei

slovène [slɔvɛn] *adj* slowenisch
▶ *nmf*: **S~** Slowene *m*, Slowenin *f*
• **Slovénie** *nf*: **la ~** Slowenien *nt*

slow [slo] *nm* *(danse)* langsamer Tanz *m*

smartphone [smartfɔn] *nm* *(Inform)* Internethandy *nt*, Smartphone *nt*

SMIC [smik] *sigle m* (= *salaire minimum interprofessionnel de croissance*) gesetzlicher Mindestlohn *m*

smicard, e [smikar, ard] *nm/f* Mindestlohnempfänger(in) *m(f)*

smoking [smɔkiŋ] *nm* Smoking *m*

SMS [ɛsɛmɛs] *sigle m* (= *short message service*) SMS *f*; **envoyer un ~** eine SMS schicken

snack [snak] *nm* *(endroit)* Imbissstube *f*, Schnellgaststätte *f*

SNCF [ɛsɛnseɛf] *sigle f* (= *Société nationale des chemins de fer français*) französische Eisenbahn

snob [snɔb] *adj* versnobt ▶ *nmf* Snob *m*

snowboard [snobɔrd] *nm* *(planche)* Snowboard *nt*; *(sport)* Snowboarden *nt*
• **snowboardeur, -euse** *nm/f* Snowboardfahrer(in) *m(f)*

sobre [sɔbr] *adj* *(personne)* mäßig; *(élégance, style)* schlicht • **sobriété** *nf* Enthaltsamkeit *f*, Schlichtheit *f*

sobriquet [sɔbrikɛ] *nm* Spitzname *m*

sociable [sɔsjabl] *adj* gesellig

social, e, -aux [sɔsjal, jo] *adj* sozial; *(de la société)* gesellschaftlich; **réseau ~** soziales Netzwerk *nt*
• **socialisme** *nm* Sozialismus *m*
• **socialiste** *adj* sozialistisch ▶ *nmf* Sozialist(in) *m(f)*

société [sɔsjete] *nf* Gesellschaft *f*; **la ~ d'abondance/de consommation** die Wohlstands-/Konsumgesellschaft *f*; **~ à responsabilité limitée** Gesellschaft mit beschränkter Haftung; **~ anonyme** Aktiengesellschaft *f*

socioculturel, le [sɔsjokyltyrɛl] *adj* soziokulturell

sociologie [sɔsjɔlɔʒi] *nf* Soziologie *f* • **sociologique** *adj* soziologisch • **sociologue** *nmf* Soziologe *m*, Soziologin *f*

socle [sɔkl] *nm* Sockel *m*

socquette [sɔkɛt] *nf* Söckchen *nt*

soda [sɔda] *nm* Limo *f*; *(eau gazéifiée)* Mineralwasser *nt*

sodium [sɔdjɔm] *nm* Natrium *nt*

sœur [sœr] *nf* Schwester *f*; *(religieuse)* Nonne *f*

sofa [sɔfa] *nm* Sofa *nt*

SOFRES [sɔfrɛs] *sigle f* (= *Société française d'enquête par sondage*) französisches Meinungsforschungsinstitut

soi [swa] *pron* sich; **cela va de ~** das versteht sich von selbst

• **soi-disant** adj inv sogenannt
▶ adv angeblich

soie [swa] nf Seide f; (poil) Borste f

soif [swaf] nf Durst m; **avoir ~**
Durst haben; **~ de** (fig) Gier f auf
+acc ou nach +dat

soigné, e [swaɲe] adj gepflegt;
(travail) sorgfältig • **soigner** vt
pflegen; (docteur) behandeln;
(travail) sorgfältig machen

soigneusement [swaɲøzmɑ̃]
adv sorgfältig • **soigneux, -euse**
adj sorgfältig; **être ~ de** sorgfältig
umgehen mit ou achten auf +acc

soi-même [swamɛm] pron (sich)
selbst

soin [swɛ̃] nm Sorgfalt f; **avoir** ou
prendre ~ de qch/qn sich um
etw/jdn kümmern; **~s du**
cheveu/de beauté/du corps
Haar-/Schönheits-/Körperpflege f

soir [swar] nm Abend m; **il fait**
frais/il travaille le ~ abends ist
es kühl/er arbeitet abends; **à ce ~!**
bis heute Abend!; **demain ~**
morgen Abend; **sept heures du ~**
sieben Uhr abends • **soirée** nf
Abendgesellschaft f

soit [swa] adv in Ordnung,
einverstanden ▶ conj (à savoir) das
heißt; **~ …, ~ …** entweder …
oder …

soixantaine [swasɑ̃tɛn] nf: **une**
~ (de) etwa sechzig; **avoir la ~**
um die sechzig (Jahre alt) sein
• **soixante** num sechzig
• **soixante-dix** num siebzig
• **soixante-huitard, e** (pl
soixante-huitards, es) nm/f
Achtundsechziger(in) m(f)

soja [sɔʒa] nm Soja nt

sol [sɔl] nm Boden m; (Mus) G nt

solaire [sɔlɛr] adj Sonnen-;
(cadran, chauffage) Solar-

soldat [sɔlda] nm Soldat m

solde [sɔld] nf (Mil) Sold m ▶ nm
(Comm) Saldo m; **soldes** nmpl
(Comm) Ausverkauf m; **en ~** zu
reduzierten Preisen • **solder** vt
(marchandise) ausverkaufen;
(compte) saldieren

sole [sɔl] nf Seezunge f

soleil [sɔlɛj] nm Sonne f; **il y a** ou
il fait du ~ die Sonne scheint;
au ~ in der Sonne; **en plein ~** in
der prallen Sonne; **le ~ levant/**
couchant die aufgehende/
untergehende Sonne

solennel, le [sɔlanɛl] adj feierlich

solidaire [sɔlidɛr] adj (personnes)
solidarisch; (choses, pièces
mécaniques) miteinander
verbunden • **solidarité** nf
Solidarität f

solide [sɔlid] adj (mur, maison,
meuble, outil) stabil • **solidifier** vt
fest werden lassen; **se solidifier**
vpr sich verfestigen • **solidité** nf
Stabilität f,
Dauerhaftigkeit f

soliste [sɔlist] nmf Solist(in) m(f)

solitaire [sɔlitɛr] adj einsam;
(isolé) einzeln (stehend) ▶ nmf
Einsiedler(in) m(f) ▶ nm (diamant)
Solitär m

solitude [sɔlityd] nf Einsamkeit f

solliciter [sɔlisite] vt (personne)
sich wenden an; (emploi) sich
bewerben um; (faveur, audience)
bitten um

sollicitude [sɔlisityd] nf
Fürsorge f

solo [sɔlo] nm Solo nt

solstice 344

solstice [sɔlstis] *nm*
Sonnenwende *f*
soluble [sɔlybl] *adj* löslich
solution [sɔlysjɔ̃] *nf* Lösung *f*
solvable [sɔlvabl] *adj*
zahlungsfähig
solvant [sɔlvɑ̃] *nm*
Lösungsmittel *nt*
Somalie [sɔmali] *nf*: **la ~**
Somalia *nt*
sombre [sɔ̃bʀ] *adj* dunkel; (*péj*)
düster; (*personne*) finster
sombrer [sɔ̃bʀe] *vi* (*bateau*)
untergehen, sinken; **~ dans la
misère/le désespoir/la folie** im
Elend verkommen/in
Verzweiflung sinken/dem
Wahnsinn verfallen
sommaire [sɔmɛʀ] *adj* (*simple*)
einfach ▶ *nm* Zusammenfassung *f*
sommation [sɔmasjɔ̃] *nf* (*Jur*)
Aufforderung *f*; (*avant de faire feu*)
Vorwarnung *f*
somme [sɔm] *nf* Summe *f* ▶ *nm*:
faire un ~ ein Nickerchen
machen
sommeil [sɔmɛj] *nm* Schlaf *m*;
avoir ~ müde *ou* schläfrig sein
• **sommeiller** *vi* schlafen; (*fig*)
schlummern
sommelier, -ière [sɔmǝlje, jɛʀ]
nm/f Getränkekellner(in) *m(f)*
sommer [sɔme] *vt*: **~ qn de faire
qch** jdn auffordern, etw zu tun
sommet [sɔmɛ] *nm* Gipfel *m*;
(*d'un arbre*) Wipfel *m*; (*de la
hiérarchie*) Spitze *f*; **atteindre les
~s** (*prix, taux*) ins Unermessliche
steigen; (*bêtise, égoïsme*) keine
Grenzen kennen
sommier [sɔmje] *nm* Bettrost *m*;
~ à lattes Lattenrost *m*;

~ métallique Metallrost *m*; **~ à
ressorts** Sprungfederrost *m*
somnambule [sɔmnɑ̃byl] *nmf*
Schlafwandler(in) *m(f)*
somnifère [sɔmnifɛʀ] *nm*
Schlafmittel *nt*
somnoler [sɔmnɔle] *vi* dösen
somptueux, -euse [sɔ̃ptɥø, øz]
adj prunkvoll, prächtig
son¹, sa [sɔ̃, sa] (*pl* **ses**) *adj
possessif* (*possesseur masculin*)
sein(e); (*possesseur féminin*)
ihr(e)
son² [sɔ̃] *nm* Ton *m*; (*résidu de
mouture*) Kleie *f*
sonate [sɔnat] *nf* Sonate *f*
sondage [sɔ̃daʒ] *nm* :
~ (d'opinion) Meinungsumfrage *f*
sonde [sɔ̃d] *nf* Sonde *f*
sonder [sɔ̃de] *vt* untersuchen;
(*fig*) erforschen
songer [sɔ̃ʒe]: **~ à** *vt* denken an
+*acc* • **songeur, -euse** *adj*
nachdenklich
sonner [sɔne] *vi* (*cloche*) läuten;
(*réveil, téléphone, à la porte*) klingeln
▶ *vt* (*cloche, tocsin*) läuten +*dat*;
~ faux falsch klingen
sonnerie [sɔnʀi] *nf* (*son: de
téléphone*) Klingeln *nt*; (*de
portable*) Ringtone *m*; (*d'horloge*)
Schlagen *nt*; (*mécanisme*)
Schlagwerk *nt*, Läutwerk *nt*;
(*sonnette*) Klingel *f*
sonnette [sɔnɛt] *nf* Klingel *f*;
~ d'alarme Alarm *m*
sono [sɔno] *nf voir* **sonorisation**
sonore [sɔnɔʀ] *adj* (*métal*)
klingend; (*voix*) laut
sonorisation [sɔnɔʀizasjɔ̃] *nf*
(*matériel*) Lautsprecheranlage *f*

souffrance

sonorité [sɔnɔʀite] *nf* Klang *m*; *(d'un lieu)* Akustik *f*; **sonorités** *nfpl* Klänge *pl*

sophistiqué, e [sɔfistike] *adj* *(personne)* kultiviert; *(style, élégance)* gesucht; *(complexe)* hoch entwickelt

soporifique [sɔpɔʀifik] *adj* einschläfernd; *(péj)* langweilig

soprano [sɔpʀano] *nm* Sopran *m* ▸ *nmf(personne)* Sopran *m*, Sopranistin *f*

sorcellerie [sɔʀsɛlʀi] *nf* Hexerei *f*

sorcier, -ière [sɔʀsje, jɛʀ] *adj* : **ce n'est pas ~** das ist keine Zauberei ▸ *nm* Zauberer *m* ▸ *nf* Hexe *f*

sordide [sɔʀdid] *adj* *(logement, quartier)* verkommen; *(gains, affaire)* schmutzig

sornettes [sɔʀnɛt] *nfpl* *(péj)* Gefasel *nt*

sort [sɔʀ] *nm* Schicksal *nt*; *(situation)* Los *nt*; **tirer au ~** losen; **tirer qch au ~** etw verlosen

sorte [sɔʀt] *nf* Sorte *f*, Art *f*; **une ~ de** eine Art (von); **de la ~** so; **en quelque ~** gewissermaßen; **de (telle) ou en ~ que** so, dass

sortie [sɔʀti] *nf* Ausgang *m*; *(somme dépensée)* Ausgabe *f*; **~ papier** Ausdruck *m*; **~ de secours** Notausgang *m*

sortir [sɔʀtiʀ] *vi* hinausgehen; *(partir, se retirer)* (weg)gehen; *(aller au spectacle, dans le monde)* ausgehen; *(apparaître)* herauskommen ▸ *vt* ausführen

sosie [sozi] *nm* Doppelgänger(in) *m(f)*

sot, sotte [so, sɔt] *adj* dumm ▸ *nm/f* Dummkopf *m* • **sottise** *nf* Dummheit *f*

sou [su] *nm* : **être près de ses ~s** sein Geld zusammenhalten

souche [suʃ] *nf* *(d'un arbre)* Stumpf *m*

souci [susi] *nm* Sorge *f*; *(Bot)* Ringelblume *f*; **se faire du ~** sich *dat* Sorgen machen • **soucier** : **se ~ de** *vpr* sich sorgen um • **soucieux, -euse** *adj* bekümmert

soucoupe [sukup] *nf* Untertasse *f*; **~ volante** fliegende Untertasse *f*

soudain, e [sudɛ̃, ɛn] *adj, adv* plötzlich

Soudan [sudɑ̃] *nm* : **le ~** der Sudan

soude [sud] *nf* Natron *nt*

souder [sude] *vt* *(avec fer à souder)* löten; *(par soudure autogène)* schweißen • **soudure** *nf* Löten *nt*, Schweißen *nt*; *(joint)* Lötstelle *f*, Schweißnaht *f*

souffle [sufl] *nm* Atemzug *m*; *(respiration)* Atem *m*; *(d'une explosion)* Druckwelle *f*; **retenir son ~** die Luft anhalten; **être à bout de ~** außer Atem sein; **avoir le ~ court** kurzatmig sein

soufflé, e [sufle] *adj* *(fam : surpris)* baff ▸ *nm* *(Culin)* Soufflé *nt*

souffler [sufle] *vi* *(vent, personne)* blasen; *(respirer avec peine)* schnaufen ▸ *vt* *(feu, bougie)* ausblasen; *(chasser)* wegblasen; *(verre)* blasen; **~ sur** blasen auf +*acc*

soufflet [suflɛ] *nm* Blasebalg *m*

souffrance [sufʀɑ̃s] *nf* Leiden *nt* • **souffrant, e** *adj* *(personne)* unwohl; *(air)* leidend • **souffrir** *vi* leiden ▶ vt (*éprouver*) erleiden; (*supporter*) ertragen, aushalten; **~ de** leiden unter +*dat*

soufre [sufʀ] *nm* Schwefel *m*.

souhait [swɛ] *nm* Wunsch *m*; **tous nos ~s de réussite** unsere besten Erfolgswünsche; **à vos ~s!** Gesundheit!; **onctueux à ~** weich, wie man es sich nur wünschen kann • **souhaitable** *adj* wünschenswert • **souhaiter** *vt* wünschen

souiller [suje] *vt* schmutzig machen; (*fig*) beschmutzen

soûl, e [su, sul] *adj* betrunken

soulagement [sulaʒmɑ̃] *nm* Erleichterung *f* • **soulager** *vt* (*personne*) erleichtern; (*douleur, peine*) lindern

soûler [sule] *vt* betrunken machen; **se soûler** *vpr* sich betrinken

soulèvement [sulɛvmɑ̃] *nm* (*insurrection*) Aufstand *m*

soulever [sul(ə)ve] *vt* hochheben; (*poussière*) aufwirbeln; **se soulever** *vpr* (*personne couchée*) sich aufrichten

soulier [sulje] *nm* Schuh *m*; **~s à talons** Schuhe *pl* mit Absatz; **~s plats** flache Schuhe *pl*

souligner [suliɲe] *vt* unterstreichen

soumettre [sumɛtʀ] *vt* (*subjuguer*) unterwerfen; (*à traitement, épreuve, analyse, examen*) unterziehen; **se soumettre** *vpr*: **se ~ (à)** sich unterwerfen (+*dat*)

soumis, e [sumi, iz] *adj* (*personne, air*) unterwürfig • **soumission** *nf* (*de rebelles etc*)

Unterwerfung *f*; (*docilité*) Unterwürfigkeit *f*

soupape [supap] *nf* Ventil *nt*; **~ de sûreté** Sicherheitsventil *nt*

soupçon [supsɔ̃] *nm* Verdacht *m* • **soupçonner** *vt* (*personne*) verdächtigen; (*qch*) vermuten • **soupçonneux, -euse** *adj* misstrauisch

soupe [sup] *nf* Suppe *f*; **~ à l'oignon** Zwiebelsuppe *f*

souper [supe] *vi* (*régional : dîner*) zu Abend essen, Abendbrot essen

soupière [supjɛʀ] *nf* Suppenschüssel *f*

soupir [supiʀ] *nm* Seufzer *m*

soupirant [supiʀɑ̃] *nm* Verehrer *m*

soupirer [supiʀe] *vi* seufzen

souple [supl] *adj* weich; (*membres, corps, personne*) geschmeidig, gelenkig; (*branche*) biegsam; (*fig : règlement, esprit, caractère*) flexibel • **souplesse** *nf* Biegsamkeit *f*, Gelenkigkeit *f*, Flexibilität *f*

source [suʀs] *nf* Quelle *f*; **~ d'eau minérale** Mineralquelle *f*

sourcil [suʀsi] *nm* Augenbraue *f*

sourciller [suʀsije] *vi* : **sans ~** ohne mit der Wimper zu zucken

sourcilleux, -euse [suʀsijø, øz] *adj* (*pointilleux*) pingelig, kleinlich

sourd, e [suʀ, suʀd] *adj* taub; (*douleur*) dumpf ▶ *nm/f* Taube(r) *f(m)* • **sourd-muet, sourde-muette** *adj* taubstumm ▶ **sourds-muets, sourdes-muettes** *adj* taubstumm ▶ *nm/f* Taubstumme(r) *f(m)*

souricière [suʀisjɛʀ] *nf* Mausefalle *f*; (*fig*) Falle *f*

sourire [suʀiʀ] *vi* lächeln ▶ *nm* Lächeln *nt*

souris [suʀi] *nf* Maus *f*

sournois, e [suʀnwa, waz] *adj* heimtückisch

sous¹ [su] *prép* unter +*dat*; (*avec mouvement*) unter +*acc*; **~ la pluie/le soleil** im Regen/in der Sonne; **~ mes yeux** vor meinen Augen; **~ terre** unterirdisch; **~ peu** in Kürze

sous² [su] *préf* unter-, Unter- • **sous-bois** *nm inv* Unterholz *nt* • **sous-chef** (*pl* **sous-chefs**) *nm* stellvertretender Leiter *m* • **sous-continent** (*pl* **sous-continents**) *nm* Subkontinent *m*

souscription [suskʀipsjɔ̃] *nf* Subskription *f*

souscrire [suskʀiʀ] : **~ à** *vt* (*emprunt*) zeichnen; (*publication*) subskribieren; (*approuver*) gutheißen

sous-développé, e [sudevlɔpe] (*pl* **sous-développés, es**) *adj* unterentwickelt • **sous-directeur, -trice** (*pl* **sous-directeurs, -trices**) *nm/f* stellvertretender Direktor *m*, stellvertretende Direktorin *f* • **sous-effectif** *nm* Unterbesetzung *f*; **être en ~** unterbesetzt sein • **sous-emploi** *nm* Unterbeschäftigung *f* • **sous-entendre** *vt* andeuten • **sous-entendu, e** (*pl* **sous-entendus, es**) *adj* unausgesprochen ▶ *nm* Andeutung *f* • **sous-estimer** *vt* unterschätzen • **sous-exposer** *vt* unterbelichten • **sous-jacent, e** (*pl* **sous-jacents, es**) *adj* (*fig*)

latent • **sous-location** (*pl* **sous-locations**) *nf* Untermiete *f*; **en ~** zur Untermiete • **sous-louer** *vt* : **~ à qn** (*locataire principal*) an jdn untervermieten; (*sous-locataire*) jds Untermieter sein • **sous-main** *nm inv* Schreibunterlage *f*; **racheter des actions en ~** Aktien unter der Hand weiterverkaufen • **sous-marin, e** (*pl* **sous-marins, es**) *adj* Unterwasser-; (*flore*) Meeres- ▶ *nm* U-Boot *nt* • **sous-produit** (*pl* **sous-produits**) *nm* Nebenprodukt *nt*; (*péj*) schwacher Abklatsch *m* • **soussigné, e** *adj* : **je ~ ...** ich, der/die Unterzeichnete, ... ▶ *nm/f* : **le ~** der Unterzeichnete *m*; **les ~s** die Unterzeichneten *pl* • **sous-sol** (*pl* **sous-sols**) *nm* Untergeschoss *nt*; (*Géo*) Untergrund *m*; **en ~** im Untergeschoss • **sous-titre** (*pl* **sous-titres**) *nm* Untertitel *m* • **sous-titré, e** (*pl* **sous-titrés, es**) *adj* mit Untertiteln

soustraction [sustʀaksjɔ̃] *nf* Subtraktion *f*

soustraire [sustʀɛʀ] *vt* subtrahieren, abziehen; **se soustraire** *vpr* : **se ~ à** (*dérober*) sich entziehen +*dat*; **~ qch à qn** jdm etw wegnehmen; **~ qn à** jdn schützen vor +*dat*

sous-traitance [sutʀɛtɑ̃s] (*pl* **sous-traitances**) *nf* vertraglich geregelte Weitervergabe *f* von Arbeit • **sous-traitant** (*pl* **sous-traitants**) *nm* Zulieferer *m*

sous-vêtement [suvɛtmɑ̃] (*pl* **sous-vêtements**) *nm* Stück *nt* Unterwäsche; **sous-vêtements** *nmpl* Unterwäsche *f*

348

soutenable [sut(ə)nabl] *adj*
vertretbar

soutenance [sut(ə)nɑ̃s] *nf*: **~ de thèse** Rigorosum *nt*

souteneur [sut(ə)nœʀ] *nm*
Zuhälter *m*

soutenir [sut(ə)niʀ] *vt*
(*supporter*) tragen; (*consolider, empêcher de tomber*) stützen; (*réconforter, aider*) beistehen +*dat*;
~ que behaupten, dass

soutenu, e [sut(ə)ny] *adj*
(*attention, efforts*) anhaltend;
(*style*) gehoben

souterrain, e [suteʀɛ̃, ɛn] *adj*
unterirdisch ▶ *nm* unterirdischer Gang *m*

soutien [sutjɛ̃] *nm* Stütze *f*;
apporter son ~ à unterstützen
• **soutien-gorge** (*pl* **soutiens-gorge**) *nm*
Büstenhalter *m*

soutirer [sutiʀe] *vt*: **~ qch à qn**
jdm etw entlocken

souvenir [suv(ə)niʀ] *nm*
(*réminiscence*) Erinnerung *f*; (*objet, marque*) Andenken *nt*; **se souvenir** *vpr*: **se ~ de** sich erinnern an +*acc*; **en ~ de** zur Erinnerung an +*acc*; **se ~ que** sich erinnern, dass

souvent [suvɑ̃] *adv* oft; **peu ~** selten

souverain, e [suv(ə)ʀɛ̃, ɛn] *adj*
(*Pol*) souverän, unabhängig;
(*suprême*) höchste(r, s) ▶ *nm/f*
Herrscher(in) *m(f)*; **le ~ pontife** der Papst *m*

soviétique [sɔvjetik] *adj*
sowjetisch

soyeux, -euse [swajø, øz] *adj*
seidig

SPA [ɛspea] *sigle f* (= *Société protectrice des animaux*)
Tierschutzbund *m*

spacieux, -euse [spasjø, jøz] *adj*
geräumig

spaghettis [spageti] *nmpl*
Spag(h)etti *pl*

spam [spam] *nm* (*Inform*)
Spam *m*

sparadrap [spaʀadʀa] *nm*
Heftpflaster *nt*

spasme [spasm] *nm* Krampf *m*

spatial, e, -aux [spasjal, jo] *adj*
(*Aviat*) (Welt)raum-; (*Psych*)
räumlich

spatule [spatyl] *nf* Spachtel *m*

spécial, e, -aux [spesjal, jo] *adj*
speziell, besondere(r, s); (*bizarre*)
eigenartig • **spécialement** *adv*
speziell, besonders; (*tout exprès*)
eigens, speziell; **pas ~** nicht besonders

spécialiser [spesjalize]: **se ~** *vpr*
sich spezialisieren • **spécialiste**
nmf Spezialist(in) *m(f)*
• **spécialité** *nf* (*sujet*)
Spezialgebiet *nt*; (*d'un cuisinier etc*)
Spezialität *f*

spécifique [spesifik] *adj*
spezifisch • **spécifiquement** *adv*
spezifisch; (*tout exprès*) eigens

spécimen [spesimɛn] *nm*
Probeexemplar *nt*

spectacle [spɛktakl] *nm* Anblick
m; (*représentation*) Vorstellung *f*,
Aufführung *f*

spectaculaire [spɛktakylɛʀ] *adj*
spektakulär

spectateur, -trice [spɛktatœʀ, tʀis] *nm/f* Zuschauer(in) *m(f)*

spectre [spɛktʀ] *nm* Gespenst *nt*;
(*Phys*) Spektrum *nt*

spéculation [spekylasjɔ̃] nf Spekulation f

spéculer [spekyle] vi spekulieren; **~ sur** (tabler sur) spekulieren auf +acc

spéléologie [speleɔlɔʒi] nf Höhlenforschung f

spermatozoïde [spermatozoid] nm Spermium nt

sperme [sperm] nm Sperma nt

spermicide [spermisid] nm Spermizid nt

sphère [sfɛʀ] nf Kugel f; (domaine) Sphäre f, Bereich m

sphérique [sferik] adj rund

spirale [spiʀal] nf Spirale f

spirituel, le [spiʀityɛl] adj geistlich; (intellectuel) geistig; (plein d'esprit) geistreich

spiritueux [spiʀityø] nmpl Spirituosen pl

splendeur [splɑ̃dœʀ] nf Herrlichkeit f, Pracht f • **splendide** adj herrlich

sponsor [spɔ̃sɔʀ] nm Sponsor m • **sponsoriser** vt sponsern

spontané, e [spɔ̃tane] adj spontan • **spontanément** adv spontan

sport [spɔʀ] nm Sport m; **faire du ~** Sport treiben; **~ d'hiver** Wintersport m • **sportif, -ive** adj sportlich

spot [spɔt] nm (lampe) Scheinwerfer m; **~ (publicitaire)** Werbespot m

spray [spʀɛ] nm Spray m ou nt

sprint [spʀint] nm (en fin de course) Endspurt m; (épreuve) Sprint m; **piquer un ~** zum Endspurt ansetzen

square [skwaʀ] nm Grünanlage f

squash [skwaʃ] nm Squash nt

squatter¹ [skwate] vt besetzen

squatter², squatteur [skwatɛʀ] nm Hausbesetzer(in) m(f)

squelette [skəlɛt] nm Skelett nt

Sri Lanka [sʀilāka] nm : **le ~** Sri Lanka nt

St, Ste abr = **saint**

stabiliser [stabilize] vt stabilisieren; (terrain) befestigen

stabilité [stabilite] nf Stabilität f

stable [stabl] adj stabil

stade [stad] nm (Sport) Stadion nt; (phase) Stadium nt

stage [staʒ] nm Praktikum nt; (de perfectionnement) Fortbildungskurs m • **stagiaire** nmf Praktikant(in) m(f)

stagnant, e [stagnā, āt] adj stehend; (fig) stagnierend

stand [stɑ̃d] nm (d'exposition) Stand m; **~ de tir** Schießstand m

standard [stɑ̃daʀ] adj inv Standard- ▸ nm Standard m; (téléphonique) Telefonzentrale f • **standardiser** vt standardisieren • **standardiste** nmf Telefonist(in) m(f)

standing [stɑ̃diŋ] nm Status m; **immeuble de grand ~** Luxuswohnungen pl

star [staʀ] nf : **~ (de cinéma)** (Film)star m

starter [staʀtɛʀ] nm (Auto) Choke m

station [stasjɔ̃] nf (lieu d'arrêt) Haltestelle f; (Radio, TV) Sender m; **~ balnéaire** Badeort m; **~ de sports d'hiver** Wintersportort m; **~ de taxis** Taxistand m; **~ thermale** Thermalbad nt

stationnaire [stasjɔnɛʀ] *adj*
gleichbleibend

stationnement [stasjɔnmã]
nm Parken *nt*; **~ alterné** Parken
abwechselnd auf der einen und der
anderen Straßenseite • **stationner**
vi parken

station-service [stasjɔ̃sɛʀvis]
(*pl* **stations-service**) *nf*
Tankstelle *f*

statique [statik] *adj* (*Élec*)
statisch; (*fig*) unbewegt, starr

statistique [statistik] *nf*
Statistik *f*; **statistiques** *nfpl*
(*données*) statistische Angaben *pl*

statue [staty] *nf* Statue *f*

stature [statyʀ] *nf* (*taille*) Größe *f*;
(*fig*) Bedeutung *f*

statut [staty] *nm* Status *m*;
statuts *nmpl* (*règlement*) Satzung *f*

Ste *abr voir* **St**

Sté *abr* (= *société*) Ges

steak [stɛk] *nm* Steak *nt*

sténo [steno] *nf* (*aussi:*
sténographie) Stenografie *f*

stéréo [steʀeo] *adj*, *nf* Stereo *nt*,
Stereofonie *f*; **en ~** in Stereo

stéréotype [steʀeotip] *nm*
Klischee *nt*

stérile [steʀil] *adj* unfruchtbar

stérilet [steʀilɛ] *nm* Spirale *f*

stériliser [steʀilize] *vt*
sterilisieren

stérilité [steʀilite] *nf*
Unfruchtbarkeit *f*

sternum [stɛʀnɔm] *nm*
Brustbein *nt*

stick [stik] *nm* Stift *m*; (*déodorant*)
Deostift *m*

stigmatiser [stigmatize] *vt*
brandmarken

stimulant, e [stimylã, ãt] *adj*
(*réussite, succès*) aufmunternd;
(*potion*) anregend ▶ *nm* (*fig*)
Ansporn *m*

stimulateur [stimylatœʀ] *nm* :
~ cardiaque
Herzschrittmacher *m*

stimuler [stimyle] *vt* (*personne*)
stimulieren, anregen; (*estomac,
appétit*) anregen; (*exportations etc*)
beleben

stipuler [stipyle] *vt* (*condition*)
vorschreiben; (*détail*) genau
angeben

stock [stɔk] *nm* (*de marchandises*)
Lagerbestand *m*; (*réserve*) Reserve
f; (*fig*) Vorrat *m* • **stockage** *nm*
Lagerung *f* • **stocker** *vt*
(*marchandises*) auf Lager legen,
einlagern; (*déchets*) lagern

stop [stɔp] *nm* Stoppschild *nt*;
(*feux arrière*) Bremslicht *nt*;
(*auto-stop*) Anhalterfahren *nt*
▶ *excl* halt!, stop!; **faire du ~**
trampen

stopper [stɔpe] *vt* anhalten;
(*mouvement, attaque*) aufhalten;
(*machine*) abstellen ▶ *vi* anhalten

store [stɔʀ] *nm* Rollo *nt*,
Rollladen *m*

strabisme [stʀabism] *nm*
Schielen *nt*

strapontin [stʀapɔ̃tɛ̃] *nm*
Klappsitz *m*

stratégie [stʀateʒi] *nf* Strategie *f*
• **stratégique** *adj* strategisch

stress [stʀɛs] *nm* Stress *m*
• **stressant, e** *adj* stressig
• **stressé, e** *adj* gestresst
• **stresser** *vt* stressen

strict, e [stʀikt] *adj* streng;
(*obligation, interprétation*) strikt;

le ~ **nécessaire** ou **minimum** das Allernotwendigste • **strictement** adv streng; (vêtu) konservativ

strident, e [stʀidɑ̃, ɑ̃t] adj schrill

strip-tease [stʀiptiz] (pl **strip-teases**) nm Striptease m

strophe [stʀɔf] nf Strophe f

structuration [stʀyktyʀasjɔ̃] nf Strukturierung f

structure [stʀyktyʀ] nf Struktur f; **~s d'accueil** Empfangseinrichtungen pl

stuc [styk] nm Stuck m

studieux, -euse [stydjø, jøz] adj fleißig

studio [stydjo] nm (logement) Einzimmerwohnung f; (d'artiste, de photographe) Atelier nt

stupéfaction [stypefaksjɔ̃] nf Verblüffung f • **stupéfait, e** adj verblüfft • **stupéfier, e** adj verblüffend ▶ nm Rauschgift nt

stupeur [stypœʀ] nf Verblüffung f; (Méd) Benommenheit f

stupide [stypid] adj dumm • **stupidité** nf Dummheit f

style [stil] nm Stil m; **meuble de ~** Stilmöbel nt; **~ de vie** Lebensstil m

stylo [stilo] nm Kugelschreiber m; **~ (à) bille** Kugelschreiber m; **~ à encre** Füller m • **stylo-feutre** (pl **stylos-feutres**) nm Filzstift m

su, e [sy] pp de **savoir**

suave [sɥav] adj (odeur) süß; (voix, coloris) süß, lieblich

subalterne [sybaltɛʀn] adj (employé, officier) untergeben; (rôle) untergeordnet ▶ nmf Untergebene(r) f(m)

subconscient [sypkɔ̃sjɑ̃, ɑ̃t] adj unterbewusst ▶ nm Unterbewusstsein nt

subir [sybiʀ] vt erleiden; (influence, charme) erliegen +dat; (traitement, opération, examen) sich unterziehen +dat

subit, e [sybi, it] adj plötzlich • **subitement** adv plötzlich

subjectif, -ive [sybʒɛktif, iv] adj subjektiv

subjonctif [sybʒɔ̃ktif] nm Konjunktiv m

subjuguer [sybʒyge] vt erobern

sublime [syblim] adj wunderbar, wunderschön

submerger [sybmɛʀʒe] vt (inonder) überschwemmen

subordonné, e [sybɔʀdɔne] nm/f Untergebene(r) f(m)

subsidiaire [sybzidjɛʀ] adj : **question ~** entscheidende Frage f

subsistance [sybzistɑ̃s] nf Unterhalt m

subsister [sybziste] vi (rester) (weiter)bestehen

substance [sypstɑ̃s] nf Substanz f, Stoff m

substantiel, le [sypstɑ̃sjɛl] adj (aliment, repas) nahrhaft; (avantage, bénéfice) wesentlich, bedeutend

substantif [sypstɑ̃tif] nm Substantiv nt

substituer [sypstitɥe] vt : **~ qn/ qch à** jdn/etw ersetzen durch • **substitut** nm (Jur : magistrat) Vertreter m; (succédané) Ersatz m • **substitution** nf Ersetzen nt

subterfuge [syptɛʀfyʒ] nm List f; (échappatoire) Ausrede f

subtil, e [syptil] adj (personne, esprit, réponse) fein; (raisonnement, manœuvre, nuance) subtil

S

subtilité [syptilite] nf (de personne) Feinsinn m; (de raisonnement, manœuvre) Subtilität f

subvenir [sybvəniʀ] : ~ **à** vt sorgen für

subvention [sybvãsjõ] nf Subvention f, Zuschuss m • **subventionner**vt subventionieren

suc [syk] nm Saft m

succédané [syksedane] nm Ersatz m

succéder [syksede] : ~ **à** vt (qn) nachfolgen +dat; (dans une série, énumération etc) folgen auf +acc; **se succéder**vpr aufeinanderfolgen

succès [syksɛ] nm Erfolg m; **avec ~** erfolgreich

successeur [syksesœʀ] nm Nachfolger(in) m(f); (héritier) Erbe m, Erbin f • **successif, -ive**adj aufeinanderfolgend

succession [syksesjõ] nf (patrimoine) Erbe nt; (Pol) Nachfolge f

successivement [syksesivmã] adv nacheinander

succinct, e [syksɛ̃, ɛ̃t] adj knapp, kurz und bündig

succomber [sykõbe] vi (mourir) umkommen; ~ **à** erliegen +dat

succulent, e [sykylã, ãt] adj köstlich

succursale [sykyʀsal] nf Filiale f

sucer [syse] vt lutschen

sucette [sysɛt] nf (bonbon) Lutscher m; (de bébé) Schnuller m

sucre [sykʀ] nm Zucker m; ~ **en morceaux** Würfelzucker m; ~ **en poudre**, ~ **glace** Puderzucker m

• **sucré, e**adj (au goût) süß; (tasse de thé etc) gezuckert; (produit alimentaire) gesüßt • **sucrer**vt süßen • **sucrerie**nf (usine) Zuckerraffinerie f; **sucreries** nfpl (bonbons) Süßigkeiten pl • **sucrier, -ière**adj Zucker- ▸ nm (récipient) Zuckerdose f

sud [syd] nm Süden m ▸ adj inv Süd-; **au ~ de** im Süden ou südlich von • **sud-américain, e** (pl **sud-américains, es**) adj südamerikanisch • **sud-est**nm inv Südosten m • **sud-ouest**nm inv Südwesten m

Suède [sɥɛd] nf: **la ~** Schweden nt • **suédois, e**adj schwedisch

suer [sɥe] vi schwitzen • **sueur**nf Schweiß m

suffire [syfiʀ] vi (aus)reichen, genügen ▸ vb impers : **il suffit d'une négligence pour que** man braucht nur einmal unachtsam zu sein und; **ça suffit!** jetzt reichts aber!

suffisamment [syfizamã] adv ausreichend, genügend; ~ **de** genug, genügend

suffisance [syfizãs] nf (vanité) Selbstgefälligkeit f

suffisant, e [syfizã, ãt] adj ausreichend; (vaniteux) selbstgefällig

suffocation [syfɔkasjõ] nf Ersticken nt • **suffoquer**vt (fumée) ersticken; (émotion, colère, nouvelles) überwältigen ▸ vi ersticken

suffrage [syfʀaʒ] nm (voix) Stimme f

suggérer [sygʒeʀe] vt (conseiller) vorschlagen

suggestif, -ive [sygʒɛstif, iv] *adj* (*évocateur*) stimmungsvoll

suggestion [sygʒɛstjɔ̃] *nf* Vorschlag *m*; (*Psych*) Suggestion *f*

suicidaire [sɥisidɛʀ] *adj* selbstmörderisch • **suicide** *nm* Selbstmord *m* • **suicider: se suicider** *vpr* sich umbringen

suisse [sɥis] *adj* schweizerisch ▶ *nmf*: **S~** Schweizer(in) *m(f)* ▶ *nf*: **la S~** die Schweiz; **la S~ allemande** *ou* **alémanique** die deutsch(sprachig)e Schweiz; **~ romand(e)** *adj* französischschweizerisch; **S~ romand(e)** *nm/f* Französischschweizer(in) *m(f)*; **la S~ romande** die französisch(sprachig)e Schweiz

suite [sɥit] *nf* Folge *f*; (*série*) Reihe *f*; (*cohérence*) Zusammenhang *m*; **suites** *nfpl* (*d'une maladie, chute*) Folgen *pl*; **prendre la ~ de** (*directeur etc*) jds Nachfolge antreten; **à la ~ de** (*en conséquence de*) aufgrund von

suivant, e [sɥivɑ̃, ɑ̃t] *adj* folgend ▶ *prép* (*selon*) gemäß +*dat*; **l'exercice ~** (*ci-après*) die folgende Übung

suivi, e [sɥivi] *adj* (*régulier*) regelmäßig; (*cohérent*) logisch; (*politique*) konsequent ▶ *nm* (*Méd*) Nachuntersuchung *f*; **très/peu ~** (*cours*) sehr/nicht sehr gut besucht; (*mode*) die großen/kaum Anklang findet

suivre [sɥivʀ] *vt* folgen +*dat*; (*bagages*) (nach)folgen +*dat*; (*consigne*) befolgen; (*cours*) teilnehmen an +*dat* ▶ *vi* folgen; (*écouter attentivement*) (gut) aufpassen; **se suivre** *vpr*

aufeinanderfolgen; **~ son cours** seinen/ihren Lauf nehmen

sujet, te [syʒɛ, ɛt] *adj*: **être ~ à** (*accidents*) neigen zu; (*vertige etc*) leiden unter +*dat* ▶ *nm/f* (*d'un souverain*) Untertan(in) *m(f)* ▶ *nm* (*thème*) Thema *nt*; **au ~ de** über +*acc*; **~ de conversation** Gesprächsthema *nt*

sulfureux, -euse [sylfyʀø, øz] *adj* schweflig, Schwefel- • **sulfurique** *adj*: **acide ~** Schwefelsäure *f*

summum [sɔmɔm] *nm*: **le ~ de** der Gipfel +*gén*

super [sypɛʀ] *adj inv* (*fam*) super

superbe [sypɛʀb] *adj* (*très beau*) wundervoll, herrlich; (*remarquable*) fantastisch

supercherie [sypɛʀʃɛʀi] *nf* Betrug *m*

superficie [sypɛʀfisi] *nf* (*mesure*) (Grund)fläche *f* • **superficiel, le** *adj* oberflächlich; (*plaie, brûlure*) leicht

superflu, e [sypɛʀfly] *adj* überflüssig

supérieur, e [sypeʀjœʀ] *adj* obere(r, s); (*plus élevé*) höher; (*meilleur*) besser; (*excellent, hautain*) überlegen ▶ *nm/f* Vorgesetzte(r) *f(m)*; **~ à** höher als; (*meilleur*) besser als • **supériorité** *nf* Überlegenheit *f*

superlatif [sypɛʀlatif] *nm* Superlativ *m*

supermarché [sypɛʀmaʀʃe] *nm* Supermarkt *m*

superposer [sypɛʀpoze] *vt* aufeinanderlegen; (*meubles, caisses*) stapeln; **se superposer** *vpr* (*images, souvenirs*) sich vermischen; **lits superposés** Etagenbett nt

supersonique [sypɛʀsɔnik] adj
Überschall-

superstitieux, -euse
[sypɛʀstisjø, jøz] adj
abergläubisch • **superstition** nf
Aberglaube m

superviser [sypɛʀvize] vt
beaufsichtigen

suppléance [sypleɑ̃s] nf
Vertretung f • **suppléant, e** adj
stellvertretend ▸ nm/f
(Stell)vertreter(in) m(f)
• **suppléer** vt (ce qui manque)
ergänzen; (remplacer) vertreten;
~ à (compenser) ausgleichen;
(chose manquante) ersetzen
• **supplément** nm (à payer)
Zuschlag m; **être en ~** (au menu
etc) extra kosten; **un ~ de frites**
eine Extraportion Pommes frites
• **supplémentaire** adj zusätzlich

supplice [syplis] nm Folter f;
(souffrance) Qual f

supplier [syplije] vt anflehen

support [sypɔʀ] nm Stütze f;
(pour outils) Ständer m;
~ audiovisuel audiovisuelles
Hilfsmittel nt; **~ de données**
Datenträger m; **~ publicitaire**
Werbemittel nt

supportable [sypɔʀtabl] adj
erträglich

supporter¹ [sypɔʀte] vt (porter)
tragen; (endurer) ertragen;
(résister à) vertragen

supporter² [sypɔʀtɛʀ] nm
Fan m

supposé, e [sypoze] adj
mutmaßlich • **supposer** vt
annehmen; (suj : chose)

voraussetzen; **en supposant** ou
à ~ que angenommen ou
vorausgesetzt, (dass)
• **supposition** nf Annahme f

suppositoire [sypozitwaʀ] nm
Zäpfchen nt

suppression [sypʀesjɔ̃] nf
Abschaffung f

supprimer [sypʀime] vt
abschaffen; (obstacle) beseitigen,
entfernen; (clause, mot)
weglassen

suprématie [sypʀemasi] nf (Pol)
Vormachtstellung f; (intellectuelle,
morale) Überlegenheit f

suprême [sypʀɛm] adj
oberste(r, s); (bonheur, habileté)
höchste(r, s)

---

sur¹ [syʀ]

prép 1 (position) auf +dat;
(au-dessus) über +dat; **tes
lunettes sont ~ la table** deine
Brille ist auf dem Tisch
2 (direction) auf +acc; (au-dessus)
über +acc; **pose-le ~ la table**
lege es auf den Tisch; **~ votre
droite** zu Ihrer Rechten, rechts;
avoir de l'influence/un effet ~
Einfluss/Wirkung haben auf
+acc
3 (après) : **avoir accident ~
accident** einen Unfall nach dem
anderen haben; **~ ce** daraufhin
4 (à propos de) über +acc; **un
livre/une conférence ~ Balzac**
ein Buch/Vortrag über Balzac
5 (proportion) : **un ~ 10** einer von
10; **avoir un ~ dix** (Scol) ≈ eine
Sechs bekommen; **~ vingt,
deux sont venus** von 20 sind
2 gekommen;
4 m ~ 2 4 mal 2 m

sur², e [syʀ] *adj (aigre)* sauer

sûr, e [syʀ] *adj* sicher; *(digne de confiance)* zuverlässig; **être ~ de qn** sich *dat* jds sicher sein

surabondance [syʀabɔ̃dɑ̃s] *nf* Überfluss *m*; *(de couleurs, détails)* Überfülle *f*

surbooké, e [syʀbuke] *adj* überbucht

surcharge [syʀʃaʀʒ] *nf* Überlastung *f*; *(de marchandises)* Überbelastung *f* • **surchargé, e** *adj* überladen; **~ de travail** mit Arbeit überlastet • **surcharger** *vt* überladen

surcroît [syʀkʀwa] *nm* : **un ~ de travail/d'inquiétude** zusätzliche Arbeit/Unruhe; **par ou de ~** zu allem Überfluss, obendrein

surdité [syʀdite] *nf* Taubheit *f*

surdose [syʀdoz] *nf* Überdosis *f*

sureau, x [syʀo] *nm* Holunder *m*

sûrement [syʀmɑ̃] *adv* sicher

suremploi [syʀɑ̃plwa] *nm* Überbeschäftigung *f*

surenchère [syʀɑ̃ʃɛʀ] *nf* höheres Gebot *nt*; **~ électorale** gegenseitiges Übertrumpfen *nt* im Wahlkampf • **surenchérir** *vi* höher bieten

surestimer [syʀɛstime] *vt* überschätzen

sûreté [syʀte] *nf* Sicherheit *f*; **la S~ (nationale)** der staatliche Sicherheitsdienst

surexciter [syʀɛksite] *vt* überreizen

surexposer [syʀɛkspoze] *vt* überbelichten

surf [sœʀf] *nm* Surfen *nt*; **faire du ~** surfen

surface [syʀfas] *nf* Oberfläche *f*; *(Math)* Fläche *f*; **faire ~** auftauchen; **grande ~** Einkaufszentrum *nt*; **~ de réparation** Strafraum *m*

surfer [sœʀfe] *vi (Inform)* (im Internet) surfen • **surfeur, -euse** *nm/f* Surfer(in) *m(f)*

surgelé, e [syʀʒəle] *adj* tiefgekühlt

surgir [syʀʒiʀ] *vi* plötzlich auftauchen; *(jaillir)* hervorschießen

surhumain, e [syʀymɛ̃, ɛn] *adj* übermenschlich

sur-le-champ [syʀləʃɑ̃] *adv* sofort

surlendemain [syʀlɑ̃d(ə)mɛ̃] *nm* : **le ~** der übernächste Tag; *(quand ?)* am übernächsten Tag; **le ~ de** der zweite Tag nach

surligneur [syʀliɲœʀ] *nm* Leuchtstift *m*

surmédiatisation [syʀmediatizasjɔ̃] *nf* Medienrummel *m*

surmenage [syʀmənaʒ] *nm* Überanstrengung *f* • **surmené, e** *adj* überanstrengt • **surmener** *vt* überanstrengen, überfordern; **se surmener** *vpr* sich überanstrengen

surmonter [syʀmɔ̃te] *vt (suj : coupole etc)* sich erheben über +*dat*; *(vaincre)* überwinden

surnaturel, le [syʀnatyʀɛl] *adj* übernatürlich

surnom [syʀnɔ̃] *nm* Spitzname *m* • **surnommer** *vt* taufen

surpasser [syʀpɑse] *vt* übertreffen; **se surpasser** *vpr* sich selbst übertreffen

S

surpeuplé, e [syʀpœple] adj (région) überbevölkert; (maison) überfüllt

surplace [syʀplas] nm : **faire du ~** im Schneckentempo fahren

surplomber [syʀplɔ̃be] vi, vt überragen

surplus [syʀply] nm (Comm) Überschuss m

surprenant, e [syʀpʀənɑ̃, ɑ̃t] adj überraschend • **surprendre** vt überraschen; **se surprendre** vpr : **se ~ à faire qch** sich dabei ertappen, wie man etw tut

surprime [syʀpʀim] nf Zuschlagsprämie f

surpris, e [syʀpʀi, iz] adj überrascht • **surprise** nf Überraschung f; **faire une ~ à qn** jdn überraschen; **voyage sans ~s** ereignislose Reise f; **par ~** unvorbereitet

surréaliste [syʀʀealist] adj surrealistisch

sursaut [syʀso] nm Zusammenzucken nt; **se réveiller en ~** aus dem Schlaf auffahren • **sursauter** vi zusammenfahren

sursis [syʀsi] nm (Jur) Bewährung f; (: de condamnation à mort) Aufschub m

surtaxe [syʀtaks] nf Zuschlag m; (Poste) Nachporto nt

surtout [syʀtu] adv besonders; **~ ne dites rien !** sagen Sie bloß nichts!; **~ pas !** bitte nicht!

surveillance [syʀvejɑ̃s] nf Überwachung f; (d'un gardien) Aufsicht f; **être sous la ~ de qn** unter jds Aufsicht stehen; **sous ~ médicale** unter ärztlicher

Aufsicht • **surveillant, e** nm/f Aufseher(in) m(f) • **surveiller** vt (enfant) aufpassen auf +acc; (malade, bagages, suspect) überwachen; (élèves, prisonnier, travaux, cuisson) beaufsichtigen; **se surveiller** vpr sich zurückhalten

survenir [syʀvəniʀ] vi eintreten, vorkommen

survêtement [syʀvɛtmɑ̃] nm Trainingsanzug m

survie [syʀvi] nf Überleben nt; (Rel) Leben nt nach dem Tode • **survivant, e** nm/f Überlebende(r) f(m) • **survivre** vi überleben

survoler [syʀvɔle] vt überfliegen

susceptible [syseptibl] adj (trop sensible) empfindlich

susciter [sysite] vt hervorrufen

suspect, e [syspɛ(kt), ɛkt] adj (personne, attitude etc) verdächtig; (témoignage, opinions) zweifelhaft ▶ nm/f (Jur) Verdächtige(r) f(m) • **suspecter** vt (personne) verdächtigen

suspendre [syspɑ̃dʀ] vt (accrocher) aufhängen; (interrompre) einstellen; **se suspendre** vpr : **se ~ à** sich hängen an +acc • **suspendu, e** adj : **être ~ à** hängen an +dat; **être ~ au-dessus de** schweben über +dat; **voiture bien/mal ~e** gut/schlecht gefedertes Auto nt

suspens [syspɑ̃] nm : **en ~** (affaire, question) in der Schwebe

suspense [syspɛns] nm Spannung f

suspension [syspɑ̃sjɔ̃] nf (Auto) Federung f; (lustre) Hängelampe f;

(de travaux, paiements) Einstellung f; **en ~** schwebend

suspicion [syspisjɔ̃] nf Verdacht m

suture [sytyʀ] nf: **point de ~** Stich m • **suturer** vt nähen

svelte [svɛlt] nf schlank

SVP [ɛsvepe] sigle (= s'il vous plaît) bitte

Swaziland [swazilɑ̃d] nm: **le ~** Swasiland nt

sweat-shirt [switʃœʀt] (pl **sweat-shirts**) nm Sweatshirt nt

syllabe [silab] nf Silbe f

sylviculture [silvikyltyʀ] nf Forstwirtschaft f

symbole [sɛ̃bɔl] nm Symbol nt
• **symbolique** adj symbolisch
• **symboliser** vt symbolisieren

sympa [sɛ̃pa] adj inv (fam) sympathisch; (déjeuner, endroit etc) nett

sympathie [sɛ̃pati] nf Sympathie f; (participation à douleur) Mitgefühl nt
• **sympathique** adj sympathisch; (déjeuner, endroit etc) nett

sympathisant, e [sɛ̃patizɑ̃, ɑ̃t] nm/f Sympathisant(in) m(f)
• **sympathiser** vi (s'entendre) sich gut verstehen

symphonie [sɛ̃fɔni] nf Sinfonie f
• **symphonique** adj sinfonisch

symptôme [sɛ̃ptom] nm Symptom nt

synagogue [sinagɔg] nf Synagoge f

synchroniser [sɛ̃kʀɔnize] vt synchronisieren

syncope [sɛ̃kɔp] nf Ohnmacht f

syndic [sɛ̃dik] nm (d'immeuble) Verwalter m

syndical, e, -aux [sɛ̃dikal, o] adj gewerkschaftlich; **centrale ~e** Gewerkschaftshaus nt

syndicaliste [sɛ̃dikalist] nmf Gewerkschafter(in) m(f)
• **syndicat** nm Gewerkschaft f; **~ d'initiative** Fremdenverkehrsbüro nt

syndiqué, e [sɛ̃dike] adj gewerkschaftlich organisiert; (personne) einer Gewerkschaft angeschlossen

syndrome [sɛ̃dʀom] nm Syndrom nt

synergie [sinɛʀʒi] nf Synergie f

synonyme [sinɔnim] adj synonym ▸ nm Synonym nt; **être ~ de** synonym sein mit

syntaxe [sɛ̃taks] nf Syntax f

synthèse [sɛ̃tɛz] nf Synthese f

synthétique [sɛ̃tetik] adj synthetisch

synthétiseur [sɛ̃tetizœʀ] nm Synthesizer m

Syrie [siʀi] nf: **la ~** Syrien nt
• **syrien, ne** adj syrisch ▸ nm/f: **S~, ne** Syrier(in) m(f)

systématique [sistematik] adj systematisch • **système** nm System nt; **~ d'exploitation** (Inform) Betriebssystem nt

s

t

t' [t] *pron voir* **te**

ta [ta] *adj possessif voir* **ton**

tabac [taba] *nm* Tabak *m*; *(magasin)* Tabakwaren- und Zeitungshandlung *f*; **~ à priser** Schnupftabak *m*; **~ blond** heller Tabak; **~ brun** dunkler Tabak

tabagisme [tabaʒism] *nm* Nikotinabhängigkeit *f*

table [tabl] *nf* Tisch *m*; *(liste)* Verzeichnis *nt*; **à ~!** zu Tisch!, (das) Essen ist fertig!; **se mettre à ~** sich zu Tisch setzen; *(fam : parler)* auspacken; **~ de chevet** Nachttisch(chen *nt*) *m*; **~ des matières** Inhaltsverzeichnis *nt*

tableau, x [tablo] *nm (Art)* Bild *nt*, Gemälde *nt*; **~ blanc (interactif)** (interaktive) Weißwandtafel *f*; **~ d'affichage** Anschlagbrett *nt*; **~ de bord** Armaturenbrett *nt*

tablette [tablɛt] *nf (planche)* Regalbrett *nt*; **~ de chocolat** Tafel *f* Schokolade; **~ (tactile)** Tablet-Computer *m*

tableur [tablœr] *nm* Tabelle *f*

tablier [tablije] *nm* Schürze *f*

tabou, e [tabu] *adj* tabu

tabouret [taburɛ] *nm* Schemel *m*, Hocker *m*

tac [tak] *nm*: **répondre du ~ au ~** mit gleicher Münze zurückzahlen

tache [taʃ] *nf* Fleck *m*; **~s de rousseur** *ou* **de son** Sommersprossen *pl*

tâche [tɑʃ] *nf* Aufgabe *f*

tacher [taʃe] *vt* schmutzig *ou* fleckig machen, beschmutzen; *(fig)* beflecken

tâcher [tɑʃe] *vi*: **~ de faire qch** versuchen, etw zu machen

tacite [tasit] *adj* stillschweigend

taciturne [tasityrn] *adj* schweigsam

tact [takt] *nm* Takt *m*, Feingefühl *nt*

tactile [taktil] *adj* Tast-

tactique [taktik] *adj* taktisch
▶ *nf* Taktik *f*

tag [tag] *nm* Graffito *m ou nt*
• **tagueur, -euse** *nm/f* Graffiti-Sprüher(in) *m(f)*

taï chi [tajtʃi] *nm* Tai-Chi *nt*

taie [tɛ] *nf*: **~ (d'oreiller)** Kopfkissenbezug *m*

taille [tɑj] *nf (grandeur, grosseur)* Größe *f*; *(milieu du corps)* Taille *f*; *(de diamant)* Schleifen *nt*; *(de plante, arbre)* Beschneiden *nt*; **de ~** von Format; **quelle ~ faites-vous?** welche Größe haben Sie? • **taille-crayon, taille-crayons** *nm inv* Bleistiftspitzer *m* • **tailler** *vt (pierre)* behauen; *(diamant)* schleifen; *(arbre, plante)* beschneiden; *(vêtement)* zuschneiden; *(crayon)* anspitzen; **se tailler** *vpr (barbe)* sich *dat* stutzen; *(fam : s'enfuir)* abhauen • **tailleur** *nm (couturier)* Schneider *m*; *(vêtement)* Kostüm *nt*

taillis [taji] *nm* Dickicht *nt*

taire [tɛʀ] *vt* für sich behalten
▶ *vi* : **faire ~ qn** zum Schweigen bringen ; **se taire** *vpr* schweigen ; (*s'arrêter de parler ou de crier*) verstummen ; **tais-toi !** sei ruhig! ; **taisez-vous !** seid ruhig!

Taiwan [tajwan] *n* Taiwan *nt*

talc [talk] *nm* Talkum(puder *m*) *nt*

talent [talɑ̃] *nm* Talent *nt*

talkie-walkie [tokiwoki] (*pl* **talkies-walkies**) *nm* Walkie-Talkie *nt*

talon [talɔ̃] *nm* Ferse *f*; (*de chaussure, chaussette*) Absatz *m*; (*de chèque, billet*) Abschnitt *m*; **~s aiguilles** Pfennigabsätze *pl* • **talonner** *vt* dicht folgen +*dat*

talus [taly] *nm* Böschung *f*

tambour [tɑ̃buʀ] *nm* Trommel *f*; (*musicien*) Trommler *m*; (*porte*) Drehtür *f*

tamis [tami] *nm* Sieb *nt*

tamisé, e [tamize] *adj* gedämpft • **tamiser** *vt* sieben

tampon [tɑ̃pɔ̃] *nm* (*en coton*) Wattebausch *m*; (*hygiénique*) Tampon *m*; (*timbre*) Stempel *m*; (*amortisseur*) Puffer *m*; (*Inform*) Pufferspeicher *m* • **tamponner** *vt* (*avec un timbre*) stempeln ; (*heurter*) zusammenstoßen mit ; **se tamponner** *vpr* (*voitures*) aufeinanderfahren

tamponneuse [tɑ̃ponøz] *adj f*: **autos ~s** Autoskooter *pl*

tandem [tɑ̃dɛm] *nm* Tandem *nt*

tandis [tɑ̃di] *conj* : **~ que** während

tangible [tɑ̃ʒibl] *adj* greifbar

tank [tɑ̃k] *nm* (*char*) Panzer *m*; (*citerne*) Tank *m*

tanker [tɑ̃kœʀ] *nm* Tanker *m*

tanné, e [tane] *adj* (*cuir*) gegerbt • **tanner** *vt* gerben ; (*fam* : *harceler*) auf die Nerven gehen

tant [tɑ̃] *adv* so viel, so sehr ; **~ de** (*quantité*) so viel ; (*nombre*) so viele ; **~ que** (*tellement*) so, dass ; (*aussi longtemps que*) so lange ; **~ mieux** umso besser ; **~ pis** macht nichts ; **~ bien que mal** einigermaßen

tante [tɑ̃t] *nf* Tante *f*

tantôt [tɑ̃to] *adv* (*cet après-midi*) heute Nachmittag ; **~ ... ~** bald ... bald

Tanzanie [tɑ̃zani] *nf*: **la ~** Tansania *nt*

taon [tɑ̃] *nm* Bremse *f*

tapage [tapaʒ] *nm* (*bruit*) Lärm *m*; **~ nocturne** nächtliche Ruhestörung *f* • **tapageur, -euse** *adj* (*bruyant*) lärmend, laut ; (*voyant*) auffällig

tape-à-l'œil [tapalœj] *adj inv* protzig

tapenade [tapnad] *nf* Paste aus Kapern, schwarzen Oliven und Sardellen

taper [tape] *vt* schlagen ; (*dactylographier*) tippen, schreiben ; (*Inform*) eingeben ▶ *vi* (*soleil*) stechen ; **se taper** *vpr* (*fam* : *travail*) am Hals haben ; **~ sur qn** jdn verhauen ; **~ à la porte** an die Tür klopfen

tapis [tapi] *nm* Teppich *m*; **mettre sur le ~** aufs Tapet bringen ; **~ de prière** Gebetsteppich *m*; **~ de souris** Mauspad *nt*; **~ roulant** Fließband *nt* • **tapis-brosse** (*pl* **tapis-brosses**) *nm* Fußmatte *f*

tapisser [tapise] *vt* tapezieren ; **~ (de)** beziehen (mit) • **tapisserie** *nf* (*tenture*) Wandteppich *m*

• tapissier, -ière nm/f (aussi : **tapissier-décorateur**) Tapezierer(in) m/f

tapoter [tapɔte] vt leicht klopfen auf +acc

taquiner [takine] vt necken

tarama [taʀama] nm Taramasalata f

tard [taʀ] adv spät; **au plus ~** spätestens; **plus ~** später

tarder [taʀde] vi lange auf sich acc warten lassen; **~ à faire qch** etw hinausschieben; **sans (plus) ~** ohne (weitere) Verzögerung

tardif, -ive [taʀdif, iv] adj spät • **tardivement** adv spät

tare [taʀ] nf (poids) Tara f; (défaut) Schaden m

targuer [taʀge] : **se targuer de** vpr sich rühmen +gen

tarif [taʀif] nm (liste) Preisliste f; (barème) Tarif m

tarir [taʀiʀ] vi versiegen ▸ vt erschöpfen

tartare [taʀtaʀ] adj : **sauce ~** ≈ Remuladensoße f; **steak ~** Steak Tartare nt

tarte [taʀt] nf Kuchen m; **~ aux pommes/abricots** Apfel-/Aprikosenkuchen m • **tartelette** nf Törtchen nt

tartine [taʀtin] nf Schnitte f; **~ beurrée** Butterbrot nt • **tartiner** vt streichen; (pain) bestreichen; **fromage à ~** Streichkäse m

tartre [taʀtʀ] nm Zahnstein m

tas [ta] nm Haufen m; **un ~ de** (fam) eine Menge

tasse [tas] nf Tasse f

tasser [tase] vt (terre, neige) festtreten, feststampfen; (entasser) stopfen

tâter [tate] vt abtasten

tâtonner [tatɔne] vi herumtappen; (fig) im Dunkeln tappen • **tâtons** : **à ~** adv : **chercher à ~** tasten nach; **avancer à ~** sich vorantasten

tatouage [tatwaʒ] nm Tätowierung f; (action) Tätowieren nt

tatouer [tatwe] vt tätowieren

taudis [todi] nm Bruchbude f

taule [tol] nf (fam) Kittchen nt

taupe [top] nf Maulwurf m

taureau, x [tɔʀo] nm Stier m; **être du T~** (Astrol) Stier sein • **tauromachie** nf Stierkampf m

taux [to] nm Rate f; **~ d'alcool (dans le sang)** Alkoholspiegel m; **~ d'intérêt** Zinssatz m

taxe [taks] nf (impôt) Steuer f; (douanière) Zoll m; **toutes ~s comprises** alle Abgaben inklusive; **~ à** ou **sur la valeur ajoutée** Mehrwertsteuer f; **~ de séjour** Kurtaxe f • **taxer** vt besteuern; **~ qn de qch** (qualifier) jdn etw nennen

taxi [taksi] nm Taxi nt

taximètre [taksimɛtʀ] nm Taxameter nt

TB [tebe] abr (= très bien) ≈ sehr gut

Tchad [tʃad] nm : **le ~** (der) Tschad

tchao [tʃao] excl (fam) tschüss

tchèque [tʃɛk] adj tschechisch; **la République ~** die Tschechische Republik, Tschechen nt

Tchétchénie [tʃetʃeni] nf : **la ~** Tschetschenien nt

te [tə] pron (objet direct, accusatif) dich; (objet indirect, datif) dir

technicien, ne [tɛknisjɛ̃, jɛn]
nm/f Techniker(in) *m(f)*
• **technico-commercial, e, -aux**
adj : **employé ~** technisch
ausgebildeter Verkäufer *m*
• **technique** *adj* technisch ▸ *nf*
Technik *f*

techniquement [tɛknikmɑ̃]
adv technisch

techno [tɛkno] *nf* Techno *nt ou m*

technocrate [tɛknɔkʀat] *nmf*
Technokrat(in) *m(f)*

technologie [tɛknɔlɔʒi] *nf*
Technologie *f* • **technologique**
adj technologisch

tee-shirt [tiʃœʀt] *(pl* **tee-shirts)**
nm T-Shirt *nt*

teindre [tɛ̃dʀ] *vt* färben; **se
teindre** *vpr* : **se ~ (les cheveux)**
sich *dat* die Haare färben

teint, e [tɛ̃, tɛ̃t] *pp de* **teindre**
▸ *adj* gefärbt ▸ *nm (du visage)* Teint
m ▸ *nf (couleur)* Farbe *f*

teinté, e [tɛ̃te] *adj (verres)* getönt
• **teinter** *vt* färben • **teinture** *nf*
(substance) Farbe *f*; *(action)* Färben
nt; **~ d'iode** Jodtinktur *f*;
~ d'arnica Arnikatinktur *f*

teinturerie [tɛ̃tyʀʀi] *nf*
Reinigung *f*

tel, telle [tɛl] *adj* : **un ~/une ~le**
(pareil) so ein/so eine; *(indéfini)* ein
gewisser/eine gewisse; *(intensif)*
ein solcher/eine solche; **~ un
miroir** wie ein Spiegel; **~ quel** so;
~ que so wie

tél. *abr (= téléphone)* Tel

télé[1] [tele] *nf (télévision)*
Fernsehen *nt*; *(poste)* Fernseher *m*

télé[2] [tele] *préf* Tele-,
tele- • **téléachat** *nm*
Teleshopping *nt*

télécabine [telekabin] *nf*
Kabinenbahn *f* • **télécarte** *nf*
Telefonkarte *f* • **téléchargeable**
adj herunterladbar

téléchargement [teleʃaʀʒmɑ̃]
nm (Inform) Download *m*

télécharger [teleʃaʀʒe] *vt*
(Inform) herunterladen,
downloaden

télécommande [telekɔmɑ̃d] *nf*
Fernsteuerung *f*; *(TV)*
Fernbedienung *f*

télécommunications
[telekɔmynikasjɔ̃] *nfpl*
Fernmeldewesen *nt*

téléconférence [telekɔ̃feʀɑ̃s] *nf*
Telekonferenz *f*

télécopie [telekɔpi] *nf* (Tele)fax
nt • **télécopieur** *nm* Faxgerät *nt*

télédiffuser [teledifyze] *vt*
ausstrahlen, übertragen

télédistribution
[teledistʀibysjɔ̃] *nf*
Kabelfernsehen *nt*

téléférique [teleferik] *nm*
= **téléphérique**

téléfilm [telefilm] *nm*
Fernsehfilm *m*

télégramme [telegʀam] *nm*
Telegramm *nt*

télégraphier [telegʀafje] *vt, vi*
telegrafieren • **télégraphique** *adj*
telegrafisch; *(style)* Telegramm-

téléguider [telegide] *vt*
fernsteuern

téléobjectif [teleɔbʒɛktif] *nm*
Teleobjektiv *nt*

téléphérique [teleferik] *nm*
Seilbahn *f*

téléphone [telefɔn] *nm* Telefon
nt; **avoir le ~** (ein) Telefon haben;
au ~ am Telefon; **~ avec appareil**

photo Kameratelefon nt; **~ sans fil** schnurloses Telefon nt • **téléphoner** vi telefonieren ▶ vt telefonieren; **~ à qn** jdn anrufen • **téléphonie** nf Telefonie f; **~ mobile** Mobilfunk m • **téléphonique** adj telefonisch; **cabine/appareil ~** Telefonzelle f/-apparat m • **téléphoniste** nmf Telefonist(in) m(f)

téléréalité [telereɑlite] nf Reality-TV nt

télescope [telɛskɔp] nm Teleskop nt

télésiège [telesjɛʒ] nm Sessellift m • **téléski** nm Skilift m • **téléspectateur, -trice** nm/f (Fernseh)zuschauer(in) m/f • **télétraitement** nm Datenfernverarbeitung f • **télétransmission** nf Datenübertragung f • **télétravail** nm Telearbeit f • **télétravailleur, -euse** nm/f Telearbeiter(in) m(f)

téléverser [televɛrse] vt (fichier, photo) hochladen, uploaden

téléviser [televize] vt im Fernsehen senden ou übertragen • **téléviseur** nm Fernseher m, Fernsehgerät nt • **télévision** nf (système) Fernsehen nt; **(poste de) ~** Fernsehgerät nt, Fernseher m; **avoir la ~** Fernsehen haben; **~ numérique** Digitalfernsehen nt; **~ par câble** Kabelfernsehen nt

télex [telɛks] nm Telex nt, Fernschreiben nt

tellement [tɛlmɑ̃] adv (tant) so sehr, so viel; (si) so; **~ plus grand/cher (que)** so viel größer/teurer (als); **~ de** (quantité) so viel; (nombre) so viele; **pas ~** nicht besonders

téméraire [temerɛr] adj tollkühn

témoignage [temwaɲaʒ] nm Zeugnis nt; (déclaration) Zeugenaussage f • **témoigner** vt (manifester) zeigen, beweisen ▶ vi (Jur) als Zeuge aussagen • **témoin** nm Zeuge m, Zeugin f; (Sport) Staffelholz nt ▶ adj Kontroll-, Test-; **être ~ de** Zeuge/Zeugin sein von

tempe [tɑ̃p] nf Schläfe f

tempérament [tɑ̃peramɑ̃] nm Temperament nt; (caractère) Wesen nt

température [tɑ̃peratyr] nf Temperatur f; (Méd) Fieber nt; **avoir ou faire de la ~** Fieber ou erhöhte Temperatur haben

tempérer [tɑ̃pere] vt mildern

tempête [tɑ̃pɛt] nf Unwetter nt

temple [tɑ̃pl] nm Tempel m; (protestant) Kirche f

temporaire [tɑ̃pɔrɛr] adj vorübergehend

temporiser [tɑ̃pɔrize] vi Zeit schinden

temps [tɑ̃] nm Zeit f; (atmosphériques, conditions) Wetter nt; **il fait beau/mauvais ~** es ist schönes/schlechtes Wetter; **avoir le ~/tout le ~/juste le ~** Zeit/viel Zeit/gerade genug Zeit haben; **de ~ en ~, de ~ à autre** von Zeit zu Zeit, dann und wann; **en même ~** zur gleichen Zeit; **à ~** rechtzeitig; **~ d'accès** (Inform) Zugriffszeit f; **~ réel** (Inform) Echtzeit f

tenace [tənas] adj hartnäckig

tenailles [tənaj] nfpl Kneifzange f

tendance [tɑ̃dɑ̃s] nf Tendenz f; (inclination aussi) Hang m ▶ adj inv

angesagt • **tendancieux, -euse**
adj tendenziös

tendinite [tɑ̃dinit] *nf*
Sehnenscheidenentzündung *f*

tendon [tɑ̃dɔ̃] *nm* Sehne *f*

tendre [tɑ̃dʀ] *adj* zart; (*bois,
roche*) weich; (*affectueux*) zärtlich
▶ *vt* (*raidir, allonger*) spannen;
~ qch à qn (*présenter*) jdm etw
geben, jdm etw reichen
• **tendrement** *adv* zärtlich
• **tendresse** *nf* Zärtlichkeit *f*

tendu, e [tɑ̃dy] *adj* angespannt

ténébreux, -euse [tenebʀø, øz]
adj finster

teneur [tənœʀ] *nf* (*contenu*)
Inhalt *m*

tenir [t(ə)niʀ] *vt* halten; (*magasin,
hôtel*) haben, führen ▶ *vi* halten;
(*neige, gel*) andauern; **~ à** (*aimer*)
hängen an +*dat*; (*avoir pour cause*)
herrühren ou kommen von; **tiens,
Pierre!** guck mal, Pierre!; **tiens?**
ach, wirklich?

tennis [tenis] *nm* Tennis *nt*;
(*court*) Tennisplatz *m* ▶ *nmpl* ou
nfpl (*aussi*: **chaussures de
tennis**) Tennisschuhe *pl*; **~ de
table** Tischtennis *nt*

tennisman [tenisman] *nm*
Tennisspieler *m*

ténor [tenɔʀ] *nm* Tenor *m*

tension [tɑ̃sjɔ̃] *nf* Spannung *f*;
(*Méd*) Blutdruck *m*; **faire** ou **avoir
de la ~** (*einen*) hohen Blutdruck
haben

tentant, e [tɑ̃tɑ̃, ɑ̃t] *adj* verlockend
• **tentation** *nf* Versuchung *f*
• **tentative** *nf* Versuch *m*

tente [tɑ̃t] *nf* Zelt *nt*

tenter [tɑ̃te] *vt* in Versuchung
führen; (*essayer*) versuchen

tenture [tɑ̃tyʀ] *nf*
Wandbehang *m*

tenu, e [t(ə)ny] *adj*: **bien/mal ~**
gut/schlecht geführt ▶ *nf*
(*vêtements*) Kleidung *f*;
(*comportement*) Benehmen *nt*; **~e
de route** Straßenlage *f*; **~e de
soirée** Abendkleidung *f*

ter [tɛʀ] *adj*: **16** = 16b

térébenthine [teʀebɑ̃tin] *nf*:
(**essence de**) **~** Terpentin *nt*

tergiversations [tɛʀʒivɛʀsasjɔ̃]
nfpl Ausflüchte *pl*

terme [tɛʀm] *nm* (*Ling*)
Ausdruck *m*; (*élément*) Glied *nt*;
(*fin*) Ende *nt*; (*échéance*) Frist *f*,
Termin *m*; **au ~ de** am Ende
+*gén*; **à court/moyen/long ~**
kurz-/mittel-/langfristig;
mettre un ~ à ein Ende setzen
+*dat*

terminaison [tɛʀminɛzɔ̃] *nf*
Endung *f*

terminal, -aux [tɛʀminal, o]
nm Terminal *m*

terminer [tɛʀmine] *vt* beenden;
se terminer *vpr* zu Ende sein;
se ~ par/en aufhören mit

terminus [tɛʀminys] *nm*
Endstation *f*

terne [tɛʀn] *adj* matt, trüb
• **ternir** *vt* matt ou glanzlos
machen; **se ternir** *vpr* stumpf ou
glanzlos werden

terrain [teʀɛ̃] *nm* Boden *m*;
(*parcelle*) Grundstück *nt*; **~ de
camping** Zeltplatz *m*,
Campingplatz *m*

terrasse [teʀas] *nf* Terrasse *f*

terrassement [teʀasmɑ̃] *nm*
(*activité*) Erdarbeiten *pl*; (*terres
creusées*) Erdaufschüttung *f*

t

terrasser [teʀase] vt (suj : adversaire) niederschlagen; (: maladie, crise cardiaque etc) niederstrecken

terre [teʀ] nf Erde f; (opposé à mer) Land nt; **terres** nfpl (propriété) Landbesitz m; **la T~** die Erde; **pipe/vase en ~** Tonpfeife f/-vase f; **à ou par ~** auf dem Boden; (avec mouvement) auf den Boden; **~ cuite** Terrakotta f; **~ glaise** Ton m • **terre-à-terre** adj nüchtern, prosaisch

terreau, x [teʀo] nm Kompost(erde f) m

terre-plein [teʀplɛ̃] (pl **terre-pleins**) nm (sur route) Mittelstreifen m

terrer [teʀe] : **se terrer** vpr sich verkriechen

terrestre [teʀɛstʀ] adj (surface, croûte) Erd-; (Zool, Bot, Mil) Land-; (Rel) weltlich, irdisch

terreur [teʀœʀ] nf Schrecken m

terrible [teʀibl] adj furchtbar; (violent) fürchterlich; **pas ~** (fam) nicht so toll • **terriblement** adv (très) furchtbar

terrier [teʀje] nm (de lapin) Bau m; (chien) Terrier m

terrifier [teʀifje] vt in Schrecken versetzen

terrine [teʀin] nf Terrine f

territoire [teʀitwaʀ] nm Territorium nt; (de pays aussi) Hoheitsgebiet nt; **les ~s d'Outre-mer** die französischen Überseegebiete

terroir [teʀwaʀ] nm (Agr) Ackerboden m; **accent du ~** ländlicher Akzent m

terroriser [teʀɔʀize] vt terrorisieren • **terrorisme** nm

Terrorismus m • **terroriste** nmf Terrorist(in) m(f)

tertiaire [teʀsjɛʀ] adj (Écon) Dienstleistungs-; (Géo) tertiär ▶ nm Dienstleistungssektor m

tertio [teʀsjo] adv drittens

tes [te] adj possessif voir **ton**

Tessin [tesɛ̃] nm : **le ~** das Tessin

test [tɛst] nm Test m

testament [tɛstamɑ̃] nm Testament nt

testicule [tɛstikyl] nm Hoden m

tétanos [tetanos] nm Tetanus m

tête [tɛt] nf Kopf m; (d'un cortège, d'une armée) Spitze f; **de ~** (wagon, voiture) vorderste(r, s); (concurrent) führend; (calculer) im Kopf; **faire la ~** schmollen; **de la ~ aux pieds** vom Kopf bis Fuß • **tête-à-tête** nm inv Gespräch nt unter vier Augen; **en ~** unter vier Augen

tétine [tetin] nf (de vache) Euter nt; (sucette) Schnuller m

têtu, e [tety] adj störrisch

texte [tɛkst] nm Text m; **apprendre son ~** seinen Text ou seine Rolle lernen • **texter** vt : **~ qn** jm eine SMS schicken ▶ vi simsen

textile [tɛkstil] adj Textil- ▶ nm Stoff m; (industrie) Textilindustrie f

textoter [tɛkstɔte] vt, vi = **texter**

textuel, le [tɛkstɥɛl] adj wörtlich

texture [tɛkstyʀ] nf (d'une matière) Textur f

Thaïlande [tailɑ̃d] nf : **la ~** Thailand nt

thalassothérapie [talasɔteʀapi] nf Meerwassertherapie f

thé [te] *nm* Tee *m*; **prendre le ~** Tee trinken; **faire le ~** kochen; **~ au citron** Tee mit Zitrone; **~ au lait** Tee mit Milch

théâtre [teɑtʀ] *nm* Theater *nt*; *(fig)* Schauplatz *m*; **faire du ~** Theater spielen

théière [tejɛʀ] *nf* Teekanne *f*

thème [tɛm] *nm* Thema *nt*; *(Scol: traduction)* Übersetzung *f* in die Fremdsprache

théologie [teɔlɔʒi] *nf* Theologie *f*

théorie [teɔʀi] *nf* Theorie *f*; **en ~** theoretisch • **théorique** *adj* theoretisch

thérapeutique [teʀapøtik] *adj* therapeutisch ▶ *nf* Therapie *f*

thérapie [teʀapi] *nf* Therapie *f*

thermal, e, -aux [tɛʀmal, o] *adj* Thermal-; **station ~e** Thermalbad *nt*

thermes [tɛʀm] *nmpl (établissement thermal)* Thermalbad *nt*; *(romains)* Thermen *pl*

thermique [tɛʀmik] *adj* thermisch

thermomètre [tɛʀmɔmɛtʀ] *nm* Thermometer *nt*

thermos® [tɛʀmos] *nm ou nf* Thermosflasche *f*

thermostat [tɛʀmɔsta] *nm* Thermostat *m*

thèse [tɛz] *nf* These *f*; *(de doctorat)* Dissertation *f*

thon [tɔ̃] *nm* T(h)unfisch *m*

thorax [tɔʀaks] *nm* Brustkorb *m*

thrombose [tʀɔ̃boz] *nf* Thrombose *f*

Thuringe [tyʀɛ̃ʒ] *nf*: **la ~** Thüringen *nt*

thym [tɛ̃] *nm* Thymian *m*

thyroïde [tiʀɔid] *nf* Schilddrüse *f*

Tibet [tibɛ] *nm*: **le ~** Tibet *nt*

tibia [tibja] *nm* Schienbein *nt*

TIC [teise] *sigle fpl* (= *technologies de l'informatique et de la communication*) ICT

tic [tik] *nm (mouvement nerveux)* Zucken *nt*; *(manie)* Eigenart *f*, Tick *m*

ticket [tikɛ] *nm* Fahrschein *m*

tiède [tjɛd] *adj* lauwarm; *(vent, air)* lau • **tiédir** *vi (refroidir)* abkühlen

tien [tjɛ̃] *pron*: **le/la ~(ne)** deine(r, s); **les ~s** deine

tiens [tjɛ̃] *vb voir* **tenir**

tierce [tjɛʀs] *adj voir* **tiers**

tiers, tierce [tjɛʀ, tjɛʀs] *adj* dritte(r, s) ▶ *nm (fraction)* Drittel *nt*; *(Jur)* Dritte(r) *mf(f)*

tiers-monde [tjɛʀmɔ̃d]: **le ~** die Dritte Welt *f*

tige [tiʒ] *nf* Stiel *m*, Stängel *m*; *(baguette)* Stab *m*

tigre [tigʀ] *nm* Tiger *m*

tilleul [tijœl] *nm (arbre)* Linde *f*; *(boisson)* Lindenblütentee *m*

timbre [tɛ̃bʀ] *nm (timbre-poste)* Briefmarke *f*; *(tampon)* Stempel *m* • **timbre-poste** *nm* Briefmarke *f* • **timbrer** *vt* stempeln

timide [timid] *adj* schüchtern; *(fig)* zögernd • **timidement** *adv* schüchtern • **timidité** *nf* Schüchternheit *f*

tinter [tɛ̃te] *vi* klingeln

tique [tik] *nf* Zecke *f*

tir [tiʀ] *nm* Schießen *nt*; *(trajectoire)* Schuss *m*; *(stand)* Schießbude *f*; **~ au pigeon** Tontaubenschießen *nt*

tirade [tiʀad] *nf (péj)* Tirade *f*

tirage [tiʀaʒ] *nm (Photo)* Abzug *m*; *(de journal, livre)* Auflage *f*; *(de loterie)* Ziehung *f*; **~ au sort** Auslosung *f*

tirailler [tiʀaje] *vt (suj)* quälen

tire-au-flanc [tiʀoflã] *nm inv* Drückeberger *m* • **tire-bouchon** *(pl* **tire-bouchons**) *nm* Korkenzieher *m* • **tire-fesses** *nm inv* Schlepplift *m*

tirelire [tiʀliʀ] *nf* Sparbüchse *f*

tirer [tiʀe] *vt* ziehen; *(fermer)* zuziehen; *(balle, coup)* abschießen; *(animal, Football)* schießen; *(Photo)* abziehen ▶ *vi* schießen; *(cheminée)* ziehen; **se tirer** *vpr (fam)* sich verziehen; **~ qch de** *(extraire)* etw herausziehen aus; **~ sur** ziehen an +*dat*; *(faire feu sur)* schießen auf +*acc*; **~ avantage/parti de** Nutzen ziehen aus/ausnutzen; **~ qn de** *(embarras)* jdm heraushelfen aus; **~ une substance d'une matière première** einem Rohstoff eine Substanz entziehen; **~ à l'arc** bogenschießen; **s'en ~** durchkommen

tiret [tiʀe] *nm* Gedankenstrich *m*

tireur, -euse [tiʀœʀ, øz] *nm/f* *(Mil)* Schütze *m*, Schützin *f*

tiroir [tiʀwaʀ] *nm* Schublade *f* • **tiroir-caisse** *(pl* **tiroirs-caisses**) *nm* Registrierkasse *f*

tisane [tizan] *nf* Kräutertee *m*

tisser [tise] *vt* weben; *(fig)* spinnen • **tisserand, e** *nm/f* Weber(in) *m(f)*

tissu [tisy] *nm* Stoff *m*; *(Anat, Biol)* Gewebe *nt*

titre [titʀ] *nm* Titel *m*; *(de journal)* Schlagzeile *f*; *(diplôme)* Diplom *nt*, Qualifikation *f*; **à juste ~** mit vollem Recht; **à ~ d'essai** versuchsweise; **à ~ exceptionnel** ausnahmsweise; **à ~ provisoire** provisorisch; **à ~ privé** privat; **~ de transport** Fahrausweis *m*

tituber [titybe] *vi* taumeln

titulaire [titylɛʀ] *adj* : **professeur ~** ordentlicher Professor ▶ *nmf (Admin)* Amtsinhaber(in) *m(f)*; **être ~** auf jds Namen laufen; **être ~** *(poste)* innehaben; *(permis)* besitzen

TMS [teɛmɛs] *sigle mpl (= troubles musculo-squelettiques)* RSI-Syndrom *nt*

TNT [teɛnte] *sigle f (= Télévision numérique terrestre)* Digitalfernsehen *nt*

toast [tost] *nm* Toast *m*; **porter un ~ à qn** auf jds Wohl *acc* trinken

toboggan [tɔbɔgã] *nm (pour enfants)* Rutschbahn *f*

TOC [tɔk] *sigle mpl (= troubles obsessionnels compulsifs)* Zwangsstörung *f*, Zwangserkrankung *f*

tocsin [tɔksɛ̃] *nm* Alarmglocke *f*

tofu [tɔfu] *nm* Tofu *m*

Togo [tɔgo] *nm* : **le ~** Togo *nt*

toi [twa] *pron du* ; *(objet direct, accusatif)* dich; *(objet indirect, datif)* dir

toile [twal] *nf* Stoff *m*, Tuch *nt*; *(grossière, de chanvre)* Leinwand *f*; *(Art)* Gemälde *nt*; **la T~** *(le Web)* das Netz; **~ cirée** Wachstuch *nt*; **~ d'araignée** Spinnennetz *nt*; **~ de tente** Zeltplane *f*

toilette [twalɛt] nf (vêtements) Kleidung f; **toilettes** nfpl Toiletten pl; **faire sa ~** sich waschen; **articles de ~** Toilettenartikel pl

toiser [twaze] vt von oben bis unten mustern

toison [twazɔ̃] nf (de mouton) Vlies nt

toit [twa] nm Dach nt; (de véhicule) Verdeck nt ◆ **toiture** nf Bedachung f, Dach nt

tôle [tol] nf Blech nt; **~ d'acier** Stahlblech nt; **~ ondulée** Wellblech nt

tolérable [tɔleʀabl] adj erträglich

tolérance [tɔleʀɑ̃s] nf Toleranz f, Duldsamkeit f

tolérer [tɔleʀe] vt ertragen, tolerieren; (Méd) vertragen; (erreur, marge) zulassen

TOM [tɔm] sigle m ou mpl (= territoire(s) d'outre-mer) französische Überseegebiete

tomate [tɔmat] nf Tomate f

tombant, e [tɔ̃bɑ̃, ɑ̃t] adj (fig): **épaules ~es** Hängeschultern pl

tombe [tɔ̃b] nf Grab nt

tombeau, x [tɔ̃bo] nm Grabmal nt

tombée [tɔ̃be] nf: **à la ~ du jour** ou **de la nuit** bei(m) Einbruch der Nacht

tomber [tɔ̃be] vi fallen; (fruit, feuille) herunterfallen, herabfallen; **~ sur** zufällig treffen; **~ de fatigue/de sommeil** vor Erschöpfung/Müdigkeit fast umfallen; **~ en panne** eine Panne haben; **ça tombe bien/mal** das trifft sich gut/schlecht; **laisser ~** fallen lassen

tombeur [tɔ̃bœʀ] nm Frauenheld m

tombola [tɔ̃bɔla] nf Tombola f

tome [tɔm] nm Band m

tomographie [tɔmɔgʀafi] nf (Computer)tomografie f

ton¹, ta [tɔ̃, ta] (pl **tes**) adj possessif dein(e)

ton² [tɔ̃] nm Ton m; (d'un morceau) Tonart f; (style) Stil m

tonalité [tɔnalite] nf (au téléphone) Freizeichen nt; (Mus) Tonart f; (de couleur) (Farb)ton m

tondeuse [tɔ̃døz] nf (à gazon) Rasenmäher m; (de coiffeur) Haarschneidemaschine f

tondre [tɔ̃dʀ] vt (pelouse, herbe) mähen; (haie, cheveux) schneiden; (mouton, toison) scheren

toner [tɔnɛʀ] nm Toner m

tonifier [tɔnifje] vt stärken

tonique [tɔnik] adj stärkend ▶ nm Tonikum nt

tonne [tɔn] nf Tonne f

tonneau, x [tɔno] nm Fass nt; **faire un ~** sich überschlagen

tonnelle [tɔnɛl] nf Gartenlaube f

tonner [tɔne] vi donnern ▶ vb impers: **il tonne** es donnert ◆ **tonnerre** nm Donner m

tonus [tɔnys] nm (des muscles) Tonus m; (d'une personne) Energie f

top [tɔp] nm: **au 3ème ~** beim dritten Ton

topinambour [tɔpinɑ̃buʀ] nm Topinambur m

toque [tɔk] nf: **~ de cuisinier** Kochmütze f; **~ de juge** Barett nt

torche [tɔʀʃ] nf Fackel f; **~ électrique** Taschenlampe f

torchon [tɔʀʃɔ̃] nm Lappen m; (à vaisselle) Geschirrtuch nt

tordre [tɔʀdʀ] vt (chiffon, vêtement) auswringen; **se tordre** vpr (barre) sich biegen; (roue) sich verbiegen; (ver, serpent) sich winden; **~ le bras à qn** jdm den Arm verdrehen; **se ~ le pied/bras** sich dat den Fuß/Arm verrenken; **se ~ de douleur/rire** sich vor Schmerzen krümmen/vor Lachen biegen • **tordu, e** adj (fig) verdreht

tornade [tɔʀnad] nf Tornado m

torpeur [tɔʀpœʀ] nf Betäubung f

torpiller [tɔʀpije] vt torpedieren

torréfier [tɔʀefje] vt rösten

torrent [tɔʀɑ̃] nm Sturzbach m • **torrentiel, le** adj strömend

torride [tɔʀid] adj glühend heiß

torse [tɔʀs] nm Oberkörper m

torsion [tɔʀsjɔ̃] nf (action de tordre) Verdrehen nt

tort [tɔʀ] nm (défaut) Fehler m; (préjudice) Unrecht nt; **avoir ~** unrecht haben; **à ~** zu Unrecht

torticolis [tɔʀtikɔli] nm steife(r) Hals m

tortiller [tɔʀtije] vt (corde, mouchoir) zwirbeln; (cheveux, cravate) zwirbeln an; (doigts) drehen; **se tortiller** vpr sich winden

tortue [tɔʀty] nf Schildkröte f

tortueux, -euse [tɔʀtyø, øz] adj gewunden, sich schlängelnd

torture [tɔʀtyʀ] nf Folter f • **torturer** vt foltern; (problème, question) quälen

tôt [to] adv früh; **~ ou tard** früher oder später; **si ~** so bald; **au plus ~** so bald wie möglich

total, e, -als [tɔtal, o] adj völlig; (somme, hauteur) gesamt ▶ nm (somme) Summe f; **au ~** im Ganzen • **totalement** adv völlig, total

totaliser [tɔtalize] vt (avoir au total) insgesamt erreichen

totalitaire [tɔtalitɛʀ] adj totalitär • **totalité** nf: **la ~ des élèves** alle Schüler; **la ~ de mes biens** mein gesamtes Vermögen nt

toubib [tubib] nm (fam) Doktor m

touchant, e [tuʃɑ̃, ɑ̃t] adj rührend

touche [tuʃ] nf Taste f; **~ à effleurement** Folientaste f; **~ de commande** Steuertaste f; **~ Contrôle** Controltaste f; **~ dièse** Doppelkreuztaste f; **~ de retour** Return-Taste f

toucher [tuʃe] nm (sens) Tastsinn m ▶ vt berühren; (atteindre, affecter) betreffen; (émouvoir) ergreifen; (concerner) betreffen, angehen; **au ~** anzufühlen

touffe [tuf] nf Büschel nt • **touffu, e** adj (haie, forêt, cheveux) dicht; (cheveux) dick

toujours [tuʒuʀ] adv immer; (encore) immer noch; **pour ~** für immer

toupet [tupɛ] nm Toupet nt; (fam) Frechheit f

toupie [tupi] nf (jouet) Kreisel m

tour [tuʀ] nf Turm m; (immeuble) Hochhaus nt ▶ nm (excursion) Ausflug m; (Sport) Runde f; (ruse) Trick m; **faire le ~ de** (à pied) herumgehen um; (en voiture) herumfahren um; **c'est mon/ton ~** ich bin/du bist dran ou an der Reihe; **~ d'horizon** nm Überblick m; **~ de contrôle** nf Kontrollturm m; **~ de force** nm Gewaltaktion f; **~ de main** nm: **en un ~ de main** im Handumdrehen; **~ de poitrine**

nm Brustumfang *m* ou -weite *f*;
~ de reins *nm* verrenkte(s) Kreuz
nt; **~ de taille** *nm* Taillenweite *f*

tourbillon [tuʀbijɔ̃] *nm (d'eau)*
Strudel *m*; *(de vent)* Wirbelwind *m*;
(de poussière) Gestöber *nt*
• **tourbillonner** herumwirbeln;
(eau, rivière) strudeln

tourelle [tuʀɛl] *nf* Türmchen *nt*;
(de véhicule) Turm *m*

tourisme [tuʀism] *nm* Tourismus
m; **office du ~** Verkehrsbüro *nt*
• **touriste** *nmf* Tourist(in) *m(f)*
• **touristique** *adj (région)*
touristisch; **menu ~**
Touristenmenü *nt*

tourment [tuʀmɑ̃] *nm* Qual *f*
• **tourmenter** *vt* quälen; **se**
tourmenter *vpr* sich quälen

tournage [tuʀnaʒ] *nm (d'un film)*
Dreharbeiten *pl*

tournant, e [tuʀnɑ̃, ɑ̃t] *adj (feu,
scène, mouvement)* Dreh- ▶ *nm (de
route)* Kurve *f*

tourne-disque [tuʀnədisk] *(pl
tourne-disques)* *nm*
Plattenspieler *m*

tournedos [tuʀnədo] *nm*
Tournedo(s) *nt*

tournée [tuʀne] *nf* Runde *f*;
(d'artiste) Tournee *f*; **payer une ~**
eine Runde zahlen *ou* ausgeben;
~ électorale Wahlkampfreise *f*

tourner [tuʀne] *vt* drehen;
(sauce, mélange) umrühren ▶ *vi*
sich drehen; *(changer de direction)*
drehen; *(lait etc)* sauer werden;
(chance) sich wenden; **se tourner**
vpr sich umdrehen; **~ à/en** sich
verwandeln in +*acc*; **se ~ vers** sich
zuwenden +*dat*; *(pour demander
aide, conseil)* sich wenden an +*acc*

tournesol [tuʀnəsɔl] *nm*
Sonnenblume *f*

tournevis [tuʀnəvis] *nm*
Schraubenzieher *m*

tourniquet [tuʀnikɛ] *nm (pour
arroser)* Rasensprenger *m*;
(portillon) Drehkreuz *nt*;
(présentoir) Drehständer *m*

tournoi [tuʀnwa] *nm* Turnier *nt*

tournoyer [tuʀnwaje] *vi (oiseau)*
kreisen; *(fumée)* herumwirbeln

tournure [tuʀnyʀ] *nf (Ling)*
Ausdruck *m*; **la ~ des
événements** der Gang der
Ereignisse

tour-opérateur [tuʀɔpeʀatœʀ]
*(pl **tour-opérateurs**)* *nm*
Reiseveranstalter *m*

tourte [tuʀt] *nf* Pastete *f*

tourterelle [tuʀtəʀɛl] *nf*
Turteltaube *f*

tous [tu] *adj, pron voir* **tout**

Toussaint [tusɛ̃] *nf*: **la ~**
Allerheiligen *m*

tousser [tuse] *vi* husten

---

tout, e [tu, tut]

*(mpl **tous**, fpl **toutes**)*
▶ *adj* **1** *(avec article singulier)* :
~ le/~ le ... der/die/das
ganze ...; **~ le lait** die ganze
Milch; **~ l'argent** das ganze
Geld; **~e la nuit/semaine** die
ganze Nacht/Woche lang *ou*
über; **~ un pain/un livre** ein
ganzes Brot/Buch; **~ le monde**
alle; **~ le temps** dauernd; **c'est
~ le contraire** ganz im
Gegenteil
2 *(avec pluriel)* : **tous/~es
les ...** alle ...; **tous les livres/
enfants** alle Bücher/Kinder;

tous les deux alle beide; **~es les trois** alle drei; **~es les nuits** jede Nacht; **~es les fois que ...** jedes Mal wenn ...

3 *(sans article)* : **à ~ âge** in jedem Alter; **à ~e heure** zu jeder Stunde; **à ~e vitesse** mit Höchstgeschwindigkeit; **à ~ hasard** auf gut Glück

▶ *pron* 1 : **~ va:** alles; **il a ~ fait** er hat alles gemacht; **~ ou rien** alles oder nichts; **c'est ~** das ist alles; **en ~** insgesamt; **en ~ et pour ~** alles in allem

2 : **tous/~es alle; nous y sommes tous allés** wir sind alle hingegangen

▶ *nm* Ganzes *nt*; **le ~** alles; **pas du ~** gar nicht; **du ~ au ~** ganz und gar, völlig

▶ *adv* 1 *(très, complètement)* ganz; **elle était ~ émue/~e petite** sie war ganz gerührt/klein; **le ~ premier** der Allererste; **~ seul** ganz allein; **le livre ~ entier** das ganze *ou* gesamte Buch; **~ ouvert/rouge** ganz offen/rot; **~ droit** geradeaus; **~ simplement** ganz einfach

2 : **~ en mangeant, il écoutait la radio** während er aß, *ou* beim Essen hörte er Radio

3 *(locutions)* : **~ d'abord** zuallererst; **~ à coup** plötzlich; **~ à fait** völlig; *(exactement)* genau; **~ à l'heure** *(passé)* soeben, gerade; *(futur)* gleich; **à ~ à l'heure !** bis gleich!; **~ de même** trotzdem; **~ de suite** sofort

toutefois [tutfwa] *adv* jedoch, dennoch

---

tout-terrain [tuteʀɛ̃] *adj inv* : **voiture ~** Geländewagen *m*; **vélo ~** Mountainbike *nt*

toux [tu] *nf* Husten *m*

toxicologique [tɔksikɔlɔʒik] *adj* toxikologisch

toxicomane [tɔksikɔman] *nmf* Rauschgiftsüchtige(r) *f(m)* • **toxicomanie** *nf* Drogensucht *f*

toxine [tɔksin] *nf* Gift(stoff *m*) *nt*

toxique [tɔksik] *adj* giftig

TP [tepe] *sigle mpl (= travaux pratiques)* Übungsseminar *nt*; *(= travaux publics)* öffentliche Bauvorhaben *pl*

trac [tʀak] *nm (aux examens etc)* Prüfungsangst *f*; *(Théât)* Lampenfieber *nt*

traçabilité [tʀasabilite] *nf* Rückverfolgbarkeit *f* der Herkunft

tracas [tʀaka] *nmpl* Scherereien *pl* • **tracasser** *vt* plagen, quälen; **se tracasser** *vpr* sich *dat* Sorgen machen

tracasseries [tʀakasʀi] *nfpl* Schikanen *pl*

trace [tʀas] *nf* Spur *f*

tracer [tʀase] *vt* zeichnen; *(piste)* markieren; *(fig : chemin, voie)* weisen

tract [tʀakt] *nm* Flugblatt *nt*

tractations [tʀaktasjɔ̃] *nfpl* Handeln *nt*, Feilschen *nt*

tracteur [tʀaktœʀ] *nm* Traktor *m*

traction [tʀaksjɔ̃] *nf (Tech)* Ziehen *nt*; *(Auto)* Antrieb *m*; **~ arrière** Hinterradantrieb *m*; **~ avant** Vorderradantrieb *m*

tradition [tʀadisjɔ̃] *nf* Tradition *f* • **traditionnel, le** *adj* traditionell

trame

traducteur, -trice [tradyktœr, tris] nm/f Übersetzer(in) m(f) • **traduction** nf Übersetzung f; **~ assistée par ordinateur** computergestützte Übersetzung f • **traduire** vt übersetzen; (exprimer) ausdrücken; **se ~ par** (s'exprimer) sich ausdrücken in +dat; **~ en/du français** ins Französische/aus dem Französischen übersetzen

trafic [trafik] nm (commerce) Handel m; **~ routier/aérien** Straßen-/Flugverkehr m; **~ de drogue** Drogenhandel m, Drogenschieberei f

trafiquant, e [trafikɑ̃, ɑ̃t] nm/f Schieber(in) m(f)

trafiquer [trafike] (péj) vt (moteur) frisieren ▶ vi ein Schieber sein

tragédie [tʀaʒedi] nf Tragödie f • **tragique** adj tragisch

trahir [tʀaiʀ] vt verraten • **trahison** nf Verrat m

train [tʀɛ̃] nm (Rail) Zug m; (allure) Tempo nt; **être en ~ de faire qch** gerade etw tun; **~ à grande vitesse** Hochgeschwindigkeitszug m; **~ arrière** Hinterachse f; **~ autos-couchettes** Autoreisezug m; **~ avant** Vorderachse f; **~ d'atterrissage** Fahrgestell nt; **~ de vie** Lebensstil m; **~ spécial** Sonderzug m

traîneau, x [tʀɛno] nm Schlitten m

traîner [tʀene] vt ziehen, schleppen; (enfant, chien) hinter sich dat herziehen ▶ vi (aller ou agir lentement) bummeln, trödeln; (vagabonder) sich herumtreiben; (durer) sich hinziehen; (être en

désordre) herumliegen; **se traîner** vpr (ramper) kriechen; (durer) sich hinziehen; **~ les pieds** schlurfen

train-train [tʀɛ̃tʀɛ̃] nm inv Trott m

traire [tʀɛʀ] vt melken

trait, e [tʀɛ] nm (ligne) Strich m; (caractéristique) Zug m; **traits** nmpl (du visage) Gesichtszüge pl; **d'un ~** in einem Zug; **~ d'union** Bindestrich m

traitant, e [tʀɛtɑ̃, ɑ̃t] adj : **votre médecin ~** Ihr Hausarzt m

traite [tʀɛt] nf (Comm) Tratte f; (Agr) Melken nt; **d'une (seule) ~** ohne Unterbrechung; **la ~ des blanches** der Mädchenhandel; **la ~ des noirs** der Sklavenhandel

traité [tʀete] nm Vertrag m

traitement [tʀɛtmɑ̃] nm Behandlung f; (d'affaire, difficulté) Handhabung f; (Inform, Tech) Verarbeitung f; (salaire) Gehalt nt; **~ de données** Datenverarbeitung f; **~ de texte** Textverarbeitung f • **traiter** vt behandeln ▶ vi verhandeln; **~ de qch** von etw handeln, etw behandeln

traiteur [tʀɛtœʀ] nm ≈ Partyservice m; (charcutier) Geschäft für Fleischspezialitäten und Fertiggerichte

traître, -esse [tʀɛtʀ, tʀɛtʀɛs] adj (heim)tückisch ▶ nm/f Verräter(in) m(f)

trajectoire [tʀaʒɛktwaʀ] nf Flugbahn f

trajet [tʀaʒɛ] nm Strecke f

tram [tʀam] nm = **tramway**

trame [tʀam] nf (d'un tissu) Schuss m; (d'un roman) Grundgerüst nt

tramway [tʁamwɛ] nm
Straßenbahn f

tranchant, e [tʁɑ̃ʃɑ̃, ɑ̃t] adj
scharf; (personne, ton) kategorisch
▸ nm (d'un couteau) Schneide f

tranche [tʁɑ̃ʃ] nf (morceau)
Scheibe f; (de travaux, temps, vie)
Abschnitt m; (d'actions, de bons)
Tranche f; **~ d'âge/de salaires**
Alters-/Gehaltsstufe f

tranché, e [tʁɑ̃ʃe] adj deutlich

tranchée [tʁɑ̃ʃe] nf Graben m

trancher [tʁɑ̃ʃe] vt (in Scheiben)
schneiden; (corde) durchschneiden
▸ vi : **~ avec** ou **sur** sich deutlich
unterscheiden von

tranquille [tʁɑ̃kil] adj ruhig
• **tranquillement** adv ruhig
• **tranquillisant, e** adj
beruhigend ▸ nm
Beruhigungsmittel nt
• **tranquillité** nf Ruhe f

transaction [tʁɑ̃zaksjɔ̃] nf
Transaktion f, Geschäft nt

transat [tʁɑ̃zat] nm Liegestuhl m

transatlantique [tʁɑ̃zatlɑ̃tik]
adj überseeisch ▸ nm (bateau)
Überseedampfer m

transcription [tʁɑ̃skʁipsjɔ̃] nf
(de textes) Abschrift f

transférer [tʁɑ̃sfeʁe] vt (société,
bureau) verlegen; (argent)
überweisen • **transfert** nm : **~ de
fonds** Überweisung f

transformateur [tʁɑ̃sfɔʁmatœʁ]
nm Transformator m

transformation
[tʁɑ̃sfɔʁmasjɔ̃] nf (de personne)
Veränderung f • **transformer** vt
verändern; (matière première)
verwandeln; **se transformer** vpr
sich verändern; **~ du plomb en or**

Blei in Gold verwandeln ou zu Gold
machen

transfrontalier, -ière
[tʁɑ̃sfʁɔtalje, ɛʁ] adj
grenzüberschreitend

transfusion [tʁɑ̃sfyzjɔ̃] nf :
~ sanguine Bluttransfusion f

transgénique [tʁɑ̃sʒenik] adj
transgen

transgresser [tʁɑ̃sgʁese] vt
übertreten

transistor [tʁɑ̃zistɔʁ] nm
Transistor m

transit [tʁɑ̃zit] nm Transitverkehr m

transition [tʁɑ̃zisjɔ̃] nf
Übergang m; **de ~** Übergangs-
• **transitoire** adj vorläufig;
(fugitif) kurzlebig

translucide [tʁɑ̃slysid] adj
durchscheinend

transmetteur [tʁɑ̃smetœʁ] nm
Sender m

transmettre [tʁɑ̃smetʁ] vt
übertragen; (secret, recette)
mitteilen; (vœux, amitiés, ordre,
message) übermitteln
• **transmissible** adj übertragbar
• **transmission** nf Übertragung f,
Übermittlung f

transparence [tʁɑ̃paʁɑ̃s] nf
Durchsichtigkeit f, Transparenz f;
regarder qch par ~ etw gegen
das Licht halten • **transparent, e**
adj durchsichtig

transpercer [tʁɑ̃spɛʁse] vt
durchbohren; (froid, insulte)
durchdringen

transpiration [tʁɑ̃spiʁasjɔ̃] nf
Schweiß m • **transpirer** vi
schwitzen

transplanter [tʁɑ̃splɑ̃te] vt
verpflanzen

transport [trɑ̃spɔr] *nm*
Beförderung *f*, Transport *m*;
~ aérien Lufttransport *m*; **~ de
marchandises** Warentransport
m; **~ de voyageurs** Beförderung
von Passagieren; **~s publics** *ou*
en commun öffentliche
Verkehrsmittel *pl*; **~s routiers**
Transport auf der Straße
• **transporter** *vt* befördern,
transportieren; (*énergie*)
übertragen; **être transporté de
bonheur/joie** vor Glück/Freude
hingerissen sein • **transporteur**
nm (*entrepreneur*) Spediteur *m*

transposer [trɑ̃spoze] *vt*
versetzen, umwandeln; (*Mus*)
transponieren

transsexuel, le [trɑ̃(s)seksɥel]
nm/f Transsexuelle(r) *f(m)*

transversal, e, -aux
[trɑ̃sversal, o] *adj* Quer-

trappe [trap] *nf* (*porte*) Falltür *f*;
(*piège*) Falle *f*

trapu, e [trapy] *adj* stämmig

traumatiser [tromatize] *vt*
einen Schock versetzen +*dat*
• **traumatisme** (*Méd*) Trauma
nt; (*Psych*) Schock *m*; **~ crânien**
Gehirntrauma *nt*

travail, -aux [travaj, o] *nm*
Arbeit *f*; **travaux** *nmpl* (*sur route*)
Straßenarbeiten *pl*; (*de
construction*) Bauarbeiten *pl*;
travaux dirigés (*à l'université*)
Seminar *nt*; **travaux ménagers**
Hausarbeit *f*; **travaux pratiques**
Übungsseminar *nt*; **travaux
publics** öffentliche Bauvorhaben
pl • **travailler** *vi* arbeiten; (*bois*)
sich verziehen *ou* werfen ▶ *vt* (*bois*,
métal) bearbeiten; (*discipline*)
arbeiten an +*dat*; **~ à** arbeiten an

+*dat*; (*contribuer à*) hinarbeiten auf
+*acc* • **travailleur, -euse** *adj*
fleißig ▶ *nm/f* Arbeiter(in) *m(f)*

travelling [travliŋ] *nm* :
~ optique Zoomaufnahmen *pl*

travelo [travlo] *nm* (*fam*)
Transvestit *m*

travers [travɛr] *nm* (*défaut*)
Schwäche *f*; **en ~ (de)** quer (zu);
à ~ quer durch; **au ~ (de)** quer
(durch); **de ~** schief

traverse [travɛrs] *nf* (*Rail*)
Schwelle *f*; **chemin de ~**
Abkürzung *f*

traversée [travɛrse] *nf* (*de salle*,
forêt) Durchquerung *f*; (*de ville*,
tunnel) Durchfahrt *f*; (*en mer*)
Überfahrt *f* • **traverser** *vt* (*rue*,
mer, *frontière*) überqueren; (*salle*,
forêt) gehen durch; (*ville*, *tunnel*)
durchfahren; (*percer*, *passer à
travers*) durchgehen durch; (*vivre*)
durchmachen

traversin [travɛrsɛ̃] *nm* Kopf- *ou*
Nackenrolle *f*

travesti [travɛsti] *nm*
Transvestit *m*

travestir [travɛstir] *vt*
verzerren; **se travestir** *vpr* sich
verkleiden

trébucher [trebyʃe] *vi* : **~ (sur)**
stolpern (über +*acc*)

trèfle [trɛfl] *nm* Klee *m*

treille [trɛj] *nf* Weinlaube *f*

treillis [trɛji] *nm* (*métallique*, *en
bois*) Gitter *nt*

treize [trɛz] *num* dreizehn

trekking [trekiŋ] *nm* Trekking *nt*;
~ à poney Pony-Trekking *nt*

tremblant, e [trɑ̃blɑ̃, ɑ̃t] *adj*
zitternd • **tremblement** *nm*
Zittern *nt*; **~ de terre** Erdbeben *nt*

• **trembler** vi zittern; (flamme) flackern; (terre) beben; ~ **de** (froid, fièvre) zittern vor +dat

trempé, e [tʀɑ̃pe] adj patschnass
• **tremper** vt durchnässen, nass machen; **se tremper** vpr (dans la mer, piscine etc) kurz hineingehen ou hineintauchen

tremplin [tʀɑ̃plɛ̃] nm Sprungbrett nt; (Ski) Sprungschanze f

trentaine [tʀɑ̃tɛn] nf : **une ~ (de)** etwa dreißig

trente [tʀɑ̃t] num dreißig; **être/ se mettre sur son ~ et un** seine besten Kleider tragen/anziehen
• **trentenaire** adj dreißigjährig, zwischen dreißig und vierzig

trépied [tʀepje] nm (d'appareil) Stativ nt; (meuble) Dreifuß m

trépigner [tʀepiɲe] vi : ~ (de colère/d'impatience) (vor Zorn/ Ungeduld) stampfen ou trampeln

très [tʀɛ] adv sehr; **j'ai ~ envie de chocolat** ich habe große Lust auf Schokolade

trésor [tʀezɔʀ] nm Schatz m
• **trésorerie** nf (gestion) Kassenführung f; (bureaux) Kasse f
• **trésorier, -ière** nm/f (d'une association, société) Kassenführer(in) m(f)

tressaillir [tʀesajiʀ] vi beben

tresse [tʀɛs] nf (de cheveux) Zopf m
• **tresser** vt flechten; (corde) drehen

trêve [tʀɛv] nf Waffenstillstand m; (fig) Ruhe f; ~ **de plaisanteries** Schluss m mit den Witzen; **sans ~** unaufhörlich

Trêves [tʀɛv] Trier nt

tri [tʀi] nm Sortieren nt; (sélection) Auswahl f

triage [tʀijaʒ] nm Sortieren nt; **gare de ~** Rangierbahnhof m

triangle [tʀijɑ̃gl] nm Dreieck nt

tribord [tʀibɔʀ] nm : **à ~** steuerbord(s)

tribu [tʀiby] nf Stamm m

tribunal, -aux [tʀibynal, o] nm Gericht nt

tribune [tʀibyn] nf Tribüne f; (d'église) Empore f; (de tribunal) Galerie f; (débat) Diskussion f

tribut [tʀiby] nm Abgabe f

tributaire [tʀibytɛʀ] adj : **être ~ de** abhängig sein von

tricher [tʀiʃe] vi schummeln
• **tricheur, -euse** nm/f Betrüger(in) m(f)

tricolore [tʀikɔlɔʀ] adj dreifarbig; (français) französisch; **le drapeau ~** die Trikolore f

tricot [tʀiko] nm (technique) Stricken nt; (ouvrage) Strickzeug nt; (tissu) Strickware f, Trikot nt; (vêtement) Pullover m • **tricoter** vt stricken

tricycle [tʀisikl] nm Dreirad nt

trier [tʀije] vt sortieren; (choisir) auswählen; (fruits) aussortieren; (déchets) trennen

trimaran [tʀimaʀɑ̃] nm Trimaran m

trimestre [tʀimɛstʀ] nm (Comm) Quartal nt, Vierteljahr nt
• **trimestriel, le** adj vierteljährlich

tringle [tʀɛ̃gl] nf Stange f

trinquer [tʀɛ̃ke] vi anstoßen; ~ **à qch/la santé de qn** auf etw acc/ jds Gesundheit anstoßen

trio [tʀijo] nm Trio nt

triomphe [tʀijɔ̃f] nm Triumph m
• **triompher** vi triumphieren;

~ **de qch/qn** über etw/jdn triumphieren

tripes [tʀip] *nfpl* Kutteln *pl*, Kaldaunen *pl*

triple [tʀipl] *adj* dreifach ▶ *nm* : **le ~ (de)** das Dreifache (von); **en ~ exemplaire** in dreifacher Ausfertigung • **triple saut** *nm* (*Hippisme*) Wette auf drei Pferde in drei verschiedenen Rennen; (*Sport*) Hattrick *m*; **triplés, -es** *nmpl/nfpl* Drillinge *pl* • **tripler** *vi* sich verdreifachen ▶ *vt* verdreifachen

tripoter [tʀipɔte] *vt* herumfummeln mit; (*femme*) herumfummeln an

trisomie [tʀizɔmi] *nf* Downsyndrom *nt*

triste [tʀist] *adj* traurig • **tristesse** *nf* Traurigkeit *f*

trivial, e, -aux [tʀivjal, jo] *adj* (*commun*) trivial, alltäglich

troc [tʀɔk] *nm* Tauschhandel *m*

trognon [tʀɔɲɔ̃] *nm* (*de fruit*) Kerngehäuse *nt*; (*de légume*) Strunk *m*

trois [tʀwa] *num* drei; **les ~ quarts de** drei Viertel +*gén* • **troisième** *adj* dritte(r, s); **le ~ âge** das Seniorenalter • **troisièmement** *adv* drittens

trolleybus [tʀɔlebys] *nm* Obus *m*

trombe [tʀɔ̃b] *nf* : **en ~** wie ein Wirbelwind; **~s d'eau** Regenguss *m*

trombone [tʀɔ̃bɔn] *nm* (*instrument*) Posaune *f*; (*de bureau*) Büroklammer *f*

trompe [tʀɔ̃p] *nf* (*d'éléphant*) Rüssel *m*

tromper [tʀɔ̃pe] *vt* betrügen; **se tromper** *vpr* sich irren; **se ~ de**

voiture/jour sich im Auto/im Tag täuschen; **se ~ de 3 cm/20 euros** sich um 3 cm/20 Euro vertun • **tromperie** *nf* Betrug *m*

trompette [tʀɔ̃pɛt] *nf* Trompete *f* • **trompettiste** *nmf* Trompeter(in) *m(f)*

trompeur, -euse [tʀɔ̃pœʀ, øz] *adj* täuschend

tronc [tʀɔ̃] *nm* (*Bot*) Stamm *m*; (*Anat*) Rumpf *m*; (*d'église*) Opferstock *m*

tronçon [tʀɔ̃sɔ̃] *nm* Teilstrecke *f* • **tronçonneuse** *nf* Kettensäge *f*

trône [tʀon] *nm* Thron *m*

trop [tʀo] *adv* zu; (*avec verbe*) zu viel; (*aimer, chauffer, insister*) zu sehr; **~ (nombreux)** zu viele, zu zahlreich; **~ souvent** zu oft; **~ longtemps** zu lange; **~ de** (*nombre*) zu viele; (*quantité*) zu viel

trophée [tʀɔfe] *nm* Trophäe *f*

tropical, e, -aux [tʀɔpikal, o] *adj* tropisch

tropique [tʀɔpik] *nm* Wendekreis *m*; **tropiques** *nmpl* (*région*) die Tropen *pl*; **~ du Cancer/ Capricorne** Wendekreis *m* des Krebses/des Steinbocks

trop-plein [tʀoplɛ̃] (*pl* **trop-pleins**) *nm* Überlauf *m*

troquer [tʀɔke] *vt* eintauschen

trot [tʀo] *nm* Trab *m*; **aller au ~** im Trab reiten • **trotter** *vi* traben; (*souris, enfants*) herumtrippeln • **trotteuse** *nf* (*de montre*) Sekundenzeiger *m*

trottiner [tʀɔtine] *vi* trippeln

trottinette [tʀɔtinɛt] *nf* Roller *m*

trottoir [tʀɔtwaʀ] *nm* Gehweg *m*; **~ roulant** Rollsteig *m*

t

trou [tʀu] nm Loch nt; **~ de mémoire** Gedächtnislücke f

trouble [tʀubl] adj trüb; (louche) zwielichtig ▶ adv : **voir ~** undeutlich sehen ▶ nm (désarroi, embarras) Verwirrung f; (émoi sensuel) Erregung f; (zizanie) Unruhe f • **troubler** vt verwirren; (inquiéter) beunruhigen; (émouvoir) bewegen; (liquide) trüben; (perturber) stören; **se troubler** vpr (personne) verlegen werden

troué, e [tʀue] adj durchlöchert ▶ nf (dans un mur, une haie) Lücke f; (Géo) Spalte f • **trouer** vt ein Loch machen in +acc; (mur) durchbohren

trouille [tʀuj] nf (fam) : **avoir la ~** einen Mordsbammel haben

troupe [tʀup] nf (Mil) Truppe f; (groupe) Gruppe f, Schar f; **~ (de théâtre)** Theatertruppe f

troupeau, x [tʀupo] nm Herde f

trousse [tʀus] nf (étui) Etui nt; (de docteur) Arzttasche f; **~ à outils** Werkzeugtasche f; **~ de toilette** ou **de voyage** Kulturbeutel m

trousseau, x [tʀuso] nm (de mariée) Aussteuer f; **~ de clefs** Schlüsselbund m

trouvaille [tʀuvaj] nf Entdeckung f

trouver [tʀuve] vt finden; **se trouver** vpr (être) sein; (être soudain) sich finden ▶ vb impers : **il se trouve que** zufälligerweise; **aller/venir ~ qn** jdn besuchen gehen/kommen; **je trouve que** ich finde, dass; **se ~ mal** in Ohnmacht fallen

truand [tʀyɑ̃] nm Gangster m

truc [tʀyk] nm Trick m; (fam : chose) Ding nt

truffe [tʀyf] nf Trüffel f

truffer [tʀyfe] vt : **truffé de** gespickt mit

truie [tʀɥi] nf Sau f

truite [tʀɥit] nf Forelle f

truquer [tʀyke] vt fälschen; (Ciné) Trickaufnahmen anwenden bei

t-shirt (pl **t-shirts**) [tiʃœʀt] nm T-Shirt nt

tsigane [tsigan] adj, nmf = **tzigane**

TSVP [teesvepe] abr (= tournez s'il vous plaît) b.w.

TTC [tetese] abr (= toutes taxes comprises) alles inbegriffen

tu¹ [ty] pron du

tu², e [ty] pp de **taire**

tuba [tyba] nm (Mus) Tuba f; (Sport) Schnorchel m

tube [tyb] nm Röhre f; (de canalisation, métallique etc) Rohr nt; (de comprimés) Röhrchen nt; (de dentifrice etc) Tube f; (chanson) Hit m

tuberculose [tybɛʀkyloz] nf Tuberkulose f

tuer [tɥe] vt töten; (commerce) ruinieren; **se tuer** vpr (se suicider) sich dat das Leben nehmen; (dans un accident) umkommen • **tuerie** nf Blutbad nt, Gemetzel nt; (fam : délice) Leckerbissen • **tue-tête** : **à ~** adv aus Leibeskräften • **tueur** nm (assassin) Mörder m

tuile [tɥil] nf Dachziegel m; (fam : ennui) Pech nt

tulipe [tylip] *nf* Tulpe *f*

tulle [tyl] *nm* Tüll *m*

tumeur [tymœR] *nf* Tumor *m*

tumultueux, -euse
[tymyltɥø, øz] *adj* lärmend

tuner [tynɛR] *nm* Tuner *m*

tunique [tynik] *nf* Tunika *f*

Tunisie [tynizi] *nf* : **la ~** Tunesien
nt • **tunisien, ne** *adj* tunesisch
▶*nm/f* : **T~, ne** Tunesier(in) *m(f)*

tunnel [tynɛl] *nm* Tunnel *m*

turban [tyRbɑ̃] *nm* Turban *m*

turbine [tyRbin] *nf* Turbine *f*

turbo [tyRbo] *nm* Turbolader *m*;
un moteur ~ ein Turbomotor *m*

turbot [tyRbo] *nm* Steinbutt *m*

turbulent, e [tyRbylɑ̃, ɑ̃t] *adj*
(*enfant*) wild, ausgelassen

turc, turque [tyRk] *adj* türkisch
▶*nm/f* : **T~, Turque** Türke *m*,
Türkin *f*

turf [tyRf] *nm* Pferderennen *pl*

Turkménistan [tyRkmenistɑ̃]
nm : **le ~** Turkmenistan *nt*

turque [tyRk] *adj f voir* **turc**

Turquie [tyRki] *nf* : **la ~** die
Türkei *f*

turquoise [tyRkwaz] *adj inv*
türkis ▶*nf* Türkis *m*

tutelle [tytɛl] *nf* (*Jur*)
Vormundschaft *f*; (*de l'État, d'une
société*) Treuhandschaft *f*; **être
sous la ~ de qn** unter jds Aufsicht
dat stehen

tuteur, -trice [tytœR, tRis] *nm/f*
(*Jur*) Vormund *m* ▶*nm* (*de plante*)
Stütze *f*

tutoyer [tytwaje] *vt* duzen

tutu [tyty] *nm* Balletträckchen *nt*

tuyau, x [tɥijo] *nm* Rohr *nt*,
Röhre *f*; (*flexible*) Schlauch *m*;
(*fam : conseil*) Wink *m*, Tipp *m*;
~ d'arrosage Gartenschlauch *m*;
~ d'échappement Auspuffrohr *nt*
• **tuyauterie** *nf* Rohrsystem *nt*

TV [teve] *sigle f* (= *télévision*) TV *nt*

TVA [tevea] *sigle f* (= *taxe à ou sur la
valeur ajoutée*) MwSt. *f*

tweet [twit] *nm* Tweet *m*

tweeter [twite] *vt* twittern

tweetos [twitos] *nmf inv* =
twittos • **tweetosphère**
nf = **twittosphère**

Twitter® [twitɛR] *nm* Twitter® *nt*

twittos *nmf inv* Twitterer(in) *m(f)*
• **twittosphère** *nf* Twitterer *mpl*

tympan [tɛ̃pɑ̃] *nm* (*Anat*)
Trommelfell *nt*

type [tip] *nm* Typ *m* ▶*adj* typisch

typhoïde [tifoid] *nf* Typhus *m*

typhus [tifys] *nm* Flecktyphus *m*

typique [tipik] *adj* typisch

typographie [tipɔgRafi] *nf*
Typographie *f*

tyran [tiRɑ̃] *nm* Tyrann *m*
• **tyrannie** *nf* Tyrannei *f*
• **tyrannique** *adj* tyrannisch

Tyrol [tiRɔl] *nm* : **le ~** Tirol *nt*

tzigane [dzigan] *adj*
Zigeuner- ▶*nmf* Zigeuner(in) *m(f)*

t

u

ubériser [ybeʀize] *vt* uberisieren
UE [ye] *sigle f* (= *Union européenne*) EU *f*
UER [yeɛʀ] *sigle f* (= *unité d'enseignement et de recherche*) Fachbereich *m*
Ukraine [ykʀɛn] *nf* die Ukraine • **ukrainien, ne** *adj* ukrainisch
ulcère [ylsɛʀ] *nm* Geschwür *nt*
ultérieur, e [ylteʀjœʀ] *adj* später; **reporté à une date ~e** auf einen späteren Zeitpunkt verschoben • **ultérieurement** *adv* später
ultimatum [yltimatɔm] *nm* Ultimatum *nt*
ultime [yltim] *adj* letzte(r, s)
ultra [yltʀa] *préf* ultra- • **ultrasensible** *adj* hoch empfindlich • **ultrasons** *nmpl* Ultraschall *m* • **ultraviolet, te** *adj* ultraviolett

---

un, une [œ̃, yn]

▶ *art indéf* eine(r, s); **un homme** ein Mann; **une femme** eine Frau
▶ *pron* eine(r, s); **l'un des meilleurs** einer der Besten; **l'un ..., l'autre ...** der eine ..., der andere ...; **l'un et l'autre** beide; **l'un ou l'autre** eine(r, s) von beiden; **un par un** einer nach dem anderen
▶ *num* eins

---

unanime [ynanim] *adj* einstimmig • **unanimité** *nf* Einstimmigkeit *f*; **à l'~** einstimmig
UNESCO [ynɛsko] *sigle f* (= *United Nations Educational, Scientific and Cultural Organization*) UNESCO *f*
uni, e [yni] *adj* (*tissu, couleur*) einfarbig, uni; (*surface, terrain*) eben; (*famille, groupe*) eng verbunden; (*pays*) vereinigt
UNICEF [ynisɛf] *sigle m* (= *United Nations International Children's Emergency Fund*) UNICEF *f*
unification [ynifikasjɔ̃] *nf* Vereinigung *f*
unifier [ynifje] *vt* vereinigen
uniforme [ynifɔrm] *adj* gleichmäßig; (*surface*) eben; (*objets, maisons*) gleichartig ▶ *nm* Uniform *f* • **uniformiser** *vt* vereinheitlichen • **uniformité** *nf* Gleichmäßigkeit *f*; (*de surface*) Ebenheit *f*; (*d'objets*) Gleichartigkeit *f*
unilatéral, e, -aux [ynilateʀal, o] *adj* einseitig; **stationnement ~** Parken *nt* nur auf einer Straßenseite
union [ynjɔ̃] *nf* Vereinigung *f*; (*d'éléments, couleurs, mariage*) Verbindung *f*; **l'U~ soviétique** die Sowjetunion *f*; **l'U~ européenne** die Europäische Union; **~ libre** freie Liebe *f*

unique [ynik] *adj (seul)* einzig; *(exceptionnel)* einzigartig; **prix/ système ~** Einheitspreis *m*/-system *nt*; **route à sens ~** Einbahnstraße *f* • **uniquement** *adv* nur, bloß

unir [yniʀ] *vt* vereinen, vereinigen; *(éléments, couleurs, qualités)* verbinden; **s'unir** *vpr* sich vereinigen; **~ qch à etw** vereinigen/verbinden mit

unisson [ynisɔ̃] *nm* : **à l'~** einstimmig

unitaire [yniteʀ] *adj* vereinigend; **prix ~** Einzelpreis *m*

unité [ynite] *nf* Einheit *f*; *(harmonie)* Einigkeit *f*; **~ centrale** *(Inform)* Zentraleinheit *f*; **~ de valeur** *(Scol)* Unterrichtseinheit *f*

univers [yniveʀ] *nm* Universum *nt*; *(fig)* Welt *f*

universel, le [yniveʀsɛl] *adj* allgemein; *(esprit, outil, système)* vielseitig; **remède ~** Allheilmittel *nt*

universitaire [yniveʀsiteʀ] *adj* Universitäts- ▸ *nmf* Lehrkraft *f* an der Universität, Akademiker(in) *m(f)* • **université** *nf* Universität *f*

uranium [yʀanjɔm] *nm* Uran *nt*

urbain, e [yʀbɛ̃, ɛn] *adj* städtisch • **urbanisme** *nm* Städtebau *m* • **urbaniste** *nmf* Stadtplaner(in) *m(f)*

urgence [yʀʒɑ̃s] *nf* Dringlichkeit *f*; *(Méd)* Notfall *m*; **d'~** dringend; **en cas d'~** im Notfall; **service des ~s** Unfallstation *f* • **urgent, e** *adj* dringend • **urgentiste** *nmf* Notarzt *m*, Notärztin *f*

urine [yʀin] *nf* Urin *m* • **urinoir** *nm* Pissoir *nt*

urne [yʀn] *nf* Urne *f*; **aller aux ~s** zur Wahl gehen; **~ funéraire** Urne

URSS [yʀs] *sigle f (Hist)* (= *Union des Républiques Socialistes Soviétiques*) UdSSR *f*

urticaire [yʀtikeʀ] *nf* Nesselsucht *f*

Uruguay [yʀygwɛ] *nm* : **l'~** Uruguay *nt*

us [ys] *nmpl* : **us et coutumes** Sitten und Gebräuche *pl*

USA [yesa] *sigle mpl* (= *United States of America*) USA *pl*

usage [yzaʒ] *nm* Benutzung *f*, Gebrauch *m*; *(coutume)* Sitte *f*; **c'est l'~** das ist (der) Brauch; **faire ~ de** Gebrauch machen von; **à l'~** mit dem Gebrauch; **à l'~ de** zum Gebrauch von, für; **en ~** in Gebrauch; **hors d'~** nicht mehr zu gebrauchen • **usagé, e** *adj (usé)* abgenutzt; *(d'occasion)* gebraucht • **usager, -ère** *nm/f* Benutzer(in) *m(f)*

usé, e [yze] *adj* abgenutzt; *(santé, personne)* verbraucht; *(rebattu)* abgedroschen • **user** *vt* abnutzen; *(santé, personne)* mitnehmen; *(consommer)* verbrauchen; **s'user** *vpr* sich abnutzen; *(facultés, santé)* nachlassen

usine [yzin] *nf* Fabrik *f*, Werk *nt*

usité, e [yzite] *adj* gebräuchlich

ustensile [ystɑ̃sil] *nm* Gerät *nt*; **~ de cuisine** Küchengerät *nt*

usuel, le [yzɥɛl] *adj* üblich

usurier, -ière [yzyʀje, jɛʀ] *nm/f* Wucherer *m*, Wucherin *f*

ut [yt] *nm (Mus)* C *nt*

utérus [yteʀys] *nm* Gebärmutter *f*

utile [ytil] *adj* nützlich

utilisateur, -trice [ytilizatœʀ, tʀis] *nm/f* Benutzer(in) *m(f)*
• **utilisation** *nf* Benutzung *f*
• **utiliser** *vt* benutzen; *(force, moyen)* anwenden; *(restes)* verwenden, verwerten

utilitaire [ytilitɛʀ] *adj* Gebrauchs-; *(but)* auf Nützlichkeit ausgerichtet

utilité [ytilite] *nf* Nützlichkeit *f*, Nutzen *m*; **reconnu d'~ publique** staatlich zugelassen

utopie [ytɔpi] *nf* Utopie *f*

va [va] *vb voir* **aller**

vacance [vakɑ̃s] *nf (poste)* freie Stelle *f*; **vacances** *nfpl* Ferien *pl*; **les grandes ~s** die großen Ferien; **prendre des/ses ~s (en juin)** (im Juni) Ferien machen; **aller en ~s** in die Ferien fahren; **~s de Noël** Weihnachtsferien *pl*; **~s de Pâques** Osterferien *pl*
• **vacancier, -ière** *nm/f* Urlauber(in) *m(f)*

vacant, e [vakɑ̃, ɑ̃t] *adj (poste, chaire)* frei; *(appartement)* leer stehend, frei

vacarme [vakaʀm] *nm* Lärm *m*

vaccin [vaksɛ̃] *nm* Impfstoff *m*
• **vaccination** *nf* Impfung *f*
• **vacciner** *vt* impfen

vache [vaʃ] *nf* Kuh *f* ▶ *adj (fam: méchant)* gemein • **vachement** *adv (fam)* unheimlich

vacherin [vaʃʀɛ̃] *nm (fromage)* Art Weichkäse aus dem Jura; **~ glacé** Eismeringue *f* mit Schlagsahne

vaciller [vasije] *vi* schwanken; *(bougie, flamme, lumière)* flackern

vadrouille [vadʀuj] *nf (fam)*: **être en ~** einen Bummel machen

vanity-case

VAE [veaə] *sigle m* (= *vélo à assistance électrique*) Elektrofahrrad *nt*; (*umg*) E-Bike *nt*

va-et-vient [vaevjɛ̃] *nm inv* Kommen und Gehen *nt*; (*Élec*) Zweiwegschalter *m*

vagabond, e [vagabɔ̃, ɔ̃d] *adj* (*chien*) streunend; (*vie*) unstet; (*peuple*) nomadenhaft; (*imagination, pensées*) umherschweifend ▸ *nm* Vagabund *m*, Landstreicher *m* • **vagabonder** *vi* (*errer*) umherziehen; (*pensées, imagination*) schweifen

vagin [vaʒɛ̃] *nm* Scheide *f*, Vagina *f* • **vaginal, e, -aux** *adj* Scheiden-, vaginal

vague [vag] *nf* Welle *f* ▸ *adj* (*imprécis*) unbestimmt, vage; (*flou*) verschwommen ▸ *nm* : **être/rester dans le ~** im Unklaren sein/bleiben • **vaguement** *adv* vage

vain, e [vɛ̃, vɛn] *adj* vergeblich; **en ~** vergeblich

vaincre [vɛ̃kʀ] *vt* besiegen; (*fig*) überwinden • **vaincu, e** *nm/f* Besiegte(r) *f(m)*

vainement [vɛnmɑ̃] *adv* vergeblich

vainqueur [vɛ̃kœʀ] *nm* Sieger *m*

vaisseau, x [vɛso] *nm* (*Anat*) Gefäß *nt*; **~ sanguin** Blutgefäß *nt*; **~ spatial** Raumschiff *nt*

vaisselle [vɛsɛl] *nf* Geschirr *nt*; (*lavage*) Abwasch *m*; **faire la ~** (das) Geschirr spülen, abwaschen

val [val] (*pl* **vaux** *ou* **vals**) *nm* : **par monts et (par) vaux** über Berg und Tal

valable [valabl] *adj* gültig; (*motif, excuse, solution*) annehmbar

Valais [valɛ] *nm* : **le ~** das Wallis

valet [valɛ] *nm* Diener *m*

valeur [valœʀ] *nf* Wert *m*; (*titre*) Wertpapier *nt*; **valeurs** *nfpl* (*morales*) (sittliche) Werte *pl*; **mettre en ~** (*fig*) zur Geltung bringen; **sans ~** wertlos

valide [valid] *adj* gesund; (*passeport, billet*) gültig • **valider** *vt* für gültig erklären • **validité** *nf* Gültigkeit *f*

valise [valiz] *nf* Koffer *m*; **faire sa ~** (den) Koffer packen

vallée [vale] *nf* Tal *nt*

valoir [valwaʀ] *vi* (*un certain prix*) wert sein; (*être valable*) taugen ▸ *vt* (*équivaloir à*) so gut sein wie; (*causer, procurer*) : **~ qch à qn** jdm etw einbringen; **se valoir** *vpr* gleichwertig sein; **~ la peine** lohnen; **ça ne vaut rien** das taugt nichts; **~ cher** teuer sein

valoriser [valɔʀize] *vt* aufwerten

valse [vals] *nf* Walzer *m*

valve [valv] *nf* Ventil *nt*

vampire [vɑ̃piʀ] *nm* Vampir *m*

vandale [vɑ̃dal] *nmf* Vandale *m*, Vandalin *f* • **vandalisme** *nm* Vandalismus *m*

vanille [vanij] *nf* Vanille *f*; **glace/crème à la ~** Vanilleeis *nt/* Vanillecreme *f*

vanité [vanite] *nf* (*inutilité*) Vergeblichkeit *f*, Nutzlosigkeit *f*; (*orgueil*) Eitelkeit *f*, Einbildung *f* • **vaniteux, -euse** *adj* eitel, eingebildet

vanity-case [vanitikɛz] (*pl* **vanity-cases**) *nm* Kosmetikkoffer *m*

vannerie [vanʀi] *nf* (*fabrication*) Korbmacherei *f*; (*objets*) Korbwaren *pl*

vantard, e [vɑ̃taʀ, aʀd] *adj* angeberisch

vanter [vɑ̃te] *vt* (an)preisen; **se vanter** *vpr* (*péj*) angeben; **se ~ de qch** sich einer Sache *gén* rühmen; (*péj*) mit etw angeben

vapeur [vapœʀ] *nf* Dampf *m*; **machine/locomotive à ~** Dampfmaschine *f*/-lokomotive *f*

vaporeux, -euse [vapoʀø, øz] *adj* (*lumière*) dunstig; (*tissu*) duftig

vaporisateur [vapoʀizatœʀ] *nm* Zerstäuber *m* • **vaporiser** *vt* (*Chim*) verdampfen; (*parfum etc*) zerstäuben

varappe [vaʀap] *nf* Felsklettern *nt*

vareuse [vaʀøz] *nf* (*de marin*) Matrosenbluse *f*; (*d'uniforme*) Uniformjacke *f*

variable [vaʀjabl] *adj* veränderlich; (*divers*) verschieden

variante [vaʀjɑ̃t] *nf* Variante *f*

variateur [vaʀjatœʀ] *nm* : **~ de lumière** Dimmer *m*

variation [vaʀjasjɔ̃] *nf* Variation *f*; **variations** *nfpl* Schwankungen *pl*

varice [vaʀis] *nf* Krampfader *f*

varicelle [vaʀisɛl] *nf* Windpocken *pl*

varié, e [vaʀje] *adj* (*divers*) abwechslungsreich; (*non monotone*) unterschiedlich • **varier** *vi* (*temps, humeur*) sich ändern; (*être divers*) unterschiedlich sein; (*changer d'avis*) seine Meinung ändern; (*différer d'opinion*) verschiedener Meinung sein ▸ *vt* (*diversifier*) variieren

variété [vaʀjete] *nf* Abwechslungsreichtum *m*; (*type*) Spielart *f*; **spectacle/émission de ~s** Varietéstück *nt*/-programm *nt*

variole [vaʀjɔl] *nf* Pocken *pl*

vase [vaz] *nm* Vase *f* ▸ *nf* Schlamm *m*, Morast *m*

vaseux, -euse [vazø, øz] *adj* schlammig; (*raisonnement*) schwammig; (*fatigué*) schlapp

vasistas [vazistas] *nm* kleines Oberlicht *nt*

vaste [vast] *adj* weit; (*connaissances, expérience*) umfangreich, groß

Vatican [vatikɑ̃] *nm* : **le ~** der Vatikan

Vaud [vo] Waadt *f*

vaudeville [vod(ə)vil] *nm* Lustspiel *nt*

vaurien, ne [voʀjɛ̃, jɛn] *nm/f* (*fam*) Satansbraten *m*

vaut [vo] *vb voir* **valoir**

vautour [votuʀ] *nm* Geier *m*

vautrer [votʀe] : **se vautrer** *vpr* sich (herum)wälzen; (*dans le vice*) sich suhlen

VDQS [vedekyɛs] *abr m* (= *vin délimité de qualité supérieure*) Qualitätswein

veau, x [vo] *nm* Kalb *nt*; (*peau*) Kalbsleder *nt*

vécu, e [veky] *pp de* **vivre**

vedette [vədɛt] *nf* Star *m*; (*canot*) Motorboot *nt*

végétal, e, -aux [veʒetal, o] *adj* Pflanzen-; (*graisse, teinture*) pflanzlich ▸ *nm* Pflanze *f*

végétalien, ne [veʒetaljɛ̃, jɛn] nm/f Veganer(in) m(f)

végétalisé, e [veʒetalize] adj : **toit ~** begrüntes Dach nt, Gründach nt; **mur ~** begrünte Wand f, Grünwand f

végétalisme [veʒetalism] nm strenger Vegetarismus m

végétarien, ne [veʒetaʀjɛ̃, jɛn] adj vegetarisch ▶ nm/f Vegetarier(in) m(f)

végétarisme [veʒetaʀism] nm Vegetarismus m

végétation [veʒetasjɔ̃] nf Vegetation f; **végétations** nfpl Polypen pl

véhément, e [veemɑ̃, ɑ̃t] adj heftig

véhicule [veikyl] nm Fahrzeug nt; (fig) Mittel nt

veille [vɛj] nf (garde) Wache f; (Psych) Wachzustand m; **la ~ (jour)** der Vortag, der Tag davor; (quand?) am Vortag; **la ~ de** der Tag vor; (quand?) am Tag vor; **à la ~ de** am Vorabend +gén; **l'état de ~** der Wachzustand

veillée [veje] nf : **~ funèbre** Totenwache f

veiller [veje] vi wachen; **~ à** (s'occuper de) sich kümmern um

veilleur [vejœʀ] nm : **~ de nuit** Nachtwächter m

veilleuse [vejøz] nf (lampe) Nachtlicht nt; **en ~** (fig) auf Sparflamme

veine [vɛn] nf (Anat) Vene f; (filon minéral) Ader f

Velcro® [velkʀo] nm : **fermeture ~** Klettverschluss m

véliplanchiste [veliplɑ̃ʃist] nmf Windsurfer(in) m(f)

vélo [velo] nm Fahrrad nt; **faire du ~** Rad fahren; **~ de course** Rennrad nt; **~ tout terrain** Mountainbike nt

vélocité [velosite] nf Geschwindigkeit f

vélodrome [velodʀom] nm Radrennbahn f

vélomoteur [velomotœʀ] nm Mofa nt

véloski [veloski] nm Skibob m

velours [v(ə)luʀ] nm Samt m; **~ côtelé** Cordsamt m

velouté, e [vəlute] adj samtig; (au goût) cremig ▶ nm : **~ d'asperges/de tomates** Spargel-/Tomatencremesuppe f

velu, e [vəly] adj haarig

vénal, e, -aux [venal, o] adj bestechlich, käuflich

vendange [vɑ̃dɑ̃ʒ] nf Weinlese f • **vendanger** vi Wein lesen ▶ vt lesen

vendeur, -euse [vɑ̃dœʀ, øz] nm/f Verkäufer(in) m(f) • **vendre** vt verkaufen

vendredi [vɑ̃dʀədi] nm Freitag m; **~ saint** Karfreitag m; voir aussi **lundi**

vendu, e [vɑ̃dy] adj gekauft

vénéneux, -euse [venenø, øz] adj giftig

vénérable [veneʀabl] adj ehrwürdig

vénérer [venere] vt (Rel) verehren; (maître, traditions) ehren

Venezuela [venezɥela] nm : **le ~** Venezuela nt

vengeance [vɑ̃ʒɑ̃s] nf Rache f • **venger** vt rächen; (affront) sich rächen für; **se venger** vpr sich rächen; **se ~ sur qch/qn** sich an etw/jdm rächen

venimeux, -euse [vənimø, øz] *adj* giftig

venin [vənɛ̃] *nm* Gift *nt*; *(fig)* Bosheit *f*

venir [v(ə)niʀ] *vi* kommen; **~ de** kommen von; **je viens d'y aller/ de le voir** ich bin gerade dorthin gegangen/ich habe ihn gerade gesehen; **les années/ générations à ~** die kommenden Jahre/Generationen; **faire ~ qn** jdn kommen lassen

Venise [vəniz] *n* Venedig *nt*

vent [vɑ̃] *nm* Wind *m*; **avoir le ~ debout** *ou* **en face/arrière** *ou* **en poupe** Gegenwind *m*/ Rückenwind *m* haben

vente [vɑ̃t] *nf* Verkauf *m*; **~ aux enchères** Versteigerung *f*; **~ par correspondance** Versandhandel *m*

venteux, -euse [vɑ̃tø, øz] *adj* windig

ventilateur [vɑ̃tilatœʀ] *nm* Ventilator *m*

ventilation [vɑ̃tilasjɔ̃] *nf* Belüftung *f*; *(installation)* Lüftung *f*; *(Comm)* Aufschlüsselung *f* • **ventiler** *vt* belüften; *(répartir)* aufgliedern

ventouse [vɑ̃tuz] *nf* (*Méd*) Schröpfkopf *m*; *(de caoutchouc)* Saugnapf *m*; *(pour déboucher)* Saugglocke *f*; *(Zool)* Saugnapf *m*

ventre [vɑ̃tʀ] *nm* Bauch *m*

ventriloque [vɑ̃trilɔk] *nmf* Bauchredner(in) *m(f)*

venu, e [v(ə)ny] *pp de* **venir ▶ adj** *(arrivée)* Ankunft *f* **▶** *adj* : **être mal ~ de faire qch** keinen Grund *ou* keine Ursache haben, etw zu tun

ver [vɛʀ] *nm* Wurm *m*; **~ à soie** Seidenraupe *f*; **~ blanc** Made *f*; **~ de terre** Regenwurm *m*; **~ luisant** Glühwürmchen *nt*; **~ solitaire** Bandwurm *m*

véracité [verasite] *nf* Wahrhaftigkeit *f*

verbal, e, -aux [vɛʀbal, o] *adj* *(oral)* mündlich; *(Ling)* verbal

verbe [vɛʀb] *nm* Verb *nt*

verdâtre [vɛʀdɑtʀ] *adj* grünlich

verdeur [vɛʀdœʀ] *nf* (*vigueur*) Vitalität *f*; *(crudité)* Derbheit *f*; *(de fruit, vin)* Unreife *f*

verdict [vɛʀdik(t)] *nm* Urteil *nt*

verdure [vɛʀdyʀ] *nf* (*arbres, feuillages*) Laub *nt*

verge [vɛʀʒ] *nf* (*Anat*) Penis *m*, Glied *nt*

verger [vɛʀʒe] *nm* Obstgarten *m*

verglacé, e [vɛʀɡlase] *adj* vereist • **verglas** *nm* Glatteis *nt*

vergogne [vɛʀɡɔɲ] *nf* : **sans ~** schamlos

véridique [veridik] *adj* (*témoin*) ehrlich; *(récit)* wahrheitsgemäß

vérification [verifikasjɔ̃] *nf* Überprüfung *f* • **vérifier** *vt* überprüfen; *(hypothèse)* verifizieren; **se vérifier** *vpr* sich bewahrheiten

véritable [veritabl] *adj* echt; *(nom, identité, histoire)* wahr

vérité [verite] *nf* Wahrheit *f*; *(sincérité)* Aufrichtigkeit *f*; **en ~, à la ~** in Wirklichkeit

vermeil, le [vɛʀmɛj] *adj* karminrot

vermicelles [vɛʀmisɛl] *nmpl* Fadennudeln *pl*

vermine [vɛʀmin] *nf* Ungeziefer *nt*

vermoulu, e [vɛʀmuly] *adj* wurmstichig

vermout, vermouth [vɛʀmut] *nm* Wermut *m*

verni, e [vɛʀni] *adj* lackiert; **souliers ~s** Lackschuhe *pl* • **vernir** *vt* lackieren • **vernis** *nm* Lack *m*; **~ à ongles** Nagellack *m*

vernissage [vɛʀnisaʒ] *nm* (*d'une exposition*) Vernissage *f*; (*d'un tableau etc*) Lackieren *nt*

vérole [veʀɔl] *nf* (*aussi* : **petite vérole**) Pocken *pl*

verre [vɛʀ] *nm* Glas *nt*; **boire ou prendre un ~** etwas trinken gehen • **verrière** *nf* (*grand vitrage*) großes Fenster *nt*; (*toit vitré*) Glasdach *nt*

verrou [veʀu] *nm* Riegel *m* • **verrouillage** *nm* Verriegelung *f*; (*Inform*) Sperren *nt*; **~ central** Zentralverriegelung *f* • **verrouiller** *vt* (*porte*) verriegeln

verrue [veʀy] *nf* Warze *f*

vers¹ [vɛʀ] *nm* Vers *m* ▸ *nmpl* Gedichte *pl*

vers² [vɛʀ] *prép* (*en direction de*) in Richtung auf +*acc*; (*près de, dans les environs de*) in der Nähe von; (*temporel*) gegen, etwa um

versant [vɛʀsɑ̃] *nm* Abhang *m*

versatile [vɛʀsatil] *adj* unbeständig, wankelmütig

verse [vɛʀs] *nf* : **il pleut à ~** es gießt in Strömen

Verseau [vɛʀso] *nm* : **le ~** Wassermann *m*

versement [vɛʀsəmɑ̃] *nm* (*paiement*) Zahlung *f*; (*sur un compte*) Einzahlung *f*

verser [vɛʀse] *vt* (*liquide, grains*) schütten; (*servir*) gießen; (*argent* :

**à qqn*) zahlen; (: *sur un compte*) einzahlen

verset [vɛʀsɛ] *nm* (*Rel*) Vers *m*

version [vɛʀsjɔ̃] *nf* Version *f*; (*traduction*) Übersetzung *f* (*aus der Fremdsprache*); **film en ~ originale** Film *m* in Originalfassung

verso [vɛʀso] *nm* Rückseite *f*; **voir au ~** siehe Rückseite

vert, e [vɛʀ, vɛʀt] *adj* grün; (*écologique: croissance, économie*) grün; (*personne*) rüstig; (*cru, âpre*) derb

vert-de-gris [vɛʀdəgʀi] *nm inv* Grünspan *m*

vertébral, e, -aux [vɛʀtebʀal, o] *adj* : **colonne ~e** Wirbelsäule *f* • **vertèbre** *nf* (Rücken)wirbel *m*

vertébré, e [vɛʀtebʀe] *adj* Wirbel-; **vertébrés** *nmpl* Wirbeltiere *pl*

vertement [vɛʀtəmɑ̃] *adv* scharf

vertical, e, -aux [vɛʀtikal, o] *adj* vertikal, senkrecht

vertige [vɛʀtiʒ] *nm* : **j'ai le ~** ich bin nicht schwindelfrei; **j'ai des ~s** mir ist schwindlig • **vertigineux, -euse** *adj* schwindelerregend

vertu [vɛʀty] *nf* (*propriété*) Eigenschaft *f*; (*opposé à vice*) Tugend *f*; **en ~ de** kraft +*gén* • **vertueux, -euse** *adj* tugendhaft

verveine [vɛʀvɛn] *nf* Eisenkraut *nt*; (*infusion*) Eisenkrauttee *m*

vessie [vesi] *nf* (Harn)blase *f*

veste [vɛst] *nf* Jacke *f*

vestiaire [vɛstjɛʀ] *nm* (*au théâtre etc*) Garderobe *f*; (*Sport etc*) Umkleideraum *m*

v

vestibule [vɛstibyl] *nm* Diele *f*; *(d'hôtel, temple etc)* Vorhalle *f*

vestige [vɛstiʒ] *nm (objet)* Überrest *m*; *(fragment)* Spur *f*

veston [vɛstɔ̃] *nm* Jacke *f*

vêtement [vɛtmɑ̃] *nm* Kleidungsstück *nt*; **vêtements** *nmpl (habits)* Kleider *pl*

vétérinaire [veteʀinɛʀ] *nmf* Tierarzt *m*, Tierärztin *f*

vêtir [vetiʀ] *vt* anziehen; **se vêtir** *vpr* sich anziehen

veuf, veuve [vœf, vœv] *adj* verwitwet ▸ *nm* Witwer *m* ▸ *nf* Witwe *f*

vexations [vɛksasjɔ̃] *nfpl* Demütigungen *pl*

vexer [vɛkse] *vt* beleidigen; **se vexer** *vpr* beleidigt sein

VF [veɛf] *sigle f (= version française)* in französischer Sprache

viable [vjabl] *adj (enfant)* lebensfähig; *(entreprise)* durchführbar

viaduc [vjadyk] *nm* Viadukt *m ou nt*

viagra® [vjagʀa] *nm* Viagra® *nt*

viande [vjɑ̃d] *nf* Fleisch *nt*

vibrant, e [vibʀɑ̃, ɑ̃t] *adj* vibrierend; *(fig : de colère)* bebend

vibration [vibʀasjɔ̃] *nf* Schwingung *f*, Vibration *f* • **vibrer** *vi* schwingen, vibrieren ▸ *vt (Tech : béton)* schütteln; **faire ~** zum Schwingen bringen; *(personne, auditoire)* mitreißen, fesseln

vice¹ [vis] *nm* Laster *nt*

vice² [vis] *préf* Vize- • **vice-président, e** *(pl* **vice-présidents, es)** *nm/f* Vizepräsident *m*

vice-versa [visevɛʀsa] *adv* umgekehrt

vicieux, -euse [visjø, jøz] *adj* pervers; *(fautif)* inkorrekt, falsch

vicinal, e, -aux [visinal, o] *adj* : **chemin ~** Gemeindeweg *m*, Gemeindestraße *f*

victime [viktim] *nf* Opfer *nt*

victoire [viktwaʀ] *nf* Sieg *m* • **victorieux, -euse** *adj* siegreich; *(sourire, attitude)* triumphierend

vidange [vidɑ̃ʒ] *nf (Auto)* Ölwechsel *m*; **vidanges** *nfpl (matières)* Abwässer *pl* • **vidanger** *vt* entleeren; **faire ~ la voiture** einen Ölwechsel machen lassen

vide [vid] *adj* leer; **~ de** ohne; **emballé sous ~** vakuumverpackt; **à ~** *(Tech)* im Leerlauf • **vide-ordures** *nm inv* Müllschlucker *m*

vidéo [video] *nf* Video *nt* ▸ *adj inv* Video- • **vidéocassette** *nf* Videokassette *f* • **vidéoclip** *nm* Videoclip *m* • **vidéoconférence** *nf* Videokonferenz *f*

vidéosurveillance [videosyʀvejɑ̃s] *nf* Videoüberwachung *f* • **vidéothèque** *nf* Videothek *f*

vider [vide] *vt (récipient)* (aus)leeren; *(salle, lieu)* räumen; *(fam)* sich leeren

videur [vidœʀ] *nm (de boîte de nuit)* Rausschmeißer *m*

vie [vi] *nf* Leben *nt*; **sans ~** leblos

vieillard [vjejaʀ] *nm* alter Mann *m*; **les vieillards** *nmpl* die alten Leute *pl* • **vieilleries** *nfpl* alte Sachen *pl*; *(fig)* alter Kram *m* • **vieillesse** *nf* Alter *nt* • **vieillir** *vi* alt werden; *(se flétrir)* altern; *(institutions, doctrine)* veralten;

violence

(*vin, alcool*) reifen ▶ *vt* alt machen
• **vieillissement** *nm* Altern *nt*

Vienne [vjɛn] Wien *nt*
• **viennois, e** *adj* wienerisch

vierge [vjɛʀʒ] *adj* jungfräulich;
(*casier judiciaire*) ohne Vorstrafen
▶ *nf* Jungfrau *f*; **être de la V-**
(*Astrol*) Jungfrau sein

Viêt-Nam, Vietnam [vjɛtnam]
nm : **le ~** Vietnam *nt*

vietnamien, ne [vjɛtnamjɛ̃,
jɛn] *adj* vietnamesisch

vieux, vieil, vieille [vjø, vjɛj]
adj alt ▶ *nm/f* Alte(r) *f(m)*; **vieille
fille** alte Jungfer *f*; **~ garçon**
Junggeselle *m*; **~ jeu** altmodisch;
~ rose altrosa

vif, vive [vif, viv] *adj* (*animé*)
lebhaft; (*alerte*) rege, wach;
(*emporté*) aufbrausend; (*lumière,
couleur*) grell; (*froid*) schneidend;
(*sentiment*) tief; **de vive voix**
mündlich ▶ *nm* : **toucher** *ou*
piquer qn au ~ jdn tief treffen

vigilant, e [viʒilɑ̃, ɑ̃t] *adj*
wachsam

vigne [viɲ] *nf* (*plante*) Weinstock
m; (*plantation*) Weinberg *m*;
~ vierge Wilder Wein *m*
• **vigneron** *nm* Winzer *m*

vignette [viɲɛt] *nf* Vignette *f*;
(*Auto*) ≈ Kfz-Steuerplakette *f*;
(*sur médicament*) Gebührenmarke *f*
(*auf Medikamenten, die bei Vorlage
von der Krankenkasse ersetzt
werden*)

vignoble [viɲɔbl] *nm* (*plantation*)
Weinberg *m*; (*vignes d'une région*)
Weinberge *pl*

vigoureux, -euse [viguʀø, øz]
adj kräftig; (*style, dessin*) kraftvoll
• **vigueur** *nf* Kraft *f*, Stärke *f*; (*fig*)

Ausdruckskraft *f*; **selon la loi en ~**
nach dem geltenden Gesetz

vil, e [vil] *adj* abscheulich,
gemein; **à ~ prix** spottbillig

vilain, e [vilɛ̃, ɛn] *adj* (*laid*)
hässlich; (*enfant*) ungezogen;
~ mot Grobheit *f*

villa [vila] *nf* Villa *f*

village [vilaʒ] *nm* Dorf *nt*; **~ de
vacances** Feriendorf *nt*
• **villageois, e** *adj* ländlich ▶ *nm/f*
Dorfbewohner(in) *m(f)*

ville [vil] *nf* Stadt *f*

vin [vɛ̃] *nm* Wein *m*; **~ blanc**
Weißwein *m*; **~ de pays** Landwein
m; **~ rosé** Rosé(wein) *m*; **~ rouge**
Rotwein *m*

vinaigre [vinɛgʀ] *nm* Essig *m*
• **vinaigrette** *nf* Vinaigrette *f*,
Salatsauce *f*

vindicatif, -ive [vɛ̃dikatif, iv]
adj rachsüchtig

vingt [vɛ̃] *num* zwanzig; **~ et un**
einundzwanzig • **vingtaine** *nf* :
une ~ (de) etwa zwanzig • **vingt-
deux** *num* zweiundzwanzig

vingt-quatre [vɛ̃tkatʀ] *num* :
~ heures sur ~ rund um die Uhr

vinicole [vinikɔl] *adj* Weinbau-

vinyle [vinil] *nm* Vinyl *m*

viol [vjɔl] *nm* (*d'une femme*)
Vergewaltigung *f*

violation [vjɔlasjɔ̃] *nf* : **~ de
sépulture** Grabschändung *f*

violemment [vjɔlamɑ̃] *adv*
(*brutalement*) brutal

violence [vjɔlɑ̃s] *nf* Gewalt *f*;
(*de personne*) Gewalttätigkeit *f*,
Brutalität *f*; **~ conjugale**
häusliche Gewalt zwischen
Partnern • **violent, e** *adj*
(*personne, instincts*) gewalttätig;

violet *(langage)* brutal; *(choc, effort, bruit, vent)* gewaltig; *(colère, besoin, désir)* heftig • **violer** vt *(femme)* vergewaltigen; *(lieu, sépulture)* schänden; *(loi, traité, secret, serment)* brechen

violet, te [vjɔlɛ, ɛt] *adj* violett ▶ *nm* Violett nt ▶ *nm* Veilchen nt

violon [vjɔlɔ̃] *nm* Geige f

violoncelle [vjɔlɔ̃sɛl] *nm* Cello nt • **violoncelliste** nmf Cellist(in) m(f)

violoniste [vjɔlɔnist] *nmf* Geiger(in) m(f)

vipère [vipɛʀ] *nf* Viper f

virage [viʀaʒ] *nm* Kurve f

viral, e, -aux [viʀal, o] *adj* Virus-; *(fig: Internet)* viral

virée [viʀe] *nf* Spritztour f; *(à pied)* Bummel m

virement [viʀmɑ̃] *nm* (Fin) Überweisung f; **~ bancaire** Banküberweisung f; **~ postal** Postüberweisung f • **virer** vt (Fin) überweisen ▶ vi *(changer de direction)* wenden, umdrehen

virgule [viʀgyl] *nf* Komma nt

viril, e [viʀil] *adj* männlich • **virilité** f Männlichkeit f

virtuel, le [viʀtɥɛl] *adj* virtuell; *(potentiel)* potenziell

virtuose [viʀtɥoz] *nmf* Virtuose m, Virtuosin f

virtuosité [viʀtɥozite] *nf* Virtuosität f

virulent, e [viʀylɑ̃, ɑ̃t] *adj* *(microbe, poison)* bösartig; *(satire, critique)* geharnischt, scharf

virus [viʀys] *nm* Virus m ou nt; **~ informatique** (Computer)virus m ou nt

vis [vis] *vb voir* **voir**; *voir* **vivre** ▶ *nf* Schraube f; **~ à tête plate**

Flachkopfschraube f; **~ à tête ronde** Rundkopfschraube f; **~ platinées** (Auto) Kontakte pl; **~ sans fin** Endlosschraube f

visa [viza] *nm (sceau)* Stempel m; *(dans passeport)* Visum nt

visage [vizaʒ] *nm* Gesicht nt

vis-à-vis [vizavi] *adv* gegenüber ▶ *nm inv* Gegenüber nt; **~ de** gegenüber von; *(en comparaison de)* im Vergleich zu; **en ~** gegenüberliegend

viscose [viskoz] *nf* Viskose f

viser [vize] *vi* zielen ▶ vt *(objectif, cible)* anpeilen; *(carrière etc)* anstreben; *(apposer un visa sur)* mit einem Sichtvermerk versehen; **~ à qch** auf etw acc hinzielen

viseur [vizœʀ] *nm* (Photo) Sucher m

visibilité [vizibilite] *nf* Sicht f • **visible** *adj* sichtbar; *(évident)* sichtlich • **visiblement** *adv* *(ostensiblement)* sichtlich; *(manifestement)* offensichtlich

visière [vizjɛʀ] *nf* (Mützen)schirm m

vision [vizjɔ̃] *nf (sens)* Sehvermögen nt; *(image mentale: conception)* Vorstellung f, Bild nt; *(apparition)* Halluzination f

visite [vizit] *nf* Besuch m; *(touristique, d'inspection)* Besichtigung f; *(Méd: à domicile)* Hausbesuch m; *(consultation)* Visite f; **faire une ~ ou rendre ~ à qn** jdn besuchen; **être en ~ (chez qn)** (bei jdm) zu Besuch sein • **visiter** vt *(prisonniers, malades)* besuchen; *(musée, ville)* besichtigen • **visiteur, -euse** nm/f Besucher(in) m(f)

389

voici

visqueux, -euse [viskø, øz] *adj* zähflüssig; (*surface*) glitschig

visser [vise] *vt* festschrauben

visualisation [vizyalizasjɔ̃] *nf*: **écran de ~** Bildschirm *m*

visuel, le [vizɥɛl] *adj* visuell; **champ ~** Gesichtsfeld *nt* ▶ *nm* (*Inform*) Display *nt*

vital, e, -aux [vital, o] *adj* Lebens-; (*indispensable*) lebensnotwendig • **vitalité** *nf* (*d'une personne*) Vitalität *f*; (*d'une entreprise, région*) Dynamik *f*

vitamine [vitamin] *nf* Vitamin *nt*

vite [vit] *adv* schnell • **vitesse** *nf* Geschwindigkeit *f*; (*Auto: dispositif*) Gang *m*; **à toute ~** mit Volldampf; **~ de croisière** Reisegeschwindigkeit *f*

viticole [vitikɔl] *adj* Weinbau- • **viticulteur** *nm* Weinbauer *m* • **viticulture** *nf* Weinbau *m*

vitrage [vitRaʒ] *nm* (*cloison*) Glaswand *f*; (*toit*) Glasdach *nt*

vitrail, -aux [vitRaj, o] *nm* buntes Kirchenfenster *nt*; (*technique*) Glasmalerei *f*

vitre [vitR] *nf* Fensterscheibe *f*; (*Auto*) Scheibe *f*

vitrier [vitRije] *nm* Glaser *m*

vitrine [vitRin] *nf* Schaufenster *nt*; (*petite armoire*) Vitrine *f*; **en ~** im Schaufenster

vivable [vivabl] *adj* (*personne*) verträglich; (*endroit*) bewohnbar

vivace [vivas] *adj* widerstandsfähig; (*haine*) tief verwurzelt; **plante ~** mehrjährige Pflanze

vivacité [vivasite] *nf* Lebhaftigkeit *f*

vivant, e [vivɑ̃, ɑ̃t] *adj* lebendig; (*langue*) lebend ▶ *nm*: **du ~ de qn** zu jds Lebzeiten

vivats [viva] *nmpl* Hochrufe *pl*

vive [viv] *excl*: **~ le roi/la république !** es lebe der König/die Republik!; **~ les vacances/la liberté !** ein Hoch auf die Ferien/die Freiheit!

vivement [vivmɑ̃] *adv* (*brusquement*) brüsk; (*regretter, s'intéresser*) sehr ▶ *excl*: **~ qu'il s'en aille !** wenn er doch nur ginge!

vivier [vivje] *nm* (*réservoir*) Fischtank *m*; (*étang*) Fischteich *m*

vivifiant, e [vivifjɑ̃, jɑ̃t] *adj* erfrischend; (*fig*) anregend

vivisection [vivisɛksjɔ̃] *nf* Vivisektion *f*

vivre [vivR] *vi* leben ▶ *vt* erleben; (*une certaine vie*) führen; **vivres** *nmpl* (*nourriture*) Verpflegung *f*; **faire ~ qn** jdn ernähren

vlan [vlɑ̃] *excl* peng

VO [veo] *sigle f* (= *version originale*) OF (*Originalfassung f*)

vocabulaire [vɔkabylɛR] *nm* Wortschatz *m*; (*livre*) Wörterverzeichnis *nt*

vocation [vɔkasjɔ̃] *nf* Berufung *f*; **avoir la ~ de l'enseignement** sich zum Lehrer berufen fühlen

vodka [vɔdka] *nf* Wodka *m*

vœu, x [vø] *nm* (*souhait*) Wunsch *m*; (*à Dieu*) Gelübde *nt*; **faire ~ de faire qch** geloben, etw zu tun; **~x de bonheur** Glückwünsche *pl*; **~x de bonne année** Glückwünsche zum neuen Jahr

vogue [vɔg] *nf*: **en ~** in Mode, in

voici [vwasi] *prép* hier ist/sind; **~ mon bureau/des fleurs** hier ist

mein Büro/sind Blumen; **il est
parti ~ trois ans** nun sind es drei
Jahre, seit er weggegangen ist;
me ~ da ou hier bin ich

voie [vwa] nf Weg m; (Rail) Gleis
nt; **route à deux/trois ~s** zwei-/
dreispurige Fahrbahn f; **~ ferrée**
Schienenweg m; **la ~ lactée** die
Milchstraße f

voilà [vwala] prép da ist/sind;
**~ le livre/les livres que vous
cherchiez** da ist das Buch/da sind
die Bücher, die Sie gesucht haben;
les ~ da sind sie; **~ deux ans que**
nun sind es zwei Jahre, dass;
~ tout das ist alles, das wärs; **~ !**
(en apportant qch) hier, bitte

voile [vwal] nm Schleier m;
(Photo : défaut) dunkler Schleier
▶ nf (de bateau) Segel nt; (sport)
Segeln nt • **voiler** vt verschleiern;
se voiler vpr (regard, ciel) sich
trüben; (roue, disque) sich
verbiegen; **se ~ la face** sein
Gesicht verhüllen

voilier [vwalje] nm Segelschiff nt;
(plus petit) Segelboot nt

voir [vwaʀ] vi sehen; (comprendre)
verstehen ▶ vt sehen; (être témoin
de) erleben; (fréquenter) verkehren
mit; **se voir** vpr : **~ que/comme**
sehen, dass/wie; **faire ~ qch à qn**
jdm etw zeigen; **voyons !** na, hör/
hört mal!

voire [vwaʀ] adv ja sogar

voisin, e [vwazɛ̃, in] adj (proche)
benachbart; (ressemblant) nah
verwandt ▶ nm/f Nachbar(in) m(f)
• **voisinage** nm (proximité) Nähe f;
(quartier, voisins) Nachbarschaft f

voiture [vwatyʀ] nf Wagen m,
Auto nt; (wagon) Wagen m; **en ~ !**
alles einsteigen!; **~ d'enfant**

Kinderwagen m; **~ d'occasion**
Gebrauchtwagen m; **~ de
location** Mietwagen m
• **voiture-lit** (pl **voitures-lits**) nf
Schlafwagen m • **voiture-
restaurant** (pl **voitures-
restaurants**) nf Speisewagen m

voix [vwa] nf Stimme f; **à haute ~**
laut, mit lauter Stimme; **à ~
basse** leise, mit leiser Stimme

vol[1] [vɔl] nm Flug m; **à ~ d'oiseau**
(in der) Luftlinie; **en ~** im Flug;
attraper qch au ~ etw im Flug
erwischen; **à voile** Segelflug m;
~ libre (Sport) Drachenfliegen nt;
~ plané Gleitflug m

vol[2] [vɔl] nm (délit) Diebstahl m;
~ à l'étalage Ladendiebstahl m;
~ de données Datendiebstahl m

volaille [vɔlaj] nf Geflügel nt

volant, e [vɔlɑ̃, ɑ̃t] adj fliegend;
(feuille) lose; (personnel) Flug-
▶ nm (Auto) Lenkrad nt; (Tech : de
commande) Steuer(rad) nt; (balle)
Federball m

volatil, e [vɔlatil] adj flüchtig

volatiliser : **se ~** vpr
(Chim) sich verflüchtigen; (fig)
sich in Luft auflösen

vol-au-vent [vɔlovɑ̃] nm inv
Königinpastete f

volcan [vɔlkɑ̃] nm Vulkan m
• **volcanique** adj vulkanisch

volée [vɔle] nf (d'oiseaux)
Schwarm m; **rattraper qch à la ~**
etw im Flug erwischen; **à toute ~**
mit voller Kraft

voler [vɔle] vi fliegen; (voleur)
stehlen; (aller vite) eilen ▶ vt
(dérober) stehlen

volet [vɔle] nm (de fenêtre)
Fensterladen m; (Aviat : sur l'aile)

Landeklappe f; (fig : d'un plan etc)
Teil m

voleur, -euse [vɔlœʀ, øz] nm/f
Dieb(in) m(f) ▶ adj diebisch

volley [vɔlɛ], **volley-ball**
[vɔlebol] nm Volleyball m

volontaire [vɔlɔ̃tɛʀ] adj
freiwillig; (décidé) entschlossen
▶ nmf Freiwillige(r) f(m)
• **volontairement** adv freiwillig;
(exprès) absichtlich

volonté [vɔlɔ̃te] nf Wille m;
(fermeté) Willenskraft f; **à ~** nach
Belieben; **les dernières ~s de qn**
jds letzter Wille

volontiers [vɔlɔ̃tje] adv gern

volt [vɔlt] nm Volt nt

voltage [vɔltaʒ] nm Spannung f;
(d'un appareil) Voltzahl f

volume [vɔlym] nm Volumen nt,
Rauminhalt m; (quantité,
importance) Umfang m; (intensité)
Lautstärke f; (livre) Band m
• **volumineux, -euse** adj
umfangreich; (courrier etc)
reichlich

voluptueux, -euse [vɔlyptɥø,
øz] adj wollüstig, sinnlich

vomir [vɔmiʀ] vi brechen,
erbrechen ▶ vt spucken, speien
• **vomissement** nm Erbrechen nt

vorace [vɔʀas] adj gefräßig; (fig)
unersättlich

vos [vo] adj possessif voir **votre**

Vosges [voʒ] nfpl : **les ~** die
Vogesen pl

VOST [veoɛste] sigle f (= version
originale sous-titrée) OmU
(= Original mit Untertiteln)

vote [vɔt] nm (consultation)
Abstimmung f; (suffrage) Stimme
f; (élection) Wahl f • **voter** vi

abstimmen; (élection) wählen ▶ vt
(loi, décision) annehmen

votre [vɔtʀ] (pl **vos**) adj possessif
euer/eu(e)re; (forme de politesse)
Ihr(e); (forme de politesse) : **vos**
eure; (forme de politesse) Ihre

vôtre [votʀ] pron : **le/la ~** eure(r, s);
(forme de politesse) Ihre(r, s); **les ~s**
eure; (forme de politesse) Ihre; **à la ~ !**
(toast) auf euer/Ihr Wohl!

vouer [vwe] vt (Rel) weihen; (vie,
temps) widmen; **se vouer** vpr : **se
~ à** sich widmen +dat; **~ une
haine/amitié éternelle à qn** jdm
ewigen Hass/ewige Freundschaft
schwören

---

vouloir [vulwaʀ]

▶ vi, vt **1** (exiger) wollen; **~ faire
qch** etw tun wollen; **~ que qn
fasse qch** wollen, dass jd etw
tut; **que me veut-il ?** was will er
von mir?; **sans le ~** unabsichtlich;
je voudrais ceci ich möchte
das; **je voudrais faire qch** ich
möchte etw tun
2 (désirer) wollen, mögen;
voulez-vous du thé ? möchten
Sie Tee?; **comme vous voudrez?**
wie Sie wünschen ou möchten
3 (consentir) : **je veux bien**
(bonne volonté) gern; (concession)
von mir aus; **oui, si on veut** ja,
wenn man so will; **veuillez
attendre** bitte warten Sie
4 : **en ~ : en ~ à qn** es auf jdn
abgesehen haben; **s'en ~
d'avoir fait qch** sich darüber
ärgern, dass man etw getan hat
5 : **~ de : l'entreprise ne veut
plus de lui** die Firma will ihn
nicht mehr; **elle ne veut pas de
son aide** sie will seine Hilfe nicht

6: ~ dire (que) bedeuten(, dass)
▶ *nm* : **le bon ~ de qn** jds guter
Wille

voulu, e [vuly] *adj (délibéré)*
absichtlich; *(requis)* erforderlich

vous [vu]

▶ *pron (sujet : pl)* ihr; *(: forme de politesse : sg et pl)* Sie; *(objet direct, après préposition gouvernant l'accusatif : pl)* euch; *(: forme de politesse : sg et pl)* Sie; *(objet indirect, après préposition gouvernant le datif : pl)* euch; *(: forme de politesse)* Ihnen; ▶ **pouvez ~ asseoir** ihr könnt euch/Sie können sich setzen; **je ~ prie de ...** ich bitte euch/Sie, zu ...; **je ~ le jure** ich schwöre es euch/Ihnen
▶ *nm* : **employer le ~** die Sie-Form benutzen

voûte [vut] *nf* Gewölbe *nt*
• **voûté, e** *adj* gewölbt; *(dos)* gekrümmt; *(personne)* gebeugt
• **voûter** *vt (Archit)* wölben;
se voûter *vpr* krumm werden

vouvoyer [vuvwaje] *vt* siezen

voyage [vwajaʒ] *nm* Reise *f*;
(trajet) Weg *m*; *(course)* Fahrt *f*;
(fait de voyager) Reisen *nt*; **être en ~** auf Reisen sein; **partir en ~** verreisen; **~ d'affaires** Geschäftsreise *f*, Dienstreise *f*;
~ de noces Hochzeitsreise *f*;
~ organisé Gesellschaftsreise *f*
• **voyageur, -euse** *nm/f* Reisende(r) *f(m)* • **voyagiste** *nm* Reiseveranstalter *m*

voyant, e [vwajã, ãt] *adj* grell, schreiend ▶ *nm/f (personne)* Hellseher(in) *m(f)* ▶ *nm (signal)* Warnlicht *nt*

voyelle [vwajɛl] *nf* Vokal *m*

voyou [vwaju] *nm* Rowdy *m*;
(enfant) Flegel *m*

VPC [vepese] *sigle f (= vente par correspondance)* Versandhandel *m*

vrac [vʀak] : **en ~** *adv (pêle-mêle)* durcheinander; *(Comm)* lose

vrai, e [vʀɛ] *adj* wahr; *(réel)* echt
▶ *nm* : **le ~** das Wahre; **son ~ nom** sein wirklicher Name • **vraiment** *adv* wirklich; **à dire ~, à ~ dire** offen gestanden

vraisemblable [vʀɛsãblabl] *adj (probable)* wahrscheinlich
• **vraisemblance** *nf* Wahrscheinlichkeit *f*

V/Réf. *abr (= votre référence)* Ihr Zeichen

VRP [veɛʀpe] *sigle m (= voyageur, représentant, placier)* Vertreter *m*

VTT [vetete] *sigle m (= vélo tout terrain)* Mountainbike *nt*

vu, e [vy] *pp de* **voir** ▶ *adj* : **bien/ mal vu** gut/schlecht angesehen ▶ *prép* wegen +*gén*, angesichts +*gén*

vue [vy] *nf (fait de voir, spectacle)* Anblick *m*; *(sens)* Sehvermögen *nt*; *(panorama)* Aussicht *f*; *(image)* Ansicht *f*, **vues** *nfpl (idées)* Ansichten *pl*; *(desseins)* Absichten *pl*; **perdre la ~** erblinden; **perdre de ~** aus den Augen verlieren; **à la ~ de tous** vor aller Augen; **hors de ~** außer Sicht(weite); **à première ~** auf den ersten Blick; **connaître qn de ~** jdn vom Sehen kennen; **à ~ (Comm)** bei Empfang;

à ~ d'œil merklich, sichtlich; **avoir ~ sur** (einen) Ausblick haben auf +acc; **avoir qch en ~** etw anvisieren; **en ~ de faire qch** mit der Absicht, etw zu tun

vulgaire [vylgɛʀ] *adj* ordinär, vulgär; (*trivial*) banal; **de ~s chaises de cuisine** ganz ordinäre Küchenstühle

vulgariser [vylgaʀize] *vt* allgemein zugänglich machen

vulgarité [vylgaʀite] *nf* Vulgarität f

vulnérable [vylneʀabl] *adj* (*physiquement*) verwundbar; (*moralement*) verletzlich; (*stratégiquement*) ungeschützt

vulve [vylv] *nf* Vulva f

W

wagon [vagɔ̃] *nm* Wagen m; **~ de marchandises** Güterwagen m • **wagon-citerne** (*pl* **wagons-citernes**) *nm* Tankwagen m • **wagon-lit** (*pl* **wagons-lits**) *nm* Schlafwagen m • **wagon-restaurant** (*pl* **wagons-restaurants**) *nm* Speisewagen m

wallon, ne [walɔ̃, ɔn] *adj* wallonisch ▸ *nm/f*: **W~, ne** Wallone m, Wallonin f • **Wallonie** *nf*: **la ~** Wallonien nt

w.-c., WC [vese] *nmpl* WC nt, Toilette f

Web [wɛb] *nm inv*: **le ~** das (World Wide) Web

webcam [wɛbkam] *nf* Webcam f

webmaster [wɛbmastœʀ], **webmestre** [wɛbmɛstʀ] *nmf* Webmaster(in) m(f)

week-end [wikɛnd] (*pl* **week-ends**) *nm* Wochenende nt

western [wɛstɛʀn] *nm* Western m

whisky [wiski] (*pl* **whiskies**) *nm* Whisky m

W

white-spirit [wajtspiʀit] *nm*
  Terpentinersatz *m*
wifi, wi-fi [wifi] *nm inv* Wi-Fi *nt*
  ▶ *adj* kabellos

xénophobe [gzenɔfɔb] *adj*
  ausländerfeindlich,
  fremdenfeindlich • **xénophobie**
  nf Ausländerfeindlichkeit *f*
xylophone [gzilɔfɔn] *nm*
  Xylofon *nt*

y z

y [i]

▶ adv 1 (à cet endroit : situation) da, dort; **nous y sommes restés une semaine** wir blieben eine Woche dort; **nous y sommes** wir sind da
2 (à cet endroit : mouvement) dahin, dorthin; **nous y allons demain** wir fahren morgen dorthin
▶ pron (vérifier la syntaxe du verbe employé) : **j'y pense** ich denke daran; **s'y connaître** sich (da) auskennen; **il y a** voir **avoir**

yacht ['jɔt] nm Jacht f
yaourt ['jaurt] nm Joghurt m ou nt
Yémen ['jemɛn] nm : **le ~** Yemen m
yeux [jø] nmpl de **œil**
yoga ['jɔga] nm Yoga m ou nt
yoghourt, yogourt [jɔgurt] nm = **yaourt**
yuppie [jupi] nm Yuppie m

Zaïre [zaiʀ] nm : **le ~** Zaire nt
Zambie [zãbi] nf : **la ~** Sambia nt
zapper [zape] vi zappen ▶ vt (fam : oublier) vergessen • **zapping** nm Zappen nt
zèbre [zɛbʀ] nm Zebra nt
zèle [zɛl] nm Eifer m; **faire du ~** übereifrig sein • **zélé, e** adj eifrig
ZEP [zɛp] sigle f (= zone d'éducation prioritaire) Gebiet für gezielte Erziehungsförderung
zéro [zeʀo] num Null f
zeste [zɛst] nm (Culin) Schale f
zézayer [zezeje] vi lispeln
ZI [zɛdi] sigle f (= zone industrielle) Industriegebiet nt
zigzag [zigzag] nm Zickzack m; (point) Zickzackstich m
Zimbabwe [zimbabwe] nm : **le ~** Zimbabwe nt
zinc [zɛg] nm Zink nt; (comptoir) Theke f, Tresen m
zizi [zizi] nm (fam) Pimmel m
zodiaque [zɔdjak] nm Tierkreis m
zona [zona] nm Gürtelrose f
zone [zon] nf Zone f, Gebiet nt; **~ à urbaniser en priorité** Gebiet

z

für städtebauliche Sanierungs- und Entwicklungsmaßnahmen;
- **blanche** Mobilfunkloch *nt;*
- **bleue** ≈ Kurzparkzone *f;*
- **franche** Freizone *f;*
- **industrielle** Industriegebiet *nt*
- **zoner** *vt (fam)* herumhängen

zoo [zo] *nm* Zoo *m*

zoologie [zɔɔlɔʒi] *nf* Zoologie *f*
- **zoologique** *adj* zoologisch

zoom [zum] *nm* Zoom *m*, Zoomobjektiv *nt*

ZUP [zyp] *sigle f* (= *zone à urbaniser en priorité*) Gebiet für städtebauliche Sanierungs- und Entwicklungsmaßnahmen

Zurich [zyʀik] *n* Zürich *nt*

zut [zyt] *excl* Mist

Grammaire allemande

1 Le groupe nominal

1.1 Le nom

L'orthographe des noms

Les noms communs s'écrivent tous avec une majuscule.

Le genre des noms

Il existe trois genres en allemand : le masculin, le féminin et le neutre.

Sont souvent masculins les noms terminés par -er ou -en :

der Bäcker	der Regen
le boulanger	*la pluie*

Sont souvent féminins les noms terminés par -age, -ei, -in, -keit, -schaft, -ung :

die Konditorei	die Lehrerin
la pâtisserie	*l'enseignante*
die Schönheit	die Freundlichkeit
la beauté	*l'amabilité*
die Mannschaft	die Wohnung
l'équipe	*l'appartement*

Sont neutres les diminutifs :

die Brötchen
le petit pain

Le pluriel des noms

Le pluriel se forme souvent par l'ajout de lettres en fin de mot et par des modifications de certaines voyelles (par exemple : der Hund – die Hunde ; das Wort – die Wörter). Il est conseillé d'apprendre les mots courants avec leurs pluriels.

L'infinitif substantivé

Tout infinitif peut être employé comme un nom. Il s'écrit alors avec une majuscule. Il est neutre et n'a pas de pluriel :

essen   das Essen
manger   *le repas*

Les mots composés

Pour former un nom composé, on place devant un nom servant de mot de base, appelé « déterminé », un autre terme qui est le « déterminant ».

C'est le déterminé, donc le dernier terme, qui impose le genre et le nombre au nom composé tout entier. Le déterminant porte l'accent principal.

das Haus   +   die Tür   =   die Haustür
la maison   *la porte*   *la porte de la maison*

1.2   Le déterminant

Le déterminant défini

Les déterminants correspondant aux articles *le*, *la*, *les* sont les suivants :

der (masculin sing.), die (féminin sing.),
das (neutre sing.), die (pluriel)

Le pluriel (*les*) est die pour les trois genres.

Le déterminant indéfini

Les déterminants correspondant aux articles *un* et *une* sont les suivants :

ein (masculin sing.), eine (féminin sing.), ein (neutre sing.)

Au pluriel, il n'y a pas d'article correspondant à *des* :

eine Uhr   Uhren
une montre   *des montres*

2   La déclinaison

En allemand, les différentes fonctions des groupes nominaux dans la phrase sont signalées par des **cas** qui font partie de la **déclinaison**. Il y a quatre cas :

le nominatif   l'accusatif

le datif   le génitif

2.1   **Le nominatif**

Le nominatif correspond au sujet et à l'attribut du sujet :

Eva ist in Paris.   Sie ist eine gute Schülerin.
Eva est à Paris.   *Elle est bonne élève.*

2.2   **L'accusatif**

L'accusatif correspond au complément d'objet direct et au complément d'objet indirect introduit par une préposition suivie de l'accusatif :

Ich habe eine Katze.   ohne meinen Bruder
J'ai un chat.   *sans mon frère*

2.3   **Le datif**

Le datif correspond au complément d'objet second et au complément d'objet indirect introduit par une préposition suivie du datif :

Ich habe meiner Mutter eine Kette geschenkt.
J'ai offert un collier à ma mère.

Ich bin mit meinem Bruder ins Kino gegangen.
Je suis allé au cinéma avec mon frère.

2.4 Le génitif

Le génitif correspond au complément de nom et au complément d'objet indirect introduit par une préposition suivie du génitif :

das Auto meines Vaters — trotz des Regens
la voiture de mon père — *malgré la pluie*

2.5 Déclinaison du nom et du déterminant

Déclinaison du nom

Les noms singuliers ne changent qu'au génitif, et les noms pluriels qu'au datif.

Au génitif singulier, on ajoute généralement un s (parfois es) aux noms masculins et neutres, tandis que les noms féminins restent inchangés :

der Apfel — *la pomme* — des Apfels — *de la pomme*
die Schule — *l'école* — der Schule — *de l'école*
das Kind — *l'enfant* — des Kindes — *de l'enfant*

Au datif pluriel, on ajoute n ou en à la forme du nominatif pluriel (sauf lorsqu'elle se termine déjà en -n) :

die Äpfel — *les pommes* — den Äpfeln — *aux pommes*
die Schulen — *les écoles* — den Schulen — *aux écoles*
die Kinder — *les enfants* — den Kindern — *aux enfants*

Déclinaison de l'article défini

	masculin	féminin	neutre	pluriel
nominatif	der	die	das	die
accusatif	den	die	das	die
datif	dem	der	dem	den
génitif	des	der	des	der

Déclinaison de l'article indéfini

	masculin	féminin	neutre	pluriel
nominatif	ein	eine	ein	
accusatif	einen	eine	ein	
datif	einem	einer	einem	
génitif	eines	einer	eines	

Déclinaison du déterminant possessif

Le déterminant ou l'adjectif possessif porte la marque du cas et celle du genre du nom.

mon	mein	
ton	dein	
son	sein	si le possesseur est masculin (comme *his* en anglais)
	ihr	si le possesseur est féminin (comme *her* en anglais)
notre	unser	
votre	euer	
leur	ihr	

Tableau récapitulatif des déterminants possessifs

Élément possédé masculin singulier

	mon	ton	son	notre	votre	leur
nominatif	mein	dein	sein ihr	unser	euer	ihr
accusatif	meinen	deinen	seinen ihren	unseren	euren	ihren
datif	meinem	deinem	seinem ihrem	unserem	eurem	ihrem
génitif	meines	deines	seines ihres	unseres	eures	ihres + -s *ou* -es

Élément possédé féminin singulier

	mon	ton	son	notre	votre	leur
nominatif	meine	deine	seine ihre	unsere	eure	ihre
accusatif	meine	deine	seine ihre	unsere	eure	ihre
datif	meiner	deiner	seiner ihrer	unserer	eurer	ihrer
génitif	meiner	deiner	seiner ihrer	unserer	eurer	ihrer

Élément possédé neutre singulier

	mon	ton	son	notre	votre	leur
nominatif	mein	dein	sein ihr	unser	euer	ihr
accusatif	mein	dein	sein ihr	unser	euer	ihr
datif	meinem	deinem	seinem ihrem	unserem	eurem	ihrem
génitif	meines	deines	seines ihres	unseres	eures	ihres + -s *ou* -es

Élément possédé pluriel pour les trois genres

	mes	tes	ses	nos	vos	leurs
nominatif	meine	deine	seine ihre	unsere	eure	ihre
accusatif	meine	deine	seine ihre	unsere	eure	ihre
datif	meinen	deinen	seinen ihren	unseren	euren	ihren
génitif	meiner	deiner	seiner ihrer	unserer	eurer	ihrer

3 L'adjectif

L'adjectif qualificatif peut avoir deux fonctions.

3.1 L'adjectif attribut

Lorsque l'adjectif est séparé du nom qu'il qualifie par un verbe d'état (*être, sembler, paraître, devenir, rester, être considéré comme*), il est attribut. En allemand, l'adjectif attribut est invariable.

3.2 L'adjectif épithète

L'adjectif épithète est placé directement à côté du nom (*la robe rouge, le gros livre*). En allemand, l'adjectif épithète porte la marque du genre et du cas du nom qu'il qualifie et il varie selon le déterminant qui introduit le nom. Il est placé entre le déterminant et le nom. S'il n'y a pas de déterminant, il est placé avant le nom.

3.3 Les degrés de l'adjectif

Le comparatif

Pour former le comparatif de supériorité on ajoute le suffixe -er à l'adjectif :

schön	→	schöner
beau		*plus beau*

On introduit le 2e terme de la comparaison à l'aide de als :

Er ist schöner als sein Bruder.
Il est plus beau que son frère.

Le superlatif

Pour former le superlatif, on ajoute le suffixe -st à l'adjectif :

der schönste Tag   Ich habe den schönsten Garten.
la plus belle journée   *J'ai le plus beau jardin.*

Le superlatif d'adverbe est précédé par am et prend le suffixe
-sten :

Er läuft am schnellsten.
Il court le plus vite.

4   Les pronoms

4.1   Les pronoms personnels

Notons que le génitif est peu usité et que la forme utilisée
pour vouvoyer les gens s'écrit obligatoirement avec une
majuscule.

Nominatif

singulier					pluriel			vouvoiement
1ère pers	2e pers	3e pers			1ère pers	2e pers	3e pers	
ich	du	er	sie	es	wir	ihr	sie	Sie
je	*tu*	*il*	*elle*		*nous*	*vous*	*ils/ elles*	*vous*

Accusatif

singulier					pluriel			vouvoiement
1ère pers	2e pers	3e pers			1ère pers	2e pers	3e pers	
mich	dich	ihn	sie	es	uns	euch	sie	Sie
me	*te*	*le*	*la*		*nous*	*vous*	*les*	*vous*

Datif

singulier					pluriel			vouvoiement
1ère pers	2e pers	3e pers			1ère pers	2e pers	3e pers	
mir	dir	ihm	ihr	ihm	uns	euch	ihnen	Ihnen
me	te	lui	lui		nous	vous	leur	vous

4.2 Les pronoms réfléchis

À la 3e personne du singulier et du pluriel, le pronom réfléchi est **sich** au datif et à l'accusatif. Ailleurs, il a les mêmes formes que le pronom personnel :

Er freut **sich**.   Er reibt **sich** die Augen.
Il se réjouit.   *Il se frotte les yeux.*

5 Les prépositions

5.1 Les prépositions suivies de l'accusatif

durch	à travers par	durch den Wald *à travers/par la forêt*
für	pour	für dich *pour toi*
gegen	contre	gegen den Rassismus kämpfen *lutter contre le racisme*
ohne	sans	ohne Hilfe *sans aide*
um	autour de	um das Haus *autour de la maison*

5.2 Les prépositions suivies du datif

aus	en provenance de	Er ist aus Hamburg. *Il vient de Hambourg.*
bei	chez	Sie wohnt bei meinem Onkel. *Elle habite chez mon oncle.*
mit	avec	Er arbeitet mit meinem Vater. *Il travaille avec mon père.*
nach	en	Ich fahre nach Deutschland. *Je vais en Allemagne.*
seit	depuis	Er arbeitet seit zwei Monaten. *Il travaille depuis deux mois.*
von	de	von Paris nach Berlin *de Paris à Berlin*
zu	chez (direction)	Er geht zum Arzt. *Il va chez le médecin.*

5.3 Les prépositions spatiales, avec datif ou accusatif

Les prépositions spatiales (de lieu) sont suivies du datif quand elles introduisent le lieu où l'on est, et de l'accusatif quand elles introduisent le lieu où l'on va :

		datif	accusatif
an	à	Nizza liegt am Meer. *Nice se trouve au bord de la mer.*	Wir fuhren ans Meer. *Nous sommes allés au bord de la mer.*
auf	sur	Die Vase ist auf dem Tisch. *Le vase est sur la table.*	Ich stelle die Vase auf den Tisch. *Je pose le vase sur la table.*
hinter	derrière	Er bleibt hinter dem Haus. *Il reste derrière la maison.*	Er geht hinter das Haus. *Il va derrière la maison.*

		datif	**accusatif**
in	*dans*	Er geht im Wald spazieren. *Il se promène dans la forêt.*	Er geht in den Wald. *Il va dans la forêt.*
neben	*à côté de*	Er sitzt neben dem Tisch. *Il est assis à côté de la table.*	Er setzt sich neben den Tisch. *Il s'assied à côté de la table.*
über	*sur*	Nebel liegt über der Stadt. *Il y a du brouillard sur la ville.*	Der Vogel fliegt über die Stadt. *L'oiseau survole la ville.*
unter	*sous*	Der Ball ist unter dem Tisch. *Le ballon est sous la table.*	Er wirft den Ball unter den Tisch. *Il jette le ballon sous la table.*
vor	*devant*	Er steht vor der Tür. *Il est devant la porte.*	Er setzt sich vor die Tür. *Il s'assied devant la porte.*
zwischen	*entre*	Die Zeitung ist zwischen den Büchern. *Le journal est entre les livres.*	Er legt die Zeitung zwischen die Bücher. *Il pose le journal entre les livres.*

5.4 Les prépositions suivies du génitif

Les prépositions suivantes sont suivies du génitif :

außerhalb	*en dehors de, hors de*
innerhalb	*à l'intérieur de*
jenseits	*de l'autre côté de*
längs	*le long de*
trotz	*malgré*
während	*pendant*
wegen	*à cause de*
während des Sommers	*pendant l'été*

6 Les conjonctions

6.1 Les principales conjonctions de coordination

aber	*mais*
denn	*car*
nämlich	*en effet*
oder	*ou*
und	*et*
sondern	*mais*
entweder... oder	*ou... ou*
weder... noch	*ni... ni*

6.2 Les principales conjonctions de subordination

als	*lorsque, au moment où*
anstatt dass	*au lieu que*
bevor	*avant que*
bis	*jusqu'à ce que*
da	*comme, puisque, étant donné que*
damit	*afin que*
dass	*que*
indem	*tandis que, en*
nachdem	*après que*
ob	*si (interrogatif)*
obgleich	*quoique, bien que*
obwohl	*quoique, bien que*
ohne dass	*sans que*
seit	*depuis que*
seitdem	*depuis ce moment-là*
sobald	*aussitôt que*
sodass	*si bien que*
solange	*aussi longtemps que*
während	*pendant que*
weil	*parce que*
wenn	*si (conditionnel)*
wenn	*quand, lorsque*
wie	*comme*

7 Le verbe

7.1 Typologie des verbes

Les auxiliaires de temps

Les auxiliaires de temps sont les verbes suivants :

sein	werden	haben
être	*devenir*	*avoir*

Les verbes faibles, forts et mixtes

Les verbes faibles sont les verbes réguliers et les verbes forts sont les verbes irréguliers.

Les verbes mixtes subissent des transformations au prétérit et au participe passé :

	infinitif	présent	prétérit	participe passé
brûler	brennen	ich brenne	ich brannte	gebrannt
apporter	bringen	ich bringe	ich brachte	gebracht
penser	denken	ich denke	ich dachte	gedacht
connaître	kennen	ich kenne	ich kannte	gekannt
nommer	nennen	ich nenne	ich nannte	genannt
courir	rennen	ich renne	ich rannte	gerannt
envoyer	senden	ich sende	ich sandte	gesandt
tourner	wenden	ich wende	ich wandte	gewandt

7.2 L'infinitif

L'infinitif des verbes allemands se termine par -en ou -n :

bringen	dauern
apporter	*durer*

7.3 Les particules

Les verbes peuvent avoir une particule séparable ou inséparable qui modifie leur sens. Lorsque ces verbes sont conjugués dans une phrase ou dans une proposition, la particule séparable se retrouve en dernière place dans la proposition.

machen	aufmachen	Ich mache die Tür auf.
faire	*ouvrir*	*J'ouvre la porte.*

Les particules inséparables sont les suivantes :

be	er	ver
emp	ge	zer
ent	miss	

Les particules suivantes sont mixtes (tantôt séparables, tantôt inséparables, selon le sens du verbe) :

durch	um	wider
hinter	unter	wieder
über	voll	

7.4 Le présent de l'indicatif

Notez que lorsque l'on s'adresse à une personne que l'on vouvoie, on utilise une forme identique à la 3e personne du pluriel, à la seule différence que le pronom personnel s'écrit avec une majuscule :

Sie sind	Sie haben
vous êtes	*vous avez*

Le présent des auxiliaires de temps

	sein *être*	haben *avoir*	werden *devenir*
ich	bin	habe	werde
du	bist	hast	wirst
er/sie/es	ist	hat	wird
wir	sind	haben	werden
ihr	seid	habt	werdet
sie/Sie	sind	haben	werden

Le présent des verbes faibles ou réguliers

Pour former le présent des verbes faibles, on ajoute les terminaisons suivantes au radical :

singulier	pluriel
-e	-en
-st	-t
-t	-en

	machen → radical mach	*faire*
ich	mache	*je fais*
du	machst	*tu fais*
er/sie/es	macht	*il/elle fait*
wir	machen	*nous faisons*
ihr	macht	*vous faites*
sie	machen	*ils/elles font*
Sie	machen	*vous faites* *(vouvoiement)*

Pour certains verbes terminés par -ten, -den, ou un groupe de consonnes difficiles à prononcer, on ajoute un e aux 2e et 3e personnes du singulier, et à la 2e personne du pluriel :

singulier	pluriel
-e	-en
-est	-et
-et	-en

arbeiten → radical arbeit			travailler
ich	arbeite	wir	arbeiten
du	arbeitest	ihr	arbeitet
er/sie/es	arbeitet	sie/Sie	arbeiten

Le présent des verbes forts ou irréguliers

Le présent des verbes forts se forme de la même manière que celui des verbes faibles mais aux 2e et 3e personnes du singulier, les verbes forts en a ou en e subissent une petite transformation :

singen → radical sing			chanter
ich	singe	wir	singen
du	singst	ihr	singt
er/sie/es	singt	sie/Sie	singen

Certains verbes forts terminés par -ten, -den, ou un groupe de consonnes difficiles à prononcer ont un e supplémentaire aux 2e et 3e personnes du singulier, et à la 2e personne du pluriel.

On ajoute les terminaisons suivantes :

singulier	pluriel
-e	-en
-est	-et
-et	-en

finden → radical find		*trouver*	
ich	finde	wir	finden
du	findest	ihr	findet
er/sie/es	findet	sie/Sie	finden

Les verbes forts en a subissent une inflexion aux 2e et 3e personnes du singulier :

schlafen → radical schlaf		*dormir*	
ich	schlafe	wir	schlafen
du	schläfst	ihr	schlaft
er/sie/es	schläft	sie/Sie	schlafen

Les verbes forts en e subissent un changement de voyelle aux 2e et 3e personnes du singulier :

geben → radical geb		*donner*	
ich	gebe	wir	geben
du	gibst	ihr	gebt
er/sie/es	gibt	sie/Sie	geben

Le présent des verbes prétérito-présents

Les verbes dits prétérito-présents sont les auxiliaires de mode.

	können *pouvoir*	dürfen *avoir le droit de*	müssen *devoir*	sollen *devoir*
ich	kann	darf	muss	soll
du	kannst	darfst	musst	sollst
er/sie/es	kann	darf	muss	soll
wir	können	dürfen	müssen	sollen
ihr	könnt	dürft	müsst	sollt
sie/Sie	können	dürfen	müssen	sollen

	wollen *vouloir*	mögen *aimer bien*	wissen *savoir*
ich	will	mag	weiß
du	willst	magst	weißt
er/sie/es	will	mag	weiß
wir	wollen	mögen	wissen
ihr	wollt	mögt	wisst
sie/Sie	wollen	mögen	wissen

Le présent des verbes réfléchis

	sich setzen *s'asseoir*		
ich	setze mich	wir	setzen uns
du	setzt dich	ihr	setzt euch
er/sie/es	setzt sich	sie/Sie	setzen sich

7.5 **Le futur**

En allemand, le futur est composé : il est formé de l'auxiliaire werden (conjugué au présent) et de l'infinitif du verbe :

je travaillerai → ich werde arbeiten
tu travailleras → du wirst arbeiten

Lorsque l'idée du futur est déjà exprimée par un adverbe de temps, on utilise le présent :

Ich komme morgen.
Je viendrai demain.

7.6 **Le prétérit**

Le prétérit remplace l'imparfait ou le passé simple français : selon le contexte.

Le prétérit des auxiliaires de temps

	sein	haben	werden
ich	war	hatte	wurde
du	warst	hattest	wurdest
er/sie/es	war	hatte	wurde
wir	waren	hatten	wurden
ihr	wart	hattet	wurdet
sie/Sie	waren	hatten	wurden

Le prétérit des auxiliaires de mode et de « wissen »

	können	dürfen	müssen	sollen
ich	konnte	durfte	musste	sollte
du	konntest	durftest	musstest	solltest
er/sie/es	konnte	durfte	musste	sollte
wir	konnten	durften	mussten	sollten
ihr	konntet	duftet	musstet	solltet
sie/Sie	konnten	durften	mussten	sollten

	wollen	mögen	wissen
ich	wollte	mochte	wusste
du	wolltest	mochtest	wusstest
er/sie/es	wollte	mochte	wusste
wir	wollten	mochten	wussten
ihr	wolltet	mochtet	wusstet
sie/Sie	wollten	mochten	wussten

Le prétérit des verbes faibles ou réguliers

On ajoute au radical les terminaisons suivantes :

singulier	pluriel
-te	-ten
-test	-tet
-te	-ten

lernen → radical lern		*apprendre*	
ich	lernte	wir	lernten
du	lerntest	ihr	lerntet
er/sie/es	lernte	sie/Sie	lernten

Si le verbe se termine par **-ten**, **-den**, ou un autre groupe de consonnes difficiles à prononcer, il faut ajouter un **e** à toutes les personnes :

singulier	pluriel
-ete	-eten
-etest	-etet
-ete	-eten

arbeiten → radical arbeit		*travailler*	
ich	arbeitete	wir	arbeiteten
du	arbeitetest	ihr	arbeitetet
er/sie/es	arbeitete	sie/Sie	arbeiteten

Le prétérit des verbes forts ou irréguliers

Le radical des verbes forts est modifié au prétérit et on utilise les terminaisons suivantes :

singulier		pluriel	
–		-en	
-(e)st		-(e)t	
–		-en	

	singen → radical sang		*chanter*
ich	sang	wir	sangen
du	sangst	ihr	sangt
er/sie/es	sang	sie/Sie	sangen

Si le verbe fort se termine par **-den** ou **-ten**, on ajoute une **e** :

	finden → radical fand		*trouver*
ich	fand	wir	fanden
du	fandest	ihr	fandet
er/sie/es	fand	sie/Sie	fanden

7.7 Le « perfekt » et le participe passé

Le « perfekt » est l'équivalent du passé composé français.

Choix de l'auxiliaire

On utilise **sein** avec les verbes **sein** (*être*), **werden** (*devenir*) et **bleiben** (*rester*) :

Er ist krank gewesen.
Il a été malade.

Er ist berühmt geworden.
Il est devenu célèbre.

On utilise aussi sein avec les verbes intransitifs (sans complément d'objet direct) qui expriment un changement de lieu ou d'état :

Er ist nach Spanien gefahren.
Il est parti en Espagne en voiture.

On emploie l'auxiliaire haben avec les autres verbes :

Er hat den Bus gefahren.
Il a conduit le bus.

Formation du participe passé

Voici quelques règles de base :

Le participe passé des verbes faibles se forme en ajoutant un t au radical. Si le radical se termine par d ou t ou par un groupe de consonnes difficiles à prononcer, on le fait précéder du préfixe ge :

verbe		radical	participe passé
sagen	*dire*	sag	gesagt
lernen	*apprendre*	lern	gelernt
antworten	*répondre*	antwort	geantwortet
rechnen	*calculer*	rechn	gerechnet

Le participe passé des verbes forts se termine en -en. Le radical de l'infinitif subit souvent des modifications au participe passé. On ajoute ge avant ce radical transformé :

verbe		radical : infinitif	radical : participe passé	participe passé
trinken	*boire*	trink	trunk	getrunken
schreiben	*écrire*	schreib	schrieb	geschrieben

Certains verbes forts ne subissent pas de modification du radical :

lesen	*lire*	gelesen	*lu*
geben	*donner*	gegeben	*donné*
kommen	*venir*	gekommen	*venu*

Lorsque le verbe (faible ou fort) commence par une particule séparable, on intercale le préfixe ge entre la particule séparable et le radical du participe passé :

aufmachen	*ouvrir*	aufgemacht	*ouvert*
ankommen	*arriver*	angekommen	*arrivé*

Lorsque le verbe (faible ou fort) commence par une particule inséparable (zer, be, er, ge, miss, ent, emp, ver), on n'ajoute pas le préfixe ge :

besuchen	*visiter*	besucht	*visité*
bekommen	*recevoir*	bekommen	*reçu*

Certains verbes d'origine étrangère terminés par -ieren à l'infinitif n'ont pas le préfixe ge au participe passé :

reparieren	*réparer*	repariert	*réparé*
studieren	*étudier*	studiert	*étudié*

7.8 Les questions

Les mots interrogatifs

Voici les principaux mots interrogatifs :

wie	*comment ?*	Wie geht es dir? *Comment vas-tu ?*
wann	*quand ?*	Wann kommt ihr? *Quand venez-vous ?*
was	*que ? quoi ?*	Was hast du gesagt? *Qu'as-tu dit ?*

wer	*qui ?* (sujet : nominatif)	Wer kommt? *Qui vient ?*
wen	*qui ?* (COD : accusatif)	Wen siehst du? *Qui vois-tu ?*
wem	*à qui ?* (COI : datif)	Wem gibst du die Zeitung? *À qui donnes-tu le journal ?*
wessen	*de qui ?* (complément du nom : génitif)	Wessen Buch ist das? *C'est le livre de qui ?* *À qui est ce livre ?*
welcher, welche, welches	*quel/quelle ?*	Welches Haus? *Quelle maison ?*
welche	*quels/quelles ?*	Welche Bücher? *Quels livres ?*
warum	*pourquoi ?*	Warum ist er nicht gekommen? *Pourquoi n'est-il pas venu ?*
wo	*où ?* (lieu où l'on se trouve)	Wo bist du? *Où es-tu ?*
wohin	*où ?* (lieu où l'on va)	Wohin gehst du? *Où vas-tu ?*
woher	*d'où ?* (provenance)	Woher kommst du? *D'où viens-tu ?*
wie	*comment ?*	Wie macht er das? *Comment (le) fait-il ?*
wie + adjectif qualificatif	*comment ?*	Wie alt bist du? *Quel âge as-tu ?*
wie viel	*combien ?*	Wie viel kostet es? *Combien ça coûte ?*
was für ein	*quelle sorte de ?*	Was für eine Frau ist sie? *Quelle sorte de femme est-elle ?*

Terminaisons régulières des noms allemands

nominatif		génitif	pluriel	nominatif		génitif	pluriel
-ade	f	-ade	-aden	-ist	m	-isten	-isten
-ant	m	-anten	-anten	-ium	nt	-iums	-ien
-anz	f	-anz	-anzen	-ius	m	-ius	-iusse
-ar	m	-ars	-are	-ive	f	-ive	-iven
-är	m	-ärs	-äre	-keit	f	-keit	-keiten
-at	nt	-at[e]s	-ate	-lein	nt	-leins	-lein
-atte	f	-atte	-atten	-ling	m	-lings	-linge
-chen	nt	-chens	-chen	-ment	nt	-ments	-mente
-ei	f	-ei	-eien	-mus	m	-mus	-men
-elle	f	-elle	-ellen	-nis	f	-nis	-nisse
-ent	m	-enten	-enten	-nis	nt	-nisses	-nisse
-enz	f	-enz	-enzen	-nom	m	-nomen	-nomen
-ette	f	-ette	-etten	-rich	m	-richs	-riche
-eur	m	-eurs	-eure	-schaft	f	-schaft	-schaften
-euse	f	-euse	-eusen	-sel	nt	-sels	-sel
-heit	f	-heit	-heiten	-tät	f	-tät	-täten
-ie	f	-ie	-ien	-tiv	nt, m	-tivs	-tive
-ik	f	-ik	-iken	-tor	m	-tors	-toren
-in	f	-in	-innen	-tum	m, nt	-tums	-tümer
-ine	f	-ine	-inen	-ung	f	-ung	-ungen
-ion	f	-ion	-ionen	-ur	f	-ur	-uren

Substantive, die mit einem geklammerten „r" oder „s" enden
(z.B. **Angestellte(r)** *mf,* **Beamte(r)** *m,* **Gute(s)** *nt*) werden wie Adjektive
dekliniert:

Les noms suivis d'un « r » ou d'un « s » entre parenthèses (par exemple
Angestellte(r) *mf,* **Beamte(r)** *m,* **Gute(s)** *nt*) se déclinent comme des
adjectifs:

der Angestellte *m*	**die Angestellte** *f*	**die Angestellten** *pl*
ein Angestellter *m*	**eine Angestellte** *f*	**Angestellte** *pl*
der Beamte *m*		**die Beamten** *pl*
ein Beamter *m*		**Beamte** *pl*
das Gute *nt*		
ein Gutes *nt*		

Verbes allemands irréguliers

Infinitif	Présens 2., 3. Singular	Imperfekt	Partizip Perfekt
abwägen	wägst ab, wägt ab	wog ab	abgewogen
ausbedingen	bedingst aus, bedingt aus	bedang aus	ausbedungen
backen	bäckst, bäckt	backte ou buk	gebacken
befehlen	befiehlst, befiehlt	befahl	befohlen
beginnen	beginnst, beginnt	begann	begonnen
beißen	beißt, beißt	biss	gebissen
bergen	birgst, birgt	barg	geborgen
bersten	birst, birst	barst	geborsten
betrügen	betrügst, betrügt	betrog	betrogen
biegen	biegst, biegt	bog	gebogen
bieten	bietest, bietet	bot	geboten
binden	bindest, bindet	band	gebunden
bitten	bittest, bittet	bat	gebeten
blasen	bläst, bläst	blies	geblasen
bleiben	bleibst, bleibt	blieb	geblieben
braten	brätst, brät	briet	gebraten
brechen	brichst, bricht	brach	gebrochen
brennen	brennst, brennt	brannte	gebrannt
bringen	bringst, bringt	brachte	gebracht
denken	denkst, denkt	dachte	gedacht
dreschen	drischst, drischt	drosch	gedroschen
dringen	dringst, dringt	drang	gedrungen
dürfen	darfst, darf	durfte	gedurft
empfangen	empfängst, empfängt	empfing	empfangen
empfehlen	empfiehlst, empfiehlt	empfahl	empfohlen
empfinden	empfindest, empfindet	empfand	empfunden
erschrecken	erschrickst, erschrickt	erschrak	erschrocken
erwägen	erwägst, erwägt	erwog	erwogen
essen	isst, isst	aß	gegessen
fahren	fährst, fährt	fuhr	gefahren
fallen	fällst, fällt	fiel	gefallen
fangen	fängst, fängt	fing	gefangen
fechten	fichst, ficht	focht	gefochten

Infinitiv	Präsens 2., 3. Singular	Imperfekt	Partizip Perfekt
finden	findest, findet	fand	gefunden
flechten	flichtst, flicht	flocht	geflochten
fliegen	fliegst, fliegt	flog	geflogen
fliehen	fliehst, flieht	floh	geflohen
fließen	fließt, fließt	floss	geflossen
fressen	frisst, frisst	fraß	gefressen
frieren	frierst, friert	fror	gefroren
gären	gärst, gärt	gor	gegoren
gebären	gebierst, gebiert	gebar	geboren
geben	gibst, gibt	gab	gegeben
gedeihen	gedeihst, gedeiht	gedieh	gediehen
gehen	gehst, geht	ging	gegangen
gelingen	– –, gelingt	gelang	gelungen
gelten	giltst, gilt	galt	gegolten
genesen	genest, genest	genas	genesen
genießen	genießt, genießt	genoss	genossen
geraten	gerätst, gerät	geriet	geraten
geschehen	– –, geschieht	geschah	geschehen
gewinnen	gewinnst, gewinnt	gewann	gewonnen
gießen	gießt, gießt	goss	gegossen
gleichen	gleichst, gleicht	glich	geglichen
gleiten	gleitest, gleitet	glitt	geglitten
glimmen	glimmst, glimmt	glomm	geglommen
graben	gräbst, gräbt	grub	gegraben
greifen	greifst, greift	griff	gegriffen
haben	hast, hat	hatte	gehabt
halten	hältst, hält	hielt	gehalten
hängen	hängst, hängt	hing	gehangen
hauen	haust, haut	haute	gehauen
heben	hebst, hebt	hob	gehoben
heißen	heißt, heißt	hieß	geheißen
helfen	hilfst, hilft	half	geholfen
kennen	kennst, kennt	kannte	gekannt
klingen	klingst, klingt	klang	geklungen
kneifen	kneifst, kneift	kniff	gekniffen
kommen	kommst, kommt	kam	gekommen

Infinitiv	Präsens 2., 3. Singular	Imperfekt	Partizip Perfekt
können	kannst, kann	konnte	gekonnt
kriechen	kriechst, kriecht	kroch	gekrochen
laden	lädst, lädt	lud	geladen
lassen	lässt, lässt	ließ	gelassen
laufen	läufst, läuft	lief	gelaufen
leiden	leidest, leidet	litt	gelitten
leihen	leihst, leiht	lieh	geliehen
lesen	liest, liest	las	gelesen
liegen	liegst, liegt	lag	gelegen
lügen	lügst, lügt	log	gelogen
mahlen	mahlst, mahlt	mahlte	gemahlen
meiden	meidest, meidet	mied	gemieden
melken	melkst, melkt	melkte ou molk	gemolken
messen	misst, misst	maß	gemessen
misslingen	– –, misslingt	misslang	misslungen
mögen	magst, mag	mochte	gemocht
müssen	musst, muss	musste	gemusst
nehmen	nimmst, nimmt	nahm	genommen
nennen	nennst, nennt	nannte	genannt
pfeifen	pfeifst, pfeift	pfiff	gepfiffen
preisen	preist, preist	pries	gepriesen
quellen	quillst, quillt	quoll	gequollen
raten	rätst, rät	riet	geraten
reiben	reibst, reibt	rieb	gerieben
reißen	reißt, reißt	riss	gerissen
reiten	reitest, reitet	ritt	geritten
rennen	rennst, rennt	rannte	gerannt
riechen	riechst, riecht	roch	gerochen
ringen	ringst, ringt	rang	gerungen
rinnen	rinnst, rinnt	rann	geronnen
rufen	rufst, ruft	rief	gerufen
salzen	salzt, salzt	salzte	gesalzen
saufen	säufst, säuft	soff	gesoffen
saugen	saugst, saugt	sog ou saugte	gesogen ou gesaugt
schaffen	schaffst, schafft	schuf	geschaffen

Infinitiv	Präsens 2., 3. Singular	Imperfekt	Partizip Perfekt
scheiden	scheidest, scheidet	schied	geschieden
scheinen	scheinst, scheint	schien	geschienen
scheißen	scheißt, scheißt	schiss	geschissen
schelten	schiltst, schilt	schalt	gescholten
scheren	scherst, schert	schor	geschoren
schieben	schiebst, schiebt	schob	geschoben
schießen	schießt, schießt	schoss	geschossen
schinden	schindest, schindet	schindete	geschunden
schlafen	schläfst, schläft	schlief	geschlafen
schlagen	schlägst, schlägt	schlug	geschlagen
schleichen	schleichst, schleicht	schlich	geschlichen
schleifen	schleifst, schleift	schliff	geschliffen
schließen	schließt, schließt	schloss	geschlossen
schlingen	schlingst, schlingt	schlang	geschlungen
schmeißen	schmeißt, schmeißt	schmiss	geschmissen
schmelzen	schmilzt, schmilzt	schmolz	geschmolzen
schneiden	schneidest, schneidet	schnitt	geschnitten
schreiben	schreibst, schreibt	schrieb	geschrieben
schreien	schreist, schreit	schrie	geschrien
schreiten	schreitest, schreitet	schritt	geschritten
schweigen	schweigst, schweigt	schwieg	geschwiegen
schwellen	schwillst, schwillt	schwoll	geschwollen
schwimmen	schwimmst, schwimmt	schwamm	geschwommen
schwinden	schwindest, schwindet	schwand	geschwunden
schwingen	schwingst, schwingt	schwang	geschwungen
schwören	schwörst, schwört	schwör	geschworen
sehen	siehst, sieht	sah	gesehen
sein	bist, ist	war	gewesen
senden	sendest, sendet	sandte	gesandt
singen	singst, singt	sang	gesungen
sinken	sinkst, sinkt	sank	gesunken
sinnen	sinnst, sinnt	sann	gesonnen
sitzen	sitzt, sitzt	saß	gesessen
sollen	sollst, soll	sollte	gesollt
speien	speist, speit	spie	gespien
spinnen	spinnst, spinnt	spann	gesponnen

Infinitiv	Präsens 2., 3. Singular	Imperfekt	Partizip Perfekt
sprechen	sprichst, spricht	sprach	gesprochen
springen	springst, springt	sprang	gesprungen
stechen	stichst, sticht	stach	gestochen
stehen	stehst, steht	stand	gestanden
stehlen	stiehlst, stiehlt	stahl	gestohlen
steigen	steigst, steigt	stieg	gestiegen
sterben	stirbst, stirbt	starb	gestorben
stinken	stinkst, stinkt	stank	gestunken
stoßen	stößt, stößt	stieß	gestoßen
streichen	streichst, streicht	strich	gestrichen
streiten	streitest, streitet	stritt	gestritten
tragen	trägst, trägt	trug	getragen
treffen	triffst, trifft	traf	getroffen
treiben	treibst, treibt	trieb	getrieben
treten	trittst, tritt	trat	getreten
trinken	trinkst, trinkt	trank	getrunken
trügen	trügst, trügt	trog	getrogen
tun	tust, tut	tat	getan
verderben	verdirbst, verdirbt	verdarb	verdorben
vergessen	vergisst, vergisst	vergaß	vergessen
verlieren	verlierst, verliert	verlor	verloren
verschleißen	verleißt, verschleißt	verschliss	verschlissen
verschwinden	verschwindest, verschwindet	verschwand	verschwunden
verzeihen	verzeihst, verzeiht	verzieh	verziehen
wachsen	wächst, wächst	wuchs	gewachsen
waschen	wäschst, wäscht	wusch	gewaschen
weben	webst, webt	webte ou wob	gewoben
weichen	weichst, weicht	wich	gewichen
weisen	weist, weist	wies	gewiesen
wenden	wendest, wendet	wandte	gewandt
werben	wirbst, wirbt	warb	geworben
werden	wirst, wird	wurde	geworden
werfen	wirfst, wirft	warf	geworfen
wiegen	wiegst, wiegt	wog	gewogen

Infinitiv	Präsens 2., 3. Singular	Imperfekt	Partizip Perfekt
winden	windest, windet	wand	gewunden
wissen	weißt, weiß	wusste	gewusst
wollen	willst, will	wollte	gewollt
wringen	wringst, wringt	wrang	gewrungen
ziehen	ziehst, zieht	zog	gezogen
zwingen	zwingst, zwingt	zwang	gezwungen

Quand les verbes dürfen, können, mögen, müssen, sollen et wollen sont employés comme verbes de modalité dans un *Partizip Perfekt*, c'est-à-dire après un verbe à l'infinitif, ils sont invariables. Ex. : Ich habe nicht kommen können. *Je n'ai pas pu venir.*

Verbes français irréguliers

infinitif	présent	futur	participe passé
accroître	j'accrois, il acroît, nous accroissons	j'accroîtrai	accru(e)
acquérir	j'acquiers, nous acquérons, ils acquièrent	j'acquerrai	acquis(e)
aller	je vais, tu vas, il va, nous allons, ils vont	j'irai	allé(e)
asseoir	j'assieds *od* j'assois, nous asseyons *od* nous assoyons	j'assiérai *od* j'assoirai	assis(e)
battre	je bats, nous battons	je battrai	battu(e)
boire	je bois, nous buvons, ils boivent	je boirai	bu(e)
bouillir	je bous, nous bouillons	je bouillirai	bouilli(e)
conclure	je conclus, nous concluons	je conclurai	conclu(e)
conduire	je conduis, nous conduisons	je conduirai	conduit(e)
connaître	je connais, nous connaissons	je connaîtrai	connu(e)
coudre	je couds, nous cousons	je coudrai	cousu(e)
courir	je cours, nous courons	je courrai	couru(e)
craindre	je crains, nous craignons	je craindrai	craint(e)
croire	je crois, nous croyons	je croirai	cru(e)
cueillir	je cueille, nous cueillons	je cueillerai	cueilli(e)
devoir	je dois, nous devons, ils doivent	je devrai	dû, due
dire	je dis, nous disons, vous dites, ils disent	je dirai	dit(e)
dissoudre	je dissous, nous dissolvons	je dissoudrai	dissous, dissoute
dormir	je dors, nous dormons	je dormirai	dormi
écrire	j'écris, nous écrivons	j'écrirai	écrit(e)
faillir	je faillis, nous faillissons	je faillirai	failli(e)
faire	je fais, nous faisons, vous faites, ils font	je ferai	fait(e)
falloir	*nur:* il faut	*nur:* il faudra	*nur:* il a fallu
frire	*nur:* je fris, tu fris, il frit	*nur:* je frirai, tu friras, il frira	frit(e)

infinitif	présent	futur	participe passé
fuir	je fuis, nous fuyons, ils fuient	je fuirai	fui(e)
haïr	je hais, nous haïssons, ils haïssent	je haïrai	haï(e)
joindre	je joins, nous joignons	je joindrai	joint(e)
lire	je lis, nous lisons	je lirai	lu(e)
luire	je luis, nous luisons	je luirai	lui
mettre	je mets, nous mettons	je mettrai	mis(e)
moudre	je mouds, nous moulons	je moudrai	moulu(e)
mourir	je meurs, nous mourons, ils meurent	je mourrai	mort(e)
mouvoir	je meus, nous mouvons, ils meuvent	je mouvrai	mû, mue
naître	je nais, nous naissons	je naîtrai	né(e)
peindre	je peins, nous peignons	je peindrai	peint(e)
plaire	je plais, il plaît	je plairai	plu(e)
pleuvoir	*nur:* il pleut	*nur:* il pleuvra	*nur:* il a plu
pourvoir	je pourvois, nous pourvoyons	je pourvoirai	pourvu(e)
pouvoir	je peux, nous pouvons, ils peuvent	je pourrai	pu(e)
rire	je ris, nous rions, ils rient	je rirai	ri
saillir	il saille	il saillira	sailli
savoir	je sais, nous savons	je saurai	su(e)
suffire	je suffis, nous suffisons	je suffirai	suffi(e)
suivre	je suis, nous suivons	je suivrai	suivi(e)
taire, se	je me tais, nous nous taisons	je me tairai	tu(e)
traire	je trais, nous trayons, ils traient	je trairai	trait(e)
vaincre	je vaincs, nous vainquons	je vaincrai	vaincu(e)
valoir	je vaux, nous valons	je vaudrai	valu(e)
vêtir	je vêts, nous vêtons	je vêtirai	vêtu(e)
vivre	je vis, nous vivons	je vivrai	vécu(e)
voir	je vois, nous voyons, ils voient	je verrai	vu(e)
vouloir	je veux, nous voulons, ils veulent	je voudrai	voulu(e)

Guide de conversation

Sprachführer

THÈMES | THEMEN

THÈMES | THEMEN

Bonjour !	Guten Tag!
Bonsoir !	Guten Abend!
Bonne nuit !	Gute Nacht!
Au revoir !	Auf Wiedersehen!
Comment vous appelez-vous ?	Wie heißen Sie?
Je m'appelle ...	Mein Name ist ...
Je vous présente ...	Das ist ...
ma femme.	*meine Frau.*
mon mari.	*mein Mann.*
mon compagnon/	*mein Partner/*
ma compagne.	*meine Partnerin.*
D'où venez-vous ?	Wo kommen Sie her?
Je suis de ...	Ich komme aus ...
Comment allez-vous ?	Wie geht es Ihnen?
Bien, merci.	Danke, gut.
Et vous ?	Und Ihnen?
Parlez-vous français ?	Sprechen Sie Französisch?
Je ne comprends pas l'allemand.	Ich verstehe kein Deutsch.
Merci beaucoup !	Vielen Dank!
Enchanté(e) !	Sehr erfreut!
Je suis français(e).	Ich bin Franzose/Französin.
Que faites-vous dans la vie ?	Was machen Sie beruflich?

Demander son chemin — Sich erkundigen

Où est le/la … le/la plus proche ?	Wo ist der/die/das nächste …?
Comment est-ce qu'on va à/au/à la … ?	Wie komme ich zum/zur/ nach …?
Est-ce que c'est loin ?	Ist es weit (weg)?
C'est à combien d'ici ?	Wie weit ist es?
C'est la bonne direction pour aller à/au/à la … ?	Bin ich hier richtig zum/zur/ nach …?
Je suis perdu(e).	Ich habe mich verlaufen (*à pied*)/ verfahren (*en voiture*).
Pouvez-vous me le montrer sur la carte ?	Können Sie mir das auf der Karte zeigen?
Vous devez faire demi-tour.	Kehren Sie um.
Allez tout droit.	Fahren Sie geradeaus.
Tournez à gauche/à droite.	Biegen Sie nach links/rechts ab.
Prenez la deuxième rue à gauche/à droite.	Nehmen Sie die zweite Straße links/rechts.

Location de voitures — Autovermietung

Je voudrais louer …	Ich möchte … mieten.
une voiture.	*ein Auto*
une mobylette.	*ein Moped*
une moto.	*ein Motorrad*
un scooter.	*einen Roller*
C'est combien pour … ?	Was kostet das für …?
une journée	*einen Tag*
une semaine	*eine Woche*
Il y a une indemnité kilométrique ?	Verlangen Sie eine Kilometer- gebühr?
Qu'est-ce qui est inclus dans le prix ?	Was ist alles im Preis inbegriffen?
Je voudrais un siège-auto pour un enfant de … ans.	Ich möchte einen Kindersitz für ein … Jahre altes Kind.

Que dois-je faire en cas d'accident/de panne ?	Was tue ich bei einem Unfall/ einer Panne?

Pannes | Pannen

Je suis en panne.	Ich habe eine Panne.
Où est le garage le plus proche ?	Wo ist die nächste Werkstatt?
Le pot d'échappement	*Der Auspuff*
La boîte de vitesses	*Das Getriebe*
Le pare-brise	*Die Windschutzscheibe*
... est cassé(e).	... ist kaputt.
Les freins	*Die Bremsen*
Les phares	*Die Scheinwerfer*
Les essuie-glaces	*Die Scheibenwischer*
... ne fonctionnent pas.	... funktionieren nicht.
La batterie est à plat.	Die Batterie ist leer.
Le moteur ne démarre pas.	Der Motor springt nicht an.
Le moteur surchauffe.	Der Motor wird zu heiß.
J'ai un pneu à plat.	Ich habe einen Platten.
Pouvez-vous le réparer ?	Können Sie das reparieren?
Quand est-ce que la voiture sera prête ?	Wann ist das Auto fertig?

Stationnement | Parken

Je peux me garer ici ?	Kann ich hier parken?
Est-ce qu'il faut acheter un ticket de stationnement ?	Muss ich einen Parkschein lösen?
Où est l'horodateur ?	Wo ist der Parkscheinautomat?
L'horodateur ne fonctionne pas.	Der Parkscheinautomat funktioniert nicht.

Station-service | Tankstelle

Où est la station-service la plus proche ?	Wo ist die nächste Tankstelle?

Je dois faire le plein.	Ich muss volltanken.
40 euros de ...	Für 40 Euro ... bitte.
diesel.	*Diesel*
sans plomb.	*Normalbenzin*
super.	*Super*
Pompe numéro ..., s'il vous plaît.	Säule Nummer ... bitte.
Pouvez-vous vérifier ... ?	Können Sie bitte ... überprüfen?
la pression des pneus	*den Reifendruck*
le niveau d'huile	*das Öl*
le niveau d'eau	*das Wasser*

Accident | Unfall

Pouvez-vous s'il vous plaît appeler... ?	Bitte rufen Sie ...
la police	*die Polizei.*
le Samu	*den Notarzt.*
Voici les références de mon assurance.	Hier sind meine Versicherungsangaben.
Donnez-moi les références de votre assurance, s'il vous plaît.	Bitte geben Sie mir Ihre Versicherungsangaben.
Pouvez-vous me servir de témoin ?	Würden Sie das bezeugen?
Vous conduisiez trop vite.	Sie sind zu schnell gefahren.
Vous n'aviez pas la priorité.	Sie haben die Vorfahrt nicht beachtet.

Voyager ... en voiture | Unterwegs ... mit dem Auto

Quel chemin prendre pour aller à ... ?	Wie kommt man am besten nach/zu ...?
Où est-ce qu'il faut payer le péage ?	Wo kann ich die Maut bezahlen?

Je voudrais un badge de télépéage/une vignette ...	Ich möchte einen Aufkleber für die Autobahngebühr/eine Vignette ...
pour une semaine.	*für eine Woche.*
pour un mois.	*für einen Monat.*
Avez-vous une carte de la région ?	Haben Sie eine Straßenkarte von dieser Gegend?

à vélo | mit dem Fahrrad

Où est la piste cyclable pour aller à ... ?	Wo ist der Radwanderweg nach ...?
Est-ce que je peux laisser mon vélo ici ?	Kann ich hier mein Fahrrad unterstellen?
On m'a volé mon vélo.	Mein Fahrrad ist gestohlen worden.
Où se trouve le réparateur de vélos le plus proche ?	Wo gibt es hier eine Fahrradwerkstatt?
Le frein ne marche pas.	Die Bremse funktioniert nicht.
Le dérailleur ne marche pas.	Die Gangschaltung funktioniert nicht.
La chaîne est cassée.	Die Kette ist gerissen.
J'ai une crevaison.	Ich habe einen Platten.
J'ai besoin d'un kit de réparation.	Ich brauche Reifenflickzeug.

en train | mit dem Zug

Un aller simple pour ..., s'il vous plaît.	Eine einfache Fahrt nach ... bitte.
Deux allers-retours pour ..., s'il vous plaît.	Zweimal hin und zurück nach ... bitte.
Pouvez-vous me donner la fiche des horaires ?	Können Sie mir einen Fahrplan geben?
première/seconde classe	erste/zweite Klasse

Y a-t-il un tarif réduit ... ?	Gibt es eine Ermäßigung ...?
pour les étudiants	*für Studenten*
pour les enfants	*für Kinder*
pour les seniors	*für Rentner*
avec cette carte	*mit diesem Pass*
Je voudrais faire une réservation pour le train qui va à ..., s'il vous plaît.	Eine Platzkarte für den Zug nach ... bitte.
Je voudrais réserver une couchette pour ...	Ich möchte einen Liegewagenplatz/Schlafwagenplatz nach ... buchen.
À quelle heure part le prochain train pour ... ?	Wann fährt der nächste Zug nach ...?
Est-ce qu'il faut payer un supplément ?	Muss ich einen Zuschlag kaufen?
Est-ce qu'il y a un changement ?	Muss ich umsteigen?
Où est-ce qu'il faut changer ?	Wo muss ich umsteigen?
C'est bien le train pour ... ?	Ist das der Zug nach ...?
J'ai réservé.	Ich habe eine Platzkarte/Reservierung.
Est-ce que cette place est occupée/libre ?	Ist dieser Platz besetzt/noch frei?
Où est le wagon-restaurant ?	Wo ist der Speisewagen?
Où est la voiture numéro ... ?	Wo ist Wagen Nummer ...?

en ferry   mit der Fähre

Est-ce qu'il y a un ferry pour ... ?	Gibt es eine Fähre nach ...?
Quand part le prochain ferry pour ... ?	Wann geht die nächste Fähre nach ...?
Quand part le premier/ dernier ferry pour ... ?	Wann geht die erste/letzte Fähre nach ...?

Combien coûte ... ?	Was kostet ...?
l'aller simple	*die einfache Fahrt*
l'aller-retour	*die Hin- und Rückfahrt*
Combien cela coûte-t-il pour ... personnes avec une voiture/un camping-car ?	Was kostet es für ein Auto/Wohnmobil mit ... Personen?
Combien de temps dure la traversée ?	Wie lange dauert die Überfahrt?
Où est ... ?	Wo ist ...?
le restaurant	*das Restaurant*
le magasin hors taxes	*der Duty-free-Shop*
Où est la cabine numéro ... ?	Wo ist Kabine Nummer ...?

en avion	mit dem Flugzeug
Où est l'enregistrement pour le vol à destination de ... ?	Wo ist das Check-in für den Flug nach ...?
Quelle est la porte d'embarquement pour le vol ... ?	Von welchem Ausgang geht der Flug nach ...?
À quelle heure commence l'embarquement ?	Wann beginnt das Einsteigen?
Hublot/couloir, s'il vous plaît.	Fenster/Gang bitte.
J'ai perdu ma carte d'embarquement/mon billet.	Ich habe meine Bordkarte/meinen Flugschein verloren.
Mes bagages ne sont pas arrivés.	Mein Gepäck ist nicht angekommen.
Où est ... ?	Wo ist ...?
la station de taxis	*der Taxistand*
l'arrêt de bus	*die Bushaltestelle*
le bureau de renseignements	*die Information*
Où sont ... ?	Wo sind ...?
les bornes d'enregistrement	*die Abflugschalter*
les chariots à bagage	*die Gepäckwagen*

Transports en commun | Öffentlicher Nahverkehr

Comment est-ce qu'on va à … ?	Wie komme ich zum/zur/nach …?
Quelle ligne va à … ?	Welche Linie geht nach …?
Où est … le/la plus proche ?	Wo ist der nächste …?
l'arrêt de bus	*Bushaltestelle*
l'arrêt de tram	*Straßenbahnhaltestelle*
la station de métro	*U-Bahn-Station*
Où est la gare routière ?	Wo ist der Busbahnhof?
Y a-t-il un tarif réduit … ?	Gibt es eine Ermäßigung …?
pour les étudiants	*für Studenten*
pour les enfants	*für Kinder*
pour les seniors	*für Rentner*
Vous avez une carte du réseau ?	Haben Sie eine Karte mit dem Streckennetz?
Quel est le prochain arrêt ?	Was ist die nächste Haltestelle?

En taxi | Im Taxi

Où puis-je trouver un taxi ?	Wo bekomme ich hier ein Taxi?
Vous pouvez m'appeler un taxi, s'il vous plaît ?	Bitte rufen Sie mir ein Taxi.
Pourriez-vous m'appeler un taxi pour … heures ?	Bitte bestellen Sie mir ein Taxi für … Uhr.
À l'aéroport/À la gare, s'il vous plaît.	Zum Flughafen/Bahnhof, bitte.
Combien vous dois-je ?	Was kostet die Fahrt?
Il me faut un reçu.	Ich brauche eine Quittung.
Gardez la monnaie.	Stimmt so.
Vous pouvez vous arrêter ici.	Bitte halten Sie hier.
Pouvez-vous m'attendre ?	Können Sie auf mich warten?
Tout droit/à gauche/à droite.	Geradeaus/links/rechts.

Camping | Camping

Est-ce qu'il y a un camping ici ?	Gibt es hier einen Campingplatz?
Nous voudrions un emplacement pour ...	Wir möchten einen Platz für ...
une tente.	*ein Zelt.*
un camping-car.	*ein Wohnmobil.*
une caravane.	*einen Wohnwagen.*
Nous voudrions rester une nuit/... nuits.	Wir möchten eine Nacht/ ... Nächte bleiben.
Combien est-ce par nuit ?	Was kostet die Nacht?
Où sont ...	Wo sind ...?
les toilettes	*die Toiletten*
les douches	*die Duschen*
Où est ... ?	Wo ist ...?
le magasin	*der Laden*
le bureau	*die Verwaltung*
Est-ce qu'on peut camper ici pour la nuit ?	Können wir über Nacht hier zelten?

Location de vacances | Ferienwohnung/-haus

Où est-ce qu'il faut aller chercher la clé de l'appartement/la maison ?	Wo bekommen wir den Schlüssel für die Wohnung/ das Haus?
Est-ce que l'électricité/ le gaz est en supplément ?	Müssen wir Strom/Gas extra bezahlen?
Comment fonctionne ...	Wie funktioniert ...?
la machine à laver	*die Waschmaschine*
la cuisinière	*der Herd*
le chauffage	*die Heizung*
Qui dois-je contacter en cas de problème ?	An wen kann ich mich bei Problemen wenden?
Il nous faut ...	Wir brauchen ...
un double de la clé.	*einen zweiten Schlüssel.*
des draps supplémentaires.	*mehr Bettwäsche.*
Il n'y a plus de gaz.	Das Gas ist alle.

Il n'y a pas d'électricité.	Es gibt keinen Strom.
Où est-ce qu'il faut rendre les clés le jour du départ ?	Wo geben wir die Schlüssel bei der Abreise ab?
Est-ce qu'on doit nettoyer l'appartement/la maison avant de partir ?	Müssen wir die Wohnung/ das Haus vor der Abreise sauber machen?

Hôtel | Hotel

Avez-vous une ... pour ce soir ?	Haben Sie ein ... für heute Nacht?
chambre simple	*Einzelzimmer*
chambre double	*Doppelzimmer*
avec baignoire/douche	mit Bad/Dusche
Je voudrais rester une nuit/ ... nuits.	Ich möchte eine Nacht/ ... Nächte bleiben.
Est-ce que le petit déjeuner est inclus dans le prix ?	Ist das Frühstück im Preis inbegriffen?
J'ai réservé une chambre au nom de ...	Ich habe ein Zimmer auf den Namen ... reserviert.
J'ai réservé cette chambre en ligne.	Ich habe das Zimmer online gebucht.
Je voudrais une autre chambre.	Ich möchte ein anderes Zimmer.
À quelle heure est servi le petit déjeuner ?	Wann gibt es Frühstück?
Pouvez-vous me servir le petit déjeuner dans ma chambre ?	Können Sie mir das Frühstück aufs Zimmer bringen?
Où est ... ?	Wo ist ...?
le restaurant	*das Restaurant*
le bar	*die Bar*
la salle de sport	*der Fitnessraum*
la piscine/le spa	*das Schwimmbad/das Spa*
Je voudrais être réveillé(e) demain matin à ...	Bitte wecken Sie mich morgen früh um ...
La clé, s'il vous plaît.	Den Schlüssel bitte.
Est-ce que j'ai reçu des messages ?	Sind Nachrichten für mich da?

Je cherche ...	Ich suche ...
Je voudrais ...	Ich möchte ...
Avez-vous ... ?	Haben Sie ...?
Avez-vous ceci ... ?	Haben Sie das ...?
dans une autre taille	*in einer anderen Größe*
dans une autre couleur	*in einer anderen Farbe*
avec un autre motif	*mit einem anderen Muster*
Je fais du ...	Ich trage Größe ...
Je le prends.	Ich nehme das.
Auriez-vous autre chose ?	Haben Sie noch etwas anderes?
C'est trop cher.	Das ist zu teuer.
Je regarde seulement.	Ich sehe mich nur um.
Acceptez-vous la carte de crédit ?	Nehmen Sie Kreditkarten?

Alimentation	Lebensmittel
Où est ... le/la plus proche ?	Wo ist hier ...?
le supermarché	*ein Supermarkt*
la boulangerie	*eine Bäckerei*
la boucherie	*eine Metzgerei*
le magasin de fruits et légumes	*ein Obst- und Gemüseladen*
Où est le marché ?	Wo ist der Markt?
Quel jour a lieu le marché ?	Wann ist Markt?
un kilo de ...	*ein Kilo ...*
une livre de ...	*ein Pfund ...*
200 grammes de ...	*200 Gramm ...*
... tranches de ...	*... Scheiben ...*
un litre de ...	*ein Liter ...*
une bouteille de ...	*eine Flasche ...*
un paquet de ...	*ein Päckchen ...*

Photographie et vidéo | Fotografie und Video

J'ai besoin de photos d'identité.	Ich brauche Passbilder.
Je cherche un câble pour appareil photo numérique.	Ich suche ein Digitalkamera-Kabel.
Est-ce que vous vendez des chargeurs de marque … ?	Verkaufen Sie Ladegeräte der Marke …?
Je voudrais imprimer des photos.	Ich möchte Bilder drucken.
Je voudrais acheter une carte mémoire.	Ich möchte eine Speicherkarte kaufen.
Je voudrais les photos …	Ich hätte die Bilder gern …
en mat.	*matt.*
en brillant.	*Hochglanz.*
en format dix sur quinze.	*im Format zehn mal fünfzehn.*
Quand est-ce que les photos seront prêtes ?	Wann sind die Fotos fertig?
Combien coûtent les photos ?	Wie viel kosten die Bilder?
Je l'ai sur ma clé USB.	Ich habe es auf meinem USB-Stick.
Pourriez-vous nous prendre en photo, s'il vous plaît ?	Könnten Sie bitte ein Foto von uns machen?

Poste | Post

Où est le bureau de poste le plus proche ?	Wo ist die nächste Post?
À quelle heure ouvre la poste ?	Wann hat die Post geöffnet?
Je voudrais … timbres pour l'Allemagne/l'Autriche/la France/la Suisse.	Ich möchte … Briefmarken für Deutschland/Österreich/Frankreich/die Schweiz.
Où est la boîte aux lettres la plus proche ?	Wo ist hier ein Briefkasten?

Visites touristiques | Besichtigungen

Où se trouve l'office de tourisme ?	Wo ist die Touristeninformation?
Avez-vous des dépliants sur ... ?	Haben Sie Broschüren über ...?
Quels sont les sites touristiques à voir ici ?	Welche Sehenswürdigkeiten gibt es hier?
Est-ce qu'il y a une visite guidée en français ?	Gibt es eine Stadtrundfahrt (en bus)/einen Stadtrundgang (à pied) auf französisch?
À quelle heure ouvre ... ?	Wann ist ... geöffnet?
le musée	*das Museum*
l'église	*die Kirche*
le château	*das Schloss*
L'entrée coûte combien ?	Was kostet der Eintritt?
Il y a un tarif réduit ... ?	Gibt es eine Ermäßigung ...?
pour les étudiants	*für Studenten*
pour les enfants	*für Kinder*
pour les seniors	*für Rentner*
pour les chômeurs	*für Arbeitslose*
Je voudrais un catalogue.	Ich möchte einen Katalog.
Je peux prendre des photos (avec flash) ici ?	Kann ich hier (mit Blitz) fotografieren?
Je peux filmer ici ?	Kann ich hier filmen?

Sorties | Unterhaltung

Qu'est-ce qu'il y a à faire ici ?	Was kann man hier unternehmen?
Vous avez un calendrier des manifestations ?	Haben Sie einen Veranstaltungskalender?
Où est-ce qu'on peut ... ?	Wo kann man hier ...?
danser	*tanzen gehen*
écouter de la musique live	*Livemusik hören*

Où est-ce qu'il y a ... ?	Wo gibt es hier ...?
un bon bar	*eine nette Kneipe*
une bonne discothèque	*eine gute Disko*
Qu'est-ce qu'il y a ce soir ... ?	Was gibt es heute Abend ...?
au cinéma	*im Kino*
au théâtre	*im Theater*
à l'opéra	*in der Oper*
à la salle de concert	*in der Konzerthalle*
Nous voudrions aller au parc aquatique.	Wir würden gerne ins Erlebnisbad gehen.
Combien coûte l'entrée ?	Was kostet der Eintritt?
Je voudrais un billet/ ... billets pour ...	Ich möchte eine Karte/ ... Karten für ...
Il y a un tarif réduit ... ?	Gibt es eine Ermäßigung für ...?
pour les enfants	*Kinder*
pour les seniors	*Rentner*
pour les étudiants	*Studenten*
pour les chômeurs	*Arbeitslose*

À la plage	Am Strand
Est-ce qu'on peut se baigner ici/dans ce lac ?	Kann man hier/in diesem See baden?
Où est-ce qu'il y a une plage tranquille ?	Wo gibt es hier einen ruhigen Strand?
Est-ce qu'il y a une plage surveillée ?	Gibt es einen bewachten Strand?
L'eau est-elle profonde ?	Ist das Wasser tief?
Quelle est la température de l'eau ?	Wie viel Grad hat das Wasser?
Est-ce qu'il y a des courants ?	Gibt es hier Strömungen?
Est-ce qu'il y a un maître nageur ?	Gibt es hier einen Rettungs-schwimmer?

Où peut-on … ?	Wo kann man hier …?
faire du surf	surfen
faire du ski nautique	Wasserski fahren
faire de la plongée	tauchen
faire du parapente	Gleitschirm fliegen
Je voudrais louer …	Ich möchte … mieten.
un abri de plage en osier.	einen Strandkorb
une chaise longue.	einen Liegestuhl
un parasol.	einen Sonnenschirm
Je voudrais louer …	Ich möchte … ausleihen.
une planche de surf.	ein Surfbrett
un scooter des mers.	einen Jetski
une barque.	ein Ruderboot
un pédalo.	ein Tretboot

Ski | Ski

Où peut-on louer un équipement de ski ?	Wo kann ich eine Skiausrüstung ausleihen?
Je voudrais louer …	Ich möchte … ausleihen.
des skis de piste.	Abfahrtski
des skis de fond.	Langlaufski
des chaussures de ski.	Skischuhe
Où est-ce qu'on peut acheter un forfait ?	Wo kann ich einen Skipass kaufen?
Je voudrais un forfait …	Ich möchte einen Skipass …
pour une journée.	für einen Tag.
pour cinq jours.	für fünf Tage.
pour une semaine.	für eine Woche.
Combien coûte le forfait ?	Wie viel kostet der Skipass?
Avez-vous une carte des pistes ?	Haben Sie eine Pistenkarte?
Où sont les pistes pour débutants ?	Wo sind die Abfahrten für Anfänger?

Quelle est la difficulté de cette piste ?	Welchen Schwierigkeitsgrad hat diese Abfahrt?
Y a-t-il une école de ski ?	Gibt es eine Skischule?
Quel est le temps prévu pour aujourd'hui ?	Wie ist der Wetterbericht?
Comment est la neige ?	Wie ist der Schnee?
Est-ce qu'il y a un risque d'avalanche ?	Besteht Lawinengefahr?

Sport | Sport

Où peut-on ... ?	Wo kann man hier ...?
jouer au tennis/golf	*Tennis/Golf spielen*
aller nager	*schwimmen*
faire de l'équitation	*reiten*
Combien est-ce que ça coûte de l'heure ?	Wie viel kostet es pro Stunde?
Où peut-on réserver un court ?	Wo kann ich einen Platz buchen?
Où peut-on louer des raquettes de tennis ?	Wo kann ich Schläger ausleihen?
Où peut-on louer une barque/un pédalo ?	Wo kann ich ein Ruderboot/ ein Tretboot mieten?
Est-ce qu'il faut un permis de pêche ?	Braucht man einen Angelschein?
Je voudrais voir ...	Ich möchte ... ansehen.
un match de foot.	*ein Fußballspiel*
une course de chevaux.	*ein Pferderennen*

Une table pour ... personnes, s'il vous plaît.	Einen Tisch für ... Personen bitte.
La carte, s'il vous plaît.	Die Speisekarte bitte.
La carte des vins, s'il vous plaît.	Die Weinkarte bitte.
Qu'est-ce que vous me conseillez ?	Was würden Sie mir empfehlen?
Servez-vous ... ?	Haben Sie ...?
des plats végétariens	*vegetarische Gerichte*
des menus enfants	*Kinderportionen*
Est-ce que cela contient ... ?	Enthält das ...?
des cacahuètes	*Erdnüsse*
de l'alcool	*Alkohol*
Vous pourriez m'apporter (plus de) ..., s'il vous plaît ?	Bitte bringen Sie (noch) ...
Je vais prendre ...	Ich nehme ...
L'addition, s'il vous plaît.	Zahlen bitte.
Sur une seule addition, s'il vous plaît.	Bitte alles zusammen.
Sur des additions séparées, s'il vous plaît.	Getrennte Rechnungen bitte.
Gardez la monnaie.	Stimmt so.
Ce n'est pas ce que j'ai commandé.	Das habe ich nicht bestellt.
Il y a une erreur dans l'addition.	Die Rechnung stimmt nicht.
C'est froid/trop salé.	Das Essen ist kalt/versalzen.
saignant/à point/bien cuit	blutig/rosa/durch
Une bouteille d'eau gazeuse/ non gazeuse.	Eine Flasche Wasser mit/ohne Kohlensäure.

voir aussi AU MENU   *siehe auch* SPEISEKARTE

Téléphone | Telefon

Où est-ce que je peux téléphoner ?	Wo kann ich hier telefonieren?
Allô.	Hallo.
Qui est à l'appareil ?	Wer ist am Telefon?
C'est …	Hier ist …
Puis-je parler à Monsieur/ Madame … s'il vous plaît ?	Kann ich bitte mit Herrn/ Frau … sprechen?
Je rappellerai plus tard.	Ich rufe später wieder an.
Où est-ce que je peux recharger mon portable ?	Wo kann ich mein Handy aufladen?
Il me faut une nouvelle batterie.	Ich brauche einen neuen Akku.
Est-ce que je peux vous emprunter votre chargeur ?	Könnte ich mir Ihr Ladegerät ausleihen?
Je voudrais acheter une carte SIM avec/sans abonnement.	Ich möchte eine SIM-Karte mit/ ohne Vertrag kaufen.

Internet | Internet

Est-ce que vous avez le wi-fi gratuit?	Haben Sie freies WLAN?
Je n'ai pas de réseau.	Hier ist kein Netz.
La liaison est mauvaise.	Die Verbindung ist sehr schlecht.
Je voudrais envoyer un email.	Ich möchte eine E-mail schicken.
Je voudrais imprimer un document.	Ich möchte ein Dokument drucken.
Comment changer la langue du clavier ?	Wie ändert man die Sprache auf der Tastatur?
Quel est le mot de passe pour le wi-fi ?	Was ist das WLAN-Kennwort?

Passeport/Douane | Pass/Zoll

Voici ...	Hier ist ...
mon passeport.	*mein Pass.*
ma carte d'identité.	*mein Personalausweis.*
mon permis de conduire.	*mein Führerschein.*
Voici les documents de mon véhicule.	Hier sind meine Fahrzeug-papiere.
Les enfants figurent sur ce passeport.	Die Kinder stehen in diesem Pass.
Est-ce que je dois le déclarer ?	Muss ich das verzollen?
C'est ...	Das ist ...
un cadeau.	*ein Geschenk.*
un échantillon.	*ein Warenmuster.*
C'est pour mon usage personnel.	Das ist für meinen persönlichen Gebrauch.
Je suis en transit pour ...	ich bin auf der Durchreise nach ...

À la banque | In der Bank

Où puis-je changer de l'argent ?	Wo kann ich hier Geld wechseln?
Est-ce qu'il y a une banque/ un bureau de change par ici ?	Gibt es hier eine Bank/eine Wechselstube?
La banque ouvre à quelle heure ?	Wann ist die Bank/Wechsel-stube geöffnet?
Je voudrais encaisser ces chèques de voyage.	Ich möchte diese Reise-schecks einlösen.
Combien prenez-vous de commission ?	Wie hoch ist die Gebühr?
Est-ce que je peux retirer des espèces avec ma carte de crédit ?	Kann ich hier mit meiner Kreditkarte Bargeld bekommen?

Où est-ce qu'il y a un distributeur ?	Wo gibt es hier einen Geldautomaten?
Le distributeur m'a pris ma carte.	Der Geldautomat hat meine Karte geschluckt.
Pouvez-vous me faire de la monnaie, s'il vous plaît ?	Bitte geben Sie mir etwas Kleingeld.

Urgences | Notfalldienste

Au secours !	Hilfe!
Au feu !	Feuer!
Pouvez-vous appeler ...	Bitte rufen Sie ...
le médecin d'urgence.	den Notarzt.
les pompiers.	die Feuerwehr.
la police.	die Polizei.
Je dois téléphoner d'urgence.	Ich muss dringend telefonieren.
J'ai besoin d'un interprète.	Ich brauche einen Dolmetscher.
Où est le commissariat ?	Wo ist die Polizeiwache?
Où est l'hôpital le plus proche ?	Wo ist das nächste Krankenhaus?
Je voudrais signaler un vol.	Ich möchte einen Diebstahl melden.
On m'a volé ...	Mir ist ... gestohlen worden.
Il y a eu un accident.	Es ist ein Unfall passiert.
Il y a ... blessés.	Es gibt ... Verletzte.
Je suis ...	Mein Standort ist ...
On m'a ...	Ich bin ... worden.
volé(e).	beraubt
attaqué(e).	überfallen
violé(e).	vergewaltigt
Je voudrais appeler mon ambassade.	Ich möchte mit meiner Botschaft sprechen.

Pharmacie	Apotheke
Où est la pharmacie la plus proche ?	Wo gibt es hier eine Apotheke?
Quelle est la pharmacie de garde ?	Welche Apotheke hat Bereitschaft?
Je voudrais quelque chose contre ...	Ich möchte etwas gegen ...
la diarrhée.	*Durchfall.*
la fièvre.	*Fieber.*
le mal des transports.	*Reisekrankheit.*
le mal de tête.	*Kopfschmerzen.*
le rhume.	*Erkältung.*
Je voudrais ...	Ich möchte ...
des pansements.	*Pflaster.*
un bandage.	*einen Verband.*
Je suis allergique à ...	Ich vertrage kein ...
l'aspirine.	*Aspirin.*
la pénicilline.	*Penizillin.*
Je voudrais une lotion anti-moustiques.	Ich hätte gern eine Anti-Mücken-Lotion.

Chez le médecin	Beim Arzt
J'ai besoin de voir un médecin.	Ich brauche einen Arzt.
Où sont les urgences ?	Wo ist die Notaufnahme?
J'ai mal ici.	Ich habe hier Schmerzen.
J'ai ...	Mir ist ...
chaud.	*heiß.*
froid.	*kalt.*
J'ai mal au cœur.	Mir ist übel.
J'ai la tête qui tourne.	Mir ist schwindlig.

J'ai de la fièvre.	Ich habe Fieber.
Je suis ...	Ich bin ...
enceinte.	*schwanger.*
diabétique.	*Diabetiker.*
séropositif(-ive).	*HIV-positiv.*
Je prends ces médicaments.	Ich nehme diese Medikamente.
Mon groupe sanguin est ...	Meine Blutgruppe ist ...

À l'hôpital | Im Krankenhaus

Dans quel service se trouve ... ?	Auf welcher Station liegt ...?
Quelles sont les heures de visite ?	Wann ist die Besuchszeit?
Je voudrais parler à ...	Ich möchte mit ... sprechen.
un médecin.	*einem Arzt*
un infirmier/une infirmière.	*einem Krankenpfleger/ einer Krankenschwester*
Je voudrais louer un téléphone.	Ich möchte ein Telefon mieten.
Je voudrais un casque pour la télévision, s'il vous plaît.	Ich möchte Kopfhörer für das Fernsehen, bitte.
Quand vais-je pouvoir sortir ?	Wann werde ich entlassen?

Chez le dentiste | Beim Zahnarzt

J'ai besoin de voir un dentiste.	Ich brauche einen Zahnarzt.
J'ai mal à cette dent.	Dieser Zahn tut weh.
J'ai perdu un de mes plombages.	Mir ist eine Füllung herausgefallen.
J'ai un abcès.	Ich habe einen Abszess.
Je voudrais une piqûre / je ne veux pas de piqûre contre les douleurs.	Ich möchte eine/keine Spritze gegen die Schmerzen.
Pouvez-vous réparer mon dentier ?	Können Sie mein Gebiss reparieren?
J'ai besoin d'un reçu pour mon assurance.	Ich brauche eine Quittung für die Versicherung.

Voyages d'affaires | Dienstreisen

Je voudrais organiser une réunion avec ...	Ich möchte eine Besprechung mit ... ausmachen.
J'ai rendez-vous avec Monsieur/Madame ...	Ich haben einen Termin mit Herrn/Frau ...
Voici ma carte de visite.	Hier ist meine Karte.
Je travaille pour ...	Ich arbeite für ...
Comment rejoindre ... ?	Wie komme ich ...?
votre bureau	*zu Ihrem Büro*
le bureau de Monsieur/Madame ...	*zum Büro von Herrn/Frau ...*
la cantine	*zur Kantine*
Pourriez-vous me photocopier ça, s'il vous plaît ?	Können Sie das bitte für mich kopieren?
Je peux me servir ... ?	Darf ich ... benutzen?
de votre téléphone	*Ihr Telefon*
de votre ordinateur	*Ihren Computer*
de votre bureau	*Ihren Schreibtisch*
Y a-t-il une connexion internet sans fil?	Haben Sie drahtlosen Internetzugang?

Voyageurs handicapés | Behinderte Reisende

Où est l'entrée pour les fauteuils roulants ?	Wo ist der Eingang für Rollstuhlfahrer?
Votre hôtel est-il accessible aux fauteuils roulants ?	Ist Ihr Hotel rollstuhlgerecht?
Je voudrais une chambre ...	Ich brauche ein Zimmer ...
au rez-de-chaussée.	*im Erdgeschoss.*
accessible aux fauteuils roulants.	*für Rollstuhlfahrer.*
Y a-t-il un ascenseur pour fauteuils roulants ?	Haben Sie einen Aufzug für Rollstühle?
Où sont les toilettes pour handicapés ?	Wo ist die Behindertentoilette?

Est-ce qu'il y a dans ce train un espace aménagé pour les fauteuils roulants ?

Kann ich als Rollstuhlfahrer in diesem Zug mitfahren?

Pouvez-vous m'aider à monter/descendre, s'il vous plaît ?

Können Sie mir beim Einsteigen/Aussteigen bitte helfen?

Voyager avec des enfants | Mit Kindern reisen

Est-ce que nous pouvons venir avec les enfants ?

Können wir die Kinder mitbringen?

Est-ce que les enfants ont le droit d'entrer ?

Ist der Eintritt auch Kindern gestattet?

Il y a un tarif réduit pour les enfants ?

Gibt es eine Ermäßigung für Kinder?

Vous servez des menus pour enfants ?

Haben Sie Kinderportionen?

Auriez-vous ... ?
une chaise pour bébé
un lit pour bébé
une table à langer

Hätten Sie ...?
einen Kinderstuhl
ein Kinderbett
einen Wickeltisch

Où est-ce que je peux changer mon bébé ?

Wo kann ich das Baby wickeln?

Où est-ce que je peux allaiter mon bébé ?

Wo kann ich das Baby stillen?

Vous pouvez réchauffer ceci, s'il vous plaît ?

Können Sie das bitte aufwärmen?

Qu'est-ce qu'il y a comme activités pour les enfants ?

Was können Kinder hier unternehmen?

Où est le parc de jeux le plus proche ?

Wo gibt es hier einen Spielplatz?

Est-ce qu'il y a un service de garderie ?

Gibt es hier eine Kinderbetreuung?

Mon fils/ma fille est malade.

Mein Sohn/meine Tochter ist krank.

Je voudrais faire une réclamation.	Ich möchte mich beschweren.
À qui dois-je m'adresser pour faire une réclamation ?	Bei wem kann ich mich beschweren?
Je voudrais parler au responsable, s'il vous plaît.	Ich möchte mit dem Geschäftsführer sprechen.
La lumière	*Das Licht*
Le chauffage	*Die Heizung*
La douche	*Die Dusche*
... ne marche pas.	... funktioniert nicht.
La chambre est ...	Das Zimmer ist ...
sale.	*schmutzig.*
trop petite.	*zu klein.*
Il fait trop froid dans la chambre.	Das Zimmer ist zu kalt.
Pourriez-vous nettoyer ma chambre, s'il vous plaît ?	Bitte machen Sie das Zimmer sauber.
Pourriez-vous baisser le son de votre télé/radio, s'il vous plaît ?	Bitte stellen Sie den Fernseher/das Radio leiser.
Il y a une odeur de tabac.	Es riecht nach Rauch.
Il n'y a pas d'eau chaude.	Es gibt kein warmes Wasser.
Pouvons-nous changer de chambre ?	Können wir das Zimmer wechseln?
On m'a volé quelque chose.	Mir wurde etwas gestohlen.
Ma chambre n'a pas été faite.	Mein Zimmer wurde nicht aufgeräumt.
Nous attendons depuis très longtemps.	Wir warten schon sehr lange.
Il y a une erreur dans l'addition.	Die Rechnung stimmt nicht.
Je veux être remboursé(e).	Ich möchte mein Geld zurück.
Je voudrais échanger ceci.	Ich möchte das umtauschen.
Je ne suis pas satisfait(e).	Ich bin damit nicht zufrieden.

aïoli Knoblauchmayonnaise

anchoïade Sardellenpaste
mit Knoblauch, Olivenöl
und Essig

amuse-bouche Appetithappen

assiette du pêcheur
Fischplatte

bar Seebarsch

bavarois Bayerische Creme

bisque Hummercremesuppe

blanquette Kalbsfrikassee mit
cremiger Soße

bouillabaisse Bouillabaisse
(provenzalische Fischsuppe)

brandade de morue Kabeljau
mit Knoblauch, Olivenöl und
Sahne

brochette, en am Spieß

bulot Wellhornschnecke

calamar/calmar Tintenfisch

cassoulet Eintopf aus weißen
Bohnen mit eingemachtem
Fleisch, Speck und Wurst

cervelle de Canut Quark mit
Schafskäse, Kräutern und
Weißwein

charlotte Biskuitkuchen mit
Cremefüllung

clafoutis Kirschkuchen

coq au vin Coq au Vin
(Hähnchen in Rotwein)

coques Herzmuscheln

crémant Schaumwein

crème pâtissière Vanillesoße
für Torten und Desserts

cuisses de grenouilles
Froschschenkel

daube Schmorbraten

daurade Goldbrasse

filet mignon Schweinefilet

fine de claire Auster

foie gras Gänseleber

fond d'artichaut
Artischockenherz

fougasse Fladenbrot

gésier Geflügelmagen

gratin dauphinois
Kartoffelgratin

homard thermidor gegrillter
Hummer mit Cremesoße

île flottante Schaumgebäck
in Vanillesoße

loup de mer Wolfsbarsch

noisettes d'agneau
Lammfleischstückchen

onglet Steak

pan-bagnat Brötchen mit
Ei, Oliven, Thunfisch und
Anchovis

parfait Halbgefrorenes

parmentier mit
Kartoffel(püree)

pignons Pinienkerne

pipérade Omelette mit
Tomaten, Zwiebeln und
Paprika

pissaladière Art kleine Pizza
mit Zwiebeln, Anchovis und
Oliven

pistou Pesto auf
provenzalische Art

pommes mousseline
Kartoffelpüree mit Sahne

pot-au-feu Eintopf

quenelles Fleisch- oder
Fischklöße mit Soße

rascasse Drachenkopf
(Fisch)

ratatouille Ratatouille
(Gemüseeintopf)

ris de veau Kalbsbries

romaine Romagnasalat

rouille scharfe Soße, serviert

zur Bouillabaisse

salade lyonnaise
Gemüsesalat mit Eiern und
Speck

salade niçoise Salat mit
Bohnen, Anchovis, Oliven
und Paprika

suprême de volaille
Hähnchenbrust mit
Cremesoße

tapenade Paste aus
schwarzen Oliven, Anchovis
und Kapern

tournedos Rossini Tournedos
(Lendenschnitte) auf
geröstetem Brot mit
Gänseleber und Trüffeln

Alsterwasser panaché

Apfelkorn liqueur de pomme

Apfelstrudel gâteau aux pommes, aux raisins et à la cannelle, roulé en pâte feuilletée

Arme Ritter pain perdu

Backpflaumen pruneaux

Bauernfrühstück petit déjeuner chaud composé d'œufs brouillés, de bacon, de morceaux de pommes de terre, d'oignons et de tomates

Berliner beignet fourré à la confiture

Bierschinken saucisse de jambon

Bierwurst saucisse bouillie bavaroise

Bockwurst saucisse bouillie

Dunkles bière brune

Eierkuchen crêpes

Eisbein jarret de porc bouilli, souvent servi avec de la choucroute

Eiswein vin de glace

Fledermaus bœuf bouilli accompagné d'une crème au raifort

Fünfkornbrot pain complet aux cinq céréales

geschmort braisé

Gewürzgurken cornichons

Hackbraten pain de viande

Helles bière légère

Heuriger vin nouveau

Jägerschnitzel escalope servie avec des champignons et une sauce au vin

Kasseler viande de porc fumée

Knackwurst saucisse épicée

Kraftsuppe consommé

Kroketten croquettes

Leberkäse pain de viande fait à partir de foie de porc

Leinsamenbrot pain complet contenant des graines de lin

Linzer Torte tarte à la confiture surmontée de croisillons de pâte

Malzbier bière brune au malt

Maß un litre de bière

Mischbrot pain gris fait à partir de farines de blé et de seigle

Nockerln petites boulettes, quenelles

Pils, Pilsner bière forte, légèrement amère

Pumpernickel pain très foncé fait à partir de farine de seigle complète grossière

Radler panaché

Räucherkäse fromage fumé

Reibekuchen galettes de pommes de terre

Rösti morceaux de pommes de terre frits avec des oignons et des lardons

Roulade roulade de bœuf

Sachertorte gâteau au chocolat

Sauerbraten bœuf braisé mariné dans du vinaigre servi avec des boulettes et des légumes

Schwertfisch espadon

Spanferkel cochon de lait

Steinbutt turbot

Steinpilze cèpes (de Bordeaux)

Stollen pâtisserie en forme de pain contenant des écorces confites, habituellement dégustée à Noël

Vollkornbrot pain aux céréales

Wiener Schnitzel escalope panée

Wildbraten venaison rôtie

Zervelatwurst cervelas à base de bœuf et de porc

Zigeunerschnitzel escalope accompagnée d'une sauce au paprika

Aachen (-s) nt Aix-la-Chapelle

Aal (-(e)s, -e) m anguille f

---

ab

▶ *präp +Dat* dès ; **Kinder ab 12 Jahren** les enfants de plus de 12 ans ; **ab morgen/Montag/ Januar** dès demain/lundi/(le mois de) janvier ; **ab sofort** dès maintenant

▶ *adv* **1** (*weg, entfernt*) loin ; (*herunter*) : **der Knopf ist ab** le bouton est parti ; **ab ins Bett!** (ouste,) au lit ! ; **links ab** à gauche ; **Hut ab!** (*alle Achtung!*) chapeau !

2 (*zeitlich*) : **von da ab** dès ce moment, dès lors ; **von heute ab** dès aujourd'hui, à partir d'aujourd'hui

3 (*auf Fahrplänen*) : **München ab 12.20** Munich (départ) 12h20

4 : **ab und zu o od an** de temps en temps, parfois

Abbau (-(e)s) m (*Zerlegung*) démontage m ; (*von Personal, Preisen*) réduction f ; (*von Kräften*) déclin m

ab|bauen vt (*zerlegen*) démonter ; (*verringern*) réduire

ab|bekommen (*irr*) vt recevoir ; (*Regen*) prendre ; (*fam: Farbe, Aufkleber*) arriver à enlever ; **etwas ~** (*beschädigt werden*) être abîmé(e) ; (*verletzt werden*) être blessé(e)

ab|bestellen vt (*Zeitung*) résilier son abonnement à

ab|bezahlen vt payer

ab|biegen (*irr*) vi tourner

Abbild nt image f • **ab|bilden** vt reproduire • **Abbildung** f reproduction f

ab|blenden vt : **die Scheinwerfer ~** se mettre en code

Abblendlicht nt feux mpl de croisement

ab|brechen (*irr*) vt (*Ast, Henkel*) casser ; (*Beziehungen, Verhandlungen*) rompre ; (*Spiel*) interrompre ; (*Gebäude, Brücke*) démolir ; (*Lager*) lever ▶ vi se casser ; (*aufhören*) arrêter

ab|bringen (*irr*) vt : **jdn davon ~, etw zu tun** dissuader qn de faire qch

Abbruch m rupture f ; (*von Gebäude*) démolition f

ab|buchen vt prélever

ab|decken vt (*Haus*) arracher le toit de ; (*Tisch*) débarrasser ; (*Loch, Beet*) couvrir

Abdruck (-s, Abdrücke) m moulage m

Abend (-s, -e) m soir m ; **zu ~ essen** dîner ; **heute/gestern/ morgen ~** ce/hier/demain soir • **Abendessen** nt dîner m

- **Abendkleid** nt robe f du soir
- **Abendland** nt Occident m
- **abendlich** adj du soir

abends adv le soir

Abenteuer(-s, -) nt aventure f
- **abenteuerlich** adj (gefährlich) risqué(e); (seltsam) excentrique

Abenteuer(in)(-s, -) m(f) aventurier(-ière)

aber konj mais

abermals adv une nouvelle fois

ab|fahren (irr) vi partir ▸ vt (Strecke) parcourir; (Fahrkarte) utiliser

Abfahrt f départ m; (Ski) descente f; (von Autobahn) sortie f

Abfahrtslauf m descente f

Abfahrtszeit f heure f du départ

Abfall m (Rest) déchets mpl; (Rückstand) résidus mpl
- **Abfallbeseitigung** f traitement m des déchets • **Abfalleimer** m poubelle f

abfällig adj désobligeant(e)

ab|fangen (irr) vt intercepter

ab|fertigen (irr) vt (fertig machen) préparer; (Flugzeug) préparer pour le décollage

ab|finden (irr) vt dédommager ▸ vr: **sich mit etw ~/nicht ~** être/ ne pas être satisfait(e) de qch

Abfindung f (von Gläubigern) remboursement m; (Geld) indemnité f

ab|fliegen (irr) vi (Flugzeug) décoller; (Passagier) partir

Abflug m décollage m
- **Abflugzeit** f heure f du départ

Abfluss m (Öffnung) voie f d'écoulement

Abfolge f ordre m

ab|fragen vt interroger

Abfuhr (-, -en) f enlèvement m; **sich** Dat **eine ~ holen** (fam) se faire remettre en place

ab|führen vi (Méd) avoir des propriétés laxatives

Abführmittel nt laxatif m

Abgabe f (von Waren) vente f; (von Wärme) émission f; (von Prüfungsarbeit, Stimmzettel) remise f; (von Ball) passe f; (gew pl: Steuer) impôt m

Abgang m départ m; (Theat) sortie f; (Méd: von Nierenstein etc) évacuation f; (: Fehlgeburt) fausse couche f; (kein pl: der Post, von Waren) expédition f; **reißenden ~ finden** se vendre comme des petits pains

Abgas nt gaz m inv d'échappement

ab|geben (irr) vt remettre; (an Garderobe: Erklärung) donner; (Ball) passer; (Wärme) émettre ▸ vr: **sich mit jdm/etw ~** s'occuper de qn/qch

ab|gehen (irr) vi partir; (von der Schule) quitter l'école ▸ vt (Strecke, Weg) parcourir

abgelegen adj éloigné(e)

abgeneigt adj +Dat: **jdm/einer Sache nicht ~ sein** n'avoir rien contre qn/qch

Abgeordnete(r) f(m) député(e)

Abgesandte(r) f(m) envoyé(e)

abgesehen adv: **~ von ...** à part ...

abgestanden adj (Flüssigkeit) pas frais(fraîche)

abgetragen adj (Kleidung, Schuhe) usé(e)

ab|gewinnen (irr) vt: **jdm etw ~** (Geld) faire perdre qch à qn; **einer Sache** Dat **etwas/nichts ~**

können trouver qch intéressant/ sans intérêt

abgewogen adj (Urteil) équitable ; (Worte) bien pesé(e)

ab|gewöhnen vt : **jdm etw ~** faire perdre l'habitude de qch à qn ; **sich** Dat **etw ~** perdre l'habitude de qch

ab|grenzen vt (trennen) séparer ; (Pflichten) déterminer ; (Bereich) délimiter ; (Begriffe) définir ▶ vr prendre ses distances

Abgrund m abîme m

ab|halten (irr) vt (Versammlung) tenir ; (Besprechung) avoir ; (Gottesdienst) célébrer ; **jdn von etw ~** empêcher qn de faire qch

ab|handeln vt (Thema) traiter ; **jdm die Waren ~** conclure un marché avec qn

abhanden|kommen vi s'égarer ; **mir ist mein Schirm abhandengekommen** j'ai égaré mon parapluie

Abhandlung f traité m

Abhang m pente f

ab|hängen (irr) vt décrocher ; (Verfolger) se débarrasser de ▶ vi : **von jdm/etw ~** dépendre de qn/qch

abhängig adj dépendant(e)

ab|hauen (irr) vt (Kopf, Ast) couper ▶ vi (fam) filer ; **hau ab!** fiche le camp !

ab|heben (irr) vt (Dach, Deckel, Schicht) enlever ; (Telefonhörer) décrocher ; (Geld) prélever ▶ vi (Flugzeug, Rakete) décoller ; (Kartenspiel) couper ▶ vr se distinguer ; **sich von etw ~** ressortir sur qch

Abhilfe f secours m

ab|holen vt aller chercher

Abitur (-s, -e) nt ≈ baccalauréat m

Abiturient(in) m(f) bachelier(-ière)

ab|kaufen vt acheter ; **jdm alles ~** (fam : glauben) gober tout ce que qn raconte

Abkommen (-s, -) nt accord m

ab|kürzen vt abréger ; (Strecke) raccourcir

Abkürzung f (Wort) abréviation f ; (Weg) raccourci m

ab|laden (irr) vt décharger

ab|lassen (irr) vt (Wasser) vider ; (Luft) faire sortir ; (vom Preis) remettre

Ablauf m (Abfluss) écoulement m ; (von Ereignissen) déroulement m ; (einer Frist) expiration f

ab|laufen (irr) vi (abfließen) s'écouler ; (Ereignisse) se dérouler ; (Frist) arriver à échéance ; (Pass) expirer

ab|legen vt (Gegenstand) poser ; (Kleider) enlever ; (Gewohnheit) perdre ; (Prüfung) passer

Ableger (-s, -) m (Bot) bouture f

ab|lehnen vt (Angebot, Verantwortung, Einladung) décliner ; (Hilfe, Amt) refuser

Ablehnung f refus m

ab|leiten vt (Wasser, Rauch, Blitz) détourner ; (herleiten) tirer ; (Math, Ling) dériver

ab|lenken vt détourner ; (zerstreuen) distraire

Ablenkung f distraction f

ab|lesen (irr) vt (Text, Rede) lire ; (Messgeräte, Werte) relever

ab|liefern vt (Ware) livrer ; (Geld) remettre ; (abgeben) rendre

ab|lösen vt (Briefmarke) décoller ; (Pflaster, Fleisch) enlever ▸ vr (abgehen) se détacher ; (sich abwechseln) se relayer

ab|machen vt (entfernen) enlever ; (vereinbaren) convenir de ; (in Ordnung bringen) régler

Abmachung f (Vereinbarung) accord m

ab|melden vt annoncer le départ de ; (Auto) faire annuler l'immatriculation de ; (Telefon) faire couper ▸ vr annoncer son départ ; **sich bei der Polizei ~** annoncer son départ au commissariat

Abnahme f (Verringerung) baisse f ; (Entfernen) fait d'enlever ; (Écon) achat m

ab|nehmen (irr) vt enlever ; (Bild, Telefonhörer) décrocher ; (Führerschein) retirer ; (Geld) prendre ▸ vi (schlanker werden) maigrir

Abnehmer (-s, -) m (Écon) acheteur m

Abneigung f: **~ (gegen)** aversion f (pour)

ab|nutzen vt user

Abo (-s, -s) nt (fam) abk **= Abonnement**

Abonnement (-s, -s) nt abonnement m

abonnieren vt être abonné(e) à

ab|raten (irr) vi : **jdm von etw ~** déconseiller qch à qn

ab|reagieren vr se défouler

ab|rechnen vt (abziehen) déduire ; (Rechnung aufstellen) préparer l'addition od la facture

Abrechnung f (Bilanz) bilan m

Abreise f départ m

ab|reisen vi partir (en voyage) ; (Rückreise antreten) partir

ab|reißen (irr) vt (Haus, Brücke) démolir ; (Blatt, Faden, Blumen) arracher

Abriss m (Übersicht) aperçu m

Abruf m : **auf ~** à disposition

ab|rufen (irr) vt (Ware) faire livrer

ab|rüsten vi (Mil) désarmer

Abrüstung f désarmement m

Absage f réponse f négative

ab|sagen vt annuler ; (Einladung) décliner ▸ vr dire non

Absatz m (Schuhabsatz) talon m ; (neuer Abschnitt) alinéa m ; (von Ware) ventes fpl

ab|schaffen vt (Todesstrafe, Gesetz) abolir ; (Angestellte, Haustier, Auto) se défaire de

Abschaffung f abolition f

ab|schalten (fam) vt éteindre ▸ vi (nicht mehr konzentrieren) décrocher

abschätzig adj (Blick) méprisant(e) ; (Bemerkung) peu flatteur(-euse)

Abscheu (-(e)s) m od f dégoût m
• **abscheulich** adj épouvantable

ab|schicken vt expédier

ab|schieben (irr) vt (Ausländer) expulser

Abschied (-(e)s, -e) m adieu m ; (von Armee) retour m à la vie civile ; **~ nehmen** prendre congé ; **zum ~** en guise d'adieu

Abschiedsbrief m lettre f d'adieu

abschlägig adj négatif(-ive)

Abschlagszahlung f acompte m

Abschleppdienst m service m de dépannage

ab|schleppen vt remorquer ▶ vr: **sich mit etw ~** traîner qch (à grand-peine)

Abschleppseil nt câble m de remorquage

ab|schließen (irr) vt fermer à clé ; (beenden, eingehen) conclure

Abschluss m (Beendigung) fin f ; (Geschäftsabschluss: von Vertrag) conclusion f

ab|schmieren vt (Aut) graisser, lubrifier

ab|schminken vt, vr se démaquiller ; **das kannst du dir gleich ~!** (fam) il n'en est pas question !

ab|schneiden (irr) vt couper ▶ vi: **bei etw gut/schlecht ~** (fam) bien/mal réussir qch

Abschnitt m (von Strecke) section f ; (von Buch) passage m ; (Kontrollabschnitt) talon m ; (Zeitabschnitt) époque f

ab|schrauben vt dévisser

ab|schrecken vt (Menschen) faire peur à • **abschreckend** adj (Anblick) effroyable ; **ein ~es Beispiel** un exemple à ne pas suivre ; **eine ~e Wirkung haben** avoir un effet de dissuasion

Abschreckung f (Mil) dissuasion f

ab|schreiben (irr) vt copier ; (Écon) déduire ; (fam: verloren geben) mettre une croix sur

Abschrift f copie f

abschüssig adj en pente

ab|schwächen vt (Wirkung) diminuer ; (Eindruck, Behauptung, Kritik) atténuer

ab|schwellen (irr) vi désenfler ; (Lärm) diminuer

absehbar adj (Folgen) prévisible ; **in ~er Zeit** dans un proche avenir

ab|sehen (irr) vt prévoir ▶ vi: **von etw ~** renoncer à qch ; (nicht berücksichtigen) ne pas tenir compte de qch ; **jdm etw ~** (erlernen) apprendre qch de qn

abseits adv à l'écart ▶ präp +Gen à l'écart de

Abseits nt (Sport) hors-jeu m

ab|senden (irr) vt envoyer

Absender(in) m(f) expéditeur(-trice)

ab|setzen vt poser ; (verkaufen) écouler ; (abziehen) déduire ; (entlassen) destituer de ses fonctions ; (hervorheben) mettre en valeur ▶ vr (fam: sich entfernen) se tirer ; (sich ablagern) se déposer

ab|sichern vt protéger ▶ vr se couvrir

Absicht f intention f ; **mit ~** délibérément • **absichtlich** adj voulu(e)

absolut adj absolu(e) ▶ adv absolument

absolvieren vt (Pensum) finir ; (Prüfung) réussir

ab|speichern vt (Inform) sauvegarder, mémoriser

ab|speisen vt (fig) consoler

ab|sperren vt (Gebiet) fermer ; (Tür) fermer à clé

Absperrung f (Vorgang) interdiction f d'accès ; (Sperre) barrière f

ab|spielen vt (Platte, Tonband) jouer ▶ vr se dérouler

Absprache f accord m

ab|sprechen (irr) vt (vereinbaren) convenir de ; **jdm etw ~**

(aberkennen) priver qn de qch ;
jdm die Begabung ~ contester
le talent de qn

ab|springen (irr) vi sauter ;
(Farbe, Lack) partir

Absprung m saut m ; **den ~
schaffen** (fam) arriver à rompre
avec le passé

ab|stammen vi descendre

Abstammung f origine f

Abstand m distance f ; (zeitlich)
intervalle m

Abstecher (-s, -) m détour m

ab|steigen (irr) vi descendre

ab|stellen vt poser ; (ausschalten:
Maschine) éteindre ; (: Strom)
couper ; (: beenden) mettre fin à ;
(ausrichten) adapter à

ab|stempeln vt (Briefmarke)
oblitérer ; (Menschen) étiqueter

Abstieg (-(e)s, -e) m descente f ;
(Niedergang) déclin m

ab|stimmen vi voter ▶ vt (Farben)
marier ; (Interessen) concilier ;
(Termine, Ziele) faire coïncider ▶ vr
se mettre d'accord

Abstimmung f (Stimmenabgabe)
vote m

abstrakt adj abstrait(e) ▶ adv
d'une manière abstraite

ab|streiten (irr) vt nier

Abstrich m (Méd) frottis m

ab|stumpfen vi s'émousser ; (fig)
devenir insensible

Absturz m chute f

ab|stürzen vi faire une chute ;
(Aviat) s'écraser

absurd adj absurde

Abszess (-es, -e) m abcès m

Abt (-(e)s, ⸚e) m abbé m

ab|tauen vi (Schnee, Eis) fondre ;
(Straße) dégeler ▶ vt dégivrer

Abtei f abbaye f

Abteil (-(e)s, -e) nt
compartiment m

ab|teilen vt diviser ; (abtrennen)
cloisonner

Abteilung f (in Firma, in
Krankenhaus) service m ; (in
Kaufhaus) rayon m
• Abteilungsleiter(in) m(f) chef
m de service ; (in Kaufhaus) chef de
rayon

ab|treiben (irr) vi (Schiff) dériver ;
(ein Kind) ~ avorter

Abtreibung f avortement m

Abtreibungsversuch m
tentative f d'avortement

ab|trennen vt (lostrennen)
découdre ; (entfernen, abteilen)
séparer

ab|treten (irr) vt (überlassen) céder

ab|trocknen vt essuyer ▶ vi
sécher

ab|tun (irr) vt (fam: ablegen)
enlever ; (fig) rejeter

ab|warten vt, vi attendre ; **~ und
Tee trinken** (fam) voir venir

abwärts adv vers le bas

ab|waschen (irr) vt (Schmutz)
enlever (en lavant) ; (Geschirr)
laver

Abwasser (-s, Abwässer) nt eaux
fpl usées

ab|wechseln vi alterner ;
(Menschen) se relayer

abwechselnd adv tour à tour

Abwechslung f changement m ;
(Zerstreuung) distraction f

abwechslungsreich adj varié(e)

abwegig adj étrange

Abwehr f (Ablehnung) défense f; (Schutz) protection f; (Geheimdienst) contre-espionnage m ▸ ab|wehren vt (Feind, Angriff) repousser; (Neugierige) renvoyer; (Gefahr) éviter; (Ball) dégager; (Verdacht) éviter; (Vorwurf) répondre à; **~de Geste** geste m de refus

ab|weichen (irr) vi (Werte) être différent(e); (von Kurs, Straße) s'écarter; (Meinung) différer

ab|wenden (irr) vt (Blick, Kopf) détourner; (verhindern) éviter ▸ vr se détourner

ab|werfen (irr) vt (Kleidungsstück) se débarrasser de; (Reiter) désarçonner; (Profit) rapporter; (Ballast, Bomben, Flugblätter) lâcher

ab|werten vt (Fin) dévaluer

abwesend adj absent(e)

Abwesenheit f absence f

Abwurf m (von Bomben etc) largage m

ab|zahlen vt payer, rembourser

Abzeichen nt insigne m; (Orden) ordre m

ab|zeichnen vt dessiner; (unterschreiben) signer ▸ vr se dessiner; (bevorstehen) se préciser

ab|ziehen (irr) vt (entfernen) retirer; (subtrahieren) déduire ▸ vi (Rauch) s'échapper; (fam: weggehen) se tirer

Abzug m retrait m; (von Waffen) gâchette f; (Phot) épreuve f

abzüglich präp +Gen moins, sans

ab|zweigen vi bifurquer ▸ vt utiliser

Abzweigung f embranchement m

ach interj oh

Achse f axe m; (Aut) essieu m; **auf ~ sein** (fam) être en voyage

Achsel (-, -n) f épaule f

acht num huit

Acht f: **~ geben** siehe **achtgeben**; **sich in ~ nehmen** faire attention; **etw völlig außer ~ lassen** ne pas tenir compte de qch

achte(r, s) adj huitième

Achtel nt huitième m

achten vt respecter ▸ vi: **auf etw** Akk **~** faire attention à qch

Achterbahn f montagnes fpl russes

achtfach adj octuple

acht|geben vi: **~ (auf** +Akk**)** faire attention (à)

achthundert num huit cent(s)

achtlos adv sans faire attention

Achtung f: **~ vor** jdm/etw respect m pour qn/qch ▸ interj: **~!** attention!

achtzehn num dix-huit

achtzig num quatre-vingts

ächzen vi (Mensch) gémir

Acker (-s, =) m champ m

Action (-, -s) f (fam) action f

Actionfilm m film m d'action

Adapter m adaptateur m

addieren vt additionner

ade interj adieu

Adel (-s) m noblesse f

Ader (-, -n) f veine f

ADHS (-) nt abk (= Aufmerksamkeitsdefizit/ Hyperaktivitätsstörung) TDA m (= trouble du déficit de l'attention)

Adjektiv nt adjectif m

Adler (-s, -) m aigle m

adoptieren vt adopter
Adrenalin (-s) nt adrénaline f
Adresse f adresse f
adressieren vt adresser
ADSL f abk (= Asymmetric Digital Subscriber Line) ADSL m
Advent (-(e)s, -e) m Avent m
Adventskalender m calendrier m de l'Avent
Aerobic (-s) nt aérobic f
Affäre f affaire f ; (Verhältnis) aventure f
Affe (-n, -n) m singe m
affektiert adj affecté(e)
Afghanistan (-s) nt l'Afghanistan m
Afrika (-s) nt l'Afrique f
Afrikaner(in) (-s, -) m(f) Africain(e)
afrikanisch adj africain(e)
AG abk (= Aktiengesellschaft) SARL f
Agent(in) m(f) agent m secret ; (Vertreter) agent, représentant(e)
Agentur f agence f
Aggression f agression f ; **seine ~ abreagieren** se défouler
aggressiv adj agressif(-ive)
Ägypten (-s) nt l'Égypte f
ägyptisch adj égyptien(ne)
aha interj ah
ähneln vi +Dat ressembler à ▶ vr se ressembler
ahnen vt deviner
ähnlich adj semblable ; **das sieht ihm ~!** (fam) c'est bien de lui !
• **Ähnlichkeit** f ressemblance f
Ahnung f (Vorgefühl) pressentiment m ; (Vermutung) idée f ; **keine ~!** aucune idée !

ahnungslos adv : **er kam ~ herein/an** il est entré/arrivé sans se douter de rien
Ahorn (-s, -e) m érable m
Ähre f épi m
Aids nt sida m
Airbag (-s, -s) m airbag m
Akademie f établissement d'enseignement supérieur
Akademiker(in) (-s, -) m(f) universitaire mf
akademisch adj (Scol) universitaire
Akkord (-(e)s, -e) m (Mus) accord m ; **im ~ arbeiten** travailler à la pièce
Akkordeon (-s, -s) nt accordéon m
Akne f acné f
Akt (-(e)s, -e) m acte m ; (Art) nu m
Akte f dossier m
Aktentasche f serviette f
Aktie f action f
Aktiengesellschaft f société f à responsabilité limitée
Aktienkurs m cours m des actions
Aktion f action f ; (Polizeiaktion, Suchaktion) opération f ; **in ~** en action
Aktionär(in) (-s, -e) m(f) actionnaire mf
aktiv adj actif(-ive)
aktivieren vt activer
aktualisieren vt (Inform) mettre à jour
aktuell adj (Thema, Problem) actuel(le)
Akupunktur f acupuncture f
Akustik f acoustique f
akut adj (Frage) urgent(e) ; (Gefahr) imminent(e) ; (Méd) aigu (aiguë)

AKW (-s, -s) nt abk
= **Atomkraftwerk**

Akzent (-(e)s, -e) m accent m

akzeptabel adj (Preise)
acceptable

akzeptieren vt accepter

Alarm (-(e)s, -e) m alarme f
• **Alarmbereitschaft** f état m
d'alerte ; **in ~ sein** être prêt(e) à
intervenir

alarmieren vt alerter ;
(beunruhigen) alarmer

Alaska (-s) nt l'Alaska m

Albanien (-s) nt l'Albanie f

albern adj sot(te), idiot(e)

Albtraum m cauchemar m

Album (-s, Alben) nt album m

Alge f algue f

Algerien (-s) nt l'Algérie f

Algorithmus (-, -men) m
algorithme m

Alibi (-s, -s) nt alibi m

Alkohol (-s, -e) m alcool m
• **alkoholfrei** adj sans alcool

Alkoholiker(in) (-s, -) m(f)
alcoolique mf

Alkoholismus m alcoolisme m

Alkoholtest m éthylotest m

All (-s) nt univers m

---

alle(r, s)

▶ pron 1 (substantivisch: nt sg): **~s**
tout ; **das ~s** tout cela ; **~s Gute**
mes meilleurs vœux ; **~s in ~m**
l'un dans l'autre, à tout prendre ;
trotz ~m malgré tout ; **vor ~m**
avant tout, surtout ; **ist das ~s?**
(im Geschäft) ce sera tout ? ; **das
wäre ~s** ce serait tout ; **was hast
du ~s gesehen?** raconte-moi
tout ce que tu as vu ; **was es**

nicht ~s gibt! qu'est-ce qu'il ne
faut pas entendre ! ; **wer ~s
weiß davon?** qui d'autre est au
courant ? ; **~s aussteigen!** tout
le monde descend !
2 (substantivisch: pl: sämtliche)
tous (toutes) ; **~ sind
gekommen** tout le monde est
venu, ils (elles) sont tous
(toutes) venu(e)s ; **~ beide** (tous
(toutes)) les deux ; **wir ~** nous
tous (toutes) ; **wir ~ möchten**
nous aimerions tous (toutes) ;
~ die (tous (toutes)) ceux (celles)
qui
3 (adjektivisch: sg) tout(e) le (la) ;
(pl) tous (toutes) les ; **~s Geld**
tout l'argent ; **~s Bier** toute la
bière ; **~ Milch** tout le lait ;
~ Kinder tous les enfants ; **trotz
~r Bemühungen** malgré tous
nos/ses etc efforts ; **ohne ~n
Zweifel** sans aucun doute
4 (mit Zeit- oder Maßangaben):
~ 10 Minuten toutes les 10
minutes ; **~ fünf Meter** tous les
cinq mètres
▶ adj (fam: aufgebraucht) fini(e) ;
die Milch ist ~ il n'y a plus de
lait ; **etw ~ machen** finir qch

Allee f allée f

allein adj seul(e) ; **nicht ~** (nicht
nur) pas seulement
• **alleinerziehend** adj célibataire,
seul(e) • **Alleinerziehende(r)**
f(m) parent m seul • **Alleingang**
m : **im ~** tout(e) seul(e)

alleinig adj (Erbe) unique ;
(Vertreter, Hersteller) exclusif(-ive)

alleinstehend adj célibataire

Alleinstehende(r) f(m)
personne f (qui vit) seule

allenfalls adv (höchstens) au plus ; (möglicherweise) le cas échéant
allerbeste(r, s) adj de loin le(la) meilleur(e)
allerdings adv (einschränkend) toutefois ; (bekräftigend) bien sûr
Allergie f allergie f
allergisch adj allergique ; **gegen etw ~ sein** être allergique à qch
allerhand adj inv (fam) toutes sortes de ; **das ist doch ~!** (entrüstet) c'est un comble !
Allerheiligen nt Toussaint f
allerhöchste(r, s) adj (Berg) le(la) plus haut(e) de tous(toutes) ; **es wird od ist ~ Zeit od Eisenbahn, dass ...** il est grand temps que ...
allerhöchstens adv au plus
allerlei adj inv toutes sortes de
allerletzte(r, s) adj tout(e) dernier(-ière)
allerwenigste(r, s) adj : **von allen hat er das ~ Geld** de nous tous, c'est lui qui a le moins d'argent
allgemein adj général(e) ▸ adv (beliebt, bekannt) de tous ; **das ~e Wahlrecht** le suffrage universel ; **im A~en** en général
• **Allgemeinbildung** f culture f générale • **allgemeingültig** adj universellement reconnu(e)
• **Allgemeinheit** f (Öffentlichkeit) communauté f, **Allgemeinheiten** pl généralités fpl
alljährlich adj annuel(le)
allmählich adj progressif(-ive) ▸ adv petit à petit
Allradantrieb m : **mit ~** à quatre roues motrices
allseits adv : **sie war ~ beliebt** elle était aimée de tous

Alltag m quotidien m
allzu adv beaucoup trop
Alm (-, -en) f alpage m
Almosen (-s, -) nt aumône f
Alpen pl Alpes fpl
Alphabet (-(e)s, -e) nt alphabet m
alpin adj alpin(e)
Alptraum m siehe **Albtraum**

---

als konj **1** (zeitlich) au moment où, quand ; **~ er merkte, dass** quand il a remarqué que ; **damals ~ ...** à cette époque, où ... ; **gerade ~ ...** juste au moment où ...
2 (in der Eigenschaft) en tant que, comme ; **~ Clown verkleidet** déguisé(e) en clown ; **~ Kind war ich immer sehr ängstlich** quand j'étais petit(e), j'étais très peureux(-euse) ; **~ Beweis** pour od comme preuve
3 (bei Vergleichen) : **schöner ~** plus beau (belle) que ; **so viel ~ möglich** autant que possible ; **so weit ~ möglich** dans la mesure du possible ; **nichts ~ Ärger** rien que des ennuis ; **alles andere ~** tout sauf
4 : **~ ob** od **wenn** comme si ; **~ wäre nichts geschehen** comme s'il ne s'était rien passé

also adv donc
alt adj vieux (vieille) ; (antik, ehemalig) ancien(ne) ; **sie ist drei Jahre ~** elle a trois ans
Alt (-s, -e) m (Mus) contralto m
Altar (-(e)s, -äre) m autel m
Altbau m vieil immeuble m

Altbier nt bière brune allemande
Alter(-s, -) nt âge m ; (letzter Lebensabschnitt) vieillesse f ; **im ~ von** à l'âge de
altern vi vieillir
alternativ adj (Medizin) parallèle, alternatif(-ive) ▸ adv : **~ leben** avoir un mode de vie alternatif
Alternative f solution f de rechange
Alternativmedizin f médecine f douce
Altersgrenze f limite f d'âge
Altersheim nt maison f de retraite
Altersversorgung f retraite f
Altertum(-s) nt antiquité f; **Altertümer** pl (Gegenstände) antiquités fpl
Altglas nt verre m usagé
Altglascontainer m conteneur m de collecte du verre usagé
altklug adj précoce
Altlasten pl déchets mpl toxiques
Altmaterial nt déchets mpl
altmodisch adj démodé(e)
Altpapier nt vieux papiers mpl
Altstadt f vieille ville f
Alufolie f papier m aluminium
Aluminium(-s) nt aluminium m
Alzheimerkrankheit f maladie f d'Alzheimer
am=an dem
Amateur m, in zW amateur m
ambulant adj (Méd) ambulatoire
Ameise f fourmi f
Amerika(-s) nt l'Amérique f
Amerikaner(in)(-s, -) m(f) Américain(e)
amerikanisch adj américain(e)

Amnestie f amnistie f
Ampel(-, -n) f (Verkehrsampel) feu(x) m(pl) (de signalisation)
Amsel(-, -n) f merle m
Amt(-(e)s, ⁼er) nt (Posten) fonction f, poste m ; (Aufgabe) fonction ; (Behörde) office m
amtlich adj officiel(le)
Amtsrichter(in) m(f) juge m au tribunal civil
amüsieren vt amuser ▸ vr s'amuser ; **sich über etw** Akk **~** rire de qch

an

▸ präp +Dat **1** (räumlich: wo?): **am Bahnhof** à la gare ; **an der Wand** au mur ; **am Fenster** à la fenêtre ; **am Tatort** sur les lieux du crime ; **an diesem Ort** à cet endroit ; **zu nahe an etw** trop près de qch ; **am Fluss** au bord de la rivière ; **Frankfurt am Main** Francfort sur le Main ; **an der Autobahn** près od au bord de l'autoroute
2 (zeitlich: wann?): **am kommenden Sonntag** le dimanche suivant ; **am vergangenen** od **letzten Sonntag** dimanche dernier ; **an diesem Tag** ce jour-là ; **an Ostern** à Pâques ; **am 1. Mai** le 1er mai ; **am Morgen/Abend** le matin/soir
3: **an etw sterben** mourir de qch ; **arm an Fett** pauvre en matières grasses ; **an der ganzen Sache ist nichts** ce n'est pas si compliqué que ça ; **jdn an der Hand nehmen** prendre qn par la main ; **an**

(und für) sich à vrai dire
4 (als Superlativ): **sie singt am besten** c'est elle qui chante le mieux
▶ **präp +Akk 1** (räumlich: wohin?): **etw an die Wand hängen** accrocher qch au mur ; **an die Wand schreiben** écrire sur le mur ; **er ging an die Tür** il est allé ouvrir la porte ; **sie ging ans Telefon** elle est allée répondre au téléphone ; **sich an die Arbeit machen** se mettre au travail
2 (zeitlich): **bis an sein Lebensende/80. Lebensjahr** jusqu'à la fin de sa vie/à l'âge de 80 ans
3 (gerichtet an): **einen Brief an jdn schreiben** écrire une lettre à qn ; **ein Päckchen an jdn schicken** envoyer un colis à qn ; **ich habe eine Frage an dich** j'ai une question pour toi ; **an etw denken** penser à qch
▶ **adv 1** (ungefähr) environ ; **an die 10 Euro/3 Stunden** environ 10 euros/trois heures
2 (auf Fahrplänen): **Frankfurt an 18.17** arrivée à Francfort à 18h17
3 (ab): **von dort an** à partir de là ; **von heute an** dorénavant, dès aujourd'hui
4 (angeschaltet, angezogen): **das Licht ist an** la lumière est allumée ; **er hatte einen dunklen Anzug an** il portait un costume sombre

analog adj analogue
Analogrechner m calculateur m analogique
Analyse f analyse f

analysieren vt analyser
Ananas (-, - od -se) f ananas m
Anarchie f anarchie f
Anarchist(in) m(f) anarchiste mf
Anatomie f anatomie f
Anbau m (Agr) culture f ; (Gebäude) annexe f
an|bauen vt planter ; (Gebäudeteil) ajouter
an|behalten (irr) vt garder
anbei adv ci-joint
an|beißen (irr) vi (Fisch) mordre
an|belangen vt: **was mich anbelangt** en ce qui me concerne
an|beten vt être en adoration devant
Anbetracht m: **in ~ +Gen** en considération de
an|bieten (irr) vt proposer ; (Speise, Getränk) offrir ▶ vr (Mensch) se proposer ; (Gelegenheit) se présenter
an|binden (irr) vt attacher
Anblick m spectacle m
an|brechen (irr) vt (Vorräte) entamer ▶ vi (Zeitalter) commencer ; (Tag) se lever ; (Nacht) tomber
an|brennen (irr) vi prendre feu, se mettre à brûler ; (Culin) attacher
an|bringen (irr) vt (herbeibringen) ramener ; (Bitte) faire ; (Wissen, Witz, Ware) placer ; (festmachen) poser
Anbruch m: **bei ~ des Tages** au lever du jour
Andacht (-, -en) f recueillement m ; (Gottesdienst) office m
an|dauern vi se poursuivre, durer
andauernd adj continuel(le)
▶ adv continuellement

Andenken (-s, -) nt souvenir m

andere(r, s) pron autre ; **von etwas ~m sprechen** parler d'autre chose ; **unter ~m** notamment

andererseits, anderenteils adv d'autre part

ändern vt changer, modifier

andernfalls adv sinon, autrement

anders adv autrement ; **irgendwo ~** autre part ; **~ aussehen** avoir l'air od être différent(e) • **andersartig** adj différent(e)

andersherum adv dans l'autre sens

anderswo adv ailleurs

anderthalb adj un(e) et demi(e)

Änderung f changement m, modification f

anderweitig adj autre ▸ adv (anders) à quelqu'un d'autre

an|deuten vt indiquer

Andeutung f (Hinweis) allusion f ; (Spur) ombre f

Andorra (-s) nt Andorre f

Andrang m afflux m

an|drohen vt : **jdm etw ~** menacer qn de qch

an|eignen vt : **sich** Dat **etw ~** s'approprier qch ; (lernen) acquérir qch

aneinander adv (vorbeifahren) l'un(e) à côté de l'autre ; (denken) l'un(e) à l'autre • **aneinander|fügen** vt joindre

an|ekeln vt dégoûter

anerkannt adj reconnu(e) (de tous)

an|erkennen (irr) vt (Regierung) reconnaître ; (Bemühungen) apprécier

anerkennend adj élogieux(-euse)

anerkennenswert adj louable

Anerkennung f reconnaissance f

an|fahren (irr) vt (herbeibringen) amener ; (umfahren und verletzen) renverser ; (Ort) aller od se rendre à ; (zurechtweisen) remettre à sa place ▸ vi (losfahren) démarrer

Anfall m (Méd) crise f ; (fig) accès m

an|fallen (irr) vt (angreifen) attaquer ▸ vi se présenter

anfällig adj : **~ für etw** sujet(te) à qch

Anfang (-(e)s, Anfänge) m début m, commencement m ; **von ~ an** dès le début od départ

an|fangen (irr) vt commencer ; (machen) faire ▸ vi commencer

Anfänger(in) (-s, -) m(f) débutant(e)

anfänglich adj initial(e)

anfangs adv au début

an|fassen vt (ergreifen) prendre ; (berühren) toucher ; (Angelegenheit) aborder ▸ vi (helfen) mettre la main à la pâte

an|fechten (irr) vt (Urteil) faire appel de ; (Meinung, Vertrag) contester ; (beunruhigen) troubler

an|fertigen vt (Gutachten, Protokoll) rédiger

an|flehen vt implorer

an|fliegen (irr) vt (Land) atterrir en ; (Stadt) atterrir à

Anflug m (Aviat) arrivée f

an|fordern vt demander

Anforderung f (Beanspruchung) demande f

Anfrage f demande f ; (Pol) question f

an|freunden vr (mit Menschen) se
lier d'amitié ; **sich mit etw ~** (fig)
se faire à qch

an|fühlen vr: **sich kalt/weich ~**
être froid(e)/doux (douce) (au
toucher)

**Anführungsstriche,
Anführungszeichen** pl
guillemets mpl

Angabe f (Auskunft) indication f ;
(Tech) spécification f

an|geben (irr) vt donner ; (Zeuge)
citer ▶ vi (fam) se vanter

Angeber(in) (-s, -) (fam) m(f)
vantard(e)

angeblich adj soi-disant inv ▶ adv
apparemment, paraît-il

Angebot nt offre f ; (Auswahl)
choix m

angebracht adj (Bemerkung)
judicieux(-euse)

angeheitert adj éméché(e)

an|gehen (irr) vt (betreffen)
regarder ▶ vi (Radio, Licht)
s'allumer ; (fam: beginnen)
commencer

Angehörige(r) f(m) proche
parent/e

Angeklagte(r) f(m) accusé(e)

Angel (-, -n) f (zum Fischfang) canne
f à pêche ; (Türangel, Fensterangel)
gond m

Angelegenheit f affaire f

angeln vt, vi pêcher

angemessen adj approprié(e)

angenehm adj agréable ; **~!** (bei
Vorstellung) enchanté(e) !

angenommen adj: **~, wir ...**
supposons que nous ...

angepasst adj conformiste

angesagt (fam) adj tendance inv

angesehen adj respecté(e)

angesichts präp +Gen en raison
de

angespannt adj tendu(e) ;
(Aufmerksamkeit) soutenu(e)

Angestellte(r) f(m) employé(e)

angestrengt adj (nachdenken)
très fort ; (arbeiten) dur

angetan adj: **von jdm/etw ~
sein** être séduit(e) par qn/qch

angewiesen adj: **auf jdn/etw ~
sein** dépendre de qn/qch

an|gewöhnen vt: **jdm/sich etw
~** habituer qn/s'habituer à qch

Angewohnheit f habitude f

Angler(in) (-s, -) m(f)
pêcheur(-euse) (à la ligne)

an|greifen (irr) vt attaquer ;
(Gesundheit) atteindre

Angreifer(in) (-s, -) m(f)
agresseur m

Angriff m attaque f

angst adj: **ihm ist/wird (es) ~
(und bange)** il a de plus en plus
peur • **Angst** (-, ¨e) f (Furcht) peur
f ; (Sorge) crainte f

ängstigen vt faire peur à ▶ vr se
faire du souci

ängstlich adj (furchtsam)
peureux(-euse) ; (besorgt)
inquiet(-ète)

an|haben (irr) vt avoir mis(e)

an|halten (irr) vt (Fahrzeug)
arrêter ; (Luft, Atem) retenir ▶ vi
s'arrêter ; (andauern) continuer

anhaltend adj (Beifall)
interminable ; (Regen)
ininterrompu(e)

Anhalter(in) (-s, -) m(f)
auto-stoppeur(-euse) ; **per ~
fahren** faire du stop

Anhaltspunkt *m*: **jdm einen ~ für etw geben** donner une idée à qn sur qch

anhand *präp +Gen* en se fondant sur

Anhang *m* (*Buch, Vertrag*) appendice *m* ; (*von E-Mail*) pièce *f* jointe, fichier *m* joint

an|hängen *vt* accrocher ; (*anfügen: Inform*) ajouter ▶ *vr*: **sich an jdn ~** suivre qn ; **jdm etw ~** (*fam*) mettre qch sur le dos de qn ; **eine Datei an eine E-Mail ~** (*Inform*) joindre un fichier à un mail

Anhänger (*-s, -*) *m* partisan *m* ; (*Aut*) caravane *f* ; (*am Koffer*) étiquette *f* ; (*Schmuck*) pendentif *m*

an|heben (*irr*) *vt* (*Gegenstand*) soulever ; (*Preise, Steuern*) augmenter

an|heuern *vt* engager

Anhieb *m*: **auf ~** tout de suite

an|hören *vt* écouter ▶ *vr* s'entendre

Animateur *m* animateur *m*

animieren *vt*: (**zu etw**) **~** inciter (à qch)

Ankauf *m* achat *m*

Anker (*-s, -*) *m* ancre *f*

ankern *vi* mouiller

Ankerplatz *m* mouillage *m*

Anklage *f* accusation *f*
  • **Anklagebank** *f* banc *m* des accusés

an|klagen *vt* accuser

Anklang *m*: (**bei jdm**) **~ finden** être bien reçu(e) (par qn)

Ankleidekabine *f* cabine *f*

an|klopfen *vi* frapper

an|kommen (*irr*) *vi* arriver ▶ *vi unpers*: **es kommt darauf an** ça

dépend ; (*wichtig sein*) c'est ce qui compte ; **bei jdm ~** (*Anklang finden*) avoir du succès chez qn

an|kreuzen *vt* cocher

an|kündigen *vt* annoncer

Ankunft *f* arrivée *f*

Ankunftszeit *f* heure *f* d'arrivée

an|kurbeln *vt* (*Wirtschaft, Produktion*) relancer

Anlage *f* (*Fabrik, Gebäudekomplex*) installations *fpl* ; (*Park*) parc *m* ; (*Tech, Mil, Sport etc*) équipement *m* ; (*Fin*) placement *m* ; (*Beilage*) annexe *f* ; (*Veranlagung*): **~ zu** tendance *f* à

Anlass (*-es, Anlässe*) *m* (*Ursache*) cause *f* ; (*Gelegenheit, Ereignis*) occasion *f* ; **~ zur Besorgnis/ Freude geben** être inquiétant(e)/ réjouissant(e)

an|lassen (*irr*) *vt* (*Motor*) mettre en marche, démarrer ; (*Mantel etc*) garder ; (*Licht, Radio etc*) laisser allumé(e)

Anlasser (*-s, -*) *m* (*Aut*) démarreur *m*

anlässlich *präp +Gen* à l'occasion de

Anlauf *m* (*Sport*) élan *m* ; (*Versuch*) tentative *f*

an|laufen (*irr*) *vi* (*beginnen*) commencer ; (*Metall*) se ternir ; (*Fenster*) se couvrir de buée ▶ *vt* (*Hafen*) faire escale à ; **angelaufen kommen** arriver

an|legen *vt* (*Lineal*) placer ; (*anziehen*) revêtir ; (*Park, Garten*) aménager ; (*Liste*) établir ; (*Kartei, Akte*) constituer ; (*Geld: investieren*) placer ; (*: ausgeben*) dépenser ▶ *vi* (*Schiff*) mouiller ; **es auf einen Streit ~** chercher la bagarre

Anlegestelle f mouillage m
an|lehnen vt (Leiter, Fahrrad) appuyer ; (Tür, Fenster) entrebâiller ▶ vr s'appuyer
Anleitung f instructions fpl
Anliegen (-s, -) nt problème m ; (Wunsch) demande f
Anlieger (-s, -) m riverain m
an|machen vt (anschalten, anzünden) allumer ; (befestigen) fixer ; (Salat) assaisonner ; **jdn ~** (fam) draguer qn
Anmeldeformular nt formulaire m d'inscription
an|melden vt (Besucher, Besuch) annoncer ; (Radio) payer la redevance pour ; (Auto) faire immatriculer ▶ vr s'annoncer ; (polizeilich) annoncer son arrivée
Anmeldung f (Büro) réception f
an|merken vt (hinzufügen) ajouter ; (anstreichen) noter ; **jdm seine Unsicherheit ~** remarquer le manque d'assurance de qn ; **sich** Dat **nichts ~ lassen** ne rien laisser paraître
Anmerkung f remarque f
Anmut f charme m
annähernd adj approximatif(-ive)
Annahme f (Vermutung) supposition f ; (von Gesetz, Kind, Namen) adoption f
an|nehmen (irr) vt accepter ; (vermuten) admettre ▶ vr: **sich einer Sache** Gen **~** (sich kümmern um) s'occuper de qch ; **angenommen, das ist so** admettons que ce soit vrai
Annehmlichkeit f commodité f
annoncieren vt annoncer ▶ vi mettre od insérer une annonce

anonym adj anonyme
an|ordnen vt ranger, classer ; (befehlen) ordonner
Anordnung f (Befehl) ordre m
an|packen vt (anfassen) saisir ; (in Angriff nehmen) s'attaquer à
an|passen vt (angleichen) adapter
Anpfiff m (Sport) coup m de sifflet (annonçant le début d'un match) ; (fam: Zurechtweisung) savon m
an|prangern vt dénoncer
an|preisen (irr) vt recommander (chaleureusement)
an|probieren vt essayer
an|rechnen vt compter ; (altes Gerät) accorder une remise pour ; **jdm etw hoch ~** avoir une haute opinion de qn à cause de qch
Anrecht nt droit m
Anrede f titre m
an|reden vt (ansprechen) s'adresser à ; (belästigen) aborder ; **jdn mit „Sie" ~** vouvoyer qn
an|regen vt (stimulieren) stimuler ; (vorschlagen) suggérer ; **angeregte Unterhaltung** conversation f animée
Anregung f suggestion f
Anreise f (voyage m d')aller m
an|reisen vi arriver
Anreiz m motivation f
an|richten vt (Essen) servir ; (Verwirrung) provoquer ; (Schaden) faire
Anruf m appel m
• **Anrufbeantworter** m répondeur m (automatique)
an|rufen (irr) vt (Tél) appeler

an|rühren vt (anfassen) toucher ; (mischen) préparer

Ansage f annonce f

an|sagen vt (Zeit) donner ; (Programm) annoncer

Ansager(in)(-s, -) m(f)(Radio, TV) speaker(ine)

an|sammeln vr s'accumuler

Ansatz m (Beginn) début m ; (Versuch) tentative f ; (Haaransatz) racine f ; (Rostansatz, Kalkansatz) dépôt m ▪ **Ansatzpunkt** m point m de départ

an|schaffen vt acquérir, acheter

Anschaffung f acquisition f

an|schalten vt allumer

an|schauen vt regarder

anschaulich adj vivant(e)

Anschein m apparence f

anscheinend adv apparemment

Anschlag m (Bekanntmachung) affiche f ; (Attentat) attentat m ; (Écon) devis m ; (auf Schreibmaschine) frappe f

an|schlagen(irr) vt (Zettel) afficher ; (beschädigen: Tasse) ébrécher ; (Akkord) frapper

an|schließen(irr) vt (Gerät) brancher ; (Sender) relayer ; (Fahrrad etc) enchaîner ▶ vr: **sich jdm ~** se joindre à qn ; (beipflichten) se ranger à l'avis de qn

anschließend adj (räumlich) contigu(ë) ; (zeitlich) qui suit ▶ adv ensuite

Anschluss m (Élec) branchement m ; (von Wasser etc) branchement ; (Rail, Aviat) correspondance f ; (Tél: Verbindung) communication f ; (: Apparat) ligne f ; **im ~ an** +Akk (immédiatement) après

Anschlussflug m correspondance f

an|schnallen vr attacher sa ceinture

Anschnallpflicht f: **in Taxis ist jetzt ~** le port de la ceinture (de sécurité) est devenu obligatoire dans les taxis

Anschrift f adresse f

an|sehen(irr) vt regarder ; **jdm etw ~** lire qch sur le visage de qn ; **jdn/etw als etw ~** considérer qn/qch comme qch

Ansehen(-s) nt (Ruf) réputation f

ansehnlich adj (Mensch) de belle apparence od stature ; (Betrag) considérable

an|setzen vt (anfügen) ajouter ; (Termin) fixer ▶ vi (beginnen) commencer ▶ vr (Rost) se former

Ansicht f (sichtbarer Teil) vue f ; (Meinung) avis m, opinion f ; **zur ~** à l'examen ; **meiner ~ nach** à mon avis

Ansichtskarte f carte f postale

Anspannung f tension f

Anspiel nt (Spielbeginn) commencement m du match

Anspielung f: **~ auf** +Akk allusion f à

Ansporn(-(e)s) m stimulation f

Ansprache f allocution f

an|sprechen(irr) vt (reden mit) adresser la parole à ; (gefallen) plaire à

ansprechend adj charmant(e)

Ansprechpartner m interlocuteur m

an|springen(irr) vi (Aut) démarrer

Anspruch m (Recht) droit m ; (Forderung) exigence f,

revendication f ; **~ auf etw** Akk **haben** avoir droit à qch ; **etw in ~ nehmen** avoir recours à qch

anspruchsvoll adj exigeant(e)

Anstalt (-, -en) f (Schule, Heim, Gefängnis) établissement m ; (Heilanstalt) maison f de santé ; **~en machen, etw zu tun** se préparer od s'apprêter à faire qch

Anstand m décence f

anständig adj (Mensch, Benehmen) honnête ; (Leistung, Arbeit) satisfaisant(e)

an|starren vt regarder fixement, fixer du regard

anstatt präp +Gen à la place de ▶ konj : **~ etw zu tun** au lieu de faire qch

an|stecken vt (Abzeichen, Blume, Ring) mettre ; (Méd) contaminer ▶ vr : **ich habe mich bei ihm angesteckt** il m'a contaminé(e)

ansteckend adj contagieux(-euse)

Ansteckung f contagion f

an|stehen (irr) vi faire la queue ; (Verhandlungspunkt) être à l'ordre du jour

anstelle, an Stelle präp +Gen : **~ von** à la place de

an|stellen vt (einschalten: Gerät) allumer ; (Wasser) ouvrir ; (Arbeit geben) engager ; (vornehmen) faire ▶ vr (Schlange stehen) faire la queue ; **sich dumm/geschickt ~** mal/bien s'y prendre

Anstellung f emploi m

Anstieg (-(e)s, -e) m montée f

Anstoß m (Impuls) impulsion f ; **~ nehmen an** +Dat être choqué(e) par od de

an|stoßen (irr) vt pousser ▶ vi (mit Gläsern) trinquer

anstößig adj choquant(e)

an|streben vt aspirer à

Anstreicher(in) (-s, -) m(f) peintre m (en bâtiment)

an|strengen vt (Augen, Person) fatiguer ▶ vr faire des efforts

anstrengend adj fatigant(e)

Anstrengung f effort m

Anstrich m couche f de peinture ; (fig: Note) apparence f

Ansturm m assaut m

Antarktis (-) f Antarctique m

Anteil m (Abzeichen, Blume, Ring) part f ; **~ an etw** Dat **nehmen** s'intéresser à qch

Anteilnahme (-) f (Mitleid) compassion f, sympathie f

Antenne f antenne f

Antibiotikum (-s, -biotika) nt antibiotique m

Antihistaminikum nt (-s, Antihistaminika) (Méd) antihistaminique m

antik adj ancien(ne)

Antike f antiquité f

Antiquitäten pl antiquités fpl

Antiviren- adj (Inform) antivirus

Antivirenprogramm m (Inform) antivirus m

Antivirensoftware f antivirus m

Antrag (-(e)s, Anträge) m (Formular) formulaire m ; (Heiratsantrag) demande f en mariage

an|treiben (irr) vt pousser ; (Motor) entraîner, faire marcher ; (fig) entraîner

an|treten (irr) vt (Amt, Regierung, Stellung) prendre ; (Reise, Urlaub) partir en ▶ vi s'aligner

Antrieb m impulsion f ; (Tech) entraînement m

Antritt m (*Beginn*) début m ; (*eines Amtes*) entrée f en fonction

an|tun(*irr*) vt: **jdm etw ~** faire qch à qn ; **sich** *Dat* **Zwang ~** se faire violence

Antwort(-, -en) f réponse f ; **um ~ wird gebeten** répondez s'il vous plaît (R.S.V.P.)

antworten vi répondre ; **jdm ~** répondre à qn

an|vertrauen vt: **jdm etw ~** confier qch à qn ▶ vr: **sich jdm ~** se confier à qn

an|wachsen(*irr*) vi augmenter ; (*Pflanze*) prendre racine

Anwalt(-(e)s, *Anwälte*) m avocat m

Anwaltskosten pl frais mpl de justice

an|weisen(*irr*) vt (*zuweisen*) assigner, attribuer ; (*befehlen*) ordonner à ; (*anleiten*) diriger ; (*Fin: überweisen*) virer

Anweisung f (*Befehl*) ordre m ; (*Anleitung*) mode m d'emploi ; (*Postanweisung*) mandat m

an|wenden(*irr*) vt (*Gerät*) utiliser ; (*Mittel, Therapie, Gewalt*) recourir à ; (*Gesetz, Regel*): **etw auf etw ~** appliquer qch à qch

Anwender(in)(-s, -) m(f) utilisateur(-trice)

Anwendung f application f ; (*Inform*) application f, appli f (*fam*)

anwesend adj présent(e) ; **die A~en** les personnes présentes

Anwesenheit f présence f

an|widern vt dégoûter

Anwohner(in)(-s, -) m(f) riverain(e)

Anzahl f (*Menge*) quantité f ; (*Gesamtzahl*) nombre m

Anzahlung f acompte m

Anzeichen nt signe m

Anzeige f annonce f ; (*Messgerät*) affichage m ; (*bei Polizei*) dénonciation f

an|zeigen vt indiquer ; (*bei Polizei*) dénoncer

an|ziehen(*irr*) vt (*Kleidung*) mettre ; (*anlocken*) attirer ; (*Schraube, Handbremse*) serrer ▶ vr s'habiller

anziehend adj attirant(e), attrayant(e)

Anziehung f (*Reiz*) attrait m, charme m

Anziehungskraft f attirance f ; (*Phys*) force f d'attraction

Anzug m costume m

anzüglich adj (*Bemerkung*) désobligeant(e) ; (*Witz*) de mauvais goût

an|zünden vt allumer

apart adj chic inv

Apfel(-s, -·) m pomme f
• **Apfelmus** nt purée f de pommes

Apfelsine f orange f

Apfelwein m cidre m

Apostel(-s, -) m apôtre m

Apotheke f pharmacie f

Apotheker(in)(-s, -) m(f) pharmacien(ne)

App f appli f

Apparat(-(e)s, -e) m appareil m ; **wer ist am ~?** (*Tél*) qui est à l'appareil ?

Appartement(-s, -s) nt appartement m

Appell(-s, -e) m (*Mil*) appel m ; (*fig*): **~ (an +Akk)** appel (à)

appellieren vi: **~ an** +Akk faire appel à

Appetit (-(e)s, -e) *m* appétit *m* ;
guten ~! bon appétit !
• **appetitlich** *adj* appétissant(e)

Appetitzügler (-s, -) *m*
coupe-faim *m*

Applaus (-es, -e) *m*
applaudissements *mpl*

Applikation *f* (Inform)
application *f*

Aprikose *f* abricot *m*

April (-(s), -e) *m* avril *m*

Aquarium *nt* aquarium *m*

Äquator *m* équateur *m*

Araber(in) (-s, -) *m(f)* Arabe *mf*

arabisch *adj* (Géo) arabe

Arbeit (-, -en) *f* travail *m*

arbeiten *vi* travailler

Arbeiter(in) (-s, -) *m(f)*
travailleur(-euse) ; (ungelernt)
ouvrier(-ière) • **Arbeiterschaft** *f*
ouvriers *mpl*

Arbeitgeber(in) (-s, -) *m(f)*
employeur(-euse)

Arbeitnehmer(in) (-s, -) *m(f)*
salarié(e)

Arbeitsamt *nt* ≈ Agence *f*
nationale pour l'emploi

Arbeitserlaubnis *f* permis *m* de
travail

Arbeitsgemeinschaft *f* groupe
m de travail, équipe *f*

Arbeitskraft *f* énergie *f* ;
Arbeitskräfte *pl* (Mitarbeiter)
main-d'œuvre *f*

arbeitslos *adj* au chômage

Arbeitslose(r) *f(m)*
chômeur(-euse) *m/f*

Arbeitslosengeld *nt* allocation *f*
(de) chômage

Arbeitslosenhilfe *f* ≈ allocation
f de fin de droits

Arbeitslosigkeit *f* chômage *m*

Arbeitsmarkt *m* marché *m* du
travail

Arbeitsplatz *m* lieu *m* de travail ;
(Stelle) emploi *m*

Arbeitstag *m* journée *f* de travail

Arbeitszeit *f* temps *m* od heures
fpl de travail

Architekt(in) (-en, -en) *m(f)*
architecte *mf*

Architektur *f* architecture *f*

Archiv (-s, -e) *nt* archives *fpl*

arg *adj* (heftig) terrible ▶ *adv* très

Argentinien (-s) *nt* l'Argentine *f*

Ärger (-s) *m* (Wut) colère *f* ;
(Unannehmlichkeit) ennuis *mpl*
• **ärgerlich** *adj* (zornig) en colère,
furieux(-euse) ; (lästig)
fâcheux(-euse), ennuyeux(-euse)

ärgern *vt* fâcher, contrarier ▶ *vr* se
fâcher, s'énerver

Argument *nt* argument *m*

argwöhnisch *adj*
soupçonneux(-euse)

Arie *f* aria *f*

Arktis (-) *f* (Géo) Arctique *m*

arktisch *adj* arctique

arm *adj* pauvre ; **~ dran sein** (fam)
être à plaindre

Arm (-(e)s, -e) *m* bras *m* ; (von
Leuchter) branche *f* ; (von Polyp)
tentacule *m* ; **~ in ~** bras dessus,
bras dessous

Armatur *f* (Élec) induit *m*

Armaturenbrett *nt* tableau *m* de
bord

Armband *nt* bracelet *m*
• **Armbanduhr** *f*
montre(-bracelet) *f*

Arme(r) *f(m)* pauvre *mf*

Armee *f* armée *f*

483   **atmen**

Ärmel (-s, -) m manche f

Ärmelkanal m Manche f

Armut (-) f pauvreté f

Armutszeugnis nt: **jdm ein ~ ausstellen** montrer l'incompétence de qn ; **sich ein ~ ausstellen** se révéler compétent

Aroma (-s, Aromen) nt arôme m

arrangieren vt organiser

Arrest (-(e)s, -e) m (Mil) arrêts mpl ; (Scol) retenue f, colle° f

arrogant adj arrogant(e)

Arroganz f arrogance f

Arsch (-es, ⸚e) (fam !) m cul m (fam !)

Art (-, -en) f (Weise) manière f, façon f ; (Sorte) sorte f ; (Wesen) caractère m, nature f ; (Bio) espèce f

Artenschutz m protection f des espèces animales et végétales

Artenschwund m, **Artensterben** (-s) ▶ nt disparition f des espèces

Artenvielfalt f biodiversité f

artig adj sage

Artikel (-s, -) m article m

Artischocke f artichaut m

Arznei f médicament m

Arzt (-es, ⸚e) m médecin m ; **praktischer ~** généraliste m

Ärztin f (femme f) médecin m

ärztlich adj médical(e)

Asbest (-(e)s, -e) m amiante m

Asche f cendre f

Aschenbecher m cendrier m

Aschermittwoch m mercredi m des Cendres

asiatisch adj asiatique

Asien (-s) nt l'Asie f

Aspekt (-(e)s, -e) m aspect m

Asphalt (-s, -e) m asphalte m

aß etc vb siehe **essen**

Assistent(in) m(f) assistant(e)

Ast (-(e)s, ⸚e) m branche f

ästhetisch adj esthétique

Asthma (-s) nt asthme m

Astrologie f astrologie f

Astronaut(in) (-en, -en) m(f) astronaute mf

Astronomie f astronomie f

Asyl (-s, -e) nt asile m ; (Heim) hospice m ; (Obdachlosenasyl) refuge m pour les sans-abri

Asylant(in) (-en, -en) m(f) demandeur(-euse) m/f d'asile

Asylantrag m demande f d'asile

Asylbewerber(in) m(f) demandeur(-euse) d'asile

Asylrecht nt droit m d'asile

Atelier (-s, -s) nt atelier m

Atem (-s) m (Luft) haleine f, souffle m ; (Atmen) respiration f
• **atemberaubend** adj (Spannung) à vous couper le souffle, incroyable ; (Tempo) vertigineux(-euse) ; (Schönheit) époustouflant(e) • **atemlos** adj (Mensch) hors d'haleine
• **Atempause** f temps m d'arrêt
• **Atemzug** m souffle m ; **in einem ~** (fig) en même temps

Atheist(in) m(f) athée mf

Äthiopien (-s) nt l'Éthiopie f

Athlet(in) (-en, -en) m(f) athlète mf

Atlantik (-s) m Atlantique m

atlantisch adj: **der A~e Ozean** l'océan m Atlantique

Atlas (-ses, Atlanten) m atlas m

atmen vi respirer

Atmosphäre f atmosphère f
Atmung f respiration f
Atom (-s, -e) nt atome m
Atombombe f bombe f atomique
Atomenergie f énergie f nucléaire
Atomkraft f énergie f nucléaire
Atomkraftwerk nt centrale f nucléaire
Atomkrieg m guerre f atomique
Atomwaffen pl armes fpl nucléaires
atomwaffenfrei adj dénucléarisé(e)
Attachment (-s, -s) nt (von E-Mail) pièce f jointe, fichier m joint
Attentat (-(e)s, -e) nt attentat m
Attest (-(e)s, -e) nt certificat m
attraktiv adj (Mensch) séduisant(e) ; (Angebot, Beruf) attrayant(e)
At-Zeichen nt ar(r)obase f
ätzen vi être caustique od corrosif
ätzend adj (fam) incroyable

---

auch

adv **1** (ebenfalls) aussi ; **das ist ~ schön** c'est joli aussi ; **er kommt ~ mit** il va venir — moi aussi ; **nicht nur ..., sondern ~ ...** non seulement ..., mais aussi ... ; **~ nicht** pas non plus ; **ich ~ nicht** moi non plus ; **oder ~** ou encore **2** (selbst, sogar) même ; **~ wenn das Wetter schlecht ist** même s'il fait mauvais temps ; **ohne ~ nur zu fragen** sans même demander **3** (wirklich): **du siehst müde**

aus — bin ich ~ tu as l'air fatigué — je le suis ; **so sieht es ~ aus** ça se voit **4** (auch immer): **was ~ geschehen mag** quoi qu'il arrive ; **wie dem ~ sei** quoi qu'il en soit

---

audiovisuell adj audiovisuel(le)

---

auf

▶ präp +Dat **1** (wo?) sur ; **~ dem Tisch** sur la table ; **~ der Post** à la poste ; **~ der Straße** dans la rue ; **~ dem Land** à la campagne ; **~ der ganzen Welt** dans le monde entier ; **was hat es damit ~ sich?** de quoi s'agit-il ? **2** (während): **~ der Reise/dem Heimweg** pendant le voyage/ voyage de retour ▶ präp +Akk **1** (wohin?) sur ; **~ den Tisch** sur la table ; **~ die Post gehen** aller à la poste ; **~ die Schule gehen** aller à l'école ; **~s Land ziehen** aller habiter à la campagne ; **etw ~ einen Zettel schreiben** écrire qch sur un billet ; **~ den Boden fallen** tomber par terre **2** (mit Zeit- und Maßangaben): **~ 2 Jahre** pour 2 ans ; **~ die Sekunde genau** à la seconde près ; **jdn ~ 10 Uhr zu sich bestellen** faire venir qn pour od à 10 heures **3** (als Reaktion): **~ seinen Vorschlag (hin)** suivant son conseil ; **~ meinen Brief/meine Bitte hin** en réponse à ma lettre/demande **4**: **~ Deutsch** en allemand ;

485

485   Auffahrt

bis ~ ihn sauf od à part lui ;
~ einmal (plötzlich) tout à coup ;
zwei ~ einmal à la fois ;
**~ unseren lieben Onkel
Albert!** buvons à la santé de
notre cher oncle Albert ! ; **die
Nacht (von Montag)** ~
Dienstag la nuit de lundi à
mardi ; **~ einen Polizisten
kommen n. Bürger** il y a un
agent de police pour 1 habitants
▶ *adv* **1** (offen): **~** (Tür,
Geschäft etc) être ouvert(e) ; **das
Fenster ist** ~ la fenêtre est
ouverte ; **Augen ~!** ouvre(z)
l'œil !
2 (aufgestanden): **~ sein** (Mensch)
être debout ; **ist er schon ~?** il
est déjà levé ?
3: **~ und ab gehen** faire les cent
pas ; **~ und davon gehen**
partir ; **~! (los!)** allons !
▶ *konj*: **~ dass** (pour) que

auf|atmen *vi* pousser un soupir
de soulagement, respirer
Aufbau *m* (Bauen) construction *f* ;
(kein pl: Gliederung, Struktur)
structure *f* ; (: Schaffung) création
f ; (Aut) carrosserie *f*
auf|bauen *vt* (Zelt, Maschine,
Gerüst) monter ; (Beziehungen)
établir
auf|bereiten *vt* (Text etc) préparer
auf|bewahren *vt* garder,
conserver
Aufbewahrung *f*
(Gepäckaufbewahrung) consigne *f*
auf|bieten (irr) *vt* (Kraft, Verstand)
rassembler ; (Armee, Polizei)
mobiliser
auf|blasen (irr) *vt* gonfler ▶ *vr*
(fam: péj) faire l'important

auf|bleiben (irr) *vi* (Laden, Fenster)
rester ouvert(e) ; (Mensch) rester
debout, veiller
auf|blenden *vt*: **die
Scheinwerfer ~** se mettre pleins
phares od en phares ▶ *vi* (Aut) se
mettre pleins phares od en phares
auf|blühen *vi* (Blume) éclore ;
(Mensch) s'épanouir
auf|brechen (irr) *vt* (Kiste, Auto)
ouvrir (en forçant) ; (Schloss)
fracturer ▶ *vi* (Wunde) se rouvrir ;
(gehen) partir
auf|bringen (irr) *vt* (öffnen) réussir
à ouvrir ; (in Umlauf bringen: Mode)
lancer ; (beschaffen) trouver ;
(: ärgern) mettre en colère ;
(aufwiegeln): **~ gegen** monter
contre ; **Verständnis für jdn ~** se
montrer compréhensif(-ive)
envers qn
Aufbruch *m* départ *m*
auf|decken *vt* (Bett) ouvrir ;
(enthüllen) révéler
auf|drängen *vt*: **jdm etw ~**
imposer qch à qn ▶ *vr*: **sich jdm ~**
(Mensch) imposer sa présence à
qn ; (Gedanke, Verdacht) ne pas
sortir de la tête de qn
aufdringlich *adj* importun(e)
aufeinander *adv* (fam) l'un(e) sur
l'autre ; **sich ~ verlassen**
compter l'un sur l'autre
Aufenthalt (-s, -e) *m* séjour *m* ;
(Verzögerung) retard *m* ;
(Unterbrechung von Fahrt od Flug)
arrêt *m*
Aufenthaltserlaubnis *f*,
Aufenthaltsgenehmigung *f*
permis *m* de séjour
Auffahrt *f* (Hausauffahrt) allée *f* ;
(Autobahnauffahrt) bretelle *f* d'accès

Auffahrunfall

486

Auffahrunfall m collision f en chaîne

auf|fallen (irr) vi se faire remarquer ; **jdm fällt etw** Akk **auf** qn remarque qch

auffallend adj remarquable, extraordinaire

auffällig adj voyant(e), frappant(e)

auf|fangen (irr) vt (Ball) attraper ; (Wasser) recueillir ; (Funkspruch) capter ; (Preise) arrêter la hausse de

auf|fassen vt (verstehen) comprendre ; (auslegen) interpréter

Auffassung f (Meinung) opinion f, avis m ; (Auslegung) conception f ; (auch: **Auffassungsgabe**) intelligence f

auf|fordern vt (befehlen) exhorter ; (bitten) inviter, prier

Aufforderung f (Befehl) exhortation f ; (Einladung) invitation f

auf|führen vt (Theat) jouer ; (in einem Verzeichnis) mentionner

Aufführung f (Theat) représentation f

Aufgabe f (Auftrag, Arbeit) tâche f ; (Pflicht, Schulaufgabe) devoir m ; (Verzicht) abandon m ; (von Gepäck) expédition f

Aufgang m (Sonnenaufgang) lever m ; (Treppe) escalier m

auf|geben (irr) vt (Paket, Telegramm) envoyer, expédier ; (Gepäck) expédier ; (Bestellung) passer ; (Inserat) mettre ; (verzichten) abandonner ; (Verlorenes) renoncer à ▶ vi abandonner

Aufgebot nt mobilisation f ; (Eheaufgebot) publication f des bans

auf|gehen (irr) vi (Sonne, Theat: Vorhang) se lever ; (Teig, Saat) lever ; (sich öffnen) s'ouvrir ; (Math) être divisible ; (klar werden) : **jdm ~** devenir clair(e) pour qn

aufgeklärt adj éclairé(e) ; (sexuell) qui a reçu une éducation sexuelle

aufgelegt adj : **gut/schlecht ~ sein** être de bonne/mauvaise humeur ; **zu etw ~ sein** être d'humeur à qch (fam)

aufgeregt adj énervé(e), excité(e)

aufgeschlossen adj ouvert(e)

auf|greifen (irr) vt (Thema, Punkt) reprendre ; (Verdächtige) appréhender

aufgrund, auf Grund präp +Gen (wegen) en raison de

auf|haben (irr) vt (Hut, Brille) porter ; (Scol) avoir à faire ▶ vi être ouvert(e)

auf|halten (irr) vt arrêter ; (Entwicklung) freiner ; (Menschen) retenir ; (Betrieb) perturber ; (Tür, Hand, Sack, Augen) garder od tenir ouvert(e) ▶ vr (bleiben) s'attarder, rester ; (wohnen) séjourner

auf|hängen vt accrocher ; (Hörer) raccrocher

auf|heben (irr) vt (hochheben) soulever ; (aufbewahren) conserver ▶ vr se compenser ; **bei jdm gut aufgehoben sein** être en de bonnes mains avec qn ; **viel A~(s) machen** faire beaucoup de bruit

auf|heitern vr (Himmel) s'éclaircir ; (Miene) se dérider ;

(Stimmung) s'améliorer ▶ vt (Menschen) égayer

auf|holen vi rattraper son retard

auf|horchen vi dresser l'oreille

auf|hören vi (enden) s'arrêter

auf|klären vt (Geheimnis, Fall) élucider ; (Irrtum) expliquer ; (sexuell) donner une éducation sexuelle à ; **~ über** +Akk mettre au courant de

Aufkleber (-s, -) m autocollant m

auf|kommen (irr) vi (Wind) se lever ; (Zweifel, Gefühl, Mode) naître ; **für jdn/etw ~** prendre qn/qch à sa charge

Auflage f (Buch) édition f ; (von Zeitung etc) tirage m ; (Bedingung) condition f ; **jdm etw zur ~ machen** imposer qch à qn

Auflauf m (Culin) soufflé m ; (Menschenauflauf) attroupement m

auf|leben vi (Mensch) reprendre du poil de la bête ; (Pflanze) se remettre ; (Gespräch) reprendre ; (Interesse) renaître

auf|legen vt mettre ; (Telefonhörer) raccrocher

auf|lehnen vr: **sich gegen jdn/etw ~** se révolter contre qn/qch

auf|lesen (irr) vt ramasser

auf|lösen vt (in Wasser) diluer, délayer ; (Ehe, Versammlung, Partei, Parlament) dissoudre ; (Geschäft) liquider ▶ vr se dissoudre

auf|machen vt (öffnen) ouvrir ; (zurechtmachen) arranger ▶ vr (gehen) se mettre en route

Aufmachung f (Kleidung) tenue f ; (Gestaltung) présentation f

aufmerksam adj attentif(-ive) ; (höflich) aimable ; **jdn auf jdn/etw ~ machen** attirer l'attention de qn

sur qn/qch • **Aufmerksamkeit** f attention f ; (Höflichkeit) égard m

auf|muntern vt (ermutigen) encourager ; (erheitern) égayer

Aufnahme f (Empfang, Reaktion) accueil m ; (in Verein, Krankenhaus etc) admission f ; (in Liste, Programm etc) insertion f ; (von Beziehungen etc) établissement m ; (Phot) photo f ; (auf Tonband etc) enregistrement m

auf|nehmen (irr) vt (Kampf, Verhandlungen, Fährte) ouvrir ; (empfangen, reagieren auf) accueillir ; (in Verein, Krankenhaus etc) admettre ; (in Liste etc) insérer ; (erfassen: Eindrücke) assimiler ; (auf Tonband, Platte) enregistrer ; (fotografieren) prendre en photo ; (Maschen) reprendre ; **es mit jdm ~ können** pouvoir se mesurer à qn

auf|passen vi (aufmerksam sein) faire attention

Aufprall (-(e)s, -e) m choc m, impact m

auf|prallen vi: **auf etw** Akk ~ heurter qch

Aufpreis m majoration f

auf|pumpen vt gonfler

auf|raffen (fam) vr: **sich zu einer Arbeit** etc ~ trouver l'énergie pour faire un travail etc

auf|räumen vt, vi ranger

aufrecht adj droit(e)

aufrecht|erhalten (irr) vt maintenir

auf|regen vt (ärgerlich machen) irriter ; (in Erregung versetzen) exciter ▶ vr s'énerver

aufregend adj excitant(e)

Aufregung f émotion f (forte) ; (*Durcheinander*) émoi m

auf|reizen vt exciter

aufreizend adj provocant(e)

aufrichtig adj sincère

Aufruf m (zur Hilfe, des Namens) appel m

auf|rufen (irr) vt appeler ; **einen Schüler ~** interroger un élève ; **jds Namen ~** appeler qn

Aufruhr (-(e)s, -e) m (*Erregung*) émoi m, trouble m ; (*Pol*) révolte f, insurrection f

auf|runden vt (*Summe*) arrondir

auf|rüsten vt armer

Aufrüstung f armement m

Aufsatz m (*Schulaufsatz*) rédaction f, dissertation f

Aufschlag m (an Kleidungsstück) revers m ; (*Aufprall*) choc m ; (*Preisaufschlag*) supplément m ; (*Tennis*) service m

auf|schlagen (irr) vt (*Zelt*) dresser, monter ▶ vi (*teurer werden*) augmenter ; (*aufprallen*) percuter

auf|schließen (irr) vt ouvrir ▶ vi (*aufrücken*) se serrer, se pousser

Aufschnitt m (*Wurstaufschnitt*) charcuterie f ; (*Käseaufschnitt*) fromage m en tranches

Aufschrei m cri m

auf|schreiben (irr) vt noter

Aufschrift f inscription f

Aufschub (-(e)s, Aufschübe) m délai m

Aufschwung m (*Auftrieb, Elan*) élan m, essor m ; (*wirtschaftlich*) relance f

auf|sehen (irr) vi lever les yeux

• **Aufsehen** (-s) nt sensation f

• **aufsehenerregend** adj qui fait sensation

Aufseher(in) (-s, -) m(f) surveillant(e) ; (*Museumsaufseher, Parkaufseher*) gardien(ne)

auf|setzen vt (Hut, Brille) mettre ▶ vi (*Flugzeug*) atterrir

Aufsicht f (Kontrolle) surveillance f ; (*Person*) garde m, surveillant(e) m/f

Aufsichtsrat m conseil m d'administration

auf|spielen vr se donner de grands airs

Aufstand m soulèvement m

auf|stehen (irr) vi se lever ; (*Tür*) être ouvert(e)

auf|steigen (irr) vi monter ; (*beruflich*) monter en grade, être promu(e)

auf|stellen vt (*hinstellen*) mettre (en place), poser ; (*Gerüst*) monter ; (*Programm etc*) établir ; (*Rekord*) battre

Aufstellung f (Sport) composition f ; (*Liste*) liste f

Aufstieg (-(e)s, -e) m ascension f ; (*Weg*) montée f ; (*beruflich*) avancement m

auf|suchen vt (besuchen) rendre visite à ; (*konsultieren*) consulter

Auftakt m (fig) prélude m

auf|tanken vi, vt (Flugzeug) ravitailler ; (*Auto*) remplir le réservoir de

auf|tauchen vi émerger, faire surface, apparaître ; (*Zweifel, Fragen, Problem*) apparaître

auf|tauen vt (Gefrorenes) décongeler ▶ vi (*Eis*) fondre ; (fig : *Mensch*) se dégeler

auf|teilen vt répartir ; (*Raum*) diviser

aus

Aufteilung f répartition f ; (von Raum) division f
Auftrag (-(e)s, Aufträge) m (Bestellung) commande f ; **im ~** +Gen par ordre de, de la part de
Auftraggeber(in) (-s, -) m(f) client(e)
auf|treiben (irr, fam) vt dénicher
auf|treten (irr) vi (erscheinen) se présenter ; (Theat) entrer en scène ; (sich verhalten) se conduire
Auftreten (-s) nt (Vorkommen) existence f ; (Benehmen) conduite f, attitude f
Auftritt m scène f ; (von Schauspieler) entrée f en scène
auf|wachen vi s'éveiller, se réveiller
auf|wachsen (irr) vi grandir
Aufwand (-(e)s) m (an Kraft, Geld etc) dépense f ; (Kosten) frais mpl
aufwändig adj siehe **aufwendig**
aufwärts adv (in Rangordnung) à partir de
auf|wecken vt réveiller
auf|weisen (irr) vt montrer
aufwendig adj coûteux(-euse)
auf|werfen (irr) vt (Probleme) soulever ; (Fenster etc) ouvrir (brusquement) ▶ vr : **sich zum Richter ~** s'ériger en juge
auf|werten vt (Fin) réévaluer ; (fig) rehausser
auf|zählen vt énumérer
Aufzeichnung f (schriftlich) note f ; (Tonbandaufzeichnung, Filmaufzeichnung) enregistrement m
auf|zeigen vt montrer
auf|ziehen (irr) vt (öffnen) ouvrir ; (Uhr) remonter ; (Fest,

Unternehmung) organiser ; (Kinder, Tiere) élever ; (fam: necken) taquiner
Aufzug m (Fahrstuhl) ascenseur m ; (Aufmarsch) défilé m ; (Kleidung) accoutrement m ; (Theat) acte m
Auge (-s, -n) nt œil m ; (auf Würfel) point m ; **ein ~/beide ~n zudrücken** (fam) fermer les yeux ; **das kann leicht ins ~ gehen** (fam) ça risque de mal finir
Augenarzt m ophtalmologue m, oculiste m
Augenblick m instant m
• **augenblicklich** adj (sofort) immédiat(e) ; (gegenwärtig) présent(e), actuel(le)
Augenbraue f sourcil m
Augenschein (kein pl) m (geh) : **jdn/etw in ~ nehmen** examiner qn/qch de près
augenscheinlich adj (geh) évident(e), apparent(e)
Augenzeuge m, **Augenzeugin** f témoin m oculaire
August (-(e)s od -, -e) m août m
Auktion f vente f aux enchères
Aula (-, Aulen od -s) f salle f des fêtes

---

aus

▶ präp +Dat **1** (räumlich) de ; **~ dem Zimmer kommen** sortir de la chambre ; **~ dem Garten/ der Stadt kommen** venir du jardin/de la ville ; **er ist ~ Berlin** il vient de Berlin ; **~ dem Fenster** par la fenêtre **2** (Material) de, en ; **eine Statue ~ Marmor** une statue de od en marbre

3 (auf Ursache deutend) par ;
~ **Mitleid** par pitié ; ~ **Versehen**
par mégarde ; ~ **Spaß** pour
plaisanter od rire
▶ adv **1** (zu Ende) fini(e) ; ~ **sein**
(fam: zu Ende sein) être fini(e)
(: nicht brennen, abgeschaltet sein)
être éteint(e) ; **es ist ~ mit ihm**
c'en est fait de lui, il est fichu ;
~ **und vorbei** fini(e)
2 : **weder ~ noch ein wissen** ne
plus savoir que faire ; **auf etw**
Akk ~ **sein** viser qch ; **sie ist**
doch nur auf dein Geld ~ c'est
ton argent qui l'intéresse
3 (ausgeschaltet) : **ist der Herd ~?**
le four est-il éteint ? ; **ist das**
Licht ~? la lumière est-elle
éteinte ?
4 (in Verbindung mit von) : **von**
Rom ~ depuis Rome ; **vom**
Fenster ~ de la fenêtre ; **von**
sich ~ (selbstständig) de
lui-même/d'elle-même ; **o. k.,**
von mir ~ d'accord(, si tu veux)

Aus nt (Sport) élimination f ; (fig:
Ende) fin f
aus|baden (fam) vt : **etw ~**
müssen devoir payer les pots
cassés pour qch
Ausbau m (Erweitern)
agrandissement m
aus|bauen vt (vergrößern,
erweitern) agrandir ;
(herausnehmen) démonter
aus|beulen vt débosseler
Ausbeute f rendement m
aus|beuten vt exploiter
aus|bilden vt former
Ausbilder(in) (-s, -) m(f)
formateur(-trice)

Ausbildung f formation f
Ausbildungsplatz m stage m
aus|bleiben (irr) vi (Personen) ne
pas venir ; (Ereignisse) ne pas se
produire
Ausblick m vue f ; (fig)
perspective f
aus|brechen (irr) vi (Gefangener)
s'évader ; (fig: Krieg, Feuer) éclater ;
(Krankheit) se déclarer ; (Vulkan)
entrer en éruption ; **in Gelächter ~**
éclater de rire
aus|breiten vr (Nebel, Wärme) se
répandre ; (Seuche, Feuer) se
propager ; (über Thema) s'étendre
Ausbruch m évasion f ; (eines
Krieges, einer Epidemie) début m ;
(von Vulkan) éruption f ;
(Gefühlsausbruch) débordement
m ; **zum ~ kommen** se déclarer
Ausdauer f persévérance f
ausdauernd adj persévérant(e),
tenace
aus|dehnen vt étendre ; (Gummi)
étirer ; (zeitlich) prolonger ▶ vr
s'étendre
aus|denken (irr) vt : **sich** Dat
etw ~ imaginer qch
Ausdruck m expression f ;
(Inform) sortie f (sur imprimante)
aus|drucken vt (Inform) imprimer
aus|drücken vt exprimer ;
(Zigarette) écraser ; (Zitrone,
Schwamm) presser ▶ vr s'exprimer
ausdrücklich adj exprès(-esse)
auseinander adv (räumlich,
zeitlich) : ~ **sein** (Paar, Ehe) être
séparé(e)
auseinander|gehen (irr) vi
(Menschen) se séparer ;
(Meinungen) diverger ;
(Gegenstand) tomber en morceaux

auseinander|halten (irr) vt (unterscheiden) distinguer

Auseinandersetzung f (Diskussion) discussion f ; (Streit) dispute f

aus|fahren (irr) vt (spazieren fahren) (aller) promener ; (liefern) (aller) livrer ▶ vi (spazieren fahren) (aller) faire un tour ; (Naut) prendre la mer

Ausfahrt f sortie f ; (des Zuges etc) départ m

Ausfall m (Wegfall, Verlust) perte f ; (Nichtstattfinden) annulation f ; (Tech) panne f ; (Produktionsstörung) arrêt m de la production

aus|fallen (irr) vi (Zähne, Haare) tomber ; (nicht stattfinden) ne pas avoir lieu

ausfallend adj blessant(e)

Ausflug m excursion f

Ausfuhr (-, -en) f exportation f

aus|führen vt (Écon) exporter ; (verwirklichen) réaliser ; (erklären) expliquer

ausführlich adj détaillé(e) ▶ adv en détail

aus|füllen vt (Loch) combler ; (Zeit) occuper, employer ; (Platz) occuper ; (Fragebogen etc, Beruf) remplir ; jdn (ganz) ~ (in Anspruch nehmen) absorber qn (complètement)

Ausgabe f (Geld) dépense f ; (Gepäckausgabe) consigne f (où on retire les bagages) ; (Buch) édition f ;

(Nummer) numéro m ; (Ausführung) modèle m, version f ; (Inform) sortie f

Ausgang m sortie f ; (kein pl : Ende) fin f ; (: Ergebnis) issue f ; (Ausgehtag) jour m de sortie ; **kein ~ sortie interdite**

aus|geben (irr) vt (Geld) dépenser ; (austeilen) distribuer ▶ vr : **sich für etw/jdn ~** se faire passer pour qch/qn

ausgebucht adj complet(-ète)

ausgefallen adj inhabituel(le), insolite

ausgeglichen adj (Mensch, Temperament) équilibré(e)

aus|gehen (irr) vi (weggehen, sich vergnügen) sortir ; (Haare, Zähne) tomber ; (Feuer, Ofen, Licht) s'éteindre ; (Resultat haben) finir ; **von etw ~** se fonder sur qch ; (herrühren) venir de qch

ausgelassen adj débordant(e) de gaieté, enjoué(e)

ausgenommen präp +Gen od Dat sauf

ausgepowert (fam) adj : **~ sein** être vidé(e), être vanné(e)

ausgerechnet adv : **~ heute kommt er** il ne pouvait arriver à un pire moment !

ausgeschlossen adj (unmöglich) exclu(e)

ausgesprochen adj prononcé(e) ▶ adv : **~ schlecht/schön** vraiment très mauvais(e)/ beau(belle)

ausgezeichnet adj excellent(e)

ausgiebig adj (Essen) copieux(-euse)

Ausgleich (-(e)s, -e) m (Gleichgewicht) équilibre m ;

ausgleichen

492

(Sport) égalisation f ; **zum ~** en compensation
aus|gleichen (irr) vt (Höhenunterschied) égaliser ; (Unterschied) aplanir, équilibrer ; (Mangel, Verlust) compenser ; (Konto) équilibrer
aus|grenzen vt exclure
Ausguss m (Spüle) évier m ; (Abfluss) bonde f ; (Tülle) bec m
aus|halten (irr) vt (Schmerzen, Hunger, Vergleich) supporter ; (Blick) soutenir
aus|handeln vt négocier
Aushang m avis m
aus|harren vi patienter
aus|hecken (fam) vt inventer, élaborer
aus|helfen (irr) vi +Dat: **jdm ~** donner un coup de main à qn
Aushilfe f aide f
aushilfsweise adv à titre provisoire, temporairement
aus|kennen (irr) vr s'y connaître
aus|kommen (irr) vi: **mit jdm (gut) ~** (bien) s'entendre avec qn ; **mit etw ~** se débrouiller avec qch ; **ohne jdn/etw ~** (pouvoir) se passer de qn/qch
• Auskommen (-s) nt: **sein ~ haben** avoir de quoi vivre
Auskunft (-, Auskünfte) f (Mitteilung) renseignement m ; (Stelle) bureau m de renseignements od d'information ; (Tél) renseignements
aus|lachen vt se moquer de
aus|laden (irr) vt décharger ; (Gäste) décommander
Auslage f (Waren) étalage m, éventaire m ; (Schaufenster) vitrine f ; **Auslagen** pl (Kosten) frais mpl

Ausland nt étranger m ; **im ~, ins ~** à l'étranger
Ausländer(in) (-s, -) m(f) étranger(-ère)
ausländerfeindlich adj hostile aux étrangers, xénophobe
ausländisch adj étranger(-ère)
Auslandsschutzbrief m contrat de garantie automobile pour voyages à l'étranger
aus|lassen (irr) vt omettre ▶ vr: **sich über etw** Akk **~** s'étendre sur qch
Auslauf m espace m ; (Ausflussstelle) voie f d'écoulement
aus|laufen (irr) vi (Flüssigkeit) s'écouler, couler ; (Behälter) fuir ; (Naut) appareiller ; (zu Ende sein) se terminer
aus|leeren vt vider
aus|legen vt étaler ; (Geld) avancer ; (Text etc) interpréter
Ausleihe f prêt m ; (Stelle) salle f de prêt
aus|leihen (irr) vt (verleihen) prêter ; **sich** Dat **etw ~** emprunter qch
Auslese f (Vorgang) choix m, sélection f ; (Elite) élite f ; (Wein) grand cru m
aus|liefern vt livrer ▶ vr: **sich jdm ~** se livrer à qn ; **jdm/etw ausgeliefert sein** être à la merci de qn/qch
Auslieferung f livraison f ; (von Gefangenen) extradition f
aus|loggen (Inform) vi se déconnecter
aus|lösen vt (Explosion, Schuss, Alarm) déclencher ; (Reaktion) provoquer ; (Panik) jeter, semer ; (Gefühle, Heiterkeit) susciter

Auslöser (-s, -) m (Phot)
déclencheur m

aus|machen vt (Licht, Feuer)
éteindre; (entdecken) repérer;
(erkennen) distinguer;
(vereinbaren) convenir de, fixer;
(Anteil darstellen, bedeuten)
constituer, représenter; **das
macht ihm nichts aus** ça ne lui
fait rien; **macht es Ihnen
etwas aus, wenn …?** ça vous
dérange si …?

Ausmaß nt (von Katastrophe)
ampleur f; (von Liebe etc)
grandeur f

aus|messen (irr) vt mesurer

Ausnahme f exception f
• **Ausnahmezustand** m état m
d'exception

ausnahmslos adv sans
exception

ausnahmsweise adv
exceptionnellement

aus|nehmen (irr) vt (Tier, Fisch,
Nest) vider; (fam) plumer ▶ vr
avoir l'air

aus|nutzen vt profiter de

aus|packen vt (Koffer) défaire;
(Kleider, Geschenk) déballer

aus|probieren vt essayer

Auspuff (-(e)s, -e) m (Aut)
échappement m • **Auspuffrohr**
nt, **Auspufftopf** m pot m
d'échappement

aus|rauben vt dévaliser

aus|rechnen vt calculer

Ausrede f excuse f, prétexte m

aus|reden vi finir (de parler) ▶ vt:
jdm etw ~ dissuader qn de qch

aus|reichen vi suffire

ausreichend adj suffisant(e)

Ausreise f: **bei der ~** en quittant
le pays

aus|reisen vi sortir du pays

aus|reißen (irr) vt arracher ▶ vi
(fam: weglaufen) se tirer

aus|richten vt (Botschaft, Gruß)
transmettre; **jdm etw ~** faire
savoir qch à qn

aus|rufen (irr) vt (schreien) crier;
(Stationen, Schlagzeile) annoncer;
(Streik, Revolution) proclamer

Ausrufezeichen nt point m
d'exclamation

aus|ruhen vt reposer ▶ vi, vr se
reposer

Ausrüstung f équipement m

aus|rutschen vi glisser, déraper

Aussage f déclaration f;
(Zeugenaussage) déposition f

aus|sagen vt: **viel ~ über** +Akk en
dire long sur ▶ vi (Jur) déposer

aus|schalten vt (Maschine)
arrêter; (Licht) éteindre; (Strom)
couper

Ausschank (-(e)s, Ausschänke) m
vente f; (Theke) comptoir m

Ausschau f: **~ halten nach** guetter

aus|scheiden (irr) vt éliminer;
(Méd) excréter, éliminer ▶ vi (nicht
in Betracht kommen) ne pas entrer
en ligne de compte; (Sport) être
éliminé(e)

aus|schlafen (irr) vi, vr dormir
tant qu'on veut

Ausschlag m (Méd) éruption f;
den ~ geben être déterminant(e)

ausschlaggebend adj
déterminant(e)

aus|schließen (irr) vt exclure

ausschließlich adj exclusif(-ive)
▶ adv exclusivement

Ausschnitt m (Teil) fragment m, morceau m ; (von Kleid) décolleté m ; (aus Film etc) extrait m

Ausschuss m (Gremium) comité m, commission f ; (Écon: auch: **Ausschussware**) articles mpl de second choix

Ausschweifung f excès m

aus|sehen (irr) vi sembler ; **es sieht schlecht aus** ça se présente mal • **Aussehen** (-s) nt apparence f

außen adv à l'extérieur, dehors

Außenminister m ministre m des Affaires étrangères

Außenpolitik f politique f étrangère od extérieure

außer präp +Dat (abgesehen von) sauf ; (räumlich) en dehors de ▸ konj (ausgenommen) sauf ; **~ wenn** sauf quand ; **~ dass** sauf que

außerdem adv konj en outre, en plus

äußere(r, s) adj extérieur(e) ; **das Äußere** (äußere Erscheinung) les apparences fpl

außergewöhnlich adj inhabituel(le) ; (außerordentlich) extraordinaire, exceptionnel(le)

außerhalb präp +Gen en dehors de ▸ adv au dehors, à l'extérieur

äußerlich adj extérieur(e), externe ▸ adv en apparence • **Äußerlichkeit** f formalité f

äußern vt (aussprechen) exprimer ▸ vr (sich aussprechen) s'exprimer ; (sich zeigen) se manifester

außerordentlich adj extraordinaire

äußerst adv extrêmement

äußerste(r, s) adj extrême ; (Termin, Preis) dernier(-ière)

Äußerung f propos mpl

aus|setzen vt (Kind, Tier) abandonner ▸ vi (Herz) cesser de battre ; (Motor) avoir des ratés, caler ; (Mensch: bei Arbeit) s'interrompre ; (: Pause machen) prendre congé ; **jdn/sich etw** Dat **~** (preisgeben) exposer qn/s'exposer à qch ; **an jdm/ einer Sache etwas auszusetzen haben** avoir qch à reprocher à qn/qch

Aussicht f (Blick) vue f ; (in Zukunft) perspective f ; **etw in ~ haben** avoir qch en vue

aussichtslos adj sans espoir

Aussiedler(in) (-s, -) m(f) émigrant(e)

aus|spannen vi se détendre

Aussprache f prononciation f ; (Unterredung) discussion f

aus|sprechen (irr) vt (Wort, Urteil, Strafe) prononcer ; (zu Ende sprechen) finir ; (äußern) exprimer ; (Warnung) donner ▸ vr (sich äußern) s'exprimer ; (sich anvertrauen) se confier, s'épancher ; (diskutieren) s'expliquer

aus|statten vt : **jdn mit etw ~** doter qn de qch

Ausstattung f (Ausstatten) équipement m ; (Aufmachung) présentation f ; (von Zimmer) décor m ; (von Auto) équipement m

aus|stehen (irr) vt (ertragen) supporter ▸ vi (noch nicht da sein) ne pas (encore) être arrivé(e), manquer ; **jdn/etw nicht ~ können** ne pas supporter qn/qch

aus|steigen (irr) vi descendre

Aussteiger(in) (fam) m(f) marginal(e)

aus|stellen vt (Waren, Bilder) exposer ; (Pass, Zeugnis) délivrer ; (Scheck) émettre, établir ; (Rechnung etc) établir ; (fam: ausschalten) éteindre

Ausstellung f (Kunstausstellung etc) exposition f ; (eines Passes etc) délivrance f

aus|sterben (irr) vi disparaître

Ausstieg(-(e)s, -e) m descente f ; ~ aus der Gesellschaft marginalisation f

aus|strahlen vt répandre ; (Radio, TV) émettre, diffuser

Ausstrahlung f rayonnement m

aus|suchen vt choisir

Austausch m échange m
 • austauschbar adj échangeable ; (gleichwertig) interchangeable

aus|tauschen vt échanger

aus|teilen vt distribuer

Auster(-, -n) f huître f

aus|tragen (irr) vt (Poste) distribuer ; (Streit etc) régler ; (Wettkämpfe) disputer

Australien(-s) nt l'Australie f

australisch adj australien(ne)

aus|treten (irr) vi (aus Verein, Partei) quitter ; (herauskommen: Flüssigkeit) fuir, s'échapper ; (fam: zur Toilette) aller aux toilettes ▸ vt (Feuer) éteindre (avec les pieds) ; (Schuhe, Treppe) user

Austritt m (aus Verein, Partei etc) départ m

Ausverkauf m soldes mpl

ausverkauft adj épuisé(e) ; (Theat): vor ~em Haus spielen afficher « complet »

Auswahl f choix m, sélection f ; (Sport) sélection ; (Écon: Angebot) choix

aus|wählen vt choisir

aus|wandern vi émigrer

Auswanderung f émigration f

auswärtig adj étranger(-ère)

auswärts adv à l'extérieur ; (nach außen) vers l'extérieur

aus|wechseln vt remplacer

Ausweg m issue f

aus|weichen (irr) vi : jdm/etw Dat ~ éviter qn/qch

Ausweis(-es, -e) m (Personalausweis) carte f d'identité ; (Mitgliedsausweis, Bibliotheksausweis etc) carte f

aus|weisen (irr) vt (aus dem Land weisen) expulser ▸ vr montrer ses papiers

Ausweisung f expulsion f

auswendig adv par cœur

aus|werten vt (Berichte) analyser ; (Daten) exploiter

Auswertung f analyse f ; (von Daten) exploitation f

aus|wirken vr : sich auf/in etw Akk ~ se répercuter sur qch

Auswirkung f effet m

aus|wuchten vt (Aut) équilibrer

aus|zahlen vt payer ▸ vr être payant(e)

aus|zeichnen vt (mit Preisschild versehen) étiqueter ; (ehren) décorer ▸ vr se distinguer

Auszeichnung f (Ehrung) distinction f ; (Ehre) honneur m ; (Orden) décoration f ; (Écon) étiquetage m ; mit ~ avec mention

aus|ziehen (irr) vt (Kleidung) enlever ; (Tisch) rallonger ;

(*Antenne*) sortir ▶ *vr* se déshabiller ▶ *vi* (*aus Wohnung*) déménager

Auszubildende(r) *f(m)* stagiaire *mf*; (*als Handwerker auch*) apprenti(e) *m/f*

Auszug *m* (*aus Wohnung*) déménagement *m*; (*Kontoauszug*) relevé *m*

autistisch *adj* autiste

Auto (-*s*, -*s*) *nt* voiture *f*; **~ fahren** conduire

Autobahn *f* autoroute *f*

> **Autobahn** désigne une autoroute en allemand. Le réseau autoroutier est très développé dans tout le pays. On peut noter deux grandes caractéristiques : En général, la vitesse n'est pas limitée sur les autoroutes allemandes. De plus, elles sont gratuites, sauf pour les camions qui doivent s'acquitter d'un droit de passage.

Autobahndreieck *nt* échangeur *m*

Autobahnkreuz *nt* échangeur *m*

Autofahrer(in) *m(f)* automobiliste *mf*

Autogas *nt* gaz *m inv* de pétrole liquéfié (GPL)

Autogramm *nt* autographe *m*

Automat (-*en*, -*en*) *m* distributeur *m* (automatique)

Automatikgurt *m* ceinture *f* à enrouleur

automatisch *adj* automatique

autonom *adj* autonome

Autor(in) *m(f)* auteur *m*

Autoreifen *m* pneu *m* (de voiture)

Autoreisezug *m* train *m* auto-couchettes

Autorennen *nt* course *f* d'automobiles

Autorität *f* autorité *f*

Autostopp *m*: **per ~ fahren** faire du stop

Autotelefon *nt* téléphone *m* de voiture

Autounfall *m* accident *m* de voiture

Autoverleih *m*, **Autovermietung** *f* location *f* de voitures

Axt (-, -̈e) *f* hache *f*

b

Baby (-s, -s) *nt* bébé *m*
• **Babynahrung** *f* aliments *mpl* pour bébé • **Babysitter(in)** (-s, -) *m(f)* baby-sitter *mf*

Bach (-(e)s, ≃e) *m* ruisseau *m*

Backe *f* joue *f*

backen (*irr*) *vt* faire (cuire) ; (*Fisch*) faire frire ▶ *vi* (*Person*) faire de la pâtisserie

Bäcker(in) (-s, -) *m(f)* boulanger(-ère)

Bäckerei *f* boulangerie *f*

Backofen *m* four *m*

Backpulver *nt* levure *f* (chimique)

Bad (-(e)s, ≃er) *nt* bain *m* ; (*Raum*) salle *f* de bains ; (*Schwimmbad*) piscine *f* ; (*Kurort*) station *f* thermale

Badeanzug *m* maillot *m* de bain

Badehose *f* slip *m* od maillot *m* de bain

Badekappe *f* bonnet *m* de bain

Bademantel *m* peignoir *m*

Bademeister *m* maître nageur *m*

Bademütze *f* bonnet *m* de bain

baden *vi* se baigner ▶ *vt* baigner

Baden-Württemberg *nt* le Bade-Wurtemberg

Badetuch *nt* drap *m* de bain

Badewanne *f* baignoire *f*

Badezimmer *nt* salle *f* de bains

baff (*fam*) *adj* : **~ sein** être sidéré(e)

Bagger (-s, -) *m* excavateur *m*, pelle *f* mécanique

Bahamas *pl* : **die ~** les Bahamas *fpl*

Bahn (-, -en) *f* (*Eisenbahn*) train *m* ; (*Straßenbahn*) tram(way) *m* ; (*Rennbahn*) piste *f* ; (*von Gestirn, Geschoss auch*) trajectoire *f*
• **BahnCard®** (-, -s) *f* carte *f* demi-tarif

Bahnfahrt *f* voyage *m* en train

Bahnhof *m* gare *f*

Bahnlinie *f* ligne *f* de chemin de fer

Bahnsteig *m* quai *m*

Bahnstrecke *f* voie *f* de chemin de fer

Bahnübergang *m* passage *m* à niveau

Balance *f* équilibre *m*

balancieren *vt* faire tenir en équilibre ▶ *vi* se tenir en équilibre

bald *adv* (*zeitlich*) bientôt ; (*leicht*) vite ; (*fast, beinahe*) presque

baldig *adj* prompt(e), rapide

Baldrian (-s, -e) *m* valériane *f*

Balkan *m* : **der ~** les Balkans *mpl*

Balken (-s, -) *m* poutre *f*

Balkon (-s, -s od -e) *m* balcon *m*

Ball (-(e)s, ≃e) *m* ballon *m*, balle *f* ; (*Tanz*) bal *m*

Ballade *f* ballade *f*

Ballast (-(e)s, -e) *m* lest *m* ; (*fig*) charge *f* • **Ballaststoffe** *pl* (*Méd*) fibres *fpl* alimentaires

Ballett(-(e)s, -e) nt ballet m
Ballon(-s, -s od -e) m ballon m
Ballung f concentration f
Baltikum(-s) nt: **das ~** les pays mpl baltes
Bambus(-ses, -se) m bambou m
banal adj banal(-e)
Banane f banane f
Bananenrepublik f république f bananière
Banause(-n, -n) m beauf m
band etc vb siehe **binden**
Band¹(-(e)s, ⸗e) m (Buchband) volume m
Band²(-(e)s, ⸗er) nt (Stoffband, Ordensband) ruban m ; (Fließband) chaîne f ; (Tonband) bande f ; **etw auf ~ aufnehmen** enregistrer qch
Band³(-(e)s, -e) nt (Freundschaftsband etc) lien m
Band⁴(-, -s) f (Mus) orchestre m ; (Popband) groupe m
bandagieren vt bander
Bande f bande f
bändigen vt (Tier) apprivoiser ; (Trieb, Leidenschaft) maîtriser
Bandscheibe f (Anat) disque m intervertébral
Bandwurm m ténia m, ver m solitaire
bange adj angoissé(e) ; **mir wird es ~** je commence à m'inquiéter ; **jdm B~ machen** faire peur à qn
Bank¹(-, ⸗e) f (Sitzbank, Sandbank) banc m
Bank²(-, -en) f (Geldbank) banque f ; **die ~ sprengen** faire sauter la banque
Bankier(-s, -s) m banquier m
Bankleitzahl f code m de la banque

Banknote f billet m de banque
bankrott adj en faillite
Banküberfall m hold-up m inv (d'une banque)
Banner(-s, -) nt bannière f
bar adj (unbedeckt) découvert(e) ; (offenkundig): **~er Unsinn** folie pure ; **etw (in) ~ bezahlen** payer qch comptant od en espèces ; **gegen ~ kaufen** acheter (au) comptant
Bar(-, -s) f bar m
Bär(-en, -en) m (Zool) ours m
Baracke f baraque f
barfuß adj pieds nus
barg etc vb siehe **bergen**
Bargeld nt argent m liquide, espèces fpl
bargeldlos adj: **~er Zahlungsverkehr** transaction f par virement
Bariton m baryton m
Barkeeper(-s, -) m tenancier m de bar
Barometer(-s, -) nt baromètre m
Barren(-s, -) m (Sport) barres fpl parallèles ; (Goldbarren) lingot m
Barriere f barrière f
Barrikade f barricade f
barsch adj brusque
Barsch(-(e)s, -e) m (Zool) perche f
Bart(-(e)s, ⸗e) m barbe f
bärtig adj barbu(e)
Barzahlung f paiement m comptant
Basar(-s, -e) m (Markt) bazar m ; (Wohltätigkeitsbasar) vente f de charité
basieren vi: **auf etw** Dat **~** se fonder sur qch

Basis (-, *Basen*) f base f

Baskenland nt pays m basque

Basketball m (*Ball*) ballon m de basket ; (*Spiel*) basket m, basket-ball m

Bass (-es, ˙sse) m basse f

Bassist m bassiste m

Bast (-(e)s, -e) m raphia m

basteln vt, vi bricoler

Bastler (-s, -) m bricoleur m

bat etc vb siehe **bitten**

Batterie f (*in Gerät*) pile f

Bau (-(e)s) m construction f ; (*Baustelle*) chantier m ; (*pl: Baue: Tier*) terrier m, tanière f ; (*pl: Bauten: Gebäude*) bâtiment m, édifice m • **Bauarbeiter** m ouvrier m du bâtiment

Bauch (-(e)s, *Bäuche*) m ventre m

Bauchgefühl nt intuition f ; **ein ~ haben** sentir quelque chose au fond de soi

bauchig adj (*Gefäß*) ventru(e)

Bauchschmerzen pl mal m au od maux mpl de ventre

bauen vt construire ; (*Nest*) faire ; (*Mus: Instrumente*) fabriquer ▶ vi construire

Bauer¹ (-n od -s, -n) m paysan m ; (*Échecs*) pion m

Bauer² (-s, -) nt od m (*Vogelbauer*) cage f

Bäuerin f paysanne f, agricultrice f

bäuerlich adj paysan(ne) ; (*Art*) rustique

Bauernhaus nt, **Bauernhof** m ferme f

Baufirma f entreprise f de construction

Baugenehmigung f permis m de construire

Bauherr m maître m d'ouvrage

Baujahr nt année f de construction

Baukosten pl coût msg de la construction

Bauland nt terrain m à bâtir

Baum (-(e)s, *Bäume*) m arbre m

Baumarkt m magasin m de bricolage

baumeln vi pendre

Baumwolle f coton m

Bauplatz m terrain m à bâtir

Bausparkasse f caisse f d'épargne-logement

Baustein m (*Spielzeug*) cube m ; (*fig*) composante f

Baustelle f chantier m

Bauteil nt élément m

Bauunternehmer m entrepreneur m

Bauweise f style m de construction

Bauwerk nt édifice m

Bayern nt la Bavière

beabsichtigen vt : **~, etw zu tun** avoir l'intention de faire qch

beachten vt (*befolgen*) respecter ; (*: Vorfahrt*) observer

beachtlich adj important(e) ; (*Leistung*) remarquable

Beachtung f (*von Regeln etc*) respect m

Beachvolleyball nt beach-volley m

Beamte(r) m fonctionnaire m

beanspruchen vt (*Recht, Erbe*) revendiquer ; (*Zeit, Platz*) prendre ; (*Benzin*) consommer

beanstanden vt critiquer ; (*Rechnung*) contester

beantragen vt demander

beantworten vt répondre à

bearbeiten vt s'occuper de ; (Thema, Chem) traiter ; (Material) travailler ; (fam: beeinflussen wollen) travailler

Bearbeitung f (von Thema) traitement m ; (von Buch, Film) adaptation f

beaufsichtigen vt surveiller

beauftragen vt charger ; **jdn mit etw ~** charger qn de faire qch

Beben (-s, -) nt tremblement m

Becher (-s, -) m gobelet m ; (für Joghurt) pot m

Becken (-s, -) nt bassin m ; (Waschbecken) lavabo m ; (Mus) cymbale f

bedacht adj réfléchi(e) ; **auf etw** Akk **~ sein** faire attention à qch

bedächtig adj (umsichtig) réfléchi(e) ; (langsam) lent(e), posé(e)

bedanken vr: **sich bei jdm für etw ~** remercier qn de od pour qch

Bedarf (-(e)s) m besoin m ; (Écon) demande f ; **bei ~** en cas de besoin

Bedarfshaltestelle f arrêt m facultatif

bedauerlich adj regrettable

bedauern vt regretter ; (bemitleiden) plaindre • **Bedauern** (-s) nt regret m

bedauernswert adj (Zustände) regrettable ; (Mensch) à plaindre

bedecken vt couvrir

bedeckt adj couvert(e)

bedenken (irr) vt (Folgen) réfléchir à • **Bedenken** (-s, -) nt (Überlegen) réflexion f ; (Zweifel) doute m ; (Skrupel) scrupule m

bedenklich adj (besorgt) préoccupé(e) ; (bedrohlich) inquiétant(e), menaçant(e) ; (zweifelhaft) douteux(-euse)

Bedenkzeit f délai m de réflexion

bedeuten vt signifier

bedeutend adj important(e) ; (beträchtlich) considérable

Bedeutung f signification f, sens m ; (Wichtigkeit) importance f

bedeutungslos adj (Wort, Zeichen) dépourvu(e) de sens ; (Mensch, Ereignis) sans importance

bedienen vt servir ▶ vr (beim Essen): **bitte ~ Sie sich!** servez-vous !

Bedienung f service m ; (von Maschinen) maniement m ; (Kellnerin) serveuse f

Bedienungsanleitung f mode m d'emploi

Bedienungsfehler m erreur f de manipulation

bedingen vt (verursachen) causer ; (voraussetzen) exiger

bedingt adj (Richtigkeit, Tauglichkeit) limité(e) ; (Lob) réservé(e) ; (Zusage, Annahme) conditionnel(le) ; (Reflex) conditionné(e)

Bedingung f condition f

bedingungslos adj sans condition

bedrängen vt harceler ; **jdn mit Fragen ~** presser qn de questions

bedrohen vt menacer

bedrohlich adj menaçant(e)

Bedrohung f menace f

bedrücken vt accabler

Bedürfnis nt besoin m

bedürftig adj (arm) dans le besoin

beeilen vr se dépêcher

beeindrucken vt impressionner

beeindruckend adj impressionnant(e)

beeinflussen vt influencer

beeinträchtigen vt (Freude, Genuss) gâcher ; (Sehvermögen, Wert, Qualität) porter préjudice à

beenden, beendigen vt terminer

beengen vt (Kleidung) serrer ; (fig: jdn) gêner

beerben vt hériter de

beerdigen vt enterrer

Beerdigung f enterrement m

Beere f baie f ; (Traubenbeere) grain m

Beet (-(e)s, -e) nt plate-bande f

befahl etc vb siehe **befehlen**

befahrbar adj (Straße) carrossable ; (Wasserweg) navigable

befahren (irr) vt (Straße, Route) emprunter ; (Naut) naviguer sur ▸ adj (Straße) fréquenté(e)

befallen (irr) vt (Krankheit) frapper ; (Übelkeit, Fieber, Ekel) prendre ; (Angst, Zweifel) saisir ; (Ungeziefer) envahir

befangen adj (schüchtern) intimidé(e) ; (voreingenommen) partial(e) • **Befangenheit** f (Schüchternheit) gêne f, timidité f ; (Voreingenommenheit) parti m pris

befassen vr: **sich ~ mit** s'occuper de

Befehl (-(e)s, -e) m (Anordnung) ordre m ; (Befehlsgewalt)

commandement m ; (Inform) commande f

befehlen (irr) vt ordonner

Befehlshaber (-s, -) m (Mil) commandant m

befestigen vt (anbringen, festmachen) fixer

befinden (irr) vr se trouver ▸ vt: **jdn für schuldig ~** déclarer qn coupable

Befinden (-s) nt (Zustand) état m de santé ; (Meinung) opinion f

befohlen pp von **befehlen**

befolgen vt suivre

befördern vt (Güter, Gepäck) transporter ; (im Beruf) promouvoir

Beförderung f transport m ; (beruflich) promotion f

befragen vt interroger ; (um Stellungnahme bitten, Wörterbuch) consulter

Befragung f interrogation f ; (Umfrage) sondage m

befreien vt libérer ; (freistellen) exempter ▸ vr se libérer

Befreiung f libération f ; (Erlassen) exemption f

befreunden vr: **sich ~ mit** se lier d'amitié avec ; (mit Idee etc) se familiariser avec

befreundet adj ami(e)

befriedigen vt satisfaire

befriedigend adj satisfaisant(e)

Befriedigung f satisfaction f

befristet adj à durée limitée

befruchten vt féconder ; (Diskussion, Gedanken) stimuler

Befugnis f pouvoir m

befugt adj autorisé(e), habilité(e)

befühlen vt palper

Befund (-(e)s, -e) m (von Sachverständigen) conclusions fpl ; (Méd) diagnostic m

befürchten vt craindre

Befürchtung f crainte f

befürworten vt (Gesetz, Vorschlag) soutenir ; (Neuerung) être favorable à

Befürworter(in) (-s, -) m(f) défenseur m

begabt adj doué(e)

Begabung f don m

begann etc vb siehe **beginnen**

begeben (irr) vr (gehen) se rendre ; (geschehen) se passer

begegnen vi +Dat rencontrer ; (widerfahren) arriver ; (behandeln) traiter ; **ihre Blicke begegneten sich** leurs regards se sont rencontrés

Begegnung f rencontre f

begehen (irr) vt (Straftat, Fehler, Dummheit) commettre ; (Feier) célébrer

begehren vt désirer

begehrenswert adj désirable

begehrt adj (Posten) convoité(e) ; (Reiseziel) en vogue

begeistern vr: **sich an etw** Dat od **für etw ~** s'enthousiasmer pour qch ▶ vt remplir d'enthousiasme

begeistert adj enthousiaste

Begeisterung f enthousiasme m

Begierde f désir m

begierig adj avide

Beginn (-(e)s) m commencement m, début m ; **zu ~** au commencement od début

beginnen (irr) vt, vi commencer

Beglaubigung f authentification f

begleichen (irr) vt régler

begleiten vt accompagner

Begleiter(in) (-s, -) m(f) compagnon (compagne)

Begleitung f compagnie f ; (Mus) accompagnement m

beglückwünschen vt: **jdn zu etw ~** féliciter qn pour od de qch

begnügen vr: **sich mit etw ~** se contenter de qch

begonnen pp von **beginnen**

begraben (irr) vt (Toten) enterrer ; (Streit) oublier

Begräbnis nt enterrement m

begreifen (irr) vt comprendre

Begriff (-(e)s, -e) m notion f, concept m ; (Meinung, Vorstellung) idée f

begriffsstutzig adj bouché(e)

begründen vt (Tat, Abwesenheit) justifier ; (beginnen) fonder

Begründung f justification f

begrüßen vt accueillir
  • **begrüßenswert** adj bienvenu(e)

Begrüßung f accueil m

begutachten vt expertiser ; (fam: ansehen) examiner

behagen vi: **jd/etw behagt ihm nicht** qn/qch ne lui plaît pas
  • **Behagen** (-s) nt sensation f de bien-être

behaglich adj (Atmosphäre) douillet(te) ; (Wärme) agréable

behalten (irr) vt garder ; (Mehrheit, Recht) conserver ; (im Gedächtnis) retenir

Behälter (-s, -) m récipient m

behandeln vt traiter ; (Méd) soigner

Behandlung f traitement m ;
(von Maschine) maniement m
beharrlich adj (ausdauernd)
résolu(e), persévérant(e) ;
(hartnäckig) opiniâtre, tenace
behaupten vt affirmer ; (Recht,
Position) défendre ▸ vr s'affirmer
Behauptung f (Äußerung)
affirmation f
beheimatet adj domicilié(e) ;
**diese Pflanze/dieses Tier ist in
den Alpen ~** cette plante/cet
animal vient des Alpes
beheizen vt chauffer
behelligen vt importuner
beherbergen vt héberger
beherrschen vt (Volk, Land)
gouverner ; (Situation, Markt,
Szene, Landschaft) dominer ;
(Gefühle) refréner ; (Sprache,
Handwerk) posséder ▸ vr se
maîtriser
beherrscht adj (Mensch)
maître(sse) de soi
Beherrschung f
(Selbstbeherrschung) maîtrise f de
soi
behilflich adj: **jdm (bei etw) ~
sein** aider qn (à faire qch)
behindern vt (Bewegung, Verkehr)
entraver ; (Sicht, Arbeit) gêner
Behinderte(r) f(m) handicapé(e)
m/f
Behinderung f
(Körperbehinderung) handicap m
Behörde f autorité f
behüten vt garder, surveiller ; **jdn
vor etw** Dat **~** préserver qn de qch
behutsam adv (berühren)
doucement

---

bei

präp +Dat 1 chez ; **~m Friseur**
chez le coiffeur ; **H. Schmitt, ~
Neumeier** (in Adresse) H.
Schmitt, chez Neumeier ; **~
Collins ar~ten** travailler
chez Collins ; **etw ~ sich
haben** avoir qch sur soi ; **jdn ~
sich haben** avoir qn avec soi ;
~m Militär à l'armée ;
~ seinem Talent avec un
talent pareil
2 (Zustand, Tätigkeit
ausdrückend): **~ Nacht/Tag**
de nuit/jour ; **~ Nebel** par
temps de brouillard ; **~ Regen**
sous la pluie ; **~ meiner
Ankunft** quand je suis
arrivé(e) ; **~ der Arbeit** pendant
le travail ; **ich habe ihm ~ der
Arbeit geholfen** je l'ai aidé
dans son travail ; **~ offenem
Fenster schlafen** dormir avec
la fenêtre ouverte ; **er war
gerade ~m Essen/Lesen** il
était en train de manger/lire

bei|behalten (irr) vt conserver
bei|bringen (irr) vt (Beweis,
Gründe) fournir ; (Zeugen)
produire ; **jdm etw ~** (Ordnung,
Manieren) apprendre qch à qn ; (zu
verstehen geben) faire comprendre
qch à qn
Beichte f confession f
beichten vt (Sünden) confesser
▸ vi se confesser
beide pron les deux ; **meine
~n Brüder** mes deux frères ;
alle ~ tous(toutes) les deux ;
alles ~s les deux (choses) ; **wir ~**
nous deux

beiderlei adj: **Menschen ~ Geschlechts** des personnes des deux sexes

beiderseitig adj (Lungenentzündung) double ; **im ~en Einverständnis** d'un commun accord

beiderseits adv: **die Regierungen stimmten ~ zu** les gouvernements ont tous deux donné leur accord ▶ präp +Gen de part et d'autre de

beieinander adv ensemble

Beifahrer(in) m(f) passager(-ère) • **Beifahrersitz** m place f à côté du conducteur

Beifall m applaudissements mpl ; (Zustimmung) approbation f

bei|fügen vt joindre

Beigeschmack m arrière-goût m

Beihilfe f (für Bedürftige) aide f ; (Studienbeihilfe) bourse f ; (Jur) complicité f

Beil (-(e)s, -e) nt hache f

Beilage f (Zeitungsbeilage etc) supplément m ; (Culin) garniture f

beiläufig adj (Bemerkung) fait(e) en passant ▶ adv en passant

bei|legen vt (hinzufügen) joindre ; (beimessen) accorder ; (enden) régler

Beileid nt condoléances fpl

beiliegend adj ci-joint(e)

beim = **bei dem**

Bein (-(e)s, -e) nt jambe f ; (von Tier) patte f ; (vom Möbelstück) pied m

beinah, beinahe adv presque

beinhalten vt contenir

bei|pflichten vi: **jdm/einer Sache** ~ être d'accord avec qn/qch

beisammen adv ensemble • **Beisammensein** (-s) nt réunion f

Beisein (-s) nt présence f

beiseite adv de côté ; (stehen, gehen) à l'écart

beiseite|legen vt: **etw ~** (sparen) mettre qch de côté

Beisetzung f enterrement m ; (von Urne) inhumation f

Beispiel (-s, -e) nt exemple m ; **zum ~** par exemple • **beispielhaft** adj exemplaire

beispielsweise adv par exemple

beißen (irr) vt, vi mordre ; (Rauch, Säure) piquer ▶ vr (Farben) jurer

beißend adj piquant(e) ; (Hohn, Spott) mordant(e)

Beißzange f pince f coupante

Beistand (-(e)s, -e) m assistance f ; (Jur) avocat m

bei|steuern vt (Geld, Beitrag) donner

Beitrag (-(e)s, -e) m contribution f ; (Mitgliedsbeitrag) cotisation f

bei|tragen (irr) vt donner ▶ vi: ~ **zu** contribuer à

bei|treten (irr) vi adhérer

Beitritt m adhésion f

bei|wohnen vi: **einer Sache** Dat ~ assister à qch

Beize f (Culin) marinade f ; (Holzbeize) teinture f

beizeiten adv à temps

bejahen vt (Frage, Vorschlag) répondre par l'affirmative à ; (gutheißen: Leben) approuver

bekämpfen vt combattre ; (Schädlinge, Unkraut, Seuche, Missstände) lutter contre

bekannt adj connu(e) ; (nicht fremd): **mit jdm ~ sein** connaître qn ; **~ geben** annoncer ; **jdn mit jdm ~ machen** présenter qn à qn

Bekannte(r) f(m) connaissance f

Bekanntenkreis m cercle m d'amis

bekanntgeben vt siehe **bekannt**

bekanntlich adv comme chacun sait

Bekanntschaft f connaissance f

bekehren vt convertir

bekennen (irr) vt reconnaître ; (seinen Glauben) affirmer ▶ vr: **sich zu einem Glauben ~** faire profession d'une od professer une croyance ; **sich schuldig ~** s'avouer coupable

Bekennerbrief m lettre f revendiquant un attentat

Bekenntnis nt aveu m ; (Religion) confession f

beklagen vt plaindre ; (Verluste, Toten) déplorer ▶ vr se plaindre

bekleiden vt habiller ; (Amt) occuper

Bekleidung f (Kleidung) habillement m

beklommen adj angoissé(e)

bekommen (irr) vt recevoir ; (Angst, Hunger) avoir (de plus en plus) ; (: Krankheit, Zug) attraper ; (Kind, Fieber) avoir ▶ vi: **jdm ~** convenir à qn ; **jdm gut/ schlecht ~** faire du bien/mal à qn ; **Hunger ~** commencer à avoir faim

bekräftigen vt confirmer

bekunden vt (sagen) exprimer ; (zeigen) manifester

belächeln vt sourire de

beladen (irr) vt charger

Belag (-(e)s, ¨e) m revêtement m ; (Zahnbelag) tartre m ; (Bremsbelag) garniture f

Belagerung f siège m

belangen vt (Jur): **jdn gerichtlich ~** poursuivre qn en justice

belanglos adj insignifiant(e)

belassen (irr) vt laisser ; **es dabei ~** en rester là

Belastbarkeit f (von Brücke, Aufzug) charge f admissible ; (von Menschen, Nerven) résistance f

belasten vt charger ; (Organ, Körper) surmener ; (Umwelt) polluer ; (fig: bedrücken) accabler ; (Konto) débiter ▶ vr (mit Arbeit, Sorgen) s'accabler de

belastend adj pénible ; **~es Material** pièces fpl à conviction

belästigen vt harceler

Belästigung f désagrément m ; (körperlich) harcèlement m

Belastung f charge f ; (Gewicht, Sorge) poids m ; (Écon) débit m ; (Fin) charges fpl

belaufen (irr) vr: **sich auf etw** Akk **~** s'élever à qch

belebt adj animé(e)

Beleg (-(e)s, -e) m (Écon) reçu m ; (Beweis) attestation f

belegen vt (Boden) recouvrir ; (Kuchen, Brot) garnir ; (Platz, Zimmer) occuper ; (Kurs, Vorlesung) s'inscrire à ; (Ausgaben) justifier ; (urkundlich beweisen) prouver

Belegschaft f personnel m

belegt adj (besetzt) occupé(e) ; (Zunge) chargé(e) ; **~e Brote** canapés mpl

belehren vt instruire ; (informieren) informer

beleidigen vt vexer, blesser ; (Jur) diffamer

Beleidigung f insulte f ; (Jur) diffamation f

beleuchten vt illuminer ; (mit Licht versehen) éclairer ; (Problem) éclaircir

Beleuchtung f éclairage m ; (von Gebäude) illumination f

Belgien (-s) nt la Belgique

Belgier(in) (-s, -) m(f) Belge mf

belgisch adj belge

belichten vt exposer

Belichtung f (Phot) exposition f

Belichtungsmesser (-s, -) m posemètre m

Belieben nt: **nach ~** (Antwort) comme vous voulez ; (Culin) à volonté

beliebig adj: **ein ~er/eine ~e/ein ~es ...** n'importe quel(le) ..., un(e) ... quelconque

beliebt adj populaire ; **sich bei jdm ~ machen** se faire apprécier de qn • **Beliebtheit** f popularité f

beliefern vt fournir

bellen vi aboyer

belohnen vt récompenser

Belohnung f récompense f

belügen (irr) vt mentir à

belustigen vt amuser

bemängeln vt critiquer

bemerkbar adj sensible ; **sich ~ machen** (Person) se faire remarquer ; (Unruhe, Müdigkeit) se faire sentir

bemerken vt remarquer

bemerkenswert adj remarquable

Bemerkung f remarque f

bemitleiden vt plaindre

bemühen vr (sich Mühe geben) faire des efforts ; (beanspruchen) mettre à contribution ; **sich ~, etw zu tun** s'efforcer de faire qch ; **sich um jdn/etw ~** prendre soin de qn/de qch

Bemühung f (Anstrengung) effort m ; (Dienstleistung) services mpl

benachbart adj voisin(e)

benachrichtigen vt informer

benachteiligen vt désavantager

benehmen (irr) vr se comporter • **Benehmen** (-s) nt comportement m

beneiden vt envier

beneidenswert adj enviable

Beneluxländer pl Benelux m

benennen vt (Pflanze, Straße) donner un nom à ; (Täter) nommer ; **etw/jdn nach jdm ~** donner à qch/qn le nom de qn

benommen adj hébété(e)

benötigen vt avoir besoin de

benutzen, benützen vt utiliser ; (Bücherei) fréquenter ; (Zug, Taxi) prendre

Benutzer(in) (-s, -) m(f) (von Gegenstand) utilisateur(-trice) ; (von Bücherei etc) usager m

benutzerfreundlich adj (Inform) convivial(e)

Benutzerkonto nt (Inform) compte m utilisateur

Benutzerprofil nt profil m utilisateur

Benutzung f utilisation f

Benzin (-s, -e) nt (Aut) essence f ; (Reinigungsbenzin) benzine f • **Benzinkanister** m bidon m d'essence • **Benzinuhr** f jauge f

beobachten vt observer ;
(bemerken) remarquer

Beobachter(in) (-s, -) m(f)
observateur(-trice) ; (Presse, TV)
correspondant(e)

Beobachtung f observation f ;
(polizeilich) surveillance f

bequem adj confortable ; (Lösung,
Ausrede, Schüler) facile ;
(Untergebene) docile ; (träge)
paresseux(-euse)

Bequemlichkeit f confort m ;
(Faulheit) paresse f

beraten (irr) vt conseiller ;
(besprechen) débattre

Berater(in) (-s, -) m(f)
conseiller(-ère)

Beratung f (Auskunft, Ratschlag)
conseils mpl ; (ärztlich)
consultation f ; (Besprechung)
délibération f

berauben vt voler

berechenbar adj calculable ;
(Verhalten) prévisible

berechnen vt calculer ;
(anrechnen) facturer
• **berechnend** adj
calculateur(-trice)

Berechnung f calcul m ; (Écon)
facturation f

berechtigen vt donner droit à

berechtigt adj justifié(e),
fondé(e)

Berechtigung f autorisation f ;
(fig) justification f

Bereich (-(e)s, -e) m (Bezirk) région
f ; (Sachgebiet) domaine m

bereichern vt enrichir ▶ vr
s'enrichir

bereinigen vt (Angelegenheit)
régler ; (Missverständnis) dissiper ;
(Verhältnis) normaliser

bereisen vt parcourir

bereit adj prêt(e) ; **zu etw ~ sein**
être prêt(e) à qch

bereiten vt préparer ; (Kummer,
Freude) causer

bereit|halten (irr) vt avoir sous la
main

bereit|machen vt préparer

bereits adv déjà

Bereitschaft f disponibilité f ; **in
~ sein** être prêt(e) ; (Polizei) être
prêt(e) à intervenir ; (Arzt) être de
garde

bereit|stehen (irr) vi être prêt(e)

bereit|stellen vt préparer ;
(Truppen, Maschinen) mettre à
disposition ; (Geld etc) : **etw für
etw ~** affecter qch à qch

bereitwillig adj obligeant(e)

bereuen vt regretter

Berg (-(e)s, -e) m montagne f
• **bergab** adv : **~ gehen/fahren**
descendre • **Bergarbeiter** m
mineur m • **bergauf** adv :
~ gehen/fahren monter
• **Bergbau** m exploitation f
minière

bergen (irr) vt sauver

bergig adj montagneux(-euse)

Bergmann (-(e)s, -leute) m
mineur m

Bergsteigen (-s) nt alpinisme m

Bergsteiger(in) (-s, -) m(f)
alpiniste mf

Bergung f sauvetage m

Bergwacht f secours m en
montagne

Bergwerk nt mine f

Bericht (-(e)s, -e) m rapport m
• **berichten** vt (schriftlich) faire un
rapport sur, rapporter ▶ vi faire un

rapport • **Berichterstatter(in)** *m(f)* reporter *m* ; (*im Ausland*) correspondant(e) • **Berichterstattung** *f* rapport *m*

berichtigen *vt* corriger

Berlin (-s) *nt* Berlin

Bernstein *m* ambre *m* (jaune)

berüchtigt *adj* (*Gegend, Lokal*) mal famé(e) ; (*Verbrecher*) notoire

berücksichtigen *vt* (*jdn, Bedürfnisse*) prendre en considération

Beruf (-(e)s, -e) *m* profession *f*, métier *m* ; **was sind Sie von ~?** que faites-vous dans la vie ?

berufen (*irr*) *vt* nommer ▸ *vr*: **sich auf jdn ~** se réclamer de qn ; **sich auf etw ~** se prévaloir de qch ▸ *adj* très compétent(e) ; **sich zu etw ~ fühlen** se sentir destiné(e) à qch

beruflich *adj* professionnel(le) ; **~ unterwegs sein** être en voyage d'affaires

Berufsausbildung *f* formation *f* professionnelle

Berufsberatung *f* orientation *f* professionnelle

Berufserfahrung *f* expérience *f* professionnelle

Berufsleben *nt* vie *f* professionnelle ; **im ~ stehen** travailler

Berufsschule *f* école *f* professionnelle

Berufssportler *m* sportif *m* professionnel

berufstätig *adj*: **~ sein** exercer une activité professionnelle, travailler

Berufsverkehr *m* heures *fpl* de pointe

Berufung *f* nomination *f* ; (*Jur*) appel *m*, recours *m* ; **~ einlegen** faire appel

beruhen *vi*: **auf etw** *Dat* **~** être fondé(e) sur qch ; **eine Sache auf sich ~ lassen** ne pas poursuivre qch

beruhigen *vt* calmer ; (*Gewissen*) soulager ▸ *vr* se calmer ; **beruhigt sein** être rassuré(e)

Beruhigung *f* (*des Gewissens*) soulagement *m*

Beruhigungsmittel *nt* calmant *m*

berühmt *adj* célèbre

berühren *vt* toucher

Berührung *f* contact *m*

Berührungsbildschirm *m* écran *m* tactile

besagen *vt* signifier

besänftigen *vt* apaiser

Besatzung *f* (*Mil*) armée *f* d'occupation ; (*Naut, Aviat*) équipage *m*

beschädigen *vt* endommager, abîmer

Beschädigung *f* endommagement *m* ; (*Stelle*) dégât *m*

beschaffen *vt* procurer, fournir ; **sich** *Dat* **etw ~** se procurer qch • **Beschaffenheit** *f* nature *f*

Beschaffung *f* acquisition *f*

beschäftigen *vt* occuper ; (*beruflich*) employer ; (*innerlich*) préoccuper ▸ *vr* s'occuper

Beschäftigung *f* (*Beruf, Arbeitsstelle*) emploi *m* ; (*Tätigkeit*) occupation *f*

Beschäftigungstherapie *f* ergothérapie *f*

Bescheid (-(e)s, -e) m:
~ bekommen être informé(e) ;
(Jur) être notifié(e) ; **~ wissen** être
au courant ; **jdm ~ geben** od
sagen renseigner qn

bescheiden (irr) adj modeste
• **Bescheidenheit** f modestie f

bescheinigen vt attester

Bescheinigung f attestation f ;
(Quittung) reçu m

bescheißen (irr) (fam !) vt rouler
(fam)

beschenken vt faire un cadeau à

Bescherung f distribution f de
cadeaux de Noël ; (fam) tuile f ;
da haben wir die ~! nous voilà
dans de beaux draps !

beschimpfen vt insulter

beschissen (fam !) adj chiant(e)
(fam !)

beschlagnahmen vt saisir,
confisquer

beschleunigen vt accélérer ▸ vi
(Aut) accélérer

Beschleunigung f
accélération f

beschließen (irr) vt décider ;
(beenden) terminer

Beschluss m décision f

beschneiden (irr) vt (Hecke)
tailler ; (Flügel) couper ; (Rel)
circoncire ; (jds Rechte, Freiheit)
restreindre

beschränken vt limiter ▸ vr se
limiter

beschränkt adj limité(e) ;
(Mensch) borné(e)

beschreiben (irr) vt décrire ;
(Papier) écrire sur

Beschreibung f description f

beschuldigen vt accuser

Beschuldigung f accusation f

beschützen vt: **~ (vor** +Dat)
protéger (de)

Beschwerde f plainte f ; (pl:
Leiden) souffrance f

beschweren vt rendre plus
lourd(e), alourdir ; (fig) peiner ▸ vr
se plaindre

beschwerlich adj pénible

beschwichtigen vt apaiser,
calmer

beschwingt adj gai(e),
enjoué(e) ; (Schritt) léger(-ère)

beschwipst adj éméché(e)

beschwören (irr) vt (Aussage)
jurer, affirmer sous serment ;
(anflehen) implorer, supplier ;
(Geister) conjurer

beseitigen vt se débarrasser de ;
(Fehler) supprimer ; (Zweifel) lever

Beseitigung f élimination f

Besen (-s, -) m balai m

besessen adj obsédé(e)

besetzen vt occuper

besetzt adj occupé(e)
• **Besetztzeichen** nt tonalité f
occupée

Besetzung f occupation f ;
(Gesamtheit der Schauspieler)
distribution f

besichtigen vt visiter

Besichtigung f visite f

besiegen vt vaincre

besinnen (irr) vr (nachdenken)
réfléchir ; (erinnern) : **sich auf etw**
Akk **~** se rappeler de qch

besinnlich adj paisible

Besinnung f (Bewusstsein)
connaissance f ; **zur ~ kommen**
reprendre connaissance ; (fig)
revenir à la raison

Besitz (-es) m (das Besitzen)
possession f; (Landgut)
propriété f

besitzen (irr) vt posséder

Besitzer(in) (-s, -) m(f)
propriétaire mf

besoffen (fam) adj bourré(e)

Besoldung f (von Beamten)
traitement m; (von Soldaten)
solde f

besondere(r, s) adj
exceptionnel(le); (ausgefallen,
speziell, separat) particulier(-ière);
(Auftrag) spécial(e); **nichts/
etwas B~s** rien/quelque chose de
spécial

Besonderheit f particularité f

besonders adv (hauptsächlich)
principalement, surtout;
(nachdrücklich) expressément;
(sehr) énormément; **nicht ~** pas
particulièrement

besonnen adj (Mensch)
réfléchi(e); (Verhalten, Vorgehen)
sage • **Besonnenheit** f sagesse f

besorgen vt (beschaffen) se
procurer; (erledigen, sich kümmern
um) s'occuper de

Besorgnis f inquiétude f

besorgniserregend adj
inquiétant(e)

besorgt adj inquiet(-ète)

besprechen (irr) vt discuter

Besprechung f (Unterredung)
entretien m, discussion f; (von
Buch) critique f

besser (Komp) adj meilleur(e)
▶ adv mieux; **du hättest ~ ...**
tu aurais mieux fait de ...; **er hält
sich für etwas B~es** il se croit
supérieur; **~ gesagt ...** ou
plutôt ...

bessern vt améliorer ▶ vr
s'améliorer

Besserung f amélioration f;
gute ~! prompt rétablissement !

Besserwisser(in) (-s, -) m(f)
bêcheur(-euse)

Bestand (-(e)s, ⸚e) m (Fortbestehen)
persistance f, continuité f;
(Kassenbestand) encaisse f;
(Vorrat) stock m; **~ haben** od **von
~ sein** durer, persister

beständig adj constant(e);
(Wetter) stable; (Stoffe)
résistant(e)

Bestandsaufnahme f
inventaire m

Bestandteil m (Einzelteil) partie f,
élément m

bestärken vt: **jdn in etw** Dat **~**
confirmer qn dans qch

bestätigen vt confirmer;
(Empfang) accuser réception de;
(anerkennen) reconnaître ▶ vr se
confirmer

Bestätigung f confirmation f

Bestattung f inhumation f

bestaunen vt admirer

beste(r, s) (Superl) adj meilleur(e)
▶ adv: **am ~n** le mieux; **sie singt
am ~n** c'est elle qui chante le
mieux; **am ~n gehst du gleich** il
vaut mieux que tu partes tout de
suite

bestechen (irr) vt (Zeugen)
suborner; (Beamte) corrompre

bestechlich adj corruptible,
vénal(e) • **Bestechlichkeit** f
corruption f

Bestechung f corruption f,
subornation f

Besteck (-(e)s, -e) nt couverts mpl

bestehen (irr) vi (existieren) exister ; (andauern) durer ▶ vt (Probe, Prüfung) réussir ; (Kampf) soutenir ; **aus etw** ~ se composer de qch ; **auf etw** Dat ~ insister sur qch

bestehlen (irr) vt voler

besteigen (irr) vt (Berg) escalader ; (Fahrzeug) monter dans ; (Pferd) monter ; (Thron) accéder à

bestellen vt (Waren) commander ; (reservieren lassen) réserver ; (jdn) faire venir ; (ausrichten) transmettre

Bestellung f commande f

bestenfalls adv dans le meilleur des cas

bestens adv parfaitement (bien)

besteuern vt imposer

Bestie f bête f féroce ; (fig) brute f

bestimmen vt (entscheiden, anordnen) décréter, ordonner ; (festsetzen) fixer, déterminer ; (vorsehen) destiner ; (ernennen) désigner ; (definieren) déterminer

bestimmt adj (feststehend, gewiss) certain(e) ; (entschlossen) décidé(e) ; (Artikel) défini(e) ▶ adv sûrement, certainement

Bestimmung f (Verordnung) décret m, ordonnance f ; (Festsetzen) fixation f ; (Schicksal) destin m ; (Definition) définition f

Bestleistung f record m

bestmöglich adj le (la) meilleur(e) possible

bestrafen vt punir

Bestrafung f punition f

bestrahlen vt (subj) éclairer ; (Méd) traiter par radiothérapie

Bestrahlung f (Méd) séance f de radiothérapie

Bestreben (-s) nt effort m

bestreiken vt faire grève dans ; **die Fabrik wird zur Zeit bestreikt** l'usine est en grève

bestreiten (irr) vt (abstreiten) nier, contester ; (finanzieren) financer

Bestseller (-s, -) m best-seller m

bestürzen vt bouleverser, consterner

Besuch (-(e)s, -e) m visite f ; **einen ~ bei jdm machen** rendre visite à qn ; **bei jdm auf od zu ~ sein** être en visite chez qn

besuchen vt (jdn) rendre visite à ; (Ort, Museum, Patienten, Kunden) visiter ; (Vorstellung, Gottesdienst) assister à ; (Schule, Universität) aller à ; (Kurs) suivre

Besucher(in) (-s, -) m(f) visiteur(-euse)

betätigen vt actionner ▶ vr exercer une activité ; **sich politisch/künstlerisch ~** exercer une activité politique/artistique

Betätigung f activité f ; (Tech) actionnement m

betäuben vt (Nerv) endormir ; (durch Narkose) anesthésier ; (durch Schlag) assommer ; (durch Geruch) griser, enivrer

Betäubungsmittel nt anesthésique m

Bete f: **Rote ~** betterave f rouge

beteiligen vr: **sich ~ an** +Dat participer à, prendre part à ▶ vt: **jdn ~ an** +Dat faire participer qn à

Beteiligung f participation f

beten vt, vi prier

beteuern vt déclarer ; (Unschuld) protester de

Beton(-s, -s) *m* béton *m*
betonen *vt* accentuer ; *(bekräftigen)* insister sur ; *(farblich)* faire ressortir
Betonung *f* accentuation *f*
Betracht *m*: **(nicht) in ~ kommen** (ne pas) entrer en ligne de compte
betrachten *vt* contempler ; **jdn als etw ~** considérer qn comme qch
Betrachter(in)(-s, -) *m(f)* observateur(-trice)
beträchtlich *adj* considérable
Betrag(-(e)s, -e) *m* montant *m*
• **betragen**(irr) *vi (ausmachen)* s'élever à ▶ *vr* se comporter
Betragen -s *nt* conduite *f*
betreffen(irr) *vt* concerner
betreffend *adj (erwähnt)* mentionné(e) ; *(zuständig)* compétent(e)
betreffs *präp +Gen* concernant
betreiben(irr) *vt (Gewerbe)* exercer ; *(Handel, Studien, Politik)* faire
Betreiber(in) *m(f) (Firma)* société *f* d'exploitation ; *(von Spielhalle, Hotel)* tenancier(-ière)
betreten(irr) *vt (Haus, Baustelle)* entrer dans ; *(Rasen, Gelände)* marcher sur ▶ *adj* embarrassé(e), gêné(e)
betreuen *vt* s'occuper de ; *(Reisegruppe)* accompagner
Betrieb(-(e)s, -e) *m (Unternehmen)* entreprise *f* ; *(von Maschine)* fonctionnement *m* ; *(Treiben, Trubel)* animation *f* ; **außer ~ sein** être hors service ; **in ~ sein/nehmen** être/mettre en service
Betriebskosten *pl* charges *fpl* (d'exploitation)

Betriebsrat *m* comité *m* d'entreprise
Betriebssystem *nt (Inform)* système *m* d'exploitation
Betriebswirtschaft *f* gestion *f* d'entreprise
betrinken(irr) *vr* s'enivrer
betroffen *adj (bestürzt)* bouleversé(e)
betrübt *adj* affligé(e)
Betrug(-(e)s) *m* tromperie *f* ; *(Jur)* fraude *f*
betrügen(irr) *vt* tromper ▶ *vr* se faire des illusions
Betrüger(in)(-s, -) *m(f)* escroc *m*
betrügerisch *adj* frauduleux(-euse)
betrunken *adj* ivre
Bett(-(e)s, -en) *nt* lit *m* ; **ins** *od* **zu ~ gehen** aller se coucher
• **Bettbezug** *m* housse *f* d'édredon
• **Bettdecke** *f* couverture *f* ; *(Daunenbett)* couette *f* ; *(Überwurf)* couvre-lit *m*
betteln *vi* mendier
Bettlaken *nt* drap *m*
Bettler(in)(-s, -) *m(f)* mendiant(e)
Bettnässer(-s, -) *m* enfant *m* incontinent *od* énurétique
Bettwäsche *f* draps *mpl*
Bettzeug *nt* literie *f* (sans matelas)
beugen *vt (Körperteil)* plier ▶ *vr (sich lehnen)* se pencher
Beule *f* bosse *f*
beunruhigen *vt* inquiéter ▶ *vr* s'inquiéter
Beunruhigung *f* inquiétude *f*
beurteilen *vt* juger

Beurteilung f jugement m
Beute (-) f butin m ; (fig: Opfer) victime f
Beutel (-s, -) m (Tasche) sac m ; (Waschbeutel, Kosmetikbeutel) trousse f ; (Geldbeutel) porte-monnaie m inv
Bevölkerung f population f
Bevollmächtigte(r) f(m) mandataire mf
bevor konj avant de +inf, avant que +sub • **bevormunden** vt maintenir en tutelle
• **bevor|stehen** (irr) vi être imminent(e)
bevorzugen vt préférer
bewachen vt surveiller ; (Schatz) garder
Bewachung f (das Bewachen) surveillance f ; (Leute) garde f
bewaffnet adj armé(e) ; (Überfall) à main armée
Bewaffnung f armement m
bewahren vt garder ; **jdn vor etw ~** préserver qn de qch
bewähren vr (Mensch) faire ses preuves ; (Regelung) se révéler efficace
bewährt adj éprouvé(e)
Bewährung f (Jur) sursis m
bewältigen vt surmonter ; (Arbeit, Aufgabe) venir à bout de
bewässern vt irriguer
bewegen[1] vt bouger, remuer ; (jdn: rühren) émouvoir, toucher ; (: beschäftigen) préoccuper ▶ vr bouger
bewegen[2] (irr) vt: **jdn zu etw ~** décider qn à faire qch
beweglich adj mobile ; (flink) agile ; (geistig wendig) vif(vive)

bewegt adj (unruhig: Leben, Vergangenheit) agité(e), mouvementé(e) ; (ergriffen) ému(e)
Bewegung f mouvement m ; (körperliche Betätigung) exercice m
Bewegungsfreiheit f liberté f de mouvement
Beweis (-es, -e) m preuve f ; (Math) démonstration f
beweisen (irr) vt prouver ; (Mut, Geschmack, Charakter) faire preuve de
Beweismittel nt (Jur) preuve f
bewenden vi: **es bei etw ~ lassen** se contenter de qch
bewerben (irr) vr poser sa candidature
Bewerber(in) (-s, -) m(f) candidat(e)
Bewerbung f candidature f
Bewerbungsunterlagen pl dossier m de candidature
bewerten vt évaluer ; (Note geben) noter
bewilligen vt accorder
bewirken vt provoquer
bewirten vt régaler
bewirtschaften vt (Hotel) gérer ; (Landwirtschaft) exploiter
Bewirtung f accueil m
bewohnen vt habiter
Bewohner(in) m(f) habitant(e)
bewölkt adj nuageux(-euse)
Bewölkung f nuages mpl
Bewunderer(in) (-s, -) m(f) admirateur(-trice)
bewundern vt admirer
Bewunderung f admiration f
bewusst adj (absichtlich) intentionnel(le) ; (geistig wach)

b

conscient(e) ; (bereits erwähnt)
nommé(e) ; **sich** Dat **einer Sache**
Gen ~ **sein/werden** être
conscient(e)/prendre conscience
de qch • **bewusstlos** adj sans
connaissance ; ~ **werden** perdre
connaissance
• **Bewusstlosigkeit** f perte f de
connaissance • **Bewusstsein**(-s)
nt conscience f ; (Méd)
connaissance f

bezahlen vt payer ; **etw macht
sich bezahlt** qch en vaut la
peine ; **bitte ~!** l'addition, s'il vous
plaît !

Bezahlfernsehen nt télévision f
à péage

Bezahlung f paiement m

bezeichnen vt (kennzeichnen)
marquer ; (beschreiben) décrire ;
(nennen, bedeuten) désigner

bezeichnend adj caractéristique

Bezeichnung f (kein pl:
Markierung, Kennzeichnung)
marquage m ; (Benennung)
désignation f

beziehen (irr) vt (Möbel) recouvrir ;
(Zeitung) être abonné(e) à ;
(Gehalt) percevoir ▶ vr (Himmel) se
couvrir ; (betreffen): **sich auf jdn/
etw ~** concerner qn/qch

Beziehung f (Verbindung) relation
f ; (Zusammenhang) rapport m ;
(Verhältnis) lien m ; (Hinsicht) sens
m ; **~en zu jdm haben** avoir de
bonnes relations avec qn

beziehungsweise konj (genauer
gesagt) ou plutôt ; (im anderen
Fall) ou

Bezirk(-(e)s, -e) m (Stadtbezirk)
quartier m ; (Polizeibezirk)
district m

Bezug m (Überzug) garniture f ;
(Beziehung) rapport m ; **Bezüge** pl
(Gehalt) appointements mpl ; **in ~
auf** +Akk en ce qui concerne

bezüglich präp +Gen concernant
▶ adj concernant

bezwecken vt avoir pour but ;
was bezweckst du damit? à quoi
veux-tu en venir ?

bezweifeln vt douter de

BH(-s, -(s)) m abk (= Büstenhalter)
soutien-gorge m

Bhf. abk = **Bahnhof**

Bibel(-, -n) f Bible f

Biber(-s, -) m castor m

Bibliothek(-, -en) f bibliothèque f

bieder adj (rechtschaffen) honnête ;
(péj) niais(e)

biegen (irr) vt plier ; (Ast) courber
▶ vr (Ast, Blech) plier ; (Mensch,
Körper) ployer ▶ vi (Auto, Straße)
tourner

biegsam adj flexible ; (Körper)
souple

Biene f abeille f

Bier(-(e)s, -e) nt bière f • **Bierkrug**
m chope f

Biest(-s, -er) (fam) nt (Tier) (sale)
bête f ; (Mensch) brute f

bieten (irr) vt présenter ; (Hand)
donner ; (Film, Schauspiel, Anblick)
présenter ▶ vr se présenter ▶ vi
(bei Versteigerung) faire une
enchère ; **sich** Dat **etw ~ lassen**
accepter qch

Bikini(-s, -s) m bikini m

Bilanz f bilan m

Bild(-(e)s, -er) nt (Gemälde) tableau
m ; (Foto) photo f ; (Zeichnung)
dessin m ; (Fernsehbild, Metapher)
image f ; (Anblick) vue f

bilden vt former ; (Regierung, Verein: sein, ausmachen) constituer ► vr (entstehen) se former, se développer ; (geistig) s'instruire

Bilderbuch nt livre m d'images

Bildfläche f (fig): **auf der ~ erscheinen** apparaître ; **von der ~ verschwinden** disparaître

Bildhauer(in) (-s, -) m(f) sculpteur m

bildhübsch adj ravissant(e)

bildlich adj (Ausdrucksweise) figuré(e) ; (Vorstellung) concret(-ète) ; (Schilderung) vivant(e) ; **sich** Dat **etw ~ vorstellen** se représenter qch (concrètement)

Bildschirm m écran m

Bildschirmschoner m (Inform) économiseur m d'écran

Bildschirmtext m ≈ Minitel® m

bildschön adj très beau(belle)

Bildung f (Wissen, Benehmen) éducation f ; (von Wörtern, Sätzen, Schaum, Wolken etc) formation f

Bildungslücke f lacune f (dans les connaissances)

Bildungspolitik f politique f de l'éducation

Bildungsurlaub m congé-formation m

Bildungsweg m: **auf dem zweiten ~** en cours du soir

Bildungswesen nt enseignement m

Bildverarbeitung f (Inform) traitement m d'images

billig adj bon marché inv ; (schlecht) mauvais(e) ; (fig) piètre

billigen vt approuver

Billigung f approbation f

Billion f billion m

binär adj binaire

Binde f (Méd) bandage m ; (Damenbinde) serviette f (périodique) • **Bindegewebe** nt tissu m conjonctif • **Bindeglied** nt lien m

binden (irr) vt attacher ; (Buch) relier ► vr s'engager ; **sich an jdn ~** s'engager vis-à-vis de qn

Bindestrich m trait m d'union

Bindfaden m ficelle f

Bindung f (menschliche Beziehung) relation f ; (Verbundenheit) lien m ; (Skibindung) fixation f

Binnenmarkt m: **der Europäische ~** le marché unique européen

Binse f jonc m ; **in die ~n gehen** (fam) s'en aller à vau-l'eau

Binsenweisheit f vérité f de La Palice, lapalissade f

Biochemie f biochimie f

Biodiesel m diesel m biologique

biodynamisch adj biologique

Biogas nt biogaz m

Biografie f biographie f

Biokraftstoff m biocarburant m

Biologe m biologiste m

Biologie f biologie f

Biologin f biologiste f

biologisch adj biologique

biometrisch adj biométrique

Biotechnik f biotechnologie f

Biotechnologie f biotechnologie f

Biotonne f container m od conteneur m à compost

Biotop m od nt biotope m

bipolar adj bipolaire

Birke f bouleau m

Birne f poire f; (Élec) ampoule f (électrique)

bis präp +Akk jusqu'à ▶ konj: **von ... ~ ... de** ... à ; **~ bald/gleich** à bientôt/tout à l'heure; **~ auf** +Akk (außer) sauf

Bischof (-s, -e) m évêque m

bisexuell adj bisexuel(le)

bisher adv jusqu'à présent

Biskaya f: **der Golf von ~** le golfe de Gascogne

Biskuit (-(e)s, -s od -e) m od nt = biscuit m de Savoie

bislang adv jusqu'à présent

biss etc vb siehe **beißen**

Biss (-es, -e) m morsure f

bisschen; **ein ~** adj un peu de adv un peu ; **kein ~** (fam) pas du tout ; **ein klein(es) ~** un petit peu

Bissen (-s, -) m bouchée f

bissig adj (Bemerkung) acerbe, caustique ; „**Vorsicht, ~er Hund**" attention, chien méchant »

Bistum nt évêché m

Bit (-(s), -(s)) (Inform) bit m

bitte interj s'il vous/te plaît ; **vielen Dank!** — **~ sehr!** merci beaucoup ! — je vous en/t'en prie ! ; **wie ~?** comment ? • **Bitte** f prière f, demande f

bitten (irr) vt demander

bitter adj amer(-ère) ; (Erfahrung, Wahrheit) cruel(le) ; (Not, Unrecht) extrême • **bitterböse** adj (Mensch) fâché(e) ; (Blick) mauvais(e) • **Bitterkeit** f amertume f

Bizeps (-(e)s, -e) m biceps m

Blähungen pl (Méd) flatulence f

Blamage f honte f

blamieren vr se ridiculiser ▶ vt couvrir de honte

blank adj (glänzend) brillant(e) ; (unbedeckt) nu(e) ; (abgewetzt) lustré(e) ; (sauber) propre ; (offensichtlich) pur(e) ; **~ sein** (fam: ohne Geld) être fauché(e)

Blankoscheck m chèque m en blanc

Bläschen nt (Méd) petite ampoule f, vésicule f

Blase f bulle f ; (Anat: Harnblase) vessie f ; (Méd) ampoule f

blasen (irr) vt souffler

blasiert (péj) adj hautain(e)

Blasinstrument nt instrument m à vent

Blaskapelle f orchestre m de cuivres

Blasphemie f blasphème m

blass adj pâle

Blatt (-(e)s, -er) nt feuille f ; (Seite) page f ; (von Säge, Axt) lame f

blättern vi (Farbe, Verputz) s'écailler ; **in etw** Dat **~** feuilleter qch

Blätterteig m pâte f feuilletée

blau adj bleu(e) ; (Auge) au beurre noir ; (fam: betrunken) noir(e) ; (Culin) au bleu ; **~er Fleck** bleu m

Blaulicht nt gyrophare m

Blech (-(e)s, -e) nt tôle f ; (Backblech) plaque f

blechen (fam) vt cracher ▶ vi casquer

Blechschaden m (Aut) dégât m matériel mineur

Blei (-(e)s, -e) nt plomb m ▶ m (Bleistift) crayon m

Bleibe f gîte m, endroit où loger

bleiben(irr) vi rester ; **bei etw ~**
persister dans qch ; (umkommen)
mourir • **bleiben lassen**(irr) vt:
etw ~ ne pas faire qch
bleich adj très pâle, blême
• bleichen vt (Wäsche) blanchir ;
(Haare) décolorer
bleifrei adj (Benzin) sans plomb
bleihaltig adj plombifère
Bleistift m crayon m
Bleistiftspitzer m
taille-crayon m
Blende f(Phot) diaphragme m
• blenden vi éblouir ▸ vt aveugler,
éblouir
blendend(fam) adj formidable ;
~ aussehen avoir très bonne
mine
Blick(-(e)s, -e) m regard m ;
(Aussicht) vue f ; **einen ~ auf etw
werfen** jeter un coup d'œil à qch
blicken vi regarder ; **sich ~ lassen**
se montrer
Blickfeld nt champ m visuel
blieb etc vb siehe **bleiben**
blies etc vb siehe **blasen**
blind adj aveugle ; **~er Passagier**
passager m clandestin
Blinddarm m appendice m
• Blinddarmentzündung f
appendicite f
Blindenschrift f braille m
Blindheit f cécité f
blindlings adv aveuglément
Blindschleiche f orvet m
blind|schreiben(irr) vi taper au
toucher
blinken vi scintiller ; (Leuchtturm)
clignoter ; (Aut) mettre son
clignotant
Blinker(-s, -) m (Aut) clignotant m

blinzeln vi cligner des yeux
Blitz(-es, -e) m éclair m
• Blitzableiter(-s, -) m
paratonnerre m • blitzen vi
(Metall) briller, étinceler ; (Augen)
flamboyer ; **es blitzt** il y a des
éclairs • Blitzlicht nt (Phot) flash
m • blitzschnell adj rapide
comme l'éclair
Block(-(e)s, -̈e) m bloc m ; (Häuser)
pâté m
Blockade f blocus m
Blockflöte f flûte f à bec
blockieren vt bloquer ;
(Verhandlungen) entraver ▸ vi
(Räder) se bloquer
Blockschrift f majuscules fpl
d'imprimerie
blöd, blöde adj idiot(e)
Blödsinn m idiotie f
Blog(-s, -s) m blog m
bloggen vi bloguer
Blogging nt blogging m
blond adj blond(e)
bloß adj nu(e) ; (alleinig, nur)
simple ▸ adv uniquement
bloß|stellen vt couvrir de honte
blühen vi fleurir ; (fig) prospérer ;
(fam: bevorstehen) attendre
blühend adj (Pflanze) en fleurs ;
(Aussehen) radieux(-euse) ;
(Handel) florissant(e)
Blume f fleur f ; (von Wein)
bouquet m
Blumenkohl m chou-fleur m
Blumentopf m pot m de fleurs
Bluse f chemisier m
Blut(-(e)s) nt sang m • Blutdruck
m tension f (artérielle)
Blüte f fleur f ; (fig: Blütezeit)
apogée m

Blutegel m sangsue f

bluten vi saigner

Bluter (-s, -) m (Méd) hémophile mf

Bluterguss m hématome m

Blutgruppe f groupe m sanguin

blutig adj sanglant(e)

blutjung adj tout jeune

Blutkonserve f sang provenant des donneurs, conservé en sachet ou flacon

Blutprobe f prise f de sang

Blutung (-, -) f saignement m

Blutwurst f boudin m

BLZ abk = **Bankleitzahl**

Bö (-, -en) f rafale f

Bob (-s, -s) m bob (sleigh) m

Bock (-(e)s, ∶e) m (Rehbock) cerf m ; (Ziegenbock) bouc m ; (Gestell) tréteau m ; **total/keinen ~ auf Arbeit haben** (fam) avoir très envie/ne pas avoir envie de bosser

Boden (-s, ∶) m terrain m ; (Fußboden) sol m, plancher m ; (unterste Fläche) fond m ; (Dachboden, Speicher) grenier m • **Bodenschätze** pl ressources fpl naturelles

Bodensee m: **der ~** le lac de Constance

Bodybuilding nt body-building m

bog etc vb siehe **biegen**

Bogen (-s, -) m (Biegung) courbe f ; (Archit, Math, Mil) arc m ; (Papier) feuille f

Bohne f haricot m ; (Kaffeebohne) grain m (de café)

bohren vt (Loch) percer ; (mit Bohrer, Maschine) forer ; (hineinbohren): **~ in +Akk** enfoncer dans ▸ vi forer ; (Zahnarzt) passer la roulette

Bohrer (-s, -) m perceuse f ; (von Zahnarzt) fraise f

Bohrinsel f plate-forme f de forage

Bohrmaschine f perceuse f

Bohrturm m derrick m

Boiler (-s, -) m chauffe-eau m inv

Boje f balise f

Bolivien nt la Bolivie

Bolzen (-s, -) m boulon m

bombardieren vt bombarder

Bombe f bombe f

Bombenanschlag m attentat m à la bombe

Bombenerfolg (fam) m succès m fou

Bonbon (-s, -s) m od nt bonbon m

Bonus (-, -se) m (Écon) bonification f ; (von Versicherung) bonus m

Boot (-(e)s, -e) m bateau m ; **in einem** od **im gleichen ~ sitzen** être logé(e) à la même enseigne

booten vt, vi (Inform) booter

Bord (-(e)s, -e) m (Naut): **an ~** à bord ▸ nt (Brett) étagère f

Bordell (-s, -e) nt bordel m

Bordfunk m, **Bordfunkanlage** f radio f de bord

Bordkarte f carte f d'embarquement

borgen vt: **jdm etw ~** prêter qch à qn ; **sich** Dat **etw ~** emprunter qch

Börse f (Fin) Bourse f ; (Geldbörse) porte-monnaie m inv

Börsengang m (Fin) introduction f en Bourse

Börsenkurs m cours m de la Bourse

Borste f soie f (de porc ou de sanglier)

Borte f bordure f

bösartig adj méchant(e) ; (Geschwulst) malin(-igne)

Böschung f (Straßenböschung, Bahndamm) talus m ; (Uferböschung) berge f

Bosheit f méchanceté f

Bosnien nt la Bosnie

bosnisch adj bosnien(ne)

böswillig adj malveillant(e)

bot etc vb siehe **bieten**

botanisch adj botanique

Bote (-n, -n) m messager m ; (Laufbursche) garçon m de courses

Botschaft f message m ; (Pol) ambassade f • **Botschafter(in)** (-s, -) m(f) ambassadeur(-drice)

Bottich (-(e)s, -e) m cuve f, baquet m

boxen vi boxer

Boxer (-s, -) m boxeur m

Boxkampf m match m de boxe

Boykott (-(e)s, -s) m boycott(age) m

boykottieren vt boycotter

brach etc vb siehe **brechen**

brachte etc vb siehe **bringen**

Branche f (Geschäftszweig) succursale f

Branchenverzeichnis nt ≈ pages fpl jaunes

Brand (-(e)s, -̈e) m incendie m

Brandenburg nt le Brandebourg

Brandstifter m incendiaire mf, pyromane mf

Brandstiftung f incendie m criminel

Brandung f ressac m

Brandwunde f brûlure f

brannte etc vb siehe **brennen**

Branntwein m eau-de-vie f, spiritueux m

Brasilien nt le Brésil

braten (irr) vt rôtir ; (in Pfanne) (faire) frire

Braten (-s, -) m rôti m

Bratkartoffeln pl pommes fpl de terre sautées

Bratpfanne f poêle f (à frire)

Bratrost m gril m

Bratwurst f (zum Braten) saucisse f (à griller) ; (gebraten) saucisse grillée

Brauch (-(e)s, Bräuche) m coutume f

brauchbar adj utilisable ; (Vorschlag) utile ; (Mensch) capable

brauchen vt avoir besoin de ; (benutzen) utiliser ; (verbrauchen) consommer

Braue f sourcil m

Brauerei f brasserie f

braun adj brun(e), marron inv ; (von Sonne) bronzé(e)

bräunen vt (Culin) faire revenir, faire rissoler ; (Sonne) hâler, bronzer

Brause f (Dusche) douche f ; (Getränk) limonade f

brausen vi (Wind, Wellen) rugir ; (schnell fahren) foncer

Braut (-, Bräute) f mariée f ; (Verlobte) fiancée f

Bräutigam (-s, -e) m marié m

brav adj (artig) sage

bravo interj bravo

BRD f abk (= Bundesrepublik Deutschland) RFA f

Bundesrepublik Deutschland est le nom officiel de la République fédérale d'Allemagne. La fédération comprend 16 Länder (voir Land). Jusqu'à la réunification, il y avait 11 Länder dans la fédération (10 en Allemagne de l'Ouest plus Berlin-Ouest), auxquels sont venus s'ajouter le 3 octobre 1990 les 5 nouveaux Länder de l'ex-RDA.

Brecheisen nt levier m
brechen (irr) vt (zerbrechen) casser ; (Widerstand, Trotz) vaincre ; (Schweigen, Vertrag, Versprechen) rompre ; (Rekord) battre ▶ vi (zerbrechen: Rohr etc) crever ; (speien) vomir ▶ vr (Brandung) se briser ; **sich den Arm/das Bein ~** se casser le bras/la jambe
Brecher (-s, -) m brisant m
Brechreiz m nausée f
Brei (-(e)s, -e) m pâte f ; (für Kinder, Kranke) bouillie f
breit adj large • **Breitband** nt (Inform) haut-débit m
Breite f largeur f ; (Géo) latitude f
Breitengrad m latitude f
Bremen nt Brême
Bremsbelag m garniture f de frein
Bremse f frein m ; (Zool) taon m
bremsen vi freiner ▶ vt freiner ; (jdn) arrêter
Bremslicht nt feu m (de) stop
Bremspedal nt pédale f de frein
Bremsspur f trace f de dérapage

Bremsweg m distance f de freinage
brennen (irr) vi brûler ▶ vt brûler ; (Branntwein) distiller ; (Kaffee) torréfier ; **es brennt!** au feu !
Brennnessel f ortie f
Brennpunkt m foyer m ; (Mittelpunkt) centre m
Brennspiritus m alcool m à brûler
Brennstab m (barre f de) combustible m nucléaire
Brennstoff m combustible m
brenzlig adj (Geruch) de brûlé ; (Situation) qui sent le roussi
Brett (-(e)s, -er) nt planche f ; (Bücherbrett) étagère f ; (Spielbrett) plateau m ; **Schwarze(s) ~** tableau m d'affichage
Brief (-(e)s, -e) m lettre f
 • **Briefkasten** m boîte f aux lettres
 • **brieflich** adv par écrit
 • **Briefmarke** f timbre m
 • **Brieftasche** f portefeuille m
 • **Briefträger(in)** m(f) facteur m
 • **Briefumschlag** m enveloppe f
 • **Briefwechsel** m correspondance f
briet etc vb siehe **braten**
brillant adj (ausgezeichnet) excellent(e)
Brille f lunettes fpl
bringen (irr) vt apporter ; (mitnehmen) emporter ; (begleiten) emmener ; (veröffentlichen) sortir ; (Theat, Ciné) donner ; (Radio, TV) passer ; (fam: tun können, schaffen) arriver à (faire) ; **jdn dazu ~, etw zu tun** convaincre qn de faire qch ; **jdn um etw ~** faire perdre qch à qn ; **es zu etwas ~** réussir

Brise f brise f

Brite m, **Britin** f Britannique mf

britisch adj britannique ; **die B~en Inseln** les îles fpl Britanniques

Brocken(-s, -) m (Stückchen) morceau m ; (Bissen) bouchée f ; (Felsbrocken) fragment m

Brokkoli pl brocoli m

Brombeere f mûre f

Bronchien pl bronches fpl

Bronchitis f bronchite f

Bronze f bronze f
  • **Bronzemedaille** f médaille f de bronze

Brosche f broche f

Broschüre f brochure f

Brot(-(e)s, -e) nt pain m ; (belegtes Brot) tartine f

Brötchen nt petit pain m

browsen vi (Inform) surfer od naviguer sur le Net

Browser m (Inform) navigateur m

Bruch(-(e)s, ⸚e) m cassure f ; (Vertragsbruch: zwischen Menschen, Ländern) rupture f ; (Méd: Eingeweidebruch) hernie f ; (: Beinbruch etc) fracture f ; (Math) fraction f

brüchig adj (Material) cassant(e), fragile ; (Stein) friable

Bruchteil m fraction f

Brücke f pont m ; (Zahnbrücke) bridge m

Bruder(-s, ⸚) m frère m

brüderlich adj fraternel(le)

Brüderschaft f fraternité f

Brühe f bouillon m ; (péj: Getränk) lavasse f ; (: Wasser) eau f sale

brüllen vi (Mensch) hurler ; (Ochse) mugir ; (Löwe) rugir

brummen vi grogner ; (Insekt) bourdonner ; (Motor) vrombir, ronfler

brünett adj brun(e)

Brunnen(-s, -) m fontaine f ; (tief) puits m ; (natürlich) source f

Brust(-, ⸚e) f poitrine f ; (weibliche Brust) sein m

brüsten vr se vanter

Brustschwimmen nt brasse f

Brüstung f balustrade f

brutal adj brutal(e)

brüten vi (Vogel) couver ; **über etw** Dat ~ (fig) ruminer qch ; **~de Hitze** chaleur f accablante

Brüter(-s, -) m: **Schneller ~** surgénérateur m

brutto adv brut
  • **Bruttosozialprodukt** nt produit m national brut, P.N.B. m

Btx abk = **Bildschirmtext**

Buch(-(e)s, ⸚er) nt livre m

Buche f hêtre m

buchen vt réserver, retenir ; (Betrag) inscrire

Bücherbrett nt étagère f (de bibliothèque)

Bücherei f bibliothèque f

Buchfink m pinson m

Buchführung f comptabilité f

Buchhalter(in)(-s, -) m(f) comptable mf

Buchhandel m marché m du livre ; **im ~ erhältlich** (disponible) en librairie

Buchhändler(in) m(f) libraire mf

Buchhandlung f librairie f

Büchse f boîte f (de conserve) ; (Gewehr) fusil m

Büchsenfleisch nt viande f en conserve

Büchsenöffner m ouvre-boîtes m

Buchstabe (-ns, -n) m lettre f (de l'alphabet)

buchstabieren vt épeler

buchstäblich adv (geradezu, regelrecht) littéralement

Bucht (-, -en) f baie f ; (Parkbucht) place f de stationnement

Buchung f (Reservierung) réservation f ; (Écon) écriture f

Buckel (-s, -) m (fam: Rücken) dos m

bücken vr se baisser

Bückling m (Culin) hareng m saur ; (Verbeugung) courbette f

Buddhismus m bouddhisme m

Bude f baraque f

Budget (-s, -s) nt budget m

Büfett (-s, -s) nt (Anrichte) buffet m

Büffel (-s, -) m buffle m

Bug (-(e)s, -e) m (Naut) proue f

Bügel (-s, -) m (Kleiderbügel) cintre m ; (Steigbügel) étrier m ; (Brillenbügel) branche f ; (Griff) poignée f • **Bügelbrett** nt planche f à repasser • **Bügeleisen** nt fer m à repasser • **Bügelfalte** f pli m (de pantalon)

bügeln vt, vi repasser

Bühne f (Podium) estrade f ; (Theat) scène f

Bühnenbild nt décor m

Bulgarien nt la Bulgarie

bulgarisch adj bulgare

Bulldogge f bouledogue m

Bulldozer (-s, -) m bulldozer m

Bulle (-n, -n) m taureau m

Bummel (-s, -) m balade f ; (Schaufensterbummel) lèche-vitrines m inv

bummeln vi (gehen) se balader, flâner ; (trödeln) lambiner ; (faulenzen) se la couler douce

Bummelstreik m grève f du zèle

Bummelzug m tortillard m

bumsen vi (schlagen, stoßen) cogner ; (fam ! : koitieren) baiser (fam !)

Bund[1] (-(e)s, -e) m (Vereinigung) alliance f ; (Pol) fédération f ; (Hosenbund, Rockbund) ceinture f

Bund[2] (-(e)s, -e) nt (Strohbund, Spargelbund etc) botte f

Bündchen nt (Kragenbündchen) col m ; (Ärmelbündchen) poignet m

Bündel (-s, -) nt paquet m ; (von Papieren) liasse f ; (Strahlenbündel) faisceau m

Bundesbank f banque f nationale (allemande)

Bundeskanzler(in) m(f) chancelier(-ière) allemand(e), ≈ premier ministre m

Bundesland nt land m, État m

Bundesliga f (Sport) ligue f nationale

Bundesnachrichtendienst m services mpl secrets allemands

Bundespräsident m président m

Bundesrat m conseil m fédéral

Bundesregierung f gouvernement m fédéral (d'un État)

Bundesrepublik f République f fédérale d'Allemagne

Bundesstaat m État m fédéral

Bundesstraße f route f nationale

Bundestag m Parlement m allemand, Bundestag m

Bundestagswahl f élections f pl parlementaires

Bundeswehr f armée f allemande

> La **Bundeswehr** désigne les forces armées allemandes. En temps de paix, le ministre de la Défense dirige la *Bundeswehr* mais en temps de guerre, le *Bundeskanzler* la prend en charge. La *Bundeswehr* est placée sous la juridiction de l'OTAN.

bündig adj (kurz) concis(e), succinct(e)

Bündnis (-ses, -se) nt alliance f

Bunker (-s, -) m bunker m

bunt adj aux couleurs variées
• **Buntstift** m crayon m de couleur
• **Buntwäsche** f linge m de couleur

Burg (-, -en) f château m fort

Bürge (-n, -n) m, **Bürgin** f garant(e)

bürgen vi: **für jdn/etw** ~ se porter garant pour qn/de qch

Bürger(in) (-s, -) m(f) (von Ort, Stadt) citoyen(ne) ; (Sociologie) bourgeois(e) • **Bürgerinitiative** f initiative f populaire
• **Bürgerkrieg** m guerre f civile
• **bürgerlich** adj (Rechte) civique ; (Klasse: péj) bourgeois(e)
• **Bürgermeister(in)** m(f) maire m • **Bürgersteig** m trottoir m

Bürgin f siehe **Bürge**

Bürgschaft f caution f

Burgund (-(s)) nt la Bourgogne

Büro (-s, -s) nt bureau m
• **Büroklammer** f trombone m

Bursche (-n, -n) m garçon m

burschikos adj (Mädchen) garçon manqué inv ; (unbekümmert) désinvolte

Bürste f brosse f

bürsten vt brosser

Bus (-ses, -se) m (auto)bus m

Busbahnhof m gare f routière

Busch (-(e)s, ⸚e) m buisson m ; (in Tropen) brousse f

Büschel (-s, -) nt (Gras, Haar) touffe f

Busen (-s, -) m poitrine f

Buslinie f ligne f de bus

Bussard (-s, -e) m buse f

Buße f pénitence f ; (Geldbuße) amende f

büßen vi: **für etw** ~ expier qch
▶ vt payer

Bußgeld nt amende f

Büste f buste m

Büstenhalter (-s, -) m soutien-gorge m

Butter f beurre m • **Butterblume** f bouton m d'or • **Butterbrot** nt tartine f (beurrée) • **Butterdose** f beurrier m • **Buttermilch** f babeurre m

b. w. abk (= bitte wenden) TSVP

Byte (-s, -s) nt octet m

C

Café (-s, -s) nt salon m de thé
Cafeteria (-, -s) f cafétéria f
Callcenter nt centre m d'appels
campen vi faire du camping
Camper(in) (-s, -) m(f)
campeur(-euse)
Camping (-s) nt camping m
  • **Campingbus** m camping-car m
  • **Campingkocher** m réchaud m
  de camping, camping-gaz® m
  • **Campingplatz** m (terrain m de)
  camping m
Cape (-s, -) nt cape f
Cäsium nt césium m
CD f abk (= Compact Disc) CD m
  • **CD-Brenner** m graveur m de CD
  • **CD-Player** (-s, -) m platine f laser
  • **CD-ROM** (-, -s) f CD-ROM m
Cello (-s, -s od Celli) nt violoncelle m
Celsius adj Celsius
Cent (-s, -s) m (Untereinheit des
Euro) cent m, centime m ;
(Untereinheit des Dollar) cent m
Chamäleon (-s, -s) nt caméléon m
Champagner (-s, -) m
champagne m

Champignon (-s, -s) m
champignon m de Paris
Chance f chance f
Chancengleichheit f égalité f
des chances
Chaos (-) nt chaos m
Chaot(in) (-en, -en) (péj) m(f)
écervelé(e)
chaotisch adj chaotique
Charakter (-s, -e) m caractère m
  • **charakterfest** adj qui a du
  caractère
charakterisieren vt caractériser
charakteristisch adj
caractéristique
charakterlich adj de caractère
charmant adj charmant(e)
Charme (-s) m charme m
Charterflug m vol m charter
Chat (-s, -s) m (Inform) chat m
Chatroom (-s, -s) m salon m de
conversation
chatten vi chatter
Chauffeur m chauffeur m
Chauvi (-s, -s) (fam) m macho m
Chauvinismus m (Pol)
chauvinisme m ; **männlicher ~**
machisme m
checken vt (überprüfen) vérifier ;
(fam: verstehen) piger
Chef(in) (-s, -s) m(f) patron(ne)
  • **Chefarzt** m chef m de clinique
Chemie (-) f chimie f
  • **Chemiefaser** f fibre f
  synthétique
Chemikalie f produit m chimique
Chemiker(in) (-s -) m(f)
chimiste mf
chemisch adj chimique ; **~e
Reinigung** nettoyage m à sec

Chemotherapie f chimiothérapie f

Chicorée (-s) m od f chicorée f

Chiffre f chiffre m

Chile (-s) nt le Chili

China (-s) nt la Chine

Chinese (-n, -n) m, **Chinesin** f Chinois(e)

chinesisch adj chinois(e)

Chinin (-s) nt quinine f

Chip (-s, -s) m (Inform) puce f; **~s** (Kartoffelchips) (pommes fpl) chips fpl

Chipkarte f carte f à puce

Chirurg(in) (-en, -en) m(f) chirurgien(ne)

Chirurgie f chirurgie f

chirurgisch adj chirurgical(e)

Chlor (-s) nt chlore m

Cholera (-) f choléra m

cholerisch adj colérique

Cholesterin (-s) nt cholestérol m

Chor (-(e)s, ⸚e) m chœur m

Choreografie f chorégraphie f

Chorgestühl nt stalles fpl du chœur

Christ (-en, -en) m chrétien m

Christentum nt christianisme m

Christkind nt ≈ père m Noël ; (Jesus) enfant m Jésus

christlich adj chrétien(ne)

Christrose f rose f de Noël

Christus (Christi) m le Christ

Chrom (-s) nt chrome m

Chromosom (-s, -en) nt chromosome m

Chronik f chronique f

chronisch adj chronique

chronologisch adj chronologique

Chrysantheme (-, -n) f chrysanthème m

circa adv environ

clever adj malin(-igne), rusé(e)

Clique f bande f

Clou (-s, -s) m clou m

Clown (-s, -s) m clown m

Cocktail (-s, -s) m cocktail m

Code (-s, -s) m code m

Cola (-, -s) (fam) f od nt coca® m

Compact Disc, Compact Disk (-, -s) f disque m compact

Computer (-s, -) m ordinateur m
 • **Computerspiel** nt jeu m informatique
 • **Computerspieler(in)** m(f) joueur(-euse) (de jeux vidéo)
 • **Computervirus** m virus m informatique

Conférencier (-s, -s) m animateur m

Container (-s, -s) m container m

Cookie (-s, -s) m (Inform) cookie m, témoin m de connexion

cool (fam) adj cool inv

Cordsamt m velours m côtelé

Couch (-, -es od -en) f canapé m

Countdown, Count-down (-s, -s) m compte m à rebours

Coupon (-s, -s) m coupon m

Cousin(e) (-s, -s) m(f) cousin(e)

Creme (-s, -s) f crème f ; (Schuhcreme) cirage m

Cup (-s, -s) m (Sport) coupe f

Currywurst f saucisse f au curry

Cursor (-s) m (Inform) curseur m

Cyberangriff m cyberattaque f

Cybermobbing (-s) nt cyberintimidation f, cyberharcèlement m

C

d

lachen? qu'est-ce qui vous fait rire ?
▶ *konj* (*weil*) comme ; **da er keine Zeit hatte, fuhren wir gleich nach Hause** comme il était pressé, nous sommes rentrés tout de suite

da

▶ *adv* **1** (*örtlich*) là ; (*hier*) ici ; **das Stück Kuchen da!** ce morceau de gâteau-là ! ; **da sein** (*anwesend*) être là, être présent(e) ; **wieder da sein** être de retour ; **noch da sein** être encore là ; **ist Post/sind Briefe für mich da?** y a-t-il du courrier/ des lettres pour moi ? ; **es ist noch Suppe da** il reste de la soupe ; **so etwas ist noch nie da gewesen** ça ne s'est jamais vu ; **ist er schon da?** est-il arrivé ? ; **da draußen** là dehors ; **da bin ich** me voici ; **ich bin schon 2 Stunden da** ça fait deux heures que je suis ici ; **da, wo** (là) où ; **da hast du dein Geld!** voilà ton argent !
2 (*dann*) alors, là ; **da sagte sie ...** alors elle a dit ...
3: **da haben wir aber Glück gehabt** là, nous avons vraiment eu de la chance ; **da kann man nichts machen** il n'y a rien à faire ; **was gibts denn da zu**

dabei *adv* (*räumlich*) à côté ; (*zeitlich*) en même temps ; (*obwohl, obgleich*) pourtant ; **~ sein** (*anwesend*) assister ; (*beteiligt*) participer ; **~ sein, etw zu tun** être en train de faire qch ; **was ist schon ~?** et alors ? ; **es ist doch nichts ~, wenn ...** qu'est-ce que cela peut faire que ... ? ; **ich finde es nichts ~** moi, ça ne me dérange pas

Dach (-(e)s, =er) *nt* toit *m*
• **Dachboden** *m* grenier *m*
• **Dachrinne** *f* gouttière *f*

Dachs (-es, -e) *m* (*Zool*) blaireau *m*

dachte *etc vb siehe* **denken**

Dackel (-s, -) *m* basset *m*

dadurch *adv* (*durch diesen Umstand*) de ce fait ; (*aus diesem Grund*) ainsi ; (*räumlich*) à travers
▶ *konj*: **~, dass** du fait que

dafür *adv* pour (cela) ; (*als Ersatz*) en échange ; **~, dass er ...** quand on pense qu'il ... ; **er kann nichts ~, dass ...** ce n'est pas de sa faute si ... ; **~ sein** (*zustimmen*) être d'accord ; (*gerne haben*) être pour od favorable ; **~ sein, dass ...** (*der Meinung sein*) être d'avis que ...

dagegen *adv* contre (cela) ; (*im Vergleich*) par contre ▶ *konj* par contre

daheim *adv* à la maison

daher adv de là ▸ konj (deshalb) c'est pourquoi ; **~ kommt es, dass ...** c'est pour cela que ... ; **~ rühren unsere Probleme** voilà l'origine de nos problèmes

dahin adv (räumlich) vers cet endroit ; **ich fahre heute ~** j'y vais aujourd'hui ; **~ gehend** en ce sens ; **~ sein** être perdu(e)

dahinten adv (weit entfernt) là-bas

dahinter adv derrière ; (langsam verstehen) finir par comprendre

damalig adj d'alors

damals adv à cette époque ; **~ und heute** autrefois et aujourd'hui

Dame f dame f ; (Échecs) reine f ; **meine ~n und Herren!** mesdames et messieurs !

Damenbinde f serviette f hygiénique

damenhaft adj distingué(e)

Damespiel nt jeu m de dames

damit adv avec cela ; (begründend) de ce fait ▸ konj pour que +sub ; **was ist ~?** qu'en est-il ?

dämlich (fam) adj idiot(e)

Damm (-(e)s, ⸚e) m (Staudamm) barrage m ; (Hafendamm) quai m

Dämmerung f (Morgendämmerung) aube f ; (Abenddämmerung) crépuscule m

Dämon (-s, -en) m démon m

Dampf (-(e)s, ⸚e) m vapeur f
• **dampfen** vi fumer

dämpfen vt (Culin) cuire à la vapeur ; (bügeln) repasser (à la vapeur)

Dampfer (-s, -) m bateau m à vapeur

Dampfkochtopf m cocotte-minute f

Dampfwalze f rouleau m compresseur

danach adv (räumlich) derrière ; (in Richtung) vers cela ; **er griff ~** il tendit la main pour s'en emparer

daneben adv à côté ; (im Vergleich damit) en comparaison ; (außerdem) en outre

Dänemark (-s) nt le Danemark

dänisch adj danois(e)

dank präp +Dat od Gen grâce à
• **Dank** (-(e)s) m remerciement m ; **vielen** od **schönen** od **besten** od **herzlichen ~** merci beaucoup
• **dankbar** adj reconnaissant(e) ; (lohnend) qui en vaut la peine
• **Dankbarkeit** f gratitude f

danke interj merci ; **~ schön** od **sehr!** merci beaucoup !

danken vi dire merci ▸ vt (geh) savoir gré à ; **jdm für etw ~** remercier qn de qch ; **ich danke** merci

dann adv alors ; (außerdem) en outre

daran adv à cela, y ; **~ zweifeln** en douter ; **das liegt ~, dass ...** c'est parce que ... ; **das Dümmste ~ ist, dass ...** le pire od ce qui est bête, c'est que ...

darauf adv (räumlich) dessus ; (danach) ensuite ; **es kommt ganz ~ an, ob sie mitmacht** cela dépend si elle participe ; **ich komme nicht ~** cela m'échappe ; **die Tage ~** les jours suivants ; **~ folgend** suivant(e) ; **am Tag ~** le lendemain • **daraufhin** adv (aus diesem Grund) en conséquence ; **wir müssen es ~ prüfen, ob ...**

nous devons l'examiner pour savoir si ...

daraus adv en ; **was ist ~ geworden?** qu'en est-il advenu ?

Darbietung f spectacle m

darin adv là-dedans, y ; (in dieser Beziehung) en cela

dar|legen vt présenter

Darlehen (-s, -) nt prêt m

Darm (-(e)s, -̈e) m intestin m ; (für Saiten, Schläger, Wurstdarm) boyau m • **Darmsaite** f corde f (en boyau)

dar|stellen vt représenter

Darsteller(in) (-s, -) m(f) interprète mf

Darstellung f représentation f ; (Beschreibung, Geschichte) description f

darüber adv au-dessus ; (direkt auf etw) par-dessus ; (in Bezug auf Thema) à ce sujet ; **~ sprechen** en parler

darum adv (räumlich) autour ; (hinsichtlich einer Sache) pour cela ▸ konj c'est pourquoi ; **es geht ~, dass ...** voici ce dont il s'agit : ...

darunter adv dessous ; (dazwischen, dabei) parmi eux(elles) ; (weniger, niedriger) au-dessous ; **was verstehen Sie ~?** qu'entendez-vous par là ?

das art, pron siehe **der**

Dasein (-s) nt existence f ; (Anwesenheit) présence f

dass konj que ; (damit) pour que ; **ausgenommen** od **außer ~ ...** sauf que ...

dasselbe pron siehe **derselbe**

da|stehen (irr) vi (Mensch) rester ; (in Situation, Lage befinden) se

trouver ; (fig) : **gut/schlecht ~** être en bonne/mauvaise posture

Datei f fichier m • **Dateimanager** m gestionnaire m de fichiers

Daten pl (Inform) données fpl • **Datenautobahn** f autoroute f de l'information • **Datenbank** f banque f de données • **Datenbestand** m ensemble m des données • **Datendiebstahl** m vol m de données • **Datenschutz** m protection f des données • **Datenschutzbeauftragte(r)** f(m) personne f chargée de la protection des données • **Datenträger** m support m de données • **Datenübertragung** f transfert m de données • **Datenverarbeitung** f traitement m de données

datieren vt dater

Dattel (-, -n) f datte f

Datum (-s, Daten) nt date f

Dauer (-, -n) f durée f ; **auf die ~** à la longue • **dauerhaft** adj durable • **Dauerkarte** f abonnement m

dauern vi durer

dauernd adj constant(e) ; (andauernd) permanent(e) ▸ adv constamment

Dauerregen m pluie f incessante

Dauerwelle f permanente f

Daumen (-s, -) m pouce m

Daunendecke f édredon m

davon adv (von dieser Stelle entfernt, weg von) de là, en ; (dadurch) à cause de cela, en ; (Trennung, Teil, Material, Thema) de cela ; **die Hälfte/das Doppelte ~** la moitié/le double (de cela) ; **~ wissen** être au courant

• **davon|kommen** (*irr*) *vi* s'en tirer
• **davon|laufen** (*irr*) *vi* se sauver
davor *adv* devant ; (*zeitlich*) auparavant, avant ; **das Jahr ~** l'année précédente
dazu *adv* (*dabei, damit*) avec cela ; (*zu diesem Zweck, dafür*) pour cela ; (*zum Thema, darüber*) sur cela ; **sich ~ äußern** donner son opinion (sur cela) ; **~ fähig sein** en être capable • **dazu|kommen** (*irr*) *vi* (*eintreffen, erscheinen*) survenir
dazwischen *adv* (*räumlich*) au milieu ; (*zeitlich*) entre-temps ; (*dabei*) dans le tas, parmi eux (elles) ; (*bei Maß-, Mengenangaben*) entre les deux
• **dazwischen|kommen** (*irr*) *vi* : **es ist etwas dazwischengekommen** il y a eu un contretemps
• **dazwischen|reden** *vi* interrompre
DDR (-) *f abk* (= *Deutsche Demokratische Republik*) RDA *f*
Dealer(in) (-s, -) (*fam*) *m(f)* dealer *m*
Debatte *f* débat *m*
Deck (-(*e*)s, -s *od* -e) *nt* pont *m*
Decke *f* couverture *f* ; (*Tischdecke*) nappe *f* ; (*Zimmerdecke*) plafond *m*
Deckel (-s, -) *m* couvercle *m*
decken *vt* couvrir ; (*Sport*) marquer ▶ *vr* (*Meinung, Interesse*) être semblable(s) ; **den Tisch ~** mettre le couvert
Deckmantel *m* : **unter dem ~ von** sous le couvert de
Deckung *f* (*Schutz*) abri *m* ; (*von Meinung*) accord *m* ; (*Math*) coïncidence *f* ; (*Fin*) couverture *f* ; **in ~ gehen** se mettre à l'abri

defekt *adj* (*Maschine etc*) défectueux(-euse) • **Defekt** (-(*e*)s, -e) *m* défaut *m*
defensiv *adj* défensif(-ive)
definieren *vt* définir
Definition *f* définition *f*
definitiv *adj* définitif(-ive)
Defizit (-s, -e) *nt* déficit *m*
deftig *adj* (*Essen*) consistant(e) ; (*Witz*) grossier(-ère)
Degen (-s, -) *m* épée *f*
degenerieren *vi* dégénérer ; (*Sitten*) se corrompre
dehnen *vt* (*Stoff, Glieder*) étirer ; (*Vokal*) allonger ▶ *vr* (*Stoff*) s'étirer, prêter ; (*Mensch*) s'étirer
Deich (-(*e*)s, -e) *m* digue *f*
dein(e) *pron* (*possessiv*) ton(ta)
deine(r, s) *pron* le(la) tien(ne) ; **der/die/das D~** le(la) tien(ne)
deiner *pron* (*Gen von du*) de toi
deinerseits *adv* de ton côté
deinetwegen *adv* pour toi ; (*wegen dir*) à cause de toi
deinstallieren *vt* (*Programm*) désinstaller
Dekadenz *f* décadence *f*
Dekan (-s, -e) *m* doyen *m*
deklinieren *vt* décliner
Dekoration *f* décoration *f*
dekorativ *adj* décoratif(-ive)
dekorieren *vt* décorer
Delegation *f* délégation *f*
delegieren *vt* : **~ an** +*Akk* (*Aufgaben*) déléguer à
Delfin (-s, -e) *m* dauphin *m*
Delikatesse *f* (*Feinkost*) mets *m* exquis ; (*geh : Zartgefühl*) délicatesse *f*
Delikt (-(*e*)s, -e) *m* délit *m*

Delle *(fam)* f bosse f
Delphin *(-s, -e)* m siehe **Delfin**
Delta *(-s, -s)* nt delta m
dem art, pron siehe **der**
dementieren vt démentir
demnach adv donc
demnächst adv *(bald)* sous peu
Demo *(-s, -s) (fam)* f manif f
Demokrat(in) *m(f)* démocrate mf
Demokratie f démocratie f
demokratisch adj démocratique
Demonstrant(in) *m(f)* manifestant(e)
Demonstration f *(Protestkundgebung)* manifestation f; *(Zurschaustellung)* démonstration f
demonstrativ adj démonstratif(-ive)
demonstrieren vi manifester ▶ vt *(vorführen)* faire une démonstration de; *(guten Willen)* manifester
Demut f humilité f
demütigen vt humilier ▶ vr: **sich ~ vor** +Dat s'humilier devant
demzufolge adv par conséquent
den art, pron siehe **der**
Denglisch *(-)* nt allemand anglicisé à l'extrême
denkbar adj concevable ▶ adv *(äußerst)* extrêmement
denken *(irr)* vi penser ▶ vt penser; *(glauben, vermuten)* croire; **denke daran!** penses-y!
Denken *(-s)* nt *(Überlegen)* réflexion f; *(Denkfähigkeit)* pensée f
Denker(in) *(-s, -)* m(f) penseur(-euse)

Denkfehler m faute f de raisonnement
Denkmal *(-s, ‑er)* nt monument m
• **Denkmalschutz** m: **etw unter ~ stellen** classer qch monument historique
denkwürdig adj mémorable
Denkzettel m: **jdm einen ~ verpassen** donner une leçon à qn
denn konj car ▶ adv: **mehr/besser ~ je** plus/mieux que jamais
dennoch konj pourtant, cependant ▶ adv: **und ~, ...** et pourtant ...
Deo *(-s, -s)* nt, **Deodorant** *(-s, -e od -s)* nt déodorant m
Deospray nt od m spray m déodorant
Deponie f décharge f
deponieren vt déposer
Depot *(-s, -s)* nt dépôt m
Depression f dépression f
depressiv adj dépressif(-ive)
deprimieren vt déprimer

---

der

(f **die**, *nt* **das**, *Gen* **des**, **der**, **des**, *Dat* **dem**, **der**, **dem**, *Akk* **den**, **die**, **das**, *pl* **die**, **die**, **die)**
▶ *art* le (la); **~ Tisch** la table; **das Haus** la maison; **die Blume** la fleur; **die Melone** le melon; **das Kind** l'enfant m; **die Fenster/Kinder** les fenêtres fpl/ enfants mpl; **~ Rhein** le Rhin; **~ Klaus** *(fam)* Klaus
▶ *pron (relativ: Subjekt)* qui; *(: Akk)* que; *(: Dat)* à qui; **die Frau, die hier wohnt** la femme qui habite ici; **~ Mann, den ich gesehen habe** l'homme que j'ai

vu ; **das Kind, dem ich das Buch gegeben hatte** l'enfant à qui j'avais donné le livre ▸ *pron* (*demonstrativ*) celui-ci (celle-ci) ; (: *jener, dieser*) celui-là (celle-là) ; (: *pl*) ceux-ci (celles-ci) ; (: *jene*) ceux-là (celles-là) ; **~/die war es** (*Mensch*) c'est lui (elle) ; **~ mit der Brille** celui avec les lunettes ; **ich will den (da)** j'aimerais celui-ci (celle-ci)

derart *adv* tellement ; **er hat sich ~ geärgert** il s'est tellement fâché • **derartig** *adj* tel(le), pareil(le)

derb *adj* grossier(-ière)

deren (*Gen von die*) *pron* (*relativ: sg*) dont, duquel(de laquelle) ; (: *pl*) dont, desquels(desquelles)

dergleichen *pron inv* (*adjektivisch*) tel(le)

derjenige (*f* **diejenige**, *nt* **dasjenige**) *pron* celui (celle) ; **diejenigen, die** ceux qui

dermaßen *adv* tellement

derselbe (*f* **dieselbe**, *nt* **dasselbe**) *pron* le(la) même

des *art, pron siehe* **der**

desgleichen *adv* (*ebenso*) de même

deshalb *adv* pour cette raison

Design (-s, -s) *nt* style *m* ; (*als Fach*) design *m*, stylisme *m*

Designer(in) *m(f)* styliste *mf*

Desinfektion *f* désinfection *f*

Desinfektionsmittel *nt* désinfectant *m*

desinfizieren *vt* désinfecter

Desinteresse (-s) *nt*: **~ an** +*Dat* manque *m* d'intérêt pour

dessen (*Gen von der, das*) *pron* (*relativ*) dont, duquel(de laquelle) ; **~ ungeachtet** néanmoins

Dessert (-s, -s) *nt* dessert *m*

destillieren *vt* distiller

desto *konj* d'autant

deswegen *adv* pour cette raison

Detail (-s, -s) *nt* détail *m*

Detektiv(in) *m(f)* détective *mf*

deuten *vt* interpréter ▸ *vi*: **~ auf** +*Akk* indiquer

deutlich *adj* clair(e) ; (*Unterschied*) net(te) ▸ *adv*: **jdm etw ~ machen** faire comprendre qch à qn

deutsch *adj* allemand(e) • **Deutsch** (-(s)) *nt* (*Ling*) (l')allemand *m* ; **ins ~ übersetzen** traduire en allemand • **Deutsche(r)** *f(m)* (*Géo*) Allemand(e) *m/f* • **Deutschland** *nt* l'Allemagne *f*

Devise *f* devise *f* ; **Devisen** *pl* (*Fin*) devises *fpl*

Dezember (-(s), -) *m* décembre *m*

dezent *adj* discret(-ète)

d. h. *abk* (= *das heißt*) c.-à-d.

Dia (-s, -s) *nt* diapo(sitive) *f*

Diabetes *m* diabète *m*

Diabetiker(in) *m(f)* diabétique *mf*

Diagnose *f* diagnostic *m*

Dialekt (-(e)s, -e) *m* dialecte *m*

Dialog (-(e)s, -e) *m* dialogue *m*

Diamant *m* diamant *m*

Diät (-, -en) *f* régime *m* ; **~ halten** suivre un régime ; **Diäten** *pl* indemnité *f* parlementaire ; **~ leben** suivre un régime

dich (*Akk von du*) *pron* te ; (*vor Vokal, stummem h*) t' ; (*nach präp*) toi

dicht adj (Nebel, Haar, Wald) épais(se) ; (Gewebe) serré(e) ; (Dach) étanche ▶ adv: **~ an/bei** tout près de

dichten vt (Leitung, Dach, Leck) rendre étanche

Dichter(in) (-s, -) m(f) poète m • **dichterisch** adj poétique

dicht|machen (fam) vt (schließen) boucler

Dichtung f(Tech, Aut) joint m ; (Gedichte) poésie f ; (Prosa) œuvre f littéraire

dick adj épais(se) ; (Mensch) gros(se)

Dicke f épaisseur f

dickflüssig adj visqueux(-euse)

Dickicht (-s, -e) nt fourré m

Dickkopf m tête f de mule

Dickmilch f lait m caillé

die art, pron siehe **der**

Dieb(in) (-(e)s, -e) m(f) voleur(-euse) • **Diebstahl** (-(e)s, -"e) m vol m

Diele f (Brett) planche f (de plancher) ; (Flur) entrée f

dienen vi servir

Diener (-s, -) m domestique m

Dienst (-(e)s, -e) m service m ; **außer ~** à la retraite ; **im ~** en service ; **~ haben** être de service ; **~ habend** od **tuend** de service

Dienstag m mardi m

dienstags adv le mardi

Dienstleistung f (prestation f de) service m

dienstlich adj officiel(le)

Dienstreise f voyage m d'affaires

Dienststelle f service m

Dienstzeit f heures fpl de travail

dies pron ceci ; **~ sind meine Eltern** voici od voilà mes parents

diesbezüglich adj à ce sujet

diese(r, s) pron (adjektivisch) ce(cette) ; (substantivisch) celui-là(celle-là)

Diesel m (Kraftstoff) gazole m, gas-oil m ; (Fahrzeug) diesel m

diesig adj brumeux(-euse)

diesjährig adj de cette année

diesmal adv cette fois-ci

diesseits präp +Gen de ce côté de

Dietrich (-s, -e) m crochet m

Differenz (-, -en) f différence f ; **Differenzen** pl (Meinungsverschiedenheit) différend m

Differenzialgetriebe nt engrenage m différentiel

differenzieren vt différencier ▶ vi faire la différence

digital adj numérique • **Digitalfernsehen** nt télévision f numérique • **Digitalkamera** f appareil m (photo) numérique • **Digitaluhr** f montre f à affichage numérique

Diktat nt dictée f

Diktator m dictateur m

Diktatur f dictature f

diktieren vt dicter

Dilemma (-s, -s od -ta) nt dilemme m

dilettantisch adj de dilettante

Dimension f dimension f

Ding (-(e)s, -e) nt chose f

Dings (fam) nt machin m, truc m

Dingsbums (fam) nt siehe **Dings**

Dinosaurier m dinosaure m

Diplom (-(e)s, -e) nt diplôme m

Diplomat (-en, -en) *m* diplomate *m*

Diplomatie *f* diplomatie *f*

diplomatisch *adj* diplomatique

Diplom-Ingenieur *m* ingénieur *m* diplômé

dir (*Dat von du*) *pron* te ; (*vor Vokal, stummem h*) t' ; (*nach präp*) toi ; **mit ~** avec toi

direkt *adj* direct(e) • **Direktflug** *m* vol *m* direct

Direktor(in) *m(f)* directeur(-trice)

Direktübertragung *f* émission *f* en direct

Dirigent(in) *m(f)* chef *m* d'orchestre

dirigieren *vt* diriger

Disco (-s, -s) *f* discothèque *f*, boîte *f*

Diskette *f* disquette *f*

Diskettenlaufwerk *nt* lecteur *m* de disquettes

Diskothek (-, -en) *f* discothèque *f*

diskret *adj* discret(-ète)

Diskretion *f* discrétion *f*

diskriminieren *vt* faire de la discrimination contre

Diskriminierung *f* discrimination *f*

Diskussion *f* discussion *f* ; **(nicht) zur ~ stehen** (ne pas) être à l'ordre du jour

diskutieren *vt* discuter ▶ *vi* : **~ über** +*Akk* discuter de

Display (-s, -s) *nt* afficheur *m*

Distanz *f* distance *f*

distanzieren *vr* : **sich von jdm/ etw ~** prendre ses distances par rapport à *od* avec qn/qch

Distel (-, -n) *f* chardon *m*

Disziplin *f* discipline *f*

Dividende *f* dividende *m*

dividieren *vt* : **etw ~ (durch)** diviser qch (par)

DM *f abk* (*Hist* : = *Deutsche Mark*) DM *m*

---

doch

▶ *adv* **1** (*dennoch, trotzdem*) malgré tout, quand même ; (*sowieso*) de toute façon ; **er kam ~ noch** finalement, il est quand même venu ; **und ~** et pourtant ; **also ~!** (*tatsächlich*) c'était donc vrai !
2 (*als bejahende Antwort*) si ; **das ist nicht wahr — ~!** ce n'est pas vrai — si !
3 (*auffordernd*) : **komm ~!** viens donc ! ; **lass ihn ~** mais laisse-le donc tranquille ! ; **nicht ~!** mais non !
4 (*zur Betonung*) : **sie ist/war ~ noch so jung** (mais) elle est/ était si jeune ; **Sie wissen ~, wie das ist** vous savez ce que c'est ; **wenn ~** si seulement
▶ *konj* (*aber*) pourtant ; **und ~ hat er es getan** il l'a fait malgré tout

---

Docht (-(e)s, -e) *m* mèche *f*

Dock (-s, -s *od* -e) *nt* dock *m*, bassin *m* ; (*zum Ausbessern*) cale *f* sèche ; (*Inform*) dock *m*

Dogge *f* dogue *m*

Dogma (-s, Dogmen) *nt* dogme *m*

Doktor (-s, -en) *m* (*akademischer Grad*) docteur *m*

Doktorarbeit *f* thèse *f* de doctorat

Doktortitel *m* titre *m* de docteur

Dokument *nt* document *m*

Dokumentarfilm m (film m) documentaire m

dokumentieren vt documenter

Dolch (-(e)s, -e) m poignard m

Dollar (-s, -) m dollar m

dolmetschen vt interpréter, traduire ▸ vi servir d'interprète

Dolmetscher(in) (-s, -) m(f) interprète mf

Dom (-(e)s, -e) m cathédrale f

Domäne f domaine m

dominieren vt, vi dominer

Donau f: **die ~** le Danube

Dongle m dongle m

Donner (-s, -) m tonnerre m

donnern vi unpers tonner

Donnerstag m jeudi m
• **donnerstags** adv le jeudi

doof (fam) adj idiot(e)

dopen vt doper

Doping (-s) nt doping m, dopage m

Dopingkontrolle f contrôle m antidopage

Doppel (-s, -) nt double m
• **Doppelbett** nt grand lit m
• **Doppelgänger(in)** (-s, -) m(f) sosie m • **Doppelklick** (-s, -s) m double-clic m • **doppelklicken** vi (Inform): **~ (auf** Akk) double-cliquer (sur) • **Doppelpunkt** m deux points mpl • **Doppelstecker** m prise f double

doppelt adj double ; (Buchführung) en partie double ▸ adv: **die Karte habe ich ~** cette carte, je l'ai en double ; **sich ~ freuen** se réjouir doublement

Doppelzimmer nt chambre f pour deux personnes

Dorf (-(e)s, ∸er) nt village m
• **Dorfbewohner(in)** m(f) villageois(e)

Dorn¹ (-(e)s, -en) m (Bot) épine f

Dorn² (-(e)s, -e) m (an Schnalle) ardillon m

dörren vt (faire) sécher

Dörrobst nt fruits mpl secs

Dorsch (-(e)s, -e) m jeune morue f

dort adv (da) là • **dorther** adv de là
• **dorthin** adv là-bas

Dose f boîte f

dösen (fam) vi somnoler

Dosenbier nt bière f en boîte

Dosenöffner m ouvre-boîte m

Dosis (-, Dosen) f dose f

Dotter (-s, -) m od nt jaune m d'œuf

Download (-s, -s) m (Inform) téléchargement m

Dozent(in) m(f): **~ für** ≈ maître m de conférences en

Drache (-n, -n) m dragon m

Drachen (-, -) m (Spielzeug) cerf-volant m ; (Sport) deltaplane m ; (péj: fam: Frau) dragon m
• **Drachenfliegen** nt (Sport) deltaplane m, vol m libre

Draht (-(e)s, ∸e) m fil m de fer

Drahtseilbahn f funiculaire m

Drama (-s, Dramen) nt drame m

Dramatiker(in) (-s, -) m(f) dramaturge mf

dramatisch adj dramatique

drang etc vb siehe **dringen**

Drang (-(e)s, ∸e) m (Antrieb) impulsion f ; (Druck) pression f

drängeln (péj) vt presser ▸ vi pousser

drängen vt presser ▸ vi presser ; **auf etw** Akk **~** insister sur qch

drastisch adj (Maßnahme) draconien(ne) ; (Schilderung) cru(e)

draußen adv dehors

Dreck(-(e)s) m saleté f

dreckig adj sale ; (Bemerkung) grossier(-ère) ; (Witz) cochon(ne)

Dreharbeiten pl tournage m

Drehbuch nt (Ciné) scénario m

drehen vt tourner ; (Zigaretten) rouler ▶ vi tourner ▶ vr tourner ; (Mensch) se tourner ; **es dreht sich darum, dass ...** voici ce dont il s'agit : ...

Drehorgel f orgue m de Barbarie

Drehung f (Rotation) rotation f ; (Umdrehung, Wendung) tour m

drei num trois • **Dreieck** nt triangle m • **dreieckig** adj triangulaire

dreierlei adj inv trois sortes de

dreifach adj triple

dreihundert num trois cents

Dreikönigsfest nt Épiphanie f, fête f des Rois

dreimal adv trois fois

drein|reden vi : **jdm ~** (dazwischenreden) interrompre qn ; (sich einmischen) se mêler des affaires de qn

dreißig num trente

dreist adj impudent(e)

Dreistigkeit f impudence f

Dreiviertelstunde f trois quarts mpl d'heure

dreizehn num treize

dreschen (irr) vt (Getreide) battre ; **Phrasen ~** (fam) débiter de belles phrases

Dresden nt Dresde

dressieren vt dresser

dribbeln vi dribbler

Drillbohrer m perceuse f

drin (fam) adv siehe **darin**

dringen (irr) vi pénétrer ; **auf etw** Akk **~** insister sur qch

dringend adj urgent(e), pressant(e)

Dringlichkeit f urgence f

Drink (-s, -s) m drink m

drinnen adv à l'intérieur, dedans

dritt adv : **zu ~** à trois ; **wir kommen zu ~** nous serons trois

dritte(r, s) adj troisième ; **die D~ Welt** le tiers monde • **Dritte(r)** f(m) troisième mf

Drittel (-s, -) nt tiers m

drittens adv troisièmement

droben adv là-haut

Droge f drogue f

drogenabhängig adj toxicomane

Drogenabhängige(r) f(m) toxicomane mf

Drogenhandel m narcotrafic m

Drogenszene f milieu m de la drogue

Drogerie f droguerie f

> Une droguerie, ou **Drogerie**, est un supermarché où l'on trouve des produits d'entretien, des cosmétiques, de la parfumerie et des articles de toilette, ainsi que des médicaments en vente libre. Il existe plusieurs chaînes de drogueries en Allemagne et en Autriche.

drohen vi menacer ; **jdm (mit etw) ~** menacer qn (de qch)

dröhnen vi (Motor) vrombir ; (Stimme, Musik) retentir

Drohung f menace f

drollig adj drôle

drosch etc vb siehe **dreschen**

Drossel (-, -n) f grive f

drüben adv de l'autre côté

Druck¹ (-(e)s, ⸗e) m pression f

Druck² (-(e)s, -e od -s) m (Typ) impression f; **im ~ sein** être sous presse • **Druckbuchstabe** m caractère m d'imprimerie

drucken vt, vi imprimer

drücken vt (herabsetzen) baisser; (wehtun: Schuhe, Rucksack) faire mal à; (Klinke) serrer; (Klinke) tourner ▶ vi (Schuhe etc) faire mal ▶ vr: **sich vor etw** Dat ~ s'esquiver devant qch

drückend adj (Hitze, Armut) accablant(e); (Last, Steuern) écrasant(e)

Drucker (-s, -) m (Inform) imprimante f

Drücker (-s, -) m (Türdrücker) poignée f

Druckerei f imprimerie f

Druckfehler m faute f d'impression

Druckknopf m bouton-pression m

Drucksache f imprimé m

Druckschrift f caractères mpl d'imprimerie

drunten adv (im Tal) en bas; (auf der Erde) sur terre

Drüse f glande f

Dschungel (-s, -) m jungle f

du pron tu; **du hast es mir gesagt** c'est toi qui me l'as dit

ducken vr se baisser

Dudelsack m cornemuse f

Duell (-s, -e) nt duel m

Duett (-(e)s, -e) nt duo m

Duft (-(e)s, ⸗e) m parfum m

duften vi sentir bon

dulden vt (zulassen) tolérer; (leiden) endurer ▶ vi souffrir

duldsam adj patient(e)

dumm adj bête, stupide • **dummdreist** adj insolent(e)

dummerweise adv bêtement

Dummheit f bêtise f, stupidité f

Dummkopf m imbécile m

dumpf adj (Ton) sourd(e); (Erinnerung, Schmerz) vague

Düne f dune f

düngen vt fertiliser, amender

Dünger (-s, -) m engrais m

dunkel adj sombre; (Farbe) foncé(e); (Stimme) grave; (Ahnung) vague; (verdächtig) louche; **im D~n tappen** (fig) tâtonner

Dunkelheit f obscurité f

Dunkelziffer f cas mpl non enregistrés

dünn adj mince; (Haar, Bevölkerung) clairsemé(e); (Suppe, Kaffee) clair(e); **~ gesät** clairsemé(e)

Dunst (-es, ⸗e) m brume f; (durch Abgase, Zigaretten, Essen) (nuage m de) fumée f

dünsten vt cuire à l'étuvée

Dur (-, -) nt (Mus) majeur m

---

durch

▶ präp +Akk **1** (hindurch) par, à travers; **~ die ganze Welt reisen** faire le tour du monde **2** (mittels) par; **Tod ~ Herzschlag/den Strang** mort par crise cardiaque/pendaison

~ seine Bemühungen grâce à son intervention, par son entremise **3** (Math): **8 ÷ 4 = 2** 8 (divisé) par 4 = 2 ▶ adv **1** (hindurch): **die ganze Nacht ~** toute la nuit; **den Sommer ~** tout l'été; **~ und ~ verfault** complètement pourri(e) **2** (durchgebraten): **(gut) ~** bien cuit(e)

durchaus adv (unbedingt: als Antwort) absolument; **das lässt sich ~ machen** c'est tout à fait possible
durch|blättern vt feuilleter
Durchblick m vue f; **den (vollen) ~ haben** être au clair; **keinen ~ haben** (fam) rien (y) biger ▸ **durch|blicken** vi regarder; (fam: verstehen): **bei etw ~** biger qch; **etw ~ lassen** laisser entendre qch
durch|brechen (irr) vt (in zwei Teile brechen) casser en deux
durch|brennen (irr) vi (Draht) fondre; (Sicherung) sauter; (fam: weglaufen): **~ mit** filer avec
durchdacht adj réfléchi(e)
durch|drehen vt, vi (fam) craquer
durcheinander adv pêle-mêle; **~ sein** ne pas s'y retrouver; (Zimmer) être en désordre
• **Durcheinander (-s)** nt (Verwirrung) confusion f; (Unordnung) désordre m
• **durcheinanderbringen** vt déranger, mettre en désordre; (verwechseln) confondre
• **durcheinanderreden** vi parler (tous(toutes)) en même temps

Durchfahrt f passage m; (Durchreise) traversée f; **auf der ~ sein** être de passage
Durchfall m (Méd) diarrhée f
durch|fallen (irr) vi tomber (à travers); (in Prüfung) échouer
durch|führen vt (ausführen) réaliser; (hindurchleiten) guider
Durchgang m passage m; (Phase) phase f; (Sport) partie f; (bei Wahl) tour m (de scrutin)
Durchgangsverkehr m circulation f (de passage)
durchgefroren adj transi(e) (de froid)
durch|gehen (irr) vt (gründlich besprechen) examiner point par point ▶ vi passer; (Zug) être direct(e); (Mensch) filer; **~ durch** (durch Haus, Stadt etc: Flüssigkeit, Lärm etc) traverser; (durch Kontrolle) passer; **jdm etw ~ lassen** laisser passer qch à qn
durchgehend adj (Zug) direct(e) ▶ adv (geöffnet) sans interruption
durch|halten (irr) vi tenir bon
durch|kommen (irr) vi passer; (Nachricht) parvenir; (auskommen) y arriver; (überleben) s'en tirer
durch|lassen (irr) vt laisser passer
Durchlauferhitzer (-s, -) m chauffe-eau m inv
durch|lesen (irr) vt lire d'un bout à l'autre
durchleuchten vt insép radiographier
durch|machen vt (Leiden) endurer; **wir machen die Nacht durch** nous allons passer une nuit blanche, nous allons faire la fête toute la nuit

Durchmesser (-s, -) m diamètre m
durch|nehmen (irr) vt traiter
durch|nummerieren vt numéroter (en continu)
durchqueren vt insép traverser
Durchreise f passage m
durch|rosten vi rouiller complètement
durchs = **durch das**
Durchsage f communiqué m
durch|schauen vt insép (jdn) ne pas se laisser tromper par
Durchschlag m copie f
durch|schlagen (irr) vt (entzweischlagen) casser en deux ▶ vr se débrouiller
durchschlagend adj (Erfolg) retentissant(e)
Durchschnitt m moyenne f
• **durchschnittlich** adj moyen(ne) ▶ adv en moyenne
Durchschnittswert m valeur f moyenne
Durchschrift f copie f
durch|sehen (irr) vt (flüchtig ansehen) parcourir ; (prüfen) examiner ▶ vi: **durch etw ~** voir à travers qch
durch|setzen vt imposer
Durchsicht f examen m
durchsichtig adj (Stoff) transparent(e) ; (Lügen) évident(e)
durch|sickern vi suinter ; (fig) s'ébruiter
durch|sprechen (irr) vt discuter (à fond)
durch|stehen (irr) vt endurer
durch|streichen (irr) vt barrer, rayer
durchsuchen vt insép fouiller ; (Jur) perquisitionner

Durchsuchung f perquisition f
durchtrieben adj rusé(e)
Durchwahl f (Tél) automatique m ; (Anschluss) appel m direct
durchweg adv complètement
Durchzug m (Luft) courant m d'air ; (von Truppen, Vögeln) passage m

---

dürfen

(pt **dürfte**, pp **gedurft** od (als Hilfsverb) **dürfen**)
▶ vi 1 (Erlaubnis haben): **ich darf das** j'ai le droit ; **darf ich?** je peux? ; **darf ich ins Kino (gehen)?** je peux aller au cinéma? ; **es darf geraucht werden** on peut fumer ; **das darf nicht geschehen** il faut l'éviter à tout prix
2 (in Höflichkeitsformeln): **darf ich Sie bitten, das zu tun?** auriez-vous l'amabilité de faire cela? ; **was darf es sein?** et pour Monsieur/Madame?
3 (können): **Sie ~ mir glauben** vous pouvez me croire
4 (Möglichkeit): **das dürfte genug sein** ça devrait suffire ; **das darf doch nicht wahr sein!** ce n'est pas possible! ; **da darf sie sich nicht wundern** c'est bien fait pour elle

---

dürftig adj (ärmlich) misérable ; (unzulänglich) insuffisant(e)
dürr adj (Ast) mort(e) ; (mager) décharné(e)
Dürre f sécheresse f
Durst (-(e)s) m soif f
durstig adj assoiffé(e)
Dusche f douche f

duschen vi, vr se doucher, prendre une douche

Duschgel nt gel m pour la douche

Düse f (Flugzeugdüse) réacteur m

Düsenantrieb m propulsion f par réacteur

Düsenflugzeug nt avion m à réaction

düster adj sombre

Dutzend (-s, -e) nt douzaine f; **~(e) Mal** des dizaines de fois

duzen vt tutoyer

DVD f abk (= Digital Versatile Disc) DVD m

DVD-Spieler m lecteur m de DVD

Dynamik f dynamique f; (von Mensch) dynamisme m

dynamisch adj dynamique

Dynamit (-s) nt dynamite f

Dynamo (-s, -s) m dynamo f

e

Ebbe f marée f basse

eben adj plat(e) ▸ adv (gerade) juste; (bestätigend) justement; **sie ist ~ erst angekommen** elle vient d'arriver

ebenbürtig adj: **jdm (an od in** Dat) **~ sein** égaler qn (en)

Ebene f plaine f; (fig) niveau m

ebenfalls adv également

ebenso adv de la même manière; **~ gut/schön wie** aussi bien/beau que

Eber (-s, -) m verrat m

E-Bike (fam) nt VAE f (= vélo à assistance électrique)

ebnen vt aplanir, niveler; **jdm/ etw den Weg ~** (fig) aplanir le terrain pour qn/qch

E-Book (-s, -s) nt e-book m, livre m électronique, livre m numérique

E-Card (-, -s) f carte f électronique

Echo (-s, -s) nt écho m

echt adj vrai(e); (fam) typique • **Echtheit** f authenticité f

Echtzeit f (Inform) temps m réel

Eckball m corner m

Ecke f coin m ; (Sport) corner m

eckig adj anguleux(-euse)

edel adj (Holz) précieux(-euse) ; (Wein) fin(e) • **Edelmetall** nt métal m précieux • **Edelstein** m pierre f précieuse

editieren vt (Inform) éditer

Editor (-s, -en) m (Inform) éditeur m (de texte)

EDV f abk (= elektronische Datenverarbeitung) traitement m électronique des données

EEG (-) nt abk (= Elektroenzephalogramm) électroencéphalogramme m

Efeu (-s) m lierre m

Effekt (-s, -e) m effet m

effektiv adj effectif(-ive)

effizient adj efficace

egal adj égal(e)

Egoismus m égoïsme m

egoistisch adj égoïste

ehe konj avant que +sub

Ehe f mariage m • **Ehebruch** m adultère m • **Ehefrau** f épouse f, femme f • **Eheleute** pl époux mpl

ehemalig adj ancien(ne)

ehemals adv autrefois

Ehemann m époux m, mari m

Ehepaar nt couple m (marié)

eher adv (früher) plus tôt ; (lieber, mehr) plutôt

Ehering m alliance f

eheste(r, s) adj : **am ~n Termin** le plus tôt possible ▶ adv : **am ~n** (am liebsten) de préférence

Ehre f honneur m ; **zu ~n von** en l'honneur de

ehren vt (Sieger) récompenser

Ehrengast m invité m d'honneur

Ehrenwort nt parole f d'honneur

Ehrfurcht f (profond) respect m

Ehrgeiz m ambition f

ehrgeizig adj ambitieux(-euse)

ehrlich adj honnête ; **~ gesagt** à vrai dire

Ehrlichkeit f honnêteté f

Ehrung f hommage m

Ei (-(e)s, -er) nt œuf m

Eibe f if m

Eiche f chêne m

Eichel (-, -n) f (Bot, Anat) gland m

eichen vt étalonner ; **auf etw geeicht sein** (fam: fig) s'y connaître en qch

Eichhörnchen nt écureuil m

Eid (-(e)s, -e) m serment m

Eidechse f lézard m

Eidgenosse m confédéré m ; (Schweizer) Suisse m

Eierbecher m coquetier m

Eierstock m ovaire m

Eieruhr f sablier m

Eifer (-s) m zèle m • **Eifersucht** f jalousie f • **eifersüchtig** adj: **(auf jdn/etw) ~** jaloux(-ouse) (de qn/qch)

eifrig adj zélé(e)

Eigelb nt jaune d'œuf

eigen adj propre (vorgestellt) ; (Meinung) personnel(le) ; (typisch) particulier(-ière) ; (eigenartig) étrange • **Eigenart** f particularité f • **eigenartig** adj étrange, bizarre • **Eigenbedarf** m besoins mpl personnels • **eigenhändig** adj autographe • **Eigenheim** nt maison f dont on est propriétaire • **Eigenheit** f particularité f • **Eigenlob** nt éloge m de soi-même • **eigenmächtig** adj

(selbstherrlich) autoritaire ▶ adv:
~ entscheiden décider de son
propre chef

eigens adv exprès

Eigenschaft f (Merkmal) qualité f,
propriété f

Eigensinn m obstination f

eigentlich adj (Grund) vrai(e) ;
(Bedeutung) propre ▶ adv en fait ;
(überhaupt) au fait

Eigentor nt but m contre son
propre camp

Eigentum nt propriété f

Eigentümer(in) (-s, -) m(f)
propriétaire mf

eigentümlich adj bizarre, étrange

Eigentumswohnung f
appartement m dont on est
propriétaire

eignen vr: **sich ~ (für/als)**
convenir (pour/comme)

Eignung f aptitude f

Eilbrief m lettre f envoyée (en)
exprès od par Chronopost®

Eile f hâte f, précipitation f

eilen vi (dringend sein) être
urgent(e)

eilig adj (in Eile, schnell) pressé(e) ;
(dringlich) urgent(e) ; **es ~ haben**
être pressé(e)

Eimer (-s, -) m seau m

ein(e) num, indef art un(e)

einander pron l'un(e) l'autre

ein|arbeiten vt: **sich** Akk **~**
apprendre le métier

ein|atmen vt respirer ▶ vi inspirer

Einbahnstraße f rue f à) sens m
unique

einbändig adj en un volume

ein|bauen vt (Schrank etc)
encastrer ; (Küche) (faire) installer

ein|berufen (irr) vt (Versammlung)
convoquer ; (Soldaten) appeler
sous les drapeaux

Einberufung f convocation f ;
(Mil) appel m (sous les drapeaux)

ein|beziehen (irr) vt inclure

ein|bilden vr: **sich** Dat **etw ~**
s'imaginer qch ; (stolz sein): **sich**
Dat **viel auf etw** Akk **~** être très
fier(fière) de qch

Einbildung f imagination f ;
(Dünkel) suffisance f
• **Einbildungskraft** f
imagination f

ein|binden (irr) vt (Buch) relier

ein|bläuen (fam) vt: **jdm etw ~**
faire entrer qch dans la tête de qn

Einblick m aperçu m, idée f ; **jdm ~
in etw** Akk **gewähren** permettre
à qn de consulter qch

ein|brechen (irr) vi (Einbruch
verüben) cambrioler, faire un
cambriolage ; (Nacht) tomber ;
(Winter) arriver ; (einstürzen)
s'effondrer ; (in Eis) passer à
travers la couche de glace

Einbrecher (-s, -) m cambrioleur m

ein|bringen (irr) vt (Geld, Vorteil)
rapporter ; (Kapital, Kenntnisse)
apporter ; **das bringt nichts ein**
(fig) ça ne sert à rien

Einbruch m cambriolage m ; (des
Winters) arrivée f

einbruchsicher adj (Schloss)
incrochetable ; (Haus) muni(e)
d'un système d'alarme

ein|bürgern vt naturaliser ▶ vr:
das hat sich so eingebürgert
c'est entré dans les mœurs

ein|checken vt enregistrer

ein|decken vr: **sich (mit etw) ~**
s'approvisionner (en qch)

eindeutig adj (Beweis) incontestable ; (Absage) clair(e)

ein|dringen (irr) vi : ~ **in** +Akk pénétrer dans ; **auf jdn** ~ attaquer qn ; (mit Bitten) presser qn

eindringlich adj (Bitte) pressant(e)

Eindringling m intrus m

Eindruck m impression f

eindrucksvoll adj impressionnant(e)

eine(r, s) pron un(une) ; ~**r von uns** l'un d'entre nous

eineiig adj : ~**e Zwillinge** des vrais jumeaux/vraies jumelles

eineinhalb num un(e) et demi

ein|engen vt restreindre

einerlei adj (gleichartig) le(la) même

einerseits adv : ~ ... **andererseits** d'une part ... d'autre part

einfach adj simple ▸ adv : **etw ~ tun** faire qch (sans hésiter) • **Einfachheit** f simplicité f

ein|fahren (irr) vt (Barriere) enfoncer, emboutir ; (Auto) roder ▸ vi (Zug) entrer en gare

Einfahrt f entrée f ; (Weg) entrée f

Einfall m (Idee) idée f • **ein|fallen** (irr) vi (einstürzen) s'écrouler ; (einstimmen) joindre sa voix ; **etw fällt jdm ein** qn pense (soudain) à qch ; **sich Dat etwas ~ lassen** trouver une solution

einfältig adj niais(e)

Einfamilienhaus nt maison f individuelle

ein|fangen (irr) vt attraper ; (Stimmung) rendre

einfarbig adj d'une seule couleur ; (Stoff etc) uni(e)

ein|finden (irr) vr arriver

ein|flößen vt : **jdm etw** ~ faire prendre qch à qn ; (fig: Angst etc) inspirer qch à qn

Einfluss m influence f • **Einflussbereich** m zone f d'influence • **einflussreich** adj influent(e)

einförmig adj monotone

ein|frieren (irr) vi geler ▸ vt (Lebensmittel) congeler

ein|fügen vt insérer ; (zusätzlich) ajouter

Einfühlungsvermögen nt capacité f à se mettre à la place des autres

Einfuhr f importation f

ein|führen vt introduire ; (importieren) importer ; (Mensch) présenter ; (in Arbeit, Idee) : **jdn in etw** Akk ~ initier qn à qch

Einführung f introduction f ; (von Mensch) présentation f ; (in Amt) installation f

Eingabe f (Gesuch) requête f ; (Inform) entrée f

Eingabetaste f (Inform) touche f Entrée

Eingang m entrée f

ein|geben (irr) vt (Inform) entrer

eingebildet adj (Krankheit) imaginaire ; (Mensch, Benehmen) vaniteux(-euse), prétentieux(-euse)

Eingeborene(r) f(m) indigène mf

eingefleischt adj invétéré(e) ; ~**er Junggeselle** célibataire m endurci

ein|gehen (irr) vi (eintreffen) arriver ; (sterben) mourir ; (Stoff) rétrécir ; **auf jdn/etw** ~ prêter attention à qn/qch ▸ vt (Vertrag) conclure ; (Risiko) prendre

eingehend adj détaillé(e)

Eingemachte(s) nt conserves fpl

eingenommen adj: **von jdm/ etw ~ sein** être séduit(e) par qn/ qch ; **gegen jdn/etw ~ sein** être prévenu(e) contre qn/qch

eingeschrieben adj (Brief) recommandé(e)

ein|gestehen (irr) vt avouer

eingetragen adj (Verein) reconnu(e) (par les autorités) ; **~es Warenzeichen** marque f déposée

Eingeweide(-s, -) nt (gew pl) viscères mpl

ein|gewöhnen vr: **sich ~ in** +Akk s'habituer

eingleisig adj à voie unique ; **er denkt sehr ~** il est très étroit d'esprit

ein|greifen vi intervenir

Eingreiftruppe f: schnelle ~ force f d'intervention rapide

Eingriff m intervention f ; (Operation) intervention (chirurgicale)

Einhalt m: **jdm ~ gebieten** (geh) arrêter qn ; **etw** Dat **~ gebieten** mettre un terme à qch

ein|halten (irr) vt suivre ; (Frist) respecter

einhändig adv d'une (seule) main

ein|hängen vt (Tür) monter ; (Telefon) raccrocher

einheimisch adj (Ware) du pays ; (Bevölkerung) indigène, autochtone • **Einheimische(r)** f(m) autochtone mf

Einheit f unité f • **einheitlich** adj (Kleidung, Gestaltung) uniformisé(e) ; (Preis) unique ; (genormt) standard inv

Einheitspreis m prix m unique

ein|holen vt (aufholen) rattraper ; (Rat, Erlaubnis) demander

einhundert num cent

einig adj (vereint) uni(e) ; **(sich** Dat**) ~ sein** être d'accord ; **~ werden** tomber d'accord

einige(r, s) pron (etwas: adjektivisch) un peu ; (: substantivisch) un peu ; **~ Mal(e)/Tage** plusieurs fois/ jours ; **es gibt noch ~s zu regeln** il reste encore plusieurs questions à régler

einigen vt unir ▶ vr: **sich ~ auf** +Akk se mettre d'accord sur

einigermaßen adv assez, plutôt

Einigkeit f unité f ; (Übereinstimmung) accord m

Einigung f accord m

einjährig adj d'un an

Einkauf m achat m

ein|kaufen vt acheter ▶ vi faire les courses od des achats

Einkaufswagen m caddie m

Einkaufszentrum nt centre m commercial

Einklang m harmonie f ; **in ~ bringen** harmoniser

ein|klemmen vt coincer

Einkommen(-s, -) nt revenu m

einkommensschwach adj à faible revenu

einkommensstark adj à revenu élevé

Einkommensteuer f impôt m sur le revenu

Einkünfte pl revenus mpl

ein|laden (irr) vt (Person) inviter ; (Gepäck) charger

Einladung f invitation f

Einlage f (Programmeinlage)
intermède m ; (Spareinlage) dépôt
m ; (in Schuh) support m

Einlass (-es, ²e) m admission f;
jdm ~ gewähren laisser entrer qn

ein|lassen (irr) vt (Mensch) laisser
entrer ; (Wasser) faire couler ;
(einsetzen: Platte) encastrer ▶ vr:
sich auf etw Akk ~ s'aventurer
dans qch ; **sich mit jdm ~** se
commettre avec qn

ein|laufen (irr) vi arriver ; (in
Hafen) entrer dans le port ;
(Wasser) couler ; (Stoff) rétrécir

ein|leben vr s'acclimater

ein|legen vt (Blatt) insérer ; (in
Holz etc) incruster, appliquer ;
(Pause) faire ; (Veto) opposer

ein|leiten vt (Feier, Rede)
commencer

Einleitung f introduction f

ein|leuchten vi: **(jdm)** ~ paraître
évident(e) (à qn)

einleuchtend adj
convaincant(e)

ein|loggen vi ouvrir une session

ein|lösen vt (Scheck) encaisser ;
(Schuldschein, Pfand) retirer ;
(Versprechen) tenir

einmal adv (ein einziges Mal) une
(seule) fois ; (später, irgendwann)
un jour ; (früher, vorher) jadis, une
fois ; **noch ~** encore une fois ;
nicht ~ même pas ; **auf ~** tout à
coup

einmalig adj unique

Einmarsch m (Mil) invasion f;
(von Sportlern) entrée f

ein|mischen vr: **sich ~ in** +Akk se
mêler de

Einnahme f (Geld) recette f,
revenu m ; (von Medizin)

absorption f • **Einnahmequelle** f
source f de revenu

ein|nehmen (irr) vt (Geld) gagner ;
(Medizin, Mahlzeit, Mil: Stadt)
prendre ; (Raum, Platz) occuper ;
jdn für/gegen jdn/etw ~ prévenir
qn en faveur de/contre qn/qch

ein|ordnen vt (Karteikarten etc)
classer ▶ vr (sich anpassen)
s'intégrer ; (Aut) prendre la bonne
file

ein|packen vt (Geschenke)
emballer ; (in Koffer, Paket) mettre

ein|parken vt garer ▶ vi se garer

ein|pferchen vt parquer

ein|planen vt prévoir

ein|prägen vr (Erlebnisse) rester
gravé(e) dans la mémoire ; **sich**
Dat **etw** ~ mémoriser qch

ein|räumen vt (ordnen) ranger ;
(überlassen) laisser, céder ;
(zugestehen) concéder

ein|reden vt: **jdm/sich etw** ~
persuader qn/se persuader de qch

ein|reichen vt présenter

Einreise f entrée f
• **Einreiseerlaubnis** f,
Einreisegenehmigung f visa m
d'entrée

ein|reisen vi (in ein Land) entrer

ein|reißen (irr) vt (Papier)
déchirer ; (Gebäude) raser ▶ vi se
déchirer ; (Gewohnheit werden)
s'enraciner

ein|richten vt (Wohnung)
aménager ; (eröffnen) ouvrir ;
(arrangieren) arranger ▶ vr (in
Haus) s'installer ; (sich anpassen) se
débrouiller

Einrichtung f
(Wohnungseinrichtung)
équipement m ; (öffentliche

Anstalt) institution f ; (*Dienste*) service m

eins *num* un(e) • **Eins** (-, *-en*) f un m

einsam *adj* seul(e), solitaire
• **Einsamkeit** f solitude f

ein|sammeln vt (*Geld*) recueillir ; (*Hefte*) ramasser

Einsatz m (*Koffereinsatz*) compartiment m amovible ; (*Stoffeinsatz*) empiècement m ; (*Spieleinsatz*) mise f, enjeu m ; (*Bemühung*) effort m ; (*Risiko*) risque m ; (*Mus*) entrée f
• **einsatzbereit** *adj* (*Maschine*) opérationnel(le) ; (*Helfer*) disponible

ein|schalten vt (*Radio, Licht etc*) allumer ; (*Pause*) faire ; (*Anwalt*) faire appel à

ein|schärfen vt: **jdm etw ~** inculquer qch à qn

ein|schätzen vt juger ; (*Situation, Arbeit*) évaluer

ein|schenken vt verser

ein|schlafen (*irr*) vi s'endormir ; (*Glieder*) s'engourdir

ein|schlagen (*irr*) vt (*Nagel*) enfoncer ; (*Fenster, Zähne*) casser ; (*Aut: Räder*) braquer ; (*Weg, Richtung*) prendre ▶ vi (*sich einigen*) toper ; (*Anklang finden*) avoir du succès ; (*Blitz, Bombe*): **~ (in** +*Akk*) tomber (sur)

ein|schließen (*irr*) vt (*Kind, Häftling*) enfermer ; (*Gegenstand*) mettre sous clef ; (*Mil*) encercler ; (*einbegreifen*) inclure, comprendre

einschließlich *adv, präp* +*Gen* y compris

ein|schmeicheln vr: **sich ~ bei** s'insinuer dans les bonnes grâces de

Einschnitt m découpure f ; (*Méd*) incision f

ein|schränken vt réduire ; (*Freiheit, Rechte, Begriff*) limiter, restreindre ; (*Behauptung*) nuancer ▶ vr (*sich bescheiden*) réduire ses dépenses

Einschränkung f limitation f, restriction f ; (*von Kosten*) réduction f ; **nur mit/ohne ~** sous/sans réserve

ein|schreiben (*irr*) vt inscrire ; (*Poste*) recommander ▶ vr s'inscrire

Einschreiben nt envoi m recommandé

ein|schreiten vi intervenir

ein|schüchtern vt intimider

ein|sehen (*irr*) vt (*hineinsehen in, verstehen*) voir ; (*prüfen*) examiner
• **Einsehen** (-s) nt: **ein/kein ~ haben** se montrer compréhensif(-ive)/intransigeant(e)

einseitig *adj* (*Lähmung*) partiel(le) ; (*Erklärung, Pol*) unilatéral(e) ; (*Ausbildung*) trop spécialisé(e)

ein|senden (*irr*) vt envoyer

ein|setzen vt (*einfügen*) mettre, poser ; (*in Amt*) nommer ; (*verwenden*) avoir recours à ▶ vi (*Kälte*) arriver ▶ vr (*bemühen*) payer de sa personne ; **sich für jdn/etw ~** se battre pour qn/qch

Einsicht f (*Einblick*) aperçu m ; (*Verständnis*) compréhension f ; **zu der ~ kommen, dass ...** en arriver à la conclusion que ...

einsichtig *adj* (*vernünftig*) compréhensif(-ive)

Einsiedler (-s, -) m ermite m

e

einsilbig adj (fig) laconique

ein|sperren vt enfermer

ein|springen (irr) vi (aushelfen): **für jdn** ~ remplacer qn au pied levé

Einspritzmotor m moteur m à injection

Einspruch m objection f

einspurig adj à une (seule) voie

einst adv autrefois, jadis ; (zukünftig) un jour

Einstand m (Tennis) égalité f

ein|stecken vt (Gerät) brancher ; (mitnehmen in Tasche etc) prendre ; (Prügel, Niederlage) encaisser

ein|stehen (irr) vi: ~ **für** (+Akk) se porter garant(e) (de) ; **für einen Schaden** ~ réparer un dommage

ein|steigen (irr) vi: ~ **in** +Akk (in Fahrzeug) monter dans ; (in Schiff) s'embarquer sur

Einsteiger(in) (-s, -) m(f) (fam) débutant(e), novice mf

ein|stellen vt (Arbeit) arrêter ; (Zahlungen) cesser, suspendre ; (Geräte, Kamera) régler, mettre au point ; (Radio) allumer ; (unterstellen) entreposer ▶ vr (erscheinen) se manifester ; **sich auf jdn/etw** ~ s'adapter à qn/qch

Einstellung f (von Arbeitskräften) embauche f ; (das Regulieren) réglage m, mise f au point ; (das Aufhören) arrêt m, cessation f ; (Haltung, Ansicht) attitude f

Einstieg (-(e)s, -e) m (das Einsteigen) montée f ; (fig) entrée f

einstig adj ancien(ne)

einstimmig adj unanime

einstmals adv autrefois

einstöckig adj (Haus) à un (seul) étage

einstündig adj d'une heure

Einsturz m (von Gebäude) effondrement m

ein|stürzen vi s'écrouler

einstweilen adv en attendant

einstweilig adj provisoire

eintägig adj d'un jour

ein|tauschen vt échanger

eintausend num mille

ein|teilen vt diviser ; (sinnvoll aufteilen) répartir

einteilig adj une pièce inv

eintönig adj monotone

Eintopf m plat m unique

Eintracht f concorde f, harmonie f

Eintrag (-(e)s, -e) m inscription f ; **amtlicher** ~ enregistrement m

ein|tragen (irr) vt (einschreiben, einzeichnen) inscrire ; (einbringen) rapporter ▶ vr (in Liste) : **sich** ~ **(in** +Akk) s'inscrire (sur) ; **jdm etw** ~ valoir qch à qn

einträglich adj lucratif(-ive)

ein|treffen (irr) vi (ankommen) arriver ; (wahr werden) se réaliser

ein|treten (irr) vi entrer ; (sich ereignen) se produire ; **für jdn/ etw** ~ intervenir en faveur de qn/ qch

Eintritt m entrée f ; **bei** ~ **der Dunkelheit** à la tombée de la nuit

Eintrittsgeld nt prix m du billet

Eintrittskarte f billet m

Eintrittspreis m prix m du billet

Einvernehmen (-s, -) nt accord m

einverstanden interj d'accord ▶ adj : ~ **sein (mit)** être d'accord (avec)

Einverständnis (-ses) nt accord m

Einwand (-(e)s, ˸) m objection f
Einwanderer m immigrant m, immigré m
ein|wandern vi : ~ (in +Akk od nach) immigrer (en)
Einwanderung f immigration f
Einwanderungsland nt pays m d'immigration
einwandfrei adj (Ware) impeccable, sans défaut ; (Benehmen) irréprochable ; (Beweis) irréfutable
Einwegflasche f bouteille f non consignée
ein|weichen vt faire tremper
ein|weihen vt (Brücke, Gebäude) inaugurer ; (fam: zum ersten Mal benutzen) étrenner ; jdn in etw Akk ~ initier qn à qch
Einweihung f inauguration f
Einweisung f (in Amt) installation f ; (in Arbeit) initiation f ; (in Krankenhaus) hospitalisation f
ein|wenden (irr) vt objecter
ein|werfen (irr) vt (Brief) mettre à la boîte, poster ; (Münze) introduire ; (Fenster) casser ; (äußern) objecter
ein|wickeln vt (Ware) emballer
ein|willigen vi : ~ (in +Akk) consentir (à)
Einwilligung f consentement m
ein|wirken vi : auf jdn/etw ~ influer sur qn/qch ; etw ~ lassen (Méd) attendre l'effet de qch
Einwirkung f influence f ; (Méd) effet m
Einwohner(in) (-s, -) m(f) habitant(e)
• Einwohnermeldeamt nt en Allemagne, administration chargée

d'enregistrer les changements de domicile
Einwurf m (Einwand) objection f ; (Sport) remise f en jeu ; (Öffnung) ouverture f
ein|zahlen vt (Geld) verser
Einzel (-s, -) nt (Tennis) simple m
Einzel (-s, -) nt (Tennis) simple m
• Einzelfahrschein m billet m simple • Einzelfall m cas m isolé
• Einzelgänger(in) m(f) solitaire mf • Einzelhaft f régime m cellulaire
Einzelhandel m commerce m de détail, petit commerce
Einzelheit f détail m
Einzelkind nt enfant mf unique
einzeln adj seul(e), unique ; (vereinzelt) isolé(e) ▶ adv : ~ angeben spécifier ; der/die E~e l'individu m
Einzelteil nt pièce f détachée
Einzelzimmer nt (in Hotel) chambre f à un lit
ein|ziehen (irr) vt (Kopf) baisser ; (Steuern) percevoir ; (Erkundigungen) prendre ▶ vi (in Wohnung) emménager
einzig adj unique, seul(e) ; (ohnegleichen) unique ▶ adv (nur) seulement • einzigartig adj unique, extraordinaire
Einzug m (in Haus) emménagement m
Eis (-es, -) nt glace f • Eisbahn f patinoire f • Eisbecher m coupe f glacée • Eisbein nt jarret m de porc
Eisdiele f glacier m
Eisen (-s, -) nt fer m
Eisenbahn f chemin m de fer
Eisenerz nt minerai m de fer

eisern adj de fer ▸ adv tenacement, avec ténacité

Eishockey nt hockey m sur glace

eisig adj glacial(e)

eiskalt adj (Wasser) glacé(e) ; (Miene, Typ) glacial(e)

Eiskunstlauf m patinage m artistique

Eispickel m piolet m

Eiszapfen m glaçon m

Eiszeit f période f glaciaire

eitel adj (Mensch) vaniteux(-euse) ; (Freude) pur(e) • **Eitelkeit** f vanité f

Eiter (-s) m pus m

eitern vi suppurer

Eiweiß (-es, -e) nt blanc m d'œuf ; (Chem) albumine f

Eizelle f ovule m

Ekel[1] (-s) m dégoût m

Ekel[2] (-s, -) (fam) nt (Mensch) individu m répugnant

ekelerregend adj dégoûtant(e)

ekelhaft adj, **ek(e)lig** adj dégoûtant(e)

ekeln vt dégoûter ▸ vr: **sich vor etw** Dat **~** trouver qch dégoûtant od répugnant

EKG (-) nt abk (= Elektrokardiogramm) électrocardiogramme m

Ekstase f extase f

Ekzem (-s, -e) nt eczéma m

Elan (-s) m enthousiasme m

Elbe f Elbe f

Elch (-(e)s, -e) m élan m

Elefant m éléphant m

elegant adj élégant(e)

Eleganz f élégance f

Elektriker (-s, -) m électricien m

elektrisch adj électrique

Elektrizität f électricité f

Elektrizitätswerk nt centrale f électrique

Elektrofahrrad nt VAE f (= vélo à assistance électrique)

Elektroherd m cuisinière f électrique

Elektrokardiogramm nt électrocardiogramme m

Elektronik f électronique f

elektronisch adj électronique

Elektrorasierer m rasoir m électrique

Elektrosmog m émissions fpl électromagnétiques

Elektrotechnik f électrotechnique f

Element (-s, -e) nt élément m ; **in seinem ~ sein** être dans son élément

elementar adj élémentaire

elend adj misérable ; (krank) malade ; (fam: Hunger) terrible ▸ adv: **~ aussehen** avoir très mauvaise mine ; **es war ~ kalt** il faisait un froid de loup ; **mir ist ganz ~** je ne me sens vraiment pas bien • **Elend** (-(e)s) nt misère f

Elendsviertel nt bidonville m

elf num onze • **Elf** (-, -en) f (Sport) onze m

Elfenbein nt ivoire m

Elfmeter m (Sport) penalty m

eliminieren vt éliminer

Elite f élite f

Ellbogen m siehe **Ellenbogen**

Ellenbogen m coude m

Elsass nt (-): **das ~** l'Alsace f

Elsässer(in) m(f) Alsacien(ne)

Elster (-, -n) f pie f

elterlich adj des parents, parental(e)

Eltern pl parents mpl • **Elterngeld** nt = allocation f de congé parental • **Elternhaus** nt maison f familiale • **Elternschaft** f parentalité f

Email (-s, -s) nt émail m

E-Mail (-) f courrier m électronique, e-mail m

E-Mail-Adresse f adresse f e-mail, adresse f électronique

Emanze f féministe f

Emanzipation f émancipation f

emanzipieren vt émanciper ▶ vr **sich ~** s'émanciper

Embargo (-s, -s) nt embargo m

Embryo (-s, -s od -nen) m embryon m

Emigration f émigration f

emotional adj émotionnel(-ive)

empfahl etc vb siehe **empfehlen**

empfand etc vb siehe **empfinden**

Empfang (-(e)s, ⁼e) m (Radio, TV) réception f; (Begrüßung) accueil m; **ein Päckchen in ~ nehmen** prendre livraison d'un colis; **nach** od **bei ~ zahlbar** payable à la livraison

empfangen (irr) vt recevoir

Empfänger(in) (-s, -) m(f) (von Brief, Paket etc) destinataire mf

empfänglich adj: **~ (für)** sensible (à)

Empfängnis (-, -se) f conception f • **Empfängnisverhütung** f contraception f

empfehlen (irr) vt recommander; **es empfiehlt sich ...** il est recommandé de ...

empfehlenswert adj à recommander

Empfehlung f recommandation f

Empfehlungsschreiben nt lettre f de recommandation

empfinden (irr) vt ressentir, éprouver

empfindlich adj (Stelle, Gerät) sensible; (leicht beleidigt) susceptible; (hart, schmerzlich) sensible

Empfindung f sensation f; (Seelenempfindung) sentiment m

empfing vb siehe **empfangen**

empfohlen pp von **empfehlen**

empor adv vers le haut

empören vt indigner

emsig adj (Mensch) affairé(e)

Endbahnhof m (gare f) terminus m

Ende (-s, -n) nt fin f; (Stelle, wo etw aufhört) bout m, extrémité f; **am ~** à la fin; **am ~ sein** être au bout du rouleau

enden vi finir, se terminer

endgültig adj définitif(-ive)

Endivie f chicorée f

Endlager nt centre m de stockage définitif

Endlagerung f stockage m des déchets radioactifs

endlich adv enfin, finalement

endlos adj sans fin; (langwierig) interminable

Endlospapier nt papier m en continu

Endspiel nt finale f

Endspurt m sprint m final

Endstation f terminus m

Endung f terminaison f

Energie f énergie f • **Energiebedarf** m besoins mpl énergétiques

• **Energiewirtschaft** f secteur m de la production d'énergie
energisch adj énergique
eng adj étroit(e) ; (fig: Horizont) limité(e)
Engagement (-s, -s) nt (von Künstler) engagement m ; (Einsatz) engagement (personnel)
engagieren vt (Künstler) engager ▶ vr s'engager
Enge f étroitesse f ; **jdn in die ~ treiben** acculer qn
Engel (-s, -) m ange m
England nt l'Angleterre f
Engländer(in) (-s, -) m(f) Anglais(e)
englisch adj anglais(e) • **Englisch** nt (Ling) l'anglais m
Engpass m (Versorgungsschwierigkeiten) difficultés fpl d'approvisionnement ; (Verkehr) bouchon m
engstirnig adj (Mensch) borné(e) ; (Entscheidung) d'un esprit borné
Enkel (-s, -) m petit-fils m
• **Enkelin** f petite-fille f
• **Enkelkind** nt: **meine ~er** mes petits-enfants
enorm adj énorme
entbehren vt se passer de
entbehrlich adj superflu(e)
Entbehrung f privation f
entbinden (irr) vt, vi (Méd) accoucher ; **~ (von)** dispenser (de)
Entbindung f (Méd) accouchement m
entdecken vt découvrir
Entdecker(in) (-s, -) m(f) découvreur(-euse)
Entdeckung f découverte f
Ente f canard m

enteignen vt exproprier
enteisen vt (auftauen) dégivrer
entfallen (irr) vi (wegfallen, ausfallen) être supprimé(e) ; **jdm ~** (vergessen) échapper à qn ; **auf jdn ~** revenir à qn
entfalten vt déployer ; (Karte auch) déplier ▶ vr s'épanouir ; (Talente) se développer
entfernen vt: **~ (aus od von)** enlever (de) ▶ vr s'éloigner
entfernt adj éloigné(e) ; **weit (davon) ~ sein, etw zu tun** être loin de faire qch
Entfernung f (Abstand) distance f ; (Wegschaffen) enlèvement m
Entfernungsmesser m (Phot) télémètre m
Entfremdung f aliénation f
Entfroster (-s, -) m (Aut) dégivreur m
entführen vt enlever ; (Flugzeug) détourner
Entführer(in) m(f) ravisseur(-euse) ; (von Flugzeug) pirate m de l'air
Entführung f enlèvement m, rapt m ; (von Flugzeug) détournement m
entgegen präp +Dat contre
• **entgegen|bringen** (irr) vt: **jdm etw ~** faire preuve de od témoigner de qch envers qn
• **entgegen|gehen** (irr) vi +Dat aller à la rencontre de
• **entgegengesetzt** adj opposé(e), contraire ; (widersprechend) contradictoire
• **entgegen|kommen** (irr) vi +Dat venir à la rencontre de ; (Zugeständnisse machen) accéder à
• **entgegen|nehmen** (irr) vt recevoir, accepter

• **entgegen|sehen** (irr) vi: **einer Sache** Dat ~ attendre qch
• **entgegen|treten** (irr) vi +Dat (sich in den Weg stellen) s'opposer à ; (einem Vorurteil) combattre

entgegnen vt, vi (antworten) répliquer

entgehen (irr) vi +Dat échapper à ; **sich** Dat **etw** ~ **lassen** manquer qch

entgeistert adj hébété(e)

Entgelt (-(e)s, -e) nt rémunération f

entgiften vt désintoxiquer ; (entseuchen) décontaminer ; (Abgase) filtrer

entgleisen vi dérailler

Entgleisung f déraillement m

Enthaarungsmittel nt dépilatoire m

enthalten (irr) vt contenir ▶ vr s'abstenir ; **sich der Stimme** ~ s'abstenir

enthaltsam adj sobre ; (sexuell) chaste • **Enthaltsamkeit** f sobriété f ; (sexuell) chasteté f

Enthusiasmus m enthousiasme m

enthusiastisch adj enthousiaste

entkommen (irr) vi réussir à s'échapper

entladen (irr) vt décharger ▶ vr (Élec) se décharger ; (Gewitter, Ärger etc) éclater

entlang präp (+Akk od Dat) le long de • **entlang|gehen** (irr) vt marcher le long de ▶ vi: **an etw** Dat ~ longer qch

entlarven vt (Betrüger) démasquer ; (Absicht) dévoiler

entlassen (irr) vt (Arbeiter) licencier

Entlassung f (von Arbeiter) licenciement m

entlasten vt décharger ; (Verkehr) délester ; (Angeklagten) disculper

Entlastung f (von Arbeit) décharge f ; (des Verkehrs) délestage m ; (des Angeklagten) disculpation f ; (des Vorstandes) approbation f

entmutigen vt décourager

Entnahme f prélèvement m

entnehmen (irr) vt: ~ **(aus)** (Waren) prendre (dans) ; (folgern) conclure ; **wie ich Ihren Worten entnehme, ...** d'après ce que vous venez de dire, ...

entpacken vt (Inform) décompacter

entradikalisieren vt déradicaliser

entrosten vt débarrasser de sa rouille

entrüsten vt indigner ▶ vr: **sich ~ (über** +Akk) s'indigner (de)

Entrüstung f indignation f

entschädigen vt: ~ **(für)** dédommager (de)

Entschädigung f dédommagement m, indemnité f

Entscheid (-(e)s, -e) m décision f

entscheiden (irr) vt décider ▶ vr se décider

entscheidend adj décisif(-ive) ; (Unterschied) capital(e)

Entscheidung f décision f

entschieden adj (Gegner) résolu(e) ; (Meinung) catégorique ; (klar, entschlossen) net(te) ; **das geht ~ zu weit** cela dépasse vraiment les bornes
• **Entschiedenheit** f détermination f

entschließen (irr) vr se décider

entschlossen adj décidé(e)
• **Entschlossenheit** f résolution f

Entschluss m décision f

entschuldigen vt excuser ▶ vr:
sich ~ für s'excuser de

Entschuldigung f excuse f; **jdn um ~ bitten** demander pardon à qn

entsetzen vt horrifier
• **Entsetzen** (-s) nt (von Mensch) horreur f

entsetzlich adj effroyable

entsetzt adj horrifié(e)

entsorgen vt éliminer les déchets produits par

Entsorgung f élimination f des déchets

entspannen vt détendre

Entspannung f détente f

entsprechen (irr) vi +Dat correspondre à

entsprechend adj (angemessen) correspondant(e) ▶ adv en conséquence

entspringen (irr) vi (Fluss) prendre sa source ; (sich aus etw erklären lassen) être dû (due) à

entstehen (irr) vi naître ; (Unruhe) se produire ; (Kosten) être occasionné(e)

Entstehung f origine f

entstellen vt (Mensch) défigurer ; (Bericht, Wahrheit) déformer

enttäuschen vt décevoir

Enttäuschung f déception f

entwaffnen vt désarmer

Entwarnung f fin f d'alerte

entwässern vt drainer, assainir

entweder konj : **~ ... oder ...** soit ... soit ..., ou (bien) ... ou (bien) ...

entweichen (irr) vi fuir

entwerfen (irr) vt (Zeichnung) esquisser ; (Modell) concevoir ; (Plan) dresser

entwerten vt dévaluer ; (Fahrschein) composter

Entwerter (-s, -) m composteur m

entwickeln vt développer ▶ vr se développer

Entwicklung f développement m

Entwicklungshelfer(in) m(f) coopérant(e)

Entwicklungshilfe f aide f au développement

Entwicklungsland nt pays m en voie de développement

entwöhnen vt sevrer ; (Süchtige) désintoxiquer

entwürdigend adj dégradant(e)

Entwurf m (Zeichnung) croquis m ; (Konzept, Vertragsentwurf) projet m

entziehen (irr) vt +Dat (Führerschein, Erlaubnis, Unterstützung) retirer (à) ▶ vr: **sich jdm/einer Sache ~** échapper à qn/à qch ; **sich der Pflicht/ Verantwortung ~** se dérober à ses obligations/son devoir

Entziehungskur f cure f de désintoxication

entziffern vt déchiffrer

entzücken vt ravir

entzückend adj ravissant(e) ; (Kind) adorable

Entzug (-(e)s) m (einer Lizenz etc) retrait m ; (Méd) désintoxication f

Entzugserscheinung f symptôme m de manque

entzünden vt (Fackel, Feuer) allumer ▶ vr s'enflammer

Entzündung f (Méd) inflammation f

entzwei *adv* cassé(e)

Enzian (-s, -e) *m* gentiane *f*

Enzym (-s, -e) *nt* enzyme *m*

Epidemie *f* épidémie *f*

Epilepsie *f* épilepsie *f*

Epileptiker(in) (-s, -) *m(f)* épileptique *mf*

Episode *f* épisode *m*

Epoche *f* époque *f*

er *pron* il

erbarmen *vr* +*Gen* avoir pitié de
• **Erbarmen** (-s) *nt* pitié *f*

erbärmlich *adj* (*Zustände*) lamentable, déplorable ; (*gemein*) misérable

erbarmungslos *adj* sans pitié

Erbe[1] (-n, -n) *m* héritier *m*

Erbe[2] (-s) *nt* héritage *m*

erben *vt, vi* hériter (de)

Erbin *f* héritière *f*

erbittert *adj* acharné(e)

erblich *adj* héréditaire

erbrechen (*irr*) *vt, vr* vomir

Erbschaft *f* héritage *m*

Erbse *f* petit pois *m*

Erdbeben *nt* tremblement *m* de terre

Erdbeere *f* fraise *f*

Erdboden *m* sol *m*

Erde *f* terre *f* ; (*Boden*) sol *m*
• **erden** *vt* (*Élec*) relier à la terre

erdenkbar *adj* imaginable ; **sich** *Dat* **alle ~e Mühe geben** se donner toutes les peines du monde

erdenklich *adj* = **erdenkbar**

Erdgas *nt* gaz *m* naturel

Erdgeschoss *nt* rez-de-chaussée *m inv*

Erdkunde *f* géographie *f*

Erdnuss *f* cacahuète *f*

Erdöl *nt* pétrole *m*

Erdrutsch *m* glissement *m* de terrain

Erdteil *m* continent *m*

erdulden *vt* endurer

ereifern *vr*: **sich über etw** *Akk od* **wegen einer Sache** *Gen* ~ s'exciter à cause de qch

ereignen *vr* se produire, survenir

Ereignis *nt* événement *m*
• **ereignisreich** *adj* mouvementé(e)

erfahren (*irr*) *vt* apprendre ; (*erleben*) éprouver ▶ *adj* expérimenté(e)

Erfahrung *f* expérience *f*

erfassen *vt* saisir

erfinden (*irr*) *vt* inventer

Erfinder(in) *m(f)* inventeur(-trice)

Erfindung *f* invention *f*

Erfolg (-(e)s, -e) *m* succès *m* ; **~ versprechend** (*Versuch, Unternehmen*) prometteur(-euse)

erfolglos *adj* (*Mensch*) qui n'a pas de succès ; (*Versuch, Unternehmen*) infructueux(-euse)

erfolgreich *adj* (*Mensch*) qui a du succès ; (*Versuch, Unternehmen*) couronné(e) de succès

Erfolgserlebnis *nt* succès *m*

erfolgversprechend *adj siehe* **Erfolg**

erforderlich *adj* nécessaire ; (*Kenntnisse*) requis(e)

erfordern *vt* demander, requérir

erforschen *vt* (*Land*) explorer ; (*Problem*) étudier

Erforschung *f* exploration *f*

erfragen *vt* demander

erfreuen vr: **sich an etw ~** se réjouir de qch ▸ vt faire plaisir à ; **sich bester Gesundheit** Gen etc **~** (geh) être en parfaite santé etc

erfreulich adj (Ergebnis) qui fait plaisir

erfreulicherweise adv heureusement

erfrieren (irr) vi (Mensch) mourir de froid ; (Pflanzen) geler

erfrischen vt rafraîchir

Erfrischung f rafraîchissement m

Erfrischungsraum m buvette f

erfüllen vt remplir ; (Bitte) satisfaire ; (Erwartung) répondre à ▸ vr se réaliser

ergänzen vt compléter

Ergänzung f complément m ; (Zusatz) supplément m

ergeben (irr) vt (Betrag, Summe) rapporter ; (Bild) donner ▸ vr (kapitulieren) se rendre ; (folgen) s'ensuivre, en résulter ▸ adj dévoué(e)

Ergebnis nt résultat m
  • **ergebnislos** adj sans résultat

ergehen (irr) vt (Befehl) être donné(e) ; (Gesetz) paraître ▸ vi unpers: **es erging ihm gut/ schlecht** cela s'est bien/mal passé pour lui ; **etw über sich ~ lassen** supporter od subir qch patiemment

ergiebig adj (Quelle) abondant(e) ; (Untersuchung) fructueux(-euse) ; (Boden) fertile

Ergonomie f ergonomie f

Ergotherapie f ergothérapie f

ergreifen (irr) vt saisir ; (Täter) arrêter ; (Beruf) embrasser ; (Maßnahmen) prendre ; (innerlich rühren) toucher

ergreifend adj émouvant(e)

ergriffen adj: **~ sein** être ému(e) ▸ pp von **ergreifen**

erhaben adj en relief ; (Anblick) sublime ; **über etw** Akk **~ sein** être au-dessus de qch

erhalten (irr) vt recevoir ; (bewahren) conserver ▸ adj: **gut ~** bien conservé(e)

erhältlich adj en vente

Erhaltung f (Bewahrung) maintien m ; (: von Gebäude, Energie) conservation f

erhängen vt pendre

erheben (irr) vt lever ; (rangmäßig: Protest) élever ; (Klage) porter ▸ vr (aufstehen, ausbrechen) se lever ; (Frage) se poser ; (sich auflehnen) se soulever ; **Anspruch auf etw** Akk **~** revendiquer qch

erheblich adj considérable

erheitern vt égayer

Erheiterung f amusement m

erhitzen vt chauffer

erhoffen vt espérer ; **was erhoffst du dir davon?** qu'est-ce que tu espères y gagner ?

erhöhen vt (Steuern, Geschwindigkeit, Risiko) augmenter

erholen vr (von Krankheit) se remettre ; (entspannen) se reposer

erholsam adj reposant(e)

Erholung f (Gesundung) rétablissement m ; (Entspannung) repos m

Erika (-, **Eriken**) f bruyère f

erinnern vt: **~ (an** +Akk**)** rappeler ▸ vr: **sich ~ (an** +Akk**)** se souvenir (de)

Erinnerung f souvenir m ; **Erinnerungen** (Litt) mémoires mpl ; **zur ~ an** +Akk en souvenir de

erkälten vr prendre froid

Erkältung f rhume m

erkennbar adj reconnaissable

erkennen (irr) vt reconnaître

erkenntlich adj : **sich für etw** Akk **~ zeigen** exprimer sa reconnaissance pour qch

Erkenntnis f connaissance f ; **zu der ~ kommen** od **gelangen, dass ...** en arriver à la conclusion que ...

Erker (-s, -) m encorbellement m

erklären vt expliquer

Erklärung f explication f ; (Mitteilung) déclaration f

erklingen (irr) vi retentir

erkranken vi tomber malade

Erkrankung f maladie f

erkunden vt (bes Mil: Gelände) reconnaître ; (herausfinden) apprendre

erkundigen vr : **sich nach etw ~** se renseigner sur od s'informer de qch

Erkundigung f demande f de renseignements

Erkundung f reconnaissance f

erlangen vt (Vorteil, Mehrheit) obtenir ; (Bedeutung) prendre ; (Gewissheit) acquérir

Erlass (-es, =e) m décret m ; (von Strafe) remise f

erlassen (irr) vt (verkünden) publier ; (aufheben: Strafe) remettre ; **jdm etw ~** faire grâce de qch à qn

erlauben vt permettre ; **jdm etw ~** permettre qch à qn

Erlaubnis (-, -se) f permission f

erläutern vt expliquer

Erle f aune m, aulne m

erleben vt (erfahren) avoir ; (durchleben) vivre ; (miterleben) voir

Erlebnis nt expérience f

erledigen vt (Arbeit) faire, exécuter ; (fam: erschöpfen) épuiser ; (: ruinieren) ruiner

erleichtern vt (Arbeit, Leben) faciliter ; (Last) alléger ; (Mensch) soulager

erleichtert adj soulagé(e) ; (Seufzer) de soulagement

Erleichterung f soulagement m

erleiden (irr) vt subir ; (Schmerzen) endurer

erlernen vt apprendre

Erlös (-es, -e) m produit m

erlösen vt (Mensch) délivrer ; (Rel) sauver

Ermächtigung f autorisation f

ermäßigen vt (Gebühr) accorder une réduction sur

Ermäßigung f réduction f

Ermessen (-s) nt jugement m ; **in jds ~ liegen** être à la discrétion de qn

ermitteln vt (Wert) calculer ; (Täter) retrouver ▶ vi : **gegen jdn ~** faire une enquête sur qn

Ermittlung f (Polizeiermittlung) enquête f

ermöglichen vt rendre possible, permettre

ermorden vt assassiner

Ermordung f assassinat m

ermüden vt fatiguer ▶ vi se fatiguer

Ermüdung f fatigue f

Ermüdungserscheinung f effet m de la fatigue

ermuntern vt (ermutigen) encourager ; (beleben) vivifier ; (aufmuntern) remonter le moral à

ermutigen vt encourager

ernähren vt nourrir ▶ vr: **sich ~ von** se nourrir de

Ernährung f (das Ernähren) alimentation f; (Nahrung) nourriture f

ernennen (irr) vt nommer

Ernennung f nomination f

erneuern vt (Reifen, Verband) changer; (Vertrag, Pass) renouveler; (Gebäude) rénover

Erneuerung f (von Gebäude) rénovation f; (von Teil) remplacement m

erneut adj nouveau(nouvelle) ▶ adv à od de nouveau

ernst adj sérieux(-euse); (bedrohlich) grave • Ernst (-es) m sérieux m; **das ist mein ~** je parle sérieusement; **im ~** sérieusement • **Ernstfall** m: **im ~** en cas d'urgence • **ernsthaft** adj sérieux(-euse) • **ernstlich** adj sérieux(-euse)

Ernte f récolte f

ernten vt récolter

Eroberer (-s, -) m conquérant m

erobern vt conquérir

Eroberung f conquête f

eröffnen vt ouvrir ▶ vr (Möglichkeiten) se présenter

Eröffnung f ouverture f; (Mitteilung) déclaration f

erogen adj (Zone) érogène

Erotik f érotisme m

erotisch adj érotique

erpicht adj: **~ (auf** +Akk) avide (de)

erpressen vt (Geld etc) extorquer; (Mensch) faire chanter

Erpresser(in) (-s, -) m(f) maître m chanteur

Erpressung f chantage m

erproben vt mettre à l'essai

erraten (irr) vt deviner

erregen vt (hervorrufen) susciter; (aufregen, sinnlich erregen) exciter ▶ vr: **sich ~ (über** +Akk) s'énerver (à cause de)

Erreger (-s, -) m (von Krankheit) agent m

Erregung f excitation f

erreichbar adj (Ziel) que l'on peut atteindre; **in ~er Nähe bleiben** rester à proximité; **er ist jederzeit telefonisch ~** on peut le joindre au téléphone à n'importe quel moment

erreichen vt atteindre; (Zug) attraper; (sich in Verbindung setzen mit) joindre

errichten vt (Gebäude) ériger, construire; (gründen) fonder

erringen (irr) vt remporter

erröten vi rougir

Errungenschaft f conquête f; (fam: Anschaffung) acquisition f

Ersatz (-es) m remplacement m; (Schadensersatz) dédommagement m • **Ersatzreifen** m roue f de secours • **Ersatzteil** nt pièce f de rechange

erschaffen (irr) vt créer

erscheinen (irr) vi (sich zeigen) apparaître; (auftreten) se présenter; (veröffentlicht werden) paraître; **das erscheint mir vernünftig** cela me paraît raisonnable

Erscheinung f (das Erscheinen, Geist) apparition f; (Gestalt) personnage m

erschießen (irr) vt tuer (d'un coup de revolver od de fusil)

erschlagen (irr) vt assommer

erschöpfen vt épuiser

Erschöpfung f épuisement m

erschrak etc vb siehe **erschrecken**

erschrecken vt effrayer, faire peur à ▶ vi s'effrayer

erschreckend adj effrayant(e)

erschrocken adj effrayé(e)

erschüttern vt ébranler ; (ergreifen) bouleverser

Erschütterung f (von Gebäude) ébranlement m ; (von Mensch) bouleversement m

erschweren vt rendre (plus) difficile

erschwinglich adj abordable

ersetzen vt remplacer ; (erstatten) rembourser

ersichtlich adj (Grund) apparent(e)

ersparen vt : **jdm etw ~** épargner qch à qn

Ersparnis f économie f ; **~ an** +Dat économie de

---

erst

adv 1 d'abord ; (anfänglich) au début ; **mach ~ einmal deine Hausaufgaben, ehe du spielen gehst** fais tes devoirs avant d'aller jouer ; **da gings ~ richtig los** ça ne faisait que commencer
2 (nicht früher als) pas avant ; **~ gestern** pas plus tard qu'hier ; **~ morgen** pas avant demain ; **~ als** seulement quand, ce n'est que quand ; **wir fahren ~ später** nous partons plus tard (que prévu) ; **gerade ~** tout juste
3 : **jetzt ~ recht!** à plus forte raison !

---

erstatten vt (Unkosten) rembourser ; **Anzeige (gegen jdn) ~** porter plainte (contre qn) ; **Bericht ~** faire un rapport

erstaunen vt étonner
• **Erstaunen** (-s) nt étonnement m

erstaunlich adj étonnant(e)

erstbeste(r, s) adj premier(-ière) venu(e)

erste(r, s) adj premier(-ière)

erstellen vt (Gebäude) construire ; (Gutachten) établir

erstens adv premièrement, primo

ersticken vt étouffer ▶ vi : **an etw** Dat ~ s'étouffer avec qch

Erstickung f étouffement m

erstklassig adj (Ware) de premier choix ; (Hotel) de première classe ; (Essen) de première qualité

erstmalig adj premier(-ière)

erstmals adv pour la première fois

erstrebenswert adj enviable

erstrecken vr s'étendre

ertappen vt surprendre

erteilen vt donner

Ertrag (-(e)s, -e) m (Ergebnis von Arbeit) rendement m ; (Gewinn) bénéfice m, revenu m

ertragen (irr) vt supporter

erträglich adj supportable

ertränken vt noyer

ertrinken (irr) vi se noyer
• **Ertrinken** (-s) nt noyade f

erübrigen vt (Geld) économiser, épargner ; (Zeit) trouver ▶ vr être inutile

erwachsen adj adulte

Erwachsene(r) f(m) adulte mf

Erwachsenenbildung f formation f continue

erwähnen vt mentionner

Erwähnung f mention f

erwarten vt (warten auf) attendre ; **etw kaum ~ können** attendre qch avec impatience

Erwartung f attente f

erweisen (irr) vt (Ehre, Dienst) rendre ▸ vr: **sich als etw ~** s'avérer être qch ; **es hat sich erwiesen, dass ...** il s'est avéré que ...

Erwerb (-(e)s, -e) m acquisition f ; (Beruf) travail m

erwerben (irr) vt acquérir

erwerbslos adj sans emploi

Erwerbsquelle f source f de revenus, ressource f

erwerbstätig adj actif(-ive)

erwerbsunfähig adj invalide

erwidern vt répondre ; (Besuch) rendre

erwischen (fam) vt attraper, choper

erwünscht adj (Gelegenheit) rêvé(e)

erwürgen vt étrangler

Erz (-es, -e) nt minerai m

erzählen vt raconter

Erzählung f récit m

Erzengel m archange m

erzeugen vt produire ; (Angst) provoquer

Erzeugnis nt produit m

erziehen (irr) vt (Kind) élever ; (bilden) éduquer

Erzieher(in) (-s, -) m(f) éducateur(-trice)

Erziehung f éducation f

Erziehungsberechtigte(r) f(m) personne qui a l'autorité parentale

erzielen vt (Ergebnis) obtenir

erzwingen (irr) vt forcer, obtenir de force

es pron (Subjekt) il(elle) ; (Objekt) le (la) ; (unpersönlich) il ; **es regnet/ schneit** il pleut/neige

Esel (-s, -) m âne m

Eselsbrücke f (Gedächtnishilfe) moyen m mnémotechnique

Eselsohr (fam) nt (in Buch) corne f

Eskalation f escalade f

Espresso (-(s), -s od Espressi) m express m

essbar adj mangeable ; (Pilz) comestible

essen (irr) vt, vi manger • **Essen** (-s, -) nt repas m

Essenszeit f heure f du repas

Essig (-s, -e) m vinaigre m • **Essiggurke** f cornichon m (au vinaigre)

Esslöffel m cuiller f od cuillère f à soupe

Esszimmer nt salle f à manger

Estland nt l'Estonie f

etablieren vr s'établir

Etage f étage m

Etagenbett nt lits mpl superposés

Etappe f étape f

Etat (-s, -s) m budget m

Ethik f éthique f

ethisch adj éthique

ethnisch adj ethnique ; **~e Säuberung(saktionen** pl) f purification f ethnique

Etikett (-(e)s, -e) nt étiquette f

Etikette f étiquette f

etliche pron (sg) considérable ; **~s** pas mal de choses

etwa adv (ungefähr) environ ; (zum Beispiel) par exemple ; (möglicherweise, vielleicht) par hasard ; **nicht ~** non pas

etwaig adj éventuel(le)

etwas pron quelque chose ▶ adv un peu ; **noch ~ Kaffee/Wein?** encore un peu de café/vin ?

EU (-) f abk (= Europäische Union) UE f

EU-Befürworter(in) m(f) europhile mf

euch (Akk, Dat von ihr) pron vous

euer pron (possessiv) votre ; **eure Bücher** vos livres

EU-Erweiterung f élargissement m de l'UE

EU-Gegner(in) m(f) europhobe mf

EU-kritisch adj europhobe

Eule f chouette f, hibou m

eure(r, s) pron siehe **eure(r, s)**

EU-Erweiterung f élargissement m de l'UE

eurerseits adv de votre côté

euretwegen adv (für euch) pour vous ; (wegen euch) à cause de vous

Euro m euro m

Eurocent m euro-cent m, euro centime m

Europa nt l'Europe f

Europäer(in) (-s, -) m(f) Européen(ne)

europäisch adj européen(ne) ; **E~e Union** f Union f européenne ; **das E~e Parlament** le Parlement européen

Europameister m champion m d'Europe

Europaparlament nt Parlement m européen

Europarat m Conseil m de l'Europe

Europawahl f élections fpl européennes

Eurozone f Euroland m

Euter (-s, -) nt pis m

evakuieren vt évacuer

evangelisch adj protestant(e)

Evangelium nt évangile m

eventuell adj éventuel(le) ▶ adv éventuellement

ewig adj éternel(le) • Ewigkeit f éternité f

EWS nt abk (= Europäisches Währungssystem) SME m

EWU (-) f abk (= Europäische Währungsunion) UME f

exakt adj (Zahl) exact(e) ; (Arbeit) précis(e)

Examen (-s, - od Examina) nt examen m

Exemplar (-s, -e) nt exemplaire m • exemplarisch adj exemplaire

Exil (-s, -e) nt exil m

Existenz f existence f

Existenzminimum nt minimum m vital

existieren vi exister

exklusiv adj (Bericht) exclusif(-ive) ; (Gesellschaft) chic inv

exklusive präp +Gen non compris(e), sans

exotisch adj exotique

Expansion f expansion f

Expedition f expédition f ; (Écon) service m des expéditions

Experiment nt expérience f

experimentell adj expérimental(e)

experimentieren vi faire une expérience od des expériences

Experte (-n, -n) m, **Expertin** f expert m

explodieren vi exploser

Explosion f explosion f

explosiv adj explosif(-ive) ; (*Mensch*) d'un tempérament explosif

Export (-(e)s, -e) m exportation f

exportieren vt exporter

extra adj inv (fam: gesondert) à part ; (besondere) spécial(e) ▶ adv (gesondert) à part ; (speziell) spécialement ; (absichtlich) exprès • **Extra** (-s, -s) nt option f

Extrakt (-(e)s, -e) m extrait m

extrem adj extrême

extremistisch adj extrémiste

E-Zigarette f cigarette f électronique ; **eine ~ rauchen** od (fam) **dampfen** vapoter

Fabel (-, -n) f fable f • **fabelhaft** adj extraordinaire

Fabrik f usine f

Fabrikat nt produit m

Fach (-(e)s, ⁻er) nt rayon m ; (Schulfach) matière f, discipline f • **Facharbeiter(in)** m(f) ouvrier(-ière) spécialisé(e) • **Facharzt** m, **Fachärztin** f spécialiste mf (médecin)

Fächer (-s, -) m éventail m

Fachfrau f spécialiste f

Fachhochschule f ≈ institut m universitaire de technologie (I.U.T.)

fachlich adj professionnel(le)

Fachmann (-(e)s, -leute) m spécialiste m

Fachwerk nt colombage m

Fachwerkhaus nt maison f à colombage

Fackel (-, -n) f flambeau m

fad, fade adj fade

Faden (-s, ⁻) m fil m

fähig adj capable ; **zu allem ~ sein** être capable de tout • **Fähigkeit** f capacité f

fahnden *vi*: ~ **nach** rechercher
Fahndung *f* recherches *fpl*
Fahne *f* (*Flagge*) drapeau *m* ; **eine**
~ **haben** (*fam*) empester l'alcool
Fahrausweis *m* titre *m* de
transport
Fahrbahn *f* chaussée *f*
Fähre *f* bac *m* ; (*Autofähre*)
ferry(-boat) *m*
fahren (*irr*) *vt* (*lenken*) conduire ;
(: *Rad, Motorrad*) faire de ;
(*befördern*) transporter ▶ *vi* aller ;
(*fahren können*) conduire ;
(*abfahren*) partir ; **mit dem Zug/**
Auto ~ aller en train/en voiture ;
ein Gedanke fuhr ihm durch
den Kopf une idée lui passa par
la tête
Fahrer(in) (*-s, -*) *m(f)*
conducteur(-trice)
• **Fahrerflucht** *f* délit *m* de fuite
Fahrgast *m* passager(-ère) *m/f*
Fahrgestell *nt* châssis *m* ; (*Aviat*)
train *m* d'atterrissage
Fahrkarte *f* billet *m*
Fahrlässigkeit *f* négligence *f*
Fahrplan *m* horaire *m*
fahrplanmäßig *adj, adv* à l'heure
prévue
Fahrpreis *m* prix *m* du billet
Fahrrad *nt* bicyclette *f*, vélo *m*
Fahrradweg *m* piste *f* cyclable
Fahrschein *m* ticket *m*
Fahrscheinentwerter *m*
composteur *m*
Fahrschule *f* auto-école *f*
Fahrstuhl *m* ascenseur *m*
Fahrt (*-, -en*) *f* voyage *m*
Fahrtkosten *pl* frais *mpl* de
déplacement
Fahrzeug *nt* véhicule *m*

Fahrzeughalter (*-s, -*) *m*
propriétaire *m* d'un véhicule
fair *adj* équitable
Faktor *m* facteur *m*
Fakultät *f* faculté *f*
Falke (*-n, -n*) *m* faucon *m*
Fall (*-(e)s, ⸚e*) *m* (*Sturz, Untergang*)
chute *f* ; (*Sachverhalt, Ling, Méd*)
cas *m* ; (*Jur*) affaire *f* ; **auf jeden ~,**
auf alle Fälle en tout cas ; **auf**
keinen ~! il n'en est pas question !
Falle *f* piège *m*
fallen (*irr*) *vi* tomber ; (*Bemerkung*)
être fait(e) ; (*Tor*) être marqué(e) ;
~ **lassen** (*Bemerkung*) laisser
échapper ; (*Plan*) renoncer à
fällen *vt* (*Baum*) abattre ; (*Urteil*)
rendre
fällig *adj* (*Wechsel, Zinsen*) dû(due),
arrivé(e) à échéance ; (*Bus, Zug*)
attendu(e)
falls *konj* au cas où
Fallschirm *m* parachute *m*
Fallschirmspringer(in) *m(f)*
parachutiste *mf*
falsch *adj* faux(fausse)
fälschen *vt* contrefaire
Falschfahrer(in) *m(f)*
automobiliste *mf* circulant à
contresens
fälschlich *adj* faux(fausse),
erroné(e)
Fälschung *f* contrefaçon *f*
fälschungssicher *adj*
infalsifiable
Faltblatt *nt* dépliant *m*
Falte *f* pli *m* ; (*in Haut*) ride *f*
falten *vt* plier ; (*Hände*) joindre
Familie *f* famille *f*
Familienmitglied *nt* membre *m*
de la famille

Familienname m nom m de famille

Familienplanung f planning m familial

Familienstand m état m civil

Familienvater m père m de famille

Fan(-s, -s) m fan m

Fanatiker(in)(-s, -) m(f) fanatique mf

Fanatismus m fanatisme m

fand etc vb siehe **finden**

Fang(-(e)s, ⸗e) m capture f; (Beute) prise f; **Fänge** pl (Zähne) crocs mpl; (Krallen) serres fpl

fangen (irr) vt attraper ▶ vr (nicht fallen) retrouver son équilibre; (seelisch) se reprendre

Fanmeile f fan zone f

Fantasie f imagination f

fantasieren vi fantasmer; (Méd) délirer

fantastisch adj fantastique

Farbaufnahme f photo f en couleurs

Farbe f couleur f; (Malerfarbe) peinture f

farbecht adj grand teint inv

färben vi déteindre ▶ vt teindre ▶ vr (Blätter) jaunir

Farbfernsehen nt télévision f (en) couleur

Farbfilm m film m en couleur

farbig adj (bunt) coloré(e); (Mensch) de couleur

farblos adj incolore; (fig) terne

Farn(-(e)s, -e) m fougère f

Fasan(-(e)s, -e(n)) m faisan m

Fasching(-s, -e od -s) m carnaval m

Faschismus m fascisme m

Faschist(in) m(f) fasciste mf

faseln vi (Unsinn reden) radoter

Faser(-, -n) f fibre f

fasern vi s'effilocher

Fass(-es, ⸗er) nt tonneau m

Fassade f façade f

fassen vt saisir; (Verbrecher) arrêter; (enthalten) contenir; (Beschluss, Vertrauen) prendre ▶ vr se ressaisir

Fassung f (Umrahmung, Einfassung) monture f; (bei Lampe) douille f; (Textversion) version f; (Beherrschung) contenance f; **jdn aus der ~ bringen** faire perdre contenance à qn

fassungslos adj consterné(e)

fast adv presque

fasten vi jeûner • **Fastenzeit** f carême m

Fastnacht f carnaval m

faszinieren vt fasciner

fatal adj fatal(e)

faul adj (Person) paresseux(-euse); (Essen, Obst etc) pourri(e); (péj: Witz, Ausrede) mauvais(e)

faulen vi pourrir

faulenzen vi paresser

Faulheit f paresse f

faulig adj putride

Faust(-, Fäuste) f poing m; **auf eigene ~** de sa propre initiative

Favorit(in)(-en, -en) m(f) favori(-ite)

Fax(-es, -e) nt fax m

faxen vt, vi faxer

Fazit(-s, -s) nt bilan m

FCKW(-s, -s) m abk (= Fluorchlorkohlenwasserstoff) CFC m

Februar (-(s), -e) *m* février *m*

fechten (irr) vi (kämpfen) se battre ; (Sport) faire de l'escrime

Feder (-, -n) *f* plume *f* ; (Tech) ressort *m* • **Federball** *m* volant *m* ; (Spiel) badminton *m*

Federung *f* (bei Auto) suspension *f* ; (bei Bett, Polster) ressorts *mpl*

Fee *f* fée *f*

fegen vt balayer

fehl adj : **~ am Platz** od **Ort sein** être déplacé(e)

fehlen vi manquer ; (Mensch) être absent(e) ; **was fehlt Ihnen?** qu'est-ce qui ne va pas ?

Fehler (-s, -) *m* faute *f*, erreur *f* ; (Mangel, Schwäche) défaut *m* • **Fehlerbeseitigung** *f* (Inform) débogage *m* • **fehlerfrei** adj irréprochable, impeccable • **fehlerhaft** adj défectueux(-euse) • **Fehlermeldung** *f* (Inform) message *m* d'erreur

Fehlgeburt *f* fausse couche *f*

Fehlschlag *m* échec *m*

Fehlstart *m* (Sport) faux départ *m*

Fehlzündung *f* (Aut) raté *m*

Feier (-, -n) *f* fête *f* • **Feierabend** *m* fin *f* du travail ; **~ machen** avoir fini sa journée de travail

feierlich adj solennel(le) • **Feierlichkeit** *f* solennité *f*

feiern vt, vi fêter

Feiertag *m* jour *m* férié

feig, feige adj lâche

Feige *f* figue *f*

Feigheit *f* lâcheté *f*

Feigling *m* lâche *m*

Feile *f* lime *f*

feilen vt, vi limer

feilschen vi marchander

fein adj (a.fig) fin(e) ; (vornehm) distingué(e) ; **~!** très bien !

Feind(in) (-(e)s, -e) *m(f)* ennemi(e) • **Feindbild** *nt* idée préconçue de l'ennemi • **feindlich** adj hostile • **Feindschaft** *f* inimitié *f* • **Feindseligkeit** *f* hostilité *f*

Feinheit *f* finesse *f*

Feinkostgeschäft *nt* épicerie *f* fine

Feinschmecker (-s, -) *m* gourmet *m*

Feinstaub *m* particules *fpl* fines

Feld (-(e)s, -er) *nt* (Acker) champ *m* ; (Gebiet) domaine *m* ; (Sport) peloton *m*

Feldzug *m* campagne *f*

Felge *f* jante *f*

Fell (-(e)s, -e) *nt* poil *m*, pelage *m* ; (von Schaf) toison *f* ; (verarbeitetes Fell) fourrure *f*

Fels (-en, -en) *m* = **Felsen**

Felsen (-s, -) *m* rocher *m*

felsig adj rocheux(-euse)

Feminismus *m* féminisme *m*

Feministin *f* féministe *f*

feministisch adj féministe

Fenchel (-s) *m* fenouil *m*

Fenster (-s, -) *nt* fenêtre *f* • **Fensterladen** *m* volet *m* • **Fensterscheibe** *f* vitre *f*

Ferien pl vacances *fpl* • **Ferienkurs** *m* cours *m* d'été od de vacances • **Ferienlager** *nt* colonie *f* de vacances • **Ferienwohnung** *f* appartement *m* (pour les vacances)

Ferkel (-s, -) *nt* porcelet *m*

fern adj lointain(e) ▸ präp +Gen loin de • **Fernbedienung** f télécommande f

Ferne f lointain m

ferner konj (außerdem) en outre

Ferngespräch nt communication f interurbaine

ferngesteuert adj téléguidé(e)

Fernglas nt jumelles fpl

fern|halten (irr) vt: **(sich)** ~ (se) tenir à l'écart

Fernheizung f chauffage m urbain

Fernrohr nt longue-vue f

Fernsehapparat m poste m de télévision

fern|sehen (irr) vi regarder la télévision • **Fernsehen** (-s) nt télévision f; **im** ~ à la télévision

Fernseher m télé f

Fernsprecher m téléphone m

Fernsprechzelle f cabine f téléphonique

Fernverkehr m trafic m longue distance

Ferse f talon m

fertig adj prêt(e); (beendet, vollendet) fini(e); (fam: ausgebildet) qui a fini sa formation; ~ **machen** (beenden) terminer; **mit jdm/etw** ~ **werden** venir à bout de qn/qch • **fertig|bringen** (irr) vt: **es** ~, **etw zu tun** arriver à faire qch

fertig|machen (fam) vt (ermüden) épuiser; (abkanzeln) démolir

Fessel (-, -n) f lien m

fesseln vt (Gefangenen) ligoter; (fig) captiver

fesselnd adj captivant(e)

fest adj ferme; (Nahrung, Stoff) solide; (Preis, Wohnsitz, Anstellung)

fixe; (Bindung) sérieux(-euse); (Schlaf) profond(e)

Fest (-(e)s, -e) f fête f

Festessen nt banquet m

fest|halten (irr) vt (Gegenstand) tenir; (Ereignis) immortaliser ▸ vi: **an etw** Dat ~ (Meinung, Glauben) ne pas démordre de qch ▸ vr: **sich an etw** Dat ~ s'accrocher à qch

festigen vt consolider, renforcer

Festival (-s, -s) nt festival m

Festland nt continent m

fest|legen vt fixer ▸ vr (sich entscheiden) se décider

festlich adj de fête

fest|machen vt fixer

Festnahme f arrestation f

fest|nehmen (irr) vt arrêter

Festnetz nt téléphonie f fixe

Festplatte f (Inform) disque m dur

fest|setzen vt fixer

Festspiele pl festival msg

fest|stehen (irr) vi être fixé(e)

fest|stellen vt constater

Festung f forteresse f

fett adj gras(se)

Fett (-(e)s, -e) nt graisse f

fetten vt graisser

Fettfleck m tache f de gras

Fettgehalt m teneur f en graisse

fettig adj gras(se)

Fetzen (-s, -) m lambeau m

feucht adj humide
 • **Feuchtigkeit** f humidité f
 • **Feuchtigkeitscreme** f crème f hydratante • **Feuchttuch** nt lingette f

Feuer (-s, -) nt feu m; ~ **fangen** prendre feu; (fig) s'enflammer
 • **feuerfest** adj (Geschirr) allant au

four • **feuergefährlich** adj inflammable • **Feuerlöscher** (-s, -) m extincteur m • **Feuermelder** (-s, -) m avertisseur m d'incendie

feuern vi (schießen) tirer ; (heizen): **mit Öl/Holz** ~ se chauffer au fioul/au bois ▸ vt (schleudern) balancer ; (entlassen) virer ; **jdm eine ~** (fam) donner une baffe à qn

Feuerwehr (-, -en) f sapeurs-pompiers mpl

Feuerwehrmann m pompier m

Feuerwerk nt feu m d'artifice

Feuerzeug nt briquet m

feurig adj (Liebhaber) passionné(e)

Fichte f épicéa m

Fieber (-s, -) nt fièvre f • **fieberhaft** adj fiévreux(-euse)

Fieberthermometer nt thermomètre m (médical)

fiel etc vb siehe **fallen**

fies (fam) adj dégoûtant(e)

Figur (-, -en) f (Körperform) silhouette f, stature f ; (Mensch) personnage m ; (Spielfigur) pion m ; (: Schachfigur) pièce f

Filiale f succursale f

Film (-(e)s, -e) m (Spielfilm) film m ; (Phot) pellicule f

filmen vt filmer

Filmkamera f caméra f

Filter (-s, -) m filtre m

filtern vt filtrer

Filterpapier nt papier-filtre m

Filterzigarette f cigarette f à bout filtre

Filz (-es, -e) m feutre m

Filzschreiber m, **Filzstift** m feutre m, stylo-feutre m

Finale (-s, -(s)) nt finale f

Finanzamt nt perception f

Finanzen pl finances fpl

finanziell adj financier(-ière)

finanzieren vt financer

Finanzminister m ministre m des Finances

finden (irr) vt trouver ; **ich finde nichts dabei, wenn …** je ne trouve rien de mal à ce que …

Finder(in) (-s, -) m(f) celui(celle) qui trouve • **Finderlohn** m récompense f

fing etc vb siehe **fangen**

Finger (-s, -) m doigt m • **Fingerabdruck** m empreinte f digitale • **Fingernagel** m ongle m • **Fingerspitzengefühl** nt doigté m

Fink (-en, -en) m pinson m

finnisch adj finnois(e), finlandais(e)

Finnland nt la Finlande

finster adj sombre ; (unheimlich) sinistre • **Finsternis** f obscurité f

Firewall (-, -s) f (Inform) pare-feu m

Firma (-, Firmen) f entreprise f

Fisch (-(e)s, -e) m poisson m ; **Fische** mpl (Astr) Poissons mpl

fischen vt, vi pêcher

Fischer (-s, -) m pêcheur m

Fischerei f pêche f

Fischfang m pêche f

Fischstäbchen nt bâtonnet m de poisson

fit adj en forme • **Fitness** (-) f forme f physique • **Fitnesscenter** nt centre m de remise en forme

Fitnesstrainer(in) m(f) professeur mf de fitness

fix adj (flink) rapide ; (gleichbleibend) fixe ; **~ und fertig** (völlig fertig) tout(e) prêt(e) ; (fam: erschöpft) complètement crevé(e)

fixen (fam) vi (Drogen spritzen) se shooter

Fixer(in) (-s, -) m(f) drogué(e) (qui se shoote)

fixieren vt fixer

flach adj plat(e)

Fläche f surface f, superficie f

flächendeckend adj (Telefonnetz, Verkehrsnetz) qui couvre l'ensemble du territoire

Flachland nt plaine f

Fladenbrot nt pain m plat

Flagge f pavillon m

flämisch adj flamand(e)

Flamme f flamme f

Flandern nt la Flandre, les Flandres fpl

Flanke f flanc m ; (Sport) aile f

Flasche f bouteille f ; (fam: Versager) cloche f

Flaschenbier nt bière f en bouteille od canette

Flaschenöffner m ouvre-bouteilles m, décapsuleur m

Flaschenpfand nt consigne f

flatterhaft adj volage

flattern vi voleter ; (Wäsche) flotter au vent

flau adj (schwach: Brise) faible ; (Écon, Fin) stagnant(e) ; **jdm ist ~** qn se sent mal

flauschig adj duveteux(-euse)

Flausen pl (Unsinn) bêtises fpl

Flaute f calme m (plat) ; (Écon) stagnation f

Flechte f tresse f, natte f ; (Méd) lichen m (dermatose à pellicules ou à croûtes)

flechten (irr) vt tresser

Fleck (-(e)s, -e) m tache f ; (fam: Ort, Stelle) endroit m

Fleckenmittel nt détachant m

fleckig adj taché(e)

Fledermaus f chauve-souris f

Fleisch (-(e)s) nt (Culin) viande f ; (Anat) chair f • **Fleischbrühe** f bouillon m (gras)

Fleischer (-s, -) m boucher m

Fleischerei f boucherie f

fleischig adj charnu(e)

Fleischwolf m hachoir m (à viande) (appareil)

Fleiß (-es) m application f

fleißig adj assidu(e)

flexibel adj flexible, souple

flexibilisieren vt flexibiliser

flicken vt raccommoder, rapiécer

Flieder (-s, -) m lilas m

Fliege f mouche f ; (Querbinder) nœud m papillon

fliegen (irr) vi voler ; (: hinfallen) s'étaler ▶ vt (Flugzeug) piloter ; (Menschen) transporter (par avion)

Fliegenpilz m tue-mouches m

Flieger (-s, -) m (Pilot) aviateur m

fliehen (irr) vi fuir ; **vor etw** Dat **~** fuir (devant) qch

Fliese f carreau m

Fließband nt chaîne f (de montage)

fließen (irr) vi couler

fließend adj (Wasser, Rede, Deutsch) courant(e) ▶ adv: **sie spricht ~ Deutsch** elle parle couramment l'allemand

flimmern vi scintiller ; **das Bild flimmert** (TV, Ciné) l'image est mal réglée

flink adj agile, vif(vive)

Flirt (-s, -s) m flirt m
flirten vi flirter
Flitterwochen pl lune fsg de miel
flitzen vi (fam) filer (comme une flèche)
flocht etc vb siehe **flechten**
flog etc vb siehe **fliegen**
floh etc vb siehe **fliehen**
Floh (-(e)s, ⸚e) m puce f
Flohmarkt m marché m aux puces
Flop (-s, -s) m (Misserfolg) flop m
Floskel (-, -n) f formule f (toute faite)
Floß (-es, ⸚e) nt radeau m
floss etc vb siehe **fließen**
Flosse f (Fischflosse, Robbenflosse) nageoire f; (Taucherflosse) palme f
Flöte f flûte f
flott adj (schnell) rapide ; (Musik) entraînant(e) ; (chic) chic inv ; (Naut) à flot
Flotte f flotte f, marine f
Fluch (-(e)s, ⸚e) m juron m
fluchen vi jurer ; **auf jdn/über etw ~** pester contre qn/qch
Flucht (-, -en) f fuite f
fluchtartig adj précipité(e)
flüchten vi fuir ▸ vr (Schutz suchen) se réfugier
flüchtig adj (oberflächlich) superficiel(le) ; (kurz: Blick, Besuch) rapide • **Flüchtigkeitsfehler** m faute f d'inattention
Flüchtling m réfugié(e) m/f
Flug (-(e)s, ⸚e) m vol m
  • **Flugbegleiter(in)** m(f) steward m, hôtesse f de l'air • **Flugblatt** nt tract m

Flügel (-s, -) m aile f; (Fensterflügel, Türflügel) battant m; (Konzertflügel) piano m à queue
Fluggast m passager(-ère) m/f
flügge adj (Vogel) prêt(e) à quitter le nid ; (Mensch) capable de voler de ses propres ailes
Fluggesellschaft f compagnie f aérienne
Flughafen m aéroport m
Flugkarte f billet m d'avion
Fluglotse m aiguilleur m du ciel
Flugmodus m mode m avion
Flugplan m horaire m des vols
Flugplatz m aérodrome m
Flugschein m billet m d'avion ; (des Piloten) brevet m de pilote
Flugschreiber m boîte f noire
Flugsteig m salle f d'embarquement
Flugticket nt billet m d'avion
Flugverkehr m trafic m aérien
Flugzeug nt avion m
  • **Flugzeugentführung** f détournement m d'avion
Flunder (-, -n) f flet m
Flur (-(e)s, -e) m (Wohnungsflur) corridor m
Fluss (-es, ⸚e) m rivière f; (ins Meer fließend) fleuve m ; (Fließen) flot m
flüssig adj liquide ; (Verkehr) fluide ; (Stil) coulant(e)
  • **Flüssigkeit** f liquide m ; (von Metall, Stil) fluidité f
flüstern vi, vt chuchoter
Flut (-, -en) f (Gezeiten) marée f haute ; (Wassermassen, fig) flot m
Flutlicht nt projecteurs mpl
focht etc vb siehe **fechten**
Fohlen (-s, -) nt poulain m

f

Föhn (-(e)s, -e) m (Wind) foehn m ;
(Haartrockner) sèche-cheveux m inv

föhnen vt sécher (au
sèche-cheveux)

Föhre f pin m (sylvestre)

Folge f (Reihenfolge) série f ;
(Auswirkung, Ergebnis) suite f ;
etw zur ~ haben entraîner qch ;
~n haben avoir des
conséquences

folgen vi +Dat suivre ; (gehorchen)
obéir

folgend adj suivant(e)

folgendermaßen adv de la
manière suivante

folgern vt conclure à

Folgerung f conclusion f

folglich adv en conséquence, par
conséquent

folgsam adj obéissant(e)

Folie f film m, pellicule f

Folter (-, -n) f torture f

foltern vt torturer

Fonds (-, -) m fonds m

fordern vt exiger

fördern vt (Mensch, Talent,
Neigung) encourager ; (Plan)
favoriser ; (Kohle) extraire

Forderung f exigence f

Forelle f truite f

Form (-, -en) f forme f ; (Gussform,
Backform) moule m ; **in ~ sein**
être en forme ; **in ~ von** sous
forme de

Format nt format m ; (fig: Niveau)
niveau m

formatieren vt formater

Formation f formation f

Formel f formule f

formell adj formel(le)

formen vt former

förmlich adj (offiziell) officiel(le)
▶ adv (fam: geradezu)
pratiquement • **Förmlichkeit** f
formalité f ; (Benehmen)
cérémonie f

formlos adj informe ; (Antrag,
Brief) tout(e) simple, sans
(aucune) formalité

Formular (-s, -e) nt formulaire m

formulieren vt formuler

Formulierung f formulation f

forsch adj résolu(e), énergique

forschen vi (wissenschaftlich) faire
de la recherche

Forscher(in) (-s, -) m(f)
chercheur(-euse)

Forschung f recherche f

Förster(in) (-s, -) m(f) garde m
forestier

Forstwirtschaft f sylviculture f

fort adv (weg) loin • **fort|bestehen**
(irr) vi persister, survivre
• **fort|bewegen** vt déplacer ▶ vr
se déplacer • **fort|bilden** vr
poursuivre sa formation
• **Fortbildung** f: **berufliche ~**
formation f professionnelle
• **Fortdauer** f prolongation f
• **fort|fahren** (irr) vi (wegfahren)
partir ; (weitermachen, fortsetzen)
continuer • **fort|gehen** (irr) vi s'en
aller, partir • **fortgeschritten** adj
avancé(e) • **Fortpflanzung** f
reproduction f

Fortschritt m progrès m
• **fortschrittlich** adj progressiste

fort|setzen vt continuer

Fortsetzung f continuation f,
suite f ; **~ folgt** à suivre

fortwährend adj constant(e),
continuel(le)

Foto(-s, -s) nt photo f
• **Fotoapparat**(-s, -s) m appareil-photo m • **Fotobuch** nt livre m photo • **Fotograf(in)** (-en, -en) m(f) photographe mf • **Fotografie** f photographie f • **fotografieren** vt photographier ▶ vi faire de la photo • **Fotokopie** f photocopie f • **fotokopieren** vt photocopier • **Fotokopierer** m photocopieuse f

Foul(-s, -s) nt faute f

Fracht(-, -en) f chargement m ; (Naut) cargaison f

Frachter(-s, -) m cargo m

Frack(-(e)s, =e) m frac m, habit m

Fracking nt fracturation f hydraulique, fracking m

Frage f question f • **Fragebogen** m questionnaire m

fragen vt interroger ▶ vi demander

Fragezeichen nt point m d'interrogation

fraglich adj (zweifelhaft) incertain(e) ; (betreffend) en question

fraglos adv incontestablement

Fragment nt fragment m

fragwürdig adj douteux(-euse)

Fraktion f (Pol) groupe m parlementaire

Franken(-, -) m (Schweizer Franken) franc m (suisse)

frankieren vt affranchir

franko adv (Poste) franco

Frankreich nt la France

Franse f frange f

Franzose(-n, -n) m, **Französin** f Français(e)

französisch adj français(e) • **Französisch** nt (Ling) français m

fraß etc vb siehe **fressen**

Fratze f (Grimasse) grimace f

Frau(-, -en) f femme f ; (Anrede) Madame f ; **~ Doktor** Docteur m

Frauenarzt m gynécologue m

Frauenbewegung f mouvement m de libération de la femme

frauenfeindlich adj misogyne

Frauenhaus nt centre m d'hébergement pour femmes battues

Fräulein nt demoiselle f ; **„~"** « Mademoiselle »

fraulich adj féminin(e)

Freak(-s, -s) (fam) m enragé(e) m/f, mordu(e) m/f

frech adj insolent(e) ; (keck) coquin(e) • **Frechheit** f insolence f

Fregatte f frégate f

frei adj libre ; (Arbeitsstelle) vacant(e), à pourvoir ; (Mitarbeiter) indépendant(e), free-lance inv ; (Aussicht) dégagé(e) ; **im F~en** en plein air • **Freibad** nt piscine f en plein air • **freiberuflich** adj indépendant(e)

freigebig adj généreux(-euse)

Freiheit f liberté f

Freiheitsstrafe f peine f de prison

Freikarte f billet m gratuit

frei|kommen (irr) vi être libéré(e)

frei|lassen (irr) vt (Gefangenen) libérer ; (Tier) remettre en liberté

freilich adv cependant ; **ja ~!** mais certainement !

Freilichtbühne f théâtre m en plein air

frei|machen vt (Poste) affranchir ▶ vr (entkleiden, beim Arzt) se déshabiller ; (freie Zeit erübrigen) se libérer

frei|nehmen (irr) vt: **sich** Dat **einen Tag ~** prendre un jour de congé

Freisprechanlage f (Tél) pack m od kit m mains libres

frei|sprechen (irr) vt: **jdn (von etw) ~** acquitter od décharger qn (de qch)

Freispruch m acquittement m

frei|stellen vt: **jdm etw ~** laisser qn décider qch

Freistoß m coup m franc

Freitag m vendredi m

freitags adv le vendredi

freiwillig adj volontaire

Freiwillige(r) f(m) volontaire mf

Freizeit f temps m libre

Freizeitgestaltung f organisation f des loisirs

Freizeitpark m parc m de loisirs, parc m d'attractions

freizügig adj (unbürgerlich) libre ; (mit Geld) généreux(-euse)

fremd adj étranger(-ère)

Fremde(r) f(m) étranger(-ère) m/f

fremdenfeindlich adj hostile aux étrangers

Fremdenführer(in) m(f) guide m

Fremdenverkehr m tourisme m

Fremdenverkehrsamt nt office m du tourisme

Fremdenzimmer nt: „~" « chambres à louer »

fremd|gehen (irr: fam) vi être infidèle

Fremdkörper m corps m étranger

Fremdsprache f langue f étrangère

Fremdwort nt mot m étranger

Frequenz f fréquence f

fressen (irr) vt (suj : Tier) manger ; (: Mensch : fam) bouffer

Freude f joie f

freudig adj joyeux(-euse)

freuen vt unpers faire plaisir à ▶ vr être content(e) od enchanté(e), se réjouir ; **es freut mich, dass ...** je suis heureux(-euse) que ... ; **sich auf etw** Akk **~** attendre qch avec impatience

Freund (-(e)s, -e) m ami m
• **Freundin** f amie f • **freundlich** adj (Mensch, Miene) aimable ; (Wohnung, Gegend) accueillant(e) ; **würden Sie bitte so ~ sein und das tun?** auriez-vous l'amabilité de faire cela ? • **freundlicherweise** adv aimablement
• **Freundlichkeit** f amabilité f
• **Freundschaft** f amitié f
• **freundschaftlich** adj amical(e)

Frieden (-s, -) m paix f

Friedensbewegung f mouvement m pour la paix

Friedenstruppe f force f d'interposition

Friedensvertrag m traité m de paix

Friedhof m cimetière m

friedlich adj paisible

frieren (irr) vi avoir froid ▶ vi unpers geler

Frikadelle f boulette f de viande hachée

Frisbee (-, -s) *nt* frisbee *m*

frisch *adj* frais(fraîche) ; **~ gestrichen!** peinture fraîche ! ; **sich ~ machen** faire un brin de toilette

Frische *f* fraîcheur *f*

Frischhaltefolie *f* film *m* alimentaire

Friseur (-s, -e) *m*, **Friseuse** *f* coiffeur(-euse)

frisieren *vt* coiffer ; (*Abrechnung*) truquer ; (*Motor*) trafiquer

Frisör *m* = **Friseur**

Frist (-, -en) *f* délai *m* ; (*Termin*) date *f* limite

fristen *vt* : **ein kümmerliches Dasein ~** mener une existence misérable

fristlos *adj* sans préavis

Frisur *f* coiffure *f*

Frl. *abk* (= *Fräulein*) Mlle

froh *adj* joyeux(-euse) ; **ich bin ~, dass ...** je suis content(e) que ...

fröhlich *adj* joyeux(-euse), gai(e) • **Fröhlichkeit** *f* gaieté *f*

fromm *adj* pieux(-euse) ; **ein ~er Wunsch** un vain espoir

Frömmigkeit *f* piété *f*

Fronleichnam (-(e)s) *m* Fête-Dieu *f*

Front (-, -en) *f* (*von Gebäude*) façade *f* ; (*Mil*) front *m*

frontal *adj, adv* de plein fouet, de front

fror *etc vb siehe* **frieren**

Frosch (-(e)s, ·e) *m* grenouille *f* • **Froschschenkel** *m* cuisse *f* de grenouille

Frost (-(e)s, ·e) *m* gel *m*

frösteln *vi* frissonner

Frostschutzmittel *nt* antigel *m*

Frottee (-(s), -s) *nt od m* tissu *m* éponge

Frottierhandtuch, Frottiertuch *nt* serviette *f* éponge

Frucht (-, ·e) *f* fruit *m* • **fruchtbar** *adj* fertile ; (*Frau, Tier*) fécond(e) ; (*fig*) fructueux(-euse) • **Fruchtbarkeit** *f* fertilité *f* ; (*von Frau, Tier*) fécondité *f*

früh *adj* (*Winter, Tod, Obst*) précoce ▶ *adv* tôt, de bonne heure ; **heute ~** ce matin

früher *adj* ancien(ne) ▶ *adv* autrefois

frühestens *adv* au plus tôt

Frühgeburt *f* (*Kind*) prématuré(e) *m/f*

Frühjahr *nt* printemps *m*

Frühjahrsmüdigkeit *f* fatigue *f* de printemps

Frühling *m* printemps *m*

frühreif *adj* précoce

Frühstück *nt* petit déjeuner *m*

frühstücken *vi* prendre le petit déjeuner

Frühstücksbüfett *nt* buffet *m* pour le petit déjeuner

Frust (-(e)s) (*fam*) *m* frustration *f*

frustrieren *vt* frustrer

Fuchs (-es, ·e) *m* renard *m*

fühlen *vt* sentir ; (*abtasten*) tâter ▶ *vi* sentir ▶ *vr* se sentir ; **mit jdm ~** comprendre les sentiments de qn

fuhr *etc vb siehe* **fahren**

führen *vt* (*leiten*) être à la tête de ; (*begleiten, beeinflussen*) conduire ; (*als Fremdenführer*) guider ; (*Geschäft, Haushalt, Liste*) tenir ; (*Waren*) avoir, vendre ▶ *vi* mener

Führer(in) m(f) (von Land, Gruppe) leader m ; (Fremdenführer) guide m • **Führerschein** m permis m de conduire

Führung f conduite f ; (eines Unternehmens) direction f ; (Besichtigung mit Führer) visite f guidée

füllen vt remplir ; (Zahn) plomber ; (Culin) farcir ▶ vr: **sich mit etw ~** se remplir de qch

Füller (-s, -) m stylo m plume od à encre

Füllung f remplissage m ; (Culin) farce f

fummeln (fam) vi: **an etw** Dat **~** tripoter qch

Fund (-(e)s, -e) m trouvaille f, découverte f

Fundament nt (von Gebäude) fondations fpl ; (Grundlage, Basis) fondement m • **fundamental** adj fondamental(e)

Fundamentalismus m fondamentalisme m

Fundbüro nt bureau m des objets trouvés

Fundgrube f (fig) mine f

fundiert adj (Wissen) approfondi(e), solide

fünf num cinq • **fünfhundert** num cinq cent(s) • **fünfjährig** adj de cinq ans • **Fünfprozentklausel** f clause f des cinq pour cent

fünfte(r, s) adj cinquième

Fünftel (-s, -) nt cinquième m

fünfzehn num quinze

fünfzig num cinquante

fungieren vi: **als etw ~** faire fonction de qch

Funk (-s) m radio f

Funke (-ns, -n) m étincelle f

funkeln vi étinceler

funken vi (durch Funk) transmettre par radio ▶ vt envoyer (par radio)

Funken (-s, -) m = **Funke**

Funker (-s, -) m opérateur m radio

Funkgerät nt poste m de radio

Funkhaus nt maison f de la radio

Funkstreife f voiture f de police (munie d'une radio)

Funktaxi nt radio-taxi m

Funktion f fonction f

funktionieren vi fonctionner

funktionsfähig adj capable de fonctionner

Funktionskleidung f vêtements mpl techniques

Funktionstaste f touche f de fonction

für präp +Akk pour ; **was ~ ein/ eine ...?** quelle sorte de ... ?

Furcht f crainte f • **furchtbar** adj terrible, effroyable ; (fam: schrecklich) affreux(-euse)

fürchten vt craindre ▶ vr: **sich (vor jdm/etw) ~** avoir peur (de qn/qch)

fürchterlich adj terrible

füreinander adv l'un(e) pour l'autre

Fürst (-en, -en) m prince m

Fürstentum nt principauté f

fürstlich adj princier(-ière)

Fürwort nt pronom m

Fusion f fusion f

Fuß (-es, -e) m pied m ; (von Tier) patte f ; **zu ~** à pied • **Fußball** m football m ; (Ball) ballon m de football • **Fußballspiel** nt match m de football • **Fußballspieler** m footballeur m • **Fußboden** m plancher m

Fußgänger(in) (-s, -) m(f)
piéton(ne)
Fußgängerzone f zone f
piétonnière od piétonne
Fußpfleger(in) m(f) pédicure mf
Fußtritt m coup m de pied
Fußweg m (Pfad) sentier m
Futter (-s, -) nt nourriture f (pour
animaux), fourrage m ; (Stoff)
doublure f
futtern (fam) vt, vi bouffer
füttern vt donner à manger à ;
(Kleidung) doubler
Futur (-s, -e) nt futur m

g

g

gab etc vb siehe **geben**
Gabe f don m
Gabel (-, -n) f (Essgabel) fourchette
f ; (Mistgabel, Heugabel, Astgabel)
fourche f
gabeln vr bifurquer
G-8 f abk (Pol) G8 m
G8 (-) nt cursus scolaire d'une durée de
12 ans jusqu'au Abitur
gackern vi caqueter
gaffen vi regarder bouche bée
Gage f cachet m
gähnen vi bâiller
Galerie f galerie f
Galgen (-s, -) m (zur Todesstrafe)
potence f
Galle f (Organ) vésicule f biliaire
galt etc vb siehe **gelten**
Gamer(in) (-s, -) m(f) (Inform)
joueur(-euse) (de jeux vidéo)
Gameshow (-, -s) f jeu m télévisé
gammeln (fam) vi (Mensch) glander
gang adj: **~ und gäbe sein** être
courant
Gang (-(e)s, ⸚e) m (Gangart)
démarche f ; (Ablauf, Verlauf)

cours m ; (in Haus, Zug) couloir m ;
(Aut) vitesse f ; **in ~ bringen**
(Motor, Maschine) mettre en
marche ; (Sache, Vorgang) lancer ;
in ~ sein (Sache) être en cours
Gangschaltung f (an Fahrrad)
dérailleur m
Gangway (-, -s) f passerelle f
Gans (-, ¨e) f oie f ; **dumme ~**
(fam) sotte f
Gänseblümchen nt
pâquerette f
Gänsehaut f: **eine ~ haben** od
bekommen avoir la chair de
poule
ganz adj: **der/die ~e ...** tout(e)
le(la) ... ; (vollständig, auch Zahl)
entier(-ière) ; (nicht kaputt)
intact(e) ▶ adv (ziemlich) assez ;
(völlig) complètement ; **eine ~e**
Menge beaucoup (de) ; **~ und**
gar complètement ; **~ und gar**
nicht absolument pas
gänzlich adv complètement
ganztags adv (arbeiten) à plein
temps
Ganztagsschule f école f toute
la journée
gar adj (durchgekocht) cuit(e) ▶ adv:
~ nicht/nichts pas/rien du tout ;
~ keiner personne ; **~ nicht**
schlecht pas mal du tout
Garage f garage m
Garantie f garantie f
garantieren vt garantir
Garde f garde f ; **die alte ~** la
vieille garde
Garderobe f (Kleidung)
garde-robe f ; (Ablage) vestiaire m
Gardine f rideau m
gären (irr) vi (Wein) fermenter

Garn (-(e)s, -e) nt fil m
Garnele f crevette f
garnieren vt garnir
Garnitur f (Satz) ensemble m
Garten (-s, ¨) m jardin m
Gärtner(in) (-s, -) m(f)
jardinier(-ière)
Gärtnerei f établissement m
horticole
Gas (-es, -e) nt gaz m inv ; **~ geben**
(Aut) accélérer
Gasherd m cuisinière f à gaz
Gaspedal nt accélérateur m
Gasse f ruelle f
Gast (-es, ¨e) m (in Familie) invité(e)
m/f, hôte m f ; (in Lokal) client(e)
m/f ; (in Land) visiteur(-euse) m/f
• **Gastarbeiter(in)** m(f)
travailleur(-euse) immigré(e)
Gästebuch nt livre m d'or
gastfreundlich adj
hospitalier(-ière)
Gastgeber(in) (-s, -) m(f) hôte
(hôtesse)
Gasthaus nt, **Gasthof** m
auberge f
gastieren vi donner une
représentation od des
représentations en vedette
américaine
gastlich adj hospitalier(-ière)
Gastronomie f
(Gaststättengewerbe) hôtellerie f
Gastspiel nt (Theat)
représentation f (au cours d'une
tournée) ; (Sport) match m à
l'extérieur
Gaststätte f auberge f
Gastwirt m patron m
Gatte (-n, -n) m époux m
Gattin f épouse f

Gattung f (bei Tieren, Pflanzen) espèce f ; (Art, Literaturgattung) genre m

GAU abk (= größter anzunehmender Unfall) problème le plus grave pour lequel des mesures de sécurité ont été prises (lors de la construction d'une centrale nucléaire)

Gaumen(-s, -) m palais m

Gauner(-s, -) m filou m

geb. abk = **geboren**

Gebäck(-(e)s, -e) nt pâtisserie f

gebacken pp von **backen**

gebar etc vb siehe **gebären**

gebären(irr) vt mettre au monde

Gebärmutter f utérus m

Gebäude(-s, -) nt bâtiment m

Gebell(-(e)s) nt aboiement m

geben(irr) vt donner ; (schicken) mettre ; (in Obhut, zur Aufbewahrung) confier ▶ vi unpers: **es gibt** il y a ▶ vr (sich verhalten) se conduire ; (aufhören) cesser ; **jdm etw ~** donner qch à qn ; **etw von sich ~** (Laute etc) émettre qch ; **~ Sie mir Herrn Braun** (Tél) passez-moi Monsieur Braun ; **was gibts?** qu'est-ce qu'il y a ? ; **es wird Frost ~** il va geler ; **das gibt es nicht!** c'est impossible ! ; **das gibts doch nicht!** c'est pas vrai ! ; **das wird sich ~** cela va s'arranger

Gebet(-(e)s, -e) nt prière f

gebeten pp von **bitten**

Gebiet(-(e)s, -e) nt région f ; (Hoheitsgebiet) territoire m ; (Fachgebiet) domaine m

Gebilde(-s, -) nt structure f

gebildet adj cultivé(e)

Gebirge(-s, -) nt montagne f

gebirgig adj montagneux(-euse)

Gebiss(-es, -e) nt (von Mensch, Tier) denture f ; (künstlich) dentier m

gebissen pp von **beißen**

Gebläse(-s, -) nt (Aut) compresseur m

geblasen pp von **blasen**

geblieben pp von **bleiben**

geblümt adj fleuri(e)

gebogen pp von **biegen**

geboren pp von **gebären** ▶ adj né(e) ; **Anna Müller, ~e Schulz** Anna Müller, née Schulz

geborgen pp von **bergen** ▶ adj: **sich (bei jdm) ~ fühlen** se sentir en sécurité (auprès de qn)

Gebot(-(e)s, -e) nt (Rel) commandement m

geboten pp von **bieten**

gebracht pp von **bringen**

gebrannt pp von **brennen**

gebraten pp von **braten**

Gebrauch m (Benutzung) utilisation f, usage m ; (Sitte) coutume f

gebrauchen vt employer, utiliser ; **etw gut ~ können** avoir grand besoin de qch

gebräuchlich adj courant(e)

Gebrauchsanweisung f mode m d'emploi

gebraucht adj usagé(e)
• **Gebrauchtwagen** m voiture f d'occasion

gebrechlich adj infirme

gebrochen pp von **brechen**

Gebrüder pl frères mpl

Gebrüll(-(e)s) nt hurlements mpl ; (von Löwe) rugissement m

Gebühr(-, -en) f tarif m

gebührenfrei adj franco de port, en franchise

gebührenpflichtig adj
soumis(e) à la taxe, payant(e) ;
~e Verwarnung (Jur) amende f
gebunden pp von **binden**
Geburt (-, -en) f naissance f
gebürtig adj originaire ; **sie ist ~e
Schweizerin** elle est d'origine
suisse
Geburtsdatum nt date f de
naissance
Geburtsjahr nt année f de
naissance
Geburtsort m lieu m de
naissance
Geburtstag m anniversaire m ;
(auf Formularen) date f de
naissance
Geburtsurkunde f acte m de
naissance
Gebüsch (-(e)s, -e) nt buissons mpl
gedacht pp von **denken**
Gedächtnis nt mémoire f
Gedanke (-ns, -n) m idée f ;
(Denken) pensée f ; **sich über etw
Akk ~n machen** se faire du souci
pour qch
Gedankenaustausch m
échange m d'idées od de vues
Gedankenstrich m tiret m
Gedeck (-(e)s, -e) nt couvert m ;
(Menü) menu m (à prix fixe)
gedeihen (irr) vi (Pflanze) bien
pousser ; (Mensch, Tier) grandir ;
(Werk etc) (bien) avancer
gedenken (irr) vi +Gen (geh: denken
an) penser à ; **~ etw zu tun**
compter faire qch, avoir
l'intention de faire qch
Gedenkfeier f commémoration f
Gedenkminute f minute f
de silence

Gedenktag m anniversaire m
Gedicht (-(e)s, -e) nt poème m
Gedränge (-s) nt (das Drängeln)
bousculade f ; (Menschen, Menge)
foule f, cohue f
gedroschen pp von **dreschen**
gedrückt adj (Stimmung, Miene)
déprimé(e)
gedrungen pp von **dringen**
Geduld f patience f
gedulden vr patienter
geduldig adj patient(e)
gedurft pp von **dürfen**
geehrt adj: **Sehr ~e Damen und
Herren!** Mesdames et Messieurs
geeignet adj (Mittel, Methode)
approprié(e) ; **für etw/jdn ~ sein**
être bon (bonne) pour qch/qn
Gefahr (-, -en) f danger m
gefährden vt (Mensch) mettre en
danger ; (Plan, Fortschritt etc)
compromettre
gefahren pp von **fahren**
gefährlich adj dangereux(-euse) ;
(Krankheit) grave
Gefälle (-s, -) nt (Neigungsgrad)
inclinaison f, pente f ; (soziales
Gefälle) disparités fpl
gefallen pp von **gefallen;
fallen** ► vi: **jdm ~** plaire à qn ; **er/
es gefällt mir** il/ça me plaît ; **sich
Dat etw ~ lassen** endurer qch
Gefallen[1] (-s, -) m (Gefälligkeit)
service m ; **jdm einen ~ tun**
rendre service à qn
Gefallen[2] (-s) nt: **an etw** Dat **~
finden** trouver od prendre plaisir
à qch
Gefälligkeit f (Hilfsbereitschaft)
obligeance f ; **etw aus ~ tun** faire
qch pour rendre service

577 Gegenleistung

gefälligst adv: **warten Sie ~, bis Sie an der Reihe sind** attendez votre tour, s'il vous plaît

gefangen pp von **fangen** ▶ adj: **~ nehmen** faire prisonnier(-ière)

Gefangene(r) f(m) (Verbrecher) détenu(e) m/f; (Kriegsgefangene) prisonnier(-ière) m/f (de guerre)

Gefangenenlager nt camp m de prisonniers

Gefangenschaft f (Haft) détention f; (Kriegsgefangenschaft) captivité f

Gefängnis nt prison f

Gefäß (-es, -e) nt récipient m; (Blutgefäß) vaisseau m (sanguin)

gefasst adj (beherrscht) calme; **auf etw** Akk **~ sein** s'attendre à qch

Gefecht (-(e)s, -e) nt combat m

gefiel etc vb siehe **gefallen**

geflochten pp von **flechten**

geflogen pp von **fliegen**

geflohen pp von **fliehen**

geflossen pp von **fließen**

Geflügel (-s) nt volaille f

gefochten pp von **fechten**

gefragt adj (très) demandé(e)

gefräßig adj vorace

gefressen pp von **fressen**

gefrieren (irr) vi geler

Gefrierfach nt freezer m

gefriergetrocknet adj lyophilisé(e)

Gefrierpunkt m point m de congélation

gefroren pp von **frieren**; **gefrieren**

Gefühl (-(e)s, -e) nt (physisch) sensation f; (seelisch) sentiment m

gefühlsbetont adj émotif(-ive)

Gefühlsduselei (fam) f sensiblerie f

gefühlsmäßig adj instinctif(-ive)

gefunden pp von **finden**

gegangen pp von **gehen**

gegeben pp von **geben**

gegebenenfalls adv le cas échéant

g

gegen

präp +Akk 1 contre; **~ einen Baum fahren** rentrer dans od percuter un arbre; **X ~ Y** (Sport, Jur) X contre Y; **~ den Wind** contre le vent; **nichts ~ jdn haben** n'avoir rien contre qn; **ein Mittel ~ Schnupfen** un remède contre od pour le rhume 2 (in Richtung auf) vers 3 (ungefähr) vers; **~ 3 Uhr** vers 3 heures; **~ Abend** vers le soir 4 (gegenüber) envers; **gerecht ~ alle** juste envers tous 5 (im Austausch für) contre, pour 6 (verglichen mit) par rapport à, à côté de

Gegenangriff m contre-attaque f

Gegend (-, -en) f région f

Gegendarstellung f (Presse) réponse f

gegeneinander adv l'un(e) contre l'autre

Gegenfahrbahn f voie f opposée

Gegenfrage f autre question f

Gegengift nt antidote m

Gegenleistung f contrepartie f, compensation f

Gegenmaßnahme f
contre-mesure f

Gegensatz m (bei Begriff, Wort)
contraire m ; (bei Meinung etc)
contradiction f

gegensätzlich adj opposé(e),
contraire

Gegenschlag m contre-attaque f

Gegenseite f (Gegenpartei) partie
f adverse

gegenseitig adj (Einverständnis,
Abmachung) commun(e)

Gegenseitigkeit f réciprocité f

Gegenspieler m adversaire m ;
(Sport) homologue m

Gegenstand m objet m ; (Thema)
sujet m

Gegenstimme f (bei Abstimmung)
non m

Gegenteil nt contraire m ; **im ~!**
au contraire !

gegenteilig adj contraire

gegenüber präp +Dat (räumlich)
en face de ; (angesichts) vis-à-vis
de ; (im Vergleich zu) par rapport à
▶ adv en face ; **jdm ~ freundlich
sein** être aimable envers od avec
qn • **Gegenüber** (-s, -) nt (Mensch,
der gegenüber sitzt) vis-à-vis m inv
• **gegenüber|stellen** vt
(Menschen) confronter ; (zum
Vergleich) comparer

Gegenvorschlag m
contre-proposition f

Gegenwart f (Ling) présent m ;
(Anwesenheit) présence f

gegenwärtig adj présent(e)
▶ adv actuellement

Gegenwind m vent m contraire

gegessen pp von **essen**

geglichen pp von **gleichen**

geglitten pp von **gleiten**

Gegner (-s, -) m adversaire m ;
(militärisch) ennemi m

gegolten pp von **gelten**

gegoren pp von **gären**

gegossen pp von **gießen**

gegraben pp von **graben**

gegriffen pp von **greifen**

Gehabe (-s) (fam) nt manières fpl

Gehackte(s) nt viande f hachée

Gehalt[1] (-(e)s, -e) m (Inhalt)
contenu m ; (Anteil) teneur f

Gehalt[2] (-(e)s, ⁻er) nt (Bezahlung)
salaire m, traitement m

gehalten pp von **halten**

gehangen pp von **hängen**

gehässig adj malveillant(e)
• **Gehässigkeit** f méchanceté f,
malveillance f

gehauen pp von **hauen**

Gehäuse (-s, -) nt (von Wecker,
Radio) boîtier m ; (von Apfel etc)
trognon m

Gehege (-s, -) nt (im Zoo) enclos m ;
(Jagd) réserve f ; **jdm ins ~
kommen** (fig) marcher sur les
plates-bandes de qn

geheim adj secret(-ète) ; **im G~en**
en secret • **Geheimdienst** m
services mpl secrets

Geheimnis nt secret m
• **geheimnisvoll** adj
mystérieux(-euse)

Geheimnummer f (Tél) numéro
m confidentiel od inscrit sur liste
rouge

Geheimpolizei f police f secrète

Geheimzahl f (für Geldautomat)
code m confidentiel

geheißen pp von **heißen**

gehemmt adj complexé(e)

gehen (irr) vi aller ; (zu Fuß gehen: funktionieren) marcher ; (weggehen) s'en aller ; (abfahren) partir ▶ vt parcourir ▶ vi unpers: **wie geht es Ihnen?** comment allez-vous ? ; **~ lassen** laisser partir ; **sich ~ lassen** se laisser aller ; **mir/ihm geht es gut** je vais/il va bien ; **geht das?** c'est possible ? ; **es geht um etw** il s'agit de qch

geheuer adj: **nicht ~** inquiétant(e)

Gehirn (-(e)s, -e) nt cerveau m
• **Gehirnerschütterung** f commotion f cérébrale

gehoben pp von **heben** ▶ adj (Position) supérieur(e)

geholfen pp von **helfen**

Gehör (-(e)s) nt (Hörvermögen) ouïe f

gehorchen vi +Dat: **jdm ~** obéir à qn

gehören vi (als Eigentum) appartenir ; **das gehört mir/ Gisela** c'est à moi/à Gisela ; **zu etw ~** faire partie de qch ; **dazu gehört Mut** cela demande du courage

gehorsam adj obéissant(e)
• **Gehorsam** (-s) m obéissance f

Gehsteig, Gehweg m trottoir m

Geier (-s, -) m vautour m

Geige f violon m

Geiger(in) (-s, -) m(f) violoniste mf

geil adj excité(e) ; (fam: gut) super

Geisel (-, -n) f otage m
• **Geiselnahme** f prise f d'otage(s)

Geiselnehmer(in) (-s, -) m(f) preneur(-euse) d'otage(s)

Geist (-(e)s, -er) m esprit m

Geisterfahrer (fam) m automobiliste qui a pris l'autoroute à contresens

Geistesblitz m idée f géniale

geistesgegenwärtig adv avec beaucoup de présence d'esprit

Geisteswissenschaften pl sciences fpl humaines

geistig adj (intellektuell) intellectuel(le) ; (Psych) mental(e)

geistlich adj spirituel(le) ; (religiös) religieux(-euse)
• **Geistliche(r)** m ecclésiastique m

geistlos adj stupide

geistreich adj spirituel(le)

geisttötend adj abrutissant(e)

Geiz (-es) m avarice f

geizen vi: **(mit etw) ~** être avare (de qch)

geizig adj avare

gekannt pp von **kennen**

geklungen pp von **klingen**

gekniffen pp von **kneifen**

gekommen pp von **kommen**

gekonnt adj habile, adroit(e)

gekrochen pp von **kriechen**

Gel (-s, -e) nt gel m

Gelächter (-s, -) nt rires mpl

geladen pp von **laden** ▶ adj chargé(e) ; (fam: wütend) furax

gelähmt adj paralysé(e)

Gelände (-s, -) nt terrain m

Geländer (-s, -) nt balustrade f ; (Treppengeländer) rampe f

gelang etc vb siehe **gelingen**

gelangen vi: **~ an** +Akk od **zu** arriver à, atteindre ; (erwerben) acquérir

gelangweilt adj qui s'ennuie

gelassen pp von **lassen** ▶ adj calme • **Gelassenheit** f calme m

gelaufen pp von **laufen**

geläufig adj courant(e)

gelaunt adj : **schlecht/gut ~** de mauvaise/bonne humeur

gelb adj jaune ; (Ampellicht) orange • **gelblich** adj jaunâtre

Gelbsucht f jaunisse f

Geld (-(e)s, -er) nt argent m • **Geldanlage** f placement m • **Geldautomat** m distributeur m automatique de billets • **Geldbeutel** m porte-monnaie m inv • **Geldbuße** f amende f • **Geldgeber** (-s, -) m bailleur m de fonds • **Geldschein** m billet m de banque • **Geldstrafe** f amende f • **Geldstück** nt pièce f de monnaie • **Geldwechsel** m change m

gelegen pp von **liegen** ▶ adj situé(e) ; (passend) opportun(e) ; **das kommt mir sehr ~** ça m'arrange

Gelegenheit f occasion f; **bei jeder ~** à tout propos ; **bei ~** à l'occasion

gelegentlich adj qui a lieu de temps en temps ▶ adv (ab und zu) de temps en temps ; (bei Gelegenheit) à l'occasion

gelehrt adj savant(e), érudit(e) • **Gelehrte(r)** f(m) érudit(e) m/f

Geleit (-(e)s, -e) nt escorte f; **freies** od **sicheres ~** sauf-conduit m

Gelenk (-(e)s, -e) nt (von Mensch) articulation f; (von Maschine) joint m

gelenkig adj souple

gelernt adj qualifié(e)

gelesen pp von **lesen**

Geliebte(r) f(m) amant m, maîtresse f

geliehen pp von **leihen**

gelingen (irr) vi réussir ; **die Arbeit gelingt mir nicht** je n'arrive pas à faire ce travail

gelitten pp von **leiden**

gelogen pp von **lügen**

gelten (irr) vi être valable ▶ vi unpers : **es gilt, etw zu tun** il s'agit de faire qch ▶ vt (wert sein) valoir ; **als** od **für etw ~** (angesehen werden als) passer pour qch

geltend adj en vigueur ; (Meinung) répandu(e) ; **etw ~ machen** faire valoir qch ; **sich ~ machen** se manifester

Geltung f : **~ haben** être valable ; **etw** Dat **~ verschaffen** imposer qch ; **sich** Dat **~ verschaffen** s'imposer

gelungen pp von **gelingen** ▶ adj réussi(e) ; (witzig) drôle

gemächlich adj tranquille

gemahlen pp von **mahlen**

Gemälde (-s, -) nt tableau m

gemäß präp +Dat (zufolge) conformément à

gemäßigt adj modéré(e) ; (Klima) tempéré(e)

gemein adj (niederträchtig) ignoble ; (allgemein) commun(e)

Gemeinde f commune f ; (Pfarrgemeinde) paroisse f • **Gemeinderat** m conseil m municipal ; (Mitglied) conseiller m municipal

Gemeinheit f méchanceté f

gemeinsam adj commun(e) ; **etw ~ tun** faire qch ensemble

Gemeinschaft f communauté f ; **~ Unabhängiger Staaten** Communauté des États indépendants

gemeinschaftlich *adj siehe*
gemeinsam
Gemeinwohl *nt* bien *m* public
gemessen *pp von* **messen**
Gemetzel (-s, -) *nt* carnage *m*
gemieden *pp von* **meiden**
Gemisch (-es, -e) *nt* mélange *m*
gemischt *adj* mélangé(e) ;
(*Gesellschaft, Gruppe*) hétérogène ;
(*Gefühle*) mitigé(e)
gemocht *pp von* **mögen**
gemolken *pp von* **melken**
Gemüse (-s, -) *nt* légumes *mpl*
gemusst *pp von* **müssen**
Gemüt (-(e)s, -er) *nt* (*seelisch,
Mensch*) nature *f* ; **sich** *Dat* **etw zu
~e führen** (*fam*) se régaler de qch
gemütlich *adj* (*Haus, Lokal*) où on
se sent bien, accueillant(e) ;
(*Abend*) très agréable ; (*Tempo,
Spaziergang*) tranquille ; (*Mensch*)
sympathique • **Gemütlichkeit** *f*
confort *m* ; (*Behaglichkeit*)
tranquillité *f*
Gen (-s, -e) *nt* gène *m*
genannt *pp von* **nennen**
genau *adj* exact(e), précis(e) ▶ *adv*
avec précision ; (*sorgfältig*)
soigneusement ; **etw ~ nehmen**
prendre qch au sérieux ;
~ genommen à strictement
parler
Genauigkeit *f* (*Exaktheit*)
exactitude *f* ; (*Sorgfältigkeit*) soin *m*
genauso *adv* de la même manière
od façon ; **~ gut** aussi bien
genehmigen *vt* autoriser ; **sich**
Dat **etw ~** s'offrir qch
Genehmigung *f* autorisation *f*
General (-s, -e *od* -e) *m* général *m*
• **Generaldirektor** *m* P.D.G. *m*

• **Generalkonsulat** *nt* consulat *m*
général • **Generalprobe** *f*
(*répétition f*) générale *f*
• **Generalstreik** *m* grève *f*
générale
Generation *f* génération *f*
Generator *m* générateur *m*
generell *adj* général(e)
genesen (*irr*) *vi* se rétablir
Genesung *f* guérison *f*
genetisch *adj* génétique
Genf *nt* Genève
genial *adj* génial(e), de génie
Genialität *f* génie *m*
Genick (-(e)s, -e) *nt* nuque *f*
Genie (-s, -e) *nt* génie *m*
genieren *vr* se gêner ; **~ Sie sich
nicht!** ne vous gênez pas !
genießen (*irr*) *vt* aimer
(*beaucoup*) ; (*Essen, Trinken*)
savourer ; (*erhalten: Erziehung,
Bildung*) jouir de, avoir
Genießer (-s, -) *m* bon vivant *m*
Genmanipulation *f*
manipulation *f* génétique
genmanipuliert *adj*
génétiquement modifié(e)
Genom (-s, -e) *nt* génome *m*
genommen *pp von* **nehmen**
genoss *etc vb siehe* **genießen**
Genosse (-n, -n) *m* camarade *m*
genossen *pp von* **genießen**
Genossenschaft *f* coopérative *f*
Genossin *f* camarade *f*
Gentechnik *f* technique *f*
génétique, génétique *f*
Gentechnologie *f* génie *m*
génétique
Gentherapie *f* thérapie *f* génique
genug *adv* assez, suffisamment

Genüge f: etw zur ~ kennen (abwertend) connaître qch par cœur

genügen vi (ausreichen) suffire ; (Anforderungen) satisfaire ; **das genügt** ça suffit

Genugtuung f satisfaction f

Genuss (-es, -e) m (kein pl) consommation f ; (Vergnügen) plaisir m

genüsslich adv avec délectation

Geografie f géographie f

Geologie f géologie f

Geometrie f géométrie f

Georgien (-s) nt la Géorgie

Gepäck (-(e)s) nt bagages mpl
• **Gepäckabfertigung** f (Aviat) enregistrement m des bagages
• **Gepäckaufbewahrung** f consigne f • **Gepäckausgabe** f (Aviat) livraison f des bagages
• **Gepäcknetz** nt filet m
• **Gepäckschein** m bulletin m de consigne • **Gepäckträger** m porteur m ; (beim Fahrrad) porte-bagages m inv

gepfiffen pp von **pfeifen**

gepflegt adj soigné(e) ; (Park) bien entretenu(e)

Gepflogenheit f coutume f

gepriesen pp von **preisen**

gerade

▶ adj (nicht krumm, aufrecht) droit(e) ; **eine ~ Zahl** un chiffre pair

▶ adv 1 (genau) justement ; (speziell) : ~ **deshalb** précisément pour cela ; **das ist es ja ~!** justement ! ; **warum ~ ich?** pourquoi moi ? ; **jetzt ~ nicht!** pas maintenant ! ; **nicht ~ schön** pas précisément beau(belle)

2 (nicht krumm, aufrecht) : ~ **stehen** se tenir droit(e)

3 (eben, soeben) : **er wollte ~ aufstehen** il allait justement se lever ; ~ **erst** tout juste ; ~ **noch** tout juste ; ~ **weil** justement od précisément parce que

Gerade f (Math) droite f

geradeaus adv tout droit

geradezu adv pour ainsi dire

gerann etc vb siehe **gerinnen**

gerannt pp von **rennen**

Gerät (-(e)s, -e) nt appareil m ; (landwirtschaftliches Gerät) machine f ; (Werkzeug) outil m

geraten pp von **raten; geraten**
▶ vi irr (gelingen) réussir ; (mit präp: zufällig gelangen) se retrouver ; **gut/schlecht ~** bien/ne pas réussir ; **an jdn ~** tomber sur qn ; **in etw** Akk ~ se retrouver dans qch ; **außer sich** Dat ~ être hors de soi

Geratewohl nt: **aufs ~** au hasard

geräumig adj spacieux(-euse)

Geräusch (-(e)s, -e) nt bruit m

gerecht adj juste, équitable ; **jdm/etw ~ werden** apprécier qn/qch à sa juste valeur

Gerechtigkeit f justice f

Gerede (-s) nt bavardage m

geregelt adj régulier(-ière) ; (Leben) réglé(e)

gereizt adj irrité(e), énervé(e)
• **Gereiztheit** f irritation f

Gericht (-(e)s, -e) nt (Jur) tribunal m ; (Essen) plat m • **gerichtlich** adj judiciaire

gescheit

Gerichtshof m cour f (de justice)

Gerichtssaal m salle f du od de tribunal

Gerichtsverfahren nt procédure f judiciaire

Gerichtsverhandlung f procès m

Gerichtsvollzieher m huissier m

gerieben pp von **reiben**

geriet etc vb siehe **geraten**

gering adj (Entfernung, Höhe) faible ; **~es Interesse** peu d'intérêt • **geringfügig** adj insignifiant(e) ; **~ Beschäftigte** ≈ travailleurs à temps partiel

geringste(r, s) adj moindre ; **nicht im G~n** pas le moins du monde

gerinnen (irr) vi (Milch) cailler ; (Blut) se coaguler

gerissen pp von **reißen** ▶ adj rusé(e)

geritten pp von **reiten**

Germanistik f : **~ studieren** faire des études d'allemand

gern(e) adv : **jdn/etw ~ haben** od **mögen** aimer bien qn/qch ; **etw ~ tun** (mögen) aimer faire qch ; **~!** volontiers !, avec plaisir ! ; **~ geschehen!** il n'y a pas de quoi !

gerochen pp von **riechen**

Geröll (-(e)s, -e) nt éboulis mpl

geronnen pp von **gerinnen; rinnen**

Gerste f orge f

Gerstenkorn nt (in Auge) orgelet m

Geruch (-(e)s, ¨e) m odeur f

Gerücht (-(e)s, -e) nt rumeur f

gerufen pp von **rufen**

geruhsam adj tranquille

Gerümpel (-s) nt bric-à-brac m inv

gerungen pp von **ringen**

Gerüst (-(e)s, -e) nt échafaudage m ; (von Plan) grandes lignes fpl

gesalzen pp von **salzen**

gesamt adj : **der/die/das ~e ...** tout(e) le(la) ..., le(la) ... tout(e) entier(-ière) ; **die ~en Kosten** l'ensemble des frais • **Gesamtheit** f ensemble m

gesandt pp von **senden**

Gesang (-(e)s, ¨e) m chant m

Gesäß (-es, -e) nt postérieur m

gesch. abk (= geschieden) divorcé(e)

geschaffen pp von **schaffen**

Geschäft (-(e)s, -e) nt affaire f ; (Laden) magasin m

geschäftlich adj d'affaires, commercial(e)

Geschäftsführer m gérant m ; (von Klub) secrétaire m

Geschäftsleitung f direction f, gestion f

Geschäftsmann (-(e)s, -leute) m homme m d'affaires

Geschäftsreise f voyage m d'affaires

Geschäftsschluss m heure f de fermeture

Geschäftsstelle f bureau m, agence f

geschäftstüchtig adj habile en affaires

geschah etc vb siehe **geschehen**

geschehen (irr) vi arriver, se produire ; **etw geschieht jdm** qch arrive à qn ; **das geschieht ihm (ganz) recht** c'est bien fait pour lui

gescheit adj intelligent(e)

Geschenk (-(e)s, -e) nt cadeau m
• **Geschenkgutschein** m chèque-cadeau m

Geschichte f histoire f

geschichtlich adj historique

Geschick (-(e)s, -e) nt (Geschicklichkeit) adresse f; (geh: Schicksal) destin m, sort m

geschickt adj habile, adroit(e); (beweglich) agile

geschieden adj divorcé(e) ▶ pp von **scheiden**

geschienen pp von **scheinen**

Geschirr (-(e)s, -e) nt vaisselle f; (für Pferd) harnais m
• **Geschirrspülmaschine** f lave-vaisselle m inv
• **Geschirrtuch** nt torchon m

geschlafen pp von **schlafen**

geschlagen pp von **schlagen**

Geschlecht (-(e)s, -er) nt sexe m; (Ling) genre m • **geschlechtlich** adj sexuel(le)

Geschlechtskrankheit f maladie f sexuellement transmissible

Geschlechtsorgan nt organe m sexuel

Geschlechtsverkehr m rapports mpl sexuels

geschlichen pp von **schleichen**

geschliffen pp von **schleifen**

geschlossen pp von **schließen**

Geschmack (-(e)s, ⸚e) m goût m
• **geschmacklos** adj (fig) de mauvais goût

geschmackvoll adj de bon goût ▶ adv avec goût

geschmeidig adj souple; (Haut) doux(douce)

geschmissen pp von **schmeißen**

geschmolzen pp von **schmelzen**

geschnitten pp von **schneiden**

geschoben pp von **schieben**

Geschoss (-es, -e) nt (Mil) projectile m; (Stockwerk) étage m

geschossen pp von **schießen**

Geschrei (-s) nt cris mpl; (Aufhebens) histoires fpl

geschrieben pp von **schreiben**

Geschütz (-es, -e) nt pièce f d'artillerie; **schwere ~e auffahren** employer les grands moyens

geschützt adj protégé(e)

Geschwätz (-es) nt bavardage m

geschwätzig adj bavard(e)

geschweige adv: ~ **(denn)** et encore moins

geschwiegen pp von **schweigen**

Geschwindigkeit f vitesse f

Geschwindigkeitsbegrenzung f limitation f de vitesse

Geschwindig-keitsüberschreitung f excès m de vitesse

Geschwister pl frères mpl et sœurs fpl

geschwollen pp von **schwellen** ▶ adj enflé(e); (Redeweise etc) ampoulé(e)

geschwommen pp von **schwimmen**

geschworen pp von **schwören**

Geschworene(r) f(m) juré(e) m/f; **die ~n** les membres mpl du jury

Geschwulst (-, ⸚e) f tumeur f

Geschwür (-(e)s, -e) nt ulcère m

gesehen pp von **sehen**

gesellig adj (Mensch, Wesen) sociable; ~es **Beisammensein**

rencontre f informelle
• **Geselligkeit** f sociabilité f
Gesellschaft f société f ;
(Begleitung) compagnie f
Gesellschafter(-s, -) m associé m
gesellschaftlich adj social(e)
Gesellschaftsordnung f
structures fpl sociales
gesessen pp von **sitzen**
Gesetz(-es, -e) nt loi f
• **Gesetzbuch** nt code m
• **Gesetzentwurf** m projet m de loi
Gesetzgeber m législateur m
Gesetzgebung f législation f
gesetzlich adj légal(e)
gesetzt adj posé(e)
Gesicht(-(e)s, -er) nt visage m ;
(Miene) mine f ; **ein langes ~
machen** faire triste od grise mine
Gesichtsausdruck m
expression f
Gesichtspunkt m point m de vue
Gesinnung f (Ansichten) opinions
fpl
Gesinnungswandel m
volte-face f inv
gesoffen pp von **saufen**
gespannt adj (voll Erwartung)
impatient(e), curieux(-euse) ;
(einem Streit nahe) tendu(e) ; **ich
bin ~, ob ...** j'aimerais bien savoir
si ..., je me demande si ... ; **auf
etw/jdn ~ sein** attendre
qch/l'arrivée de qn avec
impatience
Gespenst(-(e)s, -er) nt fantôme m
gespien pp von **speien**
gesponnen pp von **spinnen**
Gespräch(-(e)s, -e) nt
(Unterhaltung) conversation f ;
(Anruf) appel m

gesprächig adj bavard(e),
loquace
gesprochen pp von **sprechen**
gesprungen pp von **springen**
Gespür(-s) nt flair m
Gestalt(-, -en) f (von Personen)
stature f, apparence f ; (Form)
forme f ; **in ~ von** sous forme de
gestalten vt (Kunstwerk) créer ;
(Einrichtung) agencer ;
(organisieren) organiser ▶ vr se
révéler
Gestaltung f organisation f
gestanden pp von **stehen**
Geständnis nt aveu m
Gestank(-(e)s) m puanteur f
gestatten vt permettre
Geste f geste m
gestehen (irr) vt avouer
Gestein(-(e)s, -e) nt roche f
Gestell(-(e)s, -e) nt support m ;
(Fahrgestell) châssis m
gestern adv hier ; **~ Abend/
Morgen** hier soir/matin
gestiegen pp von **steigen**
gestochen pp von **stechen**
gestohlen pp von **stehlen**
gestorben pp von **sterben**
gestoßen pp von **stoßen**
gestreift adj rayé(e), à rayures
gestrichen pp von **streichen**
gestrig adj d'hier
gestritten pp von **streiten**
Gestrüpp(-(e)s, -e) nt
broussailles fpl
gestunken pp von **stinken**
Gestüt(-(e)s, -e) nt haras m
gestylt adj chic inv
Gesuch(-(e)s, -e) nt (Antrag)
demande f, requête f

g

gesucht adj demandé(e) ; (Verbrecher, Ausdrucksweise) recherché(e)

gesund adj (körperlich) en bonne santé

Gesundheit f santé f
• **gesundheitlich** adj de santé
▶ adv pour ce qui est de la santé ; **wie geht es Ihnen ~?** comment va la santé ?

gesundheitsschädlich adj mauvais(e) pour la santé

Gesundheitswesen nt (services mpl de la) santé f publique

Gesundheitszustand m état m de santé

gesungen pp von **singen**

gesunken pp von **sinken**

getan pp von **tun**

getragen pp von **tragen**

Getränk (-(e)s, -e) nt boisson f

Getränkeautomat m distributeur m de boissons

Getreide (-s, -) nt céréales fpl

getrennt adj séparé(e) ; **~ leben** être séparés

getreten pp von **treten**

Getriebe (-s, -) nt (Aut) boîte f de vitesses

getrieben pp von **treiben**

getroffen pp von **treffen**

getrogen pp von **trügen**

getrost adv en toute tranquillité

getrunken pp von **trinken**

Getue (-s) (péj) nt chichis mpl

geübt adj expert(e)

Gewächs (-es, -e) nt (Méd) tumeur f ; (Pflanze) plante f

gewachsen pp von **wachsen**
▶ adj : **etw** Dat **~ sein** être à la hauteur de qch ; **jdm ~ sein** être capable de tenir tête à qn

gewagt adj osé(e) ; (Unternehmen) risqué(e)

Gewähr f garantie f

gewährleisten vt garantir

Gewahrsam (-s) m : **in ~ bringen** mettre en lieu sûr ; (Polizeigewahrsam) placer en détention préventive ; **etw in ~ nehmen** se voir confier qch

Gewalt (-, -en) f (Macht) pouvoir m ; (Kontrolle) contrôle m ; (Gewalttaten) violence f
• **Gewaltanwendung** f recours m à la force

gewaltfrei adj non-violent(e)

Gewaltherrschaft f dictature f

gewaltig adj (groß) énorme ; (mächtig) puissant(e)

gewaltsam adj violent(e)

Gewaltverbrechen nt crime m violent

Gewaltverzicht m non-agression f

gewandt adj agile ; (Auftreten) sûr(e) de soi ▶ pp von **wenden**

gewann etc vb siehe **gewinnen**

gewaschen pp von **waschen**

Gewässer (-s, -) nt eau f

Gewebe (-s, -) nt tissu m

Gewehr (-(e)s, -e) nt fusil m

Geweih (-(e)s, -e) nt bois mpl

Gewerbe (-s, -) nt métier m
• **Gewerbegebiet** nt zone f industrielle • **Gewerbesteuer** f ≈ taxe f professionnelle

Gewerkschaft f syndicat m

Gewerkschaftsbund m confédération f syndicale

gewesen pp von **sein**

Gewicht (-(e)s, -e) nt poids m

gewiesen pp von **weisen**

gewillt adj: **~ sein, etw zu tun** être décidé(e) à faire qch

Gewinde (-s, -) nt pas m de vis

Gewinn (-(e)s, -e) m (Écon) bénéfice m; (Preis) lot m; (fig) gain m • **Gewinnbeteiligung** f participation f aux bénéfices • **gewinnbringend** adj lucratif(-ive)

gewinnen (irr) vt gagner; (Kohle, Öl) extraire ▶ vi gagner

Gewinner(in) (-s, -) m(f) gagnant(e)

Gewinnung f (von Kohle etc) extraction f; (von Energie, Zucker etc) production f

Gewirr (-(e)s, -) nt enchevêtrement m; (von Straßen) dédale m

gewiss adj certain(e) ▶ adv (sicherlich) sûrement

Gewissen (-s, -) nt conscience f • **gewissenhaft** adj consciencieux(-euse)

Gewissensbisse pl remords mpl

Gewissenskonflikt m cas m de conscience

gewissermaßen adv en quelque sorte

Gewissheit f certitude f

Gewitter (-s, -) nt orage m

gewoben pp von **weben**

gewogen pp von **wiegen** ▶ adj: **jdm ~ sein** être bien disposé(e) envers qn; **etw Dat ~ sein** être favorable à qch

gewöhnen vt: **jdn an etw** Akk **~** habituer qn à qch ▶ vr: **sich an etw** Akk **~** s'habituer à qch

Gewohnheit f habitude f

gewöhnlich adj (durchschnittlich, normal) ordinaire, banal(e); (ordinär) vulgaire ▶ adv: **wie ~** comme d'habitude

gewohnt adj habituel(le); **etw ~ sein** avoir l'habitude de qch

Gewölbe (-s, -) nt voûte f

gewonnen pp von **gewinnen**

geworben pp von **werben**

geworden pp von **werden**

geworfen pp von **werfen**

Gewühl (-(e)s) nt (Gedränge) cohue f

Gewürz (-es, -e) nt épice f • **Gewürznelke** f clou m de girofle

gewusst pp von **wissen**

Gezeiten pl marées fpl

gezielt adj ciblé(e)

geziert adj affecté(e)

gezogen pp von **ziehen**

gezwungen adj forcé(e) ▶ pp von **zwingen**

Gicht f goutte f

Giebel (-s, -) m pignon m

Gier f cupidité f

gierig adj avide

gießen (irr) vt verser; (Blumen, Garten) arroser ▶ vi unpers: **es gießt (in Strömen)** (fam) il pleut à verse

Gießkanne f arrosoir m

Gift (-(e)s, e) nt poison m

giftig adj toxique; (Pflanze, Pilz) vénéneux(-euse); (Schlange, fig) venimeux(-euse)

Giftmüll m déchets mpl toxiques

Giftstoff m produit m toxique

Gigabyte nt giga-octet m

gigantisch adj gigantesque; (Erfolg) immense

ging etc vb siehe **gehen**
Ginster (-s, -) m genêt m
Gipfel (-s, -) m sommet m ; **das ist der ~ der Unverschämtheit!** c'est un comble !
Gipfeltreffen nt (conférence f au) sommet m
Gips (-es, -e) m plâtre m
Giro (-s, -s) nt virement m
• Girokonto nt compte m courant
Gitarre f guitare f
Gitter (-s, -) nt grille f
Glanz (-es) m éclat m ; (fig) splendeur f
glänzen vi briller
glänzend adj brillant(e)
Glas (-es, -er) nt verre m
gläsern adj de od en verre
Glasscheibe f vitre f
Glasur f vernis m ; (Culin) glaçage m
glatt adj lisse ; (rutschig) glissant(e) ; (Lüge) évident(e)
Glätte f (von Fläche) aspect m lisse ; (Schneeglätte, Eisglätte) état m glissant
Glatteis nt verglas m
Glätteisen nt lisseur m
Glatze f calvitie f
Glaube (-ns, -n) m (Rel) foi f ; (Überzeugung) croyance f
glauben vt, vi +Dat croire ; **an etw** Akk ~ croire à qch ; **an Gott ~** croire en Dieu
glaubhaft adj crédible
gläubig adj (Rel) croyant(e) ; (vertrauensvoll) confiant(e)
• Gläubige(r) f(m) (Rel) croyant(e) m/f ; **die ~n** les fidèles mpl
Gläubiger(in) (-s, -) m(f) créancier(-ière)

gleich adj : **der/die/das ~e ... (wie)** le(la) même ... (que) ▶ adv (ebenso) tout aussi ; (sofort, bald) tout de suite ; **~ gesinnt** qui a les mêmes idées ; **~ groß** de la même taille • gleichbedeutend adj synonyme • gleichberechtigt adj égal(e) • Gleichberechtigung f égalité f
gleichen (irr) vi : **jdm/etw ~** ressembler à qn/qch ▶ vr se ressembler
gleichfalls adv pareillement
gleichgeschlechtlich adj homoparental(e)
Gleichgewicht nt équilibre m
gleichgültig adj indifférent(e) ; (belanglos) sans intérêt
Gleichheit f égalité f
gleichmäßig adj régulier(-ière)
gleich|sehen (irr) vi +Dat ressembler à
Gleichstrom m courant m continu
Gleichung f équation f
gleichwertig adj équivalent(e)
gleichzeitig adj simultané(e)
Gleis (-es, -e) nt (Schiene) voie f (ferrée), rails mpl ; (Bahnsteig) quai m
gleiten (irr) vi glisser
Gleitzeit f horaire m flexible od à la carte
Gletscher (-s, -) m glacier m
• Gletscherspalte f crevasse f
glich etc vb siehe **gleichen**
Glied (-(e)s, -er) nt (Körperglied, Penis) membre m ; (einer Kette) maillon m
Gliederung f organisation f
Gliedmaßen pl membres mpl

glimpflich adj (nachsichtig) clément(e) ; **~ davonkommen** s'en tirer à bon compte

glitt etc vb siehe **gleiten**

glitzern vi scintiller

global adj (weltweit) mondial(e) ; (ungefähr, pauschal) général(e) ; **~e Erwärmung** réchauffement m de la planète

Globalisierung f globalisation f

Globalisierungsgegner(in) m(f) altermondialiste mf

Globus (- od -ses, Globen od -se) m mappemonde f

Glocke f cloche f ; **etw an die große ~ hängen** crier qch sur les toits

Glockenspiel nt carillon m

Glockenturm m clocher m

glotzen (fam) vi regarder bêtement

Glück (-(e)s) nt (guter Zufall) chance f ; (Freude, Zustand) bonheur m ; **zum ~!** heureusement !

gluckern vi (Bach, Wasser) clapoter

glücklich adj heureux(-euse) • **glücklicherweise** adv heureusement

Glücksbringer m porte-bonheur m inv

Glücksspiel nt jeu m de hasard

Glückwunsch m félicitations fpl

Glühbirne f ampoule f (électrique)

glühen vi rougeoyer

Glühwein m vin m chaud

Glühwürmchen nt ver m luisant

Glut (-, -en) f (Feuersglut) braise f ; (Hitze) chaleur f torride ; (von Leidenschaft, Liebe) ardeur f

GmbH (-, -s) f abk (= Gesellschaft mit beschränkter Haftung) SARL f

Gnade f (Gunst) faveur f ; (Erbarmen, Rel) grâce f

gnadenlos adj sans pitié

gnädig adj clément(e) ; **~e Frau** (Anrede) chère Madame

G9 (-) nt cursus scolaire d'une durée de 13 ans jusqu'au Abitur

Gold (-(e)s) nt or m • **golden** adj d'or • **Goldfisch** m poisson m rouge • **Goldgrube** f mine f d'or

goldig adj adorable

Goldmedaille f médaille f d'or

Goldschmied m orfèvre m

Golf¹ (-(e)s, -e) m (Géo) golfe m

Golf² (-s) nt (Sport) golf m • **Golfplatz** m terrain m de golf • **Golfschläger** m club m

Gondel (-, -n) f (Boot) gondole f ; (bei Seilbahn) cabine f

gönnen vt : **jdm etw ~** trouver que qn a mérité qch ; **sich** Dat **etw ~** s'accorder qch

googeln vt googler

gor etc vb siehe **gären**

goss etc vb siehe **gießen**

Gosse f caniveau m ; (fig) rue f

Gott (-es, ⸚er) m dieu m

Gottesdienst m (katholisch) messe f ; (evangelisch) culte m

Gotteshaus nt maison f de Dieu

Göttin f déesse f

göttlich adj divin(e)

GPS nt (abk) (= Global Positioning System) GPS m

Grab (-(e)s, ⸚er) nt tombe f

graben (irr) vt, vi creuser ; **nach etw ~** creuser pour trouver qch

g

Graben (-s, ⸗) m fossé m

Grabstein m pierre f tombale

Grad (-(e)s, -e) m degré m ; (Rang) grade m

Graf (-en, -en) m comte m

Graffiti pl graffiti mpl

Grafik f (Art, Technik) arts mpl graphiques

Grafiker(in) (-s, -) m(f) graphiste mf

Grafikkarte f (Inform) carte f graphique

Gramm (-s, -) nt gramme m

Grammatik f grammaire f

Granate f (Mil) grenade f

Granit (-s, -e) m granit m ; **auf ~ beißen** se heurter à un mur

Graphik f = **Grafik**

Gras (-es, ⸗er) nt herbe f

grässlich adj terrible

Grat (-(e)s, -e) m arête f

Gräte f arête f

gratis adv gratuitement

gratulieren vi: **jdm (zu etw) ~** féliciter qn (de qch)

Gratwanderung f: **sich auf einer ~ befinden** (fig) être sur la corde raide

grau adj gris(e)

Gräuel (-s, -) m horreur f

grauen[1] vi (Tag) se lever

grauen[2] vi unpers: **es graut jdm vor etw** qn frémit à l'idée de qch

grauenhaft adj horrible

grausam adj (Mensch, Tat, Sitten) cruel(le) • **Grausamkeit** f cruauté f

gravierend adj déterminant(e)

Greencard (-, -s) f permis m de travail

greifbar adj tangible ; **in ~er Nähe** à portée de main

greifen (irr) vt saisir ▸ vi (mit der Hand) tendre la main

Greis (-es, -e) m vieillard m

grell adj (Licht) aveuglant(e) ; (Farbe) criard(e) ; (Stimme, Ton) strident(e)

Gremium nt commission f

Grenze f frontière f ; (fig) limite f

grenzen vi: **an etw** Akk **~** être voisin(e) de qch

grenzenlos adj infini(e) ; (Frechheit) qui dépasse les bornes

Grenzwert m valeur f limite

Grieche m Grec m

Griechenland nt la Grèce

Griechin f Grecque f

griechisch adj grec(grecque)

griesgrämig adj grincheux(-euse)

Grieß (-es, -e) m semoule f

griff etc vb siehe **greifen**

Griff (-(e)s, -e) m (an Tür, Topf, Koffer) poignée f

griffbereit adj: **etw ~ haben** avoir qch à portée de main

Grill (-s, -s) m gril m

Grille f grillon m

grillen vt griller

Grimasse f grimace f

grimmig adj furieux(-euse)

grinsen vi sourire ; (höhnisch) ricaner

Grippe f grippe f

grob adj grossier(-ière) ; (nicht exakt) approximatif(-ive) • **Grobheit** f grossièreté f

Grog (-s, -s) m grog m

grölen vt brailler

Groll(-(e)s) m ressentiment m
groß adj grand(e) ; **im G~en und Ganzen** dans l'ensemble ; **er ist 1,80 m ~** il mesure 1,80 m ; **~er Lärm** beaucoup de bruit
• **großartig** adj remarquable
• **Großbritannien** nt la Grande-Bretagne
Größe f taille f ; (von Haus auch) dimensions fpl ; (Math) valeur f
Großeltern pl grands-parents mpl
Großformat nt grand format m
Großhandel m commerce m de gros
Großhändler m grossiste m
Großmutter f grand-mère f
Großraumwagen m voiture f à couloir central (sans compartiments)
großspurig adj (Mensch) qui se donne de grands airs
Großstadt f grande ville f
größte(r, s) adj siehe **groß**
größtenteils adv pour la plupart
Großvater m grand-père m
großzügig adj généreux(-euse)
grotesk adj grotesque
Grotte f grotte f (artificielle)
grub etc vb siehe **graben**
Grübchen nt fossette f
Grube f fosse f
grübeln vi ruminer
Gruft(-, ⁼e) f tombe f
grün adj vert(e) ; **die G~en** (Pol) les verts mpl od écologistes mpl ; **G~er Punkt** voir article

Le **Grüner Punkt** est un symbole représentant un point vert. On le trouve sur certains emballages qui doivent être séparés des ordures ménagères pour être recyclés par le système DSD (Duales System Deutschland). Les fabricants financent le recyclage des emballages en achetant des licences à la DSD et répercutent souvent le coût sur les consommateurs.

Grünanlage f espace m vert

Grund(-(e)s, ⁼e) m (von Gewässer, Gefäß) fond m ; (Motiv, Ursache) raison f ; **im ~e (genommen)** au fond • **Grundausbildung** f formation f de base • **Grundbesitz** m propriété f foncière
gründen vt fonder
Gründer(in)(-, -) m(f) fondateur(-trice)
Grundgebühr f taxe f de base
Grundgesetz nt (Verfassung) constitution f allemande
Grundlage f base f
grundlegend adj fondamental(e)
gründlich adj (Mensch, Arbeit) consciencieux(-euse) ; (Vorbereitung) minutieux(-euse) ; (Kenntnisse) approfondie(e) ▶ adv (fam) complètement
grundlos adj sans fondement
Grundriss m plan m ; (fig) aperçu m
Grundsatz m principe m
grundsätzlich adj fondamental(e) ▶ adv en principe
Grundschule f école f primaire
Grundstein m première pierre f
Grundstück nt terrain m
Gründung f fondation f
Grundwasser nt nappe f phréatique

Grünstreifen m terre-plein m central

grunzen vi grogner

Gruppe f groupe m

Gruppenarbeit f travail m d'équipe

gruppieren vt regrouper ▶ vr se regrouper

Gruselfilm m film m d'horreur

gruseln (unpers) vr avoir des frissons

Gruß (-es, ⸚e) m salutations fpl, salut m ; **viele** od **liebe Grüße** amitiés fpl ; **mit freundlichen Grüßen** veuillez agréer, Monsieur/Madame, l'expression de mes sentiments distingués

grüßen vt saluer

gucken vi regarder

Gulasch (-(e)s, -e) nt goulasch m

gültig adj valable, valide

Gummi (-s, -s) nt od m caoutchouc m • **Gummiband** nt élastique m

Gummiknüppel m matraque f

Gummistiefel m botte f en caoutchouc

Gunst f faveur f

günstig adj favorable ; (Angebot, Preis) avantageux(-euse)

Gurgel (-, -n) f gorge f

gurgeln vi (Mensch) se gargariser ; (Wasser) gargouiller

Gurke f concombre m ; **saure** ∼ cornichon m

Gurt (-(e)s, -e) m ceinture f

Gürtel (-s, -) m ceinture f • **Gürtelreifen** m pneu m à carcasse radiale

GUS f abk (= Gemeinschaft Unabhängiger Staaten) CEI f

Guss (-es, ⸚e) m (Tech) ; (Regenguss) averse f ; (Culin) glaçage m

Gusseisen nt fonte f

---

gut

▶ adj bon(ne) ; **alles G∼e** meilleurs vœux ; **das ist ∼ gegen Husten** (fam) c'est bon contre od pour la toux ; **sei so ∼ (und) gib mir das Buch** passe-moi le livre, s'il te plaît ; **das ist alles ∼ und schön, aber ...** c'est bien joli, mais ... ; **du bist ∼!** (fam) tu en as de bonnes ! ; **das ist so ∼ wie fertig** c'est pratiquement terminé

▶ adv bien ; **es geht ihm/uns ∼** il va/nous allons bien ; **das ist noch einmal ∼ gegangen** on l'a échappé belle (une fois de plus) ; **es wird schon alles ∼ gehen** ne vous faites pas de souci ; **∼ gehend** qui marche bien, florissant(e) ; **∼ gelaunt** de bonne humeur ; **∼ gemeint** qui part d'une bonne intention ; **∼ schmecken** être bon(ne) ; **also ∼** bon, d'accord ; **∼, aber ...** d'accord, mais ... ; **(na) ∼, ich komme** bon, d'accord, je viens ; **du hast es ∼!** tu as de la chance ! ; **∼ und gern** en tout cas ; **∼ drei Stunden** trois bonnes heures ; **das kann ∼ sein** c'est bien possible ; **lass es ∼ sein** ça va comme ça ; **machs ∼!** (fam) bonne chance ! ; **siehe auch guttun**

Gut (-(e)s, ⸚er) nt (Landgut) propriété f ; (Besitz) bien m ; (Ware) marchandise f

Gutachten (-s, -) nt expertise f

Gutachter (-s, -) m expert m

gutartig adj (Méd) bénin(bénigne)

gutbürgerlich adj bourgeois(e)

Güte f (charakterlich) bonté f ; (Qualität) qualité f
Güterzug m train m de marchandises
gutgläubig adj crédule
Guthaben (-s, -) nt avoir m
gutmütig adj facile à vivre
Gutschein m bon m
gut|schreiben (irr) vt créditer
Gutschrift f inscription f au crédit
gut|tun (irr) vi : **jdm ~** faire du bien à qn
GVO m abk (Agr) (= gentechnisch veränderter Organismus) OGM m
Gymnasium nt lycée m
Gymnastik f gymnastique f
G-20 f abk (Pol) G20 m

h

Haar (-(e)s, -e) nt (Kopfhaar) cheveu m ; (von Tier, Pflanze, Brusthaar, Schamhaar) poil m • **Haarbürste** f brosse f à cheveux
Haarglätter m lisseur m
haarig adj poilu(e) ; (fam) difficile
Haarnadelkurve f virage m en épingle à cheveux
haarscharf adj (Beobachtung) très attentif(-ive) ▶ adv: **~ danebengehen** (Schuss) passer de justesse à côté
Haarschnitt m coupe f de cheveux
Haarspray nt laque f
haarsträubend adj à faire dresser les cheveux sur la tête
Haarwaschmittel nt shampooing m
Habe (-) f biens mpl
haben (irr) Hilfsverb, vt avoir ; **zu ~ sein** (erhältlich) être disponible ; (Mädchen, Mann) être libre ; **für etw zu ~ sein** (begeistert sein) être amateur de qch
Habgier f cupidité f
Habicht (-(e)s, -e) m faucon m

Habseligkeiten pl affaires fpl

Hachse f (Culin) jarret m

Hacke f pioche f ; (Ferse, Absatz) talon m

hacken vt (Erde) piocher ; (Holz) couper (à la hache) ; (Fleisch) hacher ; **ein Loch ~ in** +Akk faire un trou dans

Hacker(-s, -) m (Inform) pirate m

Hackfleisch nt viande f hachée

Hafen(-s, ≈) m port m
• **Hafenstadt** f ville f portuaire

Hafer(-s, -) m avoine f

Haft(-) f détention f • **haftbar** adj : **für jdn/etw ~ sein** être responsable de qn/qch
• **Haftbefehl** m mandat m d'arrêt

haften vi : **für jdn/etw ~** (Jur) se porter garant(e) de qn/qch ; (verantwortlich sein) être responsable de qn/qch ▶vi (kleben) : **(an etw** Dat**) ~** coller à qch

Haftpflichtversicherung f assurance f responsabilité civile

Haftung f responsabilité f

Hagebutte f cynorhodon m

Hagel(-s) m grêle f

hageln vi unpers grêler

Hahn(-(e)s, ≈e) m coq m ; (Wasserhahn, Gashahn) robinet m

Hähnchen nt poulet m

Häkchen nt agrafe f

häkeln vt faire au crochet ▶vi faire du crochet

Haken(-s, -) m crochet m ; (Angelhaken) hameçon m ; (Nachteil) hic m • **Hakenkreuz** nt croix f gammée

halb adj demi(e) ▶adv (nur teilweise) à moitié, à demi ; **~ eins** midi et demie ; **ein ~es Jahr** six mois ; **mit jdm ~e-~e machen** couper la poire en deux

halbieren vt partager en deux

Halbinsel f presqu'île f

Halbjahr nt semestre m

halbjährlich adv tous les six mois

Halbschuh m chaussure f basse

halbstündlich adj, adv toutes les demi-heures

halbtags adv : **~ arbeiten** travailler à mi-temps

Halbtagsarbeit f travail m à mi-temps

halbwegs (fam) adv (einigermaßen) plus ou moins

Halbwertzeit f demi-vie f

Halbzeit f mi-temps f

half etc vb siehe **helfen**

Hälfte f moitié f

Halle f hall m

hallen vi résonner

Hallenbad nt piscine f couverte

hallo interj (Ruf: überrascht) hé ; (am Telefon) allô

Halm(-(e)s, -e) m tige f, brin m

Hals(-es, ≈e) m cou m ; (innen auch) gorge f ; (von Flasche) col m
• **Halsband** nt collier m
• **Halsentzündung** f angine f
• **Hals-Nasen-Ohren-Arzt** m oto-rhino(-laryngologiste) m/f
• **Halsschmerzen** pl mal msg à la gorge • **Halstuch** nt foulard m

halt interj stop ! ▶ **Halt**(-(e)s, -e) m (kurzes Anhalten) arrêt m ; (für Füße, Hände) prise f ; (fig) appui m, soutien m • **haltbar** adj (Material) résistant(e) ; (Lebensmittel) longue conservation inv ; (fig) tenable • **Haltbarkeit** f (von

Lebensmitteln) conservation *f*
• **Haltbarkeitsdatum** *nt* date *f* limite de consommation
halten (*irr*) *vt* tenir ; (*Rede*) prononcer ; (*Takt : in bestimmtem Zustand*) garder ; (*verteidigen*) défendre ; (*zurückhalten*) retenir ▶ *vi* tenir ; (*frisch bleiben*) se garder ; (*stoppen*) s'arrêter ▶ *vr* (*frisch bleiben*) se garder ; (*Wetter*) durer, tenir ; (*sich behaupten*) tenir bon ; **viel auf etw** *Akk* ~ attacher beaucoup d'importance à qch ; **viel auf jdn** ~ avoir une haute opinion de qn ; **jdn/etw für jdn/etw** ~ considérer qn/qch comme qn/qch ; **davon halt(e) ich nichts** ça n'est pas une bonne idée
Haltestelle *f* arrêt *m*
Halteverbot *nt* : **absolutes** ~ stationnement *m* strictement interdit, arrêt *m* interdit
haltlos *adj* (*Mensch*) instable ; (*Weinen*) sans retenue
Haltung *f* (*Körperhaltung*) posture *f* ; (*Einstellung*) attitude *f*
Hamburg (*-s*) *nt* Hambourg
Hamburger (*-s, -*) *m* (*Culin*) hamburger *m*
hämisch *adj* méchant(e)
Hammel (*-s, ⸚ od -*) *m* mouton *m*
Hammer (*-s, ⸚*) *m* marteau *m*
hämmern *vt* (*Metall*) marteler ▶ *vi* (*Herz, Puls*) battre (fort)
Hamster (*-s, -*) *m* hamster *m*
hamstern *vi* faire des provisions ▶ *vt* faire des stocks de
Hand (*-, ⸚e*) *f* main *f* ; **zu Händen von** à l'attention de
• **Handarbeit** *f* travail *m* manuel ; (*Nadelarbeit*) travaux *mpl* d'aiguille

• **Handball** *m* handball *m*
• **Handbremse** *f* frein *m* à main
• **Handbuch** *nt* manuel *m*
Handel (*-s*) *m* commerce *m* ; **der Faire** ~ le commerce équitable
handeln *vi* (*tätig werden*) agir ▶ *vr unpers* : **es handelt sich um jdn/ etw** il s'agit de qn/qch ; **mit etw** ~ (*Handel treiben*) faire commerce de qch
Handelsbilanz *f* balance *f* commerciale
Handelskammer *f* chambre *f* de commerce
Handfeger (*-s, -*) *m* balayette *f*
Handgelenk *nt* poignet *m*
Handgemenge *nt* mêlée *f*
Handgepäck *nt* bagages *mpl* à main
handgeschrieben *adj* manuscrit(e)
handhaben *vt* (*Maschine*) manipuler, se servir de ; (*Gesetze, Regeln*) appliquer
Händler(in) (*-s, -*) *m(f)* commerçant(e)
handlich *adj* maniable
Handlung *f* action *f* ; (*Geschäft*) magasin *m*
Handschlag *m* : **per od mit** ~ par une poignée de main
Handschrift *f* écriture *f* ; (*Text*) manuscrit *m*
Handschuh *m* gant *m*
Handtasche *f* sac *m* à main
Handtuch *nt* serviette *f* de toilette
Handvoll *f* poignée *f*
Handwerk *nt* métier *m*
Handwerker (*-s, -*) *m* ouvrier *m*
Handwerkszeug *nt* outils *mpl*

Handy (-s, -s) nt portable m
• **handysüchtig** adj nomophobe

Hanf (-(e)s) m chanvre m

Hang (-(e)s, =e) m (Berghang) pente f

Hängebrücke f pont m suspendu

Hängematte f hamac m

hängen vi (irr: befestigt sein) être accroché(e) ▶ vt (aufhängen) accrocher ; **an etw** Dat ~ être accroché(e) à qch ; **an jdm/etw** ~ (abhängig sein von) dépendre de qn/qch ; ~ **bleiben (an /etw** +Dat) rester accroché(e) (à)

hänseln vt taquiner

Hansestadt f ville f hanséatique

Hantel (-, -n) f haltère m

hantieren vi s'affairer ; **mit etw** ~ manier qch

Happen (-s, -) m bouchée f

Hardware (-, -s) f matériel m

Harfe f harpe f

Harke f râteau m

harken vt, vi ratisser

harmlos adj inoffensif(-ive) ; (Krankheit) bénin(bénigne) ; (Vergnügen, Bemerkung) innocent(e)

Harmonie f harmonie f

harmonieren vi (Farben, Töne) s'harmoniser ; (Menschen) bien s'entendre

harmonisch adj harmonieux(-euse)

Harn (-(e)s, -e) m urine f
• **Harnblase** f vessie f

Harpune f harpon m

hart adj dur(e) ; (Währung) fort(e) ; (Winter, Gesetze) rigoureux(-euse) ▶ adv: ~ **gekocht** (Ei) dur(e) ; **das ist** ~ **an der Grenze (des**

Erlaubten) c'est à la limite de ce qui est permis

Härte f dureté f

hartnäckig adj (Mensch) obstiné(e) ; (Husten) persistant(e)

Harz (-es, -e) nt résine f

Haschee (-s, -s) nt hachis m

Haschisch (-) nt od m haschisch m

Hase (-n, -n) m lièvre m

Haselnuss f noisette f

Hass (-es) m haine f

hassen vt haïr, détester ; **etw wie die Pest** ~ (fam) ne pas pouvoir sentir qch

hässlich adj laid(e) ; (gemein) méchant(e)

Hast (-) f hâte f

hastig adj (Schritte) pressé(e) ; (Bewegung) nerveux(-euse)

hatte etc vb siehe **haben**

Haube f coiffe f, bonnet m ; (Aut) capot m

Hauch (-(e)s, -e) m souffle m ; (leichter Duft) vague odeur f ; (fig) soupçon m • **hauchdünn** adj (Scheiben) très mince od fin(e) • **hauchen** vi souffler

hauen (irr) vt (fam: schlagen) frapper ; (verprügeln) rosser ; (Stein) tailler ▶ vi (fam: schlagen) frapper ; **jdm auf die Schulter** ~ taper sur l'épaule de qn

Haufen (-s, -) m tas m ; (Leute) foule f ; **ein** ~ **Leute/Bücher** (fam) un tas de gens/bouquins

häufen vt accumuler ▶ vr s'accumuler

haufenweise adv en masse

häufig adj fréquent(e) ▶ adv fréquemment

Hauptbahnhof m gare f centrale

hauptberuflich adv à plein temps

Hauptdarsteller(in) m(f) acteur(-trice) principal(e)

Haupteingang m entrée f principale

Hauptgeschäftszeit f heures fpl d'affluence

Hauptgewinn m gros lot m

Hauptperson f personnage m principal

Hauptquartier nt quartier m général

Hauptrolle f rôle m principal

Hauptsache f essentiel m

hauptsächlich adv surtout

Hauptschule f premier cycle de l'enseignement secondaire (se à 9e année)

Hauptspeicher m (Inform) mémoire f centrale

Hauptstadt f capitale f

Hauptstraße f grand-route f ; (in Stadt) rue f principale

Haus (-es, Häuser) nt maison f ; (von Schnecke) coquille f ; **nach ~e** à la maison ; **zu ~e** à la maison • **Hausarbeit** f travaux mpl ménagers ; (Scol) devoirs mpl • **Hausarzt** m, **Hausärztin** f médecin m de famille • **Hausaufgabe** f (Scol) devoir m • **Hausbesetzer(in)** m(f) (-s, -) m(f) squatter m • **Hausbesetzung** f squat m • **Hausbesitzer(in)** m(f) propriétaire mf

hausen vi (wohnen) nicher ; (fam: wüten) faire des dégâts

Hausfrau f ménagère f, femme f au foyer

Hausfriedensbruch m violation f de domicile

hausgemacht adj maison inv

Haushalt m ménage m ; (Pol, Écon) budget m

Haushaltsgerät nt appareil m ménager

Haushaltsplan m budget m

Hausherr(in) m(f) maître (maîtresse) de maison ; (Vermieter) propriétaire mf

haushoch adv: **~ verlieren** être battu(e) à plate couture

hausieren vi faire du porte à porte

häuslich adj (Pflichten) familial(e) ; (Mensch) casanier(-ière)

Hausmann (-(e)s, -männer) m homme m au foyer

Hausmeister(in) m(f) concierge mf

Hausnummer f numéro m (de la maison)

Hausordnung f règlement m intérieur

Hausschlüssel m clé f de la maison

Hausschuh m pantoufle f

Haustier nt animal m domestique

Haut (-, Häute) f peau f ; (von Zwiebel) pelure f • **Hautarzt** m, **Hautärztin** f dermatologue m

Hautfarbe f couleur f de (la) peau

Haxe f siehe **Hachse**

Hbf. abk = **Hauptbahnhof**

HDTV abk (= high-definition television) TVHD f

Hebamme f sage-femme f

Hebel (-s, -) m levier m

heben (irr) vt soulever ; (Arm, Hand, Augen) lever ; (Niveau, Stimmung) améliorer

Hecht (-(e)s, -e) m brochet m ; (Schwimmen: Hechtsprung) plongeon m droit

Heck (-(e)s, -e) nt arrière m

Hecke f haie f

Heckmotor m (Aut) moteur m à l'arrière

Heer (-(e)s, -e) nt armée f ; (Unmenge) foule f

Hefe f levure f

Heft¹ (-(e)s, -e) nt (Schreibheft) cahier m ; (Zeitschrift) numéro m

Heft² (-(e)s, -e) nt (von Messer) manche m

heften vt (befestigen) épingler ; (nähen) bâtir ; **~ an** +Akk fixer à

heftig adj violent(e) ; (Worte) dur(e)

Heftklammer f agrafe f

Heftpflaster nt sparadrap m

Heftzwecke f punaise f

hegen vt (Wild, Bäume) protéger ; (Wunsch, Misstrauen) caresser

Hehl m od nt: **kein(en) ~ aus etw** Dat **machen** ne pas faire mystère de qch

Hehler (-s, -) m receleur(-euse) m/f

Heide f (Gebiet) lande f ; (Heidekraut) bruyère f • **Heidekraut** nt bruyère f

Heidelbeere f myrtille f

heikel adj délicat(e) ; (wählerisch) difficile

heil adj (nicht kaputt) intact(e) ; (unverletzt) sain(e) et sauf(sauve)

Heil (-(e)s) nt (Glück) bonheur m ; (Rel) salut m

heilen vt, vi guérir

heilig adj saint(e) • **Heiligabend** m veille f od réveillon m de Noël

Heilige(r) f(m) saint(e) m/f

Heiligenschein m auréole f

Heiligkeit f sainteté f

Heiligtum nt (Ort) lieu m saint

heillos adj épouvantable

Heilmittel nt remède m

Heilpraktiker(in) m(f) guérisseur(-euse)

Heilsarmee f armée f du Salut

Heilung f guérison f

heim adv à la maison, chez moi/soi etc

Heim (-(e)s, -e) nt foyer m, chez soi m ; (Altersheim) maison f (de retraite) ; (Kinderheim) maison pour enfants

Heimat (-, -en) f (von Mensch) patrie f ; (von Tier, Pflanze) pays m d'origine • **Heimatland** nt pays m natal • **Heimatort** nt lieu m d'origine

heim|**begleiten** vt raccompagner

heimelig adj où l'on se sent chez soi

heim|**fahren** (irr) vi rentrer chez soi

Heimfahrt f retour m

heim|**gehen** (irr) vi rentrer chez soi

heimisch adj régional(e), local(e) ; **sich ~ fühlen** se sentir chez soi

Heimkehr (-, -en) f retour m

heimlich adj secret(-ète)

Heimreise f (voyage m de) retour m

Heimspiel nt match m à domicile

heimtückisch adj insidieux(-euse) ; (Tat, Blick) sournois(e)

Heimweg m (chemin m du) retour m

Heimweh nt mal m du pays

Heirat (-, -en) f mariage m
• **heiraten** vi se marier ▶ vt épouser

heiser adj enroué(e)

heiß adj chaud(e) ; (Kampf, Diskussion) acharné(e) ; (leidenschaftlich) passionné(e) ; (aufreizend) excitant(e)

heißen (irr) vi (Namen haben) s'appeler ; (lauten) être ▶ vt (nennen) appeler ; (befehlen) dire à ▶ vi unpers: **es heißt, dass ...** on dit que ... ; **das heißt** c'est-à-dire

heiter adj (Wetter) clair(e) ; (fröhlich) gai(e) • **Heiterkeit** f gaieté f

heizen vt, vi chauffer

Heizkörper m radiateur m

Heizöl nt mazout m

Heizpilz m parasol m chauffant

Heizung f chauffage m

hektisch adj fébrile

Held (-en, -en) m héros m

helfen (irr) vi +Dat aider ▶ vi unpers: **es hilft nichts, du musst ...** il n'y a rien à faire, il faut que tu ...

Helfer(in) (-s, -) m(f) aide mf ; (Mitarbeiter) assistant(e)

Helfershelfer m complice m

hell adj clair(e)

hellhörig adj (Wohnung) mal insonorisé(e) ; **~ werden** dresser l'oreille

Helligkeit f clarté f

Hellseher(in) m(f) voyant(e)

Helm (-(e)s, -e) m casque m

Hemd (-(e)s, -en) nt chemise f ; (Unterhemd) gilet m • **Hemdbluse** f chemisier m

hemmen vt entraver ; (Menschen) inhiber

Hemmung f (Psych) complexe m

hemmungslos adj (Mensch) sans aucune retenue ; (weinen) sans retenue

Hengst (-es, -e) m étalon m

Henkel (-s, -) m anse f

Henne f poule f

Hepatitis (-, Hepatitiden) f hépatite f

her

adv 1 (Richtung): **komm ~** viens ici ; **komm ~ zu mir** viens vers moi ; **von England ~** d'Angleterre ; **von weit ~** de loin ; **wo bist du ~?** d'où viens-tu od es-tu ? ; **~ damit!** donne ! ; **wo hat er das ~?** où a-t-il trouvé ça ? ; **wo ist das ~?** d'où est-ce que ça vient ? ; **hinter jdm ~ sein** (fam) courir après qn ; **hinter etw** Dat **~ sein** être à la recherche de qch
2 (zeitlich): **das ist 5 Jahre ~** ça s'est passé il y a cinq ans

herab adv: **er kam den Hügel/die Treppe ~** il descendait la colline/l'escalier • **herablassend** adj condescendant(e)
• **herab|setzen** vt (Preise) baisser ; (Geschwindigkeit) réduire

heran adv: **näher ~!** approche-toi !, approchez-vous !
• **heran|kommen** (irr) vi: (an jdn/etw) **~** s'approcher (de qn/qch) ; **alle Probleme an sich** Akk **~ lassen** avoir une attitude attentiste • **heran|ziehen** (irr) vt tirer à soi ; (Pflanzen) cultiver ; (Nachwuchs) former ; (Sachverständige) faire appel à ;

jdn zur Hilfe/Unterstützung ~ demander l'aide/le soutien de qn

herauf adv : **er kam die Treppe ~** il a monté l'escalier

heraus adv : **~ sein** (aus Stadt, Land etc : Buch, Briefmarke etc) être sorti(e) ; **aus etw ~ sein** (überstanden haben) avoir surmonté qch ; **es ist noch nicht ~** (entschieden) ce n'est pas encore décidé • **heraus|bringen** (irr) vt sortir ; (Geheimnis) découvrir ; **jdn/etw ganz groß ~** faire beaucoup de battage autour de qn/qch • **heraus|finden** (irr) vt découvrir • **heraus|fordern** vt provoquer • **Herausforderung** f provocation f • **heraus|geben** (irr) vt (zurückgeben) rendre ; (veröffentlichen) publier • **Herausgeber(in)** m(f) éditeur(-trice) • **heraus|halten** (irr) vr : **sich aus etw ~** ne pas se mêler de qch • **heraus|holen** vt sortir ; (Ergebnis) arriver à obtenir ; (Sieg) remporter • **heraus|kommen** (irr) vi sortir • **heraus|nehmen** (irr) vt (entfernen) sortir • **heraus|stellen** vr (sich zeigen) s'avérer ; **sich als etw ~** se révéler qch • **heraus|ziehen** (irr) vt tirer ; (Zahn) arracher ; (Splitter) enlever

herb adj (Geschmack, Duft) âcre ; (Wein) sec(sèche) ; (Enttäuschung) amer(-ère) ; (Worte, Kritik) acerbe ; (Gesicht, Schönheit) austère

herbei adv ici

Herberge f auberge f

her|bringen (irr) vt apporter ; (jdn) amener

Herbst (-(e)s, -e) m automne m

Herd (-(e)s, -e) m cuisinière f

Herde f troupeau m

herein adv : **er kam ins Zimmer ~** il est entré dans la pièce ; **~!** entrez ! • **herein|bitten** (irr) vt prier d'entrer • **herein|kommen** (irr) vi entrer • **herein|legen** vt (fam : betrügen) rouler

her|fallen (irr) vi : **über etw** Akk **~** se précipiter sur qch ; **über jdn ~** se jeter sur qn

Hergang m déroulement m des faits

her|geben (irr) vt (übergeben) donner ; (zurückgeben) rendre

her|halten (irr) vt tendre, rapprocher ▶vi : **(für jdn/etw) ~ müssen** payer (pour qn/qch)

her|hören vi écouter

Hering (-s, -e) m hareng m

her|kommen (irr) vi (näher kommen) s'approcher ; (herrühren) venir

herkömmlich adj conventionnel(le)

Herkunft (-, -künfte) f origine f

hermetisch adj hermétique

Heroin (-s) nt héroïne f

Herr (-n, -en) m (Herrscher) seigneur m ; (Mann) monsieur m ; (vor Namen) Monsieur ; **meine ~en!** Messieurs !

her|richten vt (Essen, Kleid) préparer ; (Bett) faire

Herrin f maîtresse f

herrlich adj merveilleux(-euse)

Herrlichkeit f splendeur f

Herrschaft f pouvoir m

herrschen vi régner

Herrscher(in) (-s, -) m(f) souverain(e)

her|rühren vi : **von etw ~** provenir de qch

her|stellen *vt* fabriquer
Hersteller (-s, -) *m* fabricant *m*, producteur *m*
Herstellung *f* fabrication *f*, production *f*
herüber *adv:* **hier ~, bitte!** par ici, je vous prie!
herum *adv:* **um etw ~** autour de qch • herum|kommen (*irr*) *vi* (*vermeiden*) arriver à éviter ; **viel/wenig ~** voir beaucoup/peu de monde • herum|kriegen (*fam*) *vt* convaincre
• herum|lungern *vi* traînasser
• herum|sprechen (*irr*) *vr* s'ébruiter • herum|treiben (*irr*) *vr* se traîner
herunter *adv:* **vom Himmel ~** du (haut du) ciel • herunter|fahren (*irr*) *vt* (*Inform*) arrêter
• heruntergekommen *adj* (*Mensch*) dans un triste état
• herunter|kommen (*irr*) *vi* descendre ; (*moralisch*) se laisser aller • herunterladbar *adj* (*Inform*) téléchargeable
• herunter|laden (*irr*) *vt* (*Inform*) télécharger
hervor|bringen (*irr*) *vt* produire
hervor|gehen (*irr*) *vi* (*als Sieger*) sortir ; (*als Resultat*) résulter ; **aus dem Brief/daraus geht hervor, dass …** il ressort de cette lettre/il en ressort que …
hervor|heben (*irr*) *vt* souligner
hervorragend *adj* (*ausgezeichnet*) excellent(e)
hervor|rufen (*irr*) *vt* (*bewirken*) provoquer
hervor|tun (*irr*) *vr:* **sich mit etw ~** se distinguer par qch

Herz (-ens, -en) *nt* cœur *m*
Herzinfarkt *m* infarctus *m* (du myocarde)
Herzklopfen *nt* palpitations *fpl*
herzlich *adj* chaleureux(-euse) ; **~e Grüße** amitiés
Herzlichkeit *f* gentillesse *f*
Herzschlag *m* battement *m* de cœur ; (*Méd*) rythme *m* cardiaque
Herzschrittmacher *m* stimulateur *m* cardiaque
Hessen (-s) *nt* (*Géo*) la Hesse
heterosexuell *adj* hétérosexuel(le)
Hetze *f* (*Eile*) hâte *f*
hetzen *vt* (*jagen*) traquer ▶ *vr* (*sich eilen*) se dépêcher
Heu (-(e)s) *nt* foin *m*
Heuchelei *f* hypocrisie *f*
heucheln *vt* simuler, feindre ▶ *vi* être hypocrite
Heuchler(in) (-s, -) *m(f)* hypocrite *mf* • heuchlerisch *adj* hypocrite
Heugabel *f* fourche à foin
heulen *vi* hurler
heurig (*Südd, Österr, Schweiz*) *adj* de cette année
Heuschnupfen *m* rhume *m* des foins
Heuschrecke *f* sauterelle *f*
heute *adv* aujourd'hui ; **~ Abend** ce soir ; **~ früh** *od* **Morgen** ce matin
heutig *adj* d'aujourd'hui ; (*Problem*) actuel(le)
heutzutage *adv* de nos jours
Hexe *f* sorcière *f*
Hexenschuss *m* (*Méd*) lumbago *m*

h

602

hieb etc vb siehe **hauen**

Hieb(-(e)s, -e) m coup m

hielt etc vb siehe **halten**

hier adv ici

hierbei adv ce faisant; **~ handelt es sich um ...** il s'agit (ici) de ...

hier|bleiben (irr) vi rester (ici)

hierdurch adv ainsi; (örtlich) par ici

hierher adv ici

hier|lassen (irr) vt laisser ici

hiermit adv avec cela

hierzulande, hier zu Lande adv par ici

hiesig adj d'ici

hieß etc vb siehe **heißen**

Hi-Fi-Anlage f chaîne f hi-fi

Hilfe f aide f; **Erste ~** premiers secours mpl ou soins mpl; **~!** à l'aide! • **Hilfeleistung** f assistance f; **unterlassene ~** (Jur) non-assistance f à personne en danger

hilflos adj perdu(e)

Hilflosigkeit f air m perdu

hilfreich adj serviable

Hilfsaktion f opération f de secours

Hilfsarbeiter m ouvrier m spécialisé

hilfsbereit adj serviable

Hilfsorganisation f organisation f humanitaire

Himbeere f framboise f

Himmel(-s, -) m ciel m

Himmelsrichtung f direction f; **die vier ~en** les quatre points mpl cardinaux

himmlisch adj céleste, divin(e)

---

hin

adv 1 (räumlich): **bis zur Mauer ~** jusqu'au mur; **nach Westen ~** vers l'ouest; **geh doch zu ihr ~** va vers elle; **wo ist er ~?** (fam) où est-il passé?; **einmal Basel, ~ und zurück** Bâle, aller (et) retour; **~ und her gehen** faire les cent pas; **etw ~ und her überlegen** tourner et retourner qch dans son esprit; **~ und wieder** de temps en temps; **Regen ~, Regen her** qu'il pleuve ou non

2: **auf ... ~: auf meine Bitte ~** à ma demande; **auf seinen Rat ~** sur son conseil; **auf meinen Brief ~** suite à ma lettre; **nichts wie ~!** (fam) allons-y!

3: **~ sein** (fam: kaputt sein) être fichu(e); **mein Glück ist ~** c'en est fait de mon bonheur

hinab|gehen (irr) vi descendre

hinauf adv vers le haut • **hinauf|steigen** (irr) vi monter

hinaus adv dehors; **~ mit dir!** dehors! • **hinaus|gehen** (irr) vi sortir; **das geht über meine Kräfte hinaus** c'est au-delà de mes forces • **hinaus|laufen** (irr) vi sortir; **~ auf** +Akk (fig) revenir à

Hinblick m: **in od im ~ auf** +Akk eu égard à

hinderlich adj: **einer Sache** Dat **~ sein** faire obstacle à qch

hindern vt gêner

Hindernis nt obstacle m

hin|deuten vi: **auf etw** Akk **~** (schließen lassen) indiquer

Hinduismus m hindouisme m

hindurch adv: **durch den Wald ~** à travers la forêt ; **die ganze Nacht ~** toute la nuit

hinein adv: **in etw** Akk **~** dans qch ; **bis in die Nacht ~** jusqu'à la tombée de la nuit • **hinein|gehen** (irr) vi: **~ in** +Akk entrer dans • **hinein|passen** vi entrer, aller • **hinein|stecken** vt (Schlüssel) mettre ; (investieren) consacrer

hin|fahren (irr) vi (mit Fahrzeug) se rendre ▶ vt conduire

Hinfahrt f aller m

hinfällig adj (Mensch) frêle, invalide ; (Argument) non valable ; (Pläne) tombé(e) à l'eau

hing etc vb siehe **hängen**

Hingabe f dévouement m

hin|gehen (irr) vi (Mensch) y entrer

hin|halten (irr) vt (Gegenstand) tendre ; (vertrösten, warten lassen) faire attendre

hinken vi (Mensch) boiter

hinlänglich adj suffisamment

hin|legen vt (aus der Hand legen) poser ; (Person) coucher ; (bezahlen) sortir

hin|nehmen (irr) vt (fig) accepter

Hinreise f aller m

Hinrichtung f exécution f

hinsichtlich präp +Gen en ce qui concerne

Hinspiel nt match m aller

hin|stellen vt poser, mettre ▶ vr se mettre ; **jdn/etw als etw ~** présenter qn/qch comme qch

hinten adv derrière ; (am Ende) à la fin • **hintenherum** adv par derrière

hinter präp +Dat derrière ; (nach) après ▶ präp +Akk derrière ; **etw ~**

sich Dat **haben** avoir qch derrière soi ; **etw ~ sich** Akk **bringen** se débarrasser une bonne fois pour toutes de qch ; **~ die Wahrheit/ ein Geheimnis kommen** découvrir la vérité/un secret • **Hinterachse** f essieu m arrière • **Hinterbliebene(r)** f(m): **die ~n** la famille du défunt

hintere(r, s) adj (an der Rückseite) arrière inv ; (am Ende) dernier(-ière)

hintereinander adv (räumlich) l'un(e) derrière l'autre ; (zeitlich) l'un(e) après l'autre

Hintergedanke m arrière-pensée f

Hintergrund m fond m ; (Zusammenhang) antécédents mpl • **hintergrundbeleuchtet** adj rétroéclairé(e)

Hinterhalt m embuscade f

hinterhältig adj sournois(e)

hinterher adv (hinter jdm) derrière ; (danach) ensuite

Hinterhof m arrière-cour f

Hinterkopf m occiput m

hinterlassen (irr) vt insép laisser ; (nach Tod) léguer

Hinterlassenschaft f héritage m

hinterlegen vt insép déposer

hinterlistig adj trompeur(-euse), sournois(e)

Hintern (-s, -) m postérieur m

Hinterrad nt roue f arrière

Hinterradantrieb m roues fpl arrière motrices

Hinterteil nt postérieur m

Hintertreffen nt: **ins ~ kommen** être en perte de vitesse

hinterziehen (*irr*) *vt insép*: **Steuern ~** frauder le fisc

hinüber *adv* de l'autre côté • **hinüber|gehen** (*irr*) *vi*: **~ über** +*Akk* (*Straße*) traverser

hinunter *adv*: **jdn bis ~ begleiten** accompagner qn jusqu'en bas • **hinunter|schlucken** *vt* avaler

Hinweg *m* aller *m*

Hinweis (-es, -e) *m* indication *f*; (*Anhaltspunkt*) indice *m*

hin|weisen (*irr*) *vi*: **auf etw** *Akk* **~** (*zeigen*) indiquer qch ▶ *vt*: **jdn auf etw** *Akk* **~** (*aufmerksam machen*) attirer l'attention de qn sur qch

hin|ziehen (*irr*) *vt* (*lange dauern*) traîner en longueur; (*sich erstrecken*) s'étendre

hinzu *adv* en plus • **hinzu|fügen** *vt* ajouter • **hinzu|kommen** (*irr*) *vi* (*Mensch*) s'y joindre; (*Umstand*) s'y ajouter • **hinzu|ziehen** (*irr*) *vt* faire appel à

Hirn (-(e)s, -e) *nt* cerveau *m*; (*Culin*) cervelle *f* • **Hirngespinst** *nt* chimère *f* • **hirnverbrannt** *adj* complètement fou(folle)

Hirsch (-(e)s, -e) *m* cerf *m*

Hirse *f* millet *m*

Historiker(in) (-s, -) *m(f)* historien/ne

historisch *adj* historique

Hit (-s, -s) *m* (*Mus*) tube *m*; (*fig*) (gros) succès *m* • **Hitparade** *f* hit-parade *m*

Hitze (-) *f* chaleur *f* • **hitzebeständig** *adj* résistant(e) à la chaleur • **Hitzewelle** *f* vague *f* de chaleur

hitzig *adj* (*Mensch, Temperament*) fougueux(-euse); (*Debatte*) houleux(-euse)

Hitzschlag *m* coup *m* de chaleur

HIV (-(s), -(s)) *nt* (*abk*) (= *Human Immunodeficiency Virus*) HIV *m*

HIV-positiv *adj* séropositif(-ive)

H-Milch *f* lait *m* longue conservation *od* UHT

hob *etc vb siehe* **heben**

Hobby (-s, -s) *nt* hobby *m*

Hobel (-s, -) *m* rabot *m*

hoch (*attrib* **hohe(r, s)**) *adj* haut(e); (*Preis, Besucherzahl, Gewicht*) élevé(e); (*Fieber*) fort(e); (*Bildung*) grand(e) ▶ *adv* haut; (*sehr*) très; **~ dotiert** bien rémunéré(e)

Hoch (-s, -s) *nt* (*Ruf*) vivat *m*; (*Météo*) anticyclone *m*

Hochachtung *f* considération *f*

hochachtungsvoll *adv* (*Briefschluss*) veuillez agréer, Monsieur/Madame, mes salutations distinguées

hochbegabt *adj* extrêmement doué(e)

Hochbetrieb *m* activité *f* intense

Hochburg *f* (*fig*) fief *m*

Hochdeutsch *nt* haut allemand *m*

Hochdruck *m* (*Météo*) haute pression *f*

Hochebene *f* haut plateau *m*

hoch|fahren (*irr*) *vi* (*erschreckt*) sursauter ▶ *vt* (*Inform*) amorcer, initialiser

Hochform *f* pleine forme *f*

hoch|halten (*irr*) *vt* tenir en l'air; (*fig*) tenir en haute estime

Hochhaus *nt* tour *f* (d'habitation)

hoch|heben (*irr*) *vt* soulever

Hochkonjunktur *f* boom *m*

hoch|laden (irr) vt (Inform)
télécharger

Hochland nt régions fpl
montagneuses

hoch|leben vi: jdn ~ lassen
porter un toast à la santé de qn

Hochleistungssport m sport m
de haut niveau

Hochmut m arrogance f

hochmütig adj arrogant(e)

hochnäsig adj prétentieux(-euse)

Hochrechnung f extrapolation f

Hochsaison f haute saison f

Hochschule f établissement m
d'enseignement supérieur

Hochsommer m plein été m

Hochspannung f haute tension f

Hochsprung m saut m en
hauteur

höchst adv extrêmement

höchste(r, s) adj le(la) plus
haut(e)

höchstens adv (tout) au plus, au
maximum

Höchstform f: in ~ au top de sa
etc forme

Höchstgeschwindigkeit f
vitesse f maximum od maximale

höchstwahrscheinlich adv
(très) vraisemblablement

Hochwasser nt (Flut) marée f
haute ; (Überschwemmung)
inondation f

Hochzahl f exposant m

Hochzeit (-, -en) f mariage m

Hocke f (Stellung) position f
accroupie ; (Sport) saut m fléchi

hocken vi être accroupi(e)

Hocker (-s, -) m tabouret m

Höcker (-s, -) m bosse f

Hockey (-s) nt hockey m

Hoden (-s, -) m testicule m

Hof (-(e)s, ∸e) m cour f ; (von Mond)
halo m

hoffen vi, vt espérer

hoffentlich adv: ~ regnet es
morgen j'espère qu'il pleuvra
demain

Hoffnung f espoir m

hoffnungslos adj désespéré(e)

Hoffnungslosigkeit f caractère
m désespéré

hoffnungsvoll adj plein(e)
d'espoir

höflich adj poli(e) • Höflichkeit f
politesse f

hohe(r, s) adj attrib siehe hoch

Höhe f hauteur f ; (von Mieten,
Gehalt, Preisen) montant m

Hoheit f (Pol) souveraineté f ;
(Titel) altesse f

Hoheitsgewässer pl eaux fpl
territoriales

Höhepunkt m apogée m

hohl adj creux(-euse)

Höhle f grotte f, caverne f ; (Zool,
fig) antre m, tanière f

Hohn (-(e)s) m dérision f

höhnisch adj méprisant(e)

holen vt aller chercher ; Atem od
Luft ~ reprendre son souffle ; sich
Dat eine Lungenentzündung ~
attraper une pneumonie ; jdn/
etw ~ lassen envoyer chercher
qn/qch

Holland nt la Hollande

holländisch adj hollandais(e)

Hölle f enfer m

höllisch adj infernal(e)

Holocaust (-(s), -s) m
holocauste m

holperig adj cahoteux(-euse) ;
(Vortrag) hésitant(e)

Holz (-es, =er) nt bois m

hölzern adj en bois ; (fig) gauche

holzig adj (Spargel)
filandreux(-euse)

Holzkohle f charbon m de bois

Holzweg m : **auf dem ~ sein** se
tromper

Holzwolle f copeaux mpl de bois

Homepage f page f d'accueil

Homöopathie f homéopathie f

homosexuell adj homosexuel(le)

Homosexuelle(r) f(m)
homosexuel(le) m/f

Honig (-s, -e) m miel m
  • **Honigmelone** f melon m d'hiver
  od d'Antibes

Honorar (-s, -e) nt honoraires mpl

honorieren vt (bezahlen)
rétribuer ; (anerkennen) honorer

Hopfen (-s, -) m houblon m

Hörbuch nt livre m audio

horchen vi écouter

Horde f horde f

hören vt entendre ; (anhören, reden
lassen) écouter ▶ vi entendre ;
(erfahren) apprendre ; **von jdm ~**
avoir des nouvelles de qn

Hörer(in) (-s, -) m(f) (Zuhörer,
Radio) auditeur(-trice) ▶ m
(Telefonhörer) écouteur m

Hörgerät nt, f appareil m
acoustique

Horizont (-(e)s, -e) m horizon m

horizontal adj horizontal(e)

Hormon (-s, -e) nt hormone f

Horn (-(e)s, =er) nt corne f ; (Mus)
cor m

Hornhaut f callosité f

Hornisse f frelon m

Horoskop (-s, -e) nt horoscope m

Horror m : **einen ~ vor jdm/etw
haben** avoir horreur de qn/qch

Horrorfilm m film m d'horreur

Hörsaal m amphithéâtre m

Hort (-(e)s, -e) m (Scol) garderie f
  • **horten** vt stocker, amasser

Hose f pantalon m ; (Unterhose)
slip m

Hosentasche f poche f de
pantalon

Hosenträger pl bretelles fpl

Hotel (-s, -s) nt hôtel m

Hotelier (-s, -s) m hôtelier m

Hotline (-, -s) f hotline f

Hotspot (-s, -s) m borne f wifi,
hotspot m

Hub (-(e)s, =e) m (Tech) course f

Hubraum m : **ein Auto mit
1600 cm³ ~** une voiture de
1600 cm³ de cylindrée

hübsch adj joli(e)

Hubschrauber (-s, -) m
hélicoptère m

Huf (-(e)s, -e) m sabot m
  • **Hufeisen** nt fer m à cheval

Hüfte f hanche f

Hügel (-s, -) m colline f

hügelig adj vallonné(e)

Huhn (-(e)s, =er) nt poule f

Hühnerauge nt cor m (au pied)

Hühnerbrühe f bouillon m de
poule

Hülle f enveloppe f ; **in ~ und
Fülle** en abondance

Hülsenfrucht f légumineuse f

human adj humain(e)

Hummel (-, -n) f bourdon m

Hummer (-s, -) m homard m

Humor (-s, -e) m humour m
• humorlos adj sans humour
• humorvoll adj plein(e) d'humour
humpeln vi boiter
Hund (-(e)s, -e) m chien m
Hundehütte f niche f
hundert num cent
Hundertjahrfeier f
centenaire m
hundertmal adv cent fois
hundertprozentig adj à cent
pour cent
Hunger (-s) m faim f
hungern vi souffrir de la faim
Hungersnot f famine f
Hungerstreik m grève f de la faim
hungrig adj affamé(e)
Hupe f klaxon m
hupen vi klaxonner
hüpfen vi sautiller
Hürde f (Sport) haie f; (fig)
obstacle m
Hure f putain f
husten vi tousser • Husten (-s) m
toux f • Hustenbonbon nt od m
pastille f contre la toux
• Hustensaft m sirop m contre
la toux
Hut¹ (-(e)s, -e) m chapeau m
Hut² (-) f garde f; vor etw Dat auf
der ~ sein prendre garde à qch
hüten vt garder ▶ vr: sich vor etw
Dat ~ prendre garde à qch
Hütte f cabane f; (im Gebirge)
refuge m
Hyazinthe f jacinthe f
Hybridauto nt voiture f hybride
Hydrant m bouche f d'incendie
Hygiene (-) f hygiène f
hygienisch adj hygiénique

Hymne f hymne m
Hyperlink m hyperlien m, lien m
hypertexte
Hypertext m hypertexte m
Hypnose f hypnose f
hypnotisch adj hypnotique
hypnotisieren vt hypnotiser
Hypothek (-, -en) f hypothèque f
Hysterie f hystérie f
hysterisch adj hystérique

h

IC (-) *m abk* (= *Intercity-Zug*) rapide *m*

ICE (-) *m abk* (= *Intercityexpresszug*) ≈ TGV *m*

ich *pron* je ; (*vor Vokal od stummem h*) j' • **Ich** (-(-s), -(s)) *nt* moi *m*

ideal *adj* idéal(e) • **Ideal** (-s, -e) *nt* idéal *m*

Idealismus *m* idéalisme *m*

Idee *f* idée *f*

identifizieren *vt* identifier

identisch *adj* : **mit jdm/etw ~ sein** être identique à qn/qch

Identität *f* identité *f* • **Identitätsdiebstahl** *m* usurpation *f* d'identité

Ideologie *f* idéologie *f*

ideologisch *adj* idéologique

Idiot(in) (-en, -en) *m(f)* idiot(e)

idiotisch *adj* idiot(e)

idyllisch *adj* idyllique

Igel (-s, -) *m* hérisson *m*

ignorieren *vt* (*jdn*) ignorer ; (*etwas*) ne pas tenir compte de

IHK *f abk* (= *Industrie- und Handelskammer*) ≈ CCI *f*

ihm (*Dat von er, es*) *pron* lui ; (*nach präp*) lui ; **ich habe es ~ gesagt** je le lui ai dit ; **mit ~** avec lui

ihn (*Akk von er*) *pron* le ; **ich schreibe an ~** je lui écris

ihnen (*Dat von sie pl*) *pron* leur ; (*nach präp*) eux(elles) • **Ihnen** (*Dat von Sie*) *pron* vous, à vous ; (*nach präp*) vous

---

ihr

pers pron 1 (*2. Person pl nom, Akk, Dat* **euch**) vous ; **~ schlaft** vous dormez
2 (*3. Person f sg Dat*) lui ; (: *nach präp*) lui (elle) ; **mit ~** avec elle

---

ihr(e)

poss pron 1 (*3. Person sg f*) son(sa) ; **~ Hund** son chien ; **~ Auto** sa voiture ; **~e Mutter** sa mère ; **~e Schuhe** ses chaussures
2 (*3. Person pl*) leur ; **~ Leben** leur vie ; **~e Schuhe** leurs chaussures

---

Ihr(e) *poss pron* votre

ihre(r, s) *pron* (*sg*) le(la) sien(ne) ; (*pl*) les siens(siennes) ; (*von mehreren*) le(la) leur ; (: *pl*) les leurs ; **der/die/das l~** le(la) sien(ne) • **Ihre(r, s)** *pron* le(la) vôtre ; (*pl*) les vôtres

ihrer *pron* : **wir gedenken ~** (*geh*) nous pensons à elle ; (*pl*) nous pensons à eux(elles)

ihrerseits *adv* (*sg*) de son côté ; (*pl*) de leur côté

Ihrerseits *adv* de votre côté

ihresgleichen *pron* des gens comme elle ; *(von mehreren)* des gens comme eux(elles)

ihretwegen *adv (für sie sg)* pour elle ; *(für sie pl)* pour eux(elles) ; *(wegen ihr)* à cause d'elle ; *(wegen ihnen)* à cause d'eux(elles)

Ikone f icône f

illegal *adj* illégal(e)

Illusion f illusion f

illusorisch *adj* illusoire

illustrieren vt illustrer

Illustrierte f illustré m

Iltis (-ses, -se) m putois m

im = **in dem**

IM (-s, no pl) nt abk (= instant messaging) MI f, messagerie f instantanée

Image (-(s), -s) nt image f de marque

Imam m imam m

Imbiss (-es, -e) m casse-croûte m inv

Imbisshalle, Imbissstube f snack(-bar) m

imitieren vt imiter

Imker (-s, -) m apiculteur m

immatrikulieren vr s'inscrire

immer *adv* toujours ; *(jeweils)* chaque fois ; ~ **noch** toujours, encore ; ~ **schöner/trauriger** de plus en plus beau(belle)/triste • **immerhin** *adv* tout de même • **immerzu** *adv* sans arrêt, continuellement

Immobilien pl biens mpl immobiliers

immun *adj* immunisé(e)

Immunität f immunité f

Immunschwäche f immunodéficience f

Immunsystem nt système m immunitaire

Imperativ m impératif m

Imperfekt nt imparfait m

impfen vt vacciner ; **jdn gegen etw ~** vacciner qn contre qch

Impfpass m carnet m de vaccination

Impfstoff m vaccin m

Impfung f vaccination f

imponieren vi : **jdm ~** impressionner qn

Import (-(e)s, -e) m importation f

importieren vt importer

impotent *adj* impuissant(e)

Impotenz f impuissance f

imprägnieren vt *(wasserdicht machen)* imperméabiliser

Improvisation f improvisation f

improvisieren vt, vi improviser

Impuls (-es, -e) m impulsion f

impulsiv *adj* impulsif(-ive)

imstande *adj* : ~ **sein, etw zu tun** *(in der Lage)* être en mesure de faire qch ; *(fähig)* être capable de faire qch

---

in

▶ *präp +Akk* 1 *(räumlich: wohin?)* dans ; **etw in eine Schublade legen** mettre qch dans un tiroir ; **in den Garten gehen** aller dans le jardin ; **in die Stadt** en ville ; **in die Schule gehen** aller à l'école
2 *(zeitlich)* **bis ins 20. Jahrhundert** jusqu'au XXe siècle
▶ *präp +Dat* 1 *(räumlich: wo?)* dans ; **in einer Schublade liegen** être dans un tiroir ; **im Garten sein** être assis(e) dans le jardin ; **in der Stadt** en ville ; **in der Schule sein** être à l'école ;

es in sich haben (fam: Text) être coriace ; (: Whisky) être corsé(e) **2** (zeitlich: wann?): **in diesem Jahr** cette année ; **in jenem Jahr** cette année-là ; **heute in zwei Wochen** aujourd'hui en quinze, dans quinze jours **3** (als Verlaufsform): **etw im Liegen/Stehen tun** faire qch couché(e)/debout
▶ adj: **in sein** (fam) être in

Inbegriff m incarnation f
inbegriffen adv y compris
Inbetriebnahme f (von Maschine) mise f en service ; (von Gebäude, U-Bahn etc) inauguration f
indem konj (dadurch, dass) grâce au fait que ; (während) pendant que ; ~ **man etw macht** en faisant qch
Inder(in) m(f) Indien(ne)
Indianer(in) (-s, -) m(f) Indien(ne) (d'Amérique)
Indien (-s) nt l'Inde f
indirekt adj indirect(e)
indisch adj indien(ne)
Indiskretion f indiscrétion f
individuell adj individuel(le)
Individuum (-s, Individuen) nt individu m
Indiz (-es, -ien) nt indice m
Indonesien (-s) nt l'Indonésie f
Industrie f industrie f
• **Industriegebiet** nt zone f industrielle
industriell adj industriel(le)
Industrie- und Handelskammer f Chambre f de commerce et d'industrie

ineinander adj: ~ **verliebt sein** être amoureux (l'un de l'autre)
Infarkt (-(e)s, -e) m infarctus m
Infektion f infection f
Infinitiv m infinitif m
infizieren vt infecter ▶ vr: **sich ~ (bei)** être infecté(e) (par)
Inflation f inflation f
Inflationsrate f taux m d'inflation
Info (-s, -s) nt documentation f
infolge präp +Gen à la suite de
• **infolgedessen** adv par conséquent
Informatik f informatique f
• **Informatiker(in)** m(f) informaticien(ne)
Information f information f
Informationstechnik f technique f de l'information
Informationstechnologie f technologies fpl de l'information
informieren vt informer ▶ vr: **sich ~ über** +Akk s'informer de
infrage adv: **etw ~ stellen** remettre qch en question ; ~ **kommend** possible ; **das kommt nicht ~!** il n'en est pas question !
Infrastruktur f infrastructure f
Infusion f perfusion f
Ingenieur(in) m(f) ingénieur m
• **Ingenieurschule** f école f d'ingénieurs
Ingwer (-s) m gingembre m
Inhaber(in) (-s, -) m(f) (von Rekord, Genehmigung, Konzession, Titel, Lizenz) détenteur(-trice) ; (von Pass, Führerschein) titulaire mf ; (von Restaurant, Hotel) propriétaire mf

inhalieren vt (Méd) inhaler ; (beim Rauchen) avaler ▶ vi faire des inhalations

Inhalt (-(e)s, -e) m contenu m ; (Volumen) volume m • inhaltlich adv en ce qui concerne le contenu

Inhaltsangabe f résumé m

Inhaltsverzeichnis nt indication f du contenu ; (in Buch) table f des matières

Initiative f initiative f

Injektion f injection f

inklusive präp +Gen y compris

Inkrafttreten (-s) nt entrée f en vigueur

Inland nt intérieur m (des terres) ; (Pol) intérieur (du pays) ; **im ~ und Ausland** ici od dans le pays et à l'étranger

inmitten präp +Gen au milieu de ▶ adv: **~ von** au milieu de

innen adv à l'intérieur ; **nach ~** vers l'intérieur • Innenminister m ministre m de l'Intérieur • Innenpolitik f politique f intérieure • innenpolitisch adj de politique intérieure • Innenstadt f centre-ville m • Innentasche f poche f intérieure

innere(r, s) adj intérieur(e) ; (Méd) interne

Innere(s) nt intérieur m

Innereien pl abats mpl

innerhalb adv: **~ von** (räumlich) à l'intérieur de ; (zeitlich) en ▶ präp +Gen (räumlich) à l'intérieur de ; (zeitlich) en

innerlich adj intérieur(e), interne ; (geistig) profond(e)

innerste(r, s) adj central(e) ; (Gedanken, Gefühle) le(la) plus profond(e)

innig adj (Freundschaft) profond(e)

innovativ adj innovateur(-trice)

inoffiziell adj non officiel(le)

ins = in das

Insasse (-n, -n) m, Insassin f (von Anstalt) pensionnaire mf ; (von Auto) passager(-ère)

insbesondere adv en particulier

Inschrift f inscription f

Insekt (-(e)s, -en) nt insecte m

Insel f île f ; (Verkehrsinsel) refuge m (pour piétons)

Inserat (-(e)s, -e) nt (petite) annonce f

inserieren vi passer une annonce ▶ vt passer une annonce pour

insgeheim adv en secret

insgesamt adv en tout

insofern adv sur ce point ; (deshalb) dans cette mesure ▶ konj (wenn) dans la mesure où, si

insoweit adv = **insofern**

Installation f (Inform) installation f

installieren vt installer

Instandhaltung f entretien m

Instandsetzung f remise f en état ; (eines Gebäudes) restauration f

Instant Messaging (-, -) nt messagerie f instantanée

Instanz f instance f

Instinkt (-(e)s, -e) m instinct m

instinktiv adj instinctif(-ive)

Institut (-(e)s, -e) nt institut m

Institution f institution f

Instrument nt instrument m

Insulin (-s) nt insuline f

inszenieren vt mettre en scène ; (fig) orchestrer

i

Inszenierung f mise f en scène
integrieren vt intégrer ;
  integrierte Gesamtschule
  établissement m secondaire
  polyvalent
intellektuell adj intellectuel(le)
intelligent adj intelligent(e)
Intelligenz f intelligence f ;
  (Gruppe, Schicht) intelligentsia f
Intendant m directeur m
intensiv adj intense ; (Gespräch)
  approfondi(e) • **Intensivkurs** m
  cours m intensif • **Intensivstation** f
  service m de réanimation
interaktiv adj interactif(-ive)
Intercity (-s, -s) m Intercité m
interessant adj intéressant(e)
interessanterweise adv
  curieusement
Interesse (-s, -n) nt intérêt m ;
  ~ haben an +Dat être intéressé(e)
  par
Interessent(in) m(f) personne f
  intéressée
interessieren vt intéresser ▶ vr:
  sich ~ (für) s'intéresser (à)
Internat nt internat m
international adj international(e)
Internet nt: **das ~** l'Internet m ;
  ins ~ stellen mettre od poster sur
  Internet • **Internetadresse** f
  adresse f Internet • **Internetcafé**
  nt cybercafé m • **Internethandy**
  nt smartphone m
  • **Internetzugang** m accès m à
  Internet
Internist(in) m(f) spécialiste m f
  en médecine interne
Interpretation f interprétation f
interpretieren vt interpréter
Interpunktion f ponctuation f

Interrailkarte f carte f Inter-Rail
intervenieren vi intervenir
Interview (-s, -s) nt interview f
interviewen vt interviewer
intim adj intime
Intimität f intimité f
intolerant adj intolérant(e)
Intranet nt intranet m
Intrige f intrigue f
introvertiert adj introverti(e)
Intuition f intuition f
Invasion f invasion f
Inventar (-s, -e) nt inventaire m
investieren vt investir
Investition f investissement m
Investmentfonds m fonds m
  d'investissement
inwiefern, inwieweit adv, konj
  dans quelle mesure
inzwischen adv entre-temps
iPod® m iPod® m
Irak (-s) m: **der ~** l'Irak m, l'Iraq m
Iran (-s) m: **der ~** l'Iran m
irdisch adj terrestre
Ire (-n, -n) m Irlandais m
irgend adv: **ich tue, was ich ~ kann**
  je vais faire tout mon possible
  • **irgendein(e)** adj un(e)
  (quelconque) • **irgendeine(r, s)**
  pron quelqu'un ; (ein Beliebiger)
  n'importe qui • **irgendeinmal** adv
  (fragend) jamais • **irgendetwas**
  pron quelque chose
  • **irgendjemand** pron quelqu'un
  • **irgendwann** adv un jour
  • **irgendwer** pron quelqu'un ; **er ist**
  nicht ~, er ist der Bundeskanzler
  ce n'est pas n'importe qui, c'est le
  premier ministre • **irgendwie** adv
  d'une façon ou d'une autre
  • **irgendwo** adv quelque part ;

(verneinend) nulle part
• **irgendwohin** adv quelque part ;
(verneinend) n'importe où
Irin f Irlandaise f
irisch adj irlandais(e)
Irland nt l'Irlande f
Ironie f ironie f
ironisch adj ironique
irre adj fou(folle) ; **~ gut** (fam)
super
Irre(r) f(m) fou(folle) m/f
irre|führen vt induire en erreur
irren vi (umherirren) errer ▶ vr se
tromper
irrig adj erroné(e)
Irrsinn m folie f
irrsinnig adj fou(folle)
Irrtum m erreur f
irrtümlich adj erroné(e)
ISBN f abk (= international
Standardbuchnummer) ISBN m
Ischias (-) f od nt sciatique f
ISDN nt abk (= Integrated Services
Digital Network) RNIS m
Islam (-s) m islam m
islamisch adj islamique
Islamisierung f islamisation f
Island nt l'Islande f
isländisch adj islandais(e)
Isolierband nt ruban m isolant
isolieren vt isoler
Isolierstation f (Méd) salle f des
contagieux
Israel (-s) nt Israël m
Israeli (-(s), -s) mf Israélien(ne) m/f
israelisch adj israélien(ne)
Italien (-s) nt l'Italie f
Italiener(in) (-s, -) m(f)
Italien(ne)
italienisch adj italien(ne)

j

ja

adv **1** oui ; **ich glaube ja** je crois
que oui ; **Ja und Amen zu allem
sagen** (fam) dire amen à tout,
tout accepter sans broncher
2 (fragend): **ich habe gekündigt
— ja?** j'ai donné ma démission
— c'est vrai ?
3 (unbedingt): **sei ja vorsichtig**
fais bien attention ; **tu das ja
nicht!** ne le fais surtout pas !
4 (schließlich): **Sie wissen ja,
dass ...** vous n'êtes pas sans
savoir que ... ; **sie ist ja erst
fünf** (n'oubliez pas qu')elle n'a
que cinq ans
5 (feststellend): **ich habe es ja
gewusst** j'en étais sûr(e) ; **das sag
ich ja!** c'est bien ce que je disais !
6 (vergewissernd): **du kommst
doch, ja?** tu ne viens pas ?
7 (verstärkend): **das ist ja
schlimm** c'est vraiment grave ;
ja, also ich gehe dann mal!
bon, eh bien je vais partir ; **ja,
also so geht das nicht** non,
non, ça ne va pas comme ça

Jacht (-, -en) f yacht m

Jacke f veste f

Jackett (-s, -s od -e) nt veston m

Jackpot (-s, -s) m jackpot m

Jagd (-, -en) f chasse f

jagen vi chasser ; (rennen, schnell fahren) aller à toute vitesse ▶ vt chasser ; (verfolgen) poursuivre

Jäger(in) (-s, -) m(f) chasseur(-euse)

Jahr (-(e)s, -e) nt année f, an m ; **mit den ~en** avec le temps

jahrelang adv pendant des années

Jahresbericht m rapport m annuel

Jahreswechsel m nouvel an m

Jahreszahl f date f

Jahreszeit f saison f

Jahrgang m année f

Jahrhundert nt siècle m

jährlich adj annuel(le) ▶ adv chaque année

Jahrmarkt m foire f

Jahrzehnt nt décennie f

jähzornig adj colérique

Jalousie f persiennes fpl

Jammer (-s) m (Klagen) lamentations fpl ; (Elend) misère f ; **es ist ein ~, dass ...** c'est vraiment dommage que ...

jämmerlich adj misérable ; (Weinen, Geschrei) de douleur

jammern vi se lamenter

Januar (-s, -e) m janvier m

Japan (-s) nt le Japon

Japaner(in) (-s, -) m(f) Japonais(e)

japanisch adj japonais(e)

Jargon (-s, -s) m jargon m

jauchzen vi pousser des cris de joie

jawohl adv oui

Jazz (-) m jazz m

je adv (jemals) jamais ▶ konj : **je nach ...** selon le(la) ... ; **sie zahlten je 5 Euro** ils ont payé chacun 5 euros ; **je nachdem** selon ; **je nachdem, ob ...** selon que ... ; **je eher, desto besser** le plus tôt possible

Jeans pl jean m

jede(r, s) pron chacun(e) ; **~s Mal** chaque fois

jedenfalls adv de toute manière

jedermann pron tout le monde

jederzeit adv à tout moment

jedoch adv, konj cependant, pourtant

jeher adv : **von** od **seit ~** depuis toujours

jemals adv jamais

jemand pron quelqu'un

jene(r, s) pron (adjektivisch) ce(cette) ; (substantivisch) celui-là (celle-là)

jenseits adv de l'autre côté ▶ präp +Gen de l'autre côté de, au-delà de

jetzig adj actuel(le)

jetzt adv maintenant

jeweilig adj respectif(-ive)

jeweils adv chaque fois

Job (-s, -s) m boulot m

jobben (fam) vi faire des petits boulots

Jod (-(e)s) nt iode m

joggen vi faire du jogging

Jogger(in) (-s, -) m(f) adepte mf du jogging

Jogging (-s) nt jogging m, footing m

Joghurt, Jogurt (-s, -s) m od nt yaourt m

Johannisbeere f groseille f (rouge) ; **Schwarze ~** cassis m

Joint (-s, -s) m joint m

jonglieren vi : **~ mit** jongler avec

Jordanien (-s) nt la Jordanie

Journalismus m journalisme m

Journalist(in) m(f) journaliste mf

journalistisch adj journalistique

Joystick (-s, -s) m (Inform) manche m à balai

Jubel (-s) m cris mpl de joie

jubeln vi pousser des cris de joie

Jubiläum (-s, Jubiläen) nt anniversaire m

jucken vi démanger ; **es juckt mich am Arm** mon bras me démange

Juckreiz m démangeaisons fpl

Jude (-n, -n) m juif m

Judenverfolgung f persécution f des juifs

Jüdin f juive f

jüdisch adj juif(juive)

Jugend (-) f jeunesse f
• **Jugendherberge** f auberge f de jeunesse • **jugendlich** adj jeune
• **Jugendliche(r)** f(m) adolescent(e) m/f, jeune mf

Jugoslawien (-s) nt la Yougoslavie

jugoslawisch adj yougoslave

Juli (-(s), -s) m juillet m

jung adj jeune

Junge (-n, -n) m garçon m

Junge(s) nt petit m

jünger adj plus jeune

Jungfer (-, -n) f : **alte ~** vieille fille f

Jungfrau f vierge f ; (Astr) Vierge f ; **~ sein** (sexuell) être vierge

Junggeselle m célibataire m

Juni (-(s), -s) m juin m

Junior (-s, -en) m (hum: Kind) rejeton m ; (Sport) junior m

Junkfood (-s) nt bouffe f industrielle

Junkie (-s, -s) m junkie mf

Jura ; **~ studieren** faire du droit

Jurist(in) m(f) f juriste mf
• **juristisch** adj juridique

Jurte f yourte f

Justiz (-) f justice f

Juwel (-s, -en) nt od m bijou m, joyau m

Juwelier (-s, -e) m joaillier m, bijoutier m

Jux (-es, -e) m blague f ; **nur aus ~** juste pour rigoler

j

k

Kabarett (-s, -e od -s) nt cabaret m

Kabel (-s, -) m câble m
- **Kabelfernsehen** nt (télévision f par) câble m • **kabellos** adj (Inform) sans fil, wifi, wi-fi adj inv

Kabeljau (-s, -e od -s) m morue f

Kabine f cabine f; (in Flugzeug) carlingue f

Kabinett (-s, -e) nt (Pol) cabinet m

Kachel (-, -n) f carreau m

Kachelofen m poêle m en faïence

Kadaver (-s, -) m charogne f

Käfer (-s, -) m coléoptère m

Kaff (-s, -s od -e) (péj) nt patelin m

Kaffee (-s, -s) m café m ;
(Nachmittagskaffee) ≈ goûter m
- **Kaffeehaus** nt café m
- **Kaffeekanne** f cafetière f
- **Kaffeekapsel** f capsule f de café
- **Kaffeelöffel** m cuiller à café, petite cuiller • **Kaffeemaschine** f cafetière f électrique
- **Kaffeemühle** f moulin m à café

Käfig (-s, -e) m cage f

kahl adj chauve ; (Landschaft) désolé(e) ; (Raum) vide ;
~ geschoren tondu(e)

Kahn (-(e)s, ⸚e) m barque f ;
(Lastkahn) péniche f, chaland m

Kai (-s, -s) m quai m

Kaiser (-s, -) m empereur m
- **Kaiserin** f impératrice f
- **Kaiserreich** nt empire m
- **Kaiserschnitt** m césarienne f

Kajüte f cabine f

Kakao (-s, -s) m cacao m

Kalb (-(e)s, ⸚er) nt veau m

Kalbfleisch nt veau m (viande)

Kalender (-s, -) m calendrier m ;
(Taschenkalender) agenda m

Kalk (-(e)s, -e) m (zum Tünchen) chaux f; (im Körper) calcium m

Kalkstein m calcaire m

Kalkulation f calcul m

kalkulieren vt calculer

Kalorie f calorie f

kalorienarm adj pauvre en calories, (à) basses calories

kalt adj froid(e) ; **mir ist (es)** – j'ai froid • **kaltblütig** adj (Mensch) sans pitié ; (Tat) commis(e) de sang-froid

Kälte (-) f froid m ; (fig) froideur f

Kalzium (-s) nt calcium m

kam etc vb siehe **kommen**

Kamel (-(e)s, -s) nt chameau m

Kamera (-, -s) f caméra f

Kamerad(in) (-en, -en) m(f) camarade mf • **Kameradschaft** f camaraderie f

Kamerahandy nt téléphone m avec appareil photo

Kameramann (-(e)s, -männer) m cameraman m

Kamille f camomille f

Kamillentee m (infusion f de) camomille f

Kamin(-s, -e) m cheminée f
• **Kaminfeger**(-s, -) m,
Kaminkehrer(-s, -) m ramoneur m
Kamm(-(e)s, ⸚e) m peigne m;
(Bergkamm, Hahnenkamm) crête f
kämmen vt peigner
Kammer(-, -n) f chambre f
Kampf(-(e)s, ⸚e) m combat m,
lutte f
kämpfen vi se battre; **mit dem
Schlaf ~** lutter contre le sommeil;
um etw ~ se battre pour qch
kampflos adv sans combattre
kampieren vi camper
Kanada(-s) nt le Canada
Kanadier(in)(-s, -) m(f)
Canadien(ne)
kanadisch adj canadien(ne)
Kanal(-s, Kanäle) m canal m; (für
Abwässer, zur Reinigung) égout
m; **der ~** (Ärmelkanal) la Manche
• **Kanalinseln** pl les îles fpl
anglo-normandes
Kanalisation f égouts mpl
Kanarienvogel m canari m
Kandidat(in)(-en, -en) m(f)
candidat(e)
Kandidatur f candidature f
kandidieren vi poser sa
candidature
Känguru(-s, -s) nt kangourou m
Kaninchen nt lapin m
Kanister(-s, -) m bidon m
Kännchen nt (für Kaffee) petite
cafetière f
Kanne f cruche f; (Kaffeekanne)
cafetière f
kannte etc vb siehe **kennen**
Kanone f (Waffe) canon m
Kante f bord m; (Webkante) lisière
f; (Rand, Borte) bord

Kantine f cantine f
Kanton(-s, -e) m canton m
Kanu(-s, -s) nt canoë m
Kanzel(-, -n) f chaire f; (Aviat)
cockpit m
Kanzlei f chancellerie f; (Büro
eines Anwalts) étude f
Kanzler(-s, -) m chancelier m
Kap(-s, -s) nt cap m; **das ~ der
Guten Hoffnung** le cap de Bonne
Espérance
Kapazität f capacité f;
(Fachmann) sommité f
Kapelle f chapelle f; (Mus) (petit)
orchestre m
kapieren (fam) vt, vi piger
Kapital(-s, -e od -ien) nt capital m
Kapitalismus m capitalisme m
kapitalistisch adj capitaliste
Kapitalmarkt m marché m
monétaire
Kapitän(-s, -e) m capitaine m;
(von Flugzeug) commandant m
Kapitel(-s, -) nt chapitre m
Kapitulation f capitulation f
kapitulieren vi capituler
Kappe f (Mütze) bonnet m; (auf
Füllfederhalter) capuchon m
Kapsel(-, -n) f capsule f
kaputt adj cassé(e); (erschöpft)
crevé(e); **~ machen** (Gegenstand)
casser; siehe auch **kaputtmachen**
• **kaputt|gehen**(irr) vi (Auto,
Gerät) se détraquer; (Schuhe, Stoff)
s'abîmer; (Firma) faire faillite;
~ an +Dat crever de
• **kaputt|machen** (fam) vt siehe
kaputt ▸ vr se tuer (au travail)
Kapuze f capuchon m
Karamell(-s) m caramel m
Karaoke(-(s)) nt karaoké m

Kardinal (-s, *Kardinäle*) m
cardinal m

Karfreitag m vendredi m saint

karg adj (*Landschaft, Boden*)
ingrat(e); (*Lohn, Vorräte*) maigre;
(*Mahlzeit*) frugal m

kärglich adj misérable

Karibik (-) f: **die ~** la mer des
Antilles

kariert adj à carreaux; (*Papier*)
quadrillé(e)

Karies (-) f carie f

Karikatur f caricature f

Karneval (-s, -e od -s) m carnaval m

Le **Karneval** est une tradition
encore très vivante dans
certaines régions de
l'Allemagne. Les gens se
retrouvent pour chanter, danser,
manger, boire et s'amuser avant
le début du carême. La veille de
Mardi gras, *Rosenmontag*,
marque l'apogée du *Karneval*
dans la région rhénane. La
plupart des entreprises
chôment ce jour pour permettre
à leurs employés d'admirer les
défilés et de prendre part aux
festivités. Dans le sud de
l'Allemagne, cette période
s'appelle *Fasching* ou *Fastnacht*.

Karo (-s, -s) nt carreau m

Karosserie f carrosserie f

Karotte f carotte f

Karpfen (-s, -) m carpe f

Karren (-s, -) m charrette f

Karriere f carrière f
• **Karrieremacher(in)** (-s, -) (*péj*)
m(f) arriviste m/f

Karte f carte f; (*Eintrittskarte,
Fahrkarte*) billet m

Kartei f fichier m • **Karteikarte** f
fiche f

Kartell (-s, -e) nt cartel m

Kartenprüfnummer f
cryptogramme m

Kartenspiel nt jeu m de cartes

Kartentelefon nt téléphone m à
carte

Kartenvorverkauf m location f

Kartoffel (-, -n) f pomme f de terre
• **Kartoffelbrei** m purée f (de
pommes de terre)
• **Kartoffelchips** pl chips mpl
• **Kartoffelsalat** m salade f de
pommes de terre

Karton (-s, -s) m carton m

Karussell (-s, -s) nt manège m

Karwoche f semaine f sainte

kaschieren vt dissimuler

Käse (-s, -) m fromage m; (*fam:
Unsinn*) bêtises fpl • **Käsekuchen**
m tourte au fromage blanc

Kaserne f caserne f

Kasino (-s, -s) nt (*Spielkasino*)
casino m

Kasper (-s, -) m guignol m

Kasse f caisse f; (*Krankenkasse*)
caisse d'assurance-maladie;
(*Sparkasse*) caisse d'épargne

Kassenzettel m ticket m de
caisse

Kassette f cassette f, chargeur m;
(*Bücherkassette*) coffret m

Kassettenrekorder m
magnétophone m (à cassettes)

kassieren vt (*Geld*) encaisser;
(*wegnehmen*) confisquer ▶ vi: **darf
ich ~?** puis-je encaisser?

Kassierer(in) (-s, -) m(f)
caissier(-ière); (*von Klub*)
trésorier(-ière)

Kastanie f (Baum: Rosskastanie) marronnier m ; (: Edelkastanie) châtaignier m ; (Frucht) marron m ; (Edelkastanie, Esskastanie) châtaigne f

Kästchen nt coffret m

Kaste f caste f

Kasten (-s, ⸚) m caisse f ; (Briefkasten) boîte f (aux lettres)

Katalog (-(e)s, -e) m catalogue m

Katalysator m pot m catalytique

Katarrh, Katarr (-s, -e) m catarrhe m

katastrophal adj catastrophique

Katastrophe f catastrophe f

Katastrophenschutz m ≈ plan m ORSEC

Kategorie f catégorie f

kategorisch adj catégorique

Kater (-s, -) m matou m ; (Spielfigur) gueule f de bois

Kathedrale f cathédrale f

Katholik(in) (-en, -en) m(f) catholique mf

katholisch adj catholique

Katze f chat m

Kauderwelsch (-(s)) nt charabia m

kauen vt, vi mâcher

kauern vi être accroupi(e)

Kauf (-(e)s, Käufe) m achat m ; **etw in ~ nehmen** s'accommoder de qch

kaufen vt acheter ▶ vi faire des achats

Käufer(in) (-s, -) m(f) acheteur(-euse)

Kauffrau f commerçante f

Kaufhaus nt grand magasin m

Kaufkraft f pouvoir m d'achat

käuflich adj achetable, à acheter ; (bestechlich) vénal(e), corruptible

Kaufmann (-(e)s, -leute) m commerçant m

Kaufvertrag m contrat m de vente

Kaugummi m od nt chewing-gum m

Kaukasus m: **der ~** le Caucase

kaum adv à peine

Kaution f caution f

Kauz (-es, Käuze) m (Zool) chat-huant m ; (Mensch) excentrique m

Kavalier (-s, -e) m gentleman m

Kavaliersdelikt nt peccadille f

Kaviar m caviar m

keck adj (Antwort, Benehmen) effronté(e) ; (Hut) pimpant(e) ; (Frisur) coquet(te)

Kegel (-s, -) m cône m ; (Spielfigur) quille f • **Kegelbahn** f bowling m

kegeln vi jouer aux quilles

Kehle f gorge f

Kehlkopf m larynx m

kehren vt (drehen) tourner ; (mit Besen) balayer

Kehrseite f (einer Münze) côté m pile ; (fig) désavantage m

kehrtmachen vi faire demi-tour

keifen vi criailler

Keil (-(e)s, -e) m coin m ; (Aut) cale f

Keilriemen m courroie f du ventilateur

Keim (-(e)s, -e) m germe m

Keimzelle f (fig) point m de départ

kein(e) pron pas de ; **ich habe ~e Kinder/~en Hund** je n'ai pas d'enfants/de chien

keine(r, s) pron aucun(e) ; (niemand) personne

keinerlei adj attrib (ne …) aucun(e)

keinesfalls adv (ne ...) en aucun cas

keineswegs adv (ne ...) pas du tout

keinmal adv (ne ...) pas une seule fois

Keks (-es, -e) m od nt biscuit m

Kelch (-(e)s, -e) m (Glas) coupe f; (Rel, Bot) calice m

Kelle f (Schöpfkelle) louche f

Keller (-s, -) m cave f

Kellner(in) (-s, -) m(f) serveur(-euse)

keltern vt presser

Kenia (-s) nt le Kenya

kennen (irr) vt connaître ; (Sprache, jds Alter) savoir

kennen|lernen vt (jdn) faire la connaissance de ▶ vrfaire connaissance ; (zum ersten Mal treffen) être présenté(-ées)

Kenner(in) (-s, -) m(f) connaisseur(-euse)

kenntlich adj: **etw ~ machen** marquer qch

Kenntnis f connaissance f; **etw zur ~ nehmen** prendre note de qch

Kennwort nt (Chiffre) code m; (Losungswort) mot m de passe

Kennzeichen nt signe m distinctif ; (Markierung) marque f; **(amtliches od polizeiliches) ~** (Aut) numéro m d'immatriculation

kennzeichnen vt caractériser

Kennziffer f code m; (Écon) référence f

kentern vi chavirer

Keramik (-, -en) f céramique f

Kerbe f encoche f

Kerbel (-s, -) m cerfeuil m

Kerker (-s, -) m cachot m

Kerl (-s, -e) m type m

Kern (-(e)s, -e) m noyau m ; (von Apfel, Orange, Zitrone) pépin m ; (fig: von Problem) cœur m, fond m • **Kernenergie** f énergie f nucléaire • **Kernforschung** f recherche f (en physique) nucléaire • **Kerngehäuse** nt trognon m • **kerngesund** adj en parfaite santé

Kernkraft f énergie f nucléaire od atomique

Kernkraftwerk nt centrale f nucléaire

Kernpunkt m point m essentiel

Kernspaltung f fission f de l'atome

Kerze f bougie f

kess adj (Mädchen) joli(e)

Kessel (-s, -ˈ) m (Wasserkessel) bouilloire f; (Mulde) cuvette f

Ketchup, Ketschup (-(s), -s) m od nt ketchup m

Kette f chaîne f

Kettenfahrzeug nt véhicule m à chenilles

Kettenreaktion f réaction f en chaîne

keuchen vi haleter

Keuchhusten m coqueluche f

Keule f massue f; (Culin) cuisse f; (: von Wild) cuissot m

Kfz (-(s), -(s)) nt abk = **Kraftfahrzeug**

Kfz-Steuer f taxe f sur les véhicules à moteur

kichern vi glousser ; (boshaft) ricaner

Kiefer¹ (-s, -) m (Anat) mâchoire f

Kiefer² (-, -n) f (Bot) pin m

Kieferorthopäde m orthodontiste m

Kiel (-(e)s, -e) m (Naut) quille f

Kies (-es, -e) m gravier m

Kiesel (-s, -) m caillou m
• **Kieselstein** m caillou m

kiffen (fam) vt fumer de l'herbe

Kilo (-s, (-s)) nt kilo m • **Kilobyte** nt kilo-octet m • **Kilogramm** nt kilogramme m

Kilometer m kilomètre m
• **Kilometerzähler** m compteur m

Kind (-(e)s, -er) nt enfant mf

Kinderarzt m pédiatre m

Kinderbuch nt livre m pour enfant

Kinderei f enfantillage m

Kindergarten m jardin m d'enfants, école f maternelle

Kindergeld nt allocations fpl familiales

Kinderkrippe f crèche f

Kinderlähmung f polio(myélite) f

kinderleicht adj enfantin(e)

kinderreich adj (Familie) nombreux(-euse)

Kinderspiel nt: **das ist ein ~** c'est un jeu d'enfant

Kinderwagen m landau m

Kinderzimmer nt chambre f d'enfants

Kindheit f enfance f

kindisch adj puéril(e)

kindlich adj d'enfant, enfantin(e)

Kinn (-(e)s, -e) nt menton m

Kino (-s, -s) nt cinéma m
• **Kinobesucher** m spectateur m

Kiosk (-(e)s, -e) m kiosque m

Kippe f (fam: Zigarettenstummel) mégot m; **auf der ~ stehen** être tangent(e)

kippen vt faire basculer; (Fenster) faire pivoter ▶ vi se renverser

Kirche f église f

Kirchensteuer f impôt m ecclésiastique

kirchlich adj (Trauung, Beerdigung) religieux(-euse); (Amt) ecclésiastique

Kirchturm m clocher m

Kirsche f cerise f

Kirschwasser nt kirsch m

Kissen (-s, -) nt coussin m; (Kopfkissen) oreiller m

Kiste f caisse f

Kitsch (-(e)s) m kitsch m

kitschig adj kitsch inv

Kitt (-(e)s, -e) m mastic m

Kittel (-s, -) m blouse f

kitten vt recoller; (Ehe etc) replâtrer

kitzelig adj chatouilleux(-euse); (fig) délicat(e)

kitzeln vt chatouiller

Kiwi (-, -s) f kiwi m

KKW (-s, -s) nt abk = **Kernkraftwerk**

klaffen vi bâiller

kläffen vi japper

Klage f plainte f

klagen vi (jammern) se lamenter; (sich beschweren) se plaindre; (Jur) porter plainte

kläglich adj (Ton, Stimme) plaintif(-ive); (Gesichtsausdruck) pitoyable

klamm adj (Finger) engourdi(e); (Wäsche) humide et froid(e)

Klamm (-, -en) f gorge f

Klammer (-, -n) f (Wäscheklammer) pince f (à linge) ; (in Text, Math) parenthèse f ; (Büroklammer) trombone m ; (Heftklammer) agrafe f • **Klammeraffe** m arobase f

klammern vr: **sich an etw** Akk ~ se cramponner à qch ; **sich an jdn** ~ se cramponner à qn

klang etc vb siehe **klingen**

Klang (-(e)s, -e) m son m

Klappe f clapet m ; (Herzklappe) valve f ; **eine große** ~ **haben** (fam) être grande gueule

klappen vt: **nach oben/unten** ~ (Sitz) soulever/rabattre ▸ vi (gelingen) marcher

klappern vi claquer ; (Schreibmaschine) cliqueter

Klapperschlange f serpent m à sonnettes

Klaps (-es, -e) m tape f

klar adj clair(e) ; (Naut, Mil) prêt(e) ; **(na) ~!** bien sûr ! ; **sich** Dat **über etw** Akk **im K~en sein** être tout à fait conscient(e) de qch

Kläranlage f station f d'épuration

klären vt (Problem) résoudre ; (Missverständnis) dissiper

Klarheit f clarté f

Klarinette f clarinette f

klar|kommen (irr) vi: **mit jdm** ~ arriver à s'entendre avec qn ; **mit etw** ~ venir à bout de qch

klar|machen vt: **jdm etw** ~ faire comprendre qch à qn

Klarsichtfolie f cellophane® f

klar|stellen vt éclaircir

Klärung f (von Abwässern) épuration f ; (von Frage, Problem) éclaircissement m

klasse (fam) adj super

Klasse f classe f ; (Warenklasse, Qualitätsklasse: Sport) catégorie f

Klassenarbeit f interrogation f (écrite)

Klassenlehrer(in) m(f) professeur m principal

Klassenzimmer nt salle f de classe

Klassik (-) f (Epoche) époque f classique ; (Antike) Antiquité f classique • **Klassiker** (-s, -) m classique m

klassisch adj classique

Klatsch (-(e)s, -e) m (Gerede) potins mpl, ragots mpl

klatschen vi (applaudieren) applaudir ; (péj: reden) cancaner

Klatschmohn m coquelicot m

Klaue f (von Raubvogel) serre f ; (fam: Schrift) gribouillis m

klauen (fam) vt piquer, faucher

Klausel (-, -n) f clause f

Klausur f (Univ) examen m écrit

Klavier (-s, -e) nt piano m

kleben vt coller ▸ vi coller ; **an etw** Akk ~ coller od adhérer à qch

klebrig adj collant(e)

Klebstoff m colle f

kleckern vi faire des taches

Klecks (-es, -e) m tache f

Klee (-s) m trèfle m

Kleid (-(e)s, -er) nt robe f ; **Kleider** pl (Kleidung) vêtements mpl

kleiden vt habiller ▸ vr s'habiller

Kleiderbügel m cintre m

Kleiderbürste f brosse f à habits

Kleiderschrank m armoire f

Kleidung f vêtements mpl

Kleidungsstück nt vêtement m

Kleie f son m
klein adj petit(e) ▸ adv: **ein ~ wenig** un petit peu ; **~ schneiden** couper en petits morceaux
Kleingedruckte(s) nt clauses fpl
Kleingeld nt monnaie f
Kleinigkeit f petite chose f ; (Einzelheit) détail m
Kleinkind nt petit enfant m
kleinlaut adj penaud(e)
kleinlich adj mesquin(e)
klein|schneiden vt siehe **klein**
Kleinstadt f petite ville f
Kleister(-s, -) m colle f
Klemme f pince f ; (Haarklemme) pince crocodile ; (schwierige Situation) pétrin m
klemmen vt (festhalten) coincer ; (quetschen) pincer ▸ vi (Tür, Schloss) être bloqué(e) od coincé(e)
Klempner(-s, -) m plombier m
Klette f bardane f ; (fam: Mensch) pot m de colle
klettern vi grimper
Klettverschluss m fermeture f velcro
Klick(-s, -s) m clic m
klicken vi (Inform) cliquer
Klima(-s, -s od -te) m climat m
  • **Klimaanlage** f climatisation f
  • **Klimaschutz** m protection f de climat
Klimawandel m changement m climatique
Klimawechsel m changement m d'air
Klinge f lame f
Klingel(-, -n) f sonnette f
  • **Klingelton** m (Telefon, Handy) sonnerie f
klingeln vi sonner

klingen (irr) vi (Glocken) sonner ; **seine Stimme klingt ruhig** sa voix est calme
Klinik f clinique f
klinisch adj clinique
Klinke f poignée f
Klinker(-s, -) m brique f recuite
Klippe f (im Meer) écueil m, récif m ; (fig) écueil
Klischee(-s, -s) nt cliché m
Klo(-s, -s) (fam) nt toilettes fpl
klobig adj (Gegenstand) massif(-ive)
Klon(-s, -e) m clone m
klonen vt cloner
klopfen vi frapper ; (Herz) battre ; (Motor) cogner
Klopfer(-s, -) m (Teppichklopfer) tapette f ; (Türklopfer) heurtoir m
Klops(-es, -e) m boulette f de viande
Klosett(-s, -e od -s) nt W.-C. mpl
Kloß(-es, =e) m (Culin) boulette f (de pâte) ; (im Hals) boule f
Kloster(-s, =) nt couvent m
Klotz(-es, =e) m (aus Holz) bloc m ; (Spielzeug) cube m
Klub(-s, -s) m club m
Kluft(-, -e) f (Spalt) fissure f ; (fig: Gegensatz) fossé m
klug adj (intelligent, schlau) intelligent(e) ; (weise) sage
  • **Klugheit** f intelligence f ; (von Entscheidung) sagesse f
Klumpen(-s, -) m (Erdklumpen) motte f ; (Blutklumpen) caillot m ; (Culin) grumeau m
knabbern vt grignoter
Knäckebrot nt galette f suédoise
knacken vt (Nüsse) casser ; (Tresor, Autos) cambrioler ▸ vi craquer ; (Radio) grésiller

Knacks (-es, -e) m (Laut)
craquement m ; (Sprung) fêlure f;
einen ~ weghaben (fam) ne plus
être le même

Knall (-(e)s, -e) m (von Explosion)
détonation f; (von Aufprall) fracas
m ; (Peitschenknall) claquement m
• **knallen** vi (Schuss) partir ; (Tür,
Peitsche) claquer ; (Korken) sauter
▶ vt (werfen) flanquer ; (schießen)
tirer ; **gegen etw ~** (Auto)
percuter qch • **knallhart** adj
(schonungslos) très dur(e)

knapp adj (Kleidungsstück) juste ;
(Portionen) maigre ; (Sprache,
Bericht) concis(e) ; (Sieg)
remporté(e) de justesse ;
(Mehrheit) faible ; **eine ~e Stunde**
une petite heure ; **~ neben/unter**
juste à côté de/sous
• **knapp halten** (irr) vt: **jdn ~** (mit
Geld) donner peu d'argent à qn
• **Knappheit** f (von Geld, Vorräten)
pénurie f; (von Zeit) manque m ;
(von Kleidungsstück) étroitesse f

knarren vi craquer
knauserig adj radin(e)
knautschen vt froisser ▶ vi se
froisser
knebeln vt bâillonner
kneifen (irr) vt pincer ▶ vi
(Kleidung) serrer
Kneipe (-, -n) f bistro m
Knete (fam) f pognon m
kneten vt (Teig) pétrir
Knick (-(e)s, -e) m pli m ; (Kurve,
Biegung) coude m
knicken vt (brechen) casser ;
(falten) plier ▶ vi (se) casser
Knicks (-es, -e) m révérence f
Knie (-s, -, nt genou m ; (in Rohr)
coude m • **Kniegelenk** nt

articulation f du genou
• **Kniekehle** f jarret m

knien vi être à genoux
Kniescheibe f rotule f
Kniestrumpf m chaussette f
(montante)
kniff etc vb siehe **kneifen**
Kniff (-(e)s, -e) m (Falte) pli m ; (fig)
truc m
knipsen vt (Fahrkarte)
poinçonner ; (fotografieren)
prendre en photo
Knirps (-es, -e) m (kleiner Junge)
petit bonhomme m ; (kleiner
Mensch) nabot m ; **~®** (Schirm)
parapluie m téléscopique od
pliant
knirschen vi crisser ; **mit den
Zähnen ~** grincer des dents
knittern vi se froisser
Knoblauch m ail m
Knöchel (-s, -) m (Fingerknöchel)
jointure f (des doigts) ;
(Fußknöchel) cheville f
Knochen (-s, -) m os m
• **Knochenbruch** m fracture f
knochig adj osseux(-euse)
Knödel (-s, -) m boulette de pâte
cuite dans du potage
Knolle f bulbe m
Knopf (-(e)s, -̈e) m bouton m
Knopfloch nt boutonnière f
Knorpel (-s, -) m cartilage m
Knospe f bourgeon m
knoten vt nouer
Knoten (-s, -) m nœud m ; (Méd,
Bot) nodosité f ; (Haarknoten)
chignon m • **Knotenpunkt** m (im
Verkehr) carrefour m
Know-how (-(s)) nt savoir-faire m
Knüller (-s, -) (fam) m succès m fou

kombinieren

knüpfen vt nouer; **Hoffnungen an etw** Akk ~ fonder des espoirs sur qch; **Bedingungen an etw** Akk ~ faire qch à certaines conditions

Knüppel (-s, -) m bâton m; (Polizeiknüppel) matraque f; (Aviat) manche m à balai
• **Knüppelschaltung** f vitesses fpl au plancher

knurren vi (Hund) gronder; (Mensch) grogner; (Magen) gargouiller

knutschen (fam) vi, vr se peloter

k. o. adj (Boxe) K.-O. m; ~ **sein** être K.-O.

Koalition f coalition f

Koch (-(e)s, =e) m cuisinier m
• **Kochbuch** nt livre m de cuisine

kochen vt (faire) cuire; (Kaffee, Tee) faire; (Wasser, Wäsche) faire bouillir ▶ vi (Essen bereiten) faire la cuisine; (wütend sein) bouillir

Kocher (-s, -) m réchaud m

Kochgelegenheit f possibilité f de faire la cuisine

Köchin f cuisinière f

Kochlöffel m cuiller f de od en bois

Kochplatte f plaque f de cuisson

Kochtopf m casserole f

Köder (-s, -) m appât m

ködern vt appâter

Koffein (-s) nt caféine f
• **koffeinfrei** adj décaféiné(e)

Koffer (-s, -) m valise f
• **Kofferradio** nt transistor m
• **Kofferraum** m coffre m

Kohl (-(e)s, -e) m chou m

Kohle f charbon m • **Kohlehydrat** (-(e)s, -e) nt hydrate m de carbone

Kohlendioxid (-(e)s, -e) nt gaz m carbonique

Kohlenmonoxid nt oxyde m de carbone

Kohlensäure f acide m carbonique

Kohlenstoff m carbone m

Kohlrabi (-s, -s) m chou m rave

Koje f (Nische) alcôve f; (Bett) pieu m

Kokain (-s) nt cocaïne f

Kokosnuss f noix f de coco

Koks (-es, -e) m coke m

Kolben (-s, -) m (Gewehrkolben) crosse f; (Tech) piston m; (Maiskolben) épi m

Kollaps (-es, -e) m grave malaise m cardiovasculaire

Kollege (-n, -n) m, **Kollegin** f collègue mf

Kollegium nt (Lehrerkollegium) corps m enseignant

kollektiv adj collectif(-ive)

kollidieren vi entrer en collision; (zeitlich) se chevaucher

Köln (-s) nt Cologne

Kölnischwasser nt eau f de Cologne

Kolonie f colonie f

Kolonne f colonne f; (von Fahrzeugen) convoi m

kolossal adj (riesig) gigantesque ▶ adv: ~ **reich** extrêmement riche

Kölsch (-(-s)) nt (Culin) bière blonde et forte de Cologne

Kolumbien nt la Colombie

Koma (-s, -s od -ta) nt coma m

Kombi (-s, -s) m break m

Kombination f combinaison f; (Vermutung) raisonnement m; (Hose und Jackett, Kleid mit Jacke) ensemble m

kombinieren vt combiner ▶ vi (schlussfolgern, vermuten) réfléchir

Kombizange f pince f universelle

Komet (-en, -en) m comète f

Komfort (-s) m confort m

Komik (-) f comique m • **Komiker** (-s, -) m comique m

komisch adj (lustig) drôle ; (merkwürdig) bizarre

Komitee (-s, -s) nt comité m

Komma (-s, -s od -ta) nt virgule f

Kommandant, Kommandeur m commandant m

Kommando (-s, -s) nt commandement m ; (Truppeneinheit) commando m ; **auf ~** sur commande

kommen (irr) vi venir ; (ankommen, näher kommen, eintreffen, geschehen) arriver ; **jetzt kommt er an die Reihe** c'est (à) son tour ; **wie kommt es, dass du ...?** comment se fait-il que tu ... ? ; **um etw ~** perdre qch ; **hinter etw** Akk **~** (entdecken) découvrir qch ; **(wieder) zu sich ~** (Bewusstsein wiedererlangen) reprendre connaissance

Kommen (-s) nt venue f

kommend adj prochain(e) ; (Generationen, Ereignisse) futur(e)

Kommentar m commentaire m ; **kein ~** je n'ai rien à dire

kommentieren vt commenter

kommerziell adj commercial(e)

Kommilitone (-n, -n) m, **Kommilitonin** f camarade mf d'université

Kommissar m (Polizeikommissar) commissaire m

Kommission f (Ausschuss) commission f ; **etw in ~ geben** confier qch à un commissionnaire

Kommode f commode f

Kommune f commune f

Kommunikation f communication f

Kommunion f communion f

Kommunismus m communisme m

Kommunist(in) m(f) communiste mf • **kommunistisch** adj communiste

kommunizieren vi (Rel) communier ; (geh) communiquer

Komödie f comédie f

Kompagnon (-s, -s) m associé m

kompakt adj compact(e)

Kompanie f compagnie f

Kompass (-es, -e) m boussole f

kompatibel adj compatible

kompetent adj compétent(e)

Kompetenz f compétence f

komplett adj complet(-ète)

komplex adj complexe
• **Komplex** (-es, -e) m complexe m ; (Zusammengehöriges) ensemble m

Kompliment nt compliment m

Komplize (-n, -n) m, **Komplizin** f complice mf

komplizieren vt compliquer

kompliziert adj compliqué(e)

Komplizin f siehe **Komplize**

Komplott (-(e)s, -e) nt complot m

komponieren vt composer

Komponist(in) m(f) compositeur(-trice)

Komposition f composition f

Kompost (-(e)s, -e) m compost m • **Komposthaufen** m tas m de compost

Kompott (-(e)s, -e) nt compote f

komprimiert adj comprimé(e)

Kompromiss (-es, -e) m compromis m • **kompromissbereit** adj conciliant(e)
Kondensmilch f lait m concentré
Kondenswasser nt condensation f
Kondition f (Bedingung) condition f; (Sport) condition physique, forme f
Konditor m pâtissier m
Konditorei f pâtisserie f
Kondom (-s, -e) nt préservatif m
Konferenz f conférence f
Konfession f confession f
Konfiguration f configuration f
Konfirmation f confirmation f
Konflikt (-(e)s, -e) m conflit m
konfrontieren vt confronter
Kongo (-s) m Congo m
Kongress (-es, -e) m congrès m
König (-es, -e) m roi m
Königin f reine f
königlich adj royal(e)
Königreich nt royaume m
konjugieren vt conjuguer
Konjunktion f conjonction f
Konjunktiv m subjonctif m
Konjunktur f conjoncture f (économique)
konkret adj concret(-ète)
Konkurrent(in) m(f) concurrent(e)
Konkurrenz f concurrence f • **konkurrenzfähig** adj compétitif(-ive) • **Konkurrenzkampf** m concurrence f
konkurrieren vi être en concurrence
Konkurs (-es, -e) m faillite f

---

können

(pt **konnte**, pp **gekonnt** od (als Hilfsverb) **können**) vt, vi
1 (vermögen) pouvoir ; **ich kann nichts dafür** je n'y peux rien
2 (wissen, beherrschen) savoir ; **was ~ Sie?** que savez-vous faire ? ; **~ Sie Deutsch?** vous savez l'allemand ? ; **~ Sie Auto fahren?** vous savez conduire ? ; **sie kann keine Mathematik** elle n'est pas douée en math
3 (dürfen) pouvoir ; **kann ich gehen?** je peux partir ? ; **könnte ich …?** (est-ce que) je pourrais …? ; **kann ich mit?** (fam) je peux venir ?
4 (möglich sein) : **das kann sein** c'est possible ; **kann sein** (fam) c'est possible, peut-être

---

konsequent adj (logisch) logique ; (unbeirrbar) résolu(e), inébranlable
Konsequenz f (Unbeirrbarkeit) détermination f; (Folge) conséquence f
konservativ adj conservateur(-trice)
Konserve f conserve f
Konservenbüchse f boîte f de conserve
konservieren vt conserver
Konservierungsmittel nt agent m conservateur
konstant adj constant(e), obstiné(e)
konstruieren vt construire ; (fig) imaginer
Konstruktion f construction f
konstruktiv adj constructif(-ive) ; (Tech) de construction

k

Konsul (-s, -n) m consul m
Konsulat nt consulat m
Konsum (-s, -s) m consommation f
Konsument m consommateur m
Konsumgesellschaft f société f de consommation
konsumieren vt consommer
Kontakt (-(e)s, -e) m contact m • **kontaktarm** adj qui a du mal à se faire des amis • **kontaktfreudig** adj sociable
kontern vi contre-attaquer
Kontinent (-(e)s, -e) m continent m
Kontingent (-(e)s, -e) nt quota m ; (Mil) contingent m
kontinuierlich adj continu(e), constant(e)
Konto (-s, Konten) nt compte m • **Kontoauszug** m relevé m de compte • **Kontoinhaber(in)** m(f) titulaire m f d'un compte
Kontonummer f numéro m de compte
Kontostand m position f od solde m d'un compte
Kontra (-s, -s) nt : **jdm ~ geben** (fam) contredire qn • **Kontrabass** m contrebasse f
Kontrahent m adversaire m
kontraproduktiv adj nuisible, néfaste
Kontrast (-(e)s, -e) m contraste m
Kontrolle f contrôle m
Kontrolleur m (Fahrkartenkontrolleur) contrôleur m
kontrollieren vt contrôler
Kontur f contour m
Konvention f convention f

konventionell adj conventionnel(le)
Konversation f conversation f
konvertieren vi convertir
Konvoi (-s, -s) m convoi m
Konzentrat nt concentré m
Konzentration f concentration f
Konzentrationslager nt camp m de concentration
konzentrieren vr se concentrer
konzentriert adj concentré(e) ▶ adv attentivement
Konzept (-(e)s, -e) nt plan m, programme m ; (Entwurf, Rohfassung) brouillon m ; **jdn aus dem ~ bringen** faire perdre le fil à qn
Konzern (-s, -e) m consortium m
Konzert (-(e)s, -e) nt concert m
Konzertsaal m salle f de concert
Konzession f concession f, licence f
Kooperation f coopération f
koordinieren vt coordonner
Kopf (-(e)s, ⸚e) m tête f ; **sich** Dat **(über etw** Akk**) den ~ zerbrechen** se creuser la tête (à propos de qch) • **Kopfbedeckung** f couvre-chef m
köpfen vt (Person) décapiter ; (Ei) ouvrir ; (Flasche) déboucher ; **den Ball ~** faire une tête
Kopfhörer m écouteurs mpl
Kopfkissen nt oreiller m
Kopfsalat m laitue f
Kopfschmerzen pl mal m à la tête
Kopfsprung m plongeon m
Kopftuch nt foulard m
Kopfweh nt mal m de tête

Kopfzerbrechen nt : **jdm ~ machen** être un souci pour qn

Kopie f copie f

kopieren vt copier ; (*Person*) imiter

Kopierer (-s, -) m, **Kopiergerät** nt photocopieuse f

koppeln vt (*Tech*) coupler ; (*Unternehmungen*) combiner

Koralle f corail m

Koran (-s) m Coran m

Korb (-(e)s, ⸚e) m panier m ; **jdm einen ~ geben** (*fig*) rembarrer qn

Korbstuhl m chaise f de rotin

Kordsamt m siehe **Cordsamt**

Korea (-s) nt la Corée

Kork (-(e)s, -e) m liège m

Korken (-s, -) m bouchon m
• **Korkenzieher** (-s, -) m tire-bouchon m

Korn (-(e)s, ⸚er) nt grain m ; (*Getreide*) blé m

Kornblume f bleuet m

Körper (-s, -) m corps m
• **körperbehindert** adj handicapé(e) physique
• **körperlich** adj physique
• **Körperpflege** f hygiène f corporelle • **Körperteil** m partie f du corps

Korps (-, -) nt (*Mil*) corps m ; (*Univ*) corporation f d'étudiants

korrekt adj correct(e)

Korrektur f correction f

Korrespondent(in) m(f) (*von Zeitung*) correspondant(e)

Korrespondenz f correspondance f

Korridor (-s, -e) m corridor m

korrigieren vt corriger

Korruption f corruption f

Korsett (-(e)s, -e) nt corset m

Korsika (-s) nt la Corse

Kosmetik f soins mpl de beauté

kosmetisch adj cosmétique ; (*Chirurgie*) esthétique, plastique

Kosmonaut(in) (-en, -en) m(f) cosmonaute mf

Kosmos (-) m cosmos m

Kosovo (-s) nt le Kosovo

Kost (-) f (*Nahrung*) nourriture f ; (*Verpflegung*) pension f ; **er bekommt ~ und Logis frei** il est nourri et logé gratuitement

kostbar adj précieux(-euse)

Kostbarkeit f valeur f ; (*Wertstück*) objet m de valeur

kosten vt (*Preis haben*) coûter ▶ vi (*versuchen*) déguster

Kosten pl coût msg ; (*Ausgaben*) frais mpl ; **auf jds ~** (*von jds Geld*) aux frais de qn ; (*zu jds Nachteil*) au détriment de qn • **kostenlos** adj gratuit(e)

köstlich adj (*Essen*) délicieux(-euse) ; (*Geschichte, Einfall*) très amusant(e)

Kostprobe f échantillon m

kostspielig adj coûteux(-euse)

Kostüm (-s, -e) nt costume m ; (*Damenkostüm auch*) tailleur m

Kot (-(e)s) m excréments mpl

Kotelett (-(e)s, -s) nt côtelette f

Koteletten pl (*Bart*) favoris mpl

Köter (-s, -) m clebs m

Kotflügel m aile f

kotzen (*fam !*) vi dégobiller (*fam !*)

Krabbe f crabe m

krabbeln vi ramper

Krach (-(e)s, ⸚e) m fracas m ; (*andauernd*) bruit m ; (*fam: Streit*) dispute f

krachen vi (brechen) craquer ;
gegen etw ~ se cogner contre qch

krächzen vi (Vogel) croasser ;
(Mensch) parler d'une voix rauque

kraft präp +Gen en vertu de

Kraft (-, =e) f force f ; (Arbeitskraft)
travailleur(-euse) m/f ; **in ~
treten/sein** entrer/être en
vigueur

Kraftfahrer(in) m(f)
automobiliste mf

Kraftfahrzeug nt voiture f
• **Kraftfahrzeugbrief,
Kraftfahrzeugschein** m ≈ carte f
grise • **Kraftfahrzeugsteuer** f
impôt sur les automobiles,
≈ vignette f
• **Kraftfahrzeugversicherung** f
assurance-auto(mobile) f

kräftig adj fort(e) ; (Suppe, Essen)
nourrissant(e) ▶ adv (gebaut)
solidement

kräftigen vt fortifier

Kraftprobe f épreuve f de force

kraftvoll adj vigoureux(-euse)

Kraftwerk nt centrale f
(électrique)

Kragen (-s, -) m col m

Krähe f corneille f

krähen vi (Hahn) chanter ;
(Säugling) gazouiller

Kralle f (von Tier) griffe f ;
(Vogelkralle) serre f

Kram (-(e)s) m (Plunder, Sachen)
fourbi m

kramen vi : **in etw** Dat ~ fouiller
dans qch

Krampf (-(e)s, =e) m crampe f
• **Krampfader** f varice f

krampfhaft adj convulsif(-ive) ;
(Versuche) désespéré(e)

Kran (-(e)s, =e) m grue f ;
(Wasserkran) robinet m

Kranich (-s, -e) m grue f

krank adj malade

Kranke(r) f(m) malade mf ;
(Patient) patient(e) m/f

kränkeln vi être
souffreteux(-euse)

kranken vi : **an etw** Dat ~ souffrir
de qch

kränken vt blesser

Krankengymnastik f
kinésithérapie f

Krankenhaus nt hôpital m

Krankenkasse f caisse f
(d'assurance-)maladie

Krankenpfleger m infirmier m

Krankenschein m ≈ feuille f de
maladie

Krankenschwester f
infirmière f

Krankenversicherung f
assurance-maladie f

Krankenwagen m ambulance f

krankhaft adj maladif(-ive)

Krankheit f maladie f

Krankheitserreger m agent m
pathogène

kränklich adj souffreteux(-euse)

Kränkung f offense f

Kranz (-es, =e) m couronne f

Krapfen (-s, -) m beignet m

krass adj grossier(-ière)

Krater (-s, -) m cratère m

kratzen vt (mit Nägeln, Krallen)
griffer ; (einritzen) graver

Kratzer (-s, -) m (Wunde) égratignure
f ; (Werkzeug) grattoir m

kraus adj (Haar) crêpu(e) ; (Stirn)
plissé(e) ; (verworren) confus(e)

kräuseln vt (Haar) friser ; (Stoff) froncer ; (Stirn) plisser ; (Wasser) rider ▶ vr (Haar) friser ; (Stirn) se plisser ; (Wasser) se rider

Kraut(-(e)s, Kräuter) nt (Blätter) fane f ; **Kräuter** pl (Culin) fines herbes fpl

Krawall(-s, -e) m émeute f ; (Lärm) tapage m

Krawatte f cravate f

kreativ adj créatif(-ive)

Kreatur f créature f

Krebs(-es, -e) m (Zool) écrevisse f ; (Méd) cancer m ; (Astr) Cancer m ; **~ sein** (Astr) être (du) Cancer
 • **Krebsvorsorge** f dépistage m du cancer

Kredit(-(e)s, -e) m crédit m
 • **Kreditkarte** f carte f de crédit

Kreide f craie f

kreieren vt créer

Kreis(-es, -e) m cercle m ; (Verwaltungskreis) circonscription f, district m ; **im ~ gehen** tourner en rond

kreischen vi (Vogel) piailler ; (Mensch) pousser des cris perçants

Kreisel(-s, -) m toupie f ; (Verkehrskreisel) rond-point m

kreisen vi tourner ; (herumgereicht werden) passer de main en main ; **~ um** tourner autour de

Kreislauf m (Méd) circulation f ; (der Natur etc) cycle m

Kreislaufstörungen pl troubles mpl circulatoires

Kreisstadt f chef-lieu m de circonscription od de district

Kreisverkehr m sens m giratoire

Krematorium nt crématorium m

Krempe f bord m (d'un chapeau)

Krempel(-s) (fam: péj) m bazar m

Kren(-(e)s) (Österr) m raifort m

krepieren vi (fam) crever

Krepp(-s, -s od -e) m crêpe m
 • **Krepppapier** nt papier m crêpé

Kresse f cresson m

Kreta(-s) nt la Crète

Kreuz(-es, -e) nt croix f ; (Anat) reins mpl ; (Cartes) trèfle m

kreuzen vt, vi croiser

Kreuzfahrt f croisière f

Kreuzfeuer nt: **ins ~ geraten/ im ~ stehen** être attaqué(e) de toutes parts

Kreuzgang m cloître m

Kreuzigung f crucifixion f

Kreuzotter f vipère f

Kreuzung f croisement m

Kreuzworträtsel nt mots mpl croisés

Kreuzzug m croisade f

kriechen (irr) vi ramper ; (Verkehr) rouler au pas

Kriechspur f (auf Autobahn) voie pour véhicules lents

Krieg(-(e)s, -e) m guerre f

kriegen (fam) vt (Hunger, Angst etc) avoir (de plus en plus) ; (erwischen) attraper

Krieger(-s, -) m guerrier m

Kriegsdienstverweigerer m objecteur m de conscience

Kriegserklärung f déclaration f de guerre

Kriegsgefangene(r) f(m) prisonnier(-ière) m/f de guerre

Kriegsgericht nt cour f martiale

Kriegsschiff nt navire m de guerre

k

Kriegsverbrechen m crime m de guerre

Kriegsverbrecher m criminel m de guerre

Kriegszustand m état m de guerre

Krimi (-s, -s) (fam) m polar m

Kriminalbeamte(r) m inspecteur m de la police judiciaire

Kriminalität f criminalité f

Kriminalpolizei f police f judiciaire

Kriminalroman m roman m policier

kriminell adj criminel(le)

Kriminelle(r) f(m) criminel(le) m/f

Krimskrams (-es) (fam) m camelote f

Kripo (-) (fam) f abk = **Kriminalpolizei**

Krippe f (Futterkrippe) mangeoire f; (Rel, Kinderkrippe) crèche f

Krise f crise f

kriseln vi unpers: **es kriselt** il y a de l'eau dans le gaz

Krisengebiet nt point m chaud

Krisenherd m foyer m de crise

Krisenstab m cellule f de crise

Kristall (-s, -e) m od nt cristal m

Kriterium nt critère m

Kritik f critique f

Kritiker(in) (-s, -) m(f) critique mf

kritisch adj critique

kritisieren vt critiquer

kritzeln vt, vi griffonner

Kroatien (-s) nt la Croatie

kroatisch adj croate

kroch etc vb siehe **kriechen**

Krokodil (-s, -e) nt crocodile m

Krokus (-, - od -se) m crocus m

Krone f couronne f

krönen vt couronner

Kronleuchter m lustre m

Kronprinz m prince m héritier

Kröte f crapaud m

Krücke f béquille f

Krug (-(e)s, ⁻e) m cruche f; (Bierkrug) chope f

Krümel (-s, -) m miette f

krumm adj (gebogen) tordu(e); (kurvig) courbe, courbé(e); (zwielichtig) louche

krümmen vt (Finger, Rücken) plier; (Draht) tordre ▶ vr (Straße) tourner; (Rücken) se courber; **sich vor Schmerzen/Lachen ~** se tordre de douleur/rire

Krüppel (-s, -) m infirme m

Kruste f croûte f

Kruzifix (-es, -e) nt crucifix m

Kuba (-s) nt Cuba f

Kübel (-s, -) m seau m

Kubikmeter m mètre m cube

Küche f cuisine f

Kuchen (-s, -) m gâteau m
• **Kuchenblech** nt plaque f à gâteaux • **Kuchenform** f moule m à pâtisserie • **Kuchengabel** f fourchette f à gâteaux od à dessert

Küchenschabe f cafard m, blatte f

Kuckuck (-s, -e) m coucou m

Kufe f patin m

Kugel (-, -n) f (Körper) boule f; (Math) sphère f; (Erdkugel) globe m; (Gewehrkugel) balle f
• **Kugelkopfschreibmaschine** f machine f (à écrire) à boule
• **Kugellager** nt roulement m à billes

Kugelschreiber m stylo m à bille
kugelsicher adj pare-balles
Kugelstoßen(-s) nt lancement m du poids
Kuh(-, ¨e) f vache f ; (péj : Frau) chameau m
kühl adj frais(fraîche) ; (leicht abweisend, nüchtern) froid(e)
kühlen vt refroidir, rafraîchir
Kühler(-s, -) m (Aut) radiateur m
 • **Kühlerhaube** f capot m
Kühlschrank m réfrigérateur m
Kühltruhe f congélateur m
Kühlwasser nt (Aut) eau f de refroidissement
Küken(-s, -) nt poussin m
kulant adj arrangeant(e)
Kuli(-s, -s) m coolie m ; (fam : Kugelschreiber) bic® m
Kulisse f coulisse f
Kult(-(e)s, -e) m culte m ; **mit etw einen ~ treiben** avoir le culte de qch
kultivieren vt cultiver
kultiviert adj cultivé(e)
Kultur f culture f • **Kulturbeutel** m trousse f de toilette
kulturell adj culturel(le)
Kultusminister m ministre m de la Culture
Kultusministerium nt ministère m de la Culture
Kümmel(-s, -) m cumin m
Kummer(-s) m chagrin m
kümmerlich adj misérable ; (schwächlich) chétif(-ive)
kümmern vt regarder ▶ vr: **sich um jdn/etw ~** s'occuper de qn/qch
Kumpel(-s, -) m (fam : Freund) copain m ; (Bergmann) mineur m

Kunde(-n, -n) m client m
Kundendienst m service m après-vente
Kundenkarte f Carte f Bleue®
Kundgebung f manifestation f
kundig adj expérimenté(e) ; (Rat, Blick) d'expert ; **sich ~ machen** se mettre à jour
kündigen vi (Arbeitnehmer) démissionner ▶ vt (Mietvertrag, Sparvertrag) résilier
Kündigung f (durch Arbeitgeber) licenciement m ; (durch Arbeitnehmer, Vermieter) congé
Kündigungsfrist f préavis m (de congé)
Kundin f cliente f
Kundschaft f clientèle f
künftig adj futur(e) ▶ adv désormais, à l'avenir
Kunst(-, ¨e) f art m
 • **Kunstakademie** f (école f des) beaux-arts mpl • **Kunstdünger** m engrais m chimique • **Kunstfaser** f fibre f synthétique
 • **Kunstfehler** m faute f professionnelle (d'un médecin)
 • **Kunstgeschichte** f histoire f de l'art • **Kunstgewerbe** nt arts mpl décoratifs • **Kunstgriff** m truc m
 • **Kunsthandwerk** nt artisanat m
Künstler(in)(-s, -) m(f) artiste mf
 • **künstlerisch** adj artistique
künstlich adj artificiel(le) ; **~e Intelligenz/Befruchtung** intelligence f/insémination f artificielle
Kunststoff m plastique m
Kunststück nt (von Zauberer) tour m de magie ; **das ist kein ~** ce n'est vraiment pas difficile
kunstvoll adj réussi(e)

Kunstwerk nt œuvre f d'art
kunterbunt adj (farbig) bariolé(e) ; (durcheinander) pêle-mêle inv
Kupfer (-s, -) nt cuivre m
Kuppe f (Bergkuppe) sommet m ; (Fingerkuppe) bout m
Kuppel (-, -n) f coupole f
kuppeln vi (Aut) embrayer
Kuppler(in) m(f) proxénète mf
Kupplung f (Aut) embrayage m
Kur (-, -en) f cure f
Kurbel (-, -) f manivelle f
Kurbelwelle f vilebrequin m
Kürbis (-ses, -se) m citrouille f, potiron m
Kurgast m curiste mf
Kurier (-s, -e) m messager m
Kurierdienst m service m de messageries
kurieren vt guérir
kurios adj curieux(-euse)
Kuriosität f curiosité f
Kurort m station f thermale
Kurpfuscher (péj) m charlatan m
Kurs (-es, -e) m (Richtung) route f ; (Lehrgang, Finanz) cours m
 • **Kursbuch** nt indicateur m od horaire m (des chemins de fer)
kursieren vi (Banknoten) être en circulation ; (Gerüchte) courir
kursiv adj (Schrift) italique
Kurswagen m voiture f directe
Kurve f (Math etc) courbe f ; (Straßenkurve) virage m ; (von Frau) rondeur f
kurvenreich adj: „**~e Strecke**" « attention, virages (dangereux) »
kurz adj court(e) ; (knapp) bref(brève) ; **zu ~ kommen** être défavorisé(e)

Kurzarbeit f chômage m partiel
Kürze f brièveté f
kürzen vt raccourcir ; (Gehalt etc) diminuer, réduire
kurzerhand adv brusquement
kurzfristig adj (ohne Vorankündigung) brusque ; (für kurze Zeit) à court terme
Kurzgeschichte f nouvelle f
kurz|halten (irr) vt tenir la bride haute à
kürzlich adv récemment
Kurzschluss m court-circuit m
kurzsichtig adj myope
Kurzwelle f ondes fpl courtes
kuscheln vr se blottir
Kusine f cousine f
Kuss (-es, ‹e) m baiser m
küssen vt embrasser ; **jdm die Hand ~** baiser la main de qn
Küste f côte f
Küster (-s, -) m sacristain m
Kutsche f diligence f
Kutscher (-s, -) m cocher m
Kuwait (-s) nt le Koweït
kyrillisch adj cyrillique
KZ (-s, -s) nt abk
 = **Konzentrationslager**

Labor (-s, -e od -s) nt laboratoire m
Laboratorium nt laboratoire m
Labyrinth (-s, -e) nt labyrinthe m
Lache¹ f (von Flüssigkeit) flaque f; (Blutlache) mare f
Lache² f (Gelächter) rire m
lächeln vi sourire • **Lächeln** (-s) nt sourire m
lachen vi rire; **~ über** +Akk rire de
lächerlich adj ridicule; **jdn ~ machen** ridiculiser qn
Lachs (-es, -e) m saumon m
Lack (-(e)s, -e) m laque f, vernis m; (von Auto) peinture f
lackieren vt (Möbel) vernir; (Auto) refaire la peinture de
laden (irr) vt charger
Laden (-s, =) m (Geschäft) magasin m; (Fensterladen) volet m
• **Ladenbesitzer** m propriétaire m (de magasin) • **Ladendiebstahl** m vol m à l'étalage • **Ladenpreis** m prix m de vente • **Ladenschluss** m heure f de fermeture • **Ladentisch** m comptoir m
Ladung f charge f; (Naut, Aviat) cargaison f; (fam: große Menge) paquet m

lag etc vb siehe **liegen**
Lage f situation f; (Position) position f; (Schicht) couche f; **in der ~ sein, etw zu tun** être en mesure de faire qch
Lager (-s, -) nt camp m; (Écon) entrepôt m; (Tech) palier m
• **Lagerhaus** nt entrepôt m
lagern vt stocker; (betten) mettre ▶ vi (Vorräte) être entreposé(e); (Menschen) camper ▶ vr (rasten) faire une halte, s'arrêter; **kühl ~** conserver au frais
Lagerung f (von Waren) entreposage m
lahm adj paralysé(e); (langsam, langweilig) mou(molle); (Ausrede) mauvais(e)
lähmen, lahmlegen vt paralyser
Lähmung f paralysie f
Laib (-(e)s, -e) m: **ein ~ Brot** une miche de pain, un pain
Laich (-(e)s, -e) m frai m
Laie (-n, -n) m profane m; (Rel) laïc m
Laken (-s, -) nt drap m
Lamm (-(e)s, =er) nt agneau m
Lampe f lampe f
Lampenfieber nt trac m
Lampenschirm m abat-jour m inv
Land (-(e)s, =er) nt (Festland) terre f; (Gelände, Erdboden) terrain m; (Staatsgebiet, Nation) pays m; (Bundesland) land m; **auf dem ~(e)** à la campagne

L'Allemagne est une république fédérale et est ainsi divisée en 16 **Länder**: Bade-Wurtemberg, Basse-Saxe, Bavière, Berlin, Brandebourg, Brême, Hambourg, Hesse, Mecklembourg-

Poméranie-Occidentale,
Rhénanie-du-Nord-Westphalie,
Rhénanie-Palatinat, Sarre, Saxe,
Saxe-Anhalt, Schleswig-Holstein,
Thuringe. Chaque *Land* a son
assemblée et sa constitution.

Landebahn f piste f
d'atterrissage
landen vi (*Flugzeug*) atterrir ;
(*Schiff*) accoster ; (*Passagier*)
débarquer ; (*fam: geraten*) atterrir
Landesregierung f
gouvernement de/du Land
Landessprache f langue f
nationale
Landhaus nt maison f de
campagne
Landkarte f carte f (géographique)
Landkreis m district m
(administratif)
ländlich adj rural(e)
Landschaft f paysage m
Landsmann (-(e)s, -leute) m,
Landsmännin f compatriote mf
Landstraße f route f
départementale
Landstrich m contrée f, région f
Landtag m parlement m (d'un
land)
Landung f (von Flugzeug)
atterrissage m ; (von Schiff)
accostage m
Landwirt m agriculteur m
Landwirtschaft f agriculture f
lang adj long(ue) ; (fam: Mensch)
grand(e) ; **sein Leben ~** toute
sa vie
lange adv longtemps
Länge f longueur f ; (Géo)
longitude f ; **sich in die ~ ziehen**
tirer en longueur

langen vi (ausreichen) suffire ; (sich
erstrecken) s'étendre, aller ; (fassen)
tendre la main ; **es langt mir!**
(fam) j'en ai assez !
Langeweile f ennui m
langfristig adj, adv à long terme
Langlauf m ski m de fond
länglich adj long(longue)
längs präp (+Gen od Dat) le long de
▶ adv dans le sens de la longueur
langsam adj lent(e) ▶ adv
(allmählich) peu à peu
• **Langsamkeit** f lenteur f
Langschläfer(in) m(f) lève-tard m,
Langspielplatte f 33-tours m
längst adv depuis longtemps
Languste f langouste f
langweilen vt ennuyer
langweilig adj ennuyeux(-euse)
Langwelle f grandes ondes fpl
langwierig adj prolongé(e)
Langzeitarbeitslose pl
chômeurs mpl de longue durée
Lanze f lance f
Lappalie f bagatelle f
Lappen (-s, -) m chiffon m
läppisch adj puéril(e)
Laptop (-, -) m (Inform) portable m
Lärche f mélèze m
Lärm (-(e)s) m bruit m
Lärmschutz m protection f
contre le bruit
las etc vb siehe **lesen**
lasch adj (schlaff) mou (molle) ;
(Behandlung, Einstellung) laxiste ;
(Geschmack) fade
Lasche f (Schuhlasche) languette f ;
(Tech) élément m de raccord
Laser (-s, -) m laser m • **Laserdrucker**
m imprimante f laser

---

lassen

(pt **ließ**, pp **gelassen** od (als Hilfsverb) **lassen**)
▶vt 1 (unterlassen) arrêter ; **lass das (sein)!** arrête ! ; **~ wir das!** arrêtons !, ça suffit comme ça ! ; **tu, was du nicht ~ kannst!** fais-le, si tu ne peux pas t'en empêcher
2 (zurücklassen) laisser ; **etw zu Hause ~** laisser qch à la maison
3 (überlassen): **jdm etw ~** laisser qch à qn
4 (zugestehen): **das muss man ihr ~, sie ist eine tolle Hausfrau** il faut reconnaître qu'elle est une ménagère accomplie
▶vi: **lass mal, ich mache das schon** laisse, je m'en occupe
▶Hilfsverb 1 (veranlassen): **etw machen ~** faire faire qch ; **sich** Dat **etw schicken ~** se faire envoyer qch ; **jdn etw wissen ~** faire savoir qch à qn
2 (zulassen, belassen): **jdn gewinnen ~** laisser qn gagner ; **das Licht brennen ~** laisser la lumière allumée ; **jdn ins Haus ~** laisser entrer qn ; **jdn warten ~** faire attendre qn ; **lass es dir gut gehen!** bonne chance !
3: **lass uns gehen!** partons !
4 (möglich sein): **die Tür lässt sich nicht schließen** la porte ne ferme pas

lässig adj décontracté(e)
Last (-, -en) f (Gegenstand) fardeau m, charge f ; (Naut, Aviat) cargaison f ; (Gewicht) poids m ; **jdm zur ~ fallen** importuner qn

lasten vi: **auf jdm/etw ~** peser sur qn/qch
Laster (-s, -) nt vice m
lasterhaft adj dépravé(e)
lästern vi: **über jdn/etw ~** médire de qn/qch ▶vt (Gott) blasphémer
lästig adj importun(e) ; **jdm ~ werden** importuner qn
Lastkraftwagen m poids lourd m
Lastwagen m camion m
Latein (-s) nt latin m
latent adj latent(e)
Laterne f lanterne f ; (Straßenlaterne) réverbère m
Laternenpfahl m lampadaire m
Latte f latte f
Latz (-es, -e) m (für Säugling) bavette f ; (an Kleidungsstück, Hosenlatz) plastron m
Latzhose f salopette f
lau adj tiède ; (Wetter, Wind, Nacht) doux (douce)
Laub (-(e)s) nt feuillage m, feuilles fpl
Laube f tonnelle f
Laubfrosch m rainette f
Laubsäge f scie f à chantourner
Lauch (-(e)s, -e) m poireau m
Lauer f: **auf der ~ sein** od **liegen** être aux aguets
lauern vi: **auf jdn/etw ~** épier qn/qch
Lauf (-(e)s, Läufe) m cours m ; (das Laufen, Sport) course f ; (Gewehrlauf) canon m • **Laufbahn** f carrière f
laufen (irr) vi marcher ; (rennen) courir ; (fließen) couler ; (gültig sein) être valide ; (gezeigt werden: Film) passer ; (im Gang sein) être en

cours ; **sich** *Dat* **Blasen ~** attraper des ampoules en marchant

laufend *adj* (*ständig*) continuel(le) ; (*gegenwärtig*) courant(e), en cours ; **auf dem L~en sein/halten** être/tenir au courant (des derniers développements) ; **~e Nummer** dernier numéro *m* ; (*von Konto*) numéro d'ordre ; **~e Kosten** frais *mpl* d'exploitation

Läufer (-s, -) *m* (*Sport*) coureur *m* ; (*Échecs*) fou *m* ; (*Teppich*) chemin *m*

Läuferin *f* (*Sport*) coureuse *f*

Laufmasche *f* maille *f* filée

Laufstall *m* parc *m* (*pour bébés*)

Laufsteg *m* passerelle *f*

Laufwerk *nt* (*Inform*) lecteur *m* de disquette

Lauge *f* (*Chem*) solution *f* alcaline ; (*Seifenlauge*) eau *f* savonneuse

Laune *f* humeur *f* ; (*Einfall*) caprice *m*

launisch (*péj*) *adj* lunatique

Laus (-, *Läuse*) *f* pou *m*

lauschen *vi* écouter

lauschig *adj* tranquille

lausig (*fam*) *adj* minable

laut *adj* bruyant(e) ; (*Stimme*) fort(e) ▶ *präp* +*Gen* d'après

Laut (-(*e*)s, -*e*) *m* son *m*

lauten *vi* : **wie lautet das englische Original?** que dit l'original anglais ? ; **wie lautet das Urteil?** quel est le verdict ?

läuten *vi, vt* sonner

lauter *adj* pur(e) ▶ *adv* : **das sind ~ Lügen** c'est un tissu de mensonges

lauthals *adv* (*lachen*) à gorge déployée ; (*schreien*) à tue-tête

lautlos *adj* silencieux(-euse)

Lautsprecher *m* haut-parleur *m*

lautstark *adj* très fort(e)

Lautstärke *f* (*Radio*) volume *m*

lauwarm *adj* tiède

Lavendel (-s, -) *m* lavande *f*

Lawine *f* avalanche *f*

Lawinengefahr *f* danger *m* d'avalanches

Layout, Lay-out (-s, -s) *nt* mise *f* en page

leasen *vt* louer (à bail)

Leasing (-s, -s) *nt* leasing *m*

leben *vi* vivre

Leben (-s, -) *nt* vie *f*

lebend *adj* vivant(e)

lebendig *adj* vivant(e) ; (*lebhaft auch*) plein(e) de vie

• **Lebendigkeit** *f* vivacité *f*

Lebensart *f* mode *m* de vie ; **seine ~ haben** manquer de savoir-vivre

Lebenserfahrung *f* expérience *f* de la vie

Lebenserwartung *f* espérance *f* de vie

Lebensgefahr *f* danger *m* de mort ; **in ~ schweben** *od* **sein** être entre la vie et la mort *od* dans un état critique

lebensgefährlich *adj* très dangereux(-euse) ; (*Verletzung, Krankheit*) grave

Lebenshaltungskosten *pl* coût *msg* de la vie

lebenslänglich *adj* à perpétuité

Lebenslauf *m* curriculum *m* vitae

lebenslustig *adj* heureux(-euse) de vivre

Lebensmittel *pl* aliments *mpl*

lebensmüde adj las(se) de vivre
Lebensretter m sauveteur m
Lebensstandard m niveau m de vie
Lebensunterhalt m subsistance f
Lebensversicherung f assurance-vie f
Lebenswandel m vie f
Lebensweise f mode m de vie
lebenswichtig adj vital(e)
Lebenszeichen nt signe m de vie
Lebenszeit f: **auf ~** à vie
Leber(-, -n) f foie m • **Leberfleck** m grain m de beauté • **Leberwurst** f saucisse f au pâté de foie
Lebewesen nt être m vivant
lebhaft adj vif(vive); (Straße) animé(e); (Verkehr) dense
Lebkuchen m pain m d'épice
leblos adj inanimé(e)
lechzen vi: **nach etw ~** être avide de qch
leck adj (Boot) qui prend l'eau; (Rohr) qui fuit • **Leck**(-(e)s, -s) nt fuite f
lecken[1] vi (Loch haben) fuir
lecken[2] vt (schlecken) lécher
lecker adj délicieux(-euse) • **Leckerbissen** m délice m
led. abk = **ledig**
Leder(-s, -) nt cuir m • **Lederhose** f (von Tracht) culotte f de cuir
ledern adj en od de cuir
ledig adj célibataire • **lediglich** adv uniquement, ne ... que
leer adj vide
Leere(-) f vide m
leeren vt vider

Leergewicht nt poids m à vide
Leerlauf m point m mort
Leertaste f barre f d'espacement
Leerung f vidage m; (Poste) levée f
legal adj légal(e) • **legalisieren** vt légaliser
Legasthenie f dyslexie f
Legebatterie f batterie f (pour l'élevage de poules pondeuses)
legen vt (tun) mettre, poser; (in flache Lage) coucher; (Kabel, Schienen) poser; (Ei) pondre; (Haare) mettre en pli ▶ vr (Mensch) s'allonger; (Betrieb, Interesse) baisser; (Schmerzen, Sturm) se calmer
Legende f légende f
leger adj décontracté(e)
Legierung f alliage m
Legislative f législatif m
Legislaturperiode f législature f, mandature f
legitim adj légitime • **Legitimation** f légitimation f • **legitimieren** vt légitimer ▶ vr prouver son identité
Lehm(-(e)s, -e) m terre f glaise • **lehmig** adj glaiseux(-euse)
Lehne f (Rückenlehne) dossier m; (Armlehne) accoudoir m
lehnen vt: **etw an etw** Akk **~** appuyer qch contre qch ▶ vr: **sich an etw** Akk/**auf etw** Akk **~** s'appuyer contre/à qch
Lehrbuch nt manuel m
Lehre f (Ausbildung) apprentissage m; (Gedankenlehre, Glaubenssystem) doctrine f; (Erfahrung) leçon f; (Tech) jauge f, calibre m
lehren vt (unterrichten) enseigner

Lehrer(in) (-s, -) m(f) professeur m ; (Grundschullehrer) instituteur(-trice)

Lehrgang m cours m

Lehrling m apprenti m

Lehrplan m programme m (scolaire)

lehrreich adj instructif(-ive)

Lehrstelle f place f d'apprentissage

Lehrstuhl m chaire f

Leib (-(e)s, -er) m corps m

leibhaftig adj en chair et en os ; (Teufel) incarné(e)

leiblich adj (Sohn) vrai(e)

Leiche f cadavre m

Leichenwagen m corbillard m

Leichnam (-(e)s, -e) m dépouille f

leicht adj léger(-ère) ; (nicht schwierig) facile ▶ adv (schnell) facilement ; **es jdm ~ machen** faciliter les choses à qn • **Leichtathletik** f athlétisme m • **leicht|fallen** (irr) vi: **jdm ~** être facile pour qn • **leichtfertig** adj irréfléchi(e) • **leichtgläubig** adj crédule • **leichthin** adv à la légère

Leichtigkeit f facilité f

leicht|nehmen (irr) vt prendre à la légère

Leichtsinn m légèreté f

leichtsinnig adj imprudent(e)

leid adj: **etw ~ haben** od **sein** in avoir assez de qch ; siehe auch **leidtun**

Leid (-(e)s) nt peine f

leiden (irr) vt souffrir de ▶ vi souffrir ; **jdn/etw nicht ~ können** ne pas pouvoir souffrir qn/qch ; **unter etw** Dat **~** souffrir de qch • **Leiden** (-s, -) nt (Krankheit) maladie f

Leidenschaft f passion f • **leidenschaftlich** adj passionné(e)

leider adv malheureusement

leidlich adj passable ▶ adv à peu près

leid|tun (irr) vi: **es tut mir leid** je suis désolé(e) ; **er tut mir leid** il me fait pitié

Leidwesen nt: **zu jds ~** au grand regret de qn

leihen (irr) vt prêter ; **sich** Dat **etw ~** emprunter qch

Leihgebühr f frais mpl de location

Leihmutterschaft f gestation f pour autrui, GPA f

Leihwagen m voiture f de location

Leim (-(e)s, -e) m colle f • **leimen** vt coller

Leine f corde f ; (Hundeleine) laisse f

Leinen (-s, -) nt toile f

Leintuch nt drap m

Leinwand f toile f ; (Ciné) écran m

leise adj (Stimme) bas(basse) ; (Geräusch, Wind, Regen, Zweifel) léger(-ère)

Leiste f bordure f ; (Zierleiste) garniture f ; (Anat) aine f

leisten vt faire ; (vollbringen) accomplir ; **sich** Dat **etw ~ können** pouvoir se permettre qch

Leistung f (Geleistetes) performance f ; (Kapazität) rendement m ; (von Motor, Maschine) puissance f ; (finanziell) prestations fpl

Leistungsdruck m obligation f de réussir

Leistungssport m sport m de compétition

Leitartikel m éditorial m

Leitbild nt modèle m
leiten vt être à la tête de ; (Firma, Orchester etc) diriger ; (Wärme, Strom) conduire • **leitend** adj (Stellung) de cadre, à responsabilité ; **~er Angestellter** cadre m supérieur
Leiter[1] (-s, -) m (Direktor) directeur m
Leiter[2] (-, -n) f échelle f
Leiterin f directrice f
Leitfaden m précis m
Leitmotiv nt leitmotiv m
Leitplanke f glissière f de sécurité
Leitung f (Führung, die Leitenden) direction f ; (für Wasser, Gas, Strom) conduite f ; (Kabel) câble m ; (Telefonleitung) ligne f ; **eine lange ~ haben** (fig) avoir la comprenette un peu dure
Leitwerk nt empennage m
Lektion f leçon f
Lektüre f lecture f
Lende f lombes mpl, reins mpl ; (Culin) filet m
lenken vt (Fahrzeug) conduire ; (Blick, Aufmerksamkeit) tourner
Lenkrad nt volant m
Lenkstange f (Fahrradlenkstange) guidon m
Leopard (-en, -en) m léopard m
Lerche f alouette f
lernbehindert adj attardé(e)
lernen vt apprendre
Lernplattform f ENT m (= espace numérique de travail)
lesbar adj lisible
Lesbe (-, -n) f (fam), **Lesbierin** f lesbienne f
lesbisch adj lesbien(ne)
Lese f (Weinlese) vendanges fpl

lesen (irr) vt (Text) lire ; (ernten) récolter ; (auslesen) trier
Leser(in) (-s, -) m(f) lecteur(-trice)
Leserbrief m lettre f de lecteur ; **„~e"** « courrier des lecteurs »
leserlich adj lisible
Lesesaal m salle f de lecture
Lesezeichen nt signet m
Lettland nt la Lettonie
letzte(r, s) adj dernier(-ière) ; **zum ~n Mal** pour la dernière fois
letztens adv récemment ; (zuletzt) finalement
letztere(r, s) adj ce(cette) dernier(-ière)
Leuchte f lampe f ; (kluger Kopf) lumière f
leuchten vi briller ; (mit Lampe) éclairer
Leuchter (-s, -) m chandelier m
Leuchtfarbe f couleur f fluorescente
Leuchtfeuer nt balise f
Leuchtkugel f balle f traçante
Leuchtreklame f enseigne f lumineuse
Leuchtturm m phare m
leugnen vt, vi nier
Leukämie f leucémie f
Leute pl gens mpl ; (Personal) subordonnés mpl
Leutnant (-s, -s od -e) m lieutenant m
leutselig adj bienveillant(e)
Lexikon (-s, Lexiken od Lexika) nt encyclopédie f ; (Wörterbuch) dictionnaire m
Libanon (-s) m : **der ~** le Liban
Libelle f libellule f
liberal adj libéral(e)

Libero (-s, -s) *m* arrière *m* volant

Libyen (-s) *nt* la Libye

Licht (-(e)s, -er) *nt* lumière *f*

Lichtbild *nt* (*Passbild*) photo *f* d'identité

Lichtblick *m* lueur *f* d'espoir

lichten *vt* (*Wald*) éclaircir ; (*Anker*) lever ▸ *vr* (*Nebel*) se lever ; (*Reihen*) s'éclaircir

Lichthupe *f* appel *m* de phares

Lichtjahr *nt* année-lumière *f*

Lichtmaschine *f* dynamo *f*

Lichtschalter *nt* interrupteur *m*

Lichtschutzfaktor *m* indice *m* de protection

Lichtverschmutzung *f* pollution *f* lumineuse

Lid (-(e)s, -er) *nt* paupière *f*
• **Lidschatten** *m* fard *m* à paupières

lieb *adj* gentil(le) ; (*artig*) sage ; (*willkommen*) bienvenu(e) ; (*geliebt*) cher (chère) ; **L~e Anne, ~er Klaus! ...** Chère Anne, cher Klaus ... ; **würden Sie so ~ sein** auriez-vous l'amabilité ; **~ haben** aimer beaucoup

liebäugeln *vi* : **mit dem Gedanken ~, etw zu tun** caresser l'idée de faire qch

Liebe *f* amour *m*

lieben *vt* aimer

liebenswert *adj* très sympathique

liebenswürdig *adj* aimable

liebenswürdigerweise *adv* aimablement

Liebenswürdigkeit *f* amabilité *f*

lieber *adv* : **etw ~ tun** préférer faire qch ; **ich gehe ~ nicht** je préfère ne pas y aller

Liebesbrief *m* lettre *f* d'amour

Liebeskummer *m* : **~ haben** avoir un chagrin d'amour

Liebespaar *nt* amoureux *mpl*

liebevoll *adj* affectueux(-euse)

Liebhaber(in) (-s, -) *m(f)* amant *m* ; (*Kenner*) amateur(-trice)

Liebhaberei *f* violon *m* d'Ingres

lieblich *adj* (*Landschaft*) charmant(e) ; (*Duft, Wein*) doux (douce)

Liebling *m* (*von Eltern, Publikum*) préféré(e) *m/f* ; (*Anrede*) chéri(e) *m/f*

Lieblings- *in zW* préféré(e)

lieblos *adj* sans cœur

Liechtenstein (-s) *nt* le Liechtenstein

Lied (-(e)s, -er) *nt* chanson *f*

liederlich *adj* dissolu(e)

Liedermacher *m* auteur-compositeur *m*

lief *etc vb siehe* **laufen**

Lieferant *m* fournisseur *m*

liefern *vt* (*Waren*) livrer ; (*Rohstoffe*) produire ; (*versorgen mit*) fournir

Lieferschein *m* bon *m* de livraison

Lieferung *f* livraison *f*

Lieferwagen *m* voiture *f* de livraison

Liege *f* divan *m*

liegen (*irr*) *vi* (*waagerecht sein*) être couché(e) ; (*sich befinden*) se trouver ; **an etw** *Dat* **~** (*Ursache*) tenir à qch ; **mir liegt viel daran** j'y tiens beaucoup ; **~ bleiben** (*nicht aufstehen*) rester couché(e) ; (*nicht ausgeführt werden*) rester en plan ; **~ lassen** (*vergessen*) oublier

Liegesitz *m* siège *m* à dossier réglable

Liegestuhl *m* chaise *f* longue
Liegewagen *m* wagon-couchette *m*
lieh *etc vb siehe* **leihen**
ließ *etc vb siehe* **lassen**
Lift (-(e)s, -e *od* -s) *m* ascenseur *m*
Likör (-s, -e) *m* liqueur *f*
lila *adj* mauve
Lilie *f* lis *m*
Limo *f* = **Limonade**
Limonade *f* limonade *f*
Linde *f* tilleul *m*
lindern *vt* soulager
Linderung *f* soulagement *m*
Lineal (-s, -e) *nt* règle *f*
Linguistik *f* linguistique *f*
Linie *f* ligne *f*
Linienflug *m* vol *m* de ligne
Linienrichter *m* juge *m* de touche
linieren *vt* régler
Link *m* lien *m*
linke(r, s) *adj* gauche
Linke *f* (Hand) main *f* gauche ; (Pol) gauche *f*
linkisch *adj* gauche
links *adv* à gauche ; (verkehrt herum) à l'envers ; (mit der linken Hand) de la main gauche ; ~ **von mir** à ma gauche • **Linkshänder(in)** (-s, -) *m(f)* gaucher(-ère) • **Linksverkehr** *m* circulation *f* à gauche
Linse *f* lentille *f*
Lippe *f* lèvre *f*
Lippenstift *m* rouge *m* à lèvres
lispeln *vi* zézayer
List (-, -en) *f* ruse *f*
Liste *f* liste *f*
listig *adj* rusé(e)
Litauen (-s) *nt* la Lituanie

Liter (-s, -) *m od nt* litre *m*
literarisch *adj* littéraire
Literatur *f* littérature *f*
Litfaßsäule *f* colonne *f* Morris
litt *etc vb siehe* **leiden**
live *adj, adv* (Radio, TV) en direct
Lizenz *f* licence *f*
Lkw, LKW (-(s), -(s)) *m abk*
= **Lastkraftwagen**
Lob (-(e)s) *nt* éloge *m*
loben *vt* faire l'éloge de, louer
lobenswert *adj* louable
Loch (-(e)s, ⁼er) *nt* trou *m* ; (péj: Wohnung) taudis *m*
lochen *vt* (Papier) perforer ; (Fahrkarte) poinçonner
Locher (-s, -) *m* perforatrice *f*
löcherig *adj* troué(e)
Locke *f* boucle *f*
locken¹ *vt* (herbeilocken) attirer
locken² *vt* (Haare) boucler
Lockenwickler *m* bigoudi *m*
locker *adj* (Schraube) desserré(e) ; (Zahn) qui branle ; (nicht streng) relâché(e) ; (fam) cool *inv*
lockern *vt* desserrer ; (Vorschriften etc) assouplir
lockig *adj* bouclé(e)
Löffel (-s, -) *m* cuillère *f*
Loge *f* loge *f*
Logik *f* logique *f*
Log-in *nt* (-s, -s) (Inform) identifiant *m*
logisch *adj* logique
Logo (-s, -s) *nt* logo *m*
Lohn (-(e)s, ⁼e) *m* récompense *f*, salaire *m* • **Lohnausgleich** *m* compensation *f* de salaire
lohnen *vr* en valoir la peine

Lohnfortzahlung f droit au salaire en cas de maladie, accident etc

Lohnpolitik f politique f salariale

Lohnsteuerkarte f carte de contribuable

Loipe f piste f de ski de fond

lokal adj local(e)

Lokal (-(e)s, -e) nt café m ; (Restaurant) restaurant m

Lokalisierung f localisation f

Lokomotive f locomotive f

lol abk (Internet, Tél) LOL, MDR

London (-s) nt Londres

Lorbeer (-s, -en) m laurier m

los adj (nicht befestigt) détaché(e) ▶ adv : ~! (vorwärts) en avant ! ; (Beeilung) allons ! ; **was ist ~?** qu'est-ce qu'il y a ? ; **dort ist nichts ~** c'est un trou ! ; **jdn/etw ~ sein** être débarrassé(e) de qn/qch

Los (-es, -e) nt (Lotterielos) billet m de loterie

löschen vt (Feuer, Licht) éteindre ; (Durst) étancher ; (Datei, Tonband) effacer ; (Fracht) décharger ▶ vi (Feuerwehr) éteindre l'incendie

Löschtaste f touche f d'effacement

lose adj (Knopf) qui se découd ; (Schraube) desserré(e) ; (Blatt) volant(e) ; (nicht verpackt) en vrac ; (moralisch) dissolu(e)

Lösegeld nt rançon f

losen vi tirer au sort

lösen vt (abtrennen) détacher ; (Rätsel, Problem) résoudre ; (Fahrkarte) acheter ▶ vr (aufgehen) se défaire ; (Zucker etc) se dissoudre

los|fahren (irr) vi (Fahrzeug) démarrer, partir

los|gehen (irr) vi (beginnen) commencer ; (aufbrechen: Bombe, Gewehr) partir

los|kommen (irr) vi : **von jdm ~** arriver à se détacher de qn

los|lassen (irr) vt lâcher

los|legen (fam) vi : **nun leg mal los und erzähl(e) ...** vas-y, raconte

löslich adj soluble

los|machen vt détacher

Losung f slogan m ; (Kennwort) mot m de passe

Lösung f solution f

Lösungsmittel nt solvant m

los|werden (irr) vt se débarrasser de ; (verkaufen) écouler

Lot (-(e)s, -e) nt (Senkblei) fil m à plomb ; (Senkrechte) perpendiculaire f ; **(nicht) im ~ sein** (ne pas) être d'aplomb ; (Sachen) (ne pas) être en ordre

löten vt souder

Lothringen (-s) nt la Lorraine

Lötkolben m fer m à souder

Lotse (-n, -n) m pilote m ; (Aviat) aiguilleur m du ciel

lotsen vt piloter, diriger ; (fam) : **jdn ins Kino/in die Stadt ~** traîner qn au cinéma/en ville

Lotterie f loterie f

Lotto (-s, -s) nt loto m

Löwe (-n, -n) m lion m ; (Astr) Lion m ; **~ sein** être (du) Lion

Löwenzahn m pissenlit m

Löwin f lionne f

loyal adj loyal(e)

Luchs (-es, -e) m lynx m

Lücke f (in Zaun) brèche f ; (in Wissen, Gesetz) lacune f

Lückenbüßer (-s, -) m bouche-trou m

lud etc vb siehe **laden**

Luder (-s, -) nt (péj) garce f

Luft (-, ⸚e) f air m ; (Atem) souffle m ; **in die ~ fliegen** exploser ; **hier ist dicke ~** (fam: fig) il y a de l'orage dans l'air • **Luftangriff** m attaque f aérienne • **Luftballon** m ballon m • **luftdicht** adj hermétique • **Luftdruck** m pression f atmosphérique

lüften vt aérer

Luftfahrt f aviation f

luftig adj (Zimmer) (bien) aéré(e) ; (Kleider) léger(-ère)

Luftkissenfahrzeug nt aéroglisseur m

Luftkurort m station f climatique

luftleer adj: **~er Raum** vide m

Luftlinie f: **100 km** = 100 km à vol d'oiseau

Luftloch nt trou m d'air

Luftmatratze f matelas m pneumatique

Luftpost f poste f aérienne

Luftröhre f trachée f

Luftschutzkeller m abri m antiaérien

Lüftung f aération f

Luftverkehr m trafic m aérien

Luftverschmutzung f pollution f atmosphérique

Luftwaffe f armée f de l'air

Lüge f mensonge m ; **eine Behauptung ~n strafen** démentir une affirmation

lügen (irr) vi mentir

Lügner(in) (-s, -) m(f) menteur(-euse)

Luke f lucarne f

lukrativ adj lucratif(-ive)

Lümmel (-s, -) m vaurien m

lümmeln vr se vautrer

Lump (-en, -en) m gredin m

Lumpen (-s, -) m chiffon m

Lunge f poumon m

Lungenentzündung f pneumonie f

Lungenkrebs m cancer m du poumon

Lupe f loupe f

Lust (-, ⸚e) f (Freude, auch sexuell) plaisir m ; (Begierde, auch sexuell) désir m ; (Neigung) envie f ; **~ haben zu** od **auf etw** Akk/ **etw zu tun** avoir envie de qch/ de faire qch

lüstern adj lascif(-ive), lubrique

lustig adj (komisch) drôle ; (fröhlich) gai(e)

lustlos adj sans enthousiasme

lutschen vt sucer

Lutscher (-s, -) m sucette f

Luxemburg (-s) nt le Luxembourg

luxemburgisch adj luxembourgeois(e)

luxuriös adj luxueux(-euse)

Luxus (-) m luxe m

lynchen vt lyncher

Lyrik f poésie f lyrique

m

machbar *adj* faisable, réalisable

machen

▶ *vt* **1** (*tun*) faire ; **was ~ Sie (beruflich)?** qu'est-ce que vous faites dans la vie ? ; **was macht die Arbeit?** comment va le travail ? ; **Schluss ~** arrêter **2** (*herstellen, anfertigen, richten*) faire ; **Essen ~** faire *od* préparer à manger ; **sein Bett ~** faire son lit ; **ein Foto ~** faire *od* prendre une photo ; **aus Holz gemacht** en bois ; **etw ~ lassen** (*herstellen lassen*) faire faire qch ; (*reparieren lassen*) faire réparer qch **3** (*ablegen: Examen, Abitur*) passer **4** (*teilnehmen*): **einen Kurs ~** suivre un cours ; **eine Reise ~** faire un voyage **5** (*verursachen, bereiten*): **jdm Angst/Freude ~** faire peur/plaisir à qn ; **das macht die Kälte** c'est dû au froid **6** (*ausmachen, schaden*) faire ; **macht nichts!** ça ne fait rien ! ; **die Kälte/der Rauch macht mir nichts** le froid/la fumée ne me dérange pas **7** (*mit Präpositionen*): **jdm zum Sklaven/zu seiner Frau ~** faire de qn un esclave/sa femme ; **aus jdm etw ~** faire qch de qn **8** (*Math*): **wie viel macht das?** ça fait combien ? ; **3 und 5 macht 8** 3 plus 5 égalent 8 ; **das macht 15 Euro** ça fait 15 euros
▶ *vi*: **mach schnell!** dépêche-toi ! ; **mach schon** *od* **schneller!** (*fam*) plus vite que ça ! ; **mach, dass du wegkommst!** ouste, va-t-en ! ; **machs gut!** bonne chance ! ; **das macht müde** ça fatigue ; **das macht hungrig/durstig** ça donne faim/soif ; **das macht dick** ça fait grossir ; **er macht in Politik** (*fam*) il fait de la politique ; **lass mich mal ~** (*fam*) laisse-moi faire
▶ *vr*: **sich an etw** *Akk* **~** (*beginnen*) se mettre à qch ; **sich** *Dat* **viel aus jdm/etw ~** tenir (beaucoup) à qn/qch ; **mach dir nichts daraus** ne t'en fais pas ; **sich auf den Weg ~** se mettre en route ; **das macht sich gut** c'est bien

Machenschaften *pl* intrigues *fpl*
Macher (-s, -) (*fam*) *m* battant *m*
Macht (-, ⸚e) *f* pouvoir *m*
• **Machthaber** (-s, -) *m* dirigeant *m*
mächtig *adj* puissant(e) ; (*ungeheuer*) énorme
machtlos *adj* impuissant(e) ; (*hilflos*) désarmé(e)
Machtwort *nt*: **ein ~ sprechen** faire acte d'autorité
Machwerk *nt* travail *m* bâclé

Madagaskar (-s) nt Madagascar m odf

Mädchen nt jeune fille f; (Kind) petite fille • **Mädchenname** m nom m de jeune fille

Made f asticot m

Magazin (-s, -e) nt magazine m

Magen (-s, - od ∴) m estomac m
• **Magenschmerzen** pl maux mpl d'estomac

mager adj maigre • **Magerkeit** f maigreur f • **Magersucht** f anorexie f

Magie f magie f

Magier (-s, -) m magicien m

magisch adj magique

Magnet (-s od -e, -en) m aimant m
• **Magnetband** nt bande f magnétique • **magnetisch** adj magnétique

Mahagoni (-s) nt acajou m

mähen vt (Rasen) tondre; (Gras) faucher

Mahl (-(e)s, -e) nt repas m

mahlen vt moudre

Mahlzeit f repas m ▶ interj bon appétit

Mähne f crinière f

mahnen vt (warnend) avertir; (wegen Schuld) mettre en demeure

Mahnung f avertissement m; (mahnende Worte) exhortation f

Mai (-(e)s, -e) m mai m
• **Maiglöckchen** nt muguet m
• **Maikäfer** m hanneton m

Mail (-, -s) f courrier m électronique

mailen vi (Inform): **jdm etw ~** envoyer qch à qn par mail

Mailprogramm nt logiciel m de courrier électronique

Main (-(e)s) m Main m

Mainz nt Mayence

Mais (-es, -e) m maïs m
• **Maiskolben** m épi m de maïs

Majonäse (-, -n) f mayonnaise f

Majoran (-s, -e) m marjolaine f

makaber adj macabre

Makel (-s, -) m défaut m; (moralisch) tare f

makellos adj sans défaut; (Sauberkeit) immaculé(e); (Vergangenheit) irréprochable

Make-up (-s, -s) nt maquillage m

Makkaroni pl macaronis mpl

Makler(in) (-s, -) m(f) (Fin) courtier(-ière) m

Makrele f maquereau m

mal adv (Math) fois; (fam) siehe **einmal**

Mal (-(e)s, -e) nt (Zeitpunkt, Anlass) fois f; (Zeichen) marque f

Malaria (-) f paludisme m

Malaysia (-s) nt la Malaysia

Malediven pl: **die ~** les Maldives fpl

malen vt, vi peindre

Maler(in) (-s, -) m(f) peintre m

Malerei f peinture f

malerisch adj pittoresque

Mallorca (-s) nt Majorque f

Malta (-s) nt Malte f

Malz (-es) nt malt m

Mama (-, -s) (fam) f maman f

man pron on

Management (-s, -s) nt management m; (Führungskräfte) cadres mpl supérieurs

managen vt gérer; (Sportler) être le manager de; **das werden wir schon ~!** on se débrouillera!

Manager(in) m(f) chef m

manche 648

manche(r, s) pron plus d'un(e) ; **~ (Leute)** certains

mancherlei pron inv (adjektivisch) toutes sortes de ; (substantivisch) toutes sortes de choses

manchmal adv parfois

Mandant(in) m(f) (Jur) mandant(e)

Mandarine f mandarine f

Mandat nt mandat m

Mandel (-, -n) f amande f ; (Anat) amygdale f • **Mandelentzündung** f amygdalite f

Manege f (im Zirkus) piste f ; (in einer Reitschule) manège m

Mangel¹ (-, -n) f (für Wäsche) calandre f

Mangel² (-s, -) m (Fehler) défaut m ; **~ (an** +Dat) (Knappheit) manque m (de)

mangelhaft adj (ungenügend) insuffisant(e) ; (Material) défectueux(-euse)

mangeln vi unpers : **es mangelt jdm an etw** Dat qn manque de qch ▶ vt (Wäsche) calandrer

mangels präp +Gen à défaut de, faute de

Mango (-, -s) f mangue f

Manier (-) f manière f ; **Manieren** pl manières fpl

Manifest (-es, -e) nt manifeste m

manipulieren vt manipuler

Mann (-(e)s, ∵er) m homme m ; (Ehemann) mari m

Männchen nt petit homme m ; (Tier) mâle m

männlich adj mâle ; (Ling) masculin(e)

Mannschaft f (Sport) équipe f ; (Naut, Aviat) équipage m ; (Mil) homme m (de troupe)

Manschette f manchette f

Mantel (-s, ∵) m manteau m ; (Tech) gaine f

Manuskript (-(e)s, -e) nt manuscrit m

Mappe f (Aktenordner) classeur m ; (Aktentasche) serviette f

Maracuja (-, -s) f fruit m de la passion

Märchen nt conte m (de fées) ; (Lüge) histoire f • **märchenhaft** adj fabuleux(-euse) ; (wunderschön) merveilleux(-euse)

Marder (-s, -) m martre f

Margarine f margarine f

Marienkäfer m coccinelle f

Marihuana (-s) nt marijuana f

Marine f marine f

Marionette f marionnette f

Mark¹ (-, -) f (Hist: Münze) mark m

Mark² (-(e)s) nt (Knochenmark) moelle f

markant adj (Gesicht, Erscheinung) marquant(e) ; (Stil) caractéristique

Marke f (Warensorte, Fabrikat) marque f ; (Rabattmarke, Briefmarke) timbre m ; (Essensmarke) ticket m ; (aus Metall etc) jeton m

Marker (-s, -) m marqueur m

Marketing (-s) nt marketing m

markieren vt (kennzeichnen) marquer ; (fam) simuler

Markierung f marque f

Markt (-(e)s, ∵e) m marché m • **Marktanteil** m part f de marché • **Marktforschung** f étude f de marché • **Marktplatz** m place f du marché • **Marktwirtschaft** f économie f de marché

Marmelade f confiture f

Marmor (-s, -e) m marbre m

Marokko (-s) nt le Maroc

Marsch (-(e)s, ⸚e) m marche f

marschieren vi marcher

Märtyrer(in) (-s, -) m(f)
martyr(e)

März (-es, -e) m mars m

Marzipan (-s, -e) nt massepain m

Masche f maille f ; **das ist die
neueste ~** (fam) c'est le dernier cri

Maschine f machine f ;
~ schreiben taper à la machine

maschinell adj automatique

Maschinenbau m construction f
mécanique

Maschinenbauer m ingénieur m
mécanicien

Maschinengewehr nt
mitrailleuse f

maschinenlesbar adj (Inform)
exploitable par ordinateur

Maschinenpistole f
mitraillette f

Masern pl (Méd) rougeole f

Maserung f fibres fpl

Maske f masque m

maskieren vt (verkleiden) déguiser

Maskulinum (-s, Maskulina) nt
masculin m

maß vb siehe **messen**

Maß[1] (-es, -e) nt mesure f

Maß[2] (-, -(e)) f (Bier) = litre m (de bière)

Massage f massage m

Masse f masse f

Massendaten pl (Inform)
mégadonnées fpl

massenhaft adj en masse

Massenmedien pl mass
media mpl

Massenvernichtungswaffen
pl armes fpl de destruction
massive

Masseur(in) m(f)
masseur(-euse)

massieren vt masser

massig adj massif(-ive) ▶ adv (fam:
massenhaft) en masse

mäßig adj (Preise) modéré(e) ;
(Qualität etc) moyen(ne) ▶ adv:
~ trinken/essen boire/manger
avec modération

massiv adj massif(-ive) ;
(Beleidigung) grossier(-ière)
▪ Massiv (-s, -e) nt massif m

Maßkrug m chope d'un litre

maßlos adj (unmäßig)
excessif(-ive) ; (äußerst) énorme

Maßnahme f mesure f

Maßstab m (Géo) échelle f ;
(Richtlinie, Norm) norme f

maßvoll adj modéré(e)

Mast (-(e)s, -e(n)) m mât m ; (Élec)
pylône m

mästen vt (Tier) engraisser

Material (-s, -ien) nt (Stoff,
Rohstoff) matière f ; (Hilfsmittel,
Ausrüstung) matériel m

materialistisch adj matérialiste

Materie f matière f

materiell adj matériel(le) ;
~ eingestellt sein être
matérialiste

Mathematik f mathématiques fpl

Matratze f matelas m

Matrixdrucker m imprimante f
matricielle

Matrose (-n, -n) m marin m

Matsch (-(e)s) m boue f ;
(Schneematsch) neige f fondante
od fondue

matt

matt adj (Schimmer) faible ; (Phot) mat(e) ; (Lächeln) faible ; (Échecs) mat inv

Matte f (an der Tür) paillasson m

Mattscheibe f (TV) écran m ; **~ haben** (fam) être dans les vapes

Mauer (-, -n) f mur m

Maul (-(e)s, Mäuler) nt gueule f
• **Mauleselm** mulet m
• **Maulkorbm** muselière f
• **Maul- und Klauenseuche** f fièvre f aphteuse

Maulwurf m (Zool) taupe f

Maurer (-s, -) m maçon m

Mauritius nt l'île f Maurice

Maus (-, Mäuse) f (auch Inform) souris f

Mausefalle f souricière f

Mausklick m clic m sur la souris

Maustaste f bouton m de la souris

Maut f péage m

maximal adj maximum

maximieren vt maximiser

Mayonnaise (-, -n) f mayonnaise f

Mechanik f mécanique f

Mechaniker(in) (-s, -) m(f) mécanicien(ne)

mechanisch adj mécanique

Mechanismus m mécanisme m

meckern vi (Ziege) chevroter ; (fam) râler

Medaille f médaille f

Medien pl von **Medium**

Medikament nt médicament m

Meditation f méditation f

meditieren vi méditer

Medium nt (Phys) milieu m ; **die Medien** les média(s) fpl

Medizin (-, -en) f (Wissenschaft) médecine f

medizinisch adj médical(e)

Meer (-(e)s, -e) nt mer f

Meeresspiegel m niveau m de la mer

Meerrettich m raifort m

Meerschweinchen nt cobaye m

Megabyte nt mégaoctet m

Mehl (-(e)s, -e) nt farine f

Mehlspeise (Österr) f (Culin) entremets m

mehr pron plus de ▶ adv plus
• **mehrdeutig** adj (Wort) ambigu(ë)

mehrere pron plusieurs

mehreres pron plusieurs choses

mehrfach adj (Hinsicht) divers(e) ; (wiederholt) répété(e)

Mehrfamilienhaus nt petit immeuble m

Mehrgenerationenhaus nt maison f intergénérationnelle

Mehrheit f majorité f

mehrmalig adj répété(e)

mehrmals adv plusieurs fois

mehrstimmig adj, adv à plusieurs voix

Mehrwertsteuer f taxe f sur la valeur ajoutée, TVA f

Mehrzahl f: **die ~ (von)** la majorité (de)

meiden (irr) vt éviter

Meile f mille m

Meilenstein m borne f ; (fig) événement m marquant

meilenweit adv très loin

mein(e) poss pron mon(ma) ; (pl) mes

meine(r, s) *pron* le(la) mien(ne)
Meineid *m* parjure *m*
meinen *vt* (*der Ansicht sein*)
penser ; (*sagen*) dire ; (*sagen wollen*) vouloir dire
meiner (*Gen von ich*) *pron* (*geh*):
erinnert ihr euch ~? vous souvenez-vous de moi ?
meinerseits *adv* pour ma part
meinetwegen *adv* (*mir zuliebe*)
pour moi ; (*wegen mir*) à cause de
moi ; **~!** si tu veux !
Meinung *f* opinion *f*
Meinungsaustausch *m* échange *m* de vues
Meinungsfreiheit *f* liberté *f* d'opinion
Meinungsumfrage *f* sondage *m* d'opinion
Meinungsverschiedenheit *f* divergence *f* de vues
Meise *f* mésange *f*
Meißel (-s, -) *m* ciseau *m*
meist *adv* généralement
meiste(r, s) *adj*: **die ~n Leute** la plupart des gens
meistens *adv* la plupart du temps
Meister(in) (-s, -) *m(f)* maître *m* ;
(*Sport*) champion(ne)
• **meisterhaft** *adj* (*Arbeit*)
parfait(e) ; (*Können*) magistral(e)
meistern *vt* maîtriser ; **sein Leben ~** bien se débrouiller dans la vie
Meisterschaft *f* maîtrise *f* ;
(*Sport*) championnat *m*
Meisterstück, Meisterwerk *nt* chef-d'œuvre *m*
Melancholie *f* mélancolie *f*
melancholisch *adj* mélancolique
Meldefrist *f* délai *m*

melden *vt* annoncer, signaler ;
(*registrieren*) déclarer ▶ *vr*
s'annoncer ; (*freiwillig*) se porter
volontaire ; (*auf etw, am Telefon*)
répondre
Meldepflicht *f* déclaration *f* obligatoire
Meldung *f* avis *m* ; (*Bericht*)
information *f*
melken (*irr*) *vt* traire
Melodie *f* mélodie *f*
Melone *f* melon *m* ; (*Hut*)
(chapeau *m*) melon
Memoiren *pl* mémoires *mpl*
Menge *f* quantité *f* ;
(*Menschenmenge*) foule *f* ; (*große Anzahl*) masse *f*, tas *m*
Mengenlehre *f* (*Math*) théorie *f*
des ensembles
Mensa (-, -s od Mensen) *f*
restaurant *m* universitaire
Mensch[1] (-en, -en) *m* homme *m*,
être *m* humain ; **kein ~** personne
Mensch[2] (-(e)s, -er) (*fam*) *nt*
salope *f*
menschenmöglich *adj*
humainement possible
Menschenrechte *pl* droits *mpl*
de l'homme
menschenunwürdig *adj*
dégradant(e)
Menschenverstand *m*:
gesunder ~ bon sens *m*
Menschheit *f* humanité *f*
menschlich *adj* humain(e)
Menschlichkeit *f* humanité *f*
Menstruation *f* règles *fpl*
Mentalität *f* mentalité *f*
Menü (-s, -s) *nt* (*Culin, Inform*)
menu *m* • **menügesteuert** *adj*
(*Inform*) guidé(e) par le menu

merken vt remarquer ▶ vr: **sich**
Dat **jdn/etw ~** ne pas oublier
qn/qch
merklich adj visible
Merkmal nt caractéristique f
merkwürdig adj étrange
Messbecher m verre m gradué
Messe f (Ausstellung) foire f; (Rel)
messe f
messen (irr) vt mesurer
Messer (-s, -) nt couteau m
Messgerät nt appareil m de
mesure
Messing (-s) nt laiton m
Metall (-s, -e) nt métal m
Metastase f (Méd) métastase f
Meter (-s, -) m od nt mètre m
 • **Metermaß** nt mètre m
Methode f méthode f
methodisch adj méthodique
Metropole f métropole f
Metzger (-s, -) m boucher m
Metzgerei f boucherie f
Meute f meute f
Meuterei f mutinerie f
meutern vi se mutiner
Mexiko (-s) nt le Mexique
MHz abk (= Megahertz) MHz
miauen vi miauler
mich (Akk von ich) pron me ; (nach
präp) moi
mied etc vb siehe **meiden**
Miene f mine f
mies (fam) adj mauvais(e)
Miesmuschel f moule f
Mietauto nt voiture f de location
Miete f loyer m
mieten vt louer
Mieter(in) (-s, -) m(f) locataire mf

Mietshaus nt immeuble m de
rapport
Mietvertrag m contrat m de
location
Mietwagen m voiture f de
location
Mietwohnung f logement m en
location
Migräne f migraine f
Mikrochip m puce f
Mikrofon (-s, -e) nt microphone m
Mikroprozessor m
microprocesseur m
Mikroskop (-s, -e) nt
microscope m
Mikrowelle f micro-onde f
Mikrowellenherd m four m à
micro-ondes
Milch (-) f lait m
Milchkaffee m café m au lait
Milchstraße f voie f lactée
mild adj doux(douce)
Milde f douceur f; (Güte)
bienveillance f
mildern vt atténuer ; **~de**
Umstände circonstances
fpl atténuantes
Milieu (-s, -s) nt milieu m
militant adj militant(e)
Militär (-s) nt armée f
 • **militärisch** adj militaire
Militarismus m militarisme m
Milliarde f milliard m
Millimeter m od nt millimètre m
Million (-, -en) f million m
Millionär(in) m(f)
millionnaire mf
Milz (-, -en) f rate f
Mimose f mimosa m; (fig)
hypersensible mf

minder adj (Qualität, Ware) inférieur(e) ▶ moins
Minderheit f minorité f
minderjährig adj mineur(e)
mindern vt, vr diminuer
Minderung f (von Wert, Qualität) baisse f
minderwertig adj (Ware) de qualité inférieure
Minderwertigkeitskomplex m complexe m d'infériorité
mindeste(r, s) adj le(la) plus petit(e) possible ; (nach Verneinung) le(la) moindre
mindestens adv au moins
Mindestlohn m salaire m minimum
Mine f mine f ; (Kugelschreibermine) cartouche f
Mineral (-s, -e od -ien) nt minéral m
• **Mineralwasser** nt eau f minérale
minimal adj minimal(e), minimum
Minimum (-s, -ma) nt minimum m
Minirock m mini-jupe f
Minister(in) (-s, -) m(f) ministre mf
Ministerium nt ministère m
Ministerpräsident(in) m(f) Premier ministre mf
minus adv, präp +Gen moins
• **Minus** (-, -) nt déficit m
Minute f minute f
mir (Dat von ich) pron (à) moi ; (nach präp) moi ; (reflexiv) me
mischen vt mélanger ▶ vr (Menschen) se mêler
Mischling m métis m
Mischung f mélange m

miserabel adj (Essen, Film) minable ; (Gesundheit) pitoyable ; (Benehmen) lamentable
Missachtung f mépris m
Missbildung f malformation f
Missbrauch m (übermäßiger Gebrauch) abus m ; (falscher Gebrauch) mauvais usage m, usage abusif ; **sexueller ~** abus sexuels
missbrauchen vt insép abuser de
Misserfolg m échec m
Missfallen (-s) nt mécontentement m, déplaisir m
Missgunst f ressentiment m
missgünstig adj (Mensch, Blick, Worte) plein(e) de ressentiment
misshandeln vt maltraiter
Misshandlung f maltraitance f, mauvais traitements mpl
Mission f mission f
misslingen (irr) vi (Experiment etc) échouer
Missmanagement nt mauvaise gestion f
Missstand m anomalie f
Misstrauen (-s) nt : **~ gegenüber** méfiance f à l'égard de
Misstrauensvotum nt (Pol) adoption f d'une motion de censure
misstrauisch adj méfiant(e)
Missverständnis nt malentendu m
missverstehen (irr) vt insép mal comprendre
Mist (-(e)s) m fumier m ; (fam) bêtises fpl ; **~!** c'est de la foutaise !
Mistel (-, -n) f gui m

mit *präp +Dat* avec ▶ *adv* (außerdem, auch) aussi ; **~ der Bahn/dem Flugzeug** en train/ avion ; **~ 10 Jahren sollte man das wissen** à 10 ans il devrait le savoir ; **willst du ~?** (fam) tu viens avec nous ?

Mitarbeit f collaboration f • **mit|arbeiten** vi: **~ (an** Dat od **bei)** collaborer (à) ; **seine Frau arbeitet mit** sa femme travaille aussi

Mitarbeiter(in) m(f) collaborateur(-trice) ; **Mitarbeiter** pl (Personal) collaborateurs mpl ; **freier/ständiger ~** collaborateur indépendant/engagé à titre permanent

Mitbestimmung f participation f

Mitbewohner(in) m(f) colocataire mf, coloc mf (fam)

mit|bringen (irr) vt (Mensch) amener ; **(jdm) etw ~** apporter qch (à qn)

Mitbringsel (-s, -) nt petit cadeau m

miteinander adv ensemble

mit|erleben vt assister à ; (als Zeitgenosse) vivre

Mitesser (-s, -) m point m noir

mit|fahren (irr) vi venir od y aller aussi ; **er fährt nach Norwegen und ich fahre mit** il va en Norvège et je l'accompagne

mit|geben (irr) vt: **jdm etw ~** donner qch (à emporter) à qn

Mitgefühl nt compassion f

mit|gehen (irr) vi venir ; **überall wo ich hingehe, geht er mit** il m'accompagne od me suit partout où je vais

mitgenommen adj: **~ sein/ aussehen** (Mensch) être/avoir l'air épuisé(e) ; (Möbel, Auto etc) endommagé(e)

Mitgift f dot f

Mitglied nt membre m

Mitgliedschaft f affiliation f

mit|halten (irr) vi suivre

mit|helfen (irr) vi aider, donner un coup de main

Mithilfe f concours m

mit|kommen (irr) vi venir ; (mithalten, verstehen) suivre

Mitläufer(in) m(f) (péj) suiveur(-euse) ; (Pol) sympathisant(e)

Mitleid nt pitié f

Mitleidenschaft f: **jdn/etw in ~ ziehen** toucher qn/qch

mitleidig adj compatissant(e)

mit|machen vt prendre part à ▶ vi participer

mit|nehmen (irr) vt (Person) emmener ; (Sache) emporter ; (anstrengen) épuiser

mitsamt präp +Dat avec

Mitschuld f complicité f

mitschuldig adj: **an etw** Dat **~ sein** être complice de qch ; (an Unfall) participer la responsabilité de qch

Mitschüler(in) m(f) camarade mf d'école

mit|spielen vi prendre part au jeu ; (fig) être de la partie

Mitspieler(in) m(f) autre joueur(-euse)

Mitspracherecht nt droit m d'intervention

Mittag m midi m ; **(zu) ~ essen** déjeuner ; **gestern/heute/**

Sonntag ~ hier/aujourd'hui/dimanche à midi • **Mittagessen** *nt* déjeuner *m*

mittags *adv* à midi • **Mittagspause** *f* pause *f* de midi ; *(in Geschäften)* ≈ fermeture *f* entre midi et deux heures

Mitte *f* milieu *m*

mit|teilen *vt* : **jdm etw ~** annoncer qch à qn

Mitteilung *f* communication *f* ; *(Nachricht)* nouvelle *f*

Mittel (-s, -) *nt* moyen *m* ; *(Méd)* remède *m* • **Mittelalter** *nt* moyen âge *m* • **Mittelamerika** *nt* l'Amérique *f* centrale • **mittelbar** *adj* indirect(e) • **Mitteleuropa** *nt* l'Europe *f* centrale • **Mittelfinger** *m* majeur *m* • **mittelmäßig** *adj* moyen(ne) • **Mittelmeer** *nt* Méditerranée *f* • **Mittelpunkt** *m* centre *m*

mittels *präp* +*Gen* au moyen de

Mittelstand *m* classes *fpl* moyennes

Mittelstreifen *m* bande *f* médiane

Mittelstürmer *m* avant-centre *m*

Mittelweg *m* moyen terme *m* • **Mittelwelle** *f* *(Radio)* ondes *fpl* moyennes

Mittelwert *m* moyenne *f*

mitten *adv* au milieu ; **~ auf der Straße/in der Nacht** en pleine rue/nuit

Mitternacht *f* minuit *m*

mittlere(r, s) *adj* du milieu ; *(durchschnittlich)* moyen(ne)

mittlerweile *adv* entre-temps

Mittwoch (-(e)s, -e) *m* mercredi *m*

mittwochs *adv* le mercredi

mitunter *adv* de temps en temps

mitverantwortlich *adj* *(Mensch)* coresponsable

mit|wirken *vi* : **~ (bei** *od* **an** +*Dat)** collaborer (à) ; *(Theat)* participer

Mitwirkung *f* collaboration *f* ; **unter ~ von** avec le concours de

Mitwisser *m* complice *m*

Mixer (-s, -) *m* mixeur *m*

Mobbing (-s) *nt* harcèlement *m* moral

Möbel (-s, -) *nt* meuble *m* • **Möbelwagen** *m* camion *m* de déménagement

mobil *adj* mobile ; *(fam: munter)* alerte

Mobilfunk *m* téléphonie *f* mobile

Mobiliar (-s, -e) *nt* mobilier *m*

möblieren *vt* meubler ; **möbliert wohnen** habiter un appartement meublé

mochte *etc vb siehe* **mögen**

Mode *f* mode *f*

Model (-s, -s) *nt* *(Mannequin)* mannequin *m*

Modell (-s, -e) *nt* modèle *m* ; *(Mannequin)* mannequin *m*

Modem (-s, -s) *nt* modem *m*

Modenschau *f* défilé *m* de mode

modern *adj* moderne ; *(Kleid, Frisur)* à la mode

modernisieren *vt* moderniser

modisch *adj* à la mode

Modul (-s, -e) *nt* module *m*

Modus (-, *Modi*) *m* mode *m*

Mofa (-s, -s) *nt* mobylette *f*

mogeln *(fam)* *vi* tricher

mögen

(pt **mochte**, pp **gemocht** od (als Hilfsverb) **mögen**)

▶ vt, vi 1 (gernhaben): **ich mag ihn** je l'aime bien ; **ich mag Blumen/Schokolade** j'aime les fleurs/le chocolat ; **ich mag (es) nicht, wenn man mir immer widerspricht** je n'aime pas qu'on me contredise constamment ; **ich mag nicht mehr** (ich habe genug) j'en ai assez ; (ich kann nicht mehr) je n'en peux plus

2 (wollen): **möchtest du einen Drink?** (aimerais-tu) quelque chose à boire ?

▶ Hilfsverb 1 (Wunsch: wollen): **möchtest du etwas essen?** aimerais-tu manger quelque chose ? ; **ich möchte nach Rom reisen** j'aimerais aller à Rome ; **ich möchte das gern haben** j'aimerais od je voudrais bien l'avoir ; **man möchte meinen, dass ...** on dirait que ... ; **sie mag** od **möchte nicht bleiben** elle n'a pas envie de rester ; **das mag wohl sein** c'est bien possible ; **was mag das (wohl) heißen?** qu'est-ce que ça signifie ?

2 (Aufforderung: sollen) : **sag ihr, sie möchte zu Hause anrufen** dis-lui de téléphoner à la maison

möglich adj possible
möglicherweise adv peut-être
Möglichkeit f possibilité f
möglichst adv dans la mesure du possible

Mohn (-(e)s, -e) m pavot m ; (Klatschmohn) coquelicot m
Möhre (-, -n) f carotte f
Mole f môle m
molk etc vb siehe **melken**
Molkerei f laiterie f
Moll (-, -) nt (Mus) mode m mineur
mollig adj douillet(te) ; (dicklich: Figur) potelé(e)
Moment[1] (-(e)s, -e) m moment m ; **im ~** en ce moment
Moment[2] (-(e)s, -e) nt (Umstand) facteur m
momentan adj (augenblicklich) actuel(le) ▶ adv actuellement
Monaco (-s) nt Monaco
Monarch(in) (-en, -en) m(f) monarque m
Monarchie f monarchie f
Monat (-(e)s, -e) m mois m
monatelang adv pendant des mois
monatlich adj mensuel(le)
Monatsgehalt nt: **das dreizehnte ~** le treizième mois
Monatskarte f (carte f d')abonnement m mensuel
Mönch (-(e)s, -e) m moine m
Mond (-(e)s, -e) m lune f
Mondfinsternis f éclipse f de lune
Mondlandung f alunissage m
Mondschein m clair m de lune
monegassisch adj monégasque
mongoloid adj mongolien(ne)
Monitor m moniteur m
Monolog (-s, -e) m monologue m
Monopol (-s, -e) nt monopole m
monoton adj monotone
Monotonie f monotonie f

Monsun (-s, -e) m mousson f

Montag m lundi m

Montage f montage m

montags adv le lundi

montieren vt monter

Monument nt monument m

Moor (-(e)s, -e) nt marécage m

Moos (-es, -e) nt mousse f

Moped (-s, -s) nt vélomoteur m, mobylette f

Moral (-, -en) f morale f
• **moralisch** adj moral(e)

Mord (-(e)s, -e) m meurtre m
• **Mordanschlag** m attentat m

Mörder(in) (-s, -) m(f) meurtrier(-ière)

Mordkommission f ≈ brigade f criminelle

morgen adv demain ; **~ früh** demain matin • **Morgen** (-s, -) m matin m

morgens adv le matin

morgig adj de demain ; **der ~e Tag** demain

Morphium nt morphine f

morsch adj (Holz) pourri(e) ; (Knochen) fragile

Mörtel (-s, -) m mortier m

Mosaik (-s, -en od -e) nt mosaïque f

Moschee f mosquée f

Mosel f Moselle f

Moskau (-s) nt Moscou

Moskito (-s, -s) m (Zool) moustique m (tropical)

Moslem (-s, -s) m musulman m

Most (-(e)s, -e) m moût m ; (Apfelwein) cidre m

Motel (-s, -s) nt motel m

Motiv nt motif m

Motivation f motivation f

motivieren vt motiver

Motor (-s, -en) m moteur m
• **Motorboot** nt canot nt automobile

Motorrad nt moto f

Motorradfahrer(in) m(f) motocycliste mf

Motorroller m scooter m

Motorschaden m panne f de moteur

Motorsport m sport m automobile

Motte f mite f

Motto (-s, -s) nt devise f

Mountainbike (-s, -s) nt V.T.T. m, vélo tout-terrain m

Möwe f mouette f

MRT f abk (= Magnetresonanztomographie) IRM f

MS abk = **multiple Sklerose**

Mücke f moustique m

müde adj fatigué(e)

Müdigkeit f fatigue f

Muffel (-s, -) (fam) m grognon m

muffig adj qui sent le renfermé

Mühe f peine f ; **sich** Dat **~ geben** se donner de la peine • **mühelos** adv sans peine

muhen vi meugler

Mühle f moulin m

Mull (-(e)s, -e) m gaze f

Müll (-(e)s) m ordures fpl
• **Müllabfuhr** f ramassage m des ordures ; (Leute) voirie f
• **Müllablageplatz** m décharge f publique

Mullbinde f bande f de gaze

Mülldeponie f décharge f publique

m

Mülleimer m poubelle f
Müller(-s, -) m meunier m
Müllschlucker(-s, -) m vide-ordures m inv
Mülltonne f poubelle f
Müllverbrennungsanlage f usine f d'incinération
Müllwagen m camion m de la voirie
mulmig adj (Gefühl) bizarre ; **ihm ist ~** (leicht übel) il se sent mal
Multi(-s, -s) m multinationale f
multikulturell adj multiculturel(le)
multiple Sklerose f sclérose f en plaques
multiplizieren vt multiplier
Mumie f momie f
Mumps(-) m od f oreillons mpl
München(-s) nt Munich
Mund(-(e)s, -er) m bouche f
• **Mundart** f dialecte m
münden vi : **~ in** +Akk se jeter dans
Mundgeruch m mauvaise haleine f
Mundharmonika f harmonica m
mündig adj majeur(e)
mündlich adj (Absprache) verbal(e) ; (Prüfung) oral(e)
▶ adv : **alles Weitere ~!** je t'expliquerai le reste de vive voix !
mundtot adj : **jdn ~ machen** réduire qn au silence
Mündung f embouchure f ; (von Gewehr) gueule f
Mundwinkel m coin m de la bouche
Munition f munitions fpl
munkeln vt, vi chuchoter

Münster(-s, -) nt cathédrale f
munter adj (lebhaft, heiter) gai(e) ; (wach) éveillé(e) • **Munterkeit** f gaîté f
Münze f pièce f de monnaie
münzen vt (Metall) monnayer ; (Geldstück) battre, frapper ; **auf jdn/etw gemünzt sein** viser qn/qch
Münzfernsprecher m téléphone m public
mürb, mürbe adj (Holz) pourri(e) ; (Gebäck) friable • **Mürbeteig** m pâte f brisée
murmeln vt, vi murmurer
Murmeltier nt marmotte f
murren vi grogner
mürrisch adj grincheux(-euse)
Mus(-es, -e) nt compote f
Muschel(-, -n) f coquillage m ; (Telefonmuschel) écouteur m
Museum(-s, Museen) nt musée m
Musik f musique f
musikalisch adj (Mensch) musicien(ne) ; (Verständnis) musical(e)
Musikbox f juke-box m
Musiker(in)(-s, -) m(f) musicien(ne)
musizieren vi jouer de la musique
Muskat m muscade f
Muskel(-s, -n) m muscle m
• **Muskelkater** m : **einen ~ haben** être courbaturé(e)
Muskulatur f musculature f
Müsli(-s, -) nt muesli m
Muslim(-s, -s) m musulman m
Muslimin f musulmane f
Muss nt nécessité f
Muße(-) f loisir m

müssen (pt **musste**, pp **gemusst** od (als Hilfsverb) **müssen**) vi devoir ; **er hat gehen ~** il a dû partir

musste etc vb siehe **müssen**

Muster (-s, -) nt modèle m ; (Dessin) motif m ; (Probe) échantillon m

mustern vt (betrachten) dévisager

Mut m courage m ; **jdm ~ machen** encourager qn

mutig adj courageux(-euse)

Mutter (-, ⁼) f mère f ; (Tech) écrou m

mütterlich adj maternel(le)

mütterlicherseits adv du côté de ma etc mère

Mutterschaft f maternité f

Mutterschutz m dispositions légales visant à protéger les femmes enceintes et les enfants en bas âge

Muttersprache f langue f maternelle

Mutti (-, -s) (fam) f maman f

mutwillig adj intentionnel(le)

Mütze f (Wollmütze) bonnet m ; (mit Schirm) casquette f

MwSt abk (= Mehrwertsteuer) ≈ T.V.A. f

Mythos (-, Mythen) m mythe m

n

na interj eh bien

Nabel (-s, -) m nombril m

---

nach

▶ präp +Dat **1** (örtlich) à ; **~ Köln fahren/umziehen** aller/déménager à Cologne ; **~ links/rechts** à gauche/droite ; **von A ~ B** de A à B
2 (zeitlich) après ; **zehn (Minuten) ~ drei** trois heures dix ; **immer schön einer ~ dem anderen!** ne poussez pas ! ; **bitte ~ Ihnen!** après vous !
3 (gemäß) selon ; **~ dem Gesetz** selon la loi ; **die Uhr ~ dem Radio stellen** régler sa montre d'après la radio ; **ihrer Sprache ~ (zu urteilen)** d'après od à en juger par la manière dont elle s'exprime ; **~ allem, was ich weiß** d'après ce que je sais
▶ adv : **~ und ~** peu à peu, progressivement ; **~ wie vor** toujours

---

nach|ahmen vt imiter

Nachahmung f imitation f

Nachbar(in) (-s, -n) m(f) voisin(e)
• **Nachbarhaus** nt maison f voisine • **Nachbarschaft** f voisinage m

nachdem konj après que ; (weil) puisque, comme

nach|denken (irr) vi : ~ **über** +Akk réfléchir à

nachdenklich adj pensif(-ive)

Nachdruck m insistance f ; (Typ) réimpression f ; **etw mit ~ sagen** insister sur qch

nacheinander adv l'un(e) après l'autre

nach|empfinden (irr) vt ressentir

Nachfolge f succession f

nach|folgen vi : **jdm ~** (hinterherkommen) suivre qn ; (in Amt etc) succéder à qn ; **etw Dat ~** suivre qch

Nachfolger(in) (-s, -) m(f) successeur m

Nachfrage f demande f

nach|fragen vi se renseigner

nach|geben (irr) vi céder

Nachgebühr f surtaxe f

nach|gehen (irr) vi (Uhr) retarder ; **jdm/etw ~** (folgen) suivre qn/ qch ; **einer Sache** Dat **~** se renseigner sur qch

Nachgeschmack m arrière-goût m

nachgiebig adj (Mensch, Haltung) indulgent(e) ; (Boden, Material etc) mou (molle)

nachhause adv à la maison

nachher adv (anschließend) ensuite

Nachhilfeunterricht m cours mpl particuliers

nach|holen vt (Versäumtes) rattraper

nach|kommen (irr) vi (+Dat) suivre ; (einer Verpflichtung) ne pas manquer à

Nachlass (-es, -lässe) m (Écon) remise f ; (Erbe) héritage m

nach|lassen (irr) vt (Summe) rabattre ; (Preis) diminuer ▸ vi (Sturm) se calmer ; (Gehör, Gedächtnis, Augen) baisser ; (Leistung) devenir moins bon (bonne)

nachlässig adj (Arbeit) bâclé(e) ; (Mensch) négligent(e)

nach|laufen (irr) vi +Dat courir après

nach|machen vt (Person, Gebärde) imiter ; (Geld) contrefaire ; (Fotos) faire refaire ; **jdm alles ~** imiter tout ce que fait qn

Nachmittag m après-midi m od f ; **am ~** l'après-midi

nachmittags adv l'après-midi

Nachnahme f : **per ~** contre remboursement

Nachname m nom m de famille

Nachrede f : **üble ~** diffamation f

Nachricht (-, -en) f nouvelle f ; **Nachrichten** pl informations fpl

Nachrichtenagentur f agence f de presse

Nachrichtendienst m (Geheimdienst) service m secret od de renseignements

Nachruf m nécrologie f

nach|rüsten vt moderniser

nach|sagen vt : **jdm etw ~** (wiederholen) répéter qch après qn ; (vorwerfen) reprocher qch à qn

nach|schicken vt siehe **nachsenden**

nach|schlagen (irr) vt (Wort, Sache) vérifier ; **in einem Wörterbuch ~** consulter un dictionnaire

Nachschlagewerk nt ouvrage m de référence

Nachschub m ravitaillement m

nach|sehen (irr) vt vérifier

nach|senden (irr) vt faire suivre

Nachsicht f indulgence f

Nachspeise f dessert m

Nachspiel nt suites fpl

nächstbeste(r, s) adj attrib premier(-ière) venu(e)

nächste(r, s) adj suivant(e) ; (Verwandte) proche

nächstmöglich adj : **zum ~en Termin** le plus tôt possible

Nacht (-, ⁻e) f nuit f

Nachteil m désavantage m

nachteilig adj défavorable

Nachthemd nt chemise f de nuit

Nachtigall (-, -en) f rossignol m

Nachtisch m (Culin) siehe **Nachspeise**

Nachtleben nt vie f nocturne

nächtlich adj nocturne

Nachtrag (-(e)s, -träge) m supplément m

Nachtruhe f : **angenehme ~!** bonne nuit !

nachts adv la nuit

Nachtschicht f poste m de nuit

Nachttisch m table f de chevet

Nachttopf m pot m de chambre

Nachweis (-es, -e) m preuve f
• **nachweisbar** adj (Schuld, Tat) qui peut être prouvé(e)

• **nach|weisen** (irr) vt prouver ; **jdm etw ~** (Zimmer) trouver qch pour qn ; (Straftat) prouver que qn a commis qch

Nachwirkung f séquelles fpl

Nachwuchs m (Kinder) progéniture f ; (beruflich etc) nouvelles recrues fpl

nach|zahlen vt, vi payer

nach|zählen vi recompter, vérifier

Nacken (-s, -) m nuque f

nackt adj nu(e) ; (Fels) vif (vive) ; (Tatsachen) cru(e) • **Nacktheit** f nudité f

Nadel (-, -n) f aiguille f ; (Stecknadel) épingle f

Nagel (-s, ⁻e) m clou m ; (Fingernagel) ongle m ; **Nägel mit Köpfen machen** (fam) ne pas faire les choses à moitié
• **Nagelfeile** f lime f à ongles
• **Nagellack** m vernis m à ongles
• **Nagellackentferner** (-s, -) m dissolvant m

nagelneu adj flambant neuf (neuve)

nagen vt ronger ▶ vi : **~ an** +Dat ronger

Nagetier nt rongeur m

nah adj, adv = **nahe**

Nahaufnahme f gros plan m

nahe adj proche ▶ präp +Dat près de

Nähe (-) f proximité f ; (Umgebung) environs mpl

nahe|gehen (irr) vi +Dat (fig) bouleverser

nahe|legen vt : **jdm etw ~** suggérer qch à qn

nahe|liegen (irr) vi (fig : Verdacht, Gedanke) s'imposer ; **~d** (Grund) évident(e)

nahen vi approcher

nähen vt coudre ; (Wunde) recoudre ▶ vi coudre

näher adj plus proche ; (Erklärung, Auskünfte) plus précis(e)

Nähere(s) nt détails mpl

Naherholungsgebiet nt région de villégiature à proximité d'une grande ville

nähern vr s'approcher

nahe|stehen (irr) vi (fig): **jdm ~** être proche de qn ; **~d** (Freund) intime

nahm etc vb siehe **nehmen**

Nähmaschine f machine f à coudre

nähren vt nourrir

nahrhaft adj nourrissant(e)

Nährstoffe pl substances fpl nutritives

Nahrung f nourriture f

Nahrungsmittel nt aliment m, denrée f alimentaire

Nährwert m valeur f nutritive

Naht (-, ⸚e) f couture f ; (Méd) suture f • **nahtlos** adj sans couture ; (Tech) sans soudure

Nahverkehr m trafic m urbain

naiv adj naïf (naïve)

Name (-ns, -n) m nom m ; **im ~n von** au nom de

namens adv du nom de ▶ präp +Gen (förmlich) au nom de

Namenstag m fête f

namentlich adj (Abstimmung) nominal(e) ▶ adv (besonders) surtout

nämlich adv à savoir ; (denn) en effet

nannte etc vb siehe **nennen**

Narbe f cicatrice f

Narkose f anesthésie f

Narr (-en, -en) m fou m

naschen vt (Schokolade etc) grignoter

naschhaft adj gourmand(e)

Nase f nez m

Nasenbluten nt saignement m de nez

Nasentropfen pl gouttes fpl pour le nez

naseweis adj effronté(e), impertinent(e) ; (neugierig) curieux(-euse)

Nashorn nt rhinocéros m

nass adj mouillé(e)

Nässe (-) f humidité f

Nation f nation f

national adj national(e) • **Nationalfeiertag** m fête f nationale • **Nationalhymne** f hymne m national

Nationalismus m nationalisme m

nationalistisch adj nationaliste

Nationalität f nationalité f

Nationalmannschaft f équipe f nationale

Nationalpark m parc m national

Nationalsozialismus m national-socialisme m, nazisme m

NATO f abk OTAN f

Natron (-s) nt bicarbonate m de soude

Natur f nature f

Naturalien pl: **in ~ bezahlt werden** être payé(e) en nature

Naturgesetz nt loi f de la nature

Naturkatastrophe f catastrophe f naturelle

natürlich adj naturel(le) ▶ adv naturellement

Naturpark m parc m naturel
Naturprodukt nt (Rohstoff)
matière f première ;
(landwirtschaftliches Erzeugnis)
produit m naturel
naturrein adj naturel(le)
Naturschutz m: **unter ~ stehen**
être une espèce protégée
Naturschutzgebiet nt réserve f
naturelle
Naturwissenschaftler(in)
m(f) scientifique mf
Navelorange f orange f navel
Navi (-s, -s) m (= Navigationsgerät,
Navigationssystem) GPS m
Navigation f navigation f
Navigationssystem nt
système m de navigation
Nazi (-s, -s) m nazi m
n. Chr. abk (= nach Christus) apr. J.-C.
Nebel (-s, -) m brouillard m
nebelig adj de brouillard
Nebelleuchte,
Nebelschlussleuchte f (feu m)
antibrouillard m arrière
Nebelscheinwerfer m (phare m)
antibrouillard m
Nebelschlussleuchte f siehe
Nebelleuchte
neben präp +Dat (räumlich) à côté
de ; (außer) à côté de • **nebenan**
adv à côté • **nebenbei** adv en
outre ; (beiläufig) en passant
• **Nebenbeschäftigung** f activité
f secondaire • **nebeneinander**
adv l'un(e) à côté de l'autre
• **Nebenerscheinung** f effet m
secondaire • **Nebenfach** nt
matière f secondaire
• **Nebenfluss** m affluent m
• **nebenher** adv (zusätzlich) en
plus ; (gleichzeitig) en même

temps ; (daneben) à côté
• **Nebenkosten** pl charges fpl
• **Nebenrolle** f rôle m secondaire
• **Nebensache** f chose f
secondaire • **nebensächlich** adj
insignifiant(e) • **Nebensaison** f
basse saison f • **Nebenstraße** f
rue f latérale • **Nebenzimmer** nt
pièce f voisine
neblig adj = **nebelig**
necken vt taquiner
neckisch adj (Spielchen) badin(e)
Neffe (-n, -n) m neveu m
negativ adj négatif(-ive)
• **Negativ** nt négatif m
Neger(in) (-s, -) (péj) m(f) noir(e)
nehmen (irr) vt prendre ; **~ Sie
doch bitte** servez-vous, je vous
en prie
Neid (-(e)s) m jalousie f
neidisch adj envieux(-euse)
neigen vi: **zu etw ~** avoir
tendance à qch
Neigung f (des Geländes)
inclinaison f ; **~ zu** (Tendenz)
tendance f à ; (Vorliebe) penchant
m pour
nein adv non
Nektarine f nectarine f
Nelke f (Bot) œillet m ; (Culin) clou
m de girofle
nennen (irr) vt (Kind) appeler ;
(angeben: Namen, Betrag, Sache)
indiquer
nennenswert adj digne d'être
mentionné(e)
Nenner (-s, -) m (Math)
dénominateur m
Nennwert m (Fin) valeur f nominale
Neon (-s) nt néon m
Neonazi m néonazi(e) m/f

Neonlicht nt éclairage m au néon

Neonröhre f tube m au néon od fluorescent

Nepal nt le Népal

Nerv (-s, -en) m nerf m ; **jdm auf die ~en gehen** od **fallen** énerver qn

nerven (fam) vt taper sur les nerfs de

Nervenbündel nt paquet m de nerfs

Nervensystem nt système m nerveux

Nervenzusammenbruch m dépression f (nerveuse)

nervig (fam) adj musclé(e)

nervös adj nerveux(-euse)

Nerz (-es, -e) m vison m

Nessel (-, -n) f ortie f

Nest (-(e)s, -er) nt nid m ; (fam: kleiner Ort) trou m

Netiquette (-, -) f nétiquette f

nett adj joli(e) ; (Abend) sympathique ; (freundlich) gentil(le)

netto adv net (nette)

Netz (-es, -e) nt filet m ; (System, Strom) réseau m • **Netzhaut** f rétine f

Netzwerk nt réseau m

Netzwerken nt réseaux mpl sociaux

Netzwerkkarte f adaptateur m de réseau

neu adj nouveau (nouvelle) ; (noch nicht gebraucht) neuf (neuve)
▶ adv : **~ schreiben** réécrire ; **~ machen** refaire • **Neubau** m maison f neuve

Neue(r) f(m) nouveau (nouvelle)

neuerdings adv (seit Kurzem) depuis peu ; (von Neuem) de nouveau

Neuerung f innovation f

Neugier f curiosité f

neugierig adj curieux(-euse)

Neuheit f nouveauté f

Neuigkeit f nouvelle f

Neujahr nt nouvel an m

neulich adv l'autre jour

Neuling m novice mf, débutant(e) m/f

neun num neuf • **neunte(r, s)** adj neuvième • **Neuntel** (-s, -) nt neuvième m • **neunzehn** num dix-neuf • **neunzig** num quatre-vingt-dix

neureich (péj) adj nouveau riche inv

Neurose f névrose f

neurotisch adj névrosé(e)

Neuseeland (-s) nt la Nouvelle-Zélande

neutral adj neutre

neutralisieren vt neutraliser

Neutralität f neutralité f

Neutron (-s, -en) nt neutron m

Neutrum (-s, -a od -en) nt neutre m

Neuzeit f temps mpl modernes

---

nicht

adv **1** (Verneinung) ne … pas ; **er raucht ~** il ne fume pas ; **er hat ~ geraucht** il n'a pas fumé ; **ich auch ~** moi non plus ; **noch ~** pas encore ; **~ mehr** plus ; **~ mehr als** pas plus de **2** (Bitte, Verbot): **~!** non ! ; **bitte ~ berühren!** (prière de) ne pas toucher ! ; **~ rauchen** défense de fumer ; • **doch!** arrête(z) ! **3** (rhetorisch): **du bist müde/ das ist schön, ~ (wahr)?** tu es fatigué/c'est beau, n'est-ce pas ? **4**: **was du ~ sagst!** ça alors !

Nichte f nièce f
nichtig adj (ungültig) nul(le) ; (wertlos) vain(e) ; (belanglos) futile
Nichtraucher(in) m(f) non-fumeur(-euse)
nichts pron rien ; **~ ahnend** qui ne se doute de rien **▪ Nichts(-s)** nt néant m ; (péj : Person) nullité f
Nichtschwimmer m : **er ist ~** il ne sait pas nager
nichtsdestoweniger adv néanmoins
nichtssagend adj (Gesicht) sans expression ; (Worte) creux (creuse)
Nick m pseudo m
nicken vi faire un signe de tête affirmatif
Nickerchen nt roupillon m
Nickname m pseudo m
nie adv jamais ; **~ wieder** od **mehr** jamais plus, plus jamais
nieder adj bas (basse)
▪ Niedergang m déclin m
▪ niedergeschlagen adj abattu(e), découragé(e)
▪ Niederlage f défaite f
Niederlande pl : **die ~** les Pays-Bas mpl
niederländisch adj néerlandais(e)
nieder|lassen (irr) vr s'établir
Niederlassung f (Écon) filiale f
nieder|legen vt poser ; (Arbeit) cesser ; (Amt) démissionner de
Niedersachsen nt la Basse-Saxe
Niederschlag m (Météo) précipitations fpl
nieder|schlagen (irr) vt (Gegner) terrasser ; (Aufstand) réprimer ; (Augen) baisser ▪ vr (Chem) former un précipité ; **das Verfahren**

wurde niedergeschlagen l'affaire a été classée ; **sich in etw** Dat **~** s'exprimer dans qch
niederträchtig adj ignoble, vil(e)
niedlich adj mignon(ne), adorable
niedrig adj bas (basse) ; (Geschwindigkeit) faible
niemals adv jamais
niemand pron personne
Niere f rein m
Nierenentzündung f néphrite f
nieseln vi unpers : **es nieselt** il bruine
niesen vi éternuer
Niete f (Tech) rivet m ; (Los) numéro m perdant ; (fam : Mensch) raté(e) m/f
Nikotin(-s) nt nicotine f **▪ nikotinarm** adj pauvre en nicotine
Nil(-s) m Nil m **▪ Nilpferd** nt hippopotame m
nippen vt, vi siroter
nirgends adv nulle part
nirgendwo adv nulle part
Nische f niche f
Niveau(-s, -s) nt niveau m
Nixe f sirène f
Nizza(-s) nt Nice

noch

▶ adv 1 (weiterhin, wie zuvor) encore, toujours ; **~ nicht** pas encore ; **~ nie** encore jamais ; **~ immer, immer ~** toujours ; **bleiben Sie doch ~** restez encore un peu ; **ich möchte gern(e) ~ bleiben** j'aimerais bien rester (encore un moment) **2** (irgendwann) encore ; **das kann ~ passieren** ça peut encore arriver ; **er wird ~ kommen** il va venir

3 (*nicht später als*) : **~ vor einer Woche** il y a seulement une semaine ; **~ am selben Tag** le jour-même ; **können Sie das heute ~ erledigen?** pouvez-vous le faire aujourd'hui ? ; **gerade ~** tout juste

4 (*zusätzlich*) : **wer ~?** qui d'autre ? ; **was ~?** quoi encore ? ; **~ (ein)mal** encore une fois ; **~ dreimal** encore trois fois ; **~ einen Tee?** encore une tasse de thé ? ; **~ einer** encore un(e) ; **und es regnete auch ~** pour tout arranger, il a plu

5 (*zuerst*) : **ich muss erst ~ (etwas) essen** il faut d'abord que je mange quelque chose

6 (*bei Vergleichen*) : **~ größer** encore plus grand(e) ; **das ist ~ besser** c'est encore mieux

7 : **Geld ~ und ~** (*fam*) un tas d'argent, de l'argent à la pelle ▶ *konj* : **weder A ~ B** ni A ni B

nochmalig *adj* nouveau (nouvelle)

nochmals *adv* encore une fois

nominell *adj* nominal(e)

Nonne *f* religieuse *f*

Nordamerika *nt* l'Amérique *f* du Nord

norddeutsch *adj* d'Allemagne du Nord

Norddeutschland *nt* l'Allemagne *f* du Nord

Norden (-s) *m* nord *m*

Nordirland *nt* l'Irlande *f* du Nord

nordisch *adj* nordique

Nordkorea *nt* la Corée du Nord

nördlich *adj* du nord, septentrional(e) ▶ *präp* +*Gen* au nord de ; **~ von** au nord du

Nordosten *m* nord-est *m* ; (*Region*) Nord-Est *m*

Nordpol *m* pôle *m* Nord

Nordrhein-Westfalen (-s) *nt* la Rhénanie-Westphalie

Nordsee *f* mer *f* du Nord

Nordwesten *m* nord-ouest *m* ; (*Region*) Nord-Ouest *m*

nörgeln *vi* maugréer

Norm (-, -en) *f* norme *f*

normal *adj* normal(e)

normalerweise *adv* normalement

Norwegen (-s) *nt* la Norvège

norwegisch *adj* norvégien(ne)

Not (-, -e) *f* détresse *f* ; (*Mangel*) misère *f*, dénuement *m* ; **zur ~** à la rigueur

Notar(in) *m(f)* notaire *m*

Notarzt *m* médecin *m* d'urgence

Notausgang *m* sortie *f* de secours

Notbremse *f* signal *m* d'alarme

Notdienst *m* service *m* d'urgence

notdürftig *adj* (*kaum ausreichend*) piètre ; (*behelfsmäßig*) provisoire

Note *f* note *f* ; (*Banknote*) billet *m* (de banque) ; (*Gepräge*) touche *f*

Notebook (-(s), -s) *nt* (*Inform*) ordinateur *m* portable, portable *m*

Notfall *m* : **im ~** en cas d'urgence

notfalls *adv* au besoin, si besoin

notgedrungen *adv* : **etw ~ machen** être contraint(e) de faire qch

notieren *vt* noter ; (*Fin*) coter

nötig adj nécessaire ; **etw ~ haben** avoir besoin de qch

Notiz (-, -en) f note f • **Notizbuch** nt calepin m, carnet m

Notlage f situation f critique, détresse f

notlanden vi faire un atterrissage forcé

Notlösung f solution f provisoire

Notlüge f pieux mensonge m

notorisch adj notoire

Notruf m appel m d'urgence

Notrufsäule f téléphone réservé aux appels d'urgence

Notstand m état m d'urgence

Notwehr (-) f légitime défense f

notwendig adj nécessaire ; (zwangsläufig) inéluctable

Notwendigkeit f nécessité f

Novelle f nouvelle f ; (Jur, Pol) amendement m

November (-(s), -) m novembre m ; siehe auch **September**

Nu m : **im Nu** en un clin d'œil

nüchtern adj (nicht betrunken) pas ivre ; (ohne Essen) à jeun

Nudeln fpl nouilles fpl

null num zéro • **Null** (-, -en) f zéro m

Nullerjahre pl les années fpl 2000

Nullpunkt m (point m) zéro m

Nulltarif m gratuité f (des transports en commun)

Nummer (-, -n) f numéro m

nummerieren vt numéroter

Nummernkonto nt compte m à numéros

Nummernschild nt (Aut) plaque f minéralogique

nun adv maintenant ▸ interj alors

nur adv seulement

Nuss (-, -̈e) f noix f ; (Haselnuss) noisette f

Nussknacker (-s, -) m casse-noisettes m

Nutte f putain f

nutzbar adj (Boden) cultivable ; **etw ~ machen** exploiter qch

nütze adj : **zu nichts ~ sein** n'être bon (bonne) à rien

nutzen vi (Maßnahme etc) être utile, servir ▸ vt exploiter ; (Gelegenheit) profiter de ; **es nutzt nichts** ça ne sert à rien • **Nutzen** (-s) m utilité f

nützlich adj utile

nutzlos adj inutile

n

O

Oase f oasis f

ob konj si ; **und ob!** et comment !

Obacht f : **(auf jdn/etw) ~ geben** faire attention (à qn/qch)

ÖBB f abk (= Österreichische Bundesbahnen) chemins de fer autrichiens

obdachlos adj sans abri inv

Obdachlose(r) f(m) sans-abri m f inv

Obduktion f autopsie f

O-Beine pl jambes fpl arquées

oben adv en haut ; **~ erwähnt, ~ genannt** mentionné(e) ci-dessus • **obendrein** adv par-dessus le marché

Ober (-s, -) m serveur m

Oberarzt m chef m de clinique

Oberbefehlshaber m commandant m en chef

Oberbekleidung f vêtements mpl (de dessus)

Oberbürgermeister m maire m

obere(r, s) adj supérieur(e)

Oberfläche f surface f

oberflächlich adj superficiel(le)

oberhalb adv : **~ von Köln** au-dessus de Cologne ▶ präp +Gen au-dessus de

Oberhaupt nt chef m

Oberhaus nt Chambre f haute

Oberhemd nt chemise f

Oberkellner m maître m d'hôtel

Oberkommando nt haut commandement m

Oberkörper m haut m du corps

Oberschenkel m cuisse f

Oberschicht f couches fpl supérieures (de la société)

Oberschule f lycée m

Oberst (-en od -s, -en od -e) m colonel m

oberste(r, s) adj (Knopf, Regal) du haut ; (Stockwerk) dernier(-ière) ; (Befehlshaber, Gesetz, Prinzip) suprême ; (Klasse) supérieur(e)

Oberstufe f second cycle m

Oberteil nt partie f supérieure

Oberweite f tour m de poitrine

obgleich konj bien que +sub

Obhut (-) f garde f

obig adj ci-dessus

Objekt (-(e)s, -e) nt objet m

objektiv adj objectif(-ive)

Objektiv nt objectif m

obligatorisch adj obligatoire

Oboe f hautbois m

Obrigkeit f autorité f ; (Behörden, Rel) autorités fpl

obschon konj quoique +sub

Obst (-(e)s) nt fruits mpl • **Obstbaum** m arbre m fruitier • **Obstkuchen** m tarte f aux fruits

obszön adj obscène

obwohl konj bien que +sub

Ochse (-n, -n) m bœuf m

öd, öde *adj* (karg) inculte ; (verlassen) désert(e) ; **öd und leer** désolé(e)

Öde *f* solitude *f* ; (fig) ennui *m*

oder *konj* ou

Ofen (-s, -) *m* (Heizofen) poêle *m* ; (Backofen) four *m*

offen *adj* ouvert(e) ; (Stelle) vacant(e) ; (aufrichtig) franc (franche) ▶ *adv* : **~ gesagt** à vrai dire

offenbar *adj* manifeste, évident(e) ▶ *adv* apparemment

offenbaren *vt* révéler

Offenbarung *f* révélation *f*

Offenheit *f* franchise *f*, sincérité *f*

offenkundig *adj* manifeste

offensichtlich *adj* manifeste

offensiv *adj* offensif(-ive)

Offensive *f* offensive *f*

offen|stehen (irr) *vi* (fig): **es steht Ihnen offen, es zu tun** vous êtes libre de le faire

öffentlich *adj* public(-ique)

Öffentlichkeit *f* public *m*

offiziell *adj* officiel(le)

Offizier (-s, -e) *m* officier *m*

offline *adj* (Inform) hors ligne

öffnen *vt, vi* ouvrir

Öffnung *f* ouverture *f*

Öffnungszeiten *pl* heures *fpl* d'ouverture

oft *adv* souvent

öfter *adv*, **öfters** *adv* assez souvent

ohne *präp* +Akk sans ▶ *konj* : **~ dass** sans que • **ohnedies** *adv* de toute façon • **ohnehin** *adv* de toute façon

Ohnmacht *f* évanouissement *m*

ohnmächtig *adj* évanoui(e)

Ohr (-(e)s, -en) *nt* oreille *f*

Öhr (-(e)s, -e) *nt* chas *m*

Ohrenarzt *m* oto-rhino(-laryngologiste) *m*

ohrenbetäubend *adj* assourdissant(e)

Ohrenschützer *pl* serre-tête *m inv*

Ohrfeige *f* gifle *f*

Ökologie *f* écologie *f*

ökologisch *adj* écologique ; **~er Fußabdruck** empreinte *f* écologique

Ökosteuer *f* écotaxe *f*

Ökostrom *m* électricité *f* verte

Ökosystem *nt* écosystème *m*

Oktanzahl *f* indice *m* d'octane

Oktober (-(s), -) *m* octobre *m*

Oktoberfest *nt* voir article

La fête de la bière ou **Oktoberfest** a lieu tous les ans de fin septembre à début octobre à Munich, dans un grand champ où l'on installe tentes à bière, montagnes russes et autres attractions. Les participants prennent place le long de grandes tables de bois, boivent de la bière dans d'énormes chopes d'un litre et savourent des bretzels tout en écoutant des orchestres de cuivre. Cette grande fête est autant appréciée par les touristes que par les Bavarois.

ökumenisch *adj* œcuménique

Öl (-(e)s, -e) *nt* huile *f* ; (Erdöl) pétrole *m*

ölen *vt* (Tech) lubrifier

Ölfarbe *f* peinture *f* à l'huile

Ölheizung f chauffage m au mazout

Ölmessstab m jauge f (de niveau d'huile)

Ölpest f marée f noire

Ölsardine f sardine f à l'huile

Ölteppich m nappe f de pétrole

Ölwechsel m vidange f

Olympiade f olympiade f

Olympiasieger(in) m(f) champion(ne) olympique

olympisch adj olympique

Oma (-, -s) (fam) f mamie f

Omelett (-(e)s, -s) nt omelette f

Omnibus m (auto)bus m

Onkel (-s, -) m oncle m

online adj (Inform) en ligne

Onlinebanking nt système m de banque en ligne

Onlinedienst m service m en ligne

Opa (-s, -s) (fam) m papy m

Oper f opéra m

Operation f opération f

operieren vt, vi opérer

Opfer (-s, -) nt (Gabe) offrande f; (Verzicht) sacrifice m; (bei Unfall) victime f

opfern vt sacrifier

Opportunismus m opportunisme m

Opposition f opposition f

Optik f optique f

Optiker(in) m(f) opticien(ne)

optimal adj optimal(e)

optimieren vt optimaliser

Optimismus m optimisme m

Optimist(in) m(f) optimiste mf • **optimistisch** adj optimiste

Option f option f

optisch adj optique

orange adj orange inv • **Orange** f orange f

Orangensaft m jus m d'orange

Orchester (-s, -) nt orchestre m

Orchidee f orchidée f

Orden (-s, -) m (Rel) ordre m; (Mil etc) décoration f

ordentlich adj (ordnungsliebend) ordonné(e); (geordnet) (bien) rangé(e); (anständig) honnête; (fam: annehmbar) pas mal inv ▶ adv (fam: sehr) vraiment

ordinär adj (vulgär) vulgaire; (alltäglich, gewöhnlich) ordinaire

ordnen vt ranger; (Gedanken) mettre de l'ordre dans

Ordner (-s, -) m (Mensch) membre m du service d'ordre; (Aktenordner) classeur m

Ordnung f ordre m; (Ordnen) rangement m

ordnungsgemäß adj (Erledigung) réglementaire; (Verhalten) correct(e)

ordnungswidrig adj non réglementaire

Organ (-s, -e) nt organe m

Organisation f organisation f

Organisator m organisateur(-trice) m/f

organisatorisch adj (Talent) d'organisateur(-trice); (Aufgabe) d'organisation

organisch adj organique

organisieren vt organiser

Organismus m organisme m

Organspender m donneur m d'organe

Orgasmus m orgasme m

Orgel f orgue m

Orgie f orgie f

Orient(-s) m Orient m
orientieren vt (unterrichten) informer, mettre au courant ▸ vr: **sich über etw** Akk ~ (sich erkundigen) se mettre au courant de qch
Orientierung f orientation f
Orientierungssinn m sens m de l'orientation
Orientierungsstufe f cycle m d'orientation
original adj original(e) • **Original** (-s, -e) nt original m • **Originalfassung** f version f originale
originell adj original(e)
Orkan(-(e)s, -e) m ouragan m
Ort¹(-(e)s, -e) m endroit m, lieu m ; (Ortschaft) endroit
Ort²(-(e)s, ⁼er) m: **vor** ~ (Mines) au fond ; (fig) sur place
orten vt repérer
orthopädisch adj orthopédique
örtlich adj local(e)
Ortschaft f localité f
Ortsgespräch nt communication f locale
Ortsnetz nt réseau m local od urbain
Ortszeit f heure f locale
Öse f œillet m
Ossi m voir article

> **Ossi** est un terme familier et souvent irrespectueux désignant un Allemand de l'ancienne DDR.

Osten(-s) m est m ; **der Ferne** ~ l'Extrême-Orient m ; **der Mittlere** ~ le Moyen-Orient ; **der Nahe** ~ le Proche-Orient
Osterei nt œuf m de Pâques

Osterglocke f jonquille f
Osterhase m lapin m de Pâques
Ostermontag m lundi m de Pâques
Ostern(-, -) nt Pâques fpl
Österreich(-s, -) nt l'Autriche f
Österreicher(in)(-s, -) m(f) Autrichien(ne)
österreichisch adj autrichien(ne)
Ostersonntag m dimanche m de Pâques
östlich adj de l'est ▸ adv: ~ **von Hamburg/der Elbe** à l'est de Hamburg/l'Elbe
Ostsee f: **die** ~ la Baltique
Otter¹(-s, -) m (Marder) loutre f
Otter²(-, -n) f (Schlange) vipère f
oval adj oval(e)
Overall(-s, -s) m combinaison f (de travail)
Overheadprojektor m rétroprojecteur m
Oxid(-(e)s, -e) nt oxyde m
oxidieren vi s'oxyder
Ozean(-s, -e) m océan m
Ozon(-s) nt od m ozone m • **Ozonloch** nt trou m dans la couche d'ozone • **Ozonschicht** f couche f d'ozone

O

p

paar adj inv: **ein ~** quelques ; **ein P~ mal** plusieurs fois • **Paar** (-(e)s, -e) nt paire f ; (Ehepaar) couple m

Paarung f (von Tieren) accouplement m ; (fig) combinaison f

Pacht (-, -en) f bail m

Pack[1] (-(e)s, -e od =e) m pile f ; (zusammengeschnürt) liasse f

Pack[2] (-(e)s) (péj) nt racaille f

Päckchen nt petit paquet m ; (Zigaretten) paquet m

packen vt (Koffer, Paket) faire ; (fassen) saisir

Packpapier nt papier m d'emballage

Packung f paquet m ; (Méd) compresse f

Paddel (-s, -) nt pagaie f • **Paddelboot** nt canoë m

Page (-, -n) m (in Hotel) chasseur m

Paket (-(e)s, -e) nt paquet m ; (Postpaket auch) colis m

Pakistan (-s) nt le Pakistan

Pakt (-(e)s, -e) m pacte m

Palast (-es, =e) m palais m

Palästina (-s) nt la Palestine

palästinensisch adj palestinien(ne)

Palette f (zum Malen, Ladepalette) palette f ; (fig) gamme f

Palme f palmier m

Palmsonntag m dimanche m des Rameaux

Pampelmuse f pamplemousse m

panieren vt paner

Paniermehl nt chapelure f

Panik f panique f

panisch adj (Angst) panique ; **in ~er Eile** pris(e) de panique

Panne f (Aut) panne f ; (Missgeschick) problème m

Pannendienst m, **Pannenhilfe** f service m de dépannage

Pantoffel (-s, -n) m pantoufle f

Pantomime f pantomime f

Panzer (-s, -) m (von Schildkröte etc) carapace f ; (Fahrzeug) char m (d'assaut)

Papa (-s, -s) (fam) m papa m

Papagei (-s, -en) m perroquet m

Paparazzi pl paparazzi mpl

Papier (-s, -e) nt papier m

Papiergeld nt billets mpl de banque

Papierkorb m corbeille f à papier ; (Inform) corbeille f

Pappdeckel m carton m

Pappel f peuplier m

Paprika (-s, -(s)) m (Gewürz) paprika m ; (Paprikaschote) poivron m

Papst (-(e)s, =e) m pape m

Parabel f parabole f

Parabolantenne f antenne f parabolique

Parade f (Mil) défilé m ; (Fechten) parade f

Paradies(-es, -e) nt paradis m

paradox adj paradoxal(e)

Paragraf(-en, -en) m paragraphe m ; (Jur) article m

parallel adj parallèle

Parallele f parallèle f

paralympisch adj paralympique

Parameter m paramètre m

Paranuss f noix f du Brésil

parat adj prêt(e)

Pärchen nt couple m (d'amoureux)

Parfüm(-s, -s od -e) nt parfum m

Parfümerie f parfumerie f

parfümieren vt parfumer

Paris nt Paris

Pariser(-s, -) m (fam: Kondom) capote f anglaise

Parität f (von Währung) parité f

Park(-s, -s) m parc m

Park-and-ride-System nt parkings situés à la périphérie des grandes villes, permettant aux banlieusards de se rendre au centre par les transports en commun

parken vt garer ▶ vi se garer

Parkett(-(e)s, -e) nt parquet m ; (Theat) orchestre m

Parkhaus nt parking m couvert

Parklücke f place f de stationnement

Parkplatz m parking m

Parkscheibe f disque m de stationnement

Parkuhr f parcomètre m

Parkverbot nt interdiction f de stationner

Parlament nt parlement m

Parlamentarier(in)(-s, -) m(f) parlementaire mf

parlamentarisch adj parlementaire

Parmesan(-(s)) m parmesan m

Parodie(-, -n) f: ~ **(auf** +Akk) parodie f (de)

Parodontose f déchaussement m des dents

Parole f mot m de passe ; (Wahlspruch) slogan m

Partei f parti m

parteiisch adj partial(e)

parteilos adj non inscrit(e)

Parteimitglied nt membre m du parti

Parteitag m congrès m du parti

Parteivorsitzende(r) f(m) dirigeant(e) du parti

Parterre(-s, -s) nt rez-de-chaussée m inv ; (Theat) orchestre m

Partie f partie f ; (Écon) lot m ; **mit von der ~ sein** en être ; **eine gute/schlechte ~ sein** être/ne pas être un beau parti

Partikel(-, -n) f particule f

Partner(in)(-s, -) m(f) associé(e) ; (Spielpartner) partenaire mf • **Partnerschaft** f association f ; **eingetragene ~** pacte m civil de solidarité, PACS m • **Partnerstadt** f ville f jumelée

Party(-, -s) f fête f

Pass(-es, =e) m (Ausweis) passeport m ; (Bergpass) col m

Passage f passage m

Passagier (-s, -e) *m* passager(-gère)
• **Passagierdampfer** *m* paquebot
m • **Passagierflugzeug** *nt* avion
m (affecté au transport de passagers)

Passamt *nt* service *m* des
passeports

Passant(in) *m(f)* passant(e)

Passbild *nt* photo *f* d'identité

passen *vi* aller (bien) ; (auf Frage,
beim Kartenspiel) passer

passend *adj* (in Farbe, Stil)
assorti(e) ; (genehm, angemessen)
approprié(e)

passieren *vi* arriver

passiv *adj* passif(-ive)

Passkontrolle *f* contrôle *m* des
passeports

Passwort *nt* (Inform) mot *m* de
passe

Paste *f* pâte *f*

Pastete *f* (Leberpastete etc) pâté
m ; (Pastetchen) vol-au-vent *m* inv

pasteurisieren *vt* pasteuriser

Pate (-n, -n) *m* parrain *m*

Patenkind *nt* filleul(e)

patent *adj* (Mensch) super *inv*

Patent (-(e)s, -e) *nt* brevet *m*

Patentschutz *m* droit *m*
d'exploitation exclusif

Pathos (-) *nt* pathétique *m*

Patient(in) *m(f)* patient(e)

Patin *f* marraine *f*

Patina (-) *f* patine *f*

Patriarch (-en, -en) *m*
patriarche *m*

Patriot(in) (-en, -en) *m(f)*
patriote *mf*

Patriotismus *m* patriotisme *m*

Patrone *f* cartouche *f*

Patrouille *f* patrouille *f*

patrouillieren *vi* patrouiller

patschnass (fam) *adj* trempé(e)

patzig (fam) *adj* insolent(e)

Pauke *f* timbale *f*

pauschal *adj* forfaitaire ; (fig:
Urteil) hâtif(-ive)

Pauschale *f* (Einheitspreis)
forfait *m*

Pauschalreise *f* voyage *m*
organisé

Pause *f* pause *f* ; (Scol) récréation *f*

pausenlos *adj* ininterrompu(e)

Pavian (-s, -e) *m* babouin *m*

Pay-TV (-s, -s) *nt* télévision *f*
payante

Pazifik (-s) *m* Pacifique *m*

Pazifist(in) *m(f)* pacifiste *mf*

PC *abk* = **Personal Computer**

PDA (-) *f* abk (Méd)
(= Periduralanästhesie)
(anesthésie *f*) péridurale *f*

Pech (-s, -e) *nt* poix *f* ; (fig)
malchance *f* ; **~ haben** ne pas
avoir de chance • **Pechsträhne**
(fam) *f* série *f* noire

Pedal (-s, -e) *nt* pédale *f*

Pedant *m* personne *f* pointilleuse

Pegel (-s, -) *m* indicateur *m* de
niveau • **Pegelstand** *m* niveau *m*
de l'eau

peinlich *adj* (unangenehm)
gênant(e) ▸ *adv*: **~ genau** avec
une précision méticuleuse

Peitsche *f* fouet *m*

Pelle *f* (von Wurst, Kartoffel) peau *f*

Pellkartoffeln *pl* pommes *fpl* de
terre en robe des champs

Pelz (-es, -e) *m* fourrure *f*

Pendel (-s, -) *nt* pendule *m*

pendeln *vi* faire la navette

Pendelverkehr m (Von Bus etc) navette f

Pendler(in) (-s, -) m(f) banlieusard(e) (qui se rend à son travail par les transports en commun)

penetrant adj (Geruch) fort(e) ; (péj: Person) envahissant(e)

Penis (-, -se od Penes) m pénis m

Penner (fam) m (Landstreicher) clochard m ; (verschlafener Mensch) endormi m

Pension f pension f ; (Ruhestand) retraite f

pensionieren vt mettre à la retraite

pensioniert adj retraité(e)

Pensionierung f départ m à la retraite

Pensionsgast m pensionnaire f

Pensum (-s, Pensen) nt tâche f ; (Scol) programme m

per präp +Akk par ; (bis) d'ici à

perfekt adj parfait(e)

Perfekt (-(e)s, -e) nt parfait m

perforieren vt perforer

Pergament nt parchemin m
• **Pergamentpapier** nt papier m surfurisé

Periode f période f ; (Méd) règles fpl

periodisch adj périodique

Peripherie f périphérie f
• **Peripheriegerät** nt (Inform) périphérique m

Perle f perle f

Perlmutt (-s) nt nacre f

perplex adj perplexe

Persianer (-s, -) m astrakan m

Person (-, -en) f personne f

Personal (-s) nt personnel m
• **Personalausweis** m carte f

d'identité • **Personal Computer** m P.C. m

Personalien pl: **die ~ feststellen** faire un contrôle d'identité

Personenkraftwagen m voiture f

Personenkreis m groupe m de personnes

Personenschaden m victime(s) f(pl)

Personenzug m train m de voyageurs

personifizieren vt personnifier

persönlich adj personnel(le)
▶ adv (erscheinen) en personne
• **Persönlichkeit** f personnalité f

Perspektive f perspective f

Perücke f perruque f

pervers adj pervers(e)

Pessimismus m pessimisme m

pessimistisch adj pessimiste

Pest (-) f peste f

Petersilie f persil m

Petrodollar m pétrodollar m

Petroleum (-s) nt pétrole m

petzen vi rapporter

Pfad (-(e)s, -e) m sentier m, chemin m • **Pfadfinder(in)** m(f) scout m, guide f

Pfahl (-(e)s, ⁼e) m poteau m
• **Pfahlbau** m bâtiment m sur pilotis

Pfalz (-) f Palatinat m

Pfand (-(e)s, ⁼er) nt gage m ; (Flaschenpfand) consigne f

pfänden vt hypothéquer ; (Mensch) saisir les biens de

Pfanne f poêle f

Pfannkuchen m crêpe f ; (Berliner) beignet m

Pfarrei f paroisse f

Pfarrer (-s, -) m curé m ; (evangelisch, von Freikirchen) pasteur m

Pfau (-(e)s, -en) m paon m

Pfeffer (-s, -) m poivre m • **Pfefferkuchen** m pain m d'épice • **Pfefferminz** (-es, -e) nt bonbon m à la menthe • **Pfefferminze** f menthe f • **Pfeffermühle** f moulin m à poivre

Pfeife f (Tabakpfeife) pipe f ; (von Schiedsrichter etc) sifflet m ; (Orgelpfeife) tuyau m

pfeifen vt, vi siffler

Pfeil (-(e)s, -e) m flèche f

Pfeiler (-s, -) m pilier m ; (Brückenpfeiler) pile f

Pferd (-(e)s, -e) nt cheval m

Pferderennen nt courses fpl de chevaux

Pferdeschwanz m queue f de cheval

pfiff etc vb siehe **pfeifen**

Pfiff (-(e)s, -e) m coup m de sifflet ; (besonderer Reiz) touche f (originale)

Pfifferling m chanterelle f

pfiffig adj futé(e)

Pfingsten (-, -) nt Pentecôte f

Pfingstrose f pivoine f

Pfirsich (-s, -e) m pêche f

Pflanze f plante f

pflanzen vt planter

Pflanzenfett nt graisse f végétale

pflanzlich adj végétal(e)

Pflaster (-s, -) nt pansement m ; (von Straße) chaussée f

Pflaume f prune f

Pflege f (von Mensch, Tier) soins mpl ; (von Maschine) entretien m

• **pflegebedürftig** adj qui a besoin de soins • **Pflegeeltern** pl parents mpl nourriciers • **Pflegekind** nt enfant placé dans une famille d'accueil ou chez des parents nourriciers • **pflegeleicht** adj d'entretien facile

pflegen vt soigner ; (Kleidung, Auto, Beziehungen) entretenir ▶ vi (gewöhnlich tun): **ich pflege mittags ein Stündchen zu schlafen** j'ai l'habitude de faire une sieste d'une petite heure l'après-midi

Pfleger (-s, -) m aide m infirmier

Pflegerin f aide f soignante

Pflegeversicherung f assurance f dépendance

Pflicht (-, -en) f devoir m ; (Sport) figures fpl imposées • **pflichtbewusst** adj consciencieux(-euse) • **Pflichtfach** nt matière f obligatoire • **Pflichtversicherung** f assurance f obligatoire

Pflock (-(e)s, -̈e) m pieu m

pflücken vt cueillir

Pflug (-(e)s, -̈e) m charrue f

pflügen vt (Feld) labourer

Pforte f porte f

Pförtner(in) (-s, -) m(f) concierge mf, portier m

Pfosten (-s, -) m (senkrechter Balken) montant m

Pfote f patte f

Pfropf (-(e)s, -e) m (in Rohr) bouchon m ; (accidentel) ; (Blutpfropf) caillot m (de sang)

Pfund (-(e)s, -e) nt livre f

pfuschen (fam) vi (liederlich arbeiten) faire du travail bâclé

Pfütze f flaque f (d'eau)

Phantasie etc f siehe
   Fantasie etc

Phantombild nt portrait-
robot m

Pharmaindustrie f industrie f
pharmaceutique

Phase f phase f

Philippinen pl Philippines fpl

Philologie f philologie f

Philosoph(in) (-en, -en) m(f)
philosophe mf

Philosophie f philosophie f

philosophisch adj
philosophique ; (besinnlich)
contemplatif(-ive)

phlegmatisch adj apathique

Phonetik f phonétique f

Phosphat nt phosphate m

Photo nt siehe **Foto**

pH-Wert m pH m

Physik f physique f

Physiker(in) (-s, -) m(f)
physicien(ne)

physisch adj physique

Pianist(in) m(f) pianiste mf

Pickel (-s, -) m (auf der Haut)
bouton m ; (Werkzeug) pioche f ;
(Eispickel) piolet m

picken vt, vi picorer

Picknick (-s, -e od -s) nt
pique-nique m

piepen vi (Vogel) piailler

Pik (-s, -s) nt (Cartes) pique m

pikant adj (Speise) épicé(e) ;
(Geschichte) piquant(e)

pikiert adj froissé(e)

Pilger(in) (-s, -) m(f) pèlerin(e)

Pille f pilule f

Pilot(in) (-en, -en) m(f) pilote m

Pils (-, -) nt, nt bière blonde à fort goût
de houblon

Pilz (-es, -e) m champignon m
 • **Pilzkrankheit** f mycose f

PIN (-, -s) f abk (= personal
identification number) code m
confidentiel

pingelig (fam) adj tatillon(ne)

Pinguin (-s, -e) m pingouin m

Pinie f pin m

pinkeln (fam) vi pisser

Pinsel (-s, -) m pinceau m

Pinzette f pincettes fpl

Pionier(in) (-s, -e) m pionnier m

Piste f piste f

Pistole f pistolet m

Pixel (-s, -s) nt (Inform) pixel m

Pizza (-, -s) f pizza f

Pkw (-(s), -(s)) m abk
(= Personenkraftwagen) voiture f

Plage f fléau m ; (Mühe) soucis mpl

plagen vt tourmenter ▶ vr peiner,
trimer

Plakat nt affiche f

Plan (-(e)s, -e) m plan m

planen vt (Haus) concevoir ;
(Entwicklung) planifier ; (Mord etc)
préméditer

Planer(in) (-s, -) m(f) urbaniste mf

Planet (-en, -en) m planète f

Planke f poutre f

planmäßig adj, adv à l'heure

Planschbecken nt pataugeoire f

planschen vi barboter

Planung f planification f

Planwirtschaft f économie f
planifiée

plappern vi jacasser

Plasma (-s, Plasmen) nt (Méd)
plasma m (sanguin)

Plastik¹ f (Art) sculpture f

Plastik² (-s) nt (Kunststoff) plastique m • **Plastiktüte** f sac m en plastique

Plastilin (-s) nt pâte f à modeler

plastisch adj plastique, malléable ; **stell dir das ~ vor!** imagine la scène !

Platane f platane m

Platin (-s) nt platine m

plätschern vi (Wasser) clapoter

platt adj plat(e) ; (Reifen) à plat ; **~ sein** (fam: völlig überrascht) être ébahi(e)

Platte f plaque f ; (Schallplatte) disque m ; (Steinplatte) bloc m ; (Servierteller) plat m

Plattenspieler m tourne-disque m

Plattfuß m pied m plat ; (Reifenpanne) crevaison f

Platz (-es, -e) m place f ; (Sportplatz) terrain m ; **~ nehmen** prendre place

Plätzchen nt (Gebäck) biscuit m

platzen vi éclater ; (aufplatzen) craquer

platzieren vt placer ▶ vr (Sport) se placer ; (: Tennis) se placer en tête de série

Platzkarte f réservation f

plaudern vi bavarder

plausibel adj plausible

Playboy m play-boy m

plazieren vt, vr siehe **platzieren**

pleite adj : **~ sein** (Firma) avoir fait faillite ; (Person) être fauché(e) • **Pleite** f faillite f ; (Reinfall) bide m

Plenum (-s, Plenen) nt plenum m

Plombe f plomb m ; (Zahnplombe) plombage m (fam)

plombieren vt plomber

plötzlich adj soudain(e) ▶ adv soudain

plump adj (Mensch) lourdaud(e) ; (Hände, Körper) épais(se), lourd(e) ; (Bewegung) gauche

plumpsen (fam) vi tomber (comme une masse)

plündern vt, vi piller

plus konj, präp +Gen, adv plus • **Plus** (-, -) nt excédent m ; (Gewinn) bénéfice m ; (Vorteil) avantage m

Plüsch (-(e)s, -e) m peluche f

Pluspol m pôle m positif

Pluspunkt m (fig) avantage m

Plutonium nt plutonium m

PLZ f abk (= Postleitzahl) code m postal

Po (-s, -s) (fam) m postérieur m

pöbelhaft adj vulgaire

pochen vi frapper ; (Herz) battre ; **auf etw** Akk **~** (fig) insister sur qch

Pocken pl (Méd) variole f

Podcast (-s, -s) m podcast m

Podium nt estrade f

Podiumsdiskussion f débat m public

Poesie f poésie f

Poet (-en, -en) m poète m • **poetisch** adj poétique

Pointe f conclusion f

Pokal (-s, -e) m coupe f

Pol (-s, -e) m pôle m

Pole (-n, -n) m Polonais m

polemisch adj polémique

Polen (-s) nt la Pologne

Police f police f (d'assurance)

polieren vt (Boden, Möbel) cirer ; (Silber) nettoyer

Polin f Polonaise f
Politik f politique f
Politiker(in) (-s, -) m(f) homme/
femme politique
politisch adj politique
Politur f (Mittel) encaustique f
Polizei f police f
• **Polizeibeamte(r)** m agent m de
police • **polizeilich** adj
policier(-ière); (Anordnung) de
police; **~es Kennzeichen** plaque
f minéralogique • **Polizeirevier** nt
secteur m; (Polizeiwache)
commissariat m • **Polizeistunde**
f heure de fermeture légale des cafés
etc • **polizeiwidrig** adj illégal(e)
• **Polizist(in)** m(f) agent m de
police
Pollen (-s, -) m pollen m
polnisch adj polonais(e)
Polohemd nt polo m
Polster (-s, -) nt (Polsterung)
rembourrage m; (in Kleidung)
épaulette f; (fig: Geld) réserves fpl
• **Polstermöbel** pl meubles mpl
rembourrés
polstern vt rembourrer
Polterabend m fête, la veille d'un
mariage, où l'on casse de la vaisselle
pour porter bonheur aux mariés
poltern vi (Krach machen) faire du
vacarme
Pommes frites pl frites fpl
pompös adj somptueux(-euse)
Pony (-s, -s) nt (Zool) poney m ▶ m
(Frisur) frange f
Popcorn (-s) nt pop-corn m inv
Popmusik f musique f pop
Popo (-s, -s) (fam) m postérieur m
poppig adj (Farbe) criard(e)
Pore f pore m

porös adj poreux(-euse)
Porree (-s, -s) m poireau m
Portal (-s, -e) nt portail m
Portemonnaie (-s, -s) nt
porte-monnaie m inv
Portier (-s, -s) m portier m
Portion f portion f; (fig: Menge)
dose f
Porto (-s, -s od Porti) nt port m,
affranchissement m • **portofrei**
adj franco inv de port
Portugal (-s) nt le Portugal
portugiesisch adj portugais(e)
Porzellan (-s, -e) nt porcelaine f
Posaune f trombone m
posieren vi poser (pour la galerie)
Position f position f; (beruflich)
situation f; (auf Liste) poste m
positionieren vt (Inform)
positionner
Positionierung f (Inform)
positionnement m
positiv adj positif(-ive)
Post (-, -en) f poste f; (Briefe)
courrier m • **Postamt** nt bureau m
de poste • **Postanweisung** f
mandat m postal, mandat-poste
m • **Postausgang** m (Inform)
boîte f d'envoi • **Postbote** m
facteur m • **Posteingang** m
(Inform) boîte f de réception
posten vt poster (sur Internet)
Posten (-s, -) m poste m;
(Warenmenge) lot m; (auf Liste)
article m; (Mil) sentinelle f
Poster (-s, -(s)) nt poster m
Postfach nt boîte f postale
Postkarte f carte f postale
postlagernd adj en poste
restante
Postleitzahl f code m postal

postmodern adj postmoderne

Postsparkasse f Caisse f nationale d'épargne

Poststempel m cachet m de la poste

postwendend adv par retour de courrier

potent adj viril(e)

Potenz f (Math) puissance f ; (eines Mannes) virilité f

Potenzial (-s, -e) nt potentiel m

PR abk (= Public Relations) relations fpl publiques

Pracht (-) f splendeur f

prächtig adj magnifique, superbe

prahlen vi se vanter

praktikabel adj réaliste

Praktikant(in) m(f) stagiaire mf

Praktikum (-s, Praktika od Praktiken) nt stage m

praktisch adj pratique ; **~er Arzt** généraliste mf

praktizieren vt (Methode, Idee) mettre en pratique ▶ vi exercer

Praline f (bonbon m au) chocolat m

prall adj (Sack) rebondi(e) ; (Ball) bien gonflé(e) ; (Segel) tendu(e) ; (Arme) dodu(e) ; **in der ~en Sonne** en plein soleil

prallen vi: **~ gegen od auf** +Akk heurter

Prämie f prime f

Pranger (-s, -) m pilori m

Präposition f préposition f

Präsens (-) nt présent m

Präservativ nt préservatif m

Präsident(in) m(f) président(e)

prasseln vi (Feuer) crépiter ; (Regen, Hagel) tambouriner

Praxis (-, Praxen) f pratique f ; (von Arzt) cabinet m ; (von Anwalt) étude f

Präzedenzfall m précédent m

predigen vt, vi prêcher

Predigt (-, -en) f sermon m

Preis (-es, -e) m prix m
• **Preisausschreiben** nt concours m

Preiselbeere f airelle f

preisen (irr) vt louer

preis|geben (irr) vt (aufgeben) abandonner ; (ausliefern) livrer ; (verraten) révéler

preisgünstig adj avantageux(-euse)

Preislage f gamme f de prix

preislich adj (Lage) des prix ; (Unterschied) de prix

Preisrichter m membre m du jury

Preisträger(in) m(f) lauréat(e)

preiswert adj avantageux(-euse)

Prellung f contusion f

Premiere f première f

Premierminister(in) m(f) premier ministre m

Presse f (für Obst) presse-citron m inv • **Pressefreiheit** f liberté f de la presse • **Pressekonferenz** f conférence f de presse

pressen vt presser

Pressluft f air m comprimé
• **Pressluftbohrer** m marteau-piqueur m

Prestige (-s) nt prestige m

Preußen (-s) nt la Prusse

prickeln vi (Haut) démanger ; (Sekt) pétiller

pries etc vb siehe **preisen**

Priester(in) (-s, -) m(f) prêtre(-tresse)

prima adj inv de première qualité ; (fam) super
Primel(-, -n) f primevère f
primitiv adj primitif(-ive)
Prinz(-en, -en) m prince m
Prinzessin f princesse f
Prinzip(-s, -ien) nt principe m
prinzipiell adj de principe ▶ adv par principe
Prise f pincée f
privat adj privé(e)
Privatschule f école f privée od libre
Privatsender m chaîne f privée
Privileg(-(e)s, -ien) nt privilège m
pro präp +Akk par
Pro(-s) nt pour m
Probe f essai m ; (Teststück) échantillon m ; (Theat) répétition f
proben vt répéter
probeweise adv à l'essai
Probezeit f période f d'essai
probieren vt, vi essayer ; (Wein, Speise) goûter
Problem(-s, -e) nt problème m
Problematik f problématique f
problematisch adj problématique
problemlos adj, adv sans problèmes
Produkt(-(e)s, -e) nt produit m
Produktion f production f
produktiv adj productif(-ive)
Produzent(in) m(f) producteur(-trice)
produzieren vt produire
Professor(in) m(f) professeur m
Profi(-s, -s) m professionnel m
Profil(-s, -e) nt (Seitenansicht) profil m ; (fig) personnalité f ; (von Reifen)

(dessin m de la) bande f de roulement
profilieren vr se distinguer
Profit(-(e)s, -e) m profit m
profitieren vi: **von etw ~** profiter de qch
Prognose(-, -n) f pronostic m
Programm(-s, -e) nt programme m ; (Sender) chaîne f
programmieren vt (Inform) programmer
Programmierer(in)(-s, -) m(f) programmeur(-euse)
Programmiersprache f langage m de programmation
progressiv adj (geh) progressiste
Projekt(-(e)s, -e) nt projet m
Projektor m projecteur m
projizieren vt projeter
Prolog(-(e)s, -e) m prologue m
Promenade f promenade f
Promille(-(s), -) nt alcoolémie f
prominent adj important(e)
Prominenz f personnalités fpl
Promotion f (obtention f du) doctorat m
promovieren vi obtenir son doctorat
prompt adj rapide ▶ adv (wie erwartet) évidemment
Pronomen(-s, -) nt pronom m
Propaganda(-) f propagande f
Propeller(-s, -) m hélice f
Prophet(in)(-en, -en) m(f) prophète (prophétesse)
prophezeien vt prédire
Prophezeiung f prophétie f
Proportion f proportion f
proportional adj proportionnel(le)

Prosa (-) f prose f

Prospekt (-(e)s, -e) m prospectus m

prost interj à la vôtre/tienne, santé

Prostituierte (-n, -n) f prostituée f

Prostitution f prostitution f

Protein (-s, -e) nt protéine f

Protest (-(e)s, -e) m protestation f

Protestant(in) m(f) protestant(e) • **protestantisch** adj protestant(e)

protestieren vi protester

Protestkundgebung f manifestation f

Prothese f prothèse f; (Zahnprothese) dentier m

Protokoll (-s, -e) nt procès-verbal m; (bei Polizei) etw zu ~ **geben** signaler qch

Prototyp m prototype m

protzen (fam) vi se vanter; **mit etw ~** étaler qch

protzig adj tape-à-l'œil inv; (neureich)

Proviant (-s, -e) m provisions fpl

Provider (-s, -) m (Inform) fournisseur m d'accès

Provinz (-, -en) f province f

provinziell adj provincial(e)

Provision f (Écon) commission f

provisorisch adj provisoire

Provokation f provocation f

provozieren vt provoquer

Prozedur f procédure f; (péj) histoires fpl

Prozent (-(e)s, -e) nt: **5 ~** 5 pour cent • **Prozentsatz** m pourcentage m • **prozental** adj: **~e Beteiligung** pourcentage m

Prozess (-es, -e) m (Jur) procès m; (Vorgang) processus m

prozessieren vi: **~ (mit** od **gegen)** être en procès (avec)

Prozession f procession f

Prozessor (-s, -en) m (Inform) processeur m

prüfen vt (Kandidat) faire passer un examen à; (Gerät) tester; (nachprüfen) vérifier

Prüfling m candidat(e)

Prüfung f examen m

Prügel pl raclée f

Prügelei f bagarre f

prügeln vt battre ▶ vr se battre

prunkvoll adj fastueux(-euse)

PS abk (= Pferdestärke) CV; (= Postskript(um)) P-S

Psychiater (-s, -) m psychiatre m

psychisch adj psychologique, psychique

Psychoanalyse f psychanalyse f

Psychologe m psychologue m

Psychologie f psychologie f

Psychologin f psychologue f

psychologisch adj psychologique

Psychotherapeut(in) m(f) psychothérapeute mf

Psychotherapie f psychothérapie f

Pubertät f puberté f

Publikum (-s) nt public m

publizieren vt (Buch etc) publier

Pudding (-s, -e od -s) m ≈ flan m

Pudel (-s, -) m caniche m

Puder (-s, -) m poudre f

Puderzucker m sucre m glace

Puff¹ (-(e)s, "e) (fam) m (Stoß) gnon m

Puff² (-(e)s, -e) m (Wäschepuff)
panier m à linge (capitonné) ;
(Sitzpuff) pouf m

Puff³ (-s, -s) (fam) nt od m (Bordell)
bordel m

Puffer (-s, -) m (Rail, Inform)
tampon m

Pulli (-s, -s) m pull m

Puls (-es, -e) m pouls m • **Pulsader**
f artère f

Pult (-(e)s, -e) nt pupitre m ;
(Schaltpult) pupitre de commande

Pulver (-s, -) nt poudre f

pulverig adj poudreux(-euse)

Pulverschnee m poudreuse f

pummelig adj rondelet(te)

Pumpe f pompe f

pumpen vt pomper ; (fam: leihen)
prêter ; (: entleihen) emprunter

Punkt (-(e)s, -e) m point m

pünktlich adj ponctuel(le)
• **Pünktlichkeit** f ponctualité f

Pupille f pupille f

Puppe f poupée f

Puppenstube f maison f de
poupée

pur adj pur(e)

Püree (-s, -s) nt purée f

Puste (-) (fam) f souffle m

Pustel (-, -n) f bouton m (sur la
peau)

pusten vi souffler

Pute f dinde f

Puter (-s, -) m dindon m

Putsch (-(e)s, -e) m putsch m, coup
m d'État

Putz (-es) m (Mörtel) crépi m

putzen vt nettoyer ; (Schuhe) cirer
▶ vr faire sa toilette

Putzfrau f femme f de ménage

Puzzle (-s, -s) nt puzzle m

Pyramide f pyramide f

Python (-s, -s) m python m

q

Quader (-s, -) m pierre f de taille
Quadrat nt carré m
- **quadratisch** adj carré(e)
- **Quadratmeter** m mètre m carré
quaken vi (Frosch) coasser; (Ente) cancaner
quäken (fam) vi brailler
Qual f torture f; (seelisch) tourment m
quälen vt torturer; (mit Bitten) harceler ▶ vr (sich abmühen) peiner; (geistig) se tourmenter
qualifizieren vt qualifier ▶ vr se qualifier
Qualität f qualité f
Qualle f méduse f
Qualm (-(e)s) m épaisse fumée f
qualmen vi fumer; (fam: Mensch) fumer comme un sapeur
qualvoll adj atroce
Quantität f quantité f
quantitativ adj quantitatif(-ive)
Quark (-s) m (Culin) sorte de fromage blanc
Quartal (-s, -e) nt trimestre m
Quartier (-s, -e) nt logement m

quasi adv quasiment, quasi
quasseln (fam) vi jacasser
Quatsch (-es) m bêtises fpl
quatschen vi papoter
Quatschkopf (fam) m (Schwätzer) moulin m à paroles
Quecksilber nt mercure m
Quelle f source f
quellen (irr) vi (hervorquellen) jaillir; (schwellen) gonfler
quengeln (fam) vi pleurnicher
quer adv (der Breite nach) en travers
querfeldein adv à travers champs
Querflöte f flûte f traversière
Querschnitt m coupe f od section f transversale; (repräsentative Auswahl) échantillon m
Querstraße f rue f transversale
Quertreiber (-s, -) m empêcheur m de tourner en rond
quetschen vt presser, écraser; (Finger etc) écraser, meurtrir
Quetschung f contusion f
quietschen vi grincer; (Mensch) pousser des cris
Quintett (-(e)s, -e) nt quintette m
Quirl (-(e)s, -e) m (Küchengerät) fouet m (électrique)
quitt adj: (mit jdm) ~ sein être quitte (envers qn)
Quitte f coing m
quittieren vt donner un reçu pour; (Dienst) quitter
Quittung f quittance f, reçu m
Quiz (-, -) nt jeu-concours m (télévisé ou radiophonique)
Quote f proportion f, taux m

r

Rabatt (-(e)s, -e) m rabais m, remise f
Rabatte f plate-bande f
Rabe (-n, -n) m corbeau m
Rache f vengeance f
Rachen (-s, -) m gorge f
rächen vt venger ▶ vr se venger ; (Leichtsinn, Faulheit) coûter cher
Rad (-(e)s, ⸚er) nt roue f ; (Fahrrad) vélo m ; ~ **fahren** faire du vélo
Radar (-s) m od nt radar m
• **Radarfalle** f contrôle m radar
Radau (-s) m (fam) boucan m
radebrechen vt, vi baragouiner
radeln (fam) vi faire du vélo ; **zur Post** ~ aller à la poste à od en vélo
Radfahrer(in) m(f) cycliste mf
Radfahrweg m piste f cyclable
Radiergummi m gomme f
Radieschen nt radis m
radikal adj (extrem) extrémiste ; (Maßnahme) radical(e)
Radikale(r) f(m) extrémiste mf
Radio (-s, -s) nt radio f • **radioaktiv** adj radioactif(-ive) • **Radiorekorder** m radiocassette f
Radiowecker m radio-réveil m

Radius (-, Radien) m rayon m
Radkappe f enjoliveur m
Radler(in) m(f) cycliste mf
Radrennen nt course f cycliste
Radsport m cyclisme m
Radweg m piste f cyclable
RAF (-) f abk (= Rote-Armee-Faktion) mouvement terroriste allemand
raffinieren vt raffiner
raffiniert adj (Mensch, Trick) subtil(e), astucieux(-euse) ; (Kleid) chic inv
Rahm (-s) m crème f
rahmen vt encadrer
Rahmen (-s, -) m cadre m
Rakete f fusée f
RAM (-(s), -(s)) nt (Inform) mémoire f vive
Rampe f rampe f
Rampenlicht nt feux mpl de la rampe
ramponieren (fam) vt esquinter
Ramsch (-(e)s, -e) m camelote f
Rand (-(e)s, ⸚er) m bord m ; (von Stadt) périphérie f ; (auf Papier) marge f ; (unter Augen) cerne f
randalieren vi faire du tapage
rang etc vb siehe **ringen**
Rang (-(e)s, ⸚e) m rang m ; (Wert) calibre m ; (Theat) balcon m
rangieren vt (Rail) aiguiller ▶ vi (fig) se classer
rann etc vb siehe **rinnen**
rannte etc vb siehe **rennen**
ranzig adj (Butter) rance
Rap (-s, -s) m (Mus) rap m
Rappen (-s, -) m (Schweiz) centime m (suisse)
Rapper(in) (-s, -s) m(f) (Mus) rappeur(-euse)

Raps (-es, -e) m colza m
rar adj rare
rasant adj très rapide
rasch adj rapide
rasen vi (fam: schnell fahren) foncer
Rasen (-s, -) m gazon m
rasend adj (Eifersucht) fou(folle) ;
(Entwicklung, Tempo) très rapide ;
~e Kopfschmerzen de violents
maux de tête
Rasenmäher (-s, -) m tondeuse f
(à gazon)
Raserei f (Wut) fureur f; (Schnelle)
vitesse f folle
Rasierapparat m rasoir m
rasieren vt raser ▶ vr se raser
Rasierklinge f lame f de rasoir
Rasiermesser nt rasoir m
Rasierpinsel m blaireau m
Rasierseife f savon m à barbe
Rasierwasser nt after-shave m
Rasse f race f
Rassismus m racisme m
Rassist(in) m(f) raciste mf
rassistisch adj raciste
Rast (-, -en) f arrêt m • **rasten** vi
s'arrêter
Rastplatz m (an Autobahn) aire f
de repos
Rasur f rasage m
Rat (-(e)s, -schläge) m conseil m ; (pl
Räte: Ratsversammlung) conseil ;
(: Mitglied) conseiller m
Rate f acompte m ; **auf ~n kaufen**
acheter à crédit
raten (irr) vt deviner ; **jdm ~**
(empfehlen) conseiller qn
Ratgeber (-s, -) m conseiller m ;
(Buch) manuel m
Rathaus nt mairie f

ratifizieren vt ratifier
Ration f ration f
rational adj rationnel(le)
rationalisieren vt rationaliser
ratlos adj perplexe
Ratlosigkeit f perplexité f
ratsam adj indiqué(e)
Ratschlag m conseil m
Rätsel (-s, -) nt devinette f;
(Geheimnis) énigme f • **rätselhaft**
adj mystérieux(-euse)
Ratte f rat m
rau adj rêche, rugueux(-euse) ;
(Stimme) rauque ; (Hals)
enroué(e) ; (Klima) rude
Raub (-(e)s) m (von Gegenstand) vol
m (à main armée) ; (von Mensch)
enlèvement m ; (Beute) proie f
• **Raubbau** exploitation f
abusive
rauben vt (wegnehmen) voler ;
(entführen) enlever
Räuber (-s, -) m brigand m
Raubmord m vol m avec
homicide
Raubtier nt prédateur m
Raubüberfall m attaque f à main
armée
Raubvogel m rapace m
Rauch (-(e)s) m fumée f
rauchen vt, vi fumer
Raucher(in) (-s, -) m(f)
fumeur(-euse)
räuchern vt (Fleisch) fumer
Rauchfleisch nt viande f fumée
Rauchverbot nt interdiction f de
fumer
Raum (-(e)s, Räume) m (Zimmer)
pièce f; (Platz) place f; (Gebiet)
région f

räumen vt (Wohnung) quitter ;
(Platz, Stadt, Gebiet) évacuer ;
(Schnee, Schutt) enlever
Raumfähre f navette f spatiale
Raumfahrt f astronautique f
räumlich adj (Darstellung) en relief
• **Räumlichkeiten** pl locaux mpl
Raumschiff nt vaisseau m spatial
Raumstation f station f spatiale
Raupe f chenille f
Raureif m givre m
raus (fam) adv = **heraus, hinaus**
Rausch (-(e)s, Räusche) m ivresse f
rauschen vi (Wasser) murmurer ;
(Bäume) bruire
Rauschgift nt drogue f
• **Rauschgiftsüchtige(r)** m(f)
drogué(e)
räuspern vr se racler la gorge
Razzia (-, Razzien) f rafle f
Reagenzglas nt éprouvette f
reagieren vi réagir ; ~ **auf** +Akk
réagir à
Reaktion f réaction f
Reaktor m réacteur m
real adj réel(le) ;
(wirklichkeitsbezogen) réaliste
realisieren vt réaliser
Realismus m réalisme m
Realist(in) m(f) réaliste mf
• **realistisch** adj réaliste
Realität f réalité f ; **erweiterte ~**
réalité augmentée
Realityshow f (TV) émission f de
téléréalité, reality show m
Realschule f école f secondaire,
collège m
Rebe f vigne f
Rebell(in) (-en, -en) m(f) rebelle mf
Rebellion f rébellion f

Rebhuhn nt perdrix f
Rebstock m vigne f
rechen vt, vi ratisser
Rechen (-s, -) m râteau m
Rechenschaft f comptes mpl ;
jdm über etw Akk ~ **ablegen**
rendre compte de qch à qn ;
~ **verlangen** demander des
comptes
Rechenzentrum nt centre m
informatique
rechnen vt calculer ;
(einberechnen, veranschlagen)
compter ▶ vi calculer • **Rechnen**
nt calcul m
Rechner (-s, -) m calculatrice f ;
(Inform) ordinateur m
Rechnung f calcul m ; (von Waren)
facture f ; (in Restaurant etc)
addition f
recht adj juste ; (echt) vrai(e) ▶ adv
(vor adj) vraiment ; **das ist mir** ~
cela me convient ; ~ **haben** avoir
raison
Recht (-(e)s, -e) nt droit m ; ~ **auf**
+Akk droit à
rechte(r, s) adj droit(e)
Rechte (-n, -n) f (Pol) droite f
Rechteck (-s, -e) nt rectangle m
rechteckig adj rectangulaire
rechtfertigen vt justifier
Rechtfertigung f justification f
rechtlich adj (gesetzlich) légal(e)
rechts adv à droite ▶ präp +Gen :
~ **der Straße** sur le côté droit de la
rue • **Rechtsanwalt** m,
Rechtsanwältin f avocat m
Rechtschreibprüfung f (Inform)
vérification f d'orthographe
Rechtschreibung f
orthographe f

Rechtsextremist *m* extrémiste *m* de droite

Rechtshänder(in) (-s, -) *m(f)* droitier(-ière)

rechtsradikal *adj* d'extrême droite

Rechtsstreit *m* litige *m*

Rechtsweg *m* voie *f* judiciaire

rechtswidrig *adj* illégal(e)

rechtwinklig *adj* à angle droit ; (*Dreieck*) rectangle

rechtzeitig *adv* à temps

recken *vt* (*Hals*) tendre ▶ *vr* s'étirer

recycelbar *adj* recyclable

recyceln *vt* recycler

Recycling (-s) *nt* récupération *f*

Redakteur(in) *m(f)* rédacteur(-trice)

Redaktion *f* rédaction *f*

Rede *f* discours *m* • **Redefreiheit** *f* liberté *f* d'expression

reden *vi* parler ▶ *vt* dire

Redewendung *f* expression *f*

redlich *adj* honnête

Redner(in) *m(f)* orateur(-trice)

reduzieren *vt* réduire

Reede *f* mouillage *m*

Reeder(-s, -) *m* armateur *m*

Reederei *f* compagnie *f* de navigation

reell *adj* (*ehrlich*) honnête ; (*tatsächlich*) véritable

Referat *nt* (*Vortrag*) exposé *m* ; (*Verwaltung*) service *m*

Referent(in) *m(f)* (*Vortragender*) conférencier(-ière) ; (*Sachbearbeiter*) expert(e)

Referenz *f* référence *f*

referieren *vi* : **~ über** +*Akk* faire un compte-rendu de

reflektieren *vt* réfléchir ▶ *vi* réfléchir la lumière ; **~ auf** +*Akk* viser

Reflex (-es, -e) *m* réflexe *m*

reflexiv *adj* réfléchi(e)

Reform (-, -en) *f* réforme *f*

Reformhaus *nt* magasin *m* diététique

reformieren *vt* réformer

Refrain (-s, -s) *m* refrain *m*

Regal (-s, -e) *nt* étagère *f*

rege *adj* (*lebhaft*) animé(e) ; (*wach, lebendig*) vif (vive)

Regel (-, -n) *f* règle *f* ; (*Méd*) règles *fpl* • **regelmäßig** *adj* régulier(-ière) ▶ *adv* : **er kommt ~ zu spät** il arrive régulièrement en retard

regeln *vt* régler ▶ *vr* se régler

regelrecht *adj* (*Verfahren*) en règle ; (*fam: Frechheit etc*) sacré(e)

Regelung *f* (*Vereinbarung*) règlement *m* ; (*das Regeln*) régulation *f*

regen *vt* (*bewegen*) bouger ; (*Widerspruch*) se faire sentir

Regen (-s, -) *m* pluie *f*

Regenbogen *m* arc-en-ciel *m* • **Regenbogenfamilie** *f* famille *f* arc-en-ciel

Regenmantel *m* imperméable *m*

Regenschauer *m* averse *f*

Regenschirm *m* parapluie *m*

Regenwald *m* forêt *f* tropicale

Regenwurm *m* ver *m* de terre

Regenzeit *f* saison *f* des pluies

Regie *f* (*Film etc*) réalisation *f* ; (*Theat*) mise *f* en scène ; (*fig*) direction *f*

regieren *vt* gouverner ▶ *vi* régner

Regierung f gouvernement m
Regierungswechsel m
changement m de gouvernement
Regierungszeit f: **während seiner ~** lorsqu'il était au pouvoir ;
(von König) pendant son règne
Regime (-s, -) nt régime m
Regiment (-s, -er) nt (Mil)
régiment m
Region f région f
regional adj régional(e)
Regisseur(in) m(f) (Ciné)
réalisateur(-trice) ; (Theat)
metteur m en scène
Register (-s, -) nt (Verzeichnis)
répertoire m ;
(Stichwortverzeichnis) index m
registrieren vt enregistrer
regnen vi unpers: **es regnet** il
pleut
regnerisch adj pluvieux(-euse)
regulär adj (Arbeitszeit) normal(e) ;
(Preis) courant(e)
regulieren vt régler ; (Fluss)
régulariser
Regung f mouvement m ; (Gefühl auch) sentiment m
regungslos adj immobile
Reh (-(e)s, -e) nt chevreuil m
rehabilitieren vt (Kranken etc)
rééduquer ; (Ruf, Ehre) réhabiliter
Reibe f, **Reibeisen** nt râpe f
reiben (irr) vt (scheuern) frotter ;
(Culin) râper
Reibung f frottement m ; (fig)
friction f
reibungslos adj (fig) sans heurts
reich adj riche
Reich (-(e)s, -e) nt empire m ; (fig)
royaume m ; **das Dritte ~** le
troisième Reich

reichen vi (sich erstrecken)
s'étendre, aller ; (genügen) suffire
▶ vt (hinhalten) tendre ; (bei Tisch)
passer ; (anbieten) offrir
reichhaltig adj (Auswahl) très
grand(e) ; (Essen) riche
reichlich adj (Geschenke) à
profusion ▶ adv largement ;
~ Zeit largement assez de temps
Reichstag m (Gebäude,
Regierungssitz) Reichstag m
Reichtum m richesse f
Reichweite f portée f
reif adj mûr(e)
Reif (-(e)s, -e) m givre m ; (Ringreif)
anneau m
Reife (-) f: **mittlere ~** (Scol)
≈ BEPC m
reifen vi, vt mûrir
Reifen (-s, -) m (Fahrzeugreifen)
pneu m ; (von Fass) cercle m
• **Reifenpanne** f crevaison f
Reifeprüfung f baccalauréat m
Reihe f rangée f ; (von Menschen)
rang m ; (von Beispielen etc: Serie)
série f
reihen vt (Perlen) enfiler ; (beim
Nähen) faufiler ▶ vr: **B reiht sich
an A** B suit A
Reihenfolge f ordre m
Reihenhaus nt maison attenante
aux maisons voisines
Reiher (-s, -) m héron m
Reim (-(e)s, -e) m rime f
reimen vr rimer
rein adj pur(e) ; (sauber) propre ;
~ gar nichts vraiment rien du tout
Reinfall (fam) m échec m
Reingewinn m bénéfice m net
Reinheit f pureté f ; (von Wäsche)
propreté f

reinigen vt nettoyer
Reinigung f (Geschäft) teinturerie f; **chemische ~** nettoyage m à sec
Reis¹ (-es, -e) m (Culin) riz m
Reis² (-es, -er) nt (Zweig) brindille f
Reise f voyage m
• **Reiseandenken** nt souvenir m (de voyage) • **Reisebüro** nt agence f de voyages • **Reiseführer** m guide m • **Reisegesellschaft** f groupe m de touristes
• **Reisekosten** pl frais mpl de déplacement • **Reiseleiter(in)** m(f) guide m
reisen vi voyager
Reisende(r) f(m) voyageur(-euse) m/f
Reisepass m passeport m
Reisepläne pl projets mpl de voyage
Reiseproviant m casse-croûte m inv
Reisescheck m chèque m de voyage
Reiseveranstalter m voyagiste m, tour-opérateur m
Reiseverkehr m circulation f (des départs en vacances od des rentrées de vacances)
Reisewetter nt temps m de vacances
Reiseziel nt destination f
reißen (irr) vi (Stoff) se déchirer; (Seil) casser; (zerren) tirer
Reißnagel m punaise f
Reißverschluss m fermeture f éclair
Reißzwecke f = **Reißnagel**
reiten (irr) vt monter ▶ vi: **(auf einem Pferd) ~** monter (à cheval)
Reiter(in) (s, -) m(f) cavalier(-ière)

Reithose f culotte f de cheval
Reitpferd nt cheval m de selle
Reitstiefel m botte f d'équitation
Reiz (-es, -e) m stimulation f; (Verlockung) charme m
reizen vt stimuler; (verlocken) attirer; (Aufgabe, Angebot) intéresser; (irritieren, ärgern) irriter
reizend adj charmant(e)
reizvoll adj (Anblick) charmant(e); (Angebot) alléchant(e)
Reizwäsche f lingerie f sexy
Reklamation f réclamation f
Reklame f publicité f
reklamieren vi se plaindre
rekonstruieren vt (Gebäude) reconstruire; (Vorfall) reconstituer
Rekord (-es, -e) m record m
rekrutieren vt recruter ▶ vr: **sich ~ aus** (Team) être recruté(e) parmi
Rektor(in) m(f) (Univ) recteur m; (Scol) directeur(-trice)
relativ adj relatif(-ive)
relevant adj pertinent(e)
Religion f religion f
religiös adj religieux(-euse)
Reling (-, -s) f bastingage m
Ren (-s, -s od -e) nt renne m
Rendezvous (-, -) nt rendez-vous m inv
Rendite f rapport m
Rennbahn f (Pferderennbahn) champ m de courses; (Radrennbahn) vélodrome m; (Aut) circuit m automobile
rennen vi, vt courir • **Rennen** (-s, -) nt course f
Renner (-s, -) m (Verkaufsschlager) gros succès m

Rennfahrer m coureur m
Rennrad nt vélo m de course
Rennwagen m voiture f de course
renovieren vt rénover
Renovierung f rénovation f
rentabel adj rentable, lucratif(-ive)
Rente f retraite f, pension f
Rentenalter nt âge m de la retraite
Rentenversicherung f assurance f invalidité-vieillesse
Rentier nt renne m
rentieren vr être rentable
Rentner(in) (-s, -) m(f) retraité(e)
Reparatur f réparation f
reparieren vt réparer
Reportage f reportage m
Reporter(in) (-s, -) m(f) reporter m
reproduzieren vt reproduire
Reptil (-s, -ien) nt reptile m
Republik f république f
Reservat nt (Gebiet) réserve f
Reserve f réserve f • **Reserverad** nt roue f de secours • **Reservetank** m réservoir m de secours
reservieren vt réserver
Reservoir (-s, -e) nt réservoir m
Residenz f résidence f
Resignation f résignation f
resignieren vi se résigner
Resolution f résolution f
Resonanz f résonance f
Resozialisierung f réinsertion f sociale
Respekt (-(e)s) m respect m
respektieren vt respecter
respektlos adj irrespectueux(-euse)

respektvoll adj respectueux(-euse)
Ressort (-s, -s) nt: **in jds ~ fallen** être du ressort de qn
Rest (-(e)s, -e) m reste m
Restaurant (-s, -s) nt restaurant m
restaurieren vt restaurer
Restbetrag m solde m
restlich adj qui reste
restlos adv complètement
Restmüll m déchets mpl non recyclables
Resultat nt résultat m
Retorte f cornue f
Retortenbaby nt bébé-éprouvette m
retten vt sauver ► vr se sauver
Retter(in) m(f) sauveur m
Rettich (-s, -e) m radis m
Rettung f (das Retten) sauvetage m; (Hilfe) secours m
Rettungsboot nt canot m de sauvetage
Rettungsinsel f radeau m de sauvetage
Rettungsring m bouée f (de sauvetage)
Rettungswagen m ambulance f
Reue (-) f remords mpl
reuen vt (geh): **es reut ihn** il le regrette
Revanche f revanche f
revanchieren vr: **sich für etw ~** (sich rächen) se venger de qch; (erwidern) revaloir qch
revidieren vt (abändern, korrigieren) réviser; (überprüfen) vérifier
Revier (-s, -e) nt (Territorium) territoire m; (Jagdrevier) (terrain m

de) chasse f; *(Polizeidienststelle)* commissariat m (de police)

Revision f *(von Ansichten etc)* révision f; *(Écon)* vérification f; *(Jur)* appel m

Revolte f révolte f

Revolution f révolution f

revolutionieren vt révolutionner

Revolver (-s, -) m révolver m

Rezensent m critique m

Rezension f critique f

Rezept (-(e)s, -e) nt recette f; *(Méd)* ordonnance f • **rezeptfrei** adj délivré(e) sans ordonnance

Rezeption f réception f

rezeptpflichtig adj délivré(e) uniquement sur ordonnance

Rezession f récession f

Rhabarber (-s) m rhubarbe f

Rhein (-(e)s) m Rhin m

Rheinland-Pfalz nt la Rhénanie-Palatinat

Rhesusfaktor m facteur m rhésus

Rhetorik f rhétorique f

rhetorisch adj rhétorique

Rheuma nt (-s) rhumatisme m

rhythmisch adj rythmique

Rhythmus (-) m rythme m

richten vt *(lenken)* diriger; *(instand setzen)* réparer; *(zurechtmachen)* préparer ▸ vr: **sich nach jdm ~** faire comme cela convient à qn

Richter(in) (-s, -) m(f) juge m

richtig adj bon (bonne); *(echt, ordentlich)* vrai(e) ▸ adv *(korrekt)* correctement, juste; **das R~e** ce qu'il faut • **Richtigkeit** f *(von Antwort)* exactitude f; *(von Verhalten)* justesse f

Richtlinie f directive f

Richtpreis m prix m indicatif

Richtung f direction f; *(Tendenz)* tendance f

Richtungstaste f touche f directionnelle

rieb etc vb siehe **reiben**

riechen *(irr)* vt, vi sentir

rief etc vb siehe **rufen**

Riegel (-s, -) m *(Schieber)* verrou m; *(von Schokolade)* barre f

Riemen (-s, -) m *(Treibriemen)* courroie f

Riese (-n, -n) m géant m

rieseln vi *(Wasser)* couler; *(Schnee, Staub)* tomber doucement

Riesenerfolg m succès m fou

riesig adj énorme

riet etc vb siehe **raten**

Riff (-(e)s, -e) nt récif m

Rille f rainure f

Rind (-(e)s, -er) nt bœuf m

Rinde f *(Baumrinde)* écorce f; *(Brotrinde, Käserinde)* croûte f

Rindfleisch nt viande f de bœuf

Ring (-(e)s, -e) m anneau m; *(Schmuck)* bague f; *(Kreis, Vereinigung)* cercle m; *(Boxring)* ring m • **Ringbuch** nt classeur m

ringen *(irr)* vi lutter; **~ um** lutter pour

Ringfinger m annulaire m

rings adv tout autour; **~ um das Haus standen Bäume** il y avait des arbres tout autour de la maison

ringsherum adv tout autour

Ringstraße f boulevard m périphérique

Rinne f rigole f

rinnen (irr) vi fuir

Rippchen nt côte f de porc

Rippe f côte f

Rippenfellentzündung f pleurésie f

Risiko (-s, -s od Risiken) nt risque m

riskant adj risqué(e)

riskieren vt risquer

riss etc vb siehe **reißen**

Riss (-es, -e) m (in Mauer etc) fissure f; (in Haut) gerçure f; (in Papier, Stoff) déchirure f

rissig adj (Mauer) fissuré(e); (Hände) gercé(e)

ritt etc vb siehe **reiten**

Ritt (-(e)s, -e) m chevauchée f

Ritter (-s, -) m chevalier m
  • ritterlich adj chevaleresque

Ritze f fissure f

ritzen vt graver

Rivale (-n, -n) m, Rivalin f rival(e)

Rivalität f rivalité f

Rizinusöl nt huile f de ricin

Robbe f phoque m

Roboter (-s, -) m robot m

roch etc vb siehe **riechen**

Rock (-(e)s, =e) m jupe f

Rockmusik f rock m

Rodel (-s, -) m luge f

rodeln vi luger

Rogen (-s, -) m œufs mpl de poisson

Roggen (-s, -) m seigle m

roh adj (ungekocht) cru(e); (unbearbeitet) brut(e); (grob) grossier(-ière) • Rohbau m gros œuvre m • Rohöl nt pétrole m brut

Rohr (-(e)s, -e) nt tuyau m

Röhre f tube m; (für Wasser) tuyau m

Rohrstuhl m chaise f en osier

Rohrzucker m sucre m de canne

Rohseide f soie f grège

Rohstoff m matière f première

Rollator m (Méd) déambulateur m

Rollbrett nt skate(board) m

Rolle f rouleau m; (Garnrolle etc) bobine f; (unter Möbeln etc) roulette f; (Theat) rôle m

rollen vt, vi rouler

Roller (-s, -) m (für Kinder) trottinette f; (Motorroller) scooter m

Rollladen m store m

Rollmops m rollmops m

Rollschuh m patin à roulettes

Rollstuhl m fauteuil m roulant

rollstuhlgerecht adj accessible aux fauteuils roulants

Rolltreppe f escalier m mécanique

Rom (-s) nt Rome

Roman (-s, -e) m roman m

Romantik f romantisme m

Romantiker(in) (-s, -) m(f) romantique mf

romantisch adj romantique

Romanze f romance f; (Liebelei) histoire f d'amour

Römer(-s, -) m Romain m

römisch adj romain(e)

röntgen vt radiographier
  • Röntgenstrahlen pl rayons mpl X

rosa adj inv rose

Rose f rose f

Rosé (-s, -s) m (Wein) rosé m

Rosenkohl m choux mpl de Bruxelles

Rosenmontag m lundi m de carnaval

Rosette f(*Fenster*) rosace f; (*aus Papier*) rosette f

rosig *adj* rose

Rosine f raisin m sec

Rosmarin (-s) m romarin m

Ross (-es, -e) nt cheval m

Rosskastanie f marronnier m; (*Frucht*) marron m

Rost (-(e)s, -e) m rouille f; (*Gitter*) grille f • Rostbraten m rôti cuit sur le gril

rosten vi rouiller

rösten vt griller

rostfrei *adj* inoxydable

rostig *adj* rouillé(e)

Rostschutz m (*Mittel*) antirouille m

rot *adj* rouge

Rotation f rotation f

Röteln pl rubéole f

rothaarig *adj* roux (rousse)

rotieren vi tourner; (*fam: sich aufregen*) paniquer

Rotkäppchen nt le petit chaperon rouge

Rotkehlchen nt rouge-gorge m

Rotstift m crayon m rouge

Rotwein m vin m rouge

Rotz (-es, -e) (*fam*) m morve f

Roulade f paupiette f

Route f itinéraire m

Router m routeur m

Routine f expérience f; (*Gewohnheit*) routine f

Rowdy (-s, -s) m voyou m

RSI-Syndrom nt abk (= *Repetitive-Strain-Injury-Syndrom*) TMS mpl

Rübe f: Gelbe ~ carotte f; Rote ~ betterave f (rouge)

Rubrik f (*Kategorie*) rubrique f; (*Spalte*) colonne f

Ruck ((e)s, -e) m secousse f; sich Dat einen ~ geben se secouer

rückbezüglich *adj* réfléchi(e)

rücken vt (*Möbel*) déplacer; (*Spielfiguren*) jouer ▶ vi bouger, se déplacer; (*Platz machen*) se pousser; an jds Stelle ~ prendre la place de qn

Rücken (-s, -) m dos m

Rückenmark nt moelle f épinière

Rückenschwimmen nt nage f sur le dos

Rückenwind m vent m arrière

Rückerstattung f remboursement m

Rückfahrkarte f billet m aller-retour

Rückfahrt f retour m

Rückflug m (vol m de) retour m

Rückgabe f restitution f

rückgängig *adj*: etw ~ machen annuler qch

Rückgrat (-(e)s, -e) nt colonne f vertébrale

Rückhand f revers m

Rückkehr (-, -en) f retour m

Rücklicht nt feu m arrière

Rücknahme f reprise f

Rückreise f (voyage m de) retour m

Rückruf m rappel m

Rucksack m sac m à dos

Rücksicht f considération f; ~ auf jdn/etw nehmen tenir compte de qn/qch

rücksichtslos *adj* (*Mensch*) qui manque d'égards; (*Fahren*) imprudent(e)

rücksichtsvoll *adj* prévenant(e)

Rücksitz m siège m arrière
Rückspiegel m rétroviseur m
Rückspiel nt match m retour
Rücktritt m démission f
Rücktrittbremse f frein m à
rétropédalage
rückwärts adv en arrière
Rückwärtsgang m marche f
arrière
Rückweg m retour m
rückwirkend adj rétroactif(-ive)
Rückzahlung f
remboursement m
Rudel (-s, -) nt (von Wölfen) bande f;
(von Hirschen) troupeau m
Ruder (-s, -) nt rame f; (Steuer)
gouvernail m • **Ruderboot** nt
bateau m à rames • **Ruderer** (-s, -)
m rameur(-euse) m/f
rudern vt (Boot) faire avancer (en
ramant) ▸ vi ramer
Ruf (-(e)s, -e) m cri m; (Ansehen)
réputation f
rufen (irr) vt appeler ▸ vi appeler,
crier
Rufname m prénom m (usuel)
Rufnummer f numéro m de
téléphone
Ruhe (-) f calme m; (Schweigen)
silence m; (Ausruhen, Stillstand)
repos m; (Ungestörtheit)
tranquillité f
ruhen vi (ausruhen) se reposer;
(begraben sein) reposer
Ruhestand m retraite f
Ruhetag m jour m de repos
ruhig adj calme; (Wochenende,
Leben) tranquille
Ruhm (-(e)s) m gloire f
Ruhr (-) f (Méd) dysenterie f
Rührei nt œufs mpl brouillés

rühren vt remuer; (Gemüt
bewegen) toucher ▸ vr bouger
rührend adj touchant(e)
Ruhrgebiet nt la Ruhr f
rührselig adj sentimental(e)
Rührung f émotion f
Ruin (-s, -e) m ruine f
Ruine f ruine f
ruinieren vt (Person) ruiner
rülpsen (fam) vi roter
Rum (-s, -s) m rhum m
Rumänien (-s) nt la Roumanie
rumänisch adj roumain(e)
Rummel (-s) m (fam) tapage m;
(Jahrmarkt) foire f • **Rummelplatz**
m champ m de foire
Rumpelkammer f débarras m
Rumpf (-(e)s, ⸚e) m tronc m; (Aviat)
fuselage m; (Naut) coque f
rümpfen vt froncer
rund adj rond(e) ▸ adv (ungefähr)
environ; **~ um die Welt reisen**
faire le tour du monde
• **Rundbogen** m arc m en plein
cintre
Runde f (Rundgang) ronde f; (in
Rennen) tour m; (Gesellschaft)
cercle m; (von Getränken) tournée f
runden vt arrondir ▸ vr (fig) se
préciser
Rundfahrt f circuit m
Rundfunk m radio f
rundlich adj rondelet(te);
(Gesicht) rond(e)
Rundmail f mail m groupé
Rundreise f circuit m
Rundschreiben nt circulaire f
runter (fam) adv = **herunter;
hinunter**
Runzel (-, -n) f ride f

runzelig adj ridé(e)

runzeln vt plisser

Rüpel (-s, -) m mufle m
• **rüpelhaft** adj grossier(-ière)

ruppig adj (unhöflich) brusque

Ruß (-es) m suie f

Russe (-n, -n) m Russe m

Rüssel (-s, -) m trompe f

rußig adj couvert(e) de suie

Russin f Russe f

russisch adj russe

Russland nt la Russie

rüstig adj alerte

Rüstung f armement m ;
(Ritterrüstung) armure f

Rutsch (-(e)s, -e) m: **~ nach links/
rechts** (Pol) glissement m à
gauche/droite • **Rutschbahn** f
toboggan m

rutschen vi glisser ; (ausrutschen,
Auto) déraper

rutschig adj glissant(e)

rütteln vt secouer

S

Saal (-(e)s, Säle) m salle f

Saarland nt: **das ~** la Sarre

Saat (-, -en) f (Pflanzen) semis mpl ;
(Säen) semailles fpl

sabbern (fam) vi baver

Säbel (-s, -) m sabre m

Sabotage f sabotage m

sabotieren vt saboter

Sachbearbeiter(in) m(f)
spécialiste mf ; (Beamter)
responsable mf

Sache f affaire f ; (Ding) chose f ;
(Thema) sujet m

Sachlage f circonstances fpl

sachlich adj objectif(-ive)

sächlich adj neutre

Sachschaden m dommage m
matériel

Sachsen (-s) nt la Saxe

Sachsen-Anhalt nt la
Saxe-Anhalt

sacht, sachte adv doucement ;
(allmählich) peu à peu

Sachverständige(r) f(m)
expert(e) m/f

Sack (-(e)s, ≃e) m sac m

Sackgasse f cul-de-sac m
sadistisch adj sadique
säen vt, vi semer
Safe (-s, -s) m od nt coffre-fort m
Saft (-(e)s, ⸚e) m jus m
saftig adj juteux(-euse); (Rechnung) salé(e)
Sage f légende f
Säge f scie f • **Sägemehl** nt sciure f
sagen vt, vi dire
sägen vt scier
sagenhaft adj légendaire; (fam: Glück etc) incroyable
sah etc vb siehe **sehen**
Sahara f Sahara m
Sahne (-) f crème f
Saison (-, -s) f saison f
Saite f corde f
Sakko (-s, -s) m od nt veste f
Salat (-(e)s, -e) m salade f; (Kopfsalat auch) laitue f • **Salatsoße** f vinaigrette f
Salbe f pommade f
Salbei (-s od -) m od f sauge f
Saldo (-s, Salden) m solde m
Salmiak (-s) m chlorure m d'ammonium • **Salmiakgeist** m ammoniaque f
Salmonellen pl salmonelles fpl
Salon (-s, -s) m salon m
salopp adj (Kleidung, Manieren) décontracté(e); (Ausdrucksweise, Sprache) familier(-ière)
Salpeter (-s) m salpêtre m • **Salpetersäure** f acide m nitrique
Salz (-es, -e) nt sel m
salzen vt saler
salzig adj salé(e)
Salzkartoffeln pl pommes fpl de terre bouillies

Salzsäure f acide m chlorhydrique
Samen (-s, -) m (Bot) graine f; (Sperma) sperme m
sammeln vt (Beeren) ramasser; (Geld) collecter; (Unterschriften) recueillir; (als Hobby) collectionner
Sammlung f (das Sammeln) collecte f; (das Gesammelte) collection f; (Konzentration) concentration f
Samstag m samedi m
samstags adv le samedi
samt präp +Dat avec
Samt (-(e)s, -e) m velours m
Sand (-(e)s, -e) m sable m
Sandale f sandale f
sandig adj (Boden) sablonneux(-euse)
Sandpapier nt papier m de verre
Sandstein m grès m
sandstrahlen vt décaper à la sableuse
sandte etc vb siehe **senden**
Sanduhr f sablier m
sanft adj doux (douce)
sang etc vb siehe **singen**
Sänger(in) (-s, -) m(f) chanteur(-euse)
sanieren vt (Stadt, Haus) rénover; (Betrieb) remettre à flot ▶ vr (Unternehmen) se remettre à flot
Sanierung f (von Stadt) rénovation f; (von Betrieb) renflouement m
sank etc vb siehe **sinken**
Sanktion f sanction f
Sardelle f anchois m
Sardine f sardine f
Sarg (-(e)s, ⸚e) m cercueil m

S

Sarkasmus m sarcasme m

sarkastisch adj sarcastique

saß etc vb siehe **sitzen**

Satellit (-en, -en) m satellite m

Satellitenfoto nt photo f satellite

Satire f satire f

satirisch adj satirique

satt adj rassasié(e) ; **jdn/etw ~ sein** (fam) en avoir marre de qn/qch ; **sich ~ essen** manger à sa faim

Sattel (-s, -e) m selle f

sättigen vt rassasier

Satz (-es, -e) m phrase f ; (der gesetzte Text) composition f ; (Mus) mouvement m ; (von Töpfen, Briefmarken etc) série f ; (Sport) set m ; (Kaffeesatz) marc m ; (großer Sprung) bond m

Satzung f statuts mpl

Sau (-, Säue) f truie f ; (fam ! : schmutzig) cochon m (fam)

sauber adj propre ; (ironisch) joli(e)
• **Sauberkeit** f propreté f

säubern vt nettoyer ; (Pol etc) purger

Sauce f = **Soße**

Saudi-Arabien (-s) nt l'Arabie f saoudite

sauer adj acide ; (Wein) aigre ; (Milch) caillé(e) ; (fam : verdrießlich) fâché(e) ; **saurer Regen** pluies fpl acides

Sauerei (fam) f cochonnerie f

Sauerkraut nt choucroute f

Sauermilch f lait m caillé

Sauerstoff m oxygène m

Sauerstoffgerät nt (im Flugzeug) masque m à oxygène

saufen (irr) vt boire ▸ vi s'abreuver ; (fam : viel trinken) picoler

Säufer(in) (-s, -) (fam) m(f) ivrogne mf

saugen (irr) vt (Flüssigkeit) sucer, aspirer ▸ vi : **~ an** +Dat (Pfeife) tirer sur

Sauger (-s, -) m (auf Flasche) tétine f

Säugetier nt mammifère m

Säugling m nourrisson m

Säule f colonne f, pilier m

Sauna (-, -s) f sauna m

Säure (-, -n) f (Chem) acide m ; (Geschmack) acidité f

sausen vi mugir ; (Ohren) bourdonner ; (fam : eilen) foncer

S-Bahn f abk (= Schnellbahn, Stadtbahn) train m de banlieue

scannen vt (Inform) scanner

Scanner (-s, -) m (Inform) scanner m

Schabe f cafard m

schaben vt gratter ; (reiben, scheuern) racler

schäbig adj miteux(-euse) ; (gemein) infect(e)

Schach (-s, -s) nt échecs mpl ; (Stellung) échec m • **Schachbrett** nt échiquier m

Schachfigur f pièce f d'échecs

schachmatt adj échec et mat

Schacht (-(e)s, -e) m puits m ; (für Aufzug) cage f

Schachtel (-, -n) f boîte f

schade adj : **das ist ~** c'est dommage ; **für etw zu ~ sein** être trop beau (belle) pour qch

Schädel (-s, -) m crâne m
• **Schädelbruch** m fracture f du crâne

schaden vi nuire

Schaden (-s, -) m dommages mpl, dégâts mpl ; (Nachteil) perte f

Schadenersatz m dommages et intérêts mpl

Schadenfreude f joie f malveillante

schadenfroh adj qui se réjouit du malheur des autres

schadhaft adj endommagé(e)

schädigen vt nuire à

schädlich adj (Stoffe) dangereux(-euse), nocif(-ive) ; (Tier) nuisible

Schädling m animal m nuisible

schadlos adj : **sich ~ halten an** +Dat se venger sur

Schadstoff m substance f toxique • **schadstoffarm** adj qui contient peu de substances nocives

Schaf(-(e)s, -e) nt mouton m • **Schafbock** m bélier m

Schäfer(in)(-s, -) m(f) berger(-ère) • **Schäferhund** m (chien m de) berger m

schaffen¹ (irr) vt (Werk) créer ; (Ordnung) rétablir ; (Platz) faire

schaffen² vt (bewältigen) arriver à faire ; (: Prüfung) réussir ; (transportieren) transporter

Schaffner(in)(-s, -) m(f) contrôleur(-euse)

schäkern vi (fam: scherzen) blaguer

Schal(-s, -e od -s) m écharpe f

Schälchen nt coupelle f

Schale f (Kartoffelschale, Obstschale) peau f ; (: abgeschält) pelure f ; (Nussschale, Muschelschale, Eischale) coquille f ; (Schüssel) coupe f

schälen vt (Kartoffeln, Obst) éplucher ▶ vr (Haut) peler

Schall(-(e)s, -e) m son m • **Schalldämpfer** m (Aut) pot m d'échappement ; (an Gewehr) silencieux m

schallen vi résonner

Schallplatte f disque m

Schalotte f échalote f

schalten vt mettre ▶ vi (Aut) changer de vitesse ; (fam: begreifen) piger

Schalter(-s, -) m (Élec) interrupteur m ; (bei Post, Bank: Fahrkartenschalter) guichet m

Schaltjahr nt année f bissextile

Scham(-) f honte f

schämen vr avoir honte ; **sich jds/einer Sache** od **für jdn/etw ~** avoir honte de qn/qch

schamlos adj éhonté(e)

Schande(-) f honte f

schändlich adj honteux(-euse)

Schanze f (Sprungschanze) tremplin m

Schar(-, -en) f (von Personen) foule f ; (von Vögeln) volée f ; **in ~en** en grand nombre

scharen vr s'assembler, se rassembler

scharf adj (Klinge) tranchant(e) ; (Wind, Kälte) glacial(e) ; (Essen) épicé(e) ; (Worte) dur(e) ; (Kritik) acerbe ; (Auge) perçant(e) ; (Ohr) fin(e) ; (Verstand) vif (vive) ; (Phot) net(te) ; **auf etw** Akk **~ sein** (fam) être fou (folle) de qch

Scharnier(-s, -e) nt charnière f

Schaschlik(-s, -s) m od nt brochette f

Schatten(-s, -) m ombre f

schattig adj ombragé(e)

Schatz(-es, ⸚e) m trésor m

Schätzchen nt chéri(e) m/f

schätzen vt estimer ; **~ lernen** apprécier de plus en plus

Schätzung f estimation f, évaluation f

schätzungsweise adv approximativement

Schau (-) f spectacle m ; (Ausstellung) exposition f
• **Schaubild** nt diagramme m

schauen vi regarder

Schauer (-s, -) m (Regenschauer) averse f ; (vor Schreck) frisson m
• **schauerlich** adj épouvantable

Schaufel (-, -n) f pelle f

Schaufenster nt vitrine f
• **Schaufensterbummel** m lèche-vitrines m inv

Schaukasten m vitrine f

Schaukel (-, -n) f balançoire f

schaukeln vi se balancer

Schaukelstuhl m fauteuil m à bascule

Schaulustige(r) f(m) badaud(e) m/f

Schaum (-(e)s, Schäume) m écume f ; (Seifenschaum: von Getränken) mousse f

schäumen vi mousser

Schaumgummi m caoutchouc m mousse®

Schauplatz m scène f

Schauspiel nt spectacle m ; (Theat) pièce f

Schauspieler(in) m(f) acteur(-trice)

Scheck (-s, -s) m chèque m
• **Scheckbuch** nt, **Scheckheft** nt carnet m de chèques, chéquier m

Scheckkarte f carte f d'identité bancaire

Scheibe f disque m ; (Brot, Wurst, Zitrone etc) tranche f ; (Glasscheibe) vitre f

Scheibenwaschanlage f lave-glace m

Scheibenwischer m essuie-glace m

Scheich (-s, -e od -s) m cheik m

Scheide f (Anat) vagin m

scheiden (irr) vt séparer ; (Ehe) dissoudre

Scheidung f divorce m

Schein (-(e)s, -e) m lumière f ; (Anschein) apparence f ; (Geldschein) billet m ; (Bescheinigung) attestation f ; **den ~ wahren** sauver les apparences
• **scheinbar** adv apparemment

scheinen (irr) vi briller ; **mir scheint ...** il me semble ...

scheinheilig adj hypocrite

Scheinwerfer (-s, -) m projecteur m ; (Aut) phare m

Scheiße (-) (fam!) f merde f (fam!)

Scheit (-(e)s, -e od -er) nt bûche f

Scheitel (-s, -) m sommet m ; (Haarscheitel) raie f

scheitern vi échouer

Schelte f réprimande f

Schema (-s, -s od -ta) nt plan m ; (Darstellung) schéma m

Schemel (-s, -) m tabouret m

Schenkel (-s, -) m cuisse f

schenken vt offrir

Schenkung f donation f

Scherbe f débris m

Schere f ciseaux mpl ; (groß) cisailles fpl ; (Zool) pince f

scheren¹ (irr) vt (Schaf etc) tondre

scheren² vr (sich kümmern) se préoccuper ; **sich nicht um jdn/ etw ~** ne pas se soucier de qn/qch

Schererei (fam) f tracasserie f

Scherz (-es, -e) m plaisanterie f

scherzhaft adj (Antwort) drôle

scheu adj (ängstlich) craintif(-ive) ; (schüchtern) timide

Scheu f (Angst) crainte f ; ~ vor +Dat (Ehrfurcht) respect m de

scheuen vr: sich vor etw Dat ~ craindre qch ▶ vt (Gefahr) reculer devant ; (Anstrengung, Öffentlichkeit) éviter ; (Aufgabe) se dérober à ▶ vi (Pferd) s'emballer

scheuern vt (putzen) récurer ; (reiben) frotter

Scheuklappe f œillère f

Scheune f grange f

scheußlich adj épouvantable

Schi m siehe Ski

Schicht (-, -en) f couche f ; (in Fabrik etc) poste m • schichten vt empiler

schick adj chic

schicken vt envoyer

Schicksal (-s, -e) nt destin m

Schicksalsschlag m coup m du destin

Schiebedach nt toit m ouvrant

schieben (irr) vt pousser ; die Schuld auf jdn ~ rejeter la responsabilité sur qn

Schiebetür f porte f coulissante

Schiebung f (Parteilichkeit) favoritisme m

schied etc vb siehe scheiden

Schiedsgericht nt tribunal d'arbitrage ; (bei Sport, Wettbewerb) commission f d'arbitrage

Schiedsrichter m arbitre m

schief adj (Ebene) en pente, incliné(e) ; (Turm) penché(e) ▶ adv de travers ; jdn ~ ansehen regarder qn de travers ; auf die ~e Bahn geraten od kommen s'écarter du droit chemin ; ein ~es

Bild der Wirklichkeit zeichnen donner une image fausse de od déformer la réalité

Schiefer (-s, -) m ardoise f

Schiefergas nt gaz m de schiste

schief|gehen (irr: fam) vi mal tourner

schielen vi loucher

schien etc vb siehe scheinen

Schienbein nt tibia m

Schiene f rail m ; (Méd) attelle f

schienen vt éclisser

schier adj pur(e) ; (Fleisch) maigre ▶ adv presque

Schießbude f stand m de tir

schießen (irr) vt, vi tirer

Schiff (-(e)s, -e) m bateau m ; (Kirchenschiff) nef f • Schiffbau m construction f navale • Schiffbruch m naufrage m

Schiffer (-s, -) m batelier m

Schifffahrt f navigation f

Schifffahrtslinie f ligne f maritime

Schikane f tracasserie f

schikanieren vt brimer

Schild¹ (-(e)s, -e) m (Schutz) bouclier m ; (von Tier) carapace f ; (Mützenschild) visière f

Schild² (-(e)s, -er) nt écriteau m ; (Verkehrsschild) panneau m ; (Etikett) étiquette f

Schilddrüse f thyroïde f

schildern vt décrire

Schilderung f description f

Schildkröte f tortue f

Schilf (-(e)s, -e) nt, Schilfrohr nt roseau m

schillern vi chatoyer, miroiter

Schilling m schilling m

Schimmel (-s, -) m moisissure f; (Pferd) cheval m blanc

schimmelig adj moisi(e)

schimmeln vi moisir

Schimmer (-s) m lueur f

schimmern vi (Kerze) jeter une faible lueur

Schimpanse (-n, -n) m chimpanzé m

schimpfen vi pester

Schimpfwort nt gros mot m

Schinken (-s, -) m jambon m

Schirm (-(e)s, -e) m (Regenschirm) parapluie m; (Sonnenschirm) parasol m; (Lampenschirm) abat-jour m inv; (Mützenschirm) visière f • **Schirmherrschaft** f patronage m

Schlacht (-, -en) f bataille f

schlachten vt (Tier) tuer

Schlachtenbummler m supporter d'une équipe jouant à l'extérieur

Schlachter (-s, -) m boucher m

Schlachtfeld nt champ m de bataille

Schlachtruf m cri m de guerre

Schlaf (-(e)s) m sommeil m • **Schlafanzug** m pyjama m

Schläfchen nt (petite) sieste f

Schläfe f tempe f

schlafen (irr) vi dormir; ~ **gehen** aller se coucher

schlaff adj (Haut) flasque; (erschöpft) épuisé(e); (péj: energielos) mou (molle)

Schlafgelegenheit f endroit m où dormir

Schlaflosigkeit f insomnie f

Schlafmittel nt somnifère m

Schlafsaal m dortoir m

Schlafsack m sac m de couchage

Schlaftablette f somnifère m

Schlafwagen m wagon-lit m

Schlafzimmer nt chambre f à coucher

Schlag (-(e)s, ⁼e) m (Hieb) coup m; (Méd: Hirnschlag) attaque f (d'apoplexie) f; (Stromschlag) secousse f; (Blitzschlag) foudre f; (Schicksalsschlag) coup du destin; **Schläge** pl (Tracht Prügel) raclée f • **Schlagader** f artère f • **Schlaganfall** m attaque f (d'apoplexie) • **schlagartig** adj brusque

Schlägel (-s, -) m (Trommelschlägel) baguette f

schlagen (irr) vt battre

Schlager (-s, -) m (Mus) tube m; (Erfolg) succès m

Schläger (-s, -) m (Tennisschläger) raquette f; (Hockeyschläger) crosse f; (Golfschläger) club m

Schlägerei f bagarre f

Schlagersänger(in) m(f) chanteur(-euse) pop

schlagfertig adj qui a de la repartie

Schlagloch nt nid m de poules

Schlagwort nt slogan m

Schlagzeile f manchette f

Schlagzeug nt batterie f

Schlagzeuger(in) (-s, -) m(f) batteur m

Schlamassel (-s, -) (fam) m od nt pagaille f

Schlamm (-(e)s, -e) m boue f

schlammig adj boueux(-euse)

Schlampe(r) (péj: fam) f(m) souillon f

Schlamperei (fam) f (Unordnung) pagaille f; (schlechte Arbeit) travail m bâclé

schlampig (fam) adj (Mensch) débraillé(e); (Arbeit) bâclé(e)

Schlange f serpent m; (Menschenschlange) queue f; (von Autos) file f; ~ stehen faire la queue

schlank adj mince • Schlankheit f minceur f • Schlankheitskur f cure f d'amaigrissement

schlapp adj (erschöpft) épuisé(e); (fam: energielos) mou (molle)

Schlappe (fam) f veste f

schlau adj (Mensch) malin(-igne); (Plan) astucieux(-euse)

Schlauch (-(e)s, Schläuche) m tuyau m; (in Reifen) chambre f à air • Schlauchboot nt canot m pneumatique

schlauchen (fam) vt pomper

schlecht adj mauvais(e); (verdorben) avarié(e) ▶ adv mal; (kaum) difficilement; jdm geht es ~ (gesundheitlich) qn est mal; (wirtschaftlich) qn est dans la gêne

schlechthin adv tout simplement; der Dramatiker ~ le type même du dramaturge

Schlechtigkeit f méchanceté f

schlecht|machen vt calomnier

schlecken vt lécher ▶ vi manger des sucreries

Schlegel (-s, -) m (Culin) cuisse f

schleichen (irr) vi se glisser; (heimlich) marcher à pas de loup

schleichend adj (Krankheit, Gift) insidieux(-euse)

Schleier (-s, -) m voile m • schleierhaft adj: jdm ~ sein échapper à qn

Schleife f boucle f; (auf Schuh auch, im Haar) nœud m

schleifen¹ vi traîner ▶ vt (ziehen) traîner

schleifen² vt irr (Messer) aiguiser; (Edelstein) tailler

Schleim (-(e)s, -e) m (Méd) mucosité f; (Culin) gruau m

schleimig adj visqueux(-euse)

schlemmen vi festoyer

schlendern vi flâner

schlenkern vt balancer

schleppen vt traîner; (Auto, Schiff) remorquer ▶ vr se traîner

schleppend adj (Gang) traînant(e); (Bedienung, Abfertigung) très lent(e)

Schlepper (-s, -) m (Schiff) remorqueur m

Schlepplift m remonte-pente m

Schleswig-Holstein nt le Schleswig-Holstein

Schleuder (-, -n) f (Steinschleuder) fronde f; (Wäscheschleuder) essoreuse f; (Zentrifuge) centrifugeuse f • schleudern vt lancer; (Wäsche) essorer ▶ vi (Aut) déraper

Schleuderpreis m prix m sacrifié

Schleudersitz m siège m éjectable

schleunigst adv au plus vite

Schleuse f écluse f

schlich vb siehe schleichen

schlicht adj simple

schlichten vt (Streit) régler

Schlichter(in) (-s, -) m(f) médiateur(-trice)

Schlichtung f conciliation f

Schlick (-(e)s, -e) m vase f

schlief etc vb siehe schlafen

Schließe f fermeture f

schließen (irr) vt fermer ; (Lücke) boucher ; (Frieden, Ehe) conclure ; (Vertrag) passer ▶ vi (folgern) conclure

Schließfach nt consigne f automatique

schließlich adv finalement ; (immerhin) après tout

schliff etc vb siehe **schleifen**

schlimm adj mauvais(e) ; (Zeiten) difficile • **schlimmer** adj pire • **schlimmste(r, s)** adj pire

schlimmstenfalls adv au pire (des cas)

Schlinge f boucle f ; (als Verband) écharpe f

schlingern vi tanguer

Schlips (-es, -e) m cravate f

Schlitten (-s, -) m luge f ; (Pferdeschlitten) traîneau m

schlittern vi patiner

Schlittschuh m patin m à glace

Schlitz (-es, -e) m fente f ; (Hosenschlitz) braguette f

schloss etc vb siehe **schließen**

Schloss (-es, -¨er) nt (Bau) château m ; (Vorrichtung) serrure f

Schlosser (-s, -) m (für Schlüssel) serrurier m

Schlucht (-, -en) f gorge f

schluchzen vi sangloter

Schluck (-(e)s, -e) m gorgée f

Schluckauf (-s) m hoquet m

schlucken vt, vi avaler

schlug etc vb siehe **schlagen**

schlummern vi faire un petit somme ; (fig) être caché(e)

schlüpfen vi se glisser ; (Küken, Vogel etc) éclore

Schlüpfer (-s, -) m slip m

schlüpfrig adj glissant(e) ; (péj) obscène

Schluss (-es, -¨e) m fin f ; (Schlussfolgerung) conclusion f

Schlüssel (-s, -) m clé f, clef f ; (Lösungsschlüssel) corrigé m • **Schlüsselbein** nt clavicule f • **Schlüsselblume** f primevère f • **Schlüsselbund** nt trousseau m de clés • **Schlüsseldienst** m serrurerie f express • **Schlüsselloch** nt trou m de la serrure

Schlussfolgerung f conclusion f

Schlusslicht nt feu m arrière

Schlussstrich m : **einen ~ unter etw** Akk **ziehen** tirer un trait sur qch

Schlussverkauf m soldes mpl

schmächtig adj frêle

schmackhaft adj (Essen) délicieux(-euse) ; **jdm etw ~ machen** faire un tableau flatteur de qch à qn

schmählich adj honteux(-euse)

schmal adj étroit(e) ; (Person, Buch etc) mince ; (karg) maigre

schmälern vt (Ertrag, Lohn) diminuer ; (Ruf, Verdienst) rabaisser

Schmalz (-es, -e) nt graisse f (fondue) ; (Schweineschmalz) saindoux m

schmalzig adj (Lied etc) à l'eau de rose

Schmarotzer (-s, -) m parasite m

schmatzen vi manger bruyamment

schmecken vt goûter ▶ vi (Essen) être bon(ne) ; **schmeckt es (Ihnen)?** vous aimez ?

Schmeichelei f mot m flatteur
schmeichelhaft adj
flatteur(-euse)
schmeicheln vi +Dat flatter
schmeißen (irr) (fam) vt jeter,
balancer
Schmeißfliege f mouche f bleue
schmelzen (irr) vt faire fondre ▶ vi
fondre
Schmerz (-es, -en) m douleur f;
(Trauer) chagrin m
schmerzen vt faire mal à ; (fig)
blesser
Schmerzensgeld nt dommages
mpl et intérêts mpl
schmerzhaft adj
douloureux(-euse)
schmerzlich adj
douloureux(-euse)
Schmerzmittel nt
analgésique m
schmerzstillend adj
analgésique
Schmetterling m papillon m
Schmied (-(e)s, -e) m forgeron m
Schmiedeeisen nt fer m forgé
schmieden vt forger
schmiegsam adj flexible, souple
Schmiere f graisse f
schmieren vt étaler ; (Aufstrich,
Butter) tartiner ; (ölen, fetten)
graisser ; (fam: bestechen) graisser
la patte à ; (schreiben) griffonner
▶ vi (schreiben) griffonner
Schmiergeld nt pot-de-vin m
Schmiermittel nt lubrifiant m
Schmierseife f savon m noir
Schminke f maquillage m
schminken vt maquiller ▶ vr se
maquiller

schmirgeln vt poncer
schmiss etc vb siehe **schmeißen**
schmollen vi bouder
schmolz etc vb siehe **schmelzen**
Schmorbraten m rôti m braisé
schmoren vt braiser ▶ vi cuire à
feu doux
Schmuck (-(e)s, -e) m (Ringe etc)
bijoux mpl ; (Verzierung)
décoration f
schmücken vt décorer
Schmuggel (-s) m contrebande f
schmuggeln vt passer en
contrebande ▶ vi faire de la
contrebande
Schmuggler(in) (-s, -) m(f)
contrebandier(-ière)
schmunzeln vi sourire
schmusen vi se faire des câlins
Schmutz (-es) m saleté f
schmutzig adj sale ; (Witz)
cochon(ne) ; (Geschäfte) louche
Schnabel (-s, ⸚) m bec m
Schnake f moustique m
Schnalle f boucle f
schnallen vt attacher ; **den
Gürtel enger ~** se serrer la
ceinture
Schnäppchen (fam) nt bonne
affaire f
schnappen vt saisir
Schnappschuss m instantané m
Schnaps (-es, ⸚e) m eau-de-vie f
schnarchen vi ronfler
schnaufen vi haleter
Schnauzbart m moustache f
Schnauze f museau m ; (Ausguss)
bec m ; (Geräte) gueule f
Schnecke f escargot m ;
(Nacktschnecke) limace f

S

Schneckenhaus nt coquille f
Schnee(-s) m neige f
 • **Schneeball** m boule f de neige
 • **Schneegestöber** nt tempête f de neige • **Schneeglöckchen** nt perce-neige m od f inv
 • **Schneekette** f chaîne f
 • **Schneepflug** m chasse-neige m inv • **Schneeschmelze** f fonte f des neiges
Schneide f tranchant m
schneiden (irr) vt couper ▶ vr se couper
Schneider(in)(-s, -) m(f) tailleur m, couturière f
Schneidezahn m incisive f
schneien vi unpers: **es schneit** il neige
schnell adj rapide ; **machen Sie ~!** faites vite !
schnellen vi bondir ; (Preise) faire un bond
Schnelligkeit f rapidité f
Schnellimbiss m snack(-bar) m
schnellstens adv au plus vite
Schnellstraße f voie f rapide
Schnickschnack(-(e)s) m (fam : péj : Überflüssiges) camelote f
schnippisch adj insolent(e)
schnitt etc vb siehe **schneiden**
Schnitt(-(e)s, -e) m coupure f ; (Schnittpunkt) intersection f ; (Durchschnitt) moyenne f
Schnitte f tranche f
Schnittlauch m ciboulette f
Schnittmuster nt patron m
Schnittpunkt m intersection f
Schnittstelle f interface f
Schnitzel(-s, -) nt (Culin) escalope f
schnitzen vt sculpter

schnodderig (fam) adj sans-gêne inv
Schnorchel(-s, -) m tuba m
schnorcheln vi faire de la plongée (avec un tuba)
Schnörkel(-s, -) m fioriture f
schnorren vt taper
schnüffeln vi flairer, renifler ; (fam: spionieren) fouiner ; **an etw Dat ~** renifler qch
Schnuller(-s, -) m tétine f
Schnupfen(-s, -) m rhume m
schnuppern vi: **an etw Dat ~** renifler qch
Schnur(-, -¨e) f ficelle f ; (Élec) fil m
Schnurrbart m moustache f
schnurren vi ronronner
Schnürsenkel m lacet m
schob etc vb siehe **schieben**
Schock(-(e)s, -s) m choc m
Schöffengericht nt tribunal avec un jury
Schokolade f chocolat m
Schokoriegel m barre f chocolatée
Scholle f (Fisch) plie f

---

schon

adv 1 (bereits) déjà ; **~ vor 100 Jahren** déjà il y a cent ans ; **ich war ~ einmal da** (früher) j'y suis déjà allé(e) ; **das war ~ immer so** ça a toujours été comme ça ; **wartest du ~ lange?** il y a longtemps que tu attends? ; **~ oft** (déjà) souvent ; **wie ~ so oft** comme déjà souvent ; **~ immer** toujours ; **was, ~ wieder?** quoi, encore? ; **ich habe das ~ mal gehört** j'ai entendu ça quelque part ; **hast**

du ~ gehört! tu as entendu la nouvelle?
2 (*bestimmt*): **du wirst ~ sehen** tu verras bien; **das wird ~ noch gut** ça va (sûrement) s'arranger
3 (*bloß*): **wenn ich das ~ höre** rien que d'entendre des choses pareilles; **hör ~ auf damit!** arrête!; **was macht das ~, wenn ...?** qu'est-ce que ça peut bien faire que ...?
4 (*einschränkend*): **ja ~, aber ...** d'accord, mais ...
5: **(das ist) ~ möglich** c'est bien possible; **~ gut!** bon(, d'accord)!; **du weißt ~** tu sais bien; **komm ~!** allez, viens!; **und wenn ~!** et alors!

schön *adj* beau (belle); **~e Grüße** bien le bonjour; **~e Ferien!** bonnes vacances!
schonen *vt* ménager ▶ *vr* se ménager
Schönheit *f* beauté *f*
Schonung *f* (*Nachsicht*) égards *mpl*; (*von Gegenstand*) ménagement *m*; (*Forst*) pépinière *f*
schonungslos *adj* impitoyable
Schonzeit *f* période *f* de fermeture de la chasse
schöpfen *vt* (*Flüssigkeit*) puiser; (*Mut, Luft*) prendre
Schöpfkelle *f*, **Schöpflöffel** *m* louche *f*
Schöpfung *f* création *f*
Schorf (-(*e*)*s*, -*e*) *m* croûte *f*
Schornstein *m* cheminée *f*
 • **Schornsteinfeger** (-*s*, -) *m* ramoneur *m*
Schoß (-*es*, -*e*) *m* (*von Rock*) basque *f*; **auf jds ~** sur les genoux de qn

schoss *etc vb siehe* **schießen**
Schote *f* (*Bot*) cosse *f*
schottisch *adj* écossais(e)
Schottland *nt* l'Écosse *f*
schraffieren *vt* hachurer
schräg *adj* (*Wand*: *schief, geneigt*) penché(e); (*Linie*) oblique
Schramme *f* éraflure *f*
schrammen *vt* érafler
Schrank (-(*e*)*s*, -*e*) *m* placard *m*; (*Kleiderschrank*) armoire *f*
Schranke *f* barrière *f*
Schraube *f* vis *f*; (*Schiffsschraube*) hélice *f*
schrauben *vt* visser
Schraubenschlüssel (-*s*, -) *m* clé *f* à molette
Schraubenzieher (-*s*, -) *m* tournevis *m*
Schreck (-(*e*)*s*, -*e*) *m* frayeur *f*
Schreckgespenst *nt* spectre *m*
schreckhaft *adj* craintif(-ive)
schrecklich *adj* épouvantable
Schrei (-(*e*)*s*, -*e*) *m* cri *m*
Schreibblock *m* bloc-notes *m*
schreiben (*irr*) *vt*, *vi* écrire
 • **Schreiben** (-*s*, -) *nt* lettre *f*
Schreiber(in) (-*s*, -) *m*(*f*) auteur *m*
schreibfaul *adj* trop paresseux(-euse) pour écrire
Schreibfehler *m* faute *f* d'orthographe
Schreibmaschine *f* machine *f* à écrire
Schreibschutz *m* (*Inform*) protection *f* d'écriture
Schreibtisch *m* bureau *m*
Schreibwaren *pl* fournitures *fpl* de bureau

S

Schreibweise f orthographe f ; (Stil) style m

schreien (irr) vi, vt crier

schreiend adj (Ungerechtigkeit) criant(e) ; (Farbe) criard(e)

Schreiner (-s, -) m (von Möbeln) menuisier m ; (Zimmermann) charpentier m

Schreinerei f menuiserie f

schreiten (irr) vi marcher ; **zum Angriff/zur Tat ~** passer à l'attaque/l'acte

schrie etc vb siehe **schreien**

schrieb etc vb siehe **schreiben**

Schrift (-, -en) écriture f ; (Buch, Gedrucktes) écrit m • **Schriftart** f (Handschrift) écriture ; (Typ) caractères mpl • **Schriftdeutsch** nt bon allemand m • **schriftlich** adj écrit(e) ▶ adv par écrit

Schriftsteller(in) (-s, -) m(f) écrivain m

schrill adj (Stimme) perçant(e) ; (Ton) aigu(ë)

Schritt (-(e)s, -e) m pas m • **Schrittmacher** m stimulateur m cardiaque

schroff adj brusque

schröpfen vt (fig) plumer

Schrot (-(e)s, -e) m od nt (Blei) plomb m ; (Getreide) farine f brute • **Schrotflinte** f fusil m (de chasse)

Schrott (-(e)s, -e) m ferraille f • **schrottreif** adj bon(ne) pour la casse

schrumpfen vi (Apfel, Mensch) se ratatiner

Schubkarren m brouette f

Schublade f tiroir m

schüchtern adj timide

schuf etc vb siehe **schaffen**¹

Schuft (-(e)s, -e) m canaille f

schuften (fam) vi bosser

Schuh (-(e)s, -e) m chaussure f • **Schuhband** nt lacet m • **Schuhcreme** f cirage m • **Schuhgeschäft** nt magasin m de chaussures • **Schuhmacher** m cordonnier m • **Schuhwerk** nt chaussures fpl

schuld adj: **(an etw Dat) ~ sein** être responsable (de qch) • **Schuld** (-, -en) f responsabilité f ; (Verschulden) faute f

schulden vt devoir

schuldig adj coupable ; **jdm etw ~ sein** od **bleiben** devoir qch à qn

Schuldner(in) (-s, -) m(f) débiteur(-trice)

Schuldspruch m verdict m de culpabilité

Schule f école f

schulen vt former ; (Geist, Ohr) exercer

Schüler(in) (-s, -) m(f) élève mf

Schulferien pl vacances fpl scolaires

schulfrei adj: **~er Tag** jour m où il n'y a pas classe

Schulhof m préau m, cour f de l'école

Schuljahr nt année f scolaire

Schulmedizin f médecine f conventionnelle

schulpflichtig adj (Alter) scolaire ; (Kind) d'âge scolaire

Schulstunde f heure f de classe

Schulter (-, -n) f épaule f • **Schulterblatt** nt omoplate f

Schulung f formation f

Schuppe f (von Fisch, Schlange) écaille f ; **Schuppen** pl (Haarschuppen) pellicules fpl

schuppen vt (Fisch) enlever les écailles de

Schuppen(-s, -) m remise f

schürfen vt (Haut, Knie) égratigner

Schürze f tablier m

Schuss(-es, =e) m (Gewehrschuss) coup m de feu ; (Foot etc) tir m

Schüssel(-, -n) f saladier m

Schuster(-s, -) m cordonnier m

Schutt(-(e)s) m (Trümmer, Bauschutt) décombres mpl
• **Schuttabladeplatz** m décharge f (publique)

Schüttelfrost m frissons mpl

schütteln vt secouer ▶ vr (vor Kälte) frissonner

schütten vt verser ▶ vi unpers pleuvoir à verse

Schutz(-es) m protection f ; (Zuflucht) abri m ; **jdn in ~ nehmen** prendre la défense de qn
• **Schutzblech** nt garde-boue m inv

Schütze(-n, -n) m tireur m ; (Schießsportler) marqueur m ; (Astr) Sagittaire m

schützen vt protéger ; **~ vor** +Dat od **gegen** protéger de od contre

Schutzengel m ange m gardien

Schutzgebiet nt (Pol) protectorat m ; (Naturschutzgebiet) parc m naturel

Schutzhelm m casque m

schutzlos adj sans défense

schwach adj faible ; (Tee, Gift) léger(-ère) ; (Gedächtnis) mauvais(e)

Schwäche f faiblesse f ; **~ für** +Akk faible m pour

schwächen vt affaiblir

Schwachkopf(fam) m imbécile m

Schwachsinn m (Méd) débilité f mentale

Schwachstelle f point m faible

schwafeln (fam) vi radoter

Schwager(-s, =) m beau-frère m

Schwägerin f belle-sœur f

Schwalbe f hirondelle f

Schwall(-(e)s, -e) m flot m

schwamm etc vb siehe **schwimmen**

Schwamm(-(e)s, =e) m éponge f

schwammig adj spongieux(-euse) ; (Gesicht) bouffi(e)

Schwan(-(e)s, =e) m cygne m

schwanger adj enceinte

Schwangerschaft f grossesse f

Schwangerschaftsabbruch m interruption f de grossesse

schwanken vi se balancer ; (Preise, Zahlen, Temperatur) fluctuer ; (taumeln) chanceler ; (zögern) hésiter

Schwanz(-es, =e) m queue f

schwänzen (fam) vt sécher

Schwarm(-(e)s, =e) m essaim m ; (fam) idole f

schwärmen vi: **für jdn/etw ~** adorer qn/qch

schwarz adj noir(e)
• **Schwarzarbeit** f travail m au noir • **Schwarzbrot** nt pain de seigle très noir • **Schwarze(r)** f(m) Noir(e) m/f

schwarzfahren (irr) vi resquiller

Schwarzfahrer(in) m(f) resquilleur(-euse)

Schwarzmarkt m marché m noir

schwarzsehen vi (TV) regarder la télé sans avoir payé sa redevance ; (fam: Pessimist) tout voir en noir

Schwarzwald m Forêt-Noire f

schwatzen vi, **schwätzen** vi bavarder

Schwätzer(in) (-s, -) (péj) m(f) bavard(e)

Schwebebahn f téléphérique m

schweben vi planer ; (aufgehängt sein) être suspendu(e)

Schweden (-s) nt la Suède

schwedisch adj suédois(e)

Schwefel (-s) m soufre m

schweigen (irr) vi se taire
• **Schweigen** (-s) nt silence m

schweigsam adj silencieux(-euse)

Schwein (-(e)s, -e) nt cochon m ; (Culin) porc m ; (fam: Glück) bol m

Schweinefleisch nt viande f de porc

Schweinegrippe f grippe f porcine od A

Schweinerei f (fam: Gemeinheit) vacherie f

Schweiß (-es) m sueur f

schweißen vt souder

Schweißfüße pl: ~ **haben** transpirer des pieds

Schweiz f: **die ~** la Suisse

Schweizer (-s, -) m Suisse m
• **Schweizerdeutsch** nt suisse m alémanique od allemand
• **schweizerisch** adj suisse

Schwelle f seuil m

schwellen (irr) vi (Méd) enfler ; (Fluss) grossir

Schwellung f (Méd) enflure f

schwenken vt agiter ▶ vi (Mil) effectuer une conversion

schwer adj lourd(e) ; (schwierig, hart) difficile ; (Wein) capiteux(-euse) ; (Schmerzen)

fort(e) ; (Gewitter) violent(e) ▶ adv (sehr) vraiment

Schwere (-) f gravité f ; (Gewicht) poids m • **Schwerelosigkeit** f apesanteur f

schwerfallen (irr) vi: **jdm ~** être difficile pour qn

schwerfällig adj lourd(e) ; (Mensch) lourdaud(e)

Schwergewicht nt (fig) accent m

schwerhörig adj dur(e) d'oreille

Schwerkraft f pesanteur f

schwerlich adv difficilement

schwernehmen (irr) vt mal supporter

Schwerpunkt m centre m de gravité ; (fig) essentiel m

Schwert (-(e)s, -er) nt épée f

Schwerverbrecher(in) m(f) criminel(le)

schwerwiegend adj (Grund) important(e) ; (Fehler) grave

Schwester (-, -n) f sœur f ; (Krankenschwester) infirmière f

schwieg etc vb siehe **schweigen**

Schwiegereltern pl beaux-parents mpl

Schwiegermutter f belle-mère f

Schwiegersohn m gendre m

Schwiegertochter f belle-fille f

Schwiegervater m beau-père m

schwierig adj difficile
• **Schwierigkeit** f difficulté f

Schwimmbad nt piscine f

Schwimmbecken nt piscine f

schwimmen (irr) vi nager ; (treiben, nicht sinken) flotter

Schwimmer(in) (-s, -) m nageur m ; (Angeln) flotteur m

Schwimmflosse f palme f

Schwimmweste f gilet m de sauvetage

Schwindel (-s) m vertige m ; (Betrug) escroquerie f
• **schwindelfrei** adj : ~ **sein** ne pas avoir le vertige

schwindeln vi (fam : lügen) mentir ; **jdm schwindelt es** qn a le vertige

schwinden (irr) vi (Hoffnung) s'évanouir ; (Kräfte) décliner

schwindlig adj : **mir ist** ~ j'ai le vertige

schwingen (irr) vt balancer ; (Waffe etc) brandir ▶ vi (Pendel) osciller ; (klingen) résonner ; (vibrieren) vibrer

Schwips (-es, -e) m : **einen** ~ **haben** être éméché(e)

schwirren vi (Fliegen) bourdonner

schwitzen vi transpirer

schwoll etc vb siehe **schwellen**

schwor etc vb siehe **schwören**

schwören (irr) vi jurer ▶ vt : **einen Eid** ~ prêter serment

schwul (fam) adj homo

schwül adj lourd(e)

Schwule(r) f homo m

Schwund (-(e)s) m (Abnahme) diminution f

Schwung (-(e)s, ∸e) m élan m ; (Energie) énergie f ; (fam : Menge) tapée f • **schwungvoll** adj (mitreißend) entraînant(e)

Schwur (-(e)s, ∸e) m serment m
• **Schwurgericht** nt ≈ cour f d'assises (avec des jurés)

sechs num six • **sechshundert** num six cents

sechste(r, s) adj sixième

Sechstel (-s, -) nt sixième m

sechzehn num seize

sechzig num soixante

Secondhandladen m magasin m de vêtements d'occasion

See[1] (-s, -n) m lac m

See[2] f mer f • **Seefahrt** f navigation f maritime • **Seehund** m phoque m, veau m marin • **Seeigel** m oursin m • **seekrank** adj : ~ **sein** avoir le mal de mer

Seele f âme f

Seeleute pl von **Seemann**

seelisch adj psychique, psychologique

Seelsorge f soutien m moral

Seelsorger (-s, -) m directeur m de conscience

Seemann (-(e)s, -leute) m marin m

Seeräuber m pirate m

Seerose f nénuphar m

Seestern m étoile f de mer

Seezunge f sole f

Segel (-s, -) nt voile f • **Segelboot** nt voilier m • **Segelfliegen** (-s) nt vol m à voile • **Segelflugzeug** nt planeur m

segeln vi naviguer ; (Segler) faire de la voile

Segelschiff nt voilier m

Segen (-s, -) m bénédiction f

Segler (-s, -) m (Person) plaisancier m

sehen (irr) vt, vi voir ; (in bestimmte Richtung) regarder

sehenswert adj à voir

Sehenswürdigkeiten pl attractions fpl touristiques, choses fpl à voir

Sehne f tendon m ; (an Bogen, Math) corde f

712

sehnen vr : **sich ~ nach** (jdm, Heimat) s'ennuyer de ; (etw) avoir très envie de
Sehnsucht f désir m ardent ; (nach Vergangenem) nostalgie f
sehnsüchtig adj (Blick, Augen etc) ardent(e) ; (Wunsch) ardent(e) ▶ adv (erwarten) avec impatience
sehr adv très ; (mit Verben) beaucoup ; **zu ~** trop
seicht adj (Wasser) peu profond(e) ; (fig) superficiel(le)
Seide f soie f
Seife f savon m
Seil(-(e)s, -e) nt corde f, câble m
• **Seilbahn** f téléphérique m
• **Seilhüpfen** (-s), **Seilspringen** (-s) nt saut m à la corde
• **Seiltänzer(in)** m(f) funambule mf

---

sein

(pt **war**, pp **gewesen**)
▶ vi 1 être ; **sie ist 20 (Jahre)** elle a 20 ans ; **es ist Mitternacht/16.15 Uhr** il est minuit/16h15
2 : **seien Sie mir bitte nicht böse** il ne faut pas m'en vouloir ; **was sind Sie (beruflich)?** que faites-vous dans la vie ? ; **wenn ich Sie/du wäre** à votre/ta place ; **das wärs** voilà ; (in Geschäft) ce sera tout
3 (Resultat) : **3 und 5 ist 8** 3 plus 5 égalent 8 ; **es sei denn, dass ...** à moins que ... ; **wie dem auch sei** quoi qu'il en soit ; **wie wäre es mit einem Kaffee?** que diriez-vous d'un café ? ; **damit ist nichts** (fam : es klappt nicht) ça ne marche pas ; **ist was?**

qu'est-ce qu'il y a ? ; **mir ist kalt** j'ai froid ; **mir ist nicht gut** je ne me sens pas (très) bien ; **mir ist, als hätte ich geträumt** j'ai l'impression d'avoir rêvé ; **etw ~ lassen** (fam : aufhören) arrêter qch ; (nicht tun) ne pas faire qch ; **lass das ~!** arrête !
4 (Hilfsverb) être ; **er ist angekommen** il est arrivé ; **sie ist angekommen** elle est arrivée

sein(e) poss pron son, sa, son ; (mit Plural) ses ; **er ist gut ~e zwei Meter** (fam) il fait bien deux mètres
seine(r, s) pron le (la) sien(ne) ; **die S~n** les siens
seiner pron Gen von **er, es**
seinerseits adv de son côté
seinerzeit adv à cette époque
seinesgleichen pron (Leute) les gens comme lui
seinetwegen adv (für ihn) pour lui
seit konj depuis que ▶ präp +Dat depuis • **seitdem** adv depuis ▶ konj depuis que
Seite f côté m ; (von Angelegenheit) aspect m ; (Buchseite) page f
Seitenhieb m (fig) coup m de bec
seitens präp +Gen du côté de
Seitensprung m aventure f
Seitenstechen nt point m de côté
Seitenstreifen m bande f latérale
seither adv depuis

seitlich adj latéral(e)
Sekretär m secrétaire m
Sekretariat nt secrétariat m
Sekretärin f secrétaire f
Sekt(-(e)s, -e) m = champagne m
Sekte f secte f
Sektor m secteur m ; (Sachgebiet) domaine m
Sekundarstufe f (Scol) niveau m secondaire
Sekunde f seconde f
selber pron = selbst

selbst

▶ pron 1: **ich/er ~** moi/lui-même ;
wir ~ nous-mêmes ; **sie ist die Tugend ~** c'est la vertu même od personnifiée ; **wie gehts? — gut, und ~?** comment ça va ? — bien, et toi/vous ? 2 (ohne Hilfe) tout(e) seul(e) ; **von ~** de lui-même (d'elle-même) ; (ich) de moi-même ; **sie näht ihre Kleider ~** elle fait ses robes elle-même ; **~ gebacken** maison inv ; **~ gemacht** (Kleidung) qu'on a fait soi-même ; (Marmelade etc) maison inv ; (fam: Methode etc) artisanal(e) ; **~ verdientes Geld** de l'argent qu'on a gagné soi-même ; **~ ist der Mann/die Frau!** on n'est jamais mieux servi que par soi-même ! ; **das muss er ~ wissen** c'est à lui de décider ▶ adv même ; **~ wenn** même si ; **~ Gott** même Dieu

Selbst(-) nt moi m
selbständig etc adj siehe **selbstständig** etc

Selbstbedienung f self-service m
Selbstbefriedigung f masturbation f
Selbstbeherrschung f maîtrise f de soi
selbstbewusst adj sûr(e) de soi
Selbstbewusstsein nt confiance f en soi
selbstklebend adj autocollant(e)
Selbstkostenpreis m prix m coûtant od de revient
Selbstmord m suicide m
Selbstmörder(in) m(f) suicidé(e)
selbstsicher adj sûr(e) de soi
selbstständig adj indépendant(e) ; **~er Einzelunternehmer** autoentrepreneur mf
 • **Selbstständigkeit** f indépendance f
Selbstversorger m: **~ sein** subvenir à ses propres besoins ; **Urlaub für ~** vacances fpl en appartement etc
selbstverständlich adj évident(e) ▶ adv bien sûr
Selbstverteidigung f autodéfense f
Selbstvertrauen nt confiance f en soi
Selbstverwaltung f autogestion f
Selbstzweck m fin f en soi
selig adj (glücklich) aux anges
Sellerie (-s, -(s)) m céleri(-rave) m
selten adj rare ▶ adv rarement
Seltenheit f rareté f
seltsam adj étrange

seltsamerweise adv étrangement

Semester (-s, -) nt semestre m

Semikolon (-s, -s) nt point-virgule m

Seminar (-s, -e) nt (Institut) département m; (Kurs) séminaire m

Semmel (-, -n) f petit pain m

Senat (-(e)s, -e) m sénat m

senden (irr) vt (Brief etc) envoyer; (ausstrahlen) émettre ▶ vi (ausstrahlen) émettre

Sender (-s, -) m émetteur m

Sendereihe f série f d'émissions

Sendung f (Brief, Paket) envoi m; (Radio, TV) émission f

Senegal m le Sénégal

Senf (-(e)s, -e) m moutarde f

Senior (-s, -en) m (Mensch im Rentenalter) personne f du troisième âge

Seniorenpass m ≈ carte f Vermeil

senken vt baisser; (Steuern) diminuer ▶ vr s'affaisser

Senkfuß m pied m plat

senkrecht adj vertical(e)

Sensation f sensation f

sensationell adj sensationnel(le)

Sense f faux f

sensibel adj sensible

sensibilisieren vt sensibiliser

Sensor m détecteur m

sentimental adj sentimental(e)

separat adj indépendant(e); (Eingang) particulier(-ière)

September (-(s), -) m septembre m

Sequenz f série f; (Ciné, Inform) séquence f

sequenziell adj: **~e Datei** fichier m séquentiel

Serbien (-s) nt la Serbie

serbisch adj serbe

Serie f série f

seriell adj (Inform) série inv

Serpentine f (Straße) route f en lacet

Serum (-s, Seren) nt sérum m

Server (-s, -) m (Inform) serveur m

Service (-(s), - od -, -) nt od m service m

servieren vt, vi servir

Sessel (-s, -) m fauteuil m; **• Sessellift** m télésiège m

Set (-s, -s) nt od m série f; (Deckchen) set m (de table)

setzen vt poser; (Gast) asseoir, placer; (Hoffnung, Segel, Komma) mettre; (Termin, Frist, Ziel) fixer; (Geld) miser ▶ vr s'asseoir; **auf ein Pferd ~** miser sur un cheval

Seuche f épidémie f

seufzen vi soupirer

Sex (-(es)) m sexe m

Sexualität f sexualité f

sexuell adj sexuel(le)

sexy adj sexy inv

shoppen vi faire du shopping

Shorts pl short m

sich pron se

Sichel (-, -n) f faucille f; (Mondsichel) croissant m

sicher adj sûr(e); (geschützt, ungefährdet) en sécurité; (zuverlässig) sûr(e) ▶ adv certainement; **~ vor** +Dat à l'abri de; **sich** Dat **einer Sache/jds ~ sein** être sûr(e) de qch/qn

sichergehen (irr) vi assurer ses arrières

Sicherheit f sécurité f ; (Gewissheit) certitude f ; (Zuverlässigkeit) sûreté f ; (Selbstsicherheit) assurance f

Sicherheitsgurt m ceinture f de sécurité

sicherheitshalber adv par mesure de sécurité

Sicherheitsnadel f épingle f de sûreté od de nourrice

Sicherheitsschloss nt serrure f de sécurité

Sicherheitsvorkehrung f mesure f de sécurité

sicherlich adv certainement

sichern vt (Tür, Fenster) bien fermer ; (Inform) sauvegarder ; (Bergsteiger: garantieren) assurer ; **~ gegen** od **vor** +Dat protéger contre od de

sicher|stellen vt (Beute) mettre en sécurité

Sicherung f protection f ; (an Waffen) cran m de sécurité ; (Élec) plombs mpl

Sicht f vue f • **sichtbar** adj visible

sichten vt apercevoir ; (durchsehen) examiner

sichtlich adj évident(e)

Sichtverhältnisse pl visibilité f

Sichtvermerk m visa m

Sichtweite f visibilité f

sickern vi (Flüssigkeit) suinter ; (Nachricht) transpirer

sie pron (weiblich: sg: Nom) elle ; (: Akk) la ; (pl: Nom) elles ; (: Akk) les ; (männlich: Nom) il ; (: Dat) lui ; (: pl: Nom) ils ; (: pl: Akk) les

Sie (Akk **Sie**, Dat **Ihnen**) pron vous

Sieb (-(e)s, -e) nt tamis m ; (Gemüsesieb) passoire f ; (Teesieb) passoire

sieben[1] vt tamiser ; (fig) trier

sieben[2] num sept
• **siebenhundert** num sept cent

siebte(r, s) adj septième

Siebtel (-s, -) nt septième m

siebzehn num dix-sept

siebzig num soixante-dix

Siedewasserreaktor m réacteur m à eau bouillante

Siedlung f établissement m, agglomération f ; (Neubausiedlung etc) cité f

Sieg (-(e)s, -e) m victoire f

Siegel (-s, -) nt sceau m

siegen vi remporter la od une victoire, vaincre ; **über jdn/etw ~** battre qn/qch

Sieger(in) (-s, -) m(f) vainqueur m

Siegeszug m marche f victorieuse

siegreich adj victorieux(-euse)

siehe etc vb siehe **sehen**

siezen vt vouvoyer

Signal (-s, -e) nt signal m

signalisieren vt signaler

Signatur f (Unterschrift) signature f ; (Bibliothekssignatur) cote f

Silbe f syllabe f

Silber (-s) nt argent m
• **Silberblick** m: **einen ~ haben** avoir un léger strabisme

Silbermedaille f médaille f d'argent

silbern adj d'argent ; (Klang) argentin(e)

Silhouette f silhouette f

Silvester (-s, -) nt Saint-Sylvestre f

> **Silvester** désigne le réveillon du nouvel an en allemand. Bien que ce ne soit pas un jour férié officiel, dans la plupart des entreprises on termine le travail plus tôt et les magasins ferment à midi. La majorité des Allemands allument feux d'artifices et fusées à minuit et font la fête jusqu'au petit matin.

Simbabwe (-s) nt le Zimbabwe

SIM-Karte f carte f SIM

simpel adj très simple

Sims (-es, -e) m od nt (Fenstersims) rebord m (de fenêtre)

simulieren vt simuler ▶ vi faire semblant

simultan adj simultané(e)

Sinfonie f symphonie f

singen (irr) vi, vt chanter

Single¹ (-s, -s) m (Alleinlebender) célibataire mf

Single² (-, -(s)) f (Schallplatte) 45 tours m sg

Singvogel m oiseau m chanteur

sinken (irr) vi (Schiff) couler ; (Sonne) se coucher ; (niedriger werden, abnehmen) baisser

Sinn (-(e)s, -e) m sens m ; (Bewusstsein) conscience f ; ~ **für etw haben** avoir le sens de qch ; **es hat keinen/wenig** ~ ça ne sert à rien/pas à grand-chose ; **das war nicht der** ~ **der Sache** ce n'est pas ça qui était prévu • **Sinnbild** nt symbole m

sinnlich adj sensuel(le)

sinnlos adj (unsinnig) insensé(e)

Sinnlosigkeit f finitulité f

sinnvoll adj (Leben, Arbeit) qui a un sens

Sintflut f déluge m

Sippe f tribu f

Sirene f sirène f

Sirup (-s, -e) m sirop m

Sitte f (Gewohnheit) coutume f ; (Sittlichkeit) mœurs fpl

Sittlichkeitsverbrechen nt crime m d'ordre sexuel

Situation f situation f

Sitz (-es, -e) m siège m

sitzen (irr) vi être assis(e) ; ~ **bleiben** rester assis(e) ; (Scol) redoubler ; **auf etw** Dat ~ **bleiben** ne pas arriver à vendre qch ; ~ **lassen** (Mädchen) laisser tomber

sitzend adj (Tätigkeit) sédentaire

Sitzgelegenheit f siège m

Sitzplatz m siège m

Sitzung f séance f

Sizilien (-s) nt la Sicile

Skala (-, Skalen) f échelle f

Skandal (-s, -e) m scandale m

Skandinavien (-s) nt la Scandinavie

Skateboard (-s, -s) nt planche f à roulettes

skateboarden vi faire du skate(board)

Skelett (-(e)s, -e) nt squelette m

Skepsis (-) f scepticisme m

skeptisch adj sceptique

Ski (-s, -er) m ski m ; ~ **laufen** od **fahren** faire du ski • **Skifahrer(in)** m(f) skieur(-euse) • **Skilehrer(in)** m(f) moniteur(-trice) de ski • **Skilift** m téléski m

Skin(head) (-s, -s) m skin(head) mf

Skipiste f piste f de ski
Skistock m bâton m de ski
Skizze f esquisse f
skizzieren vt esquisser ; (Bericht) rédiger le brouillon de
Sklave (-n, -n) m esclave m
Sklaverei f esclavage m
Skonto (-s, -s) m od nt escompte m
Skorpion (-s, -e) m scorpion m ; (Astr) Scorpion
Skrupel (-s, -) m scrupule m
• **skrupellos** adj sans scrupules
Skulptur f sculpture f
Skype® nt Skype® m
Slalom (-s, -s) m slalom m
Slip (-s, -s) m slip m
Slowakei f Slovaquie f
slowakisch adj slovaque
Slowenien nt la Slovénie
Smartphone nt smartphone m
Smog (-(s), -s) m smog m
SMS (-, -) f abk (= Short Message Service) SMS m
Snowboard (-s, -s) nt snowboard m, surf m des neiges
snowboarden vi faire du snowboard, faire du surf (des neiges)

---

so

▶ adv 1 (so sehr) tellement ; **das hat ihn so geärgert, dass ...** ça l'a tellement irrité que ... ; **ein so altes Haus** une maison tellement vieille ; **so groß/schön wie ...** (im Vergleich) aussi grand(e)/beau (belle) que ... ; **so viel** (ebenso viel) autant ; **so viel für heute!** ça suffit pour aujourd'hui ! ; **halb/doppelt so viel** deux fois moins/plus ; **rede**

nicht so viel tu parles trop ; **so weit sein** (fam: fertig) être prêt(e) ; **so weit** od **als möglich** autant que possible, dans la mesure du possible ; **ich bin so weit zufrieden** en gros, je suis satisfait ; **es ist bald so weit** ça y est presque ; **so wenig wie möglich** le moins possible 2 (auf diese Weise) ainsi, comme ça ; **mach es nicht so wie ich** ne suis pas mon exemple ; **so oder so** de toute façon ; **und so weiter** etc. ; **oder so was** ou quelque chose du même genre ; **das ist gut so** ça va bien comme ça ; **das habe ich nur so gesagt** je plaisantais ; **so gut es geht** de mon/ton/etc mieux 3 (solch): **so etwas ist noch nie passiert!** ça n'est encore jamais arrivé ! ; **so ein Gauner/eine Unverschämtheit!** quel escroc/culot ! ; **so jemand wie ich** les gens comme moi ; **so etwas Schönes!** que c'est beau ! ; **na so was!** ça alors ! 4 (fam: umsonst): **ich habe es so bekommen** je l'ai eu pour rien
▶ konj: **so wie es jetzt ist** dans les circonstances actuelles ; siehe auch **sodass**
▶ interj: **so?** ah oui ? ; **so, das wärs** bon, voilà

Socke f chaussette f
Sockel (-s, -) m socle m
sodass konj si bien que
Sodbrennen nt brûlures f pl d'estomac
soeben adv (vor sehr kurzer Zeit) justement
Sofa (-s, -s) nt canapé m

sofern konj à condition que

soff etc vb siehe **saufen**

sofort adv immédiatement, tout de suite

Softeis nt crème f glacée

Softie m homme m tendre

Software f logiciel m

Sog (-(e)s, -e) m aspiration f

sogar adv même

sogleich adv immédiatement

Sohle f (Fußsohle) plante f (du pied) ; (Schuhsohle) semelle f

Sohn (-(e)s, -̈e) m fils m

Sojasoße f sauce f au soja

Solarium nt solarium m

solch adj tel(le)

solche(r, s) adj tel(le) ; **ein ~r Mensch** une telle personne

Sold (-(e)s, -e) m solde f

Soldat (-en, -en) m soldat m

solidarisch adj solidaire

solidarisieren vr : **sich ~ mit** se solidariser avec

Solidarität f solidarité f

solide adj (Material) solide ; (Leben, Person) respectable ; (Arbeit, Wissen) approfondi(e)

Solist(in) m(f) soliste mf

Soll (-(s), -(s)) nt (Fin) débit m ; (Arbeitsmenge) objectif m (de production)

---

sollen

(pt **sollte**, pp **gesollt** od (als Hilfsverb) **sollen**)

▶ vi 1 (Pflicht, Befehl) devoir ; **was soll ich tun?** que (dois-je) faire ? ; **du hättest nicht gehen ~** tu n'aurais pas dû y aller ; **soll ich dir helfen?** je

peux t'aider ? ; **ich soll dich von ihm grüßen** il m'a demandé de bien te saluer ; **du sollst nicht töten** (Bibel) tu ne tueras pas ; **sag ihm, er soll warten** dis-lui d'attendre ; **das sollst du nicht (machen** od **tun)** c'est défendu 2 (Vermutung) : **sie soll verheiratet sein** elle serait mariée ; **was soll das (heißen)?** qu'est-ce que ça signifie ? ; **was soll das sein?** qu'est-ce que c'est que ça ? ; **was solls?** et puis zut ! ; **man sollte glauben, dass ...** on dirait presque que ... ; **sollte das passieren, ...** si cela devait se produire od le cas échéant, ... ; **mir soll es gleich sein** pour moi, c'est du pareil au même

---

Solo (-s, -s od Soli) nt solo m

somit konj donc

Sommer (-s, -) m été m
  • **sommerlich** adj (Wetter) estival(e) ; (Kleidung) d'été
  • **Sommerschlussverkauf** m soldes mpl d'automne
  • **Sommersprossen** pl taches fpl de rousseur • **Sommerzeit** f été m

Sonate f sonate f

Sonde f sonde f

Sonderangebot nt offre f spéciale

sonderbar adj étrange

Sonderfall m exception f

sonderlich adj (sonderbar) étrange ▶ adv (besonders) particulièrement

Sondermüll m déchets mpl spéciaux

sondern konj mais

Sonnabend *m* samedi *m*
Sonne *f* soleil *m*
sonnen *vr* se bronzer
Sonnenaufgang *m* lever *m* du *od* de soleil
Sonnenblume *f* tournesol *m*
Sonnenbrand *m* coup *m* de soleil
Sonnenbrille *f* lunettes *fpl* de soleil
Sonnenenergie *f* énergie *f* solaire
Sonnenfinsternis *f* éclipse *f* (de soleil)
Sonnenschein *m* soleil *m*
Sonnenschirm *m* parasol *m*
Sonnenstich *m* insolation *f*
Sonnenuhr *f* cadran *m* solaire
Sonnenuntergang *m* coucher *m* de *od* du soleil
Sonnenwende *f* solstice *m*
sonnig *adj* ensoleillé(e)
Sonntag *m* dimanche *m*
sonntags *adv* le dimanche
sonst *adv* (außerdem) sinon ; (zu anderer Zeit) une autre fois ; (gewöhnlich) d'habitude ▶ *konj* sinon ; **wer/was ~?** qui/quoi d'autre ?
Sopran (-s, -e) *m* (voix *f* de) soprano *m* ; (Mensch) soprano *mf*
Sorge *f* souci *m* ; (Fürsorge) soin *m*
sorgen *vi*: **für jdn ~** s'occuper de qn ▶ *vr* se faire du souci ; **für ~, dass ...** veiller à ce que ... ; **für Ruhe ~** rétablir le calme
 • **Sorgenkind** *nt* enfant *m* handicapé
Sorgerecht *nt* droit *m* de garde
Sorgfalt (-) *f* soin *m*
sorgfältig *adj* (Arbeit) soigné(e)

sorglos *adj* sans souci ; (Mensch) insouciant(e)
sorgsam *adj* attentif(-ive)
Sorte *f* sorte *f* ; (Warensorte) variété *f* ; **Sorten** *pl* (Fin) devises *fpl*
sortieren *vt* trier
Sortiment *nt* assortiment *m*
Soße *f* sauce *f*
soviel *konj* autant que ; **~ ich weiß, ...** autant que je sache, ...
soweit *konj* (pour) autant que
sowie *konj* (sobald) dès que ; (ebenso, und) ainsi que
sowieso *adv* de toute façon
Sowjetunion *f* Union *f* soviétique
sowohl *konj*: **~ ... als od wie auch ...** aussi bien ... que ...
sozial *adj* social(e) ; **~e Medien** médias *mpl* sociaux ; **~es Netzwerk** réseau *m* social
 • **Sozialabgaben** *pl* contributions *fpl* à la Sécurité sociale
 • **Sozialarbeiter(in)** *m(f)* travailleur(-euse) social(e)
 • **Sozialdemokrat** *m* social-démocrate *m*
 • **sozialdemokratisch** *adj* social(e)-démocrate • **Sozialhilfe** *f* aide *f* sociale, prestations *fpl* sociales
Sozialismus *m* socialisme *m*
Sozialist(in) *m(f)* socialiste *mf*
 • **sozialistisch** *adj* socialiste
Sozialpartner *m* partenaire *m* social
Sozialpolitik *f* politique *f* sociale
Sozialstaat *m* État-providence *m*
Sozialversicherung *f* ≈ Sécurité *f* sociale
Sozialwohnung *f* ≈ HLM *f*

Soziologe (-n, -n) m sociologue m

Soziologie f sociologie f

sozusagen adv pour ainsi dire

Spachtel (-s, -) m spatule f

Spalt (-(e)s, -e) m ouverture f; (fig: Kluft) fossé m

Spalte f fissure f; (Gletscherspalte) crevasse f; (in Text) colonne f

spalten vt fendre; (fig) diviser

Spaltung f division f; (Phys) fission f

Spam (-s, -s) nt (Inform) spam m

spammen vt, vi (Inform) spammer

Span ((e)s, =e) m copeau m

Spanferkel nt cochon m de lait

Spange f (Haarspange) barrette f; (Schnalle) boucle f; (Armreif) bracelet m

Spanien (-s) nt l'Espagne f

Spanier(in) (-s, -) m(f) Espagnol(e)

spanisch adj espagnol(e)

spann etc vb siehe **spinnen**

Spannbetttuch nt drap-housse m

spannen vt (straffen) tendre; (Bogen) bander ▶ vi (Kleidung) être trop serré(e)

spannend adj passionnant(e)

Spannung f tension f; (Neugier) suspense m

Sparbuch nt carnet m d'épargne

sparen vt, vi économiser

Sparer (-s, -) m épargnant m

Spargel (-s, -) m asperge f

Sparkasse f caisse f d'épargne

spärlich adj maigre

Sparmaßnahme f mesure f d'économie

sparsam adj (Mensch) économe; (Gerät, Auto) économique

Sparsamkeit f sens m de l'économie

Sparte f secteur m; (Presse) rubrique f

Spaß (-es, =e) m plaisanterie f; (Freude) plaisir m

Spaßverderber (-s, -) m rabat-joie m inv

spät adj tardif(-ive) ▶ adv tard

Spaten (-s, -) m bêche f

später adj ultérieur(e) ▶ adv plus tard

spätestens adv au plus tard

Spätlese f vin vendangé tardivement

Spatz (-en, -en) m moineau m

spazieren vi se promener

~ gehen aller se promener

Spaziergang m promenade f

Spazierweg m sentier m

Specht (-(e)s, -e) m pic m

Speck (-(e)s, -e) m lard m

Spedition f (Speditionsfirma) entreprise f de transports

Speer (-(e)s, -e) m lance f; (Sport) javelot m

Speiche f rayon m

Speichel (-s) m salive f

Speicher (-s, -) m grenier m; (Wasserspeicher) réservoir m; (Inform) mémoire f

Speicherkarte f (Inform, Foto) carte f de mémoire

speichern vt mettre en réserve, entreposer; (Wasser) accumuler; (Inform) enregistrer

Speicherplatz m (Inform) mémoire f disponible; (auf Diskette/Festplatte) espace-disque m

speien (irr) vt, vi cracher ; (sich übergeben) vomir

Speise f mets m, plat m
• **Speisekarte** f menu m

speisen vi manger ▶ vt (versorgen) : ~ **mit** alimenter en

Speiseröhre f œsophage m

Speisesaal m salle f à manger

Speisewagen m wagon-restaurant m

Spektakel (-s, -) nt (Veranstaltung) spectacle m ▶ m (fam: Lärm) tohu-bohu m, boucan m

Spekulation f spéculation f

spekulieren vi (Fin) faire de la spéculation

Spende f don m

spenden vt donner ; (Schatten) faire ; (Seife) distribuer

Spender(in) (-s, -) m(f) donateur(-trice) ; (Méd) donneur(-euse) ▶ m (Gerät) distributeur m

spendieren vt offrir

Spengler (-s, -) m plombier m

Sperma (-s, Spermen) nt sperme m

Sperre f barrière f ; (Verbot) interdiction f ; (Polizeisperre) barrage m

sperren vt fermer ; (Konto) bloquer ; (Sport) suspendre ▶ vr : **sich ~ gegen** s'opposer à

Sperrgebiet nt zone f interdite

Sperrmüll m déchets mpl encombrants

Spesen pl frais mpl

Spezialisierung f spécialisation f

Spezialist(in) m(f) : **ein ~ für etw** un spécialiste de qch

Spezialität f spécialité f

speziell adj spécial(e)

spezifisch adj spécifique

spicken vt entrelarder

spie etc vb siehe **speien**

Spiegel (-s, -) m miroir m
• **Spiegelbild** nt reflet m

Spiegelei nt œuf m au plat

spiegeln vr se refléter ▶ vi briller ; (blenden) éblouir ; (reflektieren) réfléchir la lumière

Spiegelreflexkamera f appareil m reflex

Spiegelung f reflet m

Spiel (-(e)s, -e) nt jeu m ; (Sport) match m

spielen vt, vi jouer

spielend adv avec une grande facilité

Spieler(in) (-s, -) m(f) joueur(-euse)

Spielerei f (nichts Anstrengendes) jeu m d'enfant ; (unwichtiges Extra) gadget m

spielerisch adj enjoué(e) ; ~**es Können** (Sport) aisance f, excellent jeu m

Spielfeld nt terrain m

Spielfilm m film m (long métrage)

Spielplan m (Theat) programme m

Spielplatz m aire f de jeu

Spielraum m jeu m, liberté f

Spielsachen pl jouets mpl

Spielverderber(in) (-s, -) m trouble-fête m inv

Spielzeug nt jouets mpl

Spieß (-es, -e) m lance f ; (Bratspieß) broche f

Spießer (-s, -) m (petit) bourgeois m

spießig (péj) adj (petit(e)-)bourgeois(e)

Spinat (-(e)s, -e) m épinards mpl

Spinne f araignée f

spinnen (irr) vt filer ; (Netz) tisser ▶ vi (fam: verrückt sein) dérailler

Spinner(in) (-s, -) (fam) m(f) cinglé(e)

Spinnwebe f toile f d'araignée

Spion (-s, -e) m espion m ; (Guckloch) judas m

Spionage f espionnage m

spionieren vi faire de l'espionnage

Spirale f spirale f ; (Méd) stérilet m

Spirituosen pl spiritueux mpl

Spiritus (-, -se) m alcool m

Spital (-s, -er) nt hôpital m

spitz adj pointu(e) ; (Bemerkung) acerbe

Spitzbogen m arc m en ogive

Spitze f pointe f ; (gew pl: Gewebe) dentelle f

Spitzel (-s, -) m indicateur m (de police)

spitzen vt (Bleistift) tailler ; (Ohren) dresser

Spitzen- in ZW (erstklassig, höchste) excellent(e) ; (aus Spitze) en dentelle

spitzfindig adj subtil(e)

Spitzname m surnom m

Splitter (-s, -) m éclat m

sponsern vt sponsoriser

Sponsor (-s, -en) m sponsor m

spontan adj spontané(e)

Sport (-(e)s, -e) m sport m
 • Sportlehrer(in) m(f) professeur m d'éducation physique

Sportler(in) (-s, -) m(f) sportif(-ive)

sportlich adj sportif(-ive) ; (Kleidung, Auto) de sport

Sportplatz m terrain m de sport

Sportverein m club m sportif

Sportwagen m voiture f de sport

Spott (-(e)s) m railleries fpl

spöttisch adj moqueur(-euse)

sprach etc vb siehe sprechen

Sprache f langue f ; (Sprechfähigkeit) parole f

Sprachführer m manuel m de conversation

Sprachgebrauch m usage m

Sprachkenntnisse pl connaissances fpl linguistiques ; mit guten englischen ~n avec de bonnes connaissances d'anglais

Sprachkurs m cours m de langue

sprachlich adj linguistique

sprachlos adj muet(te) ; (erschrocken) hébété(e)

Sprachrohr nt (fig) voix f

Sprachsteuerung f commande f vocale

sprang etc vb siehe springen

Spray (-s, -s) m od nt spray m

sprechen (irr) vi, vt parler ; (jdn) parler à

Sprecher(in) (-s, -) m(f) locuteur(-trice) ; (für Gruppe) porte-parole m inv ; (Radio, TV) speaker(ine)

Sprechstunde f consultation f

Sprechstundenhilfe f secrétaire f médicale

Sprechzimmer nt cabinet m (de consultation)

sprengen vt (mit Sprengstoff: Spielbank) faire sauter ; (Versammlung) faire se dissoudre ; (Rasen) arroser

Sprengstoff m explosif m
Sprichwort nt proverbe m
Springbrunnen m jet m d'eau
springen (irr) vi sauter ; (zerspringen) se casser, se fêler
Springer (-s, -) m (Sport) sauteur m ; (Schach) cavalier m
Sprit (-(e)s, -e) (fam) m essence f
Spritze f piqûre f
spritzen vt (anspritzen) arroser ; (Méd) faire une piqûre de, injecter ▶ vi (Wasser, heißes Fett) gicler
spröde adj (Material) cassant(e) ; (Haut) sec(sèche) ; (Person) austère
Spruch (-(e)s, ⸚e) m dicton m
Sprudel (-s, -) m eau f minérale gazeuse
sprudeln vi jaillir
Sprühdose f spray m, aérosol m
sprühen vt vaporiser ▶ vi jaillir ; **~ vor** pétiller de
Sprung (-(e)s, ⸚e) m saut m • **Sprungbrett** nt tremplin m • **sprunghaft** adj (Mensch) qui ne tient pas en place ; (Aufstieg) fulgurant(e)
Spucke (-) f salive f
spucken vt, vi cracher
Spuk (-(e)s, -e) m esprit m ; (fig) horreur f
spuken vi (Geist) hanter les lieux
Spule f bobine f
Spüle f évier m
spülen vt (Geschirr) laver, faire
Spülmaschine f lave-vaisselle m inv
Spülmittel nt produit m pour la vaisselle
Spülung f rinçage m

Spur (-, -en) f trace f ; (Fußspuren, Radspur, Tonbandspur) piste f ; (Fahrspur) file f
spüren vt sentir
spurlos adv sans laisser de traces
Spurt (-(e)s, -s od -e) m sprint m
Squash (-) nt squash m
Sri Lanka nt le Sri Lanka
Staat (-(e)s, -en) m État m
staatlich adj attrib de l'État
Staatsangehörigkeit f nationalité f
Staatsanwalt m ≈ procureur m de la République
Staatsdienst m fonction f publique
Staatsexamen nt (Univ) examen dont l'obtention donne accès aux carrières de l'enseignement
Staatsmann (-(e)s, -männer) m homme m d'État
Staatsoberhaupt nt chef m de l'État od d'État
Staatsstreich m coup m d'État
Stab (-(e)s, ⸚e) m bâton m ; (Gitterstab) barreau m ; (von Menschen) équipe f
Stäbchen nt (Essstäbchen) baguette f
stabil adj stable ; (Möbel) solide ; (Gesundheit) robuste
stabilisieren vt stabiliser
stach etc vb siehe **stechen**
Stachel (-s, -n) m épine f ; (von Biene etc) dard m • **Stachelbeere** f groseille f à maquereau • **Stacheldraht** m fil m de fer barbelé
stachelig adj (Tier) à piquants ; (Pflanze) épineux(-euse)
Stadion (-s, Stadien) nt stade m

S

Stadium *nt* stade *m*

Stadt (-, ¨e) *f* ville *f*

städtisch *adj* (*Leben*) en ville ; (*Anlagen*) municipal(e)

Stadtmauer *f* remparts *mpl*

Stadtmitte *f* centre-ville *m*

Stadtplan *m* plan *m* (de ville)

Stadtrand *m* périphérie *f*

Stadtrundfahrt *f* tour *m* de ville

Stadtteil *m* quartier *m*

Staffel (-, -n) *f* (*Sport*) équipe *f* (*de course de relais*)

stahl *etc vb siehe* **stehlen**

Stahl (-(e)s, ¨e) *m* acier *m*

Stall (-(e)s, ¨e) *m* étable *f* ; (*Pferdestall*) écurie *f* ; (*Kaninchenstall*) clapier *m* ; (*Schweinestall*) porcherie *f* ; (*Hühnerstall*) poulailler *m*

Stamm (-(e)s, ¨e) *m* (*Baumstamm*) tronc *m* ; (*Volksstamm*) tribu *f*
• **Stammbaum** *m* arbre *m* généalogique

stammen *vi* : **~ von** *od* **aus** venir de

Stammgast *m* habitué *m*

Stammtisch *m* (*Tisch in Gasthaus*) table réservée aux habitués d'un café

Stammzelle *f* cellule *f* souche

stampfen *vi* taper du pied ; (*gehen*) marcher d'un pas lourd ▶ *vt* (*zerkleinern*) réduire en purée

stand *etc vb siehe* **stehen**

Stand (-(e)s, ¨e) *m* (*Stehen*) position *f* debout ; (*Zustand, Stufe, Pol : Klasse*) état *m* ; (*Spielstand*) score *m* ; (*Messestand etc*) stand *m*

Standard (-s, -s) *m* norme *f*

Ständchen *nt* sérénade *f*

Ständer (-s, -) *m* (*Kleiderständer*) portemanteau *m* ; (*Notenständer*) pupitre *m*

Standesamt *nt* bureau *m* de l'état civil (*à la mairie*)

standhaft *adj* imperturbable

stand|halten (*irr*) *vi* +*Dat* tenir tête à

ständig *adj* permanent(e) ▶ *adv* constamment

Standlicht *nt* feu *m* de position

Standort *m* emplacement *m* ; (*Mil*) garnison *f*

Standpunkt *m* point *m* de vue

Standspur *f* (*Aut*) bande *f* d'arrêt d'urgence

Stange *f* barre *f* ; (*Zigaretten*) cartouche *f*

Stängel (-s, -) *m* tige *f*

Stangenbrot *nt* baguette *f*

stank *etc vb siehe* **stinken**

Stapel (-s, -) *m* pile *f* ; (*Naut*) cale *f* sèche

stapeln *vt* empiler

Star¹ (-(e)s, -e) *m* (*Zool*) étourneau *m* ; (*Méd*) cataracte *f*

Star² (-s, -s) *m* star *f*, vedette *f*

starb *etc vb siehe* **sterben**

stark *adj* fort(e) ; (*mächtig*) puissant(e)

Stärke *f* force *f* ; (*von Brille*) puissance *f* ; (*Culin*) amidon *m*

stärken *vt* (*Mensch*) fortifier ; (*Selbstbewusstsein*) renforcer ; (*Wäsche*) amidonner

starr *adj* rigide ; (*Haltung*) inflexible ; (*Blick*) fixe

starren *vi* regarder fixement

Start (-(e)s, -e) *m* départ *m* ; (*Aviat*) décollage *m* • **Startbahn** *f* piste *f* d'envol • **starten** *vt* (*Aut*) mettre en marche ; (*Aviat*) lancer ▶ *vi* (*Aviat*) décoller ; (*Sport*) prendre le départ • **Starthilfekabel** *nt* câble m de démarrage • **Startseite** f (im Internet) page f de démarrage

Station f (Haltestelle) arrêt m ; (Krankenstation) service m ; **~ machen** faire halte

stationieren vt (Truppen) cantonner ; (Atomwaffen etc) entreposer

Statistik f statistique f • **Statistiker(in)** m(f) statisticien(ne) f

statistisch adj statistique

Stativ nt trépied m

statt konj au lieu de ▸ präp +Gen od Dat à la place de

Stätte f endroit m

statt|finden (irr) vi avoir lieu

Statue f statue f

Statur f stature f

Status (-, -) m statut m • **Statussymbol** nt signe m extérieur de richesse

Stau (-(e)s, -e) m blocage m ; (Verkehrsstau) embouteillage m

Staub (-(e)s) m poussière f

staubig adj (Straße) poussiéreux(-euse) ; (Kleidung) couvert(e) de poussière

Staubsauger m aspirateur m

Staudamm m barrage m

stauen vr (Wasser) s'accumuler ; (Verkehr) être bloqué(e)

staunen vi s'étonner, être étonné(e) • **Staunen** (-s) nt étonnement m

Stausee m lac m artificiel (d'un barrage)

stechen (irr) vt piquer ; (mit Messer) donner un coup de couteau à od dans ▸ vi piquer ; (Sonne) taper dur

Stechen (-s, -) nt (Sport) belle f ; (Schmerz) douleur f lancinante

Steckbrief m signalement m

Steckdose f prise f

stecken vt mettre ; (Nadel) enfoncer ; (beim Nähen) épingler ▸ vi irr être bloqué(e) ; (Nadeln) être enfoncé(e) ; (fam: sein) être

Stecker (-s, -) m (Élec) prise f

Stecknadel f épingle f

Steg (-(e)s, -e) m passerelle f ; (Bootssteg) débarcadère m

stehen (irr) vi (sich befinden) être, se trouver ; (stillstehen, angehalten haben) être arrêté(e) ▸ vi unpers: **es steht schlecht um ihn/seine Karriere** ça s'annonce mal pour lui/ses perspectives d'avancement ; **wie stehts?** comment ça va ? ; **~ bleiben** s'arrêter

stehlen (irr) vt voler

steif adj raide ; (Stoff) rigide ; (Gesellschaft) guindé(e)

Steigbügel m étrier m

steigen (irr) vi (klettern) grimper ; (Flugzeug, Ballon) monter, prendre de l'altitude

steigern vt améliorer ▸ vr (Spannung) augmenter ; (Leistung) s'améliorer

Steigerung f augmentation f

Steigung f montée f ; (Hang) pente f

steil adj (Abhang) raide ; (Fels) escarpé(e)

Stein (-(e)s, -e) m pierre f • **Steinbock** m (Zool) bouquetin m ; (Astr) Capricorne m • **Steinbruch** m carrière f

Steingut m grès m

steinig adj rocailleux(-euse)

Steinkohle f anthracite m

Steinmetz (-es, -e) m tailleur m de pierre

Steiß (-es, -e) m bas m du dos

Stelle f endroit m ; (Position) place f ; (Abschnitt) passage m ; (Arbeit) emploi m ; (Amt) poste

stellen vt mettre ; (Bedingungen, Falle) poser ► vr se mettre ; (bei Polizei) se livrer

Stellenangebot nt offre f d'emploi

Stellengesuch nt demande f d'emploi

Stellenwert m (fig): **einen hohen ~ haben** être très en vue

Stellung f position f ; (Posten) poste m ; **~ nehmen zu** prendre position à propos de
• **Stellungnahme** f prise f de position

stellvertretend adj attrib remplaçant(e)

Stellvertreter(in) m(f) remplaçant(e)

Stelze f échasse f

stemmen vt (Gewicht) soulever ► vr: **sich ~ gegen** (fig) être violemment opposé(e) à

Stempel (-s, -) m tampon m

stempeln vt tamponner ; (Briefmarke) oblitérer

Stengel m siehe **Stängel**

Steppdecke f couette f

Steppe f steppe f

Sterbehilfe f euthanasie f

sterben (irr) vi mourir

Sterblichkeit f condition f de mortel

Stereoanlage f chaîne f stéréo

steril adj stérile

sterilisieren vt stériliser

Stern (-(e)s, -e) m étoile f
• **Sternbild** nt constellation f
• **Sternchen** nt astérisque m
• **Sternschnuppe** f étoile f filante

stetig adj continu(e)

stets adv toujours

Steuer¹ (-s, -) nt (Naut) barre f ; (Aut) volant m

Steuer² (-, -n) f impôt m

Steuerberater(in) m(f) conseiller(-ère) fiscal(e)

Steuererklärung f déclaration f d'impôts

Steuerflucht f exil m fiscal

Steuerflüchtling m exilé(e) m/f fiscal(e)

Steuerhinterziehung f fraude f fiscale

Steuerknüppel m (Flug) manche m à balai

Steuermann (-(e)s, -männer od -leute) m timonier m

steuern vt (Auto) conduire ; (Flugzeug) piloter ; (Entwicklung) contrôler ► vi se diriger

Steuerrad nt volant m

Steuerung f (Vorrichtung) direction f ; (Steuervorgang) conduite f ; (Tech, Inform) commande f

Steuerzahler m contribuable m

Steward (-s, -s) m steward m

Stewardess (-, -en) f hôtesse f de l'air

Stich (-e) m (Insektenstich) piqûre f ; (Messerstich) coup m de couteau ; (beim Nähen) point m ; (Art) gravure f

stichhaltig adj concluant(e)

Stichprobe f échantillonnage m

Stichwahl f second tour m

Stichwort nt mot-clé m

Sticker(-s, -) m autocollant m

Stickerei f broderie f

stickig adj: **hier ist aber ~e Luft** ça sent vraiment le renfermé ici

Stickstoff m azote m

Stiefel(-s, -) m botte f

Stiefkind nt beau-fils(belle-fille) ; (fig) enfant m mal aimé

Stiefmutter f belle-mère f

Stiefmütterchen nt pensée f

Stiefvater m beau-père m

stieg etc vb siehe **steigen**

Stiel(-(e)s, -e) m (von Gerät) manche m ; (von Glas) pied m ; (Bot) tige f

Stier(-(e)s, -e) m taureau m ; (Astr) Taureau

stieß etc vb siehe **stoßen**

Stift(-(e)s, -e) m (Farbstift, Bleistift) crayon m ; (Metallstift) cheville f ; (Nagel) petit clou m

stiften vt (Orden) fonder ; (Preis) créer ; (Unruhe etc) provoquer ; (Geld) donner

Stifter(in)(-s, -) m(f) donateur(-trice)

Stiftung f (Schenkung) donation f ; (Organisation) fondation f

Stil(-(e)s, -e) m style m

still adj calme

Stille f calme m

stillen vt (Blut) arrêter ; (Schmerzen) calmer ; (Säugling) allaiter

still|legen vt (Betrieb) fermer

Stilllegung f fermeture f

Stillschweigen nt silence m absolu

stillschweigend adj tacite

Stillstand m: **zum ~ bringen** arrêter

still|stehen(irr) vi être arrêté(e) ; (Verkehr) être bloqué(e)

Stimmabgabe f vote m

Stimmbänder pl cordes fpl vocales

stimmberechtigt adj qui a le droit de vote

Stimme f voix f

stimmen vi (richtig sein) être juste od vrai(e)

Stimmrecht nt droit m de vote

Stimmung f (Gemütsstimmung) humeur f ; (Atmosphäre) atmosphère f ; (vorherrschende Meinung) opinion f publique

Stimmzettel m bulletin m de vote

stinken(irr) vi puer

Stipendium nt bourse f (d'études)

Stirn(-, -en) f front m

Stock(-(e)s, ¨e) m bâton m ; (Etage: pl -od-werke) étage m

stocken vi s'arrêter ; (beim Sprechen) hésiter

Stockung f interruption f ; (von Verkehr) embouteillage m

Stockwerk nt étage m

Stoff(-(e)s, -e) m étoffe f ; (Substanz, Materie) matière f ; (von Buch etc) sujet m ; (fam: Rauschgift) came f

Stoffwechsel m métabolisme m

stöhnen vi soupirer

Stollen(-s, -) m (Mines) galerie f ; (Culin) sorte de cake de Noël

stolpern vi trébucher

stolz adj fier(fière) • **Stolz** (-es) m
(Hochmut) orgueil m ; (große
Befriedigung) fierté f

stopfen vt (hineinstopfen)
enfoncer ; (nähen) raccommoder
▶ vi (Méd) constiper

Stoppel (-, -n) f chaume m ;
(Bartstoppel) barbe f de plusieurs
jours

stoppen vt arrêter ; (mit Stoppuhr)
chronométrer ▶ vi s'arrêter

Stoppschild nt stop m

Stoppuhr f chronomètre m

Storch (-(e)s, ÷e) m cigogne f

stören vt déranger ; (behindern)
entraver ; (Radio) perturber

Störfall m accident m (dans une
centrale nucléaire)

stornieren vt annuler

Störung f dérangement m ;
(Radio) perturbation f

Stoß (-es, ÷e) m coup m ; (Haufen)
pile f • **Stoßdämpfer** (-s, -) m
amortisseur m

stoßen (irr) vt (mit Druck) pousser ;
(mit Schlag) donner un coup à ;
(mit Fuß) donner un coup de pied
à ; (zerkleinern) piler ; (anstoßen):
sich Dat **(an etw** Dat**) den Kopf ~**
se cogner la tête (contre qch) ▶ vr
(fig) se heurter à (sich verletzen): **er
hat sich** Dat **am Regal ge~** il s'est
cogné à l'étagère

Stoßstange f pare-chocs m inv

stottern vt, vi bégayer

Stövchen nt chauffe-plats m inv

Strafanstalt f établissement m
pénitentiaire

strafbar adj punissable

Strafbarkeit f caractère m
punissable

Strafe f punition f ; (Jur) peine f ;
(Geldstrafe) amende f

strafen vt punir

straff adj tendu(e) ; (Stil) concis(e)

straffen vt tendre ; (Rede) rendre
plus concis(e)

Strafgefangene(r) f(m)
détenu(e)

Strafgesetzbuch nt Code m
pénal

sträflich adj impardonnable

Sträfling m bagnard m

Strafporto nt supplément m
d'affranchissement

Strafraum m (Sport) surface f de
réparation

Strafrecht nt droit m pénal

Straftat f délit m

Strafzettel m P.-V. m

Strahl (-(e)s, -en) m rayon m ;
(Wasserstrahl) jet m

strahlen vi briller ; (Mensch) avoir
le visage rayonnant

Strahlenbehandlung f
radiothérapie f

Strahlenbelastung f
irradiation f

Strahlung f (Phys) radiation f

Strähne f mèche f

stramm adj (Haltung) (bien)
droit(e)

Strand (-(e)s, ÷e) m plage f
• **Strandbad** nt plage f aménagée

Strandgut nt épaves fpl

Strandkorb m grand fauteuil de
plage en osier

Strang (-(e)s, ÷e) m (Strick, Seil)
corde f ; (Nervenstrang) cordon m ;
(Schienenstrang) ligne f ; **über die**

Stränge schlagen dépasser les bornes

Strapaze f effort m énorme

strapazieren vt user ; (Mensch, Kräfte) épuiser

strapaziös adj épuisant(e)

Straßburg(-s) ville Strasbourg

Straße f (über Land) route f ; (in Ortschaft, Stadt) rue f

Straßenbahn f tramway m

Straßensperre f barrage m

Straßenverkehr m circulation f

Straßenverkehrsordnung f code m de la route

Strategie f stratégie f

strategisch adj stratégique

Strauch(-(e)s, Sträucher) m buisson m

Strauß¹(-es, Sträuße) m (Blumenstrauß) bouquet m

Strauß²(-es, -e) m (Zool) autruche f

streben vi: ~ nach aspirer à ; ~ zu od nach (sich bewegen) se diriger vers

Streber(-s, -) (péj) m (Scol) bûcheur m

Strecke f trajet m ; (Entfernung) distance f ; (Rail, Math) ligne f

strecken vt (Glieder) étendre ; (Culin) allonger ▶ vr s'étirer

Streich(-(e)s, -e) m (Scherz) farce f ; (Schlag) coup m

streicheln vt caresser

streichen (irr) vt (berühren, auftragen) étaler ; (anmalen) peindre ; (durchstreichen) barrer ▶ vi (berühren): **jdm über die Haare ~** passer la main dans les cheveux de qn

Streichholz nt allumette f

Streichinstrument nt instrument m à cordes

Streife f patrouille f

streifen vt effleurer ; (abstreifen) enlever ▶ vi (gehen) errer

Streifen(-s, -) m (Linie) rayure f ; (Stück, auf Fahrbahn) bande f
• Streifenwagen m voiture f de police

Streifzug m expédition f ; (Bummel) tour m ; (kurzer Überblick) tour d'horizon, aperçu m

Streik(-(e)s, -s) m grève f
• streiken vi faire la grève

Streit(-(e)s, -e) m dispute f

streiten (irr) vi, vr se disputer

streitig adj: **jdm etw ~ machen** contester qch à qn

Streitigkeiten pl conflit msg

Streitkräfte pl belligérants mpl

streng adj sévère ; (Vorschrift, Anweisungen) strict(e)

Strenge f sévérité f

strenggläubig adj strict(e)

Stress(-es, -e) m stress m

stressen vt stresser

stressfrei adj sans stress

stressig adj stressant(e)

streuen vt répandre

strich etc vb siehe **streichen**

Strich(-(e)s, -e) m trait m
• Strichcode m code m barres

Strichmädchen(fam) nt jeune prostituée f

Strichpunkt m point-virgule m

Strick(-(e)s, -e) m corde f

stricken vt, vi tricoter

Stricknadel f aiguille f à tricoter

strikt adj (Befehl) formel(le) ; (Ordnung) méticuleux(-euse)

stritt etc vb siehe **streiten**

strittig adj (Punkt, Frage) litigieux(-euse)

Stroh (-(e)s) nt paille f • **Strohhalm** m fétu m de paille ; (Trinkhalm) paille f

Strom (-(e)s, ¨e) m fleuve m ; (Strömung, Élec) courant m

strömen vi (Wasser) couler (à flots) ; (Menschen) se précipiter (en masse)

Stromkreis m circuit m (électrique)

stromlinienförmig adj aérodynamique

Strömung f courant m

Strophe f strophe f

strotzen vi : ~ **vor** +Dat od **von** déborder de

Strudel (-s, -) m tourbillon m ; (Culin) pâtisserie autrichienne aux pommes

Struktur f structure f ; (von Gewebe) contexture f

strukturell adj de structure

Strumpf (-(e)s, ¨e) m bas m • **Strumpfhose** f collant m

struppig adj hirsute

Stube f chambre f

Stuck (-(e)s) m stuc m

Stück (-(e)s, -e) m morceau m ; (Einzelteil, Theat) pièce f

Student(in) m(f) étudiant(e)

Studentenwohnheim nt résidence f universitaire

Studie f étude f

Studienplatz m place f à l'université

studieren vt étudier ▶ vi faire des études

Studio (-s, -s) nt atelier m ; (TV etc) studio m

Studium nt études fpl

Stufe f marche f ; (Entwicklungsstufe) stade m

stufenweise adv par étapes

Stuhl (-(e)s, ¨e) m chaise f

Stuhlgang m selles fpl

stumm adj muet(te)

Stummel (-s, -) m bout m ; (Zigarettenstummel) mégot m (fam)

Stummfilm m film m muet

stumpf adj (Messer etc) émoussé(e) ; (Metall, Blick) terne ; (Mensch) amorphe

Stumpf (-(e)s, ¨e) m (Baumstumpf) souche f

Stumpfsinn (-(e)s) m abrutissement m

Stunde f heure f

Stundengeschwindigkeit f vitesse f horaire od à l'heure

Stundenkilometer pl kilomètres mpl à l'heure, kilomètres/heure mpl

stundenlang adv pendant des heures

Stundenlohn m salaire m horaire

Stundenplan m horaire m des cours

stundenweise adv à l'heure

stündlich adv toutes les heures

Stupsnase f nez m retroussé

stur adj borné(e)

Sturm (-(e)s, ¨e) m tempête f

Stürmer (-s, -) m (Sport) avant m

Sturmflut f marée f de tempête ; (Flutwelle) raz m de marée

stürmisch adj (Meer) houleux(-euse) ; (Empfang) enthousiaste ; **~es Wetter** (temps m de) tempête f, gros temps m ; **nicht so ~!** du calme !

Sturmwarnung f avis m de coup de vent

Sturz (-es, ¨e) m chute f

731   symmetrisch

stürzen vt (werfen, absetzen) faire tomber ▶ vi (fallen) tomber ; (rennen) se précipiter ▶ vr se précipiter

Sturzhelm m casque m de protection

Stute f jument f

Stütze f support m

stützen vt soutenir ; (Ellbogen, Kinn etc) mettre

stutzig adj: ~ **werden** devenir méfiant(e)

Subjekt (-(e)s, -e) nt sujet m ; (Mensch) personnage m

subjektiv adj subjectif(-ive)

Substanz f substance f ; (Kapital) capital m

subtil adj subtile

Subvention f subvention f

subventionieren vt subventionner

subversiv adj subversif(-ive)

Suche f recherche f

suchen vt, vi chercher ; ~ **und ersetzen** (Inform) rechercher et remplacer

Sucher (-s, -) m (Phot) viseur m

Suchmaschine f moteur m de recherche

Sucht (-, ⁼e) f besoin m irrésistible ; (Méd) dépendance f

süchtig adj intoxiqué(e)
• **Süchtige(r)** f(m) drogué(e)

Suchtkranke(r) f(m) intoxiqué(e) ; (rauschgiftsüchtig) toxicomane mf ; (drogensüchtig) drogué(e)

Südafrika nt l'Afrique f du Sud

Südamerika nt l'Amérique f du Sud

süddeutsch adj d'Allemagne du Sud

Süddeutschland nt l'Allemagne f du Sud

Süden (-s) m sud m

südlich adj du sud, méridional(e) ▶ präp +Gen: ~ **von** au sud de

Südpol m pôle m Sud

Südsee f Pacifique m (sud)

süffig adj (Wein) qui se laisse boire

suggerieren vt: **jdm etw** ~ créer qch chez qn

Sulfonamid (-(e)s, -e) nt sulfamide m

Sultanine f (gros) raisin m sec

Sülze f aspic m

Summe f somme f

summieren vt additionner ▶ vr s'accumuler

Sumpf (-(e)s, ⁼e) m marais m

sumpfig adj marécageux(-euse)

Sünde f péché m

super (fam) adj super inv ▶ adv super bien

Super (-s) nt (Benzin) super m

Supermarkt m supermarché m

Suppe f soupe f

Surfbrett nt planche f de surf

surfen vi faire du surf

Surfer (-s, -) m surfeur m

suspekt adj suspect(e)

süß adj sucré(e) ; (lieblich) mignon(ne)

Süßigkeit f (Bonbon etc) sucrerie f

Süßspeise f dessert m

Süßstoff m édulcorant m

Süßwasser nt eau f douce

Sweatshirt (-s, -s) nt sweat-shirt m

Symbol (-s, -e) nt symbole m

symbolisch adj symbolique

symmetrisch adj symétrique

Sympathie f sympathie f
Sympathisant(in) m(f) sympathisant(e)
sympathisch adj sympathique
Symptom (-s, -e) nt symptôme m
symptomatisch adj symptomatique
Synagoge f synagogue f
synchron adj synchrone
  • **Synchrongetriebe** nt vitesses fpl synchronisées
synchronisieren vt synchroniser
Syndrom (-s, -e) nt syndrome m
Synonym (-s, -e) nt synonyme m
Syntax (-, -en) f syntaxe f
Synthese f synthèse f
synthetisch adj synthétique
Syphilis (-) f syphilis f
Syrien (-s) nt la Syrie
System (-s, -e) nt système m
  • **Systemanalyse** f analyse f fonctionnelle
systematisch adj systématique
Systemkritiker m personne qui critique le système
Szenario nt scénario m
Szene f scène f; (Drogenszene etc) milieu m

t

Tabak (-s, -e) m tabac m
Tabelle f tableau m
Tablet nt, **Tablet-PC** m (Inform) tablette f
Tablette f comprimé m
Tabu (-s, -s) nt tabou m
Tachometer m od nt compteur m (de vitesse)
Tadel (-s, -) m (Rüge) réprimande f, blâme m; (Makel) faute f
  • **tadellos** adj irréprochable
Tadschikistan nt le Tadjikistan
Tafel (-, -n) f tableau m; (Anschlagtafel) panneau m d'affichage; (Schiefertafel) ardoise f; (Gedenktafel) plaque f; (Schokolade etc) tablette f
Tag (-(e)s, -e) m jour m; **am ~** pendant la journée; **guten ~!** bonjour!
Tagebau m exploitation f à ciel ouvert
Tagebuch nt journal m (intime)
tagelang adv des journées entières
tagen vi siéger ▸ vb unpers: **es tagt** le jour se lève

Tagesablauf m journée f
Tageskarte f carte f journalière ; (Speisekarte) menu m du jour
Tageslicht nt lumière f du jour
Tageslichtprojektor m rétroprojecteur m
Tagesordnung f ordre m du jour
Tagesschau f journal m télévisé
Tageszeit f heure f du jour
Tageszeitung f quotidien m
täglich adj quotidien(ne) ▶ adv tous les jours
tagsüber adv pendant la journée
Tagung f congrès m
Tai-Chi (-) nt taï chi m
Taille f taille f
tailliert adj cintré(e)
Takt (-(e)s, -e) m tact m ; (Mus) mesure f • **Taktfrequenz** f (Inform) fréquence f d'horloge
Taktik (-, -en) f tactique f
taktisch adj tactique
taktlos adj qui manque de tact
taktvoll adj plein(e) de tact
Tal (-(e)s, =er) nt vallée f
Talent (-(e)s, -e) nt talent m
Talkshow (-, -s) f causerie f télévisée
Talsohle f fond m de (la) vallée
Tampon (-s, -s) m tampon m
Tang (-(e)s, -e) m algues fpl
Tank (-s, -s) m réservoir m
tanken vi prendre de l'essence ▶ vt prendre
Tanker (-s, -) m pétrolier m
Tankstelle f station-service f
Tankwart m pompiste m
Tanne f sapin m
Tannenzapfen m pomme f de pin

Tante f tante f
Tanz (-es, =e) m danse f
tanzen vi, vt danser
Tapete f papier m peint
tapfer adj courageux(-euse) • **Tapferkeit** f courage m
Tarif (-s, -e) m tarif m • **Tarifpartner** m: **die ~** les partenaires mpl sociaux • **Tarifverhandlungen** pl négociations fpl salariales • **Tarifvertrag** m convention f collective
Tarnung f camouflage m
Tasche f (an Kleidung) poche f ; (Handtasche, Einkaufstasche) sac m
Taschen- in ZW de poche
Taschenbuch nt livre m de poche
Taschendieb m pickpocket m
Taschengeld nt argent m de poche
Taschenlampe f lampe f de poche
Taschenmesser nt canif m
Taschenrechner m calculatrice f de poche, calculette f
Taschentuch nt mouchoir m
Tasse f tasse f
Tastatur f clavier m
Taste f touche f
tasten vi tâtonner ▶ vt (Méd) palper ; **nach etw ~** chercher qch à tâtons • **Tastentelefon** nt téléphone m à touches
tat etc vb siehe **tun**
Tat (-, -en) f acte m, action f ; (Verbrechen) méfait m
Tatbestand m faits mpl
tatenlos adv: **~ zusehen** regarder sans rien faire
Täter(in) (-s, -) m(f) coupable mf

tätig adj actif(-ive) ; **~ sein** (beruflich) travailler

Tätigkeit f activité f ; **in ~** (Maschine) en marche

tätowieren vt tatouer

Tatsache f fait m

tatsächlich adj vrai(e) ▶ adv vraiment

Tau¹ (-(e)s, -e) nt cordage m

Tau² (-(e)s, -e) m rosée f

taub adj sourd(e) ; (Körperglied) engourdi(e)

Taube f pigeon m

taubstumm adj sourd(e)-muet(te)

tauchen vi plonger ▶ vt (kurz eintauchen) tremper

Taucher(in) (-s, -) m(f) plongeur(-euse) • **Taucheranzug** m scaphandre m • **Taucherbrille** f lunettes fpl de plongée

Tauchsieder (-s, -) m thermoplongeur m

tauen vi unpers fondre ; **es taut** il dégèle

Taufe f baptême m

taufen vt baptiser

taugen vi convenir ; **~ für** être fait(e) pour

tauglich adj (Mil) apte au service ; **~ für etw sein** convenir pour qch

Tausch (-(e)s, -e) m échange m

tauschen vt échanger ▶ vi faire un échange

täuschen vt, vi tromper ▶ vr se tromper

Täuschung f tromperie f ; (Irrtum) illusion f

tausend num mille

Tauziehen nt lutte f à la corde ; (fig) lutte acharnée

Taxi (-(s), -(s)) nt taxi m

Taxifahrer(in) m(f) chauffeur m de taxi

Teakholz nt teck m

Team (-s, -s) nt équipe f • **Teamarbeit** f, **Teamwork** (-s) nt travail m en équipe

Technik f technique f

Techniker(in) (-s, -) m(f) technicien(ne)

technisch adj technique

Technologie f technologie f ; **neue Informations- und Kommunikationstechnologien (NIKT)** NTIC fpl (= nouvelles technologies de l'information et de la communication)

technologisch adj technologique

Teddybär m ours m en peluche

Tee (-s, -s) m thé m ; (aus anderen Pflanzen) tisane f, infusion f • **Teekanne** f théière f • **Teelöffel** m = cuillère f à café

Teer (-(e)s, -e) m goudron m

Teesieb nt passe-thé m

Teich (-(e)s, -e) m mare f

Teig (-(e)s, -e) m pâte f • **Teigwaren** pl pâtes fpl

Teil (-(e)s, -e) m partie f ▶ m od nt (Anteil) part f ▶ nt (Ersatzteil) pièce f ; **zum ~** en partie • **Teilchen** nt particule f ; (Gebäckstück) (petit) gâteau m

teilen vt (in zwei oder mehrere Teile: Math) diviser ; (aufteilen, gemeinsam haben) partager

teil|haben (irr) vi: **~ an** +Dat participer à

Teilhaber(in) (-s, -) m(f) associé(e)

Teilkaskoversicherung f
*assurance responsabilité civile, vol et
incendie*

Teilnahme(-) f participation f;
(*Interesse*) intérêt m ; (*Mitleid*)
sympathie f ; **jdm seine
herzliche ~ aussprechen**
présenter ses sincères
condoléances à qn

teil|nehmen(*irr*) vi: **~ an** +*Dat*
participer à

Teilnehmer(in)(-s, -) m(f)
participant(e)

teils adv en partie

Teilung f partage m

teilweise adv en partie

Teilzeitarbeit f travail m à temps
partiel

Telearbeit f télétravail m

Telefon(-s, -e) nt téléphone m
• **Telefonanruf** m, **Telefonat** nt
coup m de fil

Telefonbuch nt annuaire m (du
téléphone)

telefonieren vi téléphoner ; **mit
jdm ~** téléphoner à qn

telefonisch adj téléphonique ;
(*Benachrichtigung*) par téléphone
▶ adv : **ich bin ~ zu erreichen** on
peut me joindre par téléphone

Telefonnummer f numéro m de
téléphone

Telefonzelle f cabine f
téléphonique

Telefonzentrale f standard m

telegrafieren vt, vi télégraphier

Telegramm nt télégramme m

Telekolleg nt ≈ télé-
enseignement m universitaire

Teleobjektiv nt téléobjectif m

Teleskop(-s, -e) nt télescope m

Telex(-es, -e) nt télex m

Teller(-s, -) m assiette f

Tempel(-s, -) m temple m

Temperament nt tempérament
m • **temperamentvoll** adj
plein(e) d'entrain

Temperatur f température f

Tempo(-s, -s) nt vitesse f

Tempolimit(-s, -s) nt limitation f
de vitesse

Tendenz f tendance f

tendieren vi: **zu etw ~** avoir
tendance à qch

Tennis(-) nt tennis m
• **Tennisplatz** m court m (de
tennis) • **Tennisschläger** m
raquette f de tennis
• **Tennisspieler(in)** m(f)
joueur(-euse) de tennis

Tenor(-s, -̈e) m ténor m

Teppich(-s, -e) m tapis m
• **Teppichboden** m moquette f

Termin(-s, -e) m (*Zeitpunkt*) date f ;
(*Arzttermin etc*) rendez-vous m inv ;
den ~ einhalten être dans les
délais

Terminal(-s, -s) nt (*Aviat, Inform*)
terminal m

Terminkalender m agenda m

Terminologie f terminologie f

Terpentin(-s, -e) nt térébenthine f

Terrasse f terrasse f

Terrier(-s, -) m terrier m (*chien*)

Territorium nt territoire m

Terror(-s) m terreur f
• **Terroranschlag** m attentat m
terroriste

terrorisieren vt terroriser

Terrorismus m terrorisme m

Terrorist(in) m(f) terroriste mf

Test(-s, -s) m test m

Testament nt testament m

testen vt tester

Tetanus (-) m tétanos m
• **Tetanusimpfung** f vaccination f antitétanique

teuer adj cher (chère)

Teuerung f hausse f des prix

Teufel (-s, -) m diable m

Teufelskreis m cercle m vicieux

Text (-(e)s, -e) m texte m ; (zu Bildern) légende f ; (Liedertext) paroles fpl

Textilien pl textiles mpl

Textverarbeitung f traitement m de texte

Thailand nt la Thaïlande

Theater (-s, -) nt théâtre m
• **Theaterstück** nt pièce f de théâtre

theatralisch adj théâtral(e)

Theke f comptoir m

Thema (-s, Themen od -ta) nt sujet m

thematisch adj thématique

Themse f: **die ~** la Tamise

Theologe (-n, -n) m, **Theologin** f théologien(ne)

Theologie f théologie f

Theoretiker(in) (-s, -) m(f) théoricien(ne)

theoretisch adj théorique

Theorie f théorie f

Therapeut(in) (-en, -en) m(f) thérapeute mf

therapeutisch adj thérapeutique

Therapie f thérapie f

Thermalbad nt station f thermale

Thermodrucker m imprimante f thermique

Thermometer nt thermomètre m

These f thèse f

Thron (-(e)s, -e) m trône m

Thunfisch m thon m

Thüringen (-s) nt la Thuringe

Thymian (-s, -e) m thym m

Tick (-(e)s, -s) m (nervöser) tic m ; (Eigenart, Fimmel) manie f

ticken vi (Uhr) faire tic tac

Ticket (-s, -s) nt billet m

tief adj profond(e) ; (Stimme) grave
▶ adv profondément ; **~ greifend** profond(e) • **Tief** (-s, -e) nt (von Wetter, Stimmung) dépression f
• **Tiefdruck** m (Météo) basses pressions fpl

Tiefe f profondeur f

Tiefenschärfe f profondeur f de champ

Tiefgarage f garage m souterrain

tiefgekühlt adj surgelé(e)

Tiefkühlfach nt freezer m

Tiefkühlkost f surgelés mpl

Tiefkühltruhe f congélateur m

Tiefpunkt m (fig) creux m de la vague

Tiefstand m niveau m le plus bas

Tiefstwert m valeur f la plus basse

Tier (-(e)s, -e) nt animal m
• **Tierarzt** m, **Tierärztin** f vétérinaire mf • **Tiergarten** m jardin m zoologique • **tierisch** adj animal(e) ; (péj) bestial(e) ; **mit ~em Ernst** avec le plus grand sérieux • **Tierquälerei** f cruauté f envers les animaux

Tierschutz m protection f des animaux • **Tierschutzverein** m Société f protectrice des animaux

Tierversuch m expérimentation f sur des animaux

Tiger(in) (-s, -) m(f) tigre (tigresse)

tilgen vt effacer ; (Schulden) rembourser

Tilgung f suppression f ; (von Schulden) remboursement m

timen vt choisir le moment de

Tinnitus m (Méd) acouphène m ; **an ~ leiden** souffrir d'acouphènes

Tinte f encre f

Tintenfisch m seiche f

Tipp (-s, -s) m tuyau m

tippen vt (auf Schreibmaschine) taper ▶ vi (raten) : **~ auf** +Akk parier sur

Tippfehler m faute f de frappe

tipptopp (fam) adj impeccable

Tisch (-(e)s, -e) m table f
  • **Tischdecke** f nappe f

Tischler (-s, -) m menuisier m

Tischlerei f menuiserie f

Tischrechner m calculatrice f

Tischtennis nt ping-pong m

Tischtuch nt nappe f

Titel (-s, -) m titre m • **Titelbild** nt (auf Zeitschriften) photo f de couverture ; (von Buch) frontispice m • **Titelrolle** f rôle m principal • **Titelseite** f (von Zeitung) couverture f ; (Buchtitel) page f de titre • **Titelverteidiger** m détenteur(-trice) m/f du titre

Toast (-(e)s, -s od -e) m (Brot) toast m, pain m grillé ; (Trinkspruch) toast

Toaster (-s, -) m grille-pain m inv

toben vi (Meer) être très agité(e) ; (Wind) souffler en tempête ; (Kampf) faire rage ; (Kinder, Publikum) être déchaîné(e)

Tochter (-, ") f fille f
  • **Tochtergesellschaft** f filiale f

Tod (-(e)s, -e) m mort f • **todernst** (fam) adj sérieux(-euse) comme un pape ▶ adv très sérieusement

Todesangst f peur f panique

Todesfall m décès m

Todesopfer nt victime f (qui trouve la mort dans un accident)

Todesstrafe f peine f de mort

Todestag m anniversaire m de la mort

Todesursache f cause f de la mort

Todesurteil nt condamnation f à mort

tödlich adj mortel(le)

todmüde adj mort(e) de fatigue

todschick (fam) adj très chic inv

todsicher (fam) adj absolument sûr(e) ▶ adv sûrement

Tofu (-(s)) m tofu m

Toilette f (WC) toilettes fpl, W.C. mpl ; (Körperpflege, Kleidung) toilette

Toilettenpapier nt papier m hygiénique

tolerant adj tolérant(e)

Toleranz f tolérance f

tolerieren vt tolérer

toll (fam) adj (verrückt) fou(folle) ; (ausgezeichnet) super inv, formidable

Tollkirsche f belladone f

tollkühn adj téméraire

Tollwut f rage f

Tomate f tomate f

Tomatenmark nt concentré m de tomate

Ton¹ (-(e)s, -e) m (Erde) argile f

Ton² (-(e)s, "e) m ton m ; (Laut) son m
  • **Tonband** nt bande f magnétique

• **Tonbandgerät** nt magnétophone m

tönen vt (Haare) teindre

Tonfall m intonations fpl

Tonfilm m film m parlant

Tonleiter f gamme f

Tonne (-, -n) f (Fass) tonneau m ; (Maß) tonne f

Top (-s, -s) nt (Kleidungsstück) haut m

Topf (-(e)s, ÷e) m pot m ; (Kochtopf) casserole f

Topfen (-s, -) (Autriche) m sorte de fromage blanc

Töpfer(in) (-s, -) m(f) potier(-ière)

Töpferei f poterie f

töpfern vi faire de la poterie

Töpferscheibe f tour m (de potier)

Topflappen m gant m isolant

Tor (-(e)s, -e) nt (Tür) portail m ; (Stadttor, Skitor) porte f ; (Sport) but m

Torf (-(e)s) m tourbe f

torkeln vi tituber

torpedieren vt torpiller

Torpedo (-s, -s) m torpille f

Torte f gâteau m

Tortur f (fig) torture f

Torwart (-(e)s, -e) m gardien m de but

tot adj mort(e) ; (erschöpft) mort(e) de fatigue ; **~ geboren** mort-né(e) ; **sich ~ stellen** faire le (la) mort(e)

total adj total(e) ▸ adv complètement

Totalschaden m dommages mpl irréparables

Tote(r) f(m) mort(e) m/f

töten vt, vi tuer

Totenkopf m tête f de mort

tot|lachen (fam) vr se bidonner

Toto (-s, -s) m od nt loto m sportif

Totschlag m homicide m volontaire

Touchscreen (-, -s) m écran m tactile

Touchscreen-Handy nt (Tech) portable m à écran tactile

Toupet (-s, -s) nt postiche m

toupieren vt crêper

Tour (-, -en) f (Ausflug, Reise) tour m, voyage m ; (Bergtour) excursion f

Tourenzähler m compte-tours m inv

Tourismus m tourisme m

Tourist(in) m(f) touriste mf

• **Touristenklasse** f classe f touriste

Tournee (-, -s od -n) f tournée f ; **auf ~ gehen** partir en tournée

Trab (-(e)s) m (Gangart) trot m ; **auf ~ sein** (Mensch) être très occupé(e)

Tracht (-, -en) f (Kleidung) costume m ; **eine ~ Prügel** une volée de coups

trächtig adj (Tier) plein(e)

Tradition f tradition f

traditionell adj traditionnel(le)

traf etc vb siehe **treffen**

tragbar adj (Gerät) portatif(-ive), portable ; (Kleidung) mettable ; (erträglich) supportable

träge adj (Mensch) moux (molle), léthargique ; (Bewegung) indolent(e) ; (Masse) inerte

tragen (irr) vt porter

Träger (-s, -) m porteur m ; (an Kleidung) bretelle f ; (Stahlträger, Holzträger, Betonträger) poutre f

739

Treffer

Tragflügelboot nt hydrofoil m
Trägheit f (von Mensch) indolence f; (von Bewegung) lenteur f; (geistig) paresse f; (Phys) inertie f
Tragik f tragique m
tragisch adj tragique
Tragödie f tragédie f
Tragweite f portée f
Trainer(in) (-s, -) m(f) entraîneur m
trainieren vt entraîner ▶ vi s'entraîner
Training (-s, -s) nt entraînement m
Trainingsanzug m survêtement m
Traktor m tracteur m
trampen vi faire du stop
Tramper(in) (-s, -) m(f) auto-stoppeur(-euse)
Trampolin (-s, -e) nt trampoline m
Trance f transe f
Träne f larme f
tränen vi larmoyer
Tränengas nt gaz m lacrymogène
trank etc vb siehe **trinken**
Transformator m transformateur m
Transfusion f transfusion f (sanguine)
Transistor m transistor m
Transit m transit m
transparent adj transparent(e)
Transplantation f greffe f
Transport (-(e)s, -e) m transport m
transportieren vt transporter
Transportkosten pl frais mpl de transport
Transportmittel nt moyen m de transport

Transportunternehmen nt entreprise f de transports
Transvestit (-en, -en) m travesti m
trat etc vb siehe **treten**
Traube f raisin m
Traubenzucker m sucre m de raisin
trauen vi +Dat: **jdm ~** faire confiance à qn ▶ vr oser ▶ vt marier
Trauer (-) f chagrin m; (für Verstorbenen) deuil m
trauern vi: **~ um** pleurer (la mort de)
Trauerspiel nt tragédie f
träufeln vt verser goutte à goutte
Traum (-(e)s, Träume) m rêve m
Trauma (-s, -men od -ta) nt traumatisme m
träumen vi, vt rêver
traumhaft adj fantastique
traurig adj triste • **Traurigkeit** f tristesse f
Trauschein m extrait m d'acte de mariage
Trauung f mariage m
Trauzeuge m, **Trauzeugin** f témoin m (de mariage)
treffen (irr) vi (Geschoss, Hieb) atteindre son but ▶ vt toucher; (begegnen) rencontrer; (Entscheidung, Maßnahmen) prendre; (Vorbereitungen, Auswahl) faire ▶ vr se rencontrer
Treffen (-s, -) nt rencontre f • **treffend** adj pertinent(e); (Beschreibung) excellent(e)
Treffer (-s, -) m (Schuss etc) tir m réussi od dans le mille; (Foot, Hockey etc) but m; (Los) billet m gagnant

Treffpunkt m lieu m de rendez-vous

treiben (irr) vt (Tiere, Menschen) mener ; (Rad) actionner ; (Maschine) faire marcher ; (drängen, anspornen) pousser ; (Studien, Sport) faire ▶ vi (Pflanzen) pousser ; (Culin: aufgehen) lever • **Treiben** (-s) nt (Tätigkeit) activité f ; (lebhafter Verkehr etc) animation f

Treiber (-s, -) m (Inform) driver m

Treibgas nt gaz m propulseur

Treibhaus nt serre f

Treibhauseffekt m effet m de serre

Treibhausgas nt gaz mpl à effet de serre, GES mpl

Treibstoff m carburant m

trendig, trendy (fam) adj tendance (inv)

trennen vt séparer ; (zerteilen) diviser ; (abtrennen, lösen) détacher ; (Begriffe) distinguer ▶ vr se séparer

Trennung f séparation f ; (von Begriffen) distinction f

Treppe f escalier m

Treppenhaus nt cage f d'escalier

Tresor (-s, -e) m coffre-fort m ; (Raum) salle f des coffres

Tretboot nt pédalo m

treten (irr) vi (gehen) marcher ▶ vt (mit Fußtritt) donner un coup de pied à ; (niedertreten) piétiner ; **nach jdm/etw ~** donner un coup de pied à qn/dans qch ; **in Verbindung ~** entrer en contact

treu adj (Diener, Hund, Ehemann, Dienste) fidèle

Treue (-) f fidélité f

treulos adj déloyal(e)

Trichter (-s, -) m entonnoir m

Trick (-s, -e od -s) m truc m • **Trickfilm** m dessin m animé

trieb etc vb siehe **treiben**

Trieb (-(e)s, -e) m (instinkthaft) instinct m ; (geschlechtlich) pulsion f ; (Neigung) tendance f ; (an Baum etc) pousse f • **Triebtäter** m auteur m d'un crime sexuel • **Triebwagen** m autorail m • **Triebwerk** nt groupe m moteur

triefen vi ruisseler

triftig adj convaincant(e)

Trikot¹ (-s, -s) nt maillot m

Trikot² (-s) m (Gewebe) jersey m

Trillerpfeife f sifflet m

trinkbar adj potable

trinken (irr) vt, vi boire

Trinker(in) (-s, -) m(f) alcoolique mf

Trinkgeld nt pourboire m

Trinkhalm m paille f

Trinkspruch m toast m

Trinkwasser nt eau f potable

Tripper (-s, -) m blennorragie f

Tritt (-(e)s, -e) m pas m ; (Fußtritt) coup m de pied • **Trittbrett** nt marchepied m

Triumph (-(e)s, -e) m triomphe m • **Triumphbogen** m arc m de triomphe

triumphieren vi triompher ; **~ über** +Akk triompher de

trivial adj banal(e)

trocken adj sec (sèche) ; (nüchtern) sobre ; (Humor) pince-sans-rire inv • **Trockenhaube** f casque m (séchoir) • **Trockenheit** f sécheresse f

trocknen vt, vi sécher

Trockner (-s, -) m sèche-linge m inv

Trödel (-s) m bric-à-brac m inv

trödeln (fam) vi traîner

Trödler (-s, -) m (Händler) brocanteur m

trog etc vb siehe **trügen**

Trommel (-, -n) f tambour m
• **Trommelfell** nt tympan m

trommeln vi jouer du tambour

Trompete f trompette f

Trompeter (-s, -) m trompettiste m

Tropen pl tropiques mpl

Tropf (-(e)s, ⁼e) m (Kerl) type m ; (Méd: Infusion) goutte-à-goutte m inv ; **armer ~** pauvre diable m

tropfen vi (Regen, Schweiß etc) tomber goutte à goutte ; (Wasserhahn) goutter ▶ vt verser goutte à goutte

Tropfen (-s, -) m goutte f

tropfenweise adv goutte à goutte

Tropfsteinhöhle f grotte f avec des stalactites

tropisch adj tropical(e)

Trost (-es) m consolation f

trösten vt consoler

tröstlich adj (Worte, Brief) de consolation

trostlos adj (Verhältnisse) affligeant(e) ; (Landschaft) désolé(e)

Trott (-(e)s, -e) m trot m ; (Routine) train-train m inv

Trottel (-s, -) (fam) m crétin m

trotz präp +Gen od Dat malgré

Trotz (-es) m : **etw aus ~ tun** faire qch par défi ; **jdm zum ~** pour braver qn

trotzdem adv quand même

trotzig adj (Antwort) provocant(e) ; (Benehmen) de défi

trüb adj (Augen, Metall) terne ; (Aussichten) sombre ; (Flüssigkeit) trouble ; (Glas) opaque ; (Mensch, Gedanken, Stimmung, Zeiten) triste ; (Tag, Wetter) gris(e)

Trubel (-s) m tumulte m

trübselig adj triste

Trübsinn m humeur f chagrine

Trüffel (-, -n) f truffe f

trug etc vb siehe **tragen**

trügen (irr) vt, vi tromper

trügerisch adj trompeur(-euse)

Truhe f bahut m

Trümmer pl débris mpl ; (Bautrümmer) ruines fpl

Trumpf (-(e)s, ⁼e) m atout m

Trunkenheit f ivresse f

Trupp (-s, -s) m groupe m

Truppe f troupe f

Truthahn m dindon m

Tscheche (-n, -n) m, **Tschechin** f Tchèque mf

tschechisch adj tchèque

Tschechische Republik f République f tchèque

tschüss (fam) interj salut, tchao

T-Shirt (-s, -s) nt T-shirt m

Tube f tube m

Tuberkulose f tuberculose f

Tuch (-(e)s, ⁼er) nt (Stoff) étoffe f ; (Stück Stoff) pièce f de tissu ; (Tischtuch) nappe f ; (Halstuch) foulard m ; (Kopftuch) fichu m

tüchtig adj (fleißig) travailleur(-euse) ; (fähig, brauchbar) bon (bonne) ; (fam: kräftig) sacré(e)

Tugend (-, -en) f vertu f

Tulpe f tulipe f

tummeln vr s'ébattre

Tumor (-s, -e) m tumeur f

Tümpel (-s, -) m mare f

Tumult (-(e)s, -e) m tumulte m

tun (irr) vt (machen) faire ; (legen etc) mettre ▸vi: **freundlich ~** prendre un air aimable ; **jdm etw ~** (antun) faire qch à qn ; **so ~, als ob ...** faire comme si ...

Tunesien (-s) nt la Tunisie

Tunfisch m siehe **Thunfisch**

Tunke f sauce f

tunken vt tremper

tunlichst adv si possible

Tunnel (-s, - od -s) m tunnel m

tupfen vt tamponner ; (mit Farbe) moucheter • **Tupfen** (-s, -) m point m ; (größer) pois m

Tür (-, -en) f porte f

Turbine f turbine f

turbulent adj turbulent(e)

Türkei f: **die ~** la Turquie

Türkis (-es, -e) m turquoise f

türkisch adj turc (turque)

Turkmenistan nt le Turkménistan

Turm (-(e)s, -e) m tour f ; (Kirchturm) clocher m ; (Sprungturm) plongeoir m

turnen vi faire de la gymnastique • **Turnen** (-s) nt gymnastique f

Turnhalle f salle f de gymnastique

Turnhose f short m

Turnier (-s, -e) nt tournoi m

Turnschuh m basket f

Türöffner m portier m automatique

Tusche f encre f de Chine ; (Wimperntusche) mascara m

tuscheln vi chuchoter

Tüte f cornet m ; (Tragtüte) sac m

Tutorial nt tutoriel m

TÜV (-) m abk (= Technischer Überwachungsverein) office chargé du contrôle périodique obligatoire des véhicules

> Le **TÜV** est l'un des organismes chargés de la vérification du bon fonctionnement des machines et en particulier des véhicules. Les voitures de plus de trois ans doivent passer un contrôle technique (sécurité et pollution) tous les deux ans.

Tweet m tweet m

Twen (-(s), -s) m jeune d'une vingtaine d'années

Twitter® nt Twitter® m

twittern vi tweeter

Typ (-s, -en) m type m

Typhus (-) m typhus m

typisch adj typique

Tyrann (-en, -en) m tyran m

Tyrannei f tyrannie f

u

u. A. w. g. *abk* (= *um Antwort wird gebeten*) RSVP

U-Bahn f métro m

übel *adj* mauvais(e) ; **mir ist ~** je me sens mal ; **jdm etw ~ nehmen** en vouloir à qn de qch • **Übel** (-s, -) *nt* mal *m* • **Übelkeit** f nausée f

üben *vt* (*Instrument*) s'exercer à, étudier ; (*Geduld, Gerechtigkeit*) faire preuve de ; **Kritik an etw** *Dat* **~** critiquer qch

über

▶ *präp* +*Dat* 1 (*räumlich*) en dessus de, au-dessus de, sur ; **das Klavier hängt ~ dem Klavier an der Wand** le tableau est suspendu au mur au-dessus du piano ; **wir wohnen ~ ihnen** nous sommes à l'étage du dessus ; **zwei Grad ~ null** deux degrés au-dessus de zéro, plus deux 2 (*zeitlich: während*) pendant ; **~ einem Glas Wein alles besprechen** discuter des détails autour d'un verre de vin ▶ *präp* +*Akk* 1 (*räumlich*) au-dessus de, par dessus, sur ; **hänge das Bild ~s Klavier** mets le tableau au-dessus du piano ; **Fehler ~ Fehler** faute sur faute 2 (*zeitlich*) pour ; **~ Weihnachten/die Feiertage wegfahren** partir pour Noël/les fêtes ; **die ganze Zeit ~** tout le temps ; **den (ganzen) Sommer ~** (pendant) tout l'été ; **~ kurz oder lang** tôt ou tard 3 (*mit Zahlen*): **Kinder ~ 12 Jahren** les enfants de plus de douze ans ; **ein Scheck ~ 200 Euro** un chèque de 200 euros 4 (*auf dem Wege*) via, par ; **nach Köln ~ Aachen fahren** aller à Cologne via Aix-la-Chapelle 5 (*betreffend*) sur ; **ein Buch ~ Bananen** un livre sur les bananes ; **jdn/etw lachen** rire de qn/qch 6 : **sie liebt ihn ~ alles** elle l'aime plus que tout ▶ *adv*: **~ und ~** complètement

überanstrengen *vt insép* surmener ▶ *vr insép* se surmener

überarbeiten *vt insép* (*Text*) remanier ▶ *vr insép* se surmener

überbelichten *vt insép* surexposer

überbieten (*irr*) *vt insép* (*Angebot*) enchérir sur ; (*Leistung*) dépasser ; (*Rekord*) battre

Überbleibsel (-s, -) *nt* reste *m*

Überblick *m* vue d'ensemble ; (*Abriss*) aperçu *m* ; **den ~ verlieren** ne plus être au courant

überblicken *vt insép* (*Platz, Landschaft*) avoir vue sur ; (*fig*) voir ; (Sachverhalt, Lage) comprendre

überbringen (irr) vt insép remettre

überbrücken vt insép (Fluss) construire un pont sur ; (Gegensatz) concilier ; (Zeit) passer

überdenken (irr) vt insép réfléchir à

Überdosis f surdose f, overdose f

Überdruss (-es) m dégoût m ; **bis zum ~** à satiété

überdrüssig adj +Gen las(se) de

übereifrig adj trop empressé(e)

übereilt adj précipité(e)

übereinander adv l'un(e) sur l'autre ; (sprechen) l'un(e) de l'autre

Übereinkunft (-, -künfte) f accord m

überein|stimmen vi être d'accord ; (Angaben, Messwerte, Zahlen etc) correspondre

Übereinstimmung f accord m

überempfindlich adj hypersensible

über|fahren (irr) vt insép (Person, Tier) écraser ; (fig) prendre de vitesse

Überfahrt f traversée f

Überfall m (auf Bank etc) attaque f à main armée, hold-up m inv ; (auf Land) attaque

überfallen (irr) vt insép attaquer ; (besuchen) rendre visite à l'improviste à

überfällig adj en retard

überfliegen (irr) vt insép survoler

Überfluss m excédent m

überflüssig adj superflu(e)

überfordern vt insép (Menschen) trop en demander à

über|führen vt (Leiche etc) transférer

Überführung f (von Leiche) transfert m ; (von Täter) conviction f ; (Brücke) viaduc m ; (: für Fußgänger) passerelle f

Übergabe f remise f

Übergang m passage m, transition f

Übergangslösung f solution f provisoire

übergeben (irr) vt insép remettre ▶ vr insép vomir

über|gehen (irr) vi (Besitz, zum Feind etc) passer

Übergewicht nt (von Gepäck) excédent m ; (größere Bedeutung) prépondérance f

überglücklich adj ravi(e)

überhand|nehmen (irr) vi s'accroître outre mesure ; (Unkraut) se propager outre mesure

überhaupt adv (im Allgemeinen) somme toute ; **~ nicht** pas du tout

überheblich adj présomptueux(-euse)

überholen vt insép (Aut) dépasser, doubler ; (Gerät, Maschine) réviser

Überholspur f voie f rapide

überholt adj dépassé(e)

Überholverbot nt interdiction f de dépasser

überhören vt insép ne pas entendre ; (absichtlich) ne pas tenir compte de

überladen (irr) vt insép surcharger

überlassen (irr) vt insép laisser ; **es jdm ~, etw zu tun** laisser qn faire qch

überlasten vt insép surcharger
überleben vt insép survivre à
  • **Überlebende(r)** f(m)
  survivant(e) m/f
überlegen vt insép réfléchir à
  ▶ adj : **jdm ~ sein** être supérieur(e)
  à qn • **Überlegenheit** f
  supériorité f
Überlegung f réflexion f
Überlieferung f tradition f
überm = **über dem**
Übermacht f supériorité f
übermäßig adj excessif(-ive)
übermitteln vt insép
  transmettre
übermorgen adv après-demain
Übermüdung f épuisement m
Übermut m exubérance f
übernachten vi insép passer la
  nuit
Übernachtung f nuit f
Übernahme f réception f ; (von
  Verantwortung, Kosten) prise f en
  charge
übernehmen (irr) vt insép
  (Sendung) recevoir ; (als Nachfolger)
  reprendre ; (Verantwortung, Amt,
  Kosten, Haftung) assumer ▶ vr
  insép se surmener
überprüfen vt insép vérifier
Überprüfung f contrôle m
überqueren vt insép traverser
überraschen vt insép surprendre
Überraschung f surprise f
überreden vt insép persuader
überreichen vt insép remettre
überreizt adj : **nervlich ~** à bout
  de nerfs
überrumpeln vt insép prendre
  par surprise

übers = **über das**
übersättigen vt insép saturer
Überschallgeschwindigkeit f
  vitesse f supersonique
überschätzen vt insép
  surestimer ▶ vr insép se
  surestimer
überschlagen (irr) vt insép
  (berechnen) estimer ; (Seite) sauter
  ▶ vr insép (Auto, Flugzeug) faire un
  tonneau ; (Stimme) se casser ;
  sich vor Eifer ~ (fam) se mettre
  en quatre
über|schnappen vi (Stimme) se
  casser ; (fam : Mensch) devenir
  cinglé(e)
überschneiden (irr) vr insép
  (Linien) se recouper ; (Pläne,
  Themen) coïncider
überschreiben (irr) vt insép
  (Inform) écraser ; **jdm etw ~**
  céder qch à qn
überschreiten (irr) vt insép
  franchir ; (Gleise) traverser ; (Alter,
  Höhepunkt, Kraft, Geschwindigkeit)
  dépasser ; (Gesetz) transgresser ;
  (Vollmacht) outrepasser
Überschrift f titre m
Überschuss m (Écon) bénéfice m
  net
überschüssig adj (Ware)
  excédentaire ; **~e Energie** un
  trop-plein d'énergie
überschütten vt insép : **jdn mit
  Vorwürfen ~** accabler qn de
  reproches
überschwänglich adj (Lob,
  Begeisterung) excessif(-ive)
überschwemmen vt insép
  inonder
Überschwemmung f
  inondation f

Übersee f: **in** od **nach ~** outre-mer; **aus** od **von ~** d'outre-mer

übersehen (irr) vt insép (Folgen) se rendre compte de; (nicht beachten) ne pas faire attention à

übersetzen vt insép traduire

Übersetzer(in) (-s, -) m(f) traducteur(-trice)

Übersetzung f traduction f; (Tech) transmission f

Übersicht f (Fähigkeit) vue f d'ensemble; (kurze Darstellung) résumé m • **übersichtlich** adj (Gelände) dégagé(e); (Darstellung) clair(e)

überspitzt adj exagéré(e)

überspringen (irr) vt insép sauter

über|stehen (irr) vt insép surmonter

übersteigen (irr) vt insép (Zaun) escalader; (fig) dépasser

überstimmen vt insép mettre en minorité

überstürzen vt insép précipiter ▶ vr insép (Ereignisse) se précipiter

überstürzt adj précipité(e); (Entschluss) hâtif(-ive)

Übertrag (-(e)s, -träge) m report m • **übertragbar** adj transmissible

übertragen (irr) vt insép (Radio, TV) diffuser; (übersetzen) traduire; (Aufgabe, Verantwortung) confier; (Krankheit, Tech) transmettre

Übertragung f transmission f

übertreffen (irr) vt insép dépasser

übertreiben (irr) vt, vi insép exagérer

Übertreibung f exagération f

über|treten (irr) vt insép (Gebot, Gesetz etc) transgresser

Übertretung f (von Gebot, Gesetz etc) transgression f

übertrieben adj exagéré(e)

überwachen vt insép surveiller

überwältigen vt insép (Dieb etc) maîtriser; (subj: Schlaf) envahir

überweisen (irr) vt insép (Geld) virer; (Patient) adresser

Überweisung f (Fin) virement m

überwiegen (irr) vi insép prédominer

überwiegend adv principalement

überwinden (irr) vt insép surmonter

Überwindung f effort m (sur soi-même)

überzählig adj excédentaire

überzeugen vt insép convaincre, persuader

Überzeugung f conviction f

überziehen (irr) vt insép (Kissen, Schachtel) recouvrir; (Konto) mettre à découvert

Überzug m (Hülle, Bezug) housse f

üblich adj habituel(le)

U-Boot nt sous-marin m

übrig adj restant(e); **das Übrige** le reste; **im Übrigen** sinon; **~ bleiben** rester; **~ lassen** laisser

übrigens adv du reste; (nebenbei bemerkt) d'ailleurs

übrig|haben (irr) (fam) vi: **für jdn viel/etwas ~** beaucoup/bien aimer qn

Übung f exercice m

UdSSR f abk (Géo: = Union der Sozialistischen Sowjetrepubliken) URSS f

Ufer (-s, -) nt rive f; (Meeresufer) rivage m

UFO, Ufo (-(s), -s) *nt abk* OVNI *m*
(= *unbekanntes Flugobjekt*)

Uhr (-, -en) *f* horloge *f*;
(*Armbanduhr*) montre *f*; **wie viel ~
ist es?** quelle heure est-il?; **1 ~**
une heure • **Uhrzeiger** *m*
aiguille *f* (*d'une montre*)
• **Uhrzeigersinn** *m*: **im ~** dans le
sens des aiguilles d'une montre;
entgegen dem ~ dans le sens
inverse des aiguilles d'une montre
• **Uhrzeit** *f* heure *f*

Uhu (-s, -s) *m* grand duc *m*

Ukraine *f*: **die ~** l'Ukraine *f*

ulkig *adj* drôle

Ulme *f* orme *m*

Ultimatum (-s, Ultimaten) *nt*
ultimatum *m*

---

um

▶ *präp* +Akk **1** (*um ... herum*)
autour de
2 (*mit Zeitangabe: ungefähr*): **um
Weihnachten** autour de Noël; **um
8 Uhr herum** autour des
8 heures; (: *genau*): **um 8 (Uhr)** à
8 heures
3 (*mit Größenangabe*): **etw um
4 cm kürzen** raccourcir qch de
4 cm; **sie ist um zwei Jahre
älter (als ich)** elle a deux ans
de plus (que moi); **um 10%
teurer** plus cher (chère) de 10%;
um vieles besser nettement
mieux; **um nichts besser** pas
mieux
4 (*wegen*): **Sorgen um seine
Zukunft** des soucis pour son
avenir
5 (*nach*): **Stunde um Stunde**
heure après heure
6 (*über*): **es geht um das**

Prinzip c'est une question de
principe
7: **der Kampf um den Titel** la
lutte pour le titre; **um Geld
spielen** jouer pour de l'argent
▶ *präp* +*Gen*: **um Gottes willen**
pour l'amour du ciel
◀ *konj*: **um ... zu** pour ...; **zu
klug, um zu ...** trop
intelligent(e) pour ...; *siehe auch*
umso
▶ *adv* **1** (*ungefähr*) environ; **um
(die) 30 Leute** environ trente
personnes
2 (*vorbei*): **um sein** (*fam*) être
fini(e); **die zwei Stunden sind
um** les deux heures sont passées
od écoulées

umarmen *vt insép* étreindre

Umbau *m* transformation *f*

um|bauen *vt* transformer

um|bilden *vt* réorganiser; (*Pol*)
remanier

um|bringen (*irr*) *vt* tuer

Umbruch *m* bouleversement *m*;
(*Typ*) mise *f* en pages

um|buchen *vt* (*Flug*) changer;
(*Reise*) changer sa réservation
pour

um|denken (*irr*) *vi* changer sa
façon de penser

um|drehen *vt* retourner ▶ *vr* se
retourner

Umdrehung *f* rotation *f*, tour *m*

umeinander *adv* l'un(e) autour
de l'autre; **sich ~ kümmern**
s'occuper l'un(e) de l'autre

um|fallen (*irr*) *vi* tomber; (*fam:
nachgeben*) tourner casaque

Umfang *m* étendue *f*; (*von Buch*)
longueur *f*; (*von Kreis*)

circonférence f • **umfangreich** adj (Buch etc) volumineux(-euse) ; (Wissen) vaste

umfassend adj complet(-ète) ; (Wissen) vaste

Umfeld nt environnement m

Umfrage f sondage m

um|funktionieren vt transformer

Umgang m relations fpl

umgänglich adj facile à vivre

Umgangsformen pl (bonnes) manières fpl

umgeben (irr) vt insép entourer

Umgebung f (Landschaft) environs mpl ; (Milieu) environnement m ; (Personen) entourage m

um|gehen (irr) vi: **mit jdm grob ~** traiter qn avec rudesse ; **mit Geld sparsam ~** être économe

umgehend adj rapide ▶ adv immédiatement

Umgehungsstraße f route f de contournement

umgekehrt adj inverse ▶ adv inversement ; **und ~** et vice versa

Umhang m cape f

um|hängen vt (Bild) déplacer ; **jdm etw ~** mettre qch sur les épaules de qn

umher adv autour, alentours • **umher|ziehen** (irr) vi rouler sa bosse

um|hören vr se renseigner

Umkehr (-) f demi-tour m

um|kehren vi faire demi-tour ▶ vt retourner ; (Reihenfolge) intervertir

um|kippen vt renverser ▶ vi se renverser ; (Meinung ändern)

retourner sa veste ; (fam: ohnmächtig werden) tomber dans les pommes

Umkleidekabine f cabine f

Umkleideraum m vestiaire m

um|kommen (irr) vi mourir, périr

Umkreis m environs mpl ; **im ~ von 50 km** dans un rayon de 50 km

umkreisen vt insép tourner autour de

um|krempeln vt (mehrmals) retrousser ; (von innen nach außen) retourner ; (Betrieb) réorganiser

Umlage f participation f

Umlauf m (von Geld, Gerüchten, Schreiben) circulation f ; (von Planet etc) révolution f

Umlaufbahn f orbite f

um|legen vt (Kosten) ventiler

um|leiten vt (Verkehr) dévier ; (Fluss) détourner

Umleitung f déviation f

umliegend adj environnant(e)

Umrechnung f conversion f

Umrechnungskurs m cours m du change

Umriss m contour m

um|rühren vt remuer

ums = um das

Umsatz m chiffre m d'affaires

Umschlag m (Briefumschlag) enveloppe f ; (Buchumschlag) couverture f ; (Méd) compresse f

um|schlagen (irr) vi changer brusquement ▶ vt (Ärmel) retrousser ; (Seite) tourner ; (Waren) transborder

Umschlagplatz m lieu m de transbordement

um|schreiben (irr) vt (neu schreiben) récrire ; ~ auf +Akk (Haus) céder à

um|schulen vt recycler

Umschulung f reconversion f

umschwärmt vt insép: von Verehrern umschwärmt werden avoir une nuée d'admirateurs

Umschweife pl: ohne ~ sans détours od ambages

Umschwung m (fig) revirement m

um|sehen (irr) vr regarder autour de soi ; sich nach einer Stelle/Wohnung ~ chercher un emploi/appartement

umseitig adj au verso

umso konj (desto): ~ besser/schlimmer d'autant mieux/plus grave ; ~ mehr, als … d'autant plus que …

umsonst adv en vain ; (gratis) gratuitement

Umstand m circonstance f; Umstände pl (Förmlichkeiten) manières fpl ; unter Umständen peut-être ; das macht wirklich keine Umstände cela ne me dérange pas du tout

umständlich adj (Mensch) qui complique les choses ; (Methode) (trop) compliqué(e)

um|steigen (irr) vi changer (de train)

um|stellen vt changer de place ; (Hebel, Weichen) actionner ▶ vr: sich ~ auf +Akk s'adapter à

Umstellung f changement m ; (Umgewöhnung) adaptation f

um|stimmen vt (jdn) faire changer d'avis

umstritten adj controversé(e)

Umsturz m renversement m

um|stürzen vt renverser ▶ vi (Stuhl etc) se renverser

Umtausch m échange m ; (von Geld) change m

um|tauschen vt échanger ; (Geld) changer

Umtriebe pl manigances fpl

um|wandeln vt transformer

Umweg m détour m

Umwelt f environnement m

• Umweltbelastung f pollution f

• umweltbewusst adj conscient(e) des problèmes d'environnement

• umweltfeindlich adj polluant(e) • umweltfreundlich adj non polluant(e), qui respecte l'environnement

• Umweltkatastrophe f catastrophe f écologique

• Umweltkriminalität f crimes mpl contre l'environnement

• umweltschädlich adj polluant(e) • Umweltschutz m défense f de l'environnement

• Umweltschützer m écologiste m • Umweltsteuer f écotaxe f

• Umweltsünder(in) m(f) pollueur(-euse)

• Umweltverschmutzung f pollution f

umwerben (irr) vt insép courtiser

um|werfen (irr) vt renverser ; (Plan) bouleverser

um|ziehen (irr) vi déménager ▶ vr se changer

Umzug m (Festumzug) procession f ; (Wohnungsumzug) déménagement m

unabhängig adj indépendant(e)

u

unangebracht

unangebracht *adj* déplacé(e)
unangemessen *adj* inadéquat(e)
unangenehm *adj* désagréable
Unannehmlichkeit *f* désagrément *m*
unanständig *adj* grossier(-ière)
unauffällig *adj* discret(-ète)
unaufhaltsam *adj* inexorable
unaufhörlich *adj* incessant(e)
unaufmerksam *adj* inattentif(-ive)
unaussprechlich *adj* imprononçable ; (*Elend*) indicible
unausweichlich *adj* inévitable
unbändig *adj* (*Kind*) turbulent(e) ; (*Gefühl*) incontrôlable
unbarmherzig *adj* impitoyable
unbeabsichtigt *adj* involontaire
unbeachtet *adj* inaperçu(e)
unbedenklich *adj* (*Plan*) qui ne présente aucune difficulté ▶ *adv* sans hésiter
unbedeutend *adj* (*Summe*) insignifiant(e) ; (*Fehler*) futile
unbedingt *adj* absolu(e) ▶ *adv* absolument
unbefangen *adj* spontané(e) ; (*unvoreingenommen*) impartial(e)
unbefriedigend *adj* insuffisant(e)
unbefugt *adj* non autorisé(e)
unbegreiflich *adj* incompréhensible
unbegrenzt *adj* illimité(e)
unbegründet *adj* injustifié(e)
Unbehagen *nt* malaise *m*, gêne *f*
unbehaglich *adj* (*Wohnung*) inconfortable ; (*Gefühl*) désagréable

unbeholfen *adj* maladroit(e)
unbekannt *adj* inconnu(e)
unbekümmert *adj* insouciant(e)
unbeliebt *adj* impopulaire
unbequem *adj* (*Stuhl*) inconfortable ; (*Mensch*) importun(e)
unberechenbar *adj* (*Mensch, Verhalten*) imprévisible
unberechtigt *adj* injustifié(e) ; (*nicht erlaubt*) non autorisé(e)
unbeschreiblich *adj* indescriptible
unbestimmt *adj* indéfini(e) ; (*Zukunft*) incertain(e)
unbeteiligt *adj* (*desinteressiert*) distant(e) ; **an etw** *Dat* **~ sein** n'avoir rien à voir dans qch
unbewacht *adj* non gardé(e) ; (*Parkplatz*) sans surveillance
unbeweglich *adj* (*Gelenk, Gerät*) fixe, immobile
unbewusst *adj* inconscient(e)
unbrauchbar *adj* inutilisable
und *konj* et ; **~ so weiter** et cetera
undenkbar *adj* inconcevable
undeutlich *adj* (*Schrift*) illisible ; (*Erinnerung*) vague ; (*Aussprache*) peu clair(e)
undicht *adj* qui fuit ; (*Dach*) qui a des fuites
Unding *nt*: **das ist ein ~** c'est insensé
undurchsichtig *adj* (*Glas*) opaque ; (*fig*) louche
uneben *adj* accidenté(e)
unehelich *adj* (*Kind*) illégitime
uneigennützig *adj* désintéressé(e)
uneinig *adj* désuni(e), en désaccord

unempfindlich adj insensible ; (Stoff) pratique

unendlich adj infini(e)

unentbehrlich adj indispensable

unentgeltlich adj gratuit(e)

unentschieden adj indécis(e) ;
~ enden (Sport) se terminer sur un match nul

unentschlossen adj indécis(e)

unentwegt adj constant(e)

unerbittlich adj inflexible

unerfreulich adj désagréable

unerheblich adj insignifiant(e)

unerhört adj (unverschämt) inouï(e) ; (Bitte) sans réponse

unerlässlich adj sine qua non

unerlaubt adj illicite

unermesslich adj immense

unermüdlich adj infatigable

unersättlich adj insatiable

unerschöpflich adj (Vorräte) inépuisable ; (Geduld) sans limites

unerschwinglich adj inabordable

unerträglich adj insupportable

unerwartet adj inattendu(e)

unerwünscht adj (Besuch) importun(e)

unfähig adj: **~ sein, etw zu tun** être incapable de faire qch

unfair adj injuste ; (Sport) pas correct(e)

Unfall m accident m • **Unfallflucht** f délit m de fuite • **Unfallgefahr** f danger m d'accident • **Unfallstelle** f lieu m de l'accident • **Unfallversicherung** f assurance f (contre les) accidents

unfreiwillig adj involontaire

unfreundlich adj (Mensch) peu aimable ; (Wetter) maussade

• **Unfreundlichkeit** f manque m d'amabilité

Unfug m (Benehmen) bêtises fpl ; (Unsinn) sottises fpl

ungarisch adj hongrois(e)

Ungarn (-s) nt la Hongrie

ungeachtet präp +Gen malgré

ungebeten adj (Gast) importun(e)

ungebildet adj inculte

ungebräuchlich adj inusité(e)

ungedeckt adj (Scheck) sans provision

Ungeduld f impatience f

ungeduldig adj impatient(e)

ungeeignet adj (Sache, Mensch) qui ne convient pas ; (Maßnahmen) peu approprié(e)

ungefähr adv environ, à peu près ▶ adj approximatif(-ive)

ungehalten adj irrité(e), mécontent(e)

ungeheuer adj énorme ▶ adv (fam) énormément • **Ungeheuer** (-s, -) nt monstre m • **ungeheuerlich** adj monstrueux(-euse)

ungehobelt adj (unhöflich) grossier(-ière)

ungehörig adj inconvenant(e)

Ungehorsam m désobéissance f

ungeklärt adj (Frage, Rätsel) non résolu(e)

ungelegen adj (Besuch, Vorschlag) inopportun(e) ; **jdm ~ kommen** déranger qn

ungelogen adv honnêtement

ungemein adv extrêmement

ungemütlich adj (Wohnung) peu confortable ; (Person) désagréable

ungenau adj imprécis(e)

ungeniert adj sans gêne ▶ adv sans se gêner

ungenießbar adj (Essen) immangeable ; (fam) insupportable

ungenügend adj insuffisant(e)

ungepflegt adj négligé(e)

ungerade adj impair(e)

ungerecht adj injuste

ungerechtfertigt adj injustifié(e)

Ungerechtigkeit f injustice f

ungern adv de mauvaise grâce

ungeschehen adj: **etw ~ machen** réparer qch

ungeschickt adj maladroit(e)

ungestört adj: **~ arbeiten** travailler en paix

ungestraft adv impuni(e)

ungesund adj malsain(e) ; (Aussehen) maladif(-ive)

ungetrübt adj sans nuage

ungewiss adj incertain(e)

Ungewissheit f incertitude f

ungewöhnlich adj inhabituel(le)

ungewohnt adj inhabituel(le)

Ungeziefer (-s) nt vermine f

ungezogen adj désobéissant(e)

ungezwungen adj détendu(e)

ungläubig adj (Gesicht) incrédule

unglaublich adj incroyable

ungleich adj inégal(e) ▶ adv infiniment • **Ungleichheit** f inégalité f

Unglück nt malheur m ; (Pech) malchance f ; (Verkehrsunglück) accident m • **unglücklich** adj malheureux(-euse) ; (Zeitpunkt) mauvais(e)

• **unglücklicherweise** adv malheureusement

ungültig adj (Pass) périmé(e)

ungünstig adj défavorable

unhaltbar adj (Zustände) insupportable ; (Behauptung) insoutenable

Unheil nt malheur m

unheimlich adj (Geschichte, Gestalt) sinistre ▶ adv (fam) vachement

unhöflich adj impoli(e)

Uni (-, -s) f fac f

Uniform f uniforme m

uninteressant adj inintéressant(e)

Universität f université f

Universum (-s) nt univers m

unkenntlich adj méconnaissable

Unkenntnis f ignorance f

unklar adj (Bild) flou(e) ; (Text, Rede) peu clair(e) ; **(sich Dat) im U~en sein über** +Akk ne pas être au clair sur • **Unklarheit** f manque m de clarté ; (Unentschiedenheit) incertitude f

unklug adj imprudent(e)

Unkosten pl frais mpl

Unkraut nt mauvaises herbes fpl

unleserlich adj illisible

unmäßig adj démesuré(e), excessif(-ive)

Unmenge f quantité f énorme

Unmensch m monstre m • **unmenschlich** adj inhumain(e)

unmerklich adj imperceptible

unmissverständlich adj (Antwort) catégorique ; (Verhalten) sans équivoque

unmittelbar adj (Nähe, Folge) immédiat(e) ; (Kontakt) direct(e)

unmöbliert adj non meublé(e)
unmöglich adj impossible
unmoralisch adj immoral(e)
Unmut m mauvaise humeur f
unnachgiebig adj (Material)
rigide ; (fig) intransigeant(e)
unnötig adj inutile
unnütz adj inutile
UNO f abk (= United Nations
Organisation): **die ~ l'ONU** f
unordentlich adj (Mensch)
désordonné(e) ; (Arbeit) bâclé(e) ;
(Zimmer) en désordre
Unordnung f désordre m
unpassend adj (Äußerung)
déplacé(e) ; (Zeit) mal choisi(e)
unpersönlich adj
impersonnel(le)
unpolitisch adj apolitique
unpraktisch adj peu pratique ;
(Mensch) qui manque de sens
pratique
unpünktlich adj qui n'est pas
ponctuel(le)
unrecht adj (Weg) mauvais(e)
• **Unrecht** nt injustice f; **zu ~** à
tort ; **im ~ sein** avoir tort
• **unrechtmäßig** adj (Besitz)
illégitime
unregelmäßig adj
irrégulier(-ière) ; (Leben) peu
réglé(e)
unreif adj pas mûr(e)
Unruhe f agitation f
• **Unruhestifter(in)** (-s, -) m(f)
agitateur(-trice)
unruhig adj agité(e) ; (Gegend)
bruyant(e)
uns pron (Akk, Dat von wir) nous
unsagbar adj indicible

unschädlich adj inoffensif(-ive) ;
jdn/etw ~ machen mettre qn/
qch hors d'état de nuire
unscharf adj (Konturen) peu
net(te) ; (Bild etc) flou(e)
unscheinbar adj modeste
unschlagbar adj imbattable
unschlüssig adj indécis(e)
Unschuld f innocence f;
(Jungfräulichkeit) virginité f
unschuldig adj innocent(e)
unser poss pron (adjektivisch)
notre ; **~e Bücher/Häuser** nos
livres/maisons
unsere(r, s), unsre (r, s) pron le
(la) nôtre ; **~ sind rot** les nôtres
sont rouges
unsererseits adv de notre côté
unsicher adj (nicht selbstsicher) qui
manque d'assurance ; (ungewiss)
incertain(e) • **Unsicherheit** f (von
Verhalten) manque m d'assurance
unsichtbar adj invisible
Unsinn m bêtises fpl
unsinnig adj (Gerede) absurde ;
(Preise) exorbitant(e) ▶ adv (fam:
sehr) terriblement
Unsitte f mauvaise habitude f
unsittlich adj indécent(e)
unsportlich adj (Mensch) qui
n'aime pas le sport
unsre(r, s) pron siehe **unsere**
unsterblich adj immortel(le)
• **Unsterblichkeit** f immortalité f
Unstimmigkeit f discordance f;
(Streit) désaccord m
unsympathisch adj antipathique
untätig adj inactif(-ive)
untauglich adj (Mil) inapte ; **er
ist für den Posten ~** il n'est pas
fait pour ce poste

unten *adv* en bas

unter

▶ *präp* +Dat 1 (*räumlich, zeitlich*)
en-dessous de, sous ; **~ dem
Tisch sitzen** être assis(e) sous la
table ; **das Bild hängt ~ dem
Kalender** le tableau est
en-dessous du calendrier ;
Jugendliche ~ 18 Jahren les
jeunes de moins de dix-huit ans
2 (*zwischen*) entre ; **sie waren ~
sich** ils (elles) étaient entre eux
(elles) ; **einer ~ ihnen** l'un
d'entre eux ; **~ anderem** entre
autres, notamment
3: **~ etw leiden** souffrir de qch
▶ *präp* +Akk 1 (*räumlich*)
en-dessous de, sous
2 (*zwischen*): **ich rechne ihn ~
meine besten Freunde** je le
compte parmi mes meilleurs
amis ; **~ der Hand** par la bande,
(*verkaufen*) sous le manteau

Unterarm *m* avant-bras *m inv*
unterbelichten *vt insép*
sous-exposer
Unterbesetzung *f*
sous-effectif *m*
Unterbewusstsein *nt*
subconscient *m*
unterbieten (*irr*) *vt insép* (*Écon*)
vendre moins cher que
unterbinden (*irr*) *vt insép*
empêcher
unterbrechen (*irr*) *vt insép*
interrompre ; (*Kontakt*) couper
Unterbrechung *f* interruption *f*
unter|bringen (*irr*) *vt* (*verstauen*)
arriver à mettre, caser ; (*in Hotel,
Heim, bei jdm*) loger

unterdessen *adv* entre-temps
unterdrücken *vt insép* (*Gefühle*)
réprimer ; (*Leute*) opprimer
untere(r, s) *adj* inférieur(e)
untereinander *adv* (*unter uns,
euch/sich*) entre nous/vous/eux
od elles
unterentwickelt *adj*
sous-développé(e)
Unterernährung *f*
sous-alimentation *f*
Unterführung *f* passage *m*
souterrain
Untergang *m* (*von Staat, Kultur*)
déclin *m* ; (*von Schiff*) naufrage *m* ;
(*von Gestirn*) coucher *m*
unter|gehen (*irr*) *vi* (*Schiff*)
couler ; (*Sonne*) se coucher ; (*Volk*)
périr ; (*im Lärm*) se perdre
Untergeschoss *nt* sous-sol *m*
Untergrund *m* sous-sol *m* ;
(*Pol*) clandestinité *f*
• **Untergrundbahn** *f* métro *m*
• **Untergrundbewegung** *f*
mouvement *m* clandestin
unterhalb *präp* +Gen au dessous
de ▶ *adv*: **~ von** au-dessous de
Unterhalt *m* entretien *m*
unterhalten (*irr*) *vt insép*
entretenir ; (*belustigen*) divertir
▶ *vr insép* (*sprechen*) s'entretenir ;
sich gut ~ se divertir
unterhaltsam *adj*
divertissant(e)
Unterhaltung *f* entretien *m* ;
(*Vergnügen*) distraction *f*
Unterhemd *nt* tricot *m* de corps
Unterhose *f* slip *m*
unterirdisch *adj* souterrain(e)
unter|kommen (*irr*) *vi* trouver à
se loger ; (*Arbeit finden*) trouver du

travail ; **das ist mir noch nie untergekommen** je n'ai encore jamais vu ça

Unterkunft (-, -künfte) f logement m

Unterlage f (Schreibunterlage) sous-main m inv ; (Beleg) document m

unterlassen (irr) vt insép (versäumen) omettre (de faire) ; (sich enthalten) renoncer à

unterlegen adj inférieur(e) ; (besiegt) vaincu(e)

Unterleib m bas-ventre m

unterliegen (irr) vi insép (besiegt werden) être vaincu(e) ; (unterworfen sein) être soumis(e)

Untermenü nt (Inform) sous-menu m

Untermiete f: **(bei jdm) zur ~ wohnen** être sous-locataire (de qn)

Untermieter(in) m(f) sous-locataire mf

unternehmen (irr) vt insép entreprendre • **Unternehmen** (-s, -) nt entreprise f

Unternehmensberater m conseiller m en gestion d'entreprise

Unternehmer(in) (-s, -) m(f) chef m d'entreprise

unternehmungslustig adj entreprenant(e)

Unterredung f entretien m, entrevue f

Unterricht (-(e)s, -e) m cours m • **unterrichten** vt insép (Unterricht geben) enseigner ▶ vi insép enseigner

Unterrock m jupon m

untersagen vt insép interdire

Untersatz m (für Gläser) dessous m de verre ; (für Flaschen) dessous de bouteille

unterschätzen vt insép sous-estimer

unterscheiden (irr) vt insép distinguer ▶ vr insép: **sich von jdm/etw** différer od être différent(e) de qn/qch

Unterscheidung f distinction f

Unterschied (-(e)s, -e) m différence f • **unterschiedlich** adj différent(e)

unterschlagen (irr) vt insép (Geld) détourner ; (verheimlichen) taire

Unterschlagung f détournement m de fonds

Unterschlupf (-(e)s, -schlüpfe) m refuge m

unterschreiben (irr) vt, vi insép signer

Unterschrift f signature f

Unterseeboot nt sous-marin m

Untersetzer m = **Untersatz**

untersetzt adj (Gestalt) trapu(e)

unterste(r, s) adj: **die ~ Schublade** le tiroir du bas

unterstehen (irr) vi insép (+Dat) être subordonné(e) (à) ▶ vr insép oser

unterstellen¹ vt insép: **jdm etw ~** (unterschieben) accuser qn de qch à tort

unter|stellen² vt (Auto) mettre à l'abri ▶ vr se mettre à l'abri

unterstreichen (irr) vt insép souligner

Unterstufe f degré m inférieur

unterstützen vt insép soutenir ; (aus öffentlichen Mitteln) subventionner

u

Unterstützung f soutien m ; (Zuschuss) subvention f

untersuchen vt insép examiner

Untersuchung f examen m

Untersuchungsausschuss m commission f d'enquête

Untersuchungshaft f détention f préventive

Untertasse f soucoupe f ; **fliegende ~** soucoupe volante

Unterteil nt od m partie f inférieure, bas m

Untertitel m sous-titre m

untertreiben (irr) vt insép minimiser

Unterwäsche f sous-vêtements mpl

unterwegs adv en route od chemin

Unterwelt f enfers mpl ; (fig) milieu m

unterwerfen (irr) vt insép (Volk, Gebiet) soumettre ▶ vr insép se soumettre

unterzeichnen vt insép signer

unter|ziehen (irr) vr insép: **sich etw** Dat **~** se soumettre à qch ; (einer Prüfung) passer qch

untreu adj infidèle

Untreue f infidélité f

untröstlich adj inconsolable

unüberlegt adj irréfléchi(e)

unumgänglich adj inévitable

unumwunden adv sans détour

ununterbrochen adj ininterrompu(e) ▶ adv sans arrêt

unveränderlich adj immuable

unverantwortlich adj irresponsable

unverbesserlich adj incorrigible

unverbindlich adv (Écon) sans engagement de votre part, sans obligation d'achat

unverblümt adj (Wahrheit) tout(e) nu(e) ▶ adv sans détour

unvereinbar adj incompatible

unverfänglich adj anodin(e)

unverfroren adj effronté(e)

unverkennbar adj indubitable, évident(e)

unvermeidlich adj inévitable

unverschämt adj (Kerl) effronté(e) ; (Preise) exorbitant(e)

Unverschämtheit f culot m

unversehrt adj intact(e)

unversöhnlich adj irréconciliable

unverständlich adj incompréhensible

unverträglich adj (Essen) indigeste ; (Gegensätze) incompatible, inconciliable

unverwüstlich adj (Material) inusable ; (Humor) imperturbable

unverzeihlich adj impardonnable

unverzüglich adj immédiat(e)

unvorbereitet adj non préparé(e)

unvorhergesehen adj imprévu(e)

unvorstellbar adj inimaginable

unwahr adj faux (fausse)
 • **unwahrscheinlich** adj invraisemblable ▶ adv: **~ viel Geld** énormément d'argent

unweigerlich adj inéluctable ▶ adv immanquablement

Unwesen nt (Unfug) méfaits mpl ; **sein ~ treiben** faire des siennes

757

USA

unwesentlich adj peu important(e)

Unwetter nt tempête f

unwichtig adj sans importance

unwiderruflich adj irrévocable

unwiderstehlich adj irrésistible

unwillig adj mécontent(e); (widerwillig) récalcitrant(e)

unwillkürlich adj involontaire

unwirklich adj irréel(le)

unwirksam adj inefficace

unwirsch adj bourru(e)

unwirtlich adj (Land) inhospitalier(-ière), peu accueillant(e)

unwirtschaftlich adj (Verfahren) peu rentable od économique

Unwissenheit f ignorance f

unwohl adj: **mir ist ~, ich fühle mich ~** je ne me sens pas (très) bien • **Unwohlsein** (-s) nt malaise m

unwürdig adj +Gen indigne (de)

unzählig adj innombrable

unzertrennlich adj inséparable

Unzucht f attentat m aux mœurs od à la pudeur

unzüchtig adj indécent(e)

unzufrieden adj mécontent(e)

Unzufriedenheit f mécontentement m

unzulänglich adj insuffisant(e)

unzulässig adj inadmissible

unzurechnungsfähig adj irresponsable

unzusammenhängend adj incohérent(e)

unzutreffend adj inexact(e)

unzuverlässig adj peu sûr(e) od fiable

unzweideutig adj sans équivoque

Update nt (Inform) mise à jour

uploaden vt téléverser, télécharger

üppig adj (Frau, Busen) plantureux(-euse); (Essen) copieux(-euse); (Vegetation) luxuriant(e)

uralt adj très vieux (vieille)

Uran (-s) nt uranium m

Ureinwohner mpl premiers habitants mpl

Urenkel(in) m(f) arrière-petit-fils (arrière-petite-fille)

Urheber(in) (-s, -) m(f) instigateur(-trice); (Autor) auteur m

urig adj (Mensch) truculent(e)

Urin (-s, -e) m urine f

Urkunde f document m

URL f abk URL f, adresse f web

Urlaub (-(e)s, -e) m congé m, vacances fpl; (Mil etc) permission f • **Urlauber(in)** (-s, -) m(f) vacancier(-ière)

Urmensch m homme m préhistorique

Urne f urne f

Ursache f cause f

Ursprung m origine f; (von Fluss) source f

ursprünglich adj (anfänglich) initial(e)

Urteil (-s, -e) nt jugement m; (Jur) sentence f, verdict m • **urteilen** vi juger

Urteilsspruch m sentence f

Urwald m forêt f vierge

Urzeit f préhistoire f

USA pl abk (= Vereinigte Staaten von Amerika); **die ~** les USA mpl

USB-Anschluss m (Inform) port m USB

Usbekistan nt l'Ouzbékistan m

USB-Stick m (Inform) clé f USB

User(in) (-s, -) m(f) (Inform) utilisateur(-trice)

usw. abk (= und so weiter) etc.

Utensilien pl ustensiles mpl

Utopie f utopie f

utopisch adj utopique

Vagina (-, Vaginen) f vagin m

Vakuum (-s, Vakua od Vakuen) nt vide m • **vakuumverpackt** adj emballé(e) sous vide

Vampir (-s, -e) m vampire m

Vandalismus m vandalisme m

Vanille f vanille f • **Vanillestange** f gousse f de vanille

Variation f variation f

variieren vt, vi varier

Vase f vase m

Vater (-s, ⁻) m père m • **Vaterland** nt patrie f

väterlich adj paternel(le)

väterlicherseits adv du côté paternel

Vaterschaft f paternité f

Vatikan (-s) m Vatican m

v. Chr. abk (= vor Christus) av. J.-C.

vegan adj végétalien(ne), végane

Veganer(in) (-s, -) m(f) végane mf

Vegetarier(in) (-s, -) m(f) végétarien(ne)

vegetarisch adj végétarien(ne)

vegetieren vi végéter

Veilchen nt violette f

Vene f veine f

Ventil (-s, -e) nt soupape f

Ventilator m ventilateur m

verabreden vt convenir de, fixer ▶ vr: **sich mit jdm ~** prendre rendez-vous avec qn

Verabredung f accord m; (Treffen) rendez-vous m inv

verabschieden vt prendre congé de; (Gesetz) adopter ▶ vr: **sich (von jdm) ~** prendre congé (de qn)

Verabschiedung f (von Menschen) adieux mpl; (Feier) réception f d'adieu; (von Gesetz) adoption f

verachten vt mépriser

verächtlich adj méprisant(e); (verachtenswert) méprisable

Verachtung f mépris m

verallgemeinern vt généraliser

veraltet adj vieilli(e), démodé(e)

Veranda (-, Veranden) f véranda f

veränderlich adj variable; (Mensch, Wesen) changeant(e)

verändern vt transformer ▶ vr changer

Veränderung f changement m

verankern vt (Schiff: fig) ancrer

veranlagt adj: **künstlerisch ~ sein** avoir des talents artistiques

Veranlagung f (körperlich) prédisposition f; (angeborene Fähigkeit) don m

veranlassen vt: **Maßnahmen ~** faire en sorte que des mesures soient prises; **sich veranlasst sehen, etw zu tun** se voir dans l'obligation de faire qch

Veranlassung f (Anlass) raison f; **auf jds ~ (hin)** à l'instigation de qn

veranschaulichen vt illustrer

veranstalten vt organiser

Veranstalter(in) (-s, -) m(f) organisateur(-trice)

Veranstaltung f (Ereignis) manifestation f

verantworten vt assumer la responsabilité de

verantwortlich adj responsable

Verantwortung f responsabilité f

verantwortungslos adj irresponsable

verarbeiten vt travailler; (bewältigen) assimiler; **Holz zu Papier ~** transformer du bois en papier

Verarbeitung f (Art und Weise) finition f; (Bewältigung) assimilation f

verärgern vt irriter

verarzten vt soigner

Verb (-s, -en) nt verbe m

Verband m (Méd) bandage m; (Bund) association f

verbannen vt bannir

verbergen (irr) vt cacher ▶ vr se cacher

verbessern vt (besser machen) améliorer; (berichtigen) corriger ▶ vr s'améliorer

Verbesserung f amélioration f, correction f

verbeugen vr: **sich ~ vor** +Dat s'incliner devant

Verbeugung f révérence f

verbiegen (irr) vt tordre

verbieten (irr) vt interdire

V

verbinden (irr) vt relier ; (Menschen) lier ; (kombinieren) combiner ; (Méd) panser ; (Tél) mettre en communication ▶ vr s'unir

verbindlich adj (bindend) obligatoire ; (freundlich) aimable

Verbindlichkeit f (bindender Charakter) caractère m obligatoire ; (Höflichkeit) obligeance f ; **Verbindlichkeiten** pl obligations fpl

Verbindung f (von Orten) liaison f ; (Beziehung) contact m ; (Zugverbindung, Verkehrsverbindung) liaison f ; (Tél: Anschluss) communication f

verbissen adj (Kampf, Gegner) acharné(e) ; (Gesichtsausdruck) tendu(e)

verblassen vi s'estomper

Verbleib (-(e)s) m : **sein ~** l'endroit m où il se trouve

verbleiben (irr) vi rester ; **wir sind so verblieben, dass wir ...** nous sommes convenu(e)s que nous ...

verbleit adj au plomb

verblöden vi s'abrutir

verblüffen vt épater

Verblüffung f : **zu meiner ~** à ma (grande) stupéfaction

verblühen vi se faner

verbluten vi mourir d'hémorragie

verbohrt adj obstiné(e)

verborgen adj caché(e)

Verbot (-(e)s, -e) nt interdiction f

verboten adj interdit(e), défendu(e) ; **Rauchen ~!** défense de fumer !

Verbrauch (-(e)s) m consommation f

verbrauchen vt consommer ; (Geld) dépenser ; (Kraft) épuiser

Verbraucher(in) (-s, -) m(f) consommateur(-trice)

verbraucht adj usé(e) ; (Luft) vicié(e)

Verbrechen (-s, -) nt crime m

Verbrecher(in) (-s, -) m(f) criminel(le) • **verbrecherisch** adj criminel(le)

verbreiten vt répandre ▶ vr se propager

verbreitern vt élargir

Verbreitung f propagation f

verbrennen (irr) vt brûler ; (Leiche) incinérer ▶ vi brûler

Verbrennung f (Méd) brûlure f ; (von Leiche, Abfällen) incinération f ; (in Motor, von Papier) combustion f

Verbrennungsmotor m moteur m à explosion

verbringen (irr) vt passer

verbrüdern vr : **sich mit jdm ~** fraterniser avec qn

verbrühen vr s'ébouillanter

verbuchen vt enregistrer ; (Erfolg) mettre à son actif

Verbund m (Écon) trust m

verbunden adj : **jdm ~ sein** être l'obligé(e) de qn

verbünden vr s'allier

Verbundenheit f attachement m

Verbündete(r) f(m) allié(e) m/f

verbürgen vr : **sich für jdn/etw ~** répondre de qn/qch

verbüßen vt (Strafe) purger

Verdacht (-(e)s) m soupçon m

verdächtig adj suspect(e) • **verdächtigen** vt +Gen soupçonner (de)

verdammen vt condamner

verdammt (fam !) adj sacré(e) (fam) ▶ adv sacrément (fam) ; **~ noch mal!** nom de Dieu ! (fam !)

verdampfen vi s'évaporer

verdanken vt: **jdm etw ~** devoir qch à qn

verdarb etc vb siehe **verderben**

verdauen vt digérer

verdaulich adj: **schwer ~** indigeste ; **leicht ~** très digeste

Verdauung f digestion f

Verdeck (-(e)s, -e) nt (Aut) capote f ; (Naut) pont m supérieur

verdecken vt cacher

verderben (irr) vt gâcher ; (moralisch) corrompre, pervertir ▶ vi (Essen) s'avarier ; **sich den Magen ~** se rendre malade ; **sich die Augen ~** s'abîmer les yeux od la vue

Verderben (-s) nt perte f

verderblich adj (Einfluss) nocif(-ive), mauvais(e) ; (Lebensmittel) périssable

verdeutlichen vt expliquer

verdichten vt (Phys, Tech) comprimer ▶ vr (Nebel) s'épaissir

verdienen vt (Geld) gagner ; (moralisch) mériter

Verdienst (-(e)s, -e) m (Einkommen) revenu m ▶ nt mérite m

verdient adj mérité(e) ; (Person) émérite ; **sich um etw ~ machen** bien mériter de qch

verdoppeln vt doubler

verdorben pp von **verderben** ▶ adj (Essen) avarié(e) ; (moralisch) dépravé(e)

verdorren vi se dessécher

verdrängen vt refouler

verdrehen vt (Augen) rouler ; (Sinn, Wahrheit) fausser ; **jdm den Kopf ~** tourner la tête à qn

Verdruss (-es, -e) m contrariété f

verduften vi s'évaporer ; (fam) se volatiliser

verdünnen vt diluer

verdunsten vi s'évaporer

verdursten vi mourir de soif

verdutzt adj déconcerté(e)

verehren vt vénérer ; **jdm etw ~** (fam) faire cadeau de qch à qn

Verehrer(in) (-s, -) m(f) admirateur(-trice) ; (Liebhaber auch) soupirant m

verehrt adj honoré(e), vénéré(e) ; **sehr ~es Publikum!** Mesdames et Messieurs !

Verehrung f admiration f ; (Rel) vénération f

vereidigen vt assermenter ; **jdn auf etw** Akk **~** faire prêter serment à qn sur qch

Vereidigung f prestation f de serment

Verein (-(e)s, -e) m association f, société f ● **vereinbar** adj compatible

vereinbaren vt convenir de

Vereinbarung f accord m

vereinen vt unir ; (Prinzipien) concilier ; **die Vereinten Nationen** les Nations fpl unies

vereinfachen vt simplifier

vereinigen vt réunir ▶ vr se réunir ; **sich ~ mit** s'unir à ; **die Vereinigten Staaten** les États-Unis mpl

Vereinigung f union f ; (Verein) association f

vereinzelt adj isolé(e)
vereisen vi geler ▸ vt (Méd) insensibiliser
vereiteln vt (Plan) déjouer
vereitert adj infecté(e)
vererben vt léguer; (Bio) transmettre
vererblich adj héréditaire
Vererbung f hérédité f, transmission f (héréditaire)
verewigen vt immortaliser
verfahren (irr) vi (handeln) procéder ▸ vt (Geld) dépenser (en transports); (Benzin) consommer; (Fahrkarte) utiliser ▸ vr se tromper de route
Verfahren (-s, -) nt procédé m; (Jur) procédure f
Verfall (-(e)s) m déclin m; (von Gebäude) délabrement m; (von Gutschein, Garantie, Wechsel) échéance f
verfallen (irr) vi (Gebäude) tomber en ruine; (ungültig werden) expirer ▸ adj (Gebäude) délabré(e); ~ **in** +Akk (Schweigen) tomber dans; ~ **auf** +Akk (Gedanken) avoir; (neues Projekt) avoir l'idée de; **jdm völlig ~ sein** être l'esclave de qn
Verfallsdatum nt date f d'expiration
verfänglich adj (Frage, Situation) délicat(e)
verfassen vt rédiger
Verfasser(in) (-s, -) m(f) auteur m
Verfassung f (auch Pol) constitution f; (Zustand) état m
Verfassungsgericht nt cour f constitutionnelle
verfassungswidrig adj anticonstitutionnel(le)

verfaulen vi pourrir
Verfechter (-s, -) m défenseur m
verfehlen vt manquer, rater
verfeinern vt améliorer
verfilmen vt filmer
verfliegen (irr) vi (Duft, Ärger) se dissiper; (Zeit) passer très vite
verflossen adj (Zeiten, Monat) passé(e); (fam: Liebhaber) ancien(ne)
verfluchen vt maudire
verflüchtigen vr se volatiliser
verfolgen vt poursuivre; (Pol) persécuter; (Spur, Plan, Entwicklung) suivre
Verfolger(in) (-s, -) m(f) poursuivant(e)
Verfolgung f poursuite f; (Pol) persécution f
verfremden vt appliquer l'effet de distanciation à
verfrüht adj prématuré(e)
verfügbar adj disponible
verfügen vi: ~ **über** +Akk disposer de
Verfügung f (Anordnung) décret m; **jdm zur ~ stehen** être à la disposition de qn
verführen vt (sexuell) séduire
verführerisch adj (Angebot, Duft, Anblick) tentant(e); (Aussehen) séduisant(e)
vergammeln (fam) vi se laisser aller; (Nahrung) devenir immangeable
vergangen adj dernier(-ière), passé(e) • **Vergangenheit** f passé m
Vergaser (-s, -) m carburateur m
vergaß etc vb siehe **vergessen**

vergeben (irr) vt (verzeihen) pardonner ; **~ an** +Akk attribuer à

vergebens adv en vain

vergeblich adj vain(e), inutile

Vergebung f (Verzeihen) pardon m ; **um ~ bitten** demander pardon

vergehen (irr) vi (Zeit) passer ; (Schmerzen) disparaître
• **Vergehen** (-s, -) nt délit m

Vergeltung f vengeance f

vergessen (irr) vt oublier
• **Vergessenheit** f : **in ~ geraten** tomber dans l'oubli

vergesslich adj : **~ werden** perdre la mémoire

vergeuden vt gaspiller

vergewaltigen vt violer ; (Sprache) faire violence à

Vergewaltigung f viol m ; (fig) violation f

vergewissern vr s'assurer

vergießen (irr) vt verser

vergiften vt empoisonner

Vergiftung f empoisonnement m

Vergissmeinnicht (-(e)s, -e) nt myosotis m

Vergleich (-(e)s, -e) m comparaison f ; (Jur) compromis m
• **vergleichbar** adj comparable

vergleichen (irr) vt comparer ▶ vr se comparer

vergnügen vr s'amuser
• **Vergnügen** (-s, -) nt plaisir m ;
viel ~! amusez-vous od amuse-toi bien ! ; **nur zum ~** uniquement pour son etc plaisir

vergnügt adj joyeux(-euse), gai(e)

Vergnügung f divertissement m, amusement m

Vergnügungspark m parc m d'attractions

vergolden vt dorer

vergöttern vt adorer

vergraben (irr) vt (in der Erde) enterrer ; (verbergen) enfouir ▶ vr (in Arbeit etc) se plonger

vergreifen (irr) vr : **sich an jdm ~** se livrer à des voies de fait sur qn ; **sich an etw** Dat **~** s'approprier qch

vergriffen adj (Buch) épuisé(e)

vergrößern vt agrandir ; (mengenmäßig) augmenter ; (mit Lupe) grossir ▶ vr s'agrandir, augmenter

Vergrößerung f agrandissement m ; (mit Lupe) grossissement m

Vergrößerungsglas nt loupe f

Vergünstigung f (Preisermäßigung) rabais m ; (Vorteil) privilège m

vergüten vt (Arbeit, Leistung) payer ; **jdm etw ~** rembourser qch à qn

verhaften vt arrêter

Verhaftung f arrestation f

verhalten (irr) vr se comporter
• **Verhalten** (-s) nt comportement m

Verhältnis nt rapport m ;
Verhältnisse pl (Umstände) conditions fpl ; (Lage) situation f
• **verhältnismäßig** adv relativement

verhandeln vi négocier ▶ vt (Jur) juger ; **(mit jdm) über etw** Akk **~** négocier qch (avec qn)

Verhandlung f négociation f ; (Jur) procès m

Verhängnis nt fatalité f ; **jdm zum ~ werden, jds ~ sein** être fatal(e) à qn • **verhängnisvoll** adj fatal(e)

V

verharmlosen vt minimiser

verheerend adj catastrophique

verheilen vi guérir

verheimlichen vt cacher

verheiratet adj marié(e)

verhelfen (irr) vi: **jdm zu etw ~** aider qn à obtenir qch ; **jdm zur Flucht ~** aider qn à s'enfuir

verherrlichen vt glorifier

verhexen vt ensorceler

verhindern vt empêcher

Verhör (-(e)s, -e) nt interrogatoire m

verhören vt interroger ▶ vr entendre de travers

verhungern vi mourir de faim

verhüten vt empêcher, prévenir

Verhütungsmittel nt contraceptif m

verirren vr se perdre

verkabeln vt câbler

Verkabelung f câblage m

verkalken vi (Méd) se scléroser ; (fam: senil werden) être sclérosé(e) ; (Wasserkessel) être entartré(e)

verkannt adj méconnu(e)

Verkauf m vente f

verkaufen vt vendre

Verkäufer(in) (-s, -) m(f) vendeur(-euse)

verkäuflich adj (zu verkaufen) à vendre ; (absetzbar) vendable

Verkehr (-s, -e) m (Straßenverkehr, Umlauf) circulation f ; (Geschlechtsverkehr) rapports mpl (sexuels)

verkehren vi circuler ▶ vt fausser ; **in einem Café ~** fréquenter un café

Verkehrsampel f feux mpl (de circulation)

Verkehrsamt nt office m du tourisme

verkehrsberuhigt adj (Zone) à circulation réduite

Verkehrsberuhigung f réduction f de la circulation

Verkehrsdelikt nt infraction f au code de la route

Verkehrsinsel f refuge m

Verkehrsmittel nt moyen m de transport ; **öffentliche ~** transports mpl publics od en commun

Verkehrsstau m bouchon m

Verkehrsstockung f gros bouchon m

Verkehrssünder m contrevenant m au code de la route

Verkehrsteilnehmer m usager m de la route

Verkehrsunfall m accident m de la circulation

Verkehrsverbund m transports mpl publics

verkehrswidrig adj (Verhalten) contrevenant au code de la route

Verkehrszeichen nt panneau m de signalisation

verkehrt adj (falsch) faux (fausse) ; (umgekehrt) à l'envers

verkennen (irr) vt méconnaître

verklagen vt porter plainte contre

verklappen vt déverser en mer

verkleiden vr se déguiser ▶ vt (Wand) revêtir

Verkleidung f déguisement m

verkleinern vt réduire

verklemmt adj complexé(e)

verkneifen (irr) vr (sich versagen) se priver de qch

verkniffen adj tendu(e)

verknüpfen vt (Faden) attacher ; (Gedanken etc) associer

Verknüpfung f (fig) association f

verkommen (irr) vi (Garten, Haus etc) être à l'abandon ; (Mensch) se laisser aller ▸ adj (Haus) délabré(e) ; (Mensch) dévoyé(e)

verkraften vt supporter

verkühlen vr prendre froid

verkümmern vi (Pflanze) s'étioler ; (Mensch, Tier) dépérir ; (Gliedmaßen) s'atrophier ; (Talent) se perdre

verkünden vt annoncer ; (Urteil) prononcer

verkürzen vt raccourcir ; **verkürzte Arbeitszeit** journée f de travail réduite

verladen (irr) vt embarquer

Verlag (-(e)s, -e) m maison f d'édition

verlangen vt exiger, demander • **Verlangen** (-s, -) nt : **~ nach** désir m de ; **auf jds ~ (hin)** à la demande de qn

verlängern vt (länger machen) rallonger ; (zeitlich) prolonger

Verlängerung f prolongation f

Verlängerungsschnur f rallonge f

verlangsamen vt ralentir

Verlass m : **auf jdn/etw ist kein ~** on ne peut pas se fier à qn/qch

verlassen (irr) vt abandonner ▸ vr : **sich ~ auf** +Akk compter sur

verlässlich adj sûr(e)

Verlauf m (Ablauf) déroulement m ; (von Kurve) tracé m ; **im ~ von** au cours de

verlaufen (irr) vi (Feier, Abend, Urlaub) se dérouler ▸ vr (sich verirren) s'égarer ; (sich auflösen) se disperser ; **die Grenze verläuft entlang des Flusses** la frontière longe la rivière

verlauten vi : **etw ~ lassen** révéler qch

verleben vt passer

verlebt adj (Gesicht) de fêtard

verlegen vt déplacer ; (Termin) remettre ; (Leitungen, Kabel, Fliesen etc) poser ▸ adj embarrassé(e), gêné(e) ; **nicht ~ sein um** ne pas être à court de • **Verlegenheit** f embarras m

Verleger (-s, -) m éditeur m

Verleih (-(e)s, -e) m location f

verleihen (irr) vt : **an jdn ~** (leihweise, Geld) prêter à qn ; (Medaille, Preis) décerner à qn

Verleihung f (von Dingen) prêt m ; (gegen Gebühr) location f ; (von Medaille, Preis) remise f

verleiten vt : **~ zu** entraîner à

verlernen vt oublier

verlesen (irr) vt lire à haute voix ; (Beeren, Obst etc) trier ▸ vr mal lire

verletzen vt blesser ; (Gesetz etc) violer ▸ vr se blesser

verletzend adj blessant(e)

verletzlich adj vulnérable

Verletzte(r) f(m) blessé(e) m/f

Verletzung f blessure f ; (Verstoß) violation f

verleugnen vt renier

verleumden vt calomnier

Verleumdung f calomnie f, diffamation f

verlieben vr: **sich in jdn/etw ~** tomber amoureux(-euse) de qn/qch

verliebt adj amoureux(-euse)

verlieren (irr) vt, vi perdre ; **an Wert/an Höhe ~** perdre de sa valeur/de l'altitude

Verlierer m perdant m

verloben vr: **sich ~ mit** se fiancer à od avec

Verlobte(r) f(m) fiancé(e) m/f

Verlobung f fiançailles fpl

Verlockung f tentation f

verlogen adj menteur(-euse) ; (Kompliment, Versprechungen) mensonger(-ère) • **Verlogenheit** f hypocrisie f

verlor etc vb siehe **verlieren**

verloren pp von **verlieren** ▶ adj perdu(e) ; **jdn/etw ~ geben** considérer qn/qch comme perdu(e) ; **~ gehen** se perdre

verlosen vt tirer au sort

Verlosung f tirage m au sort

Verlust (-(e)s, -e) m perte f ; (finanziell auch) déficit m

vermehren vt augmenter, faire fructifier ▶ vr augmenter ; (sich fortpflanzen) se reproduire

Vermehrung f augmentation f ; (Fortpflanzung) reproduction f

vermeiden (irr) vt éviter

vermeintlich adj présumé(e)

Vermerk (-(e)s, -e) m remarque f ; (in Ausweis) mention f

vermerken vt noter

vermessen (irr) vt (Land) mesurer, arpenter ▶ adj présomptueux(-euse)

vermieten vt louer

Vermieter(in) m(f) propriétaire mf

Vermietung f location f

vermindern vt réduire ▶ vr diminuer

Verminderung f réduction f

vermischen vt mélanger ▶ vr se mélanger

vermissen vt (Mensch) s'ennuyer de ; (Gegenstand) avoir perdu

vermitteln vi (in Streit) servir de médiateur ▶ vt (Arbeitskräfte) procurer ; (Wissen) transmettre

Vermittler(in) (-s, -) m(f) intermédiaire m ; (Schlichter) médiateur(-trice)

Vermittlung f (Stellenvermittlung) bureau m de placement ; (Tél) central m téléphonique ; (Schlichtung) médiation f

vermodern vi pourrir, se décomposer

Vermögen (-s, -) nt fortune f

vermummen vr s'envelopper

vermuten vt supposer, présumer

vermutlich adj probable ▶ adv probablement

Vermutung f supposition f

vernachlässigen vt négliger

vernehmen (irr) vt (polizeilich) interroger

Vernehmung f (richterlich) audition f ; (polizeilich) interrogatoire m

vernehmungsfähig adj en état de témoigner

verneigen vr: **sich vor jdm/etw ~** s'incliner devant qn/qch

vernetzt adj connecté(e)

Vernetzung f connexion f

vernichten vt (Akten, Ernte) détruire ; (Feind) anéantir

vernichtend adj écrasant(e) ; (Kritik) cinglant(e)

Vernichtung f destruction f

verniedlichen vt minimiser

Vernunft (-) f raison f

vernünftig adj raisonnable ; (fam: Essen, Arbeit etc) convenable

veröden vi se dépeupler ▶ vt (Krampfadern) procéder à l'ablation de

veröffentlichen vt publier

Veröffentlichung f publication f

verordnen vt (Medikament) prescrire

Verordnung f décret m ; (Méd) ordonnance f

verpachten vt donner à bail

verpacken vt emballer

Verpackung f emballage m

verpassen vt manquer, rater

verpesten vt empester

verpflegen vt nourrir

Verpflegung f nourriture f ; (im Hotel) pension f

verpflichten vt obliger ; (anstellen, vertraglich binden) engager ▶ vr s'engager

Verpflichtung f (sozial, finanziell etc) obligation f ; (Engagieren) engagement m

verpfuschen vt bâcler

verplempern (fam) vt gaspiller

verpönt adj mal vu(e)

verprügeln vt rosser, battre

Verputz m crépi m

verputzen vt (Haus) crépir ; (fam: Essen) engloutir

verquollen adj gonflé(e), bouffi(e)

Verrat (-(e)s) m trahison f

verraten (irr) vt trahir

Verräter(in) (-s, -) m(f) traître(-esse) • **verräterisch** adj traître

verrechnen vt (Scheck) porter en compte ▶ vr se tromper dans ses calculs ; (fig) se tromper ; **etw mit etw ~** compenser qch avec qch

Verrechnungsscheck m chèque m barré

verregnet adj pluvieux(-euse)

verreisen vi partir en voyage

verrenken vt démettre ; (Méd) luxer

Verrenkung f (Bewegung) contorsion f ; (Méd) luxation f

verrichten vt accomplir

verriegeln vt verrouiller

verringern vt diminuer, réduire ▶ vr diminuer

Verringerung f diminution f, réduction f

verrosten vi rouiller

verrotten vi pourrir, se décomposer

verrücken vt déplacer

verrückt adj fou (folle) • **Verrückte(r)** f(m) fou (folle) m/f

Verruf m: **jdn in ~ bringen** discréditer qn ; **in ~ geraten** tomber en discrédit

verrufen adj mal famé(e)

Vers (-es, -e) m vers m

versagen vi (Mensch, Stimme) défaillir ; (Regierung) échouer ; (Maschine, Motor) tomber en panne • **Versagen** (-s) nt défaillance f

Versager (-s, -) m raté m

versalzen vt trop saler

versammeln vt réunir, rassembler ▶ vr se réunir

Versammlung f assemblée f

Versand (-(e)s) m expédition f; (Abteilung) service m expédition

Versandhaus nt maison f de vente par correspondance

versäumen vt (verpassen) manquer, rater; (unterlassen) négliger

verschaffen vt: **jdm etw ~** procurer qch à qn

verschämt adj gêné(e)

verschärfen vt (Strafe, Gesetze) rendre plus sévère; (Zensur, Kontrollen) intensifier ▶ vr s'aggraver

verschätzen vr se tromper

verschenken vt (Gegenstand) offrir

verscherzen vr: **sich Dat etw ~** perdre qch

verscheuchen vt chasser

verschicken vt envoyer

verschieben (irr) vt (Möbel etc) déplacer; (zeitlich) remettre; (Waren, Devisen) faire le trafic de ▶ vr (verrutschen) glisser

verschieden adj différent(e); **V~es** plusieurs choses

verschiedentlich adv à plusieurs reprises

verschimmeln vi moisir

verschlafen (irr) vi, vr se réveiller trop tard ▶ vt (Tag) passer à dormir; (versäumen) oublier

verschlechtern vr empirer

Verschlechterung f aggravation f, dégradation f

verschleißen (irr) vt user ▶ vi s'user

verschleppen vt (Menschen) déporter; (hinauszögern) faire traîner en longueur

verschlimmern vt aggraver ▶ vr s'aggraver, empirer

verschlingen (irr) vt engloutir; (Fäden) nouer

verschliß etc vb siehe **verschleißen**

verschlissen pp von **verschleißen**

verschlossen adj fermé(e) à clé; (fig) renfermé(e)

verschlucken vt avaler ▶ vr avaler de travers

Verschluss m fermeture f; (Stöpsel) bouchon m

verschlüsseln vt (Nachricht) coder

verschmähen vt dédaigner

verschmelzen (irr) vt fondre ▶ vi se mêler

verschmerzen vt se consoler de

verschmitzt adj malicieux(-euse)

verschmutzen vt salir; (Umwelt) polluer

verschneit adj enneigé(e)

verschnupft adj: **~ sein** être enrhumé(e); (fam: beleidigt) être vexé(e)

verschollen adj disparu(e)

verschonen vt épargner; **jdn mit etw ~** épargner qch à qn

verschreiben (irr) vt (Méd) prescrire ▶ vr faire une faute; **sich einer Sache ~** se consacrer à qch

verschreibungspflichtig adj délivré(e) uniquement sur ordonnance

verschroben adj bizarre

verschrotten vt mettre à la ferraille

verschüchtert adj intimidé(e)

verschulden vt causer

verschuldet adj endetté(e)

Verschuldung f endettement m

verschütten vt (versehentlich) renverser ; (zuschütten) combler ; (unter Trümmern) ensevelir

verschwand etc vb siehe **verschwinden**

verschweigen (irr) vt: **jdm etw ~** cacher qch à qn

verschwenden vt gaspiller

verschwenderisch adj (Mensch) dépensier(-ière) ; (Aufwand) excessif(-ive)

Verschwendung f gaspillage m

verschwiegen adj (Mensch) discret(-ète) ; (Ort) retiré(e)
• **Verschwiegenheit** f discrétion f

verschwimmen (irr) vi se brouiller

verschwinden (irr) vi disparaître
• **Verschwinden** (-s) nt disparition f

verschwitzen vt (Kleidung) tremper de sueur ; (fam: vergessen) oublier

verschwommen adj (Farbe) fondu(e) ; (Bild) flou(e)

verschwören (irr) vr conspirer

verschwunden pp von **verschwinden**

versehen (irr) vt (Dienst, Pflicht) accomplir ; (Haushalt) tenir ; **jdn/ etw mit etw ~** (ausstatten) munir qn/qch de qch ; **ehe er (es) sich ~ hatte ...** il n'a pas eu le temps de dire ouf que ... • **Versehen** (-s, -) nt méprise f; **aus ~** par mégarde

versehentlich adv par mégarde

versenden (irr) vt expédier

versenken vt (Schiff) couler ▶ vr: **sich ~ in** +Akk se plonger dans

versessen adj: **auf jdn/etw ~** fou(folle) de qn/qch

versetzen vt (an andere Stelle) déplacer ; (dienstlich) muter ; (verpfänden) mettre en gage ; (in Schule) faire passer dans la classe supérieure ; (fam: vergeblich warten lassen) poser un lapin à ▶ vr: **sich in jdn** od **in jds Lage ~** se mettre à la place de qn

Versetzung f (dienstlich) mutation f; (in Schule) passage m dans la classe supérieure

verseuchen vt polluer ; (durch radioaktive Stoffe) contaminer

versichern vt assurer ▶ vr +Gen s'assurer de

Versicherung f assurance f

Versicherungsnehmer (-s, -) m (förmlich) assuré(e) m/f

Versicherungspolice f police f d'assurance

Versicherungsprämie f prime f d'assurance

versinken (irr) vi s'enfoncer

Version f version f

versöhnen vt réconcilier ▶ vr: **sich mit jdm ~** se réconcilier avec qn

versorgen vt fournir ; (unterhalten) entretenir ; (sich kümmern um) s'occuper de ▶ vr: **sich ~ mit** se pourvoir de, s'approvisionner en

Versorgung f approvisionnement m ; (Unterhalt) entretien m

verspäten vr être en retard

Verspätung f retard m

versperren vt (Weg) barrer ; (Sicht) boucher ; (Tür) barricader

verspielen vt (Geld) perdre au jeu ;
bei jdm verspielt haben ne plus
être bien vu de qn

verspielt adj joueur(-euse)

versprechen (irr) vt promettre
• **Versprechen** (-s, -) nt promesse f

Verstand m raison f

verständig adj raisonnable

verständigen vt avertir, prévenir
▶ vr communiquer ; (sich einigen)
se mettre d'accord, s'entendre

Verständigung f
(Kommunikation) communication
f ; (Benachrichtigung) notification f

verständlich adj
compréhensible ; **sich ~ machen**
se faire comprendre

Verständnis nt compréhension f
• **verständnisvoll** adj
compréhensif(-ive)

verstärken vt renforcer ; (Strom,
Spannung, Ton) amplifier ;
(erhöhen) augmenter ▶ vr
augmenter

Verstärker (-s, -) m (Tech)
amplificateur m

Verstärkung f (Hilfe) renforts mpl

verstauchen vt: **sich** Dat etw ~
se fouler od se tordre qch

Versteck (-(e)s, -e) nt cachette f ;
~ spielen jouer à cache-cache

verstecken vt cacher ▶ vr se
cacher

versteckt adj caché(e) ; (Lächeln,
Blick) furtif(-ive) ; (Vorwürfe,
Andeutung) voilé(e)

verstehen (irr) vt comprendre
▶ vr se comprendre ; (gut
auskommen) bien s'entendre

versteigern vt vendre aux
enchères

Versteigerung f vente f aux
enchères

verstellen vt (verändern) ajuster ;
(falsch einstellen) dérégler ; (richtig
einstellen) régler ; (versperren)
bloquer ; (Stimme) déguiser ▶ vr
(heucheln) jouer la comédie

verstimmen vt (Instrument)
désaccorder ; (Mensch) mettre de
mauvaise humeur

verstohlen adj furtif(-ive)

verstopfen vt boucher ;
(Innenstadt) embouteiller

Verstopfung f (von Rohr)
engorgement m ; (von Straße)
embouteillage m ; (Méd)
constipation f

verstorben adj décédé(e)

verstört adj (Mensch) troublé(e),
perturbé(e)

Verstoß (-es, ⸚e) m: **~ gegen**
infraction f à

verstoßen (irr) vi: **~ gegen**
contrevenir à

verstreichen (irr) vt (Butter, Salbe)
étendre ▶ vi (Zeit) s'écouler

verstümmeln vt mutiler,
estropier ; (fig) estropier

verstummen vi se taire ; (Lärm)
cesser

Versuch (-(e)s, -e) m tentative f,
essai m ; (wissenschaftlich)
expérience f

versuchen vt (Essen) goûter ;
(ausprobieren) essayer

versuchsweise adv à titre
expérimental

Versuchung f tentation f

vertagen vt ajourner

vertauschen vt échanger

verteidigen vt défendre

Verteidiger(in) (-s, -) m(f) défenseur m ; (Anwalt) avocat(e) ; (Foot, Rugby) arrière m

Verteidigung f défense f

verteilen vt distribuer ; (Salbe etc) étaler ▶ vr se disperser

Verteilung f distribution f

vertiefen vt approfondir ▶ vr: **sich in etw** Akk **~** se plonger dans qch

Vertiefung f creux m

vertilgen vt (Unkraut, Ungeziefer) détruire ; (fam: essen) engloutir

vertonen vt (Text) mettre en musique

Vertrag (-(e)s, ⸚e) m contrat m ; (Pol) traité m

vertragen (irr) vt supporter ▶ vr: **sich mit jdm ~** (bien) s'entendre avec qn

verträglich adj contractuel(le)

verträglich adj conciliant(e) ; (Speisen) digeste ; (Medikament) bien toléré(e) (par l'organisme)

Vertragspartner (-s, -) m contractant(e) m/f

vertrauen vi (+Dat) avoir confiance en • **Vertrauen** (-s) nt confiance f ; **~ zu jdm fassen** avoir de plus en plus confiance en qn ; **im ~ (gesagt)** soit dit entre nous

vertrauensvoll adj confiant(e)

vertraulich adj confidentiel(le) • **Vertraulichkeit** f caractère m confidentiel ; (Aufdringlichkeit) familiarité f excessive

verträumt adj rêveur(-euse) ; (Ort, Städtchen) paisible

vertraut adj familier(-ière) • **Vertraute(r)** f(m) confident(e) m/f

vertreiben (irr) vt chasser ; (aus Land) expulser ; (Écon) vendre ; (Zeit) passer

Vertreibung f expulsion f

vertretbar adj justifiable, défendable

vertreten (irr) vt (Kollegen) remplacer ; (Interessen) défendre ; (Ansicht) soutenir ; (Staat, Firma, Wahlkreis) représenter

Vertreter(in) m(f) remplaçant(e), suppléant(e) ; (Verfechter) défenseur m

Vertretung f représentation f ; (von Arzt) remplaçant(e) m/f ; (von Firma) agence f

Vertrieb (-(e)s, -e) m vente f

Vertriebene(r) f(m) expulsé(e) m/f, exilé(e) m/f

vertrösten vt faire attendre

vertun (irr) vt gaspiller ▶ vr se tromper

vertuschen vt étouffer

verübeln vt: **jdm etw ~** en vouloir à qn de qch

verüben vt commettre

verunglücken vi avoir un accident ; **tödlich ~** se tuer dans un accident

verunsichern vt semer le doute dans l'esprit de

veruntreuen vt détourner

verursachen vt causer

Verursacher(in) (-s, -) m(f) responsable m/f ; (von Umweltverschmutzung) pollueur(-euse)

verurteilen vt condamner

Verurteilung f condamnation f

vervielfältigen vt (Text) polycopier

vervollkommnen vt
perfectionner ▶ vr: **sich in etw**
Dat ~ se perfectionner en qch

vervollständigen vt compléter

verwackeln vt (Phot) rendre
flou(e)

verwählen vr se tromper de
numéro

verwahren vt (aufbewahren)
conserver ▶ vr: **sich ~ (gegen)** se
défendre (de)

verwaist adj (Kind) orphelin(e)

verwalten vt gérer, administrer

Verwalter(in) m(f)
administrateur(-trice) ;
(Hauswalter) gérant(e)

Verwaltung f administration f

verwandeln vt transformer ▶ vr
se transformer ; **jdn/etw in etw**
Akk ~ transformer qn/qch en qch

Verwandlung f transformation f

verwandt adj: **mit jdm ~ sein**
être apparenté(e) à od parent(e)
de qn

Verwandte(r) f(m) parent(e) m/f

Verwandtschaft f parenté f

Verwarnung f avertissement m ;
gebührenpflichtige ~
contravention f

verwechseln vt confondre

Verwechslung f confusion f

verwegen adj téméraire

verweichlicht adj affaibli(e)

verweigern vt refuser

Verweigerung f refus m

Verweis (-es, -e) m (Tadel)
réprimandes fpl ; (Hinweis)
renvoi m

verweisen (irr) vt renvoyer ▶ vi:
~ **auf etw** Akk renvoyer à qch ;
Marie an Paul ~ envoyer Marie

chez Paul ; **jdn des Landes ~**
expulser qn

verwelken vi se faner

verwenden (irr) vt utiliser ;
(Mühe, Zeit) consacrer

Verwendung f emploi m,
utilisation f

verwerfen (irr) vt (Plan, Klage,
Antrag) rejeter

verwerflich adj répréhensible

verwerten vt utiliser

Verwertung f utilisation f

verwesen vi se décomposer

verwickeln vt: **jdn in etw** Akk ~
impliquer qn dans qch ▶ vr (Fäden
etc) s'emmêler ; (fig) être mêlé(e) ;
sich in Widersprüche ~ se perdre
dans des contradictions

verwickelt adj compliqué(e)

verwildern vi (Garten) être à
l'abandon ; (Tier) retourner à l'état
sauvage

verwirklichen vt réaliser

Verwirklichung f réalisation f

verwirren vt emmêler ; (jdn)
déconcerter

Verwirrung f confusion f

verwittern vi être érodé(e)

verwitwet adj veuf (veuve)

verwöhnen vt gâter

verworren adj confus(e)

verwunden vt blesser

verwunderlich adj
surprenant(e)

Verwunderung f étonnement m

Verwundete(r) f(m) blessé(e)
m/f

Verwundung f blessure f

verwünschen vt maudire

verwüsten vt ravager, dévaster

verzählen *vr* faire une erreur de calcul, se tromper

verzehren *vt* (*essen*) manger ; (*aufbrauchen*) dilapider

verzeichnen *vt* inscrire ; (*Erfolg*) mettre à son actif ; (*Verlust, Niederlage*) essuyer

Verzeichnis *nt* liste *f* ; (*in Buch*) index *m* ; (*Inform*) répertoire *m*

verzeihen (*irr*) *vt, vi* pardonner

Verzeihung *f* pardon *m* ; **~!** pardon ! ; **jdn um ~ bitten** demander pardon à qn

verzerren *vt* déformer

Verzicht (-(e)s, -e) *m* : **~ leisten auf** +*Akk* renoncer à ▸ **verzichten** *vi* : **~ auf** +*Akk* renoncer à

verziehen (*irr*) *vt* (*Kind*) mal élever ▸ *vr, vi* : **„verzogen"** « n'habite plus à l'adresse indiquée » ; **das Gesicht ~** faire la grimace

verzieren *vt* décorer

verzögern *vt* différer ; (*verlangsamen*) ralentir ▸ *vr* (*Abreise*) être remis(e)

Verzögerung *f* retard *m*

verzollen *vt* dédouaner ; **haben Sie etwas zu ~?** avez-vous quelque chose à déclarer ?

verzweifeln *vi* : **an etw** *Dat* **~** désespérer de qch

verzweifelt *adj* désespéré(e)

Verzweiflung *f* désespoir *m*

verzwickt (*fam*) *adj* embrouillé(e)

Veto (-s, -s) *nt* veto *m*

Vetter (-s, -) *m* cousin *m*

VHS (-) *f abk* = **Volkshochschule**

Video (-s, -s) *nt* vidéo *f*
• **Videogerät** *nt* magnétoscope *m*
• **Videokamera** *f* caméra *f* vidéo
• **Videokonferenz** *f*

• **Videorekorder** *m* magnétoscope *m*
• **Videoüberwachung** *f* vidéosurveillance *f*

Vieh (-(e)s) *nt* bétail *m*

viel *adj* beaucoup de ▸ *adv* beaucoup ; **~e** (*pl* : *Menschen*) beaucoup de gens

vielerlei *adj inv* divers(es)

vielfach *adj* : **auf ~en Wunsch** à la demande générale

Vielfalt (-) *f* variété *f*

vielfältig *adj* varié(e)

vielleicht *adv* peut-être

vielmehr *adv* plutôt ▸ *konj* au contraire

vielsagend *adj* éloquent(e)

vielseitig *adj* (*Mensch*) polyvalent(e) ; (*Interessen*) multiple

vielversprechend *adj* prometteur(-euse)

vier *num* quatre • **Viereck** (-(e)s, -e) *nt* quadrilatère *m* • **viereckig** *adj* quadrilatéral(e) ; (*quadratisch*) carré(e) • **vierhundert** *num* quatre cent(s)

viert *adj* : **wir gingen zu ~** nous étions quatre

vierte(r, s) *adj* quatrième

Viertel (-s, -) *nt* quart *m*
• **Vierteljahr** *nt* trimestre *m*

Viertelstunde *f* quart *m* d'heure

vierzehn *num* quatorze

vierzehntägig *adj* de quinze jours

vierzig *num* quarante

Vietnam (-s) *nt* le Vietnam, le Viêt-nam

Villa (-, *Villen*) *f* villa *f*

violett *adj* violet(te)

Violine f violon m

virtuell adj virtuel(le)

Virus (-, Viren) m od nt virus m

Visier (-s, -e) nt (an Helm) visière f; (an Waffe) mire f

Visite f (Méd) visite f

Visitenkarte f carte f de visite

visuell adj visuel(le)

Visum (-s, Visa od Visen) nt visa m

Vitamin (-s, -e) nt vitamine f

Vogel (-s, ¨) m oiseau m
  • **Vogelgrippe** f grippe f aviaire
  • **Vogelscheuche** f épouvantail m

Vogesen pl les Vosges fpl

Voicemail f messagerie f vocale

Vokabel (-, -n) f mot m (de vocabulaire)

Vokabular (-s, -e) nt vocabulaire m

Volk (-(e)s, ¨er) nt peuple m; (viele Menschen) foule f

Völkerrecht nt droit m international (public)

Völkerverständigung f entente f entre les peuples

Volksbegehren nt initiative f populaire

Volksfest nt fête f populaire

Volkshochschule f université f populaire

Volksmund m langage m populaire

Volksrepublik f république f populaire

volkstümlich adj populaire

Volkswirtschaft f économie f nationale

Volkszählung f recensement m

voll adj plein(e); (ganz) entier(-ière); **~ sein** (fam: betrunken) être bourré(e)

vollauf adv amplement

Vollbart m barbe f

Vollbeschäftigung f plein emploi m

Vollbremsung f: **eine ~ machen** freiner à fond

vollbringen (irr) vt insép accomplir

vollenden vt insép achever

vollendet adj (vollkommen) accompli(e)

vollends adv entièrement

Vollendung f achèvement m

voller adj +Gen plein(e) de

Volleyball m volley(-ball) m

Vollgas nt: **~ geben** mettre les gaz; **mit ~** (à) pleins gaz

völlig adj complet(-ète) ▶ adv complètement

volljährig adj majeur(e)

Vollkaskoversicherung f assurance f tous risques

vollkommen adj (fehlerlos) parfait(e) ▶ adv complètement

Vollkornbrot nt pain m complet

vollmachen vt remplir

Vollmacht (-, -en) f procuration f

Vollmilch f lait m entier

Vollmond m pleine lune f

Vollpension f pension f complète

vollständig adj complet(-ète) ▶ adv complètement

volltanken vt, vi faire le plein

Volltextsuche f recherche f de texte complet

Volltreffer m coup m dans le mille; (fig) gros succès m

Vollversammlung f assemblée f plénière

Vollwertkost f aliments mpl complets

vollzählig adj complet(-ète)

vollziehen (irr) vt insép (ausführen) exécuter, accomplir ; (Befehl, Urteil) exécuter ▶ vr insép s'accomplir

Vollzug m (von Urteil) exécution f

Volt (- od -(e)s, -) nt volt m

Volumen (-s, - od Volumina) nt volume m

vom = **von dem**

---

von

präp +Dat **1** (Ausgangspunkt) de ; **westlich ~ Freiburg** à l'ouest de Fribourg ; **~ A bis Z** de A à Z ; **~ morgens bis abends** du matin au soir ; **~ Paris nach Bonn** de Paris à Bonn ; **~ wo kommt der Zug?** d'où vient le train ? ; **~ wo sind Sie jetzt gekommen?** d'où arrivez-vous ? ; **~ wann ist dieser Brief?** de quand date cette lettre ? ; **~ morgen an** dès demain ; **Ihr Schreiben ~ vor zwei Wochen** votre lettre d'il y a quinze jours ; **~ dort aus kann man die Alpen sehen** de là, on voit les Alpes ; **etw ~ sich aus tun** faire qch spontanément od de soi-même ; **~ mir aus** (fam) si ça vous chante, moi, ça m'est égal **2** (Eigenschaft): **eine Sache ~ Wichtigkeit** une affaire d'importance **3** (im Passiv, Ursache): **ein Gedicht ~ Schiller** un poème de Schiller ; **ich bin müde vom Wandern** je suis fatigué(e) après cette randonnée ; **das kommt vom Rauchen!** c'est parce que tu fumes (trop) ! ; **er kauft das ~ seinem**

Taschengeld il l'achète avec son argent de poche ; **das ist nett ~ dir** c'est gentil à toi **4** (als Genitiv): **die Königin ~ Holland** la reine de Hollande ; **ein Freund ~ mir** un ami à moi **5** (Maße, Größe etc): **zwei Söhne ~ drei und fünf Jahren** deux fils, un de trois ans et un de cinq ans ; **im Alter ~ 12 Jahren** à l'âge de douze ans **6** (bei Adelstitel): **die Prinzessin ~ Wales** la princesse de Galles **7** (über): **er erzählte ~ seinem Urlaub** il a parlé de ses vacances **8** : **~ wegen!** (fam) pas du tout !

voneinander adv l'un(e) de l'autre

---

vor

▶ präp +Dat **1** (räumlich, in Gegenwart von) devant ; **~ der Kirche links abbiegen** tourner à gauche devant l'église **2** (zeitlich): **~ 2 Tagen/einer Woche** il y a deux jours/une semaine ; **5 (Minuten) ~ 4** 4 heures moins cinq ; **~ Kurzem** il y a peu **3** (Ursache): **~ Wut** de colère ; **~ Hunger sterben** mourir de faim **4** : **~ allem, ~ allen Dingen** avant tout ▶ präp +Akk (räumlich) devant ; **stell dich ~ das Fenster** mets-toi devant la fenêtre ▶ adv : **~ und zurück schaukeln** se balancer en avant et en arrière

Vorabend m veille f

voran adv en avant ▶ **voran|gehen** (irr) vi (vorn gehen) marcher en tête ; (Fortschritte machen)

progresser • **voraus**|**kommen** (irr)
vi avancer

Voranschlag m devis m

voraus adv devant ; (zeitlich: im Voraus) en avance
• **voraus**|**sagen** vt prédire
• **voraus**|**setzen** vt supposer ; **vorausgesetzt dass ...** à condition que ...
• **Voraussetzung** f (Bedingung) condition f ; (Annahme) supposition f ; **unter ~, dass ...** à condition que ...
• **Voraussicht** f prévoyance f ; **aller ~ nach** selon toute vraisemblance • **voraussichtlich** adv probablement, vraisemblablement

Vorbehalt (-(e)s, -e) m réserve f

vor|**behalten** (irr) vt: **sich etw ~** se réserver qch ; **Änderungen ~** sous réserve de modifications

vorbehaltlos adj, adv sans réserve od restriction

vorbei adv (zeitlich) passé(e) ; (zu Ende) fini(e), terminé(e)
• **vorbei**|**gehen** (irr) vi passer ; **bei jdm ~** (fam) passer voir qn
• **vorbei**|**kommen** (irr) vi: **bei jdm ~** passer chez qn

vor|**bereiten** vt préparer

Vorbereitung f préparation f

vorbestraft adj qui a un casier judiciaire

vor|**beugen** vr se pencher (en avant) ▶ vi: **einer Sache** Dat ~ prévenir qch

vorbeugend adj (Maßnahme) préventif(-ive)

Vorbeugung f prévention f

Vorbild nt modèle m ; **sich** Dat **jdn zum ~ nehmen** prendre

exemple sur qn • **vorbildlich** adj exemplaire

vor|**bringen** (irr) vt (Wunsch) exprimer ; (Vorschlag) faire ; (fam: nach vorne) apporter

Vorderachse f essieu m avant

vordere(r, s) adj de devant, antérieur(e)

Vordergrund m premier plan m ; **im ~ stehen** être au premier plan

Vordermann (-(e)s, -männer) m: **mein/sein ~** la personne devant moi/lui od qui me/le précède ; **jdn auf ~ bringen** (fam) mettre qn au pas

Vorderseite f devant m

vorderste(r, s) adj premier(-ière)

voreilig adj (Bemerkung) irréfléchi(e)

voreingenommen adj prévenu(e)
• **Voreingenommenheit** f préjugés mpl, parti m pris

vor|**enthalten** (irr) vt: **jdm etw ~** priver qn de qch ; (Nachricht, Brief etc) cacher qch à qn

vorerst adv pour le moment

Vorfahrt f priorité f ;
~ (be)achten! respectez la priorité !

Vorfahrtsschild nt panneau m de priorité

Vorfall m incident m

Vorfeld nt (fig) marge f

vor|**finden** (irr) vt trouver

Vorfreude f joie f anticipée

vor|**führen** vt présenter

Vorgabe f (Sport) avantage m ; (an Maßen, Bestimmungen etc) référence f

Vorgang m processus m ; (Akten) dossier m

Vorgänger(in) (-s, -) m(f) prédécesseur m

or|geben (irr) vt prétendre

orgefertigt adj préfabriqué(e)

or|gehen (irr) vi (voraus) aller à l'avance ; (nach vorn) avancer ; (handeln) procéder

orgehen (-s) nt manière f d'agir

orgeschmack m avant-goût m

orgesetzte(r) f(m) supérieur(e) m/f

orgestern adv avant-hier

or|haben (irr) vt projeter ; **hast du schon etwas vor?** as-tu déjà prévu quelque chose ?

orhaben (-s, -) nt intention f, projet m

or|halten (irr) vt (vorwerfen) reprocher ▶ vi (Vorräte etc) suffire

orhand f coup m droit

orhanden adj (verfügbar) disponible ; (existierend) présent(e)

orhang m rideau m

orhängeschloss nt cadenas m

orher adv auparavant

orherrschaft f prédominance f

or|herrschen vi prédominer

orhersage f prédiction f ; (Wetter) prévisions fpl

orher|sagen vt prévoir, prédire

orhersehbar adj prévisible

orher|sehen (irr) vt prévoir

orhin adv tout à l'heure, à l'instant

orig adj (Woche, Jahr) dernier(-ière) ; (Besitzer) précédent(e)

orinstalliert adj préinstallé(e)

orkehrung f précaution f

or|kommen (irr) vi (nach vorn) avancer ; (geschehen, sich ereignen)

arriver ; (vorhanden sein, auftreten) se trouver ; (erscheinen) paraître

Vorkommen (-s, -) nt (von Erdöl etc) gisement m

Vorkommnis nt incident m

Vorkriegs- in zW d'avant-guerre

Vorladung f citation f

Vorlage f modèle m

vorläufig adj provisoire

vor|legen vt soumettre

Vorleger (-s, -) m (Bettvorleger) descente f de lit

vor|lesen (irr) vt lire à haute voix, donner lecture de

Vorlesung f cours m (magistral)

vorletzte(r, s) adj avant-dernier(-ière)

Vorliebe f préférence f

vorlieb|nehmen (irr) vi: ~ mit se contenter de

vor|liegen (irr) vi (Bericht, Ergebnis) être disponible ; **etw liegt gegen jdn vor** on a qch à reprocher à qn

vor|machen vt: **jdm etw ~** (zeigen) montrer à qn comment faire qch ; (fig) en faire accroire à qn

Vormachtstellung f suprématie f

Vormarsch m (Mil) progression f

vor|merken vt prendre note de, noter

Vormittag m matinée f ; **heute/Freitag ~** ce/vendredi matin

vormittags adv le matin

Vormund m tuteur m

vorn adv siehe **vorne**

Vorname m prénom m

vorne, vorn adv devant ; **nach ~** en avant ; **von ~** de nouveau ;

vornehm

77

von ~ anfangen recommencer à zéro

vornehm adj distingué(e)

vor|nehmen (irr) vt: **sich** Dat **etw ~** projeter qch ; **sich** Dat **jdn ~** dire ses quatre vérités à qn

vornehmlich adv avant tout

vornherein adv: **von ~** de prime abord, tout de suite

Vorort m faubourg m

Vorrang m priorité f, préséance f

vorrangig adj prioritaire

Vorrat m provisions fpl, réserves fpl

vorrätig adj en magasin od stock

Vorrecht nt privilège m

Vorrichtung f dispositif m

Vorruhestand m préretraite f

Vorsaison f avant-saison f

Vorsatz m résolution f

vorsätzlich adj (Jur) prémédité(e)
▶ adv (Jur) avec préméditation

Vorschau f aperçu m des programmes ; (Ciné) bande-annonces fpl

Vorschlag m proposition f

vor|schlagen (irr) vt proposer

vorschnell adj (Bemerkung) irréfléchi(e)

vor|schreiben (irr) vt prescrire

Vorschrift f prescription f ; (Anweisungen) instruction f

vorschriftsmäßig adj réglementaire

Vorschuss m avance f

vor|sehen (irr) vt (planen) prévoir
▶ vr: **sich ~ vor** +Dat prendre garde à ; **das ist dafür nicht vorgesehen** ça n'est pas fait pour cela

Vorsehung f Providence f

vor|setzen vt (anbieten) offrir

Vorsicht f prudence f ; **~!** attention! ; **~, Stufe!** attention à la marche!

vorsichtig adj prudent(e)

vorsichtshalber adv par précaution

Vorsichtsmaßnahme f mesur f de précaution

Vorsilbe f préfixe m

Vorsitz m présidence f

Vorsitzende(r) f(m) président(e) m/f

Vorsorge f précaution f

vor|sorgen vi: **~ für** prévoir

Vorsorgeprinzip nt principe m de précaution

Vorsorgeuntersuchung f (Méd) bilan m de santé

vorsorglich adv par précaution

Vorspeise f entrée f

Vorspiel nt (Mus) prélude m

Vorsprung m saillie f ; (Abstand) avance f

Vorstadt f faubourg m

Vorstand m conseil m d'administration ; (Mensch) directeur(-trice) m/f

vor|stehen vi être proéminent(e) ; (als Vorstand): **einer Sache** Dat **~** (fig) diriger qch

vorstellbar adj imaginable

vor|stellen vt (nach vorne) avancer ; (vor etwas) mettre od placer devant ; (bekannt machen, vorführen) présenter ; (darstellen) représenter ; (bedeuten) signifier
▶ vr se présenter ; **sich** Dat **etw ~** se représenter od s'imaginer qch

Vorstellung f (Bekanntmachen) présentation f; (Theat etc) représentation f; (Gedanke) idée f

Vorstellungsgespräch nt entretien m

vor|strecken vt avancer

Vorstufe f premier stade m

Vortag m veille f

vor|täuschen vt simuler, feindre

Vorteil (-s, -e) m avantage m; **im ~ sein (gegenüber)** avoir un avantage (sur) • **vorteilhaft** adj avantageux(-euse)

Vortrag (-(e)s, Vorträge) m conférence f

vor|tragen (irr) vt (Gedicht) réciter; (Lied) chanter; (Rede) tenir; (Plan) présenter

vorüber adv (räumlich, zeitlich) passé(e) • **vorübergehend** adj temporaire, momentané(e)

Vorurteil nt préjugé m

Vorverkauf m location f

Vorwahl f (Tél) indicatif m

Vorwand (-(e)s, Vorwände) m prétexte m

vorwärts adv en avant • **Vorwärtsgang** m marche f avant • **vorwärts|gehen** (irr) vi progresser, avancer

vorweg adv d'avance, à l'avance • **vorweg|nehmen** (irr) vt anticiper sur

vor|weisen (irr) vt présenter

vor|werfen (irr) vt (beschuldigen) reprocher; **sich** Dat **nichts vorzuwerfen haben** n'avoir rien à se reprocher

vorwiegend adj prédominant(e) ▶ adv en grande partie

Vorwort (-(e)s, -e) nt préface f

Vorwurf m reproche m

Vorzeichen nt (Omen) présage m

vor|zeigen vt montrer

vorzeitig adj prématuré(e)

vor|ziehen (irr) vt (lieber haben) préférer

Vorzimmer nt (Büro) réception f

Vorzug m préférence f; (gute Eigenschaft) mérite m; (Vorteil) avantage m

vorzüglich adj excellent(e)

vulgär adj vulgaire

Vulkan (-s, -e) m volcan m • **Vulkanausbruch** m éruption f volcanique

W

Waage f balance f ; (Astr) Balance f
waagerecht adj horizontal(e)
wach adj (r)éveillé(e) ; (fig) éveillé(e)
Wache f garde f
wachen vi veiller
Wacholder (-s, -) m genièvre m
Wachs (-es, -e) nt cire f ; (Skiwachs) fart m
wachsam adj vigilant(e) • **Wachsamkeit** f vigilance f
wachsen vi irr pousser ; (Mensch) grandir ; (Kraft, Wut, Mut) augmenter ▶ vt (Skier) farter
Wachstum nt croissance f
Wächter (-s, -) m gardien m
wackelig adj (Stuhl) bancal(e)
Wackelkontakt m faux contact m
wackeln vi (Stuhl) être bancal(e)
Wade f mollet m
Waffe f arme f
Waffel f gaufre f
Waffenstillstand m armistice m

wagen vt oser ; (Widerspruch, Behauptung) oser émettre ; (riskieren) risquer
Wagen (-s, -) m voiture f ; (Rail) wagon m • **Wagenheber** (-s, -) m cric m
Waggon (-s, -s) m wagon m
waghalsig adj téméraire
Wagnis nt entreprise f hasardeuse ; (Risiko) risque m
Wahl f choix m ; (Pol) élection f
wahlberechtigt adj qui a le droit de vote
Wahlbeteiligung f participation f au vote
wählen vt choisir ; (Pol) élire ; (Tél) composer
Wähler(in) (-s, -) m(f) électeur(-trice) • **wählerisch** adj exigeant(e), difficile
Wahlgang m tour m de scrutin
Wahlkampf m campagne f électorale
Wahlkreis m circonscription f électorale
Wahllokal nt bureau m de vote
wahllos adv au hasard
Wahlrecht nt droit m de vote
Wahlurne f urne f
wahlweise adv au choix
Wahn (-(e)s) m (Einbildung) illusion f
Wahnsinn m folie f
wahnsinnig adj fou (folle) ▶ adv (fam: sehr) vachement
wahr adj vrai(e) ; **nicht ~?** n'est-ce pas ?
wahren vt (Rechte) défendre
während präp +Gen pendant ▶ konj pendant que ; (wohingegen) alors que

wahr|haben vt: **etw nicht ~ wollen** ne pas vouloir admettre qch

wahrhaft adv vraiment

wahrhaftig adj sincère ▶ adv vraiment

Wahrheit f vérité f

wahr|nehmen vt irr remarquer ; (Gelegenheit) profiter de

Wahrnehmung f (Sinneswahrnehmung) perception f

Wahrsager(in) (-s, -) m(f) voyant(e) (extralucide)

wahrscheinlich adj probable ; (Täter) présumé(e) ▶ adv probablement

Wahrscheinlichkeit f vraisemblance f

Währung f monnaie f

Währungsraum m zone f monétaire

Wahrzeichen nt emblème m

Waise f orphelin(e) m/f

Waisenhaus nt orphelinat m

Waisenkind nt orphelin(e)

Wal (-(e)s, -e) m baleine f

Wald (-(e)s, ⸚er) m forêt f

waldig adj boisé(e)

Waldsterben nt dépérissement m des forêts

Wales (-) nt le pays de Galles

Walkie-Talkie (-(s), -s) nt talkie-walkie m

Wall (-(e)s, ⸚e) m rempart m

Wallfahrt f pèlerinage m

Walnuss f noix f

Walross nt morse m

Walze f cylindre m ; (Gerät) rouleau m ; (Fahrzeug) rouleau compresseur

wälzen vt rouler ; (Bücher) compulser ; (Probleme) ruminer ▶ vr (sich vorwärtsschieben) avancer ; (vor Schmerzen) se tordre ; (im Bett) se tourner et se retourner

Walzer (-s, -) m valse f

Wand (-, ⸚e) f paroi f ; (von Haus, außen) mur m

Wandel (-s) m changement m

wandeln vt changer ▶ vr changer

Wanderausstellung f exposition f itinérante

Wanderer (-s, -) m, **Wanderin** f randonneur(-euse)

wandern vi faire une randonnée ; (Blick, Gedanken) errer

Wanderung f randonnée f

Wandlung f transformation f

wandte etc vb siehe **wenden**

Wange f joue f

wann adv quand

Wanne f (Badewanne) baignoire f ; (Ölwanne) cuve f ; (Trog) auge f

Wanze f (Zool) punaise f ; (Abhörgerät) micro m caché

Wappen (-s, -) nt blason m

war etc vb siehe **sein**

warb etc vb siehe **werben**

Ware f marchandise f

Warenhaus nt grand magasin m

warf etc vb siehe **werfen**

warm adj chaud(e) ; **mir ist ~** j'ai chaud

Wärme f chaleur f

wärmen vt chauffer, réchauffer ▶ vr se réchauffer

Wärmflasche f bouillotte f

Warmwasserbereiter m chauffe-eau m inv

Warndreieck nt (Aut) triangle m de présignalisation od de détresse

warnen vt: **~ (vor)** mettre en garde (contre)

Warnstreik m grève f d'avertissement

Warnung f avertissement m, mise f en garde

Warnweste f gilet m de sécurité

Wartehäuschen nt abribus m

Warteliste f liste f d'attente

warten vt: **~ (auf** +Akk) attendre ▶vt (Auto, Maschine) entretenir

Wärter(in) (-s, -) m(f) gardien(ne)

Warteraum, Wartesaal m, **Wartezimmer** nt salle f d'attente

Warteschlange f file f d'attente

Wartezimmer nt salle f d'attente

Wartung f entretien m

warum adv pourquoi

Warze f verrue f

was pron (interrogativ) (qu'est-ce que ; (: indirekt) ce que ; (: nach präp) quoi ; (relativ) que ; (fam: etwas) quelque chose

Waschbecken nt lavabo m

Wäsche f linge m ; (Bettwäsche) draps mpl

waschecht adj (fam) pur sang inv

Wäscheklammer f pince f à linge

waschen (irr) vt laver ▶vi faire la lessive ▶vr se laver

Wäscherei f blanchisserie f

Wäscheschleuder f essoreuse f

Waschlappen m gant m de toilette ; (fam) lavette f

Waschmaschine f machine f à laver

Waschmittel nt lessive f

Waschsalon m laverie f automatique

Wasser (-s, - od ‥) nt eau f

wasserdicht adj étanche, imperméable

Wasserfall m chute f d'eau

Wasserhahn m robinet m

Wasserleitung f conduite f d'eau

Wassermann m (Astr) Verseau m

Wassermelone f pastèque f

wässern vt (Culin) faire tremper

Wasserski nt ski m nautique

Wasserstand m niveau m d'eau

Wasserstoff m hydrogène m

Wasserwerfer m canon m à eau

waten vi patauger

watscheln vi se dandiner

Watt¹ (-(e)s, -en) nt (Géo) laisse f

Watt² (-s, -) nt (Élec) watt m

Watte f ouate f

Wattestäbchen nt coton-tige® m

WC nt abk (= Wasserklosett) W.-C. mpl

Web nt: **das (World Wide) ~** le Web

Webadresse f adresse f Web od Internet

Webcam f webcam f

weben vt tisser

Weblog m blog m

Webseite f, Website (-, -s) ▶f (Inform) page f Web, site m Internet

Webserver m serveur m Internet

Wechsel (-s, -) m changement m ; (Geldwechsel) change m
• **Wechselgeld** nt monnaie f

- **wechselhaft** adj variable
- **Wechselkurs** m taux m de change

vechseln vt changer de ; (austauschen) échanger ; (Geld) changer

Wechselstrom m courant m alternatif

Wechselwirkung f interaction f

Weckdienst m service m du réveil (téléphonique)

wecken vt réveiller

Wecker (-s, -) m réveil m, réveille-matin m inv

Weckruf m réveil m téléphonique

wedeln vi (Ski) godiller ; **(mit dem Schwanz) ~** remuer la queue ; **mit einem Fächer ~** agiter un éventail

weder konj : **~ ... noch ...** ni ... ni ...

weg adv : **~ sein** être parti(e), ne plus être là

Weg (-(e)s, -e) m chemin m ; (Mittel) moyen m

wegen präp +Gen (fam) à cause de

weg|fahren (irr) vi partir

Wegfahrsperre f (Aut) : **(elektronische) ~** antidémarrage m (électronique)

weg|fallen (irr) vi être supprimé(e) od annulé(e) ; **etw ~ lassen** supprimer od annuler qch

weg|gehen (irr) vi partir

weg|lassen (irr) vt laisser partir ; (streichen) supprimer

weg|laufen (irr) vi se sauver

weg|legen vt poser

weg|machen vt (fam : Flecken) enlever

weg|müssen (irr : fam) vi devoir partir

weg|nehmen (irr) vt enlever ; (Eigentum, Zeit, Platz) prendre

weg|räumen vt ranger

wegtun (irr) vt (aufräumen) ranger ; (wegwerfen) jeter

Wegweiser (-s, -) m poteau m indicateur

weg|werfen (irr) vt jeter

wegwerfend adv dédaigneux(-euse), méprisant(e)

Wegwerfgesellschaft f société f de consommation (où l'on jette au lieu de réparer)

weg|ziehen (irr) vi (umziehen) partir

weh adj (Finger) qui fait mal, douloureux(-euse) ; siehe auch **wehtun**

wehe interj : **~, wenn du ...** gare à toi si tu ...

Wehe f (Geburtswehe) contraction f ; (Schneewehe) congère f

wehen vt, vi (Wind) souffler ; (Fahne) flotter

wehleidig (péj) adj douillet(te)

Wehmut f mélancolie f

wehmütig adj mélancolique

Wehr¹ (-(e)s, -e) nt digue f

Wehr² (-, -en) f : **sich zur ~ setzen** se défendre

Wehrdienst m service m militaire

Wehrdienstverweigerer m objecteur m de conscience

wehren vr se défendre

wehrlos adj sans défense

Wehrpflicht f service m militaire obligatoire

weh|tun (irr) vt faire mal ; **sich** Dat **~** se faire mal

Weib (-(e)s, -er) nt femme f

Weibchen nt femelle f

W

weibisch adj efféminé(e)

weiblich adj féminin(e)

weich adj mou(molle), souple ; (Sessel, Bett etc) moelleux(-euse) ; (Haut, Pelz, Stoff) doux (douce) ; (Kern, Herz, Gemüse etc) tendre

Weiche f aiguillage m

weichen (irr) vi +Dat (Platz machen) céder la place (à)

weichlich adj mou(molle)

Weichspüler m adoucissant m (textile)

Weide f (Baum) saule m ; (Wiese) pâturage m

weiden vi paître ▸ vr: **sich an etw** Dat ~ se repaître de qch

weigern vr refuser

Weigerung f refus m

Weihe f consécration f ; (Priesterweihe) ordination f

weihen vt (Priester) ordonner ; (Gebäude) consacrer ; (Kerze) bénir ; (widmen) vouer

Weiher (-s, -) m étang m

Weihnachten (-) nt Noël m

Weihnachtsbaum m arbre m de Noël

Weihnachtsmann m père m Noël

Weihnachtsmarkt m marché m de Noël

> Le marché de Noël,
> **Weihnachtsmarkt**, fait partie
> du paysage germanophone
> traditionnel de la période de
> l'Avent. On peut y déguster
> différentes spécialités, comme
> du vin chaud et du pain d'épices,
> et y acheter des cadeaux, des
> jouets et des décorations de
> Noël dans une ambiance de fête.

Weihnachtstag m jour m de Noël **der zweite ~** le 26 décembre

weil konj parce que

Weile (-) f moment m

Wein (-(e)s, -e) m vin m ; (Pflanze) vigne f • **Weinbau** m viticulture f • **Weinbeere** f (grain m de) raisin m • **Weinberg** m vignoble m • **Weinbergschnecke** f escargot m de Bourgogne • **Weinbrand** m eau-de-vie f

weinen vi pleurer

Weinlese f vendanges fpl

Weinprobe f dégustation f de vins

Weinrebe f vigne f

Weinstock m pied m de vigne

Weintraube f (grain m de) raisin m

weise adj sage

Weise f (Art) façon f, manière f

Weise(r) f(m) sage m

weisen (irr) vt (Weg) indiquer

Weisheit f sagesse f

Weisheitszahn m dent f de sagesse

weiß adj blanc (blanche)

Weißbier nt bière blonde de froment

Weißblech nt fer-blanc m

Weißbrot nt pain m blanc

Weißglut f incandescence f ; **jdn bis zur ~ bringen** (fam) faire voir rouge à qn

Weißwandtafel f tableau m blanc ; **interaktive ~** tableau blanc interactif

Weißwein m vin m blanc

Weisung f directives fpl

weit adj large ; (Entfernung, Reise) long (longue) ; **das geht zu ~** c'en est trop • **weitaus** adv de loin • **Weitblick** m flair m • **weitblickend** adj qui voit loin

Weite f largeur f; (Raum) étendue f

weiten vt élargir ▶ vr se dilater; (Horizont) s'élargir

weiter adj plus large; (Entfernung, Reise) plus long(longue), plus grand(e); (zusätzlich) supplémentaire, complémentaire ▶ adv plus loin; (außerdem) autrement • **weiter|arbeiten** vi continuer de travailler • **weiter|bilden** vr se recycler • **Weiterbildung** f formation f (professionnelle) complémentaire

Weitere(s) nt: **alles ~** tout le reste; **ohne ~s** sans problème

weiter|empfehlen (irr) vt recommander (à d'autres)

Weiterfahrt f suite f du voyage

Weiterflug m suite f du vol

weiter|gehen (irr) vi (Leben) continuer

weiterhin adv (immer noch) toujours; (außerdem) en outre

weiter|leiten vt (Poste) faire suivre; (Anfrage) transmettre

weiter|machen vt, vi continuer

weiter|reisen vi poursuivre son voyage

weitgehend adj large ▶ adv largement

weitläufig adj (Gebäude) vaste; (Erklärung) détaillé(e); (Verwandter) éloigné(e)

weitsichtig adj (Méd) presbyte

Weitsprung m saut m en longueur

weitverbreitet adj très répandu(e)

Weizen (-s, -) m blé m • **Weizenbier** nt bière f à base de froment

---

welche(r, s)

pron **1** (interrogativ) lequel (laquelle); (: pl) lesquels (lesquelles); **~r/~ von beiden?** lequel (laquelle) des deux?; **~n/~ hast du genommen?** lequel (laquelle) as-tu pris?; **welch eine schöne Kirche!** quelle belle église!; **~ Freude!** quel plaisir!

2 (unbestimmt): **es soll ja ~ geben die ...** il paraît qu'il y a des gens qui ...; **ich habe ~** j'en ai; **haben Sie noch ~?** vous en avez?

3 (relativ: Subjekt) qui; (: Akkusativ) que; (: Dativ) à qui; (: bei Sachen) auquel (à laquelle)

---

welk adj flétri(e)

welken vi se faner

Wellblech nt tôle f ondulée

Welle f vague f; (Tech) onde f

Wellenlänge f longueur f d'onde

Wellenlinie f ligne f ondulée

Wellensittich m perruche f

Wellness (-) f bien-être m

Wellpappe f carton m ondulé

Welt f monde m • **Weltall** nt univers m • **Weltanschauung** f vision f du monde, philosophie f • **weltberühmt** adj de renommée internationale

weltfremd adj sauvage

Weltkrieg m guerre f mondiale

Weltmacht f grande puissance f

Weltmeister(in) m(f) champion(ne) du monde

Weltmeisterschaft f championnat m du monde

W

Weltraum m espace m

Weltraumstation f station f spatiale

Weltreise f tour m du monde

Weltrekord m record m du monde

Weltstadt f métropole f

weltweit adj international(e)

Weltwunder nt : **die sieben ~** les sept merveilles fpl du monde

wem pron (Dat) à qui

wen pron (Akk) qui

Wende f tournant m

Wendeltreppe f escalier m en colimaçon

wenden (irr) vt tourner, retourner ; (Boot) faire virer de bord ▶ vr (Glück) tourner ▶ vi faire demi-tour ; **bitte ~!** tournez, s'il vous plaît, T.S.V.P. ; **sich an jdn ~** s'adresser à qn

Wendepunkt m tournant m

Wendung f tournure f

wenig adj peu de ▶ adv peu ; **er hat zu ~ Geld** il n'a pas assez d'argent ; **~e** pl peu de gens

wenigste(r, s) adj moindre

wenigstens adv au moins

---

wenn

konj (falls, bei Wünschen) si ; (zeitlich) quand ; **~ auch ...** même si ... ; **selbst ~ ...** même si ... ; **es ist, als ~ ...** c'est comme si ... ; **ich doch ...** si seulement je ... ; **immer ~ ...** chaque fois que ... ; **außer ~ ...** sauf quand ... ; **~ wir erst die neue Wohnung haben** quand nous aurons notre nouvel appartement

---

wer pron qui

Werbebanner nt message m publicitaire

Werbefernsehen nt publicité f à la télévision

Werbekampagne f campagne f publicitaire

werben (irr) vi faire de la publicité ; **für eine Firma/ein Produkt ~** faire de la publicité pour une entreprise/un produit

Werbespot m spot m publicitaire

Werbung f publicité f ; (von Mitgliedern) recrutement m ; (um Frau) cour f

---

werden

(pt **wurde**, pp **geworden** od (bei Passiv) **worden**)

▶ vi devenir ; **rot ~** rougir ; **zu Eis ~** geler ; **die Fotos sind gut geworden** les photos sont réussies ; **was willst du (mal) ~?** qu'est-ce que tu veux faire quand tu seras grand(e) ? ; **was ist aus ihm geworden?** qu'est-il devenu ? ; **aus ihr wird nie etwas** elle n'arrivera jamais à rien ; **es wird Nacht** la nuit tombe ; **es wird Tag** le jour se lève ; **mir wird kalt** je commence à avoir froid ; **mir wird schlecht** je me sens mal ; **Erster ~** être (classé) premier ; **das muss anders ~** il faut que ça change ; **er wird bald 40** il va bientôt avoir 40 ans

▶ Hilfsverb 1 (Futur): **er wird es tun** il va le faire ; **es wird gleich regnen** il va bientôt pleuvoir

2 (Konjunktiv): **ich würde**

weniger essen je mangerais moins ; **ich würde das nicht so machen** je ne le ferais pas comme ça ; **er würde gern ...** il aimerait bien ... ; **ich würde lieber ...** je préférerais ...
3 *(Vermutung)*: **sie wird (wohl) in der Küche sein** elle est sans doute à la cuisine
4 *(Passiv)*: **gebraucht ~** être utilisé(e), servir ; **es wurde viel gelacht** on a beaucoup ri

werfen *(irr)* *vt* lancer

Werft *(-, -en)* f chantier m naval

Werk *(-(e)s, -e)* nt *(Buch, Tätigkeit etc)* œuvre f ; *(Fabrik)* usine f

Werkstatt *(-, -stätten)* f atelier m ; *(Aut)* garage m

Werktag m jour m ouvrable

werktags *adv* les jours ouvrables

werktätig *adj (Bevölkerung)* actif(-ive)

Werkzeug nt outils mpl

Werkzeugkasten m boîte f à outils

Wermut *(-(e)s)* m *(Wein)* vermouth m

wert *adj (geschätzt)* cher (chère) ; **~e Anwesende** Mesdames et Messieurs ; **das ist es/er mir ~** je trouve que ça/qu'il en vaut la peine • **Wert** *(-(e)s, -e)* m valeur f ; **~ legen auf** +Akk tenir à ; **es hat doch keinen ~** ça ne sert à rien

werten *vt (beurteilen)* juger

Wertgegenstand m objet m de valeur

wertlos *adj* sans valeur ; *(Information)* inutile

wertvoll *adj* précieux(-euse)

Wesen *(-s, -)* nt *(Geschöpf)* être m ; *(Natur, Charakter)* nature f

wesentlich *adj (ausschlaggebend)* essentiel(le) ; *(beträchtlich)* considérable

weshalb *adv* pourquoi

Wespe f guêpe f

wessen *pron (Gen)* de qui, dont

Wessi m *abk voir* article

> **Wessi** est un terme familier et souvent irrespectueux désignant un Allemand de l'ancienne BRD.

Weste f gilet m

Westen *(-s)* m ouest m

westlich *adj* occidental(e) ▶ *präp* +Gen à l'ouest de

weswegen *adv* pourquoi

wett *adj*: **mit jdm ~ sein** être quitte envers qn • **Wettbewerb** m concours m

Wette f pari m

wetten *vt, vi* parier

Wetter *(-s, -)* nt temps m (qu'il fait) • **Wetterbericht** m bulletin m de la météo • **Wetterdienst** m service m météorologique • **wetterfühlig** *adj* sensible aux changements de temps • **Wetterlage** f situation f météorologique

Wettervorhersage f prévisions fpl météorologiques

Wettkampf m compétition f

Wettlauf m course f

wett|machen *vt* réparer, compenser

Wettstreit m compétition f

wetzen *vt (Messer)* aiguiser

WG *abk* = **Wohngemeinschaft**

W

Whisky (-s, -s) m whisky m
wichtig adj important(e)
• **Wichtigkeit** f importance f
wickeln vt enrouler ; (Baby) langer
Widder (-s, -) m bélier m ; (Astr)
Bélier m
wider präp +Akk contre
widerfahren (irr) vi insép : **jdm ~**
advenir à qn
widerlegen vt insép réfuter
widerlich adj repoussant(e)
widerrechtlich adj illégal(e)
Widerrede f contradiction f
Widerruf m : **bis auf ~** jusqu'à
nouvel ordre
widerrufen (irr) vt insép (Aussage,
Geständnis) retirer ; (Befehl,
Anordnung) annuler
widersetzen vr insép : **sich einem
Befehl ~** s'opposer à un ordre
widerspenstig adj
récalcitrant(e), rebelle
• **Widerspenstigkeit** f caractère
m rebelle od récalcitrant
wider|spiegeln vt refléter
widersprechen (irr) vi insép :
jdm/einer Sache ~ contredire
qn/qch
Widerspruch m contradiction f
Widerstand m résistance f
Widerstandsbewegung f
mouvement m de résistance
widerstandslos adj sans
résistance
widerstehen (irr) vi insép : **jdm/
einer Versuchung ~** résister à
qn/une tentation
widerwärtig adj épouvantable
Widerwille m dégoût m
widerwillig adj, adv à
contrecœur

Widget nt (Inform) widget m
widmen vt (Buch) dédier ; (Zeit)
consacrer ▸ vr se consacrer
Widmung f dédicace f
widrig adj (Umstände) adverse

---

wie

▶ adv **1** (in Fragen) comment ;
~ schreibt man das? comment
ça s'écrit ? ; **~ groß?** de quelle
grandeur od taille ? ; **~ groß ist
er?** combien mesure-t-il ? ;
~ schnell? à quelle vitesse ? ;
~ heißt du? comment
t'appelles-tu ? ; **~ nennt man
das?** comment ça s'appelle ? ;
~ ist er? comment est-il ? ;
~ spät ist es? quelle heure
est-il ? ; **~ viel** combien de ;
~ viel Personen? combien de
personnes ? ; **~ viel kostet das?**
combien ça coute ? ; **~ viel Uhr
ist es?** quelle heure est-il ? ;
~ bitte? comment ?
2 (in Ausrufen) : **~ gut du das
kannst!** tu le fais vraiment
bien ! ; **~ schrecklich!** c'est
affreux ! ; **~ schön das ist!**
comme od que c'est beau ! ;
~ schön sie ist! comme elle od
qu'elle est belle ! ; **und ~!**
comment !
3 (relativ) : **die Art, ~ sie das
macht** la manière dont elle s'y
prend
▶ konj **1** (bei Vergleichen) : **so
schön ~ ...** aussi beau (belle)
que ... ; **~ du** comme toi ; **~ ich
schon sagte** comme je l'ai dit, je
disais donc ; **ganz ~ Sie
wünschen, mein Herr!** comme
vous voudrez, Monsieur ! ;
~ (zum Beispiel) comme

(par exemple) ; **~ immer**
comme toujours
2 (zeitlich): **~ er das hörte,
ging er** en entendant cela, il est
parti
3 (Art und Weise): **sie sagte mir,
~ man das macht** elle m'a dit
comment le faire

wieder adv de od à nouveau ;
~ ein(e) encore un(e)
• **Wiederaufbau** m reconstruction f
• **Wiederaufbereitungsanlage** f
usine f de retraitement
• **wiederbeschreibbar** adj (CD,
DVD) réinscriptible
• **wieder|erkennen** (irr) vt
reconnaître
Wiedergabe f (Bericht) compte
rendu m ; (Reproduktion)
reproduction f
wieder|geben (irr) vt rendre ;
(Gefühle) exprimer
Wiedergutmachung f
(Geldbetrag) indemnité f
wiederher|stellen vt (Mensch)
guérir ; (Ordnung) rétablir ;
(Frieden, Ruhe) ramener ; (Inform)
restaurer ; **sobald er od seine
Gesundheit wiederhergestellt
ist** dès qu'il sera rétabli
Wiederherstellung f
restauration f ; (von Frieden,
Beziehung) rétablissement m
wiederholen vt insép répéter
wiederholt adj répété(e)
Wiederholung f répétition f
Wiederhören nt: **auf ~** au revoir
Wiederkehr f retour m
wieder|sehen (irr) vt revoir
Wiedersehen nt retrouvailles
fpl ; **auf ~!** au revoir !

wiederum adv de od à nouveau ;
(andererseits) par contre
Wiedervereinigung f (Pol)
réunification f
Wiederwahl f réélection f
Wiege f berceau m
wiegen (irr) vt, vi peser
wiehern vi (Pferd) hennir
Wien (-s) nt Vienne
wies etc vb siehe **weisen**
Wiese f pré m
Wiesel (-s, -) nt belette f
wieso adv pourquoi
wievielte(r, s) adj: **zum ~n Mal?**
pour la combientième fois ? ; **den
W~n haben wir heute?** le
combien sommes-nous ? ; **an ~r
Stelle?** combientième ?
wieweit adv jusqu'où
Wi-Fi nt wifi m, wi-fi m
wild adj sauvage ; (Volk)
primitif(-ive) ; (wütend)
furieux(-euse)
Wild (-(e)s) nt gibier m
wildern vi braconner
wildfremd adj complètement
inconnu(e)
Wildleder nt daim m
Wildnis f région f sauvage
Wildschwein nt sanglier m
Wille (-ns, -n) m volonté f
willen präp +Gen: **um ... ~** pour
l'amour de ...
willenlos adj sans volonté
willig adj de bonne volonté
willkommen adj bienvenu(e) ;
(herzlich) ~! bienvenue !
• **Willkommen** (-s, -) nt
bienvenue f
willkürlich adj arbitraire

wimmeln vi : **~ von** fourmiller de

wimmern vi geindre

Wimper (-, -n) f cil m

Wimperntusche f mascara m

Wind (-(e)s, -e) m vent m
• **Windbeutel** m = chou m à la crème

Winde f (Tech) treuil m ; (Bot) volubilis m, liseron m

Windel f couche f (de bébé)

winden¹ vi unpers : **es windet** il vente

winden² (irr) vt (Kranz) tresser ▶ vr (Weg) serpenter ; (Pflanze) s'enrouler ; (Person) se tordre

Windenergie f énergie f éolienne

Windfarm (-, -en) f parc m éolien

Windhund m lévrier m ; (Mensch) écervelé m

windig adj de vent ; (fam: Bursche) louche

Windkraftanlage f centrale f éolienne

Windmühle f moulin m à vent

Windpark m parc m d'aérogénérateurs

Windpocken pl varicelle f sg

Windschutzscheibe f pare-brise m inv

Windstille f calme m plat

Windstoß m coup m de vent

Wink (-(e)s, -e) m (mit Kopf) signe m (de la tête) ; (mit Hand) signe m (de la main) ; (fig) conseil m

Winkel (-s, -) m (in Ecke) coin m ; (Math) angle m ; (Gerät) équerre f

winken vi faire signe (de la main) ; (fig: Gelegenheit) être en vue

winseln vi geindre

Winter (-s, -) m hiver m
• **winterlich** adj hivernal(e)

• **Winterschlaf** m hibernation f
• **Winterschlussverkauf** m soldes mpl de printemps
• **Wintersport** m sport m d'hiver

Winzer (-s, -) m vigneron m

winzig adj minuscule

wir pron nous ; **~ alle** nous tous

Wirbel (-s, -) m (Anat) vertèbre f ; (in Wasser, Trubel) tourbillon m ; (Aufsehen) remous mpl

wirbeln vi tourbillonner

Wirbelsäule f colonne f vertébrale

wirken vi (tätig sein) agir ; (erfolgreich sein, Wirkung haben) être efficace, agir ; (erscheinen) avoir l'air

wirklich adj vrai(e)
• **Wirklichkeit** f réalité f

wirksam adj efficace ; **~ werden** (gelten) entrer en vigueur
• **Wirksamkeit** f efficacité f

Wirkung f effet m

wirkungslos adj inefficace

wirkungsvoll adj efficace

wirr adj (Haar) emmêlé(e) ; (unklar) confus(e)

Wirren pl troubles mpl

Wirrwarr (-s) m confusion f

Wirsing (-s), **Wirsingkohl** m chou m frisé

Wirt(in) (-(e)s, -e) m(f) (von Gaststätte) patron(ne)

Wirtschaft f (Gaststätte) café m ; (Écon) économie f
• **wirtschaftlich** adj économique
• **Wirtschaftlichkeit** f rentabilité f

Wirtschaftskrise f crise f économique

Wirtschaftspolitik f politique f économique

Wirtshaus nt auberge f

wischen vt (Boden) laver ; (Staub) essuyer ; (Augen) s'essuyer

Wischer (-s, -) m (Aut) essuie-glace m inv

wissbegierig adj curieux(-euse)

wissen (irr) vt savoir ; **man kann nie ~** on ne sait jamais • **Wissen** (-s) nt savoir m

Wissenschaft f science f

Wissenschaftler(in) (-s, -) m(f) scientifique mf

wissenschaftlich adj scientifique

wissenswert adj digne d'intérêt

wissentlich adj voulu(e) ▶ adv en toute connaissance de cause

wittern vt (Spur, Gefahr) flairer

Witterung f (Wetterlage) temps m

Witwe f veuve f

Witz (-es, -e) m histoire f (drôle) • **Witzbold** (-(e)s, -e) m plaisantin m

witzeln vi plaisanter

witzig adj drôle

W-LAN m abk (Inform) (= Wireless Local Area Network) wifi m

wo adv où ; (fam: irgendwo) quelque part

woanders adv ailleurs

wob etc vb siehe **weben**

wobei adv (relativ) à l'occasion de quoi

Woche f semaine f

Wochenende nt week-end m

wochenlang adj qui dure des semaines ▶ adv pendant plusieurs semaines

Wochentag m jour m de la semaine

wöchentlich adj hebdomadaire

Wodka (-s, -s) m vodka f

wodurch adv (relativ) grâce à od à cause de quoi ; (interrogativ) comment

wofür adv (relativ) pour lequel(laquelle) ; (interrogativ) pour quoi

wog etc vb siehe **wiegen**

woher adv d'où

wohin adv où

---

wohl

adv 1: **bei dem Gedanken ist mir nicht ~** rien que d'y penser, ça me rend malade ; **~ oder übel** bon gré mal gré ; **~ gemeint = wohlgemeint**; **sich ~ fühlen** siehe **wohlfühlen** 2 (gründlich): **etw ~ überlegen** bien réfléchir à qch ; **ich habe es mir ~ überlegt** c'est tout réfléchi 3 (wahrscheinlich) probablement ; (gewiss) sûrement ; (vielleicht) sans doute ; (etwa) à peu près ; (durchaus) bien, tout à fait ; **sie ist ~ zu Hause** elle est sans doute chez elle ; **das ist doch ~ ein Witz od nicht dein Ernst!** tu plaisantes ! ; **das mag ~ sein** c'est possible ; **ob das ~ stimmt?** je me demande si c'est vrai ; **er weiß das ~** il le sait sans doute

---

Wohl (-(e)s) nt: **das ~ seiner Kinder** le bien-être de ses enfants ; **zum ~!** à la tienne od vôtre !

wohlbehalten adj sain(e) et sauf (sauve) ; (Gegenstand) intact(e)

Wohlfahrt f (Fürsorge) aide f sociale

Wohlfahrtsstaat m État-providence m

wohlfühlen vr se sentir bien

wohlgemeint adj bien intentionné(e)

wohlig adj agréable

Wohlstand m aisance f

Wohltat f bienfait m

Wohltäter(in) m(f) bienfaiteur(-trice)

wohlweislich adv sciemment

Wohlwollen nt bienveillance f

wohlwollend adj bienveillant(e)

wohnen vi habiter

Wohngebiet nt zone f d'habitation

Wohngemeinschaft f communauté f ; colocation f

wohnhaft adj domicilié(e)

Wohnheim nt foyer

wohnlich adj confortable

Wohnmobil nt camping-car m

Wohnort m domicile m

Wohnsitz m domicile m

Wohnung f appartement m ; (Unterkunft) logis m

Wohnungsnot f crise f du logement

Wohnwagen m caravane f

Wohnzimmer nt (salle f de) séjour m, living m

Wok (-, -s) m wok m

wölben vr (Brücke) être voûté(e)

Wölbung f voûte f

Wolf (-(e)s, ⸚e) m loup m

Wölfin f louve f

Wolke f nuage m

Wolkenkratzer m gratte-ciel m inv

wolkig adj nuageux(-euse)

Wolle f laine f

---

wollen¹

(pt **wollte**, pp **gewollt** od (als Hilfsverb) **wollen**)
▶ vt, vi vouloir ; **ich will nach Hause** je veux rentrer à la maison ; **er will nicht** il ne veut pas ; **etw lieber ~** préférer qch ; **wenn du willst** si tu veux ; **ganz wie du willst!** comme tu voudras! ; **das hab ich nicht gewollt** ce n'était pas mon intention ; **ich weiß nicht, was er will** je ne sais od comprends pas ce qu'il veut
▶ Hilfsverb 1 (Absicht haben): **wolltest du gehen/etw sagen?** tu voulais partir/dire qch? ; **ich wollte gerade bei dir anrufen** j'allais justement te téléphoner
2 (müssen): **so ein Schritt will gut überlegt sein** il faut réfléchir soigneusement avant de prendre une décision pareille
3 (sollen): **das will nichts heißen** ça ne veut rien dire
4 (in Wunsch): **ich wollte, ich wäre …** j'aimerais être …

wollen² adj en laine

wollüstig adj (sinnlich) voluptueux(-euse)

womit adv (relativ) avec quoi, avec lequel(laquelle) ; (interrogativ) avec quoi

womöglich adv peut-être

wonach adv (relativ: demzufolge) selon lequel(laquelle)

Wonne f délice m

woran adv (relativ) auquel(à laquelle); (interrogativ) à quoi

worauf adv (relativ) sur lequel(laquelle); (interrogativ) sur quoi

woraus adv (relativ) duquel(de laquelle); (interrogativ) de quoi

worin adv en quoi

Workshop (-s, -s) m atelier m, workshop m

Wort (-(e)s, ⸚er od -e) nt mot m; **~ halten** tenir parole; **mit anderen ~en** autrement dit

Wörterbuch nt dictionnaire m

Wortlaut m teneur f; **im ~** textuellement

wörtlich adj (Übersetzung) mot à mot, littéral(e)

wortlos adj muet(te)

wortreich adj verbeux(-euse)

Wortschatz m vocabulaire m

Wortspiel nt jeu m de mots

worüber adv (relativ) sur lequel(laquelle); (interrogativ) sur quoi

worum adv (relativ) autour duquel(de laquelle); (interrogativ) autour de quoi

wovon adv (relativ) dont; (interrogativ) de quoi

wovor adv (relativ) devant lequel(laquelle); (interrogativ) devant quoi

wozu adv (relativ) pour lequel(laquelle); (interrogativ) pourquoi

Wrack (-(e)s, -s) nt épave f

Wucher (-s) m usure f

wuchern vi (Pflanzen) proliférer

wuchs etc vb siehe **wachsen**

Wucht (-) f force f

wühlen vi (Tier) fouir; **in etw ~** fouiller dans qch

wund adj (Haut) écorché(e)

Wunde f blessure f

Wunder (-s, -) nt miracle m
- **wunderbar** adj miraculeux(-euse); (herrlich) merveilleux(-euse)
- **Wunderkind** nt enfant m prodige • **wunderlich** adj bizarre

wundern vr: **sich ~ über** +Akk s'étonner de ▶ vt étonner

wunderschön adj merveilleux(-euse)

wundervoll adj merveilleux(-euse)

Wundstarrkrampf m tétanos m

Wunsch (-(e)s, ⸚e) m souhait m; **herzliche** od **alle guten Wünsche zum Geburtstag!** meilleurs vœux pour ton anniversaire!

wünschen vt souhaiter; **sich** Dat **etw ~** désirer (avoir) qch

wünschenswert adj souhaitable

wurde etc vb siehe **werden**

Würde f dignité f

würdig adj digne; **jds/einer Sache ~ sein** être digne de qn/ qch

würdigen vt reconnaître; **jdn keines Blickes ~** ne pas daigner regarder qn

Wurf (-s, ⸚e) m lancement m, jet m

Würfel (-s, -) m dé m; (Math) cube m

würfeln vi jeter les dés

Würfelspiel nt jeu m de dés
Würfelzucker m sucre m en morceaux
würgen vt étrangler ▶ vi: ~ **an** +Dat avoir du mal à avaler
Wurm (-(e)s, ⸚er) m ver m
wurmig adj véreux(-euse)
wurmstichig adj vermoulu(e)
Wurst (-, ⸚e) f saucisse f
Würstchen nt saucisse f
Würze f épice f
Wurzel (-, -n) f racine f
würzen vt épicer ; (fig) donner du piquant à
würzig adj épicé(e)
wusch etc vb siehe **waschen**
wusste etc vb siehe **wissen**
wüst adj (roh: Kerl) rustre ; (ausschweifend) déchaîné(e) ; (öde) désert(e) ; (fam: heftig) terrible
Wüste f désert m
Wut (-) f colère f, fureur f ; **eine ~ auf jdn/etw haben** être en colère contre qn/qch ; **seine ~ an jdn/ etw auslassen** passer sa colère sur qn/qch • **Wutanfall** m accès m de colère
wüten vi (Wind) souffler en tempête
wütend adj furieux(-euse)
WWW nt abk (= WorldWideWeb): **das ~** le Web

X-Beine pl jambes fpl cagneuses
x-beliebig adj n'importe quel(le)
x-mal adv n fois
Xylofon, Xylophon (-s, -e) nt xylophone m

Y Z

Yoga (-(s)) *m od nt* yoga *m*
Ypsilon (-(s), -s) *nt i m* grec

Zacke *f* pointe *f* ; (*Bergzacke: von Gabel, Kamm*) dent *f*
zaghaft *adj* hésitant(e)
zäh *adj* (*Fleisch*) coriace ; (*Flüssigkeit*) visqueux(-euse) ; (*Mensch*) résistant(e) ; (*schleppend*) pénible
Zahl (-, *-en*) *f* nombre *m*
zahlbar *adj* payable
zahlen *vt, vi* payer ; **~ bitte!** l'addition, s'il vous plaît !
zählen *vi, vt* compter ; **~ zu** compter parmi ; **auf jdn/etw ~** compter sur qn/qch
Zähler (-s, -) *m* (*Tech*) compteur *m*
zahlreich *adj* nombreux(-euse)
Zahlung *f* paiement *m*
zahm *adj* (*Tier*) apprivoisé(e) ; (*brav*) sage
zähmen *vt* apprivoiser, dompter
Zahn (-(e)s, *-e*) *m* dent *f*
  • **Zahnarzt** *m*, **Zahnärztin** *f* dentiste • **Zahnbürste** *f* brosse *f* à dents
Zahnersatz *m* prothèse *f* dentaire

Z

Zahnfleisch

790

Zahnfleisch nt gencive(s) f(pl)

Zahnpasta f dentifrice m

Zahnrad nt roue f dentée

Zahnradbahn f chemin m de fer à crémaillère

Zahnschmerzen pl maux mpl de dents

Zahnseide f fil m dentaire

Zahnspange f appareil m (pour redresser les dents)

Zahnstocher (-s, -) m cure-dents m

Zange f pince f; (Beißzange) tenailles fpl; (Geburtszange) forceps m

zanken vi se disputer ▶ vr: **sich mit jdm ~** se disputer avec qn

Zäpfchen nt (Anat) luette f; (Méd) suppositoire m

zapfen vt tirer

Zapfen (-s, -) m (Tannenzapfen) pomme f de pin; (Eiszapfen) glaçon m

Zapfenstreich m (Mil) retraite f

zappeln vi frétiller

zappen vi (TV) zapper

Zar(in) (-s, -en) m(f) tsar(ine)

zart adj (Haut, Töne) doux(douce); (Farben) délicat(e); (Berührung) léger(-ère); (Braten) tendre

zärtlich adj tendre • **Zärtlichkeit** f tendresse f; **Zärtlichkeiten** pl (Worte) mots mpl tendres

Zauber (-s, -) m (Magie) magie f; (fig) charme m; **fauler ~** (fam) attrape-nigaud m

Zauberer (-s, -) m, **Zauberin** f magicien(ne)

zauberhaft adj merveilleux(-euse)

Zauberkünstler m prestidigitateur m

zaubern vi faire des tours de passe-passe

zaudern vi hésiter

Zaum (-(e)s, Zäume) m bride f; **etw im ~ halten** maîtriser qch

Zaun (-(e)s, Zäune) m clôture f • **Zaunkönig** m roitelet m

z. B. abk (= zum Beispiel) par ex.

Zebra (-s, -s) nt zèbre m • **Zebrastreifen** m passage m pour piétons

Zeche f addition f; (Bergbau) mine f

Zecke f tique f

Zeh (-s, -en) m, **Zehe** f orteil m, doigt m de pied; (Knoblauchzehe) gousse f

zehn num dix

Zehnerkarte f ≈ carnet m de dix tickets

Zehnkampf m décathlon m

zehnte(r, s) adj dixième

Zehntel (-s, -) nt dixième m

Zeichen (-s, -) nt signe m; (Schild) écriteau m • **Zeichensatz** m (Inform) jeu m de caractères • **Zeichentrickfilm** m dessin m animé

zeichnen vi dessiner ▶ vt dessiner; (kennzeichnen) marquer; (unterzeichnen) signer

Zeichner(in) (-s, -) m(f) dessinateur(-trice); **technische(r) ~(in)** dessinateur(-trice) industriel(le)

Zeichnung f dessin m

Zeigefinger m index m

zeigen vt montrer ▶ vi: **~ auf** +Akk indiquer ▶ vr se montrer; **das wird sich ~** on verra

Zeiger (-s, -) m aiguille f

Zeile f ligne f

Zeit (-, -en) f temps m ; (Uhrzeit) heure f ; (Augenblick) moment m ; **sich** Dat **~ lassen** prendre son temps ; siehe auch **zurzeit**
• **Zeitalter** nt ère f • **Zeitarbeit** f travail m temporaire • **Zeitgeist** m esprit m (d'une od de l'époque)
• **zeitgemäß** adj moderne
• **Zeitgenosse** m contemporain(e) m/f

zeitig adv tôt

zeitlebens adv toute ma/sa etc vie

zeitlich adj (Reihenfolge) chronologique

Zeitlupe f ralenti m

zeitnah adj rapide ▶ adv rapidement

Zeitpunkt m moment m

Zeitraffer (-s) m accéléré m

Zeitraum m période f

Zeitrechnung f: **vor/nach unserer ~** avant/après J.-C

Zeitschrift f revue f

Zeitung f journal m

Zeitverschwendung f perte f de temps

Zeitvertreib m passe-temps m inv

zeitweilig adj temporaire

zeitweise adv de temps en temps

Zeitwort nt verbe m

Zeitzone f fuseau m horaire

Zeitzünder m détonateur m à retardement

Zelle f cellule f ; (Telefonzelle) cabine f

Zellstoff m cellulose f

Zelt (-(e)s, -e) nt tente f • **zelten** vi camper

Zement m ciment m

zensieren vt censurer ; (Scol) marquer

Zensur f censure f ; (Scol) note f

Zentimeter m od nt centimètre m

zentral adj central(e)

Zentrale f (von Bank, Partei, Konzern) siège m ; (Tél) central m

Zentraleinheit f unité f centrale

Zentralheizung f chauffage m central

Zentralverriegelung f (Aut) verrouillage m central (des portières)

Zentrifuge f essoreuse f

Zentner (-s, -) m 50 kilos

Zentrum (-s, Zentren) nt centre m

zerbrechen (irr) vt casser ▶ vi se casser

zerbrechlich adj fragile

zerdrücken vt écraser

Zeremonie f cérémonie f

Zerfall m (von Kultur) déclin m ; (von Gesundheit) détérioration f
• **zerfallen** (irr) vi (Gebäude etc) tomber en ruine

zerkleinern vt réduire en morceaux

zerlegen vt démonter ; (Fleisch, Geflügel etc) découper ; (Satz) analyser

zermürben vt (Mensch) anéantir

zerquetschen vt écraser

zerreißen (irr) vt déchirer ▶ vi (Seil) casser

zerren vt traîner ▶ vi : **~ an** +Dat tirer sur

zerrissen adj déchiré(e)

Zerrung f claquage m

zerrüttet adj (Ehe) brisé(e) ; (Gesundheit) miné(e)

z

zerschlagen (irr) vt casser ; (mit Gewalt) fracasser ▶ vr (Pläne etc) échouer ▶ adj: **sich ~ fühlen** être épuisé(e)

zersetzen vt (Metall etc) attaquer ▶ vr se décomposer

zerstören vt détruire

Zerstörung f destruction f

zerstreuen vt disperser ▶ vr se disperser ; (sich unterhalten) se distraire

zerstreut adj (Mensch) distrait(e)

zertreten (irr) vt écraser

zertrümmern vt fracasser

Zerwürfnis nt brouille f

Zettel (-s, -) m billet m

Zeug (-(e)s, -e) (fam) nt affaires fpl ; **dummes ~** bêtises fpl

Zeuge (-n, -n) m, **Zeugin** f témoin m

zeugen vt (Kind) procréer ▶ vi témoigner

Zeugenaussage f témoignage m

Zeugenstand m barre f (des témoins)

Zeugin f siehe **Zeuge**

Zeugnis nt certificat m ; (Scol) bulletin m (scolaire) ; (Referenz, Arbeitszeugnis) références fpl

z. H., z. Hd. abk (= zu Händen) à l'attention de

Ziege f chèvre f

Ziegel (-s, -) m brique f ; (Dachziegel) tuile f

ziehen (irr) vt tirer ▶ vi tirer ; (umziehen) déménager ; (wandern) aller ; (Wolke) passer ▶ vi unpers: **es zieht** il y a un courant d'air ; **Gesichter ~** faire des grimaces ; **zu jdm ~** aller habiter avec qn

Ziehharmonika f accordéon m

Ziehung f (Losziehung) tirage m (au sort)

Ziel (-(e)s, -e) nt but m

zielen vi: **~ auf** +Akk viser

Zielgruppe f groupe m cible

ziellos adj sans but

Zielscheibe f cible f

zielstrebig adj qui a de la suite dans les idées

ziemlich adj considérable ▶ adv plutôt ; **~ lange** assez longtemps

zieren vr faire des façons

zierlich adj gracile • **Zierlichkeit** f gracilité f

Ziffer (-, -n) f chiffre m
• **Zifferblatt** nt cadran m

zig (fam) adj je ne sais combien de

Zigarette f cigarette f

Zigarettenautomat m distributeur m de cigarettes

Zigarettenschachtel f paquet m de cigarettes

Zigarillo (-s, -s) nt od m cigarillo m

Zigarre f cigare m

Zigeuner(in) (-s, -) m(f) gitan(e)

Zimbabwe (-s) nt le Zimbabwe

Zimmer (-s, -) nt chambre f ; **„~ frei"** « chambres à louer »
• **Zimmermädchen** nt femme f de chambre • **Zimmermann** (pl -leute) m charpentier m

Zimmervermittlung f service m du logement

zimperlich adj douillet(te)

Zimt (-(e)s, -e) m cannelle f
• **Zimtstange** f bâton m de cannelle

Zink (-(e)s) nt zinc m

Zinke f dent f

Zinn (-(e)s) nt étain m

Zins (*-es, -en*) m intérêt m

Zinsfuß m taux m d'intérêt

zinslos adj sans intérêts

Zinssatz m taux m d'intérêt

Zionismus m sionisme m

Zipfel (*-s, -*) m bout m

• **Zipfelmütze** f bonnet m

zirka adv environ

Zirkel (*-s, -*) m (*von Personen*) cercle m ; (*Gerät*) compas m

Zirkus (*-, -se*) m cirque m

zischen vi siffler

Zitat nt citation f

zitieren vt citer ; (*vorladen, rufen*): **~ vor** +*Akk* convoquer devant

Zitronat nt écorce f de citron confite

Zitrone f citron m

Zitronenlimonade f limonade f

Zitronensaft m jus m de citron

zittern vi trembler

zivil adj civil(e) ; (*gemäßigt*) honnête • **Zivil** (*-s*) nt: **~ tragen** s'habiller od se mettre en civil • **Zivilbevölkerung** f population f civile • **Zivilcourage** f: **~ haben** avoir le courage de ses opinions

Zivildienst m service m civil

Zivilisation f civilisation f

Zivilist m civil m

Zocker(in) (*-s, -*) m(f) (*fam*) grand(e) joueur(-euse)

Zoff (*-s*) m (*fam*) pétard m ; **dann gibt's ~** ça va chauffer

zögern vi hésiter

zog etc vb siehe **ziehen**

Zoll¹ (*-(e)s, ⁺e*) m (*Behörde*) douane f ; (*Abgabe*) (droit m de) douane

Zoll² (*-(e)s, -*) m (*Maß*) pouce m (*mesure*)

Zollabfertigung f formalités fpl de douane

Zollbeamte(r) m douanier m

Zollerklärung f déclaration f en douane

zollfrei adj exempté(e) od franc(franche) de douane

zollpflichtig adj soumis(e) à des droits de douane

Zone f zone f

Zoo (*-s, -s*) m zoo m

Zoologie f zoologie f

Zoom (*-s, -s*) nt zoom m

Zopf (*-(e)s, ⁺e*) m (*Haarzopf*) tresse f, natte f ; **ein alter ~** (*péj*) une coutume dépassée

Zorn (*-(e)s*) m colère f

zornig adj en colère

Zote f plaisanterie f grossière

---

zu

▶ präp +*Dat* **1** (*örtlich*): **zum Bahnhof/Arzt gehen** aller à la gare/chez le médecin ; **zur Schule/Kirche gehen** aller à l'école/l'église ; **sollen wir zu euch gehen?** on va chez vous ? ; **zum Gebirge hin** vers la montagne ; **zu meiner Linken** à ma gauche ; **bis zu** jusqu'à ; **darf ich mich zu Ihnen setzen?** je peux m'asseoir à côté de od avec vous ?

2 (*zeitlich*): **zu Ostern** à Pâques ; **bis zum 1. Mai** jusqu'au 1er mai ; (*nicht später als*) d'ici au 1er mai ; **zu meiner Zeit** de mon temps

3 (*Zusatz*): **zu Fisch trinkt man Weißwein** avec le poisson, on boit du vin blanc ; **zu dem kommt noch, dass ...** à cela s'ajoute que ...

4 (*Zweck*) pour ; **Wasser zum Waschen** de l'eau pour se laver ; **das ist doch nur zu seinem Besten** c'est pour son bien
5 (*als*) : **jdn zum Vorbild haben** prendre qn pour modèle, prendre exemple sur qn ; **jdn zum Vorsitzenden wählen** élire qn président
6 (*Anlass*) : **ein Geschenk zum Geburtstag** un cadeau d'anniversaire ; **herzlichen Glückwunsch zum Geburtstag!** bon anniversaire ! ; **jdm zu etw gratulieren** présenter ses meilleurs vœux à qn à l'occasion de qch
7 (*Veränderung*) : **zu etw werden** devenir qch ; **jdn zu etw machen** faire qch de qn
8 (*mit Zahlen*) : **3 zu 2** (Sport) 3 à 2 ; **das Stück zu 2 Euro** 2 euros pièce ; **zum ersten/dritten Mal** pour la première/troisième fois
9 : **zu meiner Freude** à ma grande joie ; **zum Glück** heureusement ; **zu Fuß** à pied ; **es ist zum Weinen** c'est triste à pleurer ; **zum Scherz** pour rire ; **zum Beispiel** par exemple
▶ *konj* pour ; **ohne es zu wissen** sans le savoir
▶ *adv* 1 (*allzu*) trop ; **zu klein/dick** trop petit(e)/gros(se) ; **zu sehr** trop ; **zu viel** trop (de) ; **viel zu viel** beaucoup trop ; **zu wenig** trop peu (de)
2 (*örtlich*) vers ; **er kam zu mir zu** il est venu vers moi
3 (*geschlossen*) : **zu sein** être fermé(e) ; **„auf/zu"** (Wasserhahn) « ouvert/fermé » ; **(mach die) Tür zu!** ferme la porte !

zuallererst *adv* avant tout
zuallerletzt *adv* en tout dernier
Zubehör (-(*e*)*s*, -*e*) *nt* équipement *m*
zu|bekommen (*irr*) (*fam*) *vt* arriver à fermer
zu|bereiten *vt* préparer
zu|binden (*irr*) *vt* (*Schuh*) lacer ; (*Sack*) fermer
zu|bleiben (*irr*) (*fam*) *vi* rester fermé(e)
Zubringer (-*s*, -) *m* (*Straße*) route *f* d'accès *m*
Zucchini *pl* courgettes *fpl*
Zucht (-, -*en*) *f* (*von Tieren*) élevage *m* ; (*von Pflanzen*) culture *f* ; (*Disziplin*) discipline *f*
züchten *vt* (*Tiere*) élever ; (*Pflanzen*) cultiver
Zuchthaus *nt* pénitencier *m*
züchtig *adj* (*Mensch*, *Benehmen*) bien élevé(e)
zucken *vi* (*Körperteil*) tressaillir
▶ *vt* : **die Achseln** *od* **Schultern ~** hausser les épaules
zücken *vt* (*Schwert*) brandir ; (*Geldbeutel*, *Kamera*) sortir
Zucker (-*s*, -) *m* sucre *m* ; (*Zuckerkrankheit*) diabète *m*
• **Zuckerdose** *f* sucrier *m*
• **Zuckerguss** *m* glaçage *m*
• **zuckerkrank** *adj* diabétique
zuckern *vt* sucrer
Zuckerrohr *nt* canne *f* à sucre
Zuckerrübe *f* betterave *f* sucrière
Zuckerwatte *f* barbe *f* à papa
Zuckung *f* contraction *f*
zu|decken *vt* couvrir
zudem *adv* de plus
zu|drehen *vt* fermer
zudringlich *adj* pressant(e)

zu|drücken vt fermer (en poussant) ; **ein Auge ~** fermer les yeux

zueinander adv l'un(e) avec l'autre

zueinander|passen vi : **sie passen zueinander** ils vont bien ensemble

zuerst adv d'abord ; (als Erste(r)) le(la) premier(-ère)

Zufahrt f accès m

Zufahrtsstraße f (route f d')accès m ; (von Autobahn etc) bretelle f

Zufall m hasard m

zufällig adj fortuit(e) ▶ adv par hasard

Zuflucht f refuge m

zufolge präp +Dat selon

zufrieden adj satisfait(e) ; (Mensch auch) content(e)

zufrieden|geben (irr) vr se déclarer od être satisfait(e)

Zufriedenheit f satisfaction f

zu|fügen vt (dazutun) ajouter

Zug (-(e)s, ⸚e) m train m ; (Luftzug) courant m d'air ; (Gesichtszug, Schriftzug, Charakterzug) trait m ; (Échecs etc) coup m ; **einen ~ an einer Zigarette machen** tirer sur une cigarette

Zugabe f (Vorgang) ajout m ; (in Konzert etc) bis m

Zugang m accès m

zugänglich adj accessible

Zugbrücke f pont m ferroviaire

zu|geben (irr) vt admettre

zu|gehen (irr) vi (fam : schließen) fermer ▶ vi impers : **es geht dort seltsam zu** il s'y passe des choses étranges ; **auf jdn/etw ~** se diriger vers qn/qch

Zugehörigkeit f : **~ zu** appartenance f à

zugeknöpft (fam) adj fermé(e)

Zügel (-s, -) m rêne f

zügellos adj débridé(e) ; (sexuell) débauché(e)

zügeln vt maîtriser

Zugeständnis nt concession f

zu|gestehen (irr) vt accorder

Zugführer m (Rail) chef m de train

zugig adj (Raum) plein(e) de courants d'air

zügig adj rapide

zugleich adv en même temps

Zugluft f courant m d'air

zu|greifen (irr) vi (schnell nehmen) le(la) saisir ; (Angebot, Gelegenheit) sauter dessus ; (beim Essen) se servir

Zugriff m (Inform) accès m

Zugriffszeit f (Inform) temps m d'accès

zugrunde, zu Grunde adv : **~ gehen** disparaître ; (sterben) périr ; **etw einer Sache** Dat **~ legen** fonder qch sur qch ; **einer Sache** Dat **~ liegen** être à la base de qch ; **~ richten** perdre

zugunsten, zu Gunsten präp +Gen od Dat en faveur de

zugute|halten (irr) vt : **jdm etw ~** retenir qch en faveur de qn

zugute|kommen (irr) vi : **jdm ~** être utile à qn

Zugverbindung f correspondance f

Zugvogel m oiseau m migrateur

Zuhälter (-s, -) m souteneur m

zuhause adv à la maison

Zuhause (-) nt chez-soi m inv

zu|hören vi (+Dat) écouter

Zuhörer(in) m(f) auditeur(-trice)

zu|jubeln vi: **jdm ~** acclamer qn

zu|kommen (irr) vi: **auf jdn ~** se diriger vers qn ; (Aufgabe, Verantwortung) incomber à qn

Zukunft (-, Zukünfte) f avenir m ; (Ling) futur m

zukünftig adj futur(e)

Zukunftsaussichten pl perspectives fpl d'avenir

Zukunftsmusik (fam) f paroles fpl en l'air

Zulage f (Gehaltszulage) augmentation f

zu|lassen (irr) vt (tolerieren, erlauben) permettre ; (Fahrzeug) délivrer la vignette pour ; (fam: nicht öffnen) laisser fermé(e) ; **jdn zu etw ~** admettre qn à qch

zulässig adj autorisé(e)

zu|legen vt (dazugeben) ajouter ; **sich** Dat **etw ~** acquérir qch ; **Tempo ~** accélérer

zuletzt adv (an letzter Stelle) en dernier ; (zum letzten Mal) la dernière fois ; (schließlich) finalement

zuliebe adv: **jdm ~** pour faire plaisir à qn

zum = **zu dem**

zu|machen vt, vi fermer

zumal konj d'autant plus que

zumindest adv du moins

zumutbar adj acceptable

zumute, zu Mute adv: **mir ist wohl ~** je me sens bien

zu|muten vt: **jdm etw ~** demander qch à qn

Zumutung f demande f exagérée ; **so eine ~!** quel culot !

zunächst adv (am Anfang, zuerst) tout d'abord ; (vorerst) pour l'instant

Zunahme f augmentation f

Zuname m nom m de famille

zünden vi prendre

Zündkerze f (Aut) bougie f

Zündschlüssel m clé f de contact

Zündung f (Aut) allumage m

zu|nehmen (irr) vi augmenter ; (dicker werden) prendre du poids

Zuneigung f affection f

Zunft (-, -e) f corporation f

zünftig adj (ordentlich, gehörig) bon (bonne)

Zunge f langue f

Zungenbrecher m phrase très difficile à prononcer

zunichte|machen vt anéantir

zunichte|werden (irr) vi être réduit(e) à néant

zunutze, zu Nutze adv: **sich** Dat **etw ~ machen** tirer profit de qch, se servir de qch

zupfen vt (Fäden) tirer ; (Augenbrauen) s'épiler ; (Gitarre) jouer de

zur = **zu der**

zurechnungsfähig adj sain(e) d'esprit

zurecht|finden (irr) vr s'y retrouver ; (im Leben) se débrouiller

zurecht|kommen (irr) vi (finanziell) arriver à joindre les deux bouts

zurecht|machen vt préparer ▶ vr se préparer

zurecht|weisen (irr) vt remettre à sa place

zu|reden vi +Dat (ermutigen) encourager

zurück adv (nach rückwärts) en arrière ; (im Rückstand) en retard

• **zurück|bekommen** (irr) vt
obtenir en retour ; **Sie bekommen
noch 50 Cents zurück** je vous dois
encore 50 cents • **zurück|bleiben**
(irr) vi rester ; (in Entwicklung) avoir
du retard • **zurück|bringen** (irr) vt
rapporter • **zurück|führen** vt
ramener ; **etw auf etw** Akk **~**
mettre qch sur le compte de qch
• **zurück|geben** (irr) vt rendre ▸ vi
(antworten) répliquer
• **zurückgeblieben** adj (geistig)
arriéré(e) • **zurück|gehen** (irr) vi
(an Ort) retourner ; (nachlassen)
baisser • **zurückgezogen** adj
retiré(e) • **zurück|halten** (irr) vt
retenir ▸ vr se retenir ; (im
Hintergrund bleiben) se tenir sur la
réserve • **zurückhaltend** adj
réservé(e) • **zurück|kommen** (irr)
vi revenir • **zurück|legen** vt (an
Platz) remettre ; (Geld) mettre de
côté ; (Karten) réserver ; (Strecke)
parcourir • **zurück|nehmen** (irr)
vt reprendre ; (Bemerkung) retirer
• **zurück|schrecken** vi : **vor
nichts ~** n'avoir peur de rien
• **zurück|treten** (irr) vi (nach
hinten) reculer ; (von Amt)
démissionner • **zurück|weisen**
(irr) vt (Bewerber) refuser ; (Vorwurf,
Behauptung) rejeter
• **zurück|zahlen** vt rembourser
• **zurück|ziehen** (irr) vt retirer ▸ vr
se retirer

zurzeit adv en ce moment

Zusage f accord m ; (von Einladung
etc) acceptation f

zu|sagen vt (Hilfe, Job) accorder
▸ vi (bei Einladung, Stelle) accepter ;
jdm ~ (gefallen) plaire à qn

zusammen adv ensemble ;
(insgesamt) en tout

• **Zusammenarbeit** f collaboration
f • **zusammen|arbeiten** vi
collaborer • **zusammen|brechen**
(irr) vi s'effondrer ; (Mensch)
s'effondrer ; (Verkehr) être
immobilisé e
• **zusammen|bringen** (irr) vt
rassembler ; (fam : Gedicht) arriver
à sortir ; (: Sätze) arriver à aligner
• **Zusammenbruch** m
(Nervenzusammenbruch)
dépression f (nerveuse) ; (von
Firma: Écon, Pol) effondrement m
• **zusammen|fahren** (irr) vi
(Fahrzeug) entrer en collision ;
(zusammenzucken, erschrecken)
tressaillir • **zusammen|fassen** vt
(vereinigen) réunir
• **Zusammenfassung** f résumé m
• **zusammengesetzt** adj
composé(e) • **zusammen|halten**
(irr) vi (Teile) tenir ensemble ;
(Menschen) se serrer les coudes
• **Zusammenhang** m rapport m
• **zusammen|hängen** (irr) vi
(Ursachen) être lié(e)
• **zusammen|kommen** (irr) vi se
réunir ; (Geld) être réuni(e)
• **Zusammenkunft** (-, -künfte) f
réunion f • **zusammen|leben** vi
vivre ensemble
• **zusammen|nehmen** (irr) vt
rassembler ▸ vr se ressaisir
• **zusammen|passen** vi aller (bien)
ensemble • **Zusammenschluss**
m fusion f • **Zusammensein** (-s)
nt réunion f de gens
• **zusammen|setzen** vt (Puzzle,
Teile) assembler ▸ vr : **sich aus
etw ~** être composé(e) de qch
• **Zusammensetzung** f
composition f
• **zusammen|stellen** vt (Rede,
Menü) composer ; (Ausstellung)

z

monter • **Zusammenstellung** f (Übersicht) résumé m ; (Vorgang) sélection f • **Zusammenstoß** m collision f • **zusammen|treffen** (irr) vi coïncider ; **mit jdm ~** rencontrer qn • **zusammen|wachsen** (irr) vi se joindre • **zusammen|zählen** vt additionner • **zusammen|zucken** vi tressaillir

Zusatz m appendice m • **Zusatzgerät** m accessoire m

zusätzlich adj supplémentaire

zu|schauen vi regarder

Zuschauer(in) (-s, -) m(f) spectateur(-trice)

Zuschlag m supplément m

zu|schlagen (irr) vt (Tür) claquer ; (Buch) fermer d'un coup sec ▶ vi (Mensch) frapper

zu|schließen (irr) vt fermer à clé

zu|schneiden (irr) vt couper

zu|schreiben (irr) vt: **jdm etw ~** attribuer qch à qn

Zuschrift f lettre f (de lecteur ou d'auditeur)

zuschulden, zu Schulden adv: **sich** Dat **etwas ~ kommen lassen** se rendre coupable d'une faute

Zuschuss m subvention f

zu|sehen (irr) vi (+Dat) (zuschauen) regarder ; **~, dass** (dafür sorgen) veiller à ce que

zusehends adv à vue d'œil

zu|senden (irr) vt: **jdm etw ~** envoyer qch à qn

zu|sichern vt: **jdm etw ~** assurer qn de qch

zu|spitzen vr (Lage) s'aggraver

Zustand m état m ; **Zustände** pl (Verhältnisse) conditions fpl

zustande, zu Stande adv: **etw ~ bringen** réussir à obtenir qch ; **~ kommen** (Geschäft, Vertrag) être conclu(e)

zuständig adj responsable, compétent(e)

zu|stehen (irr) vi: **etw steht jdm zu** qn a droit à qch

zu|stellen vt distribuer

zu|stimmen vi +Dat être d'accord (avec)

Zustimmung f accord m ; **allgemeine ~ finden** être bien reçu(e) partout

zu|stoßen (irr) vi: **jdm ~** arriver à qn

Zustrom m (Menschenmenge, Météo) afflux m

zutage, zu Tage adv: **~ bringen** exposer

Zutaten pl ingrédients mpl

zu|teilen vt attribuer

zutiefst adv profondément

zu|trauen vt: **jdm etw ~** (Aufgabe, Tat) confier qch à qn ; **sich** Dat **etw ~** se sentir capable de (faire) qch

zutraulich adj confiant(e)

zu|treffen (irr) vi être exact(e), être juste ; **~ auf** +Akk od **für** s'appliquer à

zutreffend adj judicieux(-euse)

Zutritt m accès m, entrée f

Zutun (-s) nt: **ohne mein/sein ~** sans que j'y sois/qu'il y soit pour rien

zuverlässig adj (Mensch) digne de confiance ; (Nachrichtenquelle) sûr(e) ; (Auto) fiable • **Zuverlässigkeit** f fiabilité f

Zuversicht f confiance f • **zuversichtlich** adj confiant(e)

zuvor *adv* auparavant

zuvor|kommen (*irr*) *vi* +*Dat* devancer

zuvorkommend *adj* prévenant(e)

Zuwachs (-*es*) *m* accroissement *m* ; **sie haben ~ bekommen** (*fam*) la famille s'est agrandie

Zuwachsrate *f* taux *m* de croissance

zuwege, zu Wege *adv*: **etw ~ bringen** obtenir qch

zuweilen *adv* de temps en temps, parfois

zu|wenden (*irr*) *vt* (*Gesicht, Rücken*) tourner ▶ *vr*: **sich jdm ~** se tourner vers qn ; (*widmen*) s'occuper de qn ; **sich jdm ~** se tourner vers qch ; (*sich widmen*) se consacrer à qch

Zuwendung *f* (*finanziell*) don *m*

zuwider *adv*: **jdm ~ sein** dégoûter qn

zuwinken *vi*: **jdm ~** saluer qn d'un signe de la main

zu|ziehen (*irr*) *vt* (*Vorhang*) tirer ; (*Knoten etc*) serrer ; (*Arzt, Experten*) consulter ; **sich Dat etw ~** (*Krankheit*) contracter qch ; (*Zorn*) s'attirer qch

zuzüglich *präp* +*Gen* plus

zwang *etc vb siehe* **zwingen**

Zwang (-(*e*)*s*, ¨*e*) *m* force *f* ; **tu dir keinen ~ an** (*fam*) ne te force pas

zwängen *vt* forcer

zwanghaft *adj* compulsif(-ive)

zwanglos *adj* informel(le) ; (*Kleidung, Arbeitsweise*) décontracté(e)

Zwangsarbeit *f* travaux *mpl* forcés

Zwangsarbeiter(in) *m(f)* travailleur(-euse) forcé(e)

zwangsweise *adv* d'office

zwanzig *num* vingt

zwar *adv*: **das ist ~ traurig, aber …** c'est (vraiment) triste, mais …

Zweck (-(*e*)*s*, -*e*) *m* but *m* ; (*Sinn*) sens *m*

Zwecke *f* (*Reißzwecke, Heftzwecke*) punaise *f*

Zweckentfremdung *f* détournement *m*

zwecklos *adj* inutile

zweckmäßig *adj* pratique

zwecks *präp* +*Gen* en vue de

zwei *num* deux
  • **Zweibettzimmer** *nt* chambre *f* à deux lits • **zweideutig** *adj* ambigu(ë) ; (*unanständig*) à double sens, osé(e)

zweierlei *adj*: **~ Brot/Stoff** deux sortes de pain/tissu

zweifach *adj* double

Zweifel (-*s*, -) *m* doute *m*
  • **zweifelhaft** *adj* douteux(-euse) • **zweifellos** *adv* indubitablement

zweifeln *vi* in: **an jdm/etw ~** douter de qn/qch

Zweifelsfall *m*: **im ~** en cas de doute

Zweig (-(*e*)*s*, -*e*) *m* branche *f*

Zweigstelle *f* succursale *f*

zweihundert *num* deux cents

Zweikampf *m* duel *m*

zweimal *adv* deux fois

Zweisitzer *m* voiture *f* à deux places

zweisprachig *adj* bilingue

zweispurig *adj* à deux voies

zweit *adv*: **zu ~** à deux

z

zweitbeste(r, s) adj second(e)

zweite(r, s) adj deuxième, second(e)

zweiteilig adj en deux parties ; (*Kleidung*) deux-pièces

zweitens adv deuxièmement

zweitgrößte(r, s) adj deuxième od second(e) (par ordre de grandeur)

zweitletzte(r, s) adj avant-dernier(-ère)

zweitrangig adj (*Qualität*) de second choix

Zwerchfell nt diaphragme m

Zwerg(in) (-(e)s, -e) m(f) nain(e)

zwicken vt, vi pincer

Zwieback (-(e)s, -e od -bäcke) m ≈ biscotte f

Zwiebel f oignon m

Zwielicht nt pénombre f ; **ins ~ geraten sein** s'être discrédité(e)

zwielichtig adj louche

Zwiespalt m conflit

zwiespältig adj contradictoire

Zwilling (-s, -e) m jumeau(-elle) m/f ; **Zwillinge** pl (*Astr*) Gémeaux mpl

zwingen (*irr*) vt forcer

zwingend adj (*Grund etc*) contraignant(e) ; (*Schluss*) inévitable ; (*Beweis*) concluant(e)

zwinkern vi cligner des yeux ; (*absichtlich*) faire un clin od des clins d'œil

Zwirn (-(e)s, -e) m fil m

zwischen präp (+Akk, +Dat) entre • **Zwischenbilanz** f bilan m intermédiaire • **zwischendurch** adv (*zeitlich*) entre-temps • **Zwischenfall** m incident m • **Zwischenlager** nt stockage m provisoire • **Zwischenlagerung** f entreposage m • **zwischen|landen** vi faire escale • **Zwischenlandung** f escale f • **Zwischenraum** m espace m • **Zwischenruf** m interruption f • **Zwischenstation** f: **~ machen** faire halte • **Zwischenzeit** f: **in der ~** entre-temps

Zwist (-es, -e) m conflit m

zwitschern vi gazouiller

Zwitter (-s, -) m hermaphrodite m

zwölf num douze

Zyklus (-, *Zyklen*) m cycle m

Zylinder (-s, -) m cylindre m ; (*Hut*) haut-de-forme m

Zyniker(in) (-s, -) m(f) cynique mf

zynisch adj cynique

Zynismus m cynisme m

Zypern (-s) nt Chypre f

Zypresse f cyprès m

zz., z. Zt. abk = **zurzeit**

le Robert & Collins

LES EXPERTS **DE LA LANGUE VIVANTE**

POUR L'APPRENTISSAGE DES LANGUES

dictionnaires

grammaire

vocabulaire

guides de conversation

LE ROBERT, L'EXPERT DE LA LANGUE FRANÇAISE
& COLLINS, L'EXPERT DES LANGUES ÉTRANGÈRES.